1. Achill verbindet Patroklos
Innenbild der Trinkschale des Töpfers Sosias

HERODOT

HISTORIEN

DEUTSCHE GESAMTAUSGABE

*

ÜBERSETZT VON A. HORNEFFER
NEU HERAUSGEGEBEN UND ERLÄUTERT
VON H. W. HAUSSIG
MIT EINER EINLEITUNG VON
W. F. OTTO

Vierte Auflage

Mit 4 Tafeln und 2 Karten

ALFRED KRÖNER VERLAG STUTTGART

ISBN 3 520 22404 6

Druck von Omnitypie-Gesellschaft Nachf. Leopold Zechnall, Stuttgart

INHALTSVERZEICHNIS

VERZEICHNIS DER ABBILDUNGEN

VORWORT ZUR ZWEITEN AUFLAGE

Die zweite Auflage hat die in verschiedenen Besprechungen und Leserzuschriften zum Ausdruck gekommenen Verbesserungsvorschläge nach Möglichkeit zu berücksichtigen gesucht. Vor allem wurde die Übersetzung von O. Horneffer nochmals durchgesehen. Dabei hat mich Herr cand. phil. Joachim Rehork in dankenswerter Weise unterstützt.

Auch wurde das Namenregister wesentlich erweitert.

Berlin-Dahlem, im April 1959

H. W. Haussig

HERODOT UND DIE FRÜHZEIT DER GESCHICHTSSCHREIBUNG

von

WALTER F. OTTO

Oswald Spengler hat die Griechen das »ahistorischste« aller Völker genannt. Ganz anders W. v. Humboldt. Denn auf welche Menschen trifft vollkommener zu, was er in seiner Schrift über die Aufgabe des Geschichtsschreibers sagt:
»Je tiefer das Gemüt einer Nation alles Menschliche empfindet, je zarter, vielseitiger und reiner sie dadurch ergriffen wird, desto mehr hat sie Anlage, Geschichtsschreiber im wahren Sinn des Wortes zu besitzen.«
Es kommt offenbar darauf an, was man unter Geschichte verstehen will. Aber schon mit dieser Frage sind wir im Bereich des griechischen Denkens.
Wie die Griechen auf fast allen Gebieten geistiger Betätigung von einzigartiger Originalität und Schaffenskraft sind, so auch in ihrem Geschichtsdenken und ihrer Geschichtsschreibung. Nicht nur daß es keine Form geschichtlicher Überlieferung gibt, die bei ihnen nicht eine Menge hervorragender, ja geradezu klassischer Vertreter gefunden hätte, nicht nur daß eine Reihe dieser Formen von ihnen allein aufgebracht und ausgebildet worden sind: was wir in Europa unter Geschichtsforschung und Geschichtsschreibung verstehen, die wissenschaftliche Form der Überlieferung und Gestaltung, ist eine der schöpferischen Taten des griechischen Geistes.
Es hat nie ein Volk gegeben, das nicht in irgendeiner Form das Gedächtnis seiner Vergangenheit bewahrt hätte. Selbst bei den sogenannten Primitiven halten die Kultgebräuche die Taten und Schicksale der Vorfahren seit der Urzeit in bewußter Erinnerung fest, und diese Art geschichtlicher Überlieferung lebt auch bei Völkern höherer Kultur fort, wie z. B. die Spartaner an ihrem Hauptfest (den Karneen) des Weges gedachten, auf dem ihre Vorfahren einst in die jetzige Heimat eingewandert waren. Überall erzählen die Heldenlieder von den Denkwürdigkeiten der Vorzeit. Die Römer

wußten noch, daß in ältesten Zeiten beim gemeinsamen Mahle ein Knabe aufstehen und von den Taten der Vorzeit singen mußte. Wir wissen heute, wie umfassend und getreu das geschichtliche Denken ist, solange es sich nur mündlich fortpflanzt. Der Gebrauch der Schrift führt dann überall zu regelmäßigen Aufzeichnungen der Regierungszeiten, der Priesterfolgen, der wichtigsten Jahresereignisse. Und schließlich kommt es bei allen auf eine gewisse Stufe der Kultur sich erhebenden Völkern zu mehr oder weniger umfangreichen Zusammenfassungen dessen, was sich seit Urzeiten bis in die Gegenwart ereignet hat.

Dies alles gilt natürlich auch für die Griechen. Und doch stehen sie einzigartig da, so daß wir sagen können, daß sie nicht nur das künstlerischste, sondern in gewissem Sinn auch das historischste aller Völker gewesen sind.

Dafür spricht schon die unermeßliche Menge der Geschichtsschreiber von Bedeutung, der Geschichtswerke und der Formen geschichtlicher Darstellung, denen kein Volk etwas auch nur annähernd Vergleichbares an die Seite zu stellen hat. Leider besitzen wir von diesen Werken nur verhältnismäßig wenige. Aber wir haben von fast allen anderen Auszüge, Zitate und allgemeine Beurteilungen aus der Antike selbst genug, um uns eine Vorstellung von ihnen zu machen.

Das zweite, wodurch sie sich auszeichnen, ist die klar überschaubare stufenweise Entwicklung oder Entfaltung des historischen Denkens, vom Mythos und seiner dichterischen Gestaltung bis zur Sachlichkeit und Methode wissenschaftlicher Geschichtsschreibung. Wobei nacheinander die Geschichten urzeitlichen Werdens, berühmter Geschlechter, bedeutender Stämme und Landschaften hervortreten, dann die Darstellungen epochemachender Unternehmungen und Ereignisse, die griechische Universalgeschichte, die Geschichte der großen Mächte und Reiche, die Weltgeschichte; und schon frühzeitig die Biographie, die Abfassung persönlich erlebter Begegnungen und Denkwürdigkeiten, die Kulturgeschichte.

Das Dritte und Wichtigste spricht sich im Namen aus, der als Fremdwort ins Lateinische und von da in die europäischen Sprachen übergegangen ist: *ἱστορίη*, historia, d. h. »Erkundung«; also nicht nur Sammlung des bereitliegenden Stoffes der Überlieferung, nicht nur Zusammenfassung und Sinngebung, sondern Fassung, Untersuchung und Auseinandersetzung. So nennt Herodot sein Werk im ersten Satz der Einführung: *ἱστορίης ἀπόδεξις*, d. h. Darlegung seiner Forschung. Darin liegt nicht nur der Wille zur Wahrheit und zur selbständigen Feststellung der Tatsachen, sondern die Weite des Umkreises, in dem sich dieser Erkenntniswille betätigt. Nicht nur das Dasein des eigenen Volkes ist sein Bereich, sondern die ganze Menschenwelt in ihrer unendlichen Vielgestaltigkeit.

Ἱστορίη ist ein ionisches Wort. Der ionische Kulturkreis, der Homer und die epische Dichtung hervorgebracht hat, dem die älteste Wissenschaft entsprungen ist, war auch die Heimat der historischen Forschung. Zwar offenbart sich der Geist der Geschichte unverkennbar schon bei Homer und erst recht in der jüngeren epischen Dichtung. So konnte man den Eumelos von Korinth, der angeblich schon um 740 geblüht hat, und *Κορινθιακά* und eine *Εὐρωπία* dichtete, geradezu *ποιητὴς ἱστορικός*, ja *ἱστοριογράφος* nennen. Aber im eigentlichen Sinne beginnt die Geschichtsforschung und Geschichtsschreibung doch erst mit den Prosawerken. Und das ist geschehen in dem ionischen Milet, dem der Philosoph Thales und seine nächsten Nachfolger angehören. Hier wuchs der erste für uns faßbare Geschichtsschreibeer auf: Hekataios von Milet. Von seiner Wirkung auf Mit- und Nachwelt zeugt Strabo (14, 1, 7), wenn er als die denkwürdigen Männer Milets Thales, Anaximander, Anaximenes und Hekataios bezeichnet; und noch mehr das Wort jenes Ungenannten bei Aelian (v. h. 8, 20), der kurz vor seinem Tode sagte, er sterbe gern, denn er hoffe, im Jenseits den Besten zu begegnen, von den Weisen dem Pythagoras, von den Historikern dem Hekataios, von den Dichtern dem Homer.

Hekataios war ein angesehener Staatsmann. Herodot (5, 36) berichtet von seinem Auftreten im Rat der zum Aufstand gegen Persien bereiten Ioner: auf Grund seiner Kenntnis von Ländern und Völkern und der gewaltigen Macht des Perserkönigs riet er entschieden von dem gefährlichen Unternehmen ab.

Hier sehen wir deutlich das Wesen dieser ältesten Geschichtsforschung und ihren weit über das eigene Land und Volk hinaus den ganzen Erdkreis umfassenden Wissensdrang. Hekataios war ein weitgereister Mann (*πολυπλανής*). Herodot ist seinen Spuren in Ägypten begegnet (2, 143). Er hat eine groß angelegte Erdbeschreibung verfaßt (*Περίοδος γῆς*), der eine Erdkarte beigegeben war (wie sie vor ihm Anaximander von Milet hergestellt hatte). Herodot (5, 49) weiß zu berichten, daß Aristagoras, der damalige Beherrscher von Milet, in Sparta, wo er Bundesgenossenschaft für die aufständischen Ioner zu gewinnen hoffte, eine Tafel mitbrachte, in der der ganze Erdkreis eingezeichnet war, mit allen Meeren und Flüssen, um dem spartanischen König die Lage der Länder Asiens und den Weg nach Susa zu zeigen. Hekataios' Geschichtswerk, das den bezeichnenden Titel Γενεαλογίαι trug, begann mit den ältesten Zeiten und handelte, soviel wir noch sehen, von Deukalion, von den Argonauten, den Danaiden, von Herakles und den Herakliden.

Etwa gleichzeitig mit ihm schrieb Akusilaos von Argos, dessen geistige Bedeutung daraus zu erkennen ist, daß er teilweise den sieben Weisen zugerechnet wurde. Auch er nannte sein Werk Genealogiai. Wir erkennen noch, daß er mit dem Chaos und der Weltentstehung begann, von Uranos und Titanen erzählte, dann von Deukalion, dem troischen Krieg usw.

Die folgenden gehören schon dem 5. Jahrhundert an und sind nur wenig älter als Herodot. Genannt seien nur noch Pherekydes von Athen, dessen großes Geschichtswerk in zehn Büchern ebenfalls mit der Theogonie und den Göttersöhnen begann und die Geschichte Attikas einschloß; Hellanikos von Mytilene, der unter vielem anderen über Attika schrieb, von der mythischen Vorzeit bis zum Ende des 5. Jahrhunderts, und über persische Geschichte; endlich Antiochos von Syrakus, dessen Spezialgeschichte von Sizilien bis 424 herabging; daneben gab es ein Werk über die Kolonisierung Italiens. Die anderen muß ich hier übergehen.

Wir nennen diese Schriftsteller, deren Werke der Zeit oder dem Wesen nach vor der epochemachenden Schöpfung Herodots liegen, mit dem von Thukydides gebrauchten Ausdruck »Logographen«; Herodot bezeichnet den Hekataios als λογοποιός.

So viele Einzelheiten wir auch aus dem Inhalt ihrer Geschichtsschreibung erfahren, von dem Gesamtcharakter ihrer Werke können wir uns kaum eine Vorstellung machen, da sie alle verloren sind. Die reizvolle Einfachheit ihres Stils spricht uns noch aus manchen erhaltenen Stücken an. Dies Urteil wird bestätigt durch Dionysios von Halikarnass, der in seiner Schrift über Thukydides ihre Kunstlosigkeit der Großartigkeit des Thukydides gegenüberstellt, dann aber hinzufügt, es liege doch eine eigentümliche Schönheit und Anmut über ihren Werken, so daß sie zum Teil noch in späten Jahrhunderten gelesen würden. Im übrigen sind wir ganz auf das Urteil sachkundiger Leser in der Antike angewiesen. Dionysios von Halikarnass, der bekannte Rhetor und zugleich Historiker aus der Zeit des Augustus, sagt von ihnen in der obengenannten Schrift cap. 5, sie seien in der Geschichtsauffassung und -darstellung alle miteinander verwandt: die einen schrieben über die Vergangenheit der Griechen, die anderen über die der Barbaren, ohne inneren Zusammenhang, nach Stämmen und Staaten, nur mit dem einen Gedanken,

die einheimischen Überlieferungen der Stämme und Staaten, so wie sie ihnen zur Kenntnis kamen, der Allgemeinheit zugänglich zu machen, ohne etwas hinzuzutun oder wegzulassen, indem sie auch Mythen aufnahmen, die von alten Zeiten her für wahr galten, und theatralische Begebenheiten, die der Gegenwart töricht erscheinen. Das sei aber nicht nur verzeihlich, meint Dionysios (7); diese Männer hätten gar nicht anders gekonnt, da die alten Geschichten sich überall von Mund zu Mund, von Generation zu Generation fortpflanzten, und die Gewährsmänner darauf bestanden, daß sie so aufgezeichnet wurden, wie sie selbst sie von den Älteren gehört.
Damit gibt Dionysios das allgemeine Urteil des Altertums wieder. Mit Herodot nun aber setzt nach ihm eine ganz neue Idee der Geschichtsschreibung ein. Er hat, sagt er, im Gegensatz zu allen seinen Vorgängern, nicht die Geschichte einer Stadt oder eines Volkes sich zum Gegenstand genommen, sondern zum erstenmal die ganze Fülle und Mannigfaltigkeit der Begebenheiten in Europa und Asien zu einer Gesamtdarstellung, die eine Epoche von nicht weniger als 220 Jahren in sich begreift, zusammengefaßt. Diese Feststellung von seiten eines hochstehenden Griechen, der noch die Möglichkeit zu eigener Beurteilung hatte, ist uns von dem größten Wert, indem sie uns sagt, was die Logographen *nicht* waren. Für Herodot aber, den wir selbst in Händen haben, sagt sie zwar Zutreffendes, aber viel zu wenig. Denn mit ihm tritt in einem noch viel bedeutenderen Sinne eine *vollkommen neue Geschichtsschreibung* auf den Plan.

So kritisch Thukydides dem Herodot gegenübersteht, sie sind sich doch darin gleich, daß bei beiden das Geschehen ihrer eigenen Zeit den Mittelpunkt ihrer Geschichtsschreibung bildet, und daß dieses Geschehen nach ihrem Urteil alles Bisherige an Bedeutung weit übertrifft. Herodot hat zwar die Perserkriege nicht selbst miterlebt, denn er ist erst in ihren letzten Jahren geboren, konnte also nicht, wie Thukydides, das selbst Erlebte nach eigenen Beobachtungen darstellen. Aber er ist unter dem lebendigen Nachhall der ungeheuren Ereignisse aufgewachsen, und hat in Griechenland und auf seinen Reisen von den Miterlebenden auf beiden Seiten Erkundigungen einziehen können und wirklich mit dem leidenschaftlichsten Wissensdrang eingezogen. Genau wie Thukydides betont er immer wieder die einzigartige Größe der Dinge, die er darzustellen sich berufen fühlt. Das Erdbeben, das zum ersten und letzten Mal beim Durchzug des Datis und Artaphernes auf Delos stattfand, ist ihm ein deutliches Vorzeichen der Leiden, die über Griechenland kommen sollten; denn in den drei Generationen des Dareios, Xerxes und Artaphernes sei Griechenland mehr von Schicksalsschlägen heimgesucht worden, als in den zwanzig vorhergehenden (6, 98). Vor der Schlacht bei Marathon läßt er Miltiades zu dem athenischen Polemarchen sagen, daß jetzt der kritischste Augenblick in der Geschichte Athens gekommen sei; denn jetzt müsse es sich entscheiden, ob Athen seine Freiheit verlieren oder aber zur ersten Stadt Griechenlands emporsteigen sollte (6, 109). Von dem Zuge des Xerxes gegen Griechenland sagt er, daß mit ihm verglichen alle früheren Kriegszüge, auch der troische, geringfügig erscheinen (7, 20). Der Thukydides-Leser erinnert sich dabei an das berühmte Prooimion, in dem der Nachweis geführt wird, daß alle früheren Unternehmungen im Vergleich mit der des Peloponnesischen Krieges unbedeutend gewesen seien. Und wie Thukydides zum Erweis der einmaligen Größe des Geschehens hervorhebt, daß nie vorher in diesem Maße die ganze griechische Welt in Mitleidenschaft gezogen worden sei, so hebt Herodot das Verwandtschaftsbewußtsein der Hellenen mit Nachdruck hervor, das gerade damals zum Zusammenschluß drängte (z. B. 7, 145, 157; 5, 49, 92 f.). Er läßt die Athener sagen, aus Gottesfurcht vor dem hellenischen Zeus und weil sie keinen Verrat an Griechenland üben wollten, hätten sie den von persischer Seite angebotenen Sondervertrag abgewiesen, obgleich sie von griechischer Seite Unrecht erfahren hätten und im Stich gelassen worden seien, und obgleich es für sie viel vorteilhafter gewesen wäre, sich mit den Persern zu einigen als gegen sie Krieg zu führen (9, 7. Berufung auf die »Hellenischen« Götter auch 5, 49, 92). Und nicht am wenigsten weisen die zahllosen Wundergeschichten auf das Ungeheure der damaligen Entscheidungen und Schicksale hin. Herodot berichtet sie nicht nur, sondern er schenkt ihnen Glauben; sind sie doch in vielen Fällen so gut bezeugt wie die meisten historischen Tatsachen, und gelten nur aus weltanschaulichen Gründen für unglaubwürdig. Für uns sind sie von unschätzbarer Bedeutung, denn sie geben uns das unmittelbare Gefühl von der Spannung und Erregung der Gemüter, d. h. von dem, was damals für das allgemeine Bewußtsein auf dem Spiele stand.

So sehen wir bei Herodot, den das Altertum den »Vater der Geschichte« nannte (Cic. de leg. 1, 1), und bei Thukydides, der ihm als ihr unübertroffener Meister galt, was den großen Historiker macht. Geschichtliche Überlieferung hat es immer und überall gegeben, und historische Studien können, nachdem die Methode einmal gefunden ist, zu jeder Zeit gemacht werden. Aber der Historiker im hohen Sinne des Wortes wird nur durch die Geschichte selbst berufen.

Wie Herodot und Thukydides von dem Bewußtsein getragen sind, daß das, was sie darzustellen haben, eben jetzt geschehen ist, ja noch geschieht, und daß es von einmaliger Größe und Bedeutung ist, so wird auch die römische Geschichtsschreibung in dem Augenblick geboren, wo eine bisher nie dagewesene Volkserhebung den Kampf um Sein oder Nichtsein, um Untergang oder Weltherrschaft kämpft, im Zeitalter des punischen Krieges.

Die Vorstellung ist sehr oberflächlich, als ob bei allen Völkern Geschichte geschehen wäre, und nur einige sich durch die Begabung, sie zu schreiben, ausgezeichnet hätten. Vielmehr ist die erste Voraussetzung, daß überhaupt Geschichte geschehen ist, und nur die Völker, bei denen dies der Fall ist, haben eine Geschichtsschreibung im eigentlichen Sinne hervorgebracht. Wie der Einzelmensch seine persönliche Existenz erst dann als Geschichte versteht, wenn sie nicht bloß eine Aufeinanderfolge von Ereignissen ist; sondern eine lebendige Auseinandersetzung der Kräfte seines Menschentums mit den Mächten, die ihm begegnen, und mit dem Geheimnis, das sich hinter ihnen verbirgt, wobei die Gunst und Ungunst des Augenblicks ihr rätselhaftes Wort mitspricht, so auch im Leben der Völker. Nur wo alle Kräfte in Freiheit und Großheit wirken und der göttliche Augenblick, der unwiederholbare, sie zu einem entscheidenden Tun zusammenfaßt und vorwärts treibt, da geschieht in Wahrheit Geschichte. Und sie muß ihre geistige Gestalt im Worte finden, wie überall, wo wir echte heroische Kultur finden, auch der Heldensang geboren wird. So hat das freie Griechenland, mit seinem unvergleichlichen Reichtum lebendiger Kräfte, die Geschichtsschreibung hervorgebracht, das despotisch regierte Perserreich aber, mit dem es sich auseinandersetzte, nicht, trotz aller Größe der Ereignisse, die darüber hingingen.

Aber die Bedeutung des geschichtlichen Augenblicks bedarf noch einer grundsätzlichen Bemerkung.

Die Geschichtsschreibung hat es, im Gegensatz zur Naturforschung, mit dem zeitgebundenen und daher unwiederholbaren Geschehen zu tun. Mag es auch in typischen Formen verlaufen — und Thukydides sieht es als einen besonderen Wert seines Geschichtswerkes an, daß man daraus lernen könne, was bei ähnlichen Verhältnissen auch in Zukunft zu erwarten sei (1, 22) — trotz dieser Vergleichbarkeit ist alles Geschehen einmalig und unwiederholbar. Wieviel mehr gilt dies von den großen Geschehnissen im Leben der Völker. Sie wären nicht möglich, wenn nicht bedeutende Kräfte zusammen und gegeneinander wirkten und zwar so, daß Entscheidendes zum Vollzug kommt. Dazu aber bedarf es des Augenblicks in seiner Einmaligkeit. Es ist der historische Augenblick, der Moment, in dem Geschichte geschieht. Was folgt, oft für Jahrhunderte, ist durch diesen Augenblick in seinem Wesen bestimmt und geprägt. Der Historiker sucht zu zeigen, daß es so geschehen *mußte*. Und wirklich, wenn es diese Notwendigkeit nicht gäbe, wäre die Geschichte nur eine Aufzählung von Merkwürdigkeiten. Aber daß dies immer erst nachträglich möglich ist, soviel auch zuweilen die Ahnung vorwegnehmen mag, beweist, daß die Kräfte, die im Spiel sind, nicht vorher berechnet werden können, und vor allem nicht die Gunst oder Ungunst des entscheidenden, einmaligen Augenblicks. Diese geheimnisvolle Macht, die man auch den Zeitgeist nennen mag, sie ist es, die den berufenen Historiker ergreift. Ja, er ist selbst ein Teil dieses zeitlichen Geschehens, das in seiner Gefühls- und Gedankenwelt fortwirkt.

So schreibt nun Herodot, unter dem Eindruck des größten Geschehens, von dem die Menschheit Kunde hat, sein gewaltiges Werk über die Perserkriege bis zur Einnahme von Sestos (478) [1]. Aber der Geist der Geschichte, der ihn erfaßt hat, nötigt ihn, so weit auszugreifen, daß ihm die Geschichte des griechischen Heldenkampfes zur Universalgeschichte wird. Gleich zu Anfang spricht er seine Absicht aus: »Die Geschicke und Taten der Menschen sollen mit der Zeit nicht in Vergessenheit geraten, und die großen, erstaunlichen Werke, sei es der Griechen oder der Barbaren, sollen ihres Ruhmes nicht ermangeln.« Wenn sich hier die Mächte Asiens und Europas in einem Zusammenprall ohnegleichen auseinandersetzten, so drängt sich die Frage auf, seit wann denn überhaupt und wie es zu Feindseligkeiten und Gewalthandlungen der Einen gegen die Anderen gekommen ist. Durch diese Frage werden wir sogleich in die Vorzeit geführt. Der ganze Umkreis der Völker des Ostens, Südens und Nordens, soweit die Kunde reicht, ein jedes zu seiner Zeit und seiner Weise, ist in diese Bewegung verflochten, und so tritt ein jedes im Fortgang der Ereignisse an seiner Stelle hervor, um uns von seiner Herkunft und Kultur, seiner Verfassung und seinen Schicksalen ausführlich zu erzählen. Dabei kommt nicht nur das, was sich noch jetzt beobachten oder durch zuverlässige Zeugen

[1] Hier setzt Thukydides I, 89, 2 ein mit seiner Geschichte der Machterhebung Athens nach dem Perserkrieg.

bestätigen läßt, zur Sprache; die ältesten Erinnerungen mit ihren mythischen Gestalten werden lebendig, der Geist wird offenbar, in dem eine jede Menschenart ihre Vergangenheit und Gegenwart sieht, samt den göttlichen Mächten, die sie regieren. Und dem frommen Sinn des Historikers sind diese Überlieferungen ehrwürdig genug, um getreu bewahrt zu werden, auch wenn er seinen Zweifel an ihre Glaubwürdigkeit nicht zurückhalten kann. Und so rollt er das große Buch der Welt vor uns auf und läßt uns miterleben und erkennen, wie im Einzelschicksal und im Gesamtgeschehen ein göttlicher Wille waltet, der Geist ewiger Gerechtigkeit, der alles Maßlose in seine Schranken weist, jeden Frevel, wenn auch nicht unmittelbar, so doch gewiß zur vorgesehenen Zeit zur Verantwortung zieht, und die Übermütigen auf dem Gipfel ihrer Macht in den Wahn verstrickt, der sie zu Fall bringen muß.

Aus dieser Grundanschauung spricht die *Erfahrung*, die der Historiker als Zeitgenosse des gewaltigen Geschehens gemacht hat. Und daß er nicht bloß seine eigenen Gedanken ausspricht, bezeugt uns Aischylos, der das Schicksal des Perserkönigs genau so gesehen hat. Der Geist des zeitgenössischen Geschehens, das ihn zum Historiker gemacht hat, er ist es, der sein ganzes Werk durchwaltet. Die Katastrophe der persischen Weltmacht und ihr Niedergang ist im letzten Grunde ein Gericht über ihren Hochmut und ihre Nichtachtung des Göttlichen; dieses Göttlichen, das, wie ein zeitgenössischer Tragiker sagt, den, der zu Fall kommen soll, so verblendet, daß ihm das Falsche als recht und gut gilt. So wird der König Xerxes durch einen gottgesandten Traum, der ihm den glorreichen Erfolg eines Vernichtungszugs gegen Griechenland vorspiegelt, zu dem Entschluß verführt, der den ungeheuersten Zusammenbruch zur Folge hat.

Je mehr der eigentliche Gegenstand seiner Geschichtsschreibung in den Mittelpunkt rückt, um so großartiger und ergreifender wird die Erzählung, um so bewunderungswürdiger die Meisterschaft der Gestaltungskunst. Und zugleich erkennen wir immer deutlicher die Einheit des gesamten Aufbaus. Das eindrucksvolle Bild, mit dem das Ganze schließt, weist in seiner Monumentalität auf den Anfang zurück. Die Geschichte, die mit den ersten feindlichen Berührungen zwischen Asien und Europa begann, findet hier wirklich ein Ende. Es ist nicht zu begreifen, wie man so blind sein konnte, das Werk für unvollständig zu halten. Man kann es seinem Geist und seiner Gestalt nach ein Drama nennen, verwandt mit den Tragödien des Sophokles, der Herodots Freund war. Auch in diesem Sinne trifft zu, was Dionysios von Halikarnass (de Thucyd. 23) über die

Schreibweise Herodots gesagt hat: er brachte es fertig, daß die Prosarede der mächtigsten Dichtung gleichkam.

Wunderbar mutet es uns an, wie zum allerletzten Schluß die Asiaten, die so schwer gedemütigt wurden, wieder in ihrer Größe hervortreten. Das entspricht der geistigen Weite des Herodot (und gewiß auch schon seiner Vorgänger). So oft er auch die *ἀρετή* der Hellenen und ihre Freiheitsliebe dem Charakter der Orientalen entgegenstellt, er ist frei von dem Hochmut, der sich in der späteren Verwendung des Wortes »Barbaren« ausdrückt. Da ist keine Spur von nationalistischer Selbsteinschätzung und Geringschätzung. Xerxes wird mit derselben Anteilnahme, ja Liebe behandelt, wie irgendein Grieche. Und so durchaus im kleinen wie im großen. Das ist die echte Gesinnung des Zeitalters der Perserkriege, wie Aischylos zeigt. So hat für Herodot jedes Volk sein bedeutendes Schicksal, und immer ist es sinnerfüllt und fordert das Nachdenken des über die Grenzen des Völkischen hinausgewachsenen und ins Menschliche erhobenen Geistes. Hier tritt der Mensch als solcher in die Geschichte ein, und wir spüren noch die freie Luft der Philosophie eines Thales und seiner Nachfolger, denen alle Erscheinungen des Weltalls, vom Samenkorn bis zu den Sternen, zur Belehrung dienten, was diese Welt in Wahrheit ist.

Das Werk des Herodot hat großen Eindruck gemacht. Er soll in Athen und in Olympia öffentlich daraus vorgelesen haben, und vom athenischen Volk mit einem Preis von zehn Talenten ausgezeichnet worden sein. Später fabelte man, daß bei einer solchen Vorlesung der junge Thukydides anwesend gewesen und in Tränen ausgebrochen sei, worauf Herodot seinen Vater auf die hohe Begabung des Sohnes aufmerksam gemacht habe. Aber Herodot hat nicht bloß Bewunderung, sondern viel ungünstige Beurteilung erfahren. Man warf ihm Mangel an Kritik und Wahrheitsliebe vor, man sprach lächelnd von seiner Leichtgläubigkeit, seinem Aberglauben. Aristoteles, der ihn eifrig benützte, nannte ihn einen *μυθολόγος*, und Cicero (de leg. 1, 1) spricht von seinen *innumerabiles fabulae.*

Die Wahrheit ist: Herodot steht am Ende einer Epoche. Mit Thukydides, der nur etwa zwanzig Jahre jünger war als er, befinden wir uns in einer ganz neuen Welt. Durch Thukydides ist der neue Begriff *wissenschaftlicher Geschichtsschreibung,* der bis heute maßgebende, aufgestellt und zugleich ein Meisterwerk geschaffen worden, dessen Größe und Vorbildlichkeit nie ernstlich in Frage gestellt wurde. Die bedeutendsten Historiker der folgenden Generationen haben sein unvollendet gebliebenes Werk teils fortgesetzt, teils nachgeahmt, und in der Spätzeit sprach man von »dem Geschichtsschreiber« (*ὁ ξυγγραφεύς*), wenn man Thukydides meinte, so wie man den Homer einfach »den Dichter« nannte.

Was sich hier vollzogen hat, ist nicht nur in der Geschichte des historischen Denkens, sondern in der Geschichte des europäischen Geistes überhaupt von epochaler Bedeutung.

Am Schluß der Einleitung seines Werkes setzt Thukydides sich selbst seinen Vorgängern mit aller Entschiedenheit entgegen. Er nennt den Herodot nicht mit Namen, aber man hat längst erkannt, daß auch er in die ablehnende Kritik mit einbegriffen ist. In dieser Kritik und in dem Selbstzeugnis des Thukydides spricht ein neues Zeitalter dem eben zu Ende gehenden das Urteil.

Die Alten, sagt Thukydides (1, 21 f.), suchen ihren Werken durch Mythenerzählungen Reiz zu verleihen, statt durch zuverlässige Tatsachenberichte aufklärend und belehrend zu wirken. Sie haben es weniger auf Wahrheit als auf Ergötzung des Publikums abgesehen. *Seine* Geschichtsschreibung dagegen möge wohl wegen des Fernbleibens alles Mythischen weniger ergötzlich sein; dafür werden diejenigen sie willkommen heißen, die erkennen wollen, wie es in Wahrheit gewesen ist und in Zukunft wiederum, nach dem Gesetz der menschlichen Dinge, ebenso oder ähnlich gehen wird. Und so solle sie kein Prunkstück für das augenblickliche Anhören, sondern einen Gewinn für immer bedeuten.

Die *Wahrheit* (*τὸ ἀληθές*) also, die Gewißheit (*τὸ σαφές*) ist das, was Thukydides allein im Auge hat. Diese zu erkunden hat er alle Mühe aufgewandt (*ἐπιπόνως δὲ ηὑρίσκετο* 1, 22, 3), indem er nicht dem nächsten besten Bericht oder dem eigenen Gutdünken folgte, sondern nur das anerkannte, was er als Miterlebender selbst bezeugen konnte, oder, wo er auf das Zeugnis anderer angewiesen war, mit Sorgfalt selbst geprüft hatte (*οὐκ ἐκ τοῦ παρατυχόντος πυνθανόμενος ἠξίωσα γράφειν οὐδ' ὡς ἐμοὶ ἐδόκει, ἀλλ' οἷς τε αὐτὸς παρῆν καὶ παρά τῶν ἄλλων ὅσον δυνατὸν ἀκριβείᾳ περὶ ἑκάστου ἐπεξελθών* I, 22, 2). Wie ungünstig er dagegen über seine Vorgänger urteilt, zeigt die Bemerkung, mit der er die Richtigstellung einiger Irrtümer in der Berichterstattung Herodots (dessen Name er nicht nennt) schließt: »So wenig Mühe verwenden die meisten auf die Erkundung der Wahrheit und wenden sich lieber dem zu, was sich von selbst anbietet« (*οὕτω*) *ἀταλαιπόρως τοῖς πολλοῖς ἡ ζήτησις τῆς ἀληθείας καὶ ἐπὶ τὰ ἑτοῖμα μᾶλλον τρέπονται* 1, 20, 3). So sollte denn sein Geschichtswerk den strengsten Forderungen der Wahrheitserkenntnis genügen, indem es sich auf durchaus selbstgesammeltes und geprüftes Material gründete, nur das tatsächlich Feststellbare oder nach den Gesetzen des natürlichen Verlaufs Notwendige anerkannte und auf alle Begründungen aus dem Geheimnisvollen und Übernatürlichen verzichtete. Und wirklich ist es bis heute nicht gelungen, ihm Irrtümer von Belang nachzuweisen; und auch die Alten, die den Herodot so vielfach der Unzuverlässigkeit beschuldigten, haben bei Thukydides höchstens an formalen Eigentümlichkeiten Anstoß genommen.

Aber das, was den Thukydides von Herodot und der älteren Geschichtsschreibung überhaupt unterscheidet und uns nötigt, von einer *Zeitwende* im vollen Sinn zu sprechen, ist viel tiefgreifender, als es nach Thukydides' eigenen Worten erscheinen kann. Thukydides ist nicht der erste, der die Forderung der Wahrheit aufstellt. Was wäre denn die *ἱστορίη*, wenn sie nicht der Feststellung des Wahren dienen wollte? Jeder Leser Herodots weiß, wie ernstlich er die Überlieferungen prüft und gegeneinander abwägt, wie oft er sein Urteil zurückhält, weil die Nachrichten zu ungenügend sind, um das Wahre (*τἀληθές*), auf das es ihm ankommt, klar erkennen zu lassen. Und kommt nicht der Wille zur Wahrheit in dem uns erhaltenen Einleitungssatz des alten Hekataios von Milet ausdrücklich zum Worte? »So spricht Hekataios von Milet: dies schreibe ich so wie es mir wahr zu sein scheint; denn die Reden der Griechen sind, wie mich dünkt, vielfältig und lächerlich« (*Ἑκαταῖος Μιλήσιος ὧδε μυθεῖται· τάδε γράφω, ὥς μοι δοκεῖ ἀληθέα εἶναι· οἱ γὰρ Ἑλλήνων λόγοι πολλοί τε καὶ γελοῖοι, ὡς ἐμοὶ φαίνονται, εἰσίν*).

Die strengere Methode der Forschung bei Thukydides und seit Thukydides kann den großen Unterschied nicht begründen, daß hier ein neuer Geist auftritt und die Geschichtsschreibung zu einer wissenschaftlichen macht.

Es ist ein *neuer Begriff von Wahrheit*, der bei Thukydides entscheidend wirkt und den die folgenden anerkennen. Von ihm aus erscheint es, als ob die Alten, die doch auch nach Wahrheit strebten, es eigentlich nur auf Unterhaltung und Ergötzung der Leser abgesehen hätten (so *ἡδονή* oder *ἀπάτη*, wie im Urteil des Thukydides selbst, so auch bei Dionysios von Halikarnass, de Thucydide 7, im Gegensatz zu der *ἀλήθεια* und *ὠφέλεια* des Thukydides).

Thukydides weist den Mythos ganz aus der Geschichtsschreibung hinaus. Denn der Mythos ist ihm das Unwahre oder jedenfalls das

Unzuverlässige, nicht Kontrollierbare. Und auf den Nachweis der tatsächlichen Richtigkeit kommt alles an. So schreibt er ausdrücklich nur über die Dinge, die er selbst miterlebt, mitangesehen hat, und zwar teilweise in einer Stellung die ihm erlaubte, auch die Lage bei der Gegenpartei durch eigene Beobachtung kennen zu lernen und zu beurteilen. Die ganze Einleitung über die Vorgeschichte soll nicht nur beweisen, daß die Unternehmungen und Geschehnisse der Vorzeit, so viel Wesens die Dichter und fabulierenden Historiker daraus machen, selbst die berühmten Perserkriege, geringfügig waren im Vergleich mit dem ungeheuren Kräftespiel des peloponnesischen Krieges, der zum erstenmal das gesamte Hellas und einen großen Teil von Asien zum Mitwirken und Mitleiden zusammenfaßte; diese Einleitung soll zugleich zeigen, was er als wissenschaftlicher Historiker *nicht* beschreiben will, weil er nicht Augenzeuge sein konnte und der Mangel an nachprüfbaren Zeugnissen zu groß ist.

Sein klarer Geist hat so tief in das Wesen der wirkenden Mächte und in das Schicksal ihres Zusammenspiels, ja in die Natur des Menschlichen überhaupt hineingeblickt, daß er mit der Geschichte weniger Kriegsjahre und dem denkwürdigen Zeugnis von der Herrlichkeit des Perikleischen Athens zugleich eine *Universalgeschichte ganz neuer Art* schaffen konnte, die Geschichte des Menschen in der Leidenschaft der aufs Höchste gesteigerten Kräfte. Und daß hier wirklich in der Zeitgeschichte die allgemeine sichtbar werden sollte, hat Thukydides selbst ausgesprochen, indem er am Ende der Einleitung versprach, daß der Wahrheitsuchende nicht nur zuverlässig erfahren solle, wie es gewesen, sondern wie es auch in Zukunft, entsprechend dem Menschenwesen und seiner gleichbleibenden Artung und entsprechend den Gesetzen des Geschehens, immer wieder sein werde.

Wir müssen gestehen: kein großartigeres Bild eines epochemachenden und zugleich weltbedeutenden Geschehens ist je von einem Historiker gestaltet worden.

Und dennoch müssen wir fragen: bedeutet die »Wahrheit« des Thukydides gegenüber der »Wahrheit« des Hekataios und Herodot nur einen Fortschritt und Gewinn?

Thukydides war ein nur wenig jüngerer Zeitgenosse des Sokrates. Die sophistische Bewegung hat ihren Einfluß auf seine Geisteshaltung ausgeübt. In der berühmten Leichenrede zu Ehren der Stadt Athen, die er dem Perikles in den Mund legt, sind es die bedeutendsten und schönsten Worte, die an den Platonischen Sokrates gemahnen.

Von Sokrates hat man gesagt, er habe die Philosophie vom Himmel auf die Erde herabgezogen. Er wandte sich ab von den weltweiten Problemen der älteren Philosophie, weil die Dinge, die über dem Menschen sind, kein klares und strenges Erkennen zulassen, und widmete sich nur der Erkenntnis des Menschen, seines Wesens und Berufes. So ist er der Schöpfer der Wissenschaft vom Menschen, des methodischen Denkens und damit der Wissenschaft im strengen Sinn überhaupt geworden. Daher unterscheiden wir in der Geschichte der Philosophie die Zeit vor und nach Sokrates. Aber wir wissen auch, daß die Klärung und Zucht der Sokratischen Philosophie zugleich eine Verengung bedeutete und daß durch sie manches verloren ging, dessen Wert wir erst wieder zu verstehen beginnen.

Mit dem Auftreten des Thukydides hat sich in der Geschichtsschreibung ein ganz ähnlicher Umbruch vollzogen. Dem Geiste seiner Zeit, dem er als Historiker zum erstenmal entschiedenen Ausdruck verlieh, erschienen die Vorgänger bis Herodot als leichtgläubig und unzuverlässig, nicht weil sie es in Wirklichkeit waren, sondern weil ein anderer Begriff von Wissen und Wahrheit für sie maßgebend war. Sie standen in einem Wissen, das der neuen Zeit verloren zu gehen drohte, in dem *Wissen des Mythos*, der bald nur noch als das Unwahre verstanden werden konnte.

Daher war *ihre Geschichtsschreibung nach einer ganz anderen Seite hin orientiert* als die Thukydideische. Sie fragten, so wie Thales und seine Nachfolger, nach den Anfängen der Dinge. Sie lebten selbst noch in einer vom Göttlichen umfangenen Welt, und darum war ihr Denken auf den Ursprung gerichtet. Vom Ursprung, und das heißt zugleich vom Göttlichen aus mußte alles verstanden werden, um richtig verstanden zu werden. Mochten die ersten und ältesten Dinge auch im Dunklen liegen und eine genau nachprüfbare Feststellung nicht zulassen, der unerschütterliche Glaube an die Herkunft allen Seins und Geschehens aus dem Göttlichen durfte das Gedächtnis der vorangegangenen Geschlechter nicht gering achten. Der Geschichtsschreiber war gewissermaßen selbst noch ein Glied in der lebendigen Überlieferung von den Ureltern her.

So war für die alte Geschichtsschreibung das *Grundmotiv* die Herkunft aller Dinge aus dem Uranfänglichen und Ewigen. Und das gilt insofern auch noch für Herodot, als er zwar nicht mit dem Anfang der Dinge beginnt, aber doch alles Geschehen zum Göttlichen und Ewigen in Beziehung setzt.

Der *religiöse Hintergrund* ist es, der die ältere Geschichtsschreibung von der Thukydideischen unterscheidet. Herodot, der Freund des Sophokles, der Geistesverwandte des Zeitalters der Perserkriege, steht noch in der geistigen Welt, da das Göttliche dem Menschen so nahe war und sein Dasein und Walten so überzeugend kund tat, daß keine zureichende Begründung historischer Ereignisse ohne Berücksichtigung dieses entscheidenden Faktors denkbar war. Dadurch ist sein Werk für uns von unschätzbarem Wert, wie oft er auch im einzelnen geirrt haben mag.

Die im entschiedenen Sinn wissenschaftliche Geschichtsschreibung stellt sich die Aufgabe, das Geschehen mit strenger Sachlichkeit aus dem erkennbaren Charakter der Menschen und aus den Verhältnissen, in die sie hineingestellt sind, zu verstehen, ohne es in ein Geheimnis, das der menschlichen Erkenntnis doch immer verschlossen sein muß, zu verfolgen.

Um der ältesten Geschichtsschreibung gerecht zu werden, müssen wir *das Menschenbild* verstehen, das für sie Gültigkeit hat. Sie sieht den Menschen nicht allein und auf sich selbst gestellt, nach Maßgabe des ihm eigenen Erkennens, Wollens und Vermögens, unter der Gunst oder Ungunst des Augenblicks, sein Schicksal sich schaffend; sie sieht das Gesamtgeschehen im Volke oder zwischen den Völkern nicht nur als notwendiges Ergebnis des Zusammenwirkens nachweisbarer Kräfte, Strebungen und Spannungen. Der Einzelmensch wie auch die Gesamtheit steht für ihr Wissen in einem höheren Zusammenhang, aus dem im letzten Grunde die entscheidenden Gedanken und Antriebe kommen, die der Mensch als seine eigenen erfährt und zu verantworten hat. So sorgfältig man auch die tatsächlich vorhandenen Kräfte, Motive und Umstände erforschen mag, je mehr man von ihnen in Erfahrung bringt, um so gewisser kommt man an den Punkt, wo das Übermenschliche und Göttliche eine Deutung anderer Art notwendig macht als die Tatsachenforschung fordert.

Diese Grundanschauung, und nicht nur Mangel an Kritik, ist es, weshalb Herodot und die Älteren so vielen mythischen Geschichten Glauben schenken oder sie wenigstens einer ernsthaften Mitteilung für wert halten. Der *Mensch, wie sie ihn kennen, ist selbst ein Mythos, und so die Völker*. Das heißt: er ist gar nicht zu verstehen ohne den großen Zusammenhang des Seins, der göttlich ist und in dem und von dem er lebt. Und wir dürfen schließlich nicht übersehen, daß das Moment der Einmaligkeit, das wir Zufall nennen, den entscheidenden Zufall in der Weltgeschichte, den kein

Besonnener aus ihr wegräsonieren wird, in der dem Mythischen noch offenen Geschichtsschreibung mehr zu seinem Recht kommt als in der streng wissenschaftlichen.

So zeichnet sich die griechische Geschichtsschreibung vor der aller anderen Völker nicht nur dadurch aus, daß sie die Methode wissenschaftlicher Forschung und Darstellung zum erstenmal erkannt und mit ihr Werke geschaffen hat, die für alle Folgezeit als Vorbilder dienen konnten. Das ist etwas allgemein Bekanntes; und wir verfolgen hier die Geschichtsschreibung nach Thukydides nicht weiter, so viel auch über ihre Wandlungen und ihre Vielgestaltigkeit zu sagen wäre. Weniger beachtet aber ist das andere: daß bei den Griechen auch die noch im Mythos stehende Geschichtsschreibung eine Größe und Vollkommenheit erreicht hat, um derentwillen sie verdiente, nicht bloß, wie gewöhnlich geschieht, als Vorstufe der im eigentlichen Sinne wissenschaftlichen betrachtet, sondern dieser ebenbürtig an die Seite gestellt zu werden. Denn sie ist keine Dichtung und noch weniger Fabelei, sondern historische Forschung, im Geiste des Logos — und hat dennoch den Zusammenhang mit der vom Göttlichen berührten alten Welt nicht verloren, die eine Welt nicht des Glaubens, sondern des Wissens war.

Aber Eines fehlt auch dieser mythischen Geschichtsschreibung. Sie knüpft zwar alles Sein und Geschehen an das Göttliche an, aber sie weiß nichts von einem Gesamtsinn des Geschehens. Sie blickt zurück auf den Ursprung, aber sie blickt nicht vorwärts. Sie weiß nichts von einer Idee, die sich in der Geschichte des Volkes (oder der Menschheit) verwirklichen soll. Darauf ist neuerdings mehrfach hingewiesen worden. Es konnte sogar behauptet werden, daß ohne eine solche Idee kein Geschichtsbild im wahren Sinne entstehen könne (vgl. des Grafen Yorck von Wartenburg Gedanken über die christliche Geschichtsschreibung, und aus unseren Tagen die Groninger Rektoratsrede des Religionshistorikers Van der Leeuw).
Das berühmteste Beispiel solchen Geschichtsdenkens bieten die Israeliten. Weniger beachtet wird, daß es auch den alten Römern eigentümlich war. Sie haben der von den Griechen überkommenen Geschichtsschreibung einen neuen Gehalt gegeben: den Gedanken einer Berufung des römischen Volkes und der fortschreitenden Erfüllung der Verheißungen und Aufträge, mit denen es in der Urzeit angetreten war.
In solchem Lichte ihre Geschichte zu sehen, war den Griechen nicht

gegeben. Nicht nur deshalb, weil sie keine nationale Einheit, wie die Römer, bildeten, woran man zunächst denken möchte. Der Grund liegt tiefer. Das Größte, was Thukydides vom Staat der Athener zu rühmen weiß und worin man wohl eine Sendung des attischen Volkes erkennen dürfte, war nicht von der Art, daß ein einmaliges Ereignis göttlicher Fügung, ein Entschluß des Weltenlenkers (wie bei den Hebräern, den Römern oder in der christlichen Menschheit) es begründet und in Bewegung gesetzt haben könnte. Er war die ewige Natur des Menschen, die sich in ihrer physischen und geistigen Vollkommenheit offenbarte, so wie sich schon vor Generationen der vollkommene Mensch in den Jünglingsgestalten, die man Apollonbilder nennt, der Gottheit dargestellt hatte.

Wenn bei anderen Völkern das Geschichtsdenken von der Idee einer *Zeitwende* beherrscht ist, so sieht der Grieche die Welt in einer für die Ewigkeit begründeten Seinsordnung; und wie er das Weltall als den ewigen Kosmos aller Dinge versteht, so weiß er auch von dem Kosmos menschlichen Geschehens in seiner unwandelbaren Wesenhaftigkeit und Gesetzmäßigkeit. Daher die wundervolle Ruhe und Heiterkeit, ja Seligkeit, trotz tragischer Erschütterungen, die aus allen Schöpfungen der Griechen leuchtet und nirgends ihresgleichen hat. Die Idee der in sich ruhenden Welt und ihrer für die Ewigkeit gegründeten Seinsordnung ist dem Griechen aus der heroischen Vorzeit überkommen und, trotz manchen Einspruchs von Philosophen und Heilbringern, für das Daseinsbewußtsein entscheidend geblieben, wie die Werke der Kunst jeden, der Augen hat, lehren können. Und dennoch weiß auch der Grieche von einer großen Zeitwende und Wandlung. Der göttliche Kosmos ist nicht ohne Kampf ins Sein getreten. Einmal ist die große Entscheidung gefallen, durch die sich alles Geschehen in der Welt neu und für immer begründet hat. Was sich im Geschichtsdenken anderer Völker durch einen Eingriff der Gottheit in die Menschenwelt begeben hat, das mußte sich hier im Reiche des Göttlichen selbst vollziehen.

Uranos, Kronos und Zeus stellen die großen Epochen der Weltgestaltung dar. Zeus mußte die Urmächte überwinden, ehe er das olympische Reich aufbauen konnte. Aber nur überwunden und zurückgesetzt, nicht vernichtet oder verteufelt sollten sie sein, sondern immer verehrungsvoll bleiben, als die geheimnisvolle Tiefe unverlierbar zum Bestande des Seins gehörig. Dieser übergeschichtliche Vorgang tritt hier an die Stelle der geschichtlichen Zentralidee anderer Völker.

Die hohe, ja einzigartige Bedeutung dieses *theogonischen* Prozesses hat Schelling erfaßt. Er ermöglichte es ihm, das ganze Sein der Welt als geschichtlichen Prozeß zu verstehen, in dem alles Ereignis und Wandlung ist, aber nichts verloren geht, sondern das Überwundene stufenweise in immer höherer Gestalt erscheint, zugleich aber in seiner Ursprünglichkeit als mütterlicher Untergrund für alle Zeiten bewahrt bleibt.

ERSTES BUCH

Herodotos von Halikarnassos gibt hier eine Darlegung seiner Forschungen, damit bei der Nachwelt nicht in Vergessenheit gerate, was unter Menschen einst geschehen ist; auch soll das Andenken an große und wunderbare Taten nicht erlöschen, die die Hellenen und die Barbaren getan haben, besonders aber soll man die Ursachen wissen, weshalb sie gegeneinander Kriege führten.

1. Nun behaupten die Gelehrten der Perser, an der Zwietracht zwischen den Hellenen und Barbaren seien die Phoiniker schuld. Die Phoiniker wären von dem Meer, das man das Rote nennt, herübergekommen an unser Meer und hätten sich niedergelassen, wo sie heute noch wohnen[1], sie hätten alsbald weite Seefahrten unternommen. Waren aus Ägypten und Assyrien hätten sie in viele Länder gebracht, und so seien sie auch nach Argos gekommen. Argos aber war zu jener Zeit die mächtigste unter allen Städten in dem Lande, das man heute Hellas nennt. Und als die Phoiniker in Argos angekommen, hätten sie ihre Waren feilgeboten[2]. Am fünften oder sechsten Tag nach ihrer Ankunft, als sie schon fast alles verkauft, sei mit vielen anderen Frauen auch die Königstochter ans Gestade gekommen; ihr Name sei Io, Tochter des Inachos, gewesen, und ebenso nennen sie auch die Hellenen. Die Frauen hätten am Heck des Schiffes gestanden und von den Waren gekauft, wonach sie am meisten verlangten. Die Phoiniker aber hätten sich untereinander verabredet und die Frauen überfallen. Die meisten seien geflohen, aber Io und einige andere hätten sie geraubt, in das Schiff geworfen, und dann seien sie davongesegelt nach Ägypten.

2. So und nicht wie die Hellenen erzählen, meinen die Perser, sei Io nach Ägypten gekommen, und damit hätten die Frevel-

taten ihren Anfang genommen. Danach, so erzählen sie weiter, seien einige Hellenen, deren genauere Herkunft sie nicht wissen, in Tyros in Phoinikien gelandet und hätten die Königstochter Europa geraubt[3]. Sie waren aber wohl Kreter[4]. So hätten sie Gleiches mit Gleichem vergolten.

Danach sei aber von den Hellenen ein neuer Frevel an den Barbaren verübt worden. In einem großen Schiff seien sie nach Aia in Kolchis und an den Fluß Phasis gefahren, und als sie alles vollbracht, weswegen sie gekommen, hätten sie die Königstochter Medeia geraubt[5]. Und der König der Kolcher hätte seinen Herold nach Hellas geschickt und Sühne gefordert wegen des Raubes und die Tochter zurückgefordert. Aber die Hellenen hätten geantwortet, jene hätten für den Raub der Io aus Argos auch keine Sühne gegeben; so gäben sie ihnen auch keine.

3. Ein Menschenalter danach, erzählen sie weiter, habe Alexandros, des Priamos Sohn, der von jenem Raube hörte, sich aus Hellas ein Weib durch Raub gewinnen wollen, denn er wußte wohl, daß er keine Buße entrichten werde, weil auch sie keine gezahlt hatten. Und als er die Helene geraubt, hätten die Hellenen beschlossen, zuerst Boten zu schicken, Helene zurückzuverlangen und Sühne für den Raub zu fordern. Aber die Troer hätten ihnen den Raub der Medeia vorgehalten und gesagt, sie hätten doch auch keine Sühne gegeben und die Geraubte nicht herausgegeben, nun verlangten sie Sühne von anderen.

4. Bis zu diesem Zeitpunkte habe es lediglich gegenseitigen Weiberraub gegeben, aber von nun ab seien die Hellenen allein die Schuldigen. Denn sie hätten zuerst einen Kriegszug nach Asien unternommen, nicht die Perser nach Europa. Weiberraub treiben, sei ihrer Meinung nach zwar nicht recht, aber für den Raub ernstlich Rache zu nehmen, sei töricht; weise sei der, welcher den Raub ruhig geschehen ließe. Denn offenbar würde keiner ein Weib rauben, wenn es nicht selber in den Raub willige. Sie in Asien, so sagen die Perser, hätten denn auch von dem Raub der Weiber gar kein Aufhebens gemacht, aber die Hellenen hätten um des Weibes aus Lakedaimon willen ein gewaltiges Heer gesammelt, seien nach Asien herübergekommen und hätten das Reich des Priamos zerstört.

Von dieser Zeit an hätten die Perser stets, was hellenisch ist, als feindlich betrachtet. Denn sie sehen ganz Asien als ihr Vaterland und alle Barbarenvölker, die es bewohnen, als ihre Verwandten an. Europa aber und das Land der Hellenen gilt ihnen als ein fremdes Land.

5. So ist nach Meinung der Perser der Verlauf gewesen, und die Eroberung Ilions ist ihrer Ansicht nach der Grund ihrer Feindschaft gegen die Hellenen. Den Raub der Io aber erzählen die Phoiniker anders als die Perser. Nicht mit Gewalt, sagen sie, hätten sie Io nach Ägypten entführt. Sie hätte schon in Argos mit dem Schiffsherrn Buhlschaft getrieben, und als sie sich schwanger gefühlt, sei sie aus Scham vor den Eltern freiwillig mit den Phoinikern abgefahren, damit ihre Schande nicht an den Tag komme.

So erzählen die Perser und so die Phoiniker. Ich selber will nicht entscheiden, ob es so oder anders gewesen ist. Aber den Mann will ich nennen, von dem ich sicher weiß, daß er es war, der mit den Feindseligkeiten gegen die Hellenen den Anfang gemacht hat. Und dann will ich fortfahren und berichten, was weiter geschehen ist, und will die Geschichte der großen und der kleinen Städte erzählen. Denn viele Städte, die einst mächtig waren, sind klein geworden, und die zu meiner Zeit mächtig waren, sind früher klein gewesen. Ich weiß, daß menschliche Größe und Herrlichkeit nicht von Bestand ist, und darum will ich der Schicksale beider in gleicher Weise gedenken.

6. Kroisos[6] stammte aus Lydien[7] und war ein Sohn des Alyattes. Er herrschte über die Völker diesseits des Flusses Halys[8]. Der Halys kommt von Süden und fließt zwischen Syrien[9] und Paphlagonien nach Norden, bis er sich in das Meer ergießt, das man Pontos Euxeinos nennt. Kroisos war der erste der Barbaren, von dem wir wissen, daß er Hellenen zinsbar machte und mit anderen Hellenen Verträge schloß. Zinsbar machte er die Ioner, Aioler und Dorier in Kleinasien[10], und Freundschaft schloß er mit den Lakedaimoniern. Vor Kroisos' Herrschaft aber waren alle Hellenen frei. Denn der Zug der Kimmerier[11], der einst bis Ionien vordrang, noch vor den Zeiten des Kroisos, unterjochte die Städte nicht, sondern plünderte sie nur im Vorüberziehen aus.

7. Das Reich, das ehedem von dem Hause der Herakliden beherrscht wurde, war folgendermaßen an das Haus des Kroisos, das man die Mermnaden nennt, gekommen[12]. Kandaules, der bei den Griechen Myrsilos heißt, war Tyrann von Sardes und stammte von Alkaios ab, dem Sohne des Herakles. Der erste König von Sardes aus dem Heraklidenhause war nämlich Agron gewesen, der Sohn des Ninos, der Enkel des Belos, der Urenkel des Alkaios. Und Kandaules, der Sohn des Myrsos, war der letzte. Die Könige, die vor Agron über das Land geherrscht hatten, waren Abkommen des Lydos, Sohnes des Atys, nach dem das ganze Volk – vordem als ›meionisch‹ bezeichnet – den Namen ›Lyder‹ erhielt. Von diesen erlangten das Reich die Herakliden, die es infolge eines Göttersprudis übernahmen. Sie stammten von Herakles und einer Sklavin des Iardanos ab und herrschten zweiundzwanzig Menschenalter hindurch, fünfhundert und fünf Jahre, und immer folgte der Sohn dem Vater auf dem Thron bis zu Kandaules, dem Sohn des Myrsos.
8. Dieser Kandaules[13] liebte sein Weib überaus, und in seiner Liebe glaubte er, sie sei die allerschönste Frau in der Welt. Nun war unter seinen Leibwächtern einer, der hieß Gyges, Sohn des Daskylos. Der war ihm lieb vor allen anderen. Mit Gyges besprach Kandaules alle wichtigen Angelegenheiten, und ihm pries er nun auch die Schönheit seines Weibes. Es dauerte nicht lange – Kandaules sollte und mußte nun einmal dem Verderben verfallen –, so sagte er zu Gyges: »Gyges, es scheint, du glaubst mir nicht, was ich von der Schönheit meines Weibes gesagt habe; den Ohren glauben ja die Menschen weniger als den Augen. Sieh zu, daß du sie einmal nackt schaust!«
Gyges aber schrie laut und sagte: »Herr, wie unvernünftig sind deine Worte! Du sagst, ich solle meine Herrin nackt schauen? Wenn eine Frau ihr Gewand ablegt, entkleidet sie sich auch ihrer Achtung. Längst schon haben die Menschen ja erkannt, was recht und gut ist, und das soll man sich zur Lehre nehmen. Dazu gehört, daß jeder nur schauen möge, was sein ist. Ich glaube es, daß sie die schönste aller Frauen ist, und bitte dich: verlange nichts Unrechtes von mir!«
9. So sprach er und weigerte sich; denn er fürchtete, es möchte ihm Unheil daraus erwachsen. Kandaules aber antwortete:

»Fasse Mut, Gyges, und fürchte nichts! Ich habe jenes Wort nicht gesagt, um dich zu versuchen, und auch mein Weib soll dir nichts zuleide tun. Ich werde es so einrichten, daß sie es gar nicht merkt, daß du sie gesehen. Ich werde dich in dem Gemach, in dem wir schlafen, hinter die geöffnete Tür stellen. Nach mir wird dann auch mein Weib hereintreten und sich zur Ruhe begeben. Nahe bei der Tür steht ein Sessel. Auf ihn wird sie, nacheinander, wie sie sich auszieht, ihre Kleider legen. So kannst du sie in Muße betrachten. Wenn sie aber von dem Sessel zum Lager hinschreitet und dir den Rücken wendet, mußt du dich, ohne das sie dich sieht, durch die Tür entfernen.«.

10. Gyges aber, der nicht ausweichen und der Sache entgehen konnte, war bereit. Als aber Kandaules die Schlafenszeit für gekommen hielt, führte er ihn in das Schlafgemach, und sogleich danach kam auch sein Weib. Und Gyges beschaute sie, wie sie hereintrat und ihre Gewänder ablegte. Als sie aber den Rücken wendete und zum Lager schritt, schlich er hinaus und ging davon.

Und die Frau sah ihn hinausgehen. Sie merkte wohl, daß das, was geschehen war, von ihrem Mann ausging, schrie aber nicht auf, weil sie sich schämte, und ließ sich nichts anmerken, denn sie wollte sich an Kandaules rächen. Bei den Lydern nämlich und auch bei fast allen anderen Barbaren gilt es sogar als eine große Schande, wenn ein Mann nackt gesehen wird.

11. Sie äußerte also kein Wort und blieb ganz ruhig. Aber sobald der Tag gekommen war, ließ sie ihre Diener sich bereit halten, die sie als die treuesten gefunden hatte, und rief Gyges zu sich. Der glaubte, daß sie von dem Vorgefallenen nichts wüßte, und folgte dem Ruf. Er war ja auch früher zur Königin gegangen, so oft sie ihn rufen ließ. Als Gyges vor ihr stand, sprach die Frau: »Gyges, du hast jetzt die Wahl zwischen zwei Wegen; gehe nun, welchen du willst. Entweder tötest du Kandaules, nimmst mich zum Weibe und wirst König von Lydien; oder du mußt auf der Stelle sterben, damit du nicht als williger Freund des Kandaules auch fürderhin siehst, was du nicht sehen sollst. Einer von euch darf nicht mehr leben, entweder er, der jenen Plan ersonnen hat, oder du, der mich nackt gesehen und getan hat, was sich nicht gebührt.

Gyges erschrak über ihre Worte. Dann flehte er sie an, ihn doch nicht zu zwingen, zwischen so furchtbaren Dingen zu wählen. Aber sie ließ sich nicht erweichen, und er sah, daß ihm in Wahrheit nur die Wahl blieb, seinen Herrn zu ermorden oder selbst von fremder Hand zu fallen. Er wählte das Leben.

Nun richtete er folgende Frage an sie: »Da du mich denn zwingst, gegen meinen Willen meinen Herrn zu töten, so laß hören, wie wir Hand an ihn legen können.«

Sie antwortete und sprach: »Von derselben Stelle aus soll es geschehen, wo er mich dir nackt gezeigt hat, und im Schlafe sollst du ihn übermannen.«

12. Als sie den Plan besprochen hatten und die Nacht hereinbrach, folgte er dem Weibe ins Schlafgemach. Er konnte ja nicht anders, und es gab keinen Ausweg für ihn: entweder er oder Kandaules war dem Tode verfallen. Und sie gab ihm einen Dolch und versteckte ihn hinter derselben Tür. Als dann Kandaules sich zur Ruhe gelegt hatte, kam Gyges herangeschlichen und tötete ihn. Und er nahm das Weib und bestieg den Thron. Ebenso erzählt das auch Archilochos aus Paros, der zu der gleichen Zeit lebte, in dreifüßigen Jamben[14].

13. So war Gyges König von Lydien geworden und herrschte kraft des Orakelspruches, den die Lyder aus Delphi einholten. Sie waren nämlich anfangs aufgebracht über das Schicksal, das man Kandaules bereitet hatte, und griffen zu den Waffen. Dann aber einigten sich die Anhänger des Gyges mit den übrigen Lydern dahin, daß er König sein sollte, wenn das Orakel ihn als König von Lydien bestätigte, andernfalls solle er den Thron an die Herakliden zurückgeben. Das Orakel sprach zu seinen Gunsten, und so wurde Gyges König. Die Pythia fügte noch hinzu: an der Nachkommenschaft des Gyges im fünften Glied würden die Herakliden gerächt werden. Aber die Lyder und ihre Könige beachteten diesen Spruch nicht, bis er sich dann erfüllte.

14. So hatten die Mermnaden die Herakliden vertrieben und herrschten an ihrer Stelle. Gyges sandte während seiner Regierung viele Weihgeschenke nach Delphi[15]. Silberne Geräte stehen in großer Zahl von ihm dort, und außer den silbernen weihte er auch unermeßlich viele goldene, unter denen sechs goldene

Mischkrüge die denkwürdigsten sind. Diese stehen in dem Schatzhaus der Korinthier zu Delphi und haben ein Gewicht von dreißig Talenten. In Wahrheit aber gehört dies Schatzhaus gar nicht dem korinthischen Volke, sondern dem Kypselos, Sohn des Eetion.

Gyges war seit Midas, dem Sohn des Gordios, König von Phrygien, der erste Barbar, von dem wir wissen, daß er Weihgeschenke nach Delphi gestiftet hat[16]. Midas stiftete nämlich seinen Königsthron, auf dem er zu sitzen pflegte, wenn er Recht sprach. Er ist des Anschauens wohl würdig und steht an demselben Ort wie die Mischkrüge des Gyges. In Delphi nennt man diese goldenen und silbernen Geräte, die Gyges gestiftet hat, Gygadas, eben nach dem Namen des Stifters. Gyges führte als König Krieg gegen Milet und Smyrna und eroberte die Stadt Kolophon. Aber sonst hat er während seiner achtunddreißigjährigen Regierungszeit keine große Taten vollbracht, und wir können, nachdem wir so viel über ihn mitgeteilt haben, zu seinen Nachkommen übergehen.

15. Seinen Sohn und Nachfolger Ardys will ich wenigstens erwähnen. Er eroberte Priene und zog gegen Milet. Und als er über Sardes herrschte, kamen die Kimmerier nach Asien, die von skythischen Hirtenvölkern aus ihrem Lande vertrieben worden waren, und eroberten Sardes mit Ausnahme der Burg[17].

16. Nach neunundvierzigjähriger Regierung folgte dem Ardys sein Sohn Sadyattes und herrschte zwölf Jahre. Und auf Sadyattes folgte Alyattes. Dieser hatte mit Kyaxares, dem Enkel des Deiokes, und mit den Medern zu kämpfen. Er vertrieb die Kimmerier aus Asien, eroberte Smyrna, die Pflanzstadt Kolophons, und unternahm einen Kriegszug gegen Klazomenai. Aber dabei erging es ihm durchaus nicht nach Wunsch; er mußte mit großen Verlusten wieder abziehen.

17. Von den Taten, die er außerdem noch getan hat, sind die folgenden die denkwürdigsten. Er lag mit Milet im Kriege und hatte diesen Krieg schon von seinem Vater übernommen. Bei den Zügen, die er gegen die Stadt unternahm, verfuhr er folgendermaßen. Sobald die Feldfrüchte reif waren, brach er mit dem Heere auf und kam ins Land der Milesier gezogen unter dem Klange von Syringen und Pekten und Flöten der

Frauen und der Männer[18]. Die Häuser, die in den Feldern standen, zerstörte und verbrannte er nicht, brach auch die Türen nicht auf, sondern ließ alles stehen, wie es stand. Nur die Bäume hieb er um und vernichtete die Feldfrüchte. Dann kehrte er nach Hause zurück. Denn auf der See waren die Milesier die Herren, belagern konnte er die Stadt nicht. Die Häuser aber verschonte der König der Lyder deshalb, damit die Milesier von ihnen aus das Land von neuem besäen und beackern könnten und er bei dem nächsten Einfall wieder etwas fände, was er zerstören konnte.

18. So trieb er es elf Jahre nacheinander. Während dieser Zeit erlitten die Milesier zweimal eine schwere Niederlage, bei Limeneion in ihrem eigenen Lande und im Tal des Maiandros[19]. Sechs von diesen elf Jahren war noch Sadyattes, Ardys' Sohn, König von Lydien und führte also so lange die Heereszüge gegen Milet. Er war es auch, der den Krieg begonnen hatte. Die fünf letzten Jahre war dann Alyattes, Sadyattes' Sohn, der Heerführer, der, wie ich oben erzählte, den Krieg von seinem Vater übernahm und ihn eifrig fortsetzte.

In diesem Kriege wurden die Milesier von keiner ionischen Stadt unterstützt, nur von Chios. Die Chier vergalten Gleiches mit Gleichem, denn die Milesier hatten ihnen im Kriege gegen die Erythraier beigestanden.

19. Als im zwölften Jahre wiederum die Kornfelder durch Feuer zerstört wurden, ereignete sich folgendes. Der Wind trieb das Feuer von dem brennenden Saatfeld zu einem Tempel der Athena hin, die hier den Beinamen Assesia führt. Der Tempel wurde von den Flammen erfaßt und verbrannte. Zuerst achtete man nicht weiter darauf, aber als das Heer nach Sardes zurückgekehrt war, erkrankte Alyattes. Und da die Krankheit sich verschlimmerte, schickte er Boten nach Delphi. Entweder hatte es ihm jemand geraten oder er selber fand es am besten, den Gott über die Krankheit zu befragen. Als die Boten nach Delphi kamen, sagte die Pythia, der Gott würde ihnen nicht eher Antwort erteilen, als bis der Tempel der Athena wieder aufgebaut sei, den die Lyder zu Assesos[20] im Lande der Milesier verbrannt hätten.

20. So habe ich in Delphi selber erzählen hören. Die Milesier

erzählen noch weiter, Periandros, der Sohn des Kypselos, der mit Thrasybulos, dem damaligen Herrscher von Milet, nahe befreundet war, hätte von diesem Orakelspruch gehört, hätte einen Boten an ihn geschickt und ihm denselben mitgeteilt, damit er ihn bald wisse und danach seine Entschlüsse fassen könne. So erzählen die Milesier.

21. Sobald Alyattes Nachricht erhielt, sandte er einen Herold nach Milet, um einen Vertrag mit Thrasybulos und den Milesiern zu schließen, bis er den Tempel wieder aufgebaut hätte. Der Bote machte sich also auf nach Milet. Aber Thrasybulos, der alles schon im voraus erfahren hatte und wußte, was Alyattes vorhatte, ersann eine List. Alles Korn in der Stadt, das er selber und das jeder Bürger besaß, ließ er auf den Marktplatz bringen und gebot den Bürgern, auf ein gegebenes Zeichen hin sollten alle beginnen miteinander zu trinken und Schmausereien untereinander zu halten.

22. Thrasybulos tat und gebot dies aber deshalb, damit der Herold aus Sardes den großen Haufen Korn und die vergnügt schmausenden Menschen sehen und Alyattes davon erzählen sollte. Das geschah denn auch. Der Herold sah das alles, richtete seinen Auftrag an Thrasybulos aus und kehrte nach Sardes zurück. Und wie ich erfahren habe, kam der Friede nur durch seinen Bericht an den Lyderkönig zustande. Denn Alyattes hatte gedacht, in Milet herrsche große Not und das Volk lebe im tiefsten Elend. Nun hörte er von dem heimkehrenden Herold, daß es umgekehrt stände, als er geglaubt hatte. Darauf wurde der Friede geschlossen, und sie versprachen, einander Freunde und Bundesgenossen zu sein. Statt des einen Tempels baute Alyattes der Athena in Assesos deren zwei, und er genas von seiner Krankheit. So erging es Alyattes in seinem Kriege mit den Milesiern und Thrasybulos.

23. Periandros[21], der doch Thrasybulos jenen Orakelspruch mitgeteilt hatte, war der Sohn des Kypselos. Er war Tyrann von Korinth, und die Korinthier erzählen – und die Lesbier bestätigen die Geschichte –, daß er eine höchst wunderbare Begebenheit erlebt habe, mit Arion aus Methymna nämlich, der von Delphinen übers Meer nach Tainaron getragen wurde. Arion war in jenen Zeiten der unvergleichlichste Sän-

ger und Kitharaspieler, war auch der erste, der Dithyramben[22] dichtete und ihnen ihren Namen gab, und lehrte die Kunst in Korinth.

24. Nachdem er lange bei Periandros verweilt hatte, so erzählen sie, wollte er nach Italien und Sizilien hinüberfahren, und als er dort reiche Schätze erworben hatte, wünschte er wieder nach Korinth zurückzukehren. In Taras schiffte er sich ein, und da er zu niemandem so großes Vertrauen hatte wie zu den Korinthiern, mietete er ein korinthisches Schiff. Aber auf dem Meere verschworen sich die Schiffsleute, sie wollten ihn über Bord werfen und seine Schätze für sich behalten. Als er es erfuhr, flehte er sie an, sie möchten ihm nur das Leben schenken, die Schätze wolle er ihnen gern überlassen. Aber er konnte sie nicht erweichen, und sie befahlen ihm, sich selber das Leben zu nehmen, damit er ans Land gebracht und bestattet werden könnte, oder jetzt sogleich aus dem Schiff ins Meer zu springen. In dieser verzweifelten Lage bat nun Arion, wenn sie es nun einmal so wollten, möchten sie ihm erlauben, in vollem Sängerschmuck auf die Ruderbank zu treten und zu singen. Er versprach, nachdem er gesungen, sich selber den Tod geben zu wollen. Da überkam sie das Verlangen, den allerherrlichsten Sänger singen zu hören, und sie zogen sich vom Schiffsheck nach der Mitte hin zurück[23]. Und er tat den vollen Sängerschmuck an, ergriff die Kithara, trat auf die Ruderbank und sang ein Lied im hohen Ton. Als das Lied zu Ende war, stürzte er sich mit dem vollen Schmuck, den er trug, ins Meer. Sie fuhren weiter nach Korinth, ihn aber, so erzählen sie, nahm ein Delphin auf den Rücken und trug ihn nach Tainaron[24]. Er stieg ans Land und wanderte im Sängerschmuck nach Korinth, und als er anlangte, erzählte er alles, was geschehen war. Periandros glaubte Arion nicht und ließ ihn in strenge Haft nehmen. Er wartete, daß die Schiffsleute ankämen. Als sie da waren, rief er sie zu sich und fragte, was sie von Arion wüßten. Sie antworteten, er lebe noch in Italien; sie hätten ihn in Taras bei gutem Wohlsein verlassen. Da trat Arion vor sie hin, angetan wie damals, als er ins Meer sprang. Sie erschraken, und weil sie überführt waren, konnten sie nicht mehr leugnen.

So erzählt man in Korinth und in Lesbos, und ein ehernes

Weihebild des Arion von nicht bedeutender Größe ist in Tainaron aufgestellt: ein Mann reitet auf einem Delphin.

25. Als Alyattes von Lydien den Krieg mit den Milesiern aufgegeben hatte, starb er nach siebenundfünfzigjähriger Regierung. Als er von seiner Krankheit genesen war, stiftete er als zweiter König aus diesem Geschlecht Weihgeschenke nach Delphi: einen großen silbernen Mischkrug und einen Untersatz zum Mischkrug, aus Eisen zusammengelötet, eines der merkwürdigsten unter allen Weihgeschenken in Delphi, ein Werk des Glaukos aus Chios, der allein unter allen Menschen die Kunst erfunden hat, Eisen zu löten.

26. Nach dem Tode des Alyattes bestieg sein Sohn Kroisos den Thron; er war fünfunddreißig Jahre alt. Die erste hellenische Stadt, die er angriff, war Ephesos. Als er die Stadt belagerte, weihten die Ephesier sie der Artemis und zogen vom Artemistempel ein Seil bis an die Stadtmauer[25]. Die Entfernung zwischen dem alten Ephesos, das damals belagert wurde, und dem Tempel beträgt sieben Stadien[26]. Gegen Ephesos also zog er zuerst, dann aber nacheinander gegen alle ionischen und aiolischen Städte. Immer hatte er einen neuen Grund zum Angriff. Bald waren es wichtige Gründe, die er herausgefunden hatte und geltend machte, bald kleinliche Vorwände.

27. Und nachdem er die Städte auf dem Festland unterworfen und zinsbar gemacht hatte, fiel es ihm ein, Schiffe zu bauen und auch die Inseln anzugreifen.

Als alles zum Bau der Schiffe bereit war, kam Bias von Priene nach Sardes – andere erzählen, es sei Pittakos von Mytilene[27] gewesen –, und als Kroisos ihn fragte, ob er Neuigkeiten aus Hellas mitbrächte, erwiderte er folgendes, was Kroisos vom Bau der Schiffe abbrachte:

»König Kroisos, auf den Inseln kaufen sie unzählige Pferde zusammen und wollen nach Sardes kommen, um gegen dich zu Felde zu ziehn.«

Kroisos glaubte, Bias spräche die Wahrheit, und sagte: »O möchten ihnen die Götter doch diesen Gedanken eingeben! Möchten sie zu Roß gegen das lydische Kriegsvolk ziehn.«

Da antwortete jener: »O König, ich sehe wohl, daß du das Inselvolk gern zu Roß und zu Lande bekriegen möchtest, und

dies erhoffst du aus gutem Grund. Aber was, denkst du, wünschen sie auf den Inseln, nachdem sie erfahren haben, du wolltest Schiffe gegen sie bauen? Nichts anderes als die Lyder zu Wasser bekriegen zu können, um die Hellenen des Festlandes zu rächen, die du unterjocht hast.«
Über diese Worte hatte Kroisos große Freude. Er fand den Schluß ganz richtig und ließ mit dem Schiffsbau innehalten. So schloß er denn mit den Ionern auf den Inseln ein Bündnis.
28. Nach einiger Zeit hatte er fast alle Volksstämme diesseits des Halys unterworfen. Außer den Kilikern und den Lykiern nämlich befanden sie sich sämtlich unter dem Szepter des Kroisos. Diese Volksstämme sind: die Lyder, die Phryger, die Myser, die Mariandyner, die Chalyber, die Paphlagoner, die thynischen und bithynischen Thraker, die Karer, die Ioner, die Dorier, die Aioler, die Pamphyler[28].
29. Nachdem Kroisos sie alle unterworfen und dem lydischen Reiche einverleibt hatte, kamen nach dem reichen und mächtigen Sardes alle Weisen aus Hellas, die zu jener Zeit lebten, und bald dieser, bald jener besuchte die Stadt.
So kam auch Solon[29] aus Athen, der den Athenern auf ihren Wunsch Gesetze gegeben hatte und nun auf zehn Jahre außer Landes ging. Um die Welt zu sehn, reiste er, und damit man ihn nicht zwingen könne, die Gesetze wieder abzuändern. Die Athener selber konnten nämlich keine Gesetzesänderung vornehmen, denn durch heilige Schwüre hatten sie sich verpflichtet, zehn Jahre lang die Gesetze zu halten, die Solon ihnen gegeben.
30. Aus diesem Grunde also und auch, um die Welt zu sehen, war Solon in der Fremde und reiste nach Ägypten zu Amasis[30] und auch nach Sardes zu Kroisos. Als er hier angelangt war, bewirtete ihn Kroisos in seinem Königspalast. Darauf, am dritten oder vierten Tag, mußten die Diener ihn in die Schatzkammer führen und zeigten ihm alle die großen und reichen Schätze des Kroisos. Und als er alles gesehen und nach Wunsch betrachtet hatte, richtete Kroisos folgende Frage an ihn:
»Fremdling aus Athen, der Ruf deiner Weisheit ist auch zu uns gedrungen, und man hat uns oft von dir erzählt, daß du als ein Freund der Weisheit und um die Welt kennen zu lernen, viele Länder der Erde besucht hast. Nun hat mich das Verlangen er-

griffen, dich zu fragen, ob du wohl einen Menschen gefunden hast, der der allerglücklichste auf Erden ist«.
Er fragte danach, weil er selber der glücklichste Mensch auf Erden zu sein glaubte. Aber Solon wollte ihm nicht schmeicheln, sondern sagte die Wahrheit: »Ja, König; Tellos in Athen ist der Glücklichste.«
Kroisos war erstaunt über die Antwort und fragte gespannt: »Warum meinst du, daß Tellos der Glücklichste sei?«
Solon antwortete: »Tellos lebte in einer blühenden Stadt, hatte treffliche wackere Söhne und sah, wie ihnen allen Kinder geboren wurden, die alle am Leben blieben. Er war nach unseren heimischen Begriffen wohlhabend, und sein Leben krönte ein herrlicher Tod. Er nahm an einem Kampfe der Athener gegen ihre Nachbarn in Eleusis teil, brachte die Feinde zum Weichen und starb als ein Held. Die Athener begruben ihn auf Staatskosten an der Stelle, wo er gefallen war, und ehrten ihn hoch.«
31. Alles das, was Solon zum Preise des Tellos sagte, steigerte nur Kroisos' Begierde, und er fragte, wer denn nach Tellos der Glücklichste sei. Denn er hoffte doch, wenigstens die zweite Stelle in der Glückseligkeit zu erhalten. Aber Solon sagte: »Kleobis und Biton sind nach Tellos die Glücklichsten. Diese beiden Brüder – sie stammten aus Argos – hatten genug zu leben und waren von großer Körperkraft. Beide trugen Preise in den Kampfspielen davon, und man erzählt folgende Geschichte von ihnen. Als man in Argos das Fest der Hera feierte, mußte die Mutter der Jünglinge in den Tempel gefahren werden, die Stiere aber waren auf dem Felde und kamen nicht rechtzeitig zurück. Die Stunde drängte, und die Jünglinge traten selber unter das Joch und zogen den Wagen, auf dem ihre Mutter saß. Fünfundvierzig Stadien liefen sie und gelangten zum Tempel. Und nach dieser Tat, der das ganze versammelte Volk zuschaute, wurde ihnen der schönste Tod zuteil, und die Gottheit lehrte die Menschen durch das Schicksal, das sie ihnen bereitete, daß Tod für den Menschen besser ist als Leben. Das Volk von Argos nämlich trat herzu, die Männer priesen die Kraft der Jünglinge, und die Frauen priesen ihre Mutter, daß sie solche Kinder geboren hatte. Und in ihrer Freude über die Tat und den Ruhm ihrer Söhne trat sie vor das Bild der Göttin

und betete, die Göttin möchte ihren Kindern Kleobis und Biton, die ihre Mutter so hoch geehrt hätten, das Schönste verleihen, was ein Mensch erlangen kann. Und nach diesem Gebet nahmen die Jünglinge am Opfer und am festlichen Mahle teil, dann legten sie sich im Tempel zur Ruhe nieder und erwachten nicht wieder. Dies war ihr Lebensende. Die Argeier ließen Standbilder von ihnen herstellen und weihten sie nach Delphi, als Bilder edler und wackerer Männer.«

32. Ihnen also wies Solon die zweite Stelle in der Glückseligkeit zu. Kroisos aber geriet in Hitze und sagte: »Fremdling aus Athen, und mein Glück verachtest du so tief, daß du mich gar unter diese einfachen Bürger stellst?«

Er aber sagte: »Kroisos, der Mann, den du nach dem menschlichen Leben fragst, weiß, daß die Gottheit durch und durch neidisch und unbeständig ist. In seinem langen Leben muß der Mensch vieles sehen und vieles leiden, was er nicht sehen und leiden möchte. Auf siebenzig Jahre setze ich die Dauer des menschlichen Lebens an, das sind fünfundzwanzigtausendundzweihundert Tage ohne die Schaltmonate. Will man jedem zweiten Jahre noch einen Monat hinzufügen, damit die Jahreszeiten mit den Kalendermonaten in Übereinstimmung bleiben, so kommen zu den siebenzig Jahren noch fünfunddreißig Schaltmonate hinzu, das sind eintausendundfünfzig Tage. Und von allen diesen Tagen der siebenzig Jahre, also von sechsundzwanzigtausend zweihundertundfünfzig Tagen ist keiner völlig dem anderen gleich. Jeder bringt uns ein neues Erlebnis. So nun, o Kroisos, ist der ganze Mensch nichts als eitel Zufall. Ich sehe wohl, daß du große Reichtümer besitzest und König über viele Völker bist. Aber das, was du fragst, kann ich nicht eher beantworten, als bis ich Kunde erhalten, daß du dein Leben auch glücklich geendet hast. Der Reiche ist nur dann glücklicher als der, welcher ausreichend zu leben hat, wenn er seinen Reichtum bis an sein Lebensende in Ruhe genießt. Viele steinreiche Menschen sind unglücklich, viele, die in bescheidenen Umständen leben, haben es dennoch wohl getroffen. Und wer große Reichtümer besitzt, jedoch unglücklich ist, hat nur zwei Dinge vor jenem voraus, von dem man sagen kann, es gehe ihm gut, dieser vor ihm aber sehr viele. Der Reiche kann seine Gelüste leichter befriedigen und Schicksalsschläge eher ertragen. Jener aber, dem es wohl geht, hat, obwohl er mit den Schicksalsschlägen und mit seinen Gelüsten nicht ebenso leicht fertig wird, vor ihm voraus, daß sein Zustand des Wohlergehens ihn vor diesen bewahrt, denn er ist der gesunde, leidlose, kindergesegnete und wohlgestaltete Mensch. Wenn er dann auch noch einen schönen Tod hat, so ist er wahrhaft glücklich zu nennen, wonach du mich fragtest. Vor dem Tode darf man nicht sagen, daß jemand glücklich sei, sondern nur, ihn habe ein gutes Los getroffen. Daß bei einem Menschen aber alles das, was zur Glückseligkeit gehört, zusammentrifft, ist unmöglich. Auch ein Land besitzt nicht alles, was es bedarf, sondern nur einiges, anderes nicht. Das beste Land ist das, das am meisten besitzt. So bringt auch der menschliche Körper nicht alles aus sich hervor, was er bedarf, sondern nur einiges. Derjenige Mensch aber, der das meiste von dem, was er bedarf, besitzt und in diesem Besitz lebt und frohen Herzens stirbt, der verdient meiner Meinung nach den Namen eines Glücklichen, o König. Überall muß man auf das Ende und den Ausgang sehen. Gar manchem winkte die Glückseligkeit, und doch hat ihn dann die Gottheit ins tiefste Elend gestürzt.«

33. So sprach er und schmeichelte Kroisos nicht. Und weil er ihn keiner Erwähnung für wert erachtet hatte, wurde er entlassen, und Kroisos hielt ihn für einen großen Toren, daß er das Glück der Gegenwart nicht gelten ließ und immer nur auf das Ende hinwies.

34. Als Solon abgereist war, kam die furchtbare Rache der Gottheit über Kroisos, wohl deshalb, weil er sich für den allerglücklichsten Menschen auf Erden hielt. Bald hatte er einen Traum, der ihm das Unglück, das seinen Sohn treffen sollte, untrüglich vorauskündete. Kroisos hatte nämlich zwei Söhne, der eine war ein Krüppel, denn er war taubstumm, der andere war seinen Altersgenossen in allem weit überlegen. Er hieß Atys[31]. Diesen Atys sah Kroisos im Traum, wie er von einer eisernen Lanze getroffen und getötet wurde. Und als er erwachte und sich besann, fürchtete er den Traum sehr und gab seinem Sohne ein Weib. Während dieser bisher die Lyder in den Kampf zu führen pflegte, ließ er ihn jetzt niemals mehr hinausziehen, ließ Speere und Lanzen und alle anderen Kriegswaffen

aus dem Männersaal entfernen und in die Kammern schaffen, damit nicht eine Waffe herabfiele und seinen Sohn träfe.

35. Nun kam, als der Sohn das Weib heimgeführt hatte, ein Mann nach Sardes, der in großer Bedrängnis war und dessen Hände unrein waren. Er war ein Phryger und von königlicher Abkunft. Er ging in den Palast des Kroisos und bat ihn, wie es dort Brauch ist, ihn von der Befleckung zu reinigen[32]. Und Kroisos entsühnte ihn. Diese Sühne wird bei den Lydern ähnlich vollzogen wie bei den Hellenen. Und als Kroisos die Sühnegebräuche vollzogen hatte, fragte er den Mann nach Herkunft und Namen und sprach:

»Wer bist du, Mann? Und woher aus Phrygien kommst du als Schutzsuchender zu mir? Welchen Mann oder welches Weib hast du ermordet?«

Er antwortete: »O König, mein Vater ist Gordios, Midas' Sohn. Ich heiße Adrastos und habe meinen Bruder getötet, ohne es zu wollen. Nun hat mich mein Vater vertrieben, und ich komme bettelarm zu dir.«

Kroisos aber gab ihm zur Antwort: »Da stammst du von Freunden und bist hier bei Freunden. Es soll dir an nichts fehlen, wenn du bei uns bleibst. Und je leichter du dein Los trägst, um so besser wird es für dich sein.«

36. So blieb er denn und wohnte in Kroisos' Palast. Nun hauste zu eben jener Zeit auf dem Berge Olympos in Mysien[33] ein gewaltiger Eber. Er kam vom Berge herab und verwüstete die Äcker der Myser. Oft zogen die Myser gegen ihn aus, konnten ihm aber nichts anhaben, sondern litten ihrerseits unter seinen Angriffen. Endlich kamen Boten der Myser zu Kroisos und sprachen:

»O König, ein furchtbarer Eber haust in unserem Lande und verwüstet unsere Äcker. Wir wollen ihn fangen, aber unsere Kraft ist zu gering. Nun bitten wir dich, deinen Sohn mit erlesenen Jünglingen und mit Hunden zu uns zu senden, damit wir unser Land von ihm befreien.«

So baten sie; aber Kroisos gedachte seines Traumes und erwiderte folgendes: »Denkt nur nicht mehr an meinen Sohn, ich kann ihn nicht zu euch schicken; er hat ein Weib genommen, und auf sie richtet sich jetzt sein Sinnen. Aber erlesene Krieger mit der ganzen Meute will ich euch schicken und will ihnen ans Herz legen, den Eber mit allen Kräften zu verfolgen und das Land von ihm zu befreien.«

37. Mit dieser Antwort waren die Myser zufrieden, aber Kroisos' Sohn trat herein und hatte gehört, um was die Myser baten. Und weil Kroisos sich geweigert hatte, ihnen seinen Sohn zu schicken, sprach der Jüngling zu ihm: »Vater, früher war es meine höchste und edelste Lust, in den Krieg und zur Jagd zu ziehen und mich hervorzutun. Jetzt versagst du mir beides, und doch hast du nie gesehen, daß ich feige oder mutlos gewesen wäre. Was müssen die Bürger denken, wenn sie mich in die Volksversammlung gehen oder sie verlassen sehen? Mit welchen Augen müssen sie mich ansehen! Und was muß mein Weib von dem Manne denken, der ihr zum Gatten gegeben worden ist! Laß mich mit auf die Jagd ziehen oder beweise mir, daß es so besser für mich ist.«

38. Kroisos erwiderte: »Mein Sohn, nicht weil ich dich feige gesehen oder sonst Kummer durch dich gehabt hätte, versage ich dir Krieg und Jagd. Ein Traumgesicht kam im Schlafe zu mir und verkündete mir deinen frühen Tod. Durch eine eiserne Lanze würdest du fallen. Und um dieses Traumes willen habe ich dich gedrängt, ein Weib zu nehmen und lasse dich nicht mehr ins Feld ziehen; vielleicht kann ich dich, solange ich noch am Leben bin, behüten und dem Schicksal heimlich entreißen. Denn du bist mein einziger Sohn; der andere ist ein Krüppel, und ich nenne ihn nicht mein Kind.«

39. Der Jüngling antwortete: »Vater, ich verarge es dir nicht, daß du acht auf mich hast, wenn du solch ein Traumbild gesehen hast. Aber du verstehst es nicht richtig; laß mich dir das Traumbild erklären. Von einer eisernen Lanze, sagt das Traumbild, soll ich fallen? Aber der Eber hat doch keine Hände und keine eiserne Lanze! Wenn es sagte: durch einen Zahn würde ich fallen oder durch andere Waffen, wie sie ein Eber hat, so handeltest du recht. Aber es sagt: durch eine Lanze. Da dieser Kampf doch nicht gegen Menschen geht, so laß mich ziehen!«

40. Kroisos antwortete: »Mein Sohn, was du von dem Traumbild sagst, hat auch mich überzeugt. Ich gebe dir nach und will dich mitziehen lassen auf die Jagd.«

41. Als Kroisos so gesprochen hatte, ließ er den Phryger Adrastos rufen und sagte zu ihm: »Adrastos, aus schwerer Bedrängnis, in die du geraten, die ich dir aber nicht als Schuld anrechne, habe ich dich befreit und habe dich entsühnt. Ich habe dich in mein Haus genommen und versorge dich mit allem, dessen du bedarfst. So ist es deine Pflicht, was ich dir Gutes getan, mir zu vergelten, und du sollst meinen Sohn behüten, der auf die Jagd zieht, damit nicht unterwegs Räuber zu eurem Schaden hervorbrechen. Auch dir ziemt es ja, auszuziehen und Ruhm zu erwerben; denn so haben es auch deine Väter getan, und du bist jung und stark.«

42. Adrastos antwortete: »O König, ich wäre nicht mitgezogen zu einem solchen Abenteuer, denn einem so schwer vom Schicksal Getroffenen ziemt es nicht, den Verkehr der glücklichen Altersgenossen zu suchen. Mir fehlt auch die Neigung dazu, und oft habe ich es mir versagt. Aber da du mich drängst und ich dir zu Willen sein muß — denn ich muß dir Gleiches mit Gleichem vergelten —, so bin ich bereit, dies zu tun. Dein Sohn, den du in meine Obhut gibst, soll unversehrt zu dir heimkehren, soviel meine Obhut vermag.«

43. Nachdem er Kroisos diese Antwort gegeben hatte, zogen sie davon mit erlesenen Jünglingen und Hunden. Und als sie zum Olympos gelangt waren, spürten sie das Untier auf, umstellten es und warfen die Speere nach ihm. Da warf auch jener Fremdling Adrastos, der von seiner Mordschuld entsühnt worden, nach dem Eber, verfehlte ihn und traf Kroisos' Sohn. So hatte ihn doch ein Lanzenwurf getötet, und der Traum war in Erfüllung gegangen. Und ein Bote eilte, um Kroisos zu melden, was geschehen war, und als er in Sardes ankam, erzählte er von dem Kampf mit dem Eber und dem Geschick seines Sohnes.

44. Kroisos war tief bekümmert über den Tod des Sohnes und klagte um so lauter, weil der ihn getötet hatte, den er selber vorher entsühnt hatte. In seinem Schmerz rief er Zeus Katharsios, den Sühnegott, zum Zeugen an für das Furchtbare, das ihm der Fremdling angetan, rief aber auch Zeus Ephestios, den Gott der Fremden, und Zeus Hetaireios, den Gott der Freundschaft, an, den Zeus Ephestios deshalb, weil er in dem Fremd-

ling, den er in sein Haus genommen, den Mörder seines Sohnes bewirtet hatte, und den Zeus Hetaireios, weil der, den er als Hüter mitgeschickt, sich als furchtbarster Feind erwiesen hatte.

45. Nun kamen die Lyder und trugen den Leichnam herbei, und zuletzt kam der Mörder. Er trat vor die Leiche hin, streckte die Hände aus und gab sich ganz in Kroisos' Gewalt. Er forderte Kroisos auf, ihn dem Toten als Opfer zu schlachten und sagte, da er nach jener ersten Tat nun noch den, der ihn entsühnt, ins Unglück gebracht habe, so habe das Leben keinen Wert mehr für ihn. Als Kroisos das hörte, hatte er Mitleid mit Adrastos, obwohl doch sein eignes Leid so sehr schwer war, und er sprach zu ihm:

»Fremdling, meine Strafe an dir ist schon vollzogen, da du dich selber für des Todes schuldig erklärst. Nicht du hast dies Leid über mich gebracht, wenn du auch ohne es zu wollen der Täter warst, sondern einer der Götter, der mir schon lange vorher verkündet hat, was mir geschehen sollte.«

Kroisos begrub seinen Sohn nach den dortigen Gebräuchen, und Adrastos, Gordios' Sohn und Midas' Enkel, Mörder seines eigenen Bruders und Mörder dessen, der ihn entsühnt hatte, gab sich selber auf dem Grabe den Tod, nachdem die Leidtragenden es verlassen hatten. Denn er fühlte, daß er von allen Menschen, von denen er wußte, der tiefunglücklichste sei.

46. Kroisos trauerte und härmte sich zwei Jahre lang um den Verlust seines Sohnes. Dann aber machten die Taten des Kyros seinem Gram ein Ende; denn Kyros, Kambyses' Sohn, hatte das Reich des Astyages, des Sohnes des Kyaxares, zerstört und das persische Reich vergrößert, und Kroisos erwog, ob er nicht diese wachsende persische Macht vernichten könnte, bevor sie zu groß wurde. Um hierüber ins Klare zu kommen, fragte er bei den Orakeln in Hellas und bei dem in Libyen an und schickte Boten nach den verschiedensten Orten. Die einen kamen nach Delphi[34], die anderen nach Abai[35] in Phokis, die dritten nach Dodone[36]. Einige wurden auch nach Amphiaraos[37] und Trophonios[38] geschickt und wieder andere zu den Branchiden[39] im Gebiet von Milet. Das waren die hellenischen Orakelstätten, zu denen Kroisos schickte, um sich weissagen zu lassen. Aber er sandte auch Boten zum Orakel des Ammon in Libyen[40].

Er wollte die Orakel zuerst auf die Probe stellen und, wenn er sie wahr erfunden hatte, noch einmal zu ihnen schicken und anfragen, ob er gegen die Perser zu Felde ziehen solle.

47. So sandte er denn, um die Orakel auf die Probe zu stellen, seine Leute mit folgendem Auftrag aus: sie sollten vom Tag ihrer Abreise an die Tage genau zählen und am hundertsten Tage bei den Orakeln anfragen, was jetzt der König der Lyder, Kroisos, Alyattes' Sohn, täte. Die Antwort, die die einzelnen Orakel auf diese Frage erteilten, sollten sie aufschreiben und ihm zurückbringen. Was die anderen Orakel geantwortet haben, wird nirgends berichtet. Als aber die Boten auch nach Delphi kamen und in das heilige Gemach traten, um den Ausspruch des Gottes zu hören, da antwortete die Pythia auf die Frage, die sie in Kroisos' Auftrag stellten, mit folgenden Hexametern:

Weiß ich doch, wieviel Sand am Ufer, wie weit auch das Meer ist,
Höre ich doch des Stummen Gespräch und des Schweigenden Worte!
Schildkrötenduft erreichte mich wohl, des gepanzerten Tieres,
Kochend mit Fleisch zusammen vom Lamme in eherner Pfanne;
Erz umschließt es von allen Seiten, so oben wie unten.

48. Diesen Spruch der Pythia schrieben die Boten aus Lydien auf und kehrten heim nach Sardes. Als nun auch die anderen Boten mit den Orakelsprüchen zurückgekehrt waren, entfaltete Kroisos die Schriftrollen und las. Keiner der Sprüche fand seine Zustimmung, nur als er die Antwort aus Delphi vernahm, pries er sie sogleich und erkannte sie als richtig an. Allein in Delphi, sagte er, gäbe es ein wahrhaftiges Orakel, denn es habe erraten, was er damals getan. Als er nämlich die Boten ausgesandt hatte, gab er acht auf den festgesetzten Tag und ersann nun etwas, was unmöglich zu erraten war: er zerschnitt eine Schildkröte und ein Lamm und kochte sie zusammen in einem ehernen Kessel, auf den er einen ehernen Deckel legte.

49. Das war also der Spruch, den Kroisos aus Delphi erhielt. Was für eine Antwort das Orakel des Amphiaraos den Boten

erteilte, als sie auch zu dessen Heiligtum kamen und die Gebräuche erfüllten, vermag ich nicht zu sagen, da nichts darüber berichtet wird, nur weiß ich, daß Kroisos sagte, auch dieser Orakelspruch habe das Richtige getroffen.

50. Darauf suchte er den Gott in Delphi durch gewaltige Opferspenden für sich zu gewinnen. Dreitausend Stück Vieh jeder Art opferte er und verbrannte gold- und silberbeschlagene Ruhebetten, goldene Schalen und Purpurgewänder, die er alle auf einen Scheiterhaufen türmte. Er hoffte, sich den Gott dadurch günstiger zu stimmen. Auch alle Lyder mußten ihm opfern, jeder von seinem Besitztum. Nachdem er jenes Opfer gebracht hatte, schmolz er große Mengen Goldes ein und formte Halbziegel daraus, sechs Handbreiten lang, drei breit und eine hoch. Es waren im ganzen einhundertundsiebzehn Ziegel, vier davon aus lauterem Golde, jeder zweiundeinhalb Talente[41] schwer, die anderen aus Weißgold, zwei Talente schwer. Ferner bildete er einen Löwen aus lauterem Golde, zehn Talente schwer. Als der Tempel in Delphi abbrannte, fiel dieser Löwe von den Ziegeln herab, auf denen er ruhte. Jetzt steht er im Schatzhause der Korinthier und hat nur noch sechsundeinhalb Talente Goldgewicht; dreiundeinhalb Talente sind weggeschmolzen.

51. Als die Geschenke fertig waren, schickte Kroisos sie nach Delphi und fügte noch folgende hinzu: zwei gewaltig große Mischkrüge, einen aus Gold und einen aus Silber. Der goldene stand, wenn man in den Tempel trat, rechts, der silberne links. Bei dem Brande des Tempels erhielten auch sie andere Plätze, und der goldene steht jetzt im Schatzhause der Klazomenier — er hat ein Gewicht von achtundeinhalb Talenten und zwölf Minen —, der silberne steht in der Ecke der Vorhalle des Tempels und faßt sechshundert Amphoren; er wird nämlich am Fest der Theophanie zum Mischen des Weines verwendet. In Delphi behauptet man, er sei ein Werk des Theodoros aus Samos, und ich glaube es, denn es ist eine selten schöne Arbeit.

Ferner sandte er vier silberne Fässer, die im Schatzhause der Korinthier stehen, und zwei Weihbecken, ein goldenes und ein silbernes. Auf dem goldenen findet man zwar die Inschrift, daß es ein Geschenk der Lakedaimonier sei, das ist aber nicht richtig. Kroisos hat es gestiftet, und in Delphi hat jemand den Namen der Lakedaimonier eingeritzt, um ihnen eine Gefälligkeit zu erweisen. Ich kenne den Mann wohl, will ihn aber nicht nennen. Nur der Knabe, durch dessen Hand das Weihwasser rinnt, stammt von den Lakedaimoniern, die beiden Weihbecken aber nicht.

Kroisos sandte noch viele andere nicht näher erklärbare Geschenke, silberne Gußwerke von runder Form und ein goldenes, drei Ellen hohes Standbild einer Frau. In Delphi sagt man, es stelle die Frau dar, die Kroisos das Brot buk[42]. Auch Halsketten und Gürtel seiner eignen Frau stiftete Kroisos.

52. Das waren die Geschenke für Delphi. Dem Amphiaraos, von dessen Taten und Leiden man ihm erzählt hatte, stiftete er einen Schild und eine Lanze, die ganz aus Gold waren; auch der Schaft war golden. Diese beiden Gegenstände befanden sich bis heute noch in Theben und standen dort in dem Tempel des Apollon Ismenios.

53. Den Lydern, die die genannten Gaben den beiden Tempeln überbringen sollten, gab Kroisos den Auftrag, das Orakel zu fragen, ob er gegen die Perser zu Felde ziehen und ob er Bundesgenossen für den Feldzug suchen sollte. Und als die Boten zu den Tempeln kamen, brachten sie die Weihgeschenke dar und fragten das Orakel mit folgenden Worten:

»Kroisos, König der Lyder und anderer Völker, hat in der Meinung, daß hier allein in der Welt wahre Orakelsprüche erteilt werden, Geschenke gesandt, wie sie eurer Weisheit würdig sind, und fragt nun an, ob er gegen die Perser zu Felde ziehen und ob er Bundesgenossen für den Feldzug suchen soll.«

So fragten sie, und beide Orakel erteilten die gleiche Antwort und verkündeten, wenn Kroisos gegen die Perser zu Felde zöge, würde er ein großes Reich zerstören. Und er sollte erfragen, welches der mächtigste Staat in Hellas sei, und einen Bund mit ihm schließen.

54. Als Kroisos diese Orakelsprüche erfuhr, war er voller Freuden und hoffte bestimmt, er werde das Königreich des Kyros zerstören. Er sandte noch einmal nach Pytho und beschenkte das Volk in Delphi, dessen Zahl er sich hatte sagen lassen.

Jeder Mann erhielt zwei Stateren Goldes. Dafür gaben die Delpher Kroisos das Vorrecht bei der Befragung des Orakels sowie Zahlungsfreiheit und den Vorsitz, und jeder Lyder sollte Bürger von Delphi werden können für ewige Zeiten.

55. Nachdem Kroisos das Volk in Delphi beschenkt hatte, befragte er das Orakel zum drittenmal. Da er seine Untrüglichkeit erkannt hatte, wollte er nun auch alles wissen. Er fragte also an, ob sein Thron lange Bestand haben würde. Die Pythia gab zur Antwort:

> Nur wenn einst ein Maultier den Medern als König gebietet,
> Dann entflieh, zartfüßiger Lyder, zum steinigen Hermos[43]
> Ohne Zaudern und scheue dich nicht, ein Feigling zu heißen.

56. Als Kroisos diese Worte berichtet wurden, war er ganz unmäßig froh, denn er dachte, daß doch nur ein Mensch, nie aber ein Maultier König der Meder werden könne, daß er und seine Nachkommen also nie den Thron verlieren würden. Darauf forschte er nach dem mächtigsten Staat der Hellenen, um mit ihm einen Bund zu schließen. Er fand, daß die Lakedaimonier und die Athener die führenden Staaten seien, jene des dorischen Stammes, diese des ionischen. Diese beiden Stämme waren nämlich die bedeutendsten, und zwar war der ionische ursprünglich pelasgischer Abkunft[44], der dorische hellenischer. Jener hat niemals seine Wohnsitze verlassen, aber dieser ist viel umhergewandert. Unter dem König Deukalion bewohnten die Dorier das Land Phthiotis, und unter Doros, dem Sohn des Hellen, das Land um den Ossa und Olympos; es heißt Histiaiotis[45]. Aus Histiaiotis wurden sie von den Kadmeiern vertrieben und siedelten sich auf dem Pindos an; sie hießen nun Makedner. Von dort wanderten sie weiter nach der Dryopis, und von der Dryopis gelangten sie endlich in die Peloponnes und hießen nun Dorier.

57. Was für eine Sprache die Pelasger gesprochen haben, kann ich nicht bestimmt sagen. Darf man nach den heutigen Pelasgern schließen, die die Stadt Kreston[46], jenseits des Stammes der Tyrsener[47], bewohnen — einst waren sie Grenznachbarn der heutigen Dorier, die damals das Land bewohnten, das heute Thessaliotis heißt — ferner nach den Pelasgern, die Pla-

kia und Skylake im Hellespontos gegründet haben[48] und auf athenischem Gebiet wohnen — die übrigen pelasgischen Gründungen haben alle den Namen Pelasger aufgegeben —, wenn man nach diesen heutigen Pelasgern urteilen darf, haben die Pelasger eine Barbarensprache gesprochen. War dies bei allen Pelasgern der Fall, so hat die Bevölkerung in Attika, die ja pelasgischen Stammes ist, bei ihrer Umwandlung in Hellenen auch ihre Sprache gewechselt. Die Bewohner von Kreston verständigen sich mit keinem ihrer Nachbarn, ebensowenig die Bewohner von Plakia; dagegen sprechen sie beide dieselbe Sprache. Das beweist, daß sie bis heute die Sprache festgehalten haben, die sie bei der Einwanderung in diese Gegenden hatten.
58. Der hellenische Stamm hat, wie ich überzeugt bin, seit seinem Bestehen seine Sprache unverändert beibehalten. Vor seiner Vereinigung mit den Pelasgern war er schwach[49]; aus kleinen Anfängen hat er sich zu einem großen Volke entwickelt, zumal weil die Pelasger und viele andere Barbarenstämme sich mit ihm vermischten. Und der pelasgische Stamm, der ein barbarischer ist, hat, wie mir scheint, nie eine bedeutende Volkszahl erreicht.
59. Nun erfuhr Kroisos, daß die Athener durch Parteikämpfe im Inneren in Anspruch genommen seien. Peisistratos, der Sohn des Hippokrates, war zu jener Zeit Tyrann von Athen. Seinem Vater Hippokrates, einem einfachen Bürger, war in Olympia, wo er als Zuschauer der Festspiele weilte, ein großes Wunder widerfahren. Als er sein Opfer darbrachte und die Kessel voller Fleisch und Wasser dastanden, kochten sie ohne Feuer, und das Wasser lief über. Chilon aus Lakedaimon war auch dort und sah das Wunder. Er riet ihm, kein Weib heimzuführen, das fruchtbar sei, und wenn er ein solches hätte, es zu verstoßen, und wenn er schon einen Sohn hätte, sich von ihm loszusagen. Aber Hippokrates ließ diese Mahnungen Chilons unbeachtet. Darauf wurde ihm ein Sohn geboren, und das war Peisistratos.
Als sich ein Streit zwischen den Paralern und den Pedalern von Athen erhob — Führer der Paraler war Megakles, Alkmeons Sohn, Führer der Pedaler Lykurgos, Aristolaidas' Sohn —, da beschloß Peisistratos, sich zum Tyrannen zu machen und schuf eine dritte Partei. Er sammelte Anhänger, nannte sich den Füh-

rer der Diakrier[50] und ersann folgende List. Er verwundete sich selber und seine Maultiere, fuhr dann mit dem Wagen auf den Marktplatz und gab an, er sei mit Mühe seinen Feinden entkommen, die ihn hätten umbringen wollen, als er aufs Land fahren wollte. Er bat das Volk, ihm eine Leibwache zu geben. Nun hatte er sich früher schon hervorgetan, als Feldherr gegen Megara, hatte auch Nisaia erobert und andere tapfere Taten vollführt. Das athenische Volk ließ sich also von ihm überlisten und wählte unter den Bürgern eine Leibwache für ihn aus, aus der zwar nicht seine Lanzenträger, aber doch seine Keulenträger wurden[51]. Denn mit hölzernen Keulen bewaffnet begleiteten sie ihn. Sie erhoben sich dann in Gemeinschaft mit Peisistratos und ergriffen Besitz von der Akropolis. So wurde Peisistratos Herrscher von Athen, aber er schaffte die bestehenden Ämter nicht ab, änderte nicht die Gesetze, sondern regierte die Stadt unter Wahrung ihrer Einrichtungen trefflich und ordentlich.

60. Nicht lange danach verbanden sich die Anhänger des Megakles und des Lykurgos und vertrieben Peisistratos. So nahm seine erste Herrschaft über Athen ein Ende, weil die Tyrannis noch nicht recht Wurzel gefaßt hatte. Aber die Vertreiber des Peisistratos verfeindeten sich aufs neue miteinander. Megakles geriet in Bedrängnis und ließ Peisistratos durch einen Herold sagen, ob er die Herrschaft und dazu seine Tochter zum Weibe haben wolle. Peisistratos erklärte sich damit einverstanden, und nun ersannen sie, um seine Rückkehr zu bewerkstelligen, eine List, die, wie ich wenigstens finde, äußerst einfältig war. Von jeher hat sich doch der hellenische Volksstamm von den Barbaren durch größeren Verstand und größere Freiheit von einfältigem Aberglauben unterschieden, und trotzdem konnte man den Athenern, die gar noch die klügsten unter den Hellenen sein sollen, folgenden Streich spielen. Im Demos Paiania befand sich eine Frau namens Phye, die war vier Ellen weniger drei Finger groß und von schönem Wuchs. Dieser Frau legten sie eine vollständige Kriegsrüstung an, stellten sie auf einen Wagen, schmückten sie so schön und passend, wie sie konnten, und fuhren hinein in die Stadt. Herolde mußten vorauslaufen und beim Eintritt in die Stadt verkünden:

»Athener! Lasset Peisistratos willig und freudig ein, denn Athena liebt ihn mehr als alle anderen Menschen und führt ihn selber in ihre Burg zurück.«
So riefen sie auf allen Straßen, und sofort drang das Gerücht in die Vororte, Athena führe Peisistratos zurück, und in der Stadt glaubten alle, die Frau sei wirklich die Göttin, beteten die Sterbliche an und ließen Peisistratos in die Akropolis.
61. Als er auf diese Weise von der Herrschaft Besitz ergriffen hatte, führte Peisistratos nach der Verabredung mit Megakles dessen Tochter heim. Weil er aber schon Söhne im Jünglingsalter hatte und weil es hieß, daß die Familie der Alkmeoniden[52], zu der Megakles gehörte, mit einer Blutschuld behaftet sei, wollte er von seinem neuen Eheweib keine Kinder haben und verkehrte auf unnatürliche Weise mit ihr. Anfangs verheimlichte das die Frau, dann aber sagte sie es ihrer Mutter, sei es auf deren Fragen oder ungefragt; und die Mutter sagte es ihrem Manne. Der war entrüstet, daß Peisistratos ihn so entehrte, und in seinem Zorn versöhnte er sich wieder mit den Aufrührern. Als Peisistratos merkte, was gegen ihn im Werke war, entwich er aus der Stadt und gänzlich aus Attika und ging nach Eretria. Dort beriet er sich mit seinen Söhnen. Hippias drang mit seiner Meinung durch: man müsse die Herrschaft wiederzugewinnen suchen. Sie verschafften sich Unterstützung und sammelten Beiträge von den Städten, die ihnen von früher her geneigt waren. Große Geldmittel kamen zusammen, und am reichlichsten gaben die Thebaner. Kurz, es dauerte nicht lange, so war alles zur Rückkehr vorbereitet. Argeiische Söldner kamen aus der Peloponnes, und aus freien Stücken kam ein sehr eifriger Anhänger aus Naxos, namens Lygdamis, und brachte Geld und Leute mit.
62. Sie brachen von Eretria auf und kehrten im elften Jahre ihrer Verbannung[53] nach Attika zurück. Die erste Stadt, die sie einnahmen, war Marathon. Und als sie dort lagerten, stießen ihre Anhänger aus Athen zu ihnen, und auch andere Leute liefen zu ihnen über, denen die Tyrannenherrschaft erwünschter war als die Freiheit. Diese kamen dort alle zusammen. Die Athener in der Stadt waren sorglos geblieben, solange Peisistratos nur Geld zusammenbrachte, und kümmerten sich auch dann

noch nicht um ihn, als er schon in Marathon lag. Als sie aber erfuhren, er zöge von Marathon aus gegen Athen heran, da rückten sie ihm entgegen. Mit dem ganzen Heerbann zogen sie aus und, als Peisistratos und seine Leute im Vormarsch von Marathon aus auf Athen losgingen, trafen sie bei dem Tempel der Athena Pallenis auf die Feinde. Dort lagerten sie sich einander gegenüber.
Da trat auf göttliches Geheiß der Seher Amphilytos[54] aus Akarnania zu Peisistratos und verkündete ihm folgenden Orakelspruch in Hexametern:

> Ausgeworfen hast du das Netz, schon liegt es im Wasser,
> Und die Thunfische strömen hinein in leuchtender Mondnacht.

63. So sprach der gottbegeisterte Scher. Peisistratos verstand den Sinn wohl; er sagte, er nähme das Orakel an, und führte das Heer vorwärts. Die Athener aus der Stadt waren gerade mit dem Frühstück beschäftigt, und nach dem Frühstück würfelten die einen und schliefen die anderen. Das Heer des Peisistratos überfiel sie und schlug sie in die Flucht. Damit die Fliehenden sich nicht wieder sammelten und das Heer der Athener sich auflöste, wandte Peisistratos folgendes sehr klug erdachte Mittel an. Er hieß seine Söhne aufsitzen und schickte sie voraus. Sie erreichten die Fliehenden und sagten ihnen in Peisistratos' Namen, sie möchten ganz ohne Furcht sein, und jeder solle sich nach Hause begeben.
64. Die Athener taten das, und so gewann Peisistratos Athen zum drittenmal. Er sicherte seine Herrschaft durch die vielen Bundesgenossen und durch Abgaben, die teils aus dem Lande selber, teils vom Strymon[55] her einliefen, und ließ sich auch Geiseln stellen, nämlich die Söhne jener Athener, die in dem Kampfe Widerstand geleistet hatten und nicht sofort geflohen waren. Die Geiseln brachte er nach Naxos, das er ebenfalls erobert und Lygdamis übergeben hatte. Ferner entsühnte er die Insel Delos, was ein Götterspruch verlangt hatte, und zwar auf folgende Weise: er ließ die Leichen rings um den Tempel, so weit das Auge reichte, ausgraben und begrub sie an einer anderen Stelle der Insel.
Peisistratos war also Herr von Athen. Einige Athener waren in

jener Schlacht gefallen, andere waren mit den Alkmeoniden außer Landes gegangen.

65. So lagen die Verhältnisse zu jener Zeit in Athen. Dagegen erfuhr Kroisos, daß die Lakedaimonier sich aus schweren Bedrängnissen herausgeholfen und jetzt auch über Tegea[56] die Oberhand gewonnen hätten. Unter den Königen Leon und Hegesikles nämlich waren die Spartiaten in allen anderen Kriegen glücklich, nur gegen Tegea unterlagen sie. In noch früheren Zeiten hatten sie die schlechtesten Gesetze fast von ganz Hellas gehabt und waren so ungesellig gewesen, daß sie weder untereinander noch mit Fremden Verkehr pflegten. Sie erhielten dann auf folgende Weise eine Verfassung und gute Gesetze. Ein angesehener Spartiate, namens Lykurgos, kam nach Delphi, um sich weissagen zu lassen, und sowie er in das heilige Gemach trat, sprach die Pythia folgende Worte:

> O Lykurgos, du Freund des Zeus und aller der andern
> Auf dem Olympos, du kommst in meinen gesegneten Tempel!
> Bist du ein Gott oder bist du ein Mensch, wie soll ich dich nennen?
> Eher noch, glaub' ich, daß du ein Unsterblicher bist, o Lykurgos.

Nach einigen Berichten hat die Pythia ihn auch die Verfassung gelehrt, die noch heute in Sparta besteht. Die Lakedaimonier selber behaupten, Lykurgos habe sie zur Zeit, als er Vormund seines Brudersohns, des spartanischen Königs Leobotes, war, aus Kreta geholt[57]. Jedenfalls gab er, als er diese Vormundschaft übernahm, lauter neue Gesetze und sorgte dafür, daß sie streng eingehalten wurden. Dann setzte er auch die Heeresordnung fest, begründete die Enomotien[58], Triekaden[59] und Syssitien[60] und setzte die Ephoren[61] und Geronten[62] ein.

66. So hatten die Lakedaimonier gute Gesetze erhalten, und als Lykurgos gestorben war, bauten sie ihm einen Tempel und ehrten ihn hoch. Und weil ihr Land fruchtbar und die Volkszahl nicht gering war, kamen sie bald zu Ansehen und Wohlstand. Das friedliche Leben gefiel ihnen nicht mehr, sie hielten sich für mächtiger als die verachteten Arkader und fragten beim Orakel in Delphi an, ob sie wohl ganz Arkadien gewinnen könnten.

Die Pythia gab folgende Antwort:

> Ganz Arkadien willst du? Ich geb' es dir nicht, denn du wünschest
> Viel, und eichelessende Männer bevölkern Arkadien,
> Die es schützen, ihr Land. Doch will ich nicht alles versagen:
> In Tegea berühre mit tanzendem Fuße die Erde
> Und durchschreite mit hanfener Meßschnur die schönen Gefilde.

Als die Lakedaimonier diese Antwort erhielten, verzichteten sie auf die anderen Städte Arkadiens, zogen aber gegen Tegea und nahmen Fußfesseln für die Tegeaten mit. Denn im Vertrauen auf den doppelsinnigen Orakelspruch meinten sie, die Tegeaten würden ihre Sklaven werden. Sie unterlagen aber in der Schlacht, und allen Gefangenen wurden die Fesseln angelegt, die sie für jene mitgebracht hatten. Sie mußten als Sklaven die Felder der Tegeaten ausmessen. Diese Fesseln sind bis auf den heutigen Tag in Tegea erhalten geblieben und hängen an den Wänden des Tempels der Athena Alea.

67. So waren sie fortdauernd unglücklich im Kampfe mit Tegea. Zur Zeit des Kroisos aber, unter den Königen Anaxandrides und Ariston[63], hatten sie endlich im Kriege die Oberhand gewonnen, und zwar auf folgende Weise. Wegen ihrer beständigen Niederlagen sandten sie Boten nach Delphi und fragten an, welchen Gott sie für sich gewinnen müßten, um über Tegea zu siegen. Die Pythia antwortete, sie müßten die Gebeine des Orestes, Agamemnons Sohn, nach Sparta holen[64]. Sie konnten aber nicht ausfindig machen, wo die Gruft des Orestes sich befand, und schickten abermals nach Delphi, um zu fragen, wo denn Orestes ruhe. Auf diese Anfrage erteilte die Pythia folgende Antwort:

> Dort in Arkadien liegt Tegea im weiten Gefilde,
> Dort zwei Winde blasen, getrieben von mächtigem Zwange,
> Schlag und Gegenschlag tönt und Böses ruhet auf Bösem.
> Dort in der fruchtbaren Erde liegt tief der Sohn Agamemnons;
> Hole den Leichnam dir heim, und du bist Sieger Tegeas.

Trotz diesem Orakelspruch konnten aber die Lakedaimonier den

Leichnam nicht finden, soviel sie auch suchten. Endlich fand ihn Liches, ein Spartiate, der zu den sogenannten Agathoergen gehörte. Diese Agathoergen sind die ältesten Ritter, die jährlich aus dem Verband der Ritter ausscheiden, jedesmal sind es fünf[65]. Sie müssen während des Jahres, in dem sie ausscheiden, die Gesandtschaften für die Gemeinde der Spartiaten übernehmen und dürfen nirgends nach Belieben verweilen.

68. Unter ihnen war also auch Liches, und er fand in Tegea die Gruft, teils durch Zufall, teils auch durch seine Klugheit. Damals verkehrten nämlich die Spartiaten und Tegeaten miteinander, und Liches trat in eine Schmiede, schaute zu, wie das Eisen geschmiedet wurde, und bewunderte die Kunst. Der Schmied bemerkte sein Erstaunen, unterbrach seine Arbeit und sagte:

»Ei, Fremdling aus Sparta, wenn du schon meine Schmiedearbeit bewunderst, wie würdest du dich erst wundern, wenn du gesehen hättest, was ich gesehen habe! Ich wollte hier in der Halle einen Brunnen graben und stieß beim Graben auf einen Sarg, der war sieben Ellen lang. Und weil ich dachte, die Menschen seien niemals größer gewesen als heute, öffnete ich ihn und sah, daß der Leichnam wirklich so lang war wie der Sarg. Ich habe ihn gemessen und das Loch wieder zugeschüttet.«

So erzählte er ihm, was er gesehen hatte. Und Liches erwog seine Worte und dachte bei sich, der Leichnam möchte der vom Orakel gemeinte Leichnam des Orestes sein; denn hier sah er die zwei Winde, das waren die Blasebälge, und der Schlag und Gegenschlag waren Amboß und Hammer, und das Böse, das auf Bösem ruht, war das Eisen, das da geschmiedet wurde, denn das Eisen ist doch zum Unheil der Menschen entdeckt worden! So dachte er bei sich, ging heim nach Sparta und erzählte den Lakedaimoniern alles, was sich zugetragen hatte. Die aber schalten ihn einen Lügner und vertrieben ihn aus der Stadt. Er kam nach Tegea, erzählte dem Schmied sein Schicksal und wollte die Halle mieten, die ihm jener aber nicht abtreten wollte. Endlich willigte er ein; Liches wohnte nun dort, grub das Grab auf, sammelte die Gebeine und brachte sie nach Sparta. Von dieser Zeit ab waren die Lakedaimonier den Tegeaten weit überlegen, so oft sie sich im Kriege miteinander maßen. Den größten Teil der Peloponnes hatten sie nun schon unterworfen.

69. Das alles also erfuhr Kroisos und sandte Boten nach Sparta, die Geschenke bringen und um ein Bündnis bitten sollten. Er hatte ihnen aufgetragen, was sie sagen sollten, und als sie ankamen, sprachen sie folgendermaßen:

»Kroisos, König der Lyder und anderer Völker, hat uns gesendet und spricht zu euch also: Lakedaimonier! Der Gott hat mir verkündet, ich sollte mit den Hellenen ein Bündnis schließen, und da ich erfahre, daß ihr die Mächtigsten in Hellas seid, so wende ich mich auf Grund jenes Orakels an euch und will euer Freund und Bundesgenosse sein, ohne Falsch und Trug.«

Dies ließ Kroisos durch seine Boten verkünden, und die Lakedaimonier, die bereits von dem Orakel, das Kroisos zuteil geworden, gehört hatten, freuten sich, daß die Lyder zu ihnen kamen, schlossen Gastfreundschaft mit ihnen und beschworen das Bündnis. Denn schon früher hatte ihnen Kroisos Freundlichkeiten erwiesen. Die Lakedaimonier hatten nämlich nach Sardes geschickt, um Gold für ein Bild des Apollon zu kaufen[66] — es ist das Bild, das jetzt in Thornax in Lakonien steht —, und Kroisos hatte ihnen das Gold als Geschenk gegeben.

70. Deswegen also und weil er sie allen anderen Hellenen vorzog, schlossen die Lakedaimonier das Bündnis ab.

Sie nahmen nicht nur seinen Antrag entgegen, sondern wollten ihm auch ein Gegengeschenk machen. Sie verfertigten einen Mischkrug aus Erz, rings am Rande mit Tiergestalten verziert und so groß, daß er dreihundert Amphoren faßte, und ließen ihn nach Sardes bringen. Der Mischkrug gelangte aber nicht an sein Ziel, wofür zwei verschiedene Gründe angegeben werden. Die Lakedaimonier behaupten, als der Mischkrug bis zur Insel Samos gekommen sei, seien die Samier mit Kriegsschiffen ausgefahren und hätten ihn geraubt. Die Samier dagegen sagen, die Lakedaimonier seien mit dem Mischkrug zu spät gekommen und hätten unterwegs erfahren, daß Sardes erobert und Kroisos gefangen sei, hätten darauf den Mischkrug in Samos feilgeboten und einige Bürger hätten ihn gekauft und in den Heratempel gestiftet. Möglich ist auch, daß die Boten ihn wirklich verkauft und nachher in Sparta gesagt haben, er sei ihnen von den Samiern geraubt worden.

71. So erging es mit dem Mischkrug. Aber Kroisos verstand

jenen Orakelspruch falsch und unternahm einen Heereszug nach Kappadokien[67], in der Hoffnung, Kyros zu stürzen und das Perserreich zu zerstören. Während Kroisos sich zu dem Zuge rüstete, gab ein Lyder ihm folgenden Rat — dieser Lyder, Sandanis mit Namen, stand bereits in dem Rufe eines weisen Mannes und wurde durch seinen Rat bei den Lydern hochberühmt —:

»O König, du rüstest dich gegen Männer zu ziehen, die Hosen aus Leder tragen und auch sonst lederne Kleidungsstücke, und die nicht essen, soviel sie wollen, sondern soviel sie haben; denn sie bewohnen ein armes Land. Sie haben keinen Wein, sondern trinken Wasser, und keine Feigen gibt es bei ihnen, noch andere gute Dinge. Was kannst du ihnen nehmen, wenn du sie besiegst, da sie doch nichts haben? Denke aber daran, wie viel du verlierst, wenn sie dich besiegen! Haben sie die Früchte unseres Landes einmal gekostet, so finden sie Gefallen daran, und wir können sie nicht wieder vertreiben. Ich meine, wir sollten den Göttern danken, daß sie den Persern nicht den Gedanken eingeben, gegen die Lyder zu ziehen.«

Aber Kroisos ließ sich von seinem Vorhaben nicht abbringen. Doch besaßen die Perser, bevor sie die Lyder überwanden, wirklich keine feinere Lebensart und keine Reichtümer.

72. Die Kappadoker heißen bei den Hellenen Syrier. Diese Syrier waren, bevor Persien die Macht hatte, Untertanen der Meder, jetzt Untertanen des Kyros. Die Grenze zwischen dem medischen und lydischen Reich bildete der Halys, der vom armenischen Gebirge kommt, durch Kilikien fließt, dann zwischen den Matienern[68] und Phrygern, die zu seiner Rechten und seiner Linken wohnen, hindurchfließt, sich dann nordwärts wendet und zur Rechten die Syrier[69] oder Kappadoker, zur Linken die Paphlagoner hat. So trennt der Halys fast das ganze untere Stück von Asien ab, vom Meere, das Kypros gegenüberliegt, bis zum Pontos Euxeinos. Dies ist gleichsam der Hals dieses Landes, ein rüstiger Wanderer kann ihn in fünf Tagen durchmessen.

73. Kroisos unternahm den Zug gegen Kappadokien deshalb, weil er sein Reich noch weiter vergrößern wollte, hauptsächlich aber, weil er sich auf jenen Orakelspruch verließ und an Kyros

Rache nehmen wollte für das, was er Astyages angetan hatte. Kyros, Kambyses' Sohn, hatte nämlich den König der Meder, den Schwager des Kroisos, Astyages, Kyaxares' Sohn, gestürzt. Astyages war auf folgende Weise Kroisos' Schwager geworden.

Ein Haufe aufständischer skythischer Nomaden entwich und drang in Medien ein. Damals herrschte über die Meder Kyaxares, Sohn des Phraortes, Enkel des Deiokes. Er nahm jene Skythen anfangs freundlich auf, da sie als Bittende kamen, und erwies ihnen sogar hohe Ehre; denn seine Söhne wurden ihnen übergeben, um ihre Sprache und ihre Kunst des Bogenschießens zu erlernen. Es verging einige Zeit, und die Skythen, die immer auf die Jagd gingen und Wild heimbrachten, hatten eines Tages nichts erlegt. Als sie nun mit leeren Händen an den Hof zurückkehrten, schalt Kyaxares sie — er war, wie man sieht, sehr jähzornig — und sagte ihnen sehr böse Worte. Die Skythen waren aufgebracht über diese unwürdige Behandlung und beschlossen, einen der Knaben, die ihre Schüler waren, zu töten, ihn zuzurichten, wie sie das Wildpret zuzurichten pflegten, und ihn Kyaxares zu übergeben, als sei es eine Jagdbeute. Dann wollten sie schleunigst nach Sardes zu Alyattes, dem Sohn des Sadyattes, entfliehen. Das taten sie. Kyaxares und seine Tischgäste aßen von dem Fleisch, und die Skythen begaben sich schutzflehend zu Alyattes.

74. Darauf kam es zum Kriege zwischen den Lydern und Medern, denn Alyattes gab die Skythen, deren Auslieferung Kyaxares verlangte, nicht heraus. Der Krieg dauerte fünf Jahre, und oft siegten die Meder über die Lyder, oft auch die Lyder über die Meder; einmal hatten sie auch einen nächtlichen Kampf. Als sie den Krieg auch im sechsten Jahre weiter fortsetzten, begab es sich während einer Schlacht, daß der Tag sich plötzlich in Nacht verwandelte[70]. Diese Vertauschung von Tag und Nacht hatte Thales aus Milet den Ionern vorausgesagt und hatte genau das Jahr angegeben, in dem diese Verwandlung dann auch stattfand. Als die Lyder und Meder sahen, daß es nicht mehr Tag, sondern plötzlich Nacht war, ließen sie ab vom Kampfe und eilten, miteinander Frieden zu schließen. Die Vermittler des Friedens waren Syennesis[71] aus Kilikien und Labynetos[72] aus

Babylon. Sie setzten durch, daß der Friedensschwur getan und ein verwandtschaftliches Band geschaffen wurde. Alyattes mußte seine Tochter Aryanis mit Kyaxares' Sohn Astyages vermählen. Ohne ein solches festes Band pflegen ja Bündnisse nicht von Dauer zu sein. Beim Schwur verfahren diese Völker ebenso wie die Hellenen, doch machen sie außerdem noch einen leichten Schnitt in den Arm und lecken einander das Blut ab.

75. Diesen Astyages, den Vater seiner Mutter, hatte Kyros gestürzt; die Gründe dafür werde ich später erzählen. Deswegen grollte Kroisos dem Kyros und hatte deshalb auch beim Orakel angefragt, ob er gegen die Perser zu Felde ziehen solle. Als er nun den zweideutigen Orakelspruch erhielt, legte er ihn zu seinen Gunsten aus und zog ins persische Reich. Als Kroisos an den Halys kam, führte er das Heer hinüber und benutzte dazu, so ist wenigstens meine Meinung, die vorhandenen Brükken; bei den Hellenen erzählt man meist, Thales aus Milet hätte das Heer über den Fluß geschafft. Es heißt nämlich, Kroisos habe nicht gewußt, wie sein Heer über den Fluß kommen sollte, denn die Brücken hätten damals noch nicht gestanden. Und Thales, der sich mit im Heere befunden hätte, habe es zu bewerkstelligen gewußt, daß der Strom nicht nur links vom Heere, sondern auch rechts vorüberfloß, und zwar auf folgende Weise. Er habe einen halbmondförmigen Graben ziehen lassen, der oberhalb des Heeres begann, so daß das Heer ihn im Rücken hatte. So habe er den Strom aus seinem alten Bette in den Graben abgeleitet, und unterhalb des Heeres sei er wieder in sein altes Bett zurückgekehrt. Durch die Teilung des Stroms seien beide Arme gangbar geworden. Ja, einige behaupten, das alte Flußbett sei damals ganz ausgetrocknet. Ich glaube das nicht; wie konnten sie sonst beim Rückmarsch hinüberkommen?

76. Nach Überschreitung des Halys gelangte Kroisos in den Teil Kappadokiens, der Pteria[73] heißt. Pteria ist der stärkste Platz dieses Landstrichs und liegt gegen die Stadt Sinope hin, die zum großen Teil in den Pontos Euxeinos hineingebaut ist. Dort lagerte er und verwüstete die Felder der Syrier. Er eroberte die Stadt Pteria und verkaufte die Bewohner in die Sklaverei, eroberte auch alle umliegenden Städte. Die Bewohner wurden vertrieben und waren doch ganz unschuldig.

Kyros sammelte ein Heer, nahm die Krieger sämtlicher auf dem Wege wohnender Stämme mit und trat Kroisos entgegen. Bevor er noch mit dem Heere aufbrach, hatte er Herolde an die Ioner geschickt, um sie zum Abfall von Kroisos zu bewegen. Aber die Ioner wiesen ihn ab. Als Kyros sich nun Kroisos gegenüber gelagert hatte, dort in der Landschaft Pteria, kam es zum Kampfe zwischen beiden. Die Schlacht war groß, und auf beiden Seiten gab es viele Tote. Aber keiner siegte, und als die Nacht kam, trennten sich die Heere wieder.

77. So rangen sie dort miteinander.

Kroisos aber fand, daß sein Heer zu klein sei — es war dem Heere des Kyros an Zahl weit unterlegen —, und da Kyros am nächsten Tage den Angriff nicht erneuerte, führte er das Heer nach Sardes zurück. Er wollte die Ägypter, seine Bundesbrüder, zu Hilfe rufen — mit Amasis, dem König von Ägypten, hatte er nämlich schon eher ein Bündnis geschlossen als mit den Lakedaimoniern —, wollte auch zu den Babyloniern schicken, mit denen er ebenfalls ein Bündnis geschlossen hatte — König von Babylon war damals Labynetos — und wollte endlich auch den Lakedaimoniern sagen lassen, sie sollten sich zur verabredeten Zeit einfinden. Nachdem alle diese Hilfstruppen versammelt und mit seinem Heere vereinigt wären, gedachte er nach Beendigung des Winters, gleich mit Frühlingsanfang, gegen die Perser ins Feld zu ziehen.

So war sein Plan, und als er in Sardes anlangte, schickte er Herolde an die Bundesgenossen ab und forderte sie auf, fünf Monate später sich in Sardes zu versammeln. Das jetzige Heer aber, das gegen die Perser gekämpft hatte, entließ er, soweit es aus Bundesgenossen bestand, und löste es auf. Denn er dachte nicht im entferntesten, daß Kyros nach einer so unentschiedenen Schlacht gegen Sardes ziehen werde.

78. Während er so überlegte, wimmelten plötzlich die Felder vor der Stadt von Schlangen. Die Rosse auf der Weide aber wollten nicht mehr Gras fressen, sondern gingen hin und fraßen die Schlangen. Als Kroisos das sah, hielt er es für ein göttliches Zeichen, was es auch war. Sogleich schickte er Boten an die Zeichendeuter der Telmesser[74]. Die Boten reisten ab und ließen sich von den Telmessern den Sinn des Wunders erklären, konn-

ten aber Kroisos nicht mehr die Antwort überbringen; denn bevor sie noch die Rückfahrt nach Sardes beendet hatten, war Kroisos schon ein Gefangener. Die Erklärung der Telmesser lautete, ein fremdes Heer sei im Anzuge gegen Kroisos' Land und werde die Bewohner des Landes vertilgen, denn die Schlange sei ein Kind der Heimatserde, das Roß sei etwas Feindliches und nicht Einheimisches. Das war der Bescheid, den die Telmesser dem schon gefangenen Kroisos erteilten, und sie wußten doch nichts von dem, was mit Sardes und Kroisos selber geschehen war.

79. Als Kyros nach der Schlacht in Pteria merkte, daß Kroisos abgezogen war und sein Heer auflösen würde, überlegte er und fand, daß es das beste sei, so schnell wie möglich nach Sardes zu rücken, bevor sich die Heeresmacht der Lyder von neuem gesammelt hätte. Diesen Plan führte er mit Schnelligkeit aus. Er rückte in Lydien ein und erschien als sein eigner Herold vor Kroisos. Da war denn Kroisos in großer Not, weil er sich den Verlauf des Krieges ganz anders gedacht hatte, führte aber trotzdem die Lyder hinaus zur Schlacht. Und zu jener Zeit gab es in Asien keinen tapfereren und kräftigeren Volksstamm als die Lyder. Sie kämpften zu Pferde, trugen lange Speere und waren tüchtige Reiter.

80. Sie stießen aufeinander in jener Ebene, die vor der Stadt Sardes liegt und groß und kahl ist. Durch diese fließen mehrere Flüsse, darunter der Hyllos[75], die sich in den größten, namens Hermos, ergießen. Der Hermos kommt von dem heiligen Berge der Mutter Dindymene[76] und fließt bei der Stadt Phokaia ins Meer. Als Kyros die Lyder zur Schlacht gerüstet und geordnet sah, tat er aus Furcht vor ihrer Reiterei auf den Rat des Meders Harpagos folgendes. Er ließ alle Kamele zusammentreiben, die mit Lebensmitteln und Gerätschaften beladen sich in seinem Heere befanden, nahm ihnen die Lasten ab und hieß Krieger in der Reiterrüstung aufsitzen. Dann stellte er sie an der Spitze des Heeres, Kroisos' Reiterei gegenüber, auf, hinter den Kamelen ließ er das Fußvolk antreten, und hinter das Fußvolk stellte er seine ganze Reiterei. Als nun alle in Reih und Glied standen, befahl er, keinen Lyder zu schonen, sondern alles zu töten, was ihnen in den Wurf käme; nur Kroisos sollten sie nicht töten,

auch nicht, wenn er sich gegen die Gefangennahme wehre. So sein Befehl. Die Kamele aber stellte er deshalb der Reiterei gegenüber, weil Pferde sich vor Kamelen fürchten und weder ihren Anblick noch ihren Geruch vertragen können. Sein Zweck war also, Kroisos' Reiterei kampfunfähig zu machen, von der dieser hauptsächlich den Sieg erwartete.

Der Kampf begann, und sobald die Pferde die Kamele witterten und sahen, machten sie kehrt, und Kroisos' Hoffnungen waren dahin. Trotzdem verloren die Lyder den Mut noch nicht. Als sie den Vorgang begriffen, sprangen sie von den Pferden ab und drangen zu Fuß auf die Perser ein. Nach großen Verlusten auf beiden Seiten wurden sie endlich aber doch in die Flucht geschlagen. Die Perser drängten sie in die Stadt hinein und belagerten sie.

81. So wurde denn Kroisos belagert, und da er auf eine lange Dauer der Belagerung rechnete, schickte er neue Boten aus der Stadt hinaus an seine Bundesgenossen. Denn die ersten Boten hatten ja die Bundesgenossen fünf Monate später nach Sardes bestellt, jetzt ließ er um möglichst baldige Hilfe gegen seine Belagerer bitten.

82. Er schickte an alle Bundesgenossen und so auch nach Sparta. Die Spartiaten aber waren damals selber in einen Streit verwickelt, nämlich mit den Argeiern um den Landstrich Thyrea. Dies Thyrea gehörte eigentlich zu Argolis, aber die Lakedaimonier hatten es erobert und hielten es besetzt. Den Argeiern gehörte auch das Land im Westen bis nach Malea, ferner die Insel Kythera und die übrigen Inseln der Peloponnes. Als nun die Argeier zum Schutze jenes Landstriches heranzogen, kam es zu Unterhandlungen mit den Spartiaten, und man einigte sich, daß dreihundert Krieger[77] aus den beiden Heeren miteinander kämpfen sollten. Der siegenden Partei sollte der Landstrich gehören. Die Heere selber aber sollten nach Hause zurückkehren, damit sie nicht, wenn sie die ihrigen unterliegen sähen, in den Kampf eingriffen.

Nachdem diese Vereinbarung getroffen war, verließen die Heere den Kampfplatz, die Erwählten blieben zurück und begannen den Kampf. Sie waren einander aber so völlig ebenbürtig, daß von all den sechshundert Kriegern nur drei am Leben blieben, die Argeier Alkenor und Chromios und der Lakedaimonier Othryades. Diese drei waren bei Einbruch der Nacht noch übrig. Da eilten die beiden Argeier, weil sie sich den Sieg zuschrieben, nach Argos, der Lakedaimonier Othryades aber zog den gefallenen Argeiern die Rüstungen aus, brachte ihre Waffen in das spartanische Lager und stand dann wieder an seinem Platze auf dem Schlachtfeld. Am nächsten Morgen kamen beide Heere, um den Ausgang zu erfahren. Da schrieben sich denn beide Parteien den Sieg zu. Die einen sagten, es seien auf ihrer Seite mehr Leute am Leben geblieben, die anderen sagten, die hätten aber ganz offen die Flucht ergriffen, während ihr Mann standgehalten und die Gefallenen ihrer Rüstung beraubt hätte. Von dem Wortstreit ging man endlich zu Tätlichkeiten über, und es kam zur Schlacht. Auf beiden Seiten waren die Verluste groß, doch die Lakedaimonier siegten.

Seit dieser Zeit schoren die Argeier ihr Haupt, während früher langes Haar Gesetz war; sie erließen eine durch Verwünschungen bekräftigte Verordnung, daß kein Argeier sein Haar wachsen lassen, keine Frau goldenen Schmuck tragen solle, bevor nicht Thyrea wiedergewonnen sei. Die Spartiaten gaben umgekehrt das Gesetz, daß man von jetzt ab langes Haar tragen solle, während man es bis dahin schor. Der einzig Überlebende von jenen Dreihundert, Othryades, schämte sich, so wird erzählt, nach Sparta zurückzukehren, da alle seine Gefährten gefallen waren, und gab sich dort in Thyrea selber den Tod.

83. So lagen damals die Dinge für die Spartiaten, als der Herold aus Sardes kam, um für den belagerten Kroisos Hilfe zu erbitten. Als sie den Herold gehört hatten, rüsteten sie sich zum Hilfszug. Als aber alles bereit war und die Schiffe abfahren wollten, kam eine zweite Botschaft: die Stadt der Lyder sei erstürmt und Kroisos lebendig gefangen. Diese traurige Kunde bewog sie, ihren Zug aufzugeben.

84. Sardes war auf folgende Weise gefallen[78]. Am vierzehnten Tage der Belagerung schickte Kyros Reiter durch sein Heer, die verkündigen mußten, er werde den, der zuerst die Mauer erstiege, reich beschenken. Darauf unternahm das Heer einen Sturm, und als er nicht zum Ziele führte und alle schon wieder zurückgewichen waren, versuchte ein Mann namens Hyroiades,

ein Marder[79], den Aufstieg an einer Stelle der Burg, die gar nicht bewacht wurde. Denn von dieser Seite aus war die Erstürmung nicht zu befürchten, weil die Burg hier steil und unangreifbar ist. Auch hatte Meles, der frühere König von Sardes, jenen Löwen[80], den ihm ein Kebsweib geboren hatte, allein an diese Stelle nicht getragen, da doch die Telmesser geweissagt hatten, Sardes werde uneinnehmbar sein, wenn der Löwe rings um die Mauer herumgetragen würde. Meles trug ihn um die Mauer herum, soweit die Burg angreifbar war, unterließ es aber hier, weil diese Stelle unangreifbar und zu steil sei. Es ist nämlich die nach dem Tmolos zu liegende Seite der Stadt.
Hier hatte jener Marder Hyroiades am vorigen Tage einen Lyder von der Burg herabsteigen und einen Helm heraufholen sehen, der herabgerollt war. Er merkte sich die Stelle und stieg jetzt selber dort hinauf und andere Perser hinter ihm drein. So wurde Sardes erobert und die ganze Stadt zerstört.
85. Kroisos selber hatte folgendes Schicksal. Einer seiner Söhne, den ich oben erwähnt habe, war sonst wohlgeraten, aber stumm. Früher, in den Tagen seines Glücks, hatte Kroisos alles für ihn getan, was er konnte. Unter anderem hatte er auch nach Delphi geschickt, um seinetwegen das Orakel zu befragen. Und die Pythia hatte geantwortet:

> Lyder, Herr über viele Völker, törichter Kroisos!
> Wünsche dir nicht, die ersehnte Stimme im Hause zu hören
> Deines sprechenden Sohnes. Da tust du bei weitem das Beßre.
> Denn er wird sprechen dereinst am unglückseligsten Tage.

Als jetzt die Stadt in den Händen der Feinde war, ging ein Perser, der Kroisos nicht kannte, auf ihn los, um ihn zu töten. Kroisos, der es sah, ließ ihn gewähren, denn das Schicksal hatte ihn so gebeugt, daß ihn der Tod nicht schreckte. Aber als sein stummer Sohn den Perser auf seinen Vater zuschreiten sah, lösten ihm Angst und Weh die Zunge, und er rief: »Mann, töte Kroisos nicht!« Das war das erste Wort, das er sprach; seitdem konnte er sprechen, solange er lebte.
86. So hatten die Perser Sardes genommen und Kroisos gefangen. Vierzehn Jahre hatte er geherrscht und war vierzehn

Tage belagert worden. Wie das Orakel gesagt, hatte er sein großes Reich zerstört. Und die Perser ergriffen ihn und führten ihn zu Kyros. Kyros ließ einen großen Scheiterhaufen errichten, und Kroisos wurde gefesselt und mußte ihn besteigen; mit ihm zweimal sieben lydische Knaben[81]. Kyros wollte den Göttern damit das Erstlingsopfer bringen, oder auch ein Gelübde einlösen, das er getan, oder wollte vielleicht sehen, ob ein Gott Kroisos erretten und vor dem Flammentode schützen würde; denn er hatte erfahren, daß Kroisos gottesfürchtig gelebt hatte. Als er nun nach seinem Willen getan hatte und Kroisos auf dem Scheiterhaufen stand, kam diesem trotz seiner furchtbaren Lage jenes von der Gottheit eingegebene Wort des Solon ins Gedächtnis: kein Mensch sei glücklich, solange er lebe. Und wie er an dies Wort dachte, seufzte er nach langem Schweigen tief auf und rief dreimal den Namen: »Solon!«.

Als Kyros das hörte, hieß er die Dolmetscher Kroisos fragen, wen er da anriefe. Und sie gingen und fragten. Kroisos blieb lange stumm; dann, als man ihn zwang, Antwort zu geben, sagte er: »Einen Mann, mit dem alle Herrscher um jeden Preis eine Unterredung suchen sollten.« Diese unbestimmte Antwort wollten sie nun näher erklärt haben. Sie ließen nicht ab und drängten ihn so lange, bis er erzählte, daß einst Solon, ein Athener, in sein Reich gekommen sei und alle seine Herrlichkeiten, die er ihm gezeigt, verachtet habe, und daß alles, was Solon ihm vorausgesagt, eingetroffen sei, obwohl er nicht über ihn besonders, sondern über das menschliche Leben überhaupt und namentlich über Menschen, die sich selber für glücklich hielten, gesprochen habe.

So erzählte Kroisos, der Scheiterhaufen aber war schon angezündet und brannte rings an den Enden. Und Kyros, der von den Dolmetschern hörte, was Kroisos gesagt, bereute seinen Entschluß, daß er, der doch auch nur ein Mensch war, einen anderen, nicht minder mit Glücksgütern gesegneten Menschen lebendig dem Feuer überliefern wollte. Auch fürchtete er die Vergeltung und sagte sich, daß es im menschlichen Leben nichts Beständiges gäbe. Er befahl daher, das flammende Feuer schleunigst zu löschen und Kroisos samt den anderen herabzuführen. Sie versuchten es, konnten aber des Feuers nicht Herr werden.

87. Da soll Kroisos, als er von den Lydern Kyros' Sinnesänderung erfuhr und sah, daß alle das Feuer zu löschen suchten, es aber nicht mehr bewältigen konnten, laut zu Apollon gerufen und gebetet haben: wenn er ihm je erwünschte Opfer gebracht habe, möge der Gott ihm jetzt helfen und ihn aus seiner Not befreien. So habe er unter Tränen zu Apollon gerufen, und an dem heiteren, wolkenlosen Himmel hätten sich plötzlich Wolken gesammelt, und ein Unwetter mit furchtbarem Regen sei losgebrochen und hätte das Feuer ausgelöscht.
Daraus erkannte Kyros, daß Kroisos von den Göttern geliebt und ein edler Mann war, ließ ihn vom Scheiterhaufen herabholen und sprach:
»Kroisos, wer hat dich geheißen, gegen mein Land zu ziehen und mein Feind, statt mein Freund zu sein?«
Er sagte: »O König, zu deinem Glück, zu meinem Unglück habe ich das getan! Schuld daran ist der Gott der Hellenen, der mich zu dem Feldzuge ermunterte. Denn kein Mensch ist unverständig genug, Krieg dem Frieden vorzuziehen: begraben doch im Frieden die Kinder ihre Eltern und im Kriege die Eltern ihre Kinder. Aber es war wohl der Götter Wille, daß es so gekommen ist.«
88. So sprach er, und Kyros nahm ihm die Fesseln ab, hieß ihn sich neben ihn setzen und erwies ihm viele Freundlichkeit. Er bewunderte Kroisos, und seine ganze Umgebung bewunderte ihn auch. Kroisos aber war nachdenklich und schwieg. Als er sich umwandte und sah, wie die Perser die Stadt der Lyder zerstörten, sagte er: »O König, darf ich dir meine Gedanken sagen, oder muß ich nun schweigen?«
Kyros hieß ihn ohne Furcht aussprechen, was er wollte. Kroisos fragte nun: »Was ist es, was alle die Leute dort so eifrig tun?«
Er sagte: »Sie plündern deine Stadt und tragen deine Schätze davon.«
Kroisos antwortete: »O nein, meine Stadt und meine Schätze plündern sie nicht, denn das alles ist nicht mehr mein. Dir gehört es, was sie dort hinwegschleppen.«
89. Über diese Worte war Kyros betroffen; er hieß die anderen beiseite treten und fragte Kroisos, was er ihm in dieser Sache zu tun riete. Kroisos sagte:

»Da mich die Götter zu deinem Sklaven gemacht haben, halte ich es für meine Pflicht, dir zu raten, wenn ich etwas bemerke, was du nicht bemerkst. Die Perser sind arm und von Natur übermütig. Wenn du sie plündern und große Schätze einheimsen läßt, wirst du folgendes mit ihnen erleben: wer am reichsten geworden ist, wird sich gegen dich empören. Wenn du meinem Rate folgen willst, so stelle Leute aus deiner Leibwache als Wächter an jedes Tor, die den Herauskommenden die Schätze abnehmen und ihnen sagen, es sei Pflicht, Zeus den Zehnten der Beute zu weihen. Dann werden sie dir nicht gram über die Wegnahme des Erbeuteten und werden es willig hergeben, weil sie deine Forderung als gerecht erkennen.«

90. Als Kyros dies hörte, war er voller Freuden, denn der Rat gefiel ihm sehr. Er pries ihn laut und gab seinen Leibwächtern Auftrag, zu tun, was Kroisos geraten hatte. Zu Kroisos aber sagte er: »Kroisos, du weißt königlich zu handeln und zu sprechen. So bitte dir eine Gnade aus. Sie soll sofort erfüllt werden.«

Er sagte: »Herr, am meisten würde ich dir danken, wenn du mir erlaubtest, dem hellenischen Gott, den ich von allen Göttern am höchsten verehrt habe, diese Fesseln hier zu schicken und anzufragen, ob es Brauch bei ihm ist, seine Freunde zu betrügen.«

Kyros fragte, was er dem Gott denn vorzuwerfen hätte. Da erzählte ihm Kroisos alle die Pläne, die er gehabt, und die Antworten, die die Orakel ihm erteilt, und sprach besonders von den Weihgeschenken, die er gestiftet. Auf die Ermunterung der Orakelsprüche hin habe er den Zug gegen die Perser unternommen. Und während er dies erzählte, wiederholte er seine Bitte, ihm zu erlauben, daß er dem Gott darüber Vorstellungen mache.

Kyros lachte und sagte: »Das will ich dir gern erlauben, Kroisos, und auch alles andere, um was du bittest, soll dir gewährt sein.«

Als Kroisos das hörte, schickte er lydische Boten nach Delphi und hieß sie die Fesseln auf die Schwelle des Tempels legen und fragen, ob sich der Gott nicht schäme, Kroisos durch den Orakelspruch zum Kriege gegen die Perser und zum Sturze des Kyros angetrieben zu haben. Das sei das Höchste, was er von Kyros' Reich davongetragen habe; und dabei sollten sie auf die

Fesseln weisen. Sie sollten auch fragen, ob es Brauch bei den hellenischen Göttern wäre, undankbar zu sein.

91. Als die Lyder nach Delphi kamen und ihren Auftrag ausrichteten, soll ihnen die Pythia folgende Antwort erteilt haben: »Selbst ein Gott kann dem Schicksal, das ihm beschieden, nicht entgehen. Kroisos muß den Frevel seines Vorfahren fünften Gliedes büßen, der im Dienste der Herakliden stand und auf den Rat eines arglistigen Weibes seinen Herrn ermordete und sich an seine Stelle setzte, die ihm nicht zukam. Apollon Loxias[82] hatte gewollt, daß Sardes' Fall erst unter Kroisos' Kindern, nicht zu Kroisos' Lebzeiten einträte; aber er vermochte das Schicksal nicht abzuwenden. Was die Schicksalsgöttinnen zugestanden, das hat er Kroisos zuliebe auch wahr gemacht. Drei Jahre hat er den Fall von Sardes hinausgeschoben, und Kroisos möge wissen, daß er soviel Jahre später ein Gefangener geworden ist, als ihm bestimmt war! Zweitens hat ihm der Gott geholfen, als ihn das Feuer verzehren wollte. Den Orakelspruch aber, den er erhalten, tadelt Kroisos mit Unrecht; denn Apollon Loxias hat gesagt, wenn Kroisos gegen die Perser zöge, würde er ein großes Reich zerstören. Wollte Kroisos gut beraten sein, so mußte er schicken und anfragen, ob der Gott sein oder des Kyros Reich meine. Er verstand aber den Orakelspruch nicht, fragte nicht weiter und hat sich also selbst die Schuld zuzuschreiben. Auch den letzten Orakelspruch von dem Maultier, den Loxias ihm erteilt, hat Kroisos nicht begriffen. Dies Maultier war Kyros, denn er entstammt zwei verschiedenen Völkern, und seine Mutter war von edlerer Geburt als sein Vater. Sie war aus Medien und Tochter des medischen Königs Astyages, er war Perser, Untertan der Meder, und hat trotz seines geringen Standes seine Herrin heimgeführt.«

Dies war die Antwort der Pythia, und die Lyder kehrten heim nach Sardes und teilten sie Kroisos mit. Da erkannte er, daß er selber die Schuld trage und nicht der Gott.

92. Das ist die Geschichte von Kroisos' Herrschaft und der ersten Unterwerfung Ioniens.

Es gibt in Hellas außer den genannten noch viele andere Weihgeschenke des Kroisos. In Theben in Boiotien befindet sich ein goldener Dreifuß, den Kroisos dem Apollon Ismenios gestiftet hat; in Ephesos sind die goldnen Kühe und die meisten Säulen von ihm, im Tempel der Proneia[83] in Delphi ein großer goldener Schild. Diese Dinge sind bis heute erhalten geblieben, andere sind nicht mehr vorhanden. Die Weihgeschenke des Kroisos bei den Branchiden im Gebiet von Milet aber sind, wie ich erfahre, denen in Delphi an Gewicht gleich und auch sonst ähnlich. Was Kroisos nach Delphi und ins Heiligtum des Amphiaraos stiftete, war sein persönliches Eigentum und Erstlingsgabe vom Reichtum seiner Väter; die übrigen Weihgeschenke stammen aus dem Vermögen eines Feindes, gegen den Kroisos vor seiner Thronbesteigung zu kämpfen hatte, weil er Pantaleon zum König der Lyder machen wollte. Pantaleon war auch ein Sohn des Alyattes, aber nicht Kroisos' rechter Bruder, denn Kroisos' Mutter war eine Karerin, Pantaleons Mutter eine Ionerin. Als Kroisos nach dem Willen seines Vaters den Thron bestieg, ließ er jenen Feind unter Martern töten und weihte sein Vermögen, das er schon früher den Göttern versprochen hatte, auf die genannte Weise den genannten Tempeln. Soviel sei über diese Weihgeschenke bemerkt.

93. Merkwürdigkeiten wie andere Länder enthält Lydien kaum; höchstens wäre der Goldstaub zu nennen, der vom Tmolos herabgeführt wird. Ein Werk allerdings gibt es in Lydien, das außer den ägyptischen und babylonischen Bauten nicht seinesgleichen hat. Das ist das Grabmal von Kroisos' Vater Alyattes. Sein Unterbau besteht aus großen Steinen, das Grabmal selber aus aufgeschütteter Erde. Die Arbeit daran haben die Händler, die Handwerker und die käuflichen Dirnen getan. Oben auf dem Grabhügel sind fünf Tafeln angebracht, die noch heute vorhanden sind; auf ihnen ist verzeichnet, wieviel jede der drei Gruppen gearbeitet hat[84]. Vergleicht man danach, so zeigt sich, daß die Dirnen den größten Teil der Arbeit geleistet haben. Die jungen Töchter bei den Lydern führen nämlich alle ein unzüchtiges Leben und sammeln sich dadurch eine Mitgift, bis sie in die Ehe treten[85]. Sie wählen selber ihren Gatten. Der Umfang jenes Grabhügels beträgt sechs Stadien und zwei Plethren, sein Durchmesser dreizehn Plethren[86]. An den Grabhügel grenzt ein großer See, der unversieglich ist, wie die Lyder sagen. Er heißt Gygessee. So verhält es sich hiermit.

94. Die Lyder haben ganz ähnliche Sitten wie die Hellenen, nur daß die Mädchen Unzucht treiben. Sie sind die ersten Menschen, von denen wir wissen, daß sie Gold- und Silbermünzen geprägt und verwendet haben. Auch die ersten Krämer sind sie. Die Lyder meinen, daß auch die Spiele, die man jetzt bei ihnen und bei den Hellenen hat, ihre Erfindung seien. Sie wollen sie zu derselben Zeit erfunden haben, als sie das Land am tyrsenischen Meer besiedelten[87]; und das sei so gekommen. Zur Zeit des Königs Atys, Manes' Sohn, herrschte in ganz Lydien große Hungersnot. Anfangs ertrugen die Lyder sie geduldig, als sie aber immer fortdauerte, suchten sie Abhilfe, und jeder erdachte etwas anderes. Damals wurden das Würfel- und Knöchelspiel, das Ballspiel und alle anderen Spiele erfunden, nur nicht das Brettspiel, dessen Erfindung die Lyder nicht für sich in Anspruch nehmen. Durch diese Spiele vertrieben sie den Hunger in der Weise, daß sie einen ganzen Tag spielten, um die Eßlust nicht aufkommen zu lassen, und den nächsten Tag aßen und nicht spielten. So lebten sie achtzehn Jahre lang. Als die Not aber nicht nachließ, sondern immer größer wurde, da schied der König das ganze lydische Volk in zwei Gruppen und ließ das Los entscheiden: die eine Hälfte sollte im Lande bleiben, die andere sollte auswandern. Der König selber trat mit auf die Seite derer, die bleiben mußten, und gab den Auswandernden seinen Sohn mit, namens Tyrsenos. Da zog denn die Hälfte, die das Los zum Auswandern verurteilte, hinab nach Smyrna, baute dort Schiffe, belud sie mit allen nützlichen Gerätschaften und fuhr aus, Lebensunterhalt und Land zu suchen. An vielen Völkern schifften sie vorüber und gelangten zum Lande der Ombriker. Dort siedelten sie sich an, bauten Städte und leben dort bis auf den heutigen Tag. Sie änderten ihren Namen und nannten sich nach dem Sohn ihres Königs[88], der sie geführt hatte. So erhielten sie den Namen Tyrsener. Die Lyder in der Heimat aber waren hernach von den Persern unterjocht worden.

95. Nun aber müssen wir erzählen, wer dieser Kyros war, der Kroisos' Reich zerstörte, und auf welche Weise die Perser sich zum Herren von Asien machten. Ich will diese Historie so aufzeichnen, wie sie in Persien einige Männer erzählen, die nicht

Kyros' Taten ausschmücken und vergrößern, sondern einfach die Wahrheit berichten wollen. Ich weiß, daß es über die Geschichte des Kyros noch dreierlei andere Berichte gibt.
Die Assyrier beherrschten das obere Asien fünfhundertundzwanzig Jahre lang[89]. Da fielen zuerst die Meder von ihnen ab, und in diesem Freiheitskampfe mit den Assyriern wurden sie stark und tapfer, warfen die Knechtschaft ab und machten sich frei. Dem Beispiel der Meder folgten dann auch andere Völkerschaften[90].

96. Als aber alle Völker des Festlandes selbständig geworden waren, wurden sie auf folgende Weise von neuem unterjocht. In Medien lebte ein kluger Mann, namens Deiokes[91], Sohn des Phraortes[92]. Dieser Deiokes wollte sich zum Tyrannen machen und erreichte das folgendermaßen. In seinem Dorf — die Meder wohnten in einzelnen Dörfern — war er schon vorher angesehen und gab sich jetzt noch größere Mühe, für Recht und Ordnung zu sorgen. Die Gesetzlosigkeit war damals in ganz Medien sehr groß, und er wußte wohl, daß dem rechtschaffenen Manne Rechtlosigkeit verhaßt ist. So wählten ihn denn die Meder in seinem Dorf, wie sie seine Bemühungen sahen, zu ihrem Richter, und er richtete, um seiner herrschsüchtigen Pläne willen, gerecht und billig. Das verschaffte ihm bei seinen Mitbürgern nicht geringe Beliebtheit, ja auch die Bewohner der anderen Dörfer, die viel unter den ungerechten Sprüchen ihrer Richter zu leiden hatten, hörten davon, daß Deiokes der einzige gerechte Richter sei, kamen mit Freuden zu Deiokes, um sich von ihm Recht sprechen zu lassen, und schließlich wendeten sie sich an keinen anderen mehr als an ihn.

97. Der Zudrang wurde immer größer, denn man hörte, daß seine Urteile immer das Rechte trafen. Da erkannte Deiokes, daß er das Volk ganz in Händen hatte, und weigerte sich nun, den Richterstuhl, auf dem er Recht zu sprechen pflegte, noch weiter zu besteigen. Er wolle nicht länger Richter sein, erklärte er, denn er hätte keinen Nutzen davon, den ganzen Tag zu Gericht zu sitzen und darüber seine eigenen Angelegenheiten zu vernachlässigen. Infolgedessen wurde es mit den Räubereien und Gewalttätigkeiten in den Dörfern weit ärger als vorher, und die Meder beraumten eine Versammlung an und berieten,

was dabei zu tun wäre. Zumal Deiokes' Freunde werden es wohl gewesen sein, die sich nun folgendermaßen äußerten: »Wir können nicht so weiter leben wie jetzt! Laßt uns einen König wählen. Dann herrschen Gesetz und Ordnung im Lande, und wir können uns unseren Arbeiten widmen und werden nicht durch das gesetzlose Treiben zum Auswandern genötigt.«

98. Durch solche Worte überredeten sie sie, sich selber einen König zu wählen. Da nun gleich beraten wurde, wen man zum König machen sollte, wurde allgemein Deiokes vorgeschlagen, und man pries ihn so hoch, daß sich alle damit einverstanden erklärten, daß er ihr König sein sollte. Er befahl nun, ihm einen Palast, wie er sich für einen König zieme, zu bauen und ihm eine Leibwache zu geben. Die Meder gehorchten. Sie bauten ihm an dem Orte, den er bezeichnete, einen großen festen Palast und ließen ihn Leibwächter aus ganz Medien nach Belieben wählen. Als er so die Macht in Händen hatte, zwang er die Meder, sich in einer einzigen Stadt anzusiedeln, damit sie sich vor den Umwohnenden nicht mehr zu fürchten brauchten. Auch das taten die Meder, und er erbaute eine große starke Stadt, die heute den Namen Agbatana führt[98], indem er mehrere Mauerringe umeinander herum legte. Diese sind in der Weise angelegt, daß immer der innere über den nächst äußeren ein wenig hinausragt, und zwar so viel wie die Brustwehr beträgt. Die Lage der Stadt, auf einem Hügel, begünstigt diese Anlage, doch wurde sie absichtlich so durchgeführt. Im ganzen sind es sieben Ringe; im innersten stehen der Königspalast und die Schatzhäuser. Der weiteste Mauerkreis hat etwa denselben Umfang wie die Mauer Athens. Am äußersten Mauerring sind die Brustwehren weiß, am zweiten schwarz, am dritten purpurn, am vierten blau, am fünften sandarachfarben. Die Brustwehren aller dieser fünf Ringe sind also farbig bemalt; am vorletzten Ring aber sind sie versilbert und am letzten vergoldet.

99. Solche Mauern baute Deiokes um seinen Palast herum, und das Volk mußte rings umher in der Stadt wohnen. Als alles fertig gebaut war, führte Deiokes jene höfischen Sitten ein: keiner durfte zum König hereinkommen; alles wurde durch Boten vermittelt; den König bekam man nicht zu Gesicht. Ferner: Lachen und Ausspeien in seiner Gegenwart war allen ver-

boten. Diese strengen Vorschriften für den Verkehr mit ihm gab er seiner Altersgenossen wegen, die mit ihm aufgewachsen waren, aus ebenso vornehmer Familie stammten und ihm auch an Tüchtigkeit nicht nachstanden. Sie sollten nicht mißgünstig und aufrührerisch werden, sondern ihn verwandelt glauben. Deshalb sollten sie ihn nicht sehen.

100. Als er dies alles festgesetzt und seine Herrschaft gesichert hatte, hielt er mit Strenge auf Gesetz und Recht. Die Klagen wurden ihm schriftlich eingehändigt; er entschied und sandte die Klageschriften wieder hinaus. Und nicht nur die Prozesse, sondern auch die anderen Zweige der Rechtspflege waren gut geordnet. Wenn er von einem Verbrechen hörte, ließ er den Täter kommen und strafte ihn genau nach Maßgabe seiner Schuld. Überall in seinem Lande hatte er Späher und Lauscher.

101. Deiokes einigte das medische Volk und war König von ganz Medien. Die einzelnen medischen Stämme sind folgende: die Busen, die Paretakener, die Struchaten, die Arizanter, die Budier, die Mager[94].

102. Deiokes hatte einen Sohn Phraortes. Als er nach dreiundfünfzigjähriger Regierung starb, folgte ihm dieser auf dem Thron. Phraortes begnügte sich nicht mit dem medischen Reich, sondern zog gegen die Perser zu Felde. Die Perser waren die ersten, die er angriff und den Medern unterwarf. Mit diesen beiden mächtigen Volksstämmen unterjochte er dann ganz Asien, Volk für Volk, bis er endlich auch gegen die Assyrier zog, und zwar gegen den Teil der Assyrier, dessen Hauptstadt Ninos ist und der früher über ganz Assyrien die Macht hatte, jetzt aber seine Bundesgenossen verloren hatte und allein stand, jedoch für sich allein noch kräftig genug war. Bei diesem Zug aber fiel Phraortes, nach zweiundzwanzigjähriger Regierung, und mit ihm ging ein großer Teil seines Heeres verloren.

103. Nach Phraortes' Tode folgte ihm sein Sohn Kyaxares[95]. Es heißt, er sei noch weit kriegerischer gewesen als seine Vorfahren. Er war der erste, der asiatische Heere in einzelne Abteilungen gliederte und sie getrennt aufstellte: Lanzenträger, Bogenschützen und Reiterei. Bis dahin stand alles ungeordnet durcheinander. Er war es auch, der jene Schlacht gegen die Lyder schlug, wo während des Kampfes plötzlich der Tag zur

Nacht wurde[96]. Ganz Asien jenseits des Halys verleibte er seinem Reiche ein.
Mit allen unterworfenen Stämmen gemeinsam zog er dann gegen Ninos, um seinen Vater zu rächen und die Stadt dem Erdboden gleichzumachen. Schon hatte er die Assyrier im Felde geschlagen und belagerte die Stadt, da kam ein großes Skythenheer in sein Reich gezogen, das der König der Skythen, Madyas, Protothyas' Sohn, selber befehligte. Die Skythen, die die Kimmerier aus Europa verdrängt hatten und den Flüchtigen nach Asien folgten, kamen jetzt in das medische Land[97].
104. Vom Maiotissee beträgt die Entfernung bis zum Phasis und dem Lande der Kolcher dreißig Tagereisen für einen rüstigen Wanderer. Von Kolchis bis nach Medien ist dann der Weg nicht mehr weit; nur ein Volksstamm wohnt dazwischen, die Saspeirer. Hat man ihr Land durchzogen, so ist man in Medien. Doch kam der Einfall der Skythen nicht von dieser Seite. Sie hatten den oberen, viel weiteren Weg eingeschlagen und das kaukasische Gebirge rechts gelassen. Dort stießen die Meder und die Skythen aufeinander; die Meder unterlagen, ihr Reich löste sich auf, und die Skythen nahmen ganz Asien in Besitz.
105. Dann zogen sie weiter gegen Ägypten. Auf dem Wege dahin, im palästinischen Syrien, kam ihnen Psammetichos, der König von Ägypten, entgegen und bewog sie durch Geschenke und Bitten, nicht weiter vorzudringen. Sie kehrten um, und als sie auf dem Rückmarsch zu der Stadt Askalon[98] in Syrien kamen, zog zwar der größere Teil des Heeres, ohne Schaden anzurichten, vorüber; einige Nachzügler aber beraubten den Tempel der Aphrodite Urania. Es ist dies, wie ich erfahren habe, der älteste von allen Tempeln, die die Göttin hat. Auch der Tempel auf Kypros ist von Askalon aus gegründet worden, wie man auf Kypros selber zugibt, und den Tempel in Kythera haben Phoiniker, also Bewohner jenes syrischen Landes, gegründet[99]. Die Plünderer des Tempels in Askalon bestrafte die Göttin dadurch, daß sie ihnen und allen ihren Nachkommen die Weiberkrankheit schickte. Nicht nur sagen die Skythen, daß die Krankheit davon herrührt, sondern wer nach Skythien kommt, kann dort auch den Zustand dieser Kranken sehen. Die Skythen nennen sie Enarees[100].

106. Achtundzwanzig Jahre waren die Skythen die Herren Asiens, und durch ihren Übermut und ihre Achtlosigkeit geriet dort alles in Verfall. Sie erpreßten ganz nach Gutdünken Abgaben, und außerdem zogen sie noch durchs Land und raubten, was sie fanden. Kyaxares und die Meder aber luden eine Menge Skythen zu sich zu Gaste, machten sie trunken und erschlugen sie. Dadurch gewannen die Meder die Herrschaft aufs neue, und ihr Reich war wieder so groß wie ehedem. Sie eroberten Ninos — auf welche Weise, werde ich in einem anderen Buche erzählen — und unterjochten Assyrien mit Ausnahme des Gebietes von Babylon. Darauf starb Kyaxares. Er hatte, wenn man die skythische Zeit mitrechnet, vierzig Jahre regiert.

107. Es folgte sein Sohn Astyages. Diesem wurde eine Tochter geboren, der er den Namen Mandane gab[101]. Und Astyages träumte, daß dies Kind so viel Wasser ließ, daß seine Hauptstadt davon voll war und auch ganz Asien überflutet wurde. Er fragte nun die Mager nach der Bedeutung des Traumes, und als sie ihn genau erklärt hatten, fürchtete er sich sehr. Als Mandane mannbar wurde, gab er sie keinem ebenbürtigen Meder zum Weibe, denn er fürchtete jenen Traum. Einem Perser gab er sie, namens Kambyses, der von guter Herkunft und ruhigem Wesen war. Er dünkte ihm weit tiefer stehend als ein Meder von mittlerem Stande.

108. Als Kambyses Mandane heimgeführt hatte, hatte Astyages wieder einen Traum. Es träumte ihm, aus dem Schoße seiner Tochter wüchse ein Weinstock und dieser Weinstock beschatte ganz Asien. Als er auch diesen Traum von den Traumdeutern sich hatte deuten lassen, ließ er seine Tochter aus Persien kommen; die war schwanger. Und er bewachte sie und wollte das Kind, das sie gebären würde, töten. Die Traumdeuter nämlich hatten ihm den Traum so gedeutet, daß das Kind seiner Tochter König werden würde an seiner Statt. Als nun Kyros geboren wurde, rief Astyages den Harpagos, einen Verwandten und sehr treuen Stammesgenossen, der die ganze Verwaltung des Reiches in Händen hatte, und sprach zu ihm: »Harpagos, ich erteile dir jetzt einen Auftrag; führe ihn sorgfältig aus. Aber hintergehe mich nicht, indem du andere damit beauftragst und dich selber dadurch hernach ins Unglück bringst.

Nimm den Knaben, den Mandane geboren hat, trag ihn in dein Haus und töte ihn. Dann begrabe ihn, auf welche Art du willst.«

Harpagos antwortete: »O König, nie hast du gesehen, daß ich dir ungehorsam gewesen bin. So will ich auch in Zukunft bemüht sein, meine Pflicht treu zu erfüllen. Ist das, was du gesagt hast, dein Wille, so muß ich es willig und eifrig ausführen.«

109. So antwortete Harpagos, und als ihm das Kind, zum Tode geschmückt, übergeben wurde, ging er weinend in sein Haus. Dort erzählte er seinem Weibe alles, was Astyages gesagt hatte. Da sprach sie zu ihm: »Und was gedenkst du zu tun?«

Er antwortete: »Wenn Astyages auch noch rasender und toller würde, als er jetzt ist, würde ich seinen Auftrag doch nicht ausführen und mich zu solch einem Mord nicht hergeben. Ich habe Gründe genug, das Kind nicht selber zu ermorden. Erstens ist es mir verwandt, und dann ist Astyages ein Greis und ohne männliche Nachkommen. Wenn nun nach seinem Tode die Herrschaft an die Tochter kommt, deren Sohn er jetzt durch mich töten läßt, schwebt dann mein Leben nicht in der äußersten Gefahr? Sterben soll der Knabe, damit ich nichts zu fürchten habe, aber einer von Astyages' Leuten, nicht von meinen, soll der Mörder sein.«

110. So sprach er und schickte sogleich einen Boten an einen von Astyages' Rinderhirten, der, wie er wußte, seine Herde in einer Gegend weidete, die gerade recht war, oben in den Bergen voll wilder Tiere. Er hieß Mitradates und lebte mit einem Weibe dort, das auch Sklavin des Astyages war. Sie hieß Kyno in hellenischer Sprache, Spako in medischer. Hündin [Kyno] heißt nämlich im Medischen Spako. Die Gegend, wo dieser Hirt seine Rinderherden weidete, ist der Fuß des im Norden von Agbatana nach dem Pontos Euxeinos zu gelegenen Gebirges. Dort nämlich, also gegen das Land der Saspeirer hin, ist Medien sehr bergig und von hohen Waldgebirgen durchzogen, während es sonst überall flach ist.

Der Hirt kam auf Harpagos' Aufforderung willig und schnell zu ihm und Harpagos sprach:

»Astyages befiehlt dir, dies Kind hier zu nehmen und an einer ganz verlassenen Stelle des Gebirges auszusetzen, damit es so bald als möglich zugrunde geht. Wenn du es nicht tötest, sondern irgendwie am Leben erhältst, sollst du selber eines elenden Todes sterben, das hat er mir befohlen dir zu sagen. Und ich soll darauf sehen, daß es wirklich ausgesetzt wird.«

111. Darauf nahm der Hirt das Kind, machte sich auf den Weg und kam heim zu seiner Hütte. Nun war aber sein Weib ebenfalls der Niederkunft nahe, lag den ganzen Tag in Wehen und gebar just zu der Zeit, wo der Hirt in der Stadt weilte. Beide waren in Sorge umeinander gewesen, er, weil sein Weib in Kindsnöten war, sie, weil Harpagos ihren Mann sonst nie zu sich kommen ließ. Als er nun wieder daheim war, fragte ihn die Frau in ihrer Freude, daß sie ihn wider Erwarten wiedersah, gleich, warum ihn Harpagos so eilig habe rufen lassen. Er sagte: »Frau, ich habe in der Stadt Dinge gesehen und gehört, die ich nie hätte sehen mögen und die ich unseren Herren nie gewünscht hätte. Harpagos' ganzes Haus hallte von Klagen wider. Ich erschrak und ging hinein. Sowie ich hineintrete, sehe ich da ein Knäblein liegen, das zappelte und schrie und war geschmückt mit Gold und in bunte Gewänder gekleidet. Und als Harpagos mich sah, befahl er mir, auf der Stelle das Kind aufzuheben, mit mir zu nehmen und im Gebirge auszusetzen, wo es am meisten wilde Tiere gäbe. Er sagte, dieser Befehl gehe von Astyages aus, und drohte mir sehr, wenn ich ihm nicht Folge leistete. Da nahm ich es auf und dachte, es sei von einem der Diener, denn ich konnte nicht wissen, woher es stammte. Ich wunderte mich nur über das Gold und die schönen Kleider, auch über die lauten Wehklagen in Harpagos' Hause. Dann aber erfahre ich unterwegs die ganze Wahrheit von dem Diener, der mich aus der Stadt hinausgeleitete und mir das Kindlein übergab. Er erzählt mir, daß es das Kind von Astyages' Tochter Mandane und deren Gemahl Kambyses, Kyros' Sohn, ist und daß Astyages die Ermordung befohlen hat. Sieh, hier ist es!«

112. Mit diesen Worten deckte der Hirt das Kind auf und zeigte es ihr. Und als sie sah, wie groß und schön es war, weinte sie, fiel ihrem Manne zu Füßen und beschwor ihn, es nicht auszusetzen. Er sagte, er könne unmöglich anders, denn Harpagos würde Boten schicken, um nachzuschauen. Wenn er nicht gehorche, müsse er selber elendiglich zugrunde gehen. Da sie

ihren Mann so nicht überreden konnte, versuchte sie es auf andere Weise und sagte:

»Ich kann dich ja nicht überreden, das Kind nicht auszusetzen, wenn es aber gar nicht anders geht, als daß ein Kind ausgesetzt zu sehen ist, so mach es doch so: ich habe auch geboren, und das Kind ist tot. Setze unser totes Kind aus, und wir ziehen das Kind von Astyages' Tochter als unser eigenes auf. Dann kann man dir nicht Ungehorsam gegen deine Herren vorwerfen, und uns ist geholfen. Unser totes Kind wird bestattet als ein Königskind, und das lebende verliert nicht sein Leben.«

113. Der Hirt meinte, sein Weib habe ganz das Rechte getroffen, und auf der Stelle tat er, wie sie gesagt hatte. Das Kind, das er mitgebracht hatte, um es zu töten, gab er seinem Weibe, sein eigenes totes Kind legte er in den Korb, in dem er das andere getragen hatte, tat ihm all den Schmuck des anderen Kindes an, trug es fort und setzte es aus, wo das Gebirge am wildesten war. Als drei Tage seit der Aussetzung des Kindes vorüber waren, ließ der Hirt einen Knecht zurück, es zu bewachen, und ging in die Stadt. In Harpagos' Hause angelangt, erklärte er sich bereit, nun die Leiche des Kindes zu zeigen. Harpagos schickte die treuesten aus seiner Leibwache hin, damit sie die Leiche sähen, und begrub sie dann. So wurde das Kind des Hirten begraben, aber das andere, das nachmals Kyros hieß, nahm das Weib des Hirten und zog es auf, gab ihm aber nicht den Namen Kyros, sondern einen anderen.

114. Als der Knabe zehn Jahre alt war, kam die Wahrheit an den Tag, und zwar auf folgende Weise. Er spielte in dem Dorf, wo auch die Rinderherden ihre Ställe hatten. Dort spielte er mit anderen Knaben am Wege. Und im Spiele wählten sie diesen angeblichen Sohn des Hirten zu ihrem König. Dieser ließ nun die einen Häuser bauen, die anderen sollten seine Leibwache bilden. Einer sollte das Auge des Königs sein, einem anderen übertrug er die Aufgabe, Meldungen an ihn zu überbringen; genug: jedem teilte er eine bestimmte Tätigkeit zu. Einer unter diesen spielenden Knaben war der Sohn eines angesehenen Meders, namens Artembares. Der weigerte sich, Kyros zu gehorchen. Da befahl dieser den anderen Knaben, ihn zu packen, und schlug ihn dann sehr heftig. Als sie ihn los-

ließen, war er über diese, wie er meinte, unwürdige Behandlung sehr zornig, lief in die Stadt und beklagte sich bei seinem Vater über die Schläge, die er von Kyros erhalten. Doch nannte er ihn natürlich nicht Kyros, denn so hieß der Knabe damals noch nicht, sondern er sagte: von dem Sohn des Rinderhirten des Astyages. Artembares ging in seinem Zorn zu Astyages, nahm seinen Sohn mit, erklärte, er habe eine ganz unwürdige Behandlung erlitten, und sprach:
»O König, so hat sich dein Sklave, der Sohn deines Rinderhirten, an uns vergangen!« Damit zeigte er die Schultern seines Knaben.
115. Als Astyages gehört und gesehen hatte, ließ er den Hirten mit seinem Knaben rufen, denn er wollte dem Sohn des Artembares um seines Vaters willen Genugtuung verschaffen. Als sie nun beide vor ihm standen, sah Astyages Kyros an und sagte: »Also du, eines so geringen Mannes Sohn, wagst dem Sohn meines hochgeehrten Artembares so übel mitzuspielen?«
Der Knabe antwortete: »Herr, er hat es verdient! Die Kinder im Dorf, unter denen auch er war, haben gespielt und mich zu ihrem König gewählt. Sie meinten, ich eignete mich am besten dazu. Die anderen Knaben haben denn auch getan, was ich befahl, aber er gehorchte nicht und achtete mich gar nicht, bis er seine gerechte Strafe erhielt. Habe ich Unrecht getan: hier bin ich!«
116. Als der Knabe so sprach, erkannte ihn Astyages wieder. Die Gesichtszüge erinnerten ihn an seine eignen, und die Antwort klang so stolz und frei. Auch stimmte die Zeit jener Aussetzung zu dem Alter des Knaben. Er erschrak und war eine Zeitlang sprachlos. Er wollte Artembares fortschicken, um mit dem Hirten allein sprechen zu können, und sagte, nachdem er sich ein wenig gefaßt hatte: »Artembares, ich werde alles tun, um dich und deinen Sohn völlig zufriedenzustellen.«
Damit entließ er Artembares, und die Diener mußten Kyros in die inneren Gemächer führen. Als er so mit dem Hirten allein war, fragte er ihn, woher er diesen Knaben habe und wer ihn ihm gegeben habe. Der Hirt sagte, es sei sein eignes Kind, und dessen Mutter lebe noch jetzt in seinem Hause. Astyages antwortete, es sei töricht von ihm, sich nach Zwang und Folter zu

sehnen, und winkte den Leibwächtern, ihn zu ergreifen. In seiner Not gestand er nun alles. Er erzählte der Wahrheit gemäß den ganzen Hergang von Anfang an und bat schließlich um Gnade und Vergebung.

117. Da der Hirt ihm offen die Wahrheit sagte, besänftigte sich Astyages' Zorn, aber auf Harpagos war er sehr ergrimmt, und die Leibwächter mußten ihn rufen. Als Harpagos zur Stelle war, fragte Astyages:

»Harpagos, was hast du mit dem Kind meiner Tochter getan, das ich dir damals übergab?«

Harpagos sah den Hirten. Er suchte also keine Ausflüchte, um nicht als Lügner überwiesen zu werden, sondern sagte: »O König, als ich das Kind empfing, ging ich mit mir zu Rate, wie ich deinen Befehl vollziehen und gerechtfertigt vor dir dastehen könnte, ohne doch deiner Tochter und dir als Henker des Kindes zu gelten. Ich entschied mich so. Ich rief diesen Hirten hier, übergab ihm das Kind und sagte, du hättest den Befehl gegeben, es zu töten. Das war auch die reine Wahrheit, denn so lautete ja dein Auftrag. Ich übergab ihm also das Kind und schärfte ihm ein, es im öden Gebirge auszusetzen und zu warten, bis es in seiner Gegenwart gestorben wäre. Ich drohte ihm alles Furchtbare an, wenn er diesen Auftrag nicht ausführe. Und er gehorchte. Als dann das Kind gestorben war, schickte ich meine treuesten Eunuchen hin, damit sie sich überzeugten, und begrub das Kind. Das ist der Hergang der Sache, o König, und so hat das Kind seinen Tod gefunden.«

118. Als Harpagos so die Wahrheit enthüllt hatte, verbarg Astyages seinen Zorn und erzählte ihm zunächst, wie der Hirt seinerseits den Hergang dargestellt hatte. Dann fuhr er fort, das Kind sei noch am Leben und er sei froh, daß alles so gekommen sei. »Ich hatte nämlich großen Kummer über das, was ich an diesem Kinde getan hatte«, sagte er, »und die Vorwürfe meiner Tochter waren mir recht lästig. Weil sich nun alles zum Guten gewendet hat, schicke mir deinen Sohn als Gespielen für den Knaben, der jetzt zu mir zurückgekehrt ist, und komme selber, um mit mir zu essen. Ich will den Göttern, die alles so gefügt haben, eine Opfermahlzeit zum Dank für die Erhaltung des Knaben bereiten.«

119. Als Harpagos das hörte, fiel er dem König zu Füßen und war glücklich, daß sein Vergehen jetzt zu einem Verdienst wurde und man ihn zu einem Freudenmahle einlud. Er ging nach Hause und schickte sofort seinen Sohn — er hatte nur den einen, ungefähr dreizehn Jahre alten —, hieß ihn in Astyages' Palast gehen und tun, was jener ihn heißen würde. Er selber erzählte seinem Weibe voller Freuden alles, was geschehen war. Astyages aber ließ Harpagos' Sohn schlachten, sobald er kam, ihn dann in Stücke schneiden, die teils gebraten, teils gekocht wurden, und ließ alles wohl zubereiten und bereithalten.
Als die Essensstunde kam, fand sich mit den anderen Gästen auch Harpagos ein. Vor die anderen und vor Astyages wurden Tische gestellt, die mit Hammelfleisch besetzt waren; Harpagos aber wurde das Fleisch seines Sohnes vorgesetzt, alles außer dem Kopf, den Händen und den Füßen. Diese Teile lagen abseits in einem verdeckten Korbe. Und als Harpagos sich gesättigt hatte, fragte ihn Astyages, ob ihm das Essen gemundet habe. Harpagos bejahte eifrig. Da brachten die Diener, die den Auftrag dazu erhalten hatten, in dem verdeckten Korbe das Haupt, die Hände und die Füße des Knaben, hießen Harpagos öffnen und nehmen, was er wünsche. Harpagos tat das, öffnete und sah die Überreste seines Sohnes liegen. Als er das sah, geriet er nicht außer sich, sondern blieb gefaßt. Astyages fragte, ob er das Wildpret kenne, dessen Fleisch er gegessen habe. Er sagte, er kenne es und nehme alles gern hin, was der König tue. Mit diesen Worten raffte er die Überreste zusammen und begab sich nach Hause. Er wollte wohl alles, was ihm von dem Sohne geblieben war, dort bestatten.

120. Das war die Strafe, die Astyages dem Harpagos zuteil werden ließ. Nun überlegte er, was mit Kyros geschehen solle, und rief dieselben Mager zu sich, die ihm damals den Traum gedeutet hatten. Sie kamen, und Astyages fragte noch einmal nach der Bedeutung des Traumes. Sie wiederholten ihre Auslegung und sagten, der Knabe wäre unbedingt König geworden, wenn er am Leben geblieben und nicht frühzeitig gestorben wäre. Da entgegnete Astyages: »Der Knabe ist nicht tot, er lebt noch! Auf dem Lande ist er aufgewachsen, und die Kinder im Dorfe haben ihn zum König gemacht. Und er hat alle Anord-

nungen getroffen wie ein wirklicher König. Leibwächter hat er sich gewählt, Türhüter und Übermittler von Meldungen angestellt und alles andere, was ein Herrscher braucht, eingerichtet. Worauf deutet nun das? Sagt mir eure Meinung!«

Die Mager sagten: »Wenn er lebt und schon König gewesen ist, ohne daß es jemand ahnen konnte, so sei nur guten Mutes und fürchte nichts. Er wird nicht zum zweiten Male König werden. Schon manche Weissagung hat sich auf unbedeutende Ereignisse bezogen, und was ein Traum sagt, ist oft von wenig Belang.«

Astyages entgegnete: »Ihr Mager, eure Meinung scheint mir ganz richtig: dadurch, daß der Knabe den Königsnamen getragen hat, ist der Traum in Erfüllung gegangen, und mir droht keine Gefahr mehr von dem Kinde. Dennoch überlegt wohl und ratet mir, was ich zu meines Hauses und eurer Sicherung tun soll.«

Die Mager sprachen: »O König, auch für uns ist es von großem Wert, daß dein Thron bestehen bleibt. Geht die Herrschaft auf den Knaben über, so kommt sie in fremde, in persische Hände und wir Meder werden Sklaven und werden von den Persern verachtet, weil wir Fremde sind. Solange du, unser Stammesgenosse, König bist, nehmen auch wir teil am Regiment und stehen in hohen Ehren bei dir. So haben wir alle Ursache, dich und deine Herrschaft zu schützen. Wo wir die Gefahren drohen sahen, haben wir dich denn auch genau darüber unterrichtet. Da aber der Traum sich jetzt als eine Nichtigkeit herausgestellt hat, sind wir wieder guten Mutes und raten auch dir, deine Furcht aufzugeben. Schaffe den Knaben dir aus den Augen und schicke ihn nach Persien zu seinen Eltern.«

121. Als Astyages dies hörte, ward er fröhlich, ließ Kyros rufen und sprach: »Kind, um eines Traumes willen, der sich nicht erfüllt hat, habe ich Unrecht an dir getan, doch das Schicksal hat dich errettet. Nun geh froh nach Persien, und ich will dir ein Gefolge mitgeben. Dort in Persien wirst du Vater und Mutter finden, die ganz anderer Art sind als der Hirt Mitradates und sein Weib.«

122. Mit diesen Worten entließ er Kyros. Und als dieser heimkehrte in Kambyses' Haus, nahmen ihn seine Eltern auf, und

als sie alles erfahren hatten, begrüßten sie ihn zärtlich, denn sie hatten geglaubt, er sei damals gleich getötet worden. Sie fragten, wie er denn dem Tode entgangen sei. Er erzählte, daß er früher nichts gewußt habe und über seine Herkunft ganz falschen Glaubens gewesen sei. Erst unterwegs habe er alle seine Schicksale erfahren. Er habe sich für des königlichen Hirten Sohn gehalten, aber nun wisse er durch sein Reisegefolge alles. Das Weib jenes Hirten habe ihn aufgezogen, erzählte er, und habe ihn mit aller Liebe gepflegt. Er sprach immer wieder nur von Kyno. Die Eltern merkten sich diesen Namen, und damit die Erhaltung ihres Sohnes den Persern noch wunderbarer vorkäme, verbreiteten sie das Gerücht, der kleine ausgesetzte Kyros sei von einer Hündin aufgezogen worden[102]. Von jener Kyno her stammt diese Sage.

123. Kyros wuchs heran, war der mannhafteste unter seinen Altersgenossen, und alle liebten ihn. Und Harpagos, der sich an Astyages rächen wollte, sandte ihm Geschenke und rief ihn zur Rache auf. Harpagos sah wohl ein, daß er als Untertan nichts gegen Astyages ausrichten konnte; darum machte er mit dem herangewachsenen Kyros einen gemeinsamen Racheplan: denn Kyros habe ja ähnliche Schicksale erlitten wie er. Vorher noch hatte er folgendes zustande gebracht. Er knüpfte Verhandlungen mit allen vornehmen Medern an und überredete sie, Kyros zum König zu machen und den tyrannischen Astyages vom Throne zu stoßen. Als er soviel erreicht hatte und alles bereit war, wollte nun Harpagos seinen Plan Kyros mitteilen. Der aber wohnte in Persien, und eine Benachrichtigung durch Boten war unmöglich, weil die Wege bewacht wurden. Da ersann er eine List. Er richtete einen Hasen in der Weise zu, daß er den Bauch aufschnitt, ohne sonst etwas wegzuschneiden, und einen Brief, der seine Vorschläge enthielt, hineinsteckte. Dann nähte er den Bauch wieder zu, gab seinem treuesten Diener ein Jagdnetz, als sei er ein Jäger, und schickte ihn mit dem Hasen nach Persien. Mündlich trug er ihm auf, Kyros den Hasen zu überbringen mit der Bitte, ihn eigenhändig und ohne Zeugen zu zerlegen.

124. Das geschah. Kyros erhielt und zerlegte den Hasen. Er fand darin den Brief, nahm ihn und las. Folgendes stand darin:

»Sohn des Kambyses! Die Götter lieben dich, sonst hätten sie dir nicht solche Schicksale bereitet. Räche dich jetzt an Astyages, deinem Mörder! Wenn sein Wille geschehen wäre, lebtest du nicht; die Götter und ich haben dich am Leben erhalten. Du wirst es schon seit langer Zeit wissen, nicht nur, was man dir, sondern auch was Astyages mir angetan hat, weil ich dich nicht tötete, sondern dem Hirten übergab. Willst du mir folgen, so bemächtige dich jetzt seines Thrones! Das ganze Reich des Astyages soll dein sein. Überrede die Perser zum Abfall und zieh mit ihnen zu Felde gegen die Meder. Medien wird dir zu Willen sein, gleichviel ob Astyages mich oder einen anderen Edlen zum Heerführer erwählt. Denn diese werden die ersten sein, die von ihm abfallen, zu dir übergehen und Astyages zu stürzen suchen. Weil hier alles bereit ist, so handle denn und handle schnell!«

125. Als Kyros dies las, erwog er, wie er am besten die Perser zum Abfall bewegen könnte. Er fand, daß es auf folgende Weise am ehesten möglich sei, und handelte danach. Nachdem er einen Brief nach eignem Gutdünken verfaßt hatte, berief er die Perser zu einer Versammlung, entfaltete den Brief und las ihn mit der Erklärung vor, Astyages habe ihn zum Heerführer über die Perser ernannt. »Und jetzt, ihr Perser«, sagte er, »befehle ich euch allen, euch mit Sicheln bewaffnet wieder hier einzufinden.«

So lautete sein Befehl. Nun gibt es eine große Zahl persischer Stämme. Nur einen Teil von ihnen hat Kyros versammelt und zum Abfall von den Medern bewogen, doch sind alle anderen Stämme von ihnen abhängig. Die Hauptstämme sind die Pasargader, Maraphier und Maspier. Die Pasargader sind der vornehmste; zu ihm gehört auch die Familie der Achaimeniden, der die persischen Könige entstammen. Andere persische Stämme sind: die Panthialaier, Derusiaier, Germanier. Alle genannten Stämme treiben Ackerbau. Die übrigen sind Hirtenstämme: die Daer, Marder, Dropiker, Sagartier[103].

126. Als sie alle mit dem befohlenen Ackergerät zur Stelle waren, befahl ihnen Kyros, ein gewisses Feld an einem Tage zu roden. Es gab nämlich in Persien eine Gegend, wohl achtzehn bis zwanzig Stadien lang, die ganz mit Dornen bewachsen war.

Nach Beendigung dieser Arbeit gebot er ihnen, am nächsten Tag wiederzukommen und vorher zu baden. Inzwischen trieb Kyros sämtliche Ziegen, Schafe und Rinderherden seines Vaters zusammen, schlachtete sie und richtete sie zur Bewirtung der persischen Scharen her, beschaffte auch Wein und Brot auf das reichlichste. Als die Perser am nächsten Tage erschienen, hieß er sie auf der Wiese sich lagern und schmausen. Nach Beendigung des Mahles fragte Kyros, ob ihnen der heutige oder der gestrige Tag besser gefiele. Sie sagten, die beiden Tage könne man gar nicht miteinander vergleichen, denn gestern sei es ihnen recht übel ergangen, heute sei alles herrlich. Diese Antwort benutzte Kyros, um ihnen seinen ganzen Plan zu enthüllen. Er sagte:

»Persische Krieger, ihr habt zu wählen! Wollt ihr mir folgen, so wird das, was ihr heute hattet, und noch unendlich Schöneres euer sein, und keine Sklavenarbeit habt ihr mehr zu tun. Wollt ihr aber nicht, so warten euer unsägliche Mühen so wie die gestrige. Darum folget mir und werdet frei! Mich hat offenbar ein göttliches Geschick dazu berufen, euch die Freiheit zu gewinnen. Ich glaube fest, daß ihr um nichts schlechter seid als die Meder, auch nicht als Krieger, und deshalb rufe ich euch zu: fallet ab von Astyages, so schnell als möglich!«

127. So hatten jetzt die Perser einen Führer und schüttelten mit Freuden ihr Joch ab. Schon längst war ihnen die Herrschaft der Meder lästig. Als Astyages von Kyros' Rüstungen hörte, schickte er einen Boten und berief ihn zu sich. Kyros ließ antworten, er würde eher da sein als Astyages wünsche. Da waffnete Astyages denn das ganze medische Volk und ernannte in seiner Verblendung Harpagos zum Oberfeldherrn; er dachte nicht daran, was er Harpagos angetan hatte. Als die Meder nun mit den Persern zusammenstießen, kämpfte nur der Teil des Heeres, der nicht in den Plan eingeweiht war. Die anderen gingen zu den Persern über, und die meisten flohen und zeigten sich absichtlich feige.

128. So hatte sich das medische Heer schmählich aufgelöst; aber Astyages stieß Drohungen gegen Kyros aus und sagte: »Kyros soll dennoch nicht triumphieren!« Dann ließ er zuerst jene Traumdeuter ans Kreuz schlagen, die ihm geraten hatten,

Kyros zu schonen, und bewaffnete nun alle in der Stadt zurückgebliebenen Meder, ob jung oder alt. Mit ihnen zog er hinaus, aber im Kampfe mit den Persern unterlag er. Das ganze Heer ging verloren, Astyages selber wurde gefangen genommen[104].

129. Zu dem kriegsgefangenen König ging Harpagos, verlachte und verhöhnte ihn. Mit bitteren Worten erinnerte er ihn an jenes Mahl, wo Astyages ihm das Fleisch seines Sohnes vorgesetzt hatte, und sagte, dafür sei er jetzt aus einem König ein Sklave geworden. Astyages sah ihn an und erwiderte: er wolle wohl sich als Verdienst anrechnen, was Kyros vollbracht hätte. Harpagos sagte, er habe doch Kyros hergerufen und könne sich also mit Recht das Verdienst zuschreiben. Da bewies ihm Astyages, daß er der törichteste und schlechteste Mensch auf Erden sei, der törichteste, weil er die Macht einem anderen abgetreten habe, während er selber hätte König werden können, da der Handstreich doch von ihm ausgegangen sei; und der schlechteste, weil er die Meder um einer Mahlzeit willen zu Sklaven gemacht habe. Wenn man durchaus einen anderen an seiner Stelle hätte auf den Thron setzen wollen, so hätte man gerechterweise doch eher einem Meder als einem Perser diese Ehre gönnen müssen. Jetzt seien die unschuldigen Meder Knechte geworden und die Perser, die bisherigen Knechte der Meder, ihre Herren.

130. Nach fünfunddreißigjähriger Regierung verlor also Astyages sein Reich, und die Meder, die Asien jenseits des Halys hundertachtundzwanzig Jahre lang beherrscht hatten, abgerechnet die Zeit, wo die Skythen herrschten, wurden um des grausamen Astyages willen Untertanen der Perser[105]. Später bereuten sie ihren Schritt und fielen von Dareios ab. Doch wurden sie besiegt und von neuem unterworfen. Von der Zeit der Empörung der Perser unter Kyros ab waren also die Perser Herren von Asien. Kyros tat Astyages nichts zu Leide, sondern ließ ihn bei sich wohnen, bis er starb.

Das ist die Geschichte von der Geburt, Kindheit und Thronbesteigung des Kyros. Darauf überwand er, wie ich schon vorher erzählt habe, auch Kroisos, der die Feindseligkeiten begonnen hatte. So herrschte er über ganz Asien.

131. Über die Sitten der Perser kann ich folgendes mitteilen. Es ist nicht Sitte bei ihnen, Götterbilder, Tempel und Altäre zu errichten. Wer das tue, sei töricht, sagen sie. Offenbar stellen sie sich die Götter nicht wie die Hellenen als menschenähnliche Wesen vor. Dem Zeus pflegen sie oben auf den Gipfeln der Berge zu opfern, und zwar bezeichnen sie mit dem Namen Zeus das ganze Himmelsgewölbe[106]. Sie opfern auch der Sonne, dem Monde, der Erde, dem Feuer, dem Wasser und den Winden. Das sind ursprünglich die einzigen göttlichen Wesen, denen sie opfern; dann haben sie auch gelernt, der Urania zu opfern. Von den Assyriern und Arabern haben sie diesen Kult übernommen. Die Assyrier nennen die Aphrodite Urania: Mylitta[107], die Araber: Alilat[108], die Perser: Mitra[109].

132. Die Opfer für die genannten Götter finden bei den Persern unter folgenden Gebräuchen statt. Weder Altäre werden gebaut, noch Feuer angezündet. Weder Weingüsse, noch Flötenspiel, noch Binden, noch Gerstenkörner sind üblich. Wenn jemand opfern will, führt er sein Opfertier an eine reine Stätte und ruft den Gott an. Meist hat er dabei seine Tiara[110] mit Myrten bekränzt. Der Opfernde darf sein Gebet um Heil nicht auf sich allein beschränken; er betet für alle Perser und den König. In dies Gebet ist er ja selber mit einbegriffen. Hat er dann das Opfertier zerteilt und das Fleisch gekocht, so legt er alles Fleisch auf sehr zartes Gras; meist ist es Klee, den man als Unterlage wählt. Nun tritt ein Mager heran und singt die Theogonie[111], das ist der Name, den der Opfergesang führt. Ohne Mitwirkung des Magers darf kein Opfer stattfinden. Der Opferer wartet noch ein Weilchen und nimmt dann das Fleisch fort, das er nach Belieben verwendet.

133. Als höchsten Festtag feiert jeder Perser den Tag, an dem er geboren ist. An diesem Tage will er ein reichlicheres Mahl einnehmen als sonst. Die reichen Perser lassen dann ein Rind, ein Roß, ein Kamel und einen Esel auftragen, die im Ofen ganz gebraten werden. Die Ärmeren lassen kleinere Tiere zubereiten.

Brot wird wenig gegessen, viel Zukost, und zwar in mehreren Gerichten. Darum sagen sie auch, die Hellenen ständen hungrig von der Mahlzeit auf, denn nach dem Hauptgericht würde nichts Rechtes mehr gereicht. Geschähe das, so würden die Hellenen unaufhörlich essen. Den Wein lieben sie sehr. In Gegenwart anderer sich zu erbrechen oder Wasser zu lassen ist nicht Sitte. Darin also sind sie streng; dagegen pflegen sie im Rausch die wichtigsten Angelegenheiten zu verhandeln. Den Beschluß, den man so gefaßt hat, trägt der Hausherr, in dessen Hause die Beratung stattfindet, am nächsten Tage, wenn die Beratenden nüchtern sind, noch einmal vor. Ist man auch jetzt damit einverstanden, so führt man das Beschlossene aus, andernfalls läßt man es fallen. Auch wird ein Gegenstand, den sie nüchtern vorberaten haben, in der Trunkenheit noch einmal erwogen.

134. Wenn sie einander auf der Straße begegnen, kann man an ihrem Gruß erkennen, ob beide gleichen Ranges sind. Ist es der Fall, so küssen sie einander auf den Mund. Ist einer von etwas geringerem Stande, so küssen sie sich auf die Wangen, ist der Standesunterschied groß, so wirft sich der Geringere vor dem Höherstehenden zur Erde.

Bei den Persern genießen die nächsten Nachbarn die höchste Achtung nach ihnen selber, dann kommen die entfernteren, und so geht es schrittweise abwärts. Am wenigsten gelten ihnen die Völker, die ihnen am fernsten wohnen. Sich selber halten sie nämlich für die allervorzüglichsten Menschen auf Erden, die Tüchtigkeit der Umwohnenden richtet sich, meinen sie, nach der Entfernung von ihnen, und die Fernsten sind die allergeringsten. Zur Zeit der Mederherrschaft richtete sich ja die Überlegenheit in der Tat nach diesem Merkmal. Die Meder herrschten über sämtliche Völker, zumal über ihre nächsten Nachbarn, diese wieder über ihre Nachbarn, und so ging es fort. In derselben Weise verteilen jetzt die Perser das Maß ihrer Hochschätzung, denn ihr Machtbereich hat sich sehr weit ausgedehnt.

135. Kein Volk ist fremden Sitten so zugänglich wie das persische. Sie finden die medische Kleidung schöner als die ihrige und tragen sie infolgedessen. Ebenso tragen sie im Kriege den ägyptischen Brustpanzer. Alle Genüsse und Vergnügungen, die sie kennen lernen, führen sie bei sich ein; so haben sie auch von den Hellenen den Liebesverkehr mit Knaben angenommen. Jeder Perser führt eine große Zahl von rechtmäßigen Frauen

heim, außerdem hat er eine noch größere Zahl von Kebsweibern.

136. Die Haupttugend ist Tapferkeit. Ferner gilt es als ein Verdienst, viele Söhne zu zeugen. Wer die meisten Söhne hat, erhält vom König ein jährliches Geschenk. Auf die Zahl legen sie das Hauptgewicht. Sie unterweisen die Knaben vom fünften bis zum zwanzigsten Jahre; aber nur drei Dinge lernen sie: Reiten, Bogenschießen und die Wahrheit sagen. Bis zum fünften Jahre kommt das Kind dem Vater gar nicht zu Gesicht; es lebt bei den Frauen. Das geschieht deshalb, damit der Vater sich nicht grämen muß, wenn das kleine Kind stirbt.

137. Diese Sitte lobe ich, ebenso die andere, daß nicht einmal der König wegen eines bestimmten Vergehens einen Menschen erschlagen darf, überhaupt kein Perser an seinem Knecht aus einem bestimmten Anlaß eine tödliche Strafe vollziehen darf. Nur wenn er nach sorgfältiger Abwägung findet, daß der Knecht ihm mehr Ärger verursacht als Dienste geleistet hat, darf er seinem Zorn soweit nachgeben. Sie behaupten, daß bei ihnen niemals ein Vater- oder Muttermord vorkäme. Bei jedem derartigen Vorfall stelle sich durch Nachfragen ganz unweigerlich heraus, daß das Kind untergeschoben sei oder einem Ehebruch entstamme. Denn es sei unnatürlich, daß der rechte Vater von der Hand seines eigenen Sohnes falle.

138. Was ihnen zu tun verboten ist, dürfen sie auch nicht aussprechen. Das Entehrendste ist bei ihnen das Lügen. An zweiter Stelle steht das Schuldenmachen, dies aus vielen Gründen, namentlich aber, weil ihrer Meinung nach ein Schuldner notwendig in die Lage kommt, zu lügen.

Ein Bürger, der an Aussatz oder weißen Flecken leidet, betritt die Stadt nicht, verkehrt auch nicht mit den anderen Persern. Sie schreiben diese Krankheiten einem Vergehen gegen die Sonne zu. Jeden Fremden, der davon befallen wird, treibt man aus dem Lande. Viele dulden aus demselben Grunde auch keine weißen Tauben[112]. Nie lassen sie ihr Wasser in einen Fluß oder speien hinein, waschen auch nicht ihre Hände darin oder dulden, daß es ein anderer tut. Vielmehr erweisen sie den Flüssen die tiefste Ehrfurcht.

139. Noch gibt es etwas Merkwürdiges bei den Persern, was

sie selbst freilich nicht empfinden, wohl aber wir. Alle ihre Eigennamen, die mit der Körperbeschaffenheit zusammenhängen und Schönheit oder Pracht ausdrücken, endigen auf den gleichen Buchstaben, der bei den Doriern San, bei den Ionern Sigma[113] heißt. Auf diesen Buchstaben endigen, wie man bei näherer Nachforschung finden wird, alle persischen Namen, nicht bloß manche, sondern sämtliche.

140. Das sind die Nachrichten über die Perser, die ich als unbedingt richtig mitteilen kann. Dagegen halten sie ihre Begräbnissitten geheim; nur unbestimmt erfährt man, daß der Leichnam eines Persers erst bestattet wird, nachdem ihn ein Raubvogel oder ein Hund umhergezerrt hat. Von den Magern weiß ich bestimmt, daß sie diese Sitte haben; sie zeigen sie ganz offen. Jedenfalls überziehen die Perser den Leichnam mit Wachs, bevor sie ihn in die Erde legen[114].

Die Mager unterscheiden sich durch eine ihrer Sitten erheblich von der übrigen Menschheit, namentlich auch von den ägyptischen Priestern. Die letzteren töten, um sich nicht zu verunreinigen, kein Tier außer den Opfertieren. Die Mager aber töten mit eigener Hand alles außer dem Hund und dem Menschen und vertilgen Ameisen, Schlangen und alle anderen kriechenden und fliegenden Tiere mit Absicht und um die Wette Doch möge diese Sitte, wie sie von jeher bestanden hat, auch weiter bestehen! Ich kehre zu meiner Erzählung zurück.

141. Die Ioner und Aioler sandten, als Lydien von den Persern erobert war, sofort Boten nach Sardes zu Kyros und erklärten sich bereit, sich Kyros unter denselben Bedingungen zu unterwerfen wie einst dem Kroisos. Kyros hörte diese Erklärung an und erzählte ihnen als Antwort eine Fabel:

»Ein Flötenspieler«, sagte er, »sah die Fische im Wasser und fing an zu blasen, denn er meinte, sie würden zu ihm ans Land kommen. Als er sich in dieser Hoffnung getäuscht sah, nahm er ein Netz, fing eine große Menge Fische und zog sie heraus. Als er sie nun zappeln sah, sagte er: laßt nur jetzt das Tanzen, da ihr ja auch nicht herauskommen und tanzen wolltet, als ich die Flöte blies.

Diese Geschichte erzählte Kyros den Ionern und Aiolern deshalb, weil die Ioner Kyros' damalige Bitte, von Kroisos abzufallen, nicht erfüllt hatten, aber jetzt, wo das Reich erobert war, sich Kyros unterwerfen wollten.

Diese Antwort also gab ihnen Kyros zornig. Als sie den ionischen Städten bekannt wurde, bauten sie Mauern um jede Stadt und versammelten sich in Panionion[115]. Nur Milet schloß sich davon aus, denn mit Milet allein hatte Kyros unter den alten Bedingungen der Lyder ein Bündnis geschlossen. Die übrigen Ioner beschlossen einmütig, Gesandte nach Sparta zu schicken und um Unterstützung zu bitten.

142. Die Ioner übrigens, und dazu gehört auch Panionion, haben ihre Städte in einem Lande gegründet, das von der ganzen uns bekannten Erde das herrlichste Klima hat. Weder die nördlicher gelegenen noch die südlicher gelegenen Länder können sich mit Ionien vergleichen. Jene haben unter der Kälte und Nässe zu leiden, diese unter der Hitze und Trockenheit. Die Bewohner sprechen nicht alle die gleiche Sprache, sondern es gibt vier verschiedene Mundarten[116] Die südlichste Stadt ist Milet, dann folgen Myus und Priene. Diese Städte gehören zu Karien und haben eine und dieselbe Mundart. Die folgenden liegen in Lydien: Ephesos, Kolophon, Lebedos, Teos, Klazomenai, Phokaia. Auch diese Städte haben eine gemeinsame Mundart, die aber von der der obengenannten verschieden ist. Dann folgen noch drei weitere ionische Städte, zwei davon liegen auf Inseln, nämlich Samos und Chios, eine auf dem Festlande: Erythrai. Die Chier und Erythraier haben die gleiche Mundart, Samos hat eine besondere für sich, so daß es im ganzen vier verschiedene Mundarten sind.

143. Milet also hatte nichts zu fürchten, weil es mit Kyros im Bunde war; ebenso waren die Städte auf den Inseln gesichert, denn die Phoiniker waren noch nicht von den Persern unterworfen worden, und die Perser selber sind kein Seevolk. Diese hatten sich von den übrigen Ionern losgesagt, nur weil das ganze hellenische Volk damals noch schwach, der ionische Stamm jedoch weitaus am schwächsten und unbedeutendsten war. Außer Athen nämlich gab es überhaupt keine bedeutende ionische Stadt. Die Athener und die übrigen Ioner wehrten sich denn auch gegen ihren Namen, sie wollten keine Ioner sein.

Noch heute, scheint mir, schämt sich mancher des Namens Ioner. Jene zwölf Städte[117] dagegen waren stolz auf ihren Namen und hatten sich ein gemeinsames Heiligtum erbaut, dem sie den Namen Panionion gaben, hatten auch beschlossen, den anderen Ionern keinen Zutritt zu ihm zu gewähren, worum auch außer Smyrna keine Stadt bat.

144. Ähnlich verwehren die Dorier aus den Fünfstädten, früher Sechsstädte[118] genannt, den benachbarten Doriern den Zutritt zu dem triopischen Heiligtum, schließen sogar ihre eigenen Mitbürger aus, wenn sie sich unehrerbietig gegen das Heiligtum betragen. In den Kampfspielen zu Ehren des Apollon Triopios nämlich hatten sie den Siegern von jeher eherne Dreifüße ausgesetzt, die der Sieger aber nicht aus dem Heiligtum entfernen durfte, sondern dem Gotte weihen mußte. Einst siegte ein Mann aus Halikarnassos, namens Agasikles, der dies Gesetz nicht beachtete, sondern den Dreifuß in die Heimat mitnahm und in seinem Hause aufhängte. Aus diesem Grunde schlossen die fünf Städte Lindos, Ialysos, Kameiros, Kos und Knidos die sechste Stadt, nämlich Halikarnassos, von der Teilnahme aus.

145. So bestraften sie die Stadt.

Daß die Ioner gerade zwölf Städte gebaut haben und keine anderen in ihren Bund aufnehmen wollen, hat, glaube ich, darin seinen Grund, daß es zur Zeit, wo sie noch in der Peloponnes wohnten, zwölf ionische Stämme gab, ebenso wie die Achaier, von denen die Ioner damals vertrieben wurden[119], noch jetzt zwölf Stämme haben, erstens Pellene, unweit Sikyon gelegen, dann Aigeira und Aigai, wo der unversiegliche Krathis fließt, nach dem der Krathis in Italien seinen Namen hat[120], dann Bura und Helike, wohin die Ioner vor den siegreichen Achaiern flüchteten, ferner Aigion, die Rhyper, die Patrer, die Pharer, Olenos, wo der große Fluß Peiros fließt, endlich Dyme und die Tritaier, die allein von diesen Stämmen keine Küstenbewohner sind. Das sind die jetzigen zwölf achaiischen und früher ionischen Stämme.

146. Und deshalb haben die Ioner gerade zwölf Städte gegründet; denn zu behaupten, daß diese kleinasiatischen Ioner reineren Blutes und besserer Rasse seien als die übrigen Ioner,

ist eine große Torheit. Eine nicht geringe Zahl Abanten aus Euboia befindet sich unter ihnen, die nicht einmal dem Namen nach Ioner sind, und außerdem haben sie sich mit Minyern aus Orchomenos gemischt, mit Kadmeiern, Dryopern, mit versprengten Phokern, mit Molossern, pelasgischen Arkadern und dorischen Epidauriern und vielen anderen Stämmen[121]. Diejenigen Ioner aber, die einst direkt vom Prytaneion in Athen herübergekommen waren, und sich für die adligsten Ioner halten, haben bei ihrer Auswanderung keine Frauen mitgenommen, sondern Karerinnen geheiratet, deren Väter sie erschlugen. Um dieses Blutbads willen haben sich die Frauen durch einen Schwur, den sie dann auf ihre Töchter vererbten, an den Brauch gebunden, niemals mit ihren Männern zusammen zu essen, oder ihre Männer bei Namen zu nennen, eben weil sie ihre Väter, Männer und Söhne getötet und sie selber dann geheiratet hatten. In Milet war es, wo dies geschah.

147. Außerdem haben sich einige dieser ionischen Städte Lykier zu Königen gewählt, Abkommen des Glaukos, Sohnes des Hippolochos, andere Kaukoner aus Pylos, Nachkommen des Kodros, Sohnes des Melanthos, andere sowohl diese als jene. Freilich halten sie fester an ihrem Namen als die übrigen Ioner, und so mögen sie immerhin reine Ioner heißen! Aber Ioner sind überhaupt alle, die aus Athen stammen und das Fest der Apaturien[122] feiern. Dies Fest feiern nämlich sämtliche Ioner, Ephesos und Kolophon ausgenommen, und diese sind allein deshalb von den Apaturien ausgeschlossen, weil man sie einer Mordtat beschuldigt.

148. Das Panionion ist eine heilige Stätte auf Mykale, die nach Norden zu gelegen ist und von dem ionischen Bunde dem Poseidon Helikonios geweiht worden ist. Mykale ist ein Vorgebirge an der Westküste des kleinasiatischen Festlands, Samos gegenüber. Hier war es also, wo die ionischen Städte sich zu dem Feste versammelten, dem sie den Namen Panionion gaben.

149. Das sind die ionischen Städte. Ich nenne ferner die aiolischen: Kyme, auch Phrikonis genannt, Larisa, Neonteichos, Temnos, Killa, Notion, Aigiroessa, Pitane, Aigaiai, Myrina, Gryneia. Das sind die elf alten Städte der Aioler. Eine nämlich, Smyrna, wurde von den Ionern genommen; auch die Aioler

hatten eigentlich zwölf Städte auf dem kleinasiatischen Festland[123]. Der von ihnen besiedelte Landstrich hat besseren Boden als der der Ioner, kommt ihm aber im Klima nicht gleich.

150. Smyrna verloren die Aioler auf folgende Weise. Die Stadt nahm Flüchtlinge aus Kolophon auf, die in einem Aufstand unterlegen und aus Kolophon verbannt worden waren. Diese Kolophonier warteten ein Fest ab, das die Bevölkerung von Smyrna dem Dionysos außerhalb der Stadt feierte, schlossen die Tore und setzten sich in Besitz der Stadt. Nun rückten alle Aioler gegen die Stadt, aber es kam zu einem Vertrage, nach dem die Ioner das Hausgerät ausliefern, aber im Besitz der Stadt bleiben sollten. Die bisherigen Bewohner von Smyrna wurden auf die elf Städte verteilt und erhielten dort Bürgerrecht.

151. Das sind die aiolischen Städte auf dem Festland, wozu noch die Städte auf dem Ida kommen, die von den anderen getrennt sind. Aiolische Inselstädte gibt es erstens auf Lesbos, und zwar fünf — die sechste, Arisba, wurde von Methymna, also einer blutsverwandten Stadt, unterjocht —, dann eine auf Tenedos und eine auf den sogenannten Hundertinseln[124]. Diese Städte auf Lesbos und Tenedos hatten jetzt ebensowenig zu fürchten wie die ionischen Inselstädte. Die übrigen aiolischen Städte faßten gemeinsam den Entschluß, sich ganz dem Vorgehen der Ioner anzuschließen.

152. Als nun die Gesandten der Ioner und Aioler in Sparta anlangten — sie hatten die Fahrt in Eile zurückgelegt —, wählten sie einen Phokaier namens Pythermos zu ihrem Wortführer. Pythermos legte ein Purpurgewand an, um die Spartaner zu recht zahlreichem Erscheinen anzulocken, dann trat er auf und bat in längerer Rede um Spartas Beistand. Aber die Lakedaimonier ließen sich nicht bewegen und lehnten ihren Beistand ab. Die Gesandten kehrten heim; die Lakedaimonier sandten trotz ihrer abschlägigen Antwort einen Fünfzigruderer aus, ich vermute, um den Verlauf des Kampfes zwischen Kyros und den Ionern zu beobachten. Dies Schiff landete in Phokaia, und der Angesehenste von den Insassen, namens Lakrines, wurde nach Sardes zu Kyros geschickt, um ihm eine Botschaft von Lakedaimon zu überbringen: er möge sich hüten, eine hellenische Stadt zu zerstören; Sparta würde das nicht dulden.

153. Als der Herold diese Botschaft ausrichtete, soll Kyros die Hellenen in seiner Umgebung gefragt haben, wer die Lakedaimonier wären, wie groß das Volk wäre, das ihm solche Worte sagen ließe. Als man ihm Bescheid gegeben, habe er zu dem Herold aus Sparta gesagt:
»Ich fürchte kein Volk, das inmitten seiner Städte Plätze hat, wo das Volk sich versammelt, schwört und einander betrügt. Wenn ich am Leben bleibe, soll Sparta von seinem eigenen Schicksal mehr zu reden haben als von dem der Ioner.«
Diese verächtlichen Worte waren gegen die Hellenen im ganzen gerichtet, weil sie Märkte haben und ein handeltreibendes Volk sind. Die Perser haben nämlich keinen Handelsverkehr. Marktplätze gibt es bei ihnen überhaupt nicht.
Darauf übergab Kyros die Stadt Sardes dem Perser Tabalos. Das Gold des Kroisos und der anderen Lyder sollte der Lyder Paktyas in Verwahrung nehmen. Kyros selber kehrte mit Kroisos nach Agbatana zurück. Die Ioner ließ er fürs erste unbehelligt. Ihm stand Babylon im Wege und der baktrische Stamm, sowie die Saken und Ägypter[125]. Gegen diese Völker wollte er persönlich den Krieg führen und gegen die Ioner einen anderen Feldherrn schicken.
154. Als aber Kyros aus Sardes abgezogen war, bewog Paktyas die Lyder zum Abfall von Tabalos und Kyros. Er zog sich an die Küste zurück, und da er die ganzen Goldreichtümer aus Sardes in seiner Hand hatte, warb er Hilfstruppen und überredete die Küstenbewohner, sich seinem Kriegszuge anzuschließen. Nun brach er nach Sardes auf und belagerte den in der Burg eingeschlossenen Tabalos.
155. Kyros wurde unterwegs davon benachrichtigt und sagte zu Kroisos:
»Kroisos, wohin wird das noch führen? Die Lyder hören, so scheint es, nie auf, sich und anderen Schwierigkeiten und Sorgen zu bereiten. Ich glaube fast, das Beste ist, sie in die Sklaverei zu verkaufen. Mir kommt es vor, als hätte ich ebenso töricht gehandelt wie einer, der den Vater tötet und seine Söhne am Leben läßt. Ich habe dich, der den Lydern noch mehr war als ein Vater, davongeführt und den Lydern ihre Hauptstadt überlassen. Nun wundere ich mich, daß sie von mir abfallen!«

So sprach er offen seine Meinung aus. Kroisos fürchtete, er würde Sardes ganz zerstören, und antwortete:
»O König, was du sagst, ist richtig. Dennoch solltest du nicht in deinem Grimm die alte Stadt zerstören, denn sie trägt nicht die Schuld, weder an dem, was jetzt geschieht, noch an dem, was damals geschah. Das Vergangene war mein Werk; ich trage die Schuld. Und was jetzt geschieht, fällt auf Paktyas, in dessen Hand du Sardes gegeben hast. Den bestrafe! Den Lydern vergib, und damit sie nicht wieder abfallen und dir zu schaffen machen, tu folgendes: schicke hin und verbiete ihnen, Kriegswaffen zu besitzen. Befiehl ihnen dagegen, Leibröcke unter dem Kleide zu tragen und hohe Schuhe an den Füßen. Und Kitharaspiel, Gesang und Handeltreiben sollen sie ihre Kinder lehren. Du wirst sehen, o König, wie bald sie aus Männern zu Weibern werden, so daß du nie mehr ihren Abfall zu befürchten hast.«
156. Kroisos gab ihm aber diesen Rat deshalb, weil er es so für die Lyder noch besser fand, als wenn sie in die Sklaverei verkauft würden, wußte auch, daß er Kyros nicht von seinem Vorhaben würde abbringen können, wenn er ihm nicht einen annehmbaren Rat gäbe. Auch fürchtete er, die Lyder würden, auch wenn sie diesmal davonkämen, von neuem abfallen und dann doch ihrem Schicksal verfallen.
Kyros war glücklich über den Rat. Er ließ seinen Groll fahren und versprach zu tun, was Kroisos gesagt. Er rief einen Meder, namens Mazares, zu sich, der den Lydern ausrichten mußte, was Kroisos geraten hatte. Alle, die sich den Lydern bei dem Zuge gegen Sardes angeschlossen hatten, sollte er in die Sklaverei verkaufen, Paktyas selber aber unter allen Umständen lebendig herbeibringen.
157. Diese Anordnungen traf er auf dem Wege und zog dann weiter ins Perserland. Aber Paktyas flüchtete auf die Kunde von der Annäherung des gegen ihn ausgesandten Heeres und zog sich voller Furcht nach Kyme zurück. Der Meder Mazares zog mit einem Teile von Kyros' Heer gegen Sardes, und als er dort den Anhang des Paktyas nicht mehr vorfand, zwang er zunächst die Lyder, sich Kyros' Geboten zu fügen. So haben denn auf Kyros' Befehl hin die Lyder ihre ganze Tracht und

Lebensweise geändert. Ferner schickte Mazares Boten nach Kyme und forderte Paktyas' Auslieferung. Aber die Bewohner von Kyme beschlossen, sich vorerst bei den Branchiden göttlichen Rat zu holen. Dort war nämlich ein altes Orakel, das alle Ioner und Aioler zu befragen pflegten. Der Ort liegt im Gebiet von Milet, landeinwärts vom Hafen Panormos.

158. Also die Bewohner von Kyme schickten eine Gesandtschaft an die Branchiden[126] und ließen fragen, was sie mit Paktyas tun sollten, um sich die Gnade der Götter zu gewinnen. Die Antwort des Orakels lautete, sie sollten Paktyas den Persern ausliefern. Als die Bewohner von Kyme diesen Spruch vernahmen, beschlossen sie die Auslieferung. Doch während die Menge die Auslieferung vollziehen wollte, hielt ein angesehener Bürger, Aristodikos, Herakleides' Sohn, sie zurück; denn er glaubte nicht an den Orakelspruch und meinte, die Boten hätten ihn falsch berichtet. Endlich wurde eine zweite Gesandtschaft abgeschickt, um noch einmal wegen Paktyas anzufragen. Unter den Gesandten befand sich auch Aristodikos.

159. Und als sie bei den Branchiden anlangten, ergriff Aristodikos im Namen aller das Wort und tat folgende Frage:
»Herr! Als Schutzflehender kam zu uns der Lyder Paktyas, um dem Tode zu entgehen, den die Perser ihm androhen. Nun fordern diese, die Bewohner von Kyme sollen ihn ausliefern. Obschon wir die mächtigen Perser fürchten, haben wir uns noch nicht entschließen können, ihn preiszugeben, bis du uns nicht deutlich zu erkennen gibst, was wir tun sollen.«
So fragte er, und der Gott wiederholte den Spruch und befahl noch einmal, Paktyas den Persern auszuliefern. Da tat Aristodikos mit vollem Bedacht folgendes. Er ging rings um den Tempel herum und nahm die Vogelnester aus, Sperlinge und was sonst noch für Vögel an dem Tempel ihr Nest gebaut hatten. Wie er das tat, soll aus dem Innern eine Stimme erschollen sein, die zu Aristodikos sprach:
»Frevler, was ist dein Beginnen? Du raubst meine Schützlinge aus meinem Tempel?«
Aristodikos gab die feste Antwort: »Herr! Deiner Schutzflehenden nimmst du dich an, aber den Bewohnern von Kyme befiehlst du, ihren Schützling auszuliefern?«

Und der Gott erwiderte: »Ja, das befehle ich, auf daß ihr Frevler um so schneller zugrunde geht und nie mehr vor das Orakel kommt und fragt, ob ihr einen Schutzflehenden ausliefern sollt.«

160. Als den Bewohnern von Kyme dieser Bescheid mitgeteilt wurde, wollten sie Paktyas nicht ausliefern, aus Furcht, zugrunde zu gehen, wollten ihn aber auch nicht bei sich behalten, aus Furcht vor einer Belagerung. Sie schickten ihn also weiter nach Mytilene. Als Mazares nun Boten nach Mytilene sandte und die Auslieferung forderte, erklärten sich die Bewohner von Mytilene dazu bereit, gegen eine Geldentschädigung, deren Höhe ich nicht genau angeben kann; denn der Handel kam nicht zustande. Die Stadt Kyme nämlich schickte, als sie die Absicht Mytilenes erfuhr, ein Schiff nach Lesbos und ließ Paktyas nach Chios schaffen. Dort aber schleiften ihn die Bewohner von Chios aus dem Heiligtum der Athena Poliuchos[127] heraus und lieferten ihn aus. Als Entschädigung für die Auslieferung erhielten sie die Landschaft Atarneus in Mysien, gegenüber von Lesbos.

Die Perser nahmen Paktyas in Empfang und hielten ihn in Gewahrsam, um ihn Kyros vorzuführen. Bei den Chiern aber verging lange Zeit, ehe irgendein Bürger von dem Ertrage der Feldfrüchte in Atarneus einem Gotte Gerstenkörner hinschüttete und Opferkuchen buk. Alles, was das Land dort hervorbrachte, wurde dem religiösen Kult ferngehalten.

161. So hatte denn Chios Paktyas ausgeliefert. Mazares aber zog gegen alle Städte, die sich an der Belagerung des Tabalos beteiligt hatten. Er unterjochte Priene und zog durch das ganze Maiandrostal, das er dem Heere zur Plünderung überließ, ebenso wie die Stadt Magnesia. Gleich darauf aber wurde er krank und starb.

162. Nach seinem Tode wurde Harpagos sein Nachfolger in der Heerführung. Auch er war Meder; es war jener Harpagos, dem der medische König Astyages jenes furchtbare Mahl vorgesetzt und der Kyros zum Königsthron verholfen hatte. Er also wurde von Kyros jetzt zum Feldherrn ernannt, und als er in Ionien eingetroffen war, eroberte er die Städte vermittelst Erdaufschüttungen. Er schloß sie ein, ließ Erdwälle an den

Mauern aufführen und eroberte so die Städte. Die erste ionische Stadt, die er angriff, war Phokaia.

163. Die Bewohner dieser Stadt Phokaia sind die ersten Hellenen gewesen, die weite Seefahrten unternahmen. Sie entdeckten das Adriatische Meer, Tyrsenien, Iberien und Tartessos[128]. Sie fuhren nicht in runden Handelsschiffen, sondern in Fünfzigruderern[129]. In Tartessos schlossen sie Freundschaft mit dem König des dortigen Volkes, der hieß Arganthonios und war achtzig Jahre lang Herrscher von Tartessos. Gelebt hat er im ganzen hundertundzwanzig Jahre. Dieser Mann also wurde ein Freund der Phokaier, und zwar in so hohem Grade, daß er sie anfangs bat, Ionien zu verlassen und sich in seinem Lande anzusiedeln, an welcher Stelle sie wollten. Als er sie nicht dazu bewegen konnte, schenkte er ihnen Geld zum Bau einer Mauer, weil er hörte, daß die Meder im Lande an Macht zunähmen. Sein Geschenk war groß; der Umfang der Mauer beträgt nicht wenige Stadien, und sie ist ganz aus großen, wohlgefügten Steinen hergestellt. 164. So waren die Phokaier zu ihrer Mauer gekommen.

Harpagos also rückte mit dem Heere heran und schloß die Stadt ein. Er ließ ihnen sagen, er verlange weiter nichts, als daß die Phokaier einen einzigen Turm in ihrer Mauer niederrissen und ein einziges Gebäude übergäben. Die Phokaier haßten die Knechtschaft ingrimmig und gaben zur Antwort, sie wollten einen Tag lang Rat halten und dann Bescheid geben. Während sie Rat hielten, möchte er das Heer von der Stadt zurückziehen. Harpagos ließ sagen, er wisse recht gut, was sie vorhätten, trotzdem wolle er ihnen die Bedenkzeit gewähren. Während nun Harpagos sein Heer zurückzog, zogen die Phokaier ihre Fünfzigruderer in See, schifften Kinder, Weiber und alles Hausgerät ein, ebenso die Götterbilder in den Tempeln und die übrigen Weihgeschenke außer Erz-, Marmor- und gemalten Bildern, stiegen dann, nachdem alles an Bord war, selber ein und segelten nach Chios. Das menschenleere Phokaia nahmen die Perser ein.

165. Die Chier wollten den Phokaiern aber die sogenannten Oinussen[130], die sie erwerben wollten, nicht verkaufen, weil sie fürchteten, diese Inseln würden sich zu einem Handelsmittel-

punkt entwickeln und der Verkehr würde von ihrer eigenen Insel abgelenkt werden. Da rüsteten sich denn die Phokaier, nach Kyrnos[131] zu fahren, wo sie zwanzig Jahre früher auf einen Orakelspruch hin eine Stadt, namens Alalia, gegründet hatten. Arganthonios war zu jener Zeit nämlich nicht mehr am Leben. Bevor sie die Fahrt nach Kyrnos antraten, segelten sie nach Phokaia zurück und überrumpelten die persische Besatzung, die Harpagos in die Stadt gelegt hatte. Sie töteten sie und verfluchten dann durch feierliche Beschwörung jeden Mitbürger, der sich von der Auswanderung nach Kyrnos ausschließen würde. Ein Eisenklumpen wurde ins Meer versenkt und ein Schwur getan, nicht eher nach Phokaia zurückkehren zu wollen, als bis dieser Klumpen wieder ans Tageslicht käme.

Als sie in Richtung Kyrnos absegelten, wurde mehr als die Hälfte von Heimweh nach Stadt und Heimatland ergriffen. Sie brachen den Eid und kehrten heim nach Phokaia. Die anderen, die ihrem Schwur treu blieben, lichteten auf den Oinussen die Anker und fuhren ab.

166. Als sie in Kyrnos angelangt waren, siedelten sie sich gemeinsam mit den früheren Auswanderern an, wohnten fünf Jahre mit ihnen zusammen und bauten Tempel. Sie trieben Seeraub rings gegen ihre Nachbarn. Da schlossen die Tyrsener und Karchedonier ein Bündnis und zogen gegen sie aus mit je sechzig Schiffen. Auch die Phokaier setzten ihre Schiffe instand — es waren sechzig Schiffe — und segelten ihnen entgegen nach dem sogenannten sardonischen Meer. Es kam zur Seeschlacht, und die Phokaier erfochten einen Sieg, der aber einer Niederlage glich. Denn vierzig ihrer Schiffe gingen unter, und der Rest wurde gefechtsunfähig, weil die Schiffsschnäbel verbogen waren. Sie fuhren heim nach Alalia, nahmen ihre Kinder, Weiber und alles Gut, das die Schiffe irgend tragen konnten, an Bord, verließen Kyrnos und wanderten nach Rhegion[132].

167. Die Bemannung der untergegangenen Schiffe aber wurde zum größten Teil von den Karchedoniern[133] und Tyrsenern aufgefangen, vorgeführt und gesteinigt.

Den Agyllaiern[134] aber erging es nachher folgendermaßen: Wenn einer von ihnen an der Stätte vorüberkam, wo die Leichen der gesteinigten Phokaier lagen, traf ihn eine Verstümmelung oder ein Schlagfluß. So erging es den Schafen und Zugtieren so gut wie den Menschen. Da schickten die Agyllaier nach Delphi und wollten sich von der Schuld entsühnen. Die Pythia hieß sie tun, was die Agyllaier bis zum heutigen Tage beibehalten haben: große Totenopfer sollten sie den Phokaiern bringen und Kampfspiele, Ringkämpfe und Wagenrennen sollten sie veranstalten.

So kam der eine Teil der Phokaier ums Leben. Die anderen, die sich nach Rhegion geflüchtet hatten, zogen von dort aus wieder ab und eroberten im Lande Oinotrien die Stadt, die jetzt Hyele[135] heißt. Diese Stadt besiedelten sie deshalb, weil ein Mann aus Poseidonia ihnen sagte, die Pythia hätte mit ihrem Orakelspruch den Heros Kyrnos, nicht die Insel Kyrnos gemeint. Das war das Schicksal der Stadt Phokaia in Ionien.

168. Ähnlich wie sie handelte auch die Stadt Teos. Als Harpagos ihre Mauer mit Hilfe eines Erdwalls erstieg, schiffte sich die ganze Bevölkerung ein und segelte ab nach Thrakien. Dort siedelten sie sich an in der Stadt Abdera, die vor ihnen Timesios aus Klazomenai gegründet hatte, aber ohne Erfolg, denn die Thraker vertrieben ihn. Doch wird er jetzt von den in Abdera ansässigen Teiern als Heros verehrt.

169. Diese beiden ionischen Städte waren die einzigen, die lieber ihre Heimat verließen als sich knechten zu lassen. Die übrigen, mit Ausnahme von Milet, nahmen den Kampf mit Harpagos auf, stritten tapfer, jeder für seine Stadt, unterlagen aber und wurden unterworfen. Jeder blieb an seinem Orte und zahlte die Abgaben, die ihm auferlegt wurden. Milet hatte, wie ich schon oben erzählte, ein Bündnis mit Kyros geschlossen und blieb unbehelligt. So verlor Ionien zum zweitenmal seine Unabhängigkeit. Als aber Harpagos die Ioner auf dem Festlande unterworfen hatte, fürchteten die Ioner auf den Inseln das gleiche Schicksal und ergaben sich freiwillig.

170. Trotz ihrer Niederlage hielten sie aber im Panionion wiederum ihre Versammlung ab, und man hat mir erzählt, daß ihnen dort Bias von Priene einen sehr guten Rat gegeben hat. Hätten sie ihn befolgt, so könnten sie die glücklichsten und reichsten Leute von ganz Hellas sein. Er riet ihnen, gemeinsam auszuwandern nach Sardo und dort eine einzige allionische

Stadt zu gründen. So würden sie der Knechtschaft entgehen und zu Reichtum gelangen, denn die größte Insel der Welt sei dann ihr eigen und die anderen Bewohner würden sie unterwerfen Wenn sie in Ionien blieben, meinte er, sei nicht abzusehen, ob sie jemals wieder frei würden.

Diesen Rat gab Bias von Priene den Ionern nach ihrer Unterwerfung, nachdem ihnen Thales aus Milet, der seiner Abstammung nach eigentlich ein Phoiniker war, schon vor der Unterwerfung folgenden guten Rat gegeben hatte. Er meinte, die Ioner sollten ein gemeinsames Versammlungshaus bauen, und zwar in Teos, weil Teos in der Mitte Ioniens läge. Die einzelnen Städte sollten bestehen bleiben, aber nur den Rang von Landgemeinden gegenüber der Bundeshauptstadt behalten. Solche Vorschläge wurden den Ionern gemacht.

171. Nach Unterwerfung Ioniens unternahm Harpagos einen Kriegszug gegen die Karer, Kaunier und Lykier, unter Beihilfe der Ioner und Aioler. Die Karer sind von den Inseln her auf das Festland gekommen. Vor Zeiten waren sie dem König Minos untertan; sie hießen Leleger und wohnten auf den Inseln. Zins haben sie ihm bis in die älteste Vergangenheit hinauf, soviel ich habe erfragen können, nicht gezahlt. Nur Mannschaften für die Flotte mußten sie stellen, wenn Minos welche brauchte. Weil nämlich Minos viele Länder unterwarf und glückliche Kriege führte, war das Volk der Karer zu eben jener Zeit bei weitem das geachtetste in der ganzen Welt. Drei Erfindungen stammen von ihnen, die die Hellenen übernommen haben. Die Karer haben zuerst Federbüsche auf die Helme gesetzt und Wappen auf die Schilde gemalt und Handgriffe an den Schilden befestigt. Bis dahin trugen alle Völker, bei denen Schilde in Gebrauch sind, den Schild ohne Handgriff. Mit Hilfe eines Riemens handhabte man die Schilde und hatte sie um den Hals und die linke Schulter hängen. Geraume Zeit später kamen die Dorier und Ioner und vertrieben die Karer, die nun auf das Festland übersiedelten, von den Inseln[136].

So erzählt man in Kreta die Geschichte der Karer. Die Karer selber widersprechen dem und behaupten, Ureinwohner des Festlandes zu sein, auch von jeher ihren heutigen Namen gehabt zu haben. Sie weisen auf den alten Tempel des karischen

Zeus in Mylasa hin, zu dem auch die Myser und Lyder gehören, weil sie Bruderstämme der Karer seien. Lydos und Mysos sind ihrer Überlieferung nach Brüder des Kar gewesen. Ihnen ist jener Tempel gemeinsam. Die Stämme anderer Abkunft aber, wenn sie auch die gleiche Sprache haben wie die Karer, sind nicht Mitbesitzer des Tempels.

172. Die Kaunier sind meiner Meinung nach Ureinwohner; sie selber glauben aus Kreta zu stammen. Ihre Sprache haben sie von den Karern übernommen, oder die Karer umgekehrt von den Kauniern — ich kann es nicht entscheiden —; ihren Sitten nach unterscheiden sie sich sehr, nicht nur von den Karern, sondern von allen anderen Menschen. So gilt es bei ihnen für durchaus schicklich, daß Altersgenossen und Freunde sich in großer Zahl zum Trinkgelage versammeln, und zwar Männer, Frauen und Kinder. Sie hatten fremden Gottheiten Tempel gebaut, bereuten das später und beschlossen, künftig nur ihre heimischen Götter zu verehren. So waffneten sich denn alle waffenfähigen Kaunier, stießen mit ihren Speeren in die Luft und zogen so bis an die Grenze nach Kalynda. Die fremden Götter trieben sie aus, sagten sie.

173. Das sind die Bräuche der Kaunier. Die Lykier sind in alten Zeiten aus Kreta eingewandert[187]. Ganz Kreta war vor Zeiten von Barbaren bewohnt. Dann kämpften um die Königsherrschaft in Kreta die Söhne der Europa, Sarpedon und Minos, und als die Partei des Minos die Oberhand gewann, vertrieb er Sarpedon samt dessen Anhang. Und die Vertriebenen zogen nach der Landschaft Milyas in Kleinasien. Das Land, das jetzt die Lykier bewohnen, hieß nämlich vor Zeiten Milyas, und dessen Bewohner hießen Solymer. Solange Sarpedon über diese Vertriebenen König war, behielten sie den Namen, den sie auf Kreta gehabt hatten, und den sie noch heute bei den Nachbarn tragen: nämlich Termilen. Dann aber kam aus Athen Lykos, der Sohn des Pandion, der ebenfalls von seinem Bruder, Aigeus, vertrieben worden war, zu Sarpedon ins Land der Termilen, und nun erhielten sie nach seinem Namen Lykos allmählich den Namen Lykier. Ihre Sitten sind teils kretisch, teils karisch. Einen merkwürdigen Brauch haben sie jedoch, der sich sonst nirgends auf der Welt findet. Sie erhalten ihren Familiennamen nach

ihrer Mutter, nicht nach ihrem Vater. Wenn man einen Lykier nach seiner Herkunft fragt, so nennt er den Namen seiner Mutter und zählt deren weibliche Vorfahren auf. Und wenn eine Frau aus dem Bürgerstande mit einem Sklaven Kinder hat, gelten sie als Freigeborene. Umgekehrt wenn ein Bürger, und sei er noch so hochstehend, ein Weib aus der Fremde oder ein Kebsweib hat, sind seine Kinder unfrei.

174. Die Karer wurden von Harpagos unterworfen, ohne sich zu einer wackeren Tat aufzuraffen. Sowohl die Karer als auch die Hellenen, die in ihrem Lande wohnen, ergaben sich. Es wohnen unter anderen die Knidier, Kolonisten von Lakedaimon, dort. Das Gebiet von Knidos erstreckt sich ins Meer hinein und heißt Triopion. Es beginnt bei dem der Stadt Bybassos gehörigen Teile der Chersonesos und ist ganz vom Meere eingeschlossen bis auf eine kleine Stelle. Im Norden nämlich liegt der keramische Meerbusen, im Süden das symische und rhodische Meer. Als Harpagos nun Ionien unterwarf, hatten die Knidier vor, den schmalen Landstrich, der etwa fünf Stadien breit ist, zu durchstechen und ihr Gebiet also zu einer Insel zu machen. Denn innerhalb dieser Halbinsel ist alles knidisches Gebiet. Gerade dort, wo das knidische Gebiet zu Ende geht, ist die Landenge, die sie jetzt durchstachen. Als sie aber in voller Arbeit waren, wurden die Arbeitenden mehr, als die Umstände mit sich brachten, und so, daß es nicht mit rechten Dingen zuzugehen schien, durch die Steinsplitter verletzt, besonders an den Augen. Sie sandten Boten nach Delphi und ließen nach der Ursache dieser Widerwärtigkeit fragen. Die Pythia gab, nach eigner Aussage der Knidier, folgende Antwort in Trimetern:

> Durchstecht den Isthmos nicht! Zieht keine Mauer hoch!
> Zeus machte ihn zur Insel, wollte er es selbst.

Als die Knidier diesen Orakelspruch empfingen, stellten sie den Grabenbau ein, und als Harpagos mit dem Heere heranzog, ergaben sie sich ohne Kampf.

175. Jenseits von Halikarnassos, im Binnenlande, wohnten die Pedaser. Jedesmal, wenn diesem Volk oder auch ihren Nachbarn Unheil droht, wächst der Priesterin der Athena ein langer

Bart. Dreimal hat sich das schon ereignet. Diese Pedaser waren der einzige Stamm in Karien, der Harpagos eine Zeitlang Widerstand leistete und ihm sehr viel zu schaffen machte. Sie befestigten einen Platz in dem Gebirge, das Lida heißt.

176. Nach einiger Zeit mußten sie sich jedoch unterwerfen. Als Harpagos dann weiter gegen die Lykier zog und im Tal des Xanthos erschien, traten ihm die Lykier entgegen, und ihr kleines Häuflein kämpfte tapfer gegen das große Heer. Sie mußten weichen und wurden in ihrer Stadt eingeschlossen. Da ließen sie ihre Frauen und Kinder, ihre Habe und ihre Sklaven auf die Burg schaffen, zündeten sie an und ließen alles miteinander verbrennen. Darauf weihten sie sich selber durch furchtbare Schwüre dem Tode, machten einen Ausfall, und alle Männer des Xanthostales fielen im Kampf. Von den heutigen Xanthosbewohnern, die sich für Lykier ausgeben, sind die meisten Eingewanderte. Ausgenommen sind achtzig Familien, die damals nicht im Tale weilten und so dem Schicksal entgingen. So bekam Harpagos die Stadt Xanthos in seine Gewalt, und auf ähnliche Weise wurde er der Stadt Kaunos Herr. Die Kaunier nämlich folgten meist dem Beispiel der Lykier.

177. Während Harpagos Kleinasien unterwarf, unterwarf Kyros selber das innere Asien, ein Volk nach dem anderen, und ging an keinem vorüber. Die meisten dieser Eroberungszüge wollen wir unerwähnt lassen. Nur von den Ländern, die ihm am meisten zu schaffen machten und am meisten Denkwürdiges enthalten, will ich erzählen.

178. Nachdem Kyros das ganze Festland Asiens in seine Hände gebracht hatte, griff er die Assyrier an. Assyrien hat viele gewaltige Städte; die berühmteste und mächtigste, seit Zerstörung von Ninos auch die Hauptstadt, war Babylon. Babylon ist folgendermaßen gebaut[138]. Es liegt in einer weiten Ebene und bildet ein Viereck; jede Seite ist 120 Stadien lang. So beträgt der Gesamtumfang aller vier Seiten der Stadt 480 Stadien. Aber Babylon war nicht nur eine recht große, sondern auch die schönste Stadt unter allen, von denen wir wissen. Rings herum läuft zunächst ein tiefer, breiter, mit Wasser gefüllter Graben; dann folgt die Mauer, die fünfzig königlich persische Ellen breit

und zweihundert hoch ist. Diese königlich persische Elle ist drei Finger breit länger als die gewöhnliche Elle.

179. Hier muß ich auch noch berichten, wie die aus dem Graben gehobene Erde verwendet und auf welche Weise die Mauer gebaut wurde. Gleich bei der Herstellung des Grabens formten sie die Erde, die sie aushoben, strichen eine genügende Zahl von Ziegeln und brannten sie in Ziegelöfen. Als Mörtel verwendeten sie dann heißes Erdharz und in Zwischenräumen von je dreißig Ziegellagen steckten sie Rohrgeflechte zwischen die Steine.

Zuerst befestigten sie auf diese Weise die Grabenränder und bauten dann ebenso die Mauer auf. Oben auf der Mauer, an den beiden Rändern, errichteten sie einstöckige Türme, je zwei einander gegenüber. Zwischen den Türmen blieb soviel Raum, daß ein Viergespann hätte herumfahren können. Die Mauer hat im ganzen hundert Tore, die sämtlich aus Erz sind. Auch die Pfosten und Oberschwellen sind aus Erz.

Acht Tagesreisen von Babylon liegt eine andere Stadt, namens Is. Dort fließt ein nicht großer Fluß, der ebenfalls den Namen Is führt und in den Euprat mündet. Im Wasser dieses Flusses Is werden zahlreiche Klumpen Erdharz mitgeführt, und daher stammt das Erdharz, das für die Mauern von Babylon verwendet worden ist.

180. Das also war über den Mauerbau von Babylon zu sagen. Die Stadt selber zerfällt in zwei Teile. Mitten hindurch fließt nämlich der Strom, der den Namen Euphrat trägt und in Armenien entspringt, ein großer, tiefer, reißender Strom. Er mündet in das Rote Meer. Auf beiden Seiten ist die Mauer bis an den Fluß geführt; von dort aus zieht sich an beiden Flußufern eine Ziegelsteinmauer entlang. Die Stadt selber hat durchweg dreistöckige und vierstöckige Häuser und wird von geradlinigen Straßen durchzogen, die teils in der Richtung des Stromes, teils quer auf den Fluß zu laufen. Jede dieser Querstraßen mündet in ein Tor in der Backsteinmauer längs des Flusses, so daß die Zahl dieser Tore gleich der der Querstraßen ist. Auch diese Tore waren aus Erz und führten an den Strom hinab.

181. Diese Außenmauern sind gleichsam der Panzer der Stadt. Innen läuft aber noch eine zweite Mauer herum, die nicht

wesentlich schwächer, aber von geringerer Ausdehnung ist. In der Mitte jeder Stadthälfte steht ein gewaltiges Gebäude, in der einen der Königspalast[139], von einer hohen starken Mauer umgeben, in der anderen der Tempel des Zeus Belos mit ehernen Toren, der sich bis auf unsere Zeit erhalten hat. Der Tempelbezirk ist viereckig, jede Seite zwei Stadien lang. Mitten in diesem heiligen Bezirk ist ein fester Turm errichtet, ein Stadion lang und breit, und auf diesem Turm steht wiederum ein Turm und dann noch einer, im ganzen acht Türme übereinander. Alle diese Türme kann man ersteigen auf einer außen herumführenden Treppe. Auf mittlerer Höhe sind Ruhebänke angebracht, auf die sich der Hinaufsteigende setzen kann, um sich zu erholen. In dem höchsten Turm steht erst das eigentliche große Tempelhaus, und in dem Tempelhaus steht ein großes Ruhebett, mit schönen Decken belegt, und daneben ein goldener Tisch.

Kein Götterbild findet man dort aufgestellt, auch nächtigt kein Mensch in dem Tempel, bloß eine einzige aus Babylon stammende Frau, die sich der Gott unter allen Frauen des Landes erwählt, wie wenigstens die Chaldaier, die Priester dieses Gottes, behaupten.

182. Diese Priester erzählen auch — was mir jedoch nicht glaubhaft ist —, der Gott komme in Person in den Tempel und schlafe auf dem Ruhebett. Dasselbe erzählen die Ägypter in dem ägyptischen Theben. Auch dort schläft ein Weib im Tempel des Zeus von Theben. Es heißt, diese beiden Frauen hätten niemals mit einem sterblichen Manne Umgang. Ebenso wird übrigens auch in Patara in Lykien die Oberpriesterin des Gottes, wenn der Gott erscheint — das Orakel besteht dort nämlich nicht zu jeder Jahreszeit — aber wenn der Gott erscheint, wird sie während der Nacht im Tempel eingeschlossen.

183. Im heiligen Bezirk in Babylon, unten, steht noch ein zweiter Tempel. Darin befindet sich ein großes, goldenes, sitzendes Bild des Zeus, und dabei steht ein großer goldener Tisch. Fußschemel und Stuhl sind ebenfalls von Gold. Wie die Chaldaier sagen, enthält das Ganze achthundert Talente Goldes. Vor dem Tempel steht ein goldener Altar. Es ist noch ein anderer größerer Altar da, auf dem die ausgewachsenen Tiere

geopfert werden. Auf dem goldenen Altar dürfen nämlich nur Tiere geopfert werden, die noch gesäugt werden. Auf dem anderen verbrennen die Chaldaier außerdem für tausend Talente Weihrauch jährlich, und zwar zur Zeit, wo sie das Fest dieses Gottes feiern. Zu der Zeit, von der wir sprechen, stand in dem heiligen Bezirk außerdem noch eine zwölf Ellen hohe Götterstatue aus lauterem Golde. Ich habe sie nicht gesehen, sondern berichte nur, was die Chaldaier erzählen. Auf diese Bildsäule hatte Dareios, der Sohn des Hystaspes, ein Auge geworfen, wagte aber nicht, sie zu entführen. Xerxes, Dareios' Sohn, dagegen entführte sie und ließ den Priester töten, der nicht dulden wollte, daß die Bildsäule von der Stelle bewegt wurde.
So reich ausgeschmückt ist dieser heilige Bezirk in Babylon, in dem sich auch noch viele kleinere Weihgeschenke befinden.
184. Viele Könige haben über Babylon geherrscht, über die ich in der Geschichte Assyriens berichten werde. Sie haben die Mauern gebaut und die Heiligtümer. Auch zwei Frauen sind darunter. Die ältere, die fünf Generationen vor der jüngeren regierte und Semiramis[140] hieß, hat draußen in der Ebene wunderbare Dämme aufgeführt. Vorher pflegte der Strom die ganze Ebene zu überschwemmen.
185. Die zweite Königin, die Nitokris[141] hieß, war noch weiser als die erste und hat Denkmäler hinterlassen, über die ich hier berichten will. Außerdem hat sie, als sie die Macht der Meder wachsen und beständig um sich greifen sah, als viele Städte von ihnen erobert wurden, darunter auch Ninos — hat sie alle nur denkbaren Verteidigungsmittel ergriffen. Zunächst änderte sie den Lauf des Euphrat, der mitten durch die Stadt fließt und bis dahin in gerader Richtung floß, und schuf ein Flußbett so voller Krümmungen, daß der Strom an einer Ortschaft Assyriens dreimal vorüberfließt. Diese Ortschaft, die der Euphrat dreimal berührt, heißt Arderikka. Noch heute kommt man, wenn man von unserem Meere[142] aus nach Babylon reist und den Euphrat hinunterfährt, dreimal an dieser Ortschaft vorüber, und das im Verlauf von drei Tagen. Das war das eine Werk der Nitokris.
Ferner hat sie an beiden Flußufern Dämme aufgeschüttet, die eine ganz erstaunliche Größe und Höhe haben. Ferner ließ sie

weit oberhalb von Babylon ein Wasserbecken graben, nur wenig vom Fluß entfernt und so tief, bis überall das Grundwasser kam. Sie machte es so breit, daß es einen Umfang von vierhundertzwanzig Stadien hatte. Die hierbei ausgegrabene Erde verwendete sie für die Flußdämme. Als der Wasserbehälter fertig war, ließ sie Steine anfahren und zog eine Einfassungsmauer rings herum. Der Zweck dieser beiden Anlagen, des gekrümmten Flußbetts und dieses gegrabenen Sees, war, daß der Fluß infolge der vielen Biegungen langsamer fließen und der Flußweg nach Babylon durch viele Windungen gehen sollte, und daß schließlich noch der weite Umweg um den See gemacht werden mußte. Diese Anlagen befanden sich nämlich in dem Teile des Reiches, wo der Zugang und der kürzeste Weg aus Medien war. Sie wollte vermeiden, daß die Meder durch den Handelsverkehr das Land genau kennenlernten.

186. So schützte sie Babylon auch durch Wasseranlagen. Dabei benutzte sie diese noch für einen anderen Zweck. Die Stadt bestand doch aus zwei Hälften, die durch den Fluß getrennt wurden. Wer in früheren Zeiten von dem einen Stadtteil zum andern hinüber wollte, mußte einen Kahn benutzen, was doch gewiß lästig war. Nitokris half auch hier. Als jener See gegraben war, benutzte sie ihn auch noch für folgendes denkwürdige Werk. Sie ließ sehr große Steine hauen, und als alles zum Bau fertig war, leitete sie das ganze Wasser des Stromes in jenes gegrabene Becken, und während das Becken sich füllte, trocknete das alte Strombett aus. Nun befestigte sie die Flußränder längs der Stadt und der durch die Tore an den Fluß führenden Treppen durch ein Mauerwerk aus Ziegelsteinen in derselben Weise wie die Stadtmauern, und ferner erbaute sie ungefähr in der Stadtmitte eine Brücke aus jenen gehauenen Steinen, die sie hatte ausgraben lassen, und verband die Steine durch Eisen und Blei. Während des Tages legte man dann Holzbalken quer hinüber, so daß die Bevölkerung von Babylon den Fluß überschreiten konnte. Des Nachts nahm man die Balken wieder fort, weil man verhindern wollte, daß die Leute nachts über den Fluß gingen und einander bestöhlen. Aus dem gefüllten See leitete sie nach Vollendung der Brücke den Euphrat wieder in sein altes Bett zurück. Der See wurde zum Sumpf, erfüllte also

ganz den Zweck, den er sollte, und die Bürger hatten außerdem eine Brücke bekommen.

187. Dieselbe Königin täuschte dann auf folgende kluge Weise die Nachwelt. Sie ließ sich über dem belebtesten Tore der Stadt ihr Grabmal errichten — unmittelbar über dem Durchgang wurde es angebracht —, und in das Grabmal ließ sie folgende Worte einmeißeln:

»Wenn einer der Könige von Babylon, die nach mir kommen, in großer Geldnot ist, so möge er mein Grab öffnen und herausnehmen, soviel er mag. Ist er nicht in Not, so möge er es ja unberührt lassen und es aus keinem anderen Grunde öffnen.«

So blieb das Grab uneröffnet, bis das babylonische Reich an Dareios fiel. Dareios fand es unerträglich, daß ein solches Tor zu nichts nutze sein und daß er die Schätze unberührt lassen sollte, die darin lägen und auf die die Inschrift gar noch hinweise. Er wollte nämlich, weil er unter der Leiche hätte hindurch müssen, nicht durch das Tor ziehen. So öffnete er denn das Grab, fand aber kein Geld, sondern bloß den Leichnam und folgende Inschrift:

»Wären deine Geldgier und dein Geiz nicht unersättlich, so würdest du keine Gräber öffnen.«

Das sind die Nachrichten über diese Königin.

188. Der Sohn dieser Frau war es, gegen den Kyros jetzt zu Felde zog. Er hieß nach seinem Vater Labynetos[143] und war König der Assyrier. Der persische Großkönig ist, wenn er ins Feld zieht, reich versehen mit Korn und Vieh, das er von Hause mitführt; auch Wasser nimmt er mit aus dem an Susa vorüberfließenden Choaspes, dem einzigen Fluß, von dessen Wasser der König trinkt. Mit gekochtem Wasser aus dem Choaspes sind viele vierrädrige, mit Mauleseln bespannte Wagen beladen und führen es in silbernen Fässern überallhin mit, wohin der Zug geht.

189. Als nun Kyros auf seinem Zuge gegen Babylon am Flusse Gyndes[144] angelangt war — dieser Gyndes entspringt auf den Matiener Bergen, fließt durch das Land der Dardaner und mündet in einen anderen Fluß, in den Tigris, der an der Stadt Opis vorüberfließt und sich ins Rote Meer ergießt —, als

Kyros diesen Gyndes überschreiten wollte, der ein schiffbarer Strom ist, da sprang aus Übermut eines der heiligen weißen Rosse in den Fluß und wollte ihn durchschwimmen. Aber die Strömung verschlang es und riß es mit fort. Da ergrimmte Kyros über den Fluß, der ihm solches anzutun wagte, und drohte, er würde ihn so klein machen, daß ihn künftig sogar Weiber gefahrlos durchschreiten könnten, ohne nur die Knie zu benetzen. So ließ er den Zug gegen Babylon fahren, teilte sein Heer in zwei Teile und zog zu beiden Seiten des Gyndes geradlinige Gräben, hundertachtzig auf jeder Seite, nach den verschiedensten Richtungen hin. Die mußte das Heer graben. Das Werk wurde auch, weil viele Hände daran arbeiteten, vollendet, doch waren sie den ganzen Sommer hindurch daran tätig.

190. So nahm Kyros Rache am Gyndes und verteilte sein Wasser auf dreihundertsechzig Gräben. Und als der nächste Frühling ins Land kam, zog er gegen Babylon. Die Babylonier zogen aus der Stadt heraus und traten ihm entgegen. Als er nahe an die Stadt heranrückte, kam es zum Kampfe. Die Babylonier unterlagen und wurden in die Stadt zurückgedrängt. Sie hatten jedoch, weil sie längst wußten, daß Kyros nicht Frieden hielt, und ihn ein Volk nach dem anderen angreifen sahen, Kornvorräte für viele Jahre in die Stadt geschafft. Die Belagerung machte ihnen daher keine Sorge, während Kyros in Bedrängnis geriet, weil es trotz der langen Zeit mit seinem Unternehmen gar nicht vorwärts gehen wollte.

191. Ob ihm nun ein anderer den Rat gab oder ob er selber darauf verfiel, wie er sich helfen könnte, genug, er führte folgenden Plan aus[145]. Er stellte einen Teil seines Heeres dort auf, wo der Fluß in die Stadt hineinströmt, und den anderen Teil unterhalb der Stadt, wo der Fluß herausströmt. Dann gab er Befehl, sobald sie sähen, daß der Fluß gangbar würde, vom Flusse aus in die Stadt einzudringen. Nach diesen Anordnungen zog er selber mit dem kampfuntüchtigen Teil des Heeres davon. Er gelangte zu jenem See und tat nun mit dem Strom und dem See ungefähr dasselbe, was einst die Königin von Babylon getan hatte. Er leitete durch einen Graben den Fluß in den See ab, der eigentlich ein Sumpf war. So machte er, da das Wasser seitwärts floß, das Flußbett gangbar. Und durch das

Flußbett drangen nun die Perser, die Kyros am Flußufer aufgestellt hatte, in Babylon ein; denn das Euphratwasser reichte ihnen jetzt höchstens bis zur Hälfte des Schenkels.

Wenn die Babylonier den Plan des Kyros vorher gewußt hätten oder rechtzeitig bemerkt hätten, was im Werke war, so hätten sie die Perser nicht in die Stadt dringen lassen, sondern sie schmählich zusammengehauen. Sie hätten einfach alle nach dem Fluß gerichteten Tore verschlossen, wären auf die längs des Flusses errichteten Mauern gestiegen und hätten die Perser wie in einem Käfig gefangen. Aber nun waren die Perser ganz unvermutet in der Stadt. Weil Babylon so groß ist, wußten, wie man dort im Lande erzählt, die Leute inmitten der Stadt noch nichts vom Eindringen der Feinde, als die äußeren Stadtteile bereits in Feindeshand waren. Man feierte gerade ein Fest, tanzte noch und war guter Dinge, bis die Kunde endlich auch zu ihnen drang.

So wurde Babylon zum erstenmal erobert.

192. Wie groß das babylonische Reich ist, das kann ich an vielen Beispielen deutlich machen, namentlich zeigt es die folgende Betrachtung. Alles Land, das der persische Großkönig beherrscht, muß ihn und sein Heer außer den Abgaben auch noch mit Lebensmitteln versorgen. Vier von den zwölf Monaten des Jahres liefert das babylonische Land diese Lebensmittel, die übrigen acht Monate liefern sie die anderen Völker Asiens. Man sieht also, daß das assyrische Reich ein Drittel ganz Asiens einnimmt. Es ist bei weitem die reichste von allen persischen Provinzen — die Perser nennen sie Satrapien —, und Tritantaichmes, der Sohn des Artabazos, den der König zum Verwalter dieses Reichsteiles ernannte, hatte jeden Tag Einkünfte in Höhe einer vollen Artabe Silber. Die Artabe ist ein persisches Maß und faßt eine attische Medimne und drei attische Choiniken[146]. An eigenen Rossen hatte er außer den Kriegsrossen achthundert Zuchthengste und sechzehntausend Zuchtstuten. Jeder dieser Hengste belegte nämlich zwanzig Stuten. Außerdem hielt er indische Hunde in so großer Menge, daß vier große Dörfer in der Ebene von den anderen Abgaben befreit wurden, um die Lebensmittel für diese Hunde zu liefern. So reich war der Statthalter der Provinz Babylon.

193. Im Lande der Assyrier regnet es wenig; auf folgende Art bringt man das Korn zum Wachsen. Man bewässert es vom Fluß her, so daß es reift und gedeiht, doch nicht wie in Ägypten, wo man den Fluß über die Felder treten läßt, sondern indem man das Wasser mit der Hand und durch Schöpfwerke über die Felder hingießt. Ganz Babylonien ist wie Ägypten von Gräben durchzogen. Der größte dieser Gräben ist schiffbar; er hat südöstliche Richtung und verbindet den Euphrat mit dem anderen babylonischen Fluß, dem Tigris, an dem die Stadt Ninos lag. Kein Land der Erde, das wir kennen, eignet sich so gut zum Getreidebau wie Babylonien. Fruchtbäume wachsen dagegen gar nicht im Lande, nicht die Feige, nicht der Wein, nicht die Olive. Aber das Getreide gedeiht so vorzüglich, daß es zweihundertfältige Frucht trägt und im günstigsten Falle sogar dreihundertfältige[147]. Die Blätter des Weizens und der Gerste erreichen dort oft eine Breite von vier Fingern. Wie groß die Hirse- und Sesamstauden werden, will ich verschweigen, obwohl ich es weiß; denn wer nicht selber das babylonische Land besucht hat, der wird sicherlich schon meinen Bericht über das Getreide anzweifeln. Als Öl verwenden sie nur das, was sie aus Sesam bereiten.

Überall in der Ebene wachsen Palmen, die meisten davon tragen auch Früchte, aus denen feste Speisen, Wein und Honig bereitet werden[148]. Die Behandlung der Palmen ist ähnlich wie die der Feigen. Sie binden die Frucht einer männlichen Palme, wie es die Hellenen nennen, an die fruchttragenden Palmen an, damit die Gallwespe in die Frucht eindringt und sie zur Reife bringt, sie also nicht vorzeitig abfällt. Die männlichen Bäume haben nämlich Gallwespen in ihren Früchten wie die Olynthos-Feigen[149].

194. Nun aber will ich von der größten Merkwürdigkeit erzählen, die das Land, abgesehen von der Hauptstadt selber, hat. Die Schiffe, in denen man den Strom hinunter nach Babylon fährt, sind kreisrund und ganz aus Leder. In Armenien, dem Oberland von Assyrien, schneiden sie Schiffsrippen aus Weidenholz und umkleiden sie mit Häuten, wie man sie auf den Fußboden zu breiten pflegt. Sie verbreitern aber die Rippen nicht am Hinterteil und führen sie nicht eng zusammen am

Vorderteil, sondern machen das Fahrzeug rund wie einen Schild, stopfen es dann innen mit Stroh aus und lassen es, nachdem es seine Ladung erhalten, den Strom hinuntertreiben. Meist besteht die Ladung aus Weinkrügen aus Phoinikien[150]. Gelenkt wird das Fahrzeug durch zwei Steuerruder, die zwei Männer stehend handhaben. Der eine zieht das Ruder an sich, während der andere es von sich wegstößt. Man macht sehr große Fahrzeuge dieser Art und auch kleinere. Die größten tragen eine Ladung von fünftausend Talenten Gewicht. In jedem Fahrzeug wird ein lebender Esel mitgeführt, in größeren mehrere. Wenn sie dann in Babylon angelangt sind und ihre Ladung verkauft haben, versteigern sie auch die Schiffsrippen und alles Stroh, laden die Häute den Eseln auf und ziehen heimwärts nach Armenien. Stromauf zu fahren ist nämlich wegen der starken Strömung ganz unmöglich. Und deshalb macht man eben auch die Fahrzeuge nicht aus Holz, sondern aus Tierhäuten. Sind sie nun mit ihren Eseln wieder in Armenien angekommen, so bauen sie auf dieselbe Weise neue Fahrzeuge.

195. So ist es mit ihrer Schiffahrt. Was ihre Kleidung anbelangt, so besteht sie aus einem leinenen, bis zu den Füßen reichenden Leibrock, über den ein anderer, wollener Leibrock gezogen wird. Dann legt man noch einen kleinen weißen Mantel um. Ihre Schuhe haben eine eigentümliche Form und sind den groben boiotischen Schuhen ähnlich. Sie lassen das Haar wachsen, binden es zusammen und salben den ganzen Körper mit Myrrhen. Jeder trägt einen Siegelring und einen künstlich bearbeiteten Stock, in den Figuren eingeschnitzt sind: ein Apfel, eine Rose, eine Lilie, ein Adler oder dergleichen. Einen Stab ohne solches Merkzeichen zu tragen, ist nicht üblich. So viel über ihre äußere Erscheinung.

196. Von ihren Sitten ist folgendes zu sagen. Die verständigste Sitte, die, wie ich erfahre, auch bei den Enetern[151] in Illyrien herrscht, ist meiner Meinung nach die folgende. In jedem Dorfe des Landes wurden alljährlich sämtliche mannbaren Jungfrauen zusammengerufen und auf einem Platz versammelt. Rings herum stellten sich die Jünglinge, und nun ließ der Herold jedes Mädchen für sich aufstehen und bot es feil. Zuerst kam das allerschönste. War es um einen hohen Preis

losgeschlagen, so rief er ein zweites zum Verkauf aus, nämlich das nächstschönste. Und zwar wurden sie zur Ehe verkauft. Die Freier, die reich waren, überboten einander und erstanden die schönsten Mädchen. Die Jünglinge aus dem Volke aber, denen es um Schönheit nicht zu tun war, bekamen die häßlicheren Mädchen und noch Geld dazu. Wenn nämlich der Herold mit dem Verkauf der schönsten Jungfrauen fertig war, hieß er die unansehnlichste, oder etwa eine verkrüppelte, aufstehen und bot sie feil, d. h. er schlug sie dem zu, der sich unter der mindesten Geldforderung bereit erklärte, sie zur Frau zu nehmen. Das Geld wurde vom Erlös der schönen Jungfrauen genommen, und so verheirateten gewissermaßen die schönen Mädchen die häßlichen und krüppelhaften. Es war nicht erlaubt, seine Tochter einem beliebigen Jüngling zur Frau zu geben. Auch durfte man das gekaufte Mädchen nicht, ohne einen Bürgen zu stellen, heimführen; erst wenn man Bürgen dafür stellte, daß man mit ihr zusammen leben wolle, durfte man sie heimführen. Und wer nicht mit seinem Mädchen zusammenblieb, war verpflichtet, das empfangene Geld zurückzubringen. Sogar aus anderen Dörfern durften Freier kommen und ein Mädchen kaufen[152]. Das war jener höchst verständige Brauch, der aber jetzt nicht mehr geübt wird. Dagegen haben sie neuerdings ein anderes Mittel ausfindig gemacht, um die Mädchen zu versorgen. Die Verarmung des Landes infolge der Unterjochung hat alle bedürftigen Leute aus dem Volk dazu geführt, ihre Töchter für Geld preiszugeben.

197. Nächst der genannten ist folgende Sitte der Babylonier die verständigste. Kranke werden auf den Markt getragen; denn sie haben keine Ärzte. Vorübergehende geben dem Kranken gute Ratschläge, Leute, die an derselben Krankheit gelitten haben oder einen anderen an ihr haben leiden sehen. Danach geben sie dem Kranken Ratschläge und erklären ihm, auf welche Weise sie von einer ähnlichen Krankheit geheilt worden seien oder andere hätten geheilt werden sehen. Schweigend an dem Kranken vorüberzugehen, ist nicht erlaubt. Jeder muß fragen, was für eine Krankheit er hat.

198. Die Toten werden in Honig gelegt[153], und die Trauergebräuche sind ähnlich wie die der Ägypter.

Wenn ein Babylonier mit seinem Weibe Gemeinschaft gepflogen hat, opfert er Räucherwerk und setzt sich davor, ebenso sein Weib. Ist dann der Tag angebrochen, so nehmen beide ein Bad. Vor diesem Bad dürfen sie kein Gefäß anrühren. Denselben Brauch haben die Araber[154].

199. Die häßlichste Sitte der Babylonier dagegen ist folgende. Jede Babylonierin muß sich einmal in ihrem Leben in den Tempel der Aphrodite begeben, dort niedersitzen und sich einem Manne aus der Fremde preisgeben. Viele Frauen, die sich nicht unter die Menge mischen wollen, weil sie reich und hochmütig sind, fahren in einem verdeckten Wagen zum Tempel; zahlreiche Dienerschaft begleitet sie. Die meisten Frauen dagegen machen es folgendermaßen. Sie sitzen in dem Heiligtum der Aphrodite und haben eine aus Stricken geflochtene Binde ums Haupt[155]. Es sind viele zu gleicher Zeit da; die einen kommen, die anderen gehen. Geradlinige Gassen nach jeder Richtung ziehen sich durch die harrenden Frauen, und die fremden Männer schreiten hindurch und wählen sich eine aus. Hat sich eine Frau hier einmal niedergelassen, so darf sie nicht eher nach Hause zurückkehren, als bis einer der Fremden ihr Geld in den Schoß geworfen und sich draußen außerhalb des Heiligtums mit ihr vereinigt hat. Wenn er ihr das Geld zuwirft, braucht er nur die Worte zu sprechen: »Ich rufe dich zum Dienste der Göttin Mylitta.« Aphrodite heißt nämlich bei den Assyriern Mylitta.

Die Größe des Geldstücks ist beliebig. Sie weist es nicht zurück, weil sie es nicht darf; denn es ist heiliges Geld. Dem ersten, der es ihr zuwirft, folgt sie; keinen verwirft sie. Ist es vorüber, so geht sie nach Hause und ist der Pflicht gegen die Göttin ledig. Wenn du ihr nachher noch so viel bietest, du kannst sie nicht noch einmal gewinnen. Die Schönen und Wohlgewachsenen sind sehr schnell befreit; die Häßlichen müssen lange Zeit warten und gelangen nicht dazu, dem Brauch zu genügen. Drei, vier Jahre müssen manche im Tempel weilen. Auch auf Kypros herrscht hie und da eine ähnliche Sitte[156].

200. Soviel ist von den Sitten der Babylonier zu berichten. Drei babylonische Volksstämme leben ausschließlich von Fischen. Die gefangenen Fische werden an der Sonne gedörrt.

Darauf bereitet man sie folgendermaßen zu: man wirft sie in einen Mörser, zerstampft sie mit einer Keule und bewahrt sie in indischer Leinwand auf. Zum Essen knetet man sie dann entweder wie Brei oder bäckt sie wie Brot[157].

201. Als Kyros nun auch das babylonische Reich in seine Gewalt gebracht hatte, gedachte er, ferner die Massageten[158] zu unterwerfen. Diese Massageten sind, wie man erzählt, ein großes starkes Volk und wohnen im Osten, nach dem Aufgang der Sonne zu, jenseits des Flusses Araxes, gerade den Issedonen gegenüber. Manche halten sie auch für einen Skythenstamm.
202. Der Araxes ist nach einigen Berichten größer, nach anderen nicht so groß wie der Istros. Viele Inseln sollen in dem Fluß liegen, so groß wie die Insel Lesbos, und Menschen sollen auf ihnen wohnen, die während des Sommers von allerhand Wurzeln leben, die sie graben, und im Winter von den Früchten, die sie an den Bäumen finden und aufbewahren, wenn sie reif geworden sind. Noch andere Bäume soll es bei ihnen geben, die Früchte von besonderer Art tragen. Wenn viel Volk beisammen ist, zünden sie Feuer an, setzen sich im Kreise herum und werfen die Früchte ins Feuer. An dem Geruch der verbrennenden Frucht berauschen sie sich dann wie wir Hellenen am Wein. Je mehr von den Früchten sie ins Feuer werfen, um so trunkener werden sie, bis sie aufspringen und zu tanzen und zu singen beginnen[159]. So erzählt man von der Ernährungs- und Lebensweise dieses Stammes.
Der Araxes entspringt auf den Matiener Bergen[160], ebenso wie der Gyndes, den Kyros in dreihundertsechzig Gräben auseinandergeleitet hatte. In vierzig Armen mündet er, die alle außer einem einzigen sich in Sümpfen und Morästen verlieren. In diesen Sümpfen sollen Menschen wohnen, die rohe Fische essen und sich in Robbenfelle kleiden[161]. Eine einzige Mündung des Araxes ergießt sich durch offenes Land in das Kaspische Meer. Das Kaspische Meer ist ein Binnenmeer und steht mit keinem anderen Meere in Zusammenhang. Die anderen Meere, also das von den Hellenen befahrene und das jenseits der Säulen des Herakles beginnende sogenannte atlantische und ferner das Rote Meer sind alle nur ein einziges Meer[162].

203. Das Kaspische Meer dagegen ist ganz für sich. Seine Länge beträgt für ein Ruderschiff fünfzehn Tagereisen und die Breite an der breitesten Stelle acht Tagereisen. An der Westseite des Meeres zieht sich der Kaukasos hin, das ausgedehnteste und hochragendste von allen Gebirgen. Viele verschiedenartige Volksstämme wohnen auf dem Kaukasos, die fast ganz von wilden Früchten leben. Dort im Lande soll es Bäume geben, die Blätter von merkwürdiger Art haben. Man reibt die Blätter, stellt durch Zusatz von Wasser einen Farbstoff her und malt damit Figuren auf die Gewänder. Diese Figuren leiden durch die Wäsche nicht, sondern altern erst mit dem Stoffe, als wären sie hineingewebt[163]. Diese Stämme sollen sich auch öffentlich begatten wie das Vieh.

204. Im Westen wird also dies sogenannte Kaspische Meer vom Kaukasos begrenzt. Aber im Osten, gegen den Aufgang der Sonne zu, dehnt sich unabsehbar weit eine Ebene aus. Diese weite Ebene wird zu einem nicht geringen Teil von den Massageten bewohnt, gegen die jetzt Kyros ins Feld zu ziehen gedachte. Viele und sehr wichtige Gründe waren es, die ihn dazu verleiteten, erstens seine Herkunft, daß er sich nämlich für ein übermenschliches Wesen hielt, zweitens das Glück, das ihn in seinen Kriegen begleitete. Gegen welches Volk Kyros auch ziehen mochte, jedes Volk war ihm unrettbar verfallen.

205. Der König der Massageten war gestorben, und sein Weib saß auf dem Thron. Sie hieß Tomyris. Kyros entsandte Boten und ließ zum Schein um sie werben. Aber Tomyris merkte, daß die Werbung nicht ihr, sondern dem Reiche der Massageten galt, und lehnte seinen Besuch ab. Und da Kyros seinen Zweck nicht mit List erreichen konnte, zog er an den Araxes und begann offen den Krieg gegen die Massageten. Er ließ Schiffsbrücken über den Fluß bauen, um das Heer hinüberzusetzen, und Türme auf die zum Übersetzen dienenden Fahrzeuge.

206. Während dieser Arbeiten sandte Tomyris einen Herold und ließ folgende Botschaft an Kyros ausrichten:

»König der Meder! Laß ab von deinem Beginnen! Du weißt nicht, ob das Werk, das du vorhast, dir zum Heile ausschlägt oder nicht! Laß ab! Sei König über alles, was dein ist, und mißgönne uns nicht, zu herrschen über das, was unser ist. Doch du wirst dieser Mahnung nicht Gehör schenken wollen, wirst alles andere lieber tun als Frieden halten. Hast du nun so großes Verlangen, die Massageten anzugreifen, so spare dir die Mühe, den Strom durch Türme zu befestigen! Komm unbesorgt hinüber in unser Land, wir werden uns drei Tagereisen vom Strom zurückziehen. Und willst du uns lieber drüben in eurem Lande haben, so zieh du dich drei Tagereisen weit zurück!«

Als Kyros diese Botschaft erhalten hatte, berief er die Edelsten unter den Persern zu sich, legte ihnen die Angelegenheit vor und fragte sie um Rat, was er tun sollte. Alle erklärten sich einstimmig dafür, daß man Tomyris mit ihrem Heere hier im Lande erwarten solle.

207. Kroisos, der Lyder, aber war auch zugegen und billigte diesen Rat nicht. Er machte vielmehr den entgegengesetzten Vorschlag und sprach folgende Worte[164]:

»O König! Schon einmal sagte ich, daß ich, da Zeus mich in deine Hand gegeben, nach Möglichkeit alles Unheil von deinem Hause abwehren wolle, das ich gegen dich heranziehen sehe. Meine bitteren Leiden waren meine Lehrer. Falls du nun zu den Unsterblichen dich rechnest und auch das Heer für unsterblich hältst, über das du gebietest, ist es nutzlos, daß ich dir meine Meinung offenbare. Wenn du aber einsiehst, daß du nur ein Mensch bist und ebenso die, über die du gebietest, so begreife vor allem dies: das Menschenschicksal bewegt sich im Kreise; es dreht sich und macht den Glücklichen zum Unglücklichen. Was nun die gegenwärtige Angelegenheit betrifft, so ist meine Meinung der der Anwesenden entgegengesetzt. Wenn wir die Feinde in unserem Lande erwarten, so ist die Gefahr die, daß du im Falle der Niederlage dein ganzes Reich verlierst. Denn es ist klar, daß die siegreichen Massageten sich nicht in ihr Land zurückziehen, sondern gegen deine Länder vorrücken werden. Und siegst du, so ist dein Erfolg bei weitem nicht so groß, als wenn du hinüberziehst und die Flüchtigen verfolgen kannst. So aber hast du ebenfalls den Vorteil, daß du im Falle der Niederlage der Feinde gerades Weges ins Reich der Tomyris dringen kannst. Ferner ist es aber auch schimpflich und unerträglich, daß Kyros, Kambyses' Sohn, vor einem

Weibe zurückweicht. So ist denn meine Meinung, daß wir den Fluß überschreiten, den Weichenden nachrücken und dann auf folgende Weise ihrer Herr zu werden versuchen. Ich habe in Erfahrung gebracht, daß die Massageten nicht reich sind wie die Perser und die mannigfachen Lebensgenüsse nie gekostet haben. Darum mußt du ihnen große Mengen Vieh schlachten und zurüsten und ihnen in unserem Lager ein Mahl anrichten, dazu auch zahlreiche Krüge ungemischten Weines und allerhand Zukost. Ist alles bereit, so lassen wir den schlechtesten Teil des Heeres dort im Lager und ziehen uns mit den übrigen Truppen wieder an den Fluß zurück. Wenn nicht alles trügt, werden die Feinde, sobald sie die vielen guten Dinge sehen, sich ihnen zuwenden, und wir haben die beste Gelegenheit, einen großen Schlag gegen sie zu führen.«

208. So standen die Ratschläge gegeneinander. Kyros aber verwarf jenen ersten und nahm den des Kroisos an. Er ließ Tomyris auffordern, sich zurückzuziehen; denn er würde zu ihr hinüberkommen. Und sie wich zurück, getreu dem gegebenen Versprechen. Kyros aber befahl den Kroisos seinem Sohne Kambyses an, der zu seinem Nachfolger auf dem persischen Thron bestimmt war. Er legte ihm dringend ans Herz, Kroisos Ehre und Freundschaft zu erweisen, falls der Zug gegen die Massageten übel ausliefe. Mit diesen Aufträgen entließ er Kambyses und Kroisos und sandte beide nach Persien zurück. Er selber überschritt mit dem Heere den Fluß.

209. Als der Übergang über den Araxes bewerkstelligt war und die Nacht hereinkam, hatte Kyros dort im Lande der Massageten folgenden Traum. Er glaubte, den ältesten von Hystaspes' Söhnen zu sehen mit Flügeln an den Schultern, und mit dem einen Flügel überschattete er ganz Asien, mit dem anderen Europa. Dieser älteste Sohn des Hystaspes — Hystaspes war ein Sohn des Arsames und stammte aus dem Hause der Achaimeniden — hieß Dareios und war zu jener Zeit kaum zwanzig Jahre alt. Er war in Persien zurückgeblieben, weil er noch nicht das Kriegsalter besaß[165]. Als Kyros erwachte, fragte er sich, was der Traum bedeuten möchte. Und da ihm der Traum von großer Bedeutung schien, ließ er Hystaspes rufen und sprach nach Entfernung aller Zeugen folgende Worte zu ihm:

»Hystaspes! Man hat entdeckt, daß dein Sohn mir und meinem Königsthron nachstellt. Ich will dir sagen, woher ich das so bestimmt weiß. Die Götter sind meine Freunde und verraten mir alles, was gegen mich im Schilde geführt wird. Und jetzt, in der vergangenen Nacht, habe ich im Traum deinen ältesten Sohn gesehen mit Flügeln an den Schultern, und der eine Flügel beschattete Asien, der andere Europa. Und also, wie dies Traumbild unzweideutig zeigt, trachtet er mir nach dem Leben. Darum reise du aufs schnellste nach Persien zurück und sorge, daß du mir deinen Sohn festhältst, damit er sich verantwortet, sobald ich den Krieg beendet habe und heimkehre.«

210. So sprach Kyros in der Meinung, daß Dareios ihm nach dem Leben trachte. Aber die Gottheit wollte ihm durch den Traum nur ankündigen, daß er hier im Massagetenlande den Tod erleiden und sein Reich an Dareios fallen werde. Hystaspes gab ihm folgendes zur Antwort:

»O König! Kein Perser darf dir nach dem Leben trachten. Und täte es einer, so möge ihn schnell das Schicksal ereilen. Denn du hast die Perser frei gemacht, während sie ehedem Knechte waren, so daß sie jetzt über alle gebieten, während sie ehedem anderen untertan waren. Wenn dir ein Traum verkündet, daß mein Sohn zum Aufruhr gegen dich sich rüstet, so werde ich ihn dir übergeben, damit du nach deinem Belieben mit ihm verfährst.«

So antwortete Hystaspes, zog über den Araxes und kehrte heim nach Persien, um seinen Sohn Dareios später dem Kyros zu übergeben.

211. Kyros rückte vorwärts und entfernte sich einen Tagemarsch weit vom Araxes. Dort tat er, was Kroisos geraten hatte. Als er sich darauf mit dem kampftüchtigen Teil des Heeres wieder an den Araxes zurückzog und nur die Kampfunfähigen dort blieben, kam ein Dritteil des Massagetenheeres heran, tötete die von Kyros Zurückgelassenen, nicht ohne Gegenwehr, und als sie die Gegner niedergemacht hatten und das bereitete Mahl stehen sahen, legten sie sich zum Schmaus nieder, füllten sich mit Speise und Trank und schliefen ein. Da kamen die Perser, töteten einen großen Teil von ihnen und nahmen einen noch größeren Teil lebendig gefangen, darunter

den Sohn der Tomyris, der die Massageten anführte und Spargapises hieß.

212. Als die Königin erfuhr, welches Schicksal das Heer und ihren Sohn getroffen, schickte sie einen Herold zu Kyros und ließ ihm folgendes sagen: »Kyros, du bist unersättlich im Blut. Aber brüste dich nicht mit dem, was geschehen ist! Mit der Frucht des Weinstocks, die auch euch wahnsinnig macht, wenn ihr sie trinkt, so daß arge Reden in euch emporsteigen, während der Wein in euch hinabfließt – mit diesem Gift hast du meinen Sohn betört und bewältigt, aber nicht mit der Faust im offenen Kampf. Nun höre mein Wort, das ich dir wohlmeinend sage! Gib meinen Sohn heraus und zieh unbehelligt davon aus unserem Lande, nachdem du so übel an dem Dritteil meines Heeres gehandelt hast. Tust du das nicht, so schwöre ich bei dem Sonnengott, dem Gebieter der Massageten, ich werde dich satt machen in Blut, dich, den Unersättlichen!«

213. Kyros aber ließ diese Botschaft ganz unbeachtet. Und als Spargapises, der Sohn der Königin Tomyris, aus dem Weinrausch erwachte und seiner Lage bewußt wurde, ließ ihm Kyros auf seine Bitte die Fesseln abnehmen. Sobald er aber frei und Herr seiner Hände war, tötete er sich selber.

214. So endete dieser Königssohn. Aber Tomyris sammelte, da Kyros ihren Rat nicht befolgte, ihre ganze Heeresmacht und zog ihm entgegen zum Kampfe. Diese Schlacht zwischen Kyros und Tomyris halte ich für die gewaltigste, die je Barbaren einander geliefert haben. Von ihrem Verlauf habe ich folgendes in Erfahrung gebracht. Zuerst sollen sie einander aus der Ferne mit Pfeilen beschossen haben, dann, als die Pfeile verschossen waren, zum Handgemenge übergegangen sein und einander mit Lanzen und Dolchen bekämpft haben. Lange Zeit schwankte der Kampf, und keiner wollte weichen. Endlich siegten die Massageten. Der größte Teil des persischen Heeres wurde vernichtet, und auch Kyros fand seinen Tod, nachdem er im ganzen neunundzwanzig Jahre die Krone getragen hatte[166]. Tomyris füllte einen Schlauch mit Menschenblut, suchte unter den gefallenen Persern den Leichnam des Kyros, und als sie ihn gefunden, steckte sie das Haupt in den Schlauch, verspottete den Leichnam und sagte·

»Du hast mich geschlagen, obwohl ich am Leben und Sieger geblieben bin; denn du hast meinen Sohn hinterlistig gefangen. Darum will ich dich sättigen in Blut, wie ich dir gedroht habe.« Dies ist meiner Meinung nach der glaubwürdigste Bericht über das Lebensende des Kyros, das auf so verschiedene Weise erzählt wird.

215. Die Massageten tragen ähnliche Kleidung wie die Skythen und haben auch eine ähnliche Lebensweise. Sie kämpfen sowohl zu Roß wie zu Fuß, tragen sowohl Pfeile und Bogen wie Lanzen und auch Streitäxte. Sie verwenden durchgängig Gold und Erz. An den Lanzen, Pfeilen und Streitäxten sind alle Metallteile aus Erz, am Kopfschmuck, Gürtel und Schulterriemen alles aus Gold[167]. Ebenso erhalten die Pferde eherne Brustpanzer, während Zügel, Gebiß und Kopfputz von Gold sind. Eisen und Silber haben sie gar nicht. In ihrem Lande finden sich überhaupt kein Eisen und Silber, während Gold und Erz in Menge vorhanden sind.

216. Über ihre Sitten ist folgendes zu sagen. Zwar führt jeder ein Weib heim, doch herrscht trotzdem Weibergemeinschaft. Was die Hellenen von den Skythen erzählen, das ist nicht Sitte der Skythen, sondern vielmehr der Massageten. Wenn es einen Massageten nach einem Weibe gelüstet, hängt er seinen Bogen an ihren Wagen[168] und schläft ohne weiteres mit ihr. Obwohl den Greisen kein bestimmtes Lebensalter gesetzt ist, wird doch der Hochbejahrte von seiner Verwandtschaft, die sich vollzählig versammelt, mit anderen Opfertieren zugleich geschlachtet, das Fleisch gekocht und gegessen. Darin sehen sie ein hohes Glück; denn wer an einer Krankheit stirbt, wird nicht verzehrt, sondern begraben, und man hält es für ein Unglück, daß er nicht dazu gelangt ist, geschlachtet zu werden. Das Land wird nicht bebaut, sondern man lebt vom Herdenvieh und von Fischen — der Araxes ist äußerst fischreich —, und man trinkt Milch. Der einzige Gott, den sie anbeten, ist die Sonne. Ihr opfern sie Rosse, in der Meinung, daß man dem schnellsten Gotte das schnellste Wesen auf Erden darbringen muß.

ZWEITES BUCH

1. Als Kyros gestorben war, bestieg Kambyses den Thron. Er war der Sohn des Kyros und der Kassandane, der Tochter des Pharnaspes, die schon früher gestorben war, tief betrauert von Kyros, der auch allen seinen Untertanen den Befehl gab, um sie zu trauern. Dieser Frau und des Kyros Sohn also war Kambyses. Er sah die Ioner und Aioler als vom Vater ererbte Vasallen an und unternahm einen Heereszug gegen Ägypten, auf dem ihm alle unterworfenen Stämme und so auch die Hellenen folgen mußten.

2. Bis zur Regierungszeit des Psammetichos[1] hielten sich die Ägypter für das älteste Volk der Erde. Als aber Psammetichos König wurde, forschte er nach, welches das älteste Volk sei, und seitdem glauben sie, daß die Phryger noch älter seien als sie. Denn als Psammetichos gar kein Mittel fand, diese Frage, welches die ältesten Menschen auf Erden seien, zu entscheiden, kam ihm folgender Gedanke. Er gab einem Hirten zwei neugeborene Kinder von beliebigen Eltern, der sollte sie mit seiner Herde auf folgende Weise aufziehen. Niemand sollte in ihrer Gegenwart ein Wort sprechen, in einem leeren Raum sollten sie ganz allein liegen, zur rechten Zeit sollte er Ziegen hineinführen und, wenn die Kinder getrunken, sie mit dem anderen Notwendigen versorgen. Psammetichos tat und ordnete dies alles deshalb an, weil er gern wissen wollte, was für ein Wort die Kinder wohl zuerst aussprechen würden, wenn sie das Alter des Schreiens und undeutlichen Lallens hinter sich hätten.

Die Sache wurde auch ins Werk gesetzt, und als der Hirt die Kinder zwei Jahre auf diese Weise versorgt hatte, riefen sie ihm, als er eines Tages die Tür öffnete und hereintrat, bittend das Wort 'Bekos' entgegen, wobei sie die Hände emporstreckten. Der Hirt hörte das Wort anfangs schweigend an; da es aber jedesmal, wenn er kam, von neuem ertönte, teilte er es seinem Herrn mit und führte ihm auf dessen Befehl die Kinder vor. Psammetichos hörte nun das Wort gleichfalls und forschte nach, in welcher Sprache dies Wort Bekos vorkäme. Da fand er, daß die Phryger das Brot Bekos nennen[2]. Hieraus schlossen denn die Ägypter, daß die Phryger noch älter seien als sie und räumten ihnen den ersten Platz ein.

So haben mir die Priester des Hephaistos[3] in Memphis erzählt. Die Hellenen schmücken die Geschichte mit vielen törichten Irrtümern aus und erzählen, Psammetichos habe einigen Weibern die Zunge ausgeschnitten, die dann mit diesen Kindern zusammenleben mußten.

3. Von den beiden Kindern also hat man mir erzählt, was ich berichtet habe. Ich habe aber in Memphis bei den Priestern des Hephaistos noch andere Nachrichten gesammelt und bin nach Theben und Heliopolis gereist, um festzustellen, ob man die Historien dort ebenso erzählt wie in Memphis. In Heliopolis nämlich soll man mehr von diesen Dingen wissen als im ganzen übrigen Ägypten. Doch was man mir von den Göttern erzählt hat, bin ich nicht willens hier mitzuteilen, höchstens ihre Namen; denn von den Göttern wissen meiner Meinung nach alle Menschen gleich wenig. Was ich hierüber berichten werde, das berichte ich nur, damit man den Gang der Erzählung besser versteht.

4. Was dagegen die Geschichte der Menschheit betrifft, so hat man mir einstimmig folgendes erzählt.

Die Ägypter waren die ersten, die die Länge des Jahres feststellten und es in seine zwölf Zeiten einteilten[4]. Die Sterne, sagten sie, hätten sie darauf gebracht. Ihre Berechnungsweise ist klüger als die der Hellenen, scheint mir, weil die Hellenen in jedem dritten Jahr einen Schaltmonat einschieben, um mit dem natürlichen Jahr in Übereinstimmung zu bleiben, während die Ägypter zwölf Monate zu je dreißig Tagen zählen und in jedem Jahr noch fünf Tage hinzutun. So treffen das Kalenderjahr und das natürliche Jahr immer zusammen. Auch daß ein Kreis von zwölf Göttern besonders benannt wird, geht, wie sie behaupten, auf die Ägypter zurück, von denen es die Hellenen übernommen hätten[5]. Ebenso seien die Ägypter die ersten gewesen, die den Göttern Altäre, Bilder und Tempel errichtet und Figuren in Stein gemeißelt hätten. Daß es wirklich so ist, davon haben sie mich in vielen Fällen durch tatsächliche Beweise überzeugt.

Der älteste menschliche König von Ägypten war Min, erzählten sie[6]. Zu seiner Zeit war ganz Unterägypten bis zum Gebiet von Theben hinauf Sumpf. Das Land unterhalb des Moirissees war ganz unter Wasser, während man jetzt zum Moirissee sieben Tagereisen weit den Fluß hinauffahren muß.

5. Mir schien dieser Bericht über das Land ganz richtig. Denn es ist klar und der Verständige sieht es, ohne daß man es ihm sagt, daß die Gebiete Ägyptens, die von den Hellenen besucht werden, neugewonnen und ein Geschenk des Stromes sind. Ja auch noch drei Tagereisen stromaufwärts von dem See steht es mit dem Lande nicht anders, obwohl man mir von diesen Gebieten nichts dergleichen sagte.

Das ägyptische Land ist nämlich so beschaffen. Nähert man sich ihm vom Meere aus und läßt eine Tagereise vom Lande entfernt das Senkblei hinab, so zieht man schon Schlamm mit herauf und findet eine Tiefe von nur elf Klaftern. Das beweist, daß so weit hinaus die Anschwemmung von Land stattfindet.

6. Ferner: die Küste Ägyptens hat eine Ausdehnung von sechzig Schoinoi, wenigstens wenn wir das Land so begrenzen, wie wir es gewohnt sind, d. h. es vom plinthinetischen Meerbusen bis zum Serbonissee mit dem kasischen Gebirge rechnen[7]. Diese Strecke ist sechzig Schoinoi lang. Völker, die ein kleines Land bewohnen, messen nämlich nach Klaftern; sind sie weniger arm an Land, so messen sie nach Stadien; sind sie reich, nach Parasangen, und sehr reich, nach Schoinoi. Der Parasanges hat dreißig Stadien, der Schoinos, ein ägyptisches Maß, sechzig Stadien. Die ägyptische Küste hat daher eine Länge von dreitausendsechshundert Stadien.

7. Von der Küste bis in die Mitte des Landes hinein, also bis nach Heliopolis, ist Ägypten breit, und zwar ist es durchweg eben, wasserreich und sumpfig. Die Entfernung vom Meer bis nach Heliopolis hinauf ist etwa ebenso groß wie vom Altar der zwölf Götter in Athen bis nach Pisa zum Tempel des olympischen Zeus[8]. Mißt man die beiden Entfernungen genau ab,

so wird man allerdings einen geringen Unterschied finden, aber nicht mehr als fünfzehn Stadien. Beim Wege von Athen nach Pisa nämlich fehlen fünfzehn an tausendfünfhundert Stadien, während es von der Küste nach Heliopolis volle tausendfünfhundert Stadien sind.

8. Landeinwärts von Heliopolis verengert sich Ägypten[9]. Es wird auf der einen Seite von den arabischen Bergen begrenzt, die sich von Norden nach Süden bis hin zu dem sogenannten Roten Meer erstrecken. In diesem Gebirge befinden sich die Steinbrüche, aus denen die Steine für die Pyramiden in Memphis gebrochen sind. Dort hört das Gebirge auf und wendet sich, wie gesagt, nach dem Roten Meer herum. An der breitesten Stelle soll das Gebirge, wie man mir berichtet hat, sechzig Tagereisen von Osten nach Westen breit sein. Am östlichen Rande soll Weihrauch wachsen[10].

Das ist das eine Gebirge. An der anderen, der libyschen Seite, zieht sich ebenfalls ein Felsengebirge entlang In diesem Gebirge stehen die Pyramiden. Es ist mit Flugsand bedeckt und erstreckt sich ebenso wie das arabische von Norden nach Süden.

Also von Heliopolis ab ist Ägypten nicht mehr sehr ausgedehnt. Vierzehn Tagereisen geht es in geringer Breite aufwärts. Das Land bleibt eben, und an der engsten Stelle ist meiner Schätzung nach die Entfernung von dem arabischen bis zum sogenannten libyschen Gebirge nicht größer als zweihundert Stadien. So ist also die Gestalt dieses Landstriches.

9. Von Heliopolis bis Theben fährt man neun Tage stromaufwärts. Die Entfernung beträgt viertausendachthundertsechzig Stadien, nämlich einundachtzig Schoinoi. Nun wollen wir die angegebenen Entfernungen zusammenrechnen. Die Länge der Küste habe ich oben bereits auf dreitausendsechshundert Stadien berechnet; dazu kommt jetzt die Entfernung von der Küste bis nach Theben hinauf, die im ganzen sechstausendeinhundertzwanzig Stadien beträgt. Von Theben bis nach der Stadt hinauf, die Elephantine heißt, sind es kaum noch eintausendachthundert Stadien[11].

10. Der größte Teil des genannten Gebietes ist, wie die Priester mir sagten und wie ich annehme, angeschwemmtes Land[12].

Ich hatte den Eindruck, daß die zwischen den erwähnten Gebirgen südwärts von Memphis gelegene Ebene einst ein Meerbusen gewesen ist, ähnlich wie die Täler im Gebiet von Ilion, von Teuthrania, von Ephesos und das Maiandrostal, sofern man diese kleinen Täler mit der großen ägyptischen Talebene vergleichen kann[13]. Es kann sich ja kein einziger von den Flüssen, die jene Täler angeschwemmt haben, auch nur mit einem einzigen Mündungsarm des Nil — er hat aber fünf — messen. Übrigens gibt es auch anderswo Flüsse, wenn auch nicht von der Größe des Nil, die gewaltige Leistungen vollbracht haben. Ich könnte namentlich den Acheloos nennen, der durch Akarnanien fließt und beim Austritt ins Meer eine Verbindung des Festlands mit bereits der Hälfte der echinadischen Inseln hergestellt hat[14].

11. In Arabien, nicht weit von Ägypten, gibt es einen Meerbusen, der sich vom sogenannten Roten Meer nach Syrien zu hinzieht und sehr lang und schmal ist. Durchfährt man ihn auf einem Ruderschiff vom inneren Winkel bis zum offenen Meer, so braucht man vierzig Tage, während die Breite an der breitesten Stelle nur eine halbe Tagesfahrt beträgt. Jeden Tag wechseln auch Ebbe und Flut in dem Meerbusen[15]. Ein solcher Meerbusen ist meiner Meinung nach auch die ägyptische Ebene gewesen. Er zog sich also vom Nordmeer hinunter nach Aithiopien zu, während sich der arabische vom Südmeer hinauf nach Syrien zu erstreckt. Sie hätten mit ihren Spitzen einander beinahe berührt, wenn ihre Richtung nicht etwas verschieden wäre. Würde ein Strom wie der Nil sich in diesen arabischen Meerbusen ergießen, sollte er nicht in zwanzigtausend Jahren durch den Fluß in ein angeschwemmtes Tal verwandelt sein? Ich glaube, dazu wären nur zehntausend Jahre erforderlich. Warum also sollte in der ganzen vor meiner Geburt verflossenen Zeit nicht ein freilich wesentlich größerer Meerbusen durch einen so gewaltigen und so geschäftigen Strom in Land verwandelt worden sein?

12. Ich halte also für richtig, was die Ägypter über die Entstehung ihres Landes erzählen, und finde es auch dadurch bestätigt, daß die Küste Ägyptens weiter ins Meer hineinreicht als die Nachbarländer, ferner daß sich im Gebirge Muscheln

finden und Salzwasser aus dem Boden hervorkommt, durch das sogar die Pyramiden angefressen werden[16], ferner daß bloß jenes oberhalb Memphis gelegene Gebirge mit Sand bedeckt ist, endlich daß weder das angrenzende Arabien, noch Libyen, noch auch Syrien — das arabische Küstengebiet wird von Syriern bewohnt — den gleichen Boden hat wie Ägypten. In Ägypten ist der Boden schwarz und brüchig, eben weil er aus Schlamm besteht[17], den der Nil aus Aithiopien herabgeführt hat[18]. Von Libyen wissen wir, daß es rötlichen, sandigen Boden, von Arabien oder Syrien, daß es Ton- und Felsboden hat.

13. Noch einen Beweis für diese Entstehung des Landes haben mir die Priester mitgeteilt. Zur Zeit des Königs Moiris[19] brauchte der Fluß nur acht Ellen hoch zu steigen, um das Land unterhalb von Memphis unter Wasser zu setzen. Und als ich dies von den Priestern erfuhr, waren seit Moiris' Tode noch nicht neunhundert Jahre vergangen. Heute aber überschwemmt der Fluß das Land erst, wenn er mindestens fünfzehn oder sechzehn Ellen hoch steigt. Daher glaube ich, wenn das Land in demselben Verhältnis weiter wächst, wird das Gebiet unterhalb des Moirissees und namentlich das Delta einst nicht mehr vom Nil überschwemmt werden; und dann wird es den Ägyptern in alle Zukunft ebenso ergehen, wie es ihrer Meinung nach jetzt den Hellenen ergeht. Als sie nämlich hörten, daß das ganze Land in Hellas nur durch Regen, nicht wie das ihrige durch Übertreten der Flüsse bewässert wird, meinten sie, wenn der Himmel die Hellenen einmal im Stich ließe, müßten sie schmählich Hunger leiden. Damit wollten sie sagen, wenn die Gottheit einmal keinen Regen, sondern dauernde Trockenheit schicke, würden die Hellenen verhungern; denn Zeus allein sei es, dem sie Wasser verdankten.

14. Was die Ägypter hier über die Hellenen sagen, ist richtig. Wie steht es nun aber mit den Ägyptern selber? Wenn, wie ich vorher sagte, das Land unterhalb Memphis, d. h. also das im Wachsen begriffene Land, in dem bisherigen Verhältnis weiter wächst, werden dann nicht seine Bewohner einst Hunger leiden müssen? Es regnet dort im Lande nicht, und der Fluß ist dann nicht mehr imstande, die Äcker zu überschwemmen. Heute freilich gibt es kein Volk auf der Erde, auch keinen

Landstrich in Ägypten, wo die Früchte des Bodens so mühelos gewonnen werden wie hier. Sie haben nicht nötig, mit dem Pfluge Furchen in den Boden zu ziehen, ihn umzugraben und die anderen Feldarbeiten zu machen, mit denen die übrigen Menschen sich abmühen. Sie warten einfach ab, bis der Fluß kommt, die Äcker bewässert und wieder abfließt. Dann besät jeder sein Feld und treibt die Schweine darauf, um die Saat einzustampfen, wartet ruhig die Erntezeit ab, drischt das Korn mit Hilfe der Schweine aus und speichert es auf[20].

15. Wollten wir uns nun den Anschauungen der Ioner über Ägypten anschließen, die unter Ägypten bloß das Delta verstehen und die ägyptische Küste nur von der sogenannten Perseuswarte[21] bis zu den pelusischen Dörr- und Einsalzungsstätten rechnen[22], das sind vierzig Schoinoi, und landeinwärts nur das Gebiet bis zur Stadt Kerkasoros, d. h. bis zur Stelle, wo der Nil sich teilt und dessen einer Arm nach Pelusion, der andere nach Kanobos fließt, zu Ägypten rechnen und das übrige ägyptische Land teils zu Libyen, teils zu Arabien — wollten wir dieser Auffassung beitreten, so ergäbe sich, daß die Ägypter früher überhaupt kein Land besessen haben. Denn das Delta ist ja doch, wie die Ägypter selber sagen, und wie auch meine Meinung ist, angeschwemmtes und, man möchte sagen, erst jüngst aus dem Meere emporgestiegenes Land. Wie konnten sich also die Ägypter für das älteste Volk halten, wenn sie überhaupt kein Land gehabt haben! Sie hätten dann nicht erst jenen Versuch mit den Kindern und deren erstem Wort anzustellen brauchen. Meiner Meinung nach ist das ägyptische Volk nicht erst zugleich mit jenem von den Ionern Delta genannten Landstrich entstanden, sondern ist vorhanden gewesen, solange es Menschen auf Erden gibt. Als dann das angeschwemmte Land emportauchte, ist ein großer Teil der Ägypter aus dem Binnenlande dahin übergesiedelt, viele andere sind drinnen wohnen geblieben. Vor Zeiten führte überhaupt nur das Gebiet von Theben den Namen Ägypten[23]. Dies Gebiet hat nur einen Umfang von sechstausendeinhundertzwanzig Stadien.

16. Ist unsere Ansicht richtig, so sind die Ioner über Ägypten im Irrtum. Sind aber die Ioner im Recht, so kann ich beweisen, daß die Hellenen samt den Ionern nicht zählen können; denn

sie behaupten, daß die ganze Erde in drei Erdteile zerfällt: Europa, Asien und Libyen. Man müßte doch das ägyptische Delta als einen vierten Erdteil rechnen, wenn es weder ein Teil von Asien, noch ein Teil von Libyen ist. Denn nach dieser Anschauung bildet ja nicht der Nil die Grenze zwischen Asien und Libyen, sondern an der Spitze des Deltas teilt sich der Nil, und das Delta wäre also ein Zwischenland zwischen Asien und Libyen.

17. Doch mögen die Ioner denken, wie sie wollen. Ich bleibe auch in diesem Falle bei meiner Meinung und verstehe unter Ägypten das ganze von Ägyptern bewohnte Land, ebenso wie unter Kilikien das ganze von Kilikern und unter Assyrien das von Assyriern bewohnte Land. Eine wirkliche Grenze zwischen Asien und Libyen kann ich nicht angeben, wenn es nicht das ägyptische Land selber ist. Schließen wir uns der bei den Hellenen üblichen Vorstellung an, so müssen wir uns ganz Ägypten oben von der Katadupa[24] und der Stadt Elephantine bis ans Meer herunter in zwei Teile geteilt denken, deren einer zu Libyen, der andere zu Asien gehört. Denn der Nil schneidet es ja auf seinem Lauf vom Katadupawasserfall bis zum Meer in zwei Hälften. Bis zur Stadt Kerkasoros hat der Nil ein einziges Flußbett; bei dieser Stadt aber teilt er sich in drei Arme. Der eine wendet sich ostwärts, das ist der sogenannte pelusische Mündungsarm, der zweite wendet sich westwärts, das ist der kanobische Mündungsarm. Die Richtung des mittleren Nilarms ist folgende: er beginnt an der Spitze des Deltas und teilt auf seinem Wege ins Meer das Delta in zwei gleiche Hälften; er führt die größte Wassermenge mit sich und ist der bekannteste. Er heißt der sebennytische Mündungsarm. Von diesem sebennytischen Arm zweigen sich wiederum zwei andere ab und fließen ins Meer; der eine heißt der saitische, der andere der mendesische. Der bolbitinische und der bukolische Arm dagegen sind keine natürlichen, sondern künstliche Mündungsstraßen.

18. Daß alles, was ich zu Ägypten rechne, wirklich zu Ägypten gehört, dafür ist mir auch ein Orakelspruch des Ammon[25] ein Beweis. Ich erfuhr ihn erst, nachdem ich mir meine Meinung über die Sache bereits gebildet hatte. Die Bewohner der ägyptischen Städte Marea und Apis[26], die an der libyschen Grenze

liegen, hielten sich für Libyer, nicht für Ägypter, und fanden die religiösen Pflichten und Gebräuche lästig. Sie wollten das Verbot, Kühe zu schlachten, nicht einhalten. So schickten sie zum Orakel des Ammon und sagten, sie hätten keine Gemeinschaft mit den Ägyptern. Sie wohnten außerhalb des Deltas, hätten eine andere Sprache und bäten um die Erlaubnis, alle Tiere essen zu dürfen. Aber der Gott gewährte die Bitte nicht und sagte, alles Land, das der Nil überschwemme und bewässere, gehöre zu Ägypten, und alle Menschen, die von Elephantine abwärts aus diesem Fluß tränken, seien Ägypter. Das war die Antwort, die ihnen das Orakel erteilte.

19. Wenn nämlich der Nil anschwillt, so tritt er nicht bloß innerhalb des Deltas über die Ufer, sondern überschwemmt auch einen Teil der angeblich libyschen und arabischen Gebiete, und zwar zwei Tagereisen weit nach jeder Seite, manchmal mehr, manchmal weniger.

Über die Natur des Nils habe ich weder von den Priestern noch sonst irgend etwas erfahren können. Ich hätte gern gewußt, welche Gründe die Anschwellung des Nils hat, die von der Sommersonnenwende ab fast hundert Tage andauert, nach deren Ablauf er sich wieder in sein Bett zurückzieht und den ganzen Winter hindurch seinen niedrigen Wasserstand bewahrt, bis wieder die Zeit der Sommersonnenwende kommt. Kein Ägypter konnte mir irgend welche Auskunft darüber geben, keiner konnte meine Frage beantworten, woher es kommt, daß es beim Nil umgekehrt ist wie bei allen anderen Flüssen. Danach also forschte ich und ferner auch danach, warum unter allen Flüssen allein der Nil keinen kühlenden Lufthauch aussendet.

20. Nun haben einige Hellenen, die sich durch Wissen und Einsicht berühmt machen wollten, ihre Ansicht über die Gründe der Überschwemmungen geäußert. Drei verschiedene Meinungen sind laut geworden, von denen zwei gar nicht wert sind, daß ich sie bespreche, nur daß ich sie kurz erwähnen will. Nach der einen wären die regelmäßigen Sommerwinde am Anwachsen des Flusses schuld, da sie das Abfließen des Wassers ins Meer verhindern[27]. Aber in manchen Jahren bleiben diese Winde aus, und trotzdem steigt der Nil. Außerdem müßte es

doch, wenn die Winde Schuld hätten, allen anderen Flüssen, die diesen Sommerwinden entgegenfließen, ebenso ergehen wie dem Nil. Ja die Wirkung müßte noch größer sein, weil die anderen kleiner sind und ihre Strömung schwächer ist. Es gibt aber eine Reihe Flüsse in Syrien und in Libyen, bei denen Überschwemmungen wie die des Nils durchaus nicht stattfinden.

21. Die zweite Erklärung ist noch unverständiger als die erste, und geradezu verwunderlich[28]. Sie besagt, die Überschwemmungen rührten davon her, daß der Nil aus dem Okeanos entspringe und dieser Okeanos fließe um die ganze Erde herum.

22. Die dritte Deutung ist, obwohl die einleuchtendste, dennoch die abwegigste. Denn was soll es heißen, daß der Nil aus geschmolzenem Schnee hervorfließe[29]? Er kommt doch aus Libyen, fließt mitten durch Aithiopien und dann nach Ägypten. Wie soll er also aus dem Schnee hervorkommen, da er aus den heißesten Gegenden kommt und in großenteils kältere Gegenden fließt! Für jemand, der über solche Fragen zu urteilen vermag, ist der erste und entscheidende Beweis für die Unmöglichkeit dieser Erklärung die Tatsache, daß die von jener Gegend her wehenden Winde heiß sind. Zweitens ist jene Gegend regenlos und kennt kein Eis. Nach einem Schneefall folgt doch unweigerlich innerhalb fünf Tagen Regen; daher müßte es in jenen Quellgegenden, wenn es schneite, auch regnen. Drittens sind die Volksstämme dort infolge großer Hitze schwarz, die Habichte und Schwalben bleiben das ganze Jahr hindurch dort, und die Kraniche verlassen, wenn der Winter kommt, das Skythenland und ziehen für den Winter in diese Quellgebiete des Nils[30]. Das alles könnte unmöglich der Fall sein, wenn in dem Lande, durch das der Nil fließt und in dem er entspringt, auch nur ein wenig Schnee fiele.

23. Der Erklärer aber, der von dem Okeanos spricht, geht von etwas Unbekanntem aus und hat gar keinen Beweis[31]. Ich weiß nichts von diesem Flusse Okeanos. Meiner Meinung nach hat Homer oder ein anderer noch älterer Dichter den Namen Okeanos erfunden und in die Poesie eingeführt.

24. Soll ich nun, nachdem ich die anderen Erklärungen verworfen habe, selber eine Ansicht über eine so unerforschte

Erscheinung äußern, so will ich folgenden Grund für die Anschwellung des Nils im Sommer namhaft machen. Zur Winterszeit wird die Sonne durch die Nordwinde aus ihrer gewöhnlichen sommerlichen Bahn getrieben und zieht sich nach dem oberen Libyen zurück. Damit ist, kurz gesagt, die ganze Erscheinung erklärt. Das Land nämlich, dem der Sonnengott am nächsten ist und in dem er sich aufhält, ist notwendig äußerst wasserarm, und die Flußläufe trocknen aus.

25. Ausführlicher erklärt verhält sich die Sache so. Wenn die Sonne im oberen Libyen weilt, übt sie folgende Wirkung aus: weil der Himmel dort immer heiter, der Boden heiß, der Wind kühl ist, so ist ihre Wirkung dieselbe wie im Sommer bei uns, wo sie mitten am Himmel weilt. Sie zieht das Wasser an sich, führt es nach oben, wo es die Winde nehmen, es zerstreuen und verdunsten lassen; daher sind die aus diesen Gegenden wehenden Winde, der Südwind und Südwestwind, ganz natürlich die regnerischsten. Aber die Sonne läßt nun, glaube ich, nicht alles Wasser des Nils, das sie jährlich an sich zieht, mit den Winden entweichen, sondern behält etwas davon für sich selber. Geht der Winter zu Ende, so kehrt die Sonne zu uns nach der Mitte des Himmels zurück, und nun zieht sie gleichmäßig von allen Flüssen Wasser an sich. Waren sie bis dahin wasserreich, weil es viel regnete und die Gießbäche voller Wasser waren, so sind sie im Sommer klein, weil der Regen ausbleibt und ihr Wasser von der Sonne angezogen wird. Der Nil aber, der gar keinen Regen erhält, ist zu der Zeit, wo die Sonne nur sein Wasser an sich zieht, also im Winter, natürlich viel wasserärmer als im Sommer. Denn im Sommer zieht die Sonne sein Wasser nicht mehr an sich als das der anderen Flüsse, während er im Winter allein den Strahlen ausgesetzt ist.

So bin ich also der Meinung, daß die Sonne an der Anschwellung schuld ist.

26. Ebenfalls ist es die Sonne, die meiner Meinung nach an der Trockenheit der Luft in Libyen schuld ist. Sie durchglüht, wenn sie dort weilt, das Land. So ist denn im oberen Libyen ewig Sommer. Wenn die Himmelsgegenden vertauscht würden, wenn dort, wo jetzt der Nordwind und der Winter wohnen, der Südwind und der Mittag wohnten und der Nordwind von

dort her bliese, von wo jetzt der Südwind bläst, dann würde die Sonne, sobald sie Winter und Nordwind von der Mitte des Himmels forttreiben, sich nach dem oberen Europa begeben statt nach dem oberen Libyen. Und wenn sie so das ganze Europa beschiene, würde ihre Wirkung auf den Istros meiner Meinung nach dieselbe sein, wie sie jetzt auf den Nil ist.

27. Daß aber kein kühler Lufthauch vom Nil ausgeht, erklärt sich, glaube ich, daraus, daß von warmen Gegenden her überhaupt kein Lufthauch zu wehen pflegt, sondern immer nur von kalten.

28. Doch mag dies bleiben, wie es ist und von jeher gewesen ist! Was nun die Quellen des Nils betrifft, so hat keiner von all den Ägyptern, den Libyern, den Hellenen, mit denen ich gesprochen habe, mir darüber Auskunft zu geben sich getraut, ausgenommen in der Stadt Sais in Ägypten der Schreiber im heiligen Schatzhaus der Athena[32]. Aber dieser scherzte wohl nur, denn er behauptete, Genaues darüber zu wissen. Er erzählte mir folgendes. Es gäbe zwei Berge mit spitz zulaufenden Gipfeln, die lägen zwischen der Stadt Syene im Gebiet von Theben und zwischen Elephantine. Die Namen dieser Berge seien Krophi und Mophi. Mitten aus diesen Bergen kämen die grundlos tiefen Quellen des Nils hervor, und die eine Hälfte des Wassers ströme nordwärts nach Ägypten hinein, die andere südwärts nach Aithiopien[33]. Daß die Quellen abgrundtief seien, hätte der ägyptische König Psammetichos durch einen Versuch festgestellt. Er habe ein viele tausend Klafter langes Seil hinabgelassen und sei trotzdem nicht auf Grund gestoßen. Wenn der Schreiber die Wahrheit gesprochen hat, so erweist seine Aussage meines Erachtens nur, daß es dort heftige Strudel und Stromwechsel gibt, so daß das Senkblei infolge des an den Bergen brandenden Wassers nicht auf den Grund hinabgelangen konnte.

29. Von anderer Seite konnte ich nichts hierüber in Erfahrung bringen.

Doch habe ich meine Forschungen so weit als möglich nach Süden ausgedehnt, bin selber bis zur Stadt Elephantine gekommen und habe über das Weitere Berichte eingezogen. Dringt man von Elephantine weiter nach Süden vor, so geht es steil bergauf. Man muß das Schiff von beiden Seiten durch ein Tau ziehen lassen und wie zu Wagen reisen. Reißt das Tau, so wird das Schiff durch die Strömung abwärts davongeführt. So geht es vier Tagereisen weit, und der Nil ist dort voller Krümmungen wie der Maiandros[34]. Eine Strecke von zwölf Schoinoi ist es, die man auf diese Weise durchfahren muß. Darauf kommt man in ein Tal; dort liegt in dem Nil eine Insel, namens Tachompso[35]. Oberhalb von Elephantine ist die Bevölkerung schon aithiopisch, auch die Insel ist halb von Aithiopern, halb von Ägyptern bewohnt. Mit der Insel steht ein großer See in Verbindung, um den herum aithiopische Nomadenstämme wohnen[36]. Hat man den See durchfahren, so kommt man wieder in den Nil, der sich in diesen See ergießt. Nun muß man aussteigen und vierzig Tagereisen weit längs des Nils zu Lande zurücklegen; denn im Nil gibt es dort viele spitze Klippen und Felsen, so daß man ihn nicht befahren kann. Hat man in diesen vierzig Tagen die Strecke durchwandert, so steigt man in ein anderes Schiff, fährt zwölf Tage lang und kommt dann zu einer großen Stadt, die heißt Meroe[37]. Diese Stadt soll die Mutterstadt sämtlicher Aithioper sein. Nur zwei Götter betet man dort an, Zeus und Dionysos, die aber hoch in Ehren gehalten werden. Auch ein Orakel des Zeus befindet sich dort. Wenn der Gott ihnen durch einen Orakelspruch befiehlt, in den Krieg zu ziehen, so tun sie es, lassen sich auch vom Gotte den Ort und Feind angeben.

30. Wenn man von dieser Stadt aus weiter fährt, kommt man in der gleichen Zeit, die man braucht, um von Elephantine nach Meroe zu gelangen, zu den ägyptischen Abtrünnigen. Diese Abtrünnigen heißen ägyptisch Asmach, was in hellenischer Sprache Leute bedeutet, die dem König zur Linken stehen[38]. Es waren dies nämlich vierundzwanzigmal zehntausend Ägypter von der Kriegerkaste, die aus folgendem Grunde zu den Aithiopern auswanderten. Zur Zeit des Königs Psammetichos waren an folgenden Orten ägyptische Grenzwachen aufgestellt: in Elephantine gegen die Aithioper, in Daphnai im Gebiet von Pelusion gegen die Araber und Assyrier und in Marea gegen Libyen. In unserer Zeit stehen persische Grenzwachen an diesen selben Plätzen, wo unter Psammetichos die

ägyptischen standen; in Elephantine sowohl wie in Daphnai findet man Perser, die die Grenze des Reiches schützen[39]. Als jene Ägypter drei Jahre lang die Grenze in Elephantine bewacht hatten, kam niemand, der sie ablöste. Da faßten sie alle den gemeinsamen Entschluß, von Psammetichos abzufallen, und wanderten hinüber nach Aithiopien. Als Psammetichos Kunde davon erhielt, verfolgte er sie, und als er sie eingeholt, bat er sie inständig, umzukehren und ihre heimischen Götter, ihre Kinder und Weiber nicht zu verlassen. Da, erzählt man, antwortete einer der Flüchtigen, indem er auf sein Schamglied wies: wo das sei, würden sich auch Kinder und Weiber für sie finden.

Als sie dann nach Aithiopien kamen, boten sie sich dem König der Aithioper an, der sich auf folgende Weise erkenntlich gegen sie zeigte. Einige Stämme hatten sich gegen ihn empört; die sollten die Ägypter verjagen und ihre Wohnsitze einnehmen. Infolge ihrer Ansiedlung wurden dann die Aithioper gesitteter und nahmen ägyptische Lebensgewohnheiten an[40].

31. So ist denn der Nil südwärts von Ägypten noch über hundert Tagereisen weit zu Wasser und zu Lande bekannt. Diese Entfernung ergibt sich, wenn man die Wege von Elephantine bis hin zu jenen Abtrünnigen zusammenrechnet. Von dem weiteren Lauf aber weiß niemand etwas Bestimmtes. Das Land ist dort wüst infolge der großen Hitze.

32. Jedoch habe ich noch folgendes erfahren. Leute aus Kyrene erzählten mir, sie hätten das Orakel des Ammon besucht und hätten mit dem König der Ammonier, Etearchos, ein Gespräch gehabt. Unter anderem sei die Rede auch auf den Nil gekommen, daß niemand die Quellen des Nils kennte, und Etearchos habe gesagt, bei ihm seien einmal Leute aus dem Volksstamm der Nasamonen gewesen. Es ist das ein libyscher Stamm, der an der Syrte und ein wenig östlich der Syrte wohnt[41]. Als diese Nasamonen ihn besuchten, hätte er gefragt, ob sie ihm von den unbekannten Gegenden der libyschen Wüste erzählen könnten. Sie hätten erwidert, einige ihrer Häuptlinge hätten sehr wagemutige Söhne gehabt, die allerhand tolle Pläne ausgeführt und so auch fünf aus ihrer Zahl durchs Los bestimmt hätten, die libysche Wüste zu durchstreifen, ob sie

weiter vordringen und mehr schauen könnten als alle, die vordem die Wüste besucht. Die ganze libysche Küste des mittelländischen Meeres nämlich, von Ägypten an bis zum Vorgebirge Soloeis, dem äußersten Punkt von Libyen, wird durchweg von den verschiedenen Volksstämmen der Libyer bewohnt, abgesehen von den durch Hellenen und Phoiniker besetzten Plätzen. Im Binnenlande aber, südwärts von diesen Völkerschaften ist Libyen voll wilder Tiere. Und südwärts dieser Tierzone wiederum ist das Land sandig, ohne Wasser und ganz wüst. So zogen denn die Jünglinge, die von ihren Altersgenossen ausgeschickt waren, mit Wasser und Lebensmitteln wohl versehen, zuerst durch den bewohnten Landstrich, weiter in die Zone der wilden Tiere und endlich in die Wüste hinein, immer in der Richtung nach Westen. Und nachdem sie viele Tage lang durch sandige Gegenden gewandert waren, sahen sie endlich wieder Bäume in einem Tale stehen. Sie gingen hin und pflückten von den Früchten, die die Bäume trugen. Währenddessen aber kamen kleine Menschen herzu, kleiner als ein mittelgroßer Mann; die packten sie und schleppten sie fort. Aber ihre Sprache konnten die Nasamonen nicht verstehen und auch jene nicht das, was die Nasamonen sagten. Sie führten sie durch weite Sümpfe hindurch, und endlich kamen sie in eine Stadt[42], in der alle Menschen so klein waren wie ihre Führer und von schwarzer Farbe. Und an der Stadt vorüber floß ein großer Strom, und zwar von Westen nach Osten, und in ihm sah man Krokodile.

33. Soviel hat man mir von der Erzählung des Etearchos von Ammon berichtet. Hinzugefügt hat er noch, wie die Leute von Kyrene mir sagten, daß jene Nasamonen wieder heimgekommen seien und daß die Völker, die sie besucht, aus lauter Zauberern bestanden hätten. Jenen vorbeifließenden Strom aber hielt Etearchos für den Nil, und die ganze Erzählung beweist es ja. Denn der Nil kommt aus Libyen und durchschneidet Libyen, und wie ich vermute — ich erschließe das Unbekannte aus dem Bekannten —, läuft der Nil in der gleichen Himmelsrichtung wie der Istros. Der Istros kommt aus dem Lande der Kelten, von der Stadt Pyrene[43] her und fließt mitten durch Europa. Die Kelten wohnen jenseits der Säulen

des Herakles und sind Nachbarn der Kynesier[44], des am meisten westlich wohnenden Volkes unter allen Europäern. Es mündet aber der Istros in den Pontos Euxeinos, nachdem er ganz Europa durchquert hat. Dort liegt Istrie, eine Pflanzstadt Milets[44a].

34. Nun ist der Lauf des Istros, weil er durch bewohnte Länder fließt, vielen Menschen bekannt. Über die Quellen des Nils aber weiß niemand etwas; denn Libyen, durch das er fließt, ist unbewohnt und ist eine Wüste. Was ich von seinem Oberlauf habe erkunden können, habe ich mitgeteilt. Dann tritt er ins ägyptische Land ein. Ägypten aber liegt dem kilikischen Gebirge ungefähr gerade gegenüber; und von da kann ein rüstiger Wanderer auf geradem Wege in fünf Tagen nach Sinope am Pontos Euxeinos gelangen. Sinope aber liegt der Istrosmündung gegenüber[45]. Darum glaube ich, daß der Lauf des ganz Libyen durchquerenden Nil dem des Istros ähnlich ist. Soviel sei über den Nil gesagt.

35. Ich will nun ausführlich von Ägypten erzählen, weil es mehr wunderbare Dinge und erstaunliche Werke enthält, als alle anderen Länder. Darum müssen wir es genauer beschreiben.

Wie der Himmel in Ägypten anders ist als anderswo, wie der Strom anders ist als andere Ströme, so sind auch die Sitten und Gebräuche der Ägypter fast in allen Stücken denen der übrigen Völker entgegengesetzt. So gehen in Ägypten die Frauen auf den Markt und treiben Handel, und die Männer sitzen zu Hause und weben. Und die anderen Völker schlagen beim Weben den Einschlag von unten nach oben fest, die Ägypter von oben nach unten. Die Männer tragen die Lasten auf dem Kopf, die Frauen auf den Schultern. Die Frauen lassen ihr Wasser im Stehen, die Männer im Sitzen. Die Entleerung macht man im Hause ab, essen tut man auf der Straße. Sie geben als Grund dafür an, daß man natürliche Bedürfnisse, soweit sie häßlich sind, im geheimen, soweit sie nicht häßlich sind, öffentlich befriedigen müsse. Priesterämter, sowohl bei männlichen wie bei weiblichen Gottheiten, versehen nur die Männer, nie die Frauen. Für den Unterhalt der Eltern zu sorgen, werden nur die Töchter gezwungen; die Söhne brauchen es, wenn sie nicht wollen, nicht zu tun[46].

36. Anderswo tragen die Priester der Götter langes Haar; in Ägypten scheren sie es ab. Bei Trauerfällen haben die anderen Völker die Sitte, daß die nächsten Angehörigen sich das Haar abschneiden; in Ägypten läßt man, wenn jemand stirbt, Haupthaar und Bart wachsen, während man sich sonst schert. Andere Völker leben getrennt von den Tieren, die Ägypter leben mit den Tieren zusammen. Die anderen leben von Weizen und Gerste; in Ägypten gilt es als Schande, davon zu leben, vielmehr backt man das Brot aus einer anderen Getreideart, die manche Leute Zeia[47] nennen. Der Teig wird mit den Füßen geknetet, Lehm mit den Händen; man sammelt auch den Mist[48]. Die Geschlechtsteile lassen die anderen Völker, wie sie sind; nur die Ägypter und die es von ihnen angenommen haben, beschneiden sie. Die Männer tragen zwei Kleidungsstücke, die Frauen nur eines. Beim Segeln binden andere Völker den Ring und das Tau außen an die Schiffswand, die Ägypter innen. Die Hellenen schreiben ihre Buchstaben und Zahlen von links nach rechts, die Ägypter von rechts nach links. Dabei behaupten sie, sie schrieben nach rechts und die Hellenen nach links. Sie haben übrigens zwei Arten von Buchstaben, die einen heißen die heiligen, die anderen die gewöhnlichen[49].

37. Sie sind höchst gottesfürchtig, mehr als alle anderen Völker. Folgende Gebräuche beobachten sie noch. Sie trinken aus Bronzebechern und spülen sie jeden Tag aus, und zwar tut das jeder ohne Ausnahme. Sie tragen Kleider aus Leinwand, die stets frisch gewaschen sind; darauf achten sie genau. Die Beschneidung der Geschlechtsteile geschieht aus Reinlichkeitsgründen; Reinlichkeit steht ihnen höher als Schönheit. Die Priester schneiden alle zwei Tage ihre sämtlichen Körperhaare ab, damit sich bei den Dienern der Götter keine Laus oder anderes Ungeziefer festsetzen kann. Als Kleidung tragen die Priester nur ein leinenes Gewand und aus der Byblosstaude[50] gefertigte Schuhe; andere Kleider, anderes Schuhwerk dürfen sie nicht tragen. Zweimal am Tage und zweimal des Nachts baden sie in kaltem Wasser und halten noch andere, geradezu unzählig viele Gebräuche inne. Freilich genießen sie auch nicht geringe Vorteile. Sie brauchen ihr Privatvermögen nicht zu verzehren, sondern bekommen von dem heiligen Brot, und eine Menge

Rindfleisch und Gänsefleisch wird ihnen jeden Tag geliefert, ebenso Traubenwein. Dagegen dürfen sie Fische nicht essen. Bohnen säen die Ägypter in ihrem Lande überhaupt nicht, und die von selber wachsenden ißt man nicht, weder geröstet, noch gekocht. Die Priester ertragen nicht einmal den Anblick von Bohnen, weil sie sie für unreine Früchte halten. Jeder Gott hat übrigens dort nicht einen, sondern viele Priester, von denen einer der Oberpriester ist. Stirbt ein Priester, so tritt sein Sohn in die Priesterschaft ein[51].

38. Die Stiere sind dem Epaphos heilig[52]. Deshalb nimmt man mit den Opferstieren eine Untersuchung vor, und wenn man nur ein einziges schwarzes Haar an ihnen findet, werden sie nicht als rein befunden. Dies untersucht ein eigens dazu bestimmter Priester, und das Tier steht dabei aufrecht und wird auch auf den Rücken gelegt. Auch die Zunge zieht man heraus, ob sie von gewissen Zeichen rein ist, die ich an anderem Orte beschreiben werde. Er beschaut auch die Haare des Schweifes, ob sie natürlich gewachsen und geformt sind. Wird das Tier in allen Stücken rein befunden, so windet ihm der Priester Byblos um die Hörner, drückt seinen Siegelring in die darauf gestrichene Siegelerde, und dann führt man den Stier hinweg. Auf die Opferung eines nicht gezeichneten Stieres steht Todesstrafe[53].

39. Ist das Tier auf die genannte Weise untersucht, so geht die Opferung in folgender Weise vor sich. Das gezeichnete Tier wird zu dem Opferaltar geführt und ein Feuer angezündet. Dann begießen sie über dem Altar das Opfertier mit Wein, und nach Anrufung des Gottes schlachten sie es und schneiden der Leiche den Kopf ab. Sie wird abgehäutet, aber ohne den Kopf; der Kopf wird mit einem schweren Fluch beladen und, falls sich ein Markt in dem Ort befindet und hellenische Kaufleute sich bei ihnen aufhalten, auf den Markt gebracht und verkauft. Sind keine Hellenen am Orte, so wirft man ihn in den Nil. Der Fluch, der über den Kopf gesprochen wird, lautet: wenn ihnen, den Opfernden, oder dem ganzen ägyptischen Lande ein Unheil drohe, so möge es auf dies Haupt fallen.

Dieser Gebrauch mit dem Kopf der Opfertiere und der Weinausgießung ist allen Ägyptern gemeinsam und wird bei jedem

Opfer beobachtet. Daher rührt es, daß kein Ägypter von dem Kopfe irgendeines Tieres ißt[54].

40. Die Art, wie man beim Ausweiden und Verbrennen der Opfertiere verfährt, wechselt je nach den Opfern. Die größte Göttin der Ägypter, der auch das größte Fest gefeiert wird, ist nämlich die Isis[55]. Bei dem Isisopfer wird nach Abhäutung des Stieres gebetet, der ganze Magen herausgenommen, Eingeweide und Fett aber daringelassen. Schenkel, Steißbein, Schultern und Hals schneiden sie ab. Nun wird der übriggebliebene Rumpf mit gereinigtem Brot, Honig, getrockneten Weinbeeren, Feigen, Weihrauch und dem übrigen Räucherwerk gefüllt, dann angezündet und eine große Menge Öl ins Feuer gegossen[56]. Vor diesem Opfer fasten sie; während das Feuer brennt, schlagen sich alle Anwesenden selber, und wenn des Schlagens und Wehklagens genug ist, bereiten sie aus den zurückgelassenen Teilen des Opfertieres ein Mahl.

41. Reine Stiere also und Kälber werden überall in Ägypten geopfert. Kühe zu opfern ist dagegen nicht erlaubt; sie sind der Isis heilig. Die Isis wird nämlich dargestellt als ein Weib mit Rindshörnern, ähnlich wie die Hellenen die Io darstellen. In sämtlichen ägyptischen Gauen werden die Kühe von allen Haustieren am höchsten verehrt[57]. Darum würde auch kein Ägypter oder Ägypterin einen Hellenen auf den Mund küssen, oder das Messer, die Gabel, das Kochgefäß eines Hellenen benutzen. Sie essen nicht einmal das Fleisch eines reinen Stieres, wenn es mit einem hellenischen Messer geschnitten ist.

Stirbt ein Rind, so wird es auf folgende Weise bestattet. Ist es eine Kuh, so wirft man sie in den Strom. Ist es ein Stier, so wird er vor der Stadt begraben und ein oder beide Hörner als Wahrzeichen auf dem Grabe befestigt. Wenn dann das Tier verwest ist und die festgesetzte Zeit herannaht, so kommt von einer Insel, namens Prosopitis[58], eine Baris und besucht alle Städte Ägyptens. Diese Insel liegt im Delta und hat einen Umfang von neun Schoinoi. Auf dieser Insel Prosopitis liegen viele Städte; aber die, aus der die Baren kommen, um die Gebeine der Stiere zu holen, heißt Atarbechis, und in ihr befindet sich ein hochheiliger Tempel der Aphrodite[59]. Viele Baren fahren von dieser Stadt aus nach den anderen ägyptischen Städten, um die Gebeine auszugraben, die sie fortführen und alle dort an dem einen Platze begraben. Ebenso wie die Stiere werden auch alle anderen Haustiere, wenn sie sterben, bestattet; das ist dort der allgemeine Brauch; denn geschlachtet werden die Haustiere nicht.

42. Alle, die zum Tempelbezirk des Zeus Thebaieus gehören oder überhaupt im Gau der Stadt Theben wohnen, genießen kein Hammelfleisch, sondern opfern Ziegen[60]. Die Ägypter verehren nämlich nicht überall dieselben Gottheiten; bloß Isis und Osiris — das sei unser Dionysos, sagen sie — sind allen gemeinsam. Die Angehörigen des Tempelbezirks von Mendes[61], überhaupt die Bewohner des Gaues von Mendes, genießen wiederum kein Ziegenfleisch, sondern opfern Schafe. Nach den Erzählungen der Thebaner und aller derer, die sich auf Veranlassung der Thebaner des Hammelfleisches enthalten, hat die Einführung dieses Brauches folgenden Grund.

Herakles wollte einst durchaus den Zeus schauen; aber Zeus wollte nicht, daß Herakles ihn sähe. Weil Herakles beharrlich darum bat, ersann endlich Zeus eine List. Er häutete einen Widder und schlug ihm den Kopf ab, dann setzte er sich den Widderkopf auf, tat das Fell um, und so zeigte er sich ihm. Daher kommt es, daß die Ägypter Zeus mit einem Widderkopf darstellen, und von den Ägyptern haben es die Leute von Ammon übernommen, die von den Ägyptern und Aithiopern abstammen, auch eine aus ägyptischer und aithiopischer gemischte Sprache haben. Auch ihren Namen haben die Ammonier, scheint mir, dem Zeus entlehnt. In Ägypten heißt Zeus nämlich Ammon[62].

In Theben also opfert man keine Widder. Aus dem angegebenen Grunde sind sie ihnen heilig. Nur an einem Tage im Jahre, am Feste des Zeus, wird ein Widder geschlachtet, abgehäutet und das Fell dem Bilde des Zeus umgetan. Darauf bringen sie ein Bild des Herakles zu ihm hin. Alle Angehörigen des Tempels erheben nun die Totenklage um den Widder, und dann wird er in einem heiligen Sarge beigesetzt[63].

43. Von Herakles hat man mir gesagt, er gehöre in Ägypten zu dem Kreise der zwölf Götter. Dagegen habe ich von dem anderen Herakles, der in Hellas bekannt ist, in Ägypten nie

etwas gehört. Daß übrigens die Ägypter den Namen Herakles nicht von den Hellenen entlehnt haben, sondern umgekehrt die Hellenen von den Ägyptern, wenigstens diejenen Hellenen, bei denen Herakles der Sohn des Amphitryon ist, dafür habe ich viele Beweise. Unter anderem stammen beide Eltern dieses Herakles, Amphitryon und Alkmene, aus Ägypten[64]. Auch behaupten die Ägypter, daß ihnen der Name Poseidons und der Dioskuren nicht bekannt sei; sie haben sie nicht in die Reihe ihrer Götter aufgenommen. Hätten sie aber überhaupt Götternamen von den Hellenen entlehnt, so wäre es doch der des Poseidon und der Dioskuren in allererster Linie gewesen, vorausgesetzt, daß sie damals schon Schiffahrt trieben und es auch bereits hellenische Seefahrer gab, was ich annehme und aus unseren alten Überlieferungen erschließe. Darum müßten den Ägyptern die Namen der genannten Götter eher bekannt sein als der Name des Herakles. Nein, Herakles ist ein uralter ägyptischer Gott. Bis zur Regierungszeit des Amasis[65] waren nämlich, nach eigener Angabe der Ägypter, siebzehntausend Jahre seit der Zeit verflossen, wo der Götterkreis von acht Göttern auf zwölf Götter erweitert und Herakles in ihn aufgenommen wurde[66].

44. Ich bin auch nach Tyros in Phoinikien gefahren, um über diese Frage so weit wie möglich ins Klare zu kommen. Ich erfuhr nämlich, daß es auch in Tyros ein Heiligtum des Herakles gäbe[67]. Dies mit Weihgeschenken reich geschmückte und ausgestattete Heiligtum habe ich gesehen. Unter anderem standen zwei Säulen darin, die eine aus lauterem Golde, die andere aus Smaragd, der des Nachts leuchtete[68]. Ich habe auch mit den Priestern des Gottes gesprochen und sie gefragt, wie alt wohl der Tempel schon sei. Ich fand aber, daß auch sie die Ansicht der Hellenen nicht bestätigten. Zu gleicher Zeit mit der Stadt Tyros, sagten sie, sei auch das Heiligtum des Gottes gegründet worden, und seit Gründung von Tyros seien schon zweitausenddreihundert Jahre verflossen. In Tyros habe ich noch einen zweiten Tempel des Herakles besucht, mit dem Beinamen Herakles von Thasos. So bin ich denn auch nach Thasos gekommen und habe dort ein von den Phoinikern gegründetes Heiligtum des Herakles gefunden. Die Phoiniker hatten Thasos

auf der Fahrt, als sie Europa suchten, gegründet. Auch dies war fünf Menschenalter vor der Geburt des Amphitryonsohnes Herakles in Hellas. Diese Nachforschungen zeigen deutlich, daß Herakles ein alter Gott ist. Ich glaube daher, daß es vollkommen richtig ist, wenn einige hellenische Städte zwei verschiedene Arten von Heraklestempeln erbauen. In dem einen opfern sie ihm als dem unsterblichen Olympier, in dem anderen bringen sie ihm als einem Heros Totenopfer dar.

45. Auch sonst erzählt man in Hellas viele ungereimte Sagen. Töricht ist z. B. die Sage, daß Herakles nach Ägypten gekommen sei und die Ägypter ihn im Festzuge, bekränzt, dahergeführt hätten, um ihn dem Zeus zu opfern. Er habe sich anfangs nicht gewehrt, aber als sie am Altar mit den Vorbereitungen zum Opfer begonnen, habe er dreingeschlagen und allesamt getötet. Wenn die Hellenen dergleichen erzählen, so scheint mir, wissen sie vom ägyptischen Wesen und den ägyptischen Bräuchen rein gar nichts. Die Ägypter opfern nicht einmal Vieh, außer Schweinen, Stieren und Kälbern — soweit sie rein sind — und Gänsen; da sollten sie einen Menschen opfern? Ferner: Herakles war allein und war ein Mensch, wie man behauptet; da soll er stark genug gewesen sein, viele Tausende von Menschen zu töten?

Soviel sei hierüber bemerkt, und Götter und Heroen mögen uns gnädig sein!

46. Der Grund, weswegen die genannten ägyptischen Gaue keine Ziegen und Böcke opfern, ist folgender. Die Bewohner von Mendes rechnen zu dem Kreis der acht Götter auch den Pan[69] und behaupten, dieser Acht-Götter-Kreis sei älter als der Zwölf-Götter-Kreis. Nun malen die Maler und meißeln die Bildhauer den Pan aber ähnlich wie die Hellenen, nämlich mit Ziegenkopf und Bocksfüßen, glauben freilich nicht, daß diese Darstellung richtig ist, sondern glauben, daß er ebenso aussieht wie die anderen Götter. Warum sie ihn trotzdem so darstellen, wüßte ich aber nicht leicht zu sagen. Jedenfalls aber werden in Mendes alle Ziegen heilig gehalten, die männlichen noch mehr als die weiblichen, und die Ziegenhirten stehen in höherem Ansehen als die anderen Hirten. Ein bestimmter Ziegenbock aber wird ganz besonders verehrt, und wenn er stirbt, herrscht

im ganzen Gau von Mendes tiefe Trauer. Der ägyptische Name aber sowohl für den Bock wie für den Pan ist Mendes[70]. Als ich dort war, ereignete sich im Gau von Mendes folgende wunderbare Begebenheit: ein Bock paarte sich öffentlich mit einer Frau. Alle Welt erfuhr davon.

47. Das Schwein gilt bei den Ägyptern für ein unreines Tier. Wenn jemand im Vorübergehen ein Schwein berührt, geht er sofort an den Strom und taucht in Kleidern unter. Ebenso sind die Sauhirten die einzigen unter allen Ägyptern, die trotz ihrer ägyptischen Abkunft keinen Tempel betreten dürfen. Auch pflegt ihnen niemand seine Tochter zu geben oder die Tochter eines Sauhirten zu heiraten. Sie heiraten nur untereinander. Die Ägypter opfern Schweine keinem Gotte, außer der Selene und dem Dionysos, und zwar zu gleicher Zeit, nämlich bei Vollmond[71]. Von dem Opfertier wird dann auch gegessen. Über den Grund, weshalb bei den anderen Festen die Opferung von Schweinen verabscheut und hier geübt wird, erzählen die Ägypter eine Sage, die ich aber, obwohl ich sie kenne, lieber nicht wiedererzählen will.

Das Opfer für die Selene geht folgendermaßen vor sich. Nachdem das Schwein geschlachtet ist, legen sie die Schwanzspitze, die Milz und das Netz nebeneinander und bedecken alles mit dem gesamten Bauchfett des Tieres. Dann wird es verbrannt. Das übrige Fleisch wird noch an dem Vollmondstag, an dem das Opferfest stattfindet, verzehrt. An einem anderen Tage würde man nicht mehr davon essen. Die Armen machen, weil sie kein lebendes Schwein haben, ein Schwein aus Weizenmehl, backen und opfern es.

48. Dem Dionysos schlachtet jeder am Festabend ein Ferkel vor seiner Tür und gibt es darauf dem Schweinehirten, der es ihm verkauft hat, wieder zurück. Im übrigen wird das Dionysosfest in Ägypten, abgesehen von den Tänzen, fast ganz ebenso gefeiert wie in Hellas.

Statt des Phallos haben sie ein anderes Symbol, eine Art Gliederpuppe von der Länge einer Elle. Diese Puppen tragen Weiber durch die Dörfer, wobei das Schamglied, das fast ebenso groß ist wie der ganze übrige Körper, sich bewegt. Voraus geht ein Flötenspieler und hinterdrein die Frauen, die den Dionysos besingen. Warum aber das Glied so groß und das allein Bewegliche am ganzen Körper ist, darüber wird ebenfalls eine heilige Sage erzählt[72].

49. Nun ist meine Meinung, daß dieses Opferfest dem Melampus, Sohn des Amytheon, nicht unbekannt gewesen ist, sondern daß er davon Kunde erhalten hat. Denn Melampus war es doch, der die Hellenen mit Dionysos bekannt gemacht und das Dionysosfest samt dem Phallosumzug eingeführt hat. Freilich hat er noch nicht alle Einzelheiten des Kultes gelehrt; erst die Weisen, die nach ihm kamen, haben ihn vervollständigt. Daß aber der Phallos im festlichen Aufzuge dahergetragen wird, das hat schon Melampus eingeführt, und von ihm stammt dieser Brauch, den die Hellenen haben. Ich bin aber der Meinung, daß Melampus, dieser seltsame Mann, seine Sehergabe nicht von den Göttern, sondern bloß aus sich selber hatte, daß er von dem ägyptischen Brauch gehört und nun mit vielen anderen Dingen auch den Dionysosdienst mit geringen Änderungen bei den Hellenen eingeführt hat. Daß die Übereinstimmung dieses Gottesdienstes in Ägypten und bei den Hellenen zufällig ist, kann ich nicht glauben. Er müßte dann dem hellenischen Wesen gemäßer und nicht erst so spät aufgekommen sein. Ebensowenig kann ich glauben, daß die Ägypter diesen oder irgend einen anderen Brauch von den Hellenen entlehnt haben. Für das Wahrscheinlichste halte ich vielmehr, daß Melampus mit dem ägyptischen Dionysosdienst bekannt geworden ist, und zwar durch Kadmos aus Tyros und seinen Anhang, der aus Phoinikien nach dem Lande, das heute Boiotien heißt, auswanderte[73].

50. Überhaupt stammen fast alle hellenischen Götternamen aus Ägypten. Denn daß sie ausländischen Ursprungs sind, das habe ich durch Befragen mit Sicherheit festgestellt, und ich glaube bestimmt, daß sie eben aus Ägypten stammen. Wenn man nämlich von Poseidon und den Dioskuren absieht, von denen schon oben die Rede war, sowie von Hera, Hestia, Themis, den Charitinnen und den Nereiden, so sind alle übrigen hellenischen Götter bei den Ägyptern von jeher heimisch und bekannt. Ich wiederhole damit nur, was die Ägypter selbst sagen[74]. Die Götter aber, die den Ägyptern nicht bekannt sind,

die haben ihre Namen meiner Meinung nach von den Pelasgern erhalten, mit Ausnahme des Poseidon, der aus Libyen stammt[75]. Ursprünglich hat außer den Libyern kein Volk den Namen des Poseidon gekannt. Doch haben die Ägypter keinen Heroenkult.

51. Dies alles und noch vieles andere, das ich ebenfalls erwähnen werde, haben die Hellenen den Ägyptern entlehnt. Daß sie dagegen den Hermes mit aufrecht stehendem Gliede darstellen[76], das haben sie nicht von den Ägyptern übernommen, sondern von den Pelasgern. Der erste hellenische Stamm, der das nachahmte, waren die Athener, denen dann alle anderen folgten. Zur Zeit, als die Athener bereits zu den Hellenen gerechnet wurden, siedelten sich nämlich Pelasger in Attika an, weshalb auch die Bevölkerung von Attika von da ab als hellenisch angesehen wurde. Wer in den Geheimkult der Kabeiren[77] eingeweiht ist, den man in Samothrake feiert und den Pelasgern entlehnt hat, der wird meine Gründe zu würdigen wissen. Jene Pelasger, die sich damals in Attika ansiedelten, hatten ja vordem in Samothrake gewohnt[78]. Von den Pelasgern also haben die Athener die Darstellung des Hermes mit aufrecht stehendem Gliede übernommen, die durch sie unter den Hellenen üblich wurde. Die Pelasger wußten auch eine heilige Sage über den Brauch zu erzählen, was in den in Samothrake gefeierten Mysterien geoffenbart worden ist.

52. Die Pelasger haben in früheren Zeiten, wie ich in Dodone erfahren habe, alle ihre Opfer unter dem Gebet an die Götter im allgemeinen verrichtet, ohne den einzelnen Gott namentlich anzurufen; denn sie kannten eben die Götternamen noch nicht. Den Namen 'Götter' ['Ordner'] gaben sie ihnen aus dem Grunde, weil sie allen Dingen Ordnung verliehen hätten und alle Gaben nach ihrem Willen verteilten. Erst nach langer Zeit hörten sie die aus Ägypten stammenden Götternamen — außer dem des Dionysos, der noch weit später zu ihnen gelangte —, und nun fragten sie wegen dieser Götternamen in Dodone[79] an; die Orakelstätte gilt nämlich für die älteste von ganz Hellas und war zu jener Zeit noch die einzige. Auf die Anfrage der Pelasger in Dodone aber, ob sie die von den Barbaren stammenden Götternamen übernehmen sollten, antwortete das

Orakel, sie sollten es tun. Seit dieser Zeit bedienten sie sich also bei den Opfern dieser Götternamen. Und von den Pelasgern haben sie später die Hellenen übernommen.

53. Von dem Stammbaum der einzelnen Götter oder ob sie alle vielmehr immer gewesen sind, ferner von ihrem Aussehen wissen die Hellenen sozusagen erst seit gestern und vorgestern etwas. Hesiod und Homer nämlich haben meiner Meinung nach höchstens vierhundert Jahre vor mir gelebt[80]. Und sie haben doch den Stammbaum der Götter aufgestellt, haben ihnen ihre Beinamen gegeben, die Ämter und Tätigkeiten unter sie verteilt und ihre Gestalten beschrieben. Die Dichter, die älter als Homer und Hesiod sein sollen, haben meiner Meinung nach erst nach ihnen gelebt[81].

Was ich hier mitgeteilt habe, haben mir die Priesterinnen in Dodone erzählt. Nur was ich zuletzt, über Hesiod und Homer, gesagt habe, ist meine eigene Behauptung.

54. Über die Orakelstätten in Hellas und das Orakel in Libyen erzählt man in Ägypten folgende Geschichte. Zwei priesterliche Frauen — so stellten mir die Priester des Zeus in Theben den Hergang dar — sind einst von Phoinikern aus Theben entführt worden; die eine soll nach Libyen, die andere nach Hellas verkauft worden sein. Und diese Frauen haben die ersten Orakelstätten in den genannten Ländern gegründet. Als ich nun fragte, woher sie denn so Genaues darüber wüßten, meinten die Priester, sie hätten eifrige Nachforschungen nach dem Verbleib dieser Frauen angestellt und hätten zwar sie selber nicht auffinden können, hätten aber später das eben Berichtete über sie in Erfahrung gebracht.

55. So haben mir die Priester in Theben erzählt. Dagegen erzählen die Priesterinnen in Dodone folgendes. Zwei schwarze Tauben seien einst im ägyptischen Theben aufgeflogen, und die eine sei nach Libyen, die andere zu ihnen nach Dodone geflogen. Sie habe sich auf einer Eiche niedergelassen und wie ein Mensch gesprochen: an diesem Orte solle man ein Orakel des Zeus gründen. Darin hätten die Bewohner von Dodone ein göttliches Geheiß erkannt und hätten danach gehandelt. Die andere Taube, die nach Libyen geflogen sei, habe dort geheißen, ein Orakel des Ammon zu gründen. Das ist ebenfalls

ein Orakel des Zeus. So haben mir die Priesterinnen in Dodone berichtet; die älteste von ihnen hieß Promeneia, die zweitälteste Timarete und die jüngste Nikandre. Und die anderen Leute in Dodone, die ebenfalls zum Tempel gehören, haben es mir bestätigt.

56. Meine eigne Meinung über die Sache ist folgende. Haben wirklich die Phoiniker jene Frauen entführt und die eine nach Libyen, die andere nach Hellas verkauft, so ist meiner Meinung nach diese zweite nach Thesprotien in Hellas — damals hieß Hellas noch Pelasgien — gekommen. Hier in der Gefangenschaft hat sie dann unter einer wirklichen Eiche einen Tempel des Zeus gegründet, denn natürlich behielt sie Zeus, zu dessen Tempel in Theben sie gehört hatte, auch in dem fremden Lande im Gedächtnis. Als sie dann die Sprache der Hellenen gelernt hatte, richtete sie ein Orakel ein und erzählte, ihre Schwester sei von denselben Phoinikern, die sie entführt hätten, nach Libyen verkauft worden.

57. Als Tauben hat man in Dodone diese Frauen meiner Meinung nach deshalb bezeichnet, weil sie fremd waren und man ihre Sprache der Vogelsprache ähnlich fand[82]. Wenn die Taube nachher wie ein Mensch gesprochen haben soll, so heißt das, daß sie die Frau jetzt verstanden. Solange sie ihre fremde Sprache sprach, kam es ihnen wie Vogelgezwitscher vor; denn wie soll eine Taube wie ein Mensch sprechen! Und wenn sie die Taube schwarz nennen, so deuten sie darauf hin, daß es eine Ägypterin war.

Auch die Art der Orakel im ägyptischen Theben und in Dodone ist einander sehr ähnlich[83]. Auch das Weissagen aus den Opfertieren stammt aus Ägypten.

58. Ferner waren die Ägypter die ersten, die heilige Feste, Umzüge und Opferfeiern veranstaltet haben. Von ihnen erst haben es die Hellenen gelernt. Beweis dafür ist, daß diese Feste in Ägypten seit langen Zeiten üblich sind, während sie in Hellas erst neuerdings eingeführt worden sind[84].

59. Die großen Feste finden in Ägypten nicht wie in Hellas einmal jährlich statt, sondern sehr oft. Am häufigsten und liebsten versammelt man sich in Bubastis[85] der Artemis zu Ehren und in Busiris[86] der Isis zu Ehren[87]. In letzterer Stadt befindet

sich nämlich das größte Isisheiligtum, und sie liegt mitten im ägyptischen Delta. Isis ist der ägyptische Name für Demeter. Drittens feiert man in der Stadt Sais[88] der Athena zu Ehren, viertens in Heliopolis dem Helios zu Ehren[89], fünftens in Buto[90] der Leto zu Ehren, sechstens in Papremis[91] dem Ares zu Ehren[92].

60. Die Festfeier in Bubastis verläuft folgendermaßen. In einzelnen Baren kommen sie dahergefahren, eine große Menge Volks, Männer und Frauen durcheinander. Manche Frauen haben Klappern, mit denen sie rasseln, manche Männer spielen während der ganzen Fahrt die Flöte, und die übrigen Frauen und Männer singen und klatschen dazu in die Hände. Kommen sie auf ihrer Fahrt an einer Stadt vorüber, so lenken sie die Baris ans Ufer und tun folgendes. Einige Frauen, wie gesagt, klappern mit der Klapper[93], andere rufen die Frauen jener Stadt an und verspotten sie, wieder andere tanzen, wieder andere stehen auf und entblößen sich. Das wiederholt sich bei jeder am Strome liegenden Stadt.

Sobald sie in Bubastis angelangt sind, beginnt das Fest unter großen Opfern, und Wein wird an diesem Fest mehr verbraucht als in dem ganzen übrigen Jahre. Die Zahl der Zusammenkommenden, Männer und Frauen, die Kinder nicht eingerechnet, beträgt, wie man dort versichert, gegen siebenhunderttausend Menschen.

61. So ist es in Bubastis. Von dem Isisfest in Busiris habe ich schon oben erzählt. Nach dem Opfer schlagen sich und klagen alle Anwesenden, Männer und Frauen, viele Tausende von Menschen. Wen sie auf diese Weise beklagen, darf ich hier nicht aussprechen[94]. Die Karer, die in Ägypten ansässig sind, gehen noch weiter als die Ägypter. Sie schneiden sich mit Messern in die Stirn. Daran sieht man denn, daß sie Ausländer und keine Ägypter sind.

62. Wenn sie sich zum Feste in Sais versammeln, zünden sie in einer Nacht viele Lampen an und stellen sie im Kreise um die Häuser. Diese Lampen sind flache Gefäße, die mit Salz und Öl gefüllt werden; obenauf ist der Docht. Diese Lampen brennen die ganze Nacht, und das Fest heißt das Fest der brennenden Lampen. Auch wer an dem Feste nicht teilnimmt, zündet in

dieser Festnacht jene Lampen an, so daß sie nicht bloß in Sais, sondern im ganzen Ägypten brennen. Warum aber diese Nacht erleuchtet und festlich begangen wird, darüber wird eine heilige Sage erzählt[95].

63. Die Feste in Heliopolis und Buto sind bloß Opferfeste. In Papremis begehen sie die Opfer wie anderwärts; wenn sich aber die Sonne zum Untergang neigt, sind einige Priester um das Götterbild beschäftigt, alle anderen Priester stehen mit hölzernen Knütteln bewaffnet an der Tempeltür, und ihnen gegenüber steht ein Haufe von über tausend Menschen, die ein Gelübde zu erfüllen haben, ebenfalls mit Knütteln bewaffnet. Das Götterbild steht in einem kleinen, vergoldeten Gehäuse aus Holz und soll am Vorabend des Festes in einen anderen Tempel hinübergeführt werden. Die wenigen noch um das Bild beschäftigten Priester ziehen nun auf einem vierrädrigen Wagen das Götterbild mitsamt dem Gehäuse in den Tempel hinein; die anderen an der Tür stehenden Priester verwehren ihnen den Eintritt, aber jene Erfüller des Gelübdes kämpfen für den Gott und schlagen auf die Widerstand Leistenden los. Es kommt zu einem heftigen Kampf, in welchem sie einander die Köpfe zerschlagen, und mancher erliegt, wie ich vermute, seinen Wunden[96]. Die Ägypter freilich leugnen, daß Todesfälle vorkämen.

Über die Entstehung dieses Festbrauchs erzählt man in jener Gegend folgendes. In dem Tempel dort wohnte die Mutter des Ares[97]. Ares aber war fern von der Mutter aufgewachsen, und als er nun als Mann kam, um die Mutter zu besuchen, wollten ihn deren Diener, die ihn noch nie vorher gesehen hatten, nicht zu ihr lassen, sondern hielten ihn zurück. Da holte er Männer aus einer anderen Stadt, richtete die Diener übel zu und ging hinein zu seiner Mutter. Daher soll dieser Kampf stammen, der dem Ares zu Ehren an seinem Feste stattfindet.

64. Auch sind die Ägypter die ersten, die die Sitte beobachten, sich nicht im Tempel zu begatten und nicht von einem Weibe kommend in den Tempel zu gehen, ohne zu baden. Außer den Ägyptern und Hellenen nämlich begatten sich fast alle Völker innerhalb der Heiligtümer und gehen, wenn sie bei einem Weibe gelegen haben, ohne zu baden, ins Heiligtum. Sie

halten den Menschen eben für nichts anderes als ein Tier. Man sähe doch auch die Tiere und Vögel sich in Gotteshäusern und heiligen Hainen begatten. Wenn die Götter das nicht gern sähen, würden es selbst die Tiere unterlassen. Doch mir will diese Begründung nicht zusagen.

65. Die religiösen Sitten der Ägypter sind auch in folgendem Punkt sehr genau geregelt. Ägypten grenzt an Libyen, ist aber trotzdem nicht reich an Tieren. Sämtliche Tiere gelten aber als heilig, Haustiere so gut wie wilde. Wollte ich den Grund für diese Heilighaltung der Tiere angeben, so müßte ich auf die religiösen Vorstellungen eingehen, was ich nach Möglichkeit vermeide. Was ich darüber schon nebenher erwähnt habe, habe ich nur notgedrungen der Erzählung zuliebe gesagt. Die Bräuche beim Tierdienst sind folgende. Jedes hat seinen Wärter, der ein Ägypter oder eine Ägypterin ist, und dieses Amt erbt sich vom Vater auf den Sohn fort. Jeder Bewohner der Stadt bezeugt ihnen seine Ehrfurcht, und zwar auf folgende Weise. Nach einem Gebet zu dem Gott, dem das Tier heilig ist, scheren sie ihren Kindern die Haare, entweder den ganzen Kopf oder den halben oder ein Drittel und wägen die Haare mit Silber auf. Dies Silber bekommt die Wärterin des Tieres, die dafür Fische kauft und sie ihm zerschnitten zum Fraß gibt. Das ist die Ernährungsweise der Tiere. Tötet jemand eines dieser Tiere absichtlich, so trifft ihn Todesstrafe, wenn unabsichtlich, so zahlt er die ihm von den Priestern zugemessene Strafe. Wer aber einen Ibis oder Habicht tötet, muß in jedem Falle sterben[98].

66. Die Ägypter haben viele Haustiere und würden noch mehr haben, wenn die Zahl der Katzen nicht durch folgenden Umstand vermindert würde. Wenn die weibliche Katze Junge hat, meidet sie den Kater; der verlangt also vergebens nach dem Weibchen. Daher ist er auf den Ausweg verfallen, die Jungen ihren Müttern mit Gewalt und List zu rauben und sie zu töten, ohne daß er sie aber frißt. Die ihrer Jungen beraubte Katze möchte dann von neuem Junge haben und läuft wieder zum Kater. Dies Tier liebt es nämlich, Junge zu haben. Merkwürdig ist das Benehmen der Katzen bei einer Feuersbrunst. Die Leute denken gar nicht an das Löschen, sondern stellen sich rings um das Feuer auf und geben auf ihre Katzen acht. Trotzdem sprin-

2. Grabstein eines Persers. Ägyptisches Relief

gen diese zwischen ihnen hindurch oder über sie hinweg in die Flammen. Darüber sind dann die Ägypter sehr betrübt. Wenn in einem Hause eine Katze stirbt, scheren sich alle Hausbewohner die Augenbrauen ab; und wenn ein Hund stirbt, so scheren sie sämtliche Körper- und Kopfhaare[99].

67. Die toten Katzen werden nach der Stadt Bubastis gebracht, einbalsamiert und in heiligen Grabkammern beigesetzt. Die Hündinnen begräbt man in der eigenen Stadt in geweihten Särgen. Ebenso wie die Hündinnen werden die Ichneumons begraben. Spitzmäuse und Habichte bringt man nach der Stadt Buto, Ibisse nach Hermopolis[100]. Bären, die selten sind, und Wölfe, die nicht viel größer als Füchse sind, begräbt man an der Stelle, wo man sie tot findet.

68. Über das Krokodil ist folgendes zu sagen. Die vier Wintermonate hindurch frißt es gar nichts; es hat vier Füße und ist zugleich Landtier und Wassertier. Es legt und brütet seine Eier auf dem Lande, lebt auch den größten Teil des Tages auf dem Trockenen, die ganze Nacht über aber im Strom; denn das Wasser ist wärmer als Nachtluft und Tau. Wir kennen kein lebendes Wesen, das anfangs so klein ist und dann so groß wird wie das Krokodil. Die Eier, die es legt, sind nicht viel größer als Gänseeier, das Junge ist dementsprechend klein, wächst aber so sehr, daß es siebzehn Ellen und noch länger wird. Es hat Augen wie ein Schwein und große, der ganzen Körperlänge entsprechende, hervorstehende Zähne. Es ist das einzige Tier, das keine Zunge hat, auch nicht die untere Kinnlade bewegt, sondern allein unter allen Tieren die obere Kinnlade nach unten bewegt. Es hat scharfe Krallen und auf dem Rücken eine undurchdringliche Schuppenhaut. Im Wasser ist es blind, außer dem Wasser sehr scharfsichtig. Weil es im Wasser lebt, ist sein Rachen inwendig ganz voller Blutegel[101]. Alle Vögel und Tiere meiden das Krokodil, nur der Trochilos[102] ist sein Freund und tut ihm gute Dienste. Wenn nämlich das Krokodil aus dem Wasser ans Land steigt und den Rachen aufsperrt — das tut es in der Regel, wenn der Westwind weht — so schlüpft das Vöglein in den Rachen hinein und verschluckt die Blutegel. Darüber ist dann das Krokodil froh und tut dem Trochilos kein Leid an.

69. In manchen ägyptischen Gauen gilt das Krokodil als ein heiliges Tier, in anderen nicht, wird sogar als Feind verfolgt. In Theben und bei den Umwohnern des Moirissees gilt es als hochheilig[103]. Dort wird je ein Krokodil gezähmt und gefüttert. Mit Ohrgehängen aus Glas und Gold wird es geschmückt und bekommt Armbänder an die Vorderfüße. Vorgeschriebene heilige Kost wird ihm gereicht, und es wird, solange es lebt, aufs beste gehalten. Stirbt es, so balsamiert man es ein und begräbt es in einem geweihten Sarge[104]. Die Bevölkerung von Elephantine dagegen hält die Krokodile nicht heilig und ißt sie. Man nennt sie dort auch nicht Krokodil, sondern Champsa[105]. Der Name Krokodil rührt von den Ionern her, die es deshalb so nannten, weil ihnen das Tier den Eidechsen ähnlich schien, die sich in Gemäuern aufhalten.

70. Der Fang der Krokodile geschieht auf mancherlei Art. Die erzählenswürdigste Art will ich hier beschreiben. Man steckt einen Schweinsrücken als Köder an eine Angel und läßt sie mitten in den Strom hinab. Der Jäger steht am Ufer mit einem lebenden Ferkel und schlägt es. Das Krokodil wird durch die Stimme des Ferkels herbeigelockt, findet den Rücken und verschlingt ihn. Nun ziehen es die Leute ans Land, und das allererste ist, daß man ihm sofort die Augen mit Wachs zuklebt. Geschieht das, so ist es ganz leicht zu überwältigen, andernfalls hat man große Mühe.

71. Die Flußpferde gelten im Gau von Papremis als heilig[106], im übrigen Ägypten nicht. Das Flußpferd sieht folgendermaßen aus: es hat vier Füße, gespaltene Klauen, eine stumpfe Nase, eine Mähne wie ein Pferd, hervorstehende Zähne, Roßschweif und -stimme, und ist so groß wie ein sehr großes Rind. Die Haut ist so dick, daß man aus der getrockneten Haut Lanzenschäfte macht[107].

72. Auch Fischottern gibt es im Strom, und auch sie gelten als heilig[108]. Unter den Fischen hält man den sogenannten Schuppenfisch[109] und den Aal heilig. Dem Nil selber sind, wie man sagt, diese Fische heilig, ebenso unter den Vögeln die Fuchsgans[110].

73. Noch einen heiligen Vogel gibt es, der heißt Phoinix[111]. Ich habe ihn nur abgebildet gesehen, denn er kommt selten nach

Ägypten, in Heliopolis sagt man, nur alle fünfhundert Jahre. Er soll nur dann kommen, wenn sein Vater gestorben ist. Wenn das Bild richtig ist, sieht er folgendermaßen aus. Sein Gefieder ist teils golden, teils ganz rot. In Bau und Größe gleicht er am meisten dem Adler. Von seinem Tun erzählt man folgendes, was mir aber nicht glaubhaft scheint. Er komme aus Arabien hergeflogen und bringe die Leiche seines Vaters, in Myrrhen gehüllt, in den Tempel des Helios, wo er sie begrabe. Er trage den Leichnam folgendermaßen. Zunächst forme er ein Ei aus Myrrhen, so groß er es tragen könne, und versuche es aufzuheben. Wenn er es erprobt, höhle er das Ei aus und lege die Leiche des Vaters hinein. Die Stelle, wo er das Ei ausgehöhlt und den Vater hineingelegt, klebe er dann wieder mit Myrrhen zu, und das Ei sei nun ebenso schwer wie vorher. Und nun trage er es nach Ägypten in den Tempel des Helios. So erzählt man von diesem Vogel[112].

74. In der Gegend von Theben gibt es auch heilige Schlangen, die niemandem etwas zuleide tun. Sie sind nur klein und haben zwei Hörner, die aus dem Kopfe hervorstehen[113]. Wenn sie sterben, begräbt man sie im Heiligtum des Zeus[114]. Diesem Gott sollen sie nämlich heilig sein.

75. Eine Stelle in Arabien gibt es, in der Nähe einer Stadt Buto gelegen, dahin bin ich gefahren, um Kunde einzuziehen. Es soll dort nämlich geflügelte Schlangen geben. Da sah ich denn Knochen und Gräten von Schlangen, mehr als ich beschreiben kann. Ganze Haufen von Rückenknochen lagen dort, große, kleinere und noch kleinere, in großer Zahl[115]. Der Platz, wo sich diese Knochenhaufen befinden, ist ein enger Paß, der aus den Bergen in eine weite Ebene hinabführt. Diese Ebene stößt an die ägyptische Ebene. Es geht die Sage, im Frühling kämen geflügelte Schlangen aus Arabien nach Ägypten geflogen; ihnen entgegen aber kämen Ibisse bis zu diesem Engpaß und ließen die Schlangen nicht ins Land, sondern töteten sie. Und darum stände auch der Ibis bei den Ägyptern, so behaupten die Araber, so hoch in Ehren, und die Ägypter geben selber zu, daß das der Grund ist.

76. Die Ibisse sehen folgendermaßen aus. Sie sind ganz schwarz[116], haben die Beine des Kranichs, einen stark geboge-

nen Schnabel und sind so groß wie der Vogel Krex. Das ist der schwarze Ibis, der mit jenen Schlangen kämpft; die andere Art, die sich scharenweise unter den Menschen bewegt — es gibt nämlich zwei Ibisarten —, ist am Kopf und ganzen Halse kahl; das Gefieder ist weiß[117], außer dem Kopf, dem Nacken, den Flügelspitzen und dem Steiß. Die genannten Teile sind vielmehr tiefschwarz. Beine und Schnabel sind ebenso wie bei der anderen Art.

Die geflügelten Schlangen sehen aus wie Wasserschlangen. Ihre Flügel sind nicht aus Federn, sondern gleichen am meisten den Fledermausflügeln.

Soviel sei über die heiligen Tiere gesagt.

77. Was nun die Ägypter selber betrifft, so pflegen die im bebauten Teile Ägyptens wohnenden unter allen Völkern am meisten das Andenken an die Vergangenheit und sind bei weitem die geschichtskundigsten Menschen, die ich auf meinen Reisen besucht habe. Die Lebensweise der Ägypter ist folgende. Jeden Monat nehmen sie drei Tage nacheinander Abführmittel ein und erhalten sich durch Brechmittel und Klystiere ihre Gesundheit[118]; denn sie meinen, alle Krankheiten rühren von den eingenommenen Speisen her. Im allgemeinen ist nämlich, abgesehen von den Libyern, kein Volk so gesund wie das ägyptische. Das liegt wohl an dem Klima, daß nämlich der Jahreszeitenwechsel fehlt. Veränderungen bringen ja dem Menschen die meisten Krankheiten, zumal die Veränderungen der Jahreszeiten.

Das Brot, das sie essen, ist aus Olyra bereitet, das ägyptisch Kyllestis heißt[119]. Der Wein, den sie trinken, ist aus Gerste hergestellt; denn den Weinstock gibt es in ihrem Lande nicht[120]. Die Fische werden teils ungekocht und an der Sonne gedörrt, teils in Salzwasser eingepökelt gegessen. Wachteln, Enten und kleinere Vögel pökeln sie ebenfalls ein und essen sie roh. Alle anderen Arten Vögel oder Fische werden gebraten oder gekocht gegessen, ausgenommen natürlich die heiligen.

78. Beim Gastmahl, wie es die Reichen halten, trägt nach der Tafel ein Mann ein hölzernes Bild einer Leiche, in einem Sarge liegend, herum. Es ist aufs beste geformt und bemalt und eine oder zwei Ellen lang. Er hält es jedem Zechgenossen vor und

sagt: »Den schau an und trink und sei fröhlich! Wenn du tot bist, wirst du, was er ist.« Solche Sitte haben sie bei ihren Gelagen[121].

79. Sie haben einheimische Lieder und nehmen keine fremden auf. Doch gehört zu den Merkwürdigkeiten Ägyptens eine Gesangsweise, ein Linoslied, das ebenso in Phoinikien wie auf Kypros und anderwärts gesungen wird, jedoch bei jedem Volk einen besonderen Namen hat[122]. Es ist genau dieselbe Weise, die bei den Hellenen Linos heißt, so daß ich unter allem anderen, was mich in Ägypten verwundert hat, auch diesen Linos nennen muß. Woher haben sie wohl diesen Gesang? Offenbar singen sie ihn von jeher. In ägyptischer Sprache heißt Linos Maneros[123]. Die Ägypter erzählen, Maneros sei der einzige Sohn des ersten ägyptischen Königs gewesen, seinen frühen Tod habe man durch dies Klagelied gefeiert, und das sei ihre erste und einzige Klageweise geworden.

80. Die Ägypter haben noch etwas mit den Hellenen gemein, freilich nur mit den Lakedaimoniern. Wenn ein jüngerer Mann einem älteren begegnet, macht er ihm Platz und läßt ihn vorübergehen; er steht auch vor ihm auf. Dagegen haben sie folgendes mit keinem hellenischen Stamm gemeinsam. Sie grüßen einander sehr unterwürfig und senken die Hand bis hinab zu den Knien.

81. Das Unterkleid, das sie tragen, ist leinen und um die Schenkel herum mit Fransen besetzt; sie nennen es Kalasiris. Darüber tragen sie ein weißes wollenes Überkleid. Jedoch nimmt man wollene Kleidungsstücke nicht mit in den Tempel, begräbt auch niemanden darin; es ist verboten. Sie stimmen darin mit den Lehren der sogenannten Orphiker und der Pythagoreier überein[124]. Auch bei den Mitgliedern dieser Geheimkulte gilt es als Sünde, jemanden in wollenen Gewändern zu begraben. Auch darüber gibt es eine heilige Sage.

82. Ferner ist von den Ägyptern auch zuerst festgestellt worden, welcher Monat und Tag den einzelnen Göttern heilig ist und welche Schicksale, welches Ende und welchen Charakter die an diesem oder jenem Tage Geborenen haben werden[125]. Griechische Dichter haben diese Dinge ebenfalls übernommen. Und Vorzeichen haben die Ägypter weit mehr herausgefunden

als alle anderen Völker. Wenn nämlich etwas Auffälliges geschieht, achten sie auf dessen Folgen und schreiben sie auf. Bei einem ähnlichen Vorfall in der Zukunft glauben sie dann, es müßten wieder die gleichen Folgen eintreten.

83. Mit der Sehergabe steht es bei ihnen folgendermaßen. Es ist dort kein einziger Mensch im Besitz dieser Gabe, nur einige Götter haben sie. So gibt es Orakelstätten des Herakles, des Apollon, der Athena, der Artemis, des Ares und des Zeus. Das allerhöchste Ansehen aber genießt das Orakel der Leto in Buto. Doch ist die Art der Orakelerteilung nicht überall dieselbe, sondern verschieden.

84. Die Heilkunst ist aufgeteilt. Jeder Arzt behandelt nur eine bestimmte Krankheit, nicht mehrere, und alles ist voll von Ärzten. Da sind Ärzte für die Augen, für den Kopf, für die Zähne, für den Leib und für innere Krankheiten[126].

85. Totenklage und Begräbnis gehen folgendermaßen vor sich. Wenn in einem Hause ein angesehener Hausgenosse stirbt, bestreichen sich sämtliche weiblichen Hausbewohner den Kopf oder auch das Gesicht mit Kot, lassen die Leiche im Hause liegen und laufen mit entblößter Brust, sich schlagend, durch die Stadt; alle weiblichen Verwandten schließen sich ihnen an. Auch die Männer schlagen sich und haben ihr Gewand unter der Brust festgebunden. Hiernach schreitet man zur Einbalsamierung der Leiche.

86. Es gibt besondere Leute, die dies berufsmäßig ausüben. Zu ihnen wird die Leiche gebracht, und sie zeigen nun hölzerne, auf verschiedene Art bemalte Leichname zur Auswahl vor[127]. Wonach man die vornehmste der Einbalsamierungsarten benennt, scheue ich mich zu sagen [128]. Sie zeigen dann weiter eine geringere und wohlfeilere und eine dritte, die am wohlfeilsten ist. Sie fragen dann, auf welche der drei Arten man den Leichnam behandelt sehen möchte. Ist der Preis vereinbart, so kehren die Angehörigen heim, und jene machen sich an die Einbalsamierung. Die vornehmste Art ist folgende. Zunächst wird mittels eines eisernen Hakens das Gehirn durch die Nasenlöcher herausgeleitet, teils auch mittels eingegossener Flüssigkeiten. Dann macht man mit einem scharfen aithiopischen Stein einen Schnitt in die Weiche und nimmt die ganzen Eingeweide her-

aus. Sie werden gereinigt, mit Palmwein und dann mit geriebenen Spezereien durchspült[129]. Dann wird der Magen mit reiner geriebener Myrrhe[130], mit Kasia[131] und anderem Räucherwerk, jedoch nicht mit Weihrauch gefüllt und zugenäht. Nun legen sie die Leiche ganz in Natronlauge, siebzig Tage lang. Länger als siebzig Tage darf es nicht dauern. Sind sie vorüber, so wird die Leiche gewaschen, der ganze Körper mit Binden aus Byssosleinwand umwickelt und mit Gummi[132] bestrichen, was die Ägypter an Stelle von Leim zu verwenden pflegen. Nun holen die Angehörigen die Leiche ab, machen einen hölzernen Sarg in Menschengestalt und legen die Leiche hinein. So eingeschlossen wird sie in der Familiengrabkammer geborgen, aufrecht gegen die Wand gestellt[133].

87. Das ist die Art, wie die Reichsten ihre Leichen behandeln. Wer die Kosten scheut und die mittlere Einbalsamierungsart vorzieht, verfährt folgendermaßen. Man füllt die Klystierspritze mit Zedernöl[134] und führt das Öl in den Leib der Leiche ein, ohne ihn jedoch aufzuschneiden und die Eingeweide herauszunehmen. Man spritzt es vielmehr durch den After hinein und verhindert den Ausfluß. Dann wird die Leiche die vorgeschriebene Anzahl von Tagen eingelegt. Am letzten Tage läßt man das vorher eingeführte Zedernöl wieder heraus, das eine so große Kraft hat, daß Magen und Eingeweide aufgelöst und mit herausgespült werden[135]. Das Fleisch wird durch die Natronlauge aufgelöst, so daß von der Leiche nur Haut und Knochen übrig bleiben. Danach wird die Leiche zurückgegeben, und es geschieht nichts weiter mit ihr.

88. Die dritte, von den Ärmeren angewandte Art der Einbalsamierung ist folgende. Der Leib wird mit Rettigöl ausgespült[136] und die Leiche dann die siebzig Tage eingelegt. Dann wird sie zurückgegeben.

89. Die Frauen angesehener Männer werden nicht gleich nach dem Tode zur Einbalsamierung fortgegeben, auch schöne oder sonst hervorragende nicht. Man übergibt sie den Balsamierern erst drei oder vier Tage später; und zwar geschieht das deswegen, damit sich die Balsamierer nicht an den Frauen vergehen. Es sei einmal einer wegen der Schändung einer frischen Frauenleiche bestraft worden, den ein Berufsgenosse angezeigt hatte.

90. Findet man einen vom Krokodil erfaßten oder im Strome ertrunkenen Ägypter oder auch Nichtägypter, so ist die Stadt, bei der er ans Land getrieben wird, streng verpflichtet, ihn einbalsamieren, reich schmücken und in geweihtem Sarge bestatten zu lassen. Und zwar darf ihn keiner seiner Angehörigen oder Freunde anrühren; die Priester des Gottes Nil selber begraben ihn mit eigner Hand, als wäre er mehr als ein Mensch.

91. Gebräuche der Hellenen anzunehmen vermeiden die Ägypter. Überhaupt nehmen sie von keinem Volke irgend welche Sitten an. Eine Ausnahme bildet darin nur die große Stadt Chemmis[137] im Gau von Theben unweit Neapolis. In dieser Stadt gibt es einen viereckigen heiligen Bezirk des Perseus, Sohnes der Danae. Er ist von einem Palmenhain umgeben und hat eine riesige steinerne Vorhalle. Auf der Vorhalle stehen zwei große steinerne Bildsäulen. In dem Bezirk steht ferner ein Tempel und darin ein Bild des Perseus. In Chemmis erzählt man, Perseus zeige sich oft im Lande, auch oft in seinem Heiligtum. Dann fände man einen Schuh von ihm, zwei Ellen lang, und sobald dieser Schuh sich zeige, herrsche Überfluß in ganz Ägypten. So heißt es, und dem Perseus zu Ehren werden ganz auf hellenische Art gymnische Kampfspiele jeder Gattung abgehalten und als Preise Vieh, Mäntel und Tierfelle ausgesetzt. Als ich nun fragte, warum denn Perseus nur ihnen sich zeige und warum sie die einzigen Ägypter seien, die gymnische Wettkämpfe veranstalteten, da sagten sie, Perseus stamme aus ihrer Stadt. Danaos und Lynkeus seien aus Chemmis nach Hellas ausgewandert, und deren Stammbaum rechneten sie mir bis zu Perseus herunter vor[138]. Perseus sei aus dem auch von den Griechen angegebenen Grunde nach Ägypten gekommen, das Haupt der Gorgo aus Libyen zu holen, und sei auch zu ihnen gekommen und habe alle seine Verwandten wiedererkannt. Den Namen der Stadt Chemmis habe er schon vorher von seiner Mutter gehört und ihn also gekannt, als er Ägypten besucht habe. Die Kampfspiele hielten sie auf Perseus' Befehl ab.

92. So sind also die Sitten der Ägypter, die im höher gelegenen Innern wohnen. Die Bewohner des sumpfigen Küstenlandes haben dieselben Bräuche. So hat auch dort jeder nur ein Weib, ebenso wie die Hellenen[139]. Um sich ohne Mühe Nah-

rung zu verschaffen, sind sie auf folgende Besonderheit verfallen. Wenn der Strom anschwillt und das Land zum See macht, wachsen im Wasser viele Lilien, die man in Ägypten Lotos nennt[140]. Man schneidet sie ab, trocknet sie an der Sonne, zerstampft die Körner der Fruchtkapsel, die dem Mohn gleichen, und röstet am Feuer Brot daraus. Auch die Lotoswurzel ist eßbar und hat einen angenehmen süßlichen Geschmack. Sie ist rundlich und von der Größe eines Apfels.

Es gibt noch andere Lilien, die der Rose ähnlich sind und ebenfalls im Strom wachsen[141]. Deren Frucht befindet sich nicht in dem Blütenkelch, sondern wächst in einem besonderen Kelch aus der Wurzel empor, der einer Wespenwabe am ähnlichsten sieht; darin sind viele Fruchtkerne von der Größe eines Olivenkerns, die man frisch und auch getrocknet ißt. Die jährigen Schößlinge der Papyrosstaude werden aus dem Sumpf herausgerupft, der obere Teil abgeschnitten und zu anderen Zwecken verwendet; der untere, etwa eine Elle lange Stumpf wird gegessen. Wer ihn sich besonders schmackhaft machen will, der röstet ihn im glühenden Ofen, bevor er ihn ißt. Manche Ägypter leben ausschließlich von Fischen, die nach dem Fang ausgenommen, an der Sonne gedörrt und so gegessen werden[142].

93. Die in Haufen schwimmenden Fische halten sich weniger in den Flußarmen auf als in den Seen. Ihre Lebensweise ist folgende. Wenn das Verlangen nach Begattung sich bei ihnen einsteilt, ziehen sie in Schwärmen hinaus ins Meer. Die männlichen schwimmen voraus und lassen den Samen fallen, den die folgenden Weibchen verschlucken und dadurch befruchtet werden. Sind sie im Meere schwanger geworden, so schwimmen sie zurück an ihre gewohnten Plätze. Jetzt haben aber nicht die Männchen, sondern die Weibchen die Führung, und während sie in Schwärmen voranziehen, lassen auch sie etwas fallen, nämlich Eier, groß wie Hirsekörner, und die nachfolgenden Männchen verschlucken sie. Aus den Eiern, die ihnen entgehen und nicht verschluckt werden, entstehen die jungen Fische. Fängt man die ins Meer ziehenden Fische, so sieht die linke Kopfseite abgerieben aus, und bei der Rückkehr ist die rechte Kopfseite abgerieben. Das hat darin seinen Grund, daß sie sich beim Hinabschwimmen am linken Stromufer halten und ebenso bei der

Rückkehr. Sie drängen sich so nahe als möglich heran, damit die Strömung sie nicht von ihrem Wege abtreibt.
Beginnt nun der Nil zu wachsen, so füllen sich zunächst die Bodensenkungen und Niederungen in der Nähe des Flusses, indem das Wasser vom Flusse aus durchsickert. Sofort sind sie dann weit und breit voll kleiner Fische. Woher sie kommen, läßt sich, glaube ich, ganz wohl erklären. Als der Nil im Jahre vorher zurücktrat, legten die Fische, bevor sie weichen mußten, ihre Eier in den Schlamm. Kehrt dann zu seiner Zeit das Wasser zurück, so werden aus den Eiern sogleich jene kleinen Fische. Soviel über die Fische.

94. Als Salböl benutzen die Ägypter in den Niederungen das Öl der Sillikyprionfrucht, die in Ägypten Kiki heißt[143]. Und zwar pflanzen sie das Sillikyprion an den Strom- und Seeufern an, während es in Hellas wild wächst[144]. Die angebauten Pflanzen tragen reiche, aber übelriechende Früchte. Sie werden gesammelt und entweder zerschlagen und ausgepreßt oder geröstet und ausgekocht. Was abfließt, wird aufgefangen. Es ist ein fettes, zum Brennen nicht minder taugliches Öl als unser Olivenöl, hat aber einen widrigen Geruch.

95. Gegen die Mücken, die es in ungeheurer Menge gibt, hat man folgende Schutzvorrichtungen. Im Oberland schützt man sich durch turmartige Schlafräume, zu denen man hinaufsteigt[145]. Der Wind nämlich hindert die Mücken, hoch zu fliegen .Die Bewohner des Sumpflandes haben statt dieser Türme eine andere Einrichtung. Jeder ist ja dort im Besitz eines Fischnetzes, das er bei Tage zum Fischen braucht. Das befestigt er bei Nacht rings an dem Lager, auf dem er ruht. Zum Schlafen kriecht er darunter. Schliefe er im Mantel oder unter einem Bettuch, so würden die Mücken hindurchstechen. Durch die Maschen zu dringen, versuchen sie aber gar nicht[146].

96. Ihre Lastschiffe sind aus dem Holz eines Dornstrauchs[147] gebaut. Dieses hat die größte Ähnlichkeit mit dem Lotosstrauch in Kyrene. Sein Saft ist Gummi. Aus diesem Strauch hauen sie Planken von zwei Ellen Länge und legen sie wie Ziegeln aneinander, so daß das Schiff auf folgende Weise zustande kommt. Man reiht die zwei Ellen langen Bretter um fest eingetriebene, lange Pflöcke herum. Auf das so hergestellte Fahrzeug legt man

Querhölzer, braucht also keine Rippen. Innen werden die Fugen mit Papyros gedichtet. Nur ein Steuerruder ist vorhanden[148], das durch den Schiffsboden hindurchgeführt wird. Der Mast ist ebenfalls aus dem Dornstrauch gemacht, die Segel aus Papyros. Diese Fahrzeuge können nicht gegen den Strom fahren, falls nicht ein lebhafter Wind weht, sondern werden vom Lande aus stromaufwärts gezogen. Stromabwärts fährt man folgendermaßen. Man hat eine Art Tür aus Tamariskenholz, mit einer Rohrmatte überflochten, und einen durchbohrten Stein von etwa zwei Talenten Gewicht. Diese Tür wird an einen Strick gebunden und dann vor dem Schiff ins Wasser gelassen, der Stein an einem anderen Strick hinter dem Schiff. Gegen die Tür drängt nun die Strömung und zieht dadurch in Eile die Baris — so ist der Name dieser Fahrzeuge[149] — hinter sich her, während der Stein in der Tiefe nachgezogen wird und die gerade Richtung des Fahrzeugs wahrt. Es gibt sehr viele solcher Fahrzeuge, und manche tragen viele Tausend Talente[150].

97. Wenn nun der Nil das Land überschwemmt, so ragen nur die Städte über dem Wasser hervor, fast wie die Inseln in unserem Aigaiischen Meere. Das ganze ägyptische Land mit Ausnahme der Städte ist offenes Meer. Man fährt denn auch zu dieser Zeit nicht im Strombett, sondern mitten über die Felder. Will man z. B. von Naukratis[151] nach Memphis fahren, so fährt man dicht an den Pyramiden vorbei, obwohl das nicht der Flußweg ist, der vielmehr an der Deltaspitze und der Stadt Kerkasoros vorüberführt. Und wenn man von der Küste bei Kanobos nach Naukratis gelangen will, so fährt man quer über das Land an der Stadt Anthylla und der Stadt des Archandros vorüber[152].

98. Dies Anthylla ist übrigens eine ansehnliche Stadt, und ihre Abgaben fallen der jedesmaligen ägyptischen Königin zu, um die Ausgaben für das Schuhwerk davon zu bestreiten. Das ist Sitte, seit Ägypten unter persischer Herrschaft steht. Die andere Stadt scheint ihren Namen von dem Schwiegersohn des Danaos, Archandros, zu haben, dem Sohn des Phthios, dem Enkel des Achaios[153]. Sie heißt wenigstens Stadt des Archandros. Möglicherweise ist es auch ein anderer Archandros; aber ägyptisch ist der Name nicht.

99. Was ich bisher erzählt habe, beruht auf eigener Anschauung oder eigenem Urteil oder eigenen Erkundigungen. Nunmehr will ich mitteilen, was ich von der ägyptischen Geschichte erfahren habe. Doch kommen auch weiterhin noch Dinge vor, die ich selber gesehen habe.

Min, der erste König von Ägypten, hat, wie die Priester erzählen, den Nil abgedämmt und die Stadt Memphis gegründet[154]. Der Strom ging damals längs des Sandgebirges an der Seite von Libyen; Min aber schuf hundert Stadien oberhalb von Memphis durch Dämme die Biegung des Stromes, trocknete das alte Bett aus und leitete den Strom in die Mitte der ägyptischen Ebene. Noch jetzt erhalten die Perser diesen durch Abdämmung geschaffenen Nilwinkel mit großer Sorgfalt und machen jedes Jahr Ausbesserungsarbeiten daran. Bräche der Strom einmal hier durch, so wäre Memphis in größter Gefahr, überschwemmt zu werden. Auf dem durch jene Abdämmung trocken gelegten Lande hat dann Min, der erste ägyptische König, die Stadt gegründet, die heute Memphis heißt. Auch Memphis liegt noch in dem schmalen ägyptischen Oberlande. Um die Stadt herum ließ er einen See graben und durch den Fluß speisen, und zwar nördlich und westlich von der Stadt, denn im Osten fließt der Nil selber vorüber. Und in der Stadt erbaute er das große, höchst sehenswerte Hephaistosheiligtum[155].

100. Auf ihn folgten dreihundertdreißig Könige, deren Namen mir die Priester aus einem Buche vorlasen. Unter allen diesen Königsgeschlechtern befanden sich achtzehn Könige, die Aithioper waren, und eine einzige Frau ägyptischer Abstammung. Alle anderen waren Männer und Ägypter. Die Königin hieß wie jene babylonische Königin Nitokris[156]. Sie rächte, wie es heißt, ihren Bruder, der vor ihr König war und den die Ägypter ermordeten, wodurch sie selber auf den Thron gelangte. Aus Rache für ihren Bruder tötete sie viele Ägypter durch folgenden listigen Anschlag. Sie ließ einen großen Saal in der Erde erbauen und gab vor, sie wolle ihn einweihen. Sie lud viele Gäste ein, darunter die Hauptschuldigen an jener Mordtat, und bewirtete sie. Während des Mahles aber leitete sie durch einen großen geheimen Kanal den Strom in den Saal.

Das ist alles, was von dieser Königin berichtet wird. Doch soll sie sich nach der Tat in einen Raum voller Asche geflüchtet haben, um der Rache zu entgehen.

101. Von den übrigen Königen wußten sie keine Taten, nichts Verdienstliches, zu erzählen, ausgenommen von dem letzten, namens Moiris[157]. Dieser hat die nach Norden gerichtete Vorhalle des Hephaistosheiligtums[158] als sein Andenken hinterlassen und hat einen See gegraben, von dessen Umfang ich unten berichten werde, und in dem See Pyramiden gebaut, deren Höhe ich zugleich mit der des Sees auseinandersetzen werde. Das sind dieses Königs Taten; die anderen haben keine aufzuweisen.

102. Deshalb übergehe ich sie und will von ihrem Nachfolger sprechen, von dem König Sesostris[159].

Sesostris ist, wie die Priester erzählen, der erste gewesen, der mit Kriegsschiffen aus dem arabischen Meerbusen ausfuhr und die Völker am Roten Meer unterwarf[160]. Er fuhr immer weiter, bis er an ein Meer kam, das seiner Untiefen wegen nicht befahrbar war. Als er dann wieder nach Ägypten zurückgekehrt war, zog er mit einem großen Heer zu Lande fort und unterwarf alle Völker, die er auf seinem Wege fand. War es ein tapferes Volk, das wacker für seine Freiheit kämpfte, so stellte er Denksteine in ihrem Lande auf, deren Inschriften seinen Namen und sein Vaterland verkündigten und daß er das Volk mit Gewalt unterworfen habe. Hatte er aber die Städte eines Volkes leicht und ohne Kampf eingenommen, so setzte er dieselbe Inschrift auf die Säulen wie bei den tapferen Völkern und fügte eine weibliche Scham hinzu, um anzudeuten, daß es feige gewesen sei.

103. So zog er durch die Lande, bis er von Asien nach Europa hinüberging und Skythen und Thraker unterwarf. Bis zu diesen Völkern ist meiner Meinung nach das ägyptische Heer gedrungen[161]. Denn in ihrem Lande finden sich noch solche Säulen, darüber hinaus aber nicht mehr. Darauf wandte er sich und zog südostwärts, und als er am Flusse Phasis angekommen, blieb ein Teil seines Heeres dort zurück; ich kann nicht genau sagen, ob der König Sesostris selber einen Teil seiner Soldaten im Lande angesiedelt hat, oder ob sie, des Wanderns müde, sich eigenmächtig am Phasis angesiedelt haben.

104. Die Bewohner von Kolchis sind sicher Ägypter; ich habe das bemerkt, noch bevor man mir darüber Auskunft gab. Um näheres zu erfahren, fragte ich sowohl in Kolchis wie in Ägypten nach der Verwandtschaft. Die Kolcher erinnerten sich lebhafter an die Ägypter als die Ägypter an die Kolcher. Doch sagten mir die Ägypter, sie glaubten, die Kolcher stammten von den Soldaten des Sesostris ab. Ich selber vermutete das auch. Die Kolcher sind nämlich dunkelfarbig und wollhaarig[162]. Das ist freilich noch kein Beweis; denn andere Völker sind es auch. Aber folgende Gründe kommen hinzu. Nur drei Völker auf Erden haben ursprünglich die Beschneidung: die Kolcher, die Ägypter und die Aithioper. Die Phoiniker und die in Palästina wohnenden Syrier geben selber zu, daß sie diese Sitte von den Ägyptern übernommen hätten, und die Syrier, die an den Flüssen Thermadon und Parthenios wohnen, und ihre Nachbarn, die Makronen, sagen, daß sie den Brauch erst neuerdings von den Kolchern entlehnt hätten[163]. Das sind nämlich die einzigen Völker, die sich beschneiden, und sie alle tun es offenbar den Ägyptern nach. Ob nun die Ägypter von den Aithiopern die Sitte übernommen haben oder umgekehrt, das kann ich nicht sagen; denn sie ist dort uralt. Daß die anderen sie aber infolge des Verkehrs mit Ägypten angenommen haben, dafür ist mir auch das ein Beweis, daß die mit Hellas im Verkehr lebenden Phoiniker sich nicht nach den Ägyptern richten und ihre Kinder nicht beschneiden.

105. Ich will noch etwas anderes nennen, was die Kolcher mit den Ägyptern gemein haben. Sie allein machen die Leinwand ebenso wie die Ägypter. Auch ihre ganze Lebensweise und Sprache ist ähnlich. Bei den Hellenen heißt die kolchische Leinwand sardonische, die aus Ägypten eingeführte heißt ägyptische.

106. Von jenen Säulen, die der ägyptische König auf seinem Wege hat errichten lassen, sind die meisten nicht mehr erhalten. Doch habe ich im palästinischen Syrien noch welche gesehen, mit der erwähnten Inschrift und mit der weiblichen Scham. Auch finden sich in Ionien zwei in den Fels gehauene Bilder dieses Königs, das eine an der Straße von Ephesos nach Phokaia, das andere an der Straße von Sardes nach Smyrna.

Beidemal ist es ein männliches Reliefbild von viereinhalb Ellen Höhe. In der Rechten hält es die Lanze, in der Linken einen Bogen, und dem entspricht die übrige Rüstung, die ägyptisch und aithiopisch ist. Auf der Brust, von der einen Schulter zur anderen, ist eine Inschrift in den heiligen Buchstaben der Ägypter eingehauen, die besagt: »Dieses Land haben meine Schultern erobert.«[164] Seinen Namen und sein Volk nennt er hier zwar nicht, aber an anderen Orten hat er das getan. Manche, die die Bilder gesehen haben, meinen, sie stellten den Memnon dar. Da sind sie aber weit von der Wahrheit entfernt.

107. Als dieser König Sesostris nun heimwärts zog — und mit sich führte er viele Gefangene aus all den unterworfenen Ländern — und in Daphnai bei Pelusion angelangt war, da bewirtete ihn — so erzählen die Priester — sein Bruder, den Sesostris zum Statthalter Ägyptens ernannt hatte, und lud auch des Sesostris Söhne dazu. Um das Haus herum aber schichtete er Holz und zündete dann das Holz an. Als Sesostris das Feuer sah, beriet er mit seinem Weibe, wie sie sich retten könnten; denn auch sein Weib hatte er mit sich genommen. Und sie riet ihm, von ihren sechs Söhnen zwei zu nehmen und sie als Brücke über das brennende Holz zu legen. Dann könnten sie über die Leichen hinweg sich retten. Das tat Sesostris, und die beiden Söhne verbrannten, während die anderen mit dem Vater sich retteten[165].

108. Als Sesostris nach Ägypten heimgekehrt war und an seinem Bruder Rache genommen hatte, ließ er die Menge Gefangener, die er mit heimgebracht hatte, an folgendem Werke arbeiten. Sie mußten die übergroßen Steine herbeiziehen, die unter seiner Regierung zu dem Heiligtum des Hephaistos geschafft wurden, und mußten sämtliche Kanäle graben, die man jetzt in Ägypten findet. So machten sie in Ägypten, das man früher nach allen Richtungen durchreiten und durchfahren konnte, ohne ihren Willen das Reiten und Fahren unmöglich[166]. Denn von dieser Zeit ab ist Ägypten, obwohl es durchweg eben ist, zu Roß und zu Wagen nicht passierbar. Daran sind die vielen mannigfach gerichteten Kanäle schuld. Der Grund, weshalb der König das Land so zerschnitt, war folgender. Alle Städte, die nicht am Strom, sondern mitten im Lande liegen,

litten, sobald der Strom zurücktrat, an Wassermangel und hatten nur brackiges Wasser, das sie aus Brunnen schöpften. Darum durchzog Sesostris Ägypten mit Kanälen[167].

109. Dieser König soll auch das Land unter sämtliche Bewohner verteilt und jedem ein gleichgroßes viereckiges Stück gegeben haben. Der jährliche Pachtzins, den er verlangte, bildete seine Einkünfte. Riß der Strom von einem Ackerlose etwas fort, so ging der Besitzer zum König und zeigte es an. Der sandte Leute, um nachzusehen und die Verminderung des Grundstückes auszumessen, damit der Besitzer nur von dem Rest den festgesetzten Zins zu bezahlen habe[168]. Mir scheint, daß hierbei die Geometrie erfunden worden ist, die dann nach Hellas gebracht wurde. Denn was die Sonnenuhr und den Sonnenzeiger betrifft, sowie die Einteilung des Tages in zwölf Teile, so haben die Hellenen diese Dinge nicht von den Ägyptern, sondern von den Babyloniern übernommen[169].

110. Sesostris war der einzige ägyptische König, der auch Aithiopien beherrschte[170]. Er hat als Denkmäler zwei dreißig Ellen hohe Standbilder aus Stein, die ihn und sein Weib darstellen, und vier zwanzig Ellen hohe, die seine Söhne darstellen, hinterlassen[171]. Sie stehen vor dem Heiligtum des Hephaistos. In weit späterer Zeit, als der Perserkönig Dareios sein Standbild vor diesen alten Bildern aufstellen wollte, gab es der Priester des Hephaistos nicht zu und sagte, seine Taten seien denen des Ägypterkönigs Sesostris nicht ebenbürtig. Sesostris habe alle dieselben Völker unterworfen wie Dareios, dazu aber noch die Skythen, die Dareios nicht habe überwältigen können. So sei es nicht recht, daß er vor jenen Bildern stehe, ohne Sesostris an Taten übertroffen zu haben. Dareios soll sich denn auch gefügt haben.

111. Als Sesostris gestorben war, kam die Herrschaft an seinen Sohn Pheros[172]. Er hat keinen Kriegszug unternommen und hatte das Schicksal, durch folgenden Vorfall blind zu werden. Der Strom war sehr hoch gestiegen, achtzehn Ellen hoch, und überflutete die Felder Da kam noch ein Sturm und der Fluß schlug Wellen Der König ergriff in frevelhaftem Übermut seine Lanze und warf sie mitten in die Strudel des Flusses. Gleich darauf erkrankte er an den Augen und erblindete. Zehn

Jahre lang war er blind. Im elften Jahre aber wurde ihm ein Orakelspruch aus der Stadt Buto zuteil: die Zeit der Strafe sei vorüber, er werde sehend werden, wenn er sich die Augen wüsche mit dem Wasser eines Weibes, das nur mit seinem Manne Umgang gepflegt habe und von keinem anderen Manne wisse. Zuerst versuchte er es mit dem Wasser seines eigenen Weibes, aber er wurde nicht sehend; und dann der Reihe nach mit allen anderen Frauen. Als er endlich das Augenlicht wieder hatte, ließ er alle Frauen, mit denen er vergeblich die Probe gemacht hatte, in eine Stadt kommen, die jetzt den Namen Erythrabolos führt. Und als alle versammelt waren, ließ er sie mitsamt der Stadt verbrennen. Die eine aber, deren Wasser ihn sehend gemacht hatte, nahm er zur Ehe. Er hat nach seiner Genesung in alle angesehenen Tempel Weihgeschenke gestiftet, darunter sind besonders bemerkenswert zwei steinerne Obelisken in dem Heiligtum des Helios, aus einem einzigen Stein gearbeitet; jeder ist hundert Ellen hoch und acht Ellen breit.

112. Der nächste König stammte aus Memphis und hatte den hellenischen Namen Proteus[173]. Er hat jetzt in Memphis einen sehr schönen wohlgebauten Tempel, der südlich von dem Hephaistostempel liegt. Um den Tempelbezirk herum wohnen Phoiniker aus Tyros, und der ganze Stadtteil heißt das Viertel der Tyrier. In dem heiligen Bezirk des Proteus steht auch ein Tempel, der 'Tempel der fremden Aphrodite'[174] heißt. Ich vermute, es ist ein Tempel der Helene, Tochter des Tyndaros, einerseits weil Helene bei Proteus gelebt hat, wie die Sage lehrt, die man mir erzählt hat, andererseits weil Helene den Beinamen 'fremde Aphrodite' hat. Und bei allen anderen Tempeln der Aphrodite fehlt dieser Beiname.

113. Auf meine Frage nach der Helene erzählten mir nämlich die Priester folgendes. Als Alexandros[175] in Sparta die Helene geraubt hatte, fuhr er mit ihr heimwärts. Im Aigaiischen Meere aber verschlugen ihn Winde bis ins ägyptische Meer, und da der Wind nicht nachließ, gelangte er bis an die ägyptische Küste und fuhr in den Nilarm, der jetzt der kanobische heißt, ein nach Taricheiai. Am Strande stand der Heraklestempel, der jetzt noch steht, ein Asyl für alle Sklaven, die ihren Herren ent-

flohen und sich durch Anlegen der heiligen Zeichen dem Gotte weihten[176]. Dieser Brauch besteht von den ältesten Zeiten bis zum heutigen Tage. Und einige Diener des Alexandros, die von diesem Asylrecht hörten, flüchteten sich in den Tempel, und den Gott um Schutz bittend klagten sie Alexandros an. Um ihn zu verderben, erzählten sie alles, den Raub der Helene und den Verrat an Menelaos. Und zwar trugen sie es den Priestern und dem Hüter jener Mündung des Nils vor, dessen Name Thonis war.

114. Eilend sandte nun Thonis[177] nach Memphis und ließ folgende Botschaft an Proteus ausrichten:

»Ein Fremdling ist angekommen, seines Stammes ein Teukrer, der hat in Hellas eine Freveltat verübt. Seines Gastfreundes Weib hat er betört und ist nun mit ihr und mit vielen reichen Schätzen da, weil ihn der Sturm zu uns verschlagen hat. Sollen wir ihn ungestraft ziehen lassen oder ihm wegnehmen, was er mit sich führt?«

Da sandte Proteus folgende Botschaft zurück:

»Wer der Mann auch sein mag — wenn er sich an seinem Gastfreund vergangen hat, so nehmt ihn gefangen und führet ihn zu mir, damit ich höre, was er sagen mag.«

115. Als Thonis das hörte, nahm er Alexandros gefangen und hieß seine Schiffe vor Anker gehen. Ihn selber samt der Helene und den Schätzen, dazu auch den Schützlingen führte er nach Memphis. Als alle vor dem König standen, fragte Proteus den Alexandros nach Namen und Herkunft. Jener zählte seine Vorfahren auf und nannte den Namen seines Heimatlandes, erzählte auch, woher er jetzt käme. Da fragte Proteus weiter, woher er denn Helene habe. Als Alexandros Ausflüchte machte und nicht die Wahrheit sagte, widersprachen ihm jene Flüchtlinge und erzählten ausführlich die schändliche Tat. Schließlich sprach Proteus mit folgenden Worten sein Urteil:

»Hielte ich es nicht für meine Pflicht, keinen Fremdling zu töten, der von den Stürmen verschlagen in mein Land kommt, so müßtest du büßen für dein Verbrechen an jenem Hellenen. Sein Gast warst du und hast die schmachvollste Tat begangen, Verruchter! Zum Weibe deines Freundes bist du geschlichen und hattest daran noch nicht genug: zur Flucht mit dir hast du sie verführt und sie gestohlen wie ein Dieb. Und damit noch nicht genug! Auch das Haus deines Freundes hast du geplündert. Aber weil ich mich um keinen Preis an einem Fremden vergreifen will, so magst du ziehen. Das Weib und die Schätze jedoch lasse ich dir nicht, sondern bewahre sie deinem hellenischen Gastfreund auf, falls er zu mir kommen und sie holen will. Dir aber und deinen Genossen sage ich: innerhalb dreier Tage sollt ihr weiterziehen in ein anderes Land; wo nicht, behandle ich euch als Feinde.«

116. So ist, wie die Priester mir erzählten, Helene zu Proteus nach Ägypten gelangt. Ich glaube, auch Homer hat diese Historie wohl gekannt, aber weil sie in sein Epos nicht so gut paßte wie die andere Sage von der Helene, hat er sie absichtlich übergangen. Trotzdem verrät er, daß sie ihm bekannt ist. Denn in der Ilias erzählt er — und widerspricht dem nirgends — von den Irrfahrten des Alexandros, daß er mit der geraubten Helene weithin verschlagen worden und auch nach Sidon in Phoinikien gekommen sei. Das erwähnt er in der Schilderung von Diomedes' Heldentaten, wo es folgendermaßen heißt:

Und da lagen gewirkte Gewänder, die Frauen aus Sidon
Webten und selbst der Held Alexandros, der göttliche, brachte
Heim aus Sidon auf seiner Fahrt durch die Wogen des Meeres,
Als er Helene hergeführt, die edelentsprossene[178].

In diesen Versen zeigt Homer, daß er von der Fahrt des Alexandros nach Ägypten Kunde hat. Denn Ägypten grenzt an Syrien, und die Phoiniker, denen die Stadt Sidon gehört, wohnen in Syrien.

117. Diese Verse zeigen aber auch aufs klarste, daß das Epos die 'Kypria'[179] nicht von Homer, sondern von einem anderen verfaßt ist. Denn in den Kypria wird erzählt, daß Alexandros mit Helene die Reise von Sparta nach Ilion in drei Tagen zurücklegte, bei günstigem Wind und ruhigem Meer, während er in der Ilias von seinen Irrfahrten mit Helene spricht.
Doch genug von Homer und den Kypria.

118. Als ich die Priester nun fragte, ob denn die Erzählun-

gen der Hellenen über die Kämpfe vor Ilion unwahr seien oder wahr, erzählten sie den Verlauf folgendermaßen und versicherten, Menelaos selber hätte auf Befragen der Ägypter so berichtet. Nach dem Raube der Helene kam ins teukrische Land ein großes Heer der Hellenen, um für Menelaos zu kämpfen. Sie stiegen ans Land und lagerten sich und sandten Boten nach Ilion, unter denen auch Menelaos selber war. Als sie in der Stadt angekommen waren, forderten sie Helene zurück und die Schätze, die Alexandros heimlich geraubt hatte, verlangten auch Genugtuung für diese Schändlichkeiten. Die Teukrer aber gaben zur Antwort und versicherten dasselbe immer wieder, eidlich und ohne Eid: sie hätten weder Helene noch die verlangten Schätze; das alles sei in Ägypten, und es sei nicht recht, daß sie Genugtuung für Dinge, die König Proteus von Ägypten habe, leisten sollten. Die Hellenen meinten, man verspotte sie, belagerten die Stadt und eroberten sie schließlich. Da sich aber Helene wirklich nicht fand und man ihnen wiederum dasselbe sagte wie vorher, glaubten sie es endlich und schickten Menelaos zu Proteus nach Ägypten.

119. Als Menelaos in Ägypten ankam und den Nil hinanfuhr bis Memphis, da wurde er auf seine wahrheitsgetreue Erzählung hin mit großer Gastlichkeit aufgenommen und erhielt Helene, ohne daß ihr ein Leid geschehen war, zurück, dazu auch alle seine Schätze. Und obwohl man ihm so viel Gutes tat, wurde Menelaos zum Frevler an den Ägyptern. Widrige Winde hinderten ihn nämlich an der Abfahrt, und als das gar zu lange währte, verfiel er auf folgenden Frevel. Er griff zwei ägyptische Knaben und opferte sie. Als diese Tat ruchbar wurde, ergrimmten die Ägypter, und er entwich zu Schiff nach Libyen[180]. Wohin er sich dann weiter gewandt, konnten mir die Ägypter nicht sagen. Doch das andere wüßten sie, wie sie behaupteten, teils durch Erkundigungen, teils aus eigener Kenntnis, denn es habe sich ja in ihrem Lande zugetragen.

120. So erzählten mir die ägyptischen Priester. Ich stimme ihnen bezüglich der Helene bei, denn ich denke mir, wenn Helene in Ilion gewesen wäre, hätte man sie den Hellenen ausgeliefert, sei es nun mit oder ohne Willen des Alexandros. Priamos und seine Verwandten waren doch gewiß nicht so un-

sinnig, sich, ihre Kinder und ihre Vaterstadt aufs Spiel zu setzen, nur damit Alexandros bei Helene liegen könnte. Anfangs mögen sie sich ja dahin entschieden haben; aber als viele Troer im Kampfe mit den Hellenen gefallen waren, als in jeder Schlacht auch einer oder mehrere Söhne des Priamos selber umgekommen waren — gesetzt, daß man den Ependichtern glauben darf —, da glaube ich doch, Priamos hätte Helene, auch wenn er selber bei ihr gelegen hätte, den Achaiern ausgeliefert, um das schwere Unheil von sich abzuwenden. Auch war ja nicht Alexandros der Thronfolger, so daß er für den greisen Priamos die Regierung geführt hätte, sondern Hektor war der ältere und männlichere und hätte nach Priamos' Tode den Thron bestiegen. Und er hätte seinen verbrecherischen Bruder nicht schützen dürfen, zumal durch ihn so viel Unglück über ihn und alle Troer kam. Aber sie konnten eben Helene nicht ausliefern, und die Hellenen glaubten ihren Versicherungen nicht. Wenn ich meine Meinung sagen soll, so hat die Gottheit durch den Untergang Ilions die Menschheit lehren wollen, daß auf schweren Frevel ein schweres Strafgericht der Götter folgt. Das ist es, was ich selber über diese Dinge denke.

121. Nach Proteus wurde Rhampsinitos[181] König. Das Denkmal, das dieser hinterlassen hat, ist die Vorhalle, die westlich von dem Hephaistostempel steht. Vor dieser Halle errichtete er zwei Standbilder, fünfundzwanzig Ellen hoch[182]. Das nach Norden zu stehende hat bei den Ägyptern den Namen 'der Sommer', das nach Süden zu gerichtete den Namen 'der Winter'. Das erstere wird angebetet und verehrt, mit dem letzteren verfährt man umgekehrt.

Dieser König war sehr reich, und keiner der späteren Könige besaß mehr Geld als er oder kam ihm darin auch nur nahe. Nun wollte er seine Schätze an einem sicheren Orte verwahren und baute eine steinerne Kammer, deren eine Wand an die Außenseite des Königspalastes stieß. Der Erbauer aber hinterging ihn und fügte die Steine so, daß einer von einem oder zwei Männern leicht aus der Wand herausgenommen werden konnte. Und als die Kammer fertig war, speicherte der König seine Schätze darin auf. Nach einiger Zeit fühlte der Baumeister sein Lebensende herannahen und rief seine Söhne — er hatte deren zwei — zu sich. Er erzählte ihnen, wie er für sie gesorgt und sie reich gemacht hätte, indem er beim Bau der königlichen Schatzkammer jene List angewandt hätte. Genau erklärte er, wie der Stein herauszunehmen sei, und gab ihnen die Maße, wo er läge. Wenn sie es wohl behielten, sagte er, würden sie zu Schatzmeistern des Königs werden.

Er starb, und die Söhne machten sich, ohne lange zu zaudern, eines Nachts auf, gingen zum Königspalast, fanden den Stein in der Wand der Kammer, hoben ihn leicht heraus und nahmen sich eine Menge von den Schätzen. Als nun der König einmal in die Kammer ging, wunderte er sich, daß in den Gefäßen Gold fehle, und konnte doch niemandem die Schuld geben, denn die Siegel waren unverletzt und die Türe verschlossen. Wie nun die Schätze allmählich immer mehr abnahmen — denn die Diebe hörten mit ihren Einbrüchen nicht auf —, tat er folgendes. Er ließ Schlingen machen und sie rings um die goldgefüllten Gefäße legen. Als nun die Diebe zu ihrer gewohnten Zeit herbeikamen und einer von ihnen in die Kammer hineinstieg und zu den Gefäßen ging, fing er sich sofort in der Schlinge. Als er seine böse Lage gewahr wurde, rief er gleich seinen Bruder, sagte ihm, was geschehen sei, und hieß ihn eiligst hereinsteigen und ihm den Kopf abschlagen, damit man ihn nicht erkenne und auch den anderen ums Leben bringe. Das schien diesem wohlgesprochen. Er tat, wie ihm jener geheißen, setzte den Stein an seinen Platz und ging heim mit dem Kopfe seines Bruders.

Als es Tag wurde, ging der König in die Kammer und erschrak über den kopflosen Leichnam in der Schlinge; denn die Kammer war unverletzt, und keine Öffnung zum Hineingehen und Herausgehen war vorhanden. Um sich Klarheit zu verschaffen, tat er folgendes. Er ließ den Leichnam an die Stadtmauer hängen[183], stellte Wächter dabei auf und befahl ihnen, wenn sie jemanden um den Toten weinen und klagen sähen, ihn zu ergreifen und vor ihn zu führen. Als nun der Leichnam des Diebes dahing, wurde seine Mutter sehr traurig; sie sprach zu ihrem überlebenden Sohne und gebot ihm, es auf irgendeine Weise möglich zu machen, den Leib des Bruders loszumachen und herbeizubringen. Wenn er ihr nicht gehorche, würde sie zum König gehen, drohte sie, und anzeigen, daß er die Schätze habe.

Weil die Mutter so heftig in ihn drang und er sie durch nichts von ihrem Verlangen abbringen konnte, ersann der Sohn eine List. Er rüstete seine Esel, füllte Schläuche mit Wein, lud sie den Eseln auf und zog davon. Als er bei den Wächtern des hängenden Leichnams vorüberkam, zog er an zwei oder drei Zipfeln seiner Schläuche und löste die Knoten[184]. Der Wein floß heraus, und er schlug sich laut schreiend an den Kopf, als wüßte er nicht, an welchen Esel und Schlauch er sich zuerst machen solle. Als die Wächter die Menge Wein entlaufen sahen, kamen sie mit Krügen an die Straße gelaufen, fingen den fließenden Wein auf und freuten sich dessen. Er stellte sich zornig und schmähte sie alle der Reihe nach; aber die Wächter suchten ihn zu begütigen, und nach einer Weile tat er, als sei sein Zorn verflogen. Schließlich führte er die Esel von der Straße und brachte die Lasten wieder in Ordnung. Sie sprachen weiter miteinander, und als ihn einer durch Späße zum Lachen brachte, gab er ihnen noch einen Schlauch. Gleich lagerten sie sich zum Trinken, nahmen auch ihn und hießen ihn mit ihnen trinken. Er ließ sich bewegen und blieb dort. Als sie ihm nun beim Trinken alle Freundlichkeiten erwiesen, gab er ihnen noch einen weiteren Schlauch. Sie sprachen dem Wein wacker zu, wurden trunken und, bewältigt vom Schlaf, blieben sie dort, wo sie getrunken hatten, liegen. Als es Nacht war, nahm nun jener den Leib des Bruders herab und, um ihnen einen Schimpf anzutun, schor er allen Wächtern die rechte Wange kahl[185]. Dann lud er den Leichnam auf seine Esel und trieb sie nach Hause. So hatte er den Wunsch seiner Mutter erfüllt.

Als dem König der Diebstahl des Leichnams gemeldet wurde, ergrimmte er. Er wollte um jeden Preis den Täter ausfindig machen und soll folgendes Mittel dazu angewendet haben — ich kann es aber nicht glauben —: er hieß seine Tochter in ein Freudenhaus gehen und sich jedem, der käme, preisgeben. Aber vorher solle sie jeden nötigen, ihr die verschlagenste und die verruchteste Tat zu erzählen, die er in seinem Leben begangen habe. Wenn ihr dann einer den Streich mit jenem Diebe erzähle, solle sie ihn festhalten und nicht wieder fortlassen. Die

Tochter tat, wie ihr Vater befahl, und als der Dieb hörte, weshalb der König diesen Befehl gegeben, wollte er noch listiger sein als der König und tat folgendes. Er schnitt der frischen Leiche den Arm an der Schulter ab und nahm ihn unter dem Mantel mit fort. Als er zu der Königstochter kam und sie dieselbe Frage an ihn tat wie an die anderen, erzählte er, die schändlichste Tat seines Lebens sei, daß er seinem in des Königs Schatzkammer in der Schlinge gefangenen Bruder den Kopf abgeschlagen habe, und seine verschlagenste Tat sei, daß er die Wächter trunken gemacht und die an der Mauer hängende Leiche seines Bruders abgenommen habe. Als sie das hörte, griff sie nach ihm, aber der Dieb hielt ihr in der Dunkelheit den Arm des Toten hin. Sie faßte ihn und meinte, den Arm des Lebenden zu halten. Der Dieb ließ den Arm in ihrer Hand und entwich durch die Türe.
Als auch das dem König gemeldet wurde, war er voller Staunen über die Klugheit und die Keckheit dieses Menschen. Da schickte er denn Boten in alle Städte und ließ verkünden, er sichere dem Dieb Straflosigkeit zu und verspräche ihm eine hohe Belohnung, wenn er vor sein Angesicht träte. Der Dieb ging voller Vertrauen zum König, Rhampsinitos aber bewunderte ihn hoch und gab ihm seine Tochter, weil er der klügste Mensch auf Erden sei. Denn, meinte er, die Ägypter seien klüger als die anderen Völker, er aber sei noch klüger als die Ägypter.
122. Später ist dieser König, wie die Priester erzählten, lebendig hinabgestiegen in die Unterwelt, die wir Hellenen den Hades nennen[186]. Dort soll er mit Demeter gewürfelt haben, wobei er bald gewonnen, bald verloren habe. Dann soll er wieder zurückgekehrt sein und ein goldenes Handtuch als Geschenk der Demeter mitgebracht haben. Die Zeit über von des Rhampsinitos Niederfahrt bis zu seiner Rückkehr sollen die Ägypter der Demeter ein Fest gefeiert haben. Noch heute, weiß ich, wird ein solches Fest gefeiert, ob aber aus jenem Grunde, kann ich nicht sagen[187].
Für den Festtag wird von den Priestern ein Gewand gewebt. Einem Priester werden mit einer Binde die Augen verbunden, das Gewand umgetan, und dann bringen sie ihn zu dem Weg, der nach dem Demeterheiligtum führt. Sie selber kehren um,

und der Priester mit den verbundenen Augen, behauptet man, wird von zwei Wölfen nach dem Demeterheiligtum geleitet, das zwanzig Stadien von der Stadt entfernt ist, wird von den Wölfen auch wieder an jene Ausgangsstelle zurückgebracht[188].

123. Wer an diese Sage der Ägypter glauben kann, der tue es. Meine Aufgabe ist weiter nichts, als alles niederzuschreiben, was man mir mitgeteilt hat.

Die Herren der Unterwelt sind nach Meinung der Ägypter Demeter und Dionysos[189]. Auch waren die Ägypter die ersten, die die Unsterblichkeit der Seele lehrten. Wenn der Leib stirbt, geht die Seele in ein anderes, gerade geborenes Lebewesen ein, und wenn sie durch alle Landtiere, Wassertiere und Vögel gewandert ist, geht sie wieder in den Leib eines neugeborenen Kindes ein. Dieser Kreislauf dauert dreitausend Jahre. Einige Hellenen haben diese Lehre übernommen, in älteren wie in jüngeren Zeiten. Ich kenne ihre Namen, nenne sie aber nicht.

124. Bis zur Regierungszeit des Rhampsinitos hat in Ägypten, so erzählen sie weiter, die vollkommenste Ordnung und großer Reichtum geherrscht. Aber sein Nachfolger Cheops[190] hat das Land ins tiefste Unglück gestürzt. Zunächst hat er alle Heiligtümer zuschließen lassen und das Opfern verhindert[191]. Weiter hat er alle Ägypter gezwungen, für ihn zu arbeiten. Die einen mußten aus den Steinbrüchen im arabischen Gebirge Steinblöcke bis an den Nil schleifen. Über den Strom wurden sie auf Schiffe gesetzt, und andere mußten die Steine weiterziehen bis hin zu den sogenannten libyschen Bergen. Hunderttausend Menschen waren es, die daran arbeiteten und alle drei Monate abgelöst wurden. So wurde das Volk bedrückt, und es dauerte zehn Jahre, ehe nur die Straße gebaut war, auf der die Steine dahergeschleift wurden, ein Werk, das mir fast ebenso gewaltig scheint, wie der Bau der Pyramide selber. Denn die Straße ist fünf Stadien lang, zehn Klafter breit, an der höchsten Stelle acht Klafter hoch und aus geglätteten Steinen hergestellt, in die Tiergestalten eingemeißelt sind. Zehn Jahre vergingen also, bis diese Straße und die unterirdischen Kammern auf jener Höhe, auf der die Pyramiden stehen, gebaut waren. Die Kammern sollten seine Grabkammern sein, und er baute sie als Inseln, indem er einen Nilkanal in den Berg hinein-

leitete[192]. An der Pyramide selber wurde zwanzig Jahre gearbeitet. Sie ist vierseitig und jede Seite acht Plethren breit und ebenso hoch. Sie besteht aus geglätteten, aufs genaueste ineinander gefügten Steinen, von denen jeder mindestens dreißig Fuß lang ist.

125. Bei ihrem Bau verfuhr man folgendermaßen. Zunächst ist sie stufenförmig, treppenförmig oder wie man es nennen will, gebaut worden; die zur Ausfüllung des Treppendreiecks bestimmten Steine wurden mittelst eines kurzen Holzgerüstes hinaufgewunden. So hoben sie sie von der Erde auf den ersten Treppenabsatz; dort legten sie sie auf ein anderes Gerüst, durch das sie auf den zweiten Treppenabsatz hinaufgewunden wurden. Soviel Stufen, soviel solcher Hebevorrichtungen waren vorhanden, falls diese Hebevorrichtungen nicht so leicht tragbar waren, daß man ein und dieselbe von Stufe zu Stufe hob, nachdem man den betreffenden Stein herabgenommen hatte. Mir ist nämlich beides erzählt worden, weshalb ich beides anführe. So wurde zuerst die Spitze fertiggestellt, dann abwärts bis schließlich zu den untersten Stufen herab.

An der Pyramide ist in ägyptischen Buchstaben verzeichnet, welche Mengen von Rettichen, Zwiebeln und Knoblauch die Arbeiter verzehrt haben. Wenn ich mich recht an die Summe erinnere, die mir der Dolmetscher nannte, der die Inschriften entzifferte, so waren es eintausendsechshundert Talente Silbers. Wenn das richtig ist, welche Unsummen müssen dann erst für die eisernen Werkzeuge, für das Brot und für die Kleidung der Arbeiter ausgegeben worden sein! Denn zwanzig Jahre lang dauerte doch der Bau, und die Zeit, in der sie die Steine brachen, herbeischleppten und die unterirdischen Gemächer gruben, war doch auch nicht kurz[193].

126. Cheops war ein so verruchter Mensch, daß er in seiner Geldnot die eigne Tochter in ein Freudenhaus brachte und ihr eine bestimmte Geldsumme — wieviel, sagten die Priester mir nicht — zu schaffen befahl. Sie brachte die verlangte Summe zusammen und faßte auch den Entschluß, ebenfalls ein Denkmal für sich zu errichten. Jeden Mann, der sie besuchte, bat sie, ihr einen Stein für den großen Bau zu schenken. Aus diesen Steinen soll sie die mittlere der drei Pyramiden haben

bauen lassen, die vor der großen Pyramide steht und deren jede Seite anderthalb Plethren mißt[194].

127. Fünfzig Jahre lang war dieser Cheops König, und als er starb, folgte ihm sein Bruder Chephren[195] auf dem Thron. Der war jenem in allen Stücken gleich und baute auch eine Pyramide, die aber nicht so groß ist. Ich habe sie selber gemessen. Ein unterirdisches Gemach hat sie nicht, auch fließt kein Nilkanal hinein wie bei jener anderen Pyramide, wo das Wasser in einem künstlichen Bett eine Insel umfließt, auf der Cheops begraben sein soll. Die unterste Schicht baute er aus buntem aithiopischem Stein, und die Pyramide bleibt bei sonst gleichen Maßen um vierzig Fuß hinter der anderen zurück. Beide Pyramiden stehen auf demselben Höhenzug, der etwa hundert Fuß hoch ist. Chephren hat sechsundfünfzig Jahre regiert.

128. Im ganzen waren es also hundertsechs Jahre, wo die Ägypter soviel zu leiden hatten und die Tempel geschlossen blieben. Die Ägypter hassen diese Könige so, daß sie ihre Namen nur ungern nennen; auch die Pyramiden nennt man nach dem Hirten Philitis[196], der um jene Zeit seine Herden in der Gegend dort weidete.

129. Darauf wurde Mykerinos[197], der Sohn des Cheops, König von Ägypten. Der war ganz anders als sein Vater. Er öffnete die Tempel und entließ das arg gequälte Volk zu den eigenen Arbeiten und zu den Opfern. Er war auch der gerechteste Richter unter allen Königen. Darum preisen ihn die Ägypter auch am höchsten unter allen, die je über sie geherrscht haben. Er richtete nicht nur gerecht, sondern gab auch, wenn einer sich durch den Urteilsspruch geschädigt glaubte, aus eigenen Mitteln Geld, um ihn zufrieden zu stellen.

Diesen Mykerinos, der so mild gegen seine Untertanen war und für sie sorgte, trafen nun schwere Unglücksschläge. Zuerst starb ihm seine Tochter, das einzige Kind in seinem Hause. Darüber war er tief bekümmert. Er wollte sie noch kostbarer begraben als es sonst Sitte war, und ließ eine hohle Kuh[198] aus Holz machen. Diese Kuh ließ er vergolden und setzte darin seine Tochter bei.

130. Doch wurde die Kuh nicht begraben, sondern steht noch

heutigen Tags über der Erde, in Sais nämlich, wo sie sich im Königspalast in einem kunstvoll verzierten Gemach befindet. Jeden Tag wird allerhand Räucherwerk dort verbrannt, und die ganze Nacht brennt eine Lampe. In einem anderen Raume nicht weit von dieser Kuh stehen Standbilder der Kebsweiber des Mykerinos, wie mir wenigstens die Priester in Sais sagten. Es sind nackte weibliche Kolossalfiguren aus Holz, zwanzig an Zahl[199]. Über ihre Bedeutung kann ich nur wiederholen, was man mir mitgeteilt hat.

131. Von anderen wird über diese Kuh und die weiblichen Figuren folgendes erzählt. Mykerinos soll in seine eigene Tochter entbrannt sein und ihr Gewalt angetan haben. Wegen dieser Schmach habe sich die Tochter erhängt und der Vater habe sie in jener Kuh bestattet. Die Mutter aber habe den Dienerinnen, die die Tochter ihrem Vater überliefert, die Hände abgeschnitten; darum seien die Standbilder wie die Urbilder derselben ohne Hände gewesen. Ich glaube, das sind törichte Fabeln, namentlich was die Hände der Standbilder betrifft; denn ich selber habe gesehen, daß die Hände infolge des Alters der Bilder abgefallen sind, und sie lagen noch zu meiner Zeit vor ihren Füßen.

132. Die Kuh ist mit einem Purpurgewand bekleidet; nur Hals und Kopf sind zu sehen und sind sehr stark vergoldet. Zwischen den Hörnern befindet sich eine Sonnenscheibe aus Gold. Die Kuh steht nicht, sondern liegt auf den Knien und hat die Größe einer großen lebenden Kuh. Jedes Jahr einmal wird sie aus der Kammer herausgetragen, an dem Tage nämlich, wo die Ägypter um jenen Gott klagen, den ich aus religiöser Scheu nicht genannt habe[200]. Dann wird die Kuh hinausgebracht ins Freie. Man sagt, die sterbende Tochter habe ihren Vater Mykerinos gebeten, sie einmal im Jahre die Sonne sehen zu lassen.

133. Als die Tochter gestorben war, traf den König ein zweites Unglück. Ein Orakelspruch aus Buto kündigte ihm an, daß er nur noch sechs Jahre leben und im siebenten sterben würde[201]. Er war sehr betrübt und beklagte sich bei der Göttin in Buto, die das Orakel erteilt hatte, daß sein Vater und Oheim ein so langes Leben gehabt hätten, obwohl sie die Tempel geschlossen, die Götter vergessen und die Menschen geschunden hätten, und

er sei gottesfürchtig und solle doch so bald sterben. Da sprach die Göttin zum zweiten Male und ließ ihm sagen, gerade dadurch verkürze er sein Leben. Er täte nicht, was zu tun seine Pflicht sei. Ägypten müsse einhundertfünfzig Jahre lang bedrückt werden, das hätten seine beiden Vorgänger richtig erkannt, er aber nicht.

Als Mykerinos das hörte und einsah, daß sein Schicksal unabwendbar sei, ließ er viele Lampen machen. Bei Nacht zündete er sie an, trank und vergnügte sich. Tag und Nacht hindurch lebte er so und zog schwärmend auf die Wiesen und in die Haine und wo es sonst noch Orte gab, an denen man lustige Feste feiern konnte. Er tat das, um den Orakelspruch Lügen zu strafen; denn wenn er die Nächte zu Tagen machte, wurden aus sechs Jahren zwölf.

134. Er hinterließ eine viel kleinere Pyramide als sein Vater, deren jede Seite um zwanzig Fuß kürzer ist als drei Plethren[202]. Auch sie ist viereckig und bis zur Hälfte aus aithiopischem Stein. Einige Hellenen meinen, diese Pyramide rühre von einer Hetäre Rhodopis[203] her, was ein Irrtum ist. Sie wissen offenbar gar nicht, wer Rhodopis war, sonst würden sie ihr den Bau einer solchen Pyramide nicht zuschreiben, die doch geradezu unzählige Tausende von Talenten kostet. Außerdem lebte Rhodopis zur Zeit des Königs Amasis, aber nicht zur Zeit des Mykerinos, also viele Generationen später als dieser Erbauer der Pyramide Rhodopis stammte aus Thrakien und war Sklavin eines Samiers, des Iadmon, Sohnes des Hephaistopolis. Ihr Mitsklave war der Fabeldichter Aisopos. Daß auch dieser ein Sklave Iadmons war, sieht man namentlich daraus, daß sich, als man in Delphi auf göttlichen Befehl wiederholt ausrufen ließ, wer die Buße in Empfang nehmen wolle, die sie für den getöteten Aisopos zahlen wollten[204], niemand meldete als ein Enkel Iadmons, der ebenfalls Iadmon hieß. So war doch Aisopos das Eigentum jenes Iadmon.

135. Rhodopis kam nach Ägypten durch den Samier Xanthos, der sie als Buhldirne dahin mitnahm. Ein Mann aus Mytilene, Charaxos, Sohn des Skamandronymos, eines Bruders der Dichterin Sappho, kaufte sie um einen hohen Preis los. So war Rhodopis nun frei. Sie blieb in Ägypten, und weil sie sehr schön

war, erwarb sie sich ein Vermögen, das für ihren Beruf recht groß war, aber nimmermehr ausreichte, um eine solche Pyramide zu erbauen. Den zehnten Teil ihres Vermögens kann ja bis zum heutigen Tage jeder, der will, sehen; man kann danach berechnen, daß es nicht übergroß war. Denn Rhodopis wollte, um sich selber ein Denkmal zu schaffen, ein Weihgeschenk nach Delphi stiften, auf das noch nie jemand verfallen und das noch in keinem Tempel geweiht worden wäre. Sie ließ daher eine Menge eiserner Bratspieße machen, so groß, um einen Ochsen daran zu braten, und zwar so viele, wie sich von dem zehnten Teil ihres Vermögens herstellen ließen[205]. Die sandte sie nach Delphi. Sie liegen dort noch jetzt beieinander, hinter dem Altar, den die Chier gestiftet haben, dem Tempel gerade gegenüber[206].

Die Hetären in Naukratis sind meist sehr schön. Die, von der wir hier sprechen, ist doch so berühmt geworden, daß jeder Hellene den Namen Rhodopis kennt. Und später wurde eine andere, namens Archidike, in ganz Hellas besungen, obwohl man von ihr nicht soviel zu erzählen wußte wie von Rhodopis. Als übrigens jener Charaxos, der Rhodopis freigekauft hatte, nach Mytilene zurückkehrte, hat ihn Sappho in einem Lied grimmig verspottet.

Doch lassen wir jetzt die Rhodopis ruhen.

136. Auf den König Mykerinos folgte, wie die Priester sagten, der König Asychis[207]. Er hat die nach Sonnenaufgang liegende Vorhalle im Hephaistosheiligtum gebaut, die bei weitem schönste und größte. Auch die anderen Vorhallen sind mit Reliefs und tausenderlei anderem baulichen Zierat geschmückt, die des Asychis aber weitaus am reichsten. Unter seiner Regierung herrschte große Not an Geld, und es wurde ein Gesetz erlassen, daß man gegen Verpfändung der Mumie des eigenen Vaters Geld borgen dürfe. Und ein zweites Gesetz bestimmte, der Gläubiger sollte in Besitz der ganzen Familiengruft seines Schuldners treten und dieser Schuldner, falls er seine Schuld nicht bezahlte, dadurch gestraft werden, daß er selber eines Begräbnisses verlustig ginge, weder in seiner väterlichen Gruft, noch in einer anderen beigesetzt werden dürfe und auch seine Nachkommen nicht beerdigen dürfe.

Um alle früheren Könige von Ägypten zu übertreffen, hinterließ Asychis als Denkmal eine aus Lehmziegeln erbaute Pyramide[208], in die er folgende Inschrift eingraben ließ:
»Denke nicht, daß ich geringer sei als die steinernen Pyramiden! Wie Zeus über den Göttern, stehe ich über ihnen. Eine Stange ward in den See getaucht, und aus dem Schlamm, der an ihr haften blieb, wurden Ziegel geformt. So hat man mich gebaut.«
So sind des Königs Worte auf der Pyramide.
137. Nach ihm kam ein blinder König zur Regierung, der stammte aus der Stadt Anysis und hieß auch Anysis[209]. Während seiner Regierung fielen die Aithioper unter ihrem König Sabakos[210] mit einem großen Heere in Ägypten ein. Der blinde Anysis floh in die Küstenniederungen, und der Aithioper war fünfzig Jahre lang König von Ägypten[211]. Während dieser Zeit traf er folgende Anordnung. Beging ein Ägypter ein Verbrechen, so ließ er ihn niemals hinrichten, sondern verurteilte jeden seinem Vergehen entsprechend zu Erdarbeiten für die Stadt, aus der der Verbrecher stammte. So wuchsen die Städte noch höher über dem Boden empor. Zuerst waren durch die Arbeiter, die unter Sesostris jene Kanäle gruben, Aufschüttungen gemacht worden; sie wurden jetzt unter dem aithiopischen König noch erhöht.
Obwohl auch die anderen ägyptischen Städte hoch liegen, ist doch meiner Meinung nach die Aufschüttung bei der Stadt Bubastis am bedeutendsten. In dieser Stadt ist vor allem das Heiligtum der Bubastis merkwürdig. Es gibt größere und kostbarere Tempelbauten, aber keinen anmutigeren als diesen der Bubastis. Bubastis ist der ägyptische Name für Artemis.
138. Das Heiligtum liegt mit Ausnahme des Eingangs ganz auf einer Insel. Vom Nil her laufen zwei Kanäle heran, die bis zur Eingangsstelle des Heiligtums getrennt bleiben und sich zu beiden Seiten herumziehen. Jeder ist hundert Fuß breit und von Bäumen beschattet. Die Vorhalle ist zehn Klafter hoch und mit bemerkenswerten Standbildern von sechs Ellen Höhe geschmückt. Das Heiligtum liegt mitten in der Stadt und ist von allen Stadtteilen aus zu übersehen. Die Stadt ringsum ist nämlich durch Dammaufschüttungen erhöht worden, das Heiligtum

aber ist an seiner uralten Stelle stehen geblieben, so daß man darauf herabschaut. Herum läuft eine mit Reliefs geschmückte Mauer, und innen ist ein Hain mit mächtigen Bäumen, der um das hohe Tempelhaus herumgepflanzt ist, in dem das Bild der Göttin steht. Länge und Breite des heiligen Bezirks mißt je ein Stadion. Von dem Eingang aus führt eine mit Steinen belegte Straße von drei Stadien Länge über den Marktplatz der Stadt nach Osten. Breit ist sie vier Plethren. Zu beiden Seiten stehen himmelhohe Bäume. Sie endet bei dem Heiligtum des Hermes. Soviel von diesem Heiligtum.

139. Ägypten wurde von der Herrschaft des aithiopischen Königs folgendermaßen frei. Er floh aus dem Lande infolge eines Traumes, den er hatte. Es träumte ihm nämlich, ein Ratgeber gäbe ihm den Rat, alle ägyptischen Priester zusammenkommen zu lassen und sie alle mitten durchzuschneiden. Da sagte er, ihm scheine, die Götter schickten ihm deshalb einen solchen Rat, damit er sich an etwas Heiligem verginge und die Rache der Götter und Menschen heraufbeschwöre. Er werde dem Traume nicht folgen; die Zeit seiner Herrschaft über Ägypten sei um. Noch in Aithiopien habe ihm das Orakel, das die Aithioper zu befragen pflegten, geantwortet, er solle fünfzig Jahre lang König von Ägypten sein.

Weil diese Jahre vorüber waren und Sabakos durch den Traum erschreckt worden war, zog er also aus freiem Willen aus Ägypten ab[211a].

140. Und sobald er Ägypten verlassen hatte, kehrte der blinde Anysis aus den Niederungen zurück und übernahm die Regierung. Fünfzig Jahre hatte er dort gehaust und aus Asche und Erde eine Insel aufschütten lassen. Denn außer den Lebensmitteln, die er sich ohne Wissen des Aithiopers von den Ägyptern liefern ließ, mußten sie ihm auch Asche bringen. Bis zu den Zeiten des Königs Amyrtaios hat niemand diese Insel wieder auffinden können[212]. Über fünfhundert Jahre lang haben also die ägyptischen Könige vergebens nach ihr gesucht. Die Insel heiß Elbo und ist zehn Stadien lang und breit.

141. Auf Anysis folgte als König ein Priester des Hephaistos, namens Sethos[213]. Dieser behandelte die ägyptische Kriegerkaste sehr geringschätzig, als hätte er die Krieger nicht nötig.

Er kränkte sie sogar und nahm ihnen das Land weg, das ihnen die früheren Könige zugewiesen hatten, jedem zwölf auserwählte Ackerlose[214]. Hierauf rückte Sanacharibos[215], der König von Arabien und Assyrien, mit einem großen Heere gegen Ägypten. Und nun weigerten sich die ägyptischen Krieger, in den Kampf zu ziehen. In seiner Not ging der Priester in den Tempel[216] und klagte dem Götterbild, in welcher furchtbaren Lage er sei. Bei dem Klagen aber überkam ihn der Schlaf, und im Traum trat der Gott zu ihm und tröstete ihn, er könne ohne Furcht dem arabischen Heere entgegenziehen. Er selber werde ihm Streiter senden. Dieser Traum ermutigte ihn. Er nahm die Ägypter, die bereit waren, ihm zu folgen, mit sich und schlug bei Pelusion ein Lager auf. Dort nämlich ist das Tor Ägyptens. Kein einziger von den Kriegern war ihm gefolgt; nur Krämer, Handwerker und Marktleute. Als sie dort angekommen waren, überfielen Feldmäuse nachts das Lager der Gegner und zernagten ihre Köcher und Bogen, auch die Griffe ihrer Schilde, so daß sie am nächsten Morgen ohne Schilde die Flucht ergreifen mußten, und viele von ihnen fielen[217].
Noch jetzt steht ein steinernes Standbild dieses Königs im Tempel des Hephaistos. Er hält in der Hand eine Maus[218], und eine Inschrift sagt: »Schau auf mich und sei gottesfürchtig!«
142. Soweit der Bericht der ägyptischen Priester über die alte ägyptische Zeit. Sie haben mir nachgewiesen, daß zwischen dem ersten König von Ägypten und jenem letztgenannten Priester des Hephaistos dreihunderteinundvierzig Menschenalter liegen. Denn so viele Oberpriester und Könige hat es im Laufe dieser Zeit gegeben. Nun machen aber dreihundert Generationen einen Zeitraum von zehntausend Jahren aus. Denn drei Menschenalter sind gleich hundert Jahren. Zu den dreihundert kommen noch die einundvierzig Menschenalter, das macht eintausenddreihundertvierzig Jahre. Das heißt also: in einem Zeitraum von elftausenddreihundertvierzig Jahren haben nur menschliche Könige, nicht Götter in Menschengestalt, in Ägypten geherrscht. Ja auch bei den vor und nach diesem Zeitraum lebenden Königen sei es nicht anders, meinten sie.
Während dieser Zeit sei die Sonne viermal an ihrem gewohnten Orte aufgegangen. Wo sie jetzt untergeht, dort sei sie

zweimal aufgegangen, und wo sie jetzt aufgeht, sei sie zweimal untergegangen. In Ägypten hätte sich dadurch nichts verändert, weder in bezug auf die Pflanzenwelt noch in bezug auf die Tätigkeit des Flusses, weder in bezug auf die Krankheiten noch in bezug auf den Tod der Menschen.

143. Als einst der Geschichtsschreiber Hekataios Theben besuchte[218a] und den Priestern seinen Stammbaum vorrechnete – sein Stammvater, der sechzehnte Ahn, behauptete er, sei ein Gott gewesen —, da taten die Priester des thebanischen Zeus dasselbe, was sie mit mir getan haben, obwohl ich ihnen nichts von meinem Stammbaum gesagt habe. Sie führten mich in den gewaltigen Tempel und zeigten mir eine Reihe hölzerner Kolossalstatuen. Das waren wirklich soviele, wie ich oben angegeben habe. Jeder Oberpriester läßt dort im Tempel noch zu Lebzeiten sein Standbild aufstellen. Die Priester zählten und zeigten mir alle nacheinander — immer folgte der Sohn auf den Vater; so gingen sie von dem zuletzt Verstorbenen alle der Reihe nach durch. Dem Stammbaum des Hekataios und seiner Behauptung, im sechzehnten Gliede von einem Gott abzustammen, stellten sie ihre genealogische Berechnung gegenüber und bestritten ihm die Abstammung eines Menschen von einem Gott. Ihre Berechnung war folgendermaßen. Von den Urbildern dieser Standbilder hier stamme immer einer vom anderen, Piromis von Piromis, und im ganzen seien es dreihundertfünfundvierzig solche Standbilder, und trotzdem führe der Stammbaum nicht auf einen Gott oder Heros zurück. Piromis ist im Griechischen soviel wie edelbürtig[219].

144. Edelbürtige seien also die Urbilder aller dieser Standbilder gewesen, aber keineswegs Götter. Vor diesen Menschen allerdings hätten Götter über Ägypten geherrscht, die zusammen mit den Menschen gelebt; und einer von ihnen sei immer der Mächtigste gewesen. Der letzte dieser Könige sei Oros, der Sohn des Osiris gewesen, der bei den Hellenen Apollon heißt. Er habe den Typhon vom Thron gestürzt und als letzter Gott über Ägypten geherrscht. Osiris ist der ägyptische Name für Dionysos.

145. Bei den Hellenen gelten als die jüngsten Götter Herakles, Dionysos und Pan[220]. Bei den Ägyptern dagegen ist Pan der

älteste Gott des Acht-Götter-Kreises, also der ältesten Götterdynastie[221]. Und Herakles gehört zu dem zweiten Götterkreis der zwölf Götter, und Dionysos zu dem dritten, der von dem letzteren abstammte. Wieviel Jahre nach Meinung der Ägypter zwischen Herakles und dem König Amasis liegen, habe ich oben schon auseinandergesetzt. Bis zu Pan sind es also noch mehr Jahre, bis zu Dionysos weniger, und doch rechnen sie auch von Dionysos bis Amasis noch fünfzehntausend Jahre. Die Ägypter wollen das ganz bestimmt wissen, da sie beständig die Jahre der Könige und Oberpriester berechnen und aufschreiben.

Dagegen liegen zwischen dem hellenischen Dionysos, der ein Sohn von Kadmos' Tochter Semele gewesen sein soll, und dem heutigen Tage nur etwa eintausendsechshundert Jahre, und von dem hellenischen Herakles, dem Sohn der Alkmene, bis heute nur neunhundert Jahre, und von Pan, dem Sohn der Penelope — der hellenische Pan ist doch des Hermes und der Penelope Sohn —, nur achthundert Jahre, noch weniger als vom troischen Kriege bis heute.

146. Was nun Dionysos und Pan betrifft, so mag man derjenigen Sage folgen, die man für glaubwürdiger hält. Meine eigene Meinung über die Herkunft der hellenischen Götter habe ich bereits dargelegt. Wenn Dionysos, der Sohn der Semele, und Pan, der Sohn der Penelope, sich ebenso wie Herakles, des Amphitryon Sohn, als Heroen berühmt gemacht und in Hellas ein menschliches Leben geführt hätten, dann könnte man von ihnen ebenso wie von Herakles sagen, sie seien sterbliche Menschen gewesen, denen man die Namen älterer Götter beigelegt hätte. Nun erzählen aber die Hellenen, daß Zeus den Dionysos gleich nach seiner Geburt in seine Hüfte eingenäht und ihn nach Nysa in Aithiopien, jenseits von Ägypten, gebracht habe; und von Pan wissen sie überhaupt nichts zu sagen, wohin er gekommen ist. Darum bin ich überzeugt, daß diese beiden Götter den Hellenen noch später bekannt geworden sind als die anderen Götter. Die Zeit, in der sie sie kennen gelernt haben, nehmen sie als Zeit ihrer Geburt an.

147. Das ist der Bericht, den ich von den Ägyptern allein habe. Nun will ich die Geschichte des Landes weiter erzählen,

wie sie mir außer von den Ägyptern auch von den anderen Bewohnern des Landes berichtet worden ist. Einzelnes weiß ich auch aus eigener Anschauung.

Nach der Befreiung Ägyptens und der Regierung des Hephaistospriesters teilten die Ägypter — die ohne einen König nicht hätten leben können — ganz Ägypten in zwölf Teile und setzten zwölf Könige ein[222]. Diese verschwägerten sich untereinander und machten einen Vertrag, sie wollten einander weder stürzen noch Land wegnehmen, sondern in aller Freundschaft leben. Der Grund für diesen Vertrag, an den sie sich streng hielten, war folgender. Gleich bei Antritt ihrer Herrschaft war ihnen geweissagt worden: wer von ihnen im Tempel des Hephaistos aus eherner Schale ein Trankopfer brächte, würde über ganz Ägypten König werden. Und sie kamen in allen Tempeln zum Opfer zusammen.

148. Auch ein gemeinsames Denkmal wollten sie hinterlassen und erbauten infolgedessen ein Labyrinth[223], das ein wenig oberhalb des Moirissees bei der sogenannten Stadt der Krokodile liegt. Ich habe dies Labyrinth gesehen; es ist über alle Beschreibung. Nimmt man sämtliche Mauerbauten und ananderen Bauwerke der Hellenen zusammen, so steckt in ihnen noch nicht soviel Arbeit und soviel Geld wie in diesem einen Labyrinth. Dabei sind doch auch der Tempel in Ephesos[224] und der in Samos[225] recht ansehnliche Bauwerke. Schon die Pyramiden sind ungeheuer, und jede von ihnen wiegt viele große Werke der Hellenen auf; aber das Labyrinth übertrifft noch die Pyramiden. Es hat zwölf überdachte Höfe, je zwei liegen einander gegenüber, sechs nach Norden, sechs nach Süden, alle stoßen unmittelbar aneinander. Rings herum läuft eine einzige Mauer. Zwei Arten von Kammern sind in dem Gebäude, unterirdische und oberirdische, zusammen dreitausend Kammern, nämlich je fünfzehnhundert. Durch die oberirdischen Gemächer bin ich selber gegangen und spreche also aus eigener Anschauung; von den unterirdischen habe ich nur erzählen hören. Die Aufseher wollten sie mir durchaus nicht zeigen. Sie sagten, es ständen die Särge der Könige, die das Labyrinth gebaut, und der heiligen Krokodile darin. Daher kann ich von den unteren Kammern nur sagen, was ich gehört habe; die oberen aber, die

ich gesehen habe, sind ein geradezu übermenschliches Werk. Die Flucht dieser Kreuz- und Querwege durch die Höfe, der bunteste Schmuck allenthalben — das alles ist voll unzähliger Schönheiten; von den Höfen tritt man in die Kammern, von den Kammern in Säulenhallen, dann wieder in Kammern und wieder in Höfe. Überall ist die Decke aus Stein ebenso wie die Wände, und diese Wände sind voller Reliefs, und jeder Hof ist mit Säulen umgeben und die Wände aus weißen, sorgfältig gefügten Steinen. Und ganz hinten am Ende des Labyrinths steht eine vierzig Klafter große Pyramide[226], in die riesige Figuren eingehauen sind. Ein unterirdischer Weg führt in die Pyramide hinein[227].

149. So gewaltig aber dies Labyrinth ist, noch größeres Staunen erweckt der sogenannte Moirissee[228], an dessen Ufer das Labyrinth errichtet ist. Dieser Moirissee hat einen Umfang von dreitausendsechshundert Stadien, nämlich von sechzig Schoinoi, was ebensoviel ist wie die Länge der ganzen ägyptischen Küste. Er zieht sich von Norden nach Süden und ist an der tiefsten Stelle fünfzig Klafter tief. Daß er ein Werk menschlicher Hände und künstlich gegraben ist, sieht man deutlich. Mitten im See stehen nämlich zwei Pyramiden, die fünfzig Klafter hoch aus dem Wasser hervorragen und ebenso tief in das Wasser hinein. Neben jeder Pyramide steht ein Kolossalbild aus Stein, eine auf einem Thron sitzende Figur[229]. So sind die Pyramiden also hundert Klafter hoch, das macht gerade ein Stadion oder sechs Plethren; denn ein Klafter ist gleich sechs Fuß oder vier Ellen, ein Fuß gleich vier Handbreiten, die Elle gleich sechs Handbreiten.

Das Wasser in dem See quillt nicht aus dem Boden hervor, denn die Gegend dort ist sehr wasserarm. Es wird durch Kanäle aus dem Nil herbeigeleitet. Sechs Monate strömt es in den See hinein, sechs Monate wieder hinaus in den Nil[230]. Während der Zeit des Abfließens bringt die Fischerei dem königlichen Haushalt jeden Tag ein Talent Silbers ein, während der Monate des Zufließens zwanzig Minen.

150. Die Leute in jener Gegend erzählten auch von einem unterirdischen Abfluß des Sees nach der libyschen Syrte zu, also einem nach Westen ins Land hinein gerichteten, an den

Bergen oberhalb Memphis entlang laufenden unterirdischen Fluß. Ferner wollte ich gern erfahren, wohin die aus dem Seebecken herausgegrabene Erde gekommen sei. Da ich sie nirgends sah, fragte ich die Anwohner des Sees darnach. Sie gaben mir eine Auskunft, die mir durchaus glaubhaft schien; denn in der Stadt Ninos in Assyrien, hörte ich, ist man mit der Erde ebenso verfahren wie hier. Dort nämlich hatte der König Sardanapallos[231] seine gewaltigen Schätze in unterirdischen Schatzkammern geborgen, und Diebe, die sie ihm rauben wollten, kamen auf folgenden Gedanken. Von ihrem eigenen Hause aus gruben sie einen unterirdischen Gang nach dem Königspalast zu, die ausgegrabene Erde aber trugen sie, sobald es Nacht wurde, in den an Ninos vorüberfließenden Tigris, bis sie ihr Ziel endlich erreichten. Ähnlich hat man es, wie ich höre, auch mit dem See in Ägypten gemacht, nur daß man die Erde bei Tage und nicht bei Nacht fortschaffte. Man trug die Erde, die man ausgrub, in den Nil, der sie natürlich mit sich fortnahm und zerstreute. So soll es beim Graben des Sees zugegangen sein.

151. Die zwölf Könige blieben ihrem Vertrage treu. Doch als sie nach einiger Zeit in dem Tempel des Hephaistos ein Opferfest feierten und am letzten Festtage das Trankopfer bringen wollten, brachte ihnen der Oberpriester statt der zwölf Opferschalen aus Gold, mit denen sie zu opfern pflegten, nur deren elf. Und der letzte König, Psammetichos, der keine Schale bekommen hatte, nahm seinen Helm ab, hielt ihn hin und wollte damit opfern. Der Helm war aus Erz, wie auch alle anderen Könige eherne Helme trugen und sie auch damals aufhatten. Psammetichos tat es ohne einen arglistigen Gedanken; die anderen aber bemerkten es und erinnerten sich an jene Weissagung: wer aus einer ehernen Schale das Trankopfer spende, würde König über ganz Ägypten werden. Sie ließen Psammetichos zwar am Leben, weil sie durch Befragen erkannten, daß er ohne jede Absicht gehandelt hatte, beschlossen aber, ihm den größten Teil seiner Macht zu nehmen und ihn in die Küstenniederungen zu verbannen. Dort sollte er hausen und sich von dem übrigen Ägypten geschieden halten.

152. Nun hatte dieser Psammetichos schon einmal fliehen

müssen, nämlich vor dem aithiopischen König Sabakos, der seinen Vater Nekos tötete. Er selber entwich damals nach Syrien[231a]. Als dann der Aithioper infolge des Traumes Ägypten freigab, führten die Ägypter, die im Gau von Sais wohnen, ihn wieder aus Syrien zurück. Er wurde König und mußte jetzt zum zweiten Male fliehen, diesmal vor den elf anderen Königen um jenes Helmes willen in die Küstenniederungen. Er glaubte, daß ihm schweres Unrecht geschehen sei, und beschloß, sich an seinen Verfolgern zu rächen. Auf eine Anfrage beim Orakel der Leto in Buto, der untrüglichsten Orakelstätte Ägyptens, erhielt er die Antwort: eherne Männer würden vom Meere her kommen und ihn rächen. Es schien ihm ganz unglaublich, daß eherne Männer als seine Retter erscheinen sollten. Aber nur kurze Zeit war vergangen, da geschah es, daß Ioner und Karer, die auf Seeraub ausgezogen waren, nach Ägypten verschlagen wurden. Sie stiegen ans Land in ihren ehernen Rüstungen, und ein Ägypter lief zu Psammetichos und meldete ihm, eherne Männer seien vom Meere her gekommen und raubten in den Feldern. Er hatte ja noch nie erzgepanzerte Leute gesehen. Psammetichos erkannte, daß das Orakel in Erfüllung gegangen sei, schloß Freundschaft mit den Ionern und Karern und bewog sie durch große Versprechungen, mit ihm zu ziehen. Mit Hilfe seiner Anhänger in Ägypten und dieser Hilfstruppen stürzte er dann die anderen Könige[232].

153. Als Psammetichos König von ganz Ägypten geworden war, erbaute er die nach Süden gelegene Vorhalle im Hephaistosheiligtum zu Memphis, und für den Apisstier[233] erbaute er dieser Vorhalle gegenüber einen Hof, in dem der Apis, wenn er erscheint, gefüttert wird. Der Hof ist ganz von Säulen umgeben und voller Figurenschmuck. Die Stützen des Hofes sind aber nicht Pfeiler, sondern zwölf Ellen hohe Kolossalstatuen. Für den Apis ist der hellenische Name Epaphos.

154. Seinen Mitkämpfern, den Ionern und Karern, gab Psammetichos Land zum Bebauen, eine Strecke zu beiden Seiten des Nil, die den Namen Stratopeda [Heerlager] erhielt[234]. Außer diesem Landbesitz gewährte er ihnen auch alles andere, was er ihnen versprochen hatte. Er überließ ihnen sogar junge Ägypter, damit sie die hellenische Sprache erlernten.

Diese Ägypter sind die Vorfahren der jetzigen Dolmetscher in Ägypten.
Die Ioner und Karer haben lange in jener Gegend gewohnt. Sie liegt ein wenig meerwärts von der Stadt Bubastis, an dem sogenannten pelusischen Nilarm. Später hat sie der König Amasis dort weggeholt und bei Memphis angesiedelt. Er machte sie zu seiner Leibwache, um sich gegen seine Ägypter zu schützen. Mit diesen ionischen und karischen Kolonisten standen natürlich die Hellenen im Verkehr, und daher sind wir über alles, was seit der Zeit des Psammetichos in Ägypten geschehen ist, so gut unterrichtet. Sie waren die ersten Ausländer, die sich in Ägypten ansiedelten. In den Gegenden, aus denen Amasis sie dann nach Memphis verpflanzte, sah man noch zu meiner Zeit die Schiffswerften und die Reste ihrer Häuser.
So war also Psammetichos König von Ägypten geworden.
155. Nun habe ich aber schon mehrfach das Orakel in Buto erwähnt und will über diese denkwürdige heilige Stätte jetzt Näheres mitteilen. Es ist ein Heiligtum der Leto, bei einer großen Stadt gelegen, die an dem sogenannten sebennytischen Mündungsarm des Nil liegt, wenn man landeinwärts fährt, zur Rechten. Der Name der Stadt, bei der sich die Orakelstätte befindet, ist Buto, wie ich eben schon sagte. Außerdem ist in Buto noch ein Apollon- und Artemisheiligtum. Der Letotempel, in dem das Orakel ist, hat eine bedeutende Größe und besitzt eine Vorhalle von zehn Klafter Höhe. Von den Dingen, die dort zu sehen sind, hat mich am meisten folgendes in Erstaunen gesetzt. In diesem heiligen Bezirk der Leto steht ein aus einem einzigen Stein gehauenes Tempelhaus von vierzig Ellen Höhe und Länge. Als Bedachung liegt ebenfalls eine einzige Steinplatte darauf, die ein vier Ellen breites Gesims hat.
156. Dieses Tempelhaus ist das Wunderbarste, was man in diesem Heiligtum sehen kann. Fast ebenso wunderbar aber ist eine Insel, die Chemmis[235] heißt. Sie liegt in einem tiefen, weiten See neben dem Heiligtum in Buto; die Ägypter behaupten, es sei eine schwimmende Insel. Ich habe sie aber nicht selber schwimmend sich fortbewegen sehen und war höchst überrascht, daß es überhaupt schwimmende Inseln geben kann. Auf der Insel stehen nämlich ein großer Apollontempel und drei

Altäre; und viele Palmen und andere, fruchttragende und nicht fruchttragende Bäume wachsen darauf.
Die Ägypter erzählen eine Sage über diese schwimmende Insel. Früher sei sie nicht schwimmend gewesen. Aber als Leto, die zu dem ältesten Acht-Götter-Kreis gehört, in Buto, wo jetzt ihr Orakel ist, wohnte, übergab ihr Isis den Apollon zur Verwahrung, und sie barg ihn vor dem alles durchsuchenden und durchwandernden Typhon, der den Sohn des Osiris in seine Gewalt bringen wollte, auf der Insel, die heute die schwimmende heißt. Apollon und Artemis gelten in Ägypten als Kinder des Dionysos und der Isis, und Leto soll sie aufgezogen und gerettet haben. Bei den Ägyptern heißt Apollon Oros, Demeter Isis, Artemis Bubastis. Einzig und allein aus dieser Sage hat Aischylos, Euphorions Sohn, entlehnt, was sich bei keinem der früheren Dichter findet. Aischylos macht nämlich in einer Tragödie die Artemis zur Tochter Demeters[236]. Auf diese Weise also ist, wie wenigstens die Ägypter erzählen, die Insel schwimmend geworden.
157. Psammetichos herrschte vierundfünfzig Jahre über Ägypten[237]. Neunundzwanzig Jahre lang lag er vor der großen Stadt Azotos[238] in Syrien und belagerte sie, bis er sie endlich eroberte. Keine Stadt, die wir kennen, hat je eine so lange Belagerung ausgehalten wie diese Stadt Azotos.
158. Psammetichos hatte einen Sohn Nekos[239], der folgte ihm auf dem Thron Ägyptens. Er begann mit der Anlegung jenes Kanals in das Rote Meer, den dann der persische König Dareios weiterführte[240]. Der Kanal ist vier Tagesfahrten lang und wurde so breit gegraben, daß zwei Dreiruderer nebeneinander ihn befahren können. Er geht aus von dem Nil, etwas oberhalb von der Stadt Bubastis, fließt an der arabischen Stadt Patumos[241] vorüber und mündet ins Rote Meer. Zunächst durchschneidet er die nach Arabien zu gelegene Seite der ägyptischen Ebene. Südlich von dieser ebenen Strecke liegt das in der Nähe von Memphis sich hinziehende Gebirge, in dem sich die Steinbrüche befinden. Am Fuße dieses Gebirges läuft der Kanal eine weite Strecke in westöstlicher Richtung entlang[242], wendet sich dann nach Süden in eine durch das Gebirge führende Schlucht und mündet in den arabischen Meerbusen. Die geradeste und

kürzeste Strecke vom nördlichen Meer zum südlichen, dem sogenannten Roten Meer, also vom kasischen Grenzgebirge zwischen Ägypten und Syrien bis zum arabischen Meerbusen, ist gerade tausend Stadien lang. Der Kanal ist aber weit länger als diese gerade Entfernung, weil er viele Krümmungen macht. Bei dem Bau des Kanals unter dem König Nekos gingen einhundertzwanzigtausend Ägypter zugrunde. Mitten in der Arbeit ließ Nekos aufhören, weil ein Orakelspruch ihm abriet: was er baue, sei zum Vorteil der Barbaren. Unter Barbaren verstehen die Ägypter alle Völker, die nicht ihre Sprache sprechen.

159. Nekos also ließ den Kanal unvollendet und unternahm einen Kriegszug. Dreiruderer wurden erbaut, sowohl im nördlichen Meer wie im arabischen Meerbusen[243]. Die Anlegeplätze kann man noch jetzt erkennen. Unter ihrer Mithilfe machte er einen Landangriff gegen Syrien und siegte in der Schlacht bei Magdolos[244]. Nach dem Siege eroberte er die große syrische Stadt Kadytis[245]. Die Rüstung, in der er diese Taten vollbracht hatte, schickte er zu dem Heiligtum der Branchiden im Gebiete von Milet und weihte sie dem Apollon. Hierauf starb er nach sechzehnjähriger Regierung[246] und hinterließ das Reich seinem Sohne Psammis[247].

160. Als Psammis König von Ägypten war, kamen Gesandte aus Elis nach Ägypten und rühmten sich, die Art, wie bei ihnen in Olympia die Kampfspiele abgehalten würden, sei die allergerechteste und schönste. Sie behaupteten, selbst die Ägypter, das klügste Volk auf Erden, könnten nichts Besseres erdenken. Als diese Leute aus Elis in Ägypten angekommen waren und ihre Sache vorbrachten, da ließ der König die Ägypter, die im höchsten Rufe der Weisheit standen, zu sich rufen. Die Weisen kamen und ließen sich von den Eleiern genau angeben, was ihnen denn bei der Abhaltung der olympischen Spiele obliege. Die erzählten alles und sagten dann, sie seien gekommen, um nachzufragen, ob die Ägypter ein unparteilicheres Verfahren bei den Spielen ausfindig zu machen wüßten. Diese hielten Rat miteinander und fragten dann, ob die Bürger von Elis auch an den Kämpfen teilnähmen. Jene antworteten, ebensogut wie jeder andere Hellene dürften auch sie mitkämpfen. Da meinten

die Ägypter, damit sei die Unparteilichkeit ganz und gar nicht vereinbar. Denn es könne nicht ausbleiben, daß sie als Kampfrichter dem Mitbürger den Vorzug gäben und gegen den Fremden ungerecht seien. Wollten sie die Kampfspiele wirklich gerecht einrichten und seien sie nach Ägypten gekommen, um sich Rat darüber zu holen, so sollten sie nur die Fremden kämpfen lassen und alle Bewohner von Elis von den Spielen ausschließen. Das war die Antwort der Ägypter an die Leute von Elis.

161. Nachdem Psammis nur sechs Jahre regiert und einen Kriegszug gegen Aithiopien[248] unternommen hatte, starb er, und es folgte sein Sohn Apries[249]. Apries war nach seinem Urahn Psammetichos der glücklichste aller älteren Könige. Er herrschte fünfundzwanzig Jahre lang. Er führte ein Heer gegen die Stadt Sidon und lieferte eine Seeschlacht gegen den König von Tyros. In eine schlimme Lage kam er durch ein Ereignis, über das ich hier nur kurz berichte, um später in der Beschreibung Libyens genauer darauf zurückzukommen. Apries sandte ein starkes Heer gegen Kyrene, das eine furchtbare Niederlage erlitt[250]. Die Ägypter zürnten ihm darüber und fielen von ihm ab, denn sie meinten, er habe sie absichtlich ins offene Verderben geschickt, damit sie umkämen und sein Thron weniger gefährdet sei. Die Überlebenden und ihre Freunde machten also einen offenen Aufstand. 162. Apries schickte den Amasis[251] zu ihnen, um sie durch Unterhandlungen zu begütigen.

Amasis ging zu den Aufrührern und suchte sie von ihrem Vorhaben abzubringen. Während er aber sprach, trat ein Ägypter hinter ihn, setzte ihm einen Helm auf und erklärte, er habe ihm die Königskrone aufgesetzt. Das geschah keineswegs gegen Amasis' Willen, wie er sofort bewies. Denn als ihn die Aufständischen zum König gewählt hatten, rüstete er sich zum Kriegszuge gegen Apries. Apries sandte nun einen vornehmen Ägypter aus seinem Gefolge namens Patarbemis zu Amasis: er sollte Amasis lebendig zu ihm bringen. Als Patarbemis aber ankam und Amasis vor den König lud, da erhob sich Amasis — er saß gerade zu Pferde — im Sattel und ließ einen Wind streichen: den möge er Apries bringen. Patarbemis ließ nicht ab zu bitten, Amasis möchte der Ladung des Königs Folge leisten. Amasis gab zur Antwort, er rüste sich schon längst dazu, Apries solle nicht zu klagen haben; bald werde er und mit ihm noch andere zur Stelle sein. Patarbemis verstand den Sinn der Worte wohl; er sah die Kriegsvorbereitungen und machte sich eilends fort, damit der König möglichst bald erfahre, was im Werke sei. Als er ohne Amasis zu Apries zurückkehrte, war Apries wie von Sinnen und ließ ihm in seiner Wut Ohren und Nase abschneiden. Als das die treugebliebenen Ägypter sahen, daß der Vornehmste unter ihnen eine so schmähliche Behandlung erfahren mußte, fielen auch sie unverzüglich von Apries ab und ergaben sich Amasis.

163. Nun waffnete Apries seine Söldner und zog gegen seine ägyptischen Untertanen. Er hatte ein Heer von dreißigtausend karischen und ionischen Söldnern. Sein Königspalast liegt in der Stadt Sais und ist groß und anschauungswürdig. Also zog Apries mit seinem Heer gegen die Ägypter und Amasis mit seinem Heer gegen die fremden Söldner. In der Stadt Momemphis[252] trafen sie aufeinander und rüsteten sich zum Kampf.

164. Die Ägypter haben sieben verschiedene Kasten. Die eine heißt die Priesterkaste, die zweite die Kriegerkaste; dann folgen die Rinderhirten, die Schweinehirten, die Krämer, die Dolmetscher, die Schiffer. Soviel Klassen gibt es in Ägypten, und ihre Namen haben sie nach ihren Berufen. Die Kriegerkaste teilt sich in die sogenannten Kalasirier und Hermotybier[253], die in folgenden Gauen ansässig sind — ganz Ägypten zerfällt nämlich in einzelne Gaue —:

165. Die Hermotybier wohnen in den Gauen von Busiris, Sais, Chemmis, Papremis, auf der Insel Prosopitis und in der einen Hälfte von Nathos. Das sind die Gaue der Hermotybier, die zur Zeit ihrer größten Stärke die Zahl von einhundertsechzigtausend Mann erreichten[254]. Nie lernt einer von ihnen ein Handwerk; sie treiben nur die Kriegskunst.

166. Die Kalasirier bewohnen folgende Gaue: den von Theben, von Bubastis, von Aphthis, von Tanis, von Mendes, von Sebennys, von Athribis, von Pharbaithis, von Thmuis, von Onuphis, von Anysis, von Myekphoris. Der letztgenannte Gau liegt auf einer Insel gegenüber von Bubastis. Das sind die Gaue der Kalasirier, die zur Zeit ihrer größten Stärke die Zahl von

zweihundertfünfzigtausend Mann erreichten[255]. Auch sie dürfen kein Handwerk treiben, sondern treiben ausschließlich die Kriegskunst, die der Sohn vom Vater erlernt.

167. Ob die Hellenen auch dies von den Ägyptern übernommen haben, kann ich nicht entscheiden. Ich sehe, daß auch bei den Thrakern, den Skythen, den Persern, den Lydern und fast allen anderen Barbarenvölkern die Handwerker und ihre Abkömmlinge in geringerer Achtung stehen als die übrigen Bürger. Wer von körperlicher Arbeit befreit ist, gilt für edler, namentlich wer sich der Kriegskunst widmet. Das haben sämtliche Hellenenstämme übernommen, am meisten die Lakedaimonier. Am wenigsten verachtet sind die Handwerker in Korinth.

168. Die ägyptischen Krieger waren außer den Priestern die einzigen, die den Vorzug hatten, daß jeder zwölf auserlesene Ackerlose zinsfrei erhielt[256]. Ein Ackerlos beträgt hundert ägyptische Ellen ins Geviert; die ägyptische Elle ist ebenso groß wie die samische. Soviel also besaß jeder als sein alleiniges Eigentum. Außerdem hatten sie in abwechselnder Reihenfolge noch folgende Einkünfte. Je tausend Kalasirier und Hermotybier jährlich bildeten die Leibwache des Königs. Diese erhielten außer dem Ertrag ihrer Äcker noch täglich fünf Minen Brot, zwei Minen Ochsenfleisch und vier Arysteren Wein. Das war der tägliche Sold der Leibwache[257].

169. Als nun Apries mit den Söldnern und Amasis mit allen Ägyptern bei der Stadt Momemphis aufeinander gestoßen waren, kam es zur Schlacht. Die fremden Söldner kämpften tapfer, aber weil sie viel geringer an Zahl waren, unterlagen sie. Apries, sagt man, hatte gemeint, daß ihn kein Mensch oder Gott vom Throne stürzen könnte. So sicher glaubte er seiner königlichen Herrschaft zu sein. Und nun war er geschlagen und gefangen genommen worden und wurde nach Sais geführt in seine alte Königsburg, in der jetzt Amasis schaltete. Anfangs ließ man ihn leben, und Amasis sorgte gut für ihn. Endlich aber, weil die Ägypter darüber murrten, daß er ihren und seinen ärgsten Feind füttere, überlieferte ihn Amasis dem Volke. Er wurde erdrosselt und dann in der Gruft seiner Väter bestattet.

Diese Grabkammern befinden sich im Heiligtum der Athena, ganz nahe dem Tempelhause, wenn man hineintritt, linker

Hand. In Sais wurden alle Könige, die aus der Dynastie von Sais stammten, innerhalb des Heiligtums begraben. Auch das Grabmal des Amasis befindet sich im Hofe dieses Heiligtums, wenn auch weiter von dem Tempel entfernt als das des Apries und seiner Vorfahren. Es ist eine große steinerne Halle mit Säulen in Form von Palmen und sonstigem Schmuck ausgestattet. Diese Halle wird durch zwei Portale abgeschlossen, und in ihr steht der Sarg[258].

170. Auch das Grab eines, dessen Namen ich hier aus religiöser Scheu verschweige, befindet sich in Sais in demselben Heiligtum der Athena, hinter dem Tempelhaus, wo es sich längs der ganzen Wand des Athenatempels hinstreckt[258a]. In diesem heiligen Bezirk stehen ferner große steinerne Obelisken, und ein See gehört dazu, rings herum sehr schön mit Steinen eingefaßt und nach meiner Schätzung ebenso groß wie der sogenannte Ringsee auf Delos[259].

171. Auf dem See werden bei Nacht die Leiden des Gottes mimisch dargestellt; die Ägypter nennen das Mysterien. Doch will ich darüber Schweigen beobachten, obwohl ich ausführlich über diese Schauspiele berichten könnte. Ebenso will ich über das Demeterfest, das bei den Hellenen die Thesmophorien[260] heißt, schweigen, soweit man nicht ohne Entweihung davon erzählen kann. Die Töchter des Danaos waren es, die dies Demeterfest aus Ägypten zu uns herüberbrachten und es die pelasgischen Frauen lehrten. Später, als die Bewohner der ganzen Peloponnes durch die Einwanderung der Dorier verdrängt wurden, ging das Fest wieder verloren; nur die Arkader, der einzige Volksstamm der alten peloponnesischen Bevölkerung, der erhalten blieb, behielten es bei.

172. So war Apries beseitigt, und Amasis wurde König. Er stammte auch aus dem Gau von Sais, nämlich aus der Stadt Siuph[261]. Anfangs achteten die Ägypter den Amasis gering und erwiesen ihm wenig Ehrfurcht, weil er aus dem Volke stammte und aus keinem erlauchten Hause. Durch Schlauheit aber, ohne jedoch unbesonnen zu sein, gewann Amasis die Ägypter für sich. Unter seinen unzähligen Schätzen besaß er auch ein goldenes Waschbecken, in dem er und alle Tischgäste sich die Füße zu waschen pflegten. Dies Becken ließ er einschmelzen und

ein Götterbild daraus machen, das er im belebtesten Teil der Stadt aufstellte. Das Volk ging zu dem Götterbild und betete es an. Als Amasis erfuhr, wieviel Ehrfurcht die Ägypter dem Götterbild erwiesen, ließ er sie zu sich rufen und erklärte ihnen, daß es aus dem Waschbecken gemacht worden sei, in das sie gespien und ihr Wasser gelassen und in dem sie ihre Füße gewaschen hätten; und jetzt beteten sie es an! Ebenso wie dem Waschbecken sei es ihm selber ergangen; einst sei er ein Bürger gewesen, aber jetzt sei er ihr König; darum müßten sie ihn ehren und ihm gehorchen. Auf diese Weise brachte er das Volk dahin, daß es ihm willig gehorchte.

173. Mit seiner täglichen Arbeit hielt er es folgendermaßen. Frühmorgens tat er bis zur Mittagsstunde mit großem Fleiß, was ihm oblag. Dann aber zechte er, trieb Scherz mit seinen Zechgenossen, war leichtfertig und lustig. Seine Freunde waren unwillig darüber, machten ihm Vorwürfe und sagten:

»O König, du lebst nicht, wie du solltest, wenn du dich solchen Leichtfertigkeiten hingibst. Ernst auf dem erhabenen Throne sitzend, müßtest du den ganzen Tag über tätig sein. Dann würden die Ägypter merken, daß ein großer Mann über sie herrscht, und man würde besser von dir reden. Nun aber lebst du gar nicht wie ein König.«

Darauf antwortete Amasis: »Nur wenn man den Bogen braucht, spannt man ihn. Hielte man ihn dauernd gespannt, so würde er zerbrechen und, wenn man ihn brauchte, hätte man keinen Bogen mehr. Nicht anders ist es mit dem Menschen. Ist er immer nur ernst und fleißig und läßt dem Scherz und der Torheit keinen Raum, so wird er unvermerkt ganz toll oder ganz schlaff und müde. Darum gebe ich diesem so gut seine Zeit wie jenem.«

Das war seine Antwort an die Freunde.

174. Amasis soll, als er noch ein einfacher Mann war, viel gezecht und gelacht haben und gar nicht ernst und arbeitsam gewesen sein. Und wenn ihm die Mittel zum Trinken und Wohlleben ausgingen, bestahl er seine Nachbarn. Wenn man ihn dann beschuldigte, er hätte gestohlen, so leugnete er, und man führte ihn zu einer Orakelstätte, wo sich gerade eine befand. Oft wurde er dann durch das Orakel schuldig befunden,

oft aber auch freigesprochen. Als er nun König geworden war, tat er folgendes. Die Tempel der Götter, die ihn von den Diebstählen freigesprochen hatten, ließ er ganz unbeachtet und tat nichts zu ihrer Erhaltung, opferte auch nicht in ihnen; denn, sagte er, sie verdienten es nicht und ihre Orakel seien trügerisch. Die Götter dagegen, die ihn als Dieb verurteilt hatten, die verehrte er hoch, denn sie seien wahrhaftige Götter und erteilten untrügliche Orakel.

175. So baute er der Athena in Sais eine ganz wunderbare Vorhalle, die an Höhe und Macht, an Größe und Schönheit der Steine alle anderen weit übertrifft. Ferner ließ er große Kolossalbilder und männliche Sphinxe[262] aufstellen und auch für andere Werke riesige Steinblöcke zur Bearbeitung herbeischaffen. Einige wurden aus den Steinbrüchen bei Memphis herbeigebracht, die ganz großen aber von Elephantine, das zwanzig Tagesfahrten von Sais stromaufwärts liegt. Was ich am allermeisten bewundere, ist folgendes. Er ließ ein ganzes Gebäude, aus einem Stein gehauen, von Elephantine herbeischaffen. Drei Jahre lang dauerte die Überführung, zweitausend Menschen, lauter Schiffsleute, waren damit beschäftigt. Die äußere Länge dieses Tempelhauses beträgt einundzwanzig Ellen, die Breite vierzehn, die Höhe acht Ellen. Das sind die äußeren Maße. Innen ist das monolithe Haus achtzehn Ellen und zwanzig Finger lang, zwölf Ellen breit und fünf Ellen hoch. Es steht am Eingang des heiligen Bezirkes; hineingezogen hat man es nicht, wie es heißt, aus folgendem Grunde. Der Baumeister soll beim Fortziehen des Hauses einen Seufzer ausgestoßen haben, weil ihn die endlose Mühe verdroß. Amasis soll darin ein übles Vorzeichen gesehen haben und ließ das Haus nicht weiter ziehen. Andere meinen, einer der Arbeiter, die es mit Hebebäumen fortbewegten, sei von dem Hause erdrückt worden, und deshalb habe man es nicht ins Heiligtum hineingezogen.

176. Amasis stiftete auch in alle anderen berühmten Heiligtümer Werke von bewunderungswürdiger Größe, so den Koloß, der vor dem Hephaistosheiligtum in Memphis am Boden liegt und fünfundsiebzig Fuß lang ist. Auf derselben Basis stehen noch zwei andere Kolosse aus derselben Steinart, jeder zwanzig Fuß hoch, zu beiden Seiten jenes großen. In Sais ist auch solch

ein steinerner Koloß, der am Boden liegt wie der in Memphis. Und der Isis in Memphis baute Amasis ihren großen, bewunderungswürdigen Tempel[263].

177. Unter dem König Amasis soll Ägypten den größten Reichtum besessen haben. Der Strom spendete dem Lande, und das Land spendete den Menschen. Zwanzigtausend bewohnte Städte soll es damals in Ägypten gegeben haben. Auch traf Amasis die Einrichtung, daß jeder Ägypter dem Verwalter seines Gaues jährlich sein Einkommen angeben mußte[264] Wer es nicht tat und keine rechtmäßigen Einkünfte nachweisen konnte, wurde mit dem Tode bestraft. Solon übernahm dies Gesetz von den Ägyptern und führte es in Athen ein. Noch heutigen Tages ist es in Geltung, weil es ein vorzügliches Gesetz ist.

178. Amasis war ein Freund der Hellenen. Er hat manchem Hellenen Gutes erwiesen und überließ den hellenischen Einwanderern die Stadt Naukratis zur Besiedelung[265] Wer nicht dauernd in Ägypten wohnen bleiben, sondern bloß Handel treiben wollte, denen gab er Plätze, wo sie Altäre und Göttertempel errichten konnten. Das größte, berühmteste und besuchteste von diesen Heiligtümern heißt Hellenion und ist von folgenden Städten gemeinsam begründet worden. von den ionischen Städten Chios, Teos, Phokaia, Klazomenai, von den dorischen Rhodos, Knidos Halikarnassos, Phaselis und der einzigen aiolischen Stadt Mytilene. Diesen Städten gemeinsam gehört das Heiligtum, und sie setzen auch Aufsichtsbeamte für den Handel an jenem Freiplatz ein. Die anderen Städte, die das Heiligtum besuchen, sind dort nur Gäste. Die Stadt Aigina hat ein eigenes Heiligtum des Zeus, die Samier eines der Hera, die Milesier eines des Apollon.

179. Ursprünglich war Naukratis der einzige Handelsplatz in Ägypten; einen anderen gab es nicht. Fuhr ein Schiff in eine andere Nilmündung ein, so mußte man schwören, daß es nur aus Not geschehen sei. Dann mußte das Schiff zurück und die kanobische Nilmündung zu erreichen suchen. Konnte man nicht gegen den Wind aufkommen, so mußte man die Waren in Baren weiterschaffen und um das Delta bis nach Naukratis herumfahren. Solche Rechte genoß Naukratis.

180. Als die Amphiktyonen den Bau des neuen Tempels in Delphi um dreihundert Talente in Auftrag gaben — der alte war durch einen Brand zugrunde gegangen —, hatte die Bevölkerung von Delphi den vierten Teil dieser Summe aufzubringen. Die Delpher fuhren von Stadt zu Stadt, um Beiträge zu sammeln, und brachten einen großen Teil des Betrages in Ägypten zusammen. Amasis schenkte ihnen tausend Talente Alaunsalz[266], und die in Ägypten wohnenden Hellenen schenkten zwanzig Minen Silbers[267].

181. Mit den Hellenen in Kyrene schloß er ein Schutz- und Trutzbündnis und wollte sich auch mit ihnen verschwägern, entweder weil er sich ein hellenisches Weib wünschte oder nur aus Freundschaft für Kyrene. So heiratete er ein Mädchen namens Ladike, die nach einigen die Tochter des Battos, nach anderen die des Arkesilaos, nach anderen die eines angesehenen Bürgers Kritobulos war. Als Amasis aber bei ihr ruhte, gelang es ihm nicht, sich mit ihr zu begatten, während er es doch mit den anderen Weibern konnte. Da das längere Zeit fortwährte, sagte Amasis zu Ladike:

»Weib, du hast mich verzaubert! Auf der Stelle sollst du eines elenderen Todes sterben als je ein Weib.«

Obwohl Ladike leugnete, ließ sich Amasis nicht erweichen. Da gelobte Ladike der Aphrodite in Kyrene ein Standbild, wenn Amasis die nächste Nacht sich mit ihr begatten könne; denn das allein war ihre Rettung. Und als Amasis zu ihr ging, konnte er es, und nun gewann er sie sehr lieb. Ladike erfüllte der Göttin, was sie ihr gelobt hatte. Sie ließ ein Götterbild machen und sandte es nach Kyrene. Noch als ich dort war, war es unversehrt und stand im Tempel der Stadt Kyrene[268]. Als Kambyses Ägypten eroberte, fragte er Ladike, wer sie wäre, und entließ sie ungekränkt nach Kyrene.

182. Amasis stiftete auch Weihgeschenke nach Hellas. Außer einem vergoldeten Athenastandbild und seinem eignen bemalten Bilde nach Kyrene weihte er der Athena in Lindos[269] zwei steinerne Götterbilder und einen sehenswürdigen Panzer aus Leinwand, ferner der Hera in Samos zwei hölzerne Bildnisstatuen von sich, die noch heute in dem großen Tempelhause stehen, hinter der Türe. Diese Stiftung nach Samos machte er

seiner Gastfreundschaft mit Polykrates, dem Sohn des Aiakes, wegen, die Stiftung nach Lindos zwar nicht einer Gastfreundschaft wegen, aber weil das Athenaheiligtum in Lindos von den Töchtern des Danaos gegründet sein soll, als sie auf ihrer Flucht vor den Söhnen des Aigyptos dort landeten. Diese Weihgeschenke stiftete Amasis. Er eroberte auch zum erstenmal Kypros und machte sich die Insel zinspflichtig.

DRITTES BUCH

1. Gegen diesen Amasis also zog Kambyses, der Sohn des Kyros, zu Felde, und mit ihm zogen alle Völkerschaften, die ihm untertan waren, darunter die Ioner und Aioler. Der Grund des Kriegszuges war folgender. Kambyses hatte einen Herold nach Ägypten geschickt und um die Tochter des Amasis gebeten. Das hatte er auf den Rat eines Ägypters getan, der Amasis haßte, weil dieser gerade ihn allein unter allen ägyptischen Ärzten den Persern übergeben und von Weib und Kind getrennt hatte. Kyros hatte sich nämlich von Amasis den besten Augenarzt Ägyptens[1] erbeten. Aus Groll darüber gab also der Ägypter dem Kambyses den Rat, Amasis' Tochter zu erbitten, damit er entweder dadurch gekränkt würde, daß er sie gäbe, oder sich, indem er ablehnte, Kambyses zum Feinde machte[2].

Amasis zweifelte, ob er die Werbung des Kambyses annehmen oder abweisen sollte. Er haßte die mächtigen Perser, fürchtete sie aber auch; und er wußte recht wohl, daß Kambyses die Tochter nicht als seine Gemahlin, sondern als sein Kebsweib halten würde. So fand er denn folgenden Ausweg. Es gab noch eine Tochter des vorigen Königs Apries, die allein von dessen Hause am Leben geblieben war. Sie war sehr stattlich und schön und hieß Nitetis[3]. Dies Mädchen ließ Amasis mit schönen Kleidern und Gold schmücken und sandte sie nach Persien als seine eigne Tochter. Als nun Kambyses sie begrüßte und als Kind des Amasis anredete, sprach das Mädchen zu ihm:

»O König, du weißt nicht, daß Amasis dich getäuscht hat. Denn ich, die er geschmückt zu dir gesendet hat als sein eignes Kind, bin in Wahrheit des Apries Tochter, gegen den sich, obwohl er sein eigener Herr war, Amasis mit den Ägyptern empört und den er gemordet hat.«

Dies Wort und dieser Anlaß waren es, was den ergrimmten Kambyses, den Sohn des Kyros, zum Kriege gegen Ägypten trieb. So erzählt wenigstens die Überlieferung der Perser.

2. Die Ägypter dagegen behaupten, Kambyses sei ein Ägypter, nämlich der Sohn dieser Tochter des Apries. Denn Kyros habe bei Amasis um die Tochter geworben, nicht Kambyses. Darin irren sie aber. Sie wissen ja auch sehr wohl – denn keiner kennt die Sitten und Gesetze der Perser so gut wie die Ägypter –, daß erstens bei den Persern kein Bastard König wird, wenn ein rechtmäßiger Sohn da ist, daß zweitens Kambyses nicht der Sohn einer Ägypterin, sondern der Kassandane, Tochter des Pharnaspes, eines Achaimeniden, war. Aber sie verkehren die geschichtliche Wahrheit und geben sich für Verwandte des Kyrosschen Hauses aus. So verhält es sich in Wirklichkeit.

3. Nun wird auch so erzählt — was mir aber nicht glaubhaft scheint —, eine persische Frau sei ins Frauengemach des Kyros gekommen, habe neben Kassandane ihre schönen und stattlichen Kinder stehen sehen und habe sie laut gepriesen und bewundert. Da sagte aber Kassandane, Kyros' Gemahlin:
»Obwohl ich solche Kinder geboren, verachtet mich Kyros; aber das Weib, das er in Ägypten geworben hat, hält er in Ehren.«
So sprach sie aus Ärger über die Nitetis. Ihr ältester Sohn, Kambyses, aber antwortete:
»Mutter, wenn ich ein Mann geworden bin, will ich in Ägypten das Oberste zuunterst und das Unterste zuoberst kehren.«
So sprach der zehnjährige Knabe, und die Frauen wunderten sich. Er aber blieb bei seinem Vorsatz, und als er herangewachsen und König geworden war, unternahm er jenen Feldzug gegen Ägypten.

4. Auf diesem Kriegszug hat sich auch folgende Geschichte zugetragen. Unter den Söldnern des Amasis befand sich ein Hellene aus Halikarnassos, der hieß Phanes und war klug und ein mutiger Krieger. Phanes hatte einen Groll gegen Amasis und floh auf einem Schiff aus Ägypten. Er wünschte eine Unterredung mit Kambyses. Weil er aber großes Ansehen im ägyptischen Heere genoß und in alle Verhältnisse in Ägypten aufs genaueste eingeweiht war, ließ Amasis ihn eifrig verfolgen

und schickte ihm seinen treuesten Eunuchen mit einer Triere nach. Der holte ihn in Lykien ein, konnte ihn aber trotzdem nicht nach Ägypten zurückbringen, weil Phanes ihn überlistete. Er machte nämlich seine Wächter trunken und entkam nach Persien[4].

Kambyses rüstete sich gerade zum Kriegszuge und wußte nicht, wie er durch die Wüste kommen sollte. Da kam Phanes, sagte ihm alles, was er von Amasis wußte, und zeigte ihm auch den Weg durch die Wüste. Er riet ihm nämlich, zum König von Arabien zu schicken und ihn zu bitten, daß er ihm sicheren Durchzug durch sein Land gewähre.

5. Man kennt nämlich nur diesen einzigen Weg nach Ägypten. Von Phoinikien bis zum Gebiet der Stadt Kadytis erstreckt sich das Land der sogenannten palästinischen Syrier. Von Kadytis, einer, wie ich glaube, nicht viel kleineren Stadt als Sardes, bis zur Stadt Ianysos, gehören die Handelsplätze am Meere zum Königreich Arabien. Von Ianysos bis zum Serbonissee, längs dem sich das kasische Gebirge zum Meere hin erstreckt, ist das Land wieder syrisch. Beim Serbonissee, in dem der Sage nach Typhon begraben liegt, beginnt Ägypten. Das Land zwischen der Stadt Ianysos und dem kasischen Gebirge und Serbonissee aber — es ist eine lange, drei Tagereisen weite Strecke — ist wasserlose Wüste[5].

6. Nun will ich etwas erzählen, was nur wenige Besucher Ägyptens bemerkt haben. Aus ganz Hellas wie aus Phoinikien wird zweimal jährlich Wein in Tonkrügen nach Ägypten geschafft, und doch sieht man kaum je einen leeren Weinkrug in Ägypten. Was tut man nur, wird jeder fragen, mit diesen Gefäßen? Ich will es sagen. Jeder Gemeindevorsteher ist verpflichtet, alle Tongefäße seiner Stadt zu sammeln und nach Memphis abzuführen. Von Memphis werden sie, mit Wasser gefüllt, in jene syrische Wüste verschickt. So finden sich alle Tongefäße, die nach Ägypten wandern und dort geleert werden, nach und nach in Syrien zusammen[6].

7. Die Perser sind es, die diesen Weg nach Ägypten auf solche Weise mit Wasser versorgt haben, sobald sie Ägypten erobert hatten. Damals aber fand man dort noch kein Wasser vor, und deshalb sandte Kambyses auf den Rat jenes Fremdlings aus

Halikarnassos Boten an den arabischen König und bat um sicheren Durchzug. Der Araber gewährte ihn, und sie schlossen ein Bündnis miteinander[7].

8. Bei den Arabern wird solch ein Bündnis hochheilig gehalten. Die Gebräuche dabei sind folgende. Wollen zwei Männer einen Freundesbund schließen, so tritt ein dritter zwischen sie und macht mit einem scharfen Stein einen Schnitt in ihre Handfläche in der Nähe des Daumens. Dann benetzt er ein Stückchen Tuch von ihrem Oberkleid mit dem Blut und streicht das Blut auf sieben zwischen den künftigen Bundesbrüdern liegende Steine. Dabei ruft er den Dionysos und die Urania an. Ist die Feierlichkeit zu Ende, so empfiehlt der Bundesbruder seinen neuen Bruder, der ein Fremder oder ein Stammesgenosse sein kann, den Freunden, und diese halten nun ebenfalls den Bund heilig[8]. Sie halten Dionysos und Urania für die einzigen Götter und behaupten, daß sie dieselbe Haartracht hätten wie Dionysos. Sie scheren die Haare rings um den Kopf ab, auch an der Schläfe. In ihrer Sprache heißt Dionysos Orotalt und Urania Alilat[9].

9. Nachdem der arabische König mit den Boten des Kambyses das Bündnis geschlossen hatte, füllte er Schläuche aus Kamelhaut mit Wasser und belud damit alle seine Kamele. Dann zog er mit ihnen in die Wüste und erwartete das Heer des Kambyses. So berichtet wenigstens die glaubwürdigere Überlieferung. Ich darf aber auch die weniger glaubwürdige, da sie ebenfalls erzählt wird, nicht verschweigen. Danach soll der König der Araber aus dem großen arabischen Flusse Korys, der sich in das Rote Meer ergießt[10], einen Schlauch, den er aus Ochsenhäuten und anderen Häuten zusammennähen ließ, bis in die Wüste hineingeleitet haben. In der Wüste soll er tiefe Gruben gegraben haben, die das Wasser aufnehmen und bewahren sollten. Die Entfernung vom Flusse bis in die Wüste beträgt zwölf Tagereisen. Drei solche Schläuche soll er nach drei verschiedenen Stellen geleitet haben.

10. An dem pelusischen Mündungsarm[11] des Nils lagerte Psammenitos, der Sohn des Amasis[12], und erwartete Kambyses. Amasis selber war nämlich nicht mehr am Leben, als Kambyses gegen Ägypten zog. Er war nach vierundvierzigjähriger Regie-

rung gestorben Während seiner Regierungszeit hatte ihn kein einziges schweres Unglück getroffen. Und seine Leiche wurde einbalsamiert und in der Grabkammer des Heiligtums, das er selber erbaut hatte, bestattet[13]. Während der Regierung des Psammenitos aber geschah etwas, was für die Ägypter ein großes Wunder ist. Es regnete nämlich in Theben, während es weder vorher, noch später bis zum heutigen Tage, wie man in Theben selber erzählte, jemals geregnet hat. In Oberägypten fällt nämlich überhaupt kein Regen; damals aber fielen in Theben Regentropfen[14].

11. Die Perser zogen durch die Wüste und lagerten sich nahe den Ägyptern zum Kampf. Da führten die ägyptischen Söldner — es waren Hellenen und Karer — aus Haß gegen Phanes, der das feindliche Heer nach Ägypten geführt hatte, folgenden Racheplan gegen ihn aus. Phanes hatte seine Söhne in Ägypten gelassen. Sie führten sie ins Lager, so daß der Vater sie sah, stellten mitten zwischen die beiden Heere einen Mischkrug und schlachteten die Knaben, die sie nacheinander herbeischleppten, über dem Mischkrug. Als alle geschlachtet waren, gossen sie Wein und Wasser hinzu, und alle Söldner tranken von dem blutigen Trank. Dann zogen sie zum Kampf. Es war eine große Schlacht, und auf beiden Seiten fiel eine Menge Krieger. Dann wandten sich die Ägypter zur Flucht.

12. Von den Bewohnern jener Gegend habe ich etwas höchst Wunderbares erfahren. Denn die Gebeine der in dieser Schlacht Gefallenen sind gesondert aufgeschichtet; auf der einen Seite liegen die Gebeine der Perser, wie sie begraben worden sind, und auf der anderen Seite die der Ägypter. Nun sind aber die Perserschädel so zart, daß man mit einem einzigen Steinchen ein Loch in sie werfen kann, während die der Ägypter so fest sind, daß man sie kaum mit einem großen Stein zerschmettern kann. Als Grund dafür gaben sie an — was mir auch sehr wohl einleuchtete —, daß die Ägypter gleich von Kindheit an ihren Kopf scheren, so daß der Schädel in der Sonne hart wird[15]. Das ist auch der Grund, weshalb sie nicht kahlköpfig werden. Nirgends findet man so wenig Kahlköpfe wie in Ägypten. So also erklärt sich die Festigkeit der ägyptischen Schädel und dementsprechend auch die Zerbrechlichkeit der persischen. Die

Perser tragen von Jugend auf eine Tiara aus Filz und verweichlichen dadurch ihren Kopf. Ähnliche Unterschiede wie hier sah ich auch in Papremis, wo die Leichen der Perser liegen, die mit ihrem Führer Achaimenes, Sohn des Dareios, im Kampfe gegen den Libyer Inaros gefallen sind[16].

13. Als die Ägypter in jener Schlacht den Rücken gewendet, flohen sie ohne Ordnung von dannen. Bis Memphis wurden sie zurückgedrängt, und Kambyses sandte den Nil hinauf nach Memphis ein mytilenisches Schiff, das einen persischen Herold an Bord hatte und die Ägypter zur Übergabe auffordern sollte. Als diese aber das Schiff heranfahren sahen, stürmten sie aus der Stadt hervor, bohrten es in den Grund, zerhackten die Bemannung in Stücke und schleppten sie in die Stadt. Nun wurde Memphis belagert und mußte sich nach längerer Belagerung ergeben. Da fürchteten die benachbarten Libyer, es würde ihnen ebenso ergehen wie den Ägyptern, ergaben sich ohne Kampf, zahlten Tribut und sandten Geschenke. Dasselbe taten die Kyrenaier und Barkaier, weil sie sich ebenso fürchteten wie die Libyer. Kambyses nahm die Geschenke der Libyer freundlich, die der Kyrenaier aber mit Geringschätzung entgegen; ich glaube, sie genügten ihm nicht. Die Kyrenaier hatten nämlich fünfhundert Minen Silber geschickt. Er nahm sie und verteilte sie eigenhändig unter seine Soldaten[17].

14. Am zehnten Tage nach der Eroberung der Stadt Memphis hieß Kambyses den ägyptischen König Psammenitos, der nur sechs Monate König gewesen war, mit anderen vornehmen Ägyptern draußen vor das Tor gehen und sich setzen; er wollte durch ein entehrendes Schauspiel seine Standhaftigkeit auf die Probe stellen. Des Königs Tochter mußte ein Sklavenkleid antun und mit dem Wasserkruge draußen Wasser holen. Mit ihr schickte er die Töchter der vornehmsten Ägypter, in gleichem Aufzuge wie die Königstochter, hinaus. Als die Jungfrauen schreiend und klagend an ihren Vätern vorübergingen, schrien und klagten auch die Väter über die Schande ihrer Kinder. Nur Psammenitos senkte, als er sie kommen sah, den Blick zur Erde.

Als die Wasserträgerinnen vorüber waren, schickte Kambyses auch des Königs Sohn mit zweitausend Altersgenossen heraus, den Hals mit einem Strick umschnürt und den Mund verstopft[18]. Er ließ sie zum Tode führen, um die Mytilenaier zu rächen, die in Memphis mit jenem Schiff umgekommen waren. So hatte der Gerichtshof des Königs entschieden: für jeden Mann sollten zehn edle Ägypter den Tod leiden[19]. Als der Vater sie daherkommen sah und merkte, daß sein Sohn zum Tode geführt wurde, tat er dasselbe wie vorher bei seiner Tochter, während die anderen Ägypter, die um ihn herum saßen, ihn beklagten und bejammerten.

Als auch diese vorüber waren, kam zufällig einer von des Psammenitos Tafelrunde daher, ein alter Mann, der sein Hab und Gut verloren hatte und bei den Soldaten betteln gehen mußte. Der ging jetzt an Psammenitos, Amasis' Sohn, und den anderen vor dem Tore sitzenden Ägyptern vorüber. Als Psammenitos ihn sah, weinte er laut, rief den Freund bei Namen und schlug sich an die Stirn.

Es standen Wächter dabei, die berichteten Kambyses alles, was Psammenitos jedesmal getan hatte. Kambyses wunderte sich und schickte einen Boten, der ihn folgendes fragen mußte:

»Psammenitos! Mein Herr Kambyses läßt dich fragen, warum du nicht geschrien und geklagt hast, als du deine Tochter erniedrigt und deinen Sohn auf dem Weg zum Tod sahst, aber dem Bettler Ehre angetan hast, der doch, wie man ihm sagt, gar nicht mit dir verwandt ist?« So fragte er, und Psammenitos gab folgendes zur Antwort: »Sohn des Kyros! Die Leiden meines Hauses sind zu groß, um über sie zu weinen; aber des Freundes Not verdiente meine Klagen, denn er ist aus einem reichen Manne ein Bettler geworden, und dazu naht ihm das Alter.« Als Kambyses diese Worte hörte, schienen sie ihm wahr und gut. Wie die Ägypter erzählen, weinte Kroisos, der den Zug des Kambyses nach Ägypten begleitete, und es weinten auch die Perser, die dabei standen. Auch bei Kambyses regte sich das Mitleid; er befahl sofort, den Sohn des Königs nicht zu töten und den König von der Stelle vor dem Tore, wo er saß, aufstehen zu heißen und zu ihm zu führen.

15. Die Boten fanden den Sohn nicht mehr am Leben; er war als erster enthauptet worden. Aber Psammenitos hießen sie aufstehen und führten ihn zu Kambyses. Es geschah ihm

kein Leid, und er lebte bis zu seinem Tode bei Kambyses. Hätte er auch Ruhe zu halten gewußt, so hätte er Ägypten als Statthalter zurückerhalten; denn bei den Persern gilt königliches Geblüt viel. Wenn auch ein König sich empört, gibt man doch seinem Sohn den Thron zurück. Für diese persische Gewohnheit kann man viele Beweise anführen; z. B. erhielten Thannyras, der Sohn des Inaros, und Pausiris, der Sohn des Amyrtaios, das Reich ihrer Väter zurück, obwohl niemand den Persern so viel zu schaffen gemacht hat wie Inaros und Amyrtaios[20]. Psammenitos dagegen zettelte eine Verschwörung an, und dafür empfing er dann den verdienten Lohn. Es wurde entdeckt, daß er die Ägypter zum Abfall verleitete. Kambyses überführte ihn und ließ ihn Stierblut trinken, woran er sofort starb. Das war das Ende des Psammenitos.

16. Von Memphis zog Kambyses nach Sais. Er wollte dort folgendes tun, was er auch ausführte. Er ließ die Leiche des Amasis, sobald er am Königspalast angelangt war, aus der Gruft holen, und als es geschehen war, sie geißeln, ihr die Haare ausraufen und sie auf jede Art mißhandeln. Als man sie bis zur Ermüdung geschlagen hatte und der einbalsamierte Leichnam trotzdem nicht zerfiel, befahl Kambyses, ihn zu verbrennen[21]. Es war ein frevelhafter, gottloser Befehl. Denn bei den Persern ist ja das Feuer etwas Göttliches. Das Verbrennen der Leichen ist weder bei den Persern noch bei den Ägyptern Sitte; bei jenen aus dem angegebenen Grunde: einem Gotte einen menschlichen Leichnam zu übergeben, sei ein Frevel. Bei den Ägyptern aber gilt das Feuer als ein lebendes Tier, das alles, was es erreichen könne, aufzehre, um, wenn es gesättigt, zusammen mit seinem Opfer zu sterben. Den Tieren den Leichnam zum Fraß zu lassen, verstößt durchaus gegen ägyptische Sitte. Darum balsamieren sie ihn ein: auch von den Würmern in der Erde soll er nicht verzehrt werden[22].

So war der Befehl des Kambyses gegen die Sitte beider Völker. Die Ägypter erzählen freilich, nicht Amasis sei verbrannt worden, sondern die Leiche eines anderen gleichaltrigen Ägypters. Im Wahne, Amasis zu mißhandeln, hätten die Perser vielmehr diesen mißhandelt. Amasis habe nämlich vor seinem Tode durch einen Orakelspruch erfahren, welches Schicksal seiner Leiche bevorstände. Um es von sich abzuwenden, habe er jenen Menschen, der jetzt mißhandelt worden, vorn an der Türe seiner Grabkammer beisetzen lassen; seine eigene Leiche aber mußte sein Sohn hinten in den Winkel stellen lassen. Diese Geschichte über Amasis und seinen Befehl scheint mir aber nicht der Wahrheit zu entsprechen, sondern von den Ägyptern erfunden zu sein, um die Sache auszuschmücken.

17. Weiter plante nun Kambyses drei Kriegszüge: gegen die Karchedonier[23], die Ammonier[24] und die sogenannten langlebigen Aithioper, die am Südmeer in Libyen wohnen[25]. Er beschloß, gegen die Karchedonier seine Kriegsschiffe zu senden und gegen Ammon einen Teil seines Heeres. Zu den Aithiopern aber wollte er zuerst Kundschafter schicken, die sollten schauen, ob es bei den Aithiopern wirklich jenen sogenannten Tisch der Sonne gibt, von dem man erzählt, und sollten auch andere Dinge auskundschaften. Als Vorwand sollten Geschenke dienen, die sie dem Könige brachten.

18. Von diesem Tisch der Sonne wird folgendes erzählt. Vor dem Tore der Stadt soll eine Wiese liegen, die voll gebratenen Fleisches aller Tierarten ist. Nachts legen die Bürger, die gerade die Regierung führen, in aller Heimlichkeit das Fleisch auf die Wiese, und Tags kommt dann, wer da will, und ißt. Das Volk glaubt, daß das Fleisch aus der Erde wächst. So lautet die Sage von diesem sogenannten Tisch der Sonne[26].

19. Kambyses beschloß also, Kundschafter auszusenden, und ließ dazu aus der Stadt Elephantine Ichthyophagen kommen, die die Sprache der Aithioper verstehen. Während sie noch auf dem Wege waren, hieß er die Kriegsflotte ausfahren gegen Karchedon. Die Phoiniker weigerten sich mitzufahren. Sie sagten, sie seien durch heilige Eide gebunden, und es sei ein Frevel, wenn sie gegen ihre eigenen Kinder zu Felde zögen. Ohne die Phoiniker aber waren die anderen Schiffe den Karchedoniern nicht gewachsen. So kam es denn, daß die Karchedonier dem Joch der Perser entgingen; denn Kambyses wollte die Phoiniker nicht zwingen, weil sie sich den Persern freiwillig unterworfen hatten und die ganze persische Seemacht auf ihnen beruhte. Auch Kypros hatte sich den Persern freiwillig unterworfen und nahm an dem Zuge gegen Ägypten teil.

20. Als nun die Ichthyophagen aus Elephantine vor Kambyses erschienen, sandte er sie nach Aithiopien, sagte ihnen ihren Auftrag und gab ihnen Geschenke mit: ein Purpurgewand, eine goldene Halskette, goldene Armbänder, ein Myrrhenkästchen[27] aus Alabaster und einen Krug Wein aus Phoinikien. Von diesen Aithiopern aber, zu denen Kambyses schickte, erzählt man, daß sie das höchstgewachsene und schönste Volk der Welt seien. Ihre Sitten sollen ganz anders sein als die der anderen Völker; so sollen sie z. B. den Größten und Stärksten im Volke zum König wählen.

21. Die Ichthyophagen kamen an, übergaben dem König die Geschenke und sprachen:

»Kambyses, der König der Perser, will dein Bundesgenosse und Freund sein und hat uns gesandt, zu dir zu sprechen und dir diese Geschenke zu bringen, die ihm selber sehr lieb sind.«

Der König der Aithioper merkte, daß sie als Kundschafter kamen, und erwiderte folgendes:

»Weder hat euch der Perserkönig deshalb mit Geschenken gesandt, weil er um jeden Preis mein Freund sein will, noch sprecht ihr die Wahrheit, wenn ihr das sagt; denn ihr kommt, um mein Reich auszukundschaften. Er ist kein rechtlicher Mann. Denn wäre er es, so würde es ihn nicht nach fremden Reichen gelüsten; er würde nicht Völker unterjochen, die ihm nie etwas zu Leide getan haben. Darum bringet ihm diesen Bogen und sprecht folgende Worte zu ihm: 'Der König der Aithioper rät dem König der Perser, nur wenn die Perser so große Bogen so leicht spannen wie wir, mit unzähligem Kriegsvolk gegen die langlebigen Aithioper ins Feld zu ziehen. Wenn nicht, möge er den Göttern danken, daß sie den Söhnen Aithiopiens nicht den Gedanken eingeben, zu ihrem Lande ein anderes hinzu zu erobern[28]'.«

22. So sprach er, spannte den Bogen ab und gab ihn den Boten. Nun nahm er das Purpurgewand und fragte, was es sei und wie es gemacht würde. Die Ichthyophagen erklärten ihm wahrheitsgetreu, was Purpur sei und wie man damit färbe. Da sagte er, die Menschen seien falsch und falsch auch ihre Kleider. Weiter fragte er nach der goldenen Halskette und den Armbändern, und als die Ichthyophagen zeigten, wie man sie trüge,

lachte der König und sagte — denn er hielt sie für Fesseln —, bei ihnen seien die Fesseln stärker. Drittens fragte er nach den Myrrhen. Als die Boten von ihrer Bereitung sprachen und daß man sie zum Salben gebrauche, sagte er dasselbe, was er über das Purpurgewand gesagt hatte. Als er nun an den Wein kam und auch dessen Bereitung erfuhr, war er sehr froh über das Getränk. Er fragte, was der Perserkönig äße und welches Lebensalter die Perser erreichten. Sie sagten, er äße Brot, und erklärten ihm, was Weizen sei; achtzig Jahre sei das höchste Alter, das ein Mensch erreiche. Darauf erwiderte der Aithioper, er wundere sich nicht über die Kürze ihres Lebens, wenn sie Schmutz äßen. Ja, sie würden noch weit eher sterben, wenn sie sich nicht an diesem Getränk kräftigten; damit meinte er den Wein. Der Wein sei das einzige, was die Perser vor ihnen voraus hätten.

23. Die Ichthyophagen fragten nun nach der Lebensdauer und Lebensweise der Aithioper, und der König sagte, die meisten würden einhundertzwanzig Jahre alt, manche noch älter. Ihre Nahrung sei gekochtes Fleisch und Milch. Die Kundschafter staunten über das Lebensalter, und er führte sie zu einer Quelle, in der sie sich wuschen und davon glänzend wurden, als hätten sie sich mit Öl gesalbt. Sie roch wie die Veilchen. Das Wasser dieser Quelle sei so leicht, erzählten die Kundschafter, daß nichts auf ihr schwimmt, weder Holz noch leichtere Stoffe als Holz. Alles ginge unter. Sind diese Berichte wahr, so mag die lange Lebensdauer der Aithioper in der Tat davon herrühren, daß sie ausschließlich dies Wasser verwenden.

Von der Quelle führte er sie weiter zu dem Gefängnis. Alle Gefangenen, die darin waren, trugen Ketten aus Gold. Erz ist nämlich bei den Aithiopern das seltenste und geschätzteste Metall. Und nachdem sie das Gefängnis besichtigt hatten, sahen sie auch den sogenannten Tisch der Sonne.

24. Schließlich betrachteten sie auch die Totensärge der Aithioper, die aus Alabaster gearbeitet sein sollen. Die Leichen nämlich werden zuerst gedörrt — auf die Art der ägyptischen oder auch anders —, dann mit Gips überzogen und ganz und gar bemalt, so daß die Mumie dem Verstorbenen möglichst ähnlich sieht. Dann wird sie in eine hohle Alabastersäule gestellt[28a]. Ala-

baster findet sich viel bei ihnen und ist leicht zu bearbeiten. Die Leiche ist in der Säule sichtbar und verbreitet doch keinen üblen Geruch, noch wirkt sie in anderer Weise abstoßend, sieht dabei ganz so aus, wie der Verstorbene. Ein Jahr lang behalten die nächsten Angehörigen die Säule im Hause, teilen ihr von jeder Mahlzeit mit und bringen ihr Opfer. Dann wird sie fortgeschafft und außerhalb der Stadt aufgestellt.

25. Als die Kundschafter alles das gesehen hatten, kamen sie zurück nach Ägypten. Kambyses ergrimmte, als er ihre Botschaft angehört hatte, und zog sofort gegen die Aithioper ins Feld, ohne für den Lebensunterhalt des Heeres Sorge zu tragen und ohne zu bedenken, daß der Zug bis ans Ende der Erde ging. Als ob er durch die Botschaft der Ichthyophagen von Sinnen gekommen wäre, machte er sich auf, hieß den hellenischen Teil seines Heeres in Ägypten bleiben und nahm sein ganzes Fußvolk mit.

Als der Zug in Theben angelangt war, teilte er das Heer. Fünfzigtausend sollten die Ammonier unterwerfen, in die Sklaverei verkaufen und das Orakel des Zeus Ammon verbrennen; mit dem Rest zog er selber gegen die Aithioper. Aber bevor noch das Heer den fünften Teil des Weges zurückgelegt hatte, waren alle Lebensmittel, die sie mitführten, verbraucht. Die Lasttiere wurden geschlachtet; aber auch sie reichten nur für kurze Zeit. Hätte Kambyses, als er dies merkte, ein Einsehen gehabt und das Heer zurückgeführt, so hätte er seinen Fehler wieder gut gemacht und als besonnener Mann gehandelt; aber alle Vernunft war ihm abhanden gekommen, und er zog immer weiter vorwärts. Solange die Soldaten Kräuter und Wurzeln fanden, fristeten sie damit ihr Leben. Als sie aber in die Sandwüste kamen, verfielen sie auf einen furchtbaren Ausweg. Je zehn Leute bestimmten einen unter sich durchs Los und verzehrten ihn. Dies gegenseitige Verzehren der Kameraden erschreckte Kambyses; er gab den Zug gegen die Aithioper auf und kehrte um. Als er in Theben ankam, hatte er einen großen Teil seines Heeres verloren. Von Theben kehrte er nach Memphis zurück und ließ jetzt die Hellenen zu Schiff nach Hause fahren.

26. So lief der Zug gegen Aithiopien aus.

Der Teil des Heeres, den er gegen die Ammonier geschickt

hatte, zog mit Führern von Theben aus davon. Bis zur Stadt Oasis, die von Samiern, wie man sagt, aus der Phyle Aischrionie[29] bewohnt wird, sind sie ohne Zweifel gekommen. Sie ist von Theben sieben Tagereisen durch die Wüste entfernt. Der Name des Landes lautet, ins Hellenische übertragen, 'Insel der Seligen'. Bis dahin ist also das Heer den Berichten nach gelangt. Über die weiteren Schicksale aber weiß niemand etwas, höchstens die Ammonier und wer sie befragt hat. Bis nach Ammon jedenfalls sind sie nicht gekommen, aber heimgekommen sind sie auch nicht. Was die Ammonier selbst erzählen, ist folgendes. Von Oasis aus seien sie durch die Sandwüste gen Ammon weitergezogen. Auf der Mitte zwischen Oasis und Ammon habe sich, während sie gerade das Frühstück einnahmen, ein gewaltiger Sturm erhoben, der das ganze Heer unter den aufgewühlten Sandmassen begrub[30]. So sei es zu Grunde gegangen. So erzählen die Ammonier von dem Schicksal dieses Heeres.

27. Als Kambyses nach Memphis gelangt war, hatte sich den Ägyptern inzwischen der Apisstier gezeigt, der in der hellenischen Sprache Epaphos heißt. Bei seinem Erscheinen legten die Ägypter sofort Festtagsgewänder an und waren voller Freude. Kambyses argwöhnte, sie feierten um seines mißlungenen Zuges willen ein Freudenfest, und ließ die Stadthäupter von Memphis zu sich entbieten. Als sie vor ihm standen, fragte er, warum denn die Ägypter bei seinem ersten Aufenthalt in Memphis sich nicht ebenso betragen hätten wie jetzt, wo er einen großen Teil seines Heeres verloren habe. Sie erwiderten, der Gott habe sich gezeigt, der nur in langen Zeiträumen zu ihnen zu kommen pflege. Aber wenn er ihnen erschiene, feiere ganz Ägypten ein Freudenfest. Kambyses nannte sie Lügner und ließ sie ihrer lügnerischen Antwort wegen hinrichten.

28. Als sie tot waren, ließ er weiter die Priester zu sich rufen. Die Priester gaben dieselbe Antwort. Da rief er, er werde sich selber überzeugen, ob wirklich ein Gott als zahmes Tier zu den Ägyptern gekommen sei. So rief er aus und befahl den Priestern, den Apis zu holen. Sie gingen und führten ihn herbei. Der Apis oder Epaphos muß von einer Kuh stammen, die nie wieder trächtig werden kann, nachdem sie ihn zur Welt gebracht hat. Die Ägypter sagen, sie werde, ehe sie den Apis zur Welt

bringe, durch einen Strahl vom Himmel befruchtet. Folgende Zeichen trägt er. Er ist schwarz, hat auf der Stirn ein weißes Viereck, auf dem Rücken das Bild eines Adlers, im Schweif doppelte Haare und unter der Zunge das Bild eines Käfers.

29. Als die Priester mit dem Apis sich nahten, zog Kambyses, halb wie ein Rasender, seinen Dolch, wollte ihn dem Apis in den Leib stoßen, verwundete aber nur den Schenkel. Lachend sagte er zu den Priestern:

»Schelme seid ihr! Sind das Götter, die Fleisch und Blut haben und das Eisen fühlen? Solch einen Gott verdienen freilich die Ägypter; aber ungestraft sollt ihr meiner doch nicht spotten!«

Damit befahl er den Henkern, die Priester zu peitschen. Und alle Ägypter, die sie im Festkleid träfen, sollten sie töten. So nahm das Fest der Ägypter ein Ende. Die Priester wurden gepeitscht, und der Apis verendete im Tempel an der Wunde im Schenkel. Den toten Gott begruben die Priester heimlich und ohne daß Kambyses es erfuhr[31].

30. Wie die Ägypter erzählen, wurde Kambyses wegen seines Frevels auf der Stelle mit Wahnsinn geschlagen; er war freilich schon vorher geistesschwach gewesen. Die erste seiner Untaten verübte er an dem, der von Vater und Mutter sein Bruder war, an Smerdis. Er hatte ihn aus Neid nach Persien zurückgeschickt, weil dieser die Sehne jenes Bogens, den die Ichthyophagen von Aithiopien mitgebracht, zwei Fingerbreiten weit spannen konnte, wozu kein anderer Perser imstande war. Als Smerdis nach Persien abgereist war, hatte Kambyses einen Traum. Es träumte ihm, ein Bote käme aus Persien und meldete, Smerdis säße auf dem königlichen Thron und sein Haupt rage bis in den Himmel. Da fürchtete sich Kambyses, daß sein Bruder ihn töten und das Reich gewinnen werde, und schickte den Perser Prexaspes, seinen treuesten Mann, nach Persien, um jenen zu ermorden. Der zog heim nach Susa und ermordete Smerdis, einige sagen auf der Jagd, zu der er ihn verlockte, andere sagen, er lockte ihn ans Rote Meer und ertränkte ihn[32].

31. Das war die erste Untat des rasenden Kambyses. Weiter brachte er seine Schwester ums Leben. Sie war ihm nach Ägypten gefolgt, und er hatte sie zur Gattin genommen, obwohl sie von demselben Vater und derselben Mutter stammte wie er.

Das hatte er folgendermaßen durchgesetzt. Vordem war es ganz und gar nicht persischer Brauch, die eigene Schwester zu heiraten. Aber Kambyses entbrannte in Liebe zu einer seiner Schwestern, und um sie heimführen zu können, was den Gesetzen widersprach[33], berief er die königlichen Richter und fragte, ob es ein Gesetz gäbe, das Geschwisterehen gutheiße. Diese königlichen Richter sind vornehme Perser, die bis zu ihrem Tode oder bis sie einer Rechtswidrigkeit überführt werden, ihres Amtes walten. Sie sprechen den Persern Recht, legen die überlieferten Gesetze aus, und jeder Streitfall wird ihnen vorgelegt. Sie erwiderten gemäß dem Recht und im Interesse ihrer Sicherheit, es gäbe kein Gesetz, das Geschwisterehen gutheiße, aber es gäbe freilich ein anderes Gesetz, das dem Perserkönig Freiheit gäbe, zu tun, was er wolle. Die Furcht vor Kambyses vermochte sie also nicht dazu, das Gesetz zu beugen; um aber nicht durch Hartnäckigkeit ihr Leben aufs Spiel zu setzen, fanden sie ein anderes Gesetz heraus, das der Geschwisterehe günstiger war. So heiratete denn Kambyses die geliebte Schwester[34]. Aber nicht lange darauf nahm er noch eine zweite Schwester zur Frau. Die jüngere dieser beiden Schwestern nahm er mit nach Ägypten, und sie war es, die er ums Leben brachte.

32. Über diesen Mord gibt es wie über den des Smerdis zwei verschiedene Berichte. Die Hellenen erzählen den Hergang folgendermaßen. Kambyses ließ einen jungen Löwen mit einem jungen Hunde kämpfen, und sein Weib schaute dem Kampfe zu. Der Hund drohte zu unterliegen, und ein anderer Hund, sein Bruder, riß sich von der Leine los und kam dem Bedrängten zu Hilfe. Beide vereint wurden dann des Löwen Herr. Kambyses freute sich, als er das sah. Sein Weib neben ihm weinte. Kambyses merkte es und fragte, warum sie weine. Sie sagte, über den Hund, der so treu dem Bruder beigestanden habe. Sie habe an Smerdis denken müssen, der keinen solchen Helfer und Rächer gefunden habe. Um dieses Wortes willen, so sagt die Überlieferung der Hellenen, hat Kambyses sie töten lassen.

Nach der ägyptischen Überlieferung dagegen hat die Frau, als sie mit dem König bei Tische saß, einen Salatkopf genommen, ihn entblättert und ihren Gemahl gefragt, ob der entblätterte oder der volle Kopf schöner sei. Als der König sagte, der volle, antwortete sie: »Was ich dem Salatkopf, das hast du dem Haus des Kyros getan; du hast es öde gemacht.« Er ergrimmte und trat sie mit Füßen. Sie aber war schwanger, gebar zu früh und starb[35].

33. So wütete Kambyses gegen sein eigenes Haus, mag nun der Apis oder etwas anderes der Grund seiner Raserei gewesen sein, wie denn die Menschen von vielerlei Übeln heimgesucht werden. Kambyses nämlich soll seit seiner Geburt an einer schweren Krankheit gelitten haben, die manche Leute die heilige Krankheit[36] nennen. Es ist gewiß nicht wunderbar, daß er bei so schwerer leiblicher Krankheit auch geistig nicht gesund war.

34. Auch gegen die anderen Perser wütete er. Zu Prexaspes soll er gesagt haben — Prexaspes stand hoch in Ehren bei ihm und hatte ihm die Meldungen zu überbringen; sein Sohn war des Kambyses Mundschenk, was auch ein hohes Ehrenamt ist — mit Prexaspes also soll er folgendes Gespräch geführt haben:

»Prexaspes, für was für einen Menschen halten mich die Perser? Was sagt man von mir?«

Er antwortete: »Herr, sie preisen alles an dir; nur dem Wein, sagen sie, seist du zu sehr ergeben.«

So berichtete er von dem Urteil der Perser. Kambyses aber geriet in Wut und rief aus: »Also einen Trunkenbold nennen sie mich jetzt und einen Wahnsinnigen? So war es unwahr, was sie früher gesagt haben!« Denn früher einmal hatte Kambyses seine persischen Ratgeber, unter denen auch Kroisos war, gefragt, wie er sich neben seinem Vater Kyros ausnähme. Sie antworteten, er sei weit mehr als Kyros; denn dessen ganzes Reich sei sein, und dazu habe er noch Ägypten und die Herrschaft über das Meer hinzugewonnen. So sagten die Perser; nur Kroisos stimmte nicht mit ein und sprach zu Kambyses: »Sohn des Kyros, ich glaube, du kannst dich nicht mit deinem Vater vergleichen; denn du hast keinen Sohn, wie er einen hinterlassen hat.« Über diese Worte freute sich Kambyses und pries des Kroisos Antwort.

35. Daran erinnerte er sich jetzt und sprach zornig zu Prexaspes: »Sieh es selbst, ob die Perser recht haben, oder ob sie selber den Verstand verloren haben! Dort im Tor steht dein

Sohn. Wenn ich ihn ins Herz treffe, ist die Rede der Perser töricht; wenn ich fehle, will ich ihnen rechtgeben, daß ich nicht bei Sinnen bin.«

So sprach er, spannte den Bogen und zielte nach dem Knaben. Und als der Knabe fiel, befahl er, ihm den Leib aufzuschneiden und die Wunde zu untersuchen. Man fand den Pfeil im Herzen, und lachend und überglücklich sagte Kambyses zu dem Vater: »Prexaspes, nun ist es klar, daß ich nicht toll bin und die Perser von Sinnen sind! Aber sag', ob du je einen so guten Schützen gesehen hast wie mich?«

Prexaspes merkte, daß der Mensch irrsinnig sei, und in Furcht um sein eignes Leben sagte er: »Herr! Ich glaube, der Gott selber kann nicht so gut treffen wie du.«[37]

Bei einer anderen Gelegenheit ließ er zwölf der vornehmsten Perser ohne irgendeinen erheblichen Grund ergreifen und mit dem Kopf nach unten in die Erde graben.

36. Wegen dieser Untaten entschloß sich Kroisos, der alte König der Lyder, ihn zur Rede zu stellen. Er sagte: »O König! Laß dich nicht immer von deiner Jugend und deinem Jähzorn überwältigen! Halte an dich und beherrsche dich. Besonnenheit ist gut, Voraussicht ist weise. Du tötest Bürger deines Reiches ohne einen hinreichenden Grund, du tötest sogar Knaben. Fährst du damit fort, so mache dich nur auf eine Empörung deines Volkes gefaßt. Dein Vater Kyros gab mir den dringendsten Auftrag und befahl mir, dich zu ermahnen und dir zu raten, was ich für gut befände.«

So riet ihm Kroisos in guter Meinung. Aber Kambyses antwortete: »Du wagst mir Ratschläge zu erteilen? Hast du dein eignes Reich so wohl regiert? Hast du meinem Vater gut geraten, als du ihm sagtest, er solle über den Araxes ins Massagetenland hineinrücken, während jene in unser Land herüberkommen wollten?[38] Wie dich selbst, indem du deinem Vaterland schlecht vorgestanden, hast du als Ratgeber Kyros zugrunde gerichtet. Aber dessen sollst du dich nicht freuen, denn seit langem suche ich einen Vorwand gegen dich!«

Damit nahm er den Bogen, um ihn zu erschießen; aber Kroisos lief hinaus und entfloh. Weil Kambyses ihn nicht mehr erreichen konnte, befahl er seinen Dienern, Kroisos zu greifen und niederzuhauen. Die Diener aber kannten seine Art und versteckten Kroisos; denn sie hofften, wenn Kambyses seinen Befehl bereute und Kroisos vermißte, belohnt zu werden, daß sie ihn am Leben gelassen. Empfand Kambyses keine Reue und fragte nicht nach Kroisos, so konnten sie ihn immer noch umbringen. Nicht lange nachher hatte wirklich Kambyses Verlangen noch Kroisos, und die Diener, die es merkten, sagten ihm, er sei noch am Leben. Da sagte Kambyses, er freue sich dessen sehr, aber denen, die ihn bewahrt, werde er das nicht hingehen und sie umbringen lassen. Das tat er denn auch.

37. Solche wahnsinnigen Taten verübte er noch viele, gegen die Perser und gegen die Bundesgenossen. Dabei blieb er in Memphis, ließ alte Gräber öffnen und betrachtete die Leichname. So kam er auch in das Heiligtum des Hephaistos und spottete über das Götterbild[39]. Dies Hephaistosbild gleicht sehr den Pataikosfiguren der Phoiniker, die die phoinikischen Schiffe vorn am Schnabel tragen. Für die, die sie nicht gesehen haben, will ich hinzufügen, daß sie die Gestalt eines Zwerges haben. Er ging auch ins Heiligtum der Kabeiren[40], das sonst außer dem Priester niemand betreten darf. Die Götterbilder darin ließ er verbrennen, nachdem er sie verhöhnt hatte. Sie sind denen des Hephaistos ähnlich, dessen Söhne sie sein sollen.

38. Mir ist es ganz klar, daß Kambyses wahnsinnig war. Er hätte sonst die fremden Gottheiten und Gebräuche nicht verhöhnt. Denn wenn man an alle Völker der Erde die Aufforderung ergehen ließe, sich unter all den verschiedenen Sitten die vorzüglichsten auszuwählen, so würde jedes, nachdem es alle geprüft, die seinigen allen anderen vorziehen. So sehr ist jedes Volk überzeugt, daß seine Lebensformen die besten sind. Wie kann daher ein Mensch mit gesunden Sinnen über solche Dinge spotten!

Daß alle Völker wirklich ihre Lebensart für die beste halten, dafür gibt es viele Beweise. Als z. B. Dareios König war, ließ er die Hellenen an seinem Hofe rufen und fragte, um welchen Preis sie sich bereit erklären würden, ihre toten Väter zu verspeisen. Sie erwiderten, um keinen Preis. Darauf ließ er Kallatier[41] rufen, einen indischen Volksstamm, bei dem die Leichen der Eltern gegessen werden, und fragte in Gegenwart der Hellenen mit Hilfe eines Dolmetschers, um welchen Preis sie zugeben würden, daß man die Leichen ihrer Väter verbrenne. Sie schrieen laut und sagten, er solle solche gottlosen Worte lassen. So steht es mit den Sitten der Völker, und Pindaros hat meiner Meinung nach ganz recht, wenn er sagt, die Sitte sei aller Wesen König.

39. Während Kambyses gegen Ägypten zog, unternahmen auch die Lakedaimonier einen Kriegszug, und zwar gegen Samos und dessen Herrscher Polykrates, den Sohn des Aiakes. Polykrates hatte sich in einem Aufruhr zum Herrn gemacht und anfangs die Stadt in drei Teile geteilt, die er mit seinen Brüdern Pantagnotos und Syloson gemeinsam beherrschte. Später aber tötete er den einen und vertrieb den anderen, nämlich den jüngeren Syloson. So war er Herr von ganz Samos. Er schloß Freundschaft mit Amasis, dem König von Ägypten, sandte Geschenke und erhielt andere von ihm. Bald dehnte sich die Macht des Polykrates weiter aus, und man sprach von ihm in Ionien und in ganz Hellas. Wohin er auch ins Feld zog, stets kämpfte er glücklich. Er hatte eine Flotte von hundert Fünfzigruderern[42] und ein Heer von tausend Bogenschützen, und alles ohne Unterschied verwüstete er. Ja, er sagte, man verdiene sich den Dank seiner Freunde eher, wenn man ihnen ihr entrissenes Land zurückgäbe, als wenn man es ihnen niemals nehme. Viele Inseln hatte er schon erobert und viele Städte des Festlands. So besiegte er auch die Lesbier in einer Seeschlacht, als sie mit ihrer ganzen Macht Milet zu Hilfe kommen wollten. Die Gefangenen mußten ihm den ganzen Graben rings um die Mauer von Samos graben.

40. Auch zu Amasis drang die Kunde von den großen Erfolgen des Polykrates. Aber ihn machten sie besorgt. Und als sein Glück immer weiter andauerte, schrieb er folgenden Brief und sandte ihn nach Samos:

»Amasis spricht zu Polykrates: süß ist es zu hören, daß ein guter Freund glücklich ist; aber deine vielen Erfolge wollen mich nicht froh machen, denn ich weiß, daß die Götter neidisch sind. Ich wünsche mir und denen, die ich liebe, daß uns nur einiges gelingt und anderes mißlingt. Ein wechselndes Los ist besser als ein dauerndes Glück. Immer noch habe ich gehört, daß ein

Mensch, dem alles wohlgeriet, zuletzt ein furchtbares Ende genommen hat. Folge mir, und tue folgendes gegen dein Glück! Sinne nach, was dir das Liebste auf Erden ist und um dessen Verlust du am tiefsten trauern würdest. Das wirf fort, so daß es nie wieder in menschliche Hände kommt. Und wenn auch dann noch nicht Glück und Unglück bei dir wechseln, so hilf dir zum zweitenmal mit dem, was ich dir hier geraten habe.«

41. Polykrates las den Brief und erkannte wohl, wie gut ihm Amasis riet. Er dachte nach, um welches seiner Kleinode er wohl am tiefsten bekümmert sein würde, wenn er es verlöre. Da verfiel er denn auf den Ring, den er trug. Es war ein goldener Siegelring mit einem Smaragd, ein Werk des Samiers Theodoros, Sohnes des Telekles. Er beschloß, diesen Ring fortzuwerfen, und ließ einen Fünfzigruderer bemannen, bestieg ihn und gab den Befehl, aufs Meer hinauszufahren. Als das Schiff weit von der Insel entfernt war, zog er den Ring ab und warf ihn vor den Augen aller Mitfahrenden hinaus ins Meer. Dann fuhr er heim, ging in seinen Palast und trauerte.

42. Fünf oder sechs Tage darnach ereignete sich folgendes. Ein Fischer fing einen großen schönen Fisch und meinte, er sei würdig, dem Polykrates zum Geschenk gemacht zu werden. Er kam an das Tor des Palastes und verlangte, zu Polykrates geführt zu werden. Als ihm dies gewährt wurde, gab er Polykrates den Fisch und sagte:

»O König! Diesen Fisch, den ich gefangen, wollte ich nicht zu Markte tragen, obwohl ich von meiner Hände Arbeit lebe. Ich dachte, er sei deiner und deiner Macht würdig. So bringe ich ihn dir als Geschenk.«

Der König freute sich über die Worte und entgegnete: »Du hast recht getan! Ich danke dir für deine Worte und deine Gabe und lade dich zur Tafel.«

Stolz ging der Fischer nach Hause; aber als die Diener den Fisch zerteilten, fanden sie in seinem Bauch jenen Ring des Polykrates. Gleich nahmen sie ihn, trugen ihn voller Freude zu Polykrates und erzählten, wie sie ihn gefunden hätten. Da Polykrates das als göttliches Zeichen erkannte, schrieb er alles, was er getan und was sich ereignet, an Amasis und ließ den Brief nach Ägypten bringen.

43. Als Amasis den Brief las, den er von Polykrates erhalten, wurde er inne, daß kein Mensch einen anderen vor dem Schicksal, das ihm beschieden ist, bewahren kann, und daß Polykrates mit seinem wechsellosen Glück, das ihm sogar wiederbrächte, was er wegwürfe, kein gutes Ende nehmen würde. Er schickte einen Herold nach Samos und löste den Freundschaftsbund mit ihm. Das tat er, damit er nicht um Polykrates als um einen Freund trauern müßte, wenn schweres Unheil über ihn hereinbrechen würde.

44. Gegen diesen in allem glücklichen Polykrates zogen also die Lakedaimonier zu Felde. Ein Teil der Samier, der später Kydonia auf Kreta gründete[43], hatte sie zu Hilfe gerufen. Polykrates aber schickte Boten an Kyros' Sohn Kambyses, der damals Truppen gegen Ägypten warb, und bat ihn, er möchte doch auch nach Samos schicken und sich von ihm, Polykrates, Truppen erbitten. Kambyses tat das gern; er schickte nach Samos und bat, Polykrates möchte ihm eine Kriegsflotte nach Ägypten mitsenden. Da wählte Polykrates die Bürger aus, die ihm am meisten aufrührerischer Pläne verdächtig waren, und sandte sie auf vierzig Trieren[44] aus, mit der Weisung an Kambyses, sie nicht nach Samos zurückkehren zu lassen.

45. Nach einigen Berichten sind diese von Polykrates ausgesandten Samier gar nicht bis Ägypten gesegelt, sondern haben schon, als sie bei der Insel Karpathos angelangt waren, beschlossen, nicht weiter zu fahren. Nach anderen Berichten sind sie bis nach Ägypten gefahren, aber von dort, obwohl sie bewacht wurden, entflohen. Jedenfalls sind sie nach Samos zurückgekehrt, und Polykrates mußte ihnen entgegentreten und ihnen eine Seeschlacht liefern. Er wurde geschlagen, die Heimgekehrten stiegen an Land, unterlagen aber in einem Landkampf, und nun fuhren sie davon nach Lakedaimon. Einige stellen es so dar, als ob diese von Ägypten Heimgekehrten Sieger geblieben seien, was mir aber unrichtig scheint. Denn sie hätten doch nicht nötig gehabt, die Lakedaimonier herbeizuholen, wenn sie allein den Polykrates hätten bezwingen können. Zudem kann man nicht glauben, daß Polykrates, der auswärtige Söldner und einheimische Bogenschützen in Menge hatte, von den wenigen heimkehrenden Samiern sollte besiegt worden sein. Und um

sich der übrigen Samier zu versichern, hatte Polykrates deren Kinder und Weiber in die Schiffshäuser eingesperrt, die er in Brand zu stecken entschlossen war, wenn die Männer zu den Heimgekehrten übergingen.

46. Als nun die von Polykrates vertriebenen Samier nach Sparta gekommen waren und vor die Archonten traten, baten sie in langer Rede inständig um Hilfe. Die Archonten aber gaben ihnen bei dieser ersten Unterredung die Antwort, sie hätten den Anfang der Rede vergessen und verständen deshalb den Schluß nicht. Bei der zweiten Unterredung sprachen die Samier gar nicht, sondern brachten nur einen Brotsack und sagten, der Brotsack bitte um Brot. Die Archonten aber antworteten, der Brotsack sei unverschämt. Trotzdem beschlossen sie, ihnen zu helfen.

47. Und nun rüsteten sich die Lakedaimonier und zogen gegen Samos, aus Dankbarkeit, wie die Samier sagen, weil sie den Lakedaimoniern einst eine Hilfsflotte gegen die Messenier geschickt hätten. Die Lakedaimonier dagegen sagen, nicht um den bittenden Samiern Genugtuung zu verschaffen zogen sie in den Kampf, sondern vor allem um den Raub jenes Mischkrugs zu rächen, den Sparta einst an Kroisos geschickt hatte, und ferner den Raub eines Panzers, den ihnen Amasis von Ägypten zum Geschenk gemacht hatte. Auch diesen Panzer hatten nämlich die Samier auf der Meerfahrt, ein Jahr vor dem Mischkrug, gekapert. Der Panzer war aus Leinwand, mit vielen eingewebten Figuren und goldenen und baumwollenen Einschlägen verziert. Was aber das Wunderbarste ist, jeder einzelne Faden des Gewebes, so zart er ist, besteht wieder aus dreihundertsechzig Fäden, die alle sichtbar sind. Ähnlich ist der von Amasis nach Lindos[45] ins Athenaheiligtum gestiftete Panzer.

48. Dem Zuge gegen Samos schlossen sich aus freien Stücken die Korinthier an. Auch gegen Korinth hatten die Samier einen Frevel verübt, ein Menschenalter vor diesem Kriegszug, zur Zeit als sie auch den Mischkrug raubten. Periandros[46], der Sohn des Kypselos, nämlich sandte dreihundert Söhne vornehmer Männer von der Insel Kerkyra[47] zu Alyattes nach Sardes, um sie kastrieren zu lassen. Als die Korinthier mit diesen Knaben an Bord in Samos anlegten, verleiteten die Samier, die den

Zweck der Fahrt erfuhren, die Knaben, nach dem Artemisheiligtum zu entfliehen und es zu berühren. Als die Korinthier die Schützlinge der Göttin aus dem Heiligtum wegschleppen wollten, duldeten es die Samier nicht, und als ihnen die Lebensmittel entzogen wurden, veranstalteten die Samier ein Fest, das sie bis zum heutigen Tage feiern. Jeden Abend, solange die Knaben im Heiligtum waren, führten die Jungfrauen und Jünglinge Reigentänze auf, und während des Tanzes wurden Sesam- und Honigkuchen als Opfer dargebracht, die die Knaben aus Kerkyra wegnehmen und verzehren sollten. Das führte man so lange fort, bis die korinthischen Wächter davonsegelten und die Knaben dortließen. Dann brachten die Samier die Knaben nach Kerkyra zurück.

49. Wären nun die Korinthier nach dem Tode des Periandros Freunde der Kerkyraier geworden, so hätte sie dieser Vorfall gewiß nicht veranlaßt, an dem Zuge gegen Samos teilzunehmen. Aber sie leben, seit sie die Insel besiedelt haben, in beständigem Streit mit ihr, obwohl doch die Kerkyraier Stammesgenossen der Korinthier sind. So behielten die Korinthier einen Groll gegen Samos.

Der Grund, weshalb Periandros die Söhne der vornehmsten Kerkyraier ausgewählt hatte, um sie in Sardes kastrieren zu lassen, war Rache wegen einer Bosheit, die die Kerkyraier vordem gegen ihn verübt hatten.

50. Als nämlich Periandros sein Weib Melissa aus Versehen getötet hatte, traf ihn noch ein zweites Mißgeschick. Er hatte von Melissa zwei Söhne, der eine siebzehn, der andere achtzehn Jahre alt. Der Großvater dieser Jünglinge, Prokles, Tyrann von Epidauros, lud sie zu sich und nahm sie wohl auf, denn sie waren ja die Söhne seiner Tochter. Als er sie wieder entließ, sagte er beim Abschied: »Wißt ihr auch, Kinder, wer eure Mutter gemordet hat?« Der Ältere beachtete dies Wort nicht. Aber der Jüngere, er hieß Lykophron, nahm es sich so zu Herzen, daß er bei der Heimkehr in Korinth seinen Vater, weil er ihre Mutter gemordet, nicht begrüßte, nicht mit ihm sprach und auf seine Fragen keine Antwort gab. Endlich trieb ihn der ergrimmte Periandros aus dem Hause.

51. Nun fragte er den älteren Sohn, was ihnen denn der Groß-

vater gesagt hätte. Er erwiderte, Prokles habe sie freundlich aufgenommen, erinnerte sich aber nicht mehr des Wortes, das jener ihnen beim Abschied gesagt hatte, weil er den Sinn nicht verstanden hatte. Periandros sagte, es sei nicht anders möglich, als daß jener ihnen irgendeine Andeutung gemacht habe, und ließ nicht ab zu fragen. Schließlich fiel jenem das Wort wieder ein, und er wiederholte es. Periandros verstand den Sinn und wollte den jüngeren Sohn seine ganze Strenge fühlen lassen. Er sandte in das Haus, wo jener sich aufhielt, einen Boten und verbot, ihn dort aufzunehmen. Lykophron ging in ein anderes Haus, aber auch dort wurde er auf Geheiß des Periandros fortgewiesen. Er ging weiter zu Freunden, die ihn denn auch als Sohn des Periandros trotz ihrer Furcht aufnahmen.

52. Nun aber ließ Periandros öffentlich verkünden, wer seinen Sohn beherberge oder mit ihm spräche, habe eine gewisse Geldsumme an den Apollontempel zu zahlen. Da wollte denn niemand mehr mit ihm sprechen oder ihn aufnehmen. Auch wollte Lykophron selber keinen Versuch machen, zur Übertretung des Gebots zu verleiten und wanderte ruhelos in den Hallen Korinths umher. Am vierten Tage sah Periandros den Ungewaschenen, von Hunger Erschöpften und hatte Mitleid mit ihm. Besänftigt trat er zu ihm heran und sagte:

»Kind, was ist dir nun lieber, das Leben, das du jetzt führst, oder die Teilnahme an der Herrschaft und an allem Herrlichen, was dir gehört, sobald du deinem Vater gehorsam bist? Mein Sohn und König des reichen Korinth, lebst du wie ein Bettler nur aus Ungehorsam und Trotz gegen den, dem du am allerwenigsten trotzen dürftest. Wenn wirklich das geschehen ist, weswegen du mir grollst, so ist es doch mir geschehen; mich geht es am nächsten an, weil ich es getan habe. Hast du jetzt gelernt, wieviel schöner es ist, beneidet als bedauert zu werden, hast du auch eingesehen, daß man sich gegen die Eltern und die Mächtigeren nicht auflehnen soll, so komm nun mit nach Hause!«

So suchte ihn Periandros zu gewinnen. Aber jener antwortete seinem Vater nur, er habe sich gegen Apollon vergangen und müsse die Strafe zahlen, da er mit ihm gesprochen. Da sah Periandros ein, daß er mit dem Sohne nichts erreichen konnte, schaffte ihn sich daher aus den Augen und sandte ihn zu Schiffe nach Kerkyra, über das Periandros ebenfalls Herr war. Dann zog er gegen seinen Schwiegervater Prokles zu Felde, weil dieser die Hauptschuld an allem trug. Er eroberte Epidauros und nahm Prokles gefangen.

53. Als Periandros im Laufe der Zeit alt wurde und erkannte, daß er nicht mehr Kraft genug hätte, die Regierung zu führen, sandte er nach Kerkyra und ließ Lykophron holen, um die Herrschaft zu übernehmen. Seinem älteren Sohn traute er die Fähigkeit dazu ganz und gar nicht zu; er schien ihm zu langsamen Geistes. Lykophron aber würdigte den Boten nicht einmal eines ablehnenden Bescheides. Periandros, der den Jüngling aufrichtig liebte, sandte einen zweiten Boten, nämlich seine Tochter, des Jünglings Schwester, weil er dachte, ihr würde er am ehesten folgen. Sie kam und sprach:

»Bruder, willst du lieber das Reich an andere fallen und dein väterliches Gut zugrunde gehen lassen als zurückkehren und es in Besitz nehmen? Komm nach Hause; höre auf, dich selber zu quälen. Hochmut ist ein unheilvolles Ding. Vertreibe nicht Unglück durch Unglück. Schon mancher zog dem Recht das Vernünftige vor, und mancher verlor auf der Suche nach dem Muttererbteil das Vatererbteil. König sein bringt Gefahren, denn viele möchten es, und dein Vater ist alt. Gib nicht das Deine den Fremden!«

Der Vater hatte ihr aufgetragen, was ihn am meisten überreden würde. Das wiederholte sie jetzt. Er aber antwortete, solange er den Vater am Leben wüßte, käme er nicht nach Korinth.

Als sie diese Antwort heimbrachte, schickte Periandros zum dritten Male einen Boten und erklärte sich bereit, in Kerkyra zu wohnen, Lykophron solle nach Korinth kommen und die Herrschaft übernehmen. Damit war der Sohn einverstanden; Periandros machte sich auf nach Kerkyra, und der Sohn nach Korinth. Aber die Kerkyraier, die von diesem Tausch hörten, töteten den Jüngling, damit Periandros nicht auf ihre Insel käme. Dafür wollte Periandros sich also an den Kerkyraiern rächen.

54. Die Lakedaimonier landeten mit einem großen Heere auf Samos und belagerten die Stadt. Sie drangen bis an die Mauer vor und erstiegen den Turm, der in der Vorstadt gegen das

Meer zu steht. Da aber kam Polykrates mit großer Macht herzu und trieb sie zurück. Aus dem anderen Turm, der oben auf der Höhe steht, machten die Söldner und viele Einheimische einen Ausfall; aber nach kurzem Kampf mußten sie zurückweichen. Die Lakedaimonier folgten und schlugen sie nieder.

55. Hätten an diesem Tage alle Lakedaimonier so tapfer gekämpft wie Archias und Lykopas, so wäre Samos gefallen. Diese beiden Männer, Archias und Lykopas, drangen mit den fliehenden Samiern zugleich in die Stadt ein und fielen dort, da ihnen der Rückweg abgeschnitten wurde. Mit einem Enkel dieses Archias, der ebenfalls Archias hieß und ein Sohn des Samios war, bin ich selber in Pitane, dem spartanischen Demos, zu dem er gehörte, zusammengetroffen. Er sprach von den Samiern mit höherer Achtung als von allen anderen fremden Städten. Sein Vater habe deshalb den Namen Samios erhalten, weil sein Großvater in Samos den Heldentod erlitten habe. Und er schätze die Samier deshalb so hoch, weil sie seinem Großvater von Staatswegen ein Ehrendenkmal errichtet hätten.

56. Als nach vierzigtägiger Belagerung der Stadt noch keine weiteren Erfolge erzielt waren, segelten die Lakedaimonier wieder heim nach der Peloponnes. Wie ein wenig glaubwürdiger Bericht sagt, hat Polykrates sie mit samischem Geld bestochen, das er aus vergoldetem Blei herstellen ließ, und daraufhin seien sie abgezogen. So lief der erste Feldzug der lakedaimonischen Dorier nach Asien aus.

57. Die Polykrates feindlichen Samier aber fuhren, als die Lakedaimonier sie im Stich ließen, ebenfalls davon nach der Insel Siphnos[48]. Sie hatten Geld nötig, und auf Siphnos herrschte damals Überfluß; es war die reichste von allen Inseln. Gold- und Silberbergwerke gab es dort, und von dem Zehnten des erzielten Gewinnes hatten sie ein Schatzhaus in Delphi eingerichtet, wie es nur die reichsten Städte haben. Jährlich verteilte die Bürgerschaft unter sich den Gewinn. Als sie jenes Schatzhaus erbauten, fragten sie beim Orakel an, ob ihr Glück lange Bestand haben würde. Die Pythia antwortete mit folgendem Spruch:

> Wenn einst weiß in Siphnos das Prytaneion geworden,
> Weiß umkränzt der Markt ist, dann ist es Zeit, daß der Kluge
> Vor dem hölzernen Feind und dem roten Herold sich hütet.

In der Tat waren damals Prytaneion und Marktplatz in Siphnos aus weißem parischem Marmor erbaut.

58. Aber was der Spruch sagen wollte, verstanden sie nicht, auch nicht als die Samier vor den Toren waren. Sobald die Samier bei Siphnos vor Anker gegangen waren, schickten sie Gesandte auf einem Schiff in die Stadt. In alter Zeit waren aber alle Schiffe mit Mennig rot gefärbt, und darauf hatte die Pythia gezielt, indem sie vor dem hölzernen Feind und dem roten Herold warnte. Die Gesandten baten, die Siphnier möchten ihnen zehn Talente borgen. Da diese es abschlugen, verwüsteten die Samier ihre Äcker. Sofort rückten die Siphnier zum Kampfe heraus, wurden aber geschlagen. Ein großer Teil wurde von der Stadt abgeschnitten, und nun erzwangen die Samier ein Lösegeld von hundert Talenten.

59. Darauf kauften sie den Hermionern die Insel Hydrea[49], die an der Peloponnes liegt, ab und stellten sie unter den Schutz von Troizen[50]. Dann gründeten sie die Stadt Kydonia[51] auf Kreta, wohin sie aber nicht zu diesem Zwecke gefahren waren, sondern um die Zakynthier von der Insel zu vertreiben. In Kydonia blieben sie und lebten fünf Jahre lang in blühendem Wohlstand, daher sämtliche noch jetzt in Kydonia stehenden Tempel, auch der Tempel der Diktynna[52], von ihnen erbaut wurden. Im sechsten Jahre aber wurden sie von den Aigineten unter Mithilfe der Kreter in einer Seeschlacht besiegt und in die Sklaverei verkauft. Ihren Schiffen brachen sie die Schnäbel ab, die die Form eines Ebers haben, und stifteten sie in den Athenatempel in Aigina[53]. Aigina hatte nämlich einen alten Groll gegen Samos. Als Amphikrates König von Samos war, hatten die Samier einen Kriegszug gegen Aigina unternommen, hatten der Stadt arg zugesetzt, freilich auch ihrerseits Verluste erlitten. Das war der Grund des jetzigen Zuges gegen die Samier auf Kreta.

60. Ich habe so ausführlich über Samos berichtet, weil die Samier die gewaltigsten Bauwerke geschaffen haben, die sich in ganz Hellas finden. Erstens haben sie durch einen einhundertfünfzig Klafter hohen Berg einen Tunnel gebohrt, der am Fuße des Berges beginnt und nach beiden Seiten Mündungen hat. Dieser Tunnel ist sieben Stadien lang und acht Fuß hoch und

breit. Unter diesem Tunnel ist seiner ganzen Länge nach ein zweiter, zwanzig Ellen tiefer und drei Fuß breiter Tunnel gegraben. Durch diesen letzteren wird aus einer großen Quelle das Wasser in Röhren in die Stadt geleitet. Diese Wasserleitungsanlage wurde gebaut von Eupalinos, Naustrophos' Sohn aus Megara.

Das ist das eine Werk. Das zweite ist ein Damm im Meere, der um den Hafen herumgeführt ist. Er ist zwanzig Klafter tief und hat eine Länge von über zwei Stadien.

Das dritte Werk ist der gewaltigste Tempelbau, von dem wir wissen[54]. Der erste Baumeister dieses Tempels war ein Samier, Rhoikos, Phileus' Sohn. Um dieser Werke willen habe ich so ausführlich über Samos berichtet.

61. Als Kambyses immer noch in Ägypten weilte und wahnsinnige Dinge verübte, machten zwei Brüder aus dem Stamme der Mager einen Aufstand. Den einen hatte Kambyses als Verwalter seines Hauses in Persien zurückgelassen. Dieser hatte erfahren, daß Smerdis' Tod geheimgehalten würde, daß in Persien kaum einer davon wüßte und die meisten ihn noch am Leben glaubten. Hierauf gründete er seinen Plan, durch den er sich zum König aufschwingen wollte. Sein Bruder, der mit ihm, wie ich schon sagte, gemeinsame Sache machte, sah nämlich dem Smerdis, Kyros' Sohn, den sein Bruder Kambyses hatte töten lassen, sehr ähnlich. Und er glich ihm nicht nur, sondern hatte auch denselben Namen Smerdis. Patizeithes also überredete diesen seinen Bruder Smerdis, sich ihm ganz zu überlassen, und setzte ihn auf den persischen Königsthron. Überallhin sandte er Herolde und ließ auch dem Heere in Ägypten durch einen Herold ansagen, man sei von jetzt ab nicht mehr Kambyses, sondern Smerdis, Kyros' Sohn, Gehorsam schuldig[55].

62. Das riefen alle Herolde aus, auch der nach Ägypten entsandte, der Kambyses mit dem Heere in Agbatana in Syrien antraf. Er trat mitten ins Lager und sagte die Botschaft jenes Magers an. Kambyses glaubte, die Nachricht sei wahr und Prexaspes habe ihn verraten und habe den Auftrag, Smerdis umzubringen, nicht ausgeführt. Er schaute Prexaspes an und sagte:

»Prexaspes! So also hast du den Auftrag, den ich dir gegeben, ausgeführt?«
Prexaspes antwortete: »Herr! Es ist nicht wahr, daß dein Bruder Smerdis sich gegen dich auflehnt. Du wirst mit Smerdis niemals einen Streit haben, weder einen großen, noch einen kleinen. Ich habe nach deinem Befehl getan und habe ihn dann mit meinen eigenen Händen begraben. Wenn die Toten auferstehen, dann kannst du auch erwarten, daß der Mederkönig Astyages einen Aufstand gegen dich macht. Bleibt aber die Welt wie sie ist, so droht dir von Smerdis ganz gewiß nichts Böses mehr. Ich meine, wir sollten den Herold ergreifen und ausfragen, wer ihn geschickt hat, Gehorsam vor König Smerdis zu fordern.«
63. Dieser Rat gefiel Kambyses. Sofort eilte man dem Herold nach und brachte ihn. Prexaspes tat nun folgende Frage an ihn:
»Mann, du sagst, du kämest als Bote von Kyros' Sohn Smerdis. Wenn du uns jetzt die Wahrheit sagst, kannst du straflos davongehen. Hat dir Smerdis persönlich den Auftrag erteilt oder einer seiner Diener?«
Er sagte: »Kyros' Sohn Smerdis habe ich, seit König Kambyses nach Ägypten gezogen ist, nie mehr gesehen. Der Mager, den Kambyses zum Verwalter seiner Güter ernannt hat, gab mir den Auftrag und sagte, Smerdis, Kyros' Sohn, sei es, der euch diesen Befehl erteile.«
So sprach er und sagte die volle Wahrheit. Kambyses aber antwortete: »Prexaspes, du hast redlich ausgeführt, was ich dir befohlen, und kein Verdacht soll dich weiter treffen. Wer mag es nun aber sein, der sich in Persien gegen mich empört hat und sich den Namen Smerdis beilegt?«
Prexaspes sagte: »Ich glaube, o König, daß ich es weiß. Die beiden Mager sind die Empörer, Patizeithes, den du als Verwalter deiner Güter zurückgelassen, und sein Bruder Smerdis.«
64. Als Kambyses den Namen Smerdis hörte, erkannte er sofort, daß Prexaspes recht hatte, und daß jener Traum in Erfüllung gegangen war. Denn ihm hatte ja geträumt, jemand verkünde ihm, daß Smerdis auf dem Königsthron säße und mit dem Haupte den Himmel berühre. Da merkte er, daß er Smer-

dis umsonst hatte ums Leben bringen lassen, und beklagte ihn. Und nachdem er geweint und über all das Unglück geklagt hatte, stieg er aufs Pferd und beschloß, eiligst nach Susa gegen den Mager zu ziehen. Aber beim Aufsteigen aufs Pferd löste sich der Knauf an der Scheide des Schwertes, und das bloße Schwert drang ihm in den Schenkel. Die Wunde war an derselben Stelle, wo er damals den ägyptischen Gott Apis getroffen hatte. Er hielt sie für tödlich und fragte nach dem Namen der Stadt. Man sagte ihm, sie heiße Agbatana. Nun war ihm einst in Buto in Ägypten geweissagt worden, er würde in Agbatana sterben. Er hatte gedacht, es sei Agbatana in Medien gemeint, daß er dort als Greis im Mittelpunkt seines Reiches sterben würde. Aber das Orakel hatte Agbatana in Syrien gemeint[56]. Als ihm der Name der Stadt genannt wurde, verließ ihn plötzlich sein Wahnsinn, so sehr hatte ihn die Nachricht von dem Aufstand des Magers und seine Verwundung erschüttert. Er verstand das Orakel und sagte: »An diesem Orte ist es Kambyses, Kyros' Sohn, beschieden zu sterben.«

65. Weiter sagte er nichts. Aber zwanzig Tage danach ließ er die vornehmsten Perser zu sich kommen und sprach folgende Worte:

»Perser! Mein tiefstes Geheimnis euch jetzt zu verkünden, zwingt mich die Not. In Ägypten hatte ich einen Traum — o hätte ich ihn nie gehabt! — daß ein Bote von Hause zu mir käme und mir meldete, Smerdis säße auf dem Königsthron und sein Haupt berühre den Himmel. Ich fürchtete, mein Bruder möchte mir die Herrschaft entreißen und handelte schnell, aber nicht klug. Es liegt ja nicht in der Macht des Menschen, abzuwenden, was ihm beschieden ist. Ich Tor schicke Prexaspes nach Susa und heiße ihn Smerdis umbringen. Als die Tat geschehen war, lebte ich ganz ohne Furcht und dachte nicht daran, daß sich, da Smerdis beseitigt war, jemand gegen mich empören würde. So bin ich in meinem falschen Wahn ohne Not ein Brudermörder geworden und verliere jetzt auch noch mein Reich. Smerdis, der Mager, war es, dessen Empörung gegen mich der Gott mir im Traume ankündigte! Die Tat ist geschehen; glaubt mir, Smerdis, Kyros' Sohn, ist nicht mehr am Leben. Die beiden Mager sind Herren des Reiches, der Verwalter meiner Güter und sein Bruder Smerdis. Der Mann, der mich am kräftigsten hätte schützen sollen gegen die schändliche Tat der Mager, der ist von seinen Nächsten frevelhaft hingemordet worden. Und da er nicht mehr lebt, will ich euch, bevor ich sterbe, weiter sagen, was mir am meisten am Herzen liegt. Ich beschwöre euch bei unseren göttlichen Ahnen und zumal euch Achaimeniden: laßt nicht die Herrschaft wieder an die Meder fallen! Sondern, wenn sie sie mit List wiedergewinnen, so nehmet sie ihnen mit List wieder aus der Hand; und wenn sie sie mit Gewalt an sich reißen, so bringt sie mit Gewalt unter Aufbietung aller Kräfte wieder an euch. Wenn ihr das tut, mögen eure Felder wohl gedeihen und eure Frauen und Herden fruchtbar sein! In Ewigkeit werdet ihr frei bleiben Gewinnt ihr aber das Reich nicht zurück und versucht es nicht einmal, so fluche ich euch und wünsche euch Dürre und Unfruchtbarkeit; dazu wünsche ich jedem Perser ein so trauriges Ende, wie ich es habe.«

So sprach er und weinte über sein ganzes unglückliches Schicksal. 66. Als die Perser den König weinen sahen, zerrissen sie alle ihre Kleider und klagten laut und tief.

Darauf starb Kambyses, Kyros' Sohn, denn der Brand war zu der Wunde getreten und zehrte den Schenkelknochen auf. Er war nur sieben Jahre und fünf Monate König gewesen[57]. Kinder hatte er gar nicht, weder Söhne noch Töchter. Die Perser, die seine letzte Rede gehört hatten, wollten es ganz und gar nicht glauben, daß die Mager sich des Thrones bemächtigt hätten. Sie meinten, Kambyses habe sie mit seiner Erzählung von Smerdis' Tod nur täuschen wollen, um ganz Persien gegen Smerdis aufzureizen.

67. Sie glaubten also wirklich, daß es Smerdis, Kyros' Sohn sei, der sich jetzt zum König gemacht habe. Auch Prexaspes leugnete nämlich hartnäckig, daß er Smerdis getötet habe; denn es war gefährlich für ihn, nach Kambyses' Tod den eigenhändigen Mord an dem Kyrossohn einzugestehen.

So war der Mager nach Kambyses' Tode, sich auf den gleichen Namen des Smerdis, des Sohnes des Kyros, stützend, unbekümmert die sieben Monate hindurch König, die an den acht Regierungsjahren des Kambyses fehlten. Er war gegen alle seine Untertanen von größter Milde und Güte, und als er tot war, betrauerten ihn alle Völker Asiens mit Ausnahme der Perser. Smerdis hatte nämlich zu allen unterworfenen Völkern Botschafter geschickt und ihnen dreijährige Steuerfreiheit und Freiheit vom Heeresdienste gewährt[58].

68. Das hatte er gleich nach Antritt seiner Regierung getan. Im achten Monat kam aber der Betrug an den Tag, und zwar auf folgende Weise. Otanes, Sohn des Pharnaspes, war durch seine Abkunft und seinen Reichtum einer der Vornehmsten in Persien[59]. Dieser Otanes war der erste, der den Verdacht faßte, der Mager möchte wirklich der Mager Smerdis und nicht Kyros' Sohn sein. Das schloß er daraus, daß er niemals die Königsburg verließ und keinen der angesehenen Perser vor sein Angesicht ließ. Nun tat er folgendes. Seine Tochter namens Phaidymia war die Gemahlin des Kambyses gewesen und war jetzt die Gemahlin des Smerdis geworden; denn Smerdis hatte alle Frauen des Kambyses übernommen. Bei dieser seiner Tochter ließ Otanes anfragen, wer jetzt ihr Ehegemahl sei, ob Kyros' Sohn Smerdis oder ein anderer. Sie ließ zurücksagen, sie kenne ihren Gemahl nicht. Sie habe Kyros' Sohn Smerdis nie gesehen und wisse nicht, wer ihr jetziger Mann sei. Nun schickte er zum zweitenmal und ließ sagen:

»Wenn du selber Kyros' Sohn Smerdis nicht kennst, so frage Atossa, wer euer beider Mann ist. Sie kennt doch ihren eigenen Bruder.«

Die Tochter ließ zurücksagen: »Ich kann Atossa nicht fragen und sehe überhaupt keine der anderen Königsfrauen. Gleich nachdem der jetzige König, wer er nun sein mag, auf den Thron gelangt ist, hat er uns alle voneinander getrennt.«

69. Als Otanes dies hörte, wurde sein Argwohn immer stärker. Er sandte eine dritte Botschaft an die Tochter, die folgendermaßen lautete:

»Meine Tochter, du bist von edlem Blut; darum mußt du einen gefährlichen Auftrag ausführen, den dir dein Vater jetzt gibt. Denn wenn er nicht Kyros' Sohn ist, sondern der Smerdis, für den ich ihn halte, so soll er es teuer bezahlen, daß er bei dir ruht und über die Perser herrscht. Es soll ihm nicht ungestraft hingehen. Darum tu folgendes! Wenn er bei dir liegt und du merkst, daß er schläft, so greife ihm nach den Ohren. Hat er Ohren, so darfst du glauben, daß du bei Kyros' Sohn Smerdis liegst; hat er aber keine, so liegst du bei dem Mager Smerdis.« Darauf ließ Phaidymia zurücksagen, das zu wagen, sei sehr gefährlich. Denn wenn er keine Ohren habe und es merke, wie sie danach greife, würde er sie sicherlich umbringen. Trotzdem werde sie es tun.

So versprach sie ihrem Vater, das Wagstück zu unternehmen. Dem Mager Smerdis aber waren vom König Kyros, Kambyses' Sohn, wegen irgendeines schweren Vergehens die Ohren abgeschnitten worden. Phaidymia also, Otanes' Tochter, ging, als die Reihe an sie kam — bei den Persern besuchen die Frauen abwechselnd ihren Gatten —, zu dem Mager, um mit ihm zu schlafen, und eingedenk ihres Versprechens, das sie ihrem Vater gegeben, griff sie, als Smerdis im tiefen Schlafe lag, nach seinen Ohren. Da erkannte sie ganz leicht, daß er keine Ohren hatte, und sobald es Tag wurde, ließ sie es dem Vater sagen.

70. Nun zog Otanes die vornehmen und ihm eng befreundeten Perser Aspathines[60] und Gobryas[61] ins Vertrauen und erzählte ihnen alles. Sie hatten schon selber Verdacht gehabt, und was Otanes ihnen vortrug, überzeugte sie völlig. Sie beschlossen, jeder solle einen weiteren Perser, zu dem er großes Vertrauen habe, ihrem Bunde zuführen. Otanes führte Intaphernes[62], Gobryas den Megabyzos[63] und Aspathines den Hydarnes[64] dem Verschwörerbunde zu. So waren es sechs Männer, und als Dareios, der Sohn des Hystaspes, aus Persien[65] nach Susa[66] kam — sein Vater war Statthalter von Persien —, beschlossen sie, auch Dareios ins Vertrauen zu ziehen.

71. Diese sieben Männer schlossen also einen Bund und hielten Beratungen ab. Als nun auch Dareios seine Meinung sagen sollte, begann er folgendermaßen:

»Ich glaubte der einzige zu sein, der es wußte, daß der Mager unser König und daß Kyros' Sohn Smerdis tot ist. Ich bin nur deshalb so schnell nach Susa gekommen, um euch gegen den Mager zum Kampfe aufzurufen. Da ich nun sehe, daß ich nicht allein, sondern auch ihr von dem Betruge wißt, so schlage ich vor, daß wir nicht länger warten, sondern schnell handeln. Warten ist vom Übel.«

Darauf erwiderte Otanes: »Sohn des Hystaspes! Dein Vater ist ein wackerer Mann, und es scheint, du gibst ihm nichts nach. Aber übereile nicht kopflos unser Unternehmen! Besonnenheit tut not! Wir müssen zahlreicher sein, ehe wir ans Werk gehen.«

Da sagte Dareios: »Versammelte Männer! Wenn ihr Otanes' Rat befolgt, stürzt ihr euch schmählich ins Verderben. Einer wird euch an den Mager verraten, um für sich allein Vorteile zu gewinnen. Ihr hättet gleich selber auf eigene Gefahr handeln sollen. Da ihr aber einmal Teilnehmer geworben und auch mich zugezogen habt, muß es noch am heutigen Tage geschehen. Schiebt ihr es auch nur einen Tag noch hinaus, so wisset, daß ich selber zum Mager gehen werde, um euch anzuzeigen, damit mir kein anderer zuvorkommt.«

72. Als Otanes den Dareios so heftig drängen sah, erwiderte er: »Wenn du uns so zur Eile zwingst und uns keine Zeit zur Überlegung lässest, so sag uns denn, wie wir in den Palast gelangen und Hand an die Mager legen können. Du weißt, daß allenthalben Wachen stehen, und wenn du es nicht selber gesehen hast, so hast du es doch gehört. Wie sollen wir zu Smerdis durchdringen?«

Dareios antwortete: »Otanes, vieles läßt sich nur mit Taten, nicht mit Worten sagen; und über anderes lassen sich wohl Worte machen, aber ihnen folgt keine heldenhafte Tat. Ihr wißt recht gut, daß es nicht schwer hält, durch die Wachen durchzudringen. Niemand wird so angesehene Männer zurückhalten, teils aus Ehrerbietung, teils aus Furcht. Ferner habe ich den besten Vorwand, uns den Eintritt zu verschaffen, indem ich sage, ich sei gerade aus Persien angekommen und wünsche, dem König eine Botschaft meines Vaters zu überbringen. Wo Lügen unvermeidlich sind, da lüge man! Denn beide, der Lügner und der, welcher die Wahrheit sagt, haben dasselbe Ziel, nämlich ihren Vorteil. Der eine lügt, um die Leute dadurch zu gewinnen; der andere sagt die Wahrheit, um sich Vertrauen zu erwerben und dadurch ebenfalls Vorteile zu erringen. So streben beide auf verschiedenen Wegen nach dem gleichen Ziel. Wenn die Rücksicht auf den Vorteil nicht wäre, so würde der Wahrhaftige gewiß ebenso leicht lügen, wie der Lügner wahrhaftig wäre. Und die Türsteher, die uns gutwillig vorbeilassen, sollen bald ihren Lohn finden; wer sich aber zu widersetzen wagt, soll auf der Stelle unsere Rache fühlen. Und dann hinein und ans Werk!«

73. Hierauf sagte Gobryas: »Freunde! Wann soll uns eine schönere Gelegenheit winken, die Herrschaft wieder zu gewinnen oder im vergeblichen Kampfe darum zu fallen? Perser sind wir, und ein Meder herrscht über uns, ein Mager, der keine Ohren hat? Wer unter euch am Krankenbett des Kambyses stand, der weiß noch, was der sterbende König den Persern androhte, wenn sie die Herrschaft in fremden Händen ließen. Wir glaubten ihm freilich nicht und meinten, er spräche nur, um uns zu täuschen. Jetzt aber stimme ich dafür, daß wir den Vorschlag des Dareios annehmen und aus unserer Versammlung geradeswegs auf den Mager losgehen.«

So sprach Gobryas, und alle stimmten ihm zu.

74. Zufällig ereignete sich gleichzeitig mit dieser Beratung folgendes. Die beiden Mager hatten beschlossen, Prexaspes auf ihre Seite zu ziehen, weil er doch von Kambyses, der ihm seinen Sohn mit dem Pfeil erschossen hatte, grausam gequält worden war, außerdem weil er der einzige war, der um Smerdis' Tod wußte, den er mit eigener Hand umgebracht hatte, und endlich, weil er unter den Persern in hohem Ansehen stand. Sie ließen ihn also rufen, nannten ihn ihren Freund und nahmen ihm einen Eid darauf ab, daß er gegen jedermann schweigen und niemandem den Betrug, den sie den Persern angetan hatten, verraten werde. Dafür versprachen sie ihm alle nur denkbaren Belohnungen. Als Prexaspes jenes Versprechen abgelegt hatte, wie die Mager es wünschten, machten sie ihm einen zweiten Vorschlag. Sie wollten alle Perser an der Mauer des Königspalastes zusammenkommen lassen, und er sollte von der Mauer herab versichern, daß es wirklich Smerdis, Kyros' Sohn, sei, der über sie herrsche, und kein anderer. Sie hatten gerade ihn dazu ausersehen, weil er unter den Persern das höchste Vertrauen genoß und oft behauptet hatte, daß der Kyrossohn noch am Leben sei und er ihn keineswegs ermordet habe.

75. Auch dazu erklärte sich Prexaspes bereit, und die Mager riefen das Volk zusammen und hießen ihn auf die Mauer stei-

gen, um jene Erklärung abzugeben. Er aber hielt sich keineswegs an ihren Auftrag, sondern begann seine Rede mit dem Stammvater Achaimenes und nannte dessen Abkommen bis hinunter zu Kyros. Als er bei Kyros angelangt war, pries er dessen Verdienste um das persische Volk, und dann offenbarte er das ganze Geheimnis. Bisher habe er geschwiegen, weil das Bekenntnis gefährlich für ihn gewesen, aber jetzt könne er nicht anders, als die volle Wahrheit sagen. Er erzählte also, daß er auf Befehl des Kambyses mit eigener Hand den Kyrossohn Smerdis umgebracht habe und daß jetzt zwei Mager das Reich regierten. Dann stürzte er sich mit drohenden Verwünschungen gegen die Perser, falls sie die Herrschaft nicht wiedereroberten und an den Magern Rache übten, häuptlings von der Mauer herab. So starb Prexaspes eines ruhmvollen Todes, wie er denn sein Leben lang ein Ehrenmann gewesen war.

76. Nachdem also jene sieben Perser den Entschluß gefaßt hatten, unverzüglich den Handstreich gegen die Mager auszuführen, machten sie sich nach einem Gebet auf den Weg, ohne noch von der Tat des Prexaspes zu wissen. Unterwegs erfuhren sie, was Prexaspes gesagt und getan hatte. Da traten sie beiseite und hielten noch einmal Rat. Und Otanes und sein Anhang rieten dringend, die Ausführung zu verschieben, bis sich die Aufregung wieder gelegt hätte. Dareios und sein Anhang aber waren für sofortige Ausführung des Plans und gegen jede Verschiebung. Während sie noch stritten, sahen sie sieben Habichtpaare, die zwei Geierpaare verfolgten, sie zerzausten und zerfleischten. Als sie das sahen, schlossen sich alle der Meinung des Dareios an, und nun ging es im Vertrauen auf das Vogelzeichen nach dem Palast.

77. Als sie an das Tor kamen, geschah es, wie Dareios gesagt hatte. Ehrerbietig ließen die Wachen die vornehmen Perser durch, von denen sie nichts derartiges erwarteten. Die Götter leiteten sie, und niemand tat auch nur eine Frage. So kamen sie in den Hof, wo sie die Eunuchen trafen, die dem König die Meldungen übermitteln. Diese fragten nach ihrem Begehr und schalten zugleich auf die Torwächter, daß sie sie durchgelassen hätten. Dem weiteren Vordringen widersetzten sie sich. Da zogen jene, nachdem sie einander Mut zugesprochen, ihre Dolche

und stachen die Eunuchen nieder. Dann eilten sie weiter in den Männersaal.

78. Beide Mager befanden sich darin und hielten gerade Rat über die Tat des Prexaspes. Als sie die Eunuchen lärmen und schreien sahen, liefen sie rückwärts und setzten sich zur Wehr, sobald sie begriffen, was vorging. Der eine griff schnell nach dem Bogen, der andere nahm die Lanze. So kam es zum Kampf. Der Bogen war unbrauchbar, weil die Feinde zu nahe waren und auf den Schützen eindrangen. Der andere mit der Lanze stieß zu, traf Aspathines in den Schenkel und Intaphernes ins Auge. Intaphernes verlor das Auge, ohne aber an der Wunde zu sterben. So verwundete der eine Mager zwei von den Persern. Der andere aber floh, weil ihm der Bogen nichts nützte, aus dem Männersaal in ein Seitengemach, wollte die Türe schließen, aber zwei von den sieben drangen mit hinein, nämlich Dareios und Gobryas. Gobryas umfaßte den Mager. Dareios aber stand unschlüssig, weil es finster in dem Raume war. Er fürchtete, Gobryas zu treffen. Gobryas rief, als er ihn so stehen sah, warum er nicht zustieße. Jener antwortete: »Weil ich dich zu treffen fürchte!« Da sagte Gobryas: »Stoß zu und ginge es durch uns beide!« Dareios gehorchte, und der Stoß traf den Mager.

79. Den getöteten Magern schnitten sie die Köpfe ab, ließen ihre Verwundeten zurück, die zu entkräftet waren und auch den Palast schützen sollten, und eilten zu fünft mit den Köpfen der Mager schreiend und lärmend hinaus. Sie riefen die übrigen Perser, erklärten ihnen die Situation, zeigten die Köpfe und töteten alle Mager, deren sie habhaft wurden. Als die Perser die Tat der Sieben und den Betrug der beiden Mager begriffen hatten, da wollten auch sie nicht zurückstehen, zogen ihre Dolche und töteten alle Mager, die sie finden konnten. Wäre nicht die Nacht hereingebrochen, so hätten sie keinen Mager am Leben gelassen. Diesen Tag feiern sämtliche Perser als ihren höchsten Festtag und begehen ihn aufs feierlichste. Sie nennen das Fest Magermord. Kein Mager darf sich an diesem Tag blicken lassen, sie bleiben alle in ihren Häusern.

80. Als die Erregung sich gelegt hatte und fünf Tage vorüber waren, hielten die Verschwörer Rat über die Verfassung des

Reiches, und es wurden folgende Reden gehalten, die zwar einigen Hellenen unglaublich erscheinen, die aber trotzdem wirklich gehalten wurden. Otanes sprach sich dafür aus, die Herrschaft an das ganze persische Volk zu geben. Er sagte:

»Ich halte dafür, daß nicht wieder ein einziger über uns König werden soll. Das ist weder erfreulich noch gut. Ihr wißt, wie weit Kambyses sich von seinem Hochmut hat hinreißen lassen; ihr habt auch den Hochmut des Magers gekostet. Wie kann die Alleinherrschaft etwas Rechtes sein, da ihr gestattet ist, ohne Verantwortung zu tun, was sie will? Auch wenn man den Edelsten zu dieser Stellung erhebt, wird er seiner früheren Gesinnung untreu werden. Das Gute, das er genießt, erzeugt Überhebung, und Neid ist dem Menschen schon angeboren. Wer aber diese zwei hat, hat alle Schlechtigkeit beisammen. Er begeht viele Verbrechen: einige, übersättigt, aus Selbstüberhebung, andere wieder aus Neid. Freilich sollte er ohne Mißgunst sein, denn ihm als Herrscher gehört ja alles. Doch das Gegenteil davon ist der Fall. Er mißgönnt den Edelsten Leben und Luft, er freut sich der Elendesten. Trefflich weiß er den Verleumdungen sein Ohr zu leihen. Am sonderbarsten von allem ist, daß er sich über maßvolle Anerkennung ärgert, weil man nicht ehrerbietig genug sei, und sich über hohe Ehrerbietung ärgert, weil man ein Schmeichler sei. Und damit ist das Schlimmste noch nicht gesagt: er rührt an die altüberlieferten Ordnungen, er vergewaltigt die Weiber, er mordet, ohne rechtlich zu verurteilen. Die Herrschaft des Volkes aber hat vor allem schon durch ihren Namen – Gleichberechtigung aller – den Vorzug; zweitens aber tut sie nichts von all dem, was ein Alleinherrscher tut. Sie bestimmt die Regierung durchs Los, und diese Regierung ist verantwortlich; alle Beschlüsse werden vor die Volksversammlung gebracht. So meine ich denn, daß wir die Alleinherrschaft abschaffen und das Volk zum Herrscher machen; denn auf der Masse beruht der ganze Staat.«

81. Das also war die Meinung, die Otanes aussprach. Megabyzos dagegen riet zur Oligarchie und sagte:

»Was Otanes über die Abschaffung des Königtums sagt, ist auch meine Meinung. Wenn er aber rät, die Menge zum

Herrn zu machen, so hat er damit nicht das Rechte und Beste getroffen. Es gibt nichts Unverständigeres und Hochmütigeres als die blinde Masse. Wie unerträglich, daß wir die Selbstüberhebung der Tyrannen mit der Selbstüberhebung des zügellosen Volkes vertauschen sollen! Jener weiß doch wenigstens, was er tut; aber das Volk weiß es nicht. Woher sollte dem Volke Vernunft kommen? Es hat nichts gelernt und hat auch in sich selber keine Vernunft. Ohne Sinn und Verstand, wie ein Strom im Frühling, stürzt es sich auf die Staatslenkung. Nur wer den Persern Unheil sinnt, spreche vom Volk! Wir sollten vielmehr einem Ausschuß von Männern des höchsten Adels die Regierung übertragen. Zu diesen Männern gehören wir ja selber. Es ist doch klar, daß von den Adligsten auch die edelsten Entschlüsse ausgehen.«

82. Das war die Meinung, die Megabyzos aussprach. Als dritter sagte Dareios seine Meinung und sprach:

»Was Megabyzos gegen die Masse gesagt hat, billige ich, nicht aber, was er über die Oligarchie sagt. Drei Verfassungen sind möglich; nehmen wir sie alle in ihrer höchsten Vollendung an, stellen wir uns also die vollkommenste Demokratie, die vollkommenste Oligarchie und die vollkommenste Monarchie vor, so verdient die letztere, behaupte ich, bei weitem den Vorzug. Es gibt nichts Besseres, als wenn der Beste regiert. Er wird untadelig für sein Volk sorgen, und Beschlüsse gegen Feinde des Volkes werden am besten geheimgehalten werden. In der Oligarchie, wo viele sich um das Allgemeinwohl verdient machen wollen, pflegt es zu heftigen Privatfehden zu kommen. Jeder will der Erste sein und seine Meinung durchsetzen; so verfeinden sie sich aufs ärgste miteinander, Unruhen entstehen, und in den Unruhen kommt es zu Mordtaten. Das pflegt dann wieder zurMonarchie zu führen, und man sieht daraus, daß sie doch die beste Verfassung ist. Herrscht dagegen das Volk, so kann es nicht ausbleiben, daß Schlechtigkeit und Gemeinheit sich einstellen. Drängt sich aber die Schlechtigkeit in die Sorge um die Allgemeinheit, so kommt es zwar nicht zu Fehden unter diesen Schlechten, aber umgekehrt zu festen Verbrüderungen. Sie verschwören sich gleichsam, um den Staat auszubeuten. Das dauert so lange, bis ein Führer des Volks ihrem Treiben ein

Ende macht. Und dafür preist ihn dann natürlich das Volk, und der Gepriesene wird Alleinherrscher! So zeigt sich auch hier wieder, daß die Monarchie die beste Verfassung ist. — Um aber alle Gründe für und wider zusammenzufassen: wie ist denn Persien frei geworden? Wer hat ihm die Freiheit geschenkt? Das Volk, die Aristokraten oder ein Monarch? Ich meine, weil wir durch einen Alleinherrscher die Freiheit gewonnen haben, müssen wir daran festhalten, und überhaupt sollten wir die altüberlieferte Verfassung nicht umstoßen. Das ist vom Übel.«

83. So waren drei verschiedene Meinungen laut geworden. Die vier anderen Männer aber stimmten der Meinung des Dareios zu. Als Otanes sah, daß sein Vorschlag, den Persern die Demokratie zu schenken, unterlegen war, sprach er zu den Versammelten folgendermaßen:

»Mitverschworene! So ist denn entschieden, daß einer unter uns König werden soll. Es fragt sich, ob wir ihn durchs Los wählen oder dem persischen Volke die Entscheidung überlassen oder ihn auf andere Weise küren. Ich nehme aber an der Bewerbung keinen Teil. Ich will nicht herrschen und will nicht dienen. So trete ich zurück, mache aber zur Bedingung, daß ich keinem unter euch untertänig werde, ebenso auch nicht meine Nachkommen für alle Zeit.«

Das bewilligten ihm die sechs anderen, und er verzichtete also auf den Thron. Noch heute ist sein Haus das einzig unabhängige Haus in Persien und ist dem König nur untertan, soweit es will, darf aber die Gesetze der Perser nicht übertreten.

84. Die sechs anderen Männer aber hielten Rat, wie man auf die gerechteste Art die Königswahl vornähme. Zunächst beschlossen sie, falls die Wahl auf einen ihres Bundes fiele, solle er dem Otanes und seinen Nachkommen für alle Zeit jährlich ein feines medisches Gewand und alle anderen geschätztesten Ehrengaben, die in Persien Brauch sind, schenken. Diese jährliche Schenkung wurde deshalb beschlossen, weil doch der ganze Plan von Otanes ausgegangen war und er die anderen hinzugezogen hatte. Außer dieser Gabe für Otanes wurde für alle sieben ausgemacht, daß sie ohne Anmeldung in den Königspalast gehen dürften, falls der König nicht gerade bei seinem

Weibe schliefe, ferner daß der König seine Gattin nur aus dem Kreise der Verschworenen wählen dürfe[87]. Über die Königswahl selber beschlossen sie: sie wollten vor das Stadttor reiten, und wessen Pferd nach Aufgang der Sonne zuerst wiehere, der sollte König werden.

85. Nun hatte Dareios einen klugen Stallmeister, namens Oibares. Als die Versammelten sich getrennt hatten, sprach Dareios folgendermaßen zu ihm:

»Oibares! Wir haben über die Königswahl folgenden Beschluß gefaßt: wessen Pferd bei Aufgang der Sonne zuerst unter uns Reitern wiehert, der soll König werden. Wenn du einen klugen Rat weißt, so sag mir das Mittel, durch das ich und kein anderer den Thron gewinne.«

Da antwortete Oibares: »Wenn es nur davon abhängt, ob du König wirst oder nicht, so fasse Mut und sei ohne Sorge. Keiner soll dir den Königsthron vorwegnehmen. Ich weiß schon, wie ich es mache.«

Dareios sagte: »Weißt du wirklich ein Mittel, so eile und verliere keine Zeit. Morgen früh schon soll es sich entscheiden.«

Als Oibares das hörte, tat er folgendes. Sobald die Nacht hereinbrach, führte er eine Stute, die der Hengst des Dareios am meisten liebte, vor das Tor, band sie fest und führte den Hengst zu ihr. Mehrmals ließ er ihn ganz nahe herankommen, und endlich ließ er ihn die Stute besteigen.

86. Als der Morgen dämmerte, stiegen alle sechs der Verabredung gemäß zu Pferde. Sobald sie aber vor das Tor geritten kamen und an die Stelle kamen, wo in der Nacht die Stute angebunden gewesen war, da lief Dareios' Hengst heran und wieherte. Und während noch das Roß wieherte, wurde am heiteren Himmel ein Blitz sichtbar, und man hörte den Donner. Dies Zusammentreffen der Zeichen war wie eine göttliche Bestätigung. Die anderen sprangen von ihren Rossen und huldigten dem Dareios.

87. Das ist der eine Bericht über Oibares' List. Es gibt aber noch einen anderen — die Perser erzählen den Hergang auf zweierlei Weise. Darnach hat Oibares seine Hand in die Geschlechtsteile jener Stute gesteckt und dann in seinen Hosen verborgen. Als dann die Rosse bei Sonnenaufgang davonreiten

sollten, zog Oibares seine Hand hervor und hielt sie dem Hengst des Dareios an die Nüstern. Er witterte die Stute, schnob und wieherte.

88. So war denn Dareios, der Sohn des Hystaspes, zum König ausgerufen worden. Mit Ausnahme der Araber gebot er über sämtliche Völker Asiens, die Kyros unterworfen und Kambyses zum zweiten Male unterworfen hatte[68]. Die Araber sind nie in Abhängigkeit von den Persern geraten; sie wurden, weil sie Kambyses nach Ägypten durch ihr Land hatte ziehen lassen, Freunde der Perser[69]. Ohne diese Bereitwilligkeit hätten die Perser gar nicht nach Ägypten gelangen können. Dareios nahm die vornehmsten Perserinnen zur Ehe, zunächst die Töchter des Kyros Atossa und Artystone — Atossa war ihres Bruders Kambyses und dann des Magers Gemahlin gewesen, Artystone war noch Jungfrau — und ferner heiratete er die Tochter des Smerdis, Kyros' Sohn, namens Parmys. Auch die Tochter des Otanes, die den Mager entlarvt hatte, übernahm er. Seine Macht war ohne Grenzen, und vor allem ließ er nun ein Reliefbild meißeln und aufstellen, das einen Mann zu Pferde darstellte und die Inschrift trug[70]:

»Dareios, Sohn des Hystaspes, hat durch seines Pferdes (hier folgte der Name) und seines Stallmeisters Verdienst den persischen Königsthron errungen.«

89. Weiter teilte er das persische Reich in zwanzig Provinzen[71], die bei den Persern Satrapien heißen. Jede Satrapie erhielt einen Statthalter und mußte Steuern an ihn entrichten. Mehrere benachbarte Stämme wurden zusammengefaßt, und auch über die nächste Nachbarschaft hinaus wurden die Stämme dieser oder jener Satrapie angeschlossen. Die Verteilung der Satrapien und der jährlichen Steuern erfolgte so, daß die, deren Abgabe in Silber bestand, sie nach babylonischem Gewicht entrichten mußten und die, deren Abgabe in Gold entrichtet wurde, nach euboiischem Gewicht. Das Gewicht des babylonischen Talents beträgt achtundsiebzig euboiische Minen[72].
Während Kyros' und Kambyses' Regierungszeit waren noch keine bestimmten Steuern festgesetzt. Die Völker gaben Ge-

schenke. Wegen dieser Schatzung und einiger anderen Einrichtungen sagt man in Persien, Dareios sei ein Krämer gewesen, Kambyses ein Herr, Kyros ein Vater. Denn Dareios habe alles nach Krämerart eingerichtet, Kambyses sei hart und hochmütig gewesen, Kyros mild, und ihm verdankten sie alles Gute.

90. Von den Ionern, den asiatischen Magnetern, den Aiolern, Karern, Lykiern, Milyern, Pamphylern, die gemeinsam eine Steuersumme aufzubringen hatten, gingen zusammen vierhundert Talente Silber ein. Sie bildeten die erste Satrapie[73].

Von den Mysern, Lydern, Lasoniern, Kabaliern, Hytennern fünfhundert Talente. Sie bildeten die zweite Satrapie[74].

Bei den Hellespontbewohnern, von der Einfahrt zur Rechten, weiter den Phrygern, den asiatischen Thrakern, den Paphlagonern, den Mariandynen und Syriern betrug die Steuersumme dreihundertsechzig Talente[75]. Das war die dritte Satrapie.

Von den Kilikern wurden dreihundertsechzig weiße Pferde, für jeden Tag des Jahres eines, und fünfhundert Silbertalente erhoben. Einhundertundvierzig Talente davon wurden für den Unterhalt der Kilikien bewachenden Reiterei verwendet[76]; dreihundertsechzig gingen Dareios zu. Das war die vierte Satrapie.

91. Das Land von der Stadt Posideion, die Amphilochos, Amphiaraos' Sohn, an der Grenze zwischen Kilikien und Syrien gegründet hat, bis hin nach Ägypten — ausgenommen jedoch der arabische Landesteil, der zinsfrei blieb — hatte dreihundertfünfzig Talente zu zahlen. Zu dieser Satrapie gehört ganz Phoinikien, das palästinische Syrien und die Insel Kypros[77]. Das alles bildete die fünfte Satrapie.

Von Ägypten, dem anschließenden Teile Libyens, Kyrene und Barka[78] — die der Satrapie Ägypten einverleibt wurden — wurden siebenhundert Talente erhoben. Nicht eingerechnet ist dabei die Summe, die die Fischerei auf dem Moirissee eintrug[79]. Ohne dies Geld und das Korn wurden siebenhundert Talente erhoben. Denn den in der weißen Burg zu Memphis hausenden Persern und Söldnern werden hundertundzwanzig Scheffel Korn geliefert. Das ist die sechste Satrapie.

Die Sattagyden, Gandarier, Dadiker, Aparyter haben zusammen einhundertsiebzig Talente aufzubringen[80]. Das ist die siebente Satrapie.

Susa und das übrige Kissien zahlen dreihundert Talente; das ist die achte Satrapie[81].

92. Babylon und das übrige Assyrien bringt tausend Talente Silber auf und liefert außerdem fünfhundert kastrierte Knaben[82]. Das ist die neunte Satrapie.

Agbatana, das übrige Medien, die Parikanier und Orthokorybantier zahlen vierhundertfünfzig Talente[83]. Das ist die zehnte Satrapie.

Die Kaspier, Pausiker, Pantimather, Dareiter zusammen zweihundert Talente[84]. Das ist die elfte Satrapie.

Die Völker von den Baktrianern bis zu den Aiglern dreihundertsechzig Talente[85]. Das ist die zwölfte Satrapie.

93. Die Völker von der Landschaft Paktyike und den Armeniern und deren Nachbarn bis zum Pontos Euxeinos vierhundert Talente[86]. Das ist die dreizehnte Satrapie.

Die Sagartier, Saranger, Thamanaier, Utier, Myker und die Bewohner der Inseln im Roten Meer, auf denen der König die sogenannten verpflanzten Stämme ansiedelt, zusammen sechshundert Talente[87]. Das ist die vierzehnte Satrapie.

Die Saker und Kaspier zweihundertfünfzig Talente[88]. Das ist die fünfzehnte Satrapie.

Die Parther, Chorasmier, Sogder, Areier dreihundert Talente[89]. Das ist die sechzehnte Satrapie.

94. Die Perikanier und die asiatischen Aithioper vierhundert Talente[90]. Das ist die siebzehnte Satrapie.

Die Matiener, Saspeirer, Alarodier zweihundert Talente[91]. Das ist die achtzehnte Satrapie.

Die Moscher, Tibarener, Makroner, Mossynoiker, Marder dreihundert Talente[92]. Das ist die neunzehnte Satrapie.

Die Inder, weitaus das größte Volk, das man kennt, entrichten auch die höchste Steuersumme, nämlich dreihundertsechzig Talente Goldstaub[93]. Das ist die zwanzigste Satrapie.

95. Rechnet man nun alles das im babylonischen Münzfuß gezahlte Silber in euboiischen Münzfuß um, so ergibt sich eine Gesamtsumme von neuntausendachthundertachtzig Talenten. Und rechnet man den Goldwert dreizehnmal so hoch wie den Silberwert, so erhält man viertausendsechshundertachtzig euboiische Talente ungeprägten Goldes. Zusammen also wurden an Da-

3. Audienz beim Großkönig. Relief aus Persepolis

reios an jährlichen Steuern gezahlt vierzehntausendfünfhundertsechzig euboiische Talente. Kleinere Einnahmen lasse ich dabei außer Betracht.

96. Das waren also die Steuern, die Dareios von Asien und einem kleinen Teile Libyens erhielt. Später kam dann noch die Steuer der hellenischen Inseln und der europäischen Völker bis nach Thessalien hinzu. Die Aufbewahrung dieser Schätze erfolgt in der Weise, daß der König das Metall einschmelzen und in Tongefäße gießen läßt. Ist ein Gefäß voll, so wird der Ton ringsum entfernt, und man schneidet, so oft man Geld braucht, ein entsprechend großes Stück von der Metallmasse ab.

97. Soviel über die Einteilung des Reiches und die Abgaben. Persien selber habe ich deshalb nicht unter den zinspflichtigen Völkern aufgeführt, weil das persische Land abgabenfrei ist. Dagegen kommen noch die Völker hinzu, die zwar keine Steuern entrichten, aber Geschenke geben. Das sind die Aithioper, die an Ägypten grenzen und von Kambyses auf seinem Zuge gegen die sogenannten langlebigen Aithioper[94] unterworfen wurden, ferner Umwohner des heiligen Berges Nysa[95], die dem Dionysos Feste feiern. Diese Aithioper und ihre Nachbarstämme sind von derselben Abstammung wie auch die Kallantier aus dem Volke der Inder; sie hausen in unterirdischen Wohnungen. Diese beiden aithiopischen Stämme entrichten — und tun es bis zum heutigen Tage — alle drei Jahre ein Geschenk von zwei Choinix[96] ungeprägten Goldes, zweihundert Ebenholzstämmen, fünf aithiopischen Knaben und zwanzig großen Elefantenzähnen. Weiter die Kolcher und ihre Nachbarn bis zum Kaukasosgebirge[97] — bis zu diesem Gebirge reicht das persische Reich, die Völker nördlich vom Kaukasos läßt Persien unbehelligt — diese Völker legten sich selber eine freiwillige Steuer auf, die sie noch heute alle vier Jahre schicken, nämlich hundert Knaben und hundert Mädchen. Endlich sandten die Araber jährlich tausend Talente Weihrauch. Das sind die Geschenke an den König, die außer jenen Steuern einkamen[98].

98. Die Inder gewinnen jene großen Mengen Goldstaubes auf folgende Weise. Der nach Osten gelegene Teil des indischen Landes ist Sandwüste[99]. Die Inder nämlich sind von Osten, vom Aufgang der Sonne her, das erste Volk Asiens, das wir kennen

und von dem wir bestimmte Nachrichten haben. Östlich von Indien ist Sand und Wüste. In Indien gibt es viele verschiedene Stämme, die auch verschiedene Sprachen sprechen, teils Nomaden sind, teils nicht. Einige wohnen in Flußniederungen und leben von rohen Fischen, die sie von Booten aus Bambus fangen. Aus jedem Absatz einer Bambusstaude wird ein ganzes Boot gemacht. Diese Stämme tragen Kleider aus Binsen. Die Binsen werden im Fluß geschnitten, geklopft, nach Art einer Matte geflochten und wie ein Panzer getragen.

99. Weiter östlich wohnen Nomadenstämme, die von rohem Fleisch leben. Sie heißen Padaier[100] und sollen folgende Gebräuche haben. Wenn ein Mitglied des Stammes krank wird, eine Frau oder ein Mann, so wird es, wenn es ein Mann ist, von den nächsten männlichen Freunden getötet. Denn, sagen sie, die Krankheit zehrt sein Fleisch auf, so daß es uns verloren geht. Auch wenn er seine Krankheit ableugnet, töten und verzehren sie ihn, ohne auf ihn zu hören. Ist es eine Frau, die krank wird, so tun die nächsten weiblichen Verwandten dasselbe mit ihr wie die Männer mit den Männern. Und wer alt wird, den opfert man feierlich und verzehrt ihn ebenfalls. Doch bringen es nicht viele bis zum Alter. Die meisten werden schon vorher, bei Gelegenheit einer Krankheit, getötet.

100. Ein anderer indischer Stamm hat wieder eine andere Lebensweise. Da wird überhaupt kein lebendes Wesen getötet. Man bebaut auch nicht den Acker, hat keine Häuser, sondern lebt von Gras. Dort wächst nämlich eine Pflanze wild, die Hülsenfrüchte von der Größe eines Hirsekorns trägt. Mitsamt der Hülse werden diese Körner gesammelt, gekocht und gegessen. Wenn einer dieses Stammes krank wird, geht er in die Wüste und legt sich hin. Niemand kümmert sich um den Sterbenden oder Leidenden[101].

101. Bei all den genannten indischen Stämmen geschieht die Begattung öffentlich wie bei dem Vieh. Sie haben auch alle die gleiche Farbe, nämlich dieselbe wie die Aithioper. Auch der Same, den sie an die Weiber abgeben, ist nicht weiß wie bei den anderen Völkern, sondern schwarz wie ihre Haut. Die Aithioper haben ebenfalls schwarzen Samen[102].

Diese indischen Stämme wohnen weiter von den Persern entfernt und südlicher als die anderen. Sie waren dem König Dareios niemals unterworfen.

102. Dagegen wohnen andere Stämme nicht weit von der Landschaft Paktyike und deren Hauptstadt Kaspatyros[103], nördlich von den anderen Indern. Sie nähern sich in ihrer Lebensweise den Baktriern. Sie sind die kriegerischsten indischen Stämme, und sie sind es auch, die zur Gewinnung des Goldes ausziehen. In ihrer Gegend ist nämlich eine Sandwüste, und in dieser Sandwüste leben große Ameisen[104], kleiner als Hunde, aber größer als Füchse. Einige solcher Ameisen, die dort gefangen sind, kann man beim König in Persien sehen. Diese Ameisen werfen beim Bau ihrer unterirdischen Wohnung den Sand auf, wie es auch die Ameisen in Hellas tun, denen sie auch im Aussehen sehr ähnlich sind. Der aufgeworfene Sand aber ist goldhaltig, und zur Gewinnung dieses Sandes ziehen die Inder in die Wüste. Drei Kamele werden zusammengebunden, zu beiden Seiten ein Kamelhengst wie ein Handpferd, in der Mitte eine Kamelstute. Auf dieser reiten sie, und zwar nehmen sie gern Stuten, die kürzlich erst geworfen haben, so daß man sie ihrem Füllen entreißen muß. Ihre Kamele sind nicht weniger schnell als Pferde und können überdies weit größere Lasten tragen.

103. Beschreiben will ich das Kamel nicht, da man es in Hellas kennt; nur das will ich anführen, was man von dem Kamel nicht weiß. Es hat nämlich an den Hinterbeinen vier Schenkel und vier Knie, und die Rute ist zwischen den Schenkeln rückwärts nach dem Schwanz hin gekehrt.

104. So ausgerüstet ziehen die Inder nach dem Gold aus, wobei sie es so einrichten, daß sie während der heißesten Tageszeit eintreffen und das Gold rauben. Vor der Hitze nämlich verkriechen sich die Ameisen in die Erde. Die heißeste Tageszeit ist für diese Völker aber der Morgen, nicht wie für die anderen Völker der Mittag. Nur bis gegen Mittag, wo bei uns der Markt aufhört, steht dort die Sonne hoch. Und zwar brennt sie dann weit mehr als in Hellas zur Mittagszeit. Man erzählt, die Leute hielten sich solange im Wasser auf. Mittags brennt die Sonne bei den Indern ebenso wie bei den anderen Völkern. Nachmittags kühlt es sich ab, wie es bei uns des Morgens ist, und dann wird es immer kälter, bis es bei Sonnenuntergang sehr kalt ist[105].

105. Kommen nun die Inder an den Platz, so füllen sie die mitgebrachten Säcke möglichst schnell mit Sand und machen sich wieder davon. Die Ameisen nämlich riechen sie, wie die Perser behaupten, und verfolgen sie sofort. Sie sollen schneller sein als jedes andere Tier. Wenn die Inder nicht, während die Ameisen sich sammeln, einen Vorsprung gewännen, würde keiner von ihnen lebendig davonkommen. Die männlichen Kamele, die nicht so schnell laufen könnten wie die weiblichen, binde man während der Verfolgung los und überlasse sie den Ameisen, erst das eine, dann das andere. Die Stuten aber, im Gedanken an die Füllen daheim, blieben unermüdlich. Auf diese Weise wird, wie die Perser sagen, der größte Teil des indischen Goldes gewonnen. Ein kleinerer Teil wird gegraben.

106. Die äußersten Länder der Erde besitzen die kostbarsten Dinge; dafür hat aber Hellas bei weitem das gleichmäßigste Klima. Das äußerste Land im Osten ist Indien, wie ich oben schon erwähnt habe. Und in Indien sind nicht nur die Tiere, vierfüßige und Vögel, weit größer als in anderen Ländern — mit Ausnahme der Pferde, die von den medischen, sogenannten nesaiischen Pferden noch übertroffen werden[106] —, sondern es gibt dort auch unermeßlich viel Gold, das teils gegraben, teils von Flüssen mitgeführt, teils wie ich beschrieben habe, geraubt wird. Und wild wachsende Bäume tragen dort als Frucht Wolle, die an Schönheit und Haltbarkeit über der Schafwolle steht[107]. Die Kleidung der Inder wird aus den Früchten dieser Bäume hergestellt.

107. Im Süden ist das äußerste Land der Erde Arabien. Und in keinem anderen Lande als in Arabien wachsen Weihrauch[108] und Myrrhen[109], Kasia, Kinamomon[110] und Ledanon[111]. Alle diese Dinge mit Ausnahme der Myrrhen werden von den Arabern nicht ohne Mühe gewonnen. Um den Weihrauch zu gewinnen, verbrennen sie Storax[112], der von den Phoinikern nach Hellas eingeführt wird. Die Weihrauchbäume nämlich werden von geflügelten Schlangen bewacht[113], die klein und buntfarbig sind und sich in Mengen in der Nähe jedes einzelnen Baumes aufhalten. Es sind dieselben, die die feindlichen Züge nach Ägypten unternehmen. Nichts anderes vertreibt sie von den Bäumen als der Rauch des Storax.

108. Die Araber meinen auch, daß sich die ganze Erde mit diesen Schlangen füllen würde, wenn bei ihnen nicht dasselbe der Fall wäre, was bekanntlich bei den Nattern der Fall ist. Die göttliche Vorsehung hat in ihrer Weisheit alle furchtsamen und eßbaren Tiere sehr fruchtbar geschaffen, damit es uns nicht an Nahrung fehlt, die schädlichen und unangenehmen Tiere aber sehr wenig fruchtbar. So ist der Hase, weil er von allen gejagt wird, von Tier, Vogel und Mensch, sehr fruchtbar. Er ist das einzige Tier, das nach Empfang einer Frucht noch weiter empfängt. Von den Jungen im Mutterleibe ist eines schon behaart, das andere noch kahl, das dritte bildet sich erst und ein viertes wird empfangen. Demgegenüber denke man nun an den Löwen, das stärkste und trotzigste Raubtier. Die Löwin gebiert in ihrem ganzen Leben ein einziges Junges. Denn bei der Geburt wirft sie auch die Gebärmutter mit aus. Das hat folgenden Grund. Wenn das Junge sich im Mutterleib zu bewegen anfängt, zerreißt es mit seinen Krallen — sie sind weit schärfer als die Krallen aller anderen Tiere — die Gebärmutter, und je größer es wird, um so mehr zerstört es sie. Kommt die Geburt heran, so ist sie ganz und gar zerstört.

109. Ähnlich ist es mit den Nattern und den geflügelten Schlangen in Arabien. Wenn sie sich in der Art der anderen Schlangen fortpflanzten, könnten die Menschen nicht leben. Es ist aber so bei ihnen. Wenn sie sich begatten und das Männchen gerade dabei ist, den Samen fahren zu lassen, hängt sich das Weibchen an seinen Hals und läßt nicht eher los, als bis es ihn durchgebissen hat. Auf diese Weise kommt das Männchen ums Leben, das Weibchen aber muß dafür büßen, indem die Jungen in ihrem Leibe den Vater rächen, die Gebärmutter und die Bauchwand durchbeißen und sich so den Weg ins Freie bahnen. Die anderen, für den Menschen ungefährlichen Schlangen dagegen legen Eier und brüten eine große Menge Junge aus. Die Nattern sind über die ganze Erde verbreitet, während die geflügelten Schlangen sich ausschließlich in Arabien finden, dort aber in Scharen, so daß man denkt, sie seien sehr zahlreich.

110. So also gewinnen die Araber den Weihrauch. Anders die Kasia[114]. Um Kasia zu gewinnen, hüllen sie den ganzen Körper und das Gesicht mit Ausnahme der Augen in Rindshäute und

andere Häute. Sie wächst in einem flachen See und um den See herum, und in ihm gibt es geflügelte Tiere, die am meisten Ähnlichkeit mit Fledermäusen haben. Sie schwirren sehr laut und wissen sich kräftig zu wehren. Diese Tiere gilt es von den Augen abzuwehren, wenn man die Kasia bricht.

111. Noch wunderlicher ist die Art, wie das Kinamomon geerntet wird. Sie wissen selber nicht, wo es wächst und welches Land es hervorbringt. Einige meinen, es käme aus dem Lande, in dem Dionysos aufgezogen wurde[115], was auch wahrscheinlich richtig ist. Große Vögel, heißt es, tragen die getrockneten Rindenstücke herbei, die bei uns mit phoinikischem Namen Kinamomon heißen. Sie tragen sie in ihre Nester, die aus Lehm gebaut sind und an schroffen Felsen kleben, an denen kein Mensch emporklimmen kann. Da haben nun die Araber folgendes ausgedacht. Tote Ochsen, Esel und andere Zugtiere hacken sie in möglichst große Stücke und schleppen sie herbei. In der Nähe der Nester lassen sie sie liegen und gehen dann recht weit fort. Die Vögel kommen herab und tragen die Fleischstücke ins Nest, das aber die Last nicht tragen kann und zur Erde stürzt. Dann kommen die Leute zurück und sammeln das Kinamomon. Das so gewonnene Kinamomon wird dann in die anderen Länder ausgeführt.

112. Die Gewinnung des Ledanon — die Araber sagen Ladanon — ist wiederum noch wunderlicher. Es hat den schönsten Geruch und stammt doch aus dem übelriechendsten Orte. Es findet sich nämlich in dem Bart der Ziegenböcke, wo es abträufelt wie die Flüssigkeit vom faulenden Holz. Man verwendet es für viele Salben, und die Araber benutzen es vornehmlich zum Räuchern.

113. Soviel über die Wohlgerüche in Arabien, wo es überhaupt wunderbar süß duftet.

Zwei merkwürdige Arten Schafe, die es nirgends sonst gibt, findet man in Arabien. Die eine hat lange Schwänze, mindestens drei Ellen lang. Ließe man zu, daß das Schaf den Schwanz nachzieht, so würde es ihn an der Erde wund reiben. Alle Hirten aber verstehen sich soweit auf das Zimmerhandwerk, daß sie kleine Wagen zimmern und sie unter die Schwänze binden. Jedes Tier hat solch einen Wagen unter seinem Schwanz. Die andere Art hat breite Schwänze, die wohl eine Elle breit sind[116].

114. Im Südwesten ist Aithiopien das äußerste Land der Erde. Aithiopien ist sehr goldreich, hat gewaltige Elefanten, lauter wildwachsende Fruchtbäume, Ebenholzbäume, sehr große, schöne und langlebige Menschen[117].

115. Das sind die äußersten Länder in Asien und in Libyen. Über die äußersten Länder in Europa, also nach Westen hin, kann ich nichts Bestimmtes mitteilen. Ich glaube nicht an den Eridanos, wie die Barbaren einen Fluß bezeichnen sollen, der ins Nordmeer, aus dem der Bernstein kommen soll, fließe[118]. Ich weiß auch von den Zinninseln nichts, von denen das Zinn zu uns kommt. Schon der Name Eridanos erweist sich als hellenisch, nicht barbarisch, und also als Erfindung eines Dichters. Ferner kann ich trotz aller Mühe von keinem Augenzeugen Näheres über jenes Nordmeer in Europa erfahren. Daß Zinn[119] und Bernstein aus dem äußersten Lande der Erde kommen, ist sicher.

116. Im Norden von Europa gibt es augenscheinlich sehr große Mengen Gold. Wie man es gewinnt, kann ich ebenfalls nicht bestimmt sagen. Der Sage nach rauben es die einäugigen Arimasper den Greifen[120]. Ich glaube aber nicht, daß es überhaupt einäugige Menschen gibt, die im übrigen ebenso aussehen wie andere Menschen.

Jedenfalls sieht man, daß die äußersten Länder, die die übrigen rings umschließen, Dinge besitzen, die bei uns im höchsten Werte stehen und sehr selten sind.

117. In Asien gibt es eine rings von Bergen umgrenzte Ebene. Fünf schmale Durchgänge führen durch diese Berge. Sie war einst im Besitz der Chorasmier und liegt auch an der Grenze des Landes der Chorasmier, der Hyrkanier, der Parther, der Saranger und Thamanaier[121]. Seit der Oberherrschaft der Perser gehört sie dem König. Von dem umschließenden Gebirge kommt ein großer Fluß, namens Akes, herab. Der war früher in fünf Arme geteilt und bewässerte die genannten Länder, indem sich aus jeder der fünf Bergspalten ein Arm ergoß. Seit diese Völker aber Untertanen der Perser sind, ist es ihnen sehr schlecht ergangen. Der König baute nämlich die Bergspalten zu und er-

richtete in jeder eine Schleuse. Das Wasser kann infolgedessen nicht ausfließen und verwandelt, weil der Fluß immer nur einströmt und keinen Ausgang hat, die Ebene in einen See. Die Stämme, die früher das Wasser zur Bewässerung benutzten, sind dadurch in eine traurige Lage gekommen. Im Winter freilich läßt die Gottheit wie anderswo, so auch bei ihnen, regnen; aber im Sommer dürsten Hirse und Sesam[122], die sie bauen, nach Wasser. Läßt man ihnen nun gar nichts von dem Wasser der Flußarme zukommen, so wandern sie mit ihren Weibern nach Persien, stellen sich an das Tor des Königspalastes und erheben ein lautes Klagegeschrei. Dann gibt der König Auftrag, die Schleuse, die in das Land der dringendsten Bittsteller führt, zu öffnen. Hat die Erde Wasser genug getrunken, so wird die Schleuse wieder geschlossen und eine andere geöffnet, die ins Land desjenigen Stammes führt, der nach jenem am dringendsten bittet. Wie ich aber erfahren habe, läßt sich der König für das Öffnen der Schleusen große Summen zahlen, die noch außer der Steuer aufgebracht werden müssen.
So verhält es sich hiermit.
118. Unter jenen sieben Persern, die den Mager gestürzt hatten, war einer, Intaphernes, der gleich nach jenem Ereignis wegen eines Verbrechens hingerichtet wurde. Das ging so zu. Er wollte in den Königspalast gehen, um mit dem Könige etwas zu verhandeln. Nun hatte man doch die Bestimmung getroffen, daß die Verschworenen ohne Anmeldung beim Könige eintreten durften, falls dieser nicht gerade mit seinem Weibe schliefe. Daher hielt es Intaphernes nicht für nötig, daß ihn jemand anmelde und wollte als Mitglied jener Sieben ohne weiteres eintreten. Der Türsteher und der Überbringer der Meldungen[123] aber ließen ihn nicht durch und sagten, der König schliefe mit seinem Weibe[124]. Intaphernes hielt das für eine Lüge und tat folgendes. Er zog den Säbel und hieb ihnen Ohren und Nase ab, reihte dieselben an dem Zügel seines Pferdes auf, hängte sie den Mißhandelten um den Hals und ließ sie gehen.
119. Sie zeigten sich darauf dem König und gaben den Grund ihrer Verunstaltung an.
Dareios fürchtete, die Sechs möchten das im Einverständnis miteinander getan haben; er ließ sie einzeln holen und forschte sie

aus, ob sie jene Tat billigten. Als er merkte, daß Intaphernes nicht im Einverständnis mit ihnen gehandelt hatte, ließ er ihn samt seinen Söhnen und allen Verwandten ergreifen, weil er den dringenden Verdacht hatte, jener plane mit seinen Verwandten einen Aufstand. Sie wurden in das Gefängnis für todeswürdige Verbrecher geworfen. Die Frau des Intaphernes aber ging an das Tor des Palastes, weinte und klagte. Als sie gar nicht aufhörte, hatte endlich Dareios Mitleid mit ihr, schickte einen Boten und ließ ihr sagen:

»Weib, König Dareios gibt dir einen von deinen gefangenen Verwandten frei. Wähle dir, welchen du willst.«

Sie besann sich und antwortete: »Will mir der König das Leben eines meiner Verwandten schenken, so bitte ich vor allen anderen um das meines Bruders.«

Als Dareios das hörte, wunderte er sich über die Wahl, sandte wieder hin und ließ sagen:

»Weib, der König fragt dich, warum du Gemahl und Kinder dem Tode überläßt und den Bruder retten willst, der dir ferner steht als deine Söhne und weniger teuer ist als dein Gemahl.«

Darauf erwiderte sie: »O König! Wenn die Götter wollen, findet sich wohl ein anderer Gemahl für mich und andere Kinder an Stelle der verlorenen. Aber da Vater und Mutter tot sind, kann ich nie einen anderen Bruder bekommen. Darum habe ich mich so entschieden.«

Die Antwort der Frau gefiel Dareios, und er ließ den, um den sie gebeten, und dazu noch, weil er ihr geneigt war, ihren ältesten Sohn frei. Alle anderen ließ er töten.

Auf diese Weise kam so bald der eine von jenen Sieben ums Leben.

120. Ungefähr zur Zeit, als Kambyses krank war, hatte sich folgende andere Geschichte zugetragen. Kyros hatte als Statthalter von Sardes den Perser Oroites eingesetzt[125]. In diesem Oroites erwachte die Lust zu einer abscheulichen Tat. Er wollte Polykrates von Samos gefangennehmen und umbringen, ohne daß ihn dieser durch Wort oder Tat gekränkt, ja ohne daß er ihn je gesehen hatte. Der Grund war, nach der gewöhnlichen Überlieferung, folgender. Vor dem Tor des persischen Königspalastes saßen einmal Oroites und ein anderer Perser, namens

Mitrobates, der Statthalter der Satrapie Daskyleion. Sie gerieten in Streit miteinander, wer von ihnen der Tapferste sei, und Mitrobates sagte geringschätzig zu Oroites:

»Du willst ein Mann sein und hast die Insel Samos, die deiner Satrapie gegenüberliegt, dem König nicht unterworfen? Sie ist doch ganz leicht zu gewinnen, denn ein Samier hat sie mit fünfzehn Hopliten durch einen Handstreich unterjocht und ist jetzt ihr König.«

Als Oroites das hörte, kränkte es ihn, und in ihm erwachte die Lust, nicht dem Sprecher seine höhnenden Worte heimzuzahlen, sondern diesen Polykrates, um dessentwillen er solche Vorwürfe hören mußte, völlig zu vernichten.

121. Dagegen erzählt eine weniger verbreitete Überlieferung, Oroites habe einen Herold nach Samos geschickt, um eine Bitte an Polykrates zu richten (um was er bat, wird nicht berichtet). Polykrates saß gerade im Männersaal, und bei ihm war Anakreon aus Teos[126]. Ob nun Polykrates absichtlich dem Oroites seine Verachtung hat zeigen wollen oder ob es sich zufällig so traf, genug, als der Herold des Oroites hereintrat und seinen Auftrag ausrichtete, wendete sich Polykrates — der gegen die Wand gerichtet dasaß — gar nicht nach ihm um, antwortete ihm auch nicht.

122. Diese beiden verschiedenen Ursachen also werden für den Untergang des Polykrates angegeben; man kann nun glauben, welchem Berichte man will. Jedenfalls sandte Oroites von Magnesia am Maiandros aus, wo er sich damals befand, den Lyder Myrsos, Sohn des Gyges, nach Samos, um Polykrates eine Botschaft zu überbringen, dessen Pläne er wohl durchschaute. Polykrates nämlich war, wenn man von Minos, dem Könige von Knossos[127], und etwaigen anderen seebeherrschenden Königen älterer Zeiten absieht, der erste uns bekannte Hellene, der sich zum Herrn des Meeres machen wollte. Seit der Heroenzeit wenigstens gab es vor Polykrates keinen, der Ionien und die Inseln sich zu unterwerfen trachtete. Diese Pläne also kannte Oroites und sandte deshalb jenen Boten, der folgende Botschaft ausrichten mußte:

»Oroites läßt Polykrates folgendes entbieten. Ich erfahre, daß du große Pläne hast, daß es dir aber an Geld fehlt, sie auszuführen. Wenn du meinen Vorschlag annimmst, wird es dein Vorteil sein, und mir wirst du das Leben retten. König Kambyses nämlich trachtet mir nach dem Leben, ich habe sichere Kunde davon. Wenn du mich samt meinen Schätzen unter deine Obhut nehmen willst, so soll ein Teil meines Reichtums dein sein; den anderen laß mir. So kannst du, soweit es vom Gelde abhängt, Herr von ganz Hellas werden. Wenn du nicht an meine Reichtümer glaubst, so schicke nur deinen treuesten Mann zu mir; ich werde sie ihm zeigen.«

123. Als Polykrates das hörte, willigte er mit Freuden ein. Er hatte großes Verlangen nach den Schätzen und sandte zunächst Maiandrios, Sohn des Maiandrios, aus, einen Samier, der sein Schreiber war, die Schätze in Augenschein zu nehmen. Es war derselbe, der nicht lange darauf den aus Polykrates' Männersaal stammenden, sehenswürdigen Schmuck in den Heratempel stiftete. Als Oroites hörte, daß jemand unterwegs sei, um die Schätze zu besichtigen, tat er folgendes. Acht Kisten füllte er fast bis zum Rande mit Steinen, legte Gold oben auf die Steine, band die Kisten zu und stellte sie bereit. Maiandrios kam, schaute und meldete Polykrates, was er gesehen hatte.

124. Da machte sich denn Polykrates selber auf den Weg nach Magnesia, trotz dringender Warnungen seiner Seher und Freunde. Auch seine Tochter hatte einen schreckhaften Traum gehabt. Sie sah ihren Vater oben in der Luft schweben, von Zeus gebadet, von Helios gesalbt. Als sie diesen Traum gehabt hatte, gab sie sich alle Mühe, Polykrates von seiner Reise zu Oroites zurückzuhalten, und noch als er zu Schiffe stieg, rief sie ihm unheilverkündende Worte nach. Er drohte ihr dafür, sie solle, wenn er lebend heimkehre, noch lange Jungfrau bleiben. Da betete sie, seine Drohung möchte in Erfüllung gehen. Denn sie wollte lieber lange Jungfrau bleiben als ihren Vater verlieren.

125. Polykrates fuhr, aller Warnungen ungeachtet, zu Oroites. Viele Freunde waren mit ihm auf dem Schiff, darunter auch Demokedes, Kalliphons Sohn, aus Kroton, ein Arzt, der in seiner Kunst alle Zeitgenossen übertraf. Als Polykrates in Magnesia anlangte, wurde er elend umgebracht, ein Ende, das seiner Taten und Gesinnungen ganz und gar nicht würdig war. Denn

ausgenommen die Tyrannen von Syrakus, kann sich kein hellenischer Tyrann mit Polykrates an Glanz und Größe messen. Nachdem Oroites ihn umgebracht hatte, auf eine Weise, die ich nicht erzählen will, schlug er den Leichnam ans Kreuz. Seine Begleiter ließ er, soweit es Samier waren, frei und forderte noch, sie sollten ihm dafür dankbar sein, daß er sie ziehen ließ. Die Fremden und die Sklaven aber behielt er wie kriegsgefangene Sklaven für sich. Durch Polykrates' Kreuzigung ging der Traum seiner Tochter in Erfüllung. Er wurde von Zeus gebadet, nämlich wenn es regnete, und von Helios gesalbt, nämlich wenn die Hitze den Schweiß aus seinem Körper trieb. Das war das Ende des glücksgesegneten Polykrates. Amasis, der König von Ägypten, hatte es ihm vorausgesagt.

126. Aber es dauerte nicht lange, so mußte Oroites seine Tat büßen. Oroites war nach Kambyses' Tode und nach der Regierung der beiden Mager ruhig in Sardes geblieben, ohne sich an den Kämpfen der Perser gegen die Meder, die ihnen die Herrschaft streitig machten, zu beteiligen. Vielmehr ließ er während dieser Unruhen den Statthalter von Daskyleion, Mitrobates, der ihn wegen Polykrates verhöhnt hatte, ermorden und ebenso den Sohn des Mitrobates, Kranaspes. Beides waren angesehene Perser. Er verübte auch andere Schändlichkeiten. So ließ er einen Boten des Dareios an ihn, weil ihn der Inhalt der Botschaft ärgerte, auf dem Rückweg töten. Er legte ihm einen Hinterhalt und ließ die Leiche samt dem Pferde verschwinden.

127. Als Dareios den Thron bestiegen hatte, gedachte er Oroites wegen aller seiner Verbrechen, namentlich wegen der Ermordung des Mitrobates und seines Sohnes, zur Strafe zu ziehen. Geradezu ein Heer gegen ihn schicken wollte er nicht, weil es im Reich noch gärte und er eben erst die Herrschaft angetreten hatte. Er wußte, daß Oroites über eine große Macht verfügte. Er hatte eine Leibwache von tausend Persern[128], und seine Satrapie umfaßte Phrygien, Lydien und Ionien[129]. Da wählte denn Dareios einen anderen Weg. Er rief die vornehmsten Perser zu sich und sprach:

»Perser, wer von euch will es wagen, mit Klugheit, nicht mit Gewalt und Geräusch folgendes Unternehmen durchzuführen? Wo es Klugheit gilt, ist Gewalt nichts nütze. Wer will Oroites lebendig herbeibringen oder ihn töten? Oroites hat Persien nichts Gutes, nur viel Böses getan. Zwei unserer Brüder, Mitrobates und seinen Sohn, hat er ermordet, und meine Boten, die ihn zu mir entbieten sollen, tötet er. Unerträglich ist seine Überhebung! Wir müssen ihr ein Ende machen und ihn töten, ehe er dem persischen Reiche noch größeren Schaden tut.«

128. So fragte Dareios, und dreißig Männer erboten sich, die Tat zu vollführen. Da sie sich untereinander stritten, ließ Dareios das Los entscheiden. Und das Los fiel auf Bagaios, den Sohn des Artontes. Bagaios fing nun die Sache folgendermaßen an. Er schrieb viele Briefe verschiedenen Inhalts und setzte das Siegel des Dareios darunter. Mit ihnen begab er sich nach Sardes. Als er angelangt war und von Oroites empfangen wurde, gab er die mitgebrachten Briefe der Reihe nach dem königlichen Schreiber, damit er sie vorläse. Alle Statthalter haben solche königlichen Schreiber[130]. Bagaios ließ aber die Briefe vorlesen, um festzustellen, ob die Leibwache sich wohl zum Abfall von Oroites entschließen würde. Als er sah, daß sie vor den Briefen und noch mehr vor ihrem Inhalt große Ehrfurcht bezeigten, gab er dem Schreiber einen weiteren Brief, in dem die Worte standen:

»Perser! König Dareios verbietet euch, dem Oroites ferner als Leibwache zu dienen.«

Als sie das hörten, senkten sie die Lanzen vor Bagaios und nun gab ihr bereitwilliger Gehorsam ihm Mut, dem Schreiber noch den letzten Brief zu geben, in dem geschrieben stand:

»König Dareios erteilt den Persern in Sardes den Auftrag, Oroites zu töten.«

Sobald die Leibwächter das hörten, zogen sie den Säbel und töteten ihn auf der Stelle. So fand des Persers Oroites ruchlose Tat an dem Samier Polykrates ihre Sühne.

129. Die lebendige und tote Habe des Oroites wurde nach Susa gebracht, und nicht lange darauf trug es sich zu, daß König Dareios sich auf einer Jagd den Fuß verrenkte, als er vom Pferde springen wollte. Es war eine starke Verrenkung, und der Knöchel war aus dem Gelenk gesprungen. Nun hatte er auch früher schon die berühmtesten ägyptischen Ärzte um sich, die ihn jetzt behandeln mußten. Sie drehten und bearbeiteten den Fuß, machten aber das Übel nur schlimmer. Sieben Tage

und sieben Nächte lag Dareios krank und schlaflos da. Am achten Tage, als es Dareios immer noch nicht besser ging, sprach ihm jemand, der schon früher in Sardes von Demokedes aus Kroton gehört hatte, von dessen großer ärztlicher Kunst. Dareios befahl, ihn sofort herbeizuholen. Man fand ihn unter den Sklaven des Oroites, ganz vernachlässigt, gefesselt und in Lumpen.

130. So brachte man ihn herbei. Als er vor Dareios stand, fragte ihn der König, ob er die ärztliche Kunst verstünde. Der aber verneinte, weil er fürchtete, man würde ihn nie wieder nach Hellas zurücklassen, wenn er sich zu erkennen gäbe. Dareios merkte wohl, daß er sich verstellte, und befahl den Leuten, die ihn geholt hatten, Peitsche und Stacheln zu bringen. Da gab sich denn Demokedes zu erkennen, sagte aber, er habe die Kunst nicht gründlich erlernt, sondern kenne sie nur ein wenig durch den Umgang mit einem Arzte. Dareios gab sich in seine Behandlung, und Demokedes verschaffte ihm durch hellenische Heilweise und linde Mittel an Stelle der gewaltsamen wieder Schlaf und machte ihn in kurzer Zeit wieder ganz gesund, obwohl Dareios die Hoffnung, seinen Fuß wieder gebrauchen zu können, ganz aufgegeben hatte.

Dareios beschenkte ihn mit zwei Paar Fesseln aus Gold. Da fragte Demokedes, ob ihn denn der König dafür, daß er ihn gesund gemacht, doppelt elend machen wolle. Die Antwort gefiel Dareios, und er schickte ihn zu seinen Frauen. Die Eunuchen führten ihn hinein[181] und sagten den Frauen, das sei der Mann, dem der König sein Leben verdanke. Und jede Frau schöpfte mit der Trinkschale Gold aus der Truhe und schenkte es Demokedes. Es war ein so reiches Geschenk, daß sich sein Diener — er hieß Skiton — durch Auflesen der zur Seite fallenden Goldmünzen noch eine große Menge Gold zusammenlas.

131. Dieser Demokedes war auf folgende Weise aus Kroton an den Hof des Polykrates gekommen. Er lebte in Kroton mit seinem Vater, einem jähzornigen Mann, in Streit. Als er es zu Hause nicht mehr aushielt, wanderte er aus nach Aigina. Schon im ersten Jahre übertraf er dort alle anderen Ärzte, obwohl er gar nicht die Werkzeuge besaß, die zur Ausübung der Kunst nötig sind. Im zweiten Jahre nahm ihn die Stadt Aigina für ein

Talent in Dienst, im dritten Jahre Athen für hundert Minen, im vierten Jahre Polykrates für zwei Talente. So kam er nach Samos, und er ist es hauptsächlich, dem die Ärzte von Kroton ihren Ruf verdanken[132]; denn zu der Zeit hielt man die Ärzte aus Kroton für die ersten in Hellas, die aus Kyrene für die zweiten. Zu derselben Zeit galten auch die Argeier als die Meister der Tonkunst.

132. Jetzt, wo Demokedes in Susa Dareios gesund gemacht hatte, bekam er ein sehr großes Haus zur Wohnung und wurde in die königliche Tafelrunde aufgenommen[133]. Alles stand ihm frei, nur durfte er nicht nach Hellas zurück. Durch seine Fürbitte rettete er die ägyptischen Ärzte, die den König zuerst behandelt hatten und ans Kreuz geschlagen werden sollten, weil sie sich von einem hellenischen Arzt hatten beschämen lassen, vom Tode. Ebenso rettete er einen Seher aus Elis, der sich im Gefolge des Polykrates befunden hatte und unter den anderen Sklaven unbemerkt lebte. Kurz, Demokedes hatte die gewichtigste Stimme am königlichen Hofe.

133. Kurze Zeit darauf ereignete sich noch ein anderer Vorfall. Atossa, Kyros' Tochter und Dareios' Gemahlin, bekam ein Geschwür an der Brust, und als es aufgebrochen war, fraß es weiter um sich. Solange es noch klein war, verschwieg sie es aus Scham und sprach zu niemandem davon. Als es aber bösartig wurde, ließ sie Demokedes rufen und zeigte es ihm. Er versprach, sie gesund zu machen, ließ sich aber von ihr beschwören, daß sie ihm dafür einen Gegendienst leisten würde, den er sich ausbitten würde. Um etwas Unehrenhaftes würde er sie nicht bitten.

134. Als er sie nun durch seine Kur gesund gemacht und ihr seinen Wunsch gesagt hatte, da sprach Atossa, wie er sie geheißen, zu dem neben ihr ruhenden Dareios folgende Worte:
»O König, du hast so große Macht und sitzest doch untätig da Kein Volk, keine Herrschaft gewinnst du dem persischen Reich hinzu. Ein Mann, der jung und Herr über viele Reichtümer ist, muß sich durch Taten hervortun. Das würde dir zwiefachen Gewinn bringen. Die Perser würden erfahren, daß ein Mann sie beherrscht, und würden, weil der Krieg sie in Anspruch nimmt, keine Zeit haben, Ränke gegen dich zu schmieden. Jetzt,

solange du noch jung bist, kannst du Großes vollbringen; denn, solange der Leib wächst, wächst auch der Geist; altert jener, so altert auch dieser und wird unfähig zu allem Tun.«

So sprach sie, wie Demokedes sie gelehrt hatte. Dareios aber antwortete:

»O Weib! Alles, was ich selber denke und plane, hast du ausgesprochen. Ich bin mit mir einig geworden, eine Brücke von unserem Festland nach dem anderen Festland zu schlagen und gegen die Skythen zu ziehen. In kurzem schon soll das geschehen.«

Da sagte Atossa: »Nein, mit den Skythen solltest du nicht den Anfang machen. Sie sind ja dein, sobald du willst. Du solltest gegen Hellas ziehen! Man hat mir von den lakonischen, argeischen, attischen und korinthischen Frauen erzählt; die wünsche ich mir zu Dienerinnen! Du hast ja einen Mann bei dir, der dir besser als jeder andere über Hellas Auskunft geben und dir als Führer dienen kann. Ich meine den Arzt, der deinen Fuß geheilt hat.«

Dareios erwiderte: »Wenn du also der Meinung bist, daß wir uns zuerst gegen Hellas wenden sollen, so ist es wohl das Beste, wir senden zunächst Kundschafter hin und mit ihnen den Hellenen, von dem du sprichst. Sie forschen alles aus und berichten uns, wie die Dinge in Hellas liegen. Dann, wenn ich alles weiß, mache ich mich auf, sie zu unterwerfen.«

135. So sprach er, und was er gesagt, das tat er auch. Sobald der Morgen graute, ließ er fünfzehn vornehme Perser rufen und trug ihnen auf, mit Demokedes zusammen alle Küsten von Hellas zu besuchen, aber acht zu geben, daß ihnen Demokedes nicht entlaufe, und ihn um jeden Preis wieder zurückzubringen. Als er ihnen das eingeschärft hatte, ließ er nun auch Demokedes rufen und bat ihn, den fünfzehn Persern ganz Hellas zu zeigen und dann wieder zurückzukehren. Seine ganze Habe könne er mitnehmen und seinem Vater und seinen Brüdern zum Geschenk machen. Er werde sie ihm vielfach ersetzen. Ja, er erklärte sich bereit, ihm ein ganzes Lastschiff voller Geschenke mit auf den Weg zu geben. Dareios sagte ihm das, glaube ich, ohne irgendeinen bösen Gedanken; aber Demokedes fürchtete doch, er wolle ihn nur auf die Probe stellen, und griff nicht mit

Hast nach all den Dingen, die ihm dargeboten wurden. Er sagte, seine Habe wolle er lieber zurücklassen, damit er sie bei der Rückkehr vorfände, aber das Lastschiff, das ihm Dareios als Geschenk für seine Brüder anbiete, wolle er mitnehmen. Dareios erteilte nun auch ihm jenen Auftrag und schickte sie davon ans Meer.

136. Sie kamen nach Phoinikien und rüsteten in der phoinikischen Stadt Sidon zwei Dreiruderer aus, dazu ein großes phoinikisches Frachtschiff[134], mit Gütern beladen. Als alles bereit war, fuhren sie hinüber nach Hellas. Sie hielten sich nahe an der hellenischen Küste, betrachteten sie und zeichneten sie auf[135]. Nachdem sie die meisten und berühmtesten Küstenstrecken besucht hatten, fuhren sie weiter nach Taras in Italien. Hier ließ der König von Taras, Aristophilides, auf Demokedes' Bitte, den medischen Schiffen die Steuerruder nehmen und setzte die persischen Insassen als Kundschafter gefangen. Währenddessen entfloh Demokedes nach Kroton. Als er dort in seiner Heimatstadt angelangt war, ließ Aristophilides die Perser wieder frei und gab ihnen die Steuerruder zurück.

137. Jetzt fuhren die Perser Demokedes nach und kamen ebenfalls nach Kroton. Sie trafen ihn auf dem Markt und legten Hand an ihn. Ein Teil der Bewohner war aus Furcht vor dem persischen Reich bereit, ihn den Persern zu überlassen. Die anderen widerstrebten und schlugen mit Knütteln auf die Perser los.

Da sagten die Perser: »Männer von Kroton! Bedenkt, was ihr tut. Einen entlaufenen Sklaven entreißt ihr dem König. Wie könnte er eine so schwere Beleidigung ruhig hinnehmen! Gar übel wird es euch bekommen, daß ihr uns in den Weg tretet. Eure Stadt wird die erste sein, gegen die der Perserkönig ins Feld zieht, die erste, die er versuchen wird, in die Sklaverei zu bringen!«

Aber durch diese Worte ließen sich die Bürger von Kroton nicht einschüchtern. Ohne Demokedes und das mitgeführte Frachtschiff mußten die Perser heimfahren nach Asien. Die weiteren Küsten von Hellas kennenzulernen verzichteten sie, denn sie waren ihres Führers beraubt. Doch gab ihnen Demokedes bei der Abfahrt noch den Auftrag, sie möchten Dareios melden,

Demokedes habe Milons Tochter zum Weibe genommen. Der Name des Ringkämpfers Milon war nämlich auch beim persischen Könige sehr berühmt[136]. Aus diesem Grunde hat auch Demokedes, glaube ich, diese Heirat so beeilt und viel Geld dafür aufgewendet. Dareios sollte sehen, daß er auch in seiner Heimat ein angesehener Mann sei.

138. Die Perser aber wurden, als sie von Kroton abfuhren, nach Iapygien verschlagen[137]. Dort wurden sie zu Sklaven gemacht; aber Gillos, ein Verbannter aus Taras, kaufte sie frei und führte sie zum König Dareios zurück. Dareios versprach ihm zum Lohn dafür alles, was er selber sich wünsche. Gillos bat, ihn nach Taras zurückzubringen und erzählte die Geschichte seiner Verbannung. Um aber nicht ganz Hellas aufzubringen, wenn seinetwegen ein großes Heer in Italien erschiene, sagte er, die Stadt Knidos sei stark genug, seine Rückberufung durchzusetzen; denn die Knidier als Freunde der Tarantiner, meinte er, würden ihn am leichtesten in seine Vaterstadt zurückführen können. Dareios gab seine Zustimmung und sandte einen Boten nach Knidos: die Knidier sollten Gillos nach Taras zurückführen. Die Knidier taten, wie ihnen befohlen worden, konnten aber die Tarantiner nicht zur Rückberufung des Gillos bewegen, und mit Gewalt vorzugehen, waren sie zu schwach.

So verlief dies Unternehmen, und jene Perser waren die ersten, die aus Asien nach Hellas kamen und aus dem berichteten Grunde Hellas auskundschaften wollten.

139. Jetzt eroberte König Dareios die Insel Samos, die erste hellenische und barbarische Stadt, die er erobert hat. Sein Kriegsgrund war folgender. Als Kambyses, Kyros' Sohn, damals gegen Ägypten zog, kamen auch viele Hellenen nach Ägypten. Die einen zogen natürlich aus, um Handel zu treiben, andere wollten nur das Land kennenlernen. Unter den letzteren befand sich auch ein verbannter Bruder des Polykrates von Samos, Syloson, Sohn des Aiakes. Dieser Syloson hatte großes Glück. Er besaß einen roten Mantel und erging sich in diesem Mantel auf dem Markt in Memphis. Dareios, damals in der Leibwache des Kambyses und noch ohne große Bedeutung, fand Gefallen an dem Mantel, trat heran und wollte ihn Syloson abkaufen. Syloson sah, daß Dareios großes Verlangen nach

dem Mantel hatte, und sagte — als gäbe ein Gott ihm diese Antwort ein —: »Der Mantel ist mir nicht feil, aber ich will ihn dir schenken, wenn es einmal so sein soll.«
Dareios war es sehr zufrieden und nahm den Mantel.
140. Damals dachte Syloson, es sei recht einfältig gewesen, den Mantel herzugeben. Als aber mittlerweile Kambyses gestorben war, die Sieben den Mager gestürzt hatten und aus diesen Sieben Dareios zum König gewählt worden war, da erfuhr Syloson, daß an denselben Mann, dem er einst in Ägypten auf seine Bitte den Mantel geschenkt, der persische Königsthron gekommen sei. Er ging nach Susa, setzte sich vor das Tor des Königspalastes[188] und sagte, er sei des Dareios Wohltäter. Der Türsteher meldete dem König diese Worte, und Dareios sprach verwundert:
»Wer kann dieser Hellene sein, dem ich Dank schuldig sein soll? Erst kürzlich bin ich König geworden, und kaum ein Hellene hat uns bisher besucht. Ich schulde niemandem in Hellas etwas. Doch führet ihn herein, damit ich höre, was er mit seinem Worte meint.«
So führte ihn der Türsteher hinein, und als er vor dem König stand, fragten ihn die Dolmetscher, wer er sei und warum er sich des Königs Wohltäter[189] nenne. Nun erzählte Syloson alles, was sich mit jenem Mantel zugetragen hatte, und gab sich zu erkennen als der, der dem König den Mantel geschenkt habe.
Da antwortete Dareios: »Edler Mann! Du warst es, der mir ein Geschenk machte, als ich noch gar keine Macht hatte? Wenn es auch klein war, so war es doch mehr wert, als wenn man mir jetzt etwas Großes schenkt. Ich will dir Gold und Silber im Überfluß dafür geben, damit es dich niemals reut, dem Sohn des Hystaspes Dareios Gutes getan zu haben.«
Hierauf sagte Syloson: »Gib mir kein Gold, o König, und kein Silber! Gib mir meine befreite Vaterstadt Samos, die jetzt nach meines Bruders Polykrates Ermordung durch Oroites in den Händen eines unserer Sklaven ist. Samos gib mir, aber ohne die Bewohner zu morden oder in die Sklaverei zu verkaufen!«
141. Als Dareios das hörte, sandte er ein Heer aus unter Führung des Otanes, eines jener Sieben, und trug ihm auf, das,

worum Syloson bat, ins Werk zu setzen. Otanes zog hinab ans Meer und rüstete das Heer zur Überfahrt.

142. In Samos schaltete Maiandrios, Sohn des Maiandrios, dem Polykrates die Verwaltung seines Reiches anvertraut hatte. Dieser Maiandrios wollte ein sehr rechtlicher und freiheitlicher Mann sein, aber er war es nicht. Als ihm der Tod des Polykrates gemeldet wurde, tat er folgendes. Zuerst ließ er einen Altar für Zeus den Befreier errichten und steckte um ihn herum ein Heiligtum ab, das sich noch jetzt vor dem Tore in Samos befindet. Und als das geschehen war, berief er die ganze Bürgerschaft zur Versammlung und sprach:

»Wie ihr wißt, hat Polykrates sein Amt und seine ganze Macht in meine Hände gelegt. Darum könnte ich mich jetzt zu eurem König machen. Aber ich will um keinen Preis tun, was ich an meinem Nächsten tadeln muß. Es gefiel mir nicht, daß Polykrates über Männer, die ihm gleichstanden, Herr sein wollte, und ebenso tadle ich jeden anderen, der das versucht hat. Polykrates hat sein Geschick erfüllt; darum übergebe ich jetzt die Herrschaft der Gesamtheit und rufe die Demokratie aus. Doch habe ich wohl ein Recht, mir folgende Vergünstigungen zu erbitten: erstens, daß mir von den Schätzen des Polykrates sechs Talente vorweg gezahlt werden, zweitens, daß mir und meinen Nachkommen für ewige Zeiten das Priesteramt des Befreier Zeus verbleibt. Denn ich selber habe ihm ein Heiligtum erbaut und gebe euch jetzt die Freiheit zurück.«

So seine Verkündigung an die Samier. Aber ein Bürger stand auf und entgegnete: »Du bist auch gar nicht würdig, über uns zu herrschen, denn du bist von geringem Herkommen und dazu ein Lump. Vielmehr sollst du uns Rede stehen wegen der Geldsummen, die du dir angeeignet hast.«

143. So sprach der Bürger, ein angesehener Mann in Samos; sein Name war Telesarchos. Maiandrios merkte, daß, wenn er auf die Herrschaft verzichte, sich ein anderer zum Herrscher machen würde, und gab daher seinen Plan auf. Er begab sich in die Burg zurück, ließ einzelne Bürger zu sich kommen, als wollte er Rechenschaft über das Geld ablegen, hielt sie aber fest und legte sie in Ketten. Während sie im Gefängnis lagen, wurde Maiandrios von einer Krankheit ergriffen. Sein Bruder

Lykaretos hoffte auf seinen Tod, und um sich der Herrschaft über Samos um so leichter bemächtigen zu können, ließ er sämtliche Gefangenen hinrichten. Denn die Freiheit wollten sie ja doch nicht!

144. Als jetzt die Perser nach Samos kamen, um Syloson zurückzuführen, rührte keiner die Hand gegen sie. Die Partei des Maiandrios erklärte sich zu einem Vertrage bereit, nach dem Maiandrios selber die Insel räumen wollte. Otanes war einverstanden damit, und der Vertrag kam zustande. Die Vornehmsten aus dem persischen Heere ließen Sessel vor der Burg aufstellen und setzten sich nieder.

145. Nun hatte Maiandrios einen schwachsinnigen Bruder namens Charileos. Dieser war wegen eines Vergehens ins Gefängnis geworfen worden. Als er hörte, was im Werke war, beugte er sich aus dem Gefängnis heraus, sah die Perser friedlich dasitzen und rief Maiandrios zu sich heran: er habe ihm etwas zu sagen. Maiandrios ließ ihm die Ketten abnehmen und ihn zu sich führen. Sogleich suchte ihn Charileos nun unter Schelten und Schreien zu bewegen, an die Perser Hand anzulegen. Er sagte:

»Elender! Mich, deinen Bruder, der nichts verbrochen hat, legst du in Ketten, und die Perser, die dich verbannen und heimatlos machen, wagst du nicht anzurühren, obwohl du sie so leicht überwältigen könntest? Hast du Furcht, so gib doch mir deine Söldner; ich werde es ihnen heimzahlen, daß sie sich nach Samos gewagt haben. Dich selber bin ich gern bereit, von der Insel zu entlassen.«

146. So sprach Charileos, und Maiandrios ging in der Tat darauf ein. Er war wohl kaum töricht genug zu glauben, daß seine Streitkräfte der königlichen Herr werden würden, aber er ärgerte sich, daß Syloson ohne Mühe in Besitz der unversehrten Stadt kommen sollte. Durch die bewaffnete Erhebung gegen die Perser wollte er Samos möglichst schwächen und es geschwächt übergeben; er wußte sehr wohl, daß die Perser die Stadt für ihre Verluste, die sie erleiden würden, schwer büßen lassen würden, und er selber konnte, wann es ihm beliebte, ungehindert von der Insel entweichen. Er hatte nämlich von der Burg bis zur Küste einen unterirdischen Gang graben lassen.

Maiandrios fuhr also aus Samos ab, und Charileos waffnete die ganze Söldnertruppe, öffnete die Burgtore und überfiel die Perser, die völlig ahnungslos waren und allen Kampf beigelegt glaubten. Die Söldner stürzten auf die dasitzenden vornehmen Perser und machten sie nieder. Währenddessen kam aber das übrige persische Heer herbei. Die Söldner kamen ins Gedränge und mußten sich in die Burg zurückziehen.

147. Als Otanes sah, wie übel man den Persern mitgespielt hatte, vergaß er die Befehle, die ihm Dareios gegeben hatte, daß er nämlich keinen Samier töten oder zum Sklaven machen, sondern die Insel unversehrt dem Syloson übergeben sollte. Daran dachte er nicht mehr, sondern gab Befehl, daß seine Soldaten jeden, den sie fänden, Männer oder Kinder, töten sollten. Ein Teil des Heeres belagerte die Burg, der andere tötete alles, was ihm in den Weg kam, auch die, welche sich in die Heiligtümer geflüchtet hatten.

148. Maiandrios gelangte auf seiner Flucht bis nach Lakedaimon. Als er dort angekommen war und die mitgenommenen Schätze ans Land geschafft hatte, tat er folgendes. Während seine Diener die goldenen und silbernen Trinkschalen herausnahmen und reinigten, besuchte er den König von Sparta, Kleomenes, Sohn des Anaxandrides, und nahm ihn bis in sein Haus mit. Als Kleomenes nun die Trinkschalen sah, war er voller Staunen und Bewunderung. Maiandrios aber bat ihn, davon zu nehmen, wieviel er wolle, und wiederholte diese Aufforderung mehrmals. Aber Kleomenes bewies seinen strengen rechtlichen Sinn, nahm nichts von dem Angebotenen und weil er fürchtete, Maiandrios würde andere Bürger beschenken und dadurch für seine Kriegspläne gewinnen, ging er zu den Ephoren und sagte, für Sparta sei es am besten, man weise den Samier aus der Peloponnes fort, damit er nicht ihn oder einen anderen Spartiaten zum Schlechten verführe. Die Ephoren folgten ihm und sagten Maiandrios an, daß er sich fortbegeben solle.

149. Das entvölkerte Samos übergaben die Perser dem Syloson. Aber später half der Feldherr Otanes infolge eines Traumes und einer Krankheit an den Geschlechtsteilen, die ihn befiel, die Stadt wieder mit Hellenen besiedeln.

150. Während dieses Zuges der persischen Flotte gegen Samos machten die Babylonier einen Aufstand. Sie hatten alles wohl vorbereitet. Während der Regierung des Magers und der Verschwörung der Sieben, während dieser ganzen unruhigen Zeit hatten sie sich für eine Belagerung gerüstet, ohne daß man etwas davon bemerkt hatte[140]. Die offene Empörung begannen sie dann folgendermaßen. Mit Ausnahme ihrer Mütter und einer ihrer Frauen, die jeder aus seinem Harem auswählen konnte, wurden sämtliche Frauen auf einem Haufen erwürgt. Die eine Verschonte sollte ihnen das Essen bereiten, und die anderen wurden deshalb umgebracht, damit sie nicht die Lebensmittel aufzehrten.

151. Als Dareios das erfuhr, zog er mit seiner gesamten Kriegsmacht gegen Babylon und belagerte die Stadt. Aber die Babylonier waren ohne Sorge, stiegen auf die Zinnen der Mauer und verhöhnten Dareios und sein Heer mit Gebärden und Worten. Einer von ihnen sagte: »Warum sitzt ihr hier, Perser, und geht nicht davon? Erst wenn die Maulesel fruchtbar werden, wird die Stadt euer.«

So sagte ein Babylonier und dachte, daß ein Maulesel nie Junge werfen könnte.

152. Als ein Jahr und sieben Monate vorüber waren, verdroß es Dareios und sein ganzes Heer, daß sie Babylon immer noch nicht hatten erobern können. Und doch hatte Dareios alles versucht und jede List gegen die Stadt gebraucht. Aber er konnte sie nicht einnehmen, auch nicht durch die List, durch die Kyros[141] die Stadt erobert hatte. Die Babylonier waren gar wachsam, und er vermochte sie nicht zu überlisten.

153. Endlich im zwanzigsten Monat geschah dem Sohn des Megabyzos, Zopyros — sein Vater war einer der Sieben, die den Mager gestürzt hatten —, diesem Zopyros geschah ein Wunder. Eine seiner Lastmauleselinnen gebar. Als es ihm gemeldet wurde, wollte er es nicht glauben, und als er das Junge sah, verbot er allen, die es gesehen, davon zu sprechen, und ging mit sich zu Rate. Er dachte an das Wort, das jener Babylonier im Anfang gesagt hatte: wenn die Maulesel fruchtbar würden, würde die Stadt fallen. Laut dieses Wortes, dachte Zopyros, müßte Babylon jetzt fallen; denn jener Ausspruch

und die Fruchtbarkeit seiner Mauleselin seien doch eine göttliche Schickung.

154. Wie er nun zur Überzeugung kam, daß Babylon auf Schicksalsbeschluß nunmehr fallen werde, ging er zu Dareios und fragte, ob ihm an der Eroberung Babylons wohl sehr viel gelegen sei. Als Dareios das bejahte, überlegte Zopyros weiter, wie er selber diese Tat vollbringen und die Stadt in Dareios' Hände liefern könnte. Bei den Persern nämlich wird man um einer guten Tat willen gar sehr geehrt und gerühmt. Er fand aber, daß er auf keine andere Weise zum Ziele würde gelangen können, als wenn er sich selber verstümmelte und zu den Babyloniern überginge. Das tat er denn auch leichten Herzens und brachte sich eine unheilbare Verstümmelung bei. Nase und Ohren schnitt er sich ab, schor sich auf entehrende Weise das Haar, geißelte sich und trat so vor Dareios.

155. Dareios war entsetzt, einen so würdigen Mann so verunstaltet zu sehen. Er sprang von seinem Thronsitz auf, schrie laut und fragte, wer ihm das angetan habe und warum. Zopyros sagte:

»Kein Mensch auf der Welt als du allein hätte die Macht, mich so zuzurichten. Ich selber habe es getan, o König, niemand sonst, weil es mich schmerzt, daß die Assyrier[142] die Perser verspotten dürfen.«

Dareios entgegnete: »Unseliger, dein furchtbares Beginnen willst du nur beschönigen, wenn du sagst, du habest dich um der Belagerten willen so grausig verstümmelt. Wie sollen die Feinde sich eher ergeben, weil du dich verstümmelt hast, du Tor! Wahnsinnig ist dein Tun!«

Er aber sagte: »Hätte ich dir meinen Plan vorher enthüllt, so hättest du ihn nicht zugegeben. Darum habe ich nach eigener Willkür gehandelt. Läßt du es jetzt nicht an deiner Mitwirkung fehlen, so ist Babylon unser. So wie ich bin, gehe ich jetzt als Überläufer an die Mauer und gebe an, daß du mich so zugerichtest hast. Ich denke, sie werden mir glauben und mir die Führung eines Heeres anvertrauen. Zehn Tage nach meinem Übergang in die Stadt stelle tausend Leute aus deinem Heere, an deren Vernichtung dir nichts gelegen ist, an dem sogenannten Tor der Semiramis auf. Nach weiteren sieben Tagen stelle zweitausend Mann an dem sogenannten Tor von Ninos[143] auf. Dann warte zwanzig Tage und schicke viertausend Mann gegen das sogenannte Tor der Chaldaier. Allen diesen Truppen darfst du aber keine anderen Waffen mitgeben, als den Dolch; den Dolch mögen sie haben. Wiederum nach zwanzig Tagen führe endlich das ganze Heer von allen Seiten zum Sturm gegen die Mauer; die Perser stelle gegen das belische und das kissische Tor. Habe ich einmal Großes im Dienste der Babylonier getan, so werden sie mir gewiß die ganze Verteidigung übertragen und mir auch die Schlüssel zu den Toren anvertrauen. Und dann werde ich mit den Persern die Sache zum guten Ende führen.«

156. Nachdem diese Verabredungen getroffen waren, ging er auf ein Stadttor zu und sah sich oft um wie ein wirklicher Überläufer. Von den Türmen sah ihn die Besatzung herankommen; sie liefen herab, öffneten das Tor ein wenig und fragten, wer er sei und in welcher Absicht er komme. Er antwortete, er heiße Zopyros und wolle zu ihnen überlaufen. Da führten ihn die Torwächter vor den Rat der Babylonier. Hier hob er nun an zu klagen und sagte, die Verstümmelung, die er sich doch selbst beigebracht hatte, rühre von Dareios her, der ihn deshalb so zugerichtet habe, weil er zum Abzug des Heeres geraten habe, da die Eroberung ja doch auf keine Weise möglich sei: »Und jetzt« sagte er, »komme ich zu euch, Babylonier, euch zum Heile, dem Dareios, seinem Heere und den Persern zum Verderben! Es soll ihm teuer zu stehen kommen, daß er mich so verstümmelt hat; ich kenne alle seine geheimen Pläne.«

157. So sprach er, und die Babylonier, die den persischen Großen ohne Nase und Ohren, durch Geißelhiebe verwundet und mit Blut bedeckt sahen, glaubten fest, er spräche die Wahrheit und käme als Freund zu ihnen. Sie waren bereit, ihm alles anzuvertrauen, um was er bat. Er bat um ein Heer. Als er es erhalten hatte, handelte er gemäß der Verabredung, die er mit Dareios getroffen, führte am zehnten Tage die babylonischen Soldaten hinaus, umzingelte jene tausend Mann, die er Dareios das erste Mal zu schicken aufgefordert hatte, und machte sie nieder. Die Babylonier sahen, daß seine Taten mit seinen Worten übereinstimmten, waren sehr froh über den Erfolg und

waren bereit, ihm in allem den Willen zu tun. Zopyros ließ nun die verabredeten Tage verstreichen, führte dann wiederum eine ausgewählte Schar von babylonischen Kriegern hinaus und erschlug jene zweitausend Mann des Dareios. Wegen dieser zweiten Tat war nun ganz Babylon des Lobes über Zopyros voll. Wiederum ließ er die ausgemachten Tage vorübergehen, führte die Truppen durch das verabredete Tor hinaus, umzingelte die Viertausend und hieb auch sie nieder. Jetzt galt Zopyros in Babylon alles; er wurde zum Oberfeldherrn und Aufseher der Befestigungswerke ernannt.

158. Als aber Dareios der Verabredung gemäß einen Sturm rings auf die Stadt unternahm, da kam der ganze listige Plan des Zopyros an den Tag. Die Babylonier stiegen auf die Mauer und wehrten das heranstürmende Heer des Dareios ab; Zopyros aber öffnete das kissische und das belische Tor und ließ die Perser in die Stadt ein. Einige Babylonier sahen, was geschehen war, und flohen in das Heiligtum des Zeus Bel. Andere sahen nichts und blieben an ihrem Platze[144], bis auch sie den Verrat gewahr wurden.

159. So wurde Babylon zum zweitenmal erobert. Als Dareios Herr der Stadt war, schleifte er die Mauern und riß alle Tore ein. Beides hatte Kyros bei der ersten Eroberung Babylons nicht getan. Ferner kreuzigte Dareios die Oberhäupter der Stadt, gegen dreitausend Menschen. Die übrige Bevölkerung ließ er weiter in der Stadt wohnen. Damit die Babylonier aber Frauen hätten und sich fortpflanzen könnten — die eigenen Frauen hatten sie, wie ich zu Anfang erzählte, erwürgt, um ihren Lebensunterhalt zu ersparen —, tat Dareios folgendes. Er gebot den Nachbarstämmen, Frauen nach Babylon zu schicken. Alle Stämme zusammen hatten fünfzigtausend Frauen zu stellen. Das sind die Mütter der heutigen Babylonier.

160. Nach Dareios' Urteil aber hat sich nie ein Perser so große Verdienste um sein Vaterland erworben, wie Zopyros, weder in der früheren, noch in der späteren Zeit. Ausgenommen ist nur Kyros, dem kein Perser sich gleichzustellen wagt. Mehr als einmal soll Dareios den Ausspruch getan haben, lieber als die Eroberung von zwanzig Babylons würde ihm sein, daß Zopyros sich nicht so schrecklich verstümmelt hätte. Er ehrte ihn hoch.

Jährlich gab er ihm Geschenke, wie sie in Persien als die ehrenvollsten gelten[145], übertrug ihm abgabenfrei die lebenslängliche Statthalterschaft von Babylon und beschenkte ihn auch sonst noch aufs reichste. Der Sohn dieses Zopyros war Megabyzos, der in Ägypten das persische Heer gegen Athen und seine Bundesgenossen befehligte[146]. Dieser Megabyzos hatte wieder einen Sohn Zopyros, der aus Persien nach Athen überlief[147].

VIERTES BUCH

1. Nach der Eroberung Babylons folgte der Kriegszug des Dareios gegen die Skythen[1]. Asien war reich und gesegnet, an Volkszahl sowie an Einkünften, darum wollte Dareios die Skythen jetzt bestrafen für den Einfall, den sie in Medien gemacht und dafür, daß sie die Verteidiger des Landes in einer Schlacht besiegt hatten. Sie hatten also zuerst den Frieden gebrochen. Ich habe schon oben erzählt, daß die Skythen achtundzwanzig Jahre hindurch Herr über Asien waren[2]. Um die Kimmerier zu verfolgen, waren sie in Asien eingefallen und hatten den Medern die Herrschaft entrissen, die vor der Ankunft der Skythen über Asien herrschten[3]. Als dann die Skythen nach achtundzwanzigjähriger Abwesenheit wieder heimkehrten in ihr Land, da hatten sie einen ebenso schweren Kampf zu bestehen wie den gegen die Meder. Sie fanden nämlich ein gewaltiges Heer, das sich ihnen entgegenstellte. Die Frauen der Skythen waren, weil ihre Männer gar so lange ausblieben, zu den Sklaven gegangen.

2. Die Skythen pflegen ihre Sklaven zu blenden um der Milch willen, die das Nahrungsmittel der Skythen bildet. Bei der Gewinnung der Milch verfahren sie folgendermaßen. Sie nehmen hohle Knochenröhren, ähnlich wie Flöten, stecken sie den Stuten in die Scheide und blasen Luft hinein. Während der eine bläst, melkt ein anderer die Stute. Sie sollen das deshalb tun, weil die Stute das Euter, wenn sich die Adern mit Luft füllen, herabhängen lassen muß. Nach dem Melken wird die Milch in hölzerne Gefäße gegossen, und die blinden Sklaven müssen sich rings herum stellen und die Milch schütteln. Was dann obenauf schwimmt, wird abgeschöpft und gilt mehr als das, was sich unten ansetzt. Aus diesem Grunde blenden die Skythen alle kriegsgefangenen Sklaven. Sie treiben keinen Ackerbau, sondern sind Nomaden.

3. Diese Sklaven zeugten also mit den Frauen ein neues Geschlecht. Und als die Jünglinge erfuhren, von wem sie abstammten, stellten sie sich den aus Medien heimkehrenden Skythen entgegen. Zuerst schützten sie das Land durch einen breiten Grenzgraben, der sich von dem Taurosgebirge bis zu der breitesten Stelle des Maietissees erstreckte. Als dann die Skythen ihn zu überschreiten versuchten, traten sie ihnen entgegen, und es kam zum Kampf[4]. Nach mehrfachen Kämpfen, in denen die Skythen keineswegs siegreich waren, sprach einer von ihnen folgendermaßen:

»Was tun wir denn, skythische Krieger! Wir kämpfen mit unseren eignen Sklaven. Töten sie uns, so wird unsere eigne Zahl geringer, töten wir sie, so haben wir in Zukunft weniger Sklaven. Ich meine, wir sollten Lanze und Bogen ablegen, sollten jeder seine Peitsche nehmen und auf sie losgehen. Solange sie uns mit Waffen in der Hand sahen, hielten sie sich für unseresgleichen, nämlich für Freigeborene. Sehen sie uns aber mit Peitschen in der Hand, so werden sie merken, daß sie unsere Sklaven sind, und uns nicht entgegenzutreten wagen.«

4. Als die Skythen das hörten, folgten sie dem Rate sofort. Und die anderen erschraken, vergaßen das Kämpfen und flohen. Auf diese Art kamen also die Skythen, nachdem die Meder sie wieder aus Asien vertrieben hatten, in ihr Land zurück. Und um sie zu bestrafen, sammelte jetzt Dareios ein Heer gegen sie.

5. Wie die Skythen erzählen, ist ihr Volk das jüngste von allen Völkern. Entstanden ist es auf folgende Weise. Der erste Mensch in dem noch leeren Lande war ein Mann namens Targitaos. Die Eltern dieses Targitaos sollen, wie die Skythen sagen — ich kann es aber nicht glauben —, Zeus und eine Tochter des Flusses Borysthenes gewesen sein[5]. Von ihnen soll also Targitaos abstammen, und er wiederum soll drei Söhne gehabt haben: Lipoxais und Arpoxais, und der jüngste hieß Kolaxais[6]. Während ihrer Regierungszeit fielen goldene Werkzeuge vom Himmel herab auf das Land der Skythen: ein Pflug, ein Joch, eine Streitaxt, eine Schale[7]. Der älteste sah es zuerst, ging heran und wollte die Geräte aufheben; aber als er heran kam, stand das Gold in Flammen. Er trat zurück, und der zweite wollte herangehen, aber das Gold wurde wieder feurig.

Aber als der Jüngste herantrat, erlosch die Glut, und er trug die Geräte in sein Haus. Da verzichteten die älteren Brüder auf die Herrschaft und übergaben sie dem Jüngsten.
6. Von Lipoxais soll der skythische Stamm der Auchaten abstammen, von dem zweiten Bruder Arpoxais die Stämme der Katiarer und Traspier, von dem jüngsten, dem König, der Stamm der Paralaten[8]. Alle Stämme zusammen nennen sich Skoloten, d. h. Königliche. Die Hellenen nennen sie Skythen.
7. So erzählen die Skythen von der Herkunft ihres Volkes. Sie meinen aber, daß von der Zeit des ersten Königs Targitaos bis zum Einfall des Dareios tausend Jahre vergangen sind, daß ihr Volk also nur tausend Jahre alt ist. Jene heiligen Geräte aus Gold bewahren die Könige sorgfältig auf; jährlich bringen sie ihnen große Opfer, um sie gnädig zu erhalten. Einer hat an dem Feste die heiligen Goldgeräte unter freiem Himmel zu bewachen. Schläft er dabei ein, so überlebt er, wie die Skythen erzählen, das Jahr nicht. Darum schenkt man dem Wächter so viel Land, wie er an einem Tage auf dem Pferde umreiten kann.
Da das Land groß ist, teilte es Kolaxais in drei Königreiche und gab sie seinen drei Söhnen. Dasjenige, in dem die goldenen Geräte aufbewahrt werden, machte er am größten. In das Land, das nordwärts vom Skythenlande liegt, könne man gar nicht hineinsehen, erzählen sie, auch nicht hineingehen, weil soviel Federn umherflögen. Erde und Luft seien ganz voller Federn, so daß man nichts sehen könne.
8. So erzählen die Skythen selber von sich und von ihrem nördlichen Nachbarlande. Anders erzählen die Hellenen, die am Pontos wohnen. Danach ist Herakles, als er die Rinder des Geryones forttrieb, in das damals noch unbewohnte Land gekommen, das jetzt die Skythen bewohnen. Geryones wohnte fern vom Pontos; sein Wohnsitz war eine von den Hellenen Erytheia genannte Insel im Okeanos bei Gadeira jenseits der Säulen des Herakles[9]. Der Okeanos, so geht die Sage, fließt vom Aufgang der Sonne aus rings um die Erde, was sich jedoch nicht nachweisen läßt. Also von dort her gelangte Herakles auch nach dem Skythenlande, und da Unwetter und Kälte ihn überfielen, schlief er, in die Löwenhaut gehüllt, ein. Die Pferde sei-

nes Wagens aber, die er weiden ließ, verschwanden währenddessen auf unerklärliche Weise.

9. Als Herakles erwachte, suchte er sie, wanderte durch das ganze Land und kam endlich in ein Land namens Hylaia. Dort fand er in einer Höhle ein Mischwesen, halb Jungfrau, halb Schlange. Der Oberkörper war der eines Weibes, der Unterkörper der einer Schlange. Als er sie sah, wunderte er sich und fragte, ob sie seine Pferde gesehen hätte. Sie antwortete, sie hätte sie selber, gäbe sie aber nicht heraus, wenn er nicht mit ihr schliefe. Herakles tat es, um die Pferde wiederzubekommen. Sie aber verschob die Herausgabe, weil sie ihn möglichst lange bei sich behalten wollte, während er gern mit den Pferden weitergezogen wäre. Endlich gab sie sie ihm und sagte:
»Die Pferde, die zu mir gekommen sind, habe ich für dich aufgehoben, und nun hast du mir das Lösegeld für sie gegeben. Drei Söhne habe ich von dir. Sag mir, was ich tun soll, wenn sie erwachsen sind? Soll ich sie hier wohnen lassen — denn das Land hier ist mein — oder soll ich sie zu dir senden?«
So fragte sie ihn, und er antwortete: »Wenn du siehst, daß die Söhne erwachsen sind, so tu folgendes, das wird das Rechte sein. Den, der diesen Bogen hier so spannen und mit diesem Gürtel hier sich so gürten kann, dem gib dieses Land zum Wohnen. Den aber, der das Beides nicht vermag, den schicke fort. Wenn du das tust, wird es dein Glück sein, und du wirst meinen Wunsch erfüllt haben.«

10. Er spannte einen von seinen Bogen — denn solange trug Herakles zwei Bogen —, zeigte ihr die Umgürtung mit dem Gürtel und übergab ihr beides. Der Gürtel aber hatte oben am Schluß eine goldene Schale. Dann zog er davon. Als nun ihre Söhne heranwuchsen, gab sie ihnen Namen; den einen nannte sie Agathyrsos, den zweiten Gelonos, den jüngsten Skythes. Dann tat sie, getreu ihrem Versprechen, was Herakles ihr aufgetragen hatte. Zwei von den Söhnen, Agathyrsos und Gelonos, waren nicht imstande, die Aufgaben zu vollbringen, und ihre Mutter trieb sie fort aus dem Lande; der jüngste, Skythes, aber vermochte es und blieb im Lande. Von diesem Skythes, Sohn des Herakles, stammen sämtliche Könige der Skythen ab, und von jener Gürtelschale her tragen noch heute die Skythen eine

Schale am Gürtel. Das also tat die Mutter an ihrem Sohne Skythes. So erzählen die Hellenen, die am Pontos wohnen.

11. Es gibt aber noch eine dritte Sage, und dieser stimme ich am meisten zu[10]. Die Nomadenstämme der Skythen wohnten in Asien; als aber die Massageten sie durch Kriege bedrängten, wanderten sie aus, überschritten den Araxes und kamen ins Land der Kimmerier. Das Land, das jetzt die Skythen bewohnen, soll nämlich vor Zeiten den Kimmeriern gehört haben. Weil nun die Skythen mit einem großen Heere heranzogen, hielten die Kimmerier Rat, und zwei verschiedene Meinungen wurden laut, die beide mit Eifer vertreten wurden; aber die der Könige war die bessere. Die Meinung des Volkes war nämlich, man sollte davonziehen und sich nicht um bloßer Erde willen in einen gefährlichen Kampf wagen; aber die Meinung der Könige war, man müsse um das Vaterland kämpfen und sich gegen die Eindringenden zur Wehr setzen. Nun wollte sich aber weder das Volk den Königen, noch wollten die Könige sich dem Volke fügen. Ein Teil beschloß abzuziehen und den Angreifern das Land ohne Kampf zu überlassen. Aber die Könige wollten lieber auf heimischer Erde fallen als mit dem Volke fliehen, denn sie dachten an alles Gute, was sie dort im Lande erlebt hätten, und an alles Böse, was den heimatlosen Flüchtling erwartete. Darüber kam es zum Streite; beide Teile waren gleich zahlreich und kämpften miteinander. Da begrub denn das Volk der Kimmerier alle, die im Bruderkampfe fielen, am Flusse Tyres[11] — und das Grab kann man noch heute sehen – und wanderte aus seinem Lande davon. Die Skythen aber kamen und nahmen von dem leeren Lande Besitz.

12. Es gibt noch jetzt im Skythenlande eine Stadt Kimmeria und einen Hafen Kimmeria. Auch eine Landschaft und eine Landenge heißt die kimmerische[12]. Wie man weiß, besiedelten die vor den Skythen nach Asien flüchtenden Kimmerier die Halbinsel, auf der jetzt die hellenische Stadt Sinope liegt[13]. Und bekannt ist auch, daß die Skythen sie verfolgten, aber den Weg verfehlten und in Medien einbrachen. Die Kimmerier nämlich zogen immer am Ufer des Pontos entlang, während die Skythen sich links vom Kaukasos hielten, bis sie nach Medien kamen. Sie wandten sich also ins Binnenland hinein.

Dies letztere wird einstimmig von den Hellenen und den Barbaren erzählt.

13. Nun berichtet aber Aristeas, der Sohn des Kaystrobios, aus Prokonnesos[14] in einem epischen Gedicht, wie er, von göttlicher Raserei ergriffen, zu den Issedonen gewandert sei. Jenseits der Issedonen, erzählt er, wohnen die Arimaspen, Menschen mit einem Auge, jenseits der Arimaspen wohnen goldhütende Greife und jenseits der Greife die Hyperboreer, die an ein Meer grenzen. Von diesen Völkern sei eines nach dem anderen gegen seine Nachbarn zu Felde gezogen, nur nicht die Hyperboreer. Zuerst seien von den Arimaspen die Issedonen aus ihrem Lande vertrieben worden, dann von den Issedonen die Skythen, dann, von den Skythen gedrängt, hätten die Kimmerier ihr Land am Südmeer[15] verlassen müssen.

So stimmt denn auch des Aristeas Bericht über jene Länder nicht mit den Sagen der Skythen überein.

14. Woher dieser Dichter Aristeas stammte, habe ich schon gesagt, will aber noch erwähnen, was man mir in Prokonnesos und in Kyzikos über ihn erzählt hat. Aristeas, erzählen sie, war ein sehr angesehener Bürger von Prokonnesos. Einst ging er zu einem Walker, und dort in der Werkstatt fiel er tot hin. Der Walker schloß die Werkstatt zu und ging, den Verwandten den Todesfall zu melden. Schon wurde der Tod des Aristeas in der Stadt bekannt, da bestritt ein Mann aus Kyzikos, der von der Stadt Artake gekommen war, die Nachricht und sagte, er habe Aristeas auf dem Wege nach Kyzikos getroffen und selber mit ihm gesprochen. Während er das ganz fest behauptete, gingen die Verwandten nach der Walkerwerkstatt mit den Geräten zur Bestattung. Als aber die Tür geöffnet wurde, war kein Aristeas da, weder tot noch lebend. Und nach sieben Jahren erschien Aristeas wieder in Prokonnesos und dichtete jenes Epos, das in Hellas jetzt Arimaspea heißt. Nachdem er es gedichtet, verschwand er zum zweitenmal.

15. Soviel erzählt man in Prokonnesos und Kyzikos. Weiter aber, höre ich, hat sich in Metapontion in Italien folgendes zugetragen. Zweihundertvierzig Jahre nach dem zweiten Verschwinden des Aristeas — diesen Zeitraum habe ich durch Vergleiche in Prokonnesos und Metapontion festgestellt — ist

er in Metapontion[16] erschienen und hat der Stadt befohlen, einen Altar des Apollon zu errichten und neben dem Altar eine Bildsäule mit der Inschrift 'Aristeas von Prokonnesos'. Denn in Italien, hat er gesagt, habe Apollon nur allein ihre Stadt Metapontion besucht und in Apollons Begleitung auch er, der jetzt Aristeas sei; ehemals nämlich als Begleiter des Apollon, sei er ein Rabe gewesen[17]. Nach diesen Worten ist er verschwunden. Die Metapontiner haben, wie sie erzählen, nach Delphi geschickt und beim Gotte angefragt, was diese Erscheinung bedeute. Die Pythia antwortete, sie sollten tun, was die Erscheinung gesagt habe; das werde ihnen zum Heile gereichen. Gehorsam taten sie nun, was ihnen befohlen worden, und noch heute steht eine Bildsäule mit der Inschrift 'Aristeas' neben dem Götterbilde des Apollon, umgeben von Lorbeerbäumen. Dies Götterbild befindet sich auf dem Markt. Soviel über Aristeas!

16. Von den Ländern nordwärts des Landes, über das ich zu berichten anfing, weiß niemand etwas Bestimmtes zu sagen. Ich habe niemanden gesehen, der sie aus eigener Anschauung zu kennen behauptet. Selbst Aristeas, von dem soeben die Rede war, selbst er gibt in seinem Epos an, daß er nur bis zu den Issedonen gekommen sei; das Weitere wisse er nur aus den Erzählungen der Issedonen. Doch will ich alles genau mitteilen, was ich durch Erkundigungen über diese nördlichen Länder habe feststellen können.

17. An die Hafenstadt am Borysthenes[18] — diese Stadt liegt in der Mitte des an den Pontos stoßenden skythischen Gebietes — grenzen zunächst die Kallipiden, hellenische Skythen. Nordwärts von ihnen wohnt ein anderer Stamm, die Alizonen. Diese sowie die Kallipiden haben dieselbe Lebensweise wie die übrigen Skythenstämme, doch bauen und essen sie Getreide, ferner Zwiebeln, Knoblauch, Linsen und Hirse. Nördlich von den Alizonen wohnen die Ackerbauskythen, die das Korn nur zum Handel bauen, es nicht selbst essen. Nördlich von ihnen endlich wohnen die Neurer, auf deren Gebiet, soviel wir wissen, unbewohntes Land folgt. Das sind die Stämme am Hypanis[19], westlich vom Borysthenes.

18. Östlich vom Borysthenes kommt vom Meer aus zuerst Hylaia[20], nördlich davon wohnen Ackerbauskythen, von den

Hellenen am Hypanis Borystheneiten genannt; diese Hellenen nennen sich selbst Olbiopoliten. Diese Ackerbauskythen bewohnen ein Gebiet, das sich drei Tagereisen weit nach Osten bis an einen Fluß Pantikapes[21] und elf Tagesfahrten auf dem Borysthenes nach Norden erstreckt. Nördlich von ihnen folgt eine große Wüste. Dann kommen die Androphagen, kein skythischer Stamm, sondern ein eigenes Volk. Weiter nordwärts ist das Land völlig wüst, und es wohnt dort, soviel wir wissen, kein Volk mehr.

19. Östlich von jenen Ackerbauskythen, auf der anderen Seite des Pantikapes, wohnen dann die Nomadenskythen, die weder säen noch pflügen. Fast das ganze Skythenland ist baumlos mit Ausnahme von Hylaia. Die Nomaden bewohnen eine vierzehn Tagereisen weit nach Osten sich ausdehnende Strecke bis hin zum Gerrhos[22].

20. Jenseits des Gerrhos folgen dann die sogenannten Königssitze. Da wohnt der vornehmste und zahlreichste Skythenstamm, der die anderen Stämme unter seiner Botmäßigkeit hält. Ihr Gebiet reicht im Süden bis nach Tauris, im Osten bis an den Graben, den jene Nachkommen der blinden Sklaven gezogen haben, und an den Handelsplatz am Maietissee, namens Kremnoi. Andere Teile ihres Gebiets grenzen an den Tanais[23]. Nördlich von diesen königlichen Skythen wohnen die Melanchlainer[24], ein nicht skythischer Volksstamm. Nördlich von den Melanchlainern sind Sümpfe und, soweit wir wissen, menschenleeres Land.

21. Jenseits des Tanais[25] ist das Land nicht mehr skythisch, sondern das erste der gewonnenen Gebiete ist das der Sauromaten, die eine fünfzehn Tagereisen lange Strecke nordwärts von der Spitze des Maietissees bewohnen, ein Land ganz ohne wilde und gezogene Bäume. Das Land nördlich von ihnen bewohnen als zweites Landlos die Budiner; es ist ganz dicht bewaldet.

22. Nördlich von den Budinern kommt zunächst eine sieben Tagereisen lange Wüste, und hinter der Wüste, mehr nach Osten zu, wohnen die Thyssageten, ein großes, besonderes Volk. Sie leben von der Jagd. In derselben Gegend, ihnen benachbart, wohnt ein Volk, das heißt die Iyrken. Auch sie leben

von der Jagd und fangen das Wild auf folgende Art. Sie lauern ihm von den Bäumen aus auf, die es im ganzen Lande sehr zahlreich gibt. Die Pferde sind abgerichtet, sich auf den Bauch zu legen, um weniger gesehen zu werden. Ein Pferd ist mit zur Stelle, ebenso ein Hund. Sieht der Jäger nun von dem Baum aus ein Wild, so schießt er es mit dem Pfeile, steigt dann zu Pferde und verfolgt es. Der Hund folgt auch.

Weiter folgen nach Osten zu andere Skythenstämme, die das Joch der königlichen Skythen abgeworfen haben und in dies Land gezogen sind.

23. Bis hin zum Gebiet dieser Skythen ist das ganze beschriebene Land eben und fruchtbar. Nun aber folgt steinhartes, unebenes Land. Nach langer Wanderung durch dies steinharte Land kommt man zu einem am Fuße hoher Berge wohnenden Volk, das aus lauter Kahlköpfen bestehen soll. Von Geburt an sollen sie kahl sein, Männer und Frauen, sollen eingedrückte Nasen und ein breites Kinn haben, eine eigene Sprache sprechen, sich aber kleiden wie die Skythen. Sie leben von Baumfrüchten. Pontikon ist der Name des Baumes, von dessen Früchten sie leben; er wird etwa so groß wie ein Feigenbaum. Die Frucht ist der Bohne ähnlich, hat aber einen Kern. Wenn sie reif ist, preßt man sie in einem Tuch aus. Ein dicker, schwarzer Saft fließt ab, den sie Aschy nennen. Ihn essen sie oder trinken ihn mit Milch vermischt. Aus der dicken zurückbleibenden Masse kneten sie eine Art Brot. Vieh haben sie wenig, weil die Weidetriften dort nicht gut sind. Jeder wohnt unter einem Baum, den er im Winter mit dichtem, weißem Filz umhüllt. Im Sommer fehlt diese Hülle.

Kein Volk tut diesen Kahlköpfen etwas zuleide: sie gelten für heilig, haben auch keinerlei Kriegswaffen. Sie schlichten die Streitigkeiten bei ihren Nachbarn, und wenn ein Flüchtling sich zu ihnen flüchtet, geschieht ihm kein Leid. Der Name dieses Volkes ist Argippaier[26].

24. Bis zu diesen Kahlköpfen hin kennt man die Länder und Völker sehr genau. Nicht nur Skythen besuchen sie, von denen man ohne Schwierigkeit Näheres erfahren kann, sondern auch Hellenen aus der Hafenstadt am Borysthenes und anderen pontischen Handelsplätzen. Wenn die Skythen zu den Argippaiern

reisen, brauchen sie unterwegs sieben Dolmetscher für sieben fremde Sprachen.

25. Also bis zu den Kahlköpfen ist das Land bekannt, aber über das Weitere kann keiner etwas Bestimmtes sagen. Hohe, unzugängliche Berge schieben sich davor, die niemand überschreitet. Die Kahlköpfe erzählen — was ich aber nicht glaube —, auf diesen Bergen wohne ein ziegenfüßiges Volk und jenseits der Berge ein anderes Volk, das sechs Monate lang schliefe. Das scheint mir nun vollends unglaublich.

Das Land östlich von den Kahlköpfen kennen wir; da wohnen die Issedonen. Aber von dem Lande, das nördlich von den Kahlköpfen und den Issedonen liegt, wissen wir nichts, außer was diese Völker selber erzählen.

26. Von den Sitten der Issedonen wird folgendes erzählt[27]. Wenn einem Issedonen der Vater stirbt, bringen alle Verwandten Vieh herbei, das geschlachtet und zerlegt wird. Aber auch der tote Vater des Wirtes wird zerlegt, unter das andere Fleisch getan und dann ein Mahl gehalten. Dem Schädel wird die Haut abgezogen; dann wird er gereinigt und vergoldet und gilt nun als etwas Heiliges. Jährlich werden ihm große Opfer gebracht, und zwar von dem Sohne, ähnlich wie an dem Totenfest der Hellenen. Im übrigen sollen auch sie ein friedliches Volk sein, und die Frauen sollen gleiche Rechte haben wie die Männer.

27. Auch die Issedonen kennt man also. Aber nördlich von den Issedonen, erzählen sie selber, wohnen jene einäugigen Menschen und jene goldhütenden Greife. Die Skythen haben diese Nachricht von den Issedonen übernommen, und durch den Verkehr mit den Skythen wiederum ist sie auch zu uns gedrungen. Der Name Arimasper, den wir ihnen geben, ist skythisch. Arima heißt bei den Skythen 'eins' und Spu heißt 'Auge'.

28. In allen den genannten Ländern ist der Winter streng. Acht Monate lang herrscht unerträgliche Kälte. Gießt man Wasser aus, so wird die Erde nicht schmutzig; aber wenn man ein Feuer anzündet, wird sie es. Das Meer gefriert und auch die ganze kimmerische Meerenge. Auf dem Eise ziehen die diesseits des Grabens wohnenden Skythenstämme in Scharen einher und fahren mit Wagen hinüber bis ins Land der Sinder[28].

So kalt bleibt es acht Monate hindurch, aber auch die vier übrigen Monate ist es dortzulande nicht warm. Die Witterung ist überhaupt ganz anders, als in allen anderen Ländern. Zur Zeit, wo es anderswo zu regnen pflegt, regnet es dort fast gar nicht; dagegen hört es im Sommer nicht auf zu regnen. Zur Zeit, wo es anderswo Gewitter gibt, gibt es dort keine, im Sommer dagegen sehr viele. Wenn es im Winter ein Gewitter gibt, pflegt man ein göttliches Zeichen darin zu sehen. Auch ein Erdbeben, sei es im Sommer, sei es im Winter, gilt im Skythenlande für ein Wunder. Pferde ertragen den strengen Winter sehr wohl, aber Maultiere und Esel können ihn ganz und gar nicht aushalten. In anderen Ländern ist es umgekehrt: wenn man Pferde in der Kälte stehen läßt, erfrieren ihnen die Glieder, während Esel und Maultiere die Kälte aushalten.

29. Damit hängt, glaube ich, auch zusammen, daß die dortige kleine Rinderrasse keine Hörner bekommt. Diese Meinung wird auch von Homer bestätigt, der in der Odyssee sagt:

Libyen auch, allwo die Zicklein mit Hörnern geboren,

was ganz richtig ist. In warmen Ländern kommen die Hörner früh hervor, bei strenger Kälte aber bekommt das Vieh gar keine Hörner oder doch nur kleine.

30. Das also ist die Wirkung der Kälte. Es wundert mich übrigens — damit schweife ich von meinem Thema ab, was ja aber ganz in der Absicht meines Werkes liegt —, daß es in ganz Elis nicht gelingt, Maulesel zu züchten. Das Land ist nicht kalt, und ein anderer Grund ist auch nicht ersichtlich. In Elis selber sagt man, ein Fluch sei die Ursache, daß keine Maulesel bei ihnen geboren würden. Wenn daher die Zeit zur Befruchtung der Stuten kommt, treiben sie sie in die Nachbarlandschaften und führen sie dort den Eseln zu, bis die Stuten trächtig sind. Dann treiben sie sie wieder heim.

31. Was die Skythen von jenen Federn sagen, von denen die Luft nördlich von ihrem Lande voll sein soll, so daß man nicht hineinsehen und hindurchwandern kann, das erkläre ich mir folgendermaßen. Nördlich vom Skythenlande schneit es ununterbrochen, im Sommer freilich weniger als im Winter. Wer einmal dichten Schnee hat fallen sehen, der versteht mich. Der

Schnee sieht aus wie Federn. Wegen der Kälte ist denn auch der nördliche Teil dieses Erdteils unbewohnt. Wenn die Skythen und ihre Nachbarn also von Federn sprechen, so verstehen sie den Schnee darunter. Das ist die Kunde, die wir von den entferntesten Gegenden dort haben.

32. Von den Hyperboreern aber wissen weder die Skythen etwas zu erzählen, noch ein anderes Volk jener Gegenden, mit Ausnahme der Issedonen. Ich glaube aber, die Issedonen wissen auch nichts, sonst würden es uns wohl die Skythen weiter berichten, wie sie doch von den Einäugigen berichten. Hesiod ist es, der von den Hyperboreern spricht, ferner auch Homer in den Epigonen, wenn dies Epos wirklich von Homer gedichtet ist[29].

33. Bei weitem am meisten aber wird über die Hyperboreer in Delos erzählt. Die Delier erzählen, die Hyperboreer bänden ihre Opfergaben in Weizenhalme und schickten sie zu den Skythen. Von den Skythen würden sie weiter befördert, indem jedes Volk sie immer seinen Nachbarn übergäbe, und so kämen sie bis zum fernsten Westen an das Adriatische Meer[30]. Dort würden sie nun südwärts geschickt und kämen in Dodone zuerst zu Hellenen. Weiter führe man sie den malischen Meerbusen[31] hinab und hinüber nach Euboia. Dann schicke sie eine Stadt der anderen bis nach Karystos[32]. Die Insel Andros werde nun überschlagen, denn die Karystier brächten sie nach Tenos[33] und die Tenier nach Delos. So kommen, erzählt man in Delos, die Opfergaben der Hyperboreer nach Delos.

Das erste Mal, heißt es, haben die Hyperboreer zwei Jungfrauen geschickt, um die Opfergaben zu überbringen, mit Namen Hyperoche und Laodike, wie die Delier sagen. Und als Begleiter kamen der Sicherheit halber fünf Bürger des Hyperboreerlandes mit; das sind die, die jetzt Perphereer[34] heißen und in Delos hoch in Ehren stehen. Als aber die Abgesandten der Hyperboreer nicht wieder heimkehrten, fürchteten die Hyperboreer, es würde immer so gehen, daß die Abgesandten nicht wieder zurückkämen, trugen deshalb die Opfergaben, in Weizenhalme gebunden, an ihre Grenze, übergaben sie ihren Nachbarn und hießen sie von Land zu Land weiterschicken. So kamen sie, wie es heißt, endlich nach Delos.

Ich weiß, daß man es anderswo mit den Opfergaben ähnlich hält. Wenn die thrakischen und paionischen Frauen der Artemis Basileia opfern, bringen sie die Gaben auch in Weizenhalme gehüllt herbei.
34. Das ist dort Sitte, wie ich wohl weiß.
Zu Ehren jener hyperboreischen Jungfrauen aber, die in Delos gestorben sind, scheren sich die Mädchen und die Knaben in Delos das Haupt[35]. Wenn die Mädchen heiraten, schneiden sie eine Haarlocke ab, wickeln sie um eine Spindel und legen sie auf das Grab der Hyperboreerinnen. Dies Grab befindet sich im Artemisheiligtum, wenn man hineintritt, linker Hand. Ein Ölbaum steht dabei. Die Knaben wickeln ihre Haare um ein grünes Reis und legen sie ebenfalls auf das Grab. So werden diese beiden Jungfrauen von den Bewohnern in Delos geehrt.
35. In Delos erzählt man, daß vor Hyperoche und Laodike schon einmal zwei Frauen aus dem Hyperboreerlande, Arge und Opis[36], an denselben Völkern vorüber nach Delos gereist seien. Sie hätten der Eileithyia[37] die Gaben, die sie ihr für leichte Niederkunft gelobt, bringen wollen. Arge und Opis seien zu gleicher Zeit mit den Göttern Apollon und Artemis aus dem Hyperboreerlande gekommen, und auch ihnen habe man Ehren erwiesen. Ihnen zu Ehren sammeln die Frauen auf Delos Gaben ein; in dem Hymnos, den der Lykier Olen[38] ihnen dazu gedichtet hat, kommen die beiden Namen vor. Von ihnen haben es die anderen Inseln und die Ioner übernommen, die ebenfalls beim Gabensammeln Opis und Arge anrufen und besingen. Dieser Olen kam aus Lykien nach Delos und hat auch die anderen uralten Hymnen gedichtet, die auf Delos gesungen werden. Wenn die Schenkel der Opfertiere auf dem Altar verbrannt sind, wird die Asche auf das Grab der Opis und Arge gestreut. Das Grab befindet sich hinter dem Artemisheiligtum, an der Ostseite, ganz nahe an der Herberge der Keier.
36. Soviel von den Hyperboreern; denn die Sage von Abaris, der ein Hyperboreer gewesen sein soll, will ich beiseite lassen. Er soll mit einem Pfeil in der Hand über die ganze Erde gewandert sein, ohne je etwas zu essen[39]. Ich glaube überhaupt nicht an die Hyperboreer; denn wenn es ein solches Volk im höchsten Norden gäbe, müßte es auch eines im äußersten Süden

geben. Ich muß lachen, wenn ich so manche Leute Erdkarten zeichnen sehe, die doch die Gestalt der Erde gar nicht richtig zu erklären wissen. Sie zeichnen den Okeanos rund um die Erde herum fließend und so regelmäßig wie einen Kreis. Und Asien machen sie ebenso groß wie Europa. Ich will hier mit wenigen Worten die Größe der beiden Erdteile und die Art, wie man sie zeichnen muß, angeben.

37. Was zunächst Asien betrifft, so wohnen die Perser unten am Südmeer, genannt das Rote Meer[40]. Nördlich von ihnen folgen die Meder, dann die Saspeirer, dann die Kolcher, die an das Nordmeer grenzen, in das der Phasis mündet. Diese vier Völker nehmen den Raum von einem zum anderen Meere ein.

38. Westlich von ihnen ziehen sich zwei Halbinseln ins Meer hinein, die ich nun beschreibe. Die eine, nördliche, Halbinsel beginnt am Flusse Phasis und erstreckt sich am Pontos und Hellespontos entlang bis zum sigeischen Vorgebirge in der Troas. Im Süden erstreckt sich dieselbe Halbinsel vom myriandischen Meerbusen in Phoinikien bis zum triopischen Vorgebirge. Auf dieser Halbinsel wohnen dreißig Völkerstämme.

39. Das also ist die eine Halbinsel. Die zweite beginnt bei dem persischen Gebiet und erstreckt sich ins Rote Meer hinein[41]. Sie umfaßt Persien, daran anschließend Assyrien und dann Arabien. Am arabischen Meerbusen, den Dareios durch jenen Kanal mit dem Nil verband[42], hat sie ein Ende, freilich nur nach der herkömmlichen Einteilung. Von Persien bis Phoinikien haben wir eine weit ausgedehnte Landfläche. Von Phoinikien geht diese Halbinsel am [Mittelländischen] Meer entlang. Erst kommt das palästinische Syrien, dann Ägypten, wo sie endet. Nur drei Volksstämme wohnen auf dieser Halbinsel.

40. Das ist der von Persien aus westlich gelegene Teil Asiens. Der auf der anderen Seite, also östlich von den Persern, Medern, Saspeirern und Kolchern gelegene Teil wird im Süden durch das Rote Meer[43], im Norden durch das Kaspische Meer und den nach Osten fließenden Araxes[44] begrenzt. Bis nach Indien ist Asien bewohnt. Weiter im Osten ist das Land wüst, und niemand weiß Näheres über seine Beschaffenheit zu sagen[44a].

41. Damit haben wir die Gestalt und Größe von Asien angegeben. Libyen ferner liegt auch noch auf jener zweiten Halb-

insel; denn Libyen grenzt ja an Ägypten. Bei Ägypten ist die Halbinsel sehr schmal, denn die Entfernung von der Küste des [Mittelländischen] Meeres bis zum Roten Meer beträgt nur hunderttausend Klafter; das sind etwa tausend Stadien. Nach dieser schmalen Stelle aber wird die Halbinsel wieder sehr breit. Darauf liegt Libyen.

42. Ich wundere mich, daß man drei Erdteile unterscheidet: Libyen, Asien und Europa. Ihre Größe ist doch zu verschieden. Europa ist so lang wie die beiden anderen zusammengenommen, und an Breite können sie sich offenbar noch weniger mit Europa messen. Libyen ist ja doch rings vom Meere umflossen, abgesehen von der Stelle, wo es mit Asien zusammenstößt. Der König Nekos von Ägypten ist, soviel wir wissen, der erste gewesen, der den Beweis dafür geliefert hat.

Als Nekos nämlich den Bau jenes Kanals eingestellt hatte, der vom Nil nach dem arabischen Meerbusen führen sollte, schickte er Phoiniker mit einer Flotte aus und gab ihnen den Auftrag, den Rückweg durch die Säulen des Herakles zu nehmen und also durch das mittelländische Meer nach Ägypten zurückzukehren. So fuhren denn die Phoiniker durch das Rote Meer nach Süden fort. Als der Herbst kam, gingen sie ans Land, bebauten das Feld, an welcher Stelle Libyens sie sich nun gerade befanden, und warteten die Ernte ab. Hatten sie geerntet, so fuhren sie weiter. So trieben sie es zwei Jahre lang, und im dritten Jahre bogen sie bei den Säulen des Herakles ins nördliche Meer ein und gelangten nach Ägypten. Sie erzählten — was ich aber nicht glaube, vielleicht erscheint es anderen eher glaublich —, daß sie während der Umschiffung die Sonne auf einmal zur Rechten gehabt hätten[45].

43. So wurde zum ersten Mal bewiesen, daß Libyen ganz vom Meere umgeben ist. Später wollen auch die Karchedonier Libyen umschifft haben[46]. Dagegen hat Sataspes, der Sohn des Teaspis, aus der Familie der Achaimeniden die Umschiffung Libyens, die ihm aufgetragen worden, nicht vollbracht. Er fürchtete sich vor der langen Fahrt und der menschenleeren Öde und kehrte um, führte also das, was er seiner Mutter versprochen hatte, nicht durch. Sataspes hatte nämlich die jungfräuliche Tochter des Zopyros, Sohnes des Megabyzos, vergewaltigt. Zur

Strafe dafür wollte ihn König Xerxes ans Kreuz schlagen lassen, seine Mutter aber, eine Schwester des Dareios, legte Fürbitte für ihn ein und sagte zu Xerxes, sie wolle ihrem Sohn eine noch härtere Strafe auferlegen als er. Er solle gezwungen werden, Libyen zu umschiffen, solle rings herumfahren, bis er in dem arabischen Meerbusen ankäme. Xerxes war einverstanden; Sataspes ging nach Ägypten, wählte ein Schiff, bemannte es und fuhr bis zu den Säulen des Herakles. Er fuhr hindurch, an dem Vorgebirge Soloeis[47] vorüber und wandte sich dann südwärts. Monate lang fuhr er weiter; aber da die Fahrt gar kein Ende nahm, kehrte er um und landete wieder in Ägypten. Als er zu König Xerxes nach Persien kam, erzählte er von seiner Fahrt und sagte, ganz hinten in Libyen seien sie an einem Volk von kleinen Menschen vorübergekommen. Mit Palmenblättern seien sie bekleidet gewesen, seien in die Berge entflohen, sobald das Schiff gelandet sei, und hätten ihre Städte im Stich gelassen. Sie seien hineingegangen, hätten aber alles unversehrt gelassen und nur Weidetiere genommen. Daß sie nicht ganz Libyen umfahren hätten, habe darin seinen Grund, sagte er, daß das Schiff nicht weiter habe vordringen können und auf Untiefen gestoßen sei. Aber Xerxes glaubte ihm das nicht und schlug ihn ans Kreuz, weil er den Auftrag, der ihm geworden, nicht ausgeführt habe. Er mußte also die ursprüngliche Strafe leiden. Übrigens entfloh ein Eunuch dieses Sataspes, sobald er von der Hinrichtung seines Herren hörte, mit großen Reichtümern nach Samos. Ein Bürger von Samos, dessen Namen ich weiß, aber gern vergessen möchte, nahm sie ihm ab.

44. Die entfernten Teile Asiens sind hauptsächlich durch Dareios bekannt geworden. Er wollte feststellen, wo der Indos, außer dem Nil der einzige Fluß, in dem Krokodile leben, ins Meer fließt. Er sandte Männer, zu deren Aufrichtigkeit er Vertrauen hatte, darunter einen Hellenen namens Skylax aus Karyanda[48], zu Schiffe aus. Sie fuhren von der Stadt Kaspatyros in Paktyia aus den Fluß abwärts, immer nach Osten bis ins Meer hinein, dann auf dem Meere nach Westen zurück, bis sie im dreißigsten Monat an jene Stelle kamen, wo einst jener ägyptische König die Phoiniker, von denen ich vorher sprach, zur Umschiffung Libyens ausgesandt hatte. Nach dieser Fahrt

unterwarf Dareios die Inder und befuhr jenes Meer[49]. So weiß man denn, daß es sich mit Asien ebenso verhält wie mit Libyen, nur daß man die östliche Seite nicht kennt.

45. Von Europa aber hat man weder erforscht, ob es im Osten, noch ob es im Norden vom Meere umgeben ist. Wir wissen nur, daß es ebenso lang ist, wie die beiden anderen Erdteile. Ich weiß auch nicht, warum man eigentlich den Erdteilen, die doch ein zusammenhängendes Land sind, drei Namen gibt, und zwar Frauennamen; ferner warum man zur Grenze zwischen Asien und Libyen den ägyptischen Nil und zwischen Asien und Europa den kolchischen Phasis gemacht hat. Andere nehmen statt des Phasis den maietischen Tanais und die kimmerischen Hafenplätze an. Ich kann die Urheber dieser Abgrenzungen nicht in Erfahrung bringen, auch nicht die Personen, nach denen die Erdteile benannt worden sind. Was Libyen betrifft, so hat es nach der Meinung der meisten Hellenen seinen Namen nach einer eingeborenen Frau namens Libya, und Asien nach der Frau des Prometheus. Doch wollen auch die Lyder Urheber des Namens Asien sein, sie sagen, er führe auf Asies, den Sohn des Kotys, Enkel des Manes zurück, aber nicht auf Asia, die Gemahlin des Prometheus. Daher heiße auch ein Stadtteil in Sardes Asiada.

Von Europa aber weiß kein Mensch, weder ob es vom Meere umflossen ist, noch wonach es benannt ist, noch wer es war, der ihm den Namen Europa gegeben hat. Oder sollen wir annehmen, daß es seinen Namen nach der Europa von Tyros[50] hat und vor deren Zeit namenlos war wie die anderen Erdteile? Aber diese Europa stammt doch aus Asien und ist nie in das Land gekommen, das man heute in Hellas Europa nennt. Sie ist nur von Phoinikien nach Kreta und von Kreta nach Lykien gekommen. Doch genug davon! Wir wollen bei den überlieferten Namen bleiben.

46. Am Pontos Euxeinos, gegen dessen Anwohner Dareios zu Felde zog, wohnen die unwissendsten Völker, wenn man von den Skythen absieht. Diesseits des Pontos könnte man kein einziges kluges Volk nennen außer den Skythen, und wir wissen von keinem einzigen berühmten Mann dort außer dem Skythen Anacharsis. Die Skythen übertreffen in einer Kunst alle anderen

Völker, die wir kennen, während ich sie im übrigen nicht sehr bewundere. Diese große Kunst besteht darin, daß keiner, den sie verfolgen, ihnen entkommt und keiner sie einholen kann, wenn sie sich nicht einholen lassen wollen. Muß nicht ein Volk unüberwindlich und unnahbar sein, das weder Städte noch Burgen baut, seine Häuser mit sich führt, Pfeile vom Pferde herab schießt, nicht vom Ackerbau, sondern von der Viehzucht lebt und auf Wagen wohnt?

47. Dabei kommen ihnen freilich ihr Land und ihre Flüsse zustatten. Das Land ist eben, grasreich, wohl bewässert, und Flüsse strömen hindurch, fast ebenso zahlreich wie die Kanäle in Ägypten. Die, welche Namen haben und vom Meere aus befahrbar sind, will ich hier anführen: der Istros mit fünf Mündungsarmen, der Tyres, Hypanis, Borysthenes, Pantikapes, Hypakyris, Gerrhos und Tanais[51]. Über den Lauf dieser Flüsse ist folgendes zu sagen.

48. Der Istros[52] ist der größte unter allen Strömen, die wir kennen, und behält im Sommer und Winter stets die gleiche Größe. Von Westen her ist er der erste Fluß im Skythenland. Seine Größe rührt daher, daß sich andere Flüsse in ihn ergießen. Das sind folgende: im Skythenland fünf große Flüsse, der skythisch Porata, hellenisch Pyretos genannte Fluß, der Tiarantos, der Araros, der Naparis und der Ordessos. Der erstgenannte ist groß, hat östliche Richtung und vereinigt sich mit dem Istros. Der zweite, Tiarantos genannt, hat mehr westliche Richtung und ist kleiner. Der Araros, Naparis und Ordessos liegen zwischen ihnen, und alle münden in den Istros.
Das sind die in Skythien selber entspringenden Nebenflüsse des Istros. Ferner fließt der aus dem Lande der Agathyrsen kommende Maris in den Istros.

49. Im Norden kommen drei große Flüsse von den Höhen des Haimos, die sich ebenfalls in den Istros ergießen, der Atlas, Auras und Tibisis. Ferner fließen die durch Thrakien und den thrakischen Volksstamm der Krobyzen strömenden Flüsse Athrys, Noes und Artanes in den Istros. Weiter der von dem Gebiet der Paioner und dem Rhodopegebirge herabkommende Kios, der das Haimosgebirge durchschneidet. Aus Illyrien kommt der Angros, fließt nördlich in das triballische Tal und

den Brongos ein, der Brongos wiederum in den Istros. So nimmt der Istros beide großen Flüsse in sich auf. Nördlich von den Ombrikern sind wiederum zwei nach Norden fließende Ströme, der Karpis und der Alpis, die sich ebenfalls in den Istros ergießen. Denn der Istros durchfließt ja ganz Europa; er entspringt im Lande der Kelten, die nach den Kynetern das westlichste Volk in Europa sind. So fließt er durch ganz Europa und mündet seitlich vom Skythenlande.

50. Weil die genannten und viele andere Flüsse ihr Wasser in ihn ergießen, ist also der Istros der größte Fluß der Erde. An und für sich ist der Nil noch wasserreicher; denn kein Fluß und keine Quelle fließt in ihn hinein und mehrt seinen Wasserreichtum. Daß der Istros im Sommer und Winter die gleiche Größe hat, hat, glaube ich, folgenden Grund. Im Winter hat er seine natürliche Größe und schwillt nur wenig an, weil es in jenen Ländern im Winter nur wenig regnet und immerfort schneit. Im Sommer schmelzen die Schneemassen, die im Winter gefallen sind, und ergießen sich von allen Seiten in den Istros. Infolge dieses Schnees sowie auch des vielen heftigen Regens — es regnet ja dort im Sommer — schwillt er an. Dieser Zuwachs an Wasser im Sommer beträgt ebensoviel, wie die Wirkung der Sonne, die im Sommer mehr Wasser an sich zieht als im Winter. Beides gleicht sich also aus, und so ist der Istros immer gleich groß.

51. Der Istros also ist der erste Fluß im Skythenlande. Der zweite ist der Tyres[53], der von Norden kommt und aus einem großen See herausfließt, der Skythien von Neuris scheidet. An seiner Mündung haben sich Hellenen angesiedelt, die sich Tyriten nennen.

52. Der Hypanis drittens entspringt im Skythenlande und kommt ebenfalls aus einem großen See. Um ihn herum weiden wilde weiße Pferde, und er heißt mit Recht die Mutter des Hypanis. Aus diesem See entspringt also der Hypanis. Er hat fünf Tagesfahrten weit eine geringe Wasserhöhe und süßes Wasser, dann aber, die letzten vier Tagesfahrten bis zum Meere, ist das Wasser ganz bitter[54]. Es mündet nämlich eine bittere Quelle in ihn, die so bitter ist, daß sie trotz ihrer geringen Größe dem ganzen Hypanis, einem selten großen Flusse, den

bitteren Geschmack mitteilt. Diese Quelle liegt auf der Grenze zwischen dem Gebiet der Ackerbauskythen und der Alizonen[55]. Der Name der Quelle und ihres Ursprungsortes lautet in skythischer Sprache Exampaios, das ist im Hellenischen: Heilige Wege. Der Tyres und der Hypanis kommen einander im Gebiet der Alizonen sehr nahe, wenden sich dann aber nach entgegengesetzter Richtung, so daß ein großer Raum zwischen ihnen bleibt.

53. Der vierte Fluß ist der Borysthenes, nach dem Istros der größte in Skythien. Er hat meiner Meinung nach die fruchtbarsten Umgebungen, nicht bloß von den skythischen Flüssen, sondern von allen mit Ausnahme des Nil in Ägypten, mit dem sich allerdings kein anderer messen kann. Aber von allen anderen Flüssen ist der Borysthenes der reichstgesegnete. Das Vieh findet die schönsten, gesündesten Weideplätze an seinen Ufern, er hat bei weitem die besten und zahlreichsten Fische, hat das süßeste Wasser, ist klar, hat die besten Saaten an seinen Ufern, und wo keine Saatfelder sind, das höchste Gras. An seiner Mündung setzen sich ganz von selber Mengen von Salz an. Riesige grätenlose Fische, Antakaien[56] genannt, die eingesalzen werden, enthält er und noch viele andere wunderbare Dinge. Bis hinauf ins Land Gerrhos[57], das sind vierzig Tagesfahrten weit, kennt man seinen Lauf; durch welche Völker er weiter nördlich fließt, kann niemand sagen. Jedenfalls geht er, bevor er zu den Ackerbauskythen kommt, durch unbewohnte Strecken. Diese Ackerbauskythen bewohnen zehn Tagereisen weit seine Ufer. Dieser Fluß und der Nil sind die beiden einzigen, deren Quellen ich nicht angeben kann; auch kein anderer Hellene kann es, glaube ich. Nahe dem Meere vereinigt sich mit dem Borysthenes der Hypanis; sie münden in dieselben Sümpfe[58]. Die Landzunge zwischen den beiden Flüssen heißt Hippoleons Höhe[59]. Ein Tempel der Demeter steht darauf. Drüben am Hypanis ist die Ansiedlung der Borystheneiten[60].

54. Auf diese vier Flüsse folgt dann ein fünfter, namens Pantikapes[61], der ebenfalls von Norden und aus einem See kommt. Zwischen ihm und dem Borysthenes wohnen die Ackerbauskythen. Weiter fließt er ins Land Hylaia[62] und vereinigt sich danach mit dem Borysthenes.

55. Der sechste ist der Hypakyris[63], der auch aus einem See kommt, mitten durchs Land der Nomadenskythen fließt und bei der Stadt Karkinitis mündet. Zur Rechten liegen Hylaia und die Landzunge, die man Rennbahn des Achilleus[64] nennt.
56. Der siebente, der Gerrhos, fließt in der dem Borysthenes abgewandten Richtung, wenigstens auf der ganzen Strecke des Borysthenes, die bekannt ist. Seinen Namen hat er mit der Landschaft Gerrhos gemein. Auf seinem Wege zum Meer bildet er die Grenze zwischen den nomadischen und den königlichen Skythen und fließt in den Hypakyris[65].
57. Endlich der achte, der Tanais, kommt oben im Norden aus einem großen See und mündet in einen noch größeren, den sogenannten Maietissee, der zwischen dem Lande der königlichen Skythen und der Sauromaten liegt. In den Tanais fließt ein anderer Fluß, namens Hyrgis[66].
58. Das sind die namhaftesten Flüsse, die das Skythenland bewässern. Aber das Viehfutter auf den Wiesen ist so reich an Galle, wie das Gras in keinem anderen Lande, das wir kennen. Wenn man die Tiere aufschneidet, kann man das deutlich erkennen.
59. So ist denn das Skythenland im ganzen ein reiches Land. Von den Sitten der Bewohner ist noch folgendes zu sagen. Sie verehren nur wenige Götter: vor allem Hestia, dann Zeus und Ge; Ge ist bei ihnen die Gemahlin des Zeus. Ferner noch Apollon, Aphrodite Urania, Herakles und Ares. Das sind die Götter sämtlicher Skythenstämme; die sogenannten königlichen Skythen opfern außerdem noch dem Poseidon. Hestia heißt in skythischer Sprache Tabiti, Zeus, ganz richtig, wie mir scheint, Papaios; Ge heißt Api, Appollon Goitosyros[67], Aphrodite Urania Argimpasa[68], Poseidon Thagimasadas. Götterbilder, Altäre und Tempel pflegen sie, außer bei Ares, nicht zu errichten.
60. Das Opfern geschieht bei allen Stämmen und allen Festen auf die gleiche Weise. Das Opfertier steht mit zusammengebundenen Vorderfüßen da. Der Opferpriester steht hinter ihm und zieht an dem Strick, so daß es niederfällt. Währenddessen ruft er den Gott an, dem das Opfer gilt. Dann wirft er ihm eine Schlinge um den Hals, steckt einen Stock hinein und erwürgt es durch Drehung des Stockes. Dabei wird kein Feuer angezün-

det, keine Weihung und Spende vorgenommen. Ist das erwürgte Tier abgehäutet, so wird das Fleisch gekocht.

61. Wegen der großen Holzarmut im Skythenlande verfährt man beim Kochen folgendermaßen. Dem gehäuteten Opfertier wird das Fleisch von den Knochen gelöst und in den Kessel geworfen, falls ein solcher zur Stelle ist — diese skythischen Kessel sind den lesbischen Mischkrügen am ähnlichsten, nur weit größer. In diesem Kessel[69] wird das Fleisch gekocht, und als Brennmaterial dienen die Knochen. Ist kein Kessel zu Stelle, so wird das ganze Fleisch in den Magen des Tieres gesteckt, Wasser hinzugegossen und mit Hilfe der Knochen gekocht. Die Knochen brennen sehr gut, und der Magen nimmt bequem das von den Knochen gelöste Fleisch auf. So kocht also das Rind, oder was für ein Tier es sonst ist, sich selber. Ist das Fleisch gar gekocht, so weiht der Priester etwas von dem Fleisch und den Eingeweiden dem Gotte und wirft es vor sich auf den Boden. Alle Arten Vieh werden geopfert, am meisten Pferde.

62. So und mit solchen Tieren bringen also die Skythen den anderen Göttern ihre Opfer dar; anders aber dem Ares. In jedem Gau ist dem Ares ein Heiligtum errichtet in Gestalt eines großen Haufens von dürrem Holz, der drei Stadien lang und breit, doch nicht so hoch ist. Oben ist eine viereckige ebene Fläche. Drei Seiten sind steil, die vierte ist ersteigbar. In jedem Jahre häufen sie so fünfzig Wagen voller Reisig auf; denn der Haufen sinkt infolge der Witterung immer wieder zusammen. Auf jedem solchen Hügel steht nun aufrecht ein uraltes eisernes Schwert; das ist das Bild des Ares. Diesem Schwert werden jährlich Pferde und anderes Vieh geopfert; ja, diese Opfer sind noch reicher als die, welche man den anderen Göttern bringt. Auch von den Kriegsgefangenen wird jeder hundertste Mann geopfert, jedoch auf andere Weise wie die Tiere. Man gießt Wein über das Haupt des Opfers und schlachtet es über einem Gefäß. Dieses wird dann auf den Holzstoß getragen und das Schwert mit dem Blute begossen. Während es hinaufgetragen wird, schneidet man unten dem geopferten Menschen den rechten Arm ab und wirft ihn in die Luft. Ist das Opfer vollbracht, so geht alles davon. Der Arm bleibt liegen, wo er hinfällt, und an der anderen Stelle liegt der Tote.

63. Das sind die Opfergebräuche der Skythen. Schweine werden nicht geopfert. Sie pflegen überhaupt keine Schweine zu halten.
64. Im Kriege haben sie folgende Sitten. Wenn ein Skythe seinen ersten Feind erlegt, trinkt er von dessen Blut. Die Köpfe aller, die er in der Schlacht tötet, bringt er dem König. Wenn er einen Kopf bringt, erhält er seinen Beuteanteil, sonst nicht. Sie ziehen den Schädeln die Haut ab, indem sie rings um die Ohren einen Schnitt machen, dann die Haare fassen und den Kopf herausschütteln[70]. Mit einer Ochsenrippe wird das Fleisch abgeschabt, dann die Haut mit der Hand gegerbt und wenn sie weich ist, als Handtuch gebraucht. Der Reiter bindet die Haut an den Zügel seines Pferdes und prahlt damit. Wer die meisten hat, gilt für den tapfersten Helden. Vielfach macht man sogar Kleider aus diesen Kopfhäuten. Sie werden zusammengenäht wie die Hirtenpelze.
Viele häuten auch die rechte Hand ihrer gefallenen Feinde ab mit samt den Fingernägeln. Sie machen Deckel für ihre Köcher daraus. Die Menschenhaut ist fest und glänzend, weißer und glänzender als fast alle anderen Häute. Manche häuten die ganze Leiche ab, spannen die Haut auf Holz und führen sie auf ihrem Pferde mit. So merkwürdige Gebräuche haben sie.
65. Aus den Schädeln selber aber, nicht von allen Erschlagenen, sondern nur von den grimmigsten Feinden, machen sie Trinkschalen[71]. Die Teile unterhalb der Augenbrauen werden abgesägt und der Schädel gereinigt. Wer arm ist, legt dann bloß außen ein Stück Rindsfell herum; der Reiche vergoldet außerdem das Innere des Schädels, und dann trinkt er daraus. Das tun sie sogar mit den Schädeln ihrer Angehörigen, wenn sie mit ihnen verfeindet waren und wenn einer den anderen vor dem Gericht des Königs besiegt hat. Kommt dann ein angesehener Gast zu diesem Sieger, so stellt er ihm die Schädel hin und erzählt von seinen feindseligen Verwandten, deren er Herr geworden sei. Das gilt für heldenhaft und vornehm.
66. Einmal in jedem Jahre läßt der Häuptling jedes Gaues im Mischkrug Wein bereiten, und alle Männer, die einen Feind erlegt haben, trinken davon. Die, welche keinen erlegt haben, dürfen nicht mittrinken und sitzen abseits, ohne daß man sie

beachtet. Das ist für den Skythen die größte Schande. Alle, die eine ganze Menge Feinde erschlagen haben, bekommen gar zwei Becher und trinken aus beiden zugleich.

67. Viele Wahrsager gibt es bei den Skythen. Diese weissagen mit Hilfe einer Anzahl von Weidenruten. Große Bündel von Ruten werden herbeigebracht, auf die Erde gelegt und geöffnet. Die einzelnen Ruten legt der Priester nun in eine Reihe und sagt Zaubersprüche her. Während dieses Sprechens der Beschwörungsformeln rafft er die Stäbe wieder zusammen und legt sie von neuem auseinander. Das ist die althergebrachte Form der Zukunftsdeutung[72].

Die Enarees, die Mannweiber, sagen, ihnen sei die Wahrsagekunst von Aphrodite verliehen worden[73]. Sie weissagen mit Hilfe der Lindenrinde. Das Rindenstück wird in drei Streifen geschnitten, diese werden um die Finger gewickelt, wieder abgewickelt, und dann wird der Spruch verkündet.

68. Wenn der König der Skythen erkrankt, läßt er die drei bedeutendsten Wahrsager holen, die ihm nun auf die beschriebene Weise wahrsagen. In der Regel lautet ihr Spruch dahin, daß ein Stammesgenosse, den sie namhaft machen, einen Meineid auf die königlichen Hausgötter geschworen habe. Bei den königlichen Hausgöttern nämlich pflegen die Skythen zu schwören, wenn sie einen besonders heiligen Schwur tun wollen. Sofort wird dann der des Meineids Beschuldigte gepackt und herbeigeschleppt. Die Wahrsager werfen ihm nun vor, er sei durch das Orakel eines Meineids auf die königlichen Hausgötter überführt worden, und darum sei jetzt der König krank. Der leugnet dann den Meineid und ist sehr aufgebracht. Darauf läßt der König noch ein Wahrsagerpaar holen. Wenn auch diese ihn nach Prüfung des Orakelergebnisses für des Meineids schuldig erklären, wird ihm gleich das Haupt abgeschlagen, und die zuerst befragten Wahrsager teilen sich in seine Besitztümer. Sprechen ihn dagegen die später berufenen Wahrsager frei, so werden neue geholt und immer wieder neue. Spricht die Mehrzahl den Beschuldigten frei, so verfallen jene ersten Wahrsager selber dem Tode.

69. Das Todesurteil wird auf folgende Weise an ihnen vollzogen. Ein Wagen wird mit Reisig beladen und mit Ochsen be-

spannt; mitten in das Reisig werden die Wahrsager gesteckt, an Füßen und Händen gebunden, der Mund verstopft. Dann wird das Reisig angezündet und die erschreckten Ochsen davongejagt. Oft verbrennen die Ochsen mit den Wahrsagern, oft können sie sich, wenn die Deichsel verbrannt ist, mit Brandwunden flüchten. Auf diese Art verbrennt man die Wahrsager auch wegen anderer Verschuldungen; Lügenwahrsager nennt man sie dann. Auch die Söhne der vom König zum Tode Verurteilten werden nicht verschont. Alle männliche Nachkommenschaft wird getötet; den Frauen geschieht kein Leid.

70. Jeder Freundschaftsbund wird bei den Skythen auf folgende Weise geschlossen. Man gießt Wein in einen großen irdenen Krug und mischt Blut der beiden, die den Bund schließen, dazu. Diese stechen sich nämlich mit einer Nadel oder machen sich einen kleinen Schnitt mit dem Dolch. Nun tauchen sie Schwert, Pfeile, Streitaxt, Speer in den Krug hinein. Sie sprechen dann eine lange Beschwörung und trinken von dem Trank; auch die Angesehensten aus dem Gefolge trinken.

71. Die Grabstätten der Könige befinden sich in der Landschaft Gerrhos, in die der Borysthenes als schiffbarer Strom hineinfließt. Wenn der König gestorben ist, wird dort eine große viereckige Grube in die Erde gegraben. Ist sie fertig, so hebt man die Leiche auf einen Wagen. Der Leib ist vorher mit Wachs überzogen worden, der Bauch geöffnet und gereinigt, mit gestoßenem Safran, mit Räucherwerk, Eppich- und Dillsamen gefüllt und wieder zugenäht worden[74]. Die Leiche wird nun von Stamm zu Stamm geführt. Jeder Stamm, zu dem sie gelangt, tut dasselbe, was die königlichen Skythen zuerst tun: jeder schneidet ein Stück von seinen Ohren ab, schert seine Haare, macht einen Schnitt rund um den Arm, ritzt Stirn und Nase und sticht einen Pfeil durch die linke Hand. Dann geht es zum nächsten Stamm, und der vorhergehende gibt der Leiche das Geleit. Endlich nachdem alle anderen Stämme durchwandert sind, gelangen sie nach Gerrhos zu dem fernsten Stamm und zu der Grube. Die Leiche wird darin auf eine Streu gebettet, zu beiden Seiten der Leiche werden Lanzen in den Boden gesteckt, Stangen darüber gelegt und ein Dach aus Flechtwerk hergestellt. Man tötet eines seiner Weiber, seinen Weinschenken, seinen Koch, Pferde-

knecht, Leibdiener, Boten, ferner seine Pferde, die Erstlinge alles anderen Viehs und begräbt sie in dem weiten Raum der Grube, der noch leer ist; ebenso auch goldene Schalen, denn Silber- und Erzgeräte nehmen die Skythen dazu nicht. Darauf türmen sie einen großen Grabhügel auf und suchen ihn so gewaltig wie möglich zu machen[75].

72. Ein Jahr später wird die Trauerfeier wiederholt. Die besten von der Dienerschaft des Königs, die noch am Leben sind — das sind eingeborene Skythen; jeder, den der König beruft, wird sein Diener, gekaufte Sklaven kennt man nicht —, werden erdrosselt, fünfzig an der Zahl, ebenso die fünfzig schönsten Pferde. Die Eingeweide werden herausgenommen, die Bauchhöhle gereinigt, mit Spreu gefüllt und wieder zugenäht. Dann wird die Hälfte eines Radreifens an zwei Stangen befestigt, mit der Rundung nach unten, und die andere Hälfte an zwei andere Stangen; in der Weise wird eine ganze Anzahl von Geräten hergestellt. Auf je zwei davon wird nun ein Pferd gehoben, nachdem durch seinen Leib der Länge nach bis zum Halse eine dicke Stange getrieben worden ist; es ruhen die Schultern auf dem einen Reifen, der Bauch an den Hinterbeinen auf dem hinteren Reifen. Vorder- und Hinterbeine schweben in der Luft. Sie legen den Pferden auch Zaum und Gebiß an, ziehen den Zaum aber nach vorn und binden ihn an einen Pflock. Alle fünfzig erdrosselten Jünglinge werden dann auf die Pferde gesetzt, und zwar in der Weise, daß der Leichnam senkrecht, längs des Rückgrats bis zum Halse, mit einer Stange durchbohrt wird, deren unteres hervorstehendes Ende in ein Loch jener waagerechten Stange, die durch das Pferd geht, gesteckt wird. Diese Reiter werden im Kreise um das Grabmahl aufgestellt, und dann geht man wieder von dannen[76].

73. So ist das Begräbnis der Könige. Stirbt ein anderer Skythe, so legen ihn seine nächsten Verwandten auf einen Wagen und fahren ihn herum zu den Freunden. Jeder empfängt und bewirtet die Begleitung des Toten und setzt der Leiche von allen Speisen vor wie den anderen. Vierzig Tage werden die Leute aus dem Volke so herumgefahren und dann begraben. Nach einem Begräbnis nehmen die Skythen eine Reinigung vor. Erst salben sie sich den Kopf und waschen ihn wieder ab; dann rei-

nigen sie den Körper durch ein Dampfbad, wozu sie folgende Vorbereitungen treffen. Sie stellen drei Stangen gegeneinander, legen darüber eine Filzdecke, die sie möglichst fest anziehen, stellen ein Becken in den durch die Stangen und die Filzdecke abgeschlossenen Raum und werfen glühende Steine in das Becken.

74. Nun wächst im Skythenlande auch Hanf, eine Pflanze, die abgesehen von der Dicke und Größe dem Flachs sehr ähnlich ist. Der Hanf ist viel größer und stärker. Er wächst wild und wird auch angebaut. Die Thraker machen sogar Kleider aus Hanf, die den leinenen ähnlich sind; wer den Hanf nicht genau kennt, wird kaum unterscheiden können, ob das Kleid aus Hanf oder Flachs gesponnen ist, und wer noch nie Hanf gesehen hat, wird es für ein leinenes Kleid halten.

75. Die Körner von diesem Hanf nehmen also die Skythen, kriechen damit unter die Filzdecke und legen die Körner auf jene glühenden Steine. Sie fangen an zu rauchen und erzeugen einen so starken Dampf, daß kein hellenisches Schwitzbad dies Dampfbad übertrifft. Die Skythen werden so froh dabei, daß sie laut heulen[77]. Das sind ihre Bäder; in Wasser baden sie sich niemals.

Ihre Frauen zerreiben auf einem rauhen Stein unter Beimischung von Wasser .Cypressen-, Cedern- und Weihrauchholz und bestreichen mit dem dickflüssigen Brei[78] den ganzen Körper und das Gesicht. Das macht sie nicht nur wohlriechend, sondern, wenn sie am Tage darauf die Schicht abschaben, auch rein und glänzend.

76. Fremde Sitten anzunehmen vermeiden auch sie hartnäckig. Namentlich wehren sie sich gegen hellenische Sitten, was sich an dem Schicksal des Anacharsis und später an dem des Skyles deutlich gezeigt hat. Anacharsis besuchte viele Länder und wurde berühmt als ein kluger und weiser Mann. Darauf fuhr er heimwärts nach dem Lande der Skythen, und auf der Fahrt durch den Hellespontos landete er in Kyzikos. In Kyzikos[79] fand er das Volk in einem prächtigen Feste zu Ehren der Göttermutter begriffen, und Anacharsis gelobte der Göttin, wenn er gesund und wohlbehalten in sein Heimatland zurückkäme, wolle er ihr opfern, wie er es hier in Kyzikos gesehen, und wolle ihr

ebenfalls ein Nachtfest feiern. Als er nun in Skythien anlangte, begab er sich heimlich nach dem sogenannten Hylaia — Hylaia liegt bei der Rennbahn des Achilleus und ist dicht bewachsen mit Bäumen aller Art —; und dort feierte Anacharsis heimlich der Göttin das Fest, ganz wie er es in Kyzikos gesehen; die Pauke hatte er in der Hand, und heilige Figuren hatte er sich umgehängt[80].

Aber ein Skythe belauschte ihn dabei und zeigte es dem König Saulios an. Der kam, und als auch er das festliche Gebaren des Anacharsis sah, nahm er den Bogen und erschoß ihn. Noch jetzt, wenn man die Skythen nach Anacharsis fragt, behaupten sie, sie kennten ihn nicht. Das tun sie nur deshalb, weil er eine Reise nach Hellas gemacht und fremde Gebräuche angenommen hat[81]. Wie ich von Tymnes erfahren habe, einem Beamten des Königs Ariapeithes[82], war Anacharsis ein Oheim des Skythenkönigs Idanthyrsos und ein Sohn des Gnuros, Enkel des Lykos, Urenkel des Spargapeithes. Stammte aber Anacharsis wirklich aus diesem königlichen Hause, so ist er ja von seinem eigenen Bruder erschossen worden. Idanthyrsos war ja doch der Sohn des Saulios, und Saulios war der Mörder des Anacharsis.

77. In der Peloponnes hat man mir die Geschichte des Anacharsis anders erzählt. Danach ist Anacharsis vom Skythenkönig nach Hellas ausgesandt worden, um von den Hellenen zu lernen. Als er wieder heimkehrte, sagte er zu dem König, alle hellenischen Stämme gäben sich viele Mühe, in allen Dingen erfahren und weise zu werden, nur die Lakedaimonier nicht; dafür seien aber die Lakedaimonier die einzigen, die klug zu reden und Rede zu stehen wüßten. Aber diese Geschichte ist eine bloße Erfindung und Erdichtung der Hellenen. Anacharsis ist in Wirklichkeit so ums Leben gekommen, wie ich erzählt habe.

78. So übel also erging es diesem Manne, weil er fremde Gebräuche annahm und mit den Hellenen Umgang pflegte. Viele Jahre später hat den Sohn des Ariapeithes, Skyles, ein ganz ähnliches Geschick getroffen. Der König der Skythen, Ariapeithes, hatte außer anderen Kindern auch einen Sohn Skyles. Aus Istrie[83] stammte seine Mutter und war keine Skythin. Sie lehrte ihren Sohn die griechische Sprache und Schrift. Bald darauf

wurde Ariapeithes durch den König der Agathyrsen Spargapeithes hinterlistig ermordet, und Skyles gelangte auf den Thron. Er nahm eine Frau seines Vaters, namens Opoia, zum Weibe. Diese Opoia war eine Skythin und hatte von Ariapeithes einen Sohn, namens Orikos.

Skyles, der neue König der Skythen, liebte die skythische Lebensweise gar nicht. Durch die Erziehung seiner Mutter war ihm die hellenische weit lieber geworden. Wenn er nun zuweilen mit dem Skythenheere in das Stadtgebiet der Borystheneiten kam — die Bevölkerung dieser Stadt behauptet, daß sie aus Milet stamme —, so ließ Skyles das Heer draußen vor dem Tore, ging allein in die Stadt und ließ die Tore schließen. Nun zog er sein skythisches Gewand aus und legte hellenische Tracht an. So ging er auf dem Markte umher, und keiner aus seiner Leibwache oder seinem Gefolge war mit ihm. Sie mußten die Tore bewachen, damit ihn kein Skythe in seiner hellenischen Tracht sähe. Auch sonst lebte Skyles wie ein Hellene; er opferte den Göttern nach hellenischem Brauch.

Hatte er einen Monat oder länger in der Stadt geweilt, so zog er wieder die skythische Kleidung an und verließ sie. So trieb er es mehr als einmal, erbaute sich auch ein Haus in der Stadt und nahm eine hellenische Frau aus der Stadt zum Weibe.

79. Aber es sollte ihm übel bekommen. Eines Tages wollte er sich in den Geheimdienst des bakchischen Dionysos einweihen lassen, und gerade als er die Weihen nehmen wollte, ereignete sich etwas höchst Wunderbares. Das Haus, das Skyles sich in der Stadt der Borystheneiten erbaut hatte, wie ich eben schon erwähnt habe, war ein großer weiter Palast[84]. Ringsherum standen Sphinxe und Greife aus weißem Marmor. In diesen Palast warf Zeus einen Blitzstrahl, und er verbrannte gänzlich. Skyles aber vollzog die Weihezeremonien nichtsdestoweniger.

Nun verspotten die Skythen den Bakchosdienst der Hellenen. Sie sagen, einen Gott, der die Menschen rasend mache, könne es überhaupt nicht geben. Und als Skyles die bakchischen Weihen genommen hatte, sagte höhnend ein Hellene aus der Stadt der Borystheneiten zu den Skythen:

»Ihr lacht über uns, daß wir dem Bakchos dienen und die göttliche Raserei uns ergreift. Nun hat der Gott auch euren König

ergriffen! Er dient dem Bakchos und rast wie wir. Wenn ihr mir nicht glaubt, so kommt, ich will es euch zeigen.«
Die skythischen Großen folgten ihm, und er hieß sie sich auf der Mauer verbergen. Da kam denn Skyles in dem festlichen Zuge vorüber, und die Skythen sahen ihn in bakchischer Raserei. Sie waren sehr aufgebracht darüber, gingen hinaus und erzählten dem ganzen Heere, was sie gesehen hätten.
80. Als Skyles nun wieder heimzog, brach eine Empörung aus, und die Skythen wollten seinen Bruder Oktamasades, den Sohn einer Tochter des Teres, zum König machen. Als Skyles erfuhr, was man gegen ihn im Schilde führe und aus welchem Grunde, entfloh er nach Thrakien. Da zog Oktamasades gegen Thrakien zu Felde. Als er am Istros lagerte, rückten ihm die Thraker entgegen. Die Schlacht sollte beginnen, aber der König Sitalkes sandte folgende Botschaft an Oktamasades:
»Warum sollen wir miteinander kämpfen? Bist du nicht meiner Schwester Sohn, und hast du nicht in deinem Heere meinen Bruder? Gib ihn mir heraus; ich will dir dafür den Skyles geben. Das Kriegsglück sollten wir beide lieber unversucht lassen!«
Diese Botschaft ließ Sitalkes ausrichten. Bei Oktamasades weilte nämlich der flüchtige Bruder des Sitalkes. Oktamasades willigte ein, lieferte seinen Oheim dem Sitalkes aus und erhielt dafür seinen Bruder Skyles. Sitalkes zog mit seinem Bruder davon, Oktamasades aber schlug dem seinigen das Haupt ab.
So sehr hängen die Skythen an ihren Gebräuchen und so hart strafen sie den, der ausländische Gebräuche annimmt.
81. Die Volkszahl der Skythen konnte ich nicht genau in Erfahrung bringen; die Angaben, die ich darüber hörte, widersprechen sich. Es sollen sehr viele sein, und doch, wenn man nur die eigentlichen Skythen nimmt, nur wenige. Was ich selber mit Augen gesehen habe, ist folgendes. Zwischen den Flüssen Borysthenes und Hypanis liegt eine Landschaft namens Exampaios. Ich nannte sie schon früher und sagte, es gäbe dort eine bittere Quelle, die in den Hypanis fließt und sein Wasser untrinkbar macht. In dieser Landschaft steht ein Gefäß aus Erz, das ist sechsmal so groß wie der berühmte Mischkrug am thrakischen Bosporos, den Pausanias, Kleombrotos' Sohn, gestiftet hat[85]. Wer diesen Mischkrug nicht gesehen hat, dem will ich

die Größe jenes skythischen Gefäßes angeben: es faßt bequem sechshundert Amphoren[86] und hat eine Dicke von sechs Fingern. Von diesem Gefäß sagten mir die Skythen, es sei aus lauter ehernen Pfeilspitzen gemacht. Ein Skythenkönig, namens Ariantes, der gern die Volkszahl der Skythen wissen wollte, habe allen Skythen befohlen, ihm je eine Pfeilspitze zu bringen. Wer nicht gehorche, dem drohte er mit dem Tode. Eine große Masse von Pfeilspitzen sei darauf herbeigebracht worden, und der König habe beschlossen, ein Denkmal daraus schmieden zu lassen. So habe man aus dem Erz jenes Gefäß gemacht und es in Exampaios aufgestellt. Das ist die Kunde, die ich von der Volkszahl der Skythen erhalten habe.

82. Merkwürdigkeiten enthält das Land sonst nicht; nur die gewaltigen und vielen Ströme sind merkwürdig. Was außer diesen Strömen und der weiten Ebene noch Bewunderung verdient, das will ich jetzt sagen. Man zeigt in einem Felsen in der Nähe des Flusses Tyres einen Fußstapfen des Herakles. Es ist die Fußspur eines Menschen, aber zwei Ellen lang.

Soviel über das Land der Skythen. Ich kehre zu der Historie zurück, die ich oben zu erzählen begonnen habe.

83. Dareios rüstete sich zum Zuge gegen die Skythen. Er sandte Boten aus, die dem einen Volke die Stellung von Fußtruppen, dem anderen die Lieferung von Schiffen, dem dritten den Bau einer Brücke über den thrakischen Bosporos anbefehlen mußten. Sein Bruder Artabanos, Sohn des Hystaspes, riet ihm dringend von dem Zuge gegen die Skythen ab und stellte ihm vor, wie schwer den Skythen beizukommen sei. Da aber sein guter Rat kein Gehör fand, ließ er ab, und Dareios brach, als alles bereit war, mit dem Heere aus Susa auf.

84. Ein Perser Oiobazos, der drei Söhne hatte, die alle mit ins Feld rücken sollten, bat Dareios, ihm einen davon daheim zu lassen. Dareios antwortete, da er sein Freund und seine Bitte bescheiden sei, wolle er ihm alle drei Söhne lassen. Oiobazos war sehr froh darüber, daß alle seine Söhne von dem Feldzug befreit sein sollten; aber Dareios befahl seinen Dienern, alle Söhne des Oiobazos zu töten. So blieben die Leichname freilich daheim.

85. Nun zog er aus Susa davon und kam an den Bosporos im Gebiet von Kalchedonia[87], wo die Brücke geschlagen war. Er stieg in ein Schiff und fuhr nach den sogenannten kyanischen Felsen, die nach der Sage der Hellenen in früheren Zeiten sich bewegt haben sollen[88]. Dort setzte er sich auf eine Klippe und betrachtete den Pontos, der auch das Anschauen wohl verdient. Er ist das wunderbarste von allen Meeren, elftausendeinhundert Stadien lang und an der breitesten Stelle dreitausenddreihundert Stadien breit[89], während seine Mündung nur vier Stadien breit ist[90]. Die Länge dieser Mündung, also der Meerenge, die Bosporos genannt wird und über die jetzt die Brücke geschlagen war, beträgt einhundertzwanzig Stadien. Der Bosporos zieht sich bis zur Propontis hin[91]. Die Propontis ist fünfhundert Stadien breit und eintausendvierhundert Stadien lang. Sie mündet in den Hellespontos, der an der engsten Stelle sieben Stadien breit und vierhundert Stadien lang ist[92]. Der Hellespontos ergießt sich in eine Spalte des Meeres, das wir das Aigaische nennen.

86. Ich habe diese Zahlen durch folgende Berechnung gefunden. Ein Schiff legt in der Regel an einem langen Tage ungefähr siebzigtausend Klafter zurück, in der Nacht sechzigtausend. Nun dauert die Fahrt vom Bosporos bis zum Flusse Phasis[93] — das ist die größte Längenausdehnung des Pontos — neun Tage und acht Nächte. Das ergibt eine Million und einhundertzehntausend Klafter oder elftausendeinhundert Stadien. Und vom Gebiet der Sinder[94] bis nach Themiskyra[95] am Flusse Thermodon — das ist die größte Breitenausdehnung des Pontos — fährt man drei Tage und zwei Nächte. Das ergibt dreihundertdreißigtausend Klafter oder dreitausenddreihundert Stadien. Auf diese Art habe ich den Pontos, den Bosporos und den Hellespontos ausgemessen, und so, wie ich angegeben habe, sind ihre Maße.

In diesen Pontos ergießt sich nun noch ein See, der nicht viel kleiner ist als er selbst. Er heißt Maietissee oder auch Mutter des Pontos.

87. Als Dareios den Pontos betrachtet hatte, fuhr er zurück nach der Brücke, die ein Werk des Mandrokles aus Samos war. Als er nun auch den Bosporos betrachtet hatte, ließ er am west-

lichen Ufer zwei Säulen aus Marmor errichten und ließ Namen und Zahl aller Volksstämme, aus denen sein Heer bestand, einmeißeln, auf der einen Säule in assyrischer Schrift[96], auf der anderen in hellenischer Schrift. Er hatte aber alle Stämme mitgeführt, die zu seinem Reiche gehörten. Außer der Flotte zählte man siebenhunderttausend Mann zu Fuß und zu Roß. Die Flotte bestand aus sechshundert Schiffen. Später holten die Byzantier diese Säulen in ihre Stadt und verwendeten sie für den Altar der Artemis Orthosia[97]. Nur ein Steinblock blieb bei dem Dionysostempel in Byzantion liegen; er ist mit assyrischen Schriftzeichen bedeckt. Die Stelle des Bosporos, an der König Dareios jene Brücke bauen ließ, befindet sich, wie ich vermute, in der Mitte zwischen Byzantion und dem Tempel am Eingang des Bosporos.

88. Dareios war sehr zufrieden mit der Brücke und überhäufte den Baumeister Mandrokles aus Samos mit Geschenken. Mandrokles ließ für einen Teil dieser Reichtümer ein Gemälde malen, auf dem die ganze Überbrückung des Bosporos dargestellt ist. Am Ufer sitzt König Dareios auf einem Thron, und sein Heer schreitet über die Brücke. Dies Gemälde stiftete er in den Heratempel zu Samos und setzte folgende Inschrift darauf:

> Über die fischreichen Fluten des Bosporos schlug eine Brücke
> Mandrokles, und er gab Hera dies Bildnis zum Dank.
> Sich errang er den Kranz und Ruhm seiner Vaterstadt Samos,
> Weil er getreulich erfüllt König Dareios' Begehr.

89. So tat der Erbauer der Brücke zum Gedächtnis seines Werkes.

Und Dareios zog, nachdem er Mandrokles belohnt, hinüber nach Europa. Den Ionern befahl er, in den Pontos einzufahren bis an die Mündung des Istros, dort eine Brücke über den Strom zu schlagen und ihn zu erwarten. Die Flotte nämlich stand unter Führung der Ioner, der Aioler und der Hellespontier. So fuhr denn die Flotte zwischen den kyanischen Felsen hindurch und geradeswegs nach der Istrosmündung. Zwei Tage fuhr sie dann den Strom aufwärts und schlug an der engen Stelle, wo sich der Istros in die Mündungsarme teilt, eine Brücke hinüber. Dareios aber zog, nachdem er den Bosporos auf seiner Brücke überschritten hatte, durch Thrakien und gelangte an die Quellen des Flusses Tearos, wo er drei Tage lagerte.

90. Wie die Anwohner des Tearos erzählen, ist dieser Fluß sehr heilkräftig. Namentlich heilt er die Krätze bei Menschen und Pferden. Er hat achtunddreißig Quellen, die alle aus demselben Felsen hervorströmen; manche sind kalt, andere warm. Diese Quellen liegen gleich weit von der Stadt Heraion in der Nähe von Perinthos und von der Stadt Apollonia am Pontos Euxeinos entfernt. Von beiden Städten aus sind es zwei Tagereisen. Dieser Tearos mündet in den Kontadesdos, der Kontadesdos in den Agrianes, der Agrianes in den Hebros, der Hebros ins Meer bei der Stadt Ainos[98].

91. Als Dareios an diesem Fluß angekommen war und sich gelagert hatte, stellte er auch dort aus Freude über den Fluß eine Säule auf, die eine Inschrift folgenden Inhalts trug: »Aller Quellen bestes und edelstes Wasser geben des Tearos Quellen. Zu ihnen gelangte auf seinem Kriegszuge gegen die Skythen aller Menschen bester und edelster: Dareios, Hystaspes' Sohn, König der Perser und des ganzen Erdteils.« Diese Inschrift ließ er in die Säule graben.

92. Weiter zog Dareios und kam an einen anderen Fluß, namens Arteskos[99], der durch das Land der Odrysen fließt. Als er an diesen Fluß gekommen war, gab er folgenden Befehl: an einem bestimmten Platze sollte jeder Mann des Heeres im Vorübergehen einen Stein niederlegen. Das taten sie, und es entstanden gewaltige Steinhaufen, die er zurückließ, als er weiterzog.

93. Ehe er an den Istros kam, besiegte er noch die Geten, die an die Unsterblichkeit des Menschen glauben. Die bisherigen Stämme, die Thraker von Salmydessos und die nördlich von Apollonia und Mesambrie wohnenden, genannt Skyrmiaden und Nipsaier, hatten sich Dareios ohne Kampf ergeben[100]. Die Geten aber wehrten sich, unterlagen jedoch bald. Sie sind der mannhafteste und redlichste Stamm der Thraker.

94. Über ihren Glauben an die Unsterblichkeit sei folgendes gesagt. Sie glauben nicht an ihren Tod, sondern meinen, der Tote gehe zu dem Gott Salmoxis. Manche von ihnen nennen

diesen Gott auch Gebeleizis. Alle fünf Jahre schicken sie einen durchs Los Erwählten als Abgesandten zu Salmoxis und sagen ihm ihre jedesmaligen Wünsche, die er dem Gotte ausrichten soll. Die Absendung geschieht auf folgende Weise. Einige müssen drei Speere halten, andere fassen Hände und Füße des Salmoxis-Boten und werfen ihn in die Luft empor, so daß er in die Speere fällt. Wird er durchbohrt und stirbt, so halten sie das für ein Zeichen, daß der Gott gnädig ist. Stirbt er nicht, so geben sie dem Boten die Schuld, schelten ihn einen Bösewicht und senden einen anderen an den Gott ab. Die Aufträge geben sie ihm, während er noch lebt.

Dieser thrakische Stamm schießt auch, wenn es donnert und blitzt, mit Pfeilen nach dem Himmel und droht dem Gott. Sie meinen auch, es gäbe keinen anderen Gott als den ihrigen.

95. Nun habe ich aber von den Hellenen am Hellespontos und am Pontos erfahren, daß dieser Salmoxis ein Mensch gewesen und als Sklave nach Samos verkauft worden ist. Er war Sklave des Pythagoras, Sohnes des Mnesarchos. Dann soll er freigeworden sein, große Reichtümer erworben haben und mit ihnen in seine Heimat zurückgekehrt sein. Weil die Thraker noch recht ärmlich und roh leben, hat dann Salmoxis, der das Leben in Ionien und feinere Genüsse als die thrakischen kennengelernt hatte — hatte er doch unter Hellenen gelebt und gar bei einem der weisesten Männer von Hellas, dem Pythagoras —, einen Saal erbaut, in den er die vornehmsten Mitbürger zum Schmause einlud und sie beim Mahle lehrte, weder er, noch die Zechgenossen, noch ihre Nachkommen würden jemals sterben, sondern würden an einen Ort kommen, wo sie in Ewigkeit herrlich und in Freuden leben würden. Während er aber solche Gastmähler gab und solche Reden führte, ließ er sich ein unterirdisches Gemach bauen. Als das Gemach fertig war, machte er sich den Thrakern unsichtbar; er stieg nämlich in dies unterirdische Gemach hinab und lebte dort drei Jahre lang. Die Thraker betrauerten ihn voller Sehnsucht wie einen Toten. Im vierten Jahre erschien er wieder unter ihnen, und nun glaubten sie an die Lehre des Salmoxis.

96. So der Bericht. Ich will, was man von diesem unterirdischen Gemach sagt, nicht bestreiten, glaube aber auch nicht recht

daran. Mir scheint aber, daß Salmoxis viele Jahre vor Pythagoras gelebt haben muß. Doch wollen wir unentschieden lassen, ob es überhaupt einen Menschen Salmoxis gegeben hat oder ob er ein Stammesgott der Geten ist.
97. Nachdem der Stamm, der einen so merkwürdigen Glauben hat, von den Persern besiegt war, schloß auch er sich dem Heere an. So kam Dareios und mit ihm sein Landheer an den Istros. Als alle die Brücke überschritten hatten, befahl Dareios den Ionern, die Brücke abzubrechen und mit der ganzen Flottenmannschaft dem Heere zu Lande zu folgen. Die Ioner wollten schon die Brücke abbrechen und den Befehl ausführen, da sprach der Führer der mytilenischen Flotte, Koes, Sohn des Erxandros, folgende Worte zu Dareios. Vorher hatte er ihn gefragt, ob er ihn anhören wolle, da er ihm etwas vorzutragen habe.
»O König! Gegen ein Land willst du ziehen, wo du kein Ackerfeld und keine bewohnte Stadt finden wirst. Darum laß doch die Brücke stehen und laß die, die sie gebaut haben, zurück, sie zu bewachen. Wenn wir so glücklich sind, die Skythen zu finden, haben wir eine Möglichkeit, zurückzukehren. Können wir sie aber nicht finden, haben wir doch wenigstens einen sicheren Rückzug. Denn ich fürchte gar nicht, daß wir von den Skythen in einer Schlacht besiegt werden; ich fürchte nur, daß wir ihrer nicht habhaft werden können und auf Irrwanderungen zu Schaden kommen. Mancher mag sagen, ich riete das nur um meinetwillen, weil ich hierbleiben wollte. Ich trage dir aber nur vor, was mir für dich, König, das Vorteilhafteste scheint, will mich dir auch anschließen und nicht hier zurückbleiben.«
Über den Rat war Dareios sehr froh und antwortete:
»Freund aus Lesbos! Wenn ich glücklich wieder daheim bin in meinem Palaste, so komme doch ja wieder vor mein Angesicht, damit ich deinen guten Rat durch gute Tat lohne.«
98. So sprach er, band sechzig Knoten in einen Riemen, rief die Fürsten der Ioner zu sich und sprach:
»Ioner! Meinen ersten Befehl wegen der Brücke nehme ich zurück. Hier nehmet diesen Riemen und tut damit folgendermaßen. Von dem Tage ab, wo ihr mich gegen die Skythen fortziehen seht, löset jeden Tag einen Knoten. Wenn ich in dieser

4a. Kampf des Großkönigs gegen Skythen. Achaimenidisches Siegel

4b. Tributgesandtschaft der Saka tigraχauda. Relief aus Persepolis

Zeit nicht da bin, sondern euch die Tage der Knoten vergangen sind, fahrt in euer Vaterland. Bis dahin aber bewachet die Brücke, da ich anderen Sinnes geworden bin, und sorget mit allem Eifer für ihre Erhaltung und ihren Schutz. Dafür werde ich euch großen Dank wissen.«

So sprach Dareios und zog weiter.

99. Thrakien liegt weiter ins Meer hinaus als Skythien. An der Stelle, wo eine Meeresbucht das Land zurückdrängt, beginnt Skythien. Dort mündet auch der Istros, die Mündung nach Südosten gewendet. Ich will nun die Küste des eigentlichen Skythenlandes von dem Istros ab beschreiben und ihre Länge bestimmen. Bei der Istrosmündung nämlich beginnt das wirkliche Skythien, nach Süden gewendet, und reicht bis zur Stadt Karkinitis[101]. Weiter, an demselben Meere entlang, folgt der Stamm der Taurer bis hin zu der sogenannten rauhen Chersonesos[102]. Ihr Land ist gebirgig und springt ins Meer vor. Diese Chersonesos zieht sich in das nach Osten zu gelegene Meer hinein. An zwei Seiten nämlich ist das Skythenland vom Meere umgeben, im Süden und im Osten, ähnlich wie Attika. Und das Gebiet der Taurer liegt innerhalb des Skythenlandes ebenso, als ob in Attika noch ein zweiter Volksstamm die Landzunge von Sunion, doch diese weiter ins Meer hineinragend, bewohnte, also die Strecke vom Dorfe Thorikos bis nach Anaphlystos[103]. Ich vergleiche hier Kleines mit Großem. So ist also die Lage von Taurien. Wer aber diese Landzunge Attikas nicht umschifft hat, dem will ich einen anderen Vergleich sagen. Die Taurer wohnen ähnlich, wie wenn ein Teil Iapygiens, nämlich der Vorsprung vom brentesischen Hafen bis nach Taras[104], nicht von dem heimischen, sondern einem anderen Volke bewohnt würde. So gibt es noch viele ähnliche Halbinseln, durch die man die Lage Tauriens klar machen kann.

100. Hinter Taurien folgt wieder skythisches Land, im Norden und im Osten an der Küste. Das ist die Westseite des kimmerischen Bosporos und des Maietissees bis hin zum Tanais, der ja an der Spitze dieses Sees mündet[105]. Geht man vom Istros nordwärts, so wird das skythische Binnenland begrenzt: zuerst von den Agathyrsen, dann von den Neurern, weiter von den Androphagen und schließlich von den Melanchlainern[106].

101. So bildet das Skythenland ein Viereck, von dem zwei Seiten am Meere entlang führen, und die festländische Seite ist ebenso lang wie die an der Küste. Vom Istros bis zum Borysthenes sind es zehn Tagereisen, und vom Borysthenes bis zum Maietissee sind es wiederum zehn. Von der Küste landeinwärts bis zu den Melanchlainern im Norden des Skythenlandes sind es zwanzig Tagereisen. Eine Tagereise setze ich gleich zweihundert Stadien. So beträgt denn die Breitenausdehnung des Landes viertausend Stadien und die Längenausdehnung landeinwärts ebenfalls viertausend Stadien. Das sind die Größenverhältnisse des Skythenlandes.

102. Da nun die Skythen erkannten, daß sie allein nicht stark genug seien, Dareios' Heer in offener Schlacht zu besiegen, schickten sie Boten an die Nachbarländer. Und es kamen deren Könige zu einer Beratung zusammen, wie man dem gewaltigen Heere begegnen solle. Die Könige, die diese Beratung hielten, waren die der Taurer, der Agathyrsen, der Neurer, der Androphagen, der Melanchlainer, der Geloner, der Budiner und der Sauromaten.

103. Unter ihnen haben die Taurer diese Bräuche: sie opfern die Schiffbrüchigen und die seefahrenden Hellenen, die sie auf hohem Meere abfangen, der Jungfrau. Bei der Opferhandlung wird nach Verrichtung der Weihegebräuche das Opfer durch einen Keulenschlag getötet. Dann wird, wie der eine Bericht sagt, der Leib vom Felsen ins Meer hinabgestoßen[107] — das Heiligtum liegt auf einem steilen Felsen — und der Kopf auf einen Pfahl gesteckt. Der andere Bericht lautet den Kopf betreffend übereinstimmend, aber der Leib wird danach nicht vom Felsen gestoßen, sondern in der Erde bestattet. Die Göttin, der sie diese Menschenopfer bringen, ist, wie die Taurer behaupten, Iphigenie, Agamemnons Tochter. Mit getöteten Feinden verfahren sie ähnlich. Der Kopf wird abgeschlagen, nach Hause mitgeführt und dann an einer langen Stange hoch über dem Hause aufgesteckt, meist über dem Rauchfang. Sie sagen, der droben hängende Kopf bewache das ganze Haus. Die Taurer leben von Raub und Kriegsbeute.

104. Die Agathyrsen sind ein sehr weichliches Volk und tragen meist goldenen Schmuck. Sie leben in Weibergemeinschaft, da-

mit alle miteinander verwandt und verschwistert seien und kein Neid und keine Zwietracht aufkommen könnten. Ihre übrigen Gebräuche sind ähnlich wie die der Thraker.

105. Die Neurer haben dieselben Sitten wie die Skythen. Ein Menschenalter vor dem Kriegszug des Dareios hatten sie ihr ganzes Land verlassen müssen, weil so viele Schlangen sich im Lande zeigten[108]. Viele kamen aus der Erde, noch mehr fielen von der Wüste im Norden her ins Land. Die Neurer mußten weichen und siedelten sich im Lande der Budiner an. Diese Neurer scheinen ein Volk von Zauberern zu sein. Wenigstens wird von den Skythen und den im Skythenlande wohnenden Hellenen erzählt, daß sich jeder Neurer einmal im Jahre für wenige Tage in einen Wolf verwandelt und danach wieder zum Menschen wird. Ich kann das freilich nicht glauben, aber man versichert es und beschwört es sogar[109].

106. Das roheste Leben von allen Völkern führen die Androphagen. Sie haben keine Rechtspflege und keine Gesetze. Sie sind Nomaden, kleiden sich ähnlich wie die Skythen, haben eine eigne Sprache und sind das einzige Volk jener Gegend, das das Menschenfleisch verzehrt.

107. Bei den Melanchlainern tragen alle schwarze Kleidung, daher der Name des Volkes. Ihre Sitten sind skythisch.

108. Die Budiner sind ein großes zahlreiches Volk und haben sämtlich ganz helle Augen und rötliche Haare. Sie haben eine Stadt, die aus Holz gebaut ist und Gelonos heißt. Jede Seite der Stadtmauer ist dreißig Stadien lang; die Mauer ist hoch und ganz von Holz. Auch Häuser und Tempel sind von Holz[110]. In Gelonos nämlich gibt es Heiligtümer hellenischer Götter. Darin sind Götterbilder hellenischer Art und Altäre und Tempelhäuser aus Holz. Auch sie feiern alle drei Jahre das Dionysosfest und führen bakchische Tänze auf. Die Bevölkerung von Gelonos ist nämlich von Hause aus hellenisch. Es sind Flüchtlinge aus den Handelshäfen, die sich unter den Budinern angesiedelt haben. Teils sprechen sie skythisch, teils hellenisch. Die anderen Budiner sprechen nicht dieselbe Sprache wie die Gelоner, haben auch eine andere Lebensweise.

109. Die Budiner sind ein eingeborenes Volk. Sie sind Nomaden und das einzige Volk der Gegend, das Fichtenzapfen

ißt[111]. Die Geloner dagegen sind Ackerbauer, essen Getreide, legen Gärten an und sind auch in Gesichtsform und Hautfarbe verschieden von den Budinern. Doch werden von den Hellenen auch die Budiner Geloner genannt, obwohl es unrichtig ist. Das ganze Land ist dicht mit Wäldern aller Art bewachsen, und mitten im tiefsten Walde ist ein großer See, von Morast und Röhricht umgeben. In diesem See werden Fischottern gefangen und Biber und andere Tiere mit viereckigem Kopf[112]. Mit deren Fell verbrämen sie ihre Röcke, und ihre Hoden sind Heilmittel gegen Krankheiten der Gebärmutter[113].

110. Über die Sauromaten wird folgendes berichtet[114]. Als die Hellenen mit den Amazonen Krieg führten — bei den Skythen heißen die Amazonen Oiorpata, was im Hellenischen 'Männertötende' bedeutet; Oior heißt Mann, Pata heißt töten —, da fuhren die Hellenen, so lautet die Sage, nach der siegreichen Schlacht am Thermodon zu Schiffe heimwärts, und in drei Schiffen führten sie alle Amazonen, die sie hatten gefangen nehmen können, mit sich. Unterwegs aber griffen die Amazonen die Hellenen an und machten alle Männer nieder. Nun verstanden aber die Amazonen nichts von der Schiffahrt und wußten weder mit dem Steuer, noch mit dem Segel und den Rudern umzugehen. So wurden sie denn von Wind und Wellen umhergetrieben und kamen endlich nach Kremnoi am Maietissee. Kremnoi gehört zum Gebiet der sogenannten freien Skythen. Die Amazonen stiegen aus den Schiffen und wanderten landeinwärts. Die erste Herde von Rossen, auf die sie stießen, raubten sie und plünderten nun zu Pferde das Skythenland.

111. Die Skythen wußten nicht, wie ihnen geschah. Sie kannten weder die Sprache, noch die Kleidung, noch das Volk und wunderten sich, woher sie gekommen seien. Sie dachten, es seien Männer im ersten Jünglingsalter und lieferten ihnen eine Schlacht. Bei diesem Kampfe fielen den Skythen die Toten in die Hände, und nun sahen sie, daß es Frauen waren. Sie hielten Rat und beschlossen, keine von den Frauen mehr zu töten, sondern ihre jüngsten Krieger zu ihnen zu schicken, ungefähr ebensoviele wie es Amazonen waren. Sie sollten sich in der Nähe der Amazonen lagern und tun, was jene täten. Wenn die Amazonen sie verfolgten, sollten sie fliehen und nicht kämpfen.

Wenn sie die Verfolgung aufgäben, sollten sie sich ihnen wieder nähern und von neuem ein Lager aufschlagen. Die Absicht der Skythen war aber, daß diese Amazonen ihnen Kinder gebären sollten.

112. Die Jünglinge taten, was man sie geheißen hatte. Als die Amazonen merkten, daß sie nicht in feindlicher Absicht kamen, ließen sie sie gewähren, und von Tag zu Tag rückten die beiden Lager einander näher. Wie die Amazonen hatten auch die Jünglinge nichts weiter als Waffe und Roß und lebten nicht anders als jene: von der Jagd und vom Raube.

113. Zur Mittagszeit taten die Amazonen folgendes: sie zerstreuten sich einzeln oder zu zweien, um abseits voneinander ihre Notdurft zu verrichten. Die Skythen merkten das und machten es ebenso. Und einmal überfiel einer eine von ihnen, und die Amazone gab nach und wehrte ihm nicht. Sprechen konnte sie zwar nicht mit ihm, denn sie verstanden einander nicht, aber durch Zeichen bat sie ihn, er möchte am nächsten Tage an denselben Platz kommen und (indem sie bedeutete, es sollten zwei sein) einen anderen mitbringen; auch sie brächte eine andere mit. Der Jüngling ging und erzählte es den anderen. Am nächsten Tag ging er an dieselbe Stelle und nahm einen Gefährten mit. Da fand er die Amazone mit einer anderen wartend. Als das die anderen Jünglinge erfuhren, machten auch sie die übrigen Amazonen zahm.

114. Nun vereinigten sich die beiden Lager und lebten gemeinsam. Jeder nahm die, mit der er zuerst Verkehr gehabt hatte, zur Frau. Die Männer vermochten die Sprache der Frauen nicht zu lernen, die Frauen jedoch nahmen die ihrer Männer an. Als sie einander verstehen konnten, sprachen die Männer folgendermaßen zu den Amazonen:

»Wir haben Vater und Mutter und haben auch Besitztümer. Laßt uns nicht weiter leben wie bisher, sondern wir wollen gehen und wieder bei unserem Volke wohnen. Ihr aber sollt unsere Frauen sein und keine anderen.«

Darauf erwiderten die Amazonen: »Wir können aber nicht mit euren Frauen zusammen leben. Wir haben andere Sitten als sie, denn wir schießen mit Pfeilen und Speeren und sind beritten, Frauenarbeit jedoch verstehen wir nicht. Eure Frauen tun nichts von dem Genannten, vielmehr tun sie Frauenarbeit, bleiben im Wagen und gehen weder auf die Jagd noch anderswohin. So passen wir nicht zueinander. Nein, wenn ihr uns zur Ehe haben und euch dabei rechtschaffen zeigen wollt, geht zu euren Eltern und holt euch euer Erbteil. Wenn ihr wiederkommt, wollen wir dann für uns allein leben.«

115. Die Jünglinge ließen sich überzeugen und taten dies. Sie ließen sich ihren Anteil des väterlichen Besitzes geben und kehrten zu den Amazonen zurück. Da sagten die Frauen zu ihnen:

»Wir fürchten uns so sehr, hier im Lande zu wohnen; denn durch uns habt ihr eure Väter verloren, und überdies haben wir viel Unglück über euer Land gebracht. Da ihr uns zur Ehe haben wollt, so tut mit uns gemeinsam dieses: laßt uns auswandern und jenseits des Tanais wohnen.«

116. Auch dies nahmen die Jünglinge an. Sie überschritten den Tanais und wanderten drei Tagereisen weiter nach Osten, das sind drei Tagereisen nördlich vom Maietissee[115]. Als sie dort angekommen waren, siedelten sie sich an, und dort wohnen sie noch heute. Daher kommt es denn, daß die Frauen der Sauromaten noch immer an ihrer alten Lebensweise festhalten, zu Pferde auf die Jagd reiten, mit und ohne ihre Männer, auch in den Krieg mitziehen und dieselbe Tracht haben wie die Männer.

117. Die Sauromaten sprechen skythisch, aber fehlerhaft, weil damals die Amazonen die Sprache nicht gut gelernt haben. Und was ihre Ehegebräuche betrifft, so darf keine Jungfrau heiraten, bevor sie nicht einen Feind getötet hat. Manche werden alt und sterben, ohne sich zu vermählen, weil sie dies Gesetz nicht haben erfüllen können.

118. Zu den versammelten Königen dieser hier geschilderten Völker also kamen die Boten der Skythen und sagten ihnen an, daß der Perserkönig, nachdem er in dem anderen Erdteil alles unterworfen, eine Brücke über die Meerenge des Bosporos gebaut habe und in ihren Erdteil herübergekommen sei, daß er auch schon die Thraker unterworfen und eine Brücke über den Istros geschlagen habe; denn er wolle alle ihre Länder sich untertan machen. Ihr dürft euch auf gar keine Weise aus dem

Handel heraushalten und zulassen, daß wir zugrunde gehen. Nach gemeinsamem Plane laßt uns dem Feinde entgegentreten! Wollt ihr das nicht, so zwingt uns die Not, unser Land zu verlassen oder mit den Feinden gemeinsame Sache zu machen. Denn wie soll es uns anders ergehen, wenn ihr eure Hilfe versagt? Euch aber wird es darum keineswegs besser ergehen. Denn der Perserkönig wird gegen euch ebenso ziehen wie gegen uns, und wenn er uns unterworfen hat, auch euch gewiß nicht verschonen. Wir können euch das klar beweisen. Wenn der Perserkönig seinen Zug bloß gegen uns richtete und Rache dafür üben wollte, daß wir einst Persien unterjocht haben, so hätte er doch alle anderen Völker unbehelligt lassen und geradeswegs gegen uns ziehen müssen; dann hätte jeder erkannt, daß er bloß gegen die Skythen und gegen niemand sonst Krieg führen wollte. Jetzt hat er aber, sobald er unseren Erdteil betrat, alle Völker, die an seinem Wege lagen, unterworfen. Alle thrakischen Völker sind in seiner Hand, auch unsere Nachbarn, die Geten.«

119. So lautete die Botschaft der Skythen, und die Könige, die aus ihren Ländern herbeigekommen waren, hielten nun Rat. Die Meinungen waren geteilt. Die Könige der Geloner, der Budiner und der Sauromaten einigten sich und versprachen, daß sie den Skythen helfen wollten. Die der Agathyrsen, der Neurer, der Androphagen sowie die der Melanchlainer und Taurer aber gaben den Boten der Skythen folgende Antwort: »Hättet ihr die Perser nicht zuerst beleidigt und den Streit angefangen, so würden wir jetzt sagen, wir fänden eure Bitte recht und billig, und würden gern mit euch gemeinsam handeln. Aber ihr seid ohne unsere Hilfe ins persische Land gefallen und seid dessen Herren gewesen, solange die Gottheit es euch gewährte. Jetzt vergelten die Perser, da dieselbe Gottheit sie dazu treibt, Gleiches mit Gleichem. Wir dagegen haben den Persern nie etwas zuleide getan und wollen auch jetzt nicht mit den Feindseligkeiten den Anfang machen. Greifen sie unser Land an und fangen mit uns Streit an, so werden auch wir nicht untätig sein. Bis wir das sehen, bleiben wir in unserem Lande. Denn wir glauben, daß die Perser nicht gegen uns ziehen, sondern gegen die, die die Urheber des Unrechts sind.«

120. Als die Skythen diese Antwort erfuhren, beschlossen sie, da ihnen jene nicht zu Hilfe kommen wollten, keine offene Schlacht zu liefern, sondern zurückzuweichen, alle Brunnen und Quellen auf dem Wege zu verschütten und das Gras am Boden zu vernichten. In zwei Abteilungen wollten sie sich teilen und der einen, deren Führer Skopasis war, sollten die Sauromaten sich anschließen. Diese Abteilung sollte, wenn die Perser auf sie eindrängen, den Maietissee entlang nach dem Tanais zu sich zurückziehen, und wenn die Perser umkehrten, sie verfolgen. Es war das eine der drei skythischen Königreiche, das diesen Auftrag ausführen und diesen Weg nehmen sollte. Die beiden anderen Königreiche, das große, über das Idanthyros, und das dritte, über das Taxakis herrschte, sollten gemeinsam und verstärkt durch die Geloner und Budiner ebenfalls sich zurückziehen, immer eine Tagereise vor den Persern her, und so den Kriegsplan durchführen. Gleich zuerst sollten sie die Feinde in die Richtung der Stämme, die ihre Hilfe versagt hatten, ziehen, um auch diese in den Krieg zu verwickeln. Wollten sie nicht aus freien Stücken am Krieg teilnehmen, so sollten sie wider ihren Willen dazu gezwungen werden. Darauf sollten sie sich wieder nach dem Skythenlande zurückwenden und, wenn ein Angriff ratsam schiene, angreifen.

121. Nachdem sie diesen Kriegsplan gemacht, zogen sie dem Heer des Dareios entgegen und schickten als Vortrab die besten Reiter voraus. Die Wagen, in denen ihre Kinder und Weiber wohnten, sowie das Vieh schickten sie davon und hießen sie nordwärts ziehen; nur so viel Vieh, wie sie zum Leben brauchten, behielten sie zurück. Alles andere wurde fortgetrieben.

122. Als aber der Vortrab der Skythen drei Tagereisen vom Istros auf die Perser stieß, hielt er sich eine Tagereise von ihnen entfernt, schlug ein Lager auf und verwüstete alles, was die Erde hervorbringt. Sobald die Perser sahen, daß die skythische Reiterei in der Nähe war, verfolgten sie sie; die aber wich allgemach zurück. Dann, als sie bis zu dem einen Teil des Skythenheeres vorgedrungen waren, folgten sie ihm ostwärts in der Richtung auf den Tanais[116] zu. Die Skythen überschritten den Tanais, die Perser folgten, bis sie auch das Land der Sauromaten durchzogen hatten und in das der Budiner kamen.

123. Solange der Weg durch das Land der Skythen und Sauromaten ging, fanden die Perser nichts zu zerstören, denn alles war verlassen und wüst. Als sie aber ins Land der Budiner eindrangen und zu der hölzernen Stadt kamen, die von den Budinern verlassen und deren Mauern ganz von Verteidigern entblößt waren, da steckten sie sie in Brand. Dann ging es weiter, immer den Weichenden nach, bis auch dies Land durchschritten war und sie in die Wüste kamen. Diese Wüste ist ganz unbewohnt, liegt nördlich vom Lande der Budiner und ist sieben Tagereisen lang. Nördlich von der Wüste wohnen die Thyssageten[117], in deren Lande vier große Ströme entspringen, die durch das Land der Maieten[118] in den Maietissee fließen. Ihre Namen sind: Lykos[119], Oaros[120], Tanaïs, Syrgis[121].

124. Als Dareios bis zu dieser Wüste gelangt war, machte er Halt und ließ das Heer am Flusse Oaros lagern. Dann erbaute er acht große Burgen in gleichem Abstand voneinander, auf einem Raume von sechzig Stadien. Noch heute sind deren Trümmer erhalten. Während er aber mit diesen Bauten beschäftigt war, zogen die verfolgten Skythen oben um ihn herum und wandten sich nach dem Skythenlande zurück. So waren sie den Persern ganz entschwunden, und Dareios ließ die Burgen halb vollendet stehen und wandte sich, weil er nichts mehr von den Skythen sah, nach Westen. Er glaubte, es wäre das ganze skythische Heer, und das flüchte sich jetzt nach Westen.

125. In großen Märschen kam er wieder ins Skythenland, stieß auf beide vereinigten Heere der Skythen und verfolgte sie, die ihm immer eine Tagereise weit voraus waren. Dareios blieb ihnen auf den Fersen, und nun wandten sich die Skythen ihrem Kriegsplan gemäß zu den Ländern derer, die ihnen ihre Hilfe versagt hatten. Zuerst ging es ins Land der Melanchlainer. Als Skythen und Perser durch ihren Einbruch die Melanchlainer in Schrecken versetzt hatten, lockten die Skythen den Feind ins Land der Androphagen. Als auch sie in Schrecken versetzt waren, weiter in das der Neurer. Und von dem der Neurer wichen sie weiter zurück zu den Agathyrsen. Als die Agathyrsen aber sahen, wie ihre Nachbarn durch die Skythen bedrängt und erschreckt wurden, sandten sie, noch bevor jene ihr Land betreten hatten, einen Herold und verboten den Skythen, ihre

Grenze zu überschreiten; wenn sie trotzdem den Einbruch wagten, sollten sie sich nur zum Kampfe gegen sie rüsten. Dann rückten die Agathyrsen bewaffnet an ihre Grenze und wollten die Eindringenden abwehren. Die Melanchlainer, Androphagen und Neurer hatten beim Einbruch der Perser und Skythen gar nicht zu den Waffen gegriffen, sondern waren, ohne ihrer Drohung zu gedenken, voller Schreck immer weiter nordwärts in die Wüste geflüchtet. Die Skythen aber zogen auf die Drohung der Agathyrsen hin nicht in ihr Land, sondern lockten die Perser aus dem Lande der Neurer in ihr eigenes Land hinein.

126. Das dauerte so fort und nahm kein Ende. Da sandte Dareios einen Reiter an den Skythenkönig Idanthyrsos und ließ ihm folgendes sagen:

»Wunderlicher! Warum fliehst du immer und wählst nicht zwei andere Dinge, die dir doch freistehen? Wenn du mir gewachsen zu sein glaubst, so laß das Wandern, steh und kämpfe! Und wenn du dich unterlegen fühlst, so solltest du ebenfalls das Wandern lassen, solltest deinem Gebieter Erde und Wasser zum Geschenk bringen und vor mir erscheinen.«

127. Darauf entgegnete der Skythenkönig Idanthyrsos folgendes:

»Meine Lage ist so, Perser! Ich bin nie aus Furcht vor einem Menschen geflohen, auch jetzt nicht vor dir. Ich tue nichts anderes als das, was ich auch im Frieden zu tun pflege. Weshalb ich nicht sofort mit dir kämpfe, auch dieses will ich erklären. Wir Skythen haben nicht Städte, nicht Ackerland; so drängt uns keine Furcht, daß jene erobert, dieses verwüstet werden könnte, zur Schlacht. Wollt ihr durchaus, daß es bald zur Schlacht kommt, so haben wir ja die Grabstätten unserer Väter: sucht sie und wagt, sie zu zerstören! Ihr werdet merken, ob wir um die Gräber mit euch kämpfen oder nicht! Bevor wir nicht Grund haben, kämpfen wir nicht. Soviel über die Schlacht! Als meine Gebieter aber erkenne ich nur meinen Ahnherrn Zeus und die Königin der Skythen Histia an. Statt Erde und Wasser werde ich dir andere Geschenke senden, wie du sie verdienst, und daß du dich meinen Gebieter nennst, soll dir teuer zu stehen kommen.« Dies war die Antwort der Skythen.

128. Der Herold ging, um Dareios dies zu melden; aber die

Könige der Skythen ergrimmten, als sie von Unterwerfung hörten. Den Teil des Heeres, bei dem die Sauromaten sich befanden und dessen Führer Skopasis war, schickten sie zu jenen Ionern, die die Brücke über den Istros bewachten, um mit ihnen Unterhandlungen anzuknüpfen. Der andere Teil sollte nicht mehr die Perser hinter sich her locken, sondern Überfälle auf sie machen, wenn sie auf Nahrungssuche ausgingen. Sie lauerten also den Nahrung suchenden Soldaten des Dareios auf und taten, wie verabredet worden. Immer brachte die skythische Reiterei die der Perser zum Weichen. Aber die persische Reiterei zog sich zu ihrem Fußvolk zurück, das ihnen zu Hilfe kam. Da machten denn die Skythen aus Furcht vor dem Fußvolk kehrt. Auch bei Nacht unternahmen die Skythen solche Überfälle.

129. Etwas höchst Wunderliches war es, was bei diesen Angriffen die Perser unterstützte und den Skythen hinderlich war. Während diese auf die Perser eindrangen, wurden ihre Pferde mehrfach durch das Geschrei der Esel so erschreckt, daß sie kehrt machten und voller Staunen die Ohren spitzten. Sie hatten solche Töne noch nie gehört und solche Gestalten nie gesehen. Im Skythenlande werden nämlich weder Esel noch Maultiere geboren, wie ich oben schon erzählt habe. Ja es gibt im Lande keinen einzigen Esel und kein Maultier, weil es zu kalt ist. So erschreckten die Esel durch ihr Geschrei die Pferde der Skythen.

130. Eine kurze Zeit also waren die Perser im Vorteil. Nun aber kamen die Skythen, als sie die wachsende Unruhe bei den Persern sahen, auf folgenden Gedanken. Um die Perser noch länger in ihrem Lande festzuhalten und durch Mangel und Not zugrunde zu richten, ließen sie ihnen Viehherden samt deren Hirten zurück und zogen dann fort nach einem anderen Orte. Die Perser kamen heran, nahmen das Vieh und waren dann stolz auf solch einen Erfolg.

131. Das geschah oft; aber endlich war doch die Not im Heere des Dareios groß, und die Könige der Skythen, die das wußten, schickten einen Herold mit Geschenken an Dareios: mit einem Vogel, einer Maus, einem Frosch und fünf Pfeilen. Die Perser fragten den Boten, was diese Geschenke bedeuteten. Er aber

sagte, er habe keinen weiteren Auftrag, als die Geschenke zu übergeben und schleunigst zurückzukehren. Die Perser sollten nur, wenn sie klug genug seien, den Sinn der Geschenke selber erraten. Da hielten denn die Perser Rat.

132. Die Meinung des Dareios war, die Skythen ergäben sich und brächten sinnbildlich Erde und Wasser; denn die Maus wohne in der Erde und nähre sich von Getreide wie der Mensch, der Frosch lebe im Wasser, der Vogel gleiche dem Roß und mit den Pfeilen übergäben sie ihre Kriegsmacht.

Diese Erklärung gab Dareios. Gobryas aber, einer jener Sieben, die den Mager gestürzt hatten, war anderer Meinung und erklärte die Geschenke folgendermaßen: »Wenn ihr euch nicht als Vögel zum Himmel erhebt, ihr Perser, oder wenn ihr euch nicht als Mäuse in die Erde verkriecht, oder wenn ihr nicht als Frösche in die Sümpfe springt, so treffen euch diese Pfeile, und ihr seht die Heimat nicht wieder.«

133. So suchten die Perser den Sinn der Geschenke zu deuten. Der andere Heeresteil der Skythen, der früher den Maietissee hatte bewachen müssen, zog inzwischen zum Istros, um mit den Ionern zu unterhandeln. Und als die Skythen an der Brücke angelangt waren, sprachen sie folgendermaßen:

»Ioner, wir kommen, euch die Freiheit zu bringen, falls ihr uns folgen wollt. Wir haben erfahren, daß euch Dareios aufgetragen hat, sechzig Tage hier die Brücke zu bewachen und wenn er währenddessen nicht wiederkäme, zurückzukehren in eure Heimat. Tut ihr das, so habt ihr gegen ihn und gegen uns eure Pflicht getan. Wenn die sechzig Tage um sind, so zieht davon!«

Das versprachen die Ioner zu tun, und die Skythen zogen eiligst wieder ab.

134. Das andere Heer der Skythen aber stellte sich, nachdem es Dareios jene Geschenke gemacht, zu Fuß und zu Roß zur Schlacht gegen die Perser auf. Da lief mitten durch die Reihen des Heeres ein Hase. Jeder, der ihn sah, machte sich an die Verfolgung, so daß alles voller Verwirrung und Geschrei war. Dareios fragte, was denn der Lärm der Feinde zu bedeuten hätte. Als er nun hörte, sie liefen einem Hasen nach, sagte er zu seinen Vertrauten:

»O dies Volk verachtet uns tief. Jetzt wird mir klar, daß Gobryas die Geschenke der Skythen richtig gedeutet hat; ich sehe nun wohl, wie unsere Sache steht. Wer gibt uns einen guten Rat, wie wir unversehrt den Rückzug ins Werk setzen?«
Darauf sagte Gobryas: »O König! Ich wußte es schon vorher, daß das Volk unbesiegbar ist; jetzt, wo wir im Lande sind, sehe ich es noch klarer: sie spotten unser! Darum ist mein Rat, sobald die Nacht kommt, davonzuziehen! Feuer zünden wir an wie sonst, überlassen die schwächlichsten Soldaten ihrem Schicksal und binden alle Esel fest. Wir müssen fort, ehe noch die Skythen an den Istros ziehen, um die Brücke abzubrechen, oder ehe die Ioner einen Entschluß fassen, der uns verderben kann.«
135. Das war der Rat des Gobryas. Nun kam die Nacht, und Dareios befolgte den Rat. Die kraftlosen Leute und die, deren Verlust ihm wenig ausmachte, ließ er dort im Lager zurück, dazu auch alle Esel, die festgebunden wurden. Die Esel ließ er zurück, damit sie schreien sollten, und die Leute, weil sie zu schwach waren. Er gab ihnen aber als Grund an, er wolle mit dem Kern des Heeres einen Angriff auf die Skythen machen und sie sollten inzwischen das Lager bewachen.
Nachdem Dareios den Zurückgelassenen dies vorgespiegelt und die Feuer angezündet hatte, ging es in Eilmärschen zurück an den Istros. Die verlassenen Esel aber schrieen, als die Menschenmassen fort waren, noch lauter als vorher. Die Skythen hörten das Geschrei und glaubten fest, die Perser seien noch dort.
136. Als aber der Tag kam, merkten die zurückgebliebenen Leute, daß Dareios sie verraten habe, erhoben ihre Hände bittend zu den Skythen und erzählten, was geschehen war. Da zog denn das gesamte Heer, jene beiden Heeresteile der Skythen samt den Sauromaten, Budinern und Gelonern, schleunigst den Persern nach, geradeswegs zum Istros. Das Perserheer bestand meist aus Fußvolk und kannte den Weg nicht, weil es keine gebahnten Straßen gab; die Skythen waren zu Pferde und wußten den kürzesten Weg. So kamen sie voneinander ab, und die Skythen waren viel früher an der Brücke als die Perser. Als die Skythen sahen, daß die Perser noch nicht angelangt waren, sprachen sie zu den Ionern, die in ihren Schiffen saßen:

»Ioner! Die sechzig Tage sind um; ihr tut unrecht, wenn ihr noch länger wartet. Nur aus Furcht vor Dareios habt ihr hier gewartet; so brechet jetzt schnell die Brücke ab und fahret heim, froh eurer Freiheit und dankbar den Göttern und den Skythen. Euren bisherigen Gebieter werden wir so demütigen, daß er niemals wieder einen Kriegszug gegen ein anderes Volk unternimmt.«

137. Da hielten nun die Ioner Rat. Miltiades aus Athen, Feldherr und Tyrann der Chersonesos am Hellespontos, riet, den Skythen zu folgen und Ionien vom Perserjoch freizumachen. Histiaios aus Milet war dagegen und meinte, sie alle seien doch nur durch Dareios' Hilfe Tyrannen ihrer Städte geworden. Wenn das Reich des Dareios zusammenstürze, könne auch er sich nicht in Milet und die anderen sich nicht in den anderen ionischen Städten halten. Denn jede Stadt würde die Demokratie der Tyrannis vorziehen. Dieser Meinung des Histiaios traten sofort alle bei, obwohl sie vorher dem Miltiades zugestimmt hatten.

138. Die Namen der Männer, die an dieser Beratung teilnahmen und beim König in Gunst standen, sind folgende: Daphnis, Tyrann von Abydos, Hippoklos von Lampsakos, Herophantos von Parion, Metrodoros von Prokonnesos, Aristagoras von Kyzikos und Ariston von Byzantion. Das waren die Tyrannen der Städte am Hellespontos. Aus Ionien waren es Strattis von Chios, Aiakes von Samos, Laodamas von Phokaia und Histiaios von Milet, der sich gegen den Rat des Miltiades erklärt hatte. Von den Tyrannen Aioliens war nur ein bedeutender zugegen: Aristagoras von Kyme.

139. Als sie sich für die Meinung des Histiaios entschieden hatten, beschlossen sie außerdem noch folgendes: sie wollten den nach dem Skythenlande zu gelegenen Teil der Brücke abbrechen, etwa einen Bogenschuß weit, damit man sie trotz ihrer Untätigkeit tätig sähe und die Skythen keine Gewalt anwendeten und vielleicht versuchten, den Istros auf der Brücke zu überschreiten. Und während sie diesen Teil der Brücke abbrächen, wollten sie sagen, sie würden alle Wünsche der Skythen gern erfüllen. Das war der zweite Beschluß, den sie faßten.

Darauf gab Histiaios im Namen aller folgende Antwort: »Ihr Skythen! Gutes bringt ihr uns und seid zur rechten Zeit herbeigekommen. Einen guten Weg habt ihr uns gewiesen, so wollen wir euch gern zu Willen sein. Ihr seht, daß wir die Brücke abbrechen; mit allem Eifer wollen wir es tun, denn wir sehnen uns, frei zu werden. Während wir nun die Brücke abbrechen, könnt ihr in Ruhe die Feinde aufsuchen, und wenn ihr sie gefunden, uns und euch selber an ihnen rächen, wie sie es verdient haben.«

140. Zum zweitenmal glaubten die Skythen den Ionern und kehrten um, die Perser zu suchen. Aber sie verfehlten sie ganz und gar. Die Skythen waren selber schuld daran, weil sie damals die Weidetriften der Pferde zerstört und die Brunnen verschüttet hatten. Hätten sie das nicht getan, so hätten sie die Perser, wenn sie wollten, ohne Mühe finden können. Nun aber führte sie gerade das, was sie so klug ersonnen zu haben glaubten, in die Irre. Sie zogen nämlich durch die Gegenden, wo sie Gras für ihre Pferde und Wasser fanden, und suchten dort die Feinde, weil sie meinten, dort würden auch jene ihren Rückweg nehmen. Aber die Perser hielten sich immer auf ihrem alten Wege und so kamen sie denn mit knapper Not an die Brücke.

Es war Nacht, als sie ankamen, und als sie die Brücke abgebrochen fanden, gerieten sie in furchtbare Angst, die Ioner möchten sie im Stiche gelassen haben.

141. Dareios aber hatte einen Ägypter bei sich mit einer gewaltigen Stimme. Diesen Mann hieß Dareios an das Ufer des Istros treten und nach Histiaios aus Milet rufen. Jener tat es, und Histiaios vernahm gleich den ersten Ruf. Er brachte alle Schiffe herbei, um das Heer überzusetzen, und ließ die Brücke wieder herstellen.

142. So kamen denn die Perser davon, und die Skythen hatten zum zweitenmal das persische Heer verfehlt.

Seitdem sagen die Skythen, die Ioner seien, als freie Männer betrachtet, das allerfeigste und unmännlichste Volk, aber als Sklaven betrachtet, seien sie die treuesten Diener ihres Herren, dem sie um keinen Preis entliefen. So höhnten die Skythen über die Ioner.

143. Dareios zog durch Thrakien und kam nach Sestos auf der Chersonesos. Da setzte er zu Schiff nach Asien über, ließ aber den Perser Megabazos als Feldherren in Europa. Dareios hatte diesem Megabazos einst durch ein Wort, das er gesprochen, große Ehre erwiesen. Dareios wollte eben Granatäpfel essen, und als er den ersten öffnete, fragte ihn sein Bruder Artabanos, wovon er sich ebensoviel wünsche, wie in diesem Apfel Kerne seien. Dareios sagte, er wünsche sich so viele Megabazos; das würde ihm lieber sein als die Unterwerfung von Hellas. Ein so ehrendes Wort sagte er einst in Persien über Megabazos, und jetzt ließ er ihn als Heerführer mit achtzigtausend Mann zurück.

144. Derselbe Megabazos hat sich bei den Anwohnern des Hellespontos durch folgendes Wort unsterblich gemacht. In Byzantion erzählte man ihm, die Kalchedonier hätten ihre Stadt siebzehn Jahre früher gegründet als die Byzantiner. Da sagte er, die Kalchedonier müßten damals blind gewesen sein; denn wären sie nicht blind gewesen, so hätten sie nicht den schlechteren Platz für ihre Stadt gewählt, da ein besserer ihnen vor Augen lag.

Dieser Megabazos blieb damals mit dem Heere zurück und unterwarf die Städte am Hellespontos, die noch nicht medisch waren.

145. Dies unternahm also Megabazos. Um dieselbe Zeit[122] wurde auch gegen Libyen ein großer Kriegszug unternommen. Den Grund werde ich angeben, nachdem ich einiges von der Geschichte des Landes erzählt habe[123]. Die Nachkommen der Argonauten wurden aus Lemnos vertrieben durch jene Pelasger, die die athenischen Frauen aus Brauron geraubt hatten. Sie verließen Lemnos und segelten nach Lakedaimon. Auf dem Taygetos lagerten sie sich und zündeten ein Feuer an. Das Feuer sahen die Lakedaimonier, sandten einen Boten und fragten, wer sie seien und woher sie kämen. Sie antworteten dem Boten, sie seien Minyer, Nachkommen jener Helden der Argonautenfahrt, die auf Lemnos gelandet und ihre Stammväter geworden seien. Als die Lakedaimonier diese Sage von der Abkunft der Minyer erfahren hatten, sandten sie zum zweiten

Male und ließen fragen, warum sie in ihr Land gekommen seien und ein Feuer anzündeten. Sie antworteten, sie kehrten, da die Pelasger sie vertrieben, heim zu ihren Stammvätern; das sei recht und billig. Sie bäten, bei ihnen wohnen zu dürfen; das Bürgerrecht möchten sie ihnen geben und Land ihnen zuweisen. Und die Lakedaimonier beschlossen, ihren Wunsch zu erfüllen und sie unter sich aufzunehmen. Hauptsächlich taten sie es deshalb, weil doch die Tyndariden die Fahrt der Argo mitgemacht hatten. So nahmen sie die Minyer unter sich auf, gaben ihnen Land und verteilten sie unter ihre Phylen. Sogleich nahmen die Minyer Frauen, und die Töchter und Schwestern, die sie aus Lemnos mitgebracht, verheirateten sie an die Lakedaimonier.

146. Es dauerte nicht lange, so wurden die Minyer übermütig und anmaßend. Sie verlangten, daß der eine König aus ihrer Mitte gewählt würde, und taten noch anderes, was sie nicht hätten tun dürfen. Da beschlossen die Lakedaimonier, sie zu töten, ergriffen sie und warfen sie ins Gefängnis. Nun richten die Lakedaimonier die Verurteilten nur bei Nacht hin, nie bei Tage. Als die Minyer also getötet werden sollten, baten ihre Frauen, die Lakedaimonierinnen und Töchter der vornehmsten Spartiaten waren, ins Gefängnis gehen und mit ihren Männern noch einmal sprechen zu dürfen. Man erlaubte es ihnen, denn man erwartete von ihnen nichts Böses. Als die Frauen aber ins Gefängnis kamen, taten sie folgendes. Sie gaben ihren Männern alle ihre Kleider und tauschten die ihrer Männer dafür ein. Die Minyer zogen die Frauenkleider an, gingen als ihre Frauen aus dem Gefängnis, entwichen aus der Stadt und lagerten sich wieder auf dem Taygetos.

147. Gerade zu dieser Zeit wollte Theras, Sohn des Autesion, des Sohnes des Teisamenos, des Sohnes des Thersandros, des Sohnes des Polyneikes, Lakedaimon verlassen, um eine Kolonie zu gründen. Theras stammte also aus dem Geschlecht des Kadmos und war der Mutterbruder der Söhne des Aristodemos, Eurysthenes und Prokles. Solange diese Söhne noch Kinder waren, hatte Theras als ihr Vormund den Königsthron von Sparta inne. Aber die Brüder wuchsen heran und übernahmen selber die Herrschaft, und Theras, dem es unerträglich war,

einen Herrscher über sich zu haben, da er selber das Herrschen geschmeckt hatte, wollte nicht länger in Lakedaimon bleiben und sagte, er wolle auswandern zu seinen Verwandten. Nun wohnten auf der Insel Thera, früher Kalliste genannt, die Nachkommen eines Phoinikers, des Membliaros, Sohnes des Poikiles. Kadmos nämlich, Agenors Sohn, landete, als er auf der Suche nach Europa war, auch auf dieser Insel Thera. Ob ihm nun das Land dort gefiel, oder ob er einen anderen Grund dazu hatte, genug, er ließ phoinikische Ansiedler und mit ihnen seinen Verwandten Membliaros dort[124]. Acht Menschenalter bewohnten sie diese Insel Kalliste, bis dann Theras aus Lakedaimon kam.

148. Zu ihnen also wollte Theras mit einem Teil der Spartiaten auswandern; er wollte gemeinsam mit ihnen wohnen und ihr Freund werden, nicht sie vertreiben. Da nun jene Minyer, die aus dem Gefängnis entwichen waren und sich auf dem Taygetos lagerten, von den Lakedaimoniern mit dem Tode bedroht wurden, bat Theras, man möchte sie am Leben lassen, er wolle sie hinwegführen aus dem Lande. Die Lakedaimonier gingen darauf ein, und er fuhr mit drei Dreißigruderern ab zu den Nachkommen des Membliaros. Doch hatte er nicht alle Minyer mitgenommen, sondern nur einen kleinen Teil. Der größere Teil wandte sich nach dem Lande der Paroreaten und Kaukonen, vertrieb diese, teilte sich selber in sechs Gruppen und gründete die Städte Lepreon, Makistos, Phrixai, Pyrgos, Epion und Nudion. Die meisten von diesen Städten wurden zu unserer Zeit durch die Eleier zerstört. Die Insel Kalliste aber erhielt nach Theras, der sich auf ihr ansiedelte, den Namen Thera.

149. Der Sohn des Theras wollte damals nicht mitfahren, und sein Vater sagte, er lasse ihn zurück wie ein Schaf unter Wölfen. Nach diesem Wort erhielt dann der Jüngling den Namen Oiolykos[125], und dieser Name blieb ihm. Des Oiolykos Sohn war Aigeus, nach dem eine große Phyle in Sparta ihren Namen hat. Die Männer dieser Phyle hatten das Unglück, daß ihre Kinder nicht am Leben blieben, weshalb sie den Erinyen des Laios und des Oidipus ein Heiligtum errichteten. Darauf blieben dann die Kinder am Leben. Ähnlich war es auch den Abkommen dieser Aigiden, die auf Thera wohnten, ergangen.

150. Bis hierhin lautet der Bericht der Lakedaimonier und der Theraier übereinstimmend; aber der Fortgang der Historie wird so, wie ich nun erzählen will, nur von den Theraiern berichtet.
Ein Nachkomme jenes Theras, Grinnos, Sohn des Aisanios, König der Insel Thera, kam nach Delphi, um im Namen seiner Stadt eine Hekatombe[126] zu opfern. Einige Bürger reisten mit ihm, darunter Battos, der Sohn des Polymnestos, ein Minyer aus dem Geschlecht des Euphemos. Während nun der König Grinnos von Thera das Orakel befragte, gab die Pythia eine ganz andere Antwort: er solle eine Stadt in Libyen[127] gründen. Er erwiderte darauf:
»Herr! Ich bin zu alt und müde, mich auf den Weg zu machen. Heiße doch einen der Jüngeren hier die Sache unternehmen!«
Mit diesen Worten wies er auf Battos. Weiter geschah damals nichts, und als sie heimgekehrt waren, ließen sie den Orakelspruch auf sich beruhen, denn sie wußten nicht, wo Libyen liegt, und wagten doch nicht, eine Kolonie ins Ungewisse und Unbekannte auszusenden.
151. Nun aber blieb sieben Jahre lang der Regen in Thera aus, und während dieser Jahre verdorrten alle Bäume auf der Insel mit Ausnahme eines einzigen. Die Theraier befragten das Orakel, und die Pythia erinnerte sie an das Gebot des Gottes, eine Kolonie in Libyen zu gründen. Da sie sich nicht anders zu helfen wußten, schickten sie Boten nach Kreta, um nachzuforschen, ob vielleicht ein Kreter[128] oder ein Fremder, der sich in Kreta aufhielt, einmal nach Libyen gekommen sei. Die Boten zogen auf der Insel umher und kamen endlich auch in die Stadt Itanos. Dort fanden sie einen Purpurfischer[129], namens Korobios, der sagte, er sei einmal von den Stürmen nach Libyen verschlagen worden und sei zu der Insel Platea[130] an der libyschen Küste gelangt. Diesem Manne gaben sie Geld und brachten ihn mit nach Thera, und es fuhren nun zuerst wenige Männer aus, um das libysche Land auszukundschaften. Korobios führte sie nach jener Insel Platea, und sie ließen ihn dort zurück, ließen ihm auch Nahrungsmittel für einige Monate da und segelten eiligst nach Thera zurück, um die Kunde von jener Insel ihren Landsleuten zu überbringen.

152. Sie blieben aber länger aus, als verabredet war, und Korobios hatte endlich gar nichts mehr zu leben. Da wurde ein Schiff aus Samos, dessen Schiffsherr Kolaios hieß, auf der Fahrt nach Ägypten an diese Insel Platea verschlagen. Korobios erzählte den Samiern den ganzen Hergang, und sie ließen ihm Lebensmittel für ein ganzes Jahr zurück. Das Schiff fuhr dann wieder ab und richtete seinen Kurs auf Ägypten; aber der Ostwind trieb es zurück, und weil der Sturm immer fort wehte, führte er es durch die Säulen des Herakles hindurch, und sie kamen nach Tartessos. So war es der Wille der Götter.

Dieser Handelsplatz Tartessos war zu jener Zeit noch gar nicht bekannt[131]; als daher das Schiff wieder heim kam nach Samos, brachte es einen so reichen Erlös seiner Waren mit zurück wie nie ein hellenisches Schiff, von dem wir genaue Kunde haben. Ausgenommen ist allerdings Sostratos, der Sohn der Laodamas aus Aigina, mit dem kein anderer wetteifern kann. Die samischen Schiffer weihten den zehnten Teil ihres Gewinnes den Göttern — es waren sechs Talente — und ließen ein Gefäß aus Erz in der Art eines argolischen Mischkruges machen. Rings herum läuft ein Kranz von Greifenköpfen. Dies Gefäß stifteten sie in den Heratempel und als Untersatz dazu drei Kolosse aus Erz, die auf den Knien liegen und sieben Ellen hoch sind.

Diese edle Tat der Samier legte auch den ersten Grund zu der engen Freundschaft der Kyrenaier und Theraier mit den Samiern.

153. Als die Theraier, die den Korobios in Platea zurückgelassen hatten, nach Thera heimkamen, meldeten sie, sie hätten eine Insel an der Küste Libyens für die Ansiedlung besetzt. Die Theraier beschlossen, daß aus allen sieben Gemeinden der Insel immer je einer von zwei Brüdern auswandern solle. Führer und König der Auswanderer sollte Battos sein. So gingen denn zwei Fünfzigruderer nach Platea ab.

154. So war der Hergang nach der Überlieferung der Theraier, und über das Weitere stimmen mit den Theraiern auch die Kyrenaier überein, während sie die Geschichte des Battos ganz anders darstellen. Sie erzählen folgendermaßen.

Auf Kreta liegt eine Stadt Oaxos[132]. Deren König war Etearchos, der eine Tochter, namens Phronime, hatte, und, weil deren Mutter starb, eine andere Frau nahm. Als diese ins Haus kam, wollte sie der Phronime eine rechte Stiefmutter sein, mißhandelte sie, tat ihr alles Böse an, was sie konnte, und endlich warf sie ihr Unzucht vor und brachte auch ihren Vater dahin, daß er es glaubte. Von seinem Weibe angestiftet, beging er ein furchtbares Verbrechen an seiner Tochter. In Oaxos hielt sich nämlich ein Kaufmann aus Thera, namens Themison, auf. Diesen Themison lud Etearchos als Gastfreund in seinen Palast und hieß ihn schwören, daß er ihm den Wunsch, den er aussprechen würde, erfüllen wolle. Als der Kaufmann geschworen hatte, überlieferte ihm der König seine Tochter und befahl ihm, sie bei der Rückfahrt ins Meer zu werfen. Themison war sehr zornig über die Tücke, mit der ihm jener Schwur abverlangt worden; er löste die Gastfreundschaft mit dem König und segelte mit der Tochter ab. Als sie auf hoher See waren, ließ er das Mädchen, weil er doch seinen Schwur halten wollte, an Stricke gebunden ins Meer hinab, zog sie aber gleich wieder heraus und fuhr mit ihr heim nach Thera.

155. Dort in Thera nahm ein vornehmer Bürger, Polymnestos, die Phronime als Kebsweib in sein Haus. Als einige Zeit vergangen war, gebar sie ihm einen Sohn, der stotterte und eine schwere Zunge hatte. Er bekam den Namen Battos, wie wenigstens die Theraier und Kyrenaier erzählen; ich glaube, er hatte einen anderen und wurde erst später Battos genannt, als er nach Libyen kam, also um jenes Orakelspruches in Delphi und seiner Berufung zum König willen. In libyscher Sprache nämlich heißt König 'Battos', und ich glaube, die Pythia hat ihn, weil sie wußte, er würde König in Libyen werden, mit dem libyschen Königsnamen angeredet. Als er herangewachsen war und nach Delphi ging, um sich wegen des Stotterns weissagen zu lassen, erteilte ihm die Pythia folgenden Orakelspruch:

> Battos, du kamst ob der Stimme; doch Phoibos Apollon, der Herrscher,
> Sendet als Siedler dich in das herdenreiche Libyen.

In hellenischer Sprache würde der Anfang des Spruches lauten: »König, du kamst ob der Stimme.« Er gab zur Antwort:

»O Herr! Ich kam, um dich wegen meiner Stimme um Rat zu fragen, und du gibst mir einen Auftrag, den ich nicht ausführen kann. Ich soll nach Libyen auswandern. Wer wird mitziehen? Wo sind Mannschaften?«
Aber durch diese Antwort erreichte er keinen anderen Spruch. Die Pythia wiederholte dieselbe Weissagung, und Battos ging, während sie noch sprach, unmutig heim nach Thera.
156. Aber von der Zeit ab traf ihn und die übrigen Theraier allerhand Unglück. Da sie die Ursache nicht errieten, schickten sie nach Delphi und befragten das Orakel, warum es ihnen so schlecht erginge. Die Pythia gab zur Antwort, es würde ihnen besser ergehen, wenn sie mit Battos die Kolonie Kyrene in Libyen gründeten. Darauf sandten sie denn Battos mit zwei Fünfzigruderern ab. Sie fuhren davon in der Richtung auf Libyen, aber da sie nicht anders konnten, kehrten sie wieder zurück nach Thera. Die Theraier aber schossen auf sie und ließen sie nicht landen. Sie müßten zurückfahren! Notgedrungen fuhren sie nun wieder zurück und besiedelten jene Insel an der libyschen Küste, die, wie oben erwähnt, Platea hieß. Diese Insel soll ebenso groß sein wie die heutige Stadt Kyrene.
157. Hier wohnten sie zwei Jahre, aber es ging ihnen auch hier schlecht, und sie fuhren, unter Zurücklassung eines einzigen Mannes, sämtlich davon nach Delphi. Dort fragten sie das Orakel und sagten, sie hätten sich in Libyen angesiedelt, aber es erginge ihnen darum noch um kein Haar besser. Darauf erteilte ihnen die Pythia folgenden Orakelspruch:

> Wenn du das herdengesegnete Libyen besser als ich kennst,
> Ohne gesehen es zu haben, muß ich deine Weisheit bewundern.

Als das Battos und seine Schar hörten, fuhren sie wieder zurück; denn der Gott bestand so lange auf der Auswanderung, bis sie nach Libyen selber gingen. Sie segelten nach der Insel, nahmen den Zurückgebliebenen an Bord und siedelten sich in Libyen selber an, gegenüber jener Insel. Die Landschaft hieß Aziris[133]. Zu beiden Seiten des Höhenzuges ist ein herrliches Tal; und an einer Seite fließt ein Fluß entlang.
158. An dieser Stelle wohnten sie sechs Jahre. Im siebenten

Jahre erboten sich die Libyer, sie an einen noch schöneren Ort zu führen, und bewogen sie zum Abzug. Nun führten die Libyer sie nach Westen und richteten es so ein, daß sie bei Nacht durch die schönste Gegend zogen, damit die Hellenen sie nicht sehen sollten. Diese schönste Gegend heißt Irasa[134]. Sie führten sie dann an eine Quelle[135], die dem Apollon heilig sein soll, und sagten:

»Hellenen! Hier ist die rechte Stelle für die Gründung eurer Stadt. Hier kommt der Segen des Himmels über euch.«

159. Solange der Führer der Kolonie, Battos, lebte, der vierzig Jahre König von Kyrene war, und auch noch zu Zeiten seines Sohnes Arkesilaos, der sechszehn Jahre regierte, bildeten diese Kolonisten von Kyrene die einzige Ansiedlung in Libyen. Aber zur Zeit des dritten Königs, genannt Battos, der Glückliche, trieb die Pythia durch einen Orakelspruch alle hellenischen Städte an, ebenfalls Kolonisten nach Libyen auszusenden. Die Kyrenaier hatten nämlich zur Aufteilung des libyschen Landes aufgerufen. Der Orakelspruch lautete:

Wer nach Libyen einst, dem vielgeliebten, zu spät kommt,
Wenn das Land schon verteilt ist, der wird es bitter bereuen!

So kam eine große Menge Volks in Kyrene zusammen, und man nahm den benachbarten libyschen Stämmen und ihrem König namens Adikran[136] einen großen Teil ihres Landes weg. Die beraubten und vergewaltigten Libyer schickten nach Ägypten und stellten sich unter den Schutz des Königs von Ägypten Apries[137]. Apries sammelte ein großes ägyptisches Heer und schickte es gegen Kyrene. Die Kyrenaier zogen aus nach der Landschaft Isara und der Quelle Theste, wo es zum Kampf mit den Ägyptern kam. Die Kyrenaier blieben Sieger. Die Ägypter hatten sich nämlich nie vorher mit den Hellenen gemessen und verachteten sie. Darum wurde ihr Heer jetzt so völlig geschlagen, daß nur wenige Leute nach Ägypten zurückkamen. Das war der Grund, weshalb die Ägypter damals über Apries ergrimmten und sich gegen ihn empörten.

160. Der Sohn dieses Battos hieß Arkesilaos. Während der ersten Zeit seiner Regierung hatte er Kämpfe mit seinen Brüdern zu bestehen, bis diese dann Kyrene verließen und nach

einer anderen Gegend Libyens zogen, wo sie eine eigene Stadt gründeten, namens Barka[138], wie sie heutigen Tages noch heißt. Während sie diese Stadt besiedelten, riefen sie die Libyer zum Kampfe gegen Kyrene auf. Arkesilaos zog gegen die feindlichen Stämme und gegen die hellenischen Aufrührer, die jene bei sich aufgenommen hatten, zu Felde. Die Libyer aber flüchteten und zogen sich zu den östlichen Libyerstämmen zurück. Arkesilaos folgte den Fliehenden bis nach dem Orte Leukon; dort entschlossen sich die Libyer, ihn anzugreifen. In der Schlacht erlitten die Kyrenaier eine so schwere Niederlage, daß siebentausend ihrer Hopliten fielen. Nach dieser Niederlage erkrankte Arkesilaos, und als er eine Arznei getrunken hatte, erdrosselte ihn sein Bruder Learchos; aber Learchos wurde dafür von Arkesilaos' Gemahlin, namens Eryxo, durch eine List ums Leben gebracht.

161. Es folgte auf dem Thron der Sohn des Arkesilaos, Battos. Er war lahm und hinkte. Die Kyrenaier sandten wegen des Unglücks, das ihre Stadt betroffen hatte, nach Delphi und fragten an, welches die beste Ordnung und Verfassung für ihre Stadt sein würde. Die Pythia befahl ihnen, sie sollten sich aus Mantinea in Arkadien einen Gesetzgeber holen. Auf die Bitte der Kyrenaier gaben ihnen nun die Mantineer einen ihrer angesehensten Mitbürger, namens Demonax. Er reiste nach Kyrene, prüfte alles und teilte die Einwohnerschaft in drei Phylen: die erste bestand aus den Theraiern und der Landbevölkerung, die zweite aus eingewanderten Peloponnesiern und Kretern, die dritte aus den Eingewanderten von sämtlichen Inseln. Dem König Battos ließ er das Königsland und die priesterlichen Einkünfte[139]. Alles andere, was die Könige bis dahin besessen hatten, wurde Eigentum des Volkes.

162. Solange dieser Battos lebte, blieb es bei diesen Verordnungen, unter seinem Sohne Arkesilaos aber kam es zu großen Unruhen wegen der königlichen Vorrechte. Arkesilaos, der Sohn des lahmen Battos und der Pheretime, wollte sich nämlich mit den Anordnungen des Mantineers Demonax nicht zufrieden geben, sondern forderte die Rechte und Besitztümer seiner Vorfahren zurück. Beim Kampfe der Parteien aber unterlag er und floh nach Samos; seine Mutter floh nach Salamis auf

Kypros. In Salamis herrschte zu jener Zeit Euelthon, der das bewunderungswürdige Räucherfaß nach Delphi gestiftet hat, das im Schatzhause der Korinthier steht. Als Pheretime zu ihm kam, bat sie um ein Heer, um sie beide nach Kyrene zurückzuführen. Euelthon gab ihr alles andere, aber kein Heer. Sie nahm, was er gab, lobte es und dankte ihm, meinte aber, noch schöner würde es sein, wenn er ihre Bitte erfüllte und ihr ein Heer gäbe. Das wiederholte sie bei jedem Geschenk, das er ihr machte. Endlich schickte Euelthon Spindel und Rocken aus Gold, mit Wolle zum Spinnen, und als Pheretime auch jetzt jenes Wort wiederholte, sagte Euelthon, dies, aber nicht ein Heer sei ein Geschenk für Frauen.

163. Arkesilaos, der zu dieser Zeit in Samos war, sammelte Leute, soviel er konnte, zur Neuaufteilung des Landes. Als er ein großes Heer beisammen hatte, schickte er nach Delphi, um bei dem Orakel wegen seiner Rückkehr anzufragen. Die Pythia erteilte ihm folgenden Orakelspruch:

»Vier Könige Battos und vier Arkesilaos, also acht Geschlechter deiner Familie, läßt Loxias Apollon über Kyrene herrschen. Mehr sollten nicht versuchen, die Königswürde zu gewinnen. Du selber kannst noch ohne Sorge heimkehren. Wenn du aber den Brennofen voller Amphoren findest, so brenne die Amphoren nicht, sondern schicke sie fort, wie sie sind. Brennst du sie doch, so meide den rings vom Wasser umgebenen Ort. Wenn nicht, so ist es dein Tod und der des herdenüberragenden Stieres.«

164. Dies Orakel gab die Pythia dem Arkesilaos. Und er fuhr mit der Schar aus Samos nach Kyrene, wurde der Stadt Herr, beachtete aber den Orakelspruch nicht, sondern zog seine Gegner, vor denen er hatte fliehen müssen, vor Gericht. Einige davon verließen für immer das Land, der anderen bemächtigte er sich und schickte sie nach Kypros, damit man sie dort umbrächte. Sie wurden aber nach Knidos verschlagen, und die Knidier befreiten sie und schickten sie nach Thera. Noch andere flüchteten sich in Kyrene in einen großen Turm, der einem Bürger Aglomachos gehörte. Arkesilaos ließ Holz um den Turm schichten und zündete ihn an. Da aber erkannte er, daß das Orakel auf diese Tat gezielt hatte: er solle die Amphoren, die

er im Ofen fände, nicht brennen lassen. Er räumte aus freien Stücken die Stadt, weil er den prophezeiten Tod fürchtete; denn er deutete den meerumgebenden Ort als Kyrene. Nun hatte er zum Weibe eine Verwandte, eine Tochter des Königs von Barka, der Alazeir hieß. Zu diesem ging er, aber dort wurde er auf dem Markte von Leuten aus Barka und Verbannten aus Kyrene erschlagen, ebenso sein Schwiegervater Alazeir. So mißachtete Arkesilaos, sei es absichtlich oder unabsichtlich, den Orakelspruch und verfiel dem Schicksal, das ihm bestimmt war.

165. Seine Mutter Pheretime blieb in Kyrene, solange Arkesilaos in Barka am Leben war, wo er selber das Unglück auf sich heraufbeschwor. Sie nahm ganz die Stellung ihres Sohnes ein und saß auch mit im Rate[140]. Als sie aber den Tod ihres Sohnes erfuhr, entfloh sie und ging nach Ägypten. Arkesilaos hatte sich nämlich um Kambyses, Kyros' Sohn, sehr verdient gemacht. Er war es, der Kyrene an Kambyses auslieferte und Zins an ihn zahlte.

Als Pheretime nach Ägypten kam, suchte sie bei Aryandes Schutz und bat ihn um Hilfe. Sie gab vor, ihr Sohn sei wegen seiner Freundschaft mit den Persern getötet worden.

166. Dieser Aryandes war von Kambyses zum Statthalter von Ägypten eingesetzt worden und war derselbe, der später gestürzt wurde, weil er es Dareios gleichtun wollte. Als er nämlich hörte und sah, daß Dareios sich ein Denkmal errichten wollte, wie es noch kein König je hinterlassen hat, wollte er dasselbe tun, bis er dann seinen Lohn erhielt. Dareios wählte zur Prägung von Münzen so lauteres Gold wie nur möglich[141]. Dasselbe tat Aryandes als Satrap von Ägypten mit Silbermünzen. Noch jetzt ist aryandisches Silber das allerreinste. Das erfuhr Dareios, beschuldigte ihn, daß er eine Empörung plane, und ließ ihn töten.

167. Damals aber wußte Pheretime sein Mitleid zu erregen, und Aryandes überließ ihr das ganze ägyptische Land- und Schiffsheer. Die Führung des Landheeres übertrug er Amasis, einem Maraphier[142], und die der Flotte Badres, einem Pasargaden. Bevor er das Heer ziehen ließ, schickte er noch einen Herold nach Barka und ließ anfragen, wer der Mörder des

Arkesilaos sei. Ganz Barka bekannte sich dazu: er habe der Stadt viel Böses getan. Da sandte denn Aryandes das Heer aus, in dem sich auch Pheretime befand.
Das war also der scheinbare Grund für den Kriegszug. Der wirkliche Grund war, wie ich glaube, daß die Perser Libyen unterwerfen wollten. In Libyen wohnen gar viele und verschiedenartige Volksstämme. Einige davon waren dem Könige untertan, die meisten aber kümmerten sich nicht um Dareios.

168. Die Völker Libyens sind der Reihe nach aufgezählt folgende. Von Ägypten aus sind die Adyrmachiden das erste libysche Volk. Ihre Sitten sind zum größten Teil ägyptisch, ihre Kleidung ist wie der anderen libyschen Völker. Die Frauen tragen an jeder Wade einen Ring aus Erz und lange Haare; wenn sie Läuse fangen, beißen sie aus Rache hinein und werfen sie dann fort. Kein anderes Volk in Libyen tut das. Auch haben sie allein die Sitte, dem König die heiratsfähigen Mädchen vorzuführen. Die, welche dem König am besten gefällt, entjungfert er[143]. Diese Adyrmachiden bewohnen das Gebiet von Ägypten bis zum Hafenplatz Plynos[144].
169. Auf sie folgen westlich die Giligamer, bis zur Insel Aphrodisias[145]. Auf dieser Strecke liegt auch die Insel Platea, die die Kyrenaier besiedelt hatten, und auf dem Festlande die Häfen Menelaos[146] und Aziris, wo die Kyrenaier ihre Stadt gründeten. Von hier ab findet sich auch das Silphion[147]; es wächst von der Insel Platea ab bis zum Ende der Syrte[148]. Die Sitten der Giligamer sind ähnlich wie die der anderen Völker.
170. Westlich schließen sich nun die Asbysten an. Sie bewohnen das Hinterland von Kyrene; ans Meer stoßen sie nicht, denn die Küste ist in den Händen der Kyrenaier. Sie sind die eifrigsten und geschicktesten Rosselenker in Libyen und suchen auch sonst die meisten Sitten der Kyrenaier nachzuahmen.
171. Weiter folgen nach Westen die Auschisen. Sie bewohnen das Hinterland von Barka und stoßen bei Euhesperidai[149] an die Küste. Mitten im Lande der Auschisen wohnen die Bakaler, ein kleiner Volksstamm, die bei der zu Barka gehörigen Stadt Taucheira[150] an die Küste stoßen. Sie haben dieselben Sitten wie das Volk im Hinterlande von Kyrene.

172. Westlich von den Auschisen folgen die Nasamonen, ein großes Volk, das während des Sommers die Herden an der Meeresküste läßt und landeinwärts nach Augila[151] zieht, um die Datteln zu ernten[152]. Es wachsen dort viele mächtige Palmen, die alle auch Früchte tragen. Sie fangen auch Heuschrekken, dörren sie an der Sonne, zermahlen sie, schütten sie in Milch und trinken diese dann. Jeder pflegt viele Frauen zu haben, die gemeinsamer Besitz sind. Wenn einer eine Frau besucht, macht er es ähnlich wie die Massageten. Er stellt einen Stab vor der Hütte auf. Wenn ein Nasamone zum erstenmal heiratet, ist es Sitte, daß die Braut in der ersten Nacht mit sämtlichen Hochzeitsgästen der Reihe nach sich begatten muß. Jeder gibt ihr dafür ein Geschenk, das er von Hause mitgebracht hat. Ihre Sitten beim Schwören und Wahrsagen sind folgende. Sie nennen beim Schwur die rechtlichsten und tapfersten Männer ihrer Vorzeit und berühren deren Grabhügel. Auch zum Wahrsagen gehen sie zu den Gräbern ihrer Ahnen, beten und schlafen auf dem Grabe ein. Nach dem Traum, den sie haben, richten sie sich. Ein Freundschaftsbund wird in der Weise geschlossen, daß einer aus der Hand des anderen trinkt. Ist keine Flüssigkeit zur Stelle, so nehmen sie etwas Staub vom Boden und lecken ihn auf.

173. Die Nachbarn der Nasamonen sind die Psyller. Dies Volk ist auf folgende Weise zugrunde gegangen. Der Südwind wehte so heftig, daß ihre Brunnen austrockneten und ihr Land, das innerhalb der Syrte liegt, ganz ohne Wasser war. Sie hielten Rat und faßten einstimmig den Entschluß, gegen den Südwind zu Felde zu ziehen — ich erzähle, was die Libyer erzählen. Sie kamen in die Wüste, und der Südwind erhob sich und verschüttete sie. So gingen sie zugrunde[153]; ihr Land ist jetzt im Besitz der Nasamonen.

174. Südlich von ihnen, also in der Gegend, wo die wilden Tiere sind[154], wohnen die Garamanten[155], die jeden Menschen und jeden Verkehr fliehen. Sie besitzen keine Kriegswaffe, verstehen auch nicht, sich zu verteidigen.

175. Dieser Stamm wohnt also im Süden von den Nasamonen. Im Westen, an der Küste, wohnen die Maken[156]. Sie scheren das Haar zu einem Kamm. Mitten auf dem Kopf lassen sie es

wachsen, aber an den Seiten scheren sie es gänzlich ab. In den Krieg nehmen sie zum Schutz Häute des Vogels Strauß mit. Durch ihr Land fließt der Kinyps[157]; er entspringt auf dem sogenannten Charitenhügel und mündet ins Meer. Dieser Charitenhügel ist dicht bewaldet, während der ganze beschriebene Teil Libyens kahl ist. Vom Meere liegt er zweihundert Stadien entfernt.

176. Weiter folgen die Gindaner. Ihre Frauen tragen viele Ringe aus Leder um die Knöchel. Es heißt, jedesmal, wenn ein Mann sich mit einer Frau begattet, legt sie einen solchen Ring an. Die, welche die meisten hat, wird am höchsten geschätzt, weil sie von den meisten Männern geliebt worden ist.

177. Den Küstenstrich vor diesen Gindanern bewohnen die Lotophagen, die ausschließlich von der Frucht des Lotos[158] leben. Diese Frucht hat die Größe der Mastixfrucht und einen ähnlichen süßen Geschmack wie die Dattel. Aus dieser Frucht bereiten die Lotophagen auch Wein.

178. Weiter an der Küste folgen die Machlyer, die ebenfalls Lotos essen, aber nicht soviel wie die soeben Genannten. Ihr Gebiet reicht bis an einen großen Fluß, namens Triton. Er mündet in einen großen See, den Tritonsee[159], in welchem eine Insel liegt, namens Phla. Auf dieser Insel eine Kolonie zu gründen soll ein Orakelspruch den Lakedaimoniern anbefohlen haben.

179. Doch wird von dort noch eine andere Geschichte erzählt. Als Iason am Fuße des Pelion den Bau seines Schiffes Argo vollendet hatte, lud er alle Opfergaben ein, darunter einen ehernen Dreifuß. Dann fuhr er um die Peloponnes herum, um nach Delphi zu gelangen. Als er in der Gegend von Malea war, faßte ihn der Nordwind und trieb ihn hinüber nach Libyen. Ehe er noch das Land sah, saß er auf den Untiefen des Tritonsees fest. In seiner Not, so erzählt die Sage, erschien ihm Triton und verlangte, Iason solle ihm den Dreifuß geben, dann würde er ihm die Fahrstraße zeigen und ihn unversehrt ziehen lassen. Iason tat es, und Triton zeigte ihm den Ausweg aus den Untiefen und stellte den Dreifuß in seinem Tempel auf. Auf diesem Dreifuß sitzend weissagte er nun Iason und seinen Gefährten alles, was die Zukunft bringen würde, nämlich daß un-

fehlbar hundert hellenische Kolonien rings um den Tritonsee erstehen würden, sobald ein Nachkomme der Argonauten den Dreifuß zu sich hole. Als das die Libyer jener Gegend hörten, versteckten sie den Dreifuß.

180. Auf die Machlyer folgen die Auseer. Sie und die Machlyer wohnen rings um den Tritonsee herum. Die Grenze zwischen ihren Gebieten bildet der Tritonfluß. Die Machlyer lassen den hinteren Teil ihres Haupthaares wachsen, die Auseer den vorderen Teil. An dem jährlichen Fest, das sie der Athena feiern, kämpfen die Jungfrauen, in zwei Gruppen geteilt, mit Steinen und Knütteln gegeneinander[160]. Sie erfüllen damit, wie sie sagen, eine altererbte Pflicht gegen ihre heimische Göttin, die bei uns Athena heißt. Die Jungfrauen, die an ihren Wunden sterben, nennen sie falsche Jungfrauen. Sobald der Kampf zu Ende ist, tut das Volk folgendes. Die Jungfrau, die am tapfersten gekämpft hat, wird mit einem korinthischen Helm und einer hellenischen Kriegsausrüstung geschmückt und auf einem Wagen um den See herumgefahren. Womit sie die Jungfrauen vor Gründung der hellenischen Ansiedlungen geschmückt haben, kann ich nicht sagen, doch vermute ich, daß es mit ägyptischen Waffen geschehen ist. Denn meiner Meinung nach sind auch Schild und Helm aus Ägypten nach Hellas gekommen[161].
Athena gilt bei ihnen als Tochter des Poseidon und der Göttin des Tritonsees. Aus Groll gegen ihren Vater sei sie zu Zeus gegangen, der sie als seine eigene Tochter angenommen habe. So erzählen sie. Sie leben in Weibergemeinschaft, kennen kein eheliches Zusammenleben, sondern begatten sich wie das Vieh. Ist das Kind einer Frau erwachsen, so versammeln sich innerhalb dreier Monate die Männer und sprechen das Kind dem zu, dem es ähnlich sieht.

181. Damit habe ich die libyschen Nomadenvölker aufgezählt, die an der Küste wohnen[162]. Landeinwärts hinter ihnen liegt die Gegend, wo die wilden Tiere sind, und hinter dieser tierreichen Gegend liegt eine hügelige Sandwüste, die vom ägyptischen Theben bis zu den Säulen des Herakles[163] reicht. In dieser hügeligen Wüste liegen, ungefähr zehn Tagereisen voneinander entfernt, große Salzklumpen auf Anhöhen. Oben auf der Anhöhe schießt mitten aus dem Salz eine kalte süße Wasser-

quelle empor[164]. Um diese Salzhügel herum, südlich von der Gegend der wilden Tiere, wohnen die entlegensten Völker Libyens, die es nördlich der Wüste gibt.

Zuerst die Ammonier, zehn Tagereisen von Theben entfernt, mit dem Heiligtum des thebanischen Zeus. Das Götterbild des Zeus in Theben ist, wie ich früher erzählt habe, widderköpfig wie das des Zeus Ammon. Die Ammonier haben außer dem Wasser auf den Salzhügeln noch eine andere Quelle. Dieselbe ist des Morgens ziemlich warm, wird mit fortschreitendem Tage kälter und ist zur Mittagszeit sehr kalt[165]. Dann bewässern sie die Gärten. Senkt sich der Tag, so wird das Wasser wieder wärmer und ist nach Untergang der Sonne so warm wie am Morgen. Dann nimmt die Wärme bis Mitternacht zu, da kocht es und sprudelt vor Hitze. Ist die Mitternacht vorüber, so kühlt es sich bis zum Morgen wieder ab. Diese Quelle heißt Sonnenquelle.

182. Geht man zehn Tagereisen durch die Sandwüste weiter, so kommt man wieder an einen Salzhügel und eine Quelle, ähnlich wie die in Ammon. Auch um diesen Hügel herum wohnt ein Volksstamm. Die Gegend heißt Augila[166]. Hierhin pflegen auch die Nasamonen zur Dattelernte zu ziehen.

183. Wieder zehn Tagereisen weiter ist ein neuer Salzhügel mit Quelle und vielen fruchttragenden Dattelpalmen, ähnlich wie in den eben erwähnten Oasen[167]. Dort wohnt ein Volk mit Namen Garamanten, riesenhafte Menschen, die das Salz mit Erde bedecken und darauf Korn bauen. Von ihnen aus ist es am nächsten zu den Lotophagen, nämlich dreißig Tagereisen weit[168]. Bei den Garamanten gibt es auch die Rinder, die beim Weiden rückwärts gehen. Sie tun es deshalb, weil ihre Hörner nach vorne gebogen sind, so daß sie beim Vorwärtsgehen in die Erde stoßen; darum können die Rinder beim Weiden nicht vorwärts gehen. Sonst unterscheiden sie sich nicht von anderen Rindern, nur haben sie eine dickere und geschmeidigere Haut[169].

Diese Garamanten machen auf vierspännigen Rennwagen Jagd auf die höhlenbewohnenden Aithioper[170]. Diese höhlenbewohnenden Aithioper sind nämlich das schnellfüßigste Volk, von dem uns je etwas zu Ohren gekommen ist. Sie leben von Schlangen, Eidechsen und ähnlichen Kriechtieren. Eine Sprache haben sie, die ganz anders ist als alle anderen; sie klingt wie das Schwirren der Fledermäuse[171].

184. Zehn Tagereisen westlich von den Garamanten ist wiederum ein Salzhügel und eine Quelle. Auch um ihn herum wohnt ein Volk. Es heißt Ataranten und ist, soviel wir wissen, das einzige Volk, dessen Mitglieder keine Namen haben. Der Gesamtname ist Ataranten[172], aber die Einzelnen sind namenlos. Dies Volk flucht der Sonne, wenn sie zu heiß brennt, und überhäuft sie mit Schmähungen, weil sie Menschen und Land ausdörrt.

Zehn Tagereisen weiter ist wieder ein Salzhügel und eine Quelle, um den herum ebenfalls ein Volk wohnt. An diesen Salzhügel aber grenzt ein Gebirge, namens Atlas, das steil und kreisförmig[173] ist und so hoch sein soll, daß man seine Gipfel gar nicht sehen kann. Niemals würden sie frei von Wolken, nicht im Sommer und nicht im Winter. Die Bewohner des Landes sagen, dies Gebirge sei die Säule des Himmels. Nach ihm sind sie auch benannt; sie heißt Atlanten. Es heißt, daß sie gar keine lebenden Wesen essen und keine Träume haben.

185. Bis zu diesen Atlanten kann ich die Namen der Wüstenstämme nennen, darüber hinaus nicht mehr. Doch reicht diese hügelige Sandwüste bis zu den Säulen des Herakles, ja noch weiter. Es folgt auch alle zehn Tagereisen ein neuer Salzberg[174] und ein neues Volk. Alle diese bauen ihre Häuser aus Salzklumpen[175]. Dieser Teil Libyens ist nämlich regenlos, sonst würden die Wände aus Salz nicht standhalten. Das Salz, das dort gegraben wird, ist weiß und purpurfarben. Südlich von dieser Sandwüste, also noch weiter landeinwärts, ist das Land menschenleer, ohne Wasser, Tiere, Regen und Holz. Auch kein Tau fällt dort.

186. Die libyschen Völker von Ägypten bis zum Tritonsee[176] also sind Nomaden. Sie essen Fleisch und trinken Milch. Das Fleisch der weiblichen Rinder meiden sie jedoch, aus demselben Grunde wie die Ägypter; sie halten auch keine Schweine. Sogar die Frauen in Kyrene essen kein Kuhfleisch, aus Scheu vor der ägyptischen Isis, der zu Ehren sie Fasttage halten und Feste feiern[177]. Die Frauen in Barka meiden nicht nur das Kuhfleisch, sondern auch das Schweinefleisch.

187. Die Völker westlich vom Tritonsee sind nicht mehr Nomaden, haben auch andere Sitten und üben mit ihren Kindern nicht den Brauch, den die Nomadenvölker üben. Diese libyschen Nomadenvölker nämlich — ob alle, kann ich nicht mit Sicherheit sagen, jedenfalls viele — tun folgendes mit ihren Kindern. Wenn dieselben vier Jahre alt sind, brennen sie ihnen mit Schafmist[178] die Adern auf dem Scheitel aus, einige auch die an den Schläfen. Das Phlegma soll nicht aus dem Kopfe in den Körper strömen und also während des ganzen Lebens keinen Schaden anrichten können. Darum seien sie so sehr gesund, behaupten sie. In der Tat sind die Libyer die gesundesten Menschen, von denen wir wissen, ob infolge dieses Brauches, vermag ich nicht zu entscheiden. Wenn die Kinder bei dem Brennen Krämpfe bekommen, so wissen sie sie durch Besprengen mit Ziegenurin zu heilen. Ich erzähle, was die Libyer erzählen.

188. Das Opfern geht bei den Nomaden folgendermaßen vor sich. Zuerst schneiden sie von dem Opfertier, um es zu weihen, ein Stück des Ohres ab und werfen es über ihr Haus. Dann brechen sie ihm den Hals. Nur der Sonne und dem Mond werden Opfer gebracht. Ihnen opfern alle libyschen Völker; die Anwohner des Tritonsees opfern hauptsächlich der Athena, ferner auch dem Triton und dem Poseidon[179].

189. Die Kleidung und die Aigis der hellenischen Athenabilder haben die Hellenen den Libyerinnen entlehnt. Nur ist das Gewand der Libyerinnen aus Leder, und die Gehänge an der Aigis sind nicht Schlangen, sondern Riemen; sonst ist die Kleidung ganz dieselbe. Sogar der Name deutet darauf hin, daß die Tracht der Pallasbilder aus Libyen stammt[180]. Die Libyerinnen nämlich werfen über ihr Kleid ein kahles, rot gefärbtes, mit Troddeln behängtes Ziegenfell. Aus diesem Wort Aiges (Ziegenfell) haben die Hellenen Aigis gemacht. Ich glaube, daß auch das laute Heulen bei den heiligen Handlungen aus Libyen stammt[181]. Die Libyerinnen können es sehr schön. Schließlich haben die Hellenen auch das Fahren mit dem Viergespann von den Libyern gelernt.

190. Die Nomadenstämme begraben ihre Toten wie die Hellenen, ausgenommen die Nasamonen, die sie im Sitzen begra-

ben und genau achtgeben, wann der Tod eintritt[182]. Der Sterbende wird aufgerichtet, damit er nicht liegend stirbt. Ihre Häuser sind aus Asphodelosstengeln und Binsenflechtwerk hergestellt und sind tragbar[183].

Das sind die Gebräuche dieser Völker.

191. Westlich vom Tritonsee, angrenzend an die Auseer, folgt dann ein Ackerbau treibender Stamm, der auch regelrechte Häuser besitzt. Das sind die Maxyer[184] Sie lassen an der rechten Kopfseite das Haar wachsen und scheren es an der linken ab. Den Körper bestreichen sie mit Mennig. Sie wollen Auswanderer aus Troia sein[185]. Ihr Land und ebenso das weiter westlich gelegene Libyen ist weit reicher an wilden Tieren und weit dichter bewaldet als der östliche von den Nomaden bewohnte Teil. Dieser östliche Teil Libyens bis zum Tritonfluß ist Tiefland und sandig, der westliche, von den Ackerbauern bewohnte dagegen ist sehr bergig, waldreich und voller Tiere[186]. Da gibt es Riesenschlangen, Löwen, Elefanten, Bären[187], Giftschlangen, Esel mit Hörnern[188], Leute mit Hundeköpfen und ohne Kopf[189], Tiere mit den Augen auf der Brust — so erzählen wenigstens die Libyer —, ferner wilde Männer und Weiber[190] und viele andere Tierarten, die nicht fabelhaft sind, sondern wirklich.

192. In den Ländern der Nomaden finden sich alle diese Tiere nicht, dagegen folgende: Pygargen[191], Zorkaden[192], Büffel[193] und Esel, aber nicht gehörnte, sondern solche, die gar nicht trinken[194]; ferner Orygen[195], aus deren Hörnern man die Arme der Phoinix macht — diese Tiere haben die Größe von Rindern —; ferner Füchse[196], Hyänen, Hystrichen[197], wilde Widder[198], Diktyen[199], Schakale, Panther, Boryen, drei Ellen lange Landkrokodile[200], der Eidechse ähnlich, Strauße[201] und kleine Schlangen mit einem Horn[202]. Das ist die Tierwelt im westlichen Libyen; außerdem finden sich auch die Tiere, die es anderswo gibt, mit Ausnahme des Hirsches und des wilden Schweines, die in Libyen völlig fehlen. Drei Arten Mäuse gibt es dort. Die erste heißt Zweifüßler[203], die zweite Zegeris — ein libysches Wort, das auf Hellenisch Hügel heißt[204] —, die dritte heißt Echines. Wo die Silphionstaude wächst, gibt es auch Wiesel, die denen in Tartessos sehr ähnlich sind.

Das ist die Tierwelt in dem Nomadengebiet Libyens, soviel ich durch meine Erkundigungen nur irgend habe feststellen können.

193. Auf die Maxyer folgt der Stamm der Zauecker, bei denen die Frauen mit in den Krieg ziehen und die Kriegswagen lenken.

194. Weiter folgen die Gyzanter, in deren Lande es viel Honig gibt[205]. Teils stammt er von den Bienen, der größere Teil aber wird künstlich und gewerbsmäßig bereitet. Alle diese Völker bemalen sich mit Mennig und leben vom Fleisch der Affen. Affen nämlich gibt es dort in den Bergen unzählig viele.

195. In dieser Gegend liegt auch, wie die Karchedonier erzählen, eine Insel namens Kyrauis, zweihundert Stadien lang und sehr schmal. Sie ist vom Festland aus zu erreichen und ist voller Ölbäume und Weinreben. Auch ein See ist auf der Insel: aus dessen Schlamm ziehen die Mädchen der Eingeborenen mit Hilfe von pechbestrichenen Vogelfedern Goldstaub hervor. Ich weiß nicht, ob es wahr ist, und schreibe nur auf, was man erzählt. Möglich ist es; ich selber habe in Zakynthos[206] Pech aus einem See und aus Quellen hervorziehen sehen.

Es gibt viele Seen auf Zakynthos; der größte ist siebzig Fuß lang und breit und zwei Klafter tief. Sie stecken eine Stange hinein, an die unten Myrthenzweige gebunden sind. Mit diesen Zweigen ziehen sie Pech heraus, das wie Erdharz riecht, sonst aber besser ist als das pierische Pech[207]. Das Pech wird in eine Grube nahe dem See geschüttet und wenn sie voll ist, aus der Grube geholt und in Amphoren getan. Gegenstände, die in den See fallen, werden unterirdisch ins Meer geführt und kommen dort wieder zum Vorschein. Dabei ist das Meer vier Stadien von dem See entfernt.

So kann denn auch, was von dem See an der lybischen Küste berichtet wird, recht wohl wahr sein.

196. Nach den Erzählungen der Karchedonier setzt sich das bewohnte Libyen noch über die Säulen des Herakles hinaus fort. Wenn die Karchedonier dorthin fahren, laden sie ihre Waren aus und legen sie nebeneinander an den Strand. Dann steigen sie wieder in die Schiffe und zünden ein Feuer an. Sobald die

Eingeborenen den Rauch sehen, kommen sie ans Meer, legen als Preis für die Waren Gold hin und ziehen sich wieder weit zurück. Nun steigen die Karchedonier aus, um nachzuschauen, und wenn das Gold dem Werte der Waren gleichkommt, nehmen sie es und fahren ab. Wenn es aber nicht genug ist, steigen sie wieder in die Schiffe und warten. Die Eingeborenen kommen dann wieder und legen Gold dazu, bis jene zufriedengestellt sind. Keiner schädigt den anderen: die Karchedonier rühren das Gold nicht eher an, als bis es den Waren gleichwertig ist, und jene rühren die Waren nicht eher an, als bis die Karchedonier das Geld genommen haben.

197. Das sind die libyschen Volksstämme, deren Namen ich weiß. Die meisten davon sind ganz unabhängig von dem König der Perser und kümmerten sich auch zur Zeit jenes Kriegszuges nicht um ihn. Von den Bewohnern des ganzen Erdteils kann ich soviel behaupten, daß es vier Völkergruppen sind, nicht mehr — soweit unsere Kenntnis reicht. Zwei davon sind Autochthonen, nämlich die Libyer[208] und die Aithioper, jene wohnen im Norden, diese im Süden des Erdteils. Die beiden anderen, die Phoiniker und die Hellenen, sind Einwanderer.

198. Mir scheint, daß Libyen nicht besonders fruchtbar ist und sich auch darin nicht mit Asien und Europa vergleichen kann. Ausgenommen ist nur die Landschaft Kinyps, die an dem gleichnamigen Fluß liegt[209]. In dieser Landschaft gedeihen die Feldfrüchte so gut wie in den fruchtbarsten Gegenden der anderen Erdteile; sie hat auch gar keine Ähnlichkeit mit dem übrigen Libyen, hat schwarzen Boden, viele Quellen, hat nicht unter der Hitze zu leiden, noch unter zu vielem Regen. Es regnet nämlich in diesem Teile Libyens[210]. Der Ernteertrag ist ebenso reich wie der in Babylonien. Fruchtbar ist auch noch das Gebiet, das die Euhesperiten bewohnen. In den besten Jahren trägt es hundertfältige Frucht, das Land in Kinyps aber dreihundertfältige.

199. Das Gebiet von Kyrene, das von dem nomadenbewohnten Teil Libyens am höchsten liegt, hat drei verschiedene Erntezeiten, was höchst wunderbar ist[211]. Zuerst wird das Korn unten an der Küste reif zur Ernte. Ist es eingebracht, so muß das landeinwärts auf mittlerer Höhe — in Kyrene sagt man:

auf den Bunen — gebaute geerntet werden. Ist auch das Getreide aus der Mitte geerntet, so ist das ganz oben auf der Höhe gebaute reif, daher denn die zuerst geernteten Früchte schon getrunken und verzehrt sind, wenn die letzten an die Reihe kommen. In Kyrene also dauert die Ernte acht Monate. Soviel hierüber!

200. Als das persische Heer, das unter Führung des Aryandes als Hilfsheer für Pheretime aus Ägypten abgeschickt worden war, vor Barka ankam, belagerte es die Stadt. Man hatte die Forderung gestellt, die Mörder des Arkesilaos auszuliefern, aber da das ganze Volk mitschuldig war, blieb die Forderung unerfüllt. So belagerten denn die Perser die Stadt Barka neun Monate lang, gruben unterirdische Gänge bis in die Stadt hinein und suchten sie mit Gewalt zu erstürmen[212]. Die Gänge aber wurden durch einen Schmied aufgedeckt mit Hilfe eines ehernen Schildes. Er fand die Gräben dadurch, daß er rings an der Innenseite der Mauer herumging und den Schild an den Boden hielt. Wo nicht gegraben wurde, hörte man nichts, aber wo gegraben wurde, hallte das Erz des an den Boden gehaltenen Schildes wieder. Die Barkaier gruben nun den Persern entgegen und töteten die Grabenden.
So wurden die unterirdischen Gänge entdeckt. Die Stürmenden schlugen die Barkaier ab.
201. Lange ging es so fort, und auf beiden Seiten waren viele gefallen, namentlich auf persischer Seite. Da sah Amasis, der Führer des Landheeres, ein, daß die Stadt mit Gewalt nicht einzunehmen war und daß man sie durch eine List überrumpeln müsse. Er tat folgendes. Während der Nacht grub er einen breiten Graben, legte schwache Bretter darüber und schüttete Erde auf die Bretter, so daß die Stelle aussah wie das andere Land. Bei Tagesanbruch lud er die Barkaier zu einer Unterredung. Sie kamen mit Freuden, da sie gern zum Frieden bereit waren. Der Vertrag, den sie nun schlossen und über dem verborgenen Graben beschworen und der so lange Geltung haben sollte, wie diese Erde dort festläge, lautete dahin, daß die Barkaier dem Könige weiter Zins zahlen und die Perser nichts mehr gegen die Barkaier unternehmen sollten. Im Ver-

trauen auf diesen Vertrag verließen nun die Barkaier die Stadt, ließen die Feinde nach Belieben hineingehen und ließen alle Tore offen. Die Perser aber zerbrachen die Bretterlage über jenem Graben und stürzten in die Stadt. Das Zerbrechen der Bretterlage geschah deshalb, damit sie den Eid nicht verletzten, der ja so lange Geltung haben sollte, wie die Erde bliebe, wie sie war. Durch das Zerbrechen wurde der Eid hinfällig.

202. Als die Perser der Pheretime die Hauptschuldigen unter den Barkaiern ausgeliefert hatten, ließ sie sie pfählen und rings um die Mauer aufhängen, ihren Frauen schnitt sie die Brüste ab und ließ auch sie an die Mauer heften. Die übrige Einwohnerschaft übergab sie den Persern, um sie in die Sklaverei zu verkaufen, mit Ausnahme der Nachkommen des Battos und derer, die an dem Morde nicht beteiligt waren. Ihnen überließ Pheretime die Stadt.

203. Mit den übrigen Barkaiern also zogen die Perser davon nach Ägypten. Als sie an der Stadt Kyrene angekommen waren, gewährten ihnen die Kyrenaier infolge eines Orakelspruches, den sie erhalten, den Durchzug durch die Stadt. Während des Durchzugs riet Badres, der Führer der Flotte, man sollte sich der Stadt bemächtigen; aber Amasis, der Führer des Landheeres, ließ es nicht zu. Nur gegen Barka, aber gegen keine andere hellenische Stadt sei er entsendet worden. Als sie aber hindurch waren und sich auf der Höhe des Zeus Lykaios gelagert hatten, bereuten sie, Kyrene nicht genommen zu haben. Sie versuchten von neuem einzudringen; aber die Kyrenaier wehrten sie ab. Da kam, obwohl niemand sie bekämpfte, ein solcher Schrecken über die Perser, daß sie wohl sechzig Stadien weit davonliefen, ehe sie sich wieder lagerten. Während sie hier das Lager aufschlugen, kam ein Bote von Aryandes, der sie zurückrief. Nun erbaten die Perser sich Wegzehrung von den Kyrenaiern, die man ihnen auch gab und mit der sie heimzogen nach Ägypten. Unterwegs aber lauerten ihnen die Libyer auf, um ihrer Kleidung und ihres Trosses willen, und töteten alle Zurückbleibenden und Nachzügler, bis das Heer in Ägypten anlangte.

204. Dies persische Heer ist nicht tiefer in Libyen eingedrungen als bis zum Lande der Euhesperiden[213]. Die als Sklaven

mitgeführten Barkaier schleppten sie aus Ägypten weiter zum Perserkönig, und Dareios wies ihnen ein Dorf in Baktrien als Wohnort an. Diesem Dorf gaben sie den Namen Barka, und noch heutigen Tages ist dies Dorf Barka in Baktrien bewohnt.

205. Aber auch Pheretimes Lebensende war nicht glücklich. Sobald sie nämlich von dem Rachezug gegen Barka zurückgekehrt war, starb sie eines üblen Todes. Sie verfaulte bei lebendigem Leibe, und Würmer krochen aus ihr hervor[214]. Zu heißer Rachedurst weckt den Neid der Götter!

Solcher Art und so furchtbar war die Rache, die Pheretime, Battos' Tochter, an der Stadt Barka nahm.

FÜNFTES BUCH

1. Das persische Heer, das Dareios unter Führung des Megabazos in Europa zurückgelassen hatte, unterwarf von den Städten am Hellespontos zuerst Perinthos[1], das die Oberhoheit des Dareios nicht anerkennen wollte. Perinthos hatte früher schon einmal durch den Volksstamm der Paioner[2] eine schwere Niederlage erlitten. Diese am Strymon wohnenden Paioner waren durch einen Orakelspruch zum Kriegszug gegen Perinthos aufgerufen worden. Der Orakelspruch lautete: wenn die ihnen gegenüber gelagerten Perinthier sie herbeiriefen und dabei ihren Namen nannten, sollten sie angreifen, andernfalls sollten sie nicht angreifen. Das taten die Paioner. Die Perinthier lagerten vor den Toren ihrer Stadt, und auf ihre Herausforderung fand ein dreifacher Zweikampf statt. Zwei Krieger, zwei Pferde, zwei Hunde beider Parteien kämpften miteinander. In zweien dieser Kämpfe siegten die Perinthier, und aus Freude darüber stimmten sie den Paian[3] an. Die Worte dieses Gesanges aber klangen den Paionern so, als ob sie auf jenen Orakelspruch hindeuteten. Sie sprachen untereinander: »Jetzt geht unser Orakelspruch in Erfüllung! Jetzt gilt es!«
So griffen denn die Paioner die Perinthier in ihrem Paiangesang an, besiegten sie völlig und ließen nur wenige am Leben.
2. So übel war es Perinthos damals durch die Paioner ergangen. Und jetzt wurde es, obwohl es tapfer um seine Freiheit kämpfte, durch die Übermacht der Perser und des Megabazos überwältigt.
Als Perinthos gefallen war, zog Megabazos durch ganz Thrakien und unterwarf dem König alle Städte und Stämme, die dort wohnen. Denn so lautete ja des Dareios Auftrag: Thrakien zu unterwerfen.
3. Das thrakische Volk ist nach dem indischen das größte der

Erde[4]. Wäre es einig und hätte es nur einen Herrscher, so wäre es unbesiegbar und meiner Meinung nach bei weitem das mächtigste Volk, das es gibt. Aber da das unmöglich ist und gewiß niemals von ihnen erreicht wird, so sind sie schwach. In jeder Landschaft haben sie einen besonderen Namen, doch sind die Sitten des ganzen Volkes durchweg dieselben; ausgenommen sind die Geten, die Trauser und die nordwärts der Krestonaier wohnenden Stämme[5].

4. Von dem Tun und dem Unsterblichkeitsglauben der Geten habe ich schon erzählt[6]. Das Leben der Trauser ist im allgemeinen dem der anderen thrakischen Stämme ähnlich, nur bei der Geburt und beim Tode haben sie eigentümliche Gebräuche. Um das neugeborene Kind setzen sich die Verwandten herum und klagen, weil es so viele Leiden in seinem Leben werde erdulden müssen; dabei zählen sie alle menschlichen Leiden und Kümmernisse auf. Die Toten dagegen begraben sie unter Lachen und Scherzen, weil sie allen Übeln entronnen seien und jetzt in Freude und Seligkeit lebten[7].

5. Bei den Stämmen nördlich von den Krestonaiern hat jeder viele Weiber. Stirbt nun einer, so entsteht ein heftiger Streit unter seinen Weibern, und auch seine Freunde beteiligen sich eifrig daran, welche von diesen Frauen am meisten von ihrem Manne geliebt worden sei. Ist der Streit entschieden, so wird die Auserwählte unter Lob und Preis der Männer und Frauen durch ihre nächsten Verwandten auf dem Grabe geschlachtet und dann mit dem Manne zusammen begraben. Die anderen Frauen sind sehr unglücklich; daß sie zurückstehen müssen, gilt als eine große Schande[8].

6. Die anderen thrakischen Völker haben folgende Sitten. Sie verkaufen ihre Kinder nach fremden Ländern. Ihre Jungfrauen hüten sie nicht, sondern sie können verkehren, mit welchem Mann sie wollen[9]. Die verheirateten Frauen werden dagegen streng bewacht und ihren Eltern um hohen Preis abgekauft. Brandmale in der Haut zu haben[10], gilt für vornehm; wer sie nicht hat, gehört nicht zu den Edlen. Wer müßig geht, wird hoch geehrt; wer das Feld bebaut, wird tief verachtet. Das ehrenvollste Leben ist das Kriegs- und Räuberleben. Das sind ihre bemerkenswertesten Sitten.

7. Die Thraker verehren nur drei Götter: Ares, Dionysos und Artemis[11]. Ihre Könige, aber nicht das Volk, verehren am höchsten den Hermes und schwören nur bei ihm. Sie behaupten, von Hermes abzustammen[12].

8. Was ihre Begräbnisse betrifft, so wird der Leichnam, wenn der Tote ein reicher Mann war, drei Tage ausgestellt. Allerhand Opfertiere werden geschlachtet, und nachdem die Totenklage gehalten worden ist, wird ein Schmaus veranstaltet. Dann wird die Leiche verbrannt oder beerdigt, ein Grabhügel aufgeschüttet und ein Kampfspiel mit Kämpfen jeder Art abgehalten. Die höchsten Preise werden für den Einzelkampf je nach seiner Bedeutung ausgesetzt[13]. Das sind die Begräbnissitten der Thraker.

9. Was für Völker im Norden von Thrakien wohnen, kann niemand mit Sicherheit sagen: das Land jenseits des Istros scheint unbewohnt und grenzenlos zu sein. Nur von einem Volk jenseits des Istros konnte ich den Namen erfahren. Es heißt die Sigynner und hat medische Tracht. Ihre Pferde sollen am ganzen Körper mit fünf Finger langen Haaren bedeckt sein, aber klein, stumpfnasig und zu schwach sein, einen Menschen zu tragen. An den Wagen gespannt sollen sie aber sehr flink sein, weshalb die Leute dort im Wagen fahren. Ihr Gebiet soll bis nahe an die Eneter am Adriatischen Meere reichen. Sie wollen ausgewanderte Meder sein[14]. Wie das möglich sein soll, kann ich mir nicht erklären; doch in den langen vergangenen Zeiten kann sich ja alles Denkbare ereignet haben. Die Ligyer übrigens, die nördlich von der Stadt Massalia in den Bergen wohnen[15], haben für die Krämer den Namen Sigynner; und auf Kypros wird das Wort für die Speere gebraucht.

10. Die Thraker behaupten, daß jenseits des Istros Bienen hausten, die niemanden weiter vordringen ließen[16]. Mir kommt diese Behauptung nicht sehr wahrscheinlich vor, denn diese Tiere können doch die Kälte nicht vertragen. Vielmehr glaube ich, daß die Länder im Norden wegen der Kälte unbewohnt sind.

Soviel über Thrakien, dessen Küste jetzt Megabazos den Persern unterwarf.

11. Sobald Dareios den Hellespontos überschritten hatte und

nach Sardes gelangt war, erinnerte er sich der Verdienste, die Histiaios von Milet sich um ihn erworben hatte, und des Rates, den ihm Koes von Mytilene gegeben hatte. Er ließ sie nach Sardes kommen und forderte sie auf, sich eine Gnade auszubitten. Histiaios, der ja Tyrann von Milet war, bat sich keine weitere Tyrannis aus, sondern bat um die Landschaft Myrkinos im Gebiet der Edonen[17], wo er eine Stadt gründen wollte. Koes, der nicht Tyrann, sondern einfacher Bürger von Mytilene war, bat sich die Herrschaft über diese Stadt aus. Beiden wurde ihr Wunsch gewährt, und sie gingen fort zu den Gebieten, die sie sich ausgebeten hatten.

12. In Dareios aber regte sich infolge eines Vorfalles, den er mit ansah, der Wunsch, Megabazos den Auftrag zu geben, die Paioner zu unterwerfen und aus Europa nach Asien zu verpflanzen. Zwei Paioner nämlich, Pigres und Mantyes, kamen, als Dareios nach Asien zurückkehrte, nach Sardes und brachten ihre hochgewachsene schöne Schwester mit. Sie wollten Herrscher der Paioner werden. Nun nahmen sie die Zeit wahr, wo Dareios vor den Toren[18] der Lyderstadt zu Gericht saß, schmückten ihre Schwester aufs schönste und schickten sie aus, Wasser zu holen. Auf dem Kopf mußte sie den Krug tragen, am Arme ein Pferd führen und mit den Händen Flachs spinnen. Als die Frau vorüberging, wurde Dareios aufmerksam; denn was sie tat, war weder persische und lydische, noch irgendeines anderen Volkes in Asien Sitte. Er schickte ihr einige aus seiner Leibwache nach und befahl ihnen, achtzugeben, was die Frau mit dem Pferde täte. Die Leibwächter folgten ihr. Als sie an den Fluß kam, tränkte sie das Pferd, füllte den Krug mit Wasser und kehrte auf demselben Weg zurück. Das Wasser trug sie auf dem Kopf, führte das Pferd am Arm und drehte die Spindel.

13. Dareios wunderte sich über das, was er von den Spähern hörte und was er selber sah, und befahl, die Frau vor sein Angesicht zu führen. Sie kam herbei, und ihre Brüder, die in der Nähe auf der Lauer gestanden, kamen mit ihr. Auf Dareios' Frage, aus welchem Volke sie stamme, antworteten die Jünglinge, sie seien Paioner und das sei ihre Schwester. Er erwiderte, wer denn die Paioner seien, wo sie wohnten und

weshalb sie nach Sardes gekommen seien. Nun erzählten sie, sie seien gekommen, um sich in seine Hand zu geben, und Paionien läge am Strymon, der nicht weit vom Hellespontos entfernt sei. Die Paioner aber seien Nachkommen der troischen Teukrer[19]. Das alles erzählten sie, und er fragte, ob denn alle Frauen dort so tätig wären wie diese. Auch das bejahten sie eifrig, denn um dieser Frage willen hatten sie ihre Schwester dem Könige vorgeführt.

14. So schrieb denn Dareios einen Brief an Megabazos, den er als Feldherrn in Thrakien zurückgelassen hatte[20], er solle die Paioner aus ihren Wohnsitzen wegführen und zu ihm herüberbringen, samt Kindern und Weibern. Ein Reiter eilte mit dieser Botschaft nach dem Hellespontos, wurde übergesetzt und überbrachte Megabazos den Brief[21]. Der las ihn und zog, geführt von thrakischen Führern, nach Paionien.

15. Als die Paioner erfuhren, daß die Perser gegen sie zu Felde zögen, sammelten sie sich zum Kampfe an der Meeresküste; dort, meinten sie, würden die Perser den Einbruch ins Land versuchen. So standen sie zur Abwehr des andringenden Megabazos bereit am Meere; aber die Perser hatten Kunde erhalten, daß der Heerbann der Paioner die Straße an der Küste besetzt hielt, und ließen sich von den Führern den Weg durchs Gebirge zeigen. So überfielen sie, ohne daß die Paioner es wußten, die von Kriegern entblößten Städte und eroberten sie ohne Mühe. Als die Paioner hörten, daß ihre Städte in den Händen der Feinde waren, zerstreuten sie sich, und jeder kehrte unverzüglich nach Hause zurück und ergab sich den Persern. So wurden denn die paionischen Stämme der Siropaioner, der Paiopler und der bis an den Prasiassee Wohnenden weggeführt und nach Asien verpflanzt[22].

16. Die Stämme am Pangaiongebirge[23], die Doberer, die Agrianer, die Odomanter und die Stämme am Prasiassee selber hat Megabazos überhaupt nicht unterworfen, obwohl er auch diese Seebewohner wegzuführen versuchte.

Die Wohnungen dieser Seebewohner sind folgendermaßen gebaut. Mitten im See steht eine hölzerne Bühne, die auf hohen Pfählen ruht und vom Lande aus nur durch einen schmalen Steg zugänglich ist. Vor Zeiten wurden die stützenden Pfähle

von dem ganzen Stamm gemeinsam eingerammt; später wurde folgendes Gesetz eingeführt. Aus dem Gebirge, dessen Namen Orbelos ist[24], muß jeder, wenn er eine Frau nimmt, drei Pfähle holen und sie einrammen. Jeder hat aber eine Menge Frauen. Sie wohnen nun in der Weise, daß jeder eine Hütte auf dieser Bühne besitzt, in der er lebt. Eine Falltür führt durch die Bühne hinunter in den See. Die kleinen Kinder werden mit einem Seil am Fuße festgebunden, damit sie nicht hineinfallen. Pferde und Zugtiere werden mit Fischen gefüttert. Fische gibt es in großer Menge. Wenn sie die Falltür öffnen und an einem Strick einen leeren Korb in den See hinunterlassen, ist er, wenn sie ihn nach kurzer Zeit wieder heraufziehen, voller Fische. Es gibt zwei Arten von Fischen, sie nennen sie Papraken und Tilonen.
17. Die überwundenen Stämme der Paioner also wurden nach Asien geführt. Weiter schickte nun Megabazos eine Gesandtschaft nach Makedonien, bestehend aus den sieben angesehensten Persern in seinem Heere[25]. Sie sollten vom König Amyntas Erde und Wasser, also die Unterwerfung unter König Dareios verlangen. Vom Prasiassee ist die Entfernung nach Makedonien gar nicht groß. Gleich an den See grenzt das Bergwerk, das später dem Alexandros täglich ein Talent Silber eintrug[26]. Auf das Bergwerk folgt ein Berg namens Dysoron[27], und jenseits davon ist man schon in Makedonien.
18. Als die persischen Gesandten bei Amyntas angelangt waren und vor ihm standen, forderten sie Erde und Wasser für König Dareios. Er gab es ihnen und lud sie zu Gaste. Ein reiches Mahl wurde angerichtet, und die Perser wurden freundlich bewirtet. Aber nach der Mahlzeit, beim Zechgelage, sprachen die Perser folgendermaßen:
»Freund und König! Bei uns Persern ist es Sitte, daß an einem Gastmahl auch unsere Kebsweiber und unsere Frauen teilnehmen. Hast du uns freundlich empfangen und reich bewirtet, willst du auch König Dareios Erde und Wasser geben, so tu nun auch, was bei uns Brauch ist[28].«
Darauf sagte Amyntas: »Ihr Perser! Bei uns ist das nicht Brauch; Männer und Frauen sind bei uns gesondert. Aber da ihr, unsere Gebieter, es wünscht, so soll auch das noch gewährt sein.«

Nach diesen Worten ließ er die Frauen holen. Sie kamen und setzten sich in eine Reihe den Persern gegenüber. Als nun die Perser die schönen Frauen sahen, sprachen sie zu Amyntas, das sei nicht klug getan. Besser, die Frauen wären gar nicht gekommen, als daß sie dort drüben säßen und ihren Augen weh täten. Da mußte denn Amyntas befehlen, daß sie sich neben die Perser setzen. Die Frauen gehorchten, und gleich faßten die Perser, die viel Wein getrunken hatten, nach ihren Brüsten und versuchten auch wohl, sie zu küssen.

19. Amyntas sah ruhig zu, so zornig er war; er hatte zu große Furcht vor den Persern. Sein Sohn Alexandros aber, der auch zugegen war, ein Jüngling, der noch keine bitteren Erfahrungen gemacht hatte, konnte den Anblick nicht ertragen und sagte empört zu Amyntas:

»Vater! Du bist alt, geh zur Ruhe und trinke nicht weiter mit. Ich werde bleiben und den Gästen mit allem aufwarten, was sich gebührt.«

Der Vater merkte, daß Alexandros etwas im Schilde führte, und erwiderte: »Kind, ich verstehe dich, denn du bist zornig. Du willst mich fortschicken und einen Anschlag verüben. Ich bitte dich, laß die Männer unbehelligt und bringe uns nicht ins Unglück, sondern sieh ihrem Tun ruhig zu. Deinen Wunsch will ich erfüllen und fortgehen.«

20. So bat Amyntas und ging. Da sagte Alexandros zu den Persern: »Freunde, diese Frauen stehen euch ganz zur Verfügung. Ihr könnt mit allen schlafen oder nur mit einigen, soviele ihr wollt. Sagt nur, was euer Begehr ist! Doch da es jetzt Zeit ist, zur Ruhe zu gehen, und ich sehe, daß der Wein euch trunken genug gemacht hat, so laßt doch, bitte ich, die Frauen gehen, damit sie sich baden. Nachdem sie sich gebadet, sollt ihr sie wieder haben.«

Das waren die Perser zufrieden, und er schickte die Frauen zurück ins Frauenhaus. Dann aber nahm Alexandros bartlose Jünglinge, ebenso viele wie es Frauen waren, zog ihnen Frauenkleider an, gab ihnen Dolche und führte sie herein. Zu den Persern sagte er:

»Perser! Gastfrei und reich seid ihr, dächte ich, bewirtet worden. Alles, was wir haben und auch was wir herbeischaffen

konnten, steht vor euch. Ja, selbst das Teuerste haben wir euch gegeben, unsere Mütter und Schwestern. Daraus seht ihr klar, wie wir euch alle verdiente Ehre antun, und könnt dem König, der euch geschickt hat, melden, wie ein Hellene, sein Satrap von Makedonien, euch aufgenommen und Tisch und Bett euch gerüstet hat.«
So sprach Alexandros und hieß jeden Jüngling als Weib neben einem Perser Platz nehmen. Als die Perser sie berühren wollten, erstachen die Makedonen sie.
21. So kamen diese Perser ums Leben und mit ihnen auch ihr Gefolge; denn Wagen und Diener und einen ganzen Hofstaat hatten sie mitgebracht. Alles das war mit den Gesandten selber wie vom Erdboden verschwunden. Es dauerte nicht lange, so forschten die Perser mit Eifer nach dem Verbleib dieser Männer, aber Alexandros wußte sie klug zu beschwichtigen und gab viel Geld und seine Schwester, namens Gygaie, dafür hin. Mit dem Geld und dem Mädchen bestach er nämlich den Perser Bubares, den Führer der Männer, die die Vermißten suchen sollten[29]. So kam diese Mordtat an den Persern nicht ans Tageslicht.
22. Daß die von Perdikkas abstammenden Könige Hellenen sind, sagen sie nicht bloß selber, sondern auch ich selbst weiß es ganz genau und werde ihre hellenische Abkunft in den späteren Büchern beweisen. Auch die Hellenodiken, die Kampfrichter in Olympia, haben das anerkannt. Als Alexandros an den Wettspielen teilnehmen wollte und nach Olympia kam, wollten ihn seine hellenischen Mitkämpfer von den Spielen ausschließen und sagten, die Spiele seien nur für Hellenen, nicht für Barbaren. Alexandros aber bewies, daß er Argeier sei, und seine hellenische Abstammung wurde durch die Richter anerkannt[30]. Er nahm am Wettlauf teil und kam mit dem Sieger zugleich ans Ziel.

23. So lief diese Sache aus. Megabazos zog aber mit den Paionern nach dem Hellespontos, ließ sie übersetzen und führte sie nach Sardes. Nun hatte Histiaios von Milet schon begonnen, jene Stadt zu bauen, deren Bau ihm Dareios als Lohn für die Erhaltung der Brücke gewährt hatte; der Ort liegt am Strymon

und heißt Myrkinos. Davon hatte Megabazos gehört, und sobald er mit den Paionern in Sardes ankam, sagte er zu Dareios: »O König, was hast du getan! Einen Hellenen, einen listigen, verschlagenen Mann, läßt du eine Stadt in Thrakien bauen! Da sind unendliche Wälder, um Schiffe zu bauen und Ruder zu schnitzen, auch Silberbergwerke sind dort, und in Haufen wohnen Hellenen und Barbaren rings umher, die ihn zu ihrem Führer machen und Tag und Nacht tun werden, was er ihnen befiehlt. Dulde doch das nicht, sonst hast du Krieg in deinem eignen Reiche! Laß ihn zu dir kommen und mache ihn, ohne Gewalt zu brauchen, unschädlich. Hast du ihn in deiner Hand, so sorge, daß er nie nach Hellas zurückkehrt.«

24. Diese Worte überzeugten Dareios leicht; denn er sah deutlich, welche Folgen der Bau der Stadt haben mußte. Dareios schickte also einen Boten nach Myrkinos und ließ folgende Botschaft an Histiaios ausrichten:

»Histiaios, König Dareios läßt dir folgendes sagen. Wenn ich nachsinne, so weiß ich keinen Menschen, der es besser mit mir und meinem Reiche meint als du. Nicht Worte, sondern Taten haben mich das gelehrt. Da ich nun jetzt große Dinge im Sinne habe, so komme zu mir, damit ich mit dir Rats pflege.«

Diesen Worten glaubte Histiaios, und weil er zugleich stolz darauf war, des Königs Ratgeber zu sein, ging er nach Sardes. Dort sagte Dareios zu ihm:

»Histiaios, der Grund, weshalb ich dich rufen ließ, ist dieser. Gleich als ich vom Skythenlande heimgekehrt war und dich nicht mehr bei mir sah, hatte ich keine größere Sehnsucht, als dich wiederzusehen und mit dir zu sprechen. Ich hatte erkannt, daß das teuerste Gut auf Erden ein kluger und wohlmeinender Freund ist, und daß du das bist, weiß ich, und mein Schicksal bezeugt es. Du hast wohlgetan zu kommen, und ich will dir einen Vorschlag machen. Laß Milet und die neugegründete Stadt in Thrakien fahren! Komm mit mir nach Susa, teile alles, was ich habe, sei mein Tischgenosse[31] und Ratgeber.«

25. So sprach Dareios, setzte seinen Stiefbruder Artaphernes zum Satrapen von Sardes[32] ein und zog mit Histiaios ab nach Susa. Feldherr des Heeres an der Meeresküste wurde Otanes[33]. Den Vater dieses Otanes, Sisamnes, der ein Mitglied

des königlichen Gerichtshofes gewesen war, hatte König Kambyses, weil er sich hatte bestechen lassen, einen ungerechten Spruch zu fällen, getötet und ihm die Haut abziehen lassen. Die Haut ließ er gerben, ließ Riemen daraus schneiden und mit ihnen den Thron beflechten, auf dem jener Recht gesprochen hatte. An Stelle dieses Sisamnes, den er hatte töten und schinden lassen, setzte Kambyses dann den Sohn des Sisamnes als Richter ein und mahnte ihn, daran zu denken, auf was für einem Thron er säße und richte.

26. Dieser Otanes, der auf solchem Thron Recht sprechen mußte, wurde jetzt Nachfolger des Feldherren Megabazos. Er eroberte Byzantion und Kalchedonia, eroberte Antandros in der Landschaft Troas und Lamponion; weiter eroberte er mit lesbischen Schiffen Lemnos und Imbros, die beide damals noch von Pelasgern bewohnt waren[34].

27. Die Lemnier kämpften tapfer und wurden erst nach längerer Gegenwehr überwältigt. Die Überlebenden erhielten von den Persern als Statthalter den Lykaretes, Bruder des Königs Maiandrios von Samos. Als Statthalter von Lemnos ist dieser Lykaretes dann gestorben ...[34a]. Die Ursache hierfür war folgende: Otanes machte alle zu Sklaven und unterwarf sie sich, indem er den einen Fahnenflucht beim skythischen Feldzug vorwarf, den anderen, sie hätten dem Heere des Dareios auf dem Rückzug aus dem Skythenlande Schaden zugefügt.

28. Das waren des Otanes Taten als Führer des persischen Heeres. Danach kam eine bessere Zeit für die hellenischen Städte, wenn auch nicht lange. Von Naxos und Milet her brach von neuem das Unheil über sie herein. Denn Naxos war reicher als die anderen Inseln, und Milet befand sich zu jener Zeit in so hoher Blüte wie nie vorher und nachher. Es war die Zierde Ioniens. Zwei Menschenalter früher hatte es schwer unter Bürgerkriegen gelitten, bis die Parier die Parteien miteinander versöhnten. Paros nämlich erwählten die Milesier unter allen hellenischen Städten zum Schiedsrichter zwischen den Parteien[35].

29. Die Parier brachten die Versöhnung auf folgende Weise zustande. Ihre vornehmsten Männer reisten nach Milet. Als sie sahen, wie tief die Stadt wirtschaftlich heruntergekommen war, sagten sie, sie wollten draußen die Felder besichtigen. Das

taten sie und durchzogen das ganze milesische Gebiet. Wenn sie in dem verödeten Lande einen gut bestellten Acker fanden, schrieben sie den Namen seines Besitzers auf. Nur wenige solche Äcker fanden sie auf ihrer langen Wanderung, und als sie in die Stadt zurückkehrten, beriefen sie eine Versammlung und übertrugen die Staatsverwaltung denen, deren Äcker sie gut bestellt gefunden hatten. Denn, sagten sie, wer für das Seine sorge, werde ebenso auch für die Gesamtheit sorgen. Alle Milesier, bestimmten sie, sollten ihnen gehorchen. 30. So ordneten die Parier die Dinge in Milet.
Jetzt aber ging das Unheil, das wieder über Ionien kam, von diesen beiden Städten aus. Das ging so zu. Einige reiche Leute in Naxos wurden vom Volke verbannt und kamen als Verbannte nach Milet. In Milet schaltete damals Aristagoras, der Sohn des Molpagoras, Schwager und Vetter des Histiaios, Lysagoras' Sohn, den Dareios in Susa bei sich festhielt. Histiaios, der Tyrann von Milet, befand sich also in Susa, als diese Naxier, ehemalige Freunde des Histiaios, in Milet ankamen. Die Naxier baten nun den Aristagoras, ihnen Truppen zu geben, um die Rückkehr in ihre Vaterstadt zu erzwingen. Aristagoras erwog, daß er durch ihre Rückführung Herr von Naxos werden könnte[36], und sprach folgendermaßen zu ihnen — als Vorwand mußte ihre Freundschaft mit Histiaios dienen —:
»Ich selber vermag euch freilich ein so großes Heer nicht zu geben, das euch gegen den Willen der herrschenden Partei in Naxos zurückführen könnte; denn ich höre, daß die Naxier achttausend Soldaten und viele Kriegsschiffe haben. Trotzdem will ich alles tun, was ich kann. Ich denke, so wird es gehen: Artaphernes ist mein Freund, und Artaphernes, müßt ihr wissen, ist ein Sohn des Hystaspes, ein Bruder des Königs Dareios und gebietet über alle Völker und Städte an der Küste Asiens. Er hat ein großes Heer und viele Schiffe. Der wird ganz gewiß tun, was wir von ihm erbitten.«
Als die Naxier das hörten, trugen sie Aristagoras auf, mit Artaphernes alles, was sich von ihm erreichen ließ, zu vereinbaren. Er sollte ihm Geschenke versprechen und daß sie selber für den Unterhalt des Heeres sorgen würden. Sie hofften näm-

lich bestimmt, die Naxier würden, sobald sie auf der Insel erschienen, sich allen ihren Wünschen fügen, ebenso auch die anderen Inseln. Damals war nämlich noch keine einzige der Kykladen in Dareios' Hand.

31. Aristagoras ging nach Sardes und erzählte Artaphernes von der Insel Naxos, die zwar nicht groß, aber schön und fruchtbar und Ionien benachbart, auch reich an Gold und Sklaven sei. »Auf in den Kampf gegen Naxos! Führe die Verbannten in ihre Stadt zurück. Viel Geld liegt bei mir bereit, dazu auch die Ausrüstung für das Heer; denn die müssen billigerweise wir Führer beschaffen. Du kannst dem König nicht bloß Naxos erobern, sondern auch die von Naxos abhängigen Inseln: Paros, Andros und die anderen sogenannten Kykladen. Von da aus kannst du auch ganz bequem einen Angriff auf Euboia machen, eine große reiche Insel, nicht kleiner als Kypros und ohne alle Mühe zu erobern. Hundert Schiffe genügen, um alle diese Inseln zu unterwerfen.«

Artaphernes antwortete: » Frohe Kunde bringst du ins Haus des Königs. Alles, was du rätst, ist gut. Nur sollen statt hundert Schiffen zweihundert im Frühling für dich bereit sein. Doch muß erst der König zu dem Unternehmen seine Zustimmung geben.«

32. Als Aristagoras das hörte, kehrte er glücklich heim nach Milet. Artaphernes schickte nach Susa[37] und ließ Dareios melden, was ihm Aristagoras gesagt hatte. Der gab seine Zustimmung, und nun rüstete Artaphernes zweihundert Dreiruderer aus und ein großes Heer, aus Persern und Bundesgenossen bestehend. Zum Feldherrn ernannte er den Perser Megabates, einen Achaimeniden. Er war sein und des Dareios Vetter. Der spartanische König Pausanias, Sohn des Kleombrotos, hat sich später — gesetzt, daß das Gerücht wahr ist — mit einer Tochter von ihm verlobt, weil er den Ehrgeiz hatte, Tyrann von ganz Hellas zu werden. Den Megabates ernannte also Artaphernes zum Heerführer und schickte das Heer zu Aristagoras.

33. Mit Aristagoras, der ionischen Flotte und den verbannten Naxiern fuhr dann Megabates aus Milet ab, vorgeblich nach dem Hellespontos. Als er aber Chios erreicht hatte, ging er vor Kaukasa[38] vor Anker, um mit Nordwind nach Naxos hinüber-

zusegeln. Aber Naxos sollte diesem Heereszug nicht erliegen; durch folgenden Vorfall wurde es gerettet.

Megabates machte die Runde, ob alle Schiffe wachsam seien, und fand auf einem myndischen Schiffe keine Wachtposten aufgestellt. Zornig befahl er seiner Leibwache, den Führer dieses Schiffes, namens Skylax, zu ergreifen und an ein Ruderloch der unteren Reihe[39] des Schiffes so zu binden, daß der Kopf draußen, der Körper drinnen war. Das meldete jemand dem Aristagoras: seinen Freund Skylax aus Myndos habe Megabates zum Spott in einem Ruderloch festbinden lassen. Aristagoras legte Fürbitte für ihn ein, und als der Perser unerbittlich blieb, ging er selber und befreite den Skylax. Megabates war entrüstet, als er dies erfuhr, und grollte dem Aristagoras. Aber der sagte:

»Was kümmern dich meine Angelegenheiten? Hat Artaphernes dich nicht zu mir geschickt, um mir zu gehorchen und zu fahren, wohin ich befehle? Was mischst du dich in fremde Dinge?« So sprach er. Aber Megabates schickte in seiner Wut, sobald die Nacht hereinbrach, ein Schiff nach Naxos, um den Naxiern den ganzen Kriegsplan zu verraten.

34. Die Naxier hatten nicht im entferntesten gedacht, daß dieser Heereszug sich gegen sie richte. Als sie jetzt aber die Nachricht erhielten, brachten sie alle Vorräte vom Lande in die Stadt, beschafften Nahrungsmittel für die Belagerung und besserten die Stadtmauern aus. So rüsteten sie sich zum Kriege. Als die Feinde von Chios durch die Inseln nach Naxos fuhren, fanden sie dort alles zur Verteidigung vorbereitet und belagerten die Stadt vier Monate lang. Als aber alles Geld, das die Perser mitgebracht hatten, verbraucht war, auch Aristagoras schon große Summen hatte opfern müssen und die Belagerung immer größere Summen verschlang, da bauten sie den verbannten Naxiern eine Burg und segelten nach Asien zurück. Das Heer war in üblem Zustande.

35. Aristagoras hatte also sein Versprechen dem Artaphernes nicht erfüllen können. Dazu drückten ihn die Kosten des Heereszuges, die man von ihm einforderte, ferner fürchtete er, der üble Zustand des Heeres und sein Streit mit Megabates könnten böse Folgen haben und ihn die Herrschaft über Milet

kosten. Alle diese Befürchtungen brachten ihn auf den Gedanken, von Persien abzufallen. Gerade damals kam nämlich auch jener Bote mit dem beschriebenen Kopf aus Susa an, den Histiaios geschickt hatte, um Aristagoras zum Abfall von dem König zu bewegen. Denn Histiaios fand, weil alle Straßen bewacht wurden, kein anderes sicheres Mittel, Aristagoras zum Abfall zu ermutigen, als seinem getreuesten Sklaven das Haar zu scheren, Zeichen auf seinen Kopf zu schreiben, das Haar wieder wachsen zu lassen und ihn dann nach Milet zu schicken. Der Sklave hatte bloß den Auftrag, Aristagoras in Milet zu bitten, ihm das Haar zu scheren und seinen Kopf zu betrachten. Die Zeichen auf dem Kopf aber mahnten, wie ich schon sagte, zum Abfall.

Histiaios hatte dies getan, weil ihn sein erzwungener Aufenthalt in Susa so sehr unglücklich machte. Brach ein Aufstand aus, so durfte er sicher hoffen, daß man ihn an die Meeresküste ziehen ließ. Entschloß sich Milet nicht zum Abfall, so konnte er nicht hoffen, jemals das Meer wiederzusehen.

36. Diese Gedanken also bewogen Histiaios zur Sendung jenes Boten. So traf bei Aristagoras alles zusammen, um ihn zum Abfall zu treiben. Er beriet mit seinen Parteigängern, legte ihnen seinen Plan dar und erzählte von der Botschaft des Histiaios. Alle erklärten sich einverstanden und rieten, den Aufstand zu wagen. Nur Hekataios, der Logograph[40], riet ab, mit dem Perserkönig Krieg anzufangen. Er nannte alle Volksstämme, über die Dareios gebot, und erklärte ihnen die Größe der persischen Heeresmacht. Als das nichts half, riet er ihnen, sich dann wenigstens zu Herren des Meeres zu machen; er sähe nicht ab, wie das Unternehmen anders Erfolg haben könnte, denn er wisse doch, wie schwach die Streitkräfte Milets seien. Nähme man die kostbaren Weihgeschenke, die der Lyderkönig Kroisos gestiftet hatte, aus dem Heiligtum der Branchiden[41], so könne sich Milet ganz wohl zum Herrn des Meeres machen, denn es hätte dann Geld und die Feinde könnten auch die Schätze nicht rauben. Diese Schätze waren sehr groß, wie ich im ersten Buch der Historien erzählt habe.

Auch dieser Rat wurde nicht angenommen, trotzdem aber der Aufstand beschlossen. Einer sollte nach Myus[42] zu dem von

Naxos heimkehrenden Heere fahren und den Versuch machen, die Führer, die sich mit auf den Schiffen befanden, gefangen zu nehmen.

37. Iatragoras wurde mit diesem Auftrag betraut und nahm mit List eine Menge Heerführer gefangen, darunter Oliatos, Ibanolis' Sohn, aus Mylasa[43], Histiaios, Tymnes' Sohn, aus Termera[44], Koes, Erxandros' Sohn, dem Dareios die Herrschaft über Mytilene geschenkt hatte, und Aristagoras, Herakleides' Sohn, aus Kyme[45]. Nun begann Aristagoras die offene Empörung und setzte alles gegen Dareios in Bewegung. Vor allem legte er zum Scheine die Tyrannis nieder und führte in Milet die Demokratie ein, damit die Milesier sich willig dem Aufstand anschlossen. Dann setzte er in den anderen ionischen Städten dasselbe durch, vertrieb einige Tyrannen und lieferte die anderen, welche er bei ihrer Rückkehr von dem Kriegszuge gegen Naxos hatte gefangen nehmen lassen, an die betreffenden Städte aus, denen sie entstammten, um sich ihnen gefällig zu erweisen.

38. Die Mytilenaier führten den Koes, sobald er ihnen ausgeliefert worden war, aus der Stadt und steinigten ihn. Die Kymaier ließen dagegen ihren Tyrannen frei, was auch die meisten anderen Städte taten. So war die Tyrannis in den ionischen Städten beseitigt. Aristagoras, der Milesier, forderte nun eine jede auf, sich einen Heerführer zu wählen; er selber ging auf einem Kriegsschiff als Bote nach Lakedaimon; denn er brauchte einen mächtigen Bundesgenossen.

39. In Sparta herrschte nicht mehr Anaxandrides, Leons Sohn; er war inzwischen gestorben. Kleomenes, sein Sohn, war König, seiner Abkunft, nicht seiner Tüchtigkeit wegen. Anaxandrides nämlich hatte die Tochter seines Bruders zur Frau gehabt, er liebte sie, aber sie gebar keine Kinder. Da ließen ihn denn die Ephoren zu sich rufen und sagten:

»Wenn du auch selber für deine Nachkommenschaft nicht sorgst, so dürfen doch wir nicht dulden, daß das Geschlecht des Eurysthenes ausstirbt. Da deine Frau nicht gebiert, mußt du sie entlassen und eine andere heiraten. Das werden dir die Spartiaten danken.«

Er antwortete, er werde weder das eine noch das andere tun. Es sei nicht recht, ihm zuzumuten, daß er seine unschuldige Frau verstoßen und eine andere heimführen sollte. Er weigere sich, ihnen zu gehorchen.

40. Darauf hielten die Ephoren und Geronten Rat und stellten folgende andere Forderung an Anaxandrides:

»Wir sehen, daß du dich von deinem Weibe nicht trennen willst. So verlangen wir etwas anderes von dir und raten, falls du einen harten Beschluß der Spartiaten gegen dich vermeiden willst, dich uns nicht zu widersetzen. Du sollst deine Frau nicht verstoßen und kannst ihr auch weiterhin alle Rechte und Freundlichkeiten gewähren, aber du sollst eine zweite Frau heimführen, die dir Kinder gebiert.«

Anaxandrides willigte ein und hatte nun zwei Frauen und zwei Haushaltungen, was ganz gegen spartanische Sitte ist.

41. Es dauerte nicht lange, so gebar die zweite Frau den Kleomenes und schenkte der Stadt Sparta einen Thronerben. Aber auch die erste Frau, die bisher unfruchtbar gewesen, wurde um eben dieselbe Zeit schwanger, so wunderbar trafen die Ereignisse zusammen. Die Verwandten der zweiten Frau aber lärmten und sagten, sie prahle nur und wolle ein Kind unterschieben. Als die Zeit herankam, setzten sich die Ephoren ungläubig um die gebärende Frau herum und gaben acht. Sie gebar den Dorieus, und sehr bald gebar sie wieder, nämlich den Leonidas, und wieder nach kurzer Zeit den Kleombrotos. Manche erzählen auch, Kleombrotos und Leonidas seien Zwillinge gewesen. Dagegen gebar die Mutter des Kleomenes, die eine Tochter des Prinetades, Sohnes des Demarmenos, war, nicht zum zweitenmal.

42. Der Erstgeborene, Kleomenes, soll etwas schwachsinnig gewesen sein. Dorieus dagegen war der Erste unter all seinen Altersgenossen und wußte recht wohl, daß der Tüchtigkeit nach die Königswürde ihm zukäme. Als daher Anaxandrides starb und die Lakedaimonier ihren Gesetzen gemäß seinen ältesten Sohn Kleomenes zum König machten, grollte Dorieus und wollte Kleomenes nicht als König über sich dulden. Er bat die Spartiaten um Mannschaften und wanderte aus, fragte aber nicht beim Orakel in Delphi an, welches Land er besiedeln sollte,

und erfüllte auch die anderen Auswanderungsgebräuche nicht. Grollend segelte er davon nach Libyen; den Weg zeigten ihm Leute aus Thera. Als er in Libyen angekommen war, besiedelte er den herrlichsten Platz Libyens, am Flusse Kinyps[46]. Zwei Jahre später aber vertrieben ihn der libysche Stamm der Maker und die Karchedonier, und er kehrte nach der Peloponnes zurück.

43. Nun riet ihm ein Orakeldeuter, Antichares aus Eleon[47], auf Grund der Orakelsprüche des Laios[48], er solle das Land des Herakles in Sizilien kolonisieren. Das ganze Land am Eryx[49], sagte er, gehöre den Herakliden, denn Herakles habe es besessen[50]. Als Dorieus das hörte, ging er nach Delphi, um dort anzufragen, ob das Land, das er besiedeln wolle, sein Eigen werden würde. Die Pythia antwortete, ja, er werde es erobern. Dorieus fuhr also mit denselben Auswanderern, die er nach Libyen geführt hatte, an Italien vorüber nach Sizilien.

44. Zu jener Zeit, so erzählten die Sybariten, wollten die Stadt Sybaris[51] und ihr König Telys gegen Kroton zu Felde ziehen. Die Stadt Kroton aber bat in ihrer Not den Dorieus um Hilfe, die dieser auch gewährte. Dorieus nahm an dem Zuge gegen Sybaris teil und nahm die Stadt ein. Diese Überlieferung der Sybariten von der Kriegsbeteiligung des Dorieus und seiner Schar wird von den Krotoniaten bestritten; kein Fremder habe in dem Kriege gegen Sybaris mitgekämpft, nur der Seher Kallias aus Elis aus dem Geschlecht der Iamiden. Dieser sei dem Tyrannen Telys von Sybaris entlaufen und zu ihnen übergegangen, weil das Opfer, aus dem er den Ausgang des Krieges gegen Kroton weissagen sollte, nicht günstig ausgefallen sei. So die Überlieferung der Krotaniaten.

45. Beide bringen Beweise für ihre Behauptung bei. Die Sybariten ein Heiligtum und Tempelhaus an dem versandeten Krathis[52], das Dorieus nach Einnahme der Stadt der Athena Krathia errichtet haben soll. Ferner, meinen die Sybariten, sei Dorieus' Tod der beste Beweis, daß er dem Orakelspruch zuwidergehandelt habe. Hätte er das nicht getan, sondern den Auftrag des Orakels ausgeführt, so würde er das Land am Eryx erobert und besiedelt haben und nicht samt seiner Schar zugrunde gegangen sein.

Dagegen führen die Krotoniaten die weiten, auserlesenen Landstriche, die sie dem Kallias aus Elis im Gebiet von Kroton geschenkt hätten und die noch heute im Besitze seiner Nachkommen sind, als Beweis an; Dorieus und seine Nachkommen hätten nichts erhalten und würden doch, wenn Dorieus an dem Kriege gegen Sybaris teilgenommen hätte, noch weit reicher beschenkt worden sein.

Das sind die Gründe, die beide Städte anführen. Jeder mag denen zustimmen, die ihn überzeugen.

46. Mit Dorieus fuhren noch andere Spartiaten als Kolonisten aus: Thessalos, Paraibates, Kelees, Euryleon. Als der ganze Auswandererzug in Sizilien angekommen war, wurde er in einer Schlacht gegen die Phoiniker und Egestaier besiegt und vernichtet[53]. Euryleon war der einzige Führer, der mit dem Leben davonkam. Er sammelte die Reste des Heeres und eroberte Minoa[54], die Pflanzstadt der Selinusier, nahm auch an dem Befreiungskampf Selinus' von dem Tyrannen Peithagoras teil. Nach dessen Sturz wollte Euryleon selber Tyrann von Selinus werden und gelangte auch kurze Zeit in Besitz der Stadt. Aber die Selinusier empörten sich und töteten ihn am Altar des Zeus Agoraios, zu dem er sich geflüchtet hatte.

47. Unter den Begleitern und Mitgefallenen des Dorieus war auch Philippos, der Sohn des Butakides aus Kroton. Er war verlobt mit der Tochter des Königs Telys von Sybaris und wurde deshalb aus Kroton verbannt. Um die Heirat betrogen, wandte er sich dann nach Kyrene und schloß sich dort mit einem eigenen Dreiruderer und eigener Mannschaft dem Auswandererzuge an. Er war olympischer Sieger und der schönste Hellene seiner Zeit. Um seiner Schönheit willen erwies ihm die Stadt Egesta eine Ehre, die sonst niemandem zuteil wurde. Sie erbauten auf seinem Grabe einen Heroentempel und opfern ihm.

48. So fand Dorieus seinen Tod. Hätte er sich darein gefunden, daß Kleomenes den Thron innehatte, und wäre in Sparta geblieben, so wäre er selber König geworden; denn Kleomenes blieb es nicht lange. Er starb, ohne einen Sohn zu hinterlassen. Nur eine Tochter namens Gorgo[55] hatte er.

49. Aristagoras, der Tyrann von Milet, kam also nach Sparta,

während Kleomenes noch regierte. Zu den Verhandlungen hatte er, wie die Lakedaimonier erzählen, eine eherne Tafel mitgebracht, in die der ganze Erdkreis, alle Meere und alle Flüsse eingegraben waren[56]. Als Aristagoras vor dem König stand, sprach er folgendermaßen:

»Kleomenes, wundere dich nicht, daß ich in solcher Eile nach Sparta gekommen bin. Unsere Lage ist furchtbar. Daß die Söhne Ioniens Sklaven, nicht freie Männer sind, ist für uns die tiefste Schmach und der grimmigste Schmerz, ist aber auch für euch, die führende Stadt in Hellas, schmählich und schmerzlich. Darum beschwören wir euch bei den Göttern der Hellenen: errettet die blutsverwandten Ioner aus der Knechtschaft! Es ist so leicht für euch, das zu tun. Die Barbaren sind schlechte Krieger, aber ihr nehmt als Kriegshelden die oberste Stelle ein. Ihre Kampfesweise ist folgende: sie haben Bogen und kurze Speere und gehen in Hosen und mit Hüten auf dem Kopf in die Schlacht; so leicht ist es, sie zu besiegen. Dazu sind die Völker drüben in Asien reicher als alle anderen, an Gold vor allem, dann an Silber, Erz, bunten Stoffen, Zugtieren und Sklaven. Das alles ist euer, wenn ihr wollt. Hier sieh, wie die Völker dort wohnen. Die Nachbarn der Ioner hier sind die Lyder, ihr Land ist fruchtbar und sehr reich an Silber« — indem er dies sagte, zeigte er auf die Erdkarte hin, die er in Erz gegraben mitgebracht hatte. Dann fuhr er weiter fort: »Hier im Osten von den Lydern folgen die Phryger; ihr Land ist das herdenreichste und früchtereichste, das ich kenne. Weiter folgen die Kappadoker, die wir Syrier nennen. Deren Nachbarn sind die Kiliker, die hier ans Meer grenzen, wo du die Insel Kypros liegen siehst. Fünfhundert Talente zahlen sie dem Könige als jährliche Abgabe. An die Kiliker grenzen hier die Armenier, auch sie sind reich an Herden, und an die Armenier die Matiener, die dies Land hier bewohnen. Dann kommt das Land Kissien, in dem hier an diesem Flusse Choaspes die Hauptstadt Susa liegt, wo der Großkönig wohnt und die Schatzhäuser sind. Wenn ihr diese Stadt erobert, so könnt ihr euch an Reichtum getrost mit Zeus selber messen. Wozu streitet ihr euch um kleine Gebiete, die nicht einmal reich sind, mit ebenbürtigen Gegnern wie den Messeniern, mit Arkadern und

Argeiern, bei denen es weder Gold noch Silber gibt, um das zu kämpfen und zu sterben sich verlohnte! Ohne Mühe könnt ihr Herren von ganz Asien sein, und ihr besinnt euch noch?«

So sprach Aristagoras. Kleomenes antwortete:

»Freund aus Milet! Warte drei Tage, so sollst du Antwort haben.«

50. Das war der Erfolg ihres ersten Gespräches. Als nun der Tag der Antwort herankam und sie sich an dem verabredeten Orte trafen, fragte Kleomenes den Aristagoras, wieviel Tagereisen es von der ionischen Küste zum Perserkönige seien. Und Aristagoras, der sonst ein kluger Mann war und jenen sehr wohl hätte hintergehen können, ließ sich hier überrumpeln. Statt die Wahrheit zu verschweigen, was er hätte tun müssen, um die Spartiaten nach Asien zu locken, sagte er offen, daß es ein Weg von drei Monaten sei[57]. Da schnitt jener alles, was Aristagoras noch weiter von dem Wege sagen wollte, mit den Worten ab:

»Freund aus Milet, verlasse Sparta, noch ehe die Sonne untergeht! Du willst die Lakedaimonier drei Monate weit vom Meere ins Land führen, das ist keine annehmbare Bedingung für sie.«

51. So sprach Kleomenes und ging in sein Haus. Aber Aristagoras nahm einen Ölzweig und ging ihm nach. Er trat ins Haus und bat Kleomenes wie ein Schutzflehender um Gehör. Doch bat er, vorher das Kind hinauszuschicken; es stand nämlich bei Kleomenes seine Tochter, namens Gorgo, sein einziges Kind, acht oder neun Jahre alt. Kleomenes hieß ihn seine Wünsche vorbringen, ohne Rücksicht auf das Kind. Da versprach ihm Aristagoras zuerst zehn Talente, wenn er seine Bitte erfüllte. Als Kleomenes sich weigerte, erhöhte Aristagoras sein Angebot immer mehr und versprach ihm schließlich fünfzig Talente. Da sagte das Kind: »Vater, der Fremde wird dich zum Bösen verführen, wenn du nicht fortgehst.« Kleomenes ging froh über die Mahnung des Kindes in ein anderes Zimmer, und Aristagoras verließ unverrichteter Sache Sparta. Es war ihm nicht einmal möglich, den Weg zum Perserkönig genauer zu erklären.

52. Mit dieser Straße nach Susa verhält es sich folgendermaßen. Auf der ganzen Strecke befinden sich königliche Raststätten und vortreffliche Herbergen, und die Straße führt durchweg durch bewohntes, sicheres Land. Zwanzig solcher Raststätten liegen

auf lydischem und phrygischem Gebiet, das ist eine Entfernung von vierundneunzig und einer halben Parasange. Hinter Phrygien trifft sie auf den Halys, dessen Übergang durch ein Tor verschlossen ist, durch das man unbedingt hindurch muß, wenn man den Fluß überqueren will. Das Tor wird durch ein starkes Kastell geschützt[58]. Nun betritt man Kappadokien und durchwandert es bis an die Grenze von Kilikien, das sind achtundzwanzig Tagemärsche oder hundertvier Parasangen. An dieser Grenze muß man durch zwei Tore hindurch und an zwei Kastellen vorbei[59]. Weiter geht es durch Kilikien, drei Tagemärsche oder fünfzehn und eine halbe Parasange. Die Grenze zwischen Kilikien und Armenien bildet ein schiffbarer Fluß, namens Euphrat[60]. In Armenien sind es fünfzehn Raststätten und Tagemärsche, also sechsundfünfzig und eine halbe Parasange. Auch dort ist ein Kastell. Weiter kommt man ins Land Matiene; das sind vierunddreißig Tagemärsche oder hundertsiebenunddreißig Parasangen. Vier schiffbare Flüsse fließen durch dies Land[61], die man alle zu Schiffe überqueren muß, zuerst der Tigris, dann ein zweiter und dritter, die ebenfalls Tigris heißen, ohne jedoch jener Fluß zu sein und aus demselben Lande zu kommen. Der erstgenannte Tigris kommt aus Armenien, der zweite aus Matiene. Der vierte dieser Flüsse hat den Namen Gyndes; es ist derselbe, den Kyros einst in dreihundertsechzig Kanäle geteilt hat. Weiter kommt man durch Kissia[62] und braucht elf Tagemärsche oder zweiundvierzig und eine halbe Parasange bis zum Choaspes, der ebenfalls schiffbar ist. Am Choaspes liegt die Stadt Susa[63].

Die ganze Straße von Sardes bis nach Susa ist also hundertelf Tagemärsche lang, ebensoviele Raststätten und Herbergen findet man. 53. Ist die Zahl der Parasangen richtig angegeben und beträgt eine Parasange dreißig Stadien — was in der Tat der Fall ist —, so ist die königliche Straße von Sardes bis nach der Königsburg in Susa, genannt Memnonsstadt[64], dreizehntausendfünfhundert Stadien lang; denn es sind vierhundertfünfzig Parasangen. Rechnet man auf den Tagemarsch hundertfünfzig Stadien, so braucht man also gerade neunzig Tage.

54. So hatte Aristagoras von Milet recht, wenn er zu Kleomenes von Lakedaimon sagte, zum Perserkönig sei es ein Weg

von drei Monaten. Will jemand die Dauer noch genauer wissen, so will ich hinzufügen, daß man auch die Entfernung zwischen Sardes und Ephesos dazurechnen muß. Ich kann daher die Strecke von der Küste des hellenischen Meeres bis nach der Stadt Susa, die auch Memnonsstadt genannt wird, auf im ganzen vierzehntausendundvierzig Stadien ansetzen. Von Ephesos bis Sardes sind es nämlich fünfhundertvierzig Stadien, so daß die Reise noch drei Tage länger als drei Monate dauert[65].

55. Als Aristagoras Sparta verlassen hatte, ging er nach Athen. Athen hatte sich auf folgende Weise von seinen Tyrannen befreit. Hipparchos, der Sohn des Peisistratos und Bruder des Tyrannen Hippias, wurde von Aristogeiton und Harmodios, ihrem Stamme nach Gephyraier[66], ermordet. Er hatte sein Schicksal im Traume deutlich vorausgesehen. Nach seinem Tode dauerte die Tyrannenherrschaft in Athen noch vier Jahre lang fort und war drückender als vorher. Mit dem Traum des Hipparchos verhielt es sich folgendermaßen. 56. In der Nacht vor dem Feste der Panathenaien träumte ihm, ein großer schöner Mann träte zu ihm und spräche folgende dunkle Worte:

> Trag Unerträgliches, Löwe, im Tragen gewohnten Gemüte!
> Nie entging der frevelnde Mensch jemals seiner Strafe.

Sobald der Tag kam, legte er, wie man sicher weiß, den Traum den Traumdeutern vor, nahm dann aber, ohne ihn weiter zu beachten, an dem Festzuge[67] teil, bei dem er seinen Tod fand.
57. Die Gephyraier, deren Stamme die Mörder des Hipparchos angehörten, sind, wie sie selber sagen, ursprünglich aus Eretria gekommen. Durch Nachfragen habe ich aber erkundet, daß sie Phoiniker waren und zu jenen Einwanderern gehörten, die mit Kadmos nach der heute Boiotien heißenden Landschaft kamen. Dort war ihnen durchs Los das Gebiet von Tanagra zugefallen. Die Kadmeier waren vorher durch die Argeier aus diesem Gebiet vertrieben worden, und jetzt wurden die Gephyraier durch die Boioter vertrieben und wandten sich nach Athen. Die Athener nahmen sie in ihre Bürgerschaft auf, legten ihnen aber viele nicht weiter erwähnenswerte Beschränkungen auf[68].
58. Jene mit Kadmos in Hellas eingewanderten Phoiniker, unter

denen auch die Gephyraier waren, haben durch ihre Ansiedlung in Boiotien viele Wissenschaften und Künste nach Hellas gebracht, so z. B. die Schriftzeichen, die die Hellenen, wie ich glaube, bis dahin nicht gekannt hatten[69]. Anfangs benutzten die Kadmeier dieselben Buchstaben wie alle anderen Phoiniker. Später aber veränderte sich allmählich mit ihrer Sprache auch die Form ihrer Buchstaben. Der hellenische Stamm, der damals ihr hauptsächlicher Nachbar war, waren die Ioner. Sie übernahmen die Buchstaben von den Phoinikern, bildeten sie auch ihrerseits ein wenig um und nannten sie Phoinikeia, was recht und billig war, denn die Phoiniker hatten sie ja in Hellas eingeführt[70]. Ebenso nennen die Ioner von alters her die Bücher Häute, weil sie vor Zeiten in Ermangelung von Byblos auf Ziegen- und Schafhäuten schrieben[71]. Noch heute schreiben viele Barbarenvölker auf solchen Häuten[72].

59. Buchstaben aus der Zeit des Kadmos[73] habe ich selber gesehen, im Heiligtum des Apollon Ismenios im boiotischen Theben. Sie sind in Dreifüße eingeritzt und gleichen den ionischen Buchstaben sehr. Die Inschrift auf dem einen Dreifuß lautet:

> Amphitryon für die Teleboaer hat mich gestiftet.

Das mag zur Zeit des Laios, Sohnes des Labdakos, Enkels des Polydoros, Urenkels des Kadmos, gewesen sein. 60. Auf dem anderen Dreifuß steht folgender Spruch in Hexametern:

> Skaios, der Sieger im Faustkampf, hat dieses herrliche Weihstück
> Dankend dem fernhintreffenden Gott Apollon gestiftet.

Dieser Skaios mag der Sohn des Hippokoon sein. War er und nicht ein Namensvetter des Hippokoonsohnes der Stifter, so gehört der Dreifuß in die Zeit des Oidipus, des Sohnes des Laios. 61. Ein dritter Dreifuß hat ebenfalls eine Inschrift in Hexametern:

> Laodamas, ein König, hat dieses herrliche Weihstück
> Dankend dem fernhinspähenden Gott Apollon gestiftet.

Unter der Regierung dieses Laodamas, Sohnes des Eteokles, wurden die Kadmeier von den Argeiern vertrieben und wandten sich zu den Encheleern[74]. Die Gephyraier blieben und wichen später vor den Boiotern nach Athen. In Athen haben sie sich Heiligtümer erbaut, an denen die übrigen Athener keinen Teil haben. Sie sind verschieden von den anderen Heiligtümern, so namentlich der Tempel und der Geheimkult[75] der Demeter Achaiia.

62. Soviel wollte ich von dem Traum des Hipparchos und von der Herkunft der Gephyraier, aus deren Stamm seine Mörder waren, mitteilen. Nun muß ich zu der Geschichte zurückkehren, die ich eigentlich erzählen wollte, nämlich zur Befreiung Athens von den Tyrannen. Hippias also war Tyrann, und seine Erbitterung auf die Athener wegen der Ermordung des Hipparchos war groß. Nun waren die Alkmeoniden, eine athenische Familie, von den Peisistratiden verbannt worden[76]. Da ihr Versuch, mit anderen Verbannten zusammen die Rückkehr mit Gewalt zu erzwingen, nicht gelang, da sie bei diesem Versuch, Athen zu befreien, sogar eine schwere Niederlage erlitten, befestigten sie den Ort Leipsydrion, nördlich von Paionia[77]. Von hier aus setzten die Alkmeoniden alles gegen die Peisistratiden in Bewegung. Sie ließen sich von den Amphiktyonen[78] den Bau des heutigen Tempels in Delphi, der damals noch nicht stand, übertragen. Da sie reich und ein altes angesehenes Geschlecht waren, führten sie den Bau großartiger aus, als der Plan vorschrieb. So nahmen sie zum Bau der Vorderseite Marmor, nicht Porosstein, wie durch den Vertrag abgemacht war.

63. Die Athener erzählen, die Alkmeoniden hätten während ihres Aufenthalts in Delphi die Pythia bestochen, sie sollte alle Spartaner, die in persönlichen Angelegenheiten oder im Auftrag des Staates nach Delphi kämen, um das Orakel zu befragen, zur Befreiung Athens aufrufen. Als die Lakedaimonier immer wieder denselben Orakelspruch erhielten, sandten sie endlich ein Heer unter dem angesehenen Spartiaten Anchimolios, Sohn des Aster, zur Vertreibung der Peisistratiden aus Athen ab, obwohl sie mit ihnen eng befreundet waren. Die Pflichten gegen die Götter hielten sie höher als die gegen die Sterblichen. Zu Schiffe gelangte das Heer nach Attika, landete in Phaleron und stieg ans Land[79].

Die Peisistratiden waren von dem Zuge unterrichtet und hatten

Hilfe aus Thessalien geholt. Mit den Thessalern hatten sie nämlich ein Bündnis geschlossen. Auf ihre Bitte sandten die Thessaler nach einmütigem Entschluß tausend Reiter mit ihrem König Kineas aus Konion[80]. Nun führten die Peisistratiden den Krieg auf folgende Weise. Sie säuberten die Ebene von Phaleron, so daß sie für Pferde zugänglich wurde, und schickten die Reiterei gegen das spartanische Heer aus. Bei diesem Überfall kamen viele Lakedaimonier um, unter ihnen auch Anchimolios, die Überlebenden wurden in die Schiffe gedrängt. So lief der erste Kriegszug aus Lakedaimon übel aus. Es gibt ein Grabmal des Anchimolios in Alopekai in Attika, nahe dem des Herakles in Kynosargos[81].

64. Jetzt schickten die Lakedaimonier ein größeres Heer gegen Athen und stellten an dessen Spitze den König Kleomenes, Sohn des Anaxandrides. Es kam diesmal nicht zu Wasser, sondern zu Lande. Als es in Attika eindrang, kam es zunächst zu einem Treffen mit der thessalischen Reiterei, die aber bald kehrt machte und über vierzig Mann verlor. Da machten sich die Überlebenden davon und kehrten geradenwegs nach Thessalien zurück. Kleomenes zog in die Stadt ein und belagerte gemeinsam mit den freigesinnten Athenern die Tyrannenpartei, die sich in die pelargische Burg[82] zurückgezogen hatte.

65. Aber die Lakedaimonier hätten ganz gewiß nicht die Burg erobert — sie waren gar nicht für eine Belagerung gerüstet, und die Peisistratiden waren mit Lebensmitteln wohl versehen —, sie wären nach wenigen Tagen heimgekehrt nach Sparta, wenn nicht ein Ereignis eingetreten wäre, das für jene ungünstig, für die Belagerer ein Glück war. Die Söhne der Peisistratiden wurden bei einem heimlichen Fluchtversuch aus Attika gefangen genommen. Dadurch war die ganze Lage zu Ungunsten der Peisistratiden verändert. Gegen Auslieferung der Kinder ergaben sie sich unter der von den Athenern gestellten Bedingung, innerhalb von fünf Tagen Attika zu verlassen. Sie wanderten nach Sigeion am Skamandros[83] aus. Sechsunddreißig Jahre hatte die Familie über Athen geherrscht. Ebenso wie die ehemaligen Könige Athens, das Geschlecht des Kodros und Melanthos, Eingewanderte waren, nämlich Pylier und Nachkommen des Neleus[84], so auch die Peisistratiden. Daher hatte

auch Hippokrates seinem Sohne den Namen Peisistratos gegeben: zum Gedächtnis an Nestors Sohn Peisistratos.
So waren die Athener frei geworden. Ich will nun auch gleich die erwähnenswerten Taten und Schicksale der Stadt zwischen ihrer Befreiung und dem Abfall Ioniens von Dareios, also bis zur Ankunft des Aristagoras in Athen und seiner Bitte um Hilfe, erzählen.
66. Athen war schon vorher eine große Stadt, wurde aber nach Befreiung von den Tyrannen noch mächtiger. Zwei Männer hatten die Gewalt in Händen: der Alkmeonide Kleisthenes, der damals die Pythia bestochen haben soll, und Isagoras, Sohn des Teisandros, der aus angesehenem Hause stammte, ohne daß ich aber seine Abkunft angeben könnte; seine Familie opfert dem Zeus Karios[85]. Diese beiden Männer kämpften um die Herrschaft. Da Kleisthenes unterlag, begann er das niedere Volk auf seine Seite zu ziehen. Darauf ersetzte er die vier Phylen, aus denen die athenische Bürgerschaft bestand, durch zehn Phylen. Die bisherigen Namen der Phylen — die nach den vier Söhnen des Ion: Geleon, Aigikores, Argades, Hoples benannt waren[86] — schaffte er ab und wählte die Namen anderer Heroen; außer Aias waren es lauter Stammesheroen Athens, und den fremden Aias nahm er, weil er Nachbar und Bundesgenosse der Stadt gewesen war.
67. Diese Neuordnung hat Kleisthenes meines Dafürhaltens nach dem Vorbilde seines mütterlichen Großvaters Kleisthenes, des Tyrannen von Sikyon[87] eingeführt. Dieser ältere Kleisthenes hatte während eines Krieges gegen Argos den Rhapsoden verboten, in Sikyon ihre Wettgesänge zu veranstalten, weil nämlich in den epischen Liedern Homers fast überall die Argeier und die Stadt Argos besungen werden. Ferner wollte er auch den Kult des Adrastos, Sohnes des Talaos, der auf dem Marktplatz in Sikyon einen Heroentempel hatte und noch jetzt hat, beseitigen und den Heros, weil er Argeier war, aus dem Lande weisen. Er ging nach Delphi, um das Orakel zu befragen, ob er den Kult des Adrastos aus Sikyon hinausweisen dürfe. Die Pythia aber antwortete: Adrastos sei König, er bloß Peiniger von Sikyon. Da er seinen Zweck bei dem Gotte nicht erreichte, kehrte er heim und überlegte, wie er den Adrastos

selber zur Auswanderung bewegen könnte. Als er ein Mittel gefunden zu haben glaubte, schickte er nach Theben in Boiotien und ließ sagen, er möchte gern den Heros Melanippos, Sohn des Astakos, nach Sikyon überführen. Die Thebaner willigten ein. Kleisthenes führte also Melanippos nach Sikyon, wies ihm eine Kultstätte dicht am Prytaneion an und erbaute ihm den Tempel an der sichersten Stelle der Stadt. Der Grund dieser Überführung des Melanippos — das muß ich hinzusetzen — war dessen grimmige Feindschaft mit Adrastos, der des Melanippos Bruder Mekisteus und seinen Schwiegervater Tydeus getötet hatte[88]. Nach Errichtung des Tempels entzog Kleisthenes dem Adrastos die Opfergaben und Feste und übertrug sie auf Melanippos. Die Sikyonier hatten nämlich dem Adrastos einen sehr reichen Kult gewidmet. Adrastos hatte die Herrschaft über Sikyon von seinem sterbenden Schwiegervater Polybos, der König und ohne Söhne war, erhalten. Unter anderen Ehren, die die Sikyonier dem Adrastos erwiesen, war auch die Aufführung tragischer Chöre, die des Adrastos Leiden zum Gegenstand hatten. Statt des Dionysos feierten sie also den Adrastos. Kleisthenes übertrug jetzt die tragischen Aufführungen auf Dionysos und den übrigen Kult auf Melanippos.

68. Aber er bewies seine Feindschaft gegen Argos noch auf andere Weise. Er ersetzte die dorischen Phylennamen durch andere, damit in Sikyon nicht dieselben seien wie in Argos. Dabei zeigte er erst recht seine Verachtung gegen die Sikyonier. Er wählte nämlich die Namen: Schwein, Esel, Ferkel und fügte nur eine Endung daran. Nur bei seiner eignen Phyle wählte er eine Zusammensetzung mit 'Herrscher'. So erhielten die Angehörigen dieser Phyle den Namen Archelaer, die der anderen hießen Hyaten, Oneaten und Choireaten. Dieser Phylennamen bedienten sich die Sikyonier nicht nur, solange Kleisthenes Herrscher war, sondern noch sechzig Jahre nach seinem Tode. Dann vereinbarten sie miteinander, zu den alten Namen: Hylleer, Pamphyler, Dymanaten zurückzukehren, und fügten als vierten: Aigialeer hinzu, nach dem Namen des Aigialeus, Sohnes des Adrastos.

69. Das hatte also Kleisthenes von Sikyon getan. Kleisthenes von Athen nun, der Tochtersohn jenes Kleisthenes von Sikyon,

nach dem er seinen Namen hatte, verachtete, wir mir scheint, die Ioner ebenso wie jener die Dorier und wollte ebenfalls nicht, daß die Athener dieselben Phylennamen hätten wie die Ioner. Nachdem er das vordem von allen Rechten und Ehren ausgeschlossene Volk in Athen auf seine Seite gebracht hatte, änderte er die Namen der Phylen und vermehrte die Zahl. Er ernannte statt vier Phylenhäuptern deren zehn und verteilte auch die Demen auf die zehn Phylen[89]. So hatte er durch seine Hinneigung zum Volk die Gegenpartei weit überflügelt.

70. Der unterlegene Isagoras suchte sich dadurch zu helfen, daß er Kleomenes von Lakedaimon herbeirief, der sein Gastfreund von der Belagerung der Peisistratiden her war; doch warf man Kleomenes vor, daß er bei der Frau des Isagoras aus und ein ginge. Zuerst also schickte Kleomenes einen Herold nach Athen und forderte die Verbannung des Kleisthenes und einer Reihe anderer Athener, die er als 'Blutschuldige' bezeichnete. Veranlaßt war diese Forderung durch Isagoras. Denn die Alkmeoniden und ihre Partei trugen die Schuld an jenem Morde, während Isagoras und seine Freunde nicht daran beteiligt waren.

71. Mit der Benennung 'Blutschuldige' verhielt es sich folgendermaßen. In Athen gab es einen olympischen Sieger Kylon[90]. Er gebärdete sich, als wolle er Tyrann von Athen werden, gewann seine jugendlichen Altersgenossen für sich und versuchte, sich der Akropolis zu bemächtigen. Der Versuch mißlang, und er setzte sich schutzsuchend unter das Bild der Göttin. Die Vorsteher der Naukrarien[91], die damals die Leiter der Stadt waren, versprachen den Aufrührern Begnadigung, worauf diese den Asylort verließen. Daß sie trotzdem getötet wurden, fällt den Alkmeoniden zur Last. Dies hatte sich bereits vor der Zeit des Peisistratos ereignet.

72. Als Kleomenes die Verbannung des Kleisthenes und der Blutschuldigen forderte, entfloh Kleisthenes ohne die anderen. Nichtsdestoweniger erschien Kleomenes in Athen mit einem nicht großen Heere und vertrieb als blutschuldig siebenhundert athenische Familien, die ihm Isagoras bezeichnete. Darauf versuchte er den athenischen Rat[92] aufzulösen und verteilte die Regierungsämter unter dreihundert Parteigänger des Isagoras. Da der Rat Einspruch erhob und sich nicht fügen wollte, be-

mächtigten sich Kleomenes, Isagoras und dessen Partei der Akropolis. Von den übrigen Athenern, die sich geeinigt hatten, wurden sie zwei Tage belagert. Am dritten Tage kam ein Vertrag zustande, und alle Lakedaimonier mußten das Land räumen. Damit ging ein Wort in Erfüllung, das zu Kleomenes gesprochen worden war. Als er nämlich auf die Akropolis gegangen war, um sie zu besetzen, trat er auch in das heilige Gemach der Göttin, als wolle er beten[93]. Aber die Priesterin erhob sich von ihrem Sessel, ehe er noch die Schwelle überschritten hatte, und sagte:

»Fremdling aus Sparta, zurück! Tritt nicht ins Heiligtum! Kein Dorier darf hier herein.«

Er antwortete: »Frau, ich bin ein Achaier, kein Dorier.«

Ohne das warnende Wort zu beachten, erzwang er den Eintritt, und dafür mußte er jetzt mit seinen Lakedaimoniern das Land verlassen. Die anderen Athener wurden gefangen gesetzt und hingerichtet, unter ihnen auch Timesitheos aus Delphi, von dessen kraftvollen und mutigen Taten ich sehr viel erzählen könnte.

73. Sie also wurden getötet und Kleisthenes sowie die siebenhundert von Kleomenes vertriebenen Familien zurückgerufen. Darauf schickten die Athener eine Gesandtschaft nach Sardes, um mit den Persern ein Bündnis zu schließen. Sie dachten an ihre Feinde, die Lakedaimonier und Kleomenes. Als die Boten in Sardes ankamen und ihren Auftrag ausrichteten, fragte der Satrap von Sardes, Artaphernes, Hystaspes' Sohn, was für ein Volk es wäre und wo es wohnte, das Bundesgenosse der Perser sein wolle. Als man ihm Bescheid gab, fertigte er die Boten mit der kurzen Erwiderung ab, wenn die Athener dem König Dareios Erde und Wasser gäben, wolle er das Bündnis mit ihnen abschließen, wenn nicht, sollten sie sich fortmachen. Die Boten erklärten auf eigne Verantwortung die Bereitwilligkeit Athens, weil sie das Bündnis gern zustande bringen wollten. Als sie in die Heimat zurückkehrten, machte man ihnen schwere Vorwürfe darüber.

74. Kleomenes glaubte sich durch Wort und Tat von den Athenern mißhandelt und verhöhnt und versammelte in der ganzen Peloponnes ein Heer. Den Zweck verschwieg er, doch wollte er an dem athenischen Volk Rache üben und Isagoras zum

Tyrannen von Athen machen. Isagoras war nämlich mit ihm aus der Akropolis abgezogen. Er fiel also mit einem großen Heere bei Eleusis[94] ins Land, und die Boioter eroberten der Verabredung gemäß die Grenzdörfer Attikas Oinoe und Hysiai[95]. Auf der anderen Seite griffen die Chalkider an und verwüsteten die attischen Felder. Die Athener, von mehreren Seiten bedrängt, beschlossen, sich gegen die Boioter und Chalkider erst später zu wenden, und zogen den Peloponnesiern nach Eleusis entgegen.

75. Als die Schlacht beginnen sollte, überlegten zuerst die Korinthier, daß der Krieg eigentlich ungerecht sei, machten kehrt und zogen davon. Ihnen folgte Demaratos, der Sohn des Ariston, der zweite König von Sparta und Mitfeldherr des lakedaimonischen Heeres. Vordem war er mit Kleomenes nicht uneins gewesen; aber seit dem Streit, der sich jetzt zwischen ihnen entspann, wurde in Sparta gesetzlich verboten, daß beide Könige mit einem Heere zu Felde zögen, was bisher der Fall gewesen war. Und mit dem einen König sollte auch einer der Tyndariden[96] daheim gelassen werden; bisher waren auch sie beide als Helfer und Beschützer zum Mitzuge aufgeboten worden.

76. Als die übrigen Bundesgenossen in Eleusis sahen, daß die Könige uneinig waren und die Korinthier die Schlachtreihe verließen, zogen auch sie ab und kehrten nach Hause zurück. Das war das viertemal, daß Dorier in Attika erschienen. Zweimal kamen sie in feindlicher Absicht, zweimal zum Schutze der athenischen Demokratie. Ihr erstes Erscheinen war die Besiedelung Megaras — dieser Zug wird wohl mit Recht in die Zeit des Königs Kodros von Athen verlegt —; das zweite und dritte Mal kamen spartanische Heere, um die Peisistratiden zu vertreiben; das vierte Erscheinen war der jetzige Einfall des Kleomenes in Eleusis an der Spitze der peloponnesischen Stämme. So waren jetzt zum vierten Male Dorier in athenisches Gebiet eingerückt.

77. Die feindliche Heeresmacht hatte sich ruhmlos aufgelöst. Da wollten die Athener nun Rache üben und unternahmen zuerst einen Zug gegen Chalkis. Die Boioter rückten, um die Chalkider zu unterstützen, an den Euripos. Als die Athener das sahen, beschlossen sie, zunächst die Boioter anzugreifen. Es

kam zum Kampfe, und die Boioter wurden völlig geschlagen. Eine große Zahl fiel, und siebenhundert Mann wurden von den Athenern gefangen genommen. Noch an demselben Tage rückten die Athener in Euboia ein, stießen mit den Chalkidern zusammen und besiegten auch sie. Viertausend athenische Bürgerkolonisten[97] ließen sie auf den Äckern der Hippoboten[98] zurück. Hippoboten heißen in Chalkis die reichen Leute. Auch in Chalkis machten sie Gefangene und legten sie zusammen mit den boiotischen Gefangenen in Ketten. Später ließen sie sie gegen ein Lösegeld von zwei Minen frei. Die Ketten, mit denen sie gefesselt gewesen, wurden auf der Akropolis aufgehängt und waren noch zu meiner Zeit vorhanden. Sie hingen an einer Mauer, die beim Brande der Akropolis in den Perserkriegen stehen geblieben war, gegenüber dem nach Westen zu gelegenen Tempelhaus. Von dem Zehnten des Lösegeldes stifteten sie ein Viergespann aus Erz. Es steht gleich linker Hand, wenn man in die Propyläen der Akropolis tritt. Die Inschrift lautet:

Als die Söhne Athens durch Heldentaten im Kriege
Die Boioter besiegt samt der Chalkider Volk,
Zähmten den Übermut sie im Verließ durch eherne Ketten,
Weihten dies Rossegespann Pallas als Zehnten davon.

78. Athen also wuchs. Die Gleichheit ist eben in jedem Betracht etwas Wertvolles und Schönes, denn als die Athener Tyrannen hatten, waren sie keinem einzigen ihrer Nachbarn im Kriege überlegen. Jetzt, wo sie von den Tyrannen befreit waren, standen sie weitaus als die Ersten da. Man sieht daraus, daß sie als Untertanen, wo sie für ihren Gebieter kämpften, absichtlich feige und träge waren, während sie jetzt, wo jeder für sich selser arbeitete, eifrig und tätig wurden.

79. Während es so in Athen stand, sandten die Thebaner nach Delphi, um wegen eines Rachezuges gegen Athen das Orakel zu befragen. Die Pythia antwortete, ihnen allein würde die Rache nicht gelingen. Sie sollten die Volksversammlung berufen und ihre Nachbarn um Hilfe bitten. Als die Boten heimgekehrt waren, verkündeten sie den Orakelspruch der Volksversammlung. Die Thebaner sagten, als sie hörten, sie sollten ihre Nachbarn zu Hilfe rufen:

»Sind nicht die Tanagraier[99], Koronaier[100] und Thespier[101] unsere Nachbarn? Sie haben doch stets an unserer Seite gekämpft und bereitwillig an unseren Kriegen teilgenommen. Warum sollten wir sie noch bitten? Das kann nicht der Sinn des Orakelspruches sein.«
80. Während sie so sprachen, sagte einer unter den Zuhörern: »Ich glaube zu verstehen, was der Orakelspruch sagen will. Die Sage geht, daß Asopos zwei Töchter gehabt hat, Thebe und Aigina. Daher sind die Aigineten unsere Brüder, und ich glaube, der Gott meint, wir sollen Aigina um Hilfe bitten[102].«
Da keiner einen besseren Rat zu geben wußte, schickten sie alsbald nach Aigina, die Stadt möchte ihnen gemäß dem Orakelspruch zu Hilfe kommen; denn die Aigineten seien ihre nächsten Nachbarn. Diese versprachen, ihnen die Aiakiden[103] als Helfer zu schicken.
81. Als die Thebaner nun den Kampf unter dem Schutze der Aiakiden versuchten und von den Athenern empfindlich geschlagen wurden, schickten sie von neuem nach Aigina, verzichteten auf die Hilfe der Aiakiden und baten um menschliche Hilfsmannschaft. Die Aigineten, durch ihren großen Reichtum hochmütig geworden, gedachten ihrer alten Feindschaft mit Athen und begannen auf die Bitte der Thebaner jetzt selber den Krieg, ohne ihn nur Athen anzusagen. Während die Athener gegen die Boioter im Felde lagen, fuhren sie in Kriegsschiffen hinüber nach Attika und plünderten Phaleron und viele andere Küstenorte. Das war ein schwerer Schlag für die Athener.
82. Die Feindschaft, die die Aigineten gegen Athen von früher her hegten, hatte folgende Gründe. In Epidauros[104] wollte das Land keine Früchte hervorbringen. Die Epidaurier fragten, um der Not zu steuern, bei dem Orakel in Delphi an. Die Pythia antwortete, sie sollten der Damia und Auxesia[105] Standbilder errichten, dann würde es ihnen besser ergehen. Die Epidaurier fragten weiter, ob die Standbilder aus Erz oder aus Stein sein sollten. Die Pythia wollte weder das eine noch das andere; aus dem Holz eines gepflanzten Ölbaumes sollten sie sein. Nun baten die Epidaurier die Athener, einen ihrer Ölbäume fällen zu dürfen, denn sie hielten die athenischen Ölbäume für die heiligsten[106]. Auch heißt es, daß es damals nirgend sonst Öl-

bäume gab als in Athen. Die Athener erklärten sich unter der Bedingung bereit, daß die Epidaurier der Athena Polias und dem Erechtheus[107] jährliche Opfergaben entrichteten. Die Epidaurier willigten ein, erhielten, was sie wünschten, und stellten die aus den Ölbäumen geschnitzten Standbilder auf. Da trug ihr Land wieder Früchte, und sie erfüllten, was sie den Athenern versprochen hatten.

83. Bis zu dieser Zeit war Aigina von Epidauros abhängig gewesen. Auch um sich Recht sprechen zu lassen und Händel innerhalb der eignen Bürgerschaft zu schlichten, fuhren die Aigineten nach Epidauros. Seit dieser Zeit aber begannen sie Kriegsschiffe zu bauen und waren keck genug, sich von Epidauros loszusagen. In den Kämpfen brachten sie ihnen große Verluste bei, weil sie Herren des Meeres waren, und raubten ihnen auch jene Standbilder der Damia und Auxesia. Sie nahmen sie mit sich und stellten sie mitten in ihrem eignen Lande auf; der Ort heißt Oia und ist etwa zwanzig Stadien von der Stadt entfernt. Dort opferten sie ihnen und führten ihnen zu Ehren Tänze der Weiber und Spottgesänge auf. Für jede Gottheit wurden zehn Männer zu Leitern der Chöre ernannt. In den Chorgesängen wurden nie die Männer, sondern immer nur die Frauen des Landes verspottet. Übrigens hatten die Epidaurier den Kult der Göttinnen auf dieselbe Weise begangen; außerdem haben sie auch Geheimkulte[108].

84. Seitdem den Epidauriern die beiden Standbilder gestohlen worden waren, erfüllten sie ihre Verpflichtungen gegen Athen nicht mehr. Da sandten die Athener nach Epidauros und drohten ihnen. Die Epidaurier wußten sich zu rechtfertigen: solange sie die Standbilder im Lande gehabt, seien sie ihren Verpflichtungen nachgekommen; jetzt, wo man sie ihnen geraubt, seien sie billigerweise auch von ihren Verpflichtungen befreit. Die Athener sollten nur die Opfergaben von den Aigineten eintreiben, denn diese hätten jetzt die Standbilder. Darauf schickten die Athener nach Aigina und forderten die Auslieferung der Standbilder. Die Aigineten gaben zur Antwort, sie hätten mit den Athenern nichts zu schaffen.

85. Das weitere erzählen die Athener anders als die Aigineten. Nach der Überlieferung der Athener ist ein einziger Drei-

ruderer mit athenischen Bürgern von der Gemeinde nach Aigina geschickt worden, die dort versucht haben, jene Standbilder, weil aus athenischem Holz gefertigt, von ihren Sockeln herabzuziehen, um sie nach Athen zu bringen. Als es so nicht gehen wollte, haben sie Stricke herumgeschlungen, um die Standbilder fortzubewegen. Während sie die Stricke anzogen, hat es plötzlich gedonnert, und zugleich ist ein Erdbeben eingetreten. Infolgedessen sind die Athener, die an den Standbildern zogen, irrsinnig geworden und haben im Wahn einander erschlagen wie Feinde, bis nur ein einziger noch am Leben war, der nach Phaleron zurückkehrte.

86. So erzählen die Athener. Die Aigineten behaupten, die Athener seien nicht mit einem einzigen Schiffe gekommen, denn ein Schiff und auch einige mehr würden sie leicht zurückgewiesen haben, auch wenn sie selber keine Schiffe gehabt hätten. Nein, mit vielen Schiffen seien sie in ihr Land gekommen, und sie, die Aigineten, seien einer Seeschlacht ausgewichen. Ob der Grund dieses Ausweichens das Gefühl ihrer Unterlegenheit war oder ob es aus der Absicht entsprang, die sie dann ausführten, können sie nicht klar dartun. Jedenfalls stiegen die Athener, da kein Verteidiger zur Stelle war, ans Land, gingen zu den Standbildern und versuchten sie mit Stricken, da es auf andere Weise nicht gehen wollte, von ihren Sockeln herabzuziehen, bis endlich beide Standbilder — was ich zwar nicht glaube, aber vielleicht mancher andere — vor ihnen auf die Knie fielen; und in dieser Stellung sind sie bis zum heutigen Tage geblieben[109]. Das also hatten die Athener getan; sie aber, so erzählen die Aigineten weiter, hatten von dem beabsichtigten Zuge der Athener Kunde erhalten und die Argeier zu Hilfe gerufen. Als die Athener auf aiginetischem Boden landeten, kamen auch die Argeier, die heimlich von Epidauros herübergesegelt waren, auf der Insel an, überfielen die ahnungslosen Athener und schnitten sie von den Schiffen ab. Und in dem Augenblick kamen auch zugleich der Donner und das Erdbeben.

87. So die Überlieferung der Argeier und Aigineten. Sie stimmen mit den Athenern darin überein, daß nur ein einziger Mann heil nach Attika zurückgekehrt sei, behaupten aber, daß dieser

Mann der Überrest des von den Argeiern vernichteten attischen Heeres gewesen sei, während die Athener die Schuld an der Vernichtung ihrer Schar der Gottheit geben. Nach der Überlieferung der Athener ist nicht einmal dieser Eine mit dem Leben davongekommen, sondern auf folgende Weise umgekommen. Er kam nach Athen und brachte die Nachricht von dem Unglück. Aber die Frauen der gegen Aigina gezogenen Männer gerieten in solche Aufregung darüber, daß er ganz allein gerettet war, daß sie ihn umringten, ihn von allen Seiten mit ihren Kleiderspangen stachen und nacheinander fragten, wo ihr Mann geblieben sei. So kam er ums Leben, und die Athener waren über die Tat der Weiber noch betrübter als über die Niederlage. Sie wußten sie nicht anders zu strafen, als daß sie die ionische Frauentracht einführten.

Bis dahin nämlich trugen die athenischen Frauen dorische Tracht, die der korinthischen ganz ähnlich ist. Jetzt mußten sie den leinenen Chiton anziehen, um keine Spangen mehr nötig zu haben. 88. Eigentlich ist diese Tracht nicht ursprünglich ionisch, sondern karisch. Alle hellenischen Frauen hatten in alten Zeiten die Tracht, die man heute die dorische nennt[110].

Die Argeier und Aigineten dagegen beschlossen, die Sitte einzuführen, daß die Spangen von jetzt ab um die Hälfte größer getragen werden sollten, ferner daß die Frauen in das Heiligtum der beiden Göttinnen vornehmlich Spangen weihen sollten. Nichts Attisches, auch keine attischen Tongefäße sollten in dem Tempel dargebracht werden, vielmehr solle man künftig dort aus kleinen einheimischen Gefäßen trinken. Seitdem also tragen bis zum heutigen Tage die argeiischen und aiginetischen Frauen, aus Haß gegen die Athener, um die Hälfte größere Spangen als früher.

89. Den Grund für die Feindschaft der Athener gegen Aigina habe ich nun erzählt.

Als jetzt die Thebaner sie um Hilfe baten, folgten daher die Aigineten im Andenken an jene Standbilder gern ihrem Ruf. Die Aigineten also verwüsteten die attische Küste, und als die Athener ihnen entgegentreten wollten, kam ein Orakelspruch aus Delphi, sie sollten dreißig Jahre über diese Unbill der Aigineten vergehen lassen und erst im einunddreißigsten Jahre, nach

Erbauung eines Tempels für den Heros Aiakos[111], den Krieg gegen Aigina beginnen. Dann würden ihre Wünsche in Erfüllung gehen. Wenn sie gleich jetzt gegen Aigina zögen, würden ihnen in den dreißig Jahren viele Niederlagen und Erfolge, aber erst am Ende der volle Sieg beschieden sein. Als die Athener diesen Orakelspruch erhielten, errichteten sie zwar dem Aiakos ein Heiligtum — es steht noch jetzt auf dem Marktplatz —, aber die Forderung, dreißig Jahre lang die Übergriffe der Aigineten ruhig zu ertragen, vermochten sie nicht zu erfüllen.

90. Aber während sie sich zum Rachezug rüsteten, kam ein Hemmnis von seiten der Lakedaimonier. Die Lakedaimonier hatten erfahren, was die Alkmeoniden mit der Pythia getan und was wiederum die Pythia mit Sparta und den Peisistratiden getan hatte, und sie bereuten, daß sie ihre Freunde aus ihrem Reiche vertrieben hatten, und waren ergrimmt, daß ihnen die Athener nicht einmal dankbar dafür waren. Außerdem wurden sie durch Orakelbücher aufgeregt, die von vielem Unheil sprachen, das ihnen von Athen her kommen würde. Diese Weissagungen erfuhren sie erst durch Kleomenes, der sie nach Sparta mitbrachte. Kleomenes hatte sie auf der Akropolis in Athen gefunden; denn vorher waren diese Orakelbücher im Besitze der Peisistratiden gewesen, die sie nach ihrer Vertreibung in dem Heiligtum hatten liegen lassen. Kleomenes fand sie und nahm sie mit[112].

91. Als die Lakedaimonier in Besitz dieser Weissagungen gekommen waren, als sie ferner sehen mußten, daß Athen an Macht zunahm und ihnen nicht mehr gehorchen wollte, da sagten sie sich, daß das attische Volk im Zustande der Freiheit ihnen wohl gewachsen, in der Knechtschaft jedoch schwach und zum Gehorchen bereit wäre, und da ihnen dies alles klar wurde, ließen sie Hippias, Peisistratos Sohn, aus Sigeion am Hellespontos kommen, wohin sich die Peisistratiden geflüchtet hatten. Als Hippias auf ihren Ruf hin gekommen, beschieden die Spartiaten auch die Boten ihrer anderen Bundesgenossen zu sich und sprachen zu ihnen folgendermaßen:

»Bundesgenossen! Wir sehen ein, daß wir nicht recht gehandelt haben. Durch falsche Orakelsprüche aufgereizt, haben wir unsere besten Freunde, die Athen im Zaum zu halten versprochen hatten, aus dem Vaterlande vertrieben und haben dem undankbaren athenischen Volke die Stadt übergeben. Nachdem es, durch uns befreit, sein Haupt erhoben, da hat es in frevelhaftem Übermut uns und unseren König verjagt und nimmt jetzt zu an Ruhm und Aufgeblasenheit. Dies haben namentlich seine Nachbarn, die Boioter und Chalkider, schon fühlen müssen, aber auch mancher andere wird vielleicht zu fühlen bekommen, daß er sich verrechnet hat. Da wir nun diesen Fehler gemacht haben, so wollen wir jetzt gemeinsam mit euch Rache zu üben suchen! Darum haben wir Hippias hier und euch Gesandte der Städte zu uns beschieden, um ihn nach gemeinsamem Plan und mit gemeinsamem Heere nach Athen zurückzuführen und ihm zurückzugeben, was wir ihm genommen haben.«

92. So sprachen die Lakedaimonier, aber die meisten ihrer Bundesgenossen billigten ihre Worte nicht. Die anderen schwiegen zwar, Soklees von Korinth jedoch sprach:

»Wahrlich! So wenig der Himmel sich je unter die Erde senken und die Erde sich in die Luft über den Himmel erheben wird, so wenig die Menschen ihre Wohnung im Meere und die Fische ihre Wohnung an den Wohnorten der Menschen aufschlagen werden, so wenig könnt ihr, Lakedaimonier, Freiheit und Gleichheit aufheben und anfangen, Tyrannenherrschaft in den Städten einzuführen. Es gibt auf der Welt nichts, woran mehr Ungerechtigkeit und Blut klebt. Haltet ihr es wirklich für recht und gut, daß Tyrannen über die Städte herrschen, so setzt doch zuerst über euch selber einen Tyrannen und geht erst dann daran, sie den anderen zu geben. Nun aber handelt ihr, die ihr selbst Tyrannen an euch nie erfahren habt und euch wohl vorseht, daß so etwas in Sparta nicht aufkomme, so schlecht an euren Bundesgenossen. Hättet ihr die gleichen Erfahrungen wie wir, so urteiltet ihr darüber richtiger.«

Bei den Korinthiern nämlich wurde die Stadt folgendermaßen verwaltet: es bestand Oligarchie, und die Familie der Bakchiaden war die herrschende in der Stadt[113]. Sie heirateten nur innerhalb ihres Geschlechts. Nun hatte Amphion, ein Bakchiade, eine gelähmte Tochter, namens Labda. Da kein Bakchiade diese Tochter freien wollte, nahm sie Eetion, der Sohn des Echekrates, zur Gattin. Er stammte aus dem Demos Petra und war seiner Abkunft nach ein Lapithe und Kaineide[114]. Es wurden ihm keine Kinder geboren, weder von dieser noch von einer anderen Frau. Da reiste er nach Delphi, um wegen seiner Nachkommenschaft das Orakel zu befragen. Kaum war er aber in den Tempel getreten, so redete ihn die Pythia mit folgenden Versen an:

> Eetion, dem Ehre gebührt, doch ehret dich keiner!
> Labda gebiert einen rollenden Stein, der einstmals wird fallen
> Auf das allein gebietende Haus, und strafen Korinthos.

Dieser Orakelspruch, den Eetion erhielt, wurde auch den Bakchiaden bekannt, die schon vorher einen dunklen Orakelspruch, der auf dasselbe hindeutete wie der des Eetion, nach Korinthos erhalten hatten. Er lautete:

> Heckt ein Adler im Felsen, geboren wird aber ein Löwe,
> Stark und mordend, der viele dereinst in die Knie läßt sinken.
> Überlegt euch das wohl, Korinthier, die ihr das schöne
> Peirene bewohnt und das hochgebaute Korinthos.

Diesen Spruch hatten damals die Bakchiaden nicht zu deuten gewußt. Als sie aber jetzt von dem Spruch hörten, den Eetion erhalten, begriffen sie gleich, daß der frühere mit dem des Eetion übereinstimmte. In dieser Einsicht blieben sie ruhig, denn sie wollten den Sohn des Eetion töten. Sobald seine Frau geboren hatte, schickten sie zehn aus ihrer Mitte nach dem Demos, in welchem Eetion wohnte, die das Kind töten sollten. Sie kamen in dem Demos Petra an, traten in den Hof des Eetion und forderten das Kind. Labda wußte nichts von dem Zweck ihres Kommens; sie glaubte, die Männer bäten aus Freundschaft für den Vater um das Kind, brachte es und legte es dem einen in den Arm. Unterwegs aber hatten diese sich geeinigt, wer das Kind zuerst empfinge, sollte es auf die Erde werfen. Als nun Labda dem einen das Kind gab, lachte es wie durch göttliche Eingebung ihn an. Da brachte er es nicht übers Herz, es zu töten und gab es mitleidig dem zweiten. Der gab es dem dritten, und so ging es durch die Hände aller zehn Männer, und keiner konnte sich zu der Tat entschließen. So gaben sie es denn der Mutter zurück und verließen das Haus.

Vor der Tür aber blieben sie stehen und schalten einander, namentlich den, der das Kind zuerst genommen hatte, daß er die getroffene Verabredung nicht inne gehalten habe. Endlich beschlossen sie, ins Haus zurückzugehen und gemeinsam den Mord zu vollbringen. Allein, aus der Nachkommenschaft Eetions sollte nun einmal Unsegen für Korinth erwachsen. Labda hatte nämlich an der Tür gestanden und alles gehört. In ihrer Angst, die Männer möchten anderen Sinnes werden, das Kind noch einmal verlangen und es töten, nahm sie es und versteckte es an dem verborgensten Orte, den sie wußte, nämlich in einer Truhe. Sie wußte, wenn die Männer kamen und nach ihm fragten, würden sie alles durchsuchen. So geschah es auch. Sie kamen und suchten es, und da sie es nicht fanden, beschlossen sie, heimzukehren und ihren Auftraggebern zu sagen, sie hätten alles ausgeführt, was ihnen aufgetragen worden.

Sie gingen und sagten das, und der Sohn des Eetion wuchs heran und erhielt von jener Gefahr her, der er entronnen war, den Namen Kypselos[115]. Als Kypselos erwachsen war, befragte er das Orakel in Delphi und erhielt einen doppelt verheißungsvollen Orakelspruch. Im Vertrauen auf ihn suchte er sich Korinths zu bemächtigen und wurde Herr der Stadt. Der Spruch lautete so:

> Glückgesegnet ist der, der ins Haus mir soeben gekommen,
> Kypselos, der Eëtide, der König des großen Korinthos
> Sein wird und nach ihm die Söhne, wenn einst auch nicht mehr die Enkel.

Das war der Orakelspruch. Und als Kypselos sein Ziel erreicht hatte, herrschte er sehr gewalttätig, verbannte viele Korinthier, raubte vielen anderen ihre Güter und noch viel zahlreicheren das Leben. Nach dreißigjähriger Regierung starb er eines ruhigen Todes, und in der Herrschaft folgte ihm sein Sohn Periandros. Periandros war zu Anfang milder als sein Vater, aber nachdem er durch Boten mit Thrasybulos, dem Tyrannen von Milet, Verbindung aufgenommen hatte, wurde er weit blutdürstiger als Kypselos. Er schickte nämlich einen Herold zu Thrasybulos und fragte, wie er es am sichersten einrichten könnte, daß er seine Stadt auf das beste verwalte. Thrasybulos führte Periandros' Boten aus der Stadt, trat in ein Kornfeld und fragte ihn im Hindurchgehen wieder und wieder nach dem Zweck seines Kommens, während er dabei alle Ähren, die er über die anderen hervorragen sah, ausriß und fortwarf, bis er den schönsten und dichtesten Teil des Feldes auf solche Weise verwüstet hatte. Ohne ihm weiter eine Antwort zu geben, entließ er darauf den Herold. Als dieser wieder in Korinth angelangt war, wollte Periandros gern Thrasybulos' Antwort wissen. Der Bote sagte aber, er habe keine Antwort erhalten; er wundere sich, daß ihn Periandros zu einem so geistesverwirrten Manne geschickt habe, der sein eigenes Land verwüste. Darauf erzählte er, was er von Thrasybulos gesehen hatte. Periandros verstand das sehr wohl. Er begriff, daß Thrasybulos ihm riet, die hervorragenden Bürger ums Leben zu bringen. Da wütete er denn furchtbar unter den Bürgern. Was nämlich Kypselos beim Hinrichten und Verbannen übriggelassen hatte, vollendete jetzt Periandros. Ferner ließ er eines Tages um seines Weibes Melissa[116] willen allen Frauen Korinths die Kleider ausziehen. Als er nämlich Boten zu den Thesprotern an den Acheronfluß[117] schickte, um wegen des niedergelegten Pfandes eines Gastfreundes ein Totenorakel einzuholen, erschien Melissa und sprach, daß sie weder durch Zeichen noch durch Worte den Ort anzeigen oder angeben würde, an dem sich das Pfand befände. Denn sie fröre und wäre nackt, weil die Kleider, mit denen sie begraben worden, nicht mit ihr verbrannt worden seien und ihr nichts nützen könnten. Als Beweis dafür, daß sie die Wahrheit sage, erinnere sie den Periandros daran, daß er die Brote in einen kalten Backofen geschoben habe. Das wurde dem Periandros gemeldet, und das Zeichen überzeugte ihn, er hatte sich nämlich mit der schon entseelten Melissa begattet. Gleich nachdem er diese Botschaft erhalten, ließ er daher durch einen Herold sämtliche Frauen Korinths in den Tempel der Hera laden. Sie kamen, aufs schönste geschmückt, als ginge es zum Feste. Er aber stellte seine Leibwächter auf die Lauer, die allen Frauen, freien so gut wie Dienerinnen, die Kleider ausziehen mußten. Die Gewänder wurden in eine Grube getan und unter Anrufung der Melissa verbrannt. Nun sandte er zum zweitenmale

zu den Thesprotern, und jetzt sagte der Schatten der Melissa, wohin sie das anvertraute Geld seines Gastfreundes gelegt hatte.
So ist die Tyrannis, ihr Lakedaimonier! So die Taten der Tyrannen! Uns Korinthier hat es gleich damals sehr verwundert, als wir hörten, ihr hättet zu Hippias geschickt, um ihn herbeizuholen, und jetzt, wo wir eure Rede hören, ist unsere Verwunderung noch größer. Wir beschwören euch bei den Göttern der Hellenen, gebt den Städten keine Tyrannen! Wenn ihr trotzdem dabei beharrt, Hippias wider Recht und Billigkeit nach Athen zurückführen zu wollen, so möget ihr wissen, daß die Korinthier euer Vorhaben verdammen.«
93. So sprach Soklees, der Abgesandte der Korinthier. Hippias aber antwortete unter Anrufung derselben hellenischen Götter, gerade Korinth werde sich nach den Peisistratiden sehnen, wenn einst die Tage kämen, wo es unter den Athenern zu leiden haben werde. Hippias konnte das sagen, weil kein Mensch die Weissagungen so genau kannte wie er. Die anderen Bundesgenossen hatten zuerst schweigend zugehört; als sie aber die freimütige Rede des Soklees hörten, sprachen auch sie und traten alle der Meinung des Korinthiers bei. Sie beschworen die Lakedaimonier, keine hellenische Stadt ins Unglück zu stürzen.
94. Damit war der Plan gescheitert. Hippias reiste ab und erhielt von dem König Amyntas von Makedonien die Stadt Anthemus[118], von den Thessalern die Stadt Iolkos zum Geschenk. Er wies jedoch beide Anerbieten zurück und ging wiederum nach Sigeion, das einst Peisistratos den Mytilenaiern mit Waffengewalt entrissen hatte. Er hatte, nachdem er sich der Stadt bemächtigt, seinen halbbürtigen Sohn Hegesistratos — seine Mutter stammte aus Argos — zum Tyrannen eingesetzt, der aber dies Erbe des Peisistratos nicht ohne Kampf behauptete. Von der Stadt Achilleion und der Stadt Sigeion aus wurden lange Kämpfe zwischen Mytilene und Athen ausgefochten. Mytilene forderte das Gebiet von Sigeion zurück, die Athener bestritten ihnen das Recht darauf und legten dar, daß das Gebiet des alten Ilion den Aiolern keineswegs mehr gehöre als den Athenern und allen anderen hellenischen Teilnehmern an dem Rachezug des Menelaos wegen des Raubes der Helene.

95. Bei diesen Kämpfen hatten sich viele merkwürdige Dinge zugetragen. So hatte sich einmal der Dichter Alkaios in einem unglücklichen Treffen, in dem die Athener siegten, zwar selber durch die Flucht retten können, aber seine Waffen fielen den Athenern in die Hände, und sie hängten sie im Athenatempel in Sigeion auf. Alkaios beschrieb dies Ereignis in einem Liede und schickte es nach Mytilene, um einem Freunde Melanippos von seinem Unglück Kunde zu geben[119].

Periandros, der Sohn des Kypselos, vermittelte den Frieden zwischen Mytilene und Athen; sie hatten ihn nämlich zum Schiedsrichter berufen. Seine Entscheidung lautete dahin, daß jede Partei behalten sollte, was sie besäße. So blieb Sigeion im Besitz der Athener.

96. Als jetzt Hippias von Lakedaimon nach Asien zurückkehrte, setzte er alles gegen die Athener in Bewegung, verleumdete sie bei Artaphernes und tat, was er konnte, um Athen in seine und des Dareios Gewalt zu bringen. Als die Athener Kunde davon erhielten, schickten sie Boten nach Sardes, die Perser möchten den athenischen Verbannten keinen Glauben schenken. Artaphernes ließ sagen, wenn ihnen ihr Leben lieb sei, sollten sie Hippias wieder in die Stadt aufnehmen. Aber die Athener verweigerten das; sie waren zu offenen Feindseligkeiten gegen Persien fest entschlossen.

97. Gerade zur Zeit dieser feindseligen Stimmung gegen Persien kam Aristagoras von Milet nach Athen, nachdem er durch König Kleomenes aus Sparta fortgewiesen worden war. Athen war ja nach Sparta die mächtigste Stadt in Hellas. Aristagoras trat vor dem Volke auf und wiederholte, was er in Sparta gesagt hatte, sprach also von den Reichtümern Asiens und von der persischen Kampfesweise, daß die Perser nämlich weder Schild noch Lanze führten und leicht zu besiegen seien. Er fügte hinzu, daß Milet eine athenische Kolonie sei, und daß es ihre Pflicht sei, die Stadt zu retten, wozu sie vollauf die Macht hätten. Alles Denkbare versprach er und bat so lange, bis er sie überredet hatte. Es ist augenscheinlich leichter, viele zu täuschen als einen: mit dem einen Kleomenes in Sparta war es ihm nicht gelungen, mit dreißigtausend Athenern gelang es ihm[120]. So beschlossen denn die Athener, zwanzig Schiffe

den Ionern zu schicken, und ernannten zu deren Feldherrn den hochangesehenen athenischen Bürger Melanthios. Diese Schiffe wurden verhängnisvoll, für die Hellenen sowohl für die Barbaren.

98. Aristagoras segelte voraus. Als er in Milet angekommen war, faßte er einen Entschluß, der den Ionern durchaus nicht vorteilhaft werden sollte. Das war auch gar nicht die Absicht des Aristagoras; er wollte nur König Dareios damit ärgern. Er schickte nämlich nach Phrygien zu den Paionern, die Megabazos als Kriegsgefangene vom Strymon hatte wegführen müssen und die einen Landstrich und Ort in Phrygien für sich allein bewohnten. Als der Bote zu den Paionern kam, sagte er:
»Paioner! Aristagoras, der Tyrann von Milet, schickt mich, um euch die Freiheit zu bringen, wenn ihr ihm folgen wollt. Ganz Ionien ist vom Großkönig abgefallen; der Weg in eure Heimat steht euch offen. Bis ans Meer zu dringen, ist eure Sache; für das Weitere werden wir sorgen.«
Als die Paioner das hörten, waren sie mit Freuden bereit. Mit Kindern und Weibern entflohen sie an die Küste; einige freilich fürchteten sich mitzuziehen und blieben in Phrygien. Als die Paioner an der Küste angelangt waren, fuhren sie hinüber nach Chios. Schon waren sie dort, als eine große persische Reitertruppe, die die Paioner verfolgte, an der Küste erschien. Da die Reiter sie nicht mehr fanden, ließen sie die Paioner in Chios zur Rückkehr auffordern. Die Paioner gehorchten aber nicht, wurden von den Chiern nach Lesbos übergesetzt und von den Lesbiern nach Doriskos[121] befördert, von wo sie zu Fuß nach Paionien weiterwanderten.
99. Als die Athener mit ihren zwanzig Schiffen ankamen, unter Begleitung von fünf Dreiruderern aus Eretria, die aber nicht den Athenern zuliebe an dem Kriege teilnahmen, sondern den Milesiern zuliebe, denen sie eine Schuld abtragen wollten — die Milesier hatten die Eretrier in dem Kriege gegen Chalkis unterstützt, während den Chalkidern gegen Eretria und Milet die Samier Hilfe geleistet hatten —, als die Athener und die übrigen Bundesgenossen angekommen waren, unternahm Aristagoras einen Zug gegen Sardes. Er selber zog jedoch nicht

mit, sondern blieb in Milet und übertrug zwei anderen Milesiern den Oberbefehl: seinem Bruder Charopinos und einem anderen Bürger Hermophantos.

100. Bis Ephesos ging es zu Schiffe, dann wurden die Schiffe in Koresos bei Ephesos zurückgelassen, und das große Heer setzte sich landeinwärts in Bewegung, geführt von wegkundigen Ephesiern. Sie marschierten am Flusse Kaystrios entlang[122], überschritten den Tmolos, erschienen vor Sardes und nahmen die Stadt, ohne daß ihnen jemand in den Weg trat. Die ganze Stadt außer der Burg war in ihrer Hand. Die Burg aber wurde von Artaphernes selber mit beträchtlichen Streitkräften verteidigt.

101. Daß die eroberte Stadt nicht geplündert wurde, hatte folgenden Grund. Die meisten Häuser in Sardes waren aus Schilf gebaut, auch die steinernen hatten Schilfdächer. Ein Soldat zündete ein Haus an, und sofort verbreitete sich das Feuer von Haus zu Haus über die ganze Stadt. Die Bewohner, Lyder und was an Persern sich dort aufhielt, sahen sich vom Feuer rings umzingelt, da alle äußeren Stadtteile brannten. Da sie keinen Ausweg aus der Stadt fanden, strömten sie auf dem Marktplatz und am Paktolosufer zusammen — der Paktolos kommt, Goldstaub mit sich führend, vom Tmolos herab, fließt mitten über den Marktplatz von Sardes und mündet in den Hermos[123], der sich ins Meer ergießt. Auf dem Marktplatz an diesem Paktolos sammelten sich die Lyder und Perser und setzten sich notgedrungen zur Wehr. Als die Ioner die Feinde sich zur Wehr setzen und andere in großen Haufen auf sich eindringen sahen, zogen sie sich flüchtend auf den Berg Tmolos zurück und marschierten nachts weiter zu den Schiffen.

102. Sardes war abgebrannt und mit der Stadt auch das Heiligtum der Stammgöttin Kybebe. Mit Berufung darauf verbrannten später die Perser die Tempel in Hellas. Jetzt sammelten sich auf die Kunde von dem Überfall die diesseits des Halys stehenden persischen Truppen und kamen Lydien zu Hilfe. Da sie die Ioner nicht mehr in Sardes fanden, folgten sie ihrer Spur und stießen in Ephesos auf sie. Die Ioner stellten sich zum Kampfe auf, wurden aber völlig geschlagen. Die Perser töteten viele namhafte Ioner, darunter den Führer der Eretrier Eualki-

des, der in den Wettspielen manchen Siegeskranz errungen hatte und von Simonides von Keos[124] besungen und hoch gepriesen worden ist. Die aus der Schlacht Entkommenen zerstreuten sich und kehrten in ihre Heimatstädte zurück.

103. Nach diesem Kampfe ließen die Athener die Sache der Ioner völlig fallen. Als Aristagoras sie durch Gesandte dringend um Hilfe bitten ließ, antworteten sie, sie hülfen ihm nicht mehr. So waren die Ioner der Unterstützung Athens beraubt, betrieben aber trotzdem — nach ihren Vergehen gegen Dareios konnten sie nicht anders — den Krieg gegen den König weiter. Sie segelten nach dem Hellespontos und unterwarfen Byzantion und alle anderen Städte jener Gegend. Dann verließen sie den Hellespontos wieder und brachten den größten Teil von Karien auf ihre Seite. Auch Kaunos, das sich vorher ihnen nicht hatte anschließen wollen, trat jetzt, nachdem sie Sardes verbrannt hatten, auf ihre Seite.

104. Alle Kyprier, mit Ausnahme der Amathusier[125], schlossen sich freiwillig an. Auch Onesilos, ein jüngerer Bruder des Königs Gorgos von Salamis, Sohn des Chersis, Enkel des Siromos[126], Urenkel des Euelthon. Dieser Onesilos hatte den Gorgos schon früher zum Abfall von dem Großkönig gedrängt, und jetzt, wo er von dem Abfall der Ioner hörte, ließ er seinem Bruder keine Ruhe mehr. Als er Gorgos trotzdem nicht bewegen konnte, wartete er mit seinen Parteigängern ab, bis Gorgos einmal die Stadt Salamis verließ, und schloß hinter ihm die Tore. Gorgos floh, seiner Herrschaft beraubt, nach Medien, und Onesilos, der nun Herr von Salamis war, überredete ganz Kypros, sich dem Abfall anzuschließen. Alle folgten ihm, nur die Amathusier wollten nicht, weshalb er gegen ihre Stadt zog und sie belagerte.

105. Währenddessen erhielt König Dareios die Meldung, Sardes sei von den Athenern und Ionern genommen und in Brand gesteckt worden, und der Führer und eigentliche Anstifter sei Aristagoras von Milet. Als er das hörte, soll er, ohne über die Ioner ein Wort zu verlieren — er wußte wohl, daß ihr Abfall sie teuer zu stehen kommen würde —, nur gefragt haben, wer denn die Athener seien. Als man ihm Auskunft gegeben, forderte er seinen Bogen, legte einen Pfeil darauf und schoß

hinauf gegen den Himmel. Während der Pfeil in die Luft flog, sagte er: »O Zeus[127]! Gewähre mir, daß ich mich an den Athenern rächen kann!« Nach diesen Worten soll er einem Diener den Auftrag erteilt haben, ihm jedesmal, wenn das Mahl bereitet sei, dreimal zuzurufen: »Herr! Vergiß nicht die Athener!«

106. Nach diesem Befehl rief Dareios den Histiaios von Milet, den er schon lange festhielt, vor sich und sprach zu ihm: »Histiaios! Ich höre, daß dein Stellvertreter, dem du Milet übergeben, sich gegen mich empört hat. Aus dem anderen Erdteil hat er Kriegsvölker kommen lassen, hat die Ioner, die das, was sie getan, büßen sollen, zum Mitziehen beredet und mir die Stadt Sardes zerstört. Dünkt dich das recht? Kann so etwas ohne deinen Rat geschehen sein? Sieh dich vor, daß du nicht am Ende selbst schuld daran bist!«

Histiaios antwortete: »König, was sprichst du! Ich sollte zu einer Tat raten, aus der dir Unheil, sei es großes oder geringes, erwächst? Wozu oder aus welcher Not sollte ich's denn tun? Habe ich doch alles, was du hast, und werde gewürdigt, an allen deinen Entschlüssen teilzuhaben. Hat mein Stellvertreter wirklich getan, was du sagst, so sei gewiß, er hat es aus eigenem Entschluß getan. Zwar kann ich nicht glauben, daß die Milesier und mein Stellvertreter sich gegen das Perserreich empören sollten; haben sie es aber getan und ist wahr, was du gehört hast, König, so erkenne, welchen Streich du dir gespielt, indem du mich von der Küste wegholtest. Offenbar haben die Ioner, da ich ihnen aus den Augen war, getan, wonach ihnen schon lange der Sinn stand. Wäre ich in Ionien geblieben, hätte keine Stadt sich auch nur gerührt. Und jetzt solltest du mich schleunigst nach Ionien reisen lassen, damit ich dort alles wieder ins Gleiche bringe und meinen Stellvertreter in Milet, der an allem schuld ist, in deine Hände liefere. Habe ich diese Angelegenheit nach deinem Wunsche geordnet, so will ich, das schwöre ich bei den königlichen Hausgöttern, nicht eher meinen Chiton[128], in dem ich nach Ionien reise, ausziehen, als bis ich dir Sardo, die größte Insel, zinsbar gemacht habe.«

107. So wußte Histiaios den Dareios zu täuschen. In der Tat entließ ihn Dareios mit dem Auftrag, nach Susa zurückzukehren, sobald er seine Versprechungen wahr gemacht habe.

108. Während die Nachricht über das Schicksal von Sardes zum König gelangte, Dareios, nachdem er jenen Pfeil abgeschossen, mit Histiaios verhandelte, ihn entließ und Histiaios ans Meer kam, während dieser ganzen Zeit also spielten sich folgende Ereignisse ab. Zu dem Herrscher von Salamis, Onesilos, der die Amathusier belagerte, drang die Kunde, daß ein großes persisches Heer unter Führung des Persers Artybios zu Schiff im Anzuge sei. Als Onesilos das hörte, schickte er Boten nach den ionischen Städten und bat um Hilfe. Die Ioner besannen sich nicht lange und kamen mit einem großen Heere herbei. Als sie in Kypros anlangten, kamen auch die Perser zu Schiffe von Kilikien herüber und rückten zu Lande gegen Salamis vor. Die Phoiniker mit der Flotte umfuhren das Vorgebirge, das den Namen 'Schlüssel von Kypros' führt[129].

109. Da versammelten die Tyrannen der kyprischen Städte die Feldherrn der Ioner und sprachen:

»Ioner! Wir Kyprier lassen euch die Wahl, gegen wen ihr euch wenden wollt, gegen das persische Landheer oder die phoinikische Flotte. Wollt ihr einen Angriff gegen das Landheer wagen, so müßt ihr jetzt die Schiffe verlassen und euch zum Landkampf rüsten. Wir steigen dann in eure Schiffe, um uns gegen die Phoiniker zu wenden. Wollt ihr aber lieber die Phoiniker angreifen, wohlan, so fahret ihnen entgegen. Wie ihr euch auch entscheiden möget, — tut das Eure, um Ionien und Kypros die Freiheit zu erkämpfen!«

Die Ioner antworteten: »Der ionische Bund hat uns nur zum Schutze des Meeres entsandt, aber nicht dazu, daß wir den Bewohnern von Kypros unsere Schiffe überlassen und zu Lande gegen die Perser kämpfen. Unseren Auftrag werden wir treu zu erfüllen suchen; ebenso tapfer tut auch ihr eure Pflicht und gedenkt der Leiden, die euch das Joch der Perser auferlegt hat!«

110. Das war die Antwort der Ioner. Als die Perser in die Ebene von Salamis einrückten, stellten die Könige von Kypros[130] ihre Scharen den Feinden entgegen. Den Soldaten der anderen Stämme gegenüber standen die Truppen der übrigen Städte Kypros', aber den persischen Soldaten gegenüber die Kerntruppen der Städte Salamis und Soloi, und dem persischen Heer-

führer Artybios gegenüber stellte sich aus eigenem Entschluß Onesilos auf.

111. Artybios ritt ein Pferd, das abgerichtet war, sich gegen Hopliten emporzurichten und zu bäumen. Onesilos wußte das und sagte zu seinem Schildknappen, einem Karer, der ein erprobter Kriegsmann und von großer Entschlossenheit war: »Ich höre, daß das Pferd des Artybios sich emporrichtet und mit Hufen und Zähnen den Gegner bearbeitet. Überlege und sage mir schnell, wen du beim Zuschlagen auf dich nehmen willst, das Pferd oder den Mann?«

Der Diener antwortete: »O König! Ich will das eine so gern tun wie das andere, ganz wie du befiehlst. Was sich aber für dich als König und Feldherr besser schickt, das ist meiner Meinung nach, daß du mit Königen und Feldherren selber kämpfst. Wenn du ihn erlegst, ist dein Ruhm groß, aber auch wenn er dich erlegt, was die Götter verhüten mögen, fällst du durch einen Ebenbürtigen, was kein schweres Mißgeschick ist. Uns Schildknappen laß mit den Schildknappen und mit dem Pferde kämpfen. Fürchte das Roß nicht; ich will es so empfangen, daß es sich gegen niemanden mehr bäumen soll.«

112. So sprach er, und gleich danach begann die Schlacht, zu Lande sowie zur See. In der Seeschlacht errangen die Ioner, die sich an diesem Tage durch Tapferkeit hervortaten, namentlich die Samier, den Sieg über die Phoiniker. In der Landschlacht stießen die Heere heftig aufeinander. Der Kampf der beiden Feldherrn verlief so: sobald Artybios zu Pferde auf Onesilos eindrang, schlug dieser nach der Verabredung mit seinem Schildknappen auf Artybios selber los, und als das Pferd mit den Hufen nach Onesilos' Schild schlug, traf der Karer mit dem krummen Schwert die Hufe und hieb sie ab. Da stürzte Artybios, der persische Feldherr, samt seinem Roß auf der Stelle nieder.

113. Aber während der allgemeine Kampf tobte, verließ der verräterische Stesenor, Tyrann der Stadt Kurion, der über eine beträchtliche Schar gebot, die Schlacht. Dies Kurion soll eine Pflanzstadt von Argos sein. Den verräterischen Kuriern folgten alsbald auch die Streitwagen der Salaminier, und nun gewannen die Perser die Oberhand über das kyprische Heer. Es

wandte sich zur Flucht, und unter den vielen Gefallenen befanden sich auch Onesilos, Sohn des Chersis, der Urheber des kyprischen Aufstandes, und der König von Soloi, Aristokypros, Sohn jenes Philokypros, den der Athener Solon, als er nach Kypros kam, vor allen anderen Tyrannen in einem Gedicht besang.

114. Der Leiche des Onesilos schnitten die Amathusier, weil er ihre Stadt belagert hatte, den Kopf ab und nahmen ihn mit nach Amathus, wo sie ihn über dem Stadttor aufhängten. In dem schon ausgehöhlten Schädel setzte sich später ein Bienenschwarm fest und füllte ihn mit Honigwaben. Darüber befragten die Amathusier das Orakel und erhielten zur Antwort die Weisung, den Kopf herabzunehmen und zu begraben und dem Onesilos jährliche Heroenopfer zu bringen, das würde ihnen zum Heile gereichen. 115. Die Amathusier taten das und tun es bis zum heutigen Tage.

Als die siegreichen Ioner erfuhren, daß die Sache des Onesilos verloren sei, daß die Städte der Kyprier belagert würden und daß sich Salamis ihrem früheren König Gorgos ergeben habe, da segelten sie schleunigst ab nach Ionien. Von den belagerten Städten auf Kypros leistete Soloi am längsten Widerstand. Erst im fünften Monat fiel es, nachdem die Perser die Mauer rings untergraben hatten[131].

116. So war Kypros nach einjähriger Freiheit von neuem unter dem persischen Joch. Die persischen Feldherren aber — Daurises, der ein Schwiegersohn des Dareios war, Hymaies und Otanes, ebenfalls Schwiegersöhne des Dareios — verfolgten die gegen Sardes gerückten Ioner, trieben sie durch den Sieg bei Ephesos auf die Schiffe und teilten dann ihre Truppen, um die Sädte zu erobern.

117. Daurises wandte sich gegen die Städte am Hellespontos und nahm Dardanos, nahm ferner Abydos, Perkotes, Lampsakos und Paisos[132]. Jede Einnahme war das Werk eines Tages. Als er aber von Paisos weiter gegen die Stadt Parion zog, kam die Nachricht, die Karer hätten sich den Ionern angeschlossen und seien ebenfalls von den Persern abgefallen. Er verließ den Hellespontos und führte das Heer nach Karien.

118. Noch vor seiner Ankunft traf bei den Karern die Nach-

richt ein, daß Daurises im Anzug sei. Darauf versammelten sich die Karer bei den sogenannten weißen Säulen am Flusse Marsyas, der aus der Landschaft Idrias kommend in den Maiandros fließt[133]. In der Versammlung der Karer wurden viele Ratschläge laut. Der beste Plan war meines Erachtens der, den Pixodaros, Sohn des Mausolos aus Kindye[134], Schwiegersohn des Syennesis[135], des Königs von Kilikien, darlegte. Dieser Plan ging dahin, daß die Karer über den Maiandros vorrücken und mit dem Fluß im Rücken kämpfen sollten; dann könnten sie nicht fliehen und würden, auf ihren Platz gebannt, Wunder von Tapferkeit verrichten. Aber der Plan wurde verworfen: besser sei, daß die Perser den Maiandros im Rücken hätten; wenn sie dann fliehen wollten und im Kampfe unterlägen, fielen sie in den Fluß und könnten nicht entweichen.

119. Die Perser kamen und überschritten den Maiandros. Am Marsyas stießen Perser und Karer aufeinander, und es kam zu einem erbitterten langen Kampfe, in welchem endlich die Karer der Übermacht erlagen. Zweitausend Perser und zehntausend Karer fielen. Die Geflüchteten wurden nach Labraunda zurückgedrängt, in ein Heiligtum des Zeus Stratios[136], einen großen heiligen Platanenhain. Die Karer sind, soviel man weiß, das einzige Volk, das diesem Zeus Stratios Opfer darbringt. Hier hielten sie Rat, wie sie sich retten könnten, ob sie sich den Persern ergeben oder gänzlich aus Asien auswandern sollten.

120. Während sie noch berieten, kamen die Milesier und die übrigen Bundesgenossen herangezogen, um ihnen zu helfen. Da ließen denn die Karer die Pläne, die sie eben noch erwogen, fallen und rüsteten sich zu einer zweiten Schlacht. Sie stellten sich den andringenden Persern entgegen, kämpften noch erbitterter als das erstemal, wurden aber wieder geschlagen. Die Verluste waren auf allen Seiten groß; am meisten hatten die Milesier gelitten.

121. Aber die Karer machten ihre Niederlagen wieder gut und blieben in einem dritten Kampfe Sieger. Denn auf die Kunde, daß die Perser sich gegen die karischen Städte in Bewegung setzten, lauerten sie ihnen bei der Straße von Pedason[137] auf und rieben das persische Heer, das die Stelle bei Nacht pas-

sierte, auf. Auch die Feldherren Daurises, Amorges und Sisamakes fielen, mit ihnen ferner Myrsos, der Sohn des Gyges. Der Leiter dieses Überfalls war Herakleides, der Sohn des Ibanollis aus Mylasa[138]. So war dieser Teil des persischen Heeres vernichtet.

122. Hymaies, der zweite der Führer, die die gegen Sardes gezogenen Ioner verfolgt hatten, wandte sich nach der Propontis und eroberte die mysische Stadt Kios. Als er dann erfuhr, daß Daurises den Hellespontos verlassen habe und nach Karien gerückt sei, führte er sein Heer von der Propontis nach dem Hellespontos und eroberte sämtliche aiolischen Städte der Landschaft Ilias, unterwarf auch die Gergithen, den Rest der alten Teukrer. Aber während dieser Eroberungen starb Hymaies dort in der Troas an einer Krankheit.

123. Als auch Hymaies gestorben war, erhielten nun Artaphernes, der Satrap von Sardes, und Otanes, der dritte Feldherr, den Befehl, gegen Ionien und das angrenzende aiolische Land zu ziehen. Sie eroberten Klazomenai [139] in Ionien und das aiolische Kyme.

124. Als diese Städte in Feindeshand waren, zeigte es sich, daß es Aristagoras von Milet an Mut gebrach. Er, der die Unruhen in Ionien geschürt hatte und der Urheber so folgenschwerer Pläne war, dachte jetzt an Flucht. Auch war es ihm klar geworden, daß die Überwindung des Dareios unmöglich war. Kurz, er berief seine Parteigenossen zu einer Beratung zusammen, legte ihnen dar, daß es geraten für sie sei, sich einen Zufluchtsort zu sichern für den Fall, daß sie aus Milet vertrieben würden, und stellte die Frage, ob er von Milet aus eine Kolonie auf Sardo, oder auch in Myrkinos im Lande der Edoner[140] gründen solle, wo Histiaios mit Bewilligung des Dareios eine Stadt hatte bauen wollen.

125. Auf diese Frage des Aristagoras äußerte Hegesandros' Sohn Hekataios, der Logograph, seine Meinung dahin, Aristagoras sollte weder nach Sardo noch nach Myrkinos gehen, vielmehr auf der Insel Leros[141] eine Burg bauen und, falls er aus Milet verbannt würde, sich in Ruhe dort festsetzen. Später könnte er von da aus nach Milet zurückkehren.

126. Dies war der Rat des Hekataios, aber Aristagoras blieb dabei, sich nach Myrkinos zurückzuziehen. Er übertrug die Leitung Milets dem angesehenen Bürger Pythagoras, nahm jeden mit, der sich ihm anschloß, fuhr nach Thrakien und nahm von dem Orte, der das Ziel seiner Fahrt bildete, Besitz. Bei einem Zuge gegen die Thraker aber wurde Aristagoras samt seiner Schar erschlagen. Er hatte eine Stadt belagert, und die Thraker hatten sich durch einen Vertrag freien Abzug erwirkt[142].

SECHSTES BUCH

1. Aristagoras, der den ionischen Aufstand verursacht hatte, war also tot[1]. Histiaios aber, der Tyrann von Milet, den Dareios aus Susa entlassen hatte, langte in Sardes an. Dort fragte ihn Artaphernes, der Satrap von Sardes[2], welchen Grund der Abfall der Ioner wohl haben möchte, Histiaios sagte, er wisse es nicht, und stellte sich sehr verwundert, als sei er über die ganze Sachlage nicht unterrichtet. Artaphernes merkte, daß er heuchelte, und da er selber die Gründe des Aufstandes sehr wohl kannte, sagte er:

»So will ich dir sagen, Histiaios, wie die Dinge liegen: du hast den Schuh gemacht, Aristagoras hat ihn angezogen.« 2. Damit meinte er die Anstiftung und Ausführung des Aufstandes. Histiaios sah sich durchschaut und entwich in der nächsten Nacht an die Küste. So hatte er König Dareios betrogen; die größte Insel, Sardo, hatte er ihm zu unterwerfen versprochen und übernahm nun die Führung im Kampfe gegen Dareios.

Er fuhr nach Chios hinüber und wurde zuerst von den Chiern ins Gefängnis geworfen; sie meinten, er käme im Auftrage des Dareios, um gegen Chios etwas zu unternehmen. Als er ihnen alles erklärt hatte, daß er des Königs Feind sei, ließen sie ihn wieder frei.

3. Da fragten denn die Ioner, warum Histiaios dem Aristagoras so angelegentlich zum Abfall vom König geraten und so schweres Unglück über Ionien gebracht habe. Histiaios sagte ihnen den wirklichen Grund nicht, sondern gab vor, König Dareios habe den Plan gehabt, die Phoiniker nach Ionien zu verpflanzen und die Ioner nach Phoinikien; darum habe er jene Botschaft geschickt[3]. Mit diesem angeblichen Plan des Königs, der gänzlich erfunden war, setzte er die Ioner in Furcht.

4. Hierauf sandte Histiaios den Hermippos aus Atarneus mit Briefen nach Sardes an einige Perser, mit denen er vorher den

Abfall vom König besprochen hatte. Hermippos gab aber die Briefe nicht denen, an die sie gerichtet waren, sondern trug sie zu Artaphernes. Der erkannte daraus, was im Werke war, und befahl Hermippos, die Briefe an die richtigen Empfänger abzugeben, ihm aber die Antworten dieser Perser an Histiaios abzuliefern. So verrieten sich die Perser, und Artaphernes ließ eine große Anzahl hinrichten[4].

5. Während dieser Unruhen in Sardes führten die Chier den Histiaios, dessen Hoffnung auf Sardes zerstört war, nach Milet. Er bat sie darum. Die Milesier waren froh, Aristagoras los zu sein, und hatten nicht die geringste Lust, wieder einen Tyrannen ins Land zu bekommen, nachdem sie die Freiheit gekostet hatten[5]. Bei einem nächtlichen Versuch, mit Gewalt in die Stadt zu dringen, wurde Histiaios von einem Milesier am Schenkel verwundet. Ausgestoßen aus seiner Vaterstadt, kehrte er nach Chios zurück. Als er die Chier nicht bewegen konnte, ihm Schiffe zu stellen, fuhr er hinüber nach Mytilene und wußte die Lesbier zu überreden, ihm Schiffe zu geben. Sie rüsteten acht Trieren aus und segelten mit Histiaios nach Byzantion, setzten sich dort fest und kaperten die aus dem Pontos ausfahrenden Schiffe. Nur die, deren Städte sich bereit erklärten, sich Histiaios zu fügen, wurden verschont.

6. Während Histiaios und die Mytilenaier vor Byzantion lagen, war ein großes Land- und Schiffsheer gegen Milet im Anzuge. Die persischen Feldherrn[6] hatten ihre Truppen zu einem gemeinsamen Zuge gegen Milet vereinigt, weil ihnen die anderen Städte weniger wichtig schienen. Den kriegslustigsten Teil der Flotte bildeten die Phoiniker, aber auch die jüngst unterworfenen Kyprier, sowie die Kiliker und Ägypter zogen mit.

7. Als die Ioner von diesem gegen Milet und das übrige Ionien heranziehenden Heere hörten, schickten die Städte ihre Abgeordneten nach Panionion[7]. Dort wurde beraten und beschlossen, kein gemeinsames Landheer den Persern entgegenzustellen; die Milesier sollten selber ihre Stadt verteidigen. Dagegen sollten alle vorhandenen Schiffe ohne Ausnahme bemannt und in aller Schnelligkeit vor Lade[8] versammelt werden, um Milet von der Seeseite her zu schützen. Lade ist eine kleine vor dem Hafen von Milet liegende Insel.

8. Nun erschienen die Ioner mit ihren wohlbemannten Schiffen vor Lade, dazu auch die aiolischen Bewohner von Lesbos. Sie nahmen folgendermaßen Aufstellung. Auf dem östlichen Flügel standen die Milesier selbst mit achtzig Schiffen. Daran schloß sich Priene[9] mit zwölf Schiffen und Myus[10] mit drei Schiffen. Auf Myus folgte Teos[11] mit siebzehn Schiffen, und auf Teos folgte Chios mit hundert Schiffen. An ihrer Seite lagen die Erythraier und Phokaier, jene mit acht, diese mit drei Schiffen. An die Phokaier schlossen sich die Lesbier mit siebzig Schiffen, und den Schluß nach Westen zu bildeten die Samier mit sechzig Schiffen. Alles in allem waren es dreihundertdreiundfünfzig Trieren. 9. Die Zahl der Schiffe der Barbaren aber betrug sechshundert.

Als die feindliche Flotte und ebenso das ganze Landheer vor Milet erschienen war, fürchteten die persischen Feldherrn, die die Stärke der ionischen Flotte erfuhren, sie würden ihrer nicht Herr werden können, würden aber, ohne das Meer zu beherrschen, auch Milet nicht erobern können und Dareios gegenüber in eine gefährliche und schwierige Lage geraten. In dieser Erwägung riefen sie die ionischen Tyrannen zu einer Beratung zusammen. Diese Tyrannen hatten, nachdem Aristagoras von Milet ihrer Herrschaft ein Ende gemacht hatte, bei den Persern Zuflucht gesucht und nahmen nun an dem Zuge gegen Milet teil[12]. Zu diesen Ionern, soweit sie zur Stelle waren, sprachen die persischen Feldherrn:

»Ioner! Jetzt kann sich jeder unter euch als einen Freund des königlichen Hauses beweisen. Jeder möge versuchen, seine Mitbürger dem Bunde untreu zu machen. Saget ihnen, der Abfall von Persien sollte keinerlei böse Folgen für sie haben, kein Tempel oder Privathaus solle ihnen verbrannt werden und sie sollten nicht härter bedrückt werden als früher. Wenn sie solches allerdings nicht tun und es durchaus auf eine Schlacht ankommen lassen wollen, dann droht ihnen folgendes an, was sich auch verwirklichen wird: unterliegen sie in der Schlacht, so werden sie in die Sklaverei verkauft, ihre Söhne werden verschnitten, die Jungfrauen werden bis nach Baktra[13] geschleppt, und ihr Land wird in andere Hände gegeben.«

10. So sprachen sie, und die ionischen Tyrannen schickten bei

Nacht Boten ab, jeder an seine Landsleute, um ihnen diese Ankündigung mitzuteilen. Die Ioner, die diese Botschaften erhielten, wollten sie nicht verstehen und gingen auf den Verrat nicht ein, denn jeder glaubte, der persische Antrag werde nur ihm gemacht. Dies hatte sich gleich nach Ankunft der Perser vor Milet zugetragen.

11. Darauf hielten die bei Lade versammelten Ioner Versammlungen ab, in denen mancherlei Reden gehalten wurden. So trat auch der Führer der Phokaier Dionysios auf und sprach:

»Auf Messers Schneide ruht unser Schicksal, Ioner! Entweder werden wir frei sein oder Knechte werden, und gar entlaufene Knechte. Wollt ihr Mühen und Strapazen auf euch nehmen, so habt ihr es im Augenblick freilich schwer, aber ihr gewinnt die Kraft, die Gegner zu besiegen, und werdet frei. Verharrt ihr aber in Trägheit und Schlaffheit, so sehe ich keine Hoffnung für euch: ihr müßt euren Abfall vom Könige büßen. Folgt meinen Weisungen und vertraut euch mir an! Ich verspreche euch, daß dann die Feinde — wenn die Götter uns gnädig sind — den Kampf gar nicht wagen werden oder wenn sie es tun, völlig geschlagen werden.«

12. Als das die Ioner hörten, fügten sie sich den Anordnungen des Dionysios. Der ließ nun Schiffsübungen veranstalten. Die Schiffe mußten in einer Reihe Aufstellung nehmen, mußten zwischen einander durchfahren, wodurch die Ruderer geübt wurden[14], und die kämpfende Bemannung mußte die volle Rüstung anlegen. Den Rest des Tages ließ er die Schiffe vor Anker gehen. So hatten die Ioner den ganzen Tag Arbeit. Sieben Tage lang gehorchten sie ihm und taten, was er befahl; aber am achten waren sie, die solche Übungen nicht gewohnt waren, vor Anstrengung und Sonnenhitze so erschöpft, daß sie untereinander sprachen:

»Welchen Gott haben wir gekränkt, daß es uns so übel ergeht? Verrückt und ganz von Sinnen waren wir, als wir uns diesem phokaiischen Prahler, der ganze drei Schiffe gestellt hat, in die Hände geliefert haben. Unerträglich ist es, wie er uns erniedrigt und quält! Viele sind schon krank geworden, und viele andere werden es werden. Da wollen wir doch lieber alles auf uns nehmen, was kommt, und lieber die künftige Sklaverei abwarten,

wie sie auch sei, als die jetzige aushalten! Nein, länger gehorchen wir ihm nicht.«
So sprachen sie, und gleich wollte niemand mehr gehorchen. Sie schlugen auf der Insel Zelte auf, als seien sie ein Landheer, pflegten sich gut und wollten weder zu Schiffe gehen noch Übungen abhalten.
13. Als die Führer der Samier dies Gebaren der Ioner sahen, gingen sie auf den Antrag ein, den ihnen Aiakes[15], Sylosons Sohn[16], kürzlich auf Befehl der Perser gemacht hatte, den Antrag nämlich, sich von den Ionern loszusagen. Einerseits veranlaßte sie die Ordnungslosigkeit bei den Ionern dazu, andererseits sahen sie die Unmöglichkeit ein, des persischen Reiches Herr zu werden. Sie wußten ja, daß, wenn sie die jetzige Flotte besiegten, eine fünfmal stärkere Flotte erscheinen würde. Als Grund also diente ihnen die Unlust der Ioner sich aufzuraffen, die sie sahen, und so nahmen sie die Gelegenheit wahr, ihre Heiligtümer und weltlichen Güter vom Untergange zu retten. Aiakes, dessen Antrag die Samier annahmen, war ein Sohn des Syloson, Enkel des Aiakes, war Tyrann von Samos gewesen und durch Aristagoras von Milet mit den anderen ionischen Tyrannen seiner Herrschaft beraubt worden.
14. Als nun die Phoiniker zum Angriff vorgingen, setzten sich die Ioner auch ihrerseits in Bewegung. Sie stießen aufeinander, und es kam zum Kampfe, doch kann ich nicht mit Bestimmtheit angeben, welche ionischen Städte sich in dieser Seeschlacht feige und welche sich tapfer gezeigt haben. Eine beschuldigt die andere. Die Samier jedenfalls, so heißt es, hißten, getreu der Verabredung mit Aiakes, die Segel, verließen die Schlachtreihe und segelten nach Samos. Nur elf von ihren Schiffen blieben und nahmen an dem Kampf teil, gegen den Befehl ihrer Feldherrn. Wegen dieses Entschlusses wurden die Namen ihrer Führer samt Vatersnamen von der Stadt Samos in eine Säule gemeißelt, als Anerkennung für ihre edle tapfere Gesinnung. Diese Säule steht auf dem Marktplatz.
Als die Lesbier sahen, daß die Schiffe neben ihnen flohen, folgten sie dem Beispiel der Samier. Dasselbe taten die meisten anderen Städte[17]. 15. Von denen, die standhielten, erlitten die Chier die schwersten Verluste: sie verrichteten Heldentaten und

wollten keine Feiglinge sein. Wie oben erwähnt, hatten sie hundert Schiffe, auf jedem bildeten vierzig erlesene Bürger die Besatzung. Sie sahen den Verrat der meisten Bundesstädte, wollten es aber diesen Feiglingen nicht nachtun, sondern mit den wenigen Bundesgenossen, die ihnen geblieben waren, durchbrachen sie kämpfend die feindliche Schlachtreihe, bis sie viele feindliche Schiffe genommen hatten, wobei sie den größten Teil der ihrigen einbüßten[18]. Mit dem Rest ihrer Schiffe entkamen sie nach Chios.

16. Die beschädigten Schiffe der Chier, die nicht folgen konnten, flüchteten sich vor den Verfolgern nach Mykale, ließen dort die Schiffe stranden und marschierten zu Lande weiter. Als sie das Gebiet von Ephesos betraten — es war Nacht und die Frauen feierten das Fest der Thesmophorien —, wurden sie von den Ephesiern für Räuber gehalten, die die Frauen wegschleppen wollten[19]. Die Ephesier wußten ja noch nichts von dem Schicksal der Chier, sie sahen nur das Kriegsvolk in ihrem Lande; ganz Ephesos rückte aus und erschlug die Chier. Das war das traurige Ende dieser Chier.

17. Als Dionysios von Phokaia die Sache der Ioner verloren sah, kehrte er nicht nach Phokaia zurück — drei feindliche Schiffe hatte er erobert —; er wußte recht wohl, daß auch er mit dem übrigen Ionien in die Knechtschaft geraten würde. Sogleich von der Schlacht aus segelte er nach Phoinikien, bohrte Handelsschiffe[20] in den Grund und erbeutete große Reichtümer. Dann segelte er nach Sizilien und trieb von dort aus Seeraub, jedoch nie gegen hellenische Schiffe, nur gegen karchedonische und tyrsenische[21].

18. Als die Perser die Seeschlacht gegen die Ioner gewonnen hatten, belagerten sie Milet zu Lande und zu Wasser. Sie untergruben die Mauern und wandten alle möglichen Belagerungskünste an, so daß sie endlich die Stadt samt der Burg eroberten. Im sechsten Jahre nach dem Abfall des Aristagoras war es, als Milet fiel und der Orakelspruch, den Milet erhalten hatte, in Erfüllung ging[22].

19. Denn als die Argeier wegen der Rettung ihrer Stadt in Delphi anfragten, erhielten sie einen Orakelspruch, der sich nicht bloß auf Argos bezog, sondern einen Zusatz über

Milet enthielt. Den Teil, der Argos betraf, werde ich anführen, wenn meine Erzählung bis an die Stelle gelangt ist. Die Stelle über die Milesier — die nicht zugegen waren — lautet folgendermaßen:

Auch du, stolzes Milet, du Urheberin böser Taten,
Wirst zum leckeren Mahl, zur herrlichen Gabe für viele.
Waschen werden die Frauen die Füße langhaarigen Männern,
Und in Didymoi[23] werden den Tempel uns andere hüten.

Dieser Spruch ging jetzt in Erfüllung, denn die meisten Milesier wurden von den Persern, die lange Haare tragen[24], getötet, ihre Weiber und Kinder wurden Sklaven, und das Heiligtum in Didymoi, Tempelhaus und Orakelstätte, wurde geplündert und verbrannt. Von den Schätzen dieses Heiligtums habe ich schon öfters an anderen Stellen meines Werkes erzählt.

20. Die am Leben gebliebenen Milesier wurden gefangen nach Susa geführt. König Dareios tat ihnen weiter nichts, nur siedelte er sie am sogenannten Roten Meere an, in der Stadt Ampe an der Mündung des Tigris[25]. Das Gebiet von Milet nahmen die Perser selber in Besitz, soweit es Stadtgebiet und Ebene war; die hochgelegenen Teile überließen sie den Karern aus der Stadt Pedasos[26].

21. Als die Milesier dies Schicksal traf, hat ihnen die Stadt Sybaris nicht vergolten, was die Milesier ihr zu Ehren getan hatten. Als nämlich Sybaris von der Stadt Kroton erobert wurde — die Sybariten siedelten sich nach Zerstörung ihrer Stadt in Laos und Skidros an[27] —, schor die ganze Einwohnerschaft von Milet ihr Haar ab und trauerte tief. Denn die beiden Städte sind so eng befreundet, wie wir es sonst nirgends von zwei Städten wissen. Anders die Athener, die auf mannigfache Weise ihrem Schmerz über den Fall Milets Ausdruck gaben. So dichtete Phrynichos ein Drama 'Der Fall Milets'[28], und als er es aufführte, weinte das ganze Theater, und Phrynichos mußte tausend Drachmen Strafe zahlen, weil er das Unglück ihrer Brüder wieder aufgerührt habe. Niemand durfte das Drama mehr zur Aufführung bringen.

22. Milet also war seiner Einwohner beraubt. In Samos aber billigten die Wohlhabenderen keineswegs die Handlungsweise

ihrer Feldherren. Gleich nach der Seeschlacht hielten sie Rat und beschlossen auszuwandern, bevor noch der Tyrann Aiakes wieder ins Land käme, und nicht als Knechte der Meder und des Aiakes im Lande zu bleiben[29]. Denn gerade um jene Zeit sandte die Stadt Zankle[30] in Sizilien Boten nach Ionien und rief die Ioner an die 'Schöne Küste', wo sie eine ionische Kolonie gründen wollten. Diese 'Schöne Küste' liegt in dem Teile Siziliens, der Tyrsenien zugewandt ist. Auf den Ruf der Zanklaier machten sich nun die Samier und mit ihnen die milesischen Flüchtlinge – sonst aber keine ionische Stadt – auf den Weg.

23. Dieser Auswanderungszug nahm folgenden Verlauf. Als die Samier auf ihrem Wege nach Sizilien im Lande der epizephyrischen Lokrer[31] angekommen waren, belagerten die Zanklaier mit ihrem König, namens Skythes, gerade eine Stadt in Sizilien. Der Tyrann von Rhegion[32], Anaxilaos, der damals mit Zankle verfeindet war, hörte von der Ankunft der Samier, ging zu ihnen und überredete sie, die 'Schöne Küste'[33], das Ziel ihres Weges, fahren zu lassen und Zankle in Besitz zu nehmen, dessen männliche Einwohner abwesend seien. Die Samier folgten seinem Rat und nahmen Zankle in Besitz. Da kamen die Zanklaier, die von der Eroberung ihrer Stadt Kunde erhielten, herbei, und riefen auch noch Hippokrates, den Tyrannen von Gela, zu Hilfe, der ihr Bundesgenosse war. Als aber Hippokrates mit einem Heer herangezogen war, legte er den Herrscher von Zankle, Skythes, weil er die Stadt preisgegeben habe[34], in Ketten, samt dessen Bruder Pythogenes, und schickte sie fort nach der Stadt Inykos[35]; die übrigen Zanklaier lieferte er den Samiern aus, mit denen er Verhandlungen angeknüpft und einen Vertrag geschlossen hatte. Als Lohn dafür sicherten ihm die Samier die Hälfte alles Hausrats und aller Sklaven in der Stadt zu, außerdem die ganzen Feldfrüchte. Die meisten Zanklaier behielt er als Sklaven, die dreihundert Vornehmsten sollten die Samier hinrichten. Doch taten das die Samier nicht.

24. Skythes, der Herrscher von Zankle, entwich aus Inykos nach Himera[36], fuhr von da aus nach Asien und ging zum König Dareios nach Susa. Dareios rühmte ihn als den redlichsten Hellenen, der je zu ihm gekommen sei. Auf seine Bitte ließ ihn nämlich der König wieder nach Sizilien fahren, und trotzdem

kehrte Skythes aus Sizilien zum Könige zurück, bis er hochbetagt und reich in Persien starb. So hatten die Samier, frei vom Joche der Perser, ohne viel Mühe die herrliche Stadt Zankle gewonnen.

25. Nach der Seeschlacht bei Milet führten die Phoiniker auf persischen Befehl den Aiakes, Sylosons Sohn[37], nach Samos zurück, weil er sich so große Verdienste um Persien erworben hatte. Samos war die einzige unter den von Dareios abgefallenen Städten, der, wegen ihrer Abfahrt aus der Seeschlacht, weder Stadt noch Heiligtümer verbrannt wurden.

Nach Einnahme von Milet eroberten die Perser auch Karien schnell; ein Teil der Städte unterwarf sich freiwillig, die anderen wurden zur Unterwerfung gezwungen.

26. Nun erhielt auch Histiaios von Milet, der vor Byzantion lag, und die aus dem Pontos ausfahrenden ionischen Handelsschiffe kaperte, Kunde von den Ereignissen vor Milet. Er übertrug die Angelegenheiten im Hellespontos dem Bisaltes, Sohn des Apollophanes aus Abydos[38], und fuhr mit seinen lesbischen Schiffen nach Chios. Als ihn die Besatzung nicht in die Stadt ließ, kam es zum Kampf mit den Chiern an einer Stelle der Insel, die Koiloi heißt. Er tötete viele Chier und schlug auch den Rest der durch die Seeschlacht sehr geschwächten Bevölkerung, nachdem er sich in Polichne[39] auf Chios festgesetzt hatte.

27. Doch pflegen schwere Schicksalsschläge, die eine Stadt oder ein Volk treffen sollen, durch Vorzeichen sich anzukündigen. Auch den Chiern waren sehr deutliche Vorzeichen zuteil geworden. Von einem Chor von hundert Jünglingen, den sie nach Delphi schickten, kehrten nur zwei nach Hause zurück; achtundneunzig raffte eine Seuche dahin. Und in der Stadt selber fiel um dieselbe Zeit, kurz vor der Seeschlacht, die Decke auf die lernenden Kinder in der Schule[40] herab, so daß von hundertundzwanzig Knaben nur einer mit dem Leben davonkam. Solche Vorzeichen hatte der Gott geschickt, und dann kam die Seeschlacht und warf die Stadt darnieder, und jetzt kam noch Histiaios mit den Lesbiern. Die so geschwächten Chier konnte er ohne Mühe unterwerfen.

28. Von Chios aus zog Histiaios mit einem großen Haufen Ioner und Aioler gegen Thasos[41]. Während er die Stadt be-

lagerte, kam die Nachricht, daß die Phoiniker Milet verließen, um gegen die übrigen ionischen Städte zu segeln. Darauf brach er die Belagerung ab und fuhr mit seiner ganzen Schar nach Lesbos. Da sein Heer Mangel litt, setzte er von Lesbos über nach der Küste, um aus Atarneus und aus der Ebene des Kaikos auf mysischem Gebiet Getreide zu beschaffen[42]. In jener Gegend befand sich aber damals ein persischer Feldherr Harpagos mit einem ansehnlichen Heere. Er griff die Landenden an, nahm Histiaios gefangen und vernichtete den größten Teil seines Heeres.

29. Auf folgende Weise kam es zu seiner Gefangennahme. Der Kampf zwischen Persern und Hellenen fand bei Malene in der Landschaft Atarneus statt und blieb lange unentschieden, bis die nachgerückte Reiterei sich auf die Hellenen warf. Sie entschied den Kampf; die Hellenen wandten sich zur Flucht, und Histiaios, der nicht glaubte, daß der König ihn seine Schuld mit dem Tode büßen lassen würde, tat in seiner Liebe zum Leben folgendes. Er wurde von einem Perser auf der Flucht eingeholt und gab sich, als der ihn erstechen wollte, durch einige persische Worte als Histiaios von Milet zu erkennen[43]. 30. Wäre er als Gefangener zum König Dareios geführt worden, so wäre ihm in der Tat nichts geschehen, glaube ich. Er hätte ihm die Schuld verziehen. Aber gerade darum und auch, damit er nicht aufs neue bei dem König zu Ansehen käme, ließen ihn Artaphernes, der Satrap von Sardes, und Harpagos, der ihn gefangen hatte, nach Sardes bringen, dort seinen Körper ans Kreuz schlagen und brachten den Kopf einbalsamiert nach Susa zu König Dareios. Aber Dareios tadelte die beiden, daß sie ihm Histiaios nicht lebendig vorgeführt hätten, und erteilte den Auftrag, den Kopf gewaschen und wohlgeschmückt zu bestatten, denn Histiaios sei ein um ihn und die Perser hochverdienter Mann. Das war das Ende des Histiaios.

31. Die persische Flotte stach nach Überwinterung in Milet im nächsten Jahre in See und eroberte ohne Mühe die Inseln in der Nähe der Küste: Chios, Lesbos, Tenedos[44]. Jedesmal wenn sie eine Insel genommen hatten, machten die Barbaren Jagd auf die Menschen wie auf wilde Tiere. Einer faßte den anderen bei der Hand, so daß sie eine Kette von der Nordküste zur Süd-

küste bildeten, und dann durchschritten sie als Menschenfänger die ganze Insel[45]. Ähnlich eroberten sie auch die ionischen Städte auf dem Festlande, nur daß die Jagd auf Menschen hier nicht möglich war.

32. Und die persischen Feldherren machten die Drohungen wahr, die sie ausgesprochen hatten, als die Ioner feindlich ihnen gegenüber lagerten. Aus den eroberten Städten wählten sie die schönsten Knaben und schnitten ihnen die männlichen Teile aus, so daß sie Eunuchen wurden, und die lieblichsten Jungfrauen schleppten sie zum König. Und die Städte samt den Heiligtümern wurden verbrannt.

So wurden die Ioner zum drittenmal unterworfen; das erste Mal unterjochten sie die Lyder und nun zweimal nacheinander die Perser[46].

33. Von Ionien aus segelte die Flotte nach dem Hellespontos und eroberte alle, wenn man einfährt, linker Hand gelegenen Städte. Die zur Rechten gelegenen waren schon durch die Perser von der Landseite her erobert worden[47]. An der europäischen Seite des Hellespontos liegt nun zunächst die Chersonesos, mit einer ganzen Reihe von Städten; dann kommt die Stadt Perinthos, dann die befestigten Plätze in Thrakien, Selymbria[48] und Byzantion. Die Byzantier und die Kalchedonier[49] gegenüber warteten das Erscheinen der Phoiniker gar nicht ab. Sie verließen ihre Städte und segelten davon in den Pontos Euxeinos hinein. Dort siedelten sie sich in der Stadt Mesambria an[50].

Als die Phoiniker die erwähnten Ortschaften in Brand gesteckt hatten, wandten sie sich nach Prokonnesos und Artake[51], ließen auch sie in Flammen aufgehen und kehrten dann um nach der Chersonesos, um auch die auf der Hinfahrt verschonten Städte noch zu zerstören.

Gegen Kyzikos unternahmen sie dagegen nichts; denn Kyzikos hatte sich schon vor dem Erscheinen der Phoiniker dem König unterworfen, durch ein Abkommen, das es mit dem Satrapen von Daskyleion, Oibares, dem Sohn des Megabazos getroffen hatte[52].

34. Auf der Chersonesos aber fielen den Phoinikern sämtliche Städte, mit Ausnahme von Kardia[53], in die Hände. Über diese

Städte hatte bis dahin Miltiades, Sohn des Kimon, Enkel des Stesagoras, geherrscht[54]. Erworben war diese Herrschaft vor Zeiten durch Kypselos' Sohn Miltiades, und zwar auf folgende Weise.

Im Besitze der Chersonesos war einst der thrakische Stamm der Dolonker. Diese Dolonker wurden von den Apsinthiern[55] im Kriege hart bedrängt und schickten ihre Könige nach Delphi, um wegen der Kriegsnot das Orakel zu befragen. Die Pythia antwortete, den ersten Mann, der sie nach dem Verlassen des Tempels zu Gaste laden würde, sollten sie als Ansiedler in ihr Land holen. Die Dolonker verließen Delphi und zogen die heilige Straße[56] entlang durch Phokis und Boiotien. Niemand lud sie zu Gaste, und sie wandten sich seitwärts nach Athen. 35. In Athen war damals Peisistratos der unumschränkte Herr. Aber mächtig und einflußreich war auch Miltiades, Sohn des Kypselos, aus einem reichen Hause, das vierspännige Rennwagen halten konnte. Das Geschlecht stammte von Aiakos ab und war aus Aigina gekommen. Philaios, der Sohn des Aias, war der erste des Hauses, der in Athen ansässig wurde[57].

Dieser Miltiades saß vor seiner Tür, und als er die Dolonker in fremder Tracht, mit Lanzen bewaffnet, daherkommen sah, rief er sie an und lud die Herantretenden ein, bei ihm einzukehren. Die Dolonker nahmen die Einladung an, wurden gastlich aufgenommen und erzählten nun offen von dem Orakelspruch, den sie erhalten. Sie baten ihn, dem Rufe des Gottes zu folgen. Miltiades war sofort bereit, denn die Herrschaft des Peisistratos war ihm sehr zuwider, und er war froh, ihr entfliehen zu können. Gleich reiste er nach Delphi, um beim Orakel anzufragen, ob er den Wunsch der Dolonker erfüllen solle. 36. Die Pythia bejahte, und nun machte sich Miltiades, Sohn des Kypselos, der schon in Olympia mit dem Viergespann einen Preis davongetragen hatte, mit allen Athenern, die an dem Zuge teilnehmen wollten, und mit den Dolonkern auf den Weg und nahm von der Chersonesos Besitz. Die Dolonker, die ihn berufen hatten, machten ihn zu ihrem König.

Miltiades grenzte die Chersonesos zuerst durch eine Mauer ab, die er über die Landenge von Kardia nach Paktya[58] zog, damit die Apsinthier nicht ins Land fallen und es verwüsten konnten.

Diese Landenge ist sechsunddreißig Stadien breit, und die Länge der Chersonesos von dieser Landenge ab beträgt im ganzen vierhundertzwanzig Stadien.

37. Nach Befestigung des Halses der Chersonesos, wodurch den Apsinthiern der Weg versperrt wurde, zog Miltiades gegen die übrigen Feinde zu Felde, zuerst gegen Lampsakos[59]. Die Lampsakener legten ihm aber einen Hinterhalt und nahmen ihn gefangen. Nun stand Miltiades bei dem König Kroisos von Lydien in hohem Ansehen. Als Kroisos von der Gefangennahme hörte, ließ er daher den Lampsakenern entbieten, sie sollten Miltiades freilassen. Andernfalls, so drohte er, würde er die Stadt umhauen wie eine Fichte. Die Lampsakener wußten nicht recht, was Kroisos mit dieser Drohung meinte, die Stadt umzuhauen wie eine Fichte. Aber ein alter Mann, der davon hörte, erklärte ihnen den Sinn, daß die Fichte nämlich der einzige Baum sei, der keinen Sproß mehr treibt, wenn man ihn fällt, sondern gänzlich abstirbt. Da ließen denn die Lampsakener aus Furcht vor Kroisos den Miltiades frei.

38. So kam Miltiades mit Kroisos' Hilfe davon, aber er starb, ohne Söhne zu hinterlassen und hinterließ Herrschaft und Besitz dem Stesagoras, dem Sohn seines Halbbruders Kimon. Dem Toten bringen die Bewohner der Chersonesos als dem Gründer der Kolonie Opfer und veranstalten Wagenrennen und gymnische Spiele ihm zu Ehren, bei denen kein Bewohner von Lampsakos mitkämpfen darf.

In den weiteren Kriegen mit Lampsakos kam auch Stesagoras ums Leben, ohne Söhne zu hinterlassen. Im Prytaneion[60] erschlug ihn mit einem Beil ein Lampsakener, der sich für einen Überläufer ausgab, aber ein grimmiger Feind war.

39. So war auch Stesagoras tot, und die Peisistratiden schickten Kimons Sohn Miltiades, einen Bruder des verstorbenen Stesagoras mit einem Dreiruderer nach der Chersonesos, um die Herrschaft zu übernehmen. Die Peisistratiden hatten sich schon in Athen freundlich gegen Miltiades erwiesen, als seien sie nicht mitschuldig am Tode seines Vaters, von dem ich in einem anderen Buche berichten werde[61].

Als Miltiades auf der Chersonesos erschien, hielt er sich im königlichen Palast auf und erwies seinem Bruder die Totenehren. Die Machthaber in den Städten der Chersonesos kamen aber von allen Seiten herbei, um gemeinsam ihr Beileid zu bezeugen, und Miltiades warf sie ins Gefängnis[62]. Nun war die Chersonesos sein. Er hielt sich fünfhundert Söldner und heiratete die Tochter des thrakischen Königs Oloros, Hegesipyle[63].

40. Dieser Miltiades, Sohn des Kimon, wurde jetzt, da er erst kürzlich nach der Chersonesos zurückgekehrt war, von einem noch schlimmeren Schlage betroffen, als der erste gewesen war[64]. Er hatte nämlich drei Jahre früher vor den Skythen fliehen müssen. Die skythischen Nomadenstämme schlossen sich damals aus Zorn über den Einfall des Königs Dareios zusammen und zogen plündernd bis hin in die Chersonesos. Miltiades wartete ihren Ansturm nicht ab, sondern entfloh, bis die Skythen wieder abgezogen waren und die Dolonker ihn zurückriefen. Das war drei Jahre vor den jetzigen Ereignissen gewesen[65].

41. Jetzt belud er auf die Kunde, daß die Phoiniker in Tenedos seien, fünf Trieren mit allem, was er an Schätzen besaß, und segelte nach Athen ab. Von der Stadt Kardia aus ging es durch den Melasbusen, aber beim Umschiffen der Chersonesos begegneten ihm die Phoiniker mit der Flotte[66]. Er selber entkam mit vier seiner Schiffe nach Imbros[67], das fünfte wurde von den nachsetzenden Phoinikern eingeholt.

Dies Schiff führte nun gerade der älteste Sohn des Miltiades, Metiochos, freilich nicht der Sohn der Tochter des Thrakerkönigs Oloros, sondern einer anderen Frau. Ihn nahmen die Phoiniker samt dem Schiffe gefangen, und als sie hörten, er sei des Miltiades Sohn, führten sie ihn nach Susa zum König. Sie glaubten sich großen Dank damit zu verdienen; denn Miltiades hatte sich doch bei jener Beratung der Ioner dafür erklärt, die Bitte der Skythen zu erfüllen, nämlich die Brücke abzubrechen und heimzufahren. Als jetzt die Phoiniker Miltiades' Sohn Metiochos zu Dareios brachten, tat ihm dieser jedoch gar nichts; er tat ihm sogar viel Gutes, gab ihm Haus und Grundbesitz und eine persische Frau, deren Kinder ganz als Perser gelten. Miltiades aber fuhr von Imbros weiter nach Athen.

42. In diesem Jahre unternahmen die Perser nichts Feindseliges weiter gegen die Ioner, vielmehr geschah etwas, was diesen höchst vorteilhaft wurde. Artaphernes, der Satrap von Sardes,

beschied Abordnungen aus den ionischen Städten zu sich und zwang sie, Verträge miteinander abzuschließen: Streitigkeiten sollten künftg auf gütlichem Wege beigelegt werden, und die gegenseitigen Plünderungen sollten aufhören. Ferner ließ er die einzelnen Gebiete nach Parasangen ausmessen — das ist das persische Wort für dreißig Stadien[68] — und legte ihnen danach die Abgaben auf, die seit jener Zeit bis auf den heutigen Tag in der von Artaphernes festgesetzten Höhe fortbestehen[69]. Artaphernes' Abschätzung änderte an der Abgabensumme, die sie vordem zu zahlen hatten, wenig. Das trug zum Frieden in Ionien bei.

43. Als der Frühling kam[70], schickte der König nach Abberufung der anderen Feldherrn den Mardonios, Sohn des Gobryas, ans Meer. Er brachte ein gewaltiges Heer mit, Landtruppen und Flotte, und war ein junger Mann, der sich erst kürzlich mit Artozostre, einer Tochter des Königs Dareios, vermählt hatte. Als Mardonios mit diesem Heere in Kilikien angelangt war, ging er zu Schiffe und fuhr mit der Flotte weiter; das Landheer wurde von anderen Führern bis an den Hellespontos geführt. Mardonios segelte an der Küste Asiens entlang nach Ionien und tat dort etwas, was jene Hellenen, die nicht glauben wollen, daß Otanes damals den persischen Sieben die Einführung der Demokratie in Persien vorgeschlagen und empfohlen hat, höchlich verwundern wird. Mardonios setzte nämlich alle Tyrannen in den ionischen Städten ab und richtete Demokratien ein. Dann fuhr er weiter nach dem Hellespontos[71].

Als dort eine große Menge Schiffe und ein großes Landheer versammelt waren, setzten die Perser mit Schiffen über den Hellespontos und zogen durch Europa. Das Ziel des Zuges waren Eretria und Athen.

44. Doch dienten diese beiden Städte nur zum Vorwand; in Wirklichkeit wollten sie soviele hellenische Städte wie nur eben möglich unterwerfen. Durch die Flotte wurde Thasos, das keine Hand dagegen rührte, unterworfen, und das Landheer fügte zu den übrigen unterjochten Völkern noch die Makedonen[72]. Denn von den Makedonen an waren schon sämtliche Stämme in der Hand der Perser. Von Thasos fuhr die Flotte nach dem Fest-

land hinüber und an der Küste entlang bis Akanthos[73], von Akanthos weiter um den Athos herum. Während dieser Herumfahrt erhob sich ein gewaltiger Nordostwind, der die Flotte hart mitnahm und eine große Zahl Schiffe an die Felsen des Athos warf. Dreihundert Schiffe, heißt es, sind dabei zugrunde gegangen und über zwanzigtausend Mann. Das Meer ist am Athos nämlich reich an Meertieren, von denen viele Menschen gepackt und verschlungen wurden[74]; andere wurden gegen die Felsen geschleudert, andere wieder konnten nicht schwimmen und ertranken, und andere erlagen der Kälte. So übel erging es der Flotte.

45. Mardonios wurde mit dem in Makedonien lagernden Landheer bei Nacht von dem thrakischen Stamme der Bryger angegriffen[75]. Viele Perser wurden getötet, Mardonios selber verwundet. Trotzdem entgingen auch sie nicht dem persischen Joch. Mardonios zog nicht eher aus dieser Gegend fort, als bis er ihrer Herr geworden war.

Aber nach ihrer Unterwerfung führte er das Heer zurück. Das Landheer hatte durch die Bryger, die Flotte hatte am Athos zu große Verluste erlitten. So war dieser Zug ein gänzlicher Mißerfolg, und das Heer kehrte wieder nach Asien zurück.

46. Zwei Jahre darauf schickte Dareios zunächst an die Thasier[76] — Thasos wurde von seinen Nachbarn beschuldigt, daß es einen Aufstand plane — einen Boten und befahl, die Mauern niederzureißen und die Schiffe nach Abdera zu schaffen. Denn die Thasier hatten nach der Belagerung ihrer Stadt durch Histiaios von Milet ihre reichen Einkünfte benutzt, um Kriegsschiffe zu bauen und eine stärkere Mauer um die Stadt zu ziehen. Ihr Reichtum rührte von ihren Besitzungen auf dem Festlande und ihren Bergwerken her. Die Goldbergwerke von Skaptehyle brachten ihnen im ganzen achtzig Talente ein[77], die auf Thasos etwas weniger, jedoch soviel, daß die Thasier nicht nur frei von Abgaben für die Feldfrüchte waren, sondern alles in allem — Besitzungen und Bergwerke — eine jährliche Einnahme von zweihundert Talenten hatten, in den besten Jahren sogar von dreihundert Talenten.

47. Ich habe diese Bergwerke selber gesehen; das erstaunlichste

von den Bergwerken ist das von den Phoinikern entdeckte, als sie im Verein mit Thasos diese Insel besiedelten, die dann nach diesem Phoiniker Thasos ihren Namen erhielt[78]. Dieses phoinikische Bergwerk auf Thasos liegt zwischen den Orten Ainyra und Koinyra, gegenüber von Samothrake. Einen großen Berg haben dort die Goldgräber umgewühlt.
48. Doch fügten sich die Thasier dem Befehl des Königs, schleiften ihre Mauer und schafften alle ihre Schiffe nach Abdera.
Darauf suchte Dareios die Absichten der Hellenen zu erforschen, ob sie einen Krieg mit ihm wagen oder sich ihm ergeben würden. Er schickte Herolde allenthalben in Hellas umher, und ließ im Namen des Königs Erde und Wasser fordern. Andere Herolde schickte er zu den zinspflichtigen Küstenstädten und befahl, Kriegsschiffe und Lastschiffe zur Beförderung von Pferden zu bauen. 49. Das taten die Städte, und den nach Hellas entsandten Herolden gaben viele hellenische Festlandsstädte, was der König fordern ließ; auch alle Inseln, zu denen sie kamen, gaben es.
Unter den Inselbewohnern, die Dareios Erde und Wasser gaben, befanden sich auch die Aigineten. Das ließ Athen sie sofort entgelten. Die Athener meinten, Aigina habe es nur deshalb getan, um im Verein mit den Persern gegen sie zu Felde zu ziehen. Mit Freuden ergriffen sie die Gelegenheit und gingen nach Sparta, die Aigineten wegen Verrats an Hellas zu verklagen[79].
50. Auf diese Anklage hin fuhr der König von Sparta, Kleomenes, Sohn des Anaxandrides, hinüber nach Aigina, um die Hauptschuldigen gefangen zu nehmen. Aber einige Aigineten widersetzten sich ihrer Gefangennahme, darunter namentlich Krios, Sohn des Polykritos, der ausrief, Kleomenes würde keinen Aigineten ungestraft fortschleppen; er käme überhaupt nicht im Auftrage der Gemeinde Sparta, sondern sei von den Athenern bestochen, sonst wäre er doch mit dem anderen König gemeinsam gekommen. Er sagte das alles im Auftrage des zweiten spartanischen Königs Demaratos[80]. Kleomenes verließ Aigina und fragte Krios, wie er denn hieße. Der sagte seinen Namen und Kleomenes erwiderte:
»Mach eherne Spitzen an deine Hörner, Krios[81]! Du gehst schweren Zeiten entgegen.«

51. Demaratos, Sohn des Ariston, der in Sparta geblieben war, verleumdete inzwischen den Kleomenes. Er war ebenfalls König von Sparta und stammte aus einem geringeren Haus, das jedoch nur deshalb geringer war — der Stammvater war beiden gemeinsam —, weil das des Eurysthenes um der Erstgeburt willen in höherem Ansehen stand.

52. Die Lakedaimonier erzählen — im Widerspruch zu allen Dichtern[82] —, daß sie von Aristodemos, dem Sohn des Aristomachos, Enkel des Kleodaios, Urenkel des Hyllos, in das Land, das jetzt in ihrem Besitz ist, geführt worden seien[83], nicht erst von den Söhnen des Aristodemos. Nicht lange danach gebar die Gemahlin des Aristodemos namens Argeia, die ihrer Überlieferung nach eine Tochter des Autesion war, des Sohnes des Tisamenos, Enkels des Thersandros, Urenkels des Polyneikes. Zwillinge gebar sie, aber als Aristodemos die Kinder gesehen hatte, wurde er krank und starb. Das damalige lakedaimonische Volk beschloß, der Sitte gemäß den älteren Knaben zum König zu machen. Es wußte aber nicht, wen es hier wählen mußte, denn beide Knaben waren an Gestalt und Größe gleich. In dieser Verlegenheit oder auch gleich von vornherein wurde die Mutter befragt. Auch sie sagte, sie wüßte nicht, wer der Ältere sei; sie wußte es aber recht wohl, doch dachte sie, es könnten vielleicht beide König werden. Die Lakedaimonier wußten also nicht, was zu tun sei, und schickten in ihrer Not nach Delphi, um anzufragen, wie sie sich in dieser Sache entscheiden sollten. Die Pythia befahl, beide Kinder zum König zu machen, aber den älteren höher zu ehren. Nach diesem Spruch der Pythia wußten die Lakedaimonier immer noch nicht, wie sie den älteren herausfinden sollten. Da gab ihnen ein Messenier, namens Panites, einen Rat. Dieser Rat des Panites lautete folgendermaßen. Sie sollten erspähen, welches von den beiden Kindern die Mutter zuerst wüsche und tränkte. Wäre das immer das gleiche, so hätten sie das ganze Rätsel gelöst. Schwanke und wechsele aber die Mutter, so sei klar, daß sie es selber nicht mehr wüßte, und dann müßten sie etwas Neues versuchen. Auf diesen Rat des Messeniers belauschten nun die Spartiaten die Mutter von Aristodemos' Kindern und sahen, daß sie beim Tränken und Waschen stets den Älteren bevorzugte; die Mutter aber wußte

nicht, weshalb man auf sie achtgab. Sie nahmen den von der Mutter bevorzugten Knaben und erzogen ihn als den älteren auf öffentliche Kosten. Er erhielt den Namen Eurysthenes, der andere den Namen Prokles. Als sie erwachsen waren, sind die Brüder, heißt es, ihr ganzes Leben hindurch verfeindet gewesen, und das ist bei ihren Nachkommen ebenso geblieben.

53. Diese Überlieferung haben bloß die Lakedaimonier. Nun behaupte ich auf Grund der allgemeinen hellenischen Sage folgendes[84]. Diese dorischen Könige bis hinauf zu Perseus, dem Sohn der Danae — von dessen göttlichem Vorfahren abgesehen —, werden von den Hellenen mit Recht als Hellenen bezeichnet und geschildert. Seit Perseus wird dies Geschlecht unter die hellenischen gerechnet. Ich sage: bis hinauf zu Perseus, und greife nicht noch weiter zurück, weil uns von Perseus kein sterblicher Vater genannt wird, während z. B. Herakles den sterblichen Vater Amphitryon hat. Darum habe ich mit Recht nur von den Königen bis hinauf zu Perseus gesprochen. Sieht man die Stammliste der Vorfahren von Perseus' Mutter Danae, der Tochter des Akrisios an, so sind allerdings die Führer des dorischen Stammes echte Ägypter[85].

54. So bezeugen wenigstens die Stammessagen der Hellenen. Dagegen behauptet die Überlieferung der Perser, daß nicht bloß die Vorfahren des Perseus, sondern Perseus selber noch Assyrier war und erst Hellene geworden ist[86]. Die Vorfahren des Akrisios sind danach gar nicht mit Perseus verwandt gewesen, sondern sind, wie auch die hellenische Überlieferung sagt, Ägypter gewesen.

55. Soviel hierüber. Wie und durch welche Taten dies ägyptische Geschlecht die Königsherrschaft über die Dorier gewann, will ich nicht erzählen, weil schon andere darüber berichtet haben[87]. Ich will nur Dinge mitteilen, die von anderen noch nicht berichtet worden sind.

56. Die Ehren und Rechte, die die Spartiaten ihren Königen übertragen haben, sind folgende. Zwei Priesterämter haben sie zu verwalten, das des lakedaimonischen Zeus und das des Zeus Uranios[88]. Krieg dürfen sie gegen jedes beliebige Land führen; kein Spartiat darf sich ihnen in den Weg stellen, sonst verfällt er der Ächtung. In der Schlacht ziehen die Könige voran und

sind die letzten, die den Kampf verlassen. Hundert auserlesene Krieger bilden im Felde ihre Leibwache. Opfertiere können sie in den Krieg mitnehmen, soviele sie wollen; von jedem, das geopfert wird, gehört ihnen das Fell und der Rücken.

57. Zu diesen Vorrechten im Kriege kommen folgende anderen. Wenn ein Staatsopfer abgehalten wird, haben die Könige den ersten Platz beim Mahle; ihnen wird zuerst gereicht, und sie erhalten von allem doppelt so viel wie die anderen Teilnehmer an dem Mahle[89]. Sie erhalten beim Spenden den ersten Becher und das Fell des Opfertieres. An jedem Neumondstag und dem siebenten Tage des Monats wird ihnen von der Gemeinde ein ausgewachsenes Tier zur Opferung im Apollontempel geliefert[90], ferner ein lakonischer Scheffel Gerste und ein lakonisches Viertel Wein[91]. Bei allen Spielen haben sie gesonderte Ehrensitze. Ihnen liegt es ob, beliebigen Bürgern die ständige Bewirtung der Fremden zu übertragen[92], und sich je zwei Pythier zu wählen. Pythier nennt man die Gesandten, die nach Delphi geschickt werden und auf öffentliche Kosten mit den Königen speisen. Falls die Könige an einer Mahlzeit nicht teilnehmen, werden jedem zwei Choinikes Gerstenmehl und eine Kotyle Wein ins Haus geschickt[93]; speisen sie mit, so wird ihnen alles doppelt gereicht. Ebenso bevorzugt werden sie, wenn sie ein Bürger zu Gaste lädt. Sie haben die Weissagungen in ihrer Obhut[94]; nur die Pythier sind mit eingeweiht. Die Könige haben die ausschließliche richterliche Entscheidung über folgende Angelegenheiten: über die Wahl eines Gatten für Erbtöchter, die der Vater nicht mehr hat verloben können[95], und über die öffentlichen Wege[96]. Auch wer ein Kind adoptieren will, muß es vor den Königen tun. Sie sitzen auch im Rate der achtundzwanzig Geronten[97]. Erscheinen sie nicht, so fällt das Vorrecht der Könige den ihnen am nächsten verwandten Geronten zu, nämlich daß jeder außer der seinigen noch zwei weitere Stimmen hat.

58. Das sind die Ehren und Rechte, die die Könige von der Gemeinde Sparta erhalten, solange sie leben. Wenn sie sterben, so verkünden Reiter in allen Teilen Lakoniens den Tod, und in der Stadt ziehen Frauen mit Kesseln umher, an die sie schlagen. Dann besteht das Gebot, daß aus jedem Hause zwei Freie die

Trauergebräuche erfüllen müssen, ein Mann und eine Frau. Auf die Unterlassung stehen schwere Strafen. Sonst sind die Gebräuche beim Tode der Könige in Lakedaimon ebenso wie bei den asiatischen Barbaren. Auch bei den meisten Barbarenstämmen herrscht nämlich die Sitte, die wir in Sparta finden: wenn ein König in Lakedaimon stirbt, sind außer den Spartiaten auch eine Anzahl Perioiken[98] aus ganz Lakedaimon verpflichtet, zur Bestattung zu gehen. Die vielen Tausende von Perioiken, Heloten und Spartiaten, untermischt mit Frauen, die dann versammelt sind, schlagen sich eifrig an die Stirn und erheben ein unsägliches Klagegeschrei, wobei sie versichern, daß gerade der verstorbene König der beste gewesen sei[99]. Wenn ein König im Kriege stirbt, wird zu Hause ein Bild des Toten hergestellt und auf einer wohlgeschmückten Bahre zu Grabe getragen. Nach dem Begräbnis finden zehn Tage lang keine Gerichtsverhandlung und kein Markt statt, auch die Wahlversammlung tagt nicht. Zehn Tage lang dauert die allgemeine Trauer.

59. Auch folgenden Brauch hat Sparta mit den Persern gemeinsam. Wenn der neue König die Regierung antritt, erläßt er den Spartiaten, die dem König oder der Gemeinde etwas schuldig sind, die Schuld. So erläßt der neue König in Persien allen Städten die rückständigen Abgaben.

60. Einen anderen Brauch haben die Lakedaimonier mit den Ägyptern gemein. Bei den Herolden, Flötenspielern und Köchen erbt sich das Gewerbe vom Vater auf den Sohn fort. Der Sohn eines Flötenspielers wird Flötenspieler, eines Koches wird Koch, eines Heroldes wird Herold. Die Heroldsfamilien werden nicht durch andere stimmbegabte Leute verdrängt, sondern das Amt bleibt in denselben Familien. Solche erblichen Gewohnheiten bewahren sie.

61. Während also Kleomenes in Aigina war und zum Besten von ganz Hellas wirkte, verleumdete ihn Demaratos, weniger aus Liebe zu den Aigineten als aus Haß gegen Kleomenes. Als Kleomenes aus Aigina zurückkehrte, beschloß er daher, Demaratos aus dem Königsamt zu entfernen, und suchte das durch folgende Mittel zu erreichen.

König Ariston von Sparta bekam, obwohl er zwei Frauen heiratete, keine Kinder. Da er sich selber unschuldig daran wußte, nahm er eine dritte Frau. Er wählte folgende. Unter den Spartiaten war einer, mit dem Ariston am meisten befreundet war. Dieser hatte weitaus die schönste Frau in ganz Sparta, und doch war diese Frau einst die häßlichste gewesen. Weil sie reicher Leute Kind und so garstig war, hatte ihre Amme folgendes Mittel ausgedacht, da sie sah, daß die Eltern über ihre garstige Tochter unglücklich waren. Sie trug das Kind jeden Tag in das Heiligtum der Helene, das draußen in Therapne[100], über dem Heiligtum der Phoibe[101] liegt. Jedesmal trat die Amme vor das Bild der Göttin und betete, sie möchte das Kind von seiner Häßlichkeit befreien. Einmal, so heißt es, erschien der Amme, als sie aus dem Heiligtum kam, eine Frau und fragte, was sie da in den Armen hielte. Sie sagte, sie trüge ein Kind. Die Frau bat, ihr das Kind zu zeigen; sie aber weigerte sich; die Eltern hätten ihr verboten, es irgendeinem zu zeigen. Die Frau bestand darauf, es zu sehen, und da die Amme sah, wieviel ihr daran lag es zu sehen, zeigte sie ihr das Kind. Die Frau aber strich mit der Hand über den Kopf des Kindes und sagte, es würde die schönste Frau in Sparta werden. Von diesem Tage an veränderte sich sein Aussehen und als es mannbar geworden war, heiratete es Agetos, der Sohn des Alkeides, eben jener Freund des Ariston.

62. Ariston entbrannte also in Liebe zu dieser Frau und ersann folgende List. Er versprach dem Freunde, dessen Weib sie war, ein Geschenk machen zu wollen; er solle unter seinen Besitztümern sich auswählen, was er wolle. Dasselbe erbat er sich von seinem Freunde. Dieser dachte nicht an seine Frau, sah er doch, daß Ariston eine Frau hatte, und willigte ein. Beide verpflichteten sich sogar durch einen Eid. Nun gab Ariston dem Agetos ein Kleinod — was es nun gerade war —, das dieser sich wählte, und als Ariston sich auch etwas wählen sollte, verlangte er des Freundes Weib. Der sagte, sein Weib sei das einzige, was er ihm nicht geben könne. Aber durch den Eid und den schlauen Betrug gebunden, überließ er es dem Ariston.

63. So hatte Ariston jetzt die dritte Frau; die zweite entließ er. Nach gar zu kurzer Zeit — die zehn Monate waren noch nicht um — gebar diese Frau den Demaratos. Ein Diener brachte ihm, während er mit den Ephoren zu Rate saß, die Nachricht:

ihm sei ein Sohn geboren. Ariston wußte die Zeit, wann er die Frau heimgeführt hatte, zählte die Monate an den Fingern und schwur: »Das ist nicht mein Sohn«. Die Ephoren hörten es, beachteten aber damals dies Wort nicht[102]. Als der Sohn heranwuchs, bereute Ariston sein Wort und glaubte nun ganz fest, daß Demaratos von ihm stamme. Den Namen Demaratos hatte man ihm deshalb gegeben, weil das ganze spartanische Volk, das den Ariston höher achtete als alle anderen spartanischen Könige, ihm einen Sohn gewünscht hatte. Daher der Name Demaratos ['vom Volke ersehnt'].

64. Nach einiger Zeit starb Ariston, und Demaratos wurde König. Aber das Schicksal wollte, daß jenes Wort ruchbar wurde und ihn des Thrones beraubte. Mit Kleomenes war er völlig zerfallen. Erst hatte Demaratos jenes Heer aus Eleusis zurückgeführt, und jetzt hatte er Kleomenes verleumdet, als dieser die persisch Gesinnten in Aigina züchtigen wollte.

65. Als Kleomenes an seine Rache ging, einigte er sich mit Leotychides, dem Sohn des Menares, Enkel des Agis, der demselben Hause angehörte wie Demaratos, dahin, daß er ihn an Stelle des Demaratos zum König machen wollte, wofür Leotychides mit ihm gegen Aigina ziehen sollte. Leotychides war Demaratos' grimmigster Feind. Demaratos hatte ihn nämlich durch List um die Ehe mit Perkalos, der Tochter Chilons, Sohnes des Demarmenos gebracht, mit der Leotychides verlobt war. Er kam ihm zuvor, raubte die Perkalos und heiratete sie. Das war der Grund, weshalb Leotychides mit Demaratos so verfeindet war, und jetzt trat er auf Betreiben des Kleomenes gegen ihn auf. Er beschwor, daß Demaratos zu Unrecht König der Spartiaten sei, denn er sei nicht Aristons Sohn[103]. Er erhob Klage gegen ihn und erinnerte an das Wort, das Ariston damals gesagt hatte, als ihm der Diener die Geburt eines Sohnes verkündete und er die Monate ausrechnete und schwur, es sei nicht sein Sohn. Auf dies Wort hin sprach ihm Leotychides die Abstammung von Ariston und das Recht auf die spartanische Königswürde ab. Als Zeugen rief er jene Ephoren auf, die damals mit Ariston zusammen getagt und sein Wort gehört hatten.

66. Es kam zum Streit, und die Spartiaten beschlossen, das Orakel in Delphi zu befragen, ob Demaratos Aristons Sohn

sei. Als die Sache auf Veranlassung des Kleomenes der Pythia vorgetragen wurde, machte sich Kleomenes einen sehr einflußreichen Mann in Delphi, Kobon, Aristophantos' Sohn, geneigt, und dieser Kobon überredete die Oberpriesterin Perialla, den Spruch im Sinne des Kleomenes zu erteilen. So entschied denn die Pythia auf die Frage der Gesandtschaft, daß Demaratos nicht Aristons Sohn sei. Aber die Bestechung wurde später ruchbar; Kobon wurde aus Delphi verbannt, und die Oberpriesterin Perialla verlor ihre Würde[104].

67. Das ist die Geschichte von der Absetzung des Demaratos. Daß Demaratos aus Sparta nach Persien floh, hatte folgenden Grund. Er war nach seiner Absetzung in ein anderes Amt gewählt worden. Am Feste der Gymnopaidien[105], bei dem auch Demaratos unter den Zuschauern war, schickte Leotychides, der bereits seine Stelle als König einnahm, einen Diener zu Demaratos, der ihn zum Spott fragen mußte, wie es ihm behage, statt König Beamter zu sein. Zornig über die Frage antwortete jener, er habe Erfahrung in beidem, Leotychides nicht; im übrigen werde diese Frage den Anfang bilden zu einer unendlichen Kette von Ereignissen — seien es unglückliche oder glückliche —, die über die Lakedaimonier hereinbrechen würden. So sprach er, verhüllte sein Haupt und verließ den Festplatz. Zu Hause traf er sofort Vorbereitungen zum Opfer und brachte dem Zeus einen Stier dar. Dann rief er seine Mutter.

68. Als sie gekommen war, legte er ihr Stücke von den Eingeweiden in die Hände und sprach die flehenden Worte: »Mutter! Bei allen Göttern, zumal bei dem Zeus Herkeios[106] hier, flehe ich dich an: sage mir aufrichtig, wer ist mein wirklicher Vater? Leotychides hat bei dem Streite behauptet, du seiest als schwangere Frau aus dem Besitz deines ersten Mannes in den des Ariston übergegangen. Noch törichter ist das Gerede anderer, du seiest zum Eselhirten in eurem Hofe gegangen, und dessen Sohn sei ich. Ich beschwöre dich bei den Göttern: sage die Wahrheit! Hast du getan, was die Leute sagen, so bist du nicht die einzige: viele Frauen haben dasselbe getan. Überall in Sparta geht das Gerücht, daß Ariston keinen zeugenden Samen besessen hat, sonst hätten ihm die ersten Frauen schon Kinder geboren.«

69. So sprach er, und die Mutter antwortete:
»Kind! Da du mit Bitten in mich dringst, die Wahrheit zu sagen, soll dir alles offen und der Wahrheit gemäß erzählt werden. In der dritten Nacht, nachdem Ariston mich in sein Haus geführt hatte, erschien mir ein Mann, der Ariston glich. Er schlief bei mir und legte mir die Kränze an, die er mitgebracht hatte. Dann ging er, und nun kam Ariston. Als er mich bekränzt sah, fragte er, wer mir die Kränze gegeben. Ich sagte, er selber; er aber wollte es nicht wahr haben. Da schwor ich und sagte, es sei nicht recht, daß er es leugne; denn erst eben sei er doch gekommen, habe mit mir geschlafen und mir die Kränze gegeben[107]. Als Ariston meinen Schwur hörte, merkte er, daß ein Gott im Spiele sei. Auch stammten die Kränze, wie sich herausstellte, aus dem Heroentempel, der neben dem Eingang unseres Hofraumes steht und Tempel des Astrabakos[108] heißt, und ebenso erklärten die Wahrsager, dieser Heros sei es gewesen. – Nun weißt du alles, Kind, was du erfahren wolltest. Entweder dieser Heros hat dich gezeugt – so ist dein Vater der Heros Astrabakos – oder aber Ariston; denn in jener Nacht habe ich dich empfangen. Woran sich nun deine Feinde am meisten halten, daß nämlich Ariston selber, als ihm deine Geburt gemeldet wurde, vor vielen Zuhörern gesagt hat, du seiest nicht sein Sohn, denn die zehn Monate seien noch nicht um, so ist ihm dies Wort nur entfahren, weil er von solchen Dingen nichts versteht. Manche Frauen gebären schon nach neun und sieben Monaten; nicht immer sind es volle zehn Monate. Ich habe dich, Kind, nach sieben Monaten geboren. Ariston hat ja auch sehr bald erkannt, daß ihm jenes Wort nur aus Unkenntnis entfallen sei. Glaube nicht, was die Leute sonst noch über deine Herkunft sagen; du hast jetzt die reinste Wahrheit gehört. Von Eselhirten mögen die Frauen des Leotychides und der anderen, die solche Dinge sagen, Kinder bekommen!«

70. So sprach sie. Als er erfahren hatte, was er wollte, rüstete er zur Reise und wanderte nach Elis[109]. Er gab vor, daß er nach Delphi gehen wolle, um das Orakel zu befragen. Die Lakedaimonier argwöhnten, daß Demaratos entfliehen wolle, und verfolgten ihn. Demaratos kam ihnen zuvor und fuhr von Elis hinüber nach Zakynthos. Die Lakedaimonier folgten, erreichten

ihn und nahmen ihm sein Gefolge weg. Aber ihn selber gaben die Zakynthier nicht heraus, und er fuhr hinüber nach Asien zu König Dareios. Der empfing ihn in aller Pracht und gab ihm Land und Städte. So und unter solchen Schicksalen ist Demaratos nach Asien gelangt. Er hatte sich in Lakedaimon durch viele Taten und große Einsicht berühmt gemacht und war der einzige König von Sparta, der je den Lakedaimoniern einen olympischen Sieg im Wagenrennen verschafft hat.

71. Leotychides, der Sohn des Menares, also wurde König anstelle des abgesetzten Demaratos. Er hatte einen Sohn Zeuxidemos, den manche Spartiaten auch Kyniskos nennen. Dieser Zeuxidemos ist nicht König von Sparta geworden, sondern vor Leotychides gestorben. Er hinterließ einen Sohn Archidemos. Nach dem Tode des Zeuxidemos heiratete Leotychides eine zweite Frau namens Eurydame, eine Schwester Menions und Tochter des Diaktorides. Männliche Kinder hatte er von ihr nicht, nur eine Tochter Lampito, die Leotychides dem Sohn des Zeuxidemos, Archidemos, zur Frau gab.

72. Aber Leotychides selber wurde auch nicht in Sparta alt; er hat, was er an Demaratos getan hatte, büßen müssen. Auf einem Feldzug der Lakedaimonier nach Thessalien, den er befehligte, ließ er sich durch hohe Geldsummen bestechen, während er die Feinde ganz hätte unterwerfen können[110]. Man ertappte ihn in seinem eigenen Lager vor einem vollen Beutel Geld sitzend. Vor Gericht gefordert, entfloh er aus Sparta, und sein Haus wurde niedergerissen. Er ging nach Tegea[111] und starb dort. Doch geschah das erst in späterer Zeit.

73. Damals zog Kleomenes, sobald der Anschlag gegen Demaratos geglückt war, mit Leotychides gegen Aigina, voller Grimm über jene Beschimpfung. Da jetzt beide Könige gegen sie heranzogen, wagten die Aigineten keinen Widerstand mehr. Jene wählten zehn der angesehensten — reichsten und adligsten — Aigineten aus und führten sie in die Gefangenschaft. Auch Krios, Sohn des Polykritos und Kasambos, Sohn des Aristokrates, die beiden mächtigsten Männer, waren darunter. Sie brachten sie nach Attika und übergaben sie als Geiseln den Athenern, den ärgsten Feinden Aiginas.

74. Da aber kam es an den Tag, daß Kleomenes unehrliche

Mittel gegen Demaratos angewendet hatte. Er entwich aus Furcht vor den Spartiaten nach Thessalien. Von dort aus ging er nach Arkadien und wiegelte die Arkader gegen Sparta auf. Er ließ sie schwören, ihm zu folgen, wohin er sie führen würde; namentlich wollte er die Stammeshäuptlinge der Arkader bewegen, sich in der Stadt Nonakris zu versammeln, um dort beim Wasser des Styx[112] den Eid zu leisten. Denn in dieser Stadt, erzählen die Arkader, befindet sich das Wasser des Styx, und in der Tat findet sich dort ein kleines Gewässer, das von einem Felsen in eine Schlucht herabstürzt, die von einer Dornenhecke umgeben ist. Nonakris, der Ort, wo sich diese Quelle befindet, ist eine Stadt in Arkadien und liegt in der Nähe von Pheneos[113].

75. Als die Lakedaimonier Kunde davon erhielten, fürchteten sie sich und holten Kleomenes nach Sparta zurück. Er wurde König wie vorher. Aber alsbald wurde er von Wahnsinn ergriffen, wie er denn schon früher etwas verwirrten Geistes gewesen war. Jeden Spartiaten, den er auf der Straße traf, schlug er mit seinem Stabe an die Stirn. Da banden den Rasenden seine Verwandten an einen Block. Als er sich mit dem Wächter allein sah, forderte er von ihm ein Messer. Der Wächter wollte es ihm anfangs nicht geben, aber Kleomenes drohte ihm: er würde es ihn später entgelten lassen, bis der Wächter aus Furcht — es war ein Helote — ihm das Messer gab. Da zerschnitt Kleomenes mit dem Messer seinen eigenen Körper. Von den Unterschenkeln fing er an, schnitt das Fleisch in Streifen, zerfetzte ebenso die Oberschenkel, weiter die Hüften und Weichen und endlich den Leib, bis der Tod eintrat. Ursache seines Todes war, wie die meisten Leute in Hellas meinen, seine Bestechung der Pythia, damit sie jenen Ausspruch über Demaratos täte[114]. Nur in Athen gibt man einen anderen Grund an, nämlich seine Plünderung des Tempels der Göttinnen von Eleusis[115], als er dort einfiel, und wieder einen anderen Grund geben die Argeier an: er habe die aus der Schlacht geflüchteten Argeier aus ihrem Heiligtum des Argos herausgelockt, sie hingerichtet und gar den Hain in seiner Gottlosigkeit angezündet.

76. Kleomenes hatte nämlich in Delphi den Orakelspruch erhalten, er würde Argos erobern. Als er nun mit einem sparta-

nischen Heere an den Erasinos kam — von diesem Erasinos heißt es, sein Wasser stamme aus dem Stymphalissee[116], der sich in eine unsichtbare Erdspalte ergieße und in Argos wieder zum Vorschein komme, wo sein abfließendes Wasser nun von den Argeiern Erasinos genannt werde —, als Kleomenes hier ankam, opferte er dem Flusse. Die Vorzeichen für den Übergang waren gar nicht günstig, aber Kleomenes sagte, er lobe es zwar sehr, daß Erasinos seine Landsleute nicht verraten wolle, aber die Argeier sollten trotzdem ihre Strafe finden. Er ging mit dem Heere nach Thyrea zurück, opferte dem Meere einen Stier und fuhr zu Schiffe hinüber in die Gegend von Tiryns und Nauplia[117].

77. Auf die Kunde von seiner Landung rückten ihm die Argeier an die Küste entgegen. In der Nähe von Tiryns, an der Stelle, wo der Ort Sepeia liegt, lagerten sie sich in geringer Entfernung von den Lakedaimoniern. Die Argeier fürchteten den offenen Kampf nicht, dagegen eine listige Überrumpelung. Denn darauf hatte ein Orakelspruch hingedeutet, den die Pythia ihnen und zugleich den Milesiern erteilt hatte. Der eine Teil[118] lautete folgendermaßen:

Aber wenn einst das Weib den Mann im Kampfe bezwinget,
Und ihn verjagt und Ruhm gewinnt im Volk der Argeier,
Dann werden viele Frauen in Argos sich schlagen und trauern.
Und so redet dereinst noch mancher der späteren Menschen:
Speerdurchstoßen starb der furchtbar sich schlängelnde Drache[119].

Das alles setzte die Argeier in Furcht. Sie beschlossen daher, auf den Herold der Feinde zu merken, und taten folgendes. So oft der spartanische Herold den Lakedaimoniern etwas verkündigte, mußte der ihrige den Argeiern seine Worte wiederholen.

78. Kleomenes merkte, daß die Argeier sich stets nach den Worten seines Herolds richteten, und gab Befehl, wenn der Herold zum Frühstück riefe, sollten alle die Rüstung anlegen und auf die Argeier eindringen. Das taten die Lakedaimonier. Während die Argeier auf den Ruf ihres Herolds das Frühstück einnah-

men, überfielen sie sie, töteten viele und belagerten einen noch weit größeren Teil in dem Hain des Argos, wohin sich die Argeier geflüchtet hatten.

79. Jetzt tat Kleomenes folgendes. Er ließ sich von den Überläufern die Namen der in dem Heiligtum eingeschlossenen Argeier sagen und rief sie durch einen Herold einzeln heraus, wobei er sagte, er habe Lösegeld für sie erhalten. Bei den Peleponnesiern beträgt das Lösegeld für einen Gefangenen zwei Minen. Gegen fünfzig Argeier rief Kleomenes nacheinander heraus und tötete sie. Die in dem Heiligtum Zurückbleibenden wußten von deren Schicksal nichts; denn der Wald war dicht, und sie konnten drinnen nicht sehen, was draußen vorging, bis einer von ihnen auf einen Baum stieg und sah, was geschah. Da ging denn auf den Ruf hin keiner mehr hinaus.

80. Nun befahl Kleomenes allen Heloten, Holz um den Hain aufzuschichten[120]. Dann steckte er ihn in Brand. Schon brannte er, da fragte Kleomenes einen Überläufer, welchem Gott der Hain geweiht sei. Der sagte, dem Argos[121]. Als Kleomenes das hörte, sagte er mit tiefem Seufzen:

»O Apollon Chresterios[122]! Wie arg hast du mich betrogen mit deinem Wort, daß ich Argos erobern würde! Mir scheint, das Wort geht jetzt eben in Erfüllung.«

81. Darauf sandte Kleomenes den größten Teil des Heeres heim nach Sparta, und mit den tausend Edelsten ging er zum Heratempel, um zu opfern. Als er auf dem Altare dort mit dem Opfer beginnen wollte, verbot es ihm der Priester und sagte, ein Fremder dürfe dort nicht opfern. Kleomenes befahl den Heloten, den Priester vom Altar zu weisen und zu geißeln, und opferte selber. Dann kehrte er nach Sparta zurück.

82. Dort verklagten ihn seine Feinde bei den Ephoren, er sei bestochen worden, Argos zu verschonen, das er ohne Mühe hätte erobern können. Er sagte in seiner Verteidigung, ob er log oder die Wahrheit sprach, kann ich nicht mit Gewißheit sagen, genug, er sagte: als er das Heiligtum des Argos erobert, habe er geglaubt, der Orakelspruch des Gottes habe sich dadurch erfüllt. Darum habe er keinen Angriff auf die Stadt gewagt, bevor er nicht die Gottheit befragt und erkundet habe, ob sie ihm die Stadt in die Hände liefern oder sich widersetzen würde.

Während des Opfers im Heratempel sei aber aus der Brust des Götterbildes eine Flamme hervorgeschossen; daraus habe er deutlich erkannt, daß er Argos nicht würde einnehmen können. Wäre diese Flamme aus dem Haupte des Bildes hervorgekommen, so hätte er gewiß Stadt und Burg erobert; aber die Flamme aus der Brust habe sagen wollen, daß er dem Wunsch der Gottheit bereits ganz Genüge getan. Diese Worte des Kleomenes fanden die Spartiaten überzeugend, und er wurde mit großer Stimmenmehrheit freigesprochen.

83. Argos war so völlig von seinen männlichen Einwohnern verwaist, daß die Sklaven sich der Regierung bemächtigten und alle Ämter verwalteten, bis die Söhne der Gefallenen herangewachsen waren, die dann Argos zurückeroberten und die Sklaven vertrieben[123]. Die vertriebenen Sklaven brachten durch eine Schlacht die Stadt Tiryns in ihre Hand. Eine Zeitlang herrschte Friede zwischen ihnen und ihren Herren; dann aber kam zu den Sklaven ein Wahrsager, namens Kleandros, der aus Phigalia[124] in Arkadien stammte. Der überredete sie zum Angriff auf ihre Herren. Es folgte ein langer Krieg, in welchem die Argeier endlich mit Mühe den Sieg erfochten.

84. Diesen Grund geben also die Argeier für den Wahnsinn und das traurige Ende des Kleomenes an. Die Spartiaten selber meinen, an Kleomenes' Krankheit sei überhaupt keine Gottheit schuld; er habe durch den Umgang mit Skythen gelernt, ungemischten Wein zu trinken; der habe ihn wahnsinnig gemacht. Denn als Dareios ins Skythenland eingebrochen war, wollten die skythischen Nomadenstämme Rache an ihm nehmen, schickten Gesandte nach Sparta und schlossen ein Bündnis mit den Lakedaimoniern. Es wurde verabredet, daß die Skythen am Phasis einen Einfall in Medien versuchen sollten[125], während die Spartiaten von Ephesos aus landeinwärts marschieren sollten, bis beide sich träfen. Aber Kleomenes, so erzählt man, verkehrte gar zu viel mit den Skythen in Sparta und lernte dabei, ungemischten Wein zu trinken. Daher rührte nach Meinung der Spartiaten sein Wahnsinn. Seitdem sprechen sie vom 'skythischen Zechen', wenn sie einmal den Wein in starker Mischung trinken.

So die Meinung der Spartiaten über Kleomenes' Schicksal. Ich selber glaube, daß es die göttliche Rache für sein Verhalten gegen Demaratos war.

85. Als die Aigineten von Kleomenes' Tod hörten, schickten sie Boten nach Sparta, um gegen Leotychides wegen der Geiseln Klage zu führen, die in Athen festgehalten wurden. Die Lakedaimonier versammelten den Gerichtshof, und dieser entschied, daß die Aigineten von Leotychides vergewaltigt worden seien. Er solle als Sühne für die Geiseln in Athen an Aigina ausgeliefert werden. Als aber die Aigineten Leotychides fortschleppen wollten, sagte Theasides, der Sohn des Leoprepes, ein angesehener Spartiate, zu ihnen:

»Was habt ihr vor, Männer von Aigina? Den König der Spartiaten, den euch die Bürgerschaft preisgegeben hat, wollt ihr wegführen? Jetzt haben die Spartiaten in ihrem Zorn wohl so entschieden; aber hütet euch ja, daß sie es euch nicht später einmal entgelten lassen und Tod und Verderben über euer Land bringen.«

Als die Aigineten das hörten, standen sie davon ab, Leotychides wegzuführen, einigten sich aber mit ihm, daß er nach Athen gehen und ihnen die Aigineten herausgeben sollte. 86. Leotychides kam nach Athen und forderte die Geiseln zurück, aber die Athener wollten sie nicht herausgeben und machten Ausflüchte. Sie sagten, zwei Könige hätten ihnen die Männer in Verwahrung gegeben, und sie könnten sie jetzt nicht dem einen allein zurückgeben. Als die Athener so die Auslieferung verweigerten, sprach Leotychides folgendermaßen zu ihnen:

»Athener! Tut, was ihr wollt; doch wenn ihr sie ausliefert, tut ihr recht, wenn ihr sie nicht ausliefert, tut ihr das Gegenteil davon. Ich will euch erzählen, wie es in Sparta einmal mit einem solchen anvertrauten Gut gegangen ist. Drei Geschlechter vor uns, so erzählt man sich in Sparta, lebte in Lakedaimon ein Mann namens Glaukos, Sohn des Epikydes. Er ragte in allen Dingen über seine Mitbürger hervor, namentlich stand er in dem Ruf, der rechtlichste Mann in Lakedaimon zu sein. Nun aber sollte er folgendes erleben. Ein Milesier kam nach Sparta, besuchte Glaukos und machte ihm folgenden Antrag:

'Ich bin ein Milesier und komme, um deine Rechtlichkeit, Glaukos, in Anspruch zu nehmen. In ganz Hellas und ebenso in

Ionien sprach man so viel von deiner Rechtlichkeit, und ich bedachte bei mir, wie doch das Leben in Ionien von jeher so unsicher und in der Peloponnes so sicher ist[126] und daß bei uns ein Reicher niemals reich bleibt. Als ich so überlegte und mit mir zu Rate ging, beschloß ich, die Hälfte meines ganzen Vermögens zu Gelde zu machen und dir in Verwahrung zu geben; denn ich weiß ja, daß es in deinen Händen sicher aufgehoben ist. Hier, nimm das Geld und bewahre auch diese Erkennungsmarken auf. Wer dir eine solche Marke bringt und das Geld zurückfordert, dem gib es[127].'

So sprach der Fremdling aus Milet, und Glaukos nahm das Geld unter der verabredeten Bedingung. Lange Zeit war vergangen, da kamen die Söhne jenes Mannes, der ihm das Geld anvertraut hatte, nach Sparta, gingen zu Glaukos, zeigten die Marken vor und verlangten das Geld zurück. Er aber wies sie mit folgenden Worten ab:

'Ich weiß nichts mehr von der Sache, und alles, was ihr sagt, kann sie mir nicht ins Gedächtnis zurückbringen; doch will ich, sobald meine Erinnerung erwacht, tun, was die Gerechtigkeit verlangt. Habe ich das Geld empfangen, so sollt ihr es ehrlich zurückerhalten, habe ich es aber nie bekommen, so will ich euch nach hellenischem Recht Rede stehen. Vier Monate gebe ich euch Frist, eure Forderung zu beweisen.'

Traurig kehrten die Milesier heim und glaubten, um ihr Geld betrogen zu sein. Glaukos aber reiste nach Delphi, um das Orakel zu fragen. Als er nun fragte, ob er das Geld durch einen Meineid an sich bringen solle, schalt ihn die Pythia mit folgenden Versen:

Glaukos, jetzt ist es für dich, Epikydes Sohn, zwar von Vorteil,
Wenn du durch Meineid siegst und so die Gelder erraffest.
Schwöre nur, weil der Tod auch die redlichen Männer erwartet.
Aber es folget dem Meineid sein Sohn, der hat keinen Namen,
Hat nicht Hände und Füße; er schreitet so schnell wie der Sturmwind,

Greift dein Haus und Geschlecht und vertilget sie ganz von der Erde.
Aber des Eidesgetreuen Geschlecht hat Ruhm bei der Nachwelt[128].

Als Glaukos das hörte, bat er den Gott, ihm seine Frage zu vergeben. Aber die Pythia sagte, den Gott zu versuchen, sei kein geringeres Vergehen, als den Meineid wirklich zu schwören.

Glaukos ließ nun die Fremdlinge von Milet zu sich kommen und gab ihnen das Geld zurück. Ich aber will euch jetzt sagen, Athener, warum ich euch diese Geschichte erzählt habe: kein Nachkomme des Glaukos lebt, kein Haus trägt den Namen des Glaukos, mit der Wurzel ist sein Geschlecht in Sparta ausgerottet. Darum sollte jeder, von dem ein anvertrautes Pfand zurückgefordert wird, nur dem einen Gedanken Raum geben: es zurückzuerstatten.«

So sprach Leotychides. Die Athener weigerten sich auch jetzt noch, und er kehrte heim.

87. Die Aigineten aber, die doch noch nicht einmal die frühere Unbill gebüßt hatten, die sie den Athenern zuliebe den Thebanern zugefügt hatten, rüsteten sich, um ihrerseits an Athen Rache zu nehmen; denn sie grollten den Athenern und glaubten sich beleidigt. Während des fünfjährigen Festes, das die Athener bei Sunion feierten[129], lauerten sie dem Festschiff auf, das die vornehmsten Athener an Bord hatte, nahmen es und setzten die Insassen gefangen. 88. Jetzt zögerten die Athener nicht länger und boten alles, was sie konnten, gegen die Aigineten auf. In Aigina lebte ein angesehener Mann namens Nikodromos, Sohn des Knoithos, der den Aigineten grollte, weil sie ihn früher einmal von der Insel verbannt hatten. Als dieser hörte, daß die Athener zu einem Schlag gegen die Aigineten gerüstet seien, verabredete er mit ihnen den Verrat seiner Vaterstadt. Er gab den Tag an, an welchem er sich erheben wolle, und den Tag, bis zu welchem sie ihm zu Hilfe kommen sollten.

89. An dem verabredeten Tage bemächtigte sich Nikodromos der sogenannten Altstadt, aber die Athener erschienen nicht rechtzeitig. Sie besaßen nicht Schiffe genug, um den Kampf mit

der aiginetischen Flotte wagen zu können, und während sie die Korinthier um Schiffe baten, scheiterte das ganze Unternehmen. Die Korinthier — sie waren zu jener Zeit eng befreundet mit Athen — gaben ihnen zwar zwanzig Schiffe — um fünf Drachmen, weil das Gesetz ihnen nicht erlaubt, sie zu verschenken — und die Athener fuhren mit diesen und den ihrigen, zusammen siebzig Schiffen nach Aigina, aber sie kamen einen Tag zu spät.
90. Nikodromos schiffte sich ein, da die Athener nicht rechtzeitig zur Stelle waren, und entfloh aus Aigina. Andere Aigineten folgten ihm, und die Athener siedelten sie in Sunion an, von wo aus sie Raubzüge gegen die Aigineten auf der Insel unternahmen.
91. Doch geschah dies erst später. Damals gewann der Adel über das Volk, das sich in Gemeinschaft mit Nikodromos erhoben hatte, den Sieg und führte die Gefangenen zum Tode hinaus[130]. Dabei luden sie jene Blutschuld auf sich, die sie trotz aller Opfer und Bemühungen nicht sühnen konnten. Die Göttin wurde ihnen erst wieder gnädig, als sie von Aigina vertrieben waren. Siebenhundert Männer aus dem Volke waren es, die von den Adligen damals zum Tode geführt wurden. Einer davon machte sich los, floh zu dem Tempel der Demeter Thesmophoros, faßte den Griff des Tores und hielt sich daran fest. Als sie ihn nicht fortreißen konnten, hieben sie ihm die Hände ab und führten ihn ohne Hände fort; diese Hände aber blieben an dem Türring hängen[131].
92. So wüteten die Aigineten gegen sich selber. Nun kamen die Athener mit siebzig Schiffen heran. Die Aigineten unterlagen in der Seeschlacht und wandten sich mit der Bitte um Hilfe wie früher an Argos. Die Argeier schlugen aber diesmal die Bitte ab, aus Groll, daß aiginetische Schiffe, freilich von Kleomenes gezwungen, nach Argolis gekommen waren und lakedaimonische Truppen ans Land gesetzt hatten. Auch auf sikyonischen Schiffen waren damals Truppen gelandet. Die Argeier legten Aigina und Sikyon[132] dafür eine Geldbuße von tausend Talenten auf, jeder Stadt fünfhundert. Die Sikyonier gaben ihre Schuld zu und einigten sich mit Argos auf die Summe von hundert Talenten; die Aigineten aber leugneten nicht nur die Schuld ab, sondern gaben sogar eine trotzige Antwort. Daher wurde ihnen

jetzt von Staats wegen keine Hilfe von Argos zuteil, doch kamen gegen tausend Freiwillige unter Führung des Eurybates, eines Pentathleten[133]. Die meisten davon kamen nicht wieder heim, sondern wurden auf Aigina von den Athenern erschlagen. Ihr Anführer Eurybates erlegte drei Gegner im Zweikampf und wurde von dem vierten, Sophanes aus Dekeleia[134], getötet. 93. Die Aigineten aber griffen die ungeordnete athenische Flotte an und besiegten sie; vier Schiffe samt der Mannschaft fielen ihnen in die Hände.

94. Während so Athen mit Aigina im Kriege lag, schritt der Perserkönig zur Tat. Erinnerte ihn doch der Diener beständig daran, die Athener nicht zu vergessen, und auch die Peisistratiden drängten ihn und verleumdeten die Athener. Außerdem war der Zug gegen Athen ein guter Vorwand, um auch die anderen hellenischen Städte, die ihm Erde und Wasser verweigert hatten, zu unterwerfen. Mardonios, dessen Zug so übel ausgelaufen war, wurde abberufen, und neue Heerführer wurden ernannt und gegen Eretria und Athen ausgeschickt, nämlich Datis, ein Meder[135], und Artaphernes, Sohn des Artaphernes und Neffe des Dareios. Der Befehl des Dareios lautete, die Bewohner von Athen und Eretria zu Sklaven zu machen und ihm vorzuführen.
95. Die beiden Feldherren verließen Susa und gelangten mit ihrem großen, wohlgerüsteten Landheere in die aleische Ebene in Kilikien[136]. Als sie dort lagerten, kam auch die ganze Flotte herbei; jedes Küstenvolk hatte Schiffe stellen müssen. Auch die Lastschiffe für die Pferde erschienen, deren Bau Dareios im vorigen Jahre den tributpflichtigen Völkern auferlegt hatte. Die Pferde wurden eingeladen, das Fußvolk bestieg die Schiffe, und so stachen sechshundert Dreiruderer in See gen Ionien. Von dort aus ging aber die Fahrt nicht wieder an der Küste des Hellespontos und Thrakiens entlang, sondern von Samos aus fuhren sie an Ikaros[137] vorüber mitten durch die Inseln. Sie fürchteten, glaube ich, vornehmlich die Umfahrt um den Athos, bei der sie im vergangenen Jahre so große Verluste erlitten hatten. Auch Naxos bewog sie dazu, das bis dahin noch nicht erobert worden war[138].

96. Als sie sich von den ikarischen Gewässern her Naxos näherten, gegen das sie sich zuerst wenden wollten, in Erinnerung an jene frühere Belagerung, verließen die Naxier, ohne den Angriff zu erwarten, ihre Stadt und flohen auf die Berge. Die Perser machten alle, deren sie habhaft wurden, zu Sklaven und zündeten die Heiligtümer und die Stadt an. Dann ging es weiter gegen die anderen Inseln.

97. Währenddessen verließen auch die Delier Delos und flüchteten nach Tenos[139]. Als die Flotte vor Delos erschien, ließ Datis, der vorausgefahren war, die Schiffe nicht nahe der Insel vor Anker gehen, sondern weit entfernt bei Rhenaia. Als er dann erfahren hatte, wo die Delier seien, schickte er einen Herold zu ihnen und ließ ihnen folgendes sagen:

»Ihr heiligen Männer, warum flieht ihr und meint, ich führte Böses gegen euch im Schilde! Das heilige Land, in dem die beiden Götter[140] geboren sind, bleibt unversehrt; keiner soll es verwüsten oder seine Bewohner anrühren, das ist nicht nur mein eigner Wille, sondern der Befehl des Königs. Kehret also in eure Heimat zurück, und bewohnet in Frieden eure Insel!«

Das ließ Datis den Deliern verkünden. Und auf dem Altar häufte er für dreihundert Talente Weihrauch auf und brachte den Göttern ein Rauchopfer[141].

98. Weiter fuhren Datis und die Flotte, auf der sich auch Ioner und Aioler befanden, zunächst gegen Eretria. Nach seiner Abfahrt trat ein Erdbeben auf Delos ein, und das war, wie die Delier sagen, das erste und letzte Erdbeben auf ihrer Insel bis zu meiner Zeit. Der Gott wollte durch dies Zeichen wohl auf das Unheil hinweisen, das über die Menschen kommen sollte. Denn über Hellas kam zur Zeit des Dareios, Sohnes des Hystaspes, und des Xerxes, Sohnes des Dareios, und des Artaxerxes, Sohnes des Xerxes, also innerhalb dreier Menschenalter, mehr Unglück als in den zwanzig Menschenaltern vor der Zeit des Dareios. Teils brachten die Perser dies Unglück über Hellas, teils die hellenischen Großen selber, die miteinander um die Macht kämpften[142]. So erklärt es sich ganz wohl, daß Delos bebte, das bis dahin nie gebebt hatte. Das war auch in einem Orakel über die Insel gesagt worden:

Beben lasse ich Delos, so unbeweglich es dasteht.

Die Namen der persischen Könige bedeuten in hellenischer Sprache folgendes. Dareios heißt der Tatkräftige, Xerxes der 'Krieger', Artaxerxes der 'große Krieger'. Das mag die richtige Erklärung der Namen dieser Könige sein, wenn man sie ins Hellenische übersetzt[143].
99. Die Barbaren verließen Delos und landeten an den kleinen Inseln, verlangten Truppen und nahmen Söhne der Inselbewohner als Geiseln mit. Als sie auf dieser Rundfahrt auch nach Karystos[144] kamen, weigerten sich die Karystier, Geiseln zu geben und gegen ihre Nachbarstädte — damit meinten sie Eretria und Athen — zu Felde zu ziehen. Da wurde Karystos belagert und das Land verwüstet, bis auch die Karystier sich den Persern unterwarfen.
100. Als die Eretrier erfuhren, daß die persische Flotte gegen sie heranzog, baten sie die Athener, ihnen zu Hilfe zu kommen. Die Athener versagten ihre Hilfe nicht und schickten jene Viertausend, die die Äcker der Reichen in Chalkis für sich in Besitz genommen hatten[145]. Aber es war kein verständiger Entschluß von den Eretriern, die Athener herbeizurufen, während es in Eretria zwei verschiedene Parteien gab. Die eine wollte die Stadt preisgeben und in die euboiischen Berge flüchten, die andere erhoffte von den Persern Vorteile für sich und dachte an Verrat. Ein vornehmer Eretrier, Aischines, Sohn des Nothon, der über beide Pläne unterrichtet war, legte den ankommenden Athenern die ganze Sachlage dar und bat sie heimzukehren, damit sie nicht mit ins Unglück hineingezogen würden. Diesen Rat des Aischines befolgten die Athener.
101. So fuhren sie nach Oropos hinüber und retteten sich. Aber die Perser landeten bei Temenos, Choireai und Aigilia im Gebiet von Eretria[146], besetzten diese Ortschaften und schifften sofort die Pferde aus, um sie zum Kampfe bereit zu machen. Die Eretrier aber beschlossen, nicht aus der Stadt zu ziehen und keine Schlacht zu liefern, bemühten sich jedoch die Stadt zu halten, da sie sich entschieden hatten, nicht zu flüchten. Die Stadt wurde sechs Tage lang bestürmt, und auf beiden Seiten fielen viele Leute; am siebenten verrieten zwei angesehene Eretrier, Euphorbos, Sohn des Alkimachos, und Philagros, Sohn des Kyneos, die Stadt an die Perser. Sie drangen in die Stadt

ein, wobei sie die Heiligtümer plünderten und in Brand steckten — als Strafe für die Verbrennung der Heiligtümer in Sardes — und die Einwohner zu Sklaven machten, wie Dareios befohlen hatte.

102. Als Eretria unterworfen war, segelten sie nach wenigen Tagen weiter nach Attika. Sie waren voller Ungeduld und meinten, die Athener würden nicht anders handeln als die Eretrier. Nun war Marathon für einen Reiterkampf das günstigste Gelände in Attika, lag auch Eretria am nächsten. Dahin führte also Hippias, der Sohn des Peisistratos, die Perser.

103. Als die Athener Kunde davon erhielten, zogen auch sie hinaus nach Marathon. Zehn Feldherrn führten das Heer[147]; der zehnte war Miltiades, dessen Vater Kimon, Sohn des Stesagoras, vor Peisistratos, dem Sohn des Hippokrates, aus Athen hatte fliehen müssen. Als Verbannter errang Kimon in Delphi einen Sieg mit dem Viergespann, ein Sieg, den sein Halbbruder Miltiades ebenfalls davongetragen hatte. Als er bei dem folgenden olympischen Feste mit denselben Pferden noch einmal siegte, ließ er Peisistratos als Sieger ausrufen, der sich zum Dank dafür mit ihm versöhnte und ihm die Rückkehr gestattete. Noch einen dritten olympischen Sieg errang er mit denselben Pferden; aber dann ereilte ihn der Tod[148]. Die Söhne des Peisistratos — Peisistratos war nicht mehr am Leben — ließen ihn eines Nachts in der Nähe des Prytaneions durch gedungene Mörder umbringen. Kimon liegt vor dem Tore begraben, an der Straße, die den Namen 'Hohler Weg' führt. Ihm gegenüber sind die Rosse begraben, die dreimal in Olympia gesiegt haben[149]. Nur die Rosse des Lakoners Euagoras hatten früher einmal die gleiche Leistung vollbracht, aber keine Rosse sonst.

Der ältere Sohn Kimons Stesagoras war damals bei seinem Oheim Miltiades in der Chersonesos, der ihn erzog. Der jüngere lebte bei Kimon in Athen; er hatte nach dem Besiedler der Chersonesos den Namen Miltiades erhalten.

104. Jener Miltiades war also damals nach seiner Rückkehr aus der Chersonesos Feldherr der Athener. Zweimal war er dem Tode entronnen. Einmal hätten ihn die Phoiniker gern abgefangen und zum Könige gebracht; bis Imbros verfolgten sie ihn.

Dann, als er ihnen entkommen und zu Hause angelangt sich in Sicherheit wähnte, hatte er mit seinen Feinden zu kämpfen, die ihn vor Gericht zogen und als Tyrannen der Chersonesos verklagten. Aber er entkam auch ihnen und wurde Feldherr der Athener, wozu ihn das Volk erwählt hatte.

105. Noch vor Verlassen der Stadt hatten die Feldherrn den Athener Philippides als Herold nach Sparta geschickt, der ein Schnelläufer von Beruf war. Wie dieser Philippides selber erzählt und den Athenern berichtet hat, ist ihm am Parthenion[150], in den Bergen oberhalb von Tegea, Pan erschienen. Pan hat Philippides bei Namen gerufen und den Athenern durch ihn sagen lassen, warum sie ihm gar keinen Kult widmeten, da er doch den Athenern so gewogen sei und ihnen oft geholfen habe, es auch in Zukunft weiter tun werde. Als die Athener wieder Frieden im Lande hatten, haben sie denn auch — denn sie glaubten, was Philippides berichtete — unter der Akropolis einen Pantempel[151] gebaut und feiern ihm zu Ehren jährliche Opferfeste mit Fackellauf.

106. Damals wurde also Philippides von den Feldherrn nach Sparta geschickt, hatte unterwegs, wie er behauptet, jene Erscheinung des Pan und war am zweiten Tage in Sparta angelangt. Dort sprach er vor den Archonten folgendermaßen: »Lakedaimonier! Die Athener bitten euch, ihnen zu Hilfe zu kommen und nicht die älteste Stadt in Hellas in Barbarenhände fallen zu lassen. Schon ist Eretria im Sklavenjoch und Hellas um eine berühmte Stadt ärmer.«

So entledigte er sich seines Auftrages, und die Spartiaten beschlossen, Athen zu helfen, nur war es ihnen unmöglich, sofort aufzubrechen, wenn sie nicht gegen ihre Gesetze verstoßen wollten. Es war nämlich der neunte Tag im Monat, und sie sagten, sie dürften nicht ausrücken, da die Mondesscheibe noch nicht voll sei[152].

107. So warteten die Spartiaten den Vollmond ab, während Hippias, Sohn des Peisistratos, die Barbaren nach Marathon führte. In der Nacht vor der Landung hatte Hippias einen Traum gehabt. Ihm war es, als schliefe er mit seiner eignen Mutter. Diesen Traum deutete er so, daß er nach Athen zurückkehren, die Herrschaft wiedergewinnen und als Greis auf

heimischer Erde sterben würde. So deutete er seinen Traum. Damals ließ er die Sklaven aus Eretria nach der Insel der Styreer, die Aigileia heißt[153], hinüberschaffen, die Schiffe aber ließ er bei Marathon vor Anker gehen und stellte die Barbaren, nachdem sie sich ausgeschifft hatten, zur Schlacht auf. Währenddessen mußte er niesen und husten, heftiger als sonst wohl, und da ihm als einem alten Mann die Zähne schon lose saßen, fiel ihm durch den starken Husten ein Zahn heraus und in den Sand. Er gab sich viele Mühe, den Zahn wiederzufinden, aber der Zahn kam nicht wieder zum Vorschein, und Hippias sagte mit einem Seufzer zu den Umstehenden:

»Das ist nicht unser Land; wir werden seiner nicht Herr werden. Soviel mir davon zugedacht war, das gehört nun dem Zahn.«

108. Hippias glaubte also, sein Traum sei damit bereits in Erfüllung gegangen.

Als die Athener bei dem Heiligtum des Herakles[154] sich aufgestellt hatten, kam der ganze Heerbann der Plataier an, sie zu unterstützen. Die Plataier hatten sich nämlich unter den Schutz Athens gestellt, und die Athener hatten schon manchen Kampf für die Stadt durchgefochten. Mit dieser freiwilligen Unterwerfung der Plataier war es folgendermaßen gegangen. Von Theben bedrängt boten die Plataier zuerst dem Kleomenes, Sohn des Anaxandrides, der mit den Lakedaimoniern in der Nähe war, ihre Unterwerfung an. Aber die Lakedaimonier lehnten sie ab und sagten:

»Wir wohnen zu weit entfernt und könnten euch nur laue Freunde sein. Längst könntet ihr in die Sklaverei verkauft sein, ehe zu uns eine Kunde davon kommt. Ihr solltet euch lieber in den Schutz Athens begeben; denn die Athener sind eure Nachbarn und wohl imstande, euch zu schützen.«

Diesen Rat gaben ihnen die Lakedaimonier nicht so sehr aus Wohlwollen gegen die Plataier als in dem Wunsche, Athen in beschwerliche Händel mit den Boiotern zu verwickeln. Die Plataier folgten dem Rate der Lakedaimonier, und als in Athen das Opfer für die zwölf Götter dargebracht wurde, setzten sie sich als Schutzflehende an den Altar und übergaben ihre Stadt den Athenern. Als die Thebaner davon hörten, zogen sie gegen

die Plataier zu Felde, aber die Athener rückten zur Hilfe heran. Die Korinthier duldeten nicht, daß es zur Schlacht kam. Sie befanden sich in der Nähe und brachten mit beiderseitiger Einwilligung einen Vertrag zustande. Eine Landgrenze wurde festgesetzt und die Bestimmung getroffen, daß die Thebaner die boiotischen Städte, die sich dem boiotischen Bunde nicht anschließen wollten, gewähren lassen sollten. Dann zogen die Korinthier ab, aber die Boioter überfielen die heimkehrenden Athener, wurden jedoch in dem Kampfe, der sich entspann, geschlagen. Nun überschritten die Athener die Grenze des von den Korinthiern festgesetzten plataiischen Gebiets und erklärten den Asopos als Grenze zwischen Theben einerseits und Plataiai und Hysiai andererseits[155].
Auf diese Weise waren die Plataier in ein Schutzverhältnis zu den Athenern gekommen, und jetzt kamen sie ihnen nach Marathon zu Hilfe.
109. Bei den Feldherren der Athener waren die Meinungen geteilt. Die einen waren gegen einen Kampf mit dem medischen Heere, weil sie zu schwach seien; die anderen, darunter Miltiades, rieten zur Schlacht. Die schlechtere Meinung schien den Sieg davonzutragen, aber da gab es noch einen elften, der im Kriegsrat seine Stimme abzugeben hatte, nämlich den durch das Bohnenlos[156] erwählten Polemarchos — von alters her war dieser Polemarchos bei den Athenern ebenso stimmberechtigt wie die Feldherren —, und der damalige Polemarchos war Kallimachos von Aphidnai. Zu diesem Polemarchos begab sich Miltiades und sprach:
»Du, Kallimachos, hast dich jetzt zu entscheiden, ob du die Athener zu Sklaven machen oder befreien und dir ewigen Nachruhm gewinnen willst, wie ihn selbst Harmodios und Aristogeiton nicht haben. Solange Athen steht, war es nie in so furchtbarer Gefahr wie jetzt. Unterliegt es den Medern, so kennen wir das Schicksal, das seiner in den Händen des Hippias wartet, ganz genau. Siegt aber die Stadt, so kann sie die mächtigste Stadt in Hellas werden. Wie das möglich ist und inwiefern es gerade von dir abhängt, das will ich dir nun erklären. Wir zehn Feldherrn sind geteilter Meinung; die einen raten zur Schlacht, die anderen raten ab. Wagen wir aber jetzt die Schlacht nicht,

so fürchte ich, wird Zwietracht und arge Verwirrung über die Gemüter der Athener kommen, und sie werden sich den Medern ergeben. Wagen wir aber die Schlacht, noch ehe sich Parteien unter den Athenern bilden, so können wir mit Hilfe der Götter siegen. Alles das steht jetzt bei dir und hängt von dir ab. Wenn du dich für meine Meinung entscheidest, so ist deine Vaterstadt frei und wird die mächtigste Stadt in Hellas. Trittst du aber denen bei, die gegen die Schlacht stimmen, so wirst du von all dem Guten, das ich dir genannt, das Gegenteil erleben.«

110. Durch diese Worte gewann Miltiades den Kallimachos für seine Meinung, und als der Polemarchos seine Stimme abgab, war der Entschluß zur Schlacht gefaßt. Die Feldherren, die für die Schlacht gestimmt hatten, überließen nun alle, wenn der Tag des Oberbefehls an sie kam, den Befehl dem Miltiades. Der nahm ihn an, lieferte aber die Schlacht nicht eher, als bis die Reihe des Oberbefehls an ihn selber kam. 111. Jetzt erst ordnete er das Heer zur Schlacht und stellte es folgendermaßen auf. Den rechten Flügel befehligte der Polemarchos Kallimachos; damals war es nämlich bei den Athenern noch Sitte, daß der Polemarchos auf dem rechten Flügel stand. Dann folgten die Phylen, nach ihrer festgesetzten Reihenfolge geordnet, und endlich schlossen auf dem linken Flügel die Plataier die Schlachtreihe ab[157]. Seit dieser Schlacht betet der athenische Herold bei dem großen Opfer, das an den fünfjährigen Festen dargebracht wird, nicht nur für das Heil der Athener, sondern auch für das der Plataier. Die so geordnete Schlachtreihe der Athener bei Marathon war ebenso lang wie die medische, doch war sie in der Mitte nur wenige Reihen tief, die Mitte war also am schwächsten; auf den beiden Flügeln standen die Truppen dichter.

112. Als die Aufstellung vollendet war und das Opfer günstig ausfiel, stürmten die Athener auf das Zeichen zur Schlacht hin gegen die Barbaren vor. Die Entfernung zwischen den Heeren betrug nicht weniger als acht Stadien. Die Perser sahen die Athener im Laufschritt nahen und rüsteten sich, sie zu empfangen. Sie hielten es für ein ganz tolles selbstmörderisches Beginnen, als sie die kleine Schar heranstürmen sahen, die weder durch Reiterei noch durch Bogenschützen gedeckt wurde. Aber

während die Barbaren solche Gedanken hegten, kamen schon die Haufen der Athener heran; der Kampf begann, und sie hielten sich wacker. Die Athener waren die ersten unter allen hellenischen Stämmen, soweit wir wissen, die den Feind im Laufschritt angriffen[160], sie waren auch die ersten, die dem Anblick medischer Kleidung und medisch gekleideter Krieger standhielten. Bis dahin fürchteten sich die Hellenen, wenn sie nur den Namen der Meder hörten.

113. Der Kampf bei Marathon währte lange. In der Mitte des Heeres siegten die Barbaren; dort stand der persische Stamm selber und der Stamm der Saken[161]. Dort blieben also die Barbaren Sieger, durchbrachen die Reihen der Feinde und verfolgten sie landeinwärts. Auf beiden Flügeln siegten jedoch die Athener und Plataier. Sie ließen ihre geschlagenen Gegner fliehen und wandten sich gemeinsam gegen die, welche die Mitte durchbrochen hatten. Auch hier siegten die Athener. Dann folgten sie den flüchtigen Persern und trieben sie unter Gemetzel an den Meeresstrand. Dort riefen sie nach Feuerbränden und griffen die Schiffe an.

114. Bei diesen Kämpfen starb der Polemarchos Kallimachos den Heldentod, und von den Feldherren fiel Stesilaos, der Sohn des Thrasylos. Dem Kynegeiros, Sohn des Euphorion, der ein Schiff am Heck festhielt, wurde die Hand mit einem Beil abgeschlagen[162], und so fielen noch viele andere angesehene Athener.

115. Sieben Schiffe wurden von den Athenern erobert. Mit den übrigen stachen die Barbaren in See, nahmen die auf der Insel zurückgelassenen Sklaven aus Eretria an Bord und segelten um Sunion herum, um vor dem athenischen Heere die Stadt Athen zu erreichen. In Athen schrieb man es einer Hinterlist der Alkmeoniden zu, daß die Perser auf diesen Gedanken gerieten. Man sagte, sie hätten mit den Persern ein Zeichen verabredet und, als diese schon auf den Schiffen waren, einen Schild emporgehoben.

116. Also die Perser umschifften Sunion[163]. Die Athener aber eilten, so schnell die Füße sie tragen wollten, zu ihrer Stadt und langten wirklich eher an als die Barbaren. Sie lagerten sich wieder in einem Heraklesheiligtum; damals war es das bei

Marathon, jetzt das in Kynosarges[164]. Als die Barbaren auf der Höhe von Phaleron ankamen — das war damals der Hafen Athens —, gingen sie auf hoher See vor Anker; dann kehrten sie um und fuhren heim nach Asien.

117. In dieser Schlacht bei Marathon fielen rund sechstausendvierhundert Barbaren und einhundertzweiundneunzig Athener[165]. Das waren die Verluste auf beiden Seiten. Und etwas Wunderbares ereignete sich in der Schlacht. Ein Athener, namens Epizelos, Sohn des Kuphagoras, wurde, während er im Handgemenge gar tapfer focht, des Augenlichts beraubt, ohne daß er irgendeinen Schlag oder Stoß erhalten hatte. Von dem Augenblick an war er blind und blieb es, solange er lebte. Er soll über den Vorfall folgendes erzählt haben. Ein Riese in der Hoplitenrüstung, dessen Bart den ganzen Schild beschattet habe, sei ihm entgegengekommen; doch sei die Erscheinung an ihm vorübergegangen und habe seinen Nebenmann erschlagen. So, sagte man mir, hat Epizelos erzählt.

118. Als Datis mit dem Heere auf der Rückfahrt nach Asien bis Mykonos[166] gekommen war, hatte er dort einen Traum. Von dem Inhalt des Traumes wird nichts berichtet; aber sobald der Tag anbrach, durchsuchte er alle Schiffe, und als er in einem phoinikischen Schiff ein vergoldetes Standbild[167] des Apollon fand, fragte er, wo sie das Bild geraubt hätten. Sie sagten ihm, aus welchem Heiligtume es stamme, und er segelte in seinem Schiff nach Delos. Die Delier waren bereits nach ihrer Insel zurückgekehrt; er stellte das Apollonbild im Tempel auf und erteilte den Auftrag, man solle das Standbild nach dem thebanischen Delion zurückschaffen. Dieser Ort liegt an der Küste gegenüber von Chalkis[168]. Danach fuhr Datis wieder ab, die Bewohner von Delos aber brachten das Götterbild keineswegs an seinen Platz zurück; erst zwanzig Jahre später, auf Geheiß des Gottes, holten es die Thebaner selber nach Delion heim.

119. Die gefangenen Eretrier wurden von Datis und Artaphernes, nachdem sie die Küste Asiens erreicht hatten, landeinwärts nach Susa geschleppt. König Dareios hatte gegen die Eretrier, bevor sie in die Gefangenschaft geführt wurden, einen gewaltigen Zorn gehabt; denn Eretria hatte ja den Streit mit Persien angefangen. Aber als sie jetzt vor ihn geführt wurden und ganz

in seine Hände gegeben waren, tat er ihnen kein Leid an und siedelte sie im Lande Kissien auf seinem Landgut namens Arderikka an. Arderikka ist zweihundertzehn Stadien von Susa entfernt und vierzig Stadien von jenem berühmten Brunnen, der drei verschiedene Dinge enthält. Man gewinnt nämlich Erdharz, Salz und Öl aus diesem Brunnen[169]. Wie aus einem Ziehbrunnen wird die Flüssigkeit mit Hilfe eines Schwengels emporgezogen, doch ist an dem Schwengel statt eines Eimers ein halber Schlauch befestigt. Der Schlauch wird hinuntergelassen, wieder heraufgezogen und sein Inhalt in ein Gefäß gegossen. Darauf wird die Flüssigkeit in ein anderes Gefäß gegossen, und nun zerlegt sie sich in ihre drei Bestandteile. Das Erdharz und das Salz setzt sich alsbald ab; das zurückbleibende Öl führt bei den Persern den Namen Rhadinake, es ist schwarz und hat einen strengen Geruch[170].

Dort siedelte also König Dareios die Eretrier an. Sie wohnten dort noch zu meiner Zeit und hatten auch ihre alte Sprache bewahrt. Das war das Schicksal dieser Eretrier.

120. Nach dem Vollmond kamen nun auch zweitausend Lakedaimonier in Athen an. Sie waren in solcher Eile marschiert, daß sie am dritten Tage nach dem Abmarsch aus Sparta auf attischem Boden standen. Trotzdem kamen sie zu spät zur Schlacht und wollten nun wenigstens die gefallenen Perser sehen. Sie gingen nach Marathon und besichtigten das Schlachtfeld. Unter Lobsprüchen auf die Athener und ihre Tat kehrten sie nach Hause zurück.

121. Es kommt mir wunderlich und unglaubhaft vor, daß die Alkmeoniden wirklich mit den Persern jene Verabredung getroffen und als Zeichen den Schild emporgehoben haben sollen, daß sie also den Wunsch gehabt haben sollen, Athen unter das Joch der Barbaren und des Hippias zu bringen. Denn sie sind ohne Zweifel ebenso große oder noch größere Tyrannenhasser gewesen wie Kallias, Sohn des Phainippos, Vater des Hipponikos. Dieser Kallias war nämlich der einzige Mann in Athen, der die öffentlich zur Versteigerung angebotenen Güter des aus Athen vertriebenen Peisistratos zu kaufen wagte. Auch sonst hat er seine Todfeindschaft gegen Peisistratos stets bewiesen[171].

122. Dieser Kallias verdient es, daß man seiner oft gedenke; denn einmal ist schon gesagt, daß er als Mann eifrig für die Freiheit seines Vaterlandes tätig war; dann errang er mit einem Rennpferd bei den Olympischen Spielen einen ersten Preis, mit einem Viergespann einen zweiten Preis. Bei den pythischen Spielen hatte er schon früher einen Preis davongetragen. Daher zeigte er sich gegen alle Hellenen mit verschwenderischer Pracht. Gegen seine drei Töchter zeigte er sich ebenso freigebig. Als sie zur Hochzeit reif wurden, gab er jeder ein ganz kostbares Geschenk. Welchen Athener seine Töchter sich wählten und zum Manne begehrten, diesem Manne gab er sie.

123. Und ganz ebenso große Tyrannenhasser wie er war auch die Familie der Alkmeoniden. Darum wundere ich mich und kann an das Gerücht nicht glauben, das ihnen jenes Schildzeichen zum Vorwurf macht. Sie waren ja doch während der ganzen Zeit der Tyrannenherrschaft verbannt, und auf ihr Betreiben verloren die Peisistratiden ihre Herrschaft. So sind sie meiner Meinung nach die Befreier Athens in einem weit höheren Grade als Harmodios und Aristogeiton. Denn durch ihre Ermordung des Hipparchos erbitterten diese nur die überlebenden Peisistratiden, machten aber der Tyrannei durchaus kein Ende. Das taten vielmehr die Alkmeoniden, vorausgesetzt, daß sie es wirklich waren, die die Pythia bewogen, die Lakedaimonier zur Befreiung Athens aufzurufen, wie ich früher erzählt habe[172].

124. Aber vielleicht haben sie aus Groll gegen das Volk von Athen ihre Vaterstadt verraten? Doch es gab keine angesehenere und geachtetere Familie in Athen als sie. Daher kann sie auch das nicht wohl bewogen haben, das Schildzeichen zu geben. Daß wirklich ein Schild emporgehoben worden ist, läßt sich nicht ableugnen; denn es ist Wahrheit. Aber wer es getan hat, darüber weiß ich nichts Näheres mitzuteilen.

125. Die Familie der Alkmeoniden war in Athen schon von alters her angesehen, doch kam sie erst durch Alkmeon und dann wieder durch Megakles zum höchsten Ansehen. Alkmeon, Sohn des Megakles, war es, der jenen von Kroisos aus Sardes an das Orakel in Delphi entsandten Lydern Beistand leistete und sich ihrer annahm[173]. Kroisos ließ ihn, als die Gesandten

ihm von der Freundlichkeit des Alkmeon erzählt hatten, nach Sardes kommen und machte ihm alles Gold zum Geschenk, das er auf einmal an seinem eignen Körper hinwegtragen könne. Alkmeon gebrauchte eine List, um diese Gabe noch reicher zu machen. Er zog einen weiten Chiton an, ließ ihn in einem tiefen Bausch herabfallen und zog die größten Stiefel an, die er finden konnte. So ging er in die Schatzkammer, in die man ihn führte. Er fiel über die Haufen Goldstaubes her, stopfte zuerst in die Stiefel so viel Gold, wie sie nur fassen wollten, füllte dann den ganzen Bausch, streute auch Goldstaub auf die Kopfhaare und nahm Gold in den Mund. Als er die Schatzkammer verließ, konnte er kaum seine Stiefel schleppen und sah allem anderen ähnlicher als einem Menschen. Der Mund war voller Gold, und alles war mit Gold ausgestopft. Kroisos lachte, als er ihn sah, ließ ihm alles Gold und schenkte ihm noch einmal soviel. So kam das Haus zu großem Reichtum. Alkmeon hielt sich Rennwagen und gewann in Olympia einen Sieg[174].

126. Ein Menschenalter später wurde die Familie durch Kleisthenes, den Tyrannen von Sikyon, noch weit berühmter in Hellas als sie vorher gewesen war. Kleisthenes war der Sohn des Aristonymos, ein Enkel des Myron, ein Urenkel des Andreus. Er hatte eine Tochter, namens Agariste, die er dem tapfersten und edelsten unter allen Hellenen, die er fände, zum Weibe geben wollte[175]. Auf dem olympischen Feste gewann er einen Sieg mit dem Viergespann und ließ durch einen Herold verkünden: wer unter den Hellenen sich würdig glaube, des Kleisthenes Schwiegersohn zu werden, möge am sechzigsten Tage oder früher nach Sikyon kommen, weil Kleisthenes innerhalb eines Jahres von jenem sechzigsten Tage ab die Hochzeit seiner Tochter feiern wolle. Da machten sich denn alle Hellenen, die auf sich und ihre Vaterstadt stolz waren, als Freier auf nach Sikyon, und Kleisthenes richtete eine Rennbahn und einen Ringplatz ein.

127. Von Italien her kam Smindyrides, Sohn des Hippokrates aus Sybaris, der glänzendste und reichste Freier, der erschien — Sybaris[176] hatte damals seine höchste Blütezeit —, und aus Siris[177] kam Damasos, Sohn des Amyris, den man den Weisen nennt. Das waren die Freier aus Italien. Von dem ionischen

Meerbusen her kam Amphimnestos, Sohn des Epistrophos, aus Epidamnos[178]. Von Aitolien[179] kam des Titormos Bruder Males, jenes Titormos, der der stärkste Hellene war und sich von allen Menschen in den entlegensten Teil Aitoliens zurückgezogen hatte.

Aus der Peloponnes kam Leokedes, der Sohn des Tyrannen von Argos, Pheidon, jenes Pheidon, der den Peloponnesiern Maß und Gewicht gegeben hat[180] und der gewalttätigste aller Hellenen war — er vertrieb in Olympia die Kampfrichter aus Elis und leitete die Spiele selber —; dessen Sohn kam also. Ferner der Arkader Amiantos, Sohn des Lykurgos, aus Trapezus[181], und der Azanier Laphanes, Sohn des Euphorion aus der Stadt Paios[182], jenes Euphorion, der, wie in Arkadien die Sage geht, die Dioskuren bewirtet und seitdem alle Menschen gastlich aufgenommen hat — und aus Elis[183] Onomastos, Sohn des Agaios. Das waren die Freier aus der Peloponnes selber. Aus Athen kamen Megakles, Sohn jenes zu Kroisos berufenen Alkmeon, und Hippokleides, Sohn des Teisandros, der in Athen an Reichtum und Schönheit hervorragte. Aus Eretria, damals einer blühenden Stadt, kam Lysanias. Das war der einzige Euboier. Aus Thessalien kam der Skopade Diaktorides, aus der Stadt Krannon, und der Molosser[184] Alkon.

128. Diese Freier erschienen alle zu dem festgesetzten Tage. Kleisthenes fragte zunächst jeden nach seiner Vaterstadt und seinem Geschlecht und hielt sie nun ein Jahr lang fest. Er prüfte ihre Männlichkeit, ihre Gemütsart, ihre Bildung, ihren Charakter, er sprach mit jedem allein und mit allen zusammen, er führte alle Jüngeren auf die Ringplätze, und vor allem beobachtete er sie beim Gelage. Solange sie in Sikyon blieben, tat er das unausgesetzt, und dabei bewirtete er sie gar großartig. Am besten gefielen ihm die Freier aus Athen und unter ihnen besonders Hippokleides, Sohn des Teisandros, nicht bloß wegen seiner edlen Männlichkeit, sondern auch wegen seiner Abstammung von den Kypseliden in Korinth.

129. Als nun der Tag erschien, an dem die Hochzeit gefeiert werden und Kleisthenes die getroffene Wahl verkünden sollte, opferte er hundert Rinder[185] und lud die Freier und ganz Sikyon zum Schmause ein. Nach dem Mahle wetteiferten die

Freier im Vortrag von Liedern und Scherzen[186]. Hippokleides übertraf alle anderen, und endlich hieß er den Flötenspieler einen Tanz spielen. Der Flötenspieler tat es, und Hippokleides tanzte. Nun gefiel er sich selber beim Tanze zwar sehr, aber nach dem Sinne des zuschauenden Kleisthenes war das alles durchaus nicht. Nach einer Pause hieß Hippokleides einen Tisch hereinbringen und tanzte auf dem Tische, zuerst auf lakonische Art[187], dann auf attische Art, und zum dritten stellte er sich auf den Kopf und machte Gebärden mit den Beinen. Kleisthenes hielt bei dem ersten und zweiten Tanz noch an sich, obwohl ihm der Gedanke gar nicht mehr gefiel, daß dieser schamlose Tänzer sein Schwiegersohn werden sollte. Als er ihn aber mit den Beinen eine Pantomime aufführen sah, konnte er nicht mehr an sich halten und rief aus:
»O Sohn des Teisandros, du hast deine Hochzeit vertanzt!«
Hippokleides erwiderte: »Das kümmert Hippokleides nicht!«
130. Daher stammt das bekannte Sprichwort von Hippokleides. Kleisthenes gebot nun Stille und sprach folgendermaßen zu den Versammelten:
»Freier meiner Tochter! Ihr seid mir alle lieb, und ich möchte, wenn es möglich wäre, euch allen euren Wunsch erfüllen, nicht einen unter euch auswählen und alle anderen abweisen. Aber da ich nur eine Tochter zu vergeben habe, kann ich nicht alle befriedigen und will jedem Zurückgewiesenen ein Talent Silbers zum Geschenk geben, weil er meine Tochter hat freien wollen und in der Fremde hat weilen müssen. Meine Tochter Agariste aber verlobe ich dem Megakles, Sohn des Alkmeon, nach dem Eherechte der Athener.«
Megakles erklärte sich bereit, und so war die Heirat festgesetzt.
131. Das ist die Geschichte von der Freierwahl, durch die die Alkmeoniden in Hellas so berühmt wurden. Der Sohn dieses Paares war jener Kleisthenes, der die Phylen in Athen schuf und die Demokratie einrichtete. Seinen Namen hatte er nach dem Großvater, dem Tyrannen von Sikyon. Ein zweiter Sohn des Megakles war Hippokrates, und dieser Hippokrates hatte wiederum einen Sohn Megakles und eine Tochter Agariste, die ihren Namen nach der Tochter des Kleisthenes, Agariste, hatte.

Sie vermählte sich mit Xanthippos, dem Sohn des Ariphron, und als sie schwanger wurde, hatte sie einen Traum. Ihr war, als gebäre sie einen Löwen. Nach wenigen Tagen gebar sie dem Xanthippos den Perikles[188].

132. Nach der Schlacht bei Marathon war der Ruhm des Miltiades noch gewachsen, obwohl er bei den Athenern schon vorher in hohem Ansehen gestanden hatte. Er forderte siebzig Schiffe und ein Heer und Geld von den Athenern, ohne zu sagen, gegen welches Land er ziehen wolle. Er sagte nur, er werde Athen reich machen, wenn man ihm folge; denn er wolle sie in ein Land führen, aus dem sie ohne Mühe Gold in Fülle davonschleppen könnten. So sprach er, als er die Schiffe forderte. Die Athener ließen sich bereden und gaben sie ihm[189].

133. Nun fuhr Miltiades mit der Flotte gegen Paros. Als Kriegsgrund gab er an, daß die Parier als Teilnehmer an dem persischen Zug nach Marathon den Krieg begonnen hätten. Doch war das nur ein Vorwand; in Wirklichkeit hatte er einen Groll auf Paros, weil Lysagoras, Sohn des Teisias, der aus Paros stammte, ihn bei dem persischen Feldherren Hydarnes verklagt hatte.

Am Ziele der Fahrt angelangt, schloß Miltiades die Stadt Paros ein und belagerte sie. Er schickte einen Herold hinein und forderte hundert Talente. Wenn die Parier diese Summe nicht zahlten, werde er mit dem Heere nicht eher davonziehen, als bis er die Stadt erobert habe. Die Parier dachten nicht daran, Miltiades das Geld zu geben, sondern dachten vielmehr an Verteidigung ihrer Stadt. Sie richteten sich auf die Belagerung ein und brachten den jedesmal am meisten gefährdeten Teil der Mauer während der Nacht auf die doppelte Höhe.

134. Soweit sind die Überlieferungen aller Hellenen einig. Den weiteren Verlauf erzählen die Parier folgendermaßen. Zu Miltiades, der keinen Rat wußte, kam eine Kriegsgefangene, von Geburt Parierin, die den Namen Timo führte und dienende Priesterin im Tempel der chthonischen Göttinnen[190] war. Sie bat um eine Unterredung mit Miltiades und riet ihm, wenn er Paros gern erobern wolle, möge er tun, was sie ihn heißen würde. Nun beschrieb sie ihm, was er tun solle, und Miltiades

schlich sich auf den vor der Stadt liegenden Hügel, wo ein Tempel der Demeter Thesmophoros[191] stand, und sprang über den Zaun, da er nicht imstande war, das Tor zu öffnen. Er ging hinein in das Tempelhaus, um dort irgend etwas zu tun, ich weiß nicht, ob er von den unberührbaren Dingen dort eines mit fortnehmen oder sonst etwas tun sollte. Aber schon an der Türe überlief ihn ein Schauder, er eilte zurück und verrenkte sich beim Herabspringen von der Mauer den Schenkel. Andere sagen, es sei eine Verletzung des Knies gewesen.

135. Da kehrte denn Miltiades krank mit der Flotte nach Athen zurück und brachte weder Schätze heim noch hatte er Paros unterworfen. Er hatte es nur sechsundzwanzig Tage lang belagert und die Insel verwüstet. Als die Parier von dem Rat hörten, den ihre Priesterin Timo dem Miltiades gegeben, wollten sie sie bestrafen und schickten, als sie von der Belagerung befreit waren, eine Gesandtschaft nach Delphi. Sie ließen fragen, ob sie die Priesterin hinrichten sollten, die den Feinden zur Eroberung ihrer Vaterstadt die Hand geboten und dem Miltiades die heiligen Gegenstände gezeigt, die keines Mannes Auge sehen dürfe. Die Pythia verbot die Bestrafung und sagte, Timo sei unschuldig, nur ein Scheinbild der Priesterin habe Miltiades zum Frevel verführt, weil ein böser Tod über ihn verhängt sei.

136. Das war die Antwort der Pythia an die Parier. Die Athener aber redeten viel Übles über Miltiades, als er aus Paros heimkehrte, namentlich Xanthippos, Sohn des Ariphron, der ihn als Betrüger an den Athenern vor dem Volk anklagte und seine Hinrichtung forderte. Miltiades konnte nicht auftreten, um sich zu verteidigen, weil der Brand seinen Schenkel verzehrte und ihn an das Lager fesselte. Seine Freunde verteidigten ihn. Sie sprachen ausführlich von der Schlacht bei Marathon und von der Eroberung der Insel Lemnos, die er den Athenern gewonnen und Rache an den Pelasgern genommen hatte. Das Volk erließ ihm die Todesstrafe, erkannte ihn aber doch für schuldig und legte ihm eine Strafe von fünfzig Talenten auf[192]. Darauf starb Miltiades; der Brand hatte seinen Schenkel zerstört. Die fünfzig Talente zahlte sein Sohn Kimon.

137. Lemnos hatte Miltiades, Kimons Sohn, auf folgende Weise erobert. Als die Pelasger von den Athenern aus Attika vertrieben waren[193] — ich weiß nicht, ob die Athener es mit Recht oder mit Unrecht getan haben, und kann nur nacherzählen, was man darüber berichtet: Hekataios, der Sohn des Hegesandros, sagt in seinem Geschichtswerk, daß es ohne gerechten Grund geschehen sei, denn die Athener hätten sie bloß aus Neid vertrieben und aus Begierde nach dem Land zu Füßen des Hymettos, das sie den Pelasgern als Lohn für die Mauer, die diese einst um die Akropolis gebaut hatten, überlassen hätten[194]. Dies Land, das früher schlecht und wertlos gewesen, hätten die Athener jetzt wohlbestellt und fruchtbar gesehen[195] und darum, ohne auch nur etwas anderes als Vorwand zu gebrauchen, die Pelasger vertrieben. Dagegen behaupten die Athener, die Vertreibung sei zu Recht geschehen, da die am Fuße des Hymettos wohnenden Pelasger sie gekränkt hätten. Die Töchter der Athener seien immer zu der Quelle Enneakrunos[196] gegangen — denn zu jener Zeit hätten die Athener und die anderen Hellenen noch keine Sklaven gehabt —, und wenn sie zu der Quelle gekommen, hätten die Pelasger aus Übermut und Geringschätzung ihnen Gewalt angetan. Das sei ihnen aber noch nicht genug gewesen; endlich habe man sie gar bei einem Überfall betroffen, den sie auf Athen planten, und da hätten sich denn die Athener so viel edelmütiger gezeigt als die Pelasger, daß sie die hinterlistigen Pelasger nicht ums Leben gebracht, was sie recht gut hätten tun können, sondern sie nur des Landes verwiesen hätten. Die vertriebenen Pelasger hätten sich dann teils anderwärts, teils auf Lemnos[197] angesiedelt. So der Bericht des Hekataios und so die Überlieferung der Athener.

138. Die in Lemnos wohnenden Pelasger aber wollten Rache an den Athenern nehmen, und da sie recht gut wußten, wann die Athener ihre Feste feierten, bauten sie Fünfzigruderer und lauerten den athenischen Frauen auf, während diese der Artemis in Brauron[198] ein Fest feierten. Sie raubten eine große Anzahl und fuhren mit ihnen davon. In Lemnos machten sie sie zu ihren Kebsweibern. Als diese Frauen aber nach und nach Kinder gebaren, unterwiesen sie ihre Söhne in der attischen Sprache und den athenischen Sitten. Die Knaben wollten auch gar nicht

mit den Söhnen der pelasgischen Frauen umgehen, und wenn ein pelasgischer Knabe einen der ihrigen schlug, kamen ihm alle anderen zu Hilfe. Sie wollten auch, daß die pelasgischen Knaben ihnen gehorchten, und waren ihnen weit überlegen. Da hielten die Pelasger Rat miteinander, und bei der Beratung fragten sie sich mit Besorgnis, was die Knaben tun würden, wenn sie herangewachsen wären, da sie sich schon jetzt für sich allein hielten, einander gegen die Kinder der ehelichen Gattinnen beistünden und sie zum Gehorsam zu zwingen versuchten. Sie beschlossen also, die Söhne der attischen Frauen zu töten, führten auch diesen Beschluß aus, ja sie töteten zugleich auch ihre Mütter. Wegen dieser Untat und wegen jenes in noch früherer Zeit verübten Mordes an den Gefährten des Thoas, die von ihren eigenen Frauen umgebracht wurden, nennt man in Hellas jede furchtbare Tat eine lemnische Tat.

139. Als die Pelasger ihre Söhne und Frauen umgebracht hatten, trug die Erde ihnen keine Frucht mehr; auch ihre Frauen und Herden waren nicht so fruchtbar wie vordem. Hunger und Kinderlosigkeit bewog sie endlich nach Delphi zu schicken, um Erlösung von ihrem Unglück zu erlangen. Die Pythia befahl ihnen, die Buße zu leisten, die ihnen die Athener selber auferlegen würden. Nun kamen die Pelasger nach Athen und boten ihre Buße für alle den Athenern zugefügte Unbill an. Die Athener stellten im Prytaneion das schönste Ruhelager auf, das sie hatten, stellten einen Tisch voll der herrlichsten Speisen daneben und forderten von den Pelasgern, ihnen ihr Land in so reichem und glücklichem Zustande abzutreten. Da erwiderten die Pelasger:

»Wenn bei Nordwind ein Schiff aus eurem Lande an einem Tage bis zu unserem Lande fährt, werden wir euch unser Land abtreten.«

Sie wußten, daß das unmöglich war; denn Attika liegt ja viel weiter südlich als Lemnos.

140. Dabei blieb es damals. Aber viele Jahre später, als die Chersonesos am Hellespontos in Besitz Athens[199] gekommen war, segelte Miltiades, der Sohn des Kimon, zur Zeit der Passatwinde[200] von Elaius auf der Chersonesos nach Lemnos und forderte von den Pelasgern die Räumung der Insel. Er

erinnerte an ihre damalige Erklärung, von der die Pelasger nimmermehr geglaubt hatten, daß jene Bedingung erfüllt werden könnte. Die Stadt Hephaistia fügte sich; die Stadt Myrina wollte nicht zugeben, daß die Chersonesos Attika sei, und wurde belagert, bis auch sie sich ergab. So kam Lemnos in Besitz der Athener und des Miltiades.

SIEBENTES BUCH

1. Als die Nachricht von der Schlacht bei Marathon zum König Dareios, Sohn des Hystaspes, gelangte, wurde sein Zorn gegen die Athener, auf die er schon wegen ihres Zuges gegen Sardes[1] so erbittert war, noch weit größer, und er rüstete noch eifriger zum Kriege gegen Hellas. Sogleich schickte er Boten aus, um ein Heer zu sammeln; alle Provinzen und Stämme mußten weit mehr Truppen stellen als früher, außerdem Kriegsschiffe, Pferde, Getreide und Lastschiffe. Nun war ganz Asien drei Jahre lang in Bewegung, und alle Tapferen sammelten und rüsteten sich gegen Hellas. Im vierten Jahre aber fielen die durch Kambyses unterworfenen Ägypter von Persien ab[2]. Da wurde noch gewaltiger gerüstet, um gegen beide Völker gleichzeitig zu Felde zu ziehen.

2. Als Dareios sich gegen Ägypten und Athen aufmachen wollte, erhob sich unter seinen Söhnen ein heftiger Streit um die Regierung, weil Dareios nach persischem Gesetz vor dem Feldzug einen anderen König ernennen mußte[3]. Nun hatte Dareios aus der Zeit vor seiner Thronbesteigung drei Söhne von seiner ersten Gemahlin, der Tochter des Gobryas[4], und während seiner Regierung hatte ihm Atossa, die Tochter des Kyros, noch vier Söhne geboren. Der älteste der früheren Söhne hieß Artobazanes, der älteste der nachgeborenen hieß Xerxes. Als Söhne verschiedener Mütter machten sie beide Ansprüche auf die Königswürde, Artobazanes als der älteste aller Söhne, weil bei allen Völkern die Herrschaft an den ältesten zu kommen pflegt[5], Xerxes als Sohn der Tochter des Kyros, weil Kyros den Persern die Freiheit gebracht hätte.

3. Bevor Dareios noch die Entscheidung getroffen hatte, kam gerade zu jener Zeit Demaratos, der Sohn des Ariston, nach Susa, der das Königsamt in Sparta verloren und freiwillig Lake-

daimon verlassen hatte. Demaratos hörte von dem Zwist der Königssöhne, ging — so erzählt man — zu Xerxes und riet ihm, er solle doch auch geltend machen, daß er der Sohn des wirklichen Königs und Herren der Perser sei, während Artobazanes nur der Sohn des Untertanen Dareios sei. So sei es ganz natürlich und gerecht, daß kein anderer als er die Königswürde erhalte. Auch in Sparta, sagte Demaratos, sei es Sitte, daß nicht die vor der Thronbesteigung geborenen Kinder, sondern der nachgeborene Sohn des regierenden Königs Erbe des Königsamtes würde. Xerxes befolgte den Rat des Demaratos, und Dareios, der diesen Grund als richtig erkannte, ernannte ihn zum König. Freilich glaube ich, daß Xerxes auch ohne jenen Rat König geworden wäre, denn Atossa setzte alles durch, was sie wollte[6].

4. Xerxes also wurde zum König der Perser ernannt, und Dareios rüstete sich zum Feldzuge. Da geschah es aber, ein Jahr nach dem Abfall Ägyptens, daß Dareios nach sechsunddreißigjähriger Regierung starb[7], ohne den Rachezug gegen die abgefallenen Ägypter und die Athener auszuführen.

Nach dem Tode des Dareios ging das Reich auf seinen Sohn Xerxes über. 5. Xerxes war anfangs gar nicht willens, überhaupt gegen Hellas zu ziehen; er sammelte nur ein Heer gegen Ägypten. Aber es befand sich an seinem Hofe der Sohn des Gobryas, Mardonios, ein Vetter des Xerxes und Schwestersohn des Dareios, der unter den Persern am meisten über Xerxes vermochte. Dieser Mardonios sprach folgende Worte zu ihm: »Herr! Es ist nicht recht, daß die Athener, die den Persern so viel Böses getan haben, ihre Taten nicht büßen sollen. Doch magst du jetzt erst ausführen, was du vorhast. Ist das freche Ägypten aber gebändigt, dann auf ins Feld gegen Athen, damit du Ruhm erntest bei den Völkern und ein jeder sich künftig hütet, in dein Reich einzubrechen!«

Das wirkte. Ferner ließ er auch in seine Rede einfließen, daß Europa ein herrliches Land sei, daß es Fruchtbäume aller Art trüge, reiches Ackerland habe und daß allein der König würdig sei, es zu besitzen. 6. Er sagte das alles, weil er ein unruhiger Kopf war und gern Satrap von Hellas geworden wäre.

Mit der Zeit erreichte er seinen Zweck, und Xerxes tat ihm

seinen Willen[8]. Noch andere Dinge trugen dazu bei. Aus Thessalien kamen Boten, von der Familie der Aleuaden entsandt, die den König nach Hellas riefen und ihm ihre tiefste Ergebenheit bezeugten. Diese Aleuaden waren Könige von Thessalien[9]. Ebenso riefen ihn die Peisistratiden, die sich nach Susa auf den Weg gemacht hatten, und wiederholten, was die Aleuaden gesagt hatten. Sie brachten überdies noch den Onomakritos mit, einen Orakeldeuter aus Athen, der die Sprüche des Musaios gesammelt und veröffentlicht hatte[10]. Sie hatten sich vorher mit Onomakritos versöhnt, der einst durch Hipparchos, den Sohn des Peisistratos, aus Athen verbannt worden war, als Lasos von Hermione[11] ihn bei einer Fälschung eines Orakelspruches des Musaios ertappte. Dieser Spruch verkündete, daß die bei Lemnos liegenden Inseln ins Meer sinken würden[12]. Darum hatte ihn Hipparchos verbannt, der vordem mit Onomakritos eng befreundet gewesen war. Jetzt also zog er mit nach Susa, und so oft er vor den König gerufen wurde, ließ er seine Orakelsprüche vernehmen. Die Peisistratiden priesen seine Weisheit hoch. Alles, was für die Barbaren unheilverkündend war, ließ Onomakritos aus den Sprüchen fort, nur das Verheißungsvollste sagte er. Er verkündete, daß ein Perser eine Brücke über den Hellespontos schlagen würde, und weissagte den Feldzug des Xerxes. So drängte ihn Onomakritos mit seinen Sprüchen und die Peisistratiden und Aleuaden mit ihren Vorstellungen.

7. Als Xerxes zum Zuge gegen Hellas entschlossen war, unternahm er zunächst, im zweiten Jahre nach dem Tode des Dareios, den Zug gegen die abtrünnigen Ägypter. Er unterwarf sie, legte dem Lande ein weit drückenderes Joch auf als Dareios und setzte zum Statthalter seinen Bruder Achaimenes, Sohn des Dareios, ein[13]. Später ermordete diesen Statthalter von Ägypten ein Libyer Inaros, Sohn des Psammetichos[14].

8. Nach der Unterwerfung Ägyptens wollte nun Xerxes den Zug gegen Athen ins Werk setzen. Er berief die persischen Großen zum Kriegsrat[15], um ihre Meinungen zu hören und seinen eignen Willen kundzutun. Als alle versammelt waren, sprach Xerxes folgendermaßen[16]:

»Perser! Keine neuen Bräuche will ich einführen, sondern mich nach den überkommenen richten. Wie uns die Alten erzählen, haben wir Perser nie Friede gehalten, seitdem die Oberhoheit von den Medern auf uns übergegangen ist und Kyros dem Astyages die Herrschaft entrissen hat. Die Gottheit will es so, und alles, was wir unternehmen, gerät uns. Doch wozu soll ich euch von den Taten und Eroberungen des Kyros, des Kambyses und meines Vaters Dareios erzählen: ihr kennt sie ja selber. Als ich nun den Thron bestiegen hatte, sann ich nach, wie ich es meinen Vorgängern gleichtun und dem persischen Reiche ebensoviel Land hinzuerobern könnte wie sie. Und indem ich nachsann, fand ich den Weg, wie wir Ruhm und ein großes Land gewinnen können, nicht kleiner und nicht schlechter, sondern noch fruchtreicher als unser jetziges Reich, und wie wir damit zugleich Rache für eine Beschimpfung nehmen können. So habe ich euch denn berufen, um euch darzulegen, was ich zu tun gedenke. Ich will eine Brücke über den Hellespontos schlagen und ein Heer durch Europa nach Hellas führen, um die Athener zu bestrafen für alles, was sie den Persern und meinem Vater angetan haben. Ihr habt gesehen, wie schon mein Vater Dareios zum Zuge gegen dies Volk gerüstet hat. Aber er ist gestorben und konnte den Rachezug nicht mehr ins Werk setzen. Darum will ich nicht ruhen, bis ich für ihn und ganz Persien Rache geübt und Athen erobert und niedergebrannt habe, das den Streit mit mir und meinem Vater angefangen hat. Denn zuerst sind die Athener, gemeinsam mit unserem Untertan Aristagoras von Milet, nach Sardes gezogen und haben die heiligen Haine und Tempel in Brand gesteckt[17]. Dann, als die Perser unter Führung des Datis und Artaphernes in Attika ans Land stiegen, so wißt ihr alle, wie übel sie ihnen mitgespielt haben[18]. Und darum habe ich mir jetzt vorgenommen, gegen die Athener ins Feld zu ziehen, und glaube, daß dieser Zug uns noch einen weiteren Vorteil bringen wird: wenn wir die Athener und deren Nachbarvölker, die das Land des Phrygers Pelops bewohnen[19], unterworfen haben, so dehnen wir das persische Reich so weit aus, daß es mit dem Himmel zusammenstößt. Kein Nachbarland Persiens soll dann mehr die Sonne bescheinen, sondern alle Länder machen wir zu einem einzigen Reich und ziehen durch ganz Europa. Denn man sagt mir, daß keine Stadt und kein Volk auf Erden mehr den Kampf mit uns wagen kann, wenn einmal die, von denen ich sprach, aus dem Wege geräumt sind. So sollen alle, sei es verdient oder unverdient, unser Sklavenjoch tragen. Und nun werde ich euch Dank wissen, wenn ihr alle zu der Zeit, die ich euch angeben werde, willig zur Stelle seid. Wer das bestgerüstete Heer mitbringt[20], dem werde ich zum Geschenk geben, was in unserem Lande als das Ehrenvollste gilt. So soll es geschehen! Damit ihr mich aber nicht für eigenmächtig haltet, lege ich euch die Sache zur Beratung vor, und jeder kann seine Meinung darüber sagen.«

Damit endigte er seine Rede. 9. Nach ihm sprach Mardonios: »O Herr! Der edelste und tapferste Perser bist du, der da nicht nur lebt, sondern auch, der je leben wird. Alles, was du gesagt hast, ist sehr schön und wahr. Du willst nicht dulden, daß die anmaßenden Ioner in Europa uns verlachen. Es wäre auch unerträglich, wenn wir die Hellenen für die Unbill, die sie uns zugefügt, nicht büßen ließen, während wir die Saken, die Inder, die Aithioper, die Assyrier[21] und viele andere große Völker besiegt und unterworfen haben, ohne daß sie uns etwas zu Leide getan, nur um das Reich zu vergrößern. Was sollten wir auch fürchten? Wo ist eine versammelte Heeresmacht? Wo sind mächtige Geldmittel? Haben wir sie doch kämpfen sehen und wissen, wie gering ihre Macht ist. Und ihre Abkömmlinge haben wir schon unterworfen, die Hellenen unseres Erdteils, die sich Ioner, Aioler und Dorier nennen. Ich bin einst selber auf Befehl deines Vaters gegen dies Volk ausgezogen, und keiner hat sich mir zur Schlacht entgegengestellt, obschon ich bis Makedonien vorgedrungen und gar nicht mehr weit von Athen entfernt war. Dabei pflegen doch die Hellenen viel Kriege zu führen, wie man mir sagt, aber unüberlegt und unverständig gehen sie dabei zu Werke. Haben sie einander den Krieg erklärt, so suchen sie ein schönes, ganz ebenes Schlachtfeld aus, und dort schlagen sie sich, wobei dann sogar der Sieger mit großen Verlusten davonzieht. Von dem Unterliegenden will ich gar nicht reden; er wird völlig vernichtet. Sie sollten, da sie alle eine Sprache sprechen, die Streitigkeiten lieber durch Herolde und Gesandtschaften schlichten und erst im letzten

Notfalle durch Schlachten. Und wäre der Krieg einmal nicht zu vermeiden, so sollten beide Gegner sich fragen, wo sie am schwersten angreifbar sind und danach den Krieg führen. Trotz ihrer so verkehrten Art, einander zu bekriegen, sind sie aber, als ich bis nach Makedonien vordrang, nicht erschienen, um eine Schlacht zu liefern. Und wer, mein König, sollte mit dir den Kampf aufnehmen können, wenn du die ganze Heeresmacht Asiens und die ganze Flotte mit dir führst? Ich glaube, die Hellenen werden sich in ihrer Kriegsführung zu solcher Kühnheit gar nicht aufschwingen. Sollte ich mich irren und sollten sie wirklich unbesonnen genug sein, den Kampf mit uns zu wagen, so wollen wir ihnen zeigen, daß kein Volk sich mit uns im Kriege messen kann. Doch wollen wir nichts unversucht lassen. Von selber geschieht ja nichts in der Welt, nur durch Handeln erreichen die Menschen alle ihre Ziele.«

10. So redete Mardonios dem Xerxes nach dem Munde. Die anderen Perser schwiegen, keiner wagte eine andere Meinung zu äußern; nur Artabanos, Sohn des Hystaspes, verließ sich darauf, daß er des Xerxes Oheim war, und sprach:

»Mein König! Wenn nicht verschiedene Meinungen laut werden, kann man nicht die beste auswählen, man muß nach der einzigen ausgesprochenen handeln. Gibt es mehrere Meinungen, so kann man wählen, gleichwie man lauteres Gold nur daran erkennt, daß man es neben geringerem Gold an dem Prüfstein reibt. Ich habe deinem Vater, meinem Bruder, abgeraten, gegen die Skythen zu ziehen, weil es nirgends in ihrem Lande Städte gibt. Doch er hörte nicht auf mich, weil er trotzdem das Nomadenvolk der Skythen zu unterwerfen hoffte; aber er kehrte zurück und hatte viele tapfere Männer seines Heeres verloren. Und du, mein König, willst jetzt gegen ein Volk ziehen, das noch viel tapferer ist als die Skythen und zu Wasser, wie man sagt, nicht weniger vermag als zu Lande. Es ist billig, daß ich dir sage, was ich von dem Kriege befürchte. Den Hellespontos willst du überbrücken und das Heer durch Europa nach Hellas führen. Nun denke, du würdest wirklich besiegt, sei es zu Wasser oder zu Lande oder auch in beiden Fällen — denn es soll ein kriegerisches Volk sein, was wir ja schon daraus annehmen können, daß das große Heer des Datis und Artaphernes, als es nach Attika kam, von dem einen athenischen Volk völlig geschlagen wurde; doch wird ihnen der Sieg zu Wasser und zu Lande gewiß nicht gelingen —, aber wenn sie auch nur zu Wasser siegreich sind, dann nach dem Hellespontos fahren und die Brücke abbrechen, so bist du, mein König, doch in sehr gefährlicher Lage. Ich denke mir diesen Fall nicht beliebig aus, ich denke dabei an das Unheil, das uns damals drohte, als dein Vater den thrakischen Bosporos[22] und den Istros überbrückt hatte, um in das Land der Skythen zu gelangen. Da suchten die Skythen die Ioner, die die Brücke zu bewachen hatten, auf alle Weise zu überreden, die Brücke abzubrechen. Und wäre Histiaios, der Tyrann von Milet, der Meinung der anderen Tyrannen beigetreten und hätte sich nicht widersetzt, so wäre die Macht der Perser verloren gewesen. Schon das ist ein schrecklicher Gedanke, daß damals das Heil des Perserkönigs in der Hand eines einzigen Menschen lag. Begib dich doch nicht mutwillig in eine gleiche Gefahr! Nein, folge meinem Rat, entlaß jetzt die Versammlung und sag' uns später, nachdem du überlegt und deinen Entschluß gefaßt hast, was du als das Beste erkannt hast. Denn den rechten Entschluß zu fassen, ist doch das Wichtigste im Leben. Wenn auch nachher Widerwärtigkeiten eintreten, war doch der Entschluß nicht weniger gut, er ist nur dem Schicksal erlegen. Dagegen dem, der einen schlechten Entschluß faßt, kann wohl, wenn das Schicksal es so fügt, ein Glücksfall begegnen, aber sein Entschluß war darum nicht weniger schlecht. Du siehst, wie der Blitzstrahl der Gottheit die höchsten Geschöpfe trifft, die sich prunkend überheben, während die kleinen den Neid der Gottheit nicht reizen. Du siehst, wie der Gott seine Blitze immer gegen die höchsten Häuser und die höchsten Bäume schleudert. Alles Große pflegt die Gottheit in den Staub zu werfen! Ebenso erliegt auch ein großes Heer einem kleinen, wenn die neidische Gottheit Schrecken im Heere verbreitet oder Blitze schleudert, so daß es elend zugrunde geht. Denn Gott duldet nicht, daß ein Wesen stolz ist, außer ihm selbst. Übereilung bewirkt stets, daß wir fehlgehen, woraus dann viel Unheil für uns zu entspringen pflegt. Abwarten bringt Gutes, wenn auch nicht sofort; die Zeit läßt es reifen. — Das ist mein Rat an dich, mein

König! Du aber, Mardonios, Sohn des Gobryas, solltest aufhören, geringschätzig von den Hellenen zu reden, die das gewiß nicht verdienen. Durch solche Verleumdungen stachelst du den König zum Kriege, und darauf zielt offenbar dein ganzer Eifer. Du solltest es nicht! Es gibt nichts Ärgeres als Verleumdung; denn sie macht zwei Menschen zu Verbrechern und läßt einen dritten leiden. Der Verleumder vergeht sich, weil er hinter dem Rücken anklagt, und wer ihm glaubt, vergeht sich, weil er urteilt, bevor er genaue Kunde eingezogen. Der Abwesende aber wird durch beide gekränkt, weil ihn der eine verleumdet und der andere Arges von ihm denkt. Soll aber durchaus Krieg mit jenem Volk geführt werden, so sollte der König im Lande der Perser bleiben; du und ich sollten unsere Kinder zum Pfande setzen, und dann magst du ausziehen, magst dir Begleiter aussuchen, welche du willst, und ein Heer anwerben, so groß du magst. Geht der Feldzug aus, wie du sagst, so sollen meine Kinder sterben und ich mit ihnen. Geht er aber aus, wie ich sage, so soll dasselbe deine Kinder treffen und, wenn du davonkommst, auch dich. Willst du darauf nicht eingehen, sondern willst um jeden Preis ein Heer gegen Hellas führen, so prophezeie ich, daß zu manchem, der hier in Persien bleibt, einst die Kunde dringen wird: Mardonios hat Persien ins Unglück gestürzt und wird von Hunden und Vögeln zerfleischt[23], drüben im Lande der Athener oder der Lakedaimonier, wenn nicht schon auf dem Wege dahin. Nun weiß er, gegen was für ein Volk zu ziehen er den König verleitet hat!«

11. So sprach Artabanos. Zornig erwiderte Xerxes:

»Artabanos! Meines Vaters Bruder bist du; das rettet dich vor der verdienten Strafe für deine törichten Worte. Aber weil du mutlos und ein Feigling bist, sollst du zur Schande nicht mit mir nach Hellas ziehen, sondern mit den Weibern zurückbleiben. Ich kann auch ohne dich alles, was ich gesagt habe, vollenden. Ich will nicht Abkomme meiner Ahnen heißen, also des Dareios, Hystaspes, Arsames, Ariamnes, Teispes, Kyros, Kambyses, Teispes, Achaimenes[24], wenn ich die Athener nicht züchtige! Ich weiß ja, daß sie nicht Frieden halten, auch wenn wir es tun wollten, daß sie selber in unser Land kommen werden. Was geschehen ist, beweist es ja: sie haben Sardes in Brand gesteckt und sind nach Asien herübergekommen. Keiner kann mehr zurück! Es gilt Handeln oder Dulden; entweder fällt unser ganzer Erdteil in die Hände der Hellenen oder ihr ganzer Erdteil in die Hände der Perser. Versöhnung ist nicht möglich. So ist es denn in der Ordnung, daß wir Rache nehmen für ihren Angriff! Auch möchte ich gern das Furchtbare, das mir jenes Volk antun soll, kennen lernen, jenes Volk, das einst der Phryger Pelops, meiner Ahnen Sklave, so gründlich besiegt hat, daß bis zum heutigen Tage Volk und Land nach dem Sieger[25] genannt werden!«

12. So endigte dieser Kriegsrat. Danach kam die Nacht, und die Worte des Artabanos verfolgten Xerxes noch immer. Er überlegte die ganze Nacht und fand, daß es gar nicht geraten sei, gegen Hellas zu Felde zu ziehen. Als er diesen Entschluß gefaßt hatte, schlief er ein und hatte — so erzählen die Perser — einen Traum. Ihm war es, als träte ein großer schöner Mann zu ihm und spräche:

»Perser! So willst du doch nicht gegen Hellas ziehen, nachdem du befohlen, daß die Perser sich zum Zuge rüsten? Wankelmut taugt nicht, und ich tadle dich darum. Den Weg, den du am Tage zu gehen dich entschlossen, den wandle!«

Nach diesen Worten flog er, so schien es Xerxes, davon.

13. Als der Tag kam, versammelte aber Xerxes, ohne dem Traum zu gehorchen, jenen Kriegsrat von neuem und sprach:

»Ihr Perser! Verzeiht mir, daß ich so wankelmütig bin. Noch fehlt es mir ja an Reife und Weisheit, und meine Ratgeber verlassen mich niemals[26]. Als ich gestern Artabanos sprechen hörte, brauste im Augenblick mein junges Blut auf, und unziemliche Worte gegen den alten Mann entfielen mir. Jetzt, nachdem ich mich besonnen, will ich ihm folgen. So habe ich denn beschlossen, den Zug gegen Hellas aufzugeben, und ihr behaltet den Frieden.«

Als die persischen Großen das hörten, fielen sie Xerxes voller Freuden zu Füßen. 14. Als aber die Nacht kam, sah Xerxes im Traume dieselbe Erscheinung noch einmal. Wieder trat sie zu ihm und sprach:

»Sohn des Dareios! Du hast im Rate den Feldzug abgesagt und meine Worte verachtet, als ob sie ein Machtloser gesprochen?

Wisse wohl! Wenn du nicht unverzüglich ausziehst, so wirst du, wie du in kurzem groß und gewaltig geworden, in Bälde wieder klein und gering sein.«

15. Xerxes sprang, entsetzt über den Traum, vom Lager empor und schickte einen Boten zu Artabanos. Als der gekommen war, sagte Xerxes zu ihm:

»Artabanos! Ich war nicht bei Sinnen, als ich deinen guten Rat mit törichten Worten zurückwies. Gleich nachher bereute ich es und sah ein, daß ich tun müsse, was du geraten. Und doch kann ich es nicht, so gern ich möchte! Denn während ich mich gerade zum Frieden entschlossen hatte, kam im Traum eine Erscheinung zu mir und schalt heftig meinen Entschluß. Ja, jetzt eben hat sie im Entschwinden mir gedroht. Wenn sie von einem Gotte geschickt ist und der Gott durchaus den Krieg gegen Hellas wünscht, so wird dieselbe Erscheinung gewiß auch dich im Traume besuchen und zu dir sprechen wie zu mir. Am besten ist es, du legst meine ganze königliche Kleidung an, setzest dich auf meinen Thron und legst dich dann auf meinem Bette zur Ruhe.«

16. So sprach Xerxes. Artabanos weigerte sich zuerst und fand es unschicklich, daß er sich auf den königlichen Thron setzen sollte. Endlich aber, da Xerxes ihn zwang, tat er, wie ihm befohlen, und sprach:

»Mein König, ich achte beides gleich hoch: ob man selber weise ist oder ob man einem guten Rat gehorcht. Bei dir trifft beides zu, nur beirren dich die Einflüsterungen der Falschen, ähnlich wie das Meer, die treueste Freundin der Menschen, beirrt wird durch den Wind, der es aufwühlt, so daß es sein wahres Wesen nicht zeigen kann. Mich haben weniger deine harten Worte gegen mich geschmerzt, als daß du dich im Rate für die Meinung entschiedest, die dir und den Persern verderblich war. Die eine von den Meinungen, die die persischen Großen vorbrachten, nährte den Hochmut, die andere bekämpfte ihn und sagte, man dürfe die menschliche Seele nicht lehren, unersättlich nach Macht zu streben. Und jetzt, wo du dich zur besseren Meinung bekehrt und den Zug gegen Hellas aufgegeben hast, kommt, sagst du, ein Sendbote der Götter im Traume zu dir und will es nicht dulden. Aber, mein Sohn, die Träume kommen nicht von den Göttern. Ich bin viel älter als du und will dir erklären, was die luftigen Träume sind, die den Menschen heimsuchen. Man pflegt im Traume meist Dinge zu sehen, an die man bei Tage gedacht hat. Wir haben aber die letzten Tage immerfort nur an den geplanten Krieg gedacht. Sollte es aber nicht so sein, wie ich sage, sollte ein Gott den Traum geschickt haben, so hast du schon alles gesagt, was dabei zu tun ist: er muß auch mir erscheinen und mich mahnen, ganz so wie dich. Doch wird er mir gewiß in meinen Kleidern ebensogut erscheinen wie in deinen und in meinem Bette ebensogut wie in deinem, falls er überhaupt den Willen hat, zu erscheinen. Denn diese Erscheinung, welcher Art sie sein mag, wird doch nicht so einfältig sein, mich für dich zu halten, wenn ich deine Kleider anhabe. Wir müssen nun erproben, ob sie auch mich heimsucht, gleichviel ob ich in meinen oder in deinen Kleidern stecke, oder ob sie mich verachtet und mir nicht erscheinen will. Fährt sie fort und kommt auch zu mir, so muß auch ich sie für etwas Göttliches halten. Soll es aber durchaus nicht anders sein und muß ich mich wirklich auf deinem Bette zur Ruhe legen, wohlan, so will ich es tun und die Erscheinung erwarten. Solange ich sie nicht gesehen habe, bleibe ich bei meiner Meinung.«

17. So sprach Artabanos, und in der Hoffnung, Xerxes Lügen strafen zu können, tat er, wie ihm befohlen. Er zog des Königs Kleid an, setzte sich auf den königlichen Thron, und als er sich zur Ruhe legte, kam wirklich im Traume dieselbe Erscheinung zu ihm, die Xerxes heimgesucht hatte. Sie trat Artabanos zu Häupten und sprach:

»Du also bist es, der Xerxes abrät, gegen Hellas zu ziehen? Wohl aus Liebe zu ihm? Es soll dir nicht ungestraft hingehen, weder künftig noch gegenwärtig, daß du den Lauf des Schicksals hemmen willst. Was Xerxes treffen wird, wenn er nicht gehorcht, habe ich ihm schon offenbart.«

18. So drohte die Erscheinung dem Artabanos, und es war ihm, als wolle sie ihm mit glühendem Eisen die Augen ausbrennen. Er schrie laut, sprang empor und setzte sich an Xerxes' Seite nieder. Und nachdem er ihm den Traum erzählt hatte, fuhr er folgendermaßen fort:

»Mein König! Ich habe schon viele große Mächte vor geringe-

ren in den Staub sinken sehen; da wollte ich deinen jugendlichen Übermut nicht gewähren lassen, denn ich weiß, wie verderblich das unersättliche Begehren ist, ich denke an den Ausgang von Kyros' Zug gegen die Massageten, an Kambyses' Zug gegen die Aithioper und an Dareios' Zug gegen die Skythen, den ich selber mitgemacht habe. Darum war ich der Meinung, du solltest Frieden halten, dann würden alle Völker dich glücklich preisen. Aber die Gottheit treibt uns, sie hat, wie es scheint, das Verderben der Hellenen beschlossen. So ändere denn auch ich meine Meinung. Erzähle also den Persern von der göttlichen Botschaft und heiße sie, deinen ersten Befehl ausführen und sich rüsten. Auf, zur Tat, denn die Gottheit will es!«
So sprach er, und im Vertrauen auf den Traum erzählte Xerxes, sobald der Tag kam, den persischen Großen alles, und Artabanos, der vorher allein öffentlich abgeraten hatte, riet jetzt öffentlich zum Kriege.
19. Während Xerxes zum Kriege rüstete, hatte er noch einen dritten Traum. Die Magier, die er befragte, deuteten den Traum so, daß die ganze Erde und alle Völker ihm untertan werden würden. Dieser Traum war folgendermaßen. Es erschien Xerxes, als sei er mit einem Ölzweig bekränzt, dessen Triebe die ganze Erde überschatteten; danach verschwand der Kranz von seinem Haupte.
Die Magier deuteten also diesen Traum[27], und die persischen Großen verließen Susa; jeder begab sich in seine Provinz[28] und tat mit allem Eifer nach dem Befehl des Königs, denn jeder wollte die Geschenke, die Xerxes versprochen hatte, für sich gewinnen. So wurde das Heer gesammelt, und keine Landschaft Asiens blieb von der Aushebung verschont
20. Vier volle Jahre nach der Unterwerfung Ägyptens dauerte diese Sammlung und Rüstung des Heeres; im Laufe des fünften Jahres setzte sich die gewaltige Truppenmenge in Bewegung[29]. Es war bei weitem das größte Heer, von dem wir Kunde haben. Weder das Heer des Dareios gegen die Skythen konnte sich damit vergleichen, noch jene Skythen, die die Kimmerier verfolgend in Medien einfielen, fast ganz Vorderasien unterwarfen und sich dort niederließen[30], was den Grund zu dem späteren Rachezuge des Dareios bildete[31], noch auch die sagenhaften

Heereszüge: der Zug der Atriden nach Ilion und der Zug der Myser und Teukrer, der noch vor dem troischen Kriege stattfand und sich über den Bosporos nach Europa richtete: die Myser und Teukrer unterwarfen sämtliche thrakischen Stämme, drangen bis zum Ionischen Meere vor und kamen im Süden bis an den Peneios[32].

21. Unter diesen und allen etwaigen anderen Heereszügen ist keiner, der sich mit dem des Xerxes vergleichen könnte. Führte nicht Xerxes ganz Asien gegen Hellas? Fehlte es dem Heere nicht überall an Trinkwasser außer an den großen Flüssen? Die einen Völker hatten Schiffe stellen müssen, die anderen bildeten das Fußvolk, wieder andere mußten Reiterei stellen, wieder andere außer den Truppen Lastschiffe für die Pferde, andere mußten lange Schiffe[33] für die Brücken liefern, andere Lebensmittel samt Kriegsschiffen.

22. Weil die erste Flotte am Athos Schiffbruch erlitten hatte, wurde seit drei Jahren am Durchstich des Athos gearbeitet[34]. In Elaius auf der Chersonesos lag die Flotte[35]. Von dort aus fuhr sie nach dem Athos, und die ganze Mannschaft wurde abwechselnd unter Geißelhieben zum Graben gezwungen. Auch die Bevölkerung am Athos mußte graben helfen. Bubares, Sohn des Megabazos[36], und Artachaies, Sohn des Artaios, zwei Perser, leiteten die Arbeiten. Der Athos ist ein hohes, berühmtes Gebirge, das bis ans Meer reicht und bewohnt ist. Seine Verbindung mit dem Festland bildet eine halbinselartige Landenge von zwölf Stadien Breite. Diese ist flach und hat nur kleine Hügel, die sich von dem akanthischen Meere bis zum Meere gegenüber von Torona hinüberziehen[37]. Auf dieser Landenge, dem Endpunkt des Athosgebirges, liegt die hellenische Stadt Sane; außerhalb von Sane, auf der Innenseite des Athos, liegen die Städte, die damals durch die Perser aus Festlandstädten zu Inselstädten gemacht wurden; sie heißen: Dion, Olophyxos, Akrothoon, Thyssos und Kleonai. Das sind die Städte am Athos[38].

23. Beim Graben des Kanals verteilten die Barbaren die einzelnen Strecken unter die Volksstämme. Bei der Stadt Sane wurde eine schnurgerade Linie gezogen, und als das gegrabene Bett tiefer wurde, standen die einen Arbeiter ganz unten und gruben, andere reichten den ausgegrabenen Schutt anderen zu, die

auf Stufen erhöht standen und ihn weitergaben, bis er oben anlangte. Dort trugen ihn die ganz oben Stehenden fort. Alle mitarbeitenden Völkerstämme außer den Phoinikern hatten mit den Rändern des Kanals die doppelte Arbeit. Das konnte nicht ausbleiben, weil sie den Kanal oben nicht breiter machten als unten. Die Phoiniker aber zeigten sich bei diesem Werke ebenso klug wie auch sonst. Sie gruben nämlich, als ihnen eine Strecke der Arbeit zugewiesen worden war, den oberen Teil des Kanals doppelt so breit, als der Graben werden sollte, und machten ihn, je tiefer sie kamen, beständig enger. Ganz unten war er nicht breiter als die Strecken der anderen. Auf einer Wiese richteten sie zugleich einen Markt ein. Viel Mehl aus Asien kam für sie an, das sie verkauften.

24. Wenn ich es recht überlege, glaube ich, Xerxes ließ den Kanal bloß graben, um zu prahlen[39]. Er wollte seine Macht zeigen und sich ein Denkmal damit errichten. Die Schiffe konnten doch ohne alle Mühe über die Landenge hinweggezogen werden; und doch ließ er einen Kanal von solcher Breite bauen, daß zwei Trieren mit voller Ruderlänge nebeneinander hindurchfahren konnten!

Dieselben Mannschaften, die den Kanal gruben, hatten auch eine Brücke über den Strymon zu schlagen. 25. Taue aus Byblos und einer Hanfart[40] für die Brücken lagen bereit. Die Phoiniker und die Ägypter hatten sie beschaffen müssen, die auch Lebensmittel für das Heer aufspeichern mußten, damit Menschen und Vieh auf dem Zuge gegen Hellas keine Not litten. Vorher waren die geeignetsten Stapelplätze ausgesucht worden, und aus allen Teilen Asiens wurden auf Frachtschiffen und Fähren die Vorräte hierhin und dorthin geschafft. Die einen brachten sie nach der sogenannten Leuke-Akte in Thrakien[41]), andere nach Tyrodiza bei Perinthos[42], andere nach Doriskos[43], nach Eion am Strymon[44] und nach Makedonien.

26. Während dieser Vorbereitungen hatte sich das ganze Landheer versammelt, und Xerxes zog mit ihm von Kritalla in Kappadokien[45] aus gen Sardes. Denn Kritalla war zum Sammelpunkt für das gesamte Heer ausersehen worden, das unter Xerxes' Führung den Landweg einschlagen sollte. Welcher Satrap das bestgerüstete Heer herbeigeführt und die vom König aus-

gesetzte Belohnung erhalten hat, kann ich nicht sagen. Ich weiß nicht einmal, ob überhaupt ein solcher Wettbewerb stattgefunden hat.

Als sie den Halys überschritten[46] und den Boden Phrygiens betreten hatten, kamen sie weiter nach der Stadt Kelainai[47], wo die Quelle des Maiandros und eines anderen nicht geringeren Flusses ist, der den Namen Katarrhaktes führt und mitten auf dem Markte von Kelainai entspringt. Er fließt in den Maiandros. In dieser Stadt hängt auch die abgezogene Haut des Silens Marsyas, die nach der phrygischen Sage Apollon dem Marsyas abgezogen und hier aufgehängt hat.

27. In Kelainai wurde Xerxes von Pythios, dem Sohne des Atys[48], einem lydischen Großen, erwartet und samt dem ganzen Heere aufs herrlichste bewirtet. Er erklärte sich auch bereit, dem König Geld zum Kriege zu geben. Als Pythios ihm dies Angebot machte, fragte Xerxes die anwesenden Perser, wer denn dieser Pythios sei und ob er reich genug sei, ein solches Versprechen zu geben. Die Perser antworteten:

»O König! Das ist ja der Mann, der deinem Vater Dareios die goldene Platane und den goldenen Weinstock zum Geschenk gemacht hat[49]. Er ist auch heute noch der reichste Mann nach dir, von dem wir Kunde haben.«

28. Über die letzten Worte wunderte sich Xerxes sehr und fragte weiter den Pythios, wieviel Geld er denn habe. Der antwortete:

»Mein König! Ich will dir nichts verbergen und mich nicht stellen, als wüßte ich nicht, was mein ist. Da ich es weiß, will ich es offen sagen. Als ich hörte, du kämest herabgezogen an das hellenische Meer, rechnete ich, da ich dir Geld zum Kriege geben wollte, mein Vermögen nach und fand, daß ich zweitausend Talente Silbers und vierhundertmal zehntausend weniger siebentausend Stateren des Dareios in Gold habe. Das soll dein sein, ich kann von meinen Sklaven und Grundstücken leben.«

29. So sprach er. Xerxes freute sich und sagte:

»Freund aus Lydien! Seitdem ich Persien verließ, habe ich noch keinen gefunden, der mein Heer bewirtet hat und sogar zu mir gekommen ist, um mir aus freiem Willen Geld zum Kriege anzubieten, außer dir. Du hast mein Heer reichlich bewirtet und versprichst mir eine große Summe Geldes. Dafür will ich dir ein Gegengeschenk machen: ich mache dich zu meinem Gastfreund[50] und schenke dir meinerseits die siebentausend Stateren, die dir an vierhundertmal zehntausend fehlten, damit die Summe voll ist und du eine runde Zahl hast. Behalte, was du dir erworben hast! Bleibe, wie du dich jetzt gezeigt! Es wird dich niemals, weder jetzt noch künftig, gereuen.«

30. So sprach er und tat, wie er gesagt. Dann zog er weiter. Er kam an der phrygischen Stadt Anaua[51] vorüber und an einem See, aus dem Salz gewonnen wird. Dann gelangte er nach der großen phrygischen Stadt Kolossai. In Kolossai verschwindet der Fluß Lykos in einer Erdspalte, in die er sich ergießt; dann kommt er wieder zum Vorschein und mündet nach einem Lauf von etwa fünf Stadien in den Maiandros. Von Kolossai aus marschierte das Heer weiter auf die Grenze zwischen Phrygien und Lydien zu und kam zu der Stadt Kydrara, wo eine von Kroisos errichtete Säule steht, deren Inschrift die Grenze bezeichnet.

31. Tritt man in Lydien ein, so teilt sich die Straße. Zur Linken geht es nach Karien, zur Rechten nach Sardes. Schlägt man den letzteren Weg ein, so muß man notwendig über den Maiandros und an der Stadt Kallatebos vorüber, wo aus Tamariskensaft und Weizenmehl Sirup gewerbsmäßig bereitet wird[52]. Diesen Weg nahm Xerxes und traf auf eine Platane, die er ihrer Schönheit wegen mit goldenem Schmuck behängte und einen Mann beauftragte, über sie zu wachen[53]. Tags darauf kam er in der lydischen Hauptstadt an.

32. Hier in Sardes schickte er zuerst Herolde nach Hellas, um Erde und Wasser zu fordern und Befehl zu geben, daß man sich zur gastlichen Aufnahme des Königs rüsten solle. Doch nahm er Athen und Lakedaimon aus; nur an die anderen hellenischen Städte ließ er die Forderung ergehen. Der Grund, weshalb er jetzt zum zweiten Male Erde und Wasser fordern ließ, war der, daß er hoffte, die Städte, die es damals dem Dareios abgeschlagen hatten, würden es jetzt aus Furcht tun. Darüber wollte er sich Gewißheit verschaffen.

33. Dann rüstete er sich zum Weiterzuge nach Abydos. Man schlug indessen eine Brücke über den Hellespontos, die Asien

und Europa miteinander verband. Auf der Chersonesos, zwischen den Städten Sestos und Madytos, befindet sich ein breiter Küstenvorsprung, Abydos gegenüber. Es ist dieselbe Stelle, wo nicht lange danach die Athener unter Führung des Xanthippos, Sohnes des Ariphron, den Perser Artayktes, Befehlshaber von Sestos[54], gefangen nahmen und lebendig ans Kreuz schlugen, eben jenen Artayktes, der Frauen in das Heiligtum des Protesilaos nach Elaius geführt und andere Ruchlosigkeiten begangen hat[55].

34. Von Abydos zu diesem Küstenvorsprung hinüber wurden die Brücken von den damit beauftragten Leuten geschlagen. Die Phoiniker bauten die eine Brücke mit Hilfe einer Hanfart, die Ägypter die andere mit Hilfe von Papyrosbast. Die Strecke zwischen Abydos und dem anderen Ufer ist sieben Stadien lang. Als die Brücken fertig waren, kam ein gewaltiger Sturm, der das ganze Werk zerstörte und zunichte machte. 35. Als Xerxes das hörte, ergrimmte er und befahl, den Hellespontos durch dreihundert Geißelhiebe zu züchtigen, auch ein Paar Fußfesseln ins Meer zu versenken. Ja, man berichtet, daß er auch Henkersknechte geschickt habe, um dem Hellespontos Brandmale aufzudrücken. Sicher ist nur so viel, daß er Auftrag gegeben hat, den Hellespontos mit Ruten zu peitschen und die rohen gottlosen Worte zu sprechen:

»Du bitteres Wasser! So züchtigt dich der Gebieter, weil du ihn gekränkt, der dich doch nie gekränkt hat. König Xerxes wird über dich hinweggehen, ob du nun willst oder nicht. Wie recht geschieht dir, daß kein Mensch dir Opfer bringt, dir schmutzigem, salzigem Strome!«

So ließ er das Meer züchtigen, und den Aufsehern des Brückenbaus wurde der Kopf abgeschlagen. 36. Die Henker mußten es tun, denen ja dieses traurige Amt obliegt. Dann bauten andere Baumeister neue Brücken. Sie verfuhren so, daß sie Fünfzigruderer und Dreiruderer in eine Reihe stellten. Für die eine, nach dem Pontos zu gelegene Brücke wurden dreihundertsechzig Schiffe verwendet, für die andere, nach dem Hellespontos zu gerichtete, dreihundertvierzehn, jene Schiffe schräg zum Pontos gewendet, diese quer zum Hellespontos[56]. Die Schiffe sollten die Tragetaue der Brücke in der Schwebe halten. Sie wurden sehr fest verankert, die der oberen Brücke wegen der aus dem Pontos her wehenden Winde an der Seite des Pontos, die der unteren Brücke wegen des West- und Südwinds an der Seite des Aigaischen Meeres. Zwischen den verankerten Fünfzigruderern und Dreiruderern wurde eine Öffnung zur Durchfahrt gelassen, damit der Weg zum Pontos und aus dem Pontos für kleinere Fahrzeuge frei blieb. Weiter wurden nun mit Hilfe von hölzernen Winden die Taue vom Lande aus straff angezogen, jedoch die einzelnen Taue nicht gesondert, sondern jede Brücke erhielt zwei gemeinsame Taue aus weißem Flachs und vier aus Papyrosbast. Dicke und Güte der Arbeit war bei den Tauen gleich, doch waren die aus Flachs verhältnismäßig schwerer, die Elle hatte ein Talent Gewicht. Als die Brücke so weit hergestellt war, wurden Baumstämme zersägt, so daß die Länge der Balken der Breite der Brücke gleich kam, dann wohlgeordnet über die ausgespannten Taue gelegt und durch Querhölzer miteinander verbunden. Weiter wurden Bretter daraufgelegt und auf die Bretter Erde geschüttet. Endlich wurde zu beiden Seiten eine Schutzwand befestigt, damit die Zugtiere und die Pferde nicht scheuten, wenn sie sich auf dem Meere sähen[57].

37. Als die Brücken fertig waren, und ebenso die Arbeiten am Athos, auch die Dämme an den Mündungen des Athoskanals, die die Flut abhalten sollten, damit die Mündungen nicht versandeten — als auch der Kanal selber als völlig fertig gemeldet wurde, da wollte sich das Heer, das in Sardes überwintert hatte, mit Beginn des Frühlings in Richtung Abydos in Bewegung setzen. Gerade als es aufbrach, wich aber die Sonne vom Himmel und wurde unsichtbar, obwohl es ein wolkenloser, ganz heiterer Tag war. Der Tag wandelte sich in Nacht[58]. Als Xerxes das sah, wunderte er sich. Er fragte die Magier, was diese Erscheinung zu bedeuten habe. Die Magier sagten, die Gottheit prophezeie damit den Hellenen den Verlust ihrer Städte, denn die Sonne gäbe den Hellenen, der Mond den Persern Orakel[59]. Über diese Deutung freute Xerxes sich sehr, und das Heer zog vorwärts.

38. Auf dem Wege kam der Lyder Pythios zu Xerxes. Die Himmelserscheinung hatte ihn erschreckt, und die Geschenke des Xerxes hatten ihn kühn gemacht. Er sagte:

»Herr! Ich bitte dich, mir einen Wunsch zu erfüllen, dessen Erfüllung dir leicht fällt und mir sehr wichtig ist.«

Xerxes, der jede andere Bitte eher erwartete als die, welche Pythios tat, sagte ihm Gewährung zu und hieß ihn aussprechen, was er begehre. Als Pythios das hörte, faßte er Mut und sprach:

»Herr! Ich habe fünf Söhne, und alle müssen mit dir gegen Hellas ziehen. Mein König, erbarme dich meines Alters und befreie einen meiner Söhne, den ältesten, von dem Kriegszuge, damit er sich meiner und meines Besitzes annimmt. Die vier anderen magst du mit dir nehmen, und ich wünsche dir, daß du glücklich heimkehren und dein Vorhaben zu Ende führen mögest.«

39. Xerxes brauste zornig auf und erwiderte:

»Frecher, du wagst es, mir von deinem Sohne zu sprechen, während ich selber nach Hellas ziehe und meine eigenen Söhne, Brüder, Verwandten und Freunde mit mir nehme? Bist du nicht mein Sklave, der eigentlich mit seinem ganzen Hause und seinem Weibe mir folgen müßte? Du sollst erfahren, daß des Menschen Geist in seinen Ohren wohnt: hört der Geist Gutes, so macht er den Leib heiter und ruhig, hört er Arges, so macht er ihn gallig und zornig. Als du mir Gutes erwiesest und Gutes anbotest, konntest du dich nicht rühmen, edler gehandelt zu haben als der König. Und jetzt, wo du dich frech und niedrig zeigst, soll dir ebenfalls nicht nach Verdienst gelohnt werden. Dich und vier deiner Söhne rettet deine Gastfreundschaft mit mir. Aber der eine, den du am meisten liebst, soll zur Strafe sein Leben verlieren.«

Darauf gab er sofort den Henkern den Auftrag, den ältesten Sohn des Pythios zu suchen, ihn mitten durchzuhauen und die beiden Hälften rechts und links an die Straße zu legen, die das Heer gehen mußte[60].

40. Sie taten es, und das Heer schritt zwischen den Hälften des Leichnams hindurch. Den Anfang des persischen Feldzuges machten die Lastträger und Zugtiere; dann folgten die Truppen der verschiedenen Volksstämme, jedoch in ungesondertem Haufen. War die Hälfte dieser Truppen vorüber, so blieb ein Zwischenraum, und dann kam der Zug des Königs. Vor dem

König zogen tausend auserlesene persische Reiter[61], nach ihnen tausend Lanzenträger, ebenfalls erlesene persische Leute, die Lanzen zur Erde gesenkt. Weiter kamen zehn heilige Pferde, nesaiische Pferde genannt, aufs prächtigste geschmückt. Nesaiisch heißt diese Pferderasse nach einer weiten Ebene in Medien, die den Namen Nesaion führt und solche große Pferde liefert[62]. Hinter den zehn Pferden kam der heilige Wagen des Zeus[63], von acht weißen Pferden gezogen. Der Wagenlenker folgte, die Zügel haltend, zu Fuß; kein Mensch darf den Wagen besteigen. Jetzt kam Xerxes selber, auf einem mit nesaiischen Pferden bespannten Wagen. Der Wagenlenker ging zur Seite; er hieß Patiramphes, Sohn des Persers Otanes.

41. In diesem Wagen zog Xerxes aus Sardes aus; doch vertauschte er ihn, um bequemer zu fahren, oft mit einem geschlossenen Reisewagen. Auf den König folgten tausend Lanzenträger, die tapfersten und adligsten Männer Persiens, die Lanzenspitze, wie es üblich ist, nach oben gerichtet[64]. Dann ein zweites Tausend erlesener persischer Reiter und darauf zehntausend aus den persischen Truppen ausgewählte Krieger zu Fuß. Von diesen hatten tausend unten an dem Speerschaft einen goldenen Granatapfel[65], sie schlossen die übrigen neuntausend ringsum ein. Die in der Mitte marschierenden neuntausend hatten am Speerschaft silberne Granatäpfel. Auch die Lanzenträger vor dem König, die die Spitze zur Erde gesenkt hielten, hatten goldene Granatäpfel; das unmittelbare Gefolge des Xerxes hatte statt dessen Äpfel. An jene zehntausend[66] schloß sich die persische Reiterei von zehntausend Mann an. Dann blieb wiederum ein Zwischenraum von zwei Stadien, und die übrige bunte Masse machte ungeordnet den Schluß.

42. Von Lydien aus gelangte das Heer zum Flusse Kaikos und nach Mysien[67], vom Kaikos weiter, das Gebirge Kane zur Linken lassend, durch die Landschaft Atarneus nach der Stadt Karene. Dann ging der Weg durch die thebische Ebene, an den Städten Atramytteion und dem pelasgischen Antandron vorüber. Das Idagebirge blieb links, und das Heer betrat die Landschaft Ilion. Als es die Nacht am Fuße des Ida zubrachte, kam ein Unwetter mit Donner und Blitz und erschlug eine Menge Menschen.

43. Als es weiter zum Flusse Skamandros kam — dem ersten Fluß seit dem Aufbruch aus Sardes, dessen Wasser nicht ausreichte, um Menschen und Vieh zu tränken —, als Xerxes an diesen Fluß gelangte, stieg er hinauf zu der Burg des Priamos, die er gern sehen wollte. Er betrachtete die Burg, hörte alles, was dort geschehen, und opferte der Athena Ilias tausend Rinder[68]. Die Magier spendeten den Heroen Trankopfer[69]. In der Nacht darauf aber befiel Schrecken das Heer. Mit Tagesanbruch zog es davon. Zur Linken ließ es die Städte Rhoiteion, Ophryneion und Dardanos, den Nachbarort von Abydos, zur Rechten den Stamm der teukrischen Gergithen[70].

44. Als das Heer Abydos erreicht hatte, wollte Xerxes eine Truppenschau abhalten. Vorher war schon auf einer Anhöhe ein Thron aus weißem Marmor für ihn hergerichtet worden; die Bevölkerung von Abydos hatte ihn auf Befehl des Königs gebaut. Dort nahm er Platz, schaute nach dem Gestade und musterte Heer und Flotte. Als er alles betrachtet hatte, wollte er gern eine Seeschlacht sehen. Man veranstaltete eine Seeschlacht, in der die Schiffe aus Sidon in Phoinikien siegten. Xerxes freute sich an der Schlacht und an seinem Heere.

45. Der ganze Hellespontos war mit Schiffen bedeckt, und die ganze Küste und das Flachland von Abydos war voller Menschen. Xerxes pries sich glücklich, dann weinte er.

46. Artabanos, des Königs Oheim, der damals seine Meinung frei herausgesagt und Xerxes anfangs von dem Kriegszuge gegen Hellas abgeraten hatte — dieser Artabanos sah Xerxes weinen und fragte:

»Mein König! Wie ist doch so verschieden, was du jetzt tust und was du eben noch getan hast. Du hast dich glücklich gepriesen, und jetzt weinst du.«

Xerxes antwortete: »Mich überkommt das Mitleid, wenn ich denke, wie kurz das menschliche Leben ist. Von allen diesen Menschen wird nach hundert Jahren keiner mehr leben.«

Jener erwiderte: »Und während des Lebens ist das Schicksal der Menschen noch beklagenswerter. So kurz das Leben ist, gibt es doch unter den Menschen, unter diesen nicht nur, sondern unter allen, keinen einzigen, der nicht mehr als einmal in seinem Leben lieber tot wäre als lebendig. Unglücksfälle und

Krankheiten quälen uns und machen, daß das kurze Leben uns noch allzu lang erscheint. So ist der Tod dem Menschen die ersehnteste Erlösung von den Kümmernissen des Lebens, und die Gottheit heißt neidisch, weil sie uns die Süße des Lebens hat kosten lassen.«

47. Da antwortete Xerxes: »Artabanos, laß uns nicht weiter vom Leben des Menschen sprechen, denn es ist so, wie du sagst. Laß uns das Böse vergessen, da wir des Glückes der Gegenwart genießen. Sage mir doch: wenn jenes Traumbild dir nicht deutlich erschienen wäre, würdest du auch jetzt noch bei deiner ersten Meinung bleiben und mir abraten, gegen Hellas zu ziehen? Oder hättest du auch so deine Meinung geändert? Wohlan, das sage mir aufrichtig!«

Jener erwiderte: »Mein König, möge doch das Traumbild recht behalten, wie wir beide es wünschen! Aber ich bin noch immer voller Furcht und ganz ruhelos. Gar vieles liegt mir im Sinn, zumal sehe ich, daß du zwei furchtbare Feinde hast.«

48. Da antwortete Xerxes: »Wunderlicher, wie meinst du denn das, daß ich zwei furchtbare Feinde habe? Ist dir das Heer dort zu klein, und glaubst du, daß das Heer der Hellenen so gar viel größer sein wird? Oder glaubst du, unsere Flotte sei kleiner als die ihrige? Oder glaubst du beides? Wenn du meinst, daß unsere Macht nicht hinreicht, soll schnell noch ein zweites Heer gesammelt werden.«

49. Jener erwiderte: »Mein König, weder das Landheer noch die Flotte kann, wer Verstand hat, als zu klein schelten. Wenn du noch mehr Volk sammelst, werden die beiden Feinde, von denen ich sprach, nur um so furchtbarer. Denn diese beiden Feinde sind Land und Meer. Nirgends am Meere, glaube ich, gibt es einen so großen Hafen, daß er bei einem Sturm diese Flotte da aufnehmen und die Schiffe vor dem Unwetter bergen kann. Einer reicht nicht aus; wir brauchen viele, an der ganzen Küste, die wir befahren. Daraus, daß es uns an Häfen fehlt, kannst du lernen, daß die Umstände des Menschen Herr sind, nicht der Mensch der Umstände. Das ist das Eine; nun will ich dir auch das andere sagen. Das Land ist aus folgendem Grunde dein Feind. Wenn sich dir kein Gegner in den Weg stellt, wird des Landes Gefährlichkeit nur immer größer, je

weiter und weiter du dich vorwagst — es gibt ja für den Menschen kein unwandelbares Glück —, ich meine also, wenn wir keinen Gegner finden und das Land sich weiter und weiter hinter uns ausdehnt, wird uns endlich der Hunger quälen. — Der ist gewiß der trefflichste Held, der im Rate sich furchtsam zeigt, weil er alles Unglück, das kommen kann, erwägt, der aber, wenn es zu handeln gilt, voll Mut ist.«

50. Darauf antwortete Xerxes: »Artabanos, alles, was du sagst, ist richtig; aber man soll nicht alles Böse erwarten und nicht jeder Bedenklichkeit Raum geben. Wolltest du bei allem, was du vorhast, alle möglichen Folgen ohne Unterschied bedenken, so kämest du nie zum Handeln. Besser, man wagt alles und nimmt einen Teil der bösen Folgen auf sich, als daß man alles ängstlich erwägt und nie böse Folgen zu tragen hat. Wer nur alle Vorschläge bekämpft und den rechten Weg nicht zeigen kann, der geht nicht weniger in die Irre, als einer, der von allem, was er sagt, zugleich das Gegenteil behauptet. Das eine ist nicht besser als das andere. Kann aber ein Mensch überhaupt den rechten Weg genau wissen? Das glaube ich nimmermehr. Wer sich zur Tat entschließt, dem gehört meist auch der Sieg; wer immer nur überlegt und zaudert, wird kaum den Sieg gewinnen. Du siehst, wie machtvoll das persische Reich jetzt dasteht. Hätten meine Vorgänger auf dem Thron so gedacht wie du oder hätten sie auf den Rat solcher Männer gehört, so wäre es nie dahin gekommen. Aber sie haben Großes gewagt, darum haben sie das Reich so hoch gebracht. Großes gewinnen kann man nur, wenn man Großes aufs Spiel setzt. — Ihrem Beispiel folgend, haben wir die schönste Jahreszeit für unseren Zug gewählt. So können wir nach Unterwerfung von ganz Europa heimkehren, ohne Hunger verspürt oder andere Fährlichkeiten erlitten zu haben. Wir nehmen ja große Vorräte mit uns, und außerdem gehören uns die Lebensmittel aller Länder und Völker, die wir durchziehen. Wir ziehen ja gegen ackerbautreibende Völker, nicht gegen Nomaden.«

51. Darauf sagte Artabanos: »Mein König! Wenn ich denn keine Furcht äußern soll, so nimm wenigstens noch einen Rat an. Viel Dinge verlangen ja auch viel Worte. Kyros, der Sohn des Kambyses, hat ganz Ionien außer Athen den Persern zins-

pflichtig gemacht. Diese Ioner solltest du auf keinen Fall gegen ihre Mutterstadt führen. Wir sind auch ohne sie stark genug, der Feinde Herr zu werden. Ziehen sie mit uns, so haben sie nur die Wahl, ihre Mutterstadt auf schmähliche Weise zu knechten, oder als rechtschaffene Leute sie zu befreien. Entschließen sie sich zum ersten, so ist das für uns kein so großer Gewinn; entschließen sie sich zum zweiten, so können sie deinem Heere zum Verderben werden. Denke an das alte Wort, das so richtig ist: man sieht am Anfang nicht alles, was folgt.«

52. Xerxes antwortete: »Artabanos, in nichts irrst du dich so sehr, als wenn du einen Abfall der Ioner fürchtest. Sie haben, wie du und alle, die den Zug des Dareios gegen die Skythen mitgemacht haben, bezeugen können, die schönste Probe ihrer Treue bestanden; denn von ihnen hing Untergang und Rettung des ganzen persischen Heeres ab, und sie erwiesen sich redlich und treu und haben nichts gegen uns unternommen. Außerdem lassen sie in unserem Lande ihre Kinder und Weiber und ihre Habe zurück; da kannst du nicht glauben, daß sie einen Aufstand versuchen werden. Also: laß auch diese Furcht schwinden, behalte Mut, und schütze mir mein Haus und mein Reich! In deine Hände allein lege ich mein Szepter.«

53. Nach diesen Worten schickte Xerxes den Artabanos nach Susa zurück und berief aufs neue die vornehmsten Perser zur Versammlung. Als alle zur Stelle waren, sprach er:

»Perser! Euch zu ermahnen, habe ich euch versammelt, daß ihr tapfere Kämpfer sein möget, damit nicht die großen ruhmvollen Taten unserer Vorfahren zuschanden gemacht und befleckt werden. Jeder einzelne und alle insgesamt laßt uns das Unsrige tun! Tun das alle, so bleibt der Erfolg nicht aus. Darum sage ich: haltet euch in diesem Kriege wacker! Denn man hat mir gesagt, daß es tapfere Männer sind, gegen die wir ziehen. Haben wir dies Volk besiegt, so kann uns kein Heer der Welt mehr widerstehen. Und jetzt wollen wir zu den Göttern beten, die über Persien walten, und dann den Hellespontos überschreiten.«

54. Den Tag verbrachten sie mit Vorbereitungen zum Übergang. Am folgenden Tage erwarteten sie den Aufgang der Sonne, verbrannten allerhand Räucherwerk auf den Brücken

und bestreuten den Weg mit Myrten. Als die Sonne hervortrat, goß Xerxes aus goldener Schale eine Spende ins Meer und betete zur Sonne[71]: kein Unfall möge ihn treffen und ihn in seinem Eroberungszuge durch Europa hemmen, bis er an das Ende des Erdteils gelangt sei. Und nachdem er gebetet, warf er die Schale in den Hellespontos, dazu einen goldenen Mischkrug und einen persischen Säbel, den man in Persien Akinakes nennt[72]. Ob er diese Gegenstände der Sonne weihte, oder ob er sie aus Reue über die Züchtigung des Hellespontos dem Meere schenken wollte, kann ich nicht bestimmt sagen.

55. Und nun schritt das Heer hinüber. Auf der nach dem Pontos zu gerichteten Brücke ging das Fußvolk und die gesamte Reiterei, auf der anderen, nach dem Aigaiischen Meere zu gelegenen, das Zugvieh und der Troß. Den Anfang machten jene zehntausend persischen Krieger, alle bekränzt; ihnen folgten ordnungslos Truppen vieler anderer Volksstämme. Damit ging der eine Tag hin. Am nächsten machten die Reiter und die Lanzenträger mit gesenkter Spitze den Anfang, auch sie bekränzt. Ihnen folgten die heiligen Rosse und der heilige Wagen, dann Xerxes selber mit den Lanzenträgern und den tausend Reitern; endlich der Rest des Heeres. Zugleich fuhr auch die Flotte nach dem anderen Ufer hinüber. Nach einer anderen Überlieferung ist der König zu allerletzt hinübergegangen.

56. Als Xerxes auf dem Boden Europas angelangt war, schaute er dem Übergang der Truppen zu, die mit Peitschenhieben angetrieben wurden. Sieben Tage und sieben Nächte dauerte der Übergang ohne Pause fort. Dabei soll ein Bewohner jener Gegend am Hellespontos zu Xerxes, als er bereits hinüber war, die Worte gesprochen haben:

»O Zeus, warum kommst du in der Gestalt eines Persers, mit dem erborgten Namen des Xerxes, um Hellas zu knechten, und führst eine ganze Welt mit dir? Ohne das könntest du es ja auch tun.«

57. Als alle hinüber waren und weiterziehen wollten, trat ein großes Wunder ein, das Xerxes aber gar nicht beachtete, obwohl seine Bedeutung klar war. Eine Stute warf einen Hasen. Die Deutung war nicht schwer: Xerxes, der in aller Pracht und Herrlichkeit ein Heer gegen Hellas führen wollte, würde in

voller Flucht, um nur sein Leben zu retten, zurückkehren. Ein anderes Wunder geschah, als Xerxes noch in Sardes weilte. Eine Mauleselin warf ein Junges mit doppelten, männlichen und weiblichen, Geschlechtsteilen; die männlichen saßen höher. Ohne auf diese beiden Zeichen zu achten, marschierte er mit dem Landheere vorwärts. 58. Die Flotte segelte aus dem Hellespontos heraus und hielt sich dicht am Lande. Sie nahm die entgegengesetzte Richtung wie das Landheer, nämlich die westliche, und strebte nach dem Vorgebirge Sarpedon[73], wo sie dem Befehl gemäß das Landheer erwarten sollte. Das Landheer zog zunächst ostwärts durch die Chersonesos, ließ das Grabmal der Helle, Tochter des Athamas[74], rechts, die Stadt Kardia links und zog mitten durch eine Stadt, namens Agora. Dann bog es um den sogenannten Melasbusen und den Melasfluß herum; des letzteren Wasser reichte für das Heer nicht aus und versiegte. Als es diesen Fluß, nach welchem auch der Meerbusen seinen Namen hat, überschritten hatte, wendete es sich nach Westen, zog an der aiolischen Stadt Ainos und dem Stentorissee vorüber und gelangte nach Doriskos[75].

59. Doriskos ist ein Küstenstrich in Thrakien, eine große Ebene, durch die der große Hebros strömt. Dort war schon früher, zur Zeit als König Dareios seinen Zug gegen die Skythen unternahm, eine Burg gebaut worden, die ebenfalls Doriskos hieß. Eine persische Besatzung lag darin. Dieses Gelände fand Xerxes geeignet, um sein Heer zu ordnen und zu zählen. Das tat er. Alle Schiffe, wie sie vor Doriskos ankamen, wurden auf Befehl des Xerxes von den Schiffsführern auf den Doriskos benachbarten Strand gezogen, an dem Sale, eine samothrakische Stadt, und Zone liegen und am äußersten Ende das bekannte Vorgebirge Serreion[76]. Der Landstrich war vor alters im Besitze der Kikonen[77]. An diesen Strand wurden die Schiffe gezogen, und die Mannschaft konnte sich ausruhen.

Unterdessen veranstaltete Xerxes in Doriskos eine Zählung des Heeres. 60. Wie groß die Zahl der einzelnen Heerhaufen war, kann ich nicht genau angeben. Nirgends wird darüber etwas berichtet. Als Zahl des gesamten Landheeres aber wurde gefunden: eine Million und siebenhunderttausend Mann. Diese Zahl wurde auf folgende Weise festgestellt: man sammelte zehntausend Mann auf einem Fleck, ließ sie sich möglichst zusammendrängen und zog ringsherum einen Kreis. Dann wurden sie herausgelassen und die Stelle rings umzäunt, so daß der Zaun etwa bis an den Nabel reichte. Nun trieb man andere Leute in den umzäunten Platz hinein, bis auf diese Weise das ganze Heer gezählt war.

Als die Zählung vorüber war, wurde das Heer nach Volksstämmen geordnet. 61. Folgende Stämme nahmen am Kriege teil[78].

Zuerst kamen die Perser, die folgendermaßen gerüstet waren. Auf dem Kopf trugen sie die sogenannte Tiara, einen weichen Hut, am Körper einen farbigen, mit Ärmeln versehenen Panzerrock aus fischartigen Eisenschuppen[79], um die Schenkel Hosen. Sie hatten geflochtene Schilde, unter denen der Köcher hing, kurze Lanzen, große Bogen mit Rohrpfeilen. Außerdem hing an der rechten Hüfte ein Dolch vom Gürtel herab[80]. Sie standen unter Anführung des Otanes, des Vaters der Gemahlin des Xerxes, Amestris.

Die Perser hießen in alter Zeit bei den Hellenen Kephener; sie selber nannten sich Artaier[81]; auch ihre Nachbarn nannten sie Artaier. Als Perseus dann, der Sohn der Danae und des Zeus, zu Kepheus, dem Sohn des Belos, kam und dessen Tochter Andromeda zum Weibe nahm, gab er seinem Sohne den Namen Perses und ließ ihn dort im Lande zurück; denn Kepheus war ohne männliche Nachkommen. Nach Perses haben die Perser ihren Namen[82].

62. Die Meder trugen dieselbe Rüstung wie die Perser, die eigentlich die medische, nicht die persische ist. Der Führer der Meder war der Tigranes aus der Sippe des Achaimenes. In alten Zeiten hießen sie allgemein die Arier[83]; als aber die Kolcherin Medeia aus Athen zu den Ariern kam, vertauschten sie ihren Namen, so berichtet die eigene Überlieferung der Meder[84].

Die Kissier zogen ebenfalls in der Rüstung der Perser ins Feld; nur trugen sie statt des Hutes die Mitra[85]. Ihr Führer war Anaphes, Sohn des Otanes.

Auch die Hyrkanier[86] waren persisch ausgerüstet und hatten zum Führer den späteren Statthalter von Babylon, Megapanos.

63. Die Assyrier trugen auf dem Kopf eherne Helme, die auf eine fremdländische Art geflochten sind, die sich nicht gut beschreiben läßt. Sie hatten Schilde, Lanzen, Schwerter, ähnlich den ägyptischen Dolchen, ferner eisenbeschlagene Holzkeulen und leinene Panzer. Sie hießen bei den Hellenen Syrier, aber die Barbaren nennen sie Assyrier[87]. Ihr Anführer war Otaspes, Sohn des Artachaies.

64. Die Baktrier trugen auf dem Kopf einen ganz ähnlichen Hut wie die Meder, hatten aber baktrische Bogen aus Rohr und kurze Lanzen.

Die Saken, ein skythischer Volksstamm, trugen auf dem Kopfe steife, spitz in die Höhe laufende Tiaren und trugen ebenfalls Hosen, hatten aber ihre besonderen Bogen und Schwerter, dazu Streitäxte[88]. Dieser Skythenstamm wurde Saken genannt, heißt aber Amyrgier[89]. Denn die Perser nennen alle Skythen Saken. Führer der Baktrier und Saken war Hystaspes, ein Sohn des Dareios und der Kyrostochter Atossa.

65. Die Inder trugen Kleider, die aus Wolle von Bäumen hergestellt sind, hatten Bogen und Pfeile aus Rohr, mit einer Eisenspitze versehen. Das war die ganze Bewaffnung der Inder. Sie standen unter Führung des Pharnazathres, Sohnes des Artabates.

66. Die Arier[90] waren mit medischen Bogen bewaffnet, sonst wie die Baktrier. Führer der Arier war Sisamnes, Sohn des Hydarnes.

Die Parther, die Chorasmier, die Sogder, die Gandarier und die Dadiker hatten ebenfalls dieselbe Ausrüstung wie die Baktrier[91]. Anführer der Parther und der Chorasmier war Artabazos, Sohn des Pharnakes, Anführer der Sogder Azanes, Sohn des Artaios, der Gandarier und Dadiker Artyphios, Sohn des Artabanos.

67. Die Kaspier[92] kamen in Fellen und hatten heimische Rohrbogen und persische Säbel. Das war ihre Ausrüstung. Ihr Führer war Ariomardos, der Bruder des Artyphios.

Die Saranger[93] fielen durch farbige Gewänder auf. Ihre Schuhe reichten bis ans Knie, sie trugen Bogen und medische Lanzen. Die Saranger wurden befehligt durch Pherendates, Sohn des Megabazos.

Die Paktyer[94] waren auch in Felle gekleidet und hatten heimische Bogen und Schwerter. Zum Anführer hatten sie Artayntes, Sohn des Ithamitres.

68. Die Utier, die Myker und die Parikanier[95] waren ebenso gerüstet wie die Paktyer. Führer der Utier und Myker war Arsamenes, Sohn des Dareios, Führer der Parikanier Siromitres, Sohn des Oiobazos.

69. Die Araber waren in einen langen, aufgeschürzten Burnus gekleidet[96], und an der rechten Seite trugen sie zurückschnellende Bogen[97] von großer Länge. Die Aithioper hatten Panther- und Löwenfelle umgetan. Ihre Bogen waren aus Palmstreifen gemacht und nicht weniger als vier Ellen lang; dazu hatten sie kurze Rohrpfeile, deren Spitze nicht Eisen, sondern Stein war, wie man ihn auch zum Schneiden der Siegelringe benutzt. Ferner hatten sie Lanzen, denen ein zugespitztes Antilopenhorn als Spitze diente. Auch beschlagene Keulen führten sie. Für die Schlacht färbten sie ihren Körper zur Hälfte mit Kreide, zur anderen Hälfte mit Mennig. Führer der Araber und der südlich von Ägypten wohnenden Aithioper[98] war Arsames, Sohn des Dareios und der Artystone, Tochter des Kyros, die Dareios von seinen Frauen am meisten liebte; er hatte von ihr ein Standbild machen lassen[99]. Also die jenseits von Ägypten wohnenden Aithioper und die Araber führte Arsames.

70. Die Aithioper des Ostens[100] dagegen — von jenen getrennt — hatten sich den Indern angeschlossen. Sie sahen ganz so aus wie die anderen Aithioper, nur Sprache und Haarwuchs waren anders. Die Aithioper des Ostens haben schlichtes Haar, die libyschen so wolliges wie kein anderes Volk. Die Rüstung der asiatischen Aithioper war in der Hauptsache der indischen gleich, doch trugen sie auf dem Kopf eine Pferdekopfhaut, an der auch Ohren und Mähne saß. Die Mähne vertrat die Stelle des Helmbuschs; die Pferdeohren waren in die Höhe gerichtet. Als Schutzwaffe diente ihnen statt des Schildes eine Kranichhaut.

71. Die Libyer[101] kamen in ledernen Rüstungen und hatten Wurfspieße mit gebrannter Spitze. Zum Führer hatten sie Massages, den Sohn des Oarizos.

72. Die Paphlagoner[102] zogen mit geflochtenen Helmen ins

Feld, hatten kleine Schilde und kurze Lanzen, ferner Wurfspeere und Schwerter. An den Füßen trugen sie heimische Schuhe, die bis zur Hälfte des Schienbeins hinaufgingen.

Die Ligyer, die Matiener, die Mariandyner und die Syrier[103] waren ebenso gerüstet wie die Paphlagoner. Bei den Persern heißen die Syrier übrigens Kappadoker[104]. Die Paphlagoner und Matiener führte Dotos, Sohn des Megasidros, die Mariandyner, Ligyer und Syrier Gobryas, Sohn des Dareios und der Artystone.

73. Ganz ähnlich wie die Ausrüstung der Paphlagoner war auch die der Phryger. In Makedonien erzählt man, die Phryger hätten, solange sie Europäer gewesen und im Lande der Makedonen gewohnt, Briger geheißen. Bei der Auswanderung nach Asien hätten sie mit dem Lande auch den Namen vertauscht und sich Phryger genannt[105].

Die Armenier[106], Abkömmlinge der Phryger, hatten dieselbe Rüstung wie diese. Beide wurden geführt von Artochmes, einem Schwiegersohn des Dareios.

74. Der hellenischen Bewaffnung kam die der Lyder am nächsten. Ehemals hießen die Lyder Meioner; ihren jetzigen Namen erhielten sie nach Lydos, dem Sohne des Atys[107].

Die Myser[108] trugen heimische Helme auf dem Kopf, kleine Schilde und Wurfspeere mit gebrannter Spitze. Sie sind Abkömmlinge der Lyder und heißen nach dem Berge Olympos[109] Olympiener. Führer der Lyder und Myser war Artaphernes, Sohn jenes Artaphernes, der mit Datis den Einfall bei Marathon gemacht hatte.

75. Die Thraker zogen mit einem Fuchspelz auf dem Kopf zu Felde[110]. Bekleidet waren sie mit einem Unterkleid, über das sie einen bunten Burnus warfen. Füße und Unterschenkel waren in Stiefel aus Hirschleder gehüllt. Sie trugen Wurfspeere, leichte Schilde und kurze Schwerter. Sie hatten nach ihrer Auswanderung nach Asien den Namen Bithyner erhalten. Vorher hatten sie, wie sie selbst sagen, Strymonier geheißen, weil sie am Strymon wohnten[111]. Die Teukrer und Myser[112] sollen sie aus ihren Sitzen vertrieben haben. Diese asiatischen Thraker führte Bassakes, Sohn des Artabanos.

76. Die ...[113] hatten kleine Schilde aus ungegerbtem Rinds-

leder. Jeder Mann trug zwei in Lykien verfertigte Jagdspeere und auf dem Kopf einen ehernen Helm. An dem Helm waren Ohren und Hörner eines Stiers in Bronze angebracht; auch ein Helmbusch war daran. Die Beine hatten sie in buntes Tuch gewickelt. Im Gebiete dieser Männer liegt eine Orakelstätte des Ares.

77. Die Kabeler[114], ein meionischer Stamm, auch Lasonier genannt, hatten dieselbe Ausrüstung wie die Kiliker, die ich unten beschreiben werde, wenn ich zu der kilikischen Heeresabteilung komme.

Die Milyer[115] hatten kurze Lanzen und mit Spangen befestigte Mäntel. Einige unter ihnen führten auch lykische Bogen und aus Fellen gefertigte Helme. Alle diese Stämme führte Badres, Sohn des Hystanes.

78. Die Moscher[116] trugen Helme aus Holz, hatten Schilde und kurze Lanzen mit langer Spitze. Die Tibarener, Makroner und Mossynoiker[117] zogen in der gleichen Bewaffnung ins Feld wie die Moscher. Sie standen unter folgenden Führern: die Moscher und Tibarener unter Führung des Ariomardos, Sohnes des Dareios und der Parmys, Tochter des Kyrossohnes Smerdis, die Makroner und Mossynoiker unter Führung des Artayktes, Sohnes des Cherasmis, der Statthalter von Sestos am Hellespontos war.

79. Die Marer[118] hatten auf dem Kopfe geflochtene heimische Helme, kleine Schilde aus Leder und Wurfspeere.

Die Kolcher[119] trugen hölzerne Helme, Schilde aus ungegerbter Rindshaut und kurze Lanzen, außerdem Dolche. Anführer der Marer und Kolcher war Pharandates, Sohn des Teaspis.

Die Alarodier und Saspeirer[120] waren ausgerüstet wie die Kolcher. Ihr Führer war Masistios, Sohn des Siromitres.

80. Die Inselbewohner aus dem Roten Meere[121], von jenen Inseln her, auf denen der König die sogenannten Verpflanzten ansiedelt, waren ganz ähnlich gekleidet und bewaffnet wie die Meder. Ihr Führer war Mardontes, Sohn des Bagaios, der zwei Jahre später als Heerführer in der Schlacht bei Mykale fiel[122].

81. Das waren die Stämme des Festlands, die das Fußvolk in Xerxes' Heer bildeten. Die Führer dieses Fußvolks habe ich schon genannt. Sie ordneten und zählten auch ihre Truppen

und ernannten Chiliarchen und Myriarchen, letztere ernannten Hekatontarchen und Dekarchen[123]. Außerdem hatten noch die einzelnen Heereskörper und Stämme ihre Häuptlinge.

82. Über den genannten Führern und dem gesamten Fußvolk standen Mardonios, Sohn des Gobryas, ferner Tritantaichmes, Sohn jenes Artabanos, der gegen den hellenischen Feldzug gesprochen hatte, Smerdomenes, Sohn des Otanes (diese beiden waren Brüdersöhne des Dareios, Vettern des Xerxes), Masistes, Sohn des Dareios und der Atossa, Gergis, Sohn des Ariazos, und Megabyzos, Sohn des Zopyros.

83. Das waren die Oberfeldherrn des gesamten Fußvolks, ausgenommen jener Zehntausend. Diese zehntausend auserlesenen Perser standen unter Führung des Hydarnes, Sohnes des Hydarnes. Man nannte sie die 'Unsterblichen', weil im Falle einer Lücke, infolge von Tod oder Krankheit, sofort ein Ersatzmann eintrat, so daß die Zahl dieser Zehntausend immer voll war[124].

Die Perser waren von allen Truppenteilen am reichsten geschmückt und waren auch am tapfersten. Ihre Rüstung habe ich schon beschrieben; außerdem leuchteten sie durch reichen Goldschmuck hervor. Reisewagen führten sie mit sich, in denen sich ihre Kebsweiber und eine große, wohlausgerüstete Dienerschaft befanden. Kamele und Zugtiere führten ihnen — dem ganzen anderen Heere aber nicht — Lebensmittel nach.

84. Viele Stämme des Reiches kämpfen auch zu Pferde. Unter diesen hatten die folgenden Reiterei gestellt: zunächst die Perser, in derselben Ausrüstung wie das persische Fußvolk, nur daß einige getriebene Erz- und Eisenkappen auf dem Kopf trugen. 85. Ferner gibt es einen persischen Nomadenstamm, Sagartier genannt, die auch persisch sprechen[125]. Ihre Ausrüstung hält sich in der Mitte zwischen der persischen und der der Paktyer. Sie hatten achttausend Reiter gestellt, führen aber außer einem Schwert keinerlei eherne oder eiserne Waffen. Aus Riemen geflochtene Seile haben sie; damit ziehen sie in den Krieg. Die Kampfesweise dieses Stammes ist folgende. Im Handgemenge werfen sie die mit einer Schlinge versehenen Seile aus und ziehen, was sie nun fangen, Roß oder Mann, zu sich heran. Wie das Wild in der Schlinge muß es dann sterben.

Diese Sagartier waren der persischen Abteilung eingereiht.
86. Die medische Reiterei hatte dieselbe Ausrüstung wie das Fußvolk, ebenso die der Kissier. Auch die indischen Reiter kamen in derselben Ausrüstung wie die Fußkämpfer. Sie hatten nicht nur Reitpferde, sondern auch Wagen, an die Pferde oder wilde Esel[126] gespannt waren.
Die Baktrier zu Pferde waren ebenfalls ausgerüstet wie das Fußvolk, ebenso die Kaspier und die Libyer. Auch diese alle führten Wagen mit. Ähnlich war es auch mit den Parikaniern. Auch die berittenen Araber hatten dieselbe Ausrüstung wie ihr Fußvolk. Sie ritten ausschließlich Kamele[127], die den Pferden an Schnelligkeit nichts nachgeben.
87. Nur diese Stämme bildeten die Reiterei. Die Gesamtzahl betrug achtzigtausend, Kamele und Wagen nicht eingerechnet. Die Reiter waren in Glieder geordnet, nur die Araber standen im Hintergrunde abseits, damit die Pferde nicht scheu werden sollten, die ja den Anblick von Kamelen nicht ertragen können.
88. Reiterführer waren Harmamithres und Tithaios, Söhne des Datis. Der dritte Reiterführer, Pharnuches, war krank in Sardes zurückgeblieben. Beim Ausmarsch aus Sardes hatte sich ein widriger Unglücksfall ereignet. Ein Hund lief zwischen die Füße seines Pferdes, das erschreckt sich bäumte und Pharnuches abwarf. Er fiel und spie Blut, und schließlich ging die Krankheit in Schwindsucht über. Mit dem Pferd hatte man gleich nach dem Fall getan, was er befohlen hatte. Die Diener führten es an die Stelle, wo es den Herrn abgeworfen hatte, und schlugen ihm die Beine unterhalb der Knie ab. So war es denn um die Feldherrnschaft des Pharnuches geschehen.
89. Die Zahl der Dreiruderer betrug eintausendzweihundertsieben. Folgende Stämme hatten Schiffe gestellt. Die Phoiniker samt den Syriern in Palästina hatten dreihundert gestellt. Die Mannschaften waren folgendermaßen ausgerüstet. Auf dem Kopf hatten sie Helme von beinahe hellenischer Art. Sie trugen leinene Panzer, Schilde ohne Rand und Wurfspeere. Diese Phoiniker wohnten vor alters, wie sie selber berichten, am Roten Meer[128], kamen dann herübergezogen und wohnen jetzt an der syrischen Küste. Dieser Teil Syriens bis ganz hinunter nach Ägypten hat den Namen Palästina.

Die Ägypter stellten zweihundert Schiffe. Sie trugen geflochtene Helme, gewölbte Schilde mit breitem Rand, Schiffsspeere und große Äxte. Der größte Teil hatte auch einen Panzer und ein langes Messer.

90. Die Kyprier stellten hundertfünfzig Schiffe. Ihre Ausrüstung war folgende: die Könige trugen Binden um den Kopf gewickelt, die übrigen hatten Röcke und alles andere wie die Hellenen. Die kyprischen Stämme setzen sich nach eigener Überlieferung der Kyprier zusammen aus Salaminiern und Athenern, aus Arkadern, aus Kythniern, aus Phoinikern und Aithiopern[129].

91. Die Kiliker stellten hundert Schiffe. Sie hatten wiederum Helme eigener Form, Tartschen aus Rindshaut statt schwerer Schilde und wollene Röcke. Jeder hatte zwei Wurfspeere und ein Schwert von ähnlicher Form wie die ägyptischen Messer. Ursprünglich hießen die Kiliker Hypachaier; ihren jetzigen Namen erhielten sie nach dem Phoiniker Kilix, dem Sohn des Agenor[130].

Die Pamphyler stellten dreißig Schiffe und waren auf hellenische Art bewaffnet. Diese Pamphyler stammen von Amphilochos und Kalchas und ihren Scharen ab, die auf der Heimkehr aus Troia hierher verschlagen wurden[131].

92. Die Lykier stellten fünfzig Schiffe. Sie trugen Panzer und Beinschienen, hatten Bogen aus Kornelkirschholz, nichtbefiederte Rohrpfeile und Wurfspeere. Um die Schultern hatten sie ein Ziegenfell geschlungen und auf den Kopf einen federbekränzten Hut gesetzt. Auch Dolche und Sichelmesser führten sie. Die Lykier sind aus Kreta gekommen und hießen Termilen[132]; ihren jetzigen Namen erhielten sie nach dem Athener Lykos, dem Sohn des Pandion.

93. Die kleinasiatischen Dorier stellten dreißig Schiffe. Sie sind hellenisch bewaffnet und stammen aus der Peloponnes.

Die Karer stellten siebzig Schiffe; auch sie hatten hellenische Bewaffnung, doch führten sie noch Sichelmesser und Dolche. Wie die Karer in früherer Zeit hießen, habe ich in den ersten Büchern meines Werkes erzählt[133].

94. Die Ioner stellten hundert Schiffe und waren gerüstet wie

die Hellenen. Solange die Ioner in der Peloponnes wohnten, im heutigen Achaia, also noch vor dem Erscheinen des Danaos und Xuthos in der Peloponnes, hießen sie — so erzählt man in Hellas — Aigialeer und Pelasger[134]. Nach Ion, dem Sohne des Xuthos, wurden sie dann Ioner genannt.

95. Die Bewohner der Inseln stellten siebzehn Schiffe und waren bewaffnet wie die Hellenen. Auch sie sind ein pelasgischer Stamm und wurden später aus demselben Grunde Ioner genannt wie die aus Athen ausgewanderten Bewohner der zwölf ionischen Städte[135].

Die Aioler stellten sechzig Schiffe. Auch sie waren ausgerüstet wie die Hellenen und wurden, nach hellenischer Überlieferung, vor Zeiten Pelasger genannt[136].

Die Hellespontier mit Ausnahme von Abydos — die Bewohner von Abydos waren vom König beauftragt worden, daheim zu bleiben und die Brücken zu bewachen —, alle anderen Bewohner der Küstenstädte stellten hundert Schiffe und waren ausgerüstet wie die Hellenen. Diese Städte sind teils ionischen, teils dorischen Ursprungs.

96. Auf allen Schiffen befand sich außerdem persische, medische und sakische Besatzung. Die bestbemannten Schiffe waren die phoinikischen und unter den phoinikischen die aus Sidon.

Alle diese Volksstämme, auch die des Fußvolks, hatten jeder ihren eigenen Volkshäuptling, deren Namen ich jedoch nicht aufführe, da sie für die Schilderung des weiteren Verlaufs nicht erforderlich sind. Nicht jedes Stammeshaupt war von Bedeutung, auch hatte jede einzelne Stadt wieder ihren besonderen Führer, und sie alle zogen nicht als Feldherrn mit, sondern als einfache Soldaten. Die wirklichen Führer, die Oberfeldherrn sowie die der einzelnen Stämme, habe ich schon genannt, soweit sie Perser waren.

97. Führer der Flotte waren Ariabignes, Sohn des Dareios, Prexaspes, Sohn des Aspathines, Megabazos, Sohn des Megabates, und Achaimenes, Sohn des Dareios. Und zwar stand die ionische und karische Flotte unter dem Befehl des Ariabignes, Sohnes des Dareios und der Tochter des Gobryas; die ägyptische unter dem Befehl des Achaimenes, Xerxes' Voll-

bruder, und die übrigen Flotten unter dem Befehl der beiden anderen.

An sonstigen Schiffen: Dreißigruderern, Fünfzigruderern, Kerkuren[137] und langen Transportschiffen für die Pferde hatten sich dreitausend zusammengefunden.

98. Nach den Flottenführern waren die namhaftesten Männer in der Flotte: Tetramnestos, Sohn des Anysos, aus Sidon, Matten, Sohn des Siromos, aus Tyros, Merbalos, Sohn des Agbalos, aus Arados, der Kiliker Syennesis, Sohn des Oromedon, der Lykier Kyberniskos, Sohn des Sika, die Kyprier Gorgos, Sohn des Chersis, und Timonax, Sohn des Timagoras, die Karer Histiaios, Sohn des Tymnes, Pigres, Sohn des Hysseldomos, und Damasithymos, Sohn des Kandaules.

99. Die weiteren Gruppenführer der Flotte nenne ich nicht, da es unnötig ist, nur Artemisia muß ich erwähnen, eine Frau, die an dem Zuge gegen Hellas teilnahm und die ich hoch bewundere. Nach dem Tode ihres Gatten[138] übernahm sie selber die Herrschaft und war mutig und heldenhaft genug, selber in den Krieg zu ziehen, obwohl ein Sohn im Jünglingsalter vorhanden und sie gar nicht dazu gezwungen war. Ihr Name war Artemisia; sie war eine Tochter des Lygdamis und stammte väterlicherseits aus Halikarnassos, mütterlicherseits aus Kreta. Sie hatte die Führung über die Schiffe aus Halikarnassos, Kos, Nisyros und Kalydna, zusammen fünf Schiffe, die aber nach den Schiffen aus Sidon die vorzüglichsten in der ganzen Flotte waren. Auch waren die Ratschläge, die sie dem Könige gab, besser als die aller anderen Bundesgenossen. Die Bevölkerung der Städte, die, wie ich sagte, unter ihrer Führung standen, ist, wie ich noch anführen will, rein dorisch; denn die Halikarnassier sind aus Troizen gekommen, die übrigen aus Epidauros. Soviel sei über die Flotte gesagt.

100. Als das Heer gezählt und geordnet war, wollte Xerxes selber es mustern und in Augenschein nehmen. Das tat er, fuhr auf seinem Wagen von Stamm zu Stamm und fragte nach jedem Namen, den die Schreiber aufschrieben, bis er von dem einen Ende des Reiter- und Fußheeres bis zum anderen gelangt war. Als er damit fertig war, mußten die Schiffe ins Meer gezogen werden, und Xerxes verließ den Wagen, bestieg

ein Schiff aus Sidon, nahm unter einem goldenen Zeltdach[139] Platz und fuhr der Reihe nach am Bug der Schiffe vorüber. Auch hier fragte er nach den Namen der Stämme und ließ sie aufschreiben. Die Schiffsführer hatten die Flotte vier Plethren vom Strande vor Anker gelegt, alle Schiffe in einer Linie, die Schnäbel dem Lande zugekehrt, und die Mannschaften hatten ihre Kriegsrüstung angelegt. Zwischen den Schiffen und dem Strande fuhr er entlang und betrachtete die Flotte.

101. Als er, nachdem er auch diese abgefahren, das Schiff verlassen hatte, ließ er Demaratos[140], den Sohn des Ariston, der ebenfalls an dem Zuge teilnahm, zu sich rufen und stellte folgende Frage an ihn:

»Demaratos! Jetzt will ich eine Frage an dich richten. Du bist Hellene und stammst, wie ich von dir und anderen Hellenen weiß, die ich gesprochen habe, aus einer Stadt, die nicht zu den geringsten und schwächsten gehört. Sage mir jetzt, ob die Hellenen wagen werden, sich mir entgegenzustellen. Denn ich meine: selbst wenn ganz Hellas und alle anderen Völker des Westens sich versammelten, wären sie doch nicht imstande, meinen Angriff auszuhalten, da sie ja nicht einig sind. Aber ich will jetzt von dir erfahren, was du darüber denkst.«

So fragte Xerxes. Demaratos erwiderte: »König, soll ich dir die Wahrheit sagen oder schmeicheln?«

Xerxes befahl ihm, die Wahrheit zu sagen. Er werde ihm darum nicht weniger geneigt sein als vordem. 102. Als Demaratos das hörte, sprach er:

»König! Da du mir also befiehlst, streng bei der Wahrheit zu bleiben und nichts zu sagen, was nicht jeder ohne zu lügen wiederholen kann, wisse, daß in Hellas von jeher Armut wohnt, dann aber Tatkraft eingeführt worden ist, herbeigeholt von der Weisheit und strengen Gesetzen. Und mit Hilfe der Tatkraft erwehrt sich Hellas der Armut und der Tyrannei. Alle Hellenenstämme lobe ich, die dort mit den Doriern im Lande wohnen, aber nicht von allen gilt, was ich dir sagen will, sondern nur von den Lakedaimoniern. Erstens werden die Lakedaimonier nie dein Anerbieten annehmen, das Hellas in Sklaverei bringen will; zweitens werden sie dir im Kampf entgegentreten, auch wenn alle anderen Hellenen zu dir übergehen. Was ihre Zahl betrifft, so frage nicht, ob sie auch stark genug dazu sind. Sie werden kämpfen, gleichviel, ob tausend Mann ausziehen oder weniger oder mehr.«

103. Da lachte Xerxes und sagte: »Demaratos, was sagst du! Tausend Mann sollten es mit einem solchen Heer aufnehmen? Du nanntest dich König dieser Leute, so sprich:
Möchtest du jetzt gleich einmal gegen zehn Männer kämpfen? Wenn euer ganzes Volk wirklich so ist, wie du es beschreibst, so müßtest du als König nach euren Gesetzen sogar doppelt soviel Gegner auf dich nehmen[141]. Wenn jeder Spartiate zehn Männern meines Heeres gewachsen ist, so kann ich fordern, daß du es mit zwanzig aufnimmst. Dann will ich auch glauben, daß du die Wahrheit sprichst. Wenn aber Leute von der Art und Größe wie du und die anderen Hellenen, die mich besuchen, sich dessen rühmen, so sind doch solche Reden offenbar nur Prahlerei. Erwäge doch nur, was möglich und wahrscheinlich ist! Wie sollen tausend oder zehntausend oder fünfzigtausend Menschen, die darüber hinaus alle gleichermaßen frei sind und nicht dem Befehl eines Einzigen gehorchen, diesem gewaltigen Heere standhalten können! Es kommen ja, wenn sie fünftausend Mann stark sind, mehr als tausend auf einen Einzigen. Ja, wenn sie wie bei uns in Persien einen einzigen Herrn hätten, würden sie vielleicht aus Furcht vor ihm sich tapferer zeigen, als sie sind, und unter Geißelhieben auch einen überlegenen Feind angreifen. Aber wenn alles in ihrem Belieben steht, tun sie ganz gewiß nichts dergleichen. Nein, auch wenn die Hellenen ebenso stark wären wie die Truppen der Perser, würden sie schon einen schweren Stand gegen sie haben. Was du von den Hellenen sagst, das gibt es bloß bei uns Persern, freilich nur selten. Mancher meiner Lanzenträger nimmt es leicht mit drei Hellenen zugleich auf. Du kennst sie nur nicht, darum schwatzest du solchen Unsinn!«

104. Darauf sagte Demaratos: »König! Ich wußte es von Anfang an, daß meine Worte dir nicht gefallen würden, wenn ich die Wahrheit sagte. Aber da du mich zwangst ganz aufrichtig zu sein, sagte ich, wie es sich mit den Spartiaten verhält. Du weißt doch selbst am besten, wie zärtlich ich jene liebe, die mir meine Ehre und meine Würde, meine väterlichen Rechte

genommen und aus mir einen heimatlosen Flüchtling gemacht haben. Aber dein Vater hat mich bei sich aufgenommen und mir Lebensunterhalt und Wohnung gegeben. Kein Verständiger wird soviel Freundlichkeit zurückweisen, sondern wird sich dankbar dafür erweisen. – Ich möchte nicht mit zehn Männern kämpfen, auch nicht mit zweien, ja wenn es nicht nötig ist, kämpfe ich nicht einmal mit einem. Muß es aber sein oder lockt mich ein hoher Siegespreis, so würde ich am liebsten mit einem von jenen Kriegern kämpfen, die es, wie du sagst, mit drei Hellenen zugleich aufnehmen. Und so steht es mit den Lakedaimoniern: im Einzelkampf halten sie sich so wacker wie jedes andere Volk, aber im Massenkampf sind sie allen Völkern überlegen. Wenn sie auch frei sind, sind sie doch nicht ganz frei. Ihr Herr ist das Gesetz, das fürchten sie weit mehr als dein Volk dich. Sie gehorchen seinem Befehl, und sein Befehl ist immer derselbe: keiner Heeresmacht je zu weichen, sondern fest in der Schlachtreihe zu stehen und zu siegen oder zu sterben. Scheinen dir diese Worte törichtes Geschwätz, so will ich nichts weiter sagen, denn nur auf deinen Befehl habe ich gesprochen. Möge dir alles nach Wunsche gehen, König!«

105. Das war des Demaratos Antwort. Aber Xerxes lachte und grollte ihm gar nicht, sondern entließ ihn in Gnaden. Nach dieser Unterredung setzte er Maskames, den Sohn des Megadostes, über Doriskos zum Statthalter ein — den von Dareios eingesetzten setzte er ab — und zog mit dem Heere durch Thrakien weiter gen Hellas.

106. Dieser Maskames bewährte sich als so vorzüglich, daß Xerxes ihm als dem besten aller von ihm oder Dareios eingesetzten Statthalter jährliche Geschenke übersandte; ebenso später Artaxerxes, Xerxes' Sohn, den Nachkommen des Maskames. Alle vor diesem Kriege in Thrakien und am Hellespontos eingesetzten persischen Statthalter nämlich, mit Ausnahme dessen von Doriskos, wurden nach dem Kriege von den Hellenen vertrieben. Maskames in Doriskos ließ sich nicht vertreiben, so viele Versuche die Hellenen auch machten. Darum werden ihm von dem jeweiligen König von Persien jene Geschenke gesandt.

107. Von den anderen, die die Hellenen vertrieben, hat sich nach der Meinung des Xerxes keiner als Mann gezeigt, ausgenommen Boges in Eion[142]. Ihn konnte Xerxes nicht genug loben, ehrte auch seine in Persien lebenden Söhne hoch. In der Tat hielt sich Boges alles Lobes würdig. Er wurde von den Athenern unter Kimon, Miltiades' Sohn, belagert, ging aber auf den Vertrag, der ihm angeboten wurde und der ihm die Heimkehr nach Asien freistellte, nicht ein, damit der König nicht glauben sollte, er habe als Feigling sein Leben retten wollen, sondern er hielt aus bis zum Tode. Als es keine Lebensmittel mehr im Kastell gab, schichtete er einen großen Scheiterhaufen auf, schlachtete seine Kinder, seine Gattin, seine Kebsweiber und Diener und warf sie in das Feuer. Dann schüttete er alles Gold und Silber, das sich in der Stadt befand, von der Mauer herab in den Strymon, und endlich sprang er selber in die Flammen. Darum preist man ihn in Persien mit Recht bis zum heutigen Tage[143].

108. Xerxes zog von Doriskos gen Hellas, und alle Völker auf seinem Wege mußten sich dem Zuge anschließen. Es war ja, wie ich früher erzählt habe, alles Land bis nach Thessalien hin dem Könige zinspflichtig geworden; teils hatte es Megabazos, teils nach ihm Mardonios unterworfen[144]. Zunächst kam er an den samothrakischen Festungen vorüber, von denen die am weitesten westlich gelegene die Stadt Mesambrie ist. An diese grenzt die Stadt der Thasier Stryme, und zwischen beiden hindurch fließt der Lisos[145], der damals für das Heer des Xerxes nicht Wasser genug hatte und austrocknete. Die Gegend dort hieß in alter Zeit Gallaike, jetzt heißt sie Briantike; auch sie gehört von Rechts wegen den Kikonen[146].

109. Als Xerxes das trockene Bett des Lisos durchschritten hatte, zog er an den hellenischen Städten Maroneia, Dikaia und Abdera vorüber. Dabei kam er auch an einigen bekannten Seen vorüber, an dem zwischen Maroneia und Stryme gelegenen ismarischen und an dem bei Dikaia gelegenen bistonischen, in den zwei Flüsse münden, der Trauos und der Kompsantos[147]. Bei Abdera hatte Xerxes keinen namhaften See zu passieren, dagegen den Fluß Nestos, der ins Meer mündet. Im Weiterziehen kam er an kleineren Städten vorüber, deren

eine an einem etwa dreißig Stadien im Umfang messenden See liegt, der fischreich und sehr salzhaltig ist. Der trocknete schon aus, als bloß das Zugvieh daraus trank. Die Stadt dort heißt Pistyros[148]. Alle diese Küstenstädte, die hellenisch sind, ließ Xerxes zur Linken.

110. Die thrakischen Volksstämme, durch deren Gebiet der Zug ging, sind folgende: die Paiter, Kikonen, Bistonen, Sapaier, Dersaier, Edoner, Satrer. Soweit es Küstenstämme waren, mußten sie zu Schiffe mitziehen; die Binnenstämme mußten sich sämtlich, mit Ausnahme der Satrer, dem Landheere anschließen. 111. Die Satrer sind, soweit unsere Kenntnis reicht, noch von niemand unterjocht worden; als einziger Thrakerstamm haben sie ihre Freiheit bis zum heutigen Tage gewahrt. Sie wohnen hoch in den Bergen, die mit Wäldern aller Art und mit Schnee bedeckt sind, und sind gewaltige Krieger. In ihrem Besitze ist auch die berühmte Orakelstätte des Dionysos[149]; sie liegt ganz oben im Gebirge, und die Besser, ein Geschlecht der Satrer, versehen den Prophetendienst bei dem Heiligtum[150]. Das Orakel verkündet wie in Delphi eine Oberpriesterin, und überhaupt geht es da nicht wunderbarer zu als an anderen Orakelstätten.

112. Als Xerxes diese Gegenden hinter sich gelassen hatte, zog er weiter an den Städten der Pierer vorüber, deren eine Phagres heißt und die andere Pergamos[151]. An ihnen führte seine Straße vorüber, und zur Rechten ließ er das Pangaiongebirge, das ausgedehnt und hoch ist und Gold und Silberbergwerke enthält. Das ist das Land, wo die Pierer, die Odomanten und vor allem die Satrer wohnen[152].

113. Nördlich vom Pangaion wohnen die Paioner, die Doberer und die Paiopler. An ihnen vorüber zog er, in westlicher Richtung, bis er an den Strymon und zu der Stadt Eion kam, wo der damals noch am Leben befindliche Boges schaltete, von dem ich kurz vorher gesprochen habe[153]. Das Land rings um das Pangaiongebirge heißt Phyllis; es reicht westwärts bis an den Angites[154], einen Nebenfluß des Strymon, und südwärts bis an den Strymon selber. Die Magier brachten dem Strymon ein Opfer dar: sie schlachteten weiße Pferde[155]. 114. Nach vielen geheimnisvollen Sprüchen und Handlungen zu Ehren

des Flusses gingen sie bei Ennea-Hodoi im Lande der Edoner hinüber, sie fanden nämlich eine Brücke über den Strom geschlagen. Als sie hörten, daß der Ort Ennea-Hodoi[156] heiße, opferten sie dort ebensoviel Knaben und Mädchen der Eingeborenen, indem sie sie lebendig begruben. Menschenopfer lebendig zu begraben, ist persische Sitte. Man hat mir erzählt, daß Amestris, die Gemahlin des Xerxes, vierzehn Söhne vornehmer Perser hat begraben lassen, um dem Gott, der, wie sie sagen, bei ihnen unter der Erde wohnt, für das von ihr erreichte Greisenalter Dank abzustatten[157].

115. Das Heer zog vom Strymon aus weiter nach Westen und kam an der hellenischen Küstenstadt Argilos vorüber[158]. Die Küste und das Binnenland heißt dort Bisaltia. Dann ließ es den Busen von Posideion zur Linken, durchzog die sogenannte Syleusebene, an der hellenischen Stadt Stagiron vorüber und kam nach Akanthos[159]. Immer mußten die anwohnenden Stämme mitziehen sowie jene Stämme des Pangaion und alle früher erwähnten Volksstämme. Die Küstenbewohner schlossen sich der Flotte an, die Inlandstämme dem Landheer. Die Straße aber, auf der König Xerxes mit dem Heere dahinzog, wird von der thrakischen Bevölkerung noch heutigen Tages nicht bepflügt und beackert, sondern geschont und heilig gehalten[160].

116. Als Xerxes nach Akanthos gelangte, erklärte er die Bewohner für seine Gastfreunde, beschenkte sie mit medischen Gewändern und lobte sie. Er sah nämlich ihren kriegerischen Eifer und hörte, wie fleißig sie an dem Kanal gearbeitet hatten.

117. Gerade als Xerxes in Akanthos weilte, starb an einer Krankheit der Aufseher des Kanalbaues, Artachaies. Er stand bei Xerxes in hohem Ansehen und gehörte der Familie der Achaimeniden an; er überragte alle Perser an Größe — vier Finger fehlten an fünf königlich persischen Ellen — und hatte auch die mächtigste Stimme, weshalb denn Xerxes seinen Tod sehr beklagte und ihm ein glänzendes Leichenbegängnis zurichten ließ. Das ganze Heer mußte helfen[161], den Grabhügel aufzuschütten. Diesem Artachaies bringen auf göttliches Geheiß die Akanthier unter Anrufung seines Namens Heroenopfer dar[162].

118. König Xerxes trauerte also um den Tod des Artachaies. Aber die hellenischen Städte verarmten bei der Aufnahme und Bewirtung des Heeres und Königs völlig, so daß die Bürger hab- und heimatlos wurden. So erklärte bezüglich der Thasier, die wegen ihrer Festlandsstädte das Heer des Xerxes beherbergen und verpflegen mußten, der damit beauftragte, höchst angesehene Thasier Antipatros, Sohn des Orges, daß die Speisung vierhundert Silbertalente gekostet habe.

119. Und ungefähr ebenso hoch war auch in den anderen Städten die Rechnung, die die mit der Verpflegung Betrauten vorlegten. Für die Aufnahme wurde nämlich alles vorher in Bereitschaft gesetzt, da die Ankunft lange vorher angekündigt wurde, und jeder tat, was er vermochte. Sobald die Herolde das Herannahen meldeten, wurde das Getreide unter die Bürger verteilt, die nun monatelang Weizen- und Gerstenmehl mahlten. Ferner wurden die wertvollsten Stücke der Herden gemästet und Land- und Wasservögel in Käfigen und Gruben gefüttert, um das Heer verpflegen zu können. Auch goldene und silberne Becher und Mischkrüge und alles sonstige Tafelgerät wurde hergerichtet. Letzteres geschah für den Tisch des Königs und seiner Tafelrunde; für das übrige Heer dienten bloß die Lebensmittel. Kam dann das Heer an, so war ein Zelt aufgeschlagen worden, das den König beherbergte; das andere Heer ruhte unter freiem Himmel. Zur Essensstunde hatten die Wirte schwere Arbeit. Das gesättigte Heer blieb dann die Nacht dort und brach am nächsten Tag wieder auf, nahm aber das abgebrochene Zelt und sämtliche Geräte mit fort. Nichts blieb zurück.

120. Damals ist von Megakreon, einem Bürger von Abdera, ein gutes Wort gesprochen worden. Er riet nämlich seinen Mitbürgern, sich alle ohne Ausnahme, Männer und Frauen, in ihre Tempel zu begeben, als Schutzflehende niederzusitzen und die Götter zu bitten, ihnen die Hälfte der in Zukunft bevorstehenden Leiden zu ersparen. Was das Überstandene beträfe, sollten sie den Göttern heißen Dank sagen, daß König Xerxes nicht zweimal am Tage ein Mahl zu halten pflege; denn wenn sie außer dem Hauptmahl noch ein ebenso reiches Frühstück hätten anrichten müssen, so wäre den Abderiten nur die

Wahl geblieben: entweder Xerxes' Ankunft gar nicht abzuwarten oder über der Bewirtung elender als je eine Stadt zugrunde zu gehen.

121. Doch taten die Städte alles, was man von ihnen forderte, so schwer es sie drückte. Aber Xerxes gab den Befehlshabern der Flotte Auftrag, von Akanthos weiterzusegeln bis nach Therme[163] und ihn dort zu erwarten. Die Stadt Therme liegt an dem thermaiischen Meerbusen, der nach ihr seinen Namen hat. Denn nach Therme, hörte er, ginge für das Landheer der geradeste Weg. Von Doriskos bis Akanthos war das Landheer in drei Abteilungen marschiert. Die eine hatte Xerxes an der Küste neben der Flotte herziehen lassen; Führer dieser Abteilung waren Mardonios und Masistes. Die zweite marschierte weiter im Lande und wurde geführt von Tritantaichmes und Gergis. Die dritte, bei der sich Xerxes selber befand, hielt sich in der Mitte zwischen den beiden anderen und stand unter Führung des Smerdomenes und Megabyzos.

122. Die Flotte wurde also von Xerxes abgeschickt; sie durchfuhr den Athoskanal, der hinüberführte zu dem Meerbusen, an dem die Städte Assa, Piloros, Singos und Sarte[164] liegen, nahm auch aus diesen Städten noch Schiffe und Mannschaften mit und fuhr auf den thermaiischen Golf zu. Zunächst fuhr sie um das Vorgebirge Ampelos bei Torone herum und an folgenden hellenischen Städten vorüber: Torone, Galepsos, Sermyle, Mekyberna, Olynthos[165]. Aus allen wurden Schiffe und Mannschaften mitgenommen. Die Landschaft heißt dort Sithonia.

123. Vom Vorgebirge Ampelos aus ging die Fahrt gerade hinüber nach dem Vorgebirge Kanastraia, dem vorspringendsten Punkt der Halbinsel Pallene. Nun wurden wiederum Schiffe und Mannschaften ausgehoben in Poteidaia, in Aphytis, Neapolis, Aige, Therambo, Skione, Mende und Sane. Das sind die auf Pallene — früher hieß die Halbinsel Phlegre — liegenden Städte[166].

Dann fuhr sie auf ihren Zielpunkt los, indem sie auch aus den an Pallene grenzenden Städten, die dem thermaiischen Golf benachbart sind, Mannschaften an Bord nahm. Diese Städte heißen: Lipaxos, Kombreia, Lisai, Gigonos, Kampsa,

Smila, Aineia. Die Landschaft, in der sie liegen, heißt bis zum heutigen Tage Krossaia[167]. Von Aineia, der letztgenannten Stadt, aus ging die Fahrt nunmehr in den thermaiischen Golf selber hinein und auf die Landschaft Mygdonia zu. So gelangte die Flotte nach dem verabredeten Therme und nach den Städten Sindos und Chalestre am Flusse Axios, der die Grenze zwischen Mygdonia und Bottiaiis bildet. In Bottiaiis, an dem schmalen Küstenstrich, liegen die Städte Ichnai und Pella[168].

124. Dort, auf der Strecke von der Mündung des Axios bis zur Stadt Therme und den dazwischenliegenden Städten, ging die Flotte vor Anker und erwartete den König.

Xerxes nahm mit dem Landheere von Akanthos den Weg mitten durchs Land und zog geradeswegs gen Therme. Zuerst ging es durch Paionike und Krestonike nach dem Flusse Echeidoros, der in Krestonike entspringt, durch Mygdonia fließt und in den Sumpf am Flusse Axios mündet[169].

125. Auf dieser Strecke wurden die mit Lebensmitteln beladenen Kamele von Löwen angefallen. Die Löwen verließen nachts ihre Schlupfwinkel und schlichen sich heran, ließen aber Zugtiere und Menschen ganz unbehelligt, nur die Kamele raubten sie. Ich möchte wohl den Grund wissen, weshalb die Löwen sich ausschließlich an die Kamele gemacht haben; sie hatten doch dies Tier noch nie gesehen und geschmeckt. 126. Es gibt übrigens in jener Gegend viele Löwen und Auerochsen, deren riesige Hörner auch nach Hellas gelangen. Die Grenze des Löwengebietes bilden der durch das Gebiet von Abdera fließende Nestos und der durch Akarnanien fließende Acheloos[170]. Östlich vom Nestos sieht man im ganzen vorderen Europa keine Löwen, ebensowenig westwärts vom Acheloos in dem übrigen Erdteil. Nur zwischen den beiden genannten Flüssen finden sie sich.

127. Als Xerxes in Therme anlangte, ließ er das Heer dort Rast halten. Das gelagerte Heer nahm die ganze Küstenstrecke ein von der Stadt Therme in Mygdonia bis zu den Flüssen Lydies und Haliakmon, die die Landschaften Bottiaiis und Makedonis voneinander trennen und ihr Wasser in ein gemeinsames Bett ergießen[171]. Auf dieser Strecke lagerten die

Barbaren; die anderen genannten Flüsse hatten Wasser genug, um das Heer zu versorgen, aber der Echeidoros nicht. Er versiegte.
128. Xerxes erblickte von Therme aus die gewaltigen, bis in die Wolken ragenden Berge Thessaliens, den Olympos und den Ossa, und man erzählte ihm, zwischen ihnen läge ein enges Tal, durch das der Peneios fließe[172]. Er hörte auch, dort befinde sich die eine Straße nach Thessalien. Da wollte er gern zu Schiffe nach der Peneiosmündung fahren, um sie kennenzulernen; denn das Heer sollte einen anderen Weg einschlagen, durch das obere Makedonien, zu den Perraibern hin und an der Stadt Gonnos vorüber[173]. Er hörte, daß das der sicherste Weg sei. So führte er denn seinen Plan aus, bestieg ein sidonisches Schiff, dessen er sich bei solchen Unternehmungen zu bedienen pflegte, gab auch der übrigen Flotte das Zeichen, in See zu stechen, und ließ das Landheer in Therme zurück.
Als Xerxes angekommen war und die Peneiosmündung vor sich hatte, war er des Staunens voll, rief die Wegführer heran und fragte, ob man nicht den Strom ablenken und an einer anderen Stelle münden lassen könnte. 129. Thessalien, so erzählt man, war in alten Zeiten ein See, und es ist wirklich ringsum von gewaltigen Bergen eingeschlossen. Im Osten wird es vom Pelion und Ossa begrenzt, deren Wurzeln sich unterirdisch zusammenschieben, im Norden vom Olympos, im Westen vom Pindos, im Süden vom Othrys. In der Mitte dieser Berge liegt der thessalische Talkessel. Viele Flüsse ergießen sich in dies Talbecken; folgende fünf sind die bedeutendsten: Peneios, Apidanos, Onochonos, Enipeos, Pamisos[174]. Sie kommen von den Thessalien einschließenden Bergen herab und sammeln sich als selbständige Flüsse in der Ebene; dann münden sie, in einen einzigen Stromlauf vereinigt, durch jene enge Schlucht ins Meer. Von der Vereinigungsstelle ab gilt der Name Peneios für alle gemeinsam. Nun heißt es, vor Zeiten sei die Schlucht mit dem Ausfluß noch nicht vorhanden gewesen, aber das Wasser der Flüsse und dazu das Wasser des Boibeissees[175] sei damals schon in die Ebene herabgekommen, wenn auch nicht als gesonderte Wasserläufe; und dies Wasser habe aus Thessalien ein offenes Meer gemacht. Die Schlucht, durch die jetzt

der Peneios mündet, hat nach thessalischer Überlieferung Poseidon gebrochen, was auch wahrscheinlich klingt. Denn wenn man die Erdbeben und durch Erdbeben entstehenden Erdspalten für Wirkungen des Poseidon erklärt, wird man auch diese Schlucht auf den Gott zurückführen müssen; sie ist, wie mich der Augenschein belehrt hat, die Wirkung eines Erdbebens.
130. Auf Xerxes' Frage, ob der Peneios noch eine zweite Mündung habe, erwiderten die Wegführer, die Thessalien genau kannten:
»König, der Fluß hat keinen anderen Ausfluß ins Meer als diesen einen; denn ganz Thessalien ist von einem Kranz von Gebirgen umschlossen.«
Da soll Xerxes gesagt haben: »Die Thessaler sind kluge Leute. Sie haben das Sichere gewählt und sich längst eines Besseren besonnen; und sie haben sich alle Umstände wohl überlegt, zumal daß ihr Land leicht und schnell zu erobern ist. Man hat ja nichts weiter nötig, als dem Peneios durch einen Damm den Weg durch die Schlucht zu versperren und in das thessalische Land münden zu lassen, so steht ganz Thessalien bis ans Gebirge unter Wasser.«
Diese Worte zielten auf die thessalische Familie der Aleuaden, die sich früher als alle anderen Hellenen für Xerxes erklärt hatte, und Xerxes glaubte, ihre Freundschaftserklärung gälte für das ganze thessalische Volk[176]. Nach dieser Unterredung und Besichtigung segelte er nach Therme zurück.

131. Längere Zeit weilte er nun in der Landschaft Pieria. Ein Dritteil des Heeres nämlich mußte die Waldungen im makedonischen Gebirge abholzen, damit das ganze Heer ins Land der Perraiber hinüberschreiten konnte. Jetzt kamen auch die nach Hellas entsandten Herolde zurück, einige mit leeren Händen, andere brachten Erde und Wasser mit.
132. Folgende Stämme und Städte hatten die persische Forderung erfüllt: die Thessaler, Doloper, Eniener, Perraiber, Lokrer, Magneter, Malier, die Achaier von Phthia, die Thebaner und die übrigen boiotischen Städte außer Thespiai und Plataiai[177].
Gegen diese Stämme und Städte schlossen die übrigen Hel-

lenen, die den Kampf mit den Barbaren aufnehmen wollten, einen Vertrag. Dieser Vertrag besagte, daß jedes hellenische Gemeinwesen, das sich den Persern ohne Kampf und ohne durch eine Niederlage gezwungen zu sein, ergäbe, als Buße an den Gott in Delphi den Zehnten zu entrichten habe. Das war der Vertrag, zu dem die Hellenen sich verpflichteten[178].

133. Daß Xerxes nicht auch von Athen und Sparta Erde und Wasser forderte, hatte darin seinen Grund, daß die Athener die ersten Boten des Dareios vom Felsen herabgestürzt und die Spartiaten sie in einen Brunnen geworfen hatten: dort könnten sie sich Erde und Wasser für den König holen. Darum schickte jetzt Xerxes nicht von neuem Boten nach Athen und Sparta. Ob sich die Ermordung jener Herolde an Athen gerächt hat, wüßte ich nicht zu sagen, außer daß ihnen Land und Stadt verwüstet und zerstört wurden. Doch glaube ich nicht, daß das die Strafe für die Ermordung der Herolde gewesen ist.

134. Was die Lakedaimonier betrifft, so kam wegen des Gesandtenfrevels der Zorn des Heros Talthybios, des Herolds Agamemnons, über sie. In Sparta hat nämlich Talthybios ein Heiligtum, und es leben dort auch Abkommen, die Talthybiaden, deren Familie sämtliche öffentlichen Gesandtschaften übertragen werden, die Sparta ausschickt. Nach dem Gesandtenmord wollte kein einziges Opfer, das die Spartiaten veranstalteten, günstig ausfallen[179]. Das währte längere Zeit. Die Lakedaimonier waren darüber tief bekümmert; sie hielten viele Volksversammlungen ab und ließen durch einen Herold ausrufen, ob ein lakedaimonischer Bürger sich für Sparta opfern wollte. Da meldeten sich Sperthias, Sohn des Aneristos, und Bulis, Sohn des Nikolaos, zwei reiche Spartiaten von guter Abkunft; die wollten Xerxes, dem Sohn des Dareios, Buße leisten für den Tod der in Sparta umgekommenen Herolde. So wurden denn die beiden Spartiaten ins medische Land geschickt, um den Tod zu erleiden.

135. Man muß den Mut dieser Männer bewundern und nicht minder die Worte, die sie gesprochen haben. Denn auf ihrem Wege nach Susa kamen sie zu Hydarnes, einem Perser von Geburt, der das persische Heer an der kleinasiatischen Küste

befehligte[180]. Der nahm sie auf und stellte beim Mahle die Frage an sie:

»Ihr Lakedaimonier, warum sträubt ihr euch eigentlich, des Königs Freunde zu sein? An mir und meiner Stellung könnt ihr sehen, wie der König tapfere Männer zu ehren weiß. Auch ihr steht im Rufe tapferer Männer bei ihm. Wenn ihr ihm euch ergäbet, so würde der König jeden Spartiaten zum Herren über eine Landschaft in Hellas machen.«

Darauf erwiderten die Spartiaten: »Hydarnes! Der Rat, den du uns gibst, ist kurzsichtig. Du kennst nur, was du uns rätst, nicht, wovon du uns abrätst. Du kennst die Knechtschaft, aber von der Freiheit weißt du nichts, nicht ob sie süß, noch ob sie bitter ist. Hättest du sie je gekostet, du würdest uns raten, nicht bloß mit Speeren für sie zu kämpfen, sondern auch mit Äxten.«

136. Das war ihre Antwort an Hydarnes. Als sie nun nach Susa weiterzogen und vor das Angesicht des Königs traten, befahlen ihnen die Leibwächter, vor dem König niederzufallen, und wollten sie mit Gewalt dazu zwingen[181]. Aber die Spartiaten weigerten sich: und wenn man sie mit dem Kopf auf den Boden stieße, würden sie es doch nicht tun, denn bei ihnen sei es nicht Brauch, sich vor Menschen niederzuwerfen, auch kämen sie aus einem anderen Grunde. Und als sie jene Zumutung zurückgewiesen hatten, begannen sie ihre Rede und sagten:

»König der Meder! Die Lakedaimonier schicken uns zur Sühne für die Herolde, die in Sparta ums Leben gekommen sind.«

Da erwiderte Xerxes großmütig, er wolle nicht handeln wie die Lakedaimonier, die durch den Mord an den Herolden das Recht, das alle Völker heilig hielten, verletzt hätten. Er wolle nicht denselben Frevel begehen, sondern, ohne sie zu töten, die Lakedaimonier von der Blutschuld lösen.

137. Darauf legte sich alsbald der Groll des Talthybios, obwohl Sperthias und Bulis nach Sparta heimkehrten. Lange Zeit danach erwachte aber der Zorn des Heros von neuem — so erzählen die Lakedaimonier —, und zwar in dem Kriege der Peloponnesier mit Athen. Das Eingreifen des Talthybios scheint

mir da ganz deutlich zu sein. Es war ganz berechtigt, daß sein Groll sich gegen jene Boten wandte und nicht eher schwand, als bis er sein Ziel erreicht hatte. Daß der Groll sich dann auf die Söhne dieser beiden zum König gewanderten Männer übertrug, auf Nikolaos, den Sohn des Bulis, und Aneristos, den Sohn des Sperthias, jenen Aneristos, der die von Tirynthiern besiedelte Stadt Halieis[182] von einem mit Kriegern bemannten Handelsschiffe aus eroberte — das zeigt deutlich den göttlichen Finger. Sie wurden nämlich von den Lakedaimoniern als Gesandte nach Asien geschickt, aber unterwegs wurden sie von dem thrakischen König Sitalkes, Sohn des Tereus, und von dem Abderiten Nymphodoros, Sohn des Pythes, an die Athener verraten. In Bisanthe am Hellespontos[183] ergriff man sie und schleppte sie nach Attika, wo sie getötet wurden, mit ihnen auch der dritte Gesandte Aristeas, Sohn des Adeimantos aus Korinth. Doch geschah dies alles erst viele Jahre nach dem Kriegszuge des Xerxes, und ich kehre zu meiner Erzählung zurück.

138. Der Kriegszug des Königs richtete sich dem Namen nach nur gegen Athen, in Wahrheit aber war es auf ganz Hellas abgesehen. Die Hellenen waren seit langem darüber unterrichtet, aber sie konnten sich nicht zu gemeinsamem Vorgehen einigen. Manche hatten dem Perserkönig Erde und Wasser gegeben und vertrauten darauf, daß sie von den Barbaren nichts Böses erdulden würden. Die anderen, die die Forderung zurückgewiesen hatten, schwebten in großer Furcht, denn ganz Hellas hatte nicht Schiffe genug, um den Angreifern entgegentreten zu können, und im Volke wollte man nichts vom Kriege wissen und stand ganz auf Seiten der Perser[184].

139. Ich muß daher offen meine Meinung sagen und darf die Wahrheit nicht verschweigen, so unangenehm sie den meisten hellenischen Städten klingen mag: hätte auch Athen den Angreifer gefürchtet, hätten die Athener ihre Stadt verlassen oder hätten sie sich samt ihrer Stadt dem Xerxes ergeben, so hätte kein Hellene gewagt, dem König zur See entgegenzutreten. Und hätte Xerxes zur See keinen Gegner gefunden, so wären die Dinge zu Lande folgendermaßen gegangen. Die Peloponnesier konnten soviel Mauerzinnen, wie sie wollten, auf dem

Isthmos errichten, die Lakedaimonier wären trotzdem von allen Bundesgenossen, Stadt um Stadt, im Stich gelassen worden, nicht aus freien Stücken, sondern aus Not, denn die persische Flotte hätte eine Stadt nach der anderen genommen. Und von allen verlassen wären sie dann den Heldentod gestorben. Vielleicht hätten sie sich auch mit Xerxes verständigt, nachdem sie den Abfall aller anderen hellenischen Städte gesehen. In beiden Fällen wäre jedenfalls Hellas unter das persische Joch gekommen; denn ich kann nicht einsehen, welchen Nutzen die Mauer über den Isthmos haben sollte, wenn der König das Meer beherrschte.

Daher ist es nur die reine Wahrheit, wenn man die Athener die Retter von Hellas nennt. Der Lauf der Dinge hing allein davon ab, wie die Athener entschieden. Dadurch, daß ihre Wahl auf die Erhaltung der hellenischen Freiheit fiel, weckten sie ganz Hellas zum Widerstand, soweit es nicht medisch gesinnt war, und ihnen ist nächst den Göttern die Zurückweisung des persischen Angriffs zu verdanken. Nicht einmal durch die ängstlichen, furchterregenden Orakelsprüche aus Delphi ließen sie sich bewegen, Hellas im Stich zu lassen. Sie harrten aus und erwarteten mutig den Angreifer.

140. Die Athener hatten nämlich Boten nach Delphi geschickt, um das Orakel zu befragen. Als die Boten die vorgeschriebenen Bräuche erfüllt hatten und im Tempelgemache[185] sich niederließen, erteilte ihnen die Pythia — sie hieß Aristonike — folgendes Orakel:

Elende, sitzt ihr noch hier? An das Ende der Erde
Flieh aus der Heimat, ja fliehe der Stadt hochragenden
 Felsen!
Denn nicht das Haupt, nicht der Leib entrinnt dem grausen
 Verderben;
Nicht die Füße am Boden, die Hände nicht, nichts aus der
 Mitte
Bleibt verschont; denn alles erliegt dem verzehrenden Feuer
Oder des Kriegsgottes Wut, der auf syrischem[186] Wagen
 daherfährt.
Nicht nur deine, Athen, viel andere Burgen zerstört er;

Viele Tempel der Götter verzehrt er mit flackernden Flammen;
Jetzt schon stehen sie da, vom Schweiße der Angst übergossen,
Zitternd und bebend vor Furcht, und hoch von den Zinnen der Tempel
Rinnt ein schwarzes Blut und kündet das kommende Unglück.
Fort aus dem Heiligtum hier! Erhebt eure Herzen im Unglück!

141. Als die Boten der Athener das hörten, waren sie sehr betrübt. Schon wollten sie an der Rettung von dem geweissagten Unglück verzweifeln, da riet ihnen Timon, der Sohn des Androbulos, ein Mann, der in Delphi das höchste Ansehen genoß, sie sollten mit Ölzweigen in den Tempel zurückkehren und als Bittende noch einmal das Orakel befragen. Das taten die Athener und sprachen zu dem Gotte:
»O Herr! Um der Ölzweige willen, die wir in Händen halten, sage uns ein freundlicheres Wort über unsere Vaterstadt. Wir gehen sonst nicht aus dem Heiligtum, sondern bleiben, bis der Tod uns ereilt.«
Als sie so sprachen, erteilte ihnen die Oberpriesterin einen zweiten Orakelspruch:

Des Olympiers Zorn besänftigt selbst nicht Athena,
Mag sie mit vielen Worten und klugem Rat ihn auch bitten.
Darum sag' ich ein zweites, ein unverbrüchliches Wort dir:
Alles gehört den Feinden, soviel des Kekrops Hügel[187]
Und des Kithairons Tiefe, des göttlichen Berges, einschließt.
Nur die hölzerne Mauer schenkt Zeus seiner Tritogeneia[188],
Sie allein bleibt heil zur Rettung für dich und die Kinder.
Nicht zu Lande halte du Stand den feindlichen Scharen,
Die zu Roß und Fuß dich bedrängen; nein, kehre den Rücken,
Fliehe! Es kommt die Zeit, da deine Stirn du erhebest!
Salamis, göttliche Insel, du mordest die Söhne der Mutter,
Wenn Demeter das Korn ausstreut, oder wenn sie es erntet.

142. Das schien ihnen und war auch wirklich ein günstigerer Spruch. Sie schrieben ihn auf und kehrten heim nach Athen[189]. Daheim sagten sie den Spruch dem Volke, und viele verschiedene Meinungen wurden laut, was er bedeuten möchte. Zwei Meinungen hauptsächlich standen einander gegenüber. Von den älteren Leuten behaupteten viele, der Gott meine, daß die Akropolis erhalten bleibe. Denn die Akropolis in Athen war vor Zeiten mit einer Dornhecke umzäunt gewesen. Das sei, meinten sie, die hölzerne Mauer. Die anderen sagten, der Gott meine die Schiffe; darum solle man die Flotte instand setzen und alles andere fahren lassen. Aber diese Männer, die unter der hölzernen Mauer die Flotte verstanden, wurden durch die beiden letzten Verse des Orakels irre gemacht:

Salamis, göttliche Insel, du mordest die Söhne der Mutter,
Wenn Demeter das Korn ausstreut, oder wenn sie es erntet.

Dabei stutzten die Männer, die die hölzerne Mauer als die Flotte erklärten. Sie deuteten nämlich die Worte so, als ob Athen in einer Seeschlacht bei Salamis erliegen würde.

143. Nun war aber in Athen ein Mann, der erst jüngst zu Ansehen gekommen war[190]. Er hieß Themistokles und war ein Sohn des Neokles. Der meinte, man erkläre diese Verse nicht ganz richtig; denn wenn sie auf die Athener gehen sollten, würde der Gott nicht ein so freundliches Wort gewählt haben; er würde nicht: »göttliche Salamis«, sondern »schreckliche Salamis« gesagt haben, wenn die hellenischen Söhne dort erliegen sollten. Nein, man müsse den Spruch auf die Feinde, nicht auf die Athener beziehen. So riet er denn, sich zur Seeschlacht zu rüsten, denn die hölzernen Mauern seien die Schiffe.

Diese Erklärung des Themistokles gefiel den Athenern weit besser als die der Orakeldeuter, die die Seeschlacht widerrieten und meinten, man solle überhaupt keine Hand rühren, sondern aus Attika auswandern und sich anderswo ansiedeln.

144. Schon vorher war ein anderer glücklicher Antrag des Themistokles angenommen worden. Im athenischen Staatsschatz nämlich hatte sich viel Geld angesammelt, das vom Ertrage der Bergwerke von Laurion herrührte[191]. Dies Geld sollte unter die Bürger verteilt werden, so daß jeder zehn Drachmen er-

hielt[192]. Da bewog Themistokles die Athener, von diesem Gelde, statt es zu verteilen, zweihundert Schiffe zu bauen, nämlich für den Krieg gegen Aigina. Dieser Krieg gegen Aigina hat dann ganz Hellas gerettet; denn er hat Athen dahin gebracht, sich eine Seemacht zu schaffen. Die Schiffe kamen nicht gegen Aigina zur Verwendung, und so kamen sie ganz Hellas zustatten. Die Athener beschlossen jetzt, zu den bereits vorhandenen Schiffen noch weitere zu bauen, und so endete die Beratung über den Orakelspruch damit, daß sie den Angriff der Barbaren gegen Hellas zur See erwarteten und ihnen, getreu der Weisung des Gottes, mit ganzer Macht und mit allen Hellenenstädten, die sich anschließen wollten, gemeinsam entgegentreten wollten.
Das ist die Geschichte von den Orakelsprüchen, die die Athener erhielten.

145. Jetzt versammelten sich alle treu hellenisch gesinnten Städte der Hellenen, hielten eine Beratung ab und schlossen einen Bund. Vor allen Dingen wurde vereinbart, daß alle Fehden und Kriege gegeneinander beigelegt werden sollten. Mehrere solcher Fehden bestanden; am meisten waren die Athener und die Aigineten miteinander verfeindet[193]. Ferner beschlossen sie, Späher nach Asien zu schicken, um die Macht des Xerxes auszukundschaften, der, wie sie erfuhren, mit dem Heere in Sardes weilte. Nach Argos sollten Boten abgehen, um ein Bündnis gegen die Perser abzuschließen, ebenso nach Sizilien zu Gelon, dem Sohn des Deinomenes, nach Kerkyra[194] und nach Kreta, um Hilfe für Hellas zu erbitten. Sie wollten versuchen, ganz Hellas zu einigen und zu gemeinsamem Handeln zu bewegen, da doch alle Hellenen ohne Unterschied bedroht seien. Es hieß, Gelon besäße eine gewaltige Macht, mit der keine andere hellenische Stadt sich nur entfernt messen könne.

146. So wurden denn zuerst die Fehden beigelegt und drei Männer als Kundschafter nach Asien gesandt. Sie kamen nach Sardes und kundschafteten das Heer des Königs aus; aber man ergriff sie, und nachdem sie von den Feldherren des Landheeres verhört worden, sollten sie zum Tode geführt werden. Der Tod also war ihnen gewiß; aber sobald Xerxes davon hörte, tadelte er das Urteil der Feldherren und schickte Leute aus seiner Leibwache um die Verurteilten zu holen, falls sie noch lebten. Sie

fanden sie noch am Leben und führten sie vor das Angesicht des Königs. Der fragte nach dem Zweck ihres Kommens und befahl dann den Leibwächtern, die Kundschafter herumzuführen, ihnen das ganze Fuß- und Reiterheer zu zeigen und wenn sie genug geschaut, sie ungekränkt zu entlassen, wohin sie wollten.

147. Diesen Befehl gab Xerxes aus folgendem Grunde. Wenn die Kundschafter ums Leben kamen, erfuhren ja die Hellenen nicht, wie ungeheuer seine Macht war, und der Tod von drei Männern war für seine Feinde kein so großer Verlust. Kehrten sie aber nach Hellas zurück und hörten die Hellenen von seinem Heere, so würden sie, wie er glaubte, noch vor dem Kriege ihre wunderliche Freiheit preisgeben, und die Mühen des Feldzugs würden dann gar nicht mehr nötig sein.

Ähnlich äußerte sich Xerxes bei einer anderen Gelegenheit. Es war in Abydos, und Xerxes sah Kornschiffe aus dem Pontos durch den Hellespontos fahren, die für Aigina und die Peloponnes bestimmt waren[195]. Als seine Begleiter merkten, daß es feindliche Fahrzeuge seien, wollten sie sie kapern und schauten nach dem König, wann er den Befehl dazu erteilen würde. Xerxes aber fragte, wohin jene Schiffe führen. Man sagte ihm:

»Herr! Zu deinen Feinden! Sie bringen ihnen Korn.«

Da erwiderte Xerxes: »Wir fahren ja nach demselben Lande wie sie und führen Korn und alles andere mit uns! Was tun also diese Leute Böses, da sie uns doch Korn schaffen?«

148. Die Kundschafter wurden also, nachdem sie alles betrachtet hatten, entlassen und kehrten nach Europa zurück. Die gegen Persien verbündeten Hellenen aber sandten nun nochmals Boten nach Argos. In Argos lagen damals nach der eigenen Überlieferung der Argeier die Dinge folgendermaßen.

Man wußte in Argos schon längst von dem beabsichtigen Zuge der Barbaren gegen Hellas, und als man erfuhr, daß die Hellenen versuchen wollten, sie zur Teilnahme an dem Kriege zu bewegen, schickte man Boten nach Delphi, um bei dem Gotte anzufragen, was für Argos das Vorteilhafteste sein würde. Denn kurz vorher seien sechstausend Argeier im Kampfe gegen die Lakedaimonier und ihren König Kleomenes, Sohn des Anaxandrides, erschlagen worden; daher schickten sie zum Gotte. Die Pythia erteilte auf ihre Anfrage folgendes Orakel:

> Du deiner Nachbarn Feind, doch Freund unsterblicher Götter,
> Halte du ruhig den Speer und sitze gepanzert im Hause!
> Schütze und wahre dein Haupt, das Haupt wird die Glieder beschützen!

Das war der Spruch, den ihnen damals die Pythia gab. Als jetzt die Boten nach Argos kamen, traten sie vor den Rat und richteten ihren Auftrag aus. Die Argeier antworteten, sie seien bereit, am Kriege teilzunehmen, verlangten aber, daß Sparta einen dreißigjährigen Frieden mit ihnen schließe und mit ihnen die Führung im peloponnesischen Bunde teile[196]. Von Rechts wegen gehöre die ganze Führung ihnen allein, aber sie wollten sich mit der halben begnügen.

149. Das war nach argeiischer Überlieferung die Antwort des Rates, obwohl ihnen doch der Orakelspruch von dem Beitritt zu dem hellenischen Bunde abgeraten hatte. Den dreißigjährigen Frieden wünschten sie, um dem Orakel Folge zu leisten und damit ihre Söhne während dieser Jahre heranreiften. Ohne einen solchen Frieden und wenn zu dem geschehenen Unglück gar noch eine Niederlage gegen die Perser hinzukäme, fürchteten sie, unter die Botmäßigkeit Spartas zu kommen. Die Boten aus Sparta erwiderten auf diesen Ratsbeschluß folgendes: betreffs des Friedens würden sie dem Volke Bericht erstatten, betreffs der Bundesführung seien sie zu der Erklärung ermächtigt, daß Sparta, da es zwei Könige habe, während Argos nur einen König habe, unmöglich einen seiner Könige von der Führung ausschließen könne. Doch stünde nichts im Wege, daß der König von Argos mit jedem der beiden spartanischen gleichberechtigt sei.

So war denn für die Argeier ausschlaggebend, daß sie die Obmacht der Spartiaten nicht anerkennen wollten. Sie wollten lieber Knechte der Barbaren sein als den Lakedaimoniern weichen. Sie teilten den Boten mit, daß sie bis Sonnenuntergang das Gebiet von Argos zu verlassen hätten, widrigenfalls man sie als Feinde behandeln würde.

150. Dieser argeiischen Überlieferung steht nun eine andere Darstellung gegenüber, die in Hellas im Umlaufe ist. Danach hat Xerxes noch vor seinem Aufbruch einen Herold nach Argos geschickt, und dieser Herold hat in Argos folgende Worte gesprochen:

»Männer von Argos! König Xerxes läßt euch folgendes entbieten. Wir Perser glauben Nachkommen des Perses zu sein, des Enkels der Danae, Sohnes des Perseus und der Kepheustochter Andromeda. So sind wir doch eure Abkömmlinge, und es ziemt sich nicht, daß wir mit unseren Ahnen Krieg führen, noch daß ihr im Bunde mit anderen gegen uns fechtet. Bleibt daheim und haltet Ruhe! Gelingt mein Vorhaben, so soll keiner höher in meiner Achtung stehen als ihr[197].«

Diesen Antrag haben die Argeier, heißt es, keineswegs von der Hand gewiesen und den Hellenen zunächst keinerlei Versprechungen gemacht oder Forderungen gestellt. Erst als die Hellenen sie aufforderten, haben sie Anteil an der Führung im peloponnesischen Bunde verlangt, da sie wußten, die Lakedaimonier würden diese Forderung nicht bewilligen. Es war bloß ein Vorwand, um Ruhe zu behalten.

151. Zu dieser Darstellung stimmt, wie einige Hellenen meinen, ein anderer Vorfall, der sich viele Jahre später ereignet hat. Es weilten damals in einer anderen Angelegenheit Gesandte der Athener in Susa, der Memnonstadt, nämlich Kallias, Hipponikos' Sohn, und seine Begleiter. Zu derselben Zeit hatte aber auch Argos Gesandte nach Susa geschickt, um bei Artaxerxes, Xerxes' Sohn, anzufragen, ob der Freundschaftsbund, den die Argeier mit Xerxes geschlossen, auch unter seinem Sohne fortdauern könne, oder ob sie sich als seine Feinde betrachten müßten. König Artaxerxes erwiderte, es bleibe alles beim Alten, keine Stadt sei ihm eine liebere Freundin als Argos[198].

152. Ob das wahr ist, ob Xerxes wirklich jenen Herold nach Argos geschickt hat und später die Argeier durch Boten jene Frage an Artaxerxes haben richten lassen, kann ich nicht entscheiden. Ich will keine andere Meinung darüber äußern als die Argeier selber. Eines aber weiß ich: wenn alle Menschen ihre Leiden und Sünden einmal auf einen Fleck zusammenbrächten und jeder wollte andere für die seinigen eintauschen, so würde

jeder, nachdem er seiner Nachbarn Sünden geprüft, mit Freuden die seinigen, die er mitgebracht, wieder nach Hause tragen. Und so sind auch die Argeier noch nicht die ärgsten Sünder! Doch ist meine Pflicht, alles, was ich höre, zu berichten, freilich nicht, alles Berichtete zu glauben. Dies gilt für mein ganzes Geschichtswerk. Ja, wird doch sogar berichtet, daß die Argeier die Perser geradezu herbeigerufen hätten, weil es ihnen im Kriege mit den Lakedaimoniern so übel erging und sie um jeden Preis ihre Lage verbessern wollten.

Soviel über Argos.

153. Andere Boten wurden von den Verbündeten nach Sizilien geschickt, um mit Gelon zu unterhandeln. Unter ihnen befand sich als Gesandter der Lakedaimonier Syagros. Der Ahnherr dieses Gelon, jener der nach Gela auswanderte, stammte von der Insel Telos, die an dem Vorgebirge Triopion liegt[199]. Er beteiligte sich an der Gründung der Stadt Gela[200], die von den Lindiern aus Rhodos und von Antiphemos ausging. Später wurden seine Nachkommen erbliche Hierophanten der chthonischen Gottheiten[201]. Telines war es, der auf folgende Weise in den Besitz dieser Würde gelangte. Bei einem Bürgerkrieg in Gela entfloh die unterlegene Partei in die oberhalb Gela gelegene Stadt Maktorion. Diese Verbannten holte Telines nach Gela zurück, nicht etwa unter dem Schutze einer Kriegsmannschaft, sondern nur unter dem Schutze der Kultgeräte jener Gottheiten. Woher er diese Geräte genommen hatte oder ob er den Kult erst einführte, vermag ich nicht zu entscheiden. Jedenfalls führte er unter diesem Schutze die Verbannten zurück und stellte die Forderung, daß seine Nachkommen Hierophanten der Gottheiten bleiben sollten. Daß ein Mann wie Telines ein solches Unternehmen durchgeführt haben soll, kommt mir in Anbetracht dessen, was man sonst von ihm weiß, seltsam vor. Solch ein Handstreich ist doch nicht Sache jedes Beliebigen, sondern erfordert Mut und männliche Entschlossenheit. Nach der Überlieferung der Sizilier war aber Telines im Gegenteil ein weibischer, schwächlicher Mensch.

154. Doch erhielt er jene Priesterwürde. Und als Kleandros, Sohn des Pantares, gestorben war — er war sieben Jahre lang Tyrann von Gela gewesen und wurde von Sabyllos, einem Bür-

ger von Gela, ermordet —, übernahm der Bruder des Kleandros, Hippokrates, die Regierung. Unter der Herrschaft dieses Hippokrates trat Gelon, ein Nachkomme jenes Hierophanten Telines, zusammen mit vielen anderen Männern, darunter Ainesidemos, Sohn des Pataikos, als Leibwächter in Hippokrates' Dienste und wurde bald darauf wegen seiner Tapferkeit zum Führer der gesamten Reiterei ernannt. Hippokrates belagerte nämlich Kallipolis, Naxos, Zankle, Leontinoi[202], auch Syrakus und eine Menge nichtgriechischer Städte, und in allen diesen Kriegen zeichnete sich Gelon als glänzender Kriegsmann aus. Von allen den genannten Städten entging nur Syrakus dem Joche des Hippokrates. Und Syrakus, das in einer Schlacht am Flusse Eloros[203] unterlegen war, wurde nur durch die Korinthier und Kerkyraier gerettet. Sie brachten einen Friedensvertrag zustande, nach dem Syrakus dem Hippokrates Kamarina abtreten mußte. Die Stadt Kamarina gehörte nämlich früher zu Syrakus[204].

155. Auch Hippokrates fand nach ebenso langer Regierung wie sein Bruder Kleandros den Tod, und zwar auf einem Feldzug gegen die Sizilier bei der Stadt Hyble[205]. Gelon trat scheinbar für die Söhne des Hippokrates, Eukleides und Kleandros, ein, deren Herrschaft die Bewohner von Gela sich nicht fügen wollten, in Wirklichkeit machte er sich aber nach einem Siege über die Bürgerpartei selber zum Herren und setzte die Söhne des Hippokrates ab.

Nach diesem Handstreich führte Gelon mit Waffengewalt den syrakusanischen Grundherrenadel aus der Stadt Kasmene nach Syrakus zurück. Diese sogenannten Grundherren waren vom Volke und von ihrer Sklavenbevölkerung, Killyrier genannt[206], vertrieben worden. Gelon gelangte selber in Besitz der Stadt, denn das Volk von Syrakus übergab sich und die Stadt, als er heranrückte.

156. Als er Herr von Syrakus geworden war, nahm seine Teilnahme für Gela ab; er überließ die Stadt seinem Bruder Hieron und verlegte seinen Herrschersitz nach Syrakus, dem er seine ganze Sorgfalt zuwendete. Und schnell blühte nun die Stadt unter ihm auf. Er verpflanzte nicht nur die ganze Bevölkerung von Kamarina nach Syrakus und zerstörte Kamarina, sondern

tat mit der Hälfte seiner Landsleute von Gela dasselbe. Ferner, als er das sizilische Megara durch eine Belagerung zur Ergebung gezwungen hatte, führte er die Partei der Reichen, die eigentlich den Krieg angestiftet hatte und den Tod erwarten mußte, nach Syrakus und gab ihnen das Bürgerrecht, während er die Volkspartei von Megara, die an dem Kriege unschuldig war und nichts Böses erwarten konnte, von Syrakus aus, wohin er auch sie mitnahm, durch Sklavenhändler ins Ausland verkaufen ließ. Nicht anders verfuhr er mit den beiden Parteien im sizilischen Euboia. Der Grund war in beiden Fällen, daß er das Volk für eine höchst unbequeme Einwohnerschaft hielt[207].

157. So war denn Gelon ein mächtiger Herrscher geworden. Und als jetzt die hellenischen Gesandten nach Syrakus kamen und Zutritt bei Gelon erhielten, sprachen sie folgende Worte: »Die Lakedaimonier, die Athener und ihre Bundesgenossen haben uns geschickt, um dich zur Teilnahme an dem Kriege gegen den Barbaren zu bewegen. Du hast gehört, daß er Hellas angreift, daß ein Perser eine Brücke über den Hellespontos gebaut hat und die gesamte östliche Kriegsmacht aus Asien herbeiführt, um gegen Hellas zu Felde zu ziehen. Er gibt vor, daß der Krieg sich nur gegen Athen richte, aber seine Absicht ist, sich ganz Hellas untertan zu machen. Du hast so große Macht errungen, und ein so großer Teil von Hellas ist dein, denn du bist Herr von Sizilien —: darum hilf den Befreiern von Hellas und kämpfe mit für seine Freiheit! Steht ganz Hellas zusammen, so ist es eine starke Kriegsmacht, und wir können den Kampf mit dem Angreifer aufnehmen. Wenn aber die einen Verrat üben, andere ihre Hilfe versagen und nur wenige ein starkes und mutiges Herz haben, so müssen wir fürchten, daß ganz Hellas in den Staub sinkt. Und denke nur nicht, daß die Perser, nachdem sie uns geschlagen und unterworfen, nicht auch zu dir kämen. Schütze dich bei Zeiten davor! Hilfst du uns, so hilfst du dir selber. Wenn ein Ding wohl beraten ist, dann führt es auch zum guten Ende!«

158. So sprachen sie. Aber Gelon wurde sehr aufgebracht und entgegnete: »Männer von Hellas! Welch anmaßendes Begehren von euch, daß ich euch gegen den Barbaren zu Hilfe kommen soll! Auch ich habe euch einst um Hilfe gegen ein Barbarenvolk

gebeten, damals, als ich im Felde lag mit den Karchedoniern, als ich euch beschwor, die Ermordung des Dorieus, Sohnes des Anaxandrides, an Egesta zu rächen, wofür ich euch versprach, jene Handelsplätze mit euch zu erobern, die so wertvoll und ertragreich für euch sind[208]. Aber ihr kamet nicht, weder um mir zu helfen, noch um den Mord an Dorieus zu rächen. Hätte es von euch abgehangen, so wäre jetzt ganz Sizilien in den Händen von Barbaren. Aber unsere Sache hat sich zum Guten und immer Besseren gewendet. Und jetzt, wo der Krieg euch selber bedrängt, kommt euch Gelon in Erinnerung! Trotzdem will ich die Geringschätzung, mit der ihr mich abgewiesen, nicht mit gleicher Geringschätzung erwidern; ich bin bereit, euch Hilfe zu leisten und will zweihundert Dreiruderer, zwanzigtausend Hopliten, zweitausend Reiter, zweitausend Bogenschützen, zweitausend Schleuderer und zweitausend Leichtbewaffnete für den Reiterkampf stellen. Auch die Lieferung von Getreide für das gesamte Heer der Hellenen und für die ganze Dauer des Krieges will ich übernehmen. Dafür verlange ich aber auch, daß ich Leiter und Oberbefehlshaber der Hellenen gegen den Perserkönig werde. Wenn ihr diese Bedingung nicht erfüllt, komme ich nicht, schicke euch auch keine Truppen.«

159. Als das Syagros hörte, konnte er nicht an sich halten und rief aus: »Wahrlich! Agamemnon, des Pelops Enkel, würde seufzen und trauern, wenn er erführe, daß die Spartiaten das Recht der obersten Heerführung verloren haben[209] an Gelon und die Syrakusaner! Nein, kein Wort mehr davon, daß wir dir den Oberbefehl abtreten sollen! Willst du Hellas zu Hilfe kommen, so wisse: nur unter der Lakedaimonier Führung! Willst du nicht gehorchen, so bleibe nur fort!«

160. Als Gelon diese unfreundlichen Worte des Syagros gehört hatte, machte er den Gesandten noch folgenden letzten Vorschlag:

»Fremdling aus Sparta! Wenn ein Mann beschimpft wird, pflegt ihn Zorn zu übermannen. Aber mich soll deine Selbstüberhebung nicht hinreißen, dir mit unziemlichen Worten zu entgegnen. Da ihr so auf eure Führerschaft trotzt, müßte ich noch weit mehr auf ihr bestehen, denn mein Heer und meine Flotte sind viel größer als die eurigen. Aber wenn mein Vorschlag euch so sehr mißfällt, so will ich von meiner Forderung etwas nachlassen. Führet ihr das Landheer, und ich will die Flotte führen; oder wollt ihr lieber zur See befehligen, so gebt mir das Landheer. Darauf müßt ihr nun eingehen, oder ohne meine Bundesgenossenschaft heimkehren.«

161. Das war der Vorschlag Gelons. Der athenische Gesandte kam aber dem spartanischen zuvor und erwiderte: »König von Syrakus! Nicht weil es einen Führer braucht, hat uns Hellas an dich gesandt, sondern um ein Heer zu erbitten. Du aber willst kein Heer schicken, ohne Führer von Hellas zu werden; Oberfeldherr zu sein ist dein Verlangen. Wir Athener konnten füglich schweigen, solange du die Führung der ganzen hellenischen Macht verlangtest, denn wir wußten, daß der Lakoner dir für uns beide Rede stehen würde. Aber jetzt, da du bloß den Befehl über die Flotte begehrst, magst du wissen, daß wir ihn dir auf keinen Fall überlassen, selbst wenn es der Lakoner tun wollte. Uns gehört die Führung zur See, wenn die Lakedaimonier auf sie verzichten. Wollen sie sie behalten, so wehren wir uns nicht dagegen, aber keinem anderen werden wir sie überlassen. Wozu hätten wir Athener uns denn die größte hellenische Flotte geschaffen, wenn wir den Syrakusanern den Oberbefehl abtreten sollten, wir uraltes Volk, der einzige Hellenenstamm, der nie andere Wohnsitze aufgesucht hat[210]. Schon der Dichter Homer singt[211], daß ein Athener vor Ilion der beste Ordner und Truppenführer gewesen sei. So kann niemand meine Rede schelten.«

162. Darauf antwortete Gelon: »Fremdling aus Athen! Es scheint, an Führern fehlt es euch nicht, wohl aber an Gehorchenden. Da ihr also nichts aufgeben und alles festhalten wollt, so verweilt nur keinen Augenblick länger, sondern kehret schleunigst um und meldet Hellas, daß sein Jahr keinen Frühling mehr habe.«

Damit wollte er sagen, daß wie der Frühling offenbar der beste Teil des Jahres, so sein Heer der beste Teil des Hellenenheeres sei. Verliere nun Hellas seine Bundesgenossenschaft, so sei es, meinte er, als ob das Jahr keinen Frühling mehr habe.

163. Nach diesen Verhandlungen mit Gelon fuhren die hellenischen Gesandten wieder heim. Gelon war einerseits in Sorge,

die Hellenen möchten dem Perserkönige nicht gewachsen sein, hielt es aber andererseits für eine unerträgliche Zumutung, daß er, der Herrscher Siziliens, nach der Peloponnes kommen und sich den Lakedaimoniern unterordnen sollte. So schlug er denn einen anderen Weg ein. Er schickte, sobald er von dem Übergang der Perser über den Hellespontos hörte, den Kadmos, Sohn des Skythes, aus Kos[212] mit drei Fünfzigruderern nach Delphi und gab ihm viel Geld und freundschaftliche Weisungen mit. Er sollte den Ausgang des Krieges abwarten, sollte, im Falle der Perserkönig Sieger bliebe, ihm das Geld geben und Erde und Wasser von den Städten Gelons überbringen, falls aber die Hellenen Sieger blieben, alles wieder mit zurückbringen.

164. Dieser Kadmos war Tyrann von Kos gewesen. Aber obwohl er die Herrschaft in sicherer Verfassung von seinem Vater überkommen hatte, obwohl ihn nichts bedrängte, legte er freiwillig, aus bloßer Gerechtigkeit, die Regierung in die Hände des koischen Volkes und ging nach Sizilien. Er entriß dort den Samiern die Stadt Zankle, die jetzt nicht mehr Zankle, sondern Messene[213] hieß, und siedelte sich dort an. Dieser so nach Sizilien gelangte Kadmos war es, den Gelon wegen seiner Gerechtigkeitsliebe, von der er auch selber Proben erhalten, abschickte. Und er legte diesmal eine nicht minder schöne Probe seiner Rechtlichkeit ab. Er hätte doch die großen Geldsummen, die Gelon ihm anvertraut hatte, unterschlagen können. Doch tat er das nicht, sondern kehrte, nach dem Seesieg der Hellenen und dem Abzuge des Xerxes, mit all den Schätzen nach Sizilien zurück.

165. In Sizilien gibt es noch eine andere Überlieferung. Gelon, heißt es, würde sich auch unter dem Oberbefehl der Lakedaimonier zur Unterstützung der Hellenen bereit erklärt haben, aber gerade zu jener Zeit rückte der früher von dem Herrscher von Akragas Theron, Sohn des Ainesidemos, aus Himera vertriebene Tyrann Terillos, Sohn des Krinippos, gegen ihn aus. Sein Heer bestand aus dreihunderttausend Phoinikern, Libyern, Iberern, Ligyern, Elisykern, Sardoniern und Kyrniern[214] und wurde geführt von Amilkas, Sohn des Annon, dem König der Karchedonier[215]. Terillos war Amilkas' Gastfreund, und der Hauptanstifter des Zuges war Anaxilaos, Sohn des Kretines,

Tyrann von Rhegion, der dem Amilkas seine Kinder als Geiseln gegeben hatte und ihn nun nach Sizilien holte, um seinem Schwiegervater Terillos zu Hilfe zu kommen. Anaxilaos hatte nämlich eine Tochter des Terillos, namens Kydippe, zur Frau. So war Gelon außerstande, die Hellenen zu unterstützen und schickte deshalb das Geld nach Delphi.

166. Ferner erzählt man in Sizilien, daß die siegreiche Schlacht Gelons und Therons in Sizilien gegen Amilkas, den Karchedonier, an demselben Tage stattgefunden habe wie der Sieg der Hellenen über die Perser bei Salamis. Amilkas selber — sein Vater war ein Karchedonier, seine Mutter stammte aus Syrakus, wegen seiner Tapferkeit hatten ihn die Karchedonier zum König gemacht — soll während der Schlacht, die er verlor, spurlos verschwunden sein. Er ist nie, weder lebend noch tot, wieder zum Vorschein gekommen, obwohl Gelon ihn überall suchen ließ.

167. Bei den Karchedoniern selber wird erzählt — und das klingt glaubwürdig —, daß Amilkas, während die Barbaren mit den Hellenen vom Morgen bis in den späten Abend kämpften — so lange soll diese Schlacht sich hingezogen haben —, im Lager blieb und auf einem großen Altar opferte, indem er die ganzen Opfer verbrannte, dann, als er die Seinigen fliehen sah, sich selber, während er noch beim Opfern beschäftigt war, in die Flammen stürzte. So sei er verbrannt und verschwunden[216].

Dem Amilkas — mag er nun auf die von den Phoinikern berichtete, oder auf andere Weise verschwunden sein — werden Opfer gebracht, und man hat ihm Denksteine in den karchedonischen Pflanzstädten, den größten in Karchedon selber, errichtet[217].

Soviel über die Verhältnisse in Sizilien.

168. Über die Antwort und das Verhalten der Kerkyraier endlich ist folgendes zu berichten. Auch nach Kerkyra[218] kamen nämlich die nach Sizilien entsandten Boten, um die Kerkyraier zur Teilnahme am Kriege zu bewegen, und wiederholten die Worte, die sie vor Gelon gesprochen hatten. Die Kerkyraier erklärten sich sofort zur Hilfeleistung bereit und versicherten, sie würden nicht dulden, daß Hellas zugrunde ginge. Denn

wenn Hellas falle, seien auch die Tage ihrer eigenen Freiheit gezählt. Nach Kräften für Hellas einzutreten, sei also ihre Pflicht. Diese Versprechungen klangen recht gut; als sie aber zur Hilfeleistung ausziehen sollten, änderte sich ihre Gesinnung. Sie bemannten sechzig Schiffe und näherten sich, nachdem sie kaum in See gegangen, der Peloponnes. Vor Pylos und Tainaron[219] im lakedaimonischen Gebiet gingen sie vor Anker und warteten ebenso wie Gelon den Ausgang des Krieges ab. Sie glaubten nicht an einen Sieg der Hellenen, sondern waren überzeugt, daß die Perser vollständig die Oberhand gewinnen und ganz Hellas unterwerfen würden. Mit ihrer Handlungsweise hofften sie also zu erreichen, daß sie dem Perserkönig nachher erklären konnten: »O König, die Hellenen haben uns zwar zu Hilfe gerufen, wir aber — und unsere Macht und Flotte ist nicht gering, sondern nach der athenischen die größte — wollten nicht gegen dich kämpfen und nichts Feindliches gegen dich unternehmen.« Durch solche Erklärung hofften sie ihr Schicksal günstiger zu gestalten als das der übrigen Hellenen, und diesen Zweck hätten sie, glaube ich, auch erreicht. Sie wußten sich aber auch den Hellenen gegenüber zu rechtfertigen. Als diese ihnen Vorwürfe machten, daß ihre Flotte nicht erschienen sei, sagten sie, sie seien mit sechzig Schiffen ausgefahren, hätten aber wegen der Jahreszeitenwinde[220] nicht das Vorgebirge Malea umfahren können. Darum seien sie nicht nach Salamis gekommen und hätten ganz ohne ihre Schuld die Schlacht versäumt.

169. So entschuldigten sich die Kerkyraier vor den Hellenen.
Als die Hellenen auch Gesandte nach Kreta schickten, um die Kreter zur Hilfeleistung aufzurufen, taten die Kreter folgendes. Sie ordneten gemeinsam eine Gesandtschaft nach Delphi ab und fragten bei dem Gotte an, ob sie besser täten, Hellas beizustehen, oder nicht. Die Pythia gab zur Antwort:
»Ihr Toren! Reuen euch denn nicht die Leiden, die einst der grollende Minos über euch gebracht hat, weil ihr Menelaos euren Beistand liehet? Ihr habt jenen geholfen, den Raub der spartanischen Königin[221], die ein Barbar geraubt hatte, zu rächen, während jene euch nicht geholfen haben, des Minos Tod in Kamikos zu vergelten.«

Als die Kreter diesen Orakelspruch erhielten, versagten sie ihren Beistand.

170. Die Sage von Minos berichtet nämlich, daß Minos auf der Suche nach Daidalos auch nach Sikanien, dem heutigen Sizilien, gekommen und dort durch Gewalt ums Leben gekommen sei. Darauf hätte ganz Kreta mit Ausnahme von Polichne und Praisos auf göttliches Geheiß einen großen Kriegszug nach Sikanien unternommen und fünf Jahre lang die Stadt Kamikos, die heutigen Tages Akragas[222] heißt, belagert. Endlich seien sie, da sie die Stadt nicht einnehmen, noch dem Hunger länger standhalten konnten, wieder abgesegelt. Auf der Flucht aber, bei Iapygia[223], habe ein furchtbares Unwetter sie überfallen und an den Strand geworfen. Da ihnen keine Möglichkeit blieb, nach Kreta zu gelangen — die Schiffe waren zu Wracks geworden —, gründeten sie nun die Stadt Hyria[224] und blieben dort im Lande wohnen. Statt Kreter hießen sie nun iapygische Messapier und waren aus Inselbewohnern Festlandsbewohner geworden. Von Hyria aus gründeten sie dann jene anderen Städte, die in weit jüngerer Zeit die Tarantiner unter sehr schweren eigenen Verlusten zerstörten. Es war das der blutigste Kampf zwischen Hellenen, von dem wir Kunde haben[225]. Die Stadt Rhegion, die von Mikythos, dem Sohne des Choiros, zur Unterstützung der Tarantiner gezwungen worden, verlor allein dreitausend Mann; die Verluste der Tarantiner wurden gar nicht gezählt. Dieser Mikythos stand im Dienste des Anaxilaos und war nach dessen Tode Statthalter von Rhegion geworden. Er wurde später aus Rhegion verbannt und wohnte in Tegea in Arkadien. Es ist derselbe, der die vielen Standbilder in Olympia gestiftet hat[226].

171. Aber diese Geschichten von Rhegion und Taras wollte ich nur im Vorbeigehen berühren. In dem entvölkerten Kreta siedelten sich, wie man in Praisos berichtet[227], andere Völkerschaften, hauptsächlich hellenische an, und als drei Menschenalter nach dem Tode des Minos der troische Krieg ausbrach[228], bewiesen sich die Kreter nicht als die schlechtesten Bundesgenossen und Rächer des Menelaos. Nach der Rückkehr aus Troia raffte aber in Kreta Hungersnot und Seuche Mensch und Vieh weg, bis das Land zum zweitenmal verödete und eine dritte

Bevölkerung gemeinsam mit dem Rest der alten das Land besiedelte. Daran erinnerte also die Pythia jetzt die Kreter und hielt sie von der Teilnahme am Kriege ab[229].

172. Die Thessaler waren die ersten, die zu den Persern übergingen, der Not gehorchend, wie sie bewiesen, denn mit dem Vorgehen der Aleuaden[230] waren sie keineswegs einverstanden. Sobald sie Kunde erhalten hatten, daß die Perser in Europa einrücken würden, schickten sie Boten nach dem Isthmos. Am Isthmos waren die Vertreter der gut hellenisch gesinnten Städte in Hellas versammelt. Die Abgesandten der Thessaler traten vor diese Versammelten und sprachen folgende Worte:

»Hellenen! Ihr müßt den Paß am Olympos besetzen, damit Thessalien und ganz Hellas vor den Feinden gesichert ist. Wir wollen gern an der Besetzung teilnehmen, aber auch ihr müßt eine zahlreiche Mannschaft schicken. Wenn ihr keine Truppen schickt, so werden wir uns, das mögt ihr wissen, mit dem Perserkönig einigen. Ihr könnt nicht verlangen, daß wir in unserem weit vorgeschobenen Lande einsam für euch in den Tod gehen. Wollt ihr uns nicht zu Hilfe kommen, so ist kein Zwang imstande, uns zum Anschluß an euren Bund zu bewegen; denn Unmöglichkeit ist stärker als jeder Zwang. Wir werden dann auf unsere eigene Rettung bedacht sein.«

173. Das die Worte der Thessaler. Darauf beschlossen die Hellenen, zu Schiff ein Landheer nach Thessalien zu schicken, um den Paß zu besetzen. Das Heer wurde gesammelt und segelte durch die Meerenge des Euripos. In Alos in Achaia[231] ging es an Land, ließ die Schiffe dort zurück und zog nach Thessalien. Es gelangte nach Tempe und zu dem Paß, der das untere Makedonien mit Thessalien verbindet und längs des Peneios zwischen den Bergen Olympos und Ossa hindurchführt. Dort setzte sich die hellenische Schar, etwa zehntausend Hopliten, fest, und zu ihnen stieß die thessalische Reiterei. Führer der lakedaimonischen Truppen war Euainetos, Sohn des Karenos, einer der Polemarchen[232], jedoch nicht aus dem Königsgeschlecht; Führer der Athener war Themistokles, Sohn des Neokles.

Aber das Heer blieb nur einige Tage dort. Es kamen Boten von dem makedonischen Fürsten Alexandros, Sohn des Amyntas, die ihnen zum Abzug rieten. Sie sollten sich nicht in dem Engpaß von dem anrückenden Heere erdrücken lassen. Dabei schilderten sie ihnen die gewaltige Größe des Heeres und der Flotte. Diesem Rat folgten sie, weil er ihnen gut schien und die freundschaftliche Gesinnung des Makedonen bewies. Meiner Meinung nach spielte auch die Furcht mit. Sie erfuhren nämlich, daß es noch einen zweiten Paß nach Thessalien gab, im oberen Makedonien im Gebiete der Perraiber bei der Stadt Gonnos[233], wo denn auch das Heer des Xerxes eindrang. Die Hellenen marschierten also wieder zu ihren Schiffen und fuhren nach dem Isthmos zurück.

174. Gerade während dieses Zuges nach Thessalien stand der König im Begriff, von Asien nach Europa überzusetzen und befand sich schon in Abydos. Die verlassenen Thessaler schlossen sich nun aufrichtig und unzweideutig den Persern an und erwiesen sich dem Könige in dem Kriege sehr wertvoll und nützlich.

175. Als die Hellenen wieder am Isthmos angekommen waren, berieten sie, in Rücksicht auf die Angaben des Alexandros, wie und wo nun der Krieg geführt werden sollte. Es drang der Plan durch, den Paß von Thermopylai zu besetzen. Dieser Paß war ohne Frage enger als der in Thessalien, lag auch ihrem Lande näher. Von jenem Fußpfad, der den bei Thermopylai gefallenen Hellenen zum Verderben wurde, wußten sie damals noch nichts. Sie erfuhren von ihm erst in Thermopylai von den Trachiniern[234].

Diesen Paß also beschlossen die Hellenen zu besetzen und dem Perserkönig den Weg nach Hellas zu verlegen. Die Flotte aber sollte sich nach Artemision in der Landschaft Histiaiotis[235] begeben. Die beiden Plätze liegen nämlich nahe beieinander, so daß man die Ereignisse hier und dort schnell erfahren kann.

176. Die Lage, zunächst von Artemision, ist folgende. Aus dem weiten thrakischen Meerbusen kommt man in einen engen Kanal, der die Insel Skiathos von dem festländischen Magnesia trennt[236]. Hat man diesen Sund hinter sich, so kommt man an die Küste von Euboia, auf der ein Heiligtum der Artemis liegt. Das ist Artemision. Und nun Thermopylai: der Paß durch die Landschaft Trachis nach Hellas ist an der engsten Stelle ein

halbes Plethron breit. Jedoch liegen die engsten Stellen nicht bei der Stadt Trachis, sondern vor und hinter Thermopylai. Hier, bei dem Orte Alpenoi, ist nur für einen einzigen Wagen Raum, dort, am Flusse Phoinix nahe bei der Stadt Anthele, kann wiederum nur ein einziger Wagen fahren. Im Westen wird Thermopylai durch einen jähen und unersteigbaren Berg begrenzt, der sich in großer Höhe nach dem Oita hinüberzieht. Im Osten grenzen unmittelbar an den Paß das Meer und Sümpfe. In diesem Thermopylenpaß befinden sich warme Quellen, von der Bevölkerung Chytroi[237] genannt, und in ihrer Nähe ein Altar des Herakles. Auch eine Befestigungsmauer gab es in dem Engpaß, die ursprünglich durch ein Tor geschlossen werden konnte. Die Phoker hatten die Mauer zum Schutze gegen die Thessaler erbaut, als diese aus dem Lande der Thesproten[238] auswanderten und sich in dem noch heute von ihnen bewohnten aiolischen Lande ansiedelten. Die Thessaler versuchten die Phoker zu unterwerfen; dagegen schützten sich diese durch die Mauer, ebenso auch durch die warmen Quellen, die sie in den Paß leiteten, um ihn unter Wasser zu setzen. Alles das sollte den Einbruch der Thessaler in ihr Land unmöglich machen.

Die Mauer war schon alt und zum größten Teile bereits verfallen. Die Hellenen beschlossen jetzt, sie wiederherzustellen, um so dem Perserkönig den Eintritt nach Hellas zu verwehren. Ganz nahe an der Straße liegt ein Dorf, namens Alpenoi. Von dort gedachten die hellenischen Truppen Lebensmittel zu entnehmen.

177. Diese beiden Plätze also wählten die Hellenen als geeignet aus. Wenn sie alles bedachten, wenn sie erwogen, daß den Barbaren hier weder ihre Masse noch ihre Reiterei zustatten kam, mußten sie sich entschließen, gerade an dieser Stelle den Angreifer zu empfangen. Als sie daher erfuhren, daß die Perser in Pierien ständen, lösten sie die Versammlung am Isthmos auf und zogen ihnen entgegen, die einen zu Lande nach Thermopylai, die anderen zur See nach Artemision.

178. Während die Hellenen, in zwei Heereskörpern, eilig ins Feld rückten, befragten die Delpher den Gott Apollon; denn sie waren um ihr eigenes Schicksal und das von ganz Hellas

sehr besorgt. Sie erhielten die Antwort: zu den Winden sollten sie beten, denn die Winde würden mächtige Bundesgenossen der Hellenen sein. Als den Delphern dieser Orakelspruch zuteil geworden war, meldeten sie ihn den freiheitsliebenden Hellenen, wofür ihnen diese, die in banger Furcht vor dem Perserkönig schwebten, ewig dankbar waren. Ferner erbaute Delphi den Winden einen Altar in Thyia, wo sich auch das Heiligtum jener Thyia, Tochter des Kephisos[239], befindet, nach der der Ort seinen Namen hat, und brachten den Winden Opfer dar. Und auf diesen Orakelspruch hin opfern die Delpher den Winden noch heutigen Tages.

179. Als die Flotte des Xerxes die Stadt Therme verlassen hatte, wurden zehn ihrer besten Schiffe gegen die Insel Skiathos[240] abgeordnet, wo drei hellenische Schiffe auf Vorposten lagen, eines aus Troizen, eines aus Aigina und eines aus Attika. Als diese die persischen Schiffe herankommen sahen, ergriffen sie die Flucht. 180. Das troizenische, geführt von Prexinos, wurde von den nachsetzenden Barbaren alsbald genommen. Sie schleppten den schönsten Mann der Schiffsmannschaft nach dem Vorderdeck und schlachteten ihn[241]; sie nahmen es als ein glückliches Vorzeichen, daß der erste Hellene, den sie gefangen, ein so schöner Mann war. Der Name des Geopferten war Leon; vielleicht hat er also seinen Tod auch seinem Namen zu verdanken.

181. Das aiginetische Schiff, das Asonides führte, machte größere Schwierigkeiten, da ein Mann der Besatzung, Pythes, Sohn des Ischenoos, an jenem Tage mit größtem Heldenmut kämpfte. Er kämpfte noch, als das Schiff schon in Feindeshand war, bis er ganz niedergehauen war. Als der Gefallene immer noch atmete, gab sich die persische Schiffsmannschaft alle Mühe, den Tapferen am Leben zu erhalten. Sie legten Myrrhen auf seine Wunden und verbanden sie mit Byssosleinwand. Als sie dann zu der Flotte zurückkehrten, zeigten sie ihn voller Bewunderung dem ganzen Heere und verpflegten ihn aufs beste. Die übrigen Gefangenen des Schiffes behandelten sie als Sklaven.

182. So waren zwei von den Schiffen erobert. Das dritte, das unter Führung des Atheners Phormos stand, entfloh und stran-

dete in der Peneiosmündung. Das Schiff fiel den Barbaren in die Hände, die Mannschaft nicht. Denn sobald die athenische Besatzung das Schiff auf den Strand gefahren hatte, sprang sie heraus und marschierte durch Thessalien bis nach Athen zurück.

183. Die hellenische Flotte vor Artemision wurde durch Feuerzeichen von Skiathos benachrichtigt. Bestürzt zog sie sich von Artemision nach Chalkis zurück, um den Euripos[242] zu decken. Auf den Höhen in Euboia wurden Späher zurückgelassen. Drei von den zehn Barbarenschiffen gingen bei der zwischen Skiathos und Magnesia gelegenen Klippe namens Myrmex vor Anker. Dort stellten die Barbaren eine steinerne Säule auf, die sie mitgebracht hatten[243]. Die gesamte Flotte fuhr, nachdem so die Fahrt frei war, ebenfalls von Therme aus, elf Tage nach dem Aufbruch des Königs aus Therme. Daß die genannte Klippe gerade in der Fahrrinne läge, hatte ihnen Pammon aus Skyros verraten. Nach eintägiger Fahrt erreichte die Flotte Sepias bei Magnesia und den zwischen der Stadt Kasthanaia und dem Vorgebirge Sepias gelegenen Küstenstrich[244].

184. Bis zur Ankunft an diesem Punkte und in Thermopylai hatte das persische Heer noch keine Verluste erlitten. Die Stärke der gesamten persischen Kriegsmacht war nach meiner Schätzung folgende. Auf den eintausendzweihundertsieben asiatischen Schiffen befanden sich an Schiffsvolk aus den einzelnen Stämmen zweihunderteinundvierzigtausendvierhundert Mann, denn ich rechne auf jedes Schiff zweihundert Mann. Zu diesem heimischen Schiffsvolk kam nun noch auf jedes Schiff eine Besatzung von dreißig Persern, Medern und Saken. Das macht sechsunddreißigtausendzweihundertzehn Mann. Ferner sind zu jener ersten Zahl noch die Mannschaften der Fünfzigruderer hinzuzurechnen, die man alles in allem auf je achtzig Mann schätzen kann. An Fünfzigruderern befanden sich aber, wie früher erwähnt, dreitausend in der Flotte, das macht etwa zweihundertvierzigtausend Mann. So zählte denn die gesamte asiatische Flotte fünfhundertsiebzehntausendsechshundertzehn Mann[245].

Das Landheer zählte eine Million und siebenhunderttausend Mann, die Reiterei achtzigtausend Mann. Dazu kamen die arabischen Kamelreiter[246] und libyschen Wagenfahrer[247], die ich auf zwanzigtausend Mann schätze. Rechnet man nun Flotte und Landheer zusammen, so ergibt sich eine Gesamtsumme von zwei Millionen dreihundertsiebzehntausendsechshundertzehn Mann.

Das ist das aus Asien selber herübergekommene Heer, nicht eingerechnet der Troß, die Lebensmittelschiffe und ihre Bemannung.

185. Dazu muß nun aber noch die in Europa zum Mitzuge gezwungene Streitmacht gezählt werden. Ich kann sie nur vermutungsweise berechnen. Die Hellenen in Thrakien und auf den vor der thrakischen Küste gelegenen Inseln hatten hundertzwanzig Schiffe gestellt. Das ergibt vierundzwanzigtausend Mann. Das Fußvolk, das die Thraker, die Paioner, die Eorder, die Bottiaier, die Stämme auf der Chalkidike, die Bryger, die Pierer, die Makedonen, die Perraiber, die Eniener, die Doloper, die Magneter, die Achaier und die thrakischen Küstenbewohner stellten, schätze ich auf dreihunderttausend Mann. Zählt man diese Summe jener ersten der asiatischen Truppen zu, so erhält man eine Truppenmasse von zwei Millionen sechshunderteinundvierzigtausendsechshundertzehn Mann.

186. Der Troß aber und die Bemannung der Lebensmittelschiffe und sonstigen Fahrzeuge, die das Heer begleiteten, war, glaube ich, nicht weniger zahlreich, ja noch zahlreicher als die eigentliche Streitmacht. Nehmen wir an, daß die Zahl ebenso groß war, nicht größer, nicht kleiner; dann müssen wir die Summe der Kämpfer verdoppeln, und Xerxes, der Sohn des Dareios, hat also bis nach Sepias und Thermopylai eine Menschenmasse von fünf Millionen zweihundertdreiundachtzigtausendzweihundertundzwanzig Mann geführt.

187. So groß war die Zahl der gesamten persischen Heeresmacht. Die Zahl der Köchinnen, der Kebsweiber, der Eunuchen aber kann gewiß niemand angeben, ebensowenig die der Zugtiere, der sonstigen Lasttiere und der indischen Hunde[248]; es waren zu viele. Daher finde ich es gar nicht wunderbar, daß das Bett mancher Flüsse austrocknete; viel wunderbarer finde ich, daß sich für alle die Tausende genug Nahrung fand. Wenn jeder Mann täglich einen Choinix Weizen bekam und nicht

mehr, so ergibt das doch, wenn man es berechnen will, für jeden Tag einhundertzehntausenddreihundertvierzig Medimnen[249]. Den Lebensunterhalt für die Frauen, Eunuchen, Zugtiere und Hunde rechne ich dabei gar nicht mit.

Unter allen diesen Tausenden aber gab es keinen, der an Schönheit und Größe mit Xerxes selber hätte wetteifern können und der Herrschaft würdiger gewesen wäre als er.

188. Als die Flotte die Küste von Magnesia zwischen der Stadt Kasthanaia und dem Vorgebirge Sepias erreicht hatte, wurden die zuerst angelegten Schiffe dicht am Strande befestigt, die späteren auf See vor Anker gelegt. Der Strand war nicht breit, und so ankerten je acht Schiffe in einer Reihe, die Schnäbel nach dem Meere zu gekehrt[250]. So lagen sie die erste Nacht. Am frühen Morgen geriet aber bei heiterem windstillen Wetter das Meer in Bewegung, und es brach ein gewaltiger Nordostwind los, den die Bevölkerung in jener Gegend 'Hellespontier' nennt[251]. Wer das Anwachsen des Sturmes rechtzeitig merkte und einen günstigen Platz hatte, zog sein Schiff vor dem Unwetter auf den Strand und rettete sich samt dem Schiff. Aber die auf offner See überraschten Schiffe wurden teils nach den sogenannten Ipnoi[252] am Pelion verschlagen, teils auf den Strand geworfen. Andere wiederum scheiterten am Vorgebirge Sepias selber oder wurden nach Kasthanaia getrieben. Die Gewalt des Sturmes war unwiderstehlich.

189. Es heißt, die Athener hätten auf eine Weissagung hin den Boreas herbeigerufen; denn ein Orakelspruch habe ihnen geraten, ihren Vetter zu Hilfe zu rufen. Nun hat aber Boreas nach hellenischer Sage eine Athenerin zur Frau, nämlich Oreithyia, die Tochter des Erechtheus. Nach dieser Verschwägerung hielten ihn die Athener, so erzählt man, für ihren Vetter, und als sie jetzt auf der Schiffswacht in Chalkis auf Euboia das Anwachsen des Windes spürten, vielleicht auch schon vorher, da opferten sie dem Boreas und der Oreithyia und riefen sie an, ihnen zu helfen und die Barbarenflotte zu vernichten wie einst am Athos. Ob sich Boreas wirklich dadurch hat bewegen lassen, sich auf die vor Anker liegende Barbarenflotte zu stürzen, weiß ich nicht; aber die Athener behaupten, er habe ihnen schon früher beigestanden und sie auch damals erhört, und als sie

heimkehrten, bauten sie dem Boreas ein Heiligtum am Ilissosfluß.

190. Bei diesem Unwetter sind nach dem niedrigsten Bericht nicht weniger als vierhundert Schiffe zugrunde gegangen, außerdem unzählige Menschen und unermeßliche Schätze. Einem Magneter Ameinokles, Sohn des Kretines, der bei Sepias ein Landgut besaß, hat dieses Schiffsunglück viel Glück gebracht. Er sammelte nachher eine Menge an Land getriebener Gold- und Silberbecher, fand persische Geldkasten und eignete sich noch andere wertvolle Gegenstände an. So wurde er, so wenig glücklich er sonst war, durch seine Funde ein sehr reicher Mann. Denn auch er hatte ein schweres Schicksal, den Tod seiner Söhne, zu tragen.

191. Die Zahl der verunglückten Lebensmittelschiffe und anderen Lastfahrzeuge ist gar nicht zu berechnen. Die Führer der Flotte fürchteten einen Angriff der Thessaler gegen ihre verunglückten Scharen und zogen einen hohen Zaun aus Schiffstrümmern um das Lager herum. Drei Tage lang hielt das Unwetter an. Endlich brachten die Magier dem Winde Opfer und beschwichtigten ihn durch Zaubergesänge. Auch der Thetis und den Nereiden opferten sie, und der Sturm legte sich am vierten Tage[253]; vielleicht tat er es auch aus eigenem Willen. Der Thetis opferten sie deshalb, weil ihnen die Ioner jene Sage erzählten, daß Thetis an diesem Orte von Peleus geraubt worden und daß das ganze Vorgebirge Sepias ihr und den anderen Nereiden heilig sei.

192. Am vierten Tage hatte sich der Sturm also gelegt. Die hellenischen Späher waren aber schon am zweiten Tage des Sturmes von den euboiischen Bergen herabgeeilt und hatten den Ihrigen alles über den Schiffbruch berichtet. Als die Hellenen die Kunde vernahmen, beteten sie zum Retter Poseidon, brachten ihm Trankopfer dar und kehrten schleunigst nach Artemison zurück, denn sie dachten, es würden nur ganz wenig feindliche Schiffe übrigbleiben. Zum zweiten Male also nahmen sie Stellung bei Artemision, und noch heutigen Tags hat Poseidon bei ihnen den Beinamen 'der Retter'.

193. Die Barbaren zogen, als der Sturm aufgehört und die Wogen sich geglättet, die Schiffe ins Wasser und fuhren an

der Küste entlang. Nachdem sie das Vorgebirge von Magnesia umschifft hatten, fuhren sie in den nach Pagasai sich hinziehenden Meerbusen ein[254]. An dieser Bucht liegt eine Stelle, wo Herakles von Iason und seinen Gefährten im Stiche gelassen worden sein soll. Sie hatten ihn, auf jener Fahrt zu dem Vließ nach Aia in Kolchis, von der Argo ans Land geschickt, Wasser zu holen. Bevor sie nämlich aufs hohe Meer hinausfuhren, wollten sie sich hier mit Wasser versehen. Daher hat diese Stelle den Namen Aphetai[255] erhalten. Hier ging jetzt die Flotte des Xerxes vor Anker.

194. Fünfzehn ihrer Schiffe, die sich verspätet hatten, sahen bei Artemision die hellenischen Schiffe liegen. Die Barbaren hielten sie für die ihrigen und segelten mitten in die Feinde hinein. Führer dieser Barbarenschiffe war der Statthalter von Kyme in Aiolien, Sandokes, Sohn des Thamasios. Dieser Sandokes war früher einmal von König Dareios wegen folgenden Verbrechens gekreuzigt worden: er hatte sich als Mitglied des königlichen Gerichtshofes bestechen lassen und ein ungerechtes Urteil gefällt. Als er schon am Kreuze hing, besann sich Dareios, daß Sandokes dem königlichen Hause doch mehr Gutes als Böses getan. Als er zu diesem Schlusse gekommen war und einsah, daß er voreilig und nicht klug gehandelt habe, ließ er ihn abnehmen. So war Sandokes damals mit dem Leben davongekommen, aber das sollte ihm, als er jetzt in die Hellenen hineinfuhr, nicht noch einmal gelingen. Als die Hellenen sie herankommen sahen und den Irrtum der Feinde bemerkten, fuhren sie ihnen entgegen und eroberten sie ohne Mühe.

195. Auf dem einen dieser Schiffe nahm man Aridolis, den Tyrannen des karischen Alabanda[256], gefangen, auf einem anderen den Feldherrn der Paphier Penthylos, Sohn des Demonoos, der zwölf Schiffe aus Paphos befehligte. Elf davon hatte er bei dem Sturme vor Sepias verloren, und auf dem letzten wurde er jetzt bei Artemision gefangen. Die Hellenen schickten die beiden Männer, nachdem sie sie über das persische Heer zur Genüge ausgefragt hatten, gefangen nach dem korinthischen Isthmos.

196. Die Barbarenflotte gelangte also, mit Ausnahme jener von Sandokes befehligten fünfzehn Schiffe, nach Aphetai. Xerxes

aber zog mit dem Landheere quer durch Thessalien und Achaia und befand sich seit drei Tagen im Gebiet der Malier[257]. In Thessalien veranstaltete er ein Pferderennen, um seine und die thessalischen Pferde miteinander zu messen. Er hatte erfahren, daß die thessalische Reiterei die beste in Hellas sei. Doch wurden die hellenischen Pferde weit überholt. Die thessalischen Flüsse hatten mit Ausnahme des Onochonos alle hinreichend Wasser, um das Heer zu tränken, aber von denen in Achaia reichte nur der größte, der Epidanos[258], und auch der nur kümmerlich hin.

197. Als Xerxes in Alos in Achaia ankam, erzählten ihm die Wegführer, die ihn mit allem bekannt machen wollten, die Sage der dortigen Landschaft, die von dem Heiligtum des Zeus Laphystios[259] erzählt wird: wie Athamas, des Aiolos Sohn, mit Ino zusammen den Tod des Phrixos beschlossen und ausgeführt und wie die Achaier später auf einen Orakelspruch hin seinen Nachkommen folgende Buße auferlegt hätten. Dem Erstgeborenen der Familie ist es verboten, das Leiton zu betreten, und sie selber halten Wache davor, um ihn nicht hereinzulassen. Leiton ist der achaische Name für Prytaneion[260]. Dringt er trotzdem ein, so läßt man ihn nur unter der Bedingung heraus, daß er als Menschenopfer dem Gotte dargebracht werden müsse. Viele, die so zur Opferung verurteilt werden, sind entwichen und in die Fremde gewandert. Kehrten sie nach einiger Zeit heim und entdeckte man sie, so wurden sie in das Prytaneion geführt, wurden dann ganz mit Binden umwickelt, im Festzuge hinausgeleitet und geopfert[261]. Der Grund, weshalb die Nachkommen des Phrixossohnes Kytissoros dies Schicksal zu erleiden haben, ist folgender: dieser Kytissoros kam gerade in dem Augenblick aus Aia in Kolchis nach Achaiia, als die Achaier auf einen Orakelspruch hin den Athamas, Sohn des Aiolos, als Sühn- und Reinigungsopfer schlachten wollten. Kytissoros rettete Athamas und beschwor dadurch den Zorn des Gottes auf seine Nachkommen herab[262].

Als Xerxes diese Sage gehört hatte und zu dem heiligen Hain in Alos kam, betrat er ihn nicht und verbot dem ganzen Heere, ihn zu betreten. Auch dem Hause der Nachkommen des Athamas und dem Tempel bewies er seine Ehrfurcht[263].

198. Aus Thessalien und Achaia zog er weiter nach Malis, den Meerbusen entlang, der einen täglichen Wechsel von Ebbe und Flut hat[264]. Um diesen Meerbusen zieht sich ebenes Land herum, das an der einen Seite sehr ausgedehnt, an der anderen Seite ganz schmal ist. Um die Ebene herum liegen hohe, unzugängliche Berge, die das malische Land rings umschließen. Sie heißen trachinische Felsen. Die erste Stadt am Meerbusen ist, wenn man von Achaia kommt, Antikyra. Dort mündet der Spercheios ins Meer, der aus dem Lande der Eniener kommt. Zwanzig Stadien weiter fließt ein anderer Fluß, namens Dyras, der ist, wie die Sage geht, ans Licht getreten, als Herakles in Flammen stand, um ihm zu helfen. Wiederum nach zwanzig Stadien folgt ein dritter Fluß, namens Melas.

199. Von diesem Melas liegt die Stadt Trachis fünf Stadien entfernt. Bei Trachis ist die Entfernung zwischen Gebirge und Meer am größten: zwanzigtausendzweihundert Plethren[266] ist dort die Ebene breit. In den die Umgebung von Trachis einschließenden Bergen befindet sich eine südlich von Trachis gelegene Schlucht, durch die der Asopos[267] strömt, der an dem Fuß des Gebirges entlang fließt.

200. Dann folgt noch ein nicht bedeutender Fluß, der Phoinix, südlich vom Asopos, in den er vom Gebirge herabkommend sich ergießt. Dort, bei dem Phoinix, ist die schmalste Stelle der Ebene. Nur für einen einzigen Wagen ist die Straße breit genug. Vom Phoinix aus sind es noch fünfzehn Stadien nach Thermopylai. Zwischen dem Phoinix und dem Thermopylenpaß liegt das Dorf Anthele, in dessen Nähe der Asopos ins Meer mündet. Es ist dort wieder breiter; ein Heiligtum der amphiktyonischen Demeter steht an dieser Stelle; es stehen auch Häuser der Amphiktyonen und ein Tempel des Amphiktyon dort[268].

201. König Xerxes lagerte bei Trachis in Malis, die Hellenen in dem Engpaß, der von den meisten Hellenen Thermopylai genannt wird, bei der heimischen und umwohnenden Bevölkerung aber Pylai heißt. So lagerten sie einander gegenüber. In Xerxes Hand war alles nördlich bis nach Trachis gelegene Land, in der Hand der Hellenen das ganze Festland südlich von dem Paß.

202. Das hellenische Heer, das den Perserkönig hier erwartete, bestand aus dreihundert spartanischen Hopliten, aus zusammen tausend Tegeaten und Mantineern, aus jeder Stadt die Hälfte, aus hundertzwanzig Leuten aus Orchomenos in Arkadien und tausend Mann aus dem übrigen Arkadien. Dazu kamen vierhundert Mann aus Korinth, zweihundert aus Phleius, achtzig aus Mykenai[269]. Das waren die peloponnesischen Mannschaften. Aus Boiotien waren siebenhundert Thespiaier und vierhundert Thebaner erschienen.

203. Ferner war der ganze Heerbann der opuntischen Lokrer und tausend Phoker aufgeboten worden. Erst dort im Lande hatten die Hellenen die Lokrer und Phoker[270] zum Kampfe aufgerufen und hatten ihnen durch Boten melden lassen, das Heer käme nur als Vorhut des gesamten Bundesgenossenheeres. Das letztere sei jeden Tag zu erwarten. Die Verteidigung zur See hätten Athen, Aigina und die übrigen der Flotte zugewiesenen Mannschaften übernommen. Es sei also nichts zu befürchten! Kein Gott greife Hellas an, sondern ein Mensch; es gäbe aber nie und werde nie einen Sterblichen geben, dem nicht mit dem Glück auch Unglück in die Wiege gelegt würde, und den Größten treffe das größte. So werde auch der Feind zuschanden werden, denn auch er sei ein Sterblicher! Auf diese Botschaft hin eilten die Lokrer und Phoker nach Trachis zum Kampfe.

204. Jede Stadt hatte einen eignen Feldherrn geschickt, der bewunderungswürdigste Mann im ganzen Heere aber war der lakedaimonische Feldherr Leonidas, Sohn des Anaxandrides, dessen Ahnenreihe lautet: Leon, Eurykratides, Anaxandros, Eurykrates, Polydoros, Alkamenes, Teleklos, Archelaos, Hegesilaos, Doryssos, Leobotes, Echestratos, Agis, Eurysthenes, Aristodemos, Aristomachos, Kleodaios, Hyllos, Herakles. Leonidas war wider Erwarten König von Sparta geworden.

205. Er hatte zwei ältere Brüder, Kleomenes und Dorieus, und dachte nicht im entferntesten daran, daß er König werden würde. Aber Kleomenes starb ohne männliche Nachkommenschaft, Dorieus lebte auch nicht mehr und war in Sizilien zugrunde gegangen[271]. So ging das Königsamt auf Leonidas über, denn er war älter als Kleombrotos — der jüngste Sohn des

Anaxandrides — und hatte des Kleomenes Tochter zur Frau[272].

Dieser Leonidas war mit der üblichen Zahl von dreihundert erlesenen Kriegern — er hatte solche ausgewählt, die bereits Kinder hatten — nach Thermopylai gezogen[273]. Unterwegs hatte er die oben von mir mit aufgezählten Thebaner mitgenommen, deren Führer Leontiades, Sohn des Eurymachos, war. Leonidas hatte vor allen anderen Hellenen gerade die Thebaner so eilig aufgeboten, weil sie ihm persischer Gesinnung dringend verdächtig waren. Er wollte Gewißheit haben, ob sie Truppen stellen oder offen den Anschluß an den hellenischen Bund verweigern würden. Sie schickten ihr Aufgebot, dachten aber an Verrat.

206. Die Schar des Leonidas sandten die Spartiaten deshalb voraus, damit sich auch die anderen Bundesgenossen zum Ausmarsch entschlössen und nicht, wenn sie Sparta zögern sähen, ebenfalls zu den Persern übergingen. Das Fest Karneia[274] stand nämlich vor der Türe; sobald es zu Ende war, wollten sie nur eine Wachmannschaft in Sparta zurücklassen und schnell mit dem ganzen Heerbann ausziehen. Dasselbe gedachten auch die übrigen Bundesgenossen zu tun. Denn es fiel gerade in diese Zeit das olympische Fest[275]. Niemand dachte, daß die Entscheidung bei Thermopylai so schnell fallen würde; darum begnügte man sich, eine Vorhut zu schicken.

207. Währenddessen, da der Perserkönig sich dem Passe näherte, kam die Hellenen in Thermopylai die Furcht an, und sie berieten über den Abzug. Alle peloponnesischen Städte stimmten dafür, nach der Peloponnes zurückzukehren und den Isthmos zu verteidigen. Aber Leonidas erklärte, während die Phoker und Lokrer lebhaft widersprachen, man müsse ausharren und Boten zu den Städten schicken, um Hilfe zu erbitten, da ihre Schar zu klein sei, um das persische Heer abzuwehren.

208. Während dieser Beratung sandte Xerxes einen berittenen Kundschafter, um ihre Zahl und ihre Absichten zu erspähen. Schon in Thessalien hatte man ihm erzählt, in Thermopylai läge ein kleines hellenisches Heer unter Führung der Lakedaimonier und ihres Königs Leonidas, eines Herakliden. Als der

Reiter an das Lager herankam, bekam er zwar nicht die ganze Schar zu Gesicht — die jenseits der erbauten und bewachten Mauer Stehenden konnte er nicht sehen —, aber er bemerkte doch die, welche diesseits der Mauer lagerten. Nun waren es gerade die Lakedaimonier, die als Wache vor der Mauer standen, und er sah, wie einige von ihnen miteinander rangen, andere ihr Haar kämmten. Er sah das voller Verwunderung und sah auch ihre geringe Zahl. Nachdem er alles genau betrachtet hatte, kehrte er um und ritt unbelästigt von dannen. Niemand verfolgte ihn, und keiner hatte ihn beachtet. Nun erzählte er Xerxes alles, was er gesehen hatte.

209. Xerxes konnte das Gebaren der Spartiaten nicht begreifen. Er verstand nicht, daß sie sich, so gut sie konnten, zum Tode oder zum Siege rüsteten. Ihm kam ihr Tun lächerlich vor, und er ließ Demaratos, den Sohn des Ariston, zu sich rufen, der sich im Heere befand. Xerxes fragte ihn nach allem genau und wollte das Gebaren der Lakedaimonier erklärt haben. Demaratos sagte:

»Ich habe dir schon damals, als wir den Zug nach Hellas begannen, von diesen Männern erzählt; aber du lachtest über mich, als ich dir voraussagte, was kommen würde. Es ist mein ernstes Verlangen, vor dir, dem Könige, die reine Wahrheit zu sagen; darum wiederhole ich: die Leute sind gekommen, mit dir um den Paß zu kämpfen, dazu rüsten sie sich jetzt. Bei ihnen gilt nämlich die Sitte, daß sie ihr Haupt schmücken, wenn sie zum Kampf auf Leben und Tod ausziehen. Aber wenn du sie und die in Sparta Zurückgebliebenen bezwingst, so kannst du sicher sein, daß kein Volk auf Erden mehr wagt, seine Hand gegen dich, mein König, zu erheben. Es ist das erlauchteste Königreich und das tapferste Heer in Hellas, das dir hier gegenübersteht.«

Xerxes hörte diese Worte sehr ungläubig an und fragte weiter, wie denn eine so kleine Schar gegen sein gewaltiges Heer kämpfen wolle. Jener sagte:

»O König! Du sollst mich einen Lügner nennen, wenn es nicht so kommt, wie ich gesagt habe.«

210. Aber Xerxes glaubte ihm doch nicht. Vier Tage ließ er verstreichen und dachte immer, sie würden davonlaufen. Am

fünften endlich, als sie immer noch nicht abgezogen waren, sondern tollkühn und töricht genug — wie er meinte — ausharrten, schickte er ergrimmt die Meder und Kissier ihnen entgegen und befahl ihnen, ihm die Feinde lebendig vor seine Augen zu bringen. Die Meder stürmten auf die Hellenen ein und, so viele von ihnen auch fielen, drängten doch immer neue nach und wichen nicht, trotz schwerer Verluste. Sie taten aller Welt, am meisten dem Könige selber, kund, daß auf ihrer Seite viele Menschen waren, aber nur wenig Männer. Der Kampf währte den ganzen Tag.

211. Als die Meder gar zu arg gelitten hatten, zogen sie sich zurück. Als Ersatz rückten die Perser an, jene Truppe, die der König 'die Unsterblichen' nannte[276] und deren Führer Hydarnes war. Sie glaubten leicht mit dem Gegner fertig zu werden. Aber als es zum Handgemenge kam, richteten sie nicht mehr aus als die medischen Truppen. Der Raum war zu eng, und ihre Speere waren kürzer als die der Hellenen. Ihre Zahl nützte ihnen nichts. Die Lakedaimonier fochten tapfer und bewiesen ihre kriegerische Erfahrung gegen den kriegsunerfahrenen Feind. So wandten sie sich plötzlich alle zur Flucht; die Barbaren sahen es und drängten mit Geschrei und Lärm nach; jene aber machten, sobald die Barbaren sie eingeholt, kehrt und hieben unzählige Perser nieder. Doch fielen dabei auch einige Spartiaten.

Da die Perser den Paß auf keine Weise erobern konnten, ob sie nun in einzelnen Trupps oder in Masse angriffen, wichen auch sie zurück. 212. Der König soll diesen Kämpfen zugeschaut haben und dreimal, aus Furcht für sein Heer, von seinem Thron aufgesprungen sein.

Am nächsten Tage kämpften die Barbaren nicht erfolgreicher. Sie hofften, weil die Feinde an Zahl so gering waren, ihnen so viele Wunden beibringen zu können, daß sie keine Hand mehr rühren könnten. Aber die Hellenen kämpften, nach Waffengattungen und Stämmen geordnet, und jeder hatte seinen bestimmten Platz. Nur die Phoker standen oben in den Bergen, um den Fußpfad zu bewachen. Daher kehrten die Perser, als sie sahen, daß es heute nicht anders ging als gestern, wieder um.

213. Da kam, als Xerxes nicht wußte, was er weiter tun sollte, ein Mann aus Malis zum König: Epialtes, der Sohn des Eurydemos. In der Hoffnung auf eine große Belohnung verriet er dem König den Fußpfad, der durch das Gebirge nach Thermopylai führt, und verriet die dort ausharrenden Hellenen. Später floh er aus Furcht vor den Lakedaimoniern nach Thessalien, und von den Pylagoren[277], den in Pylaia versammelten Amphiktyonen, wurde auf den Kopf des Flüchtlings ein Preis gesetzt. Als er dann doch nach Antikyra[278] heimkehrte, wurde er von einem Mann aus Trachis, Athenades, erschlagen. Der Grund, weshalb Athenades den Epialtes tötete, war ein anderer — ich werde ihn später erzählen —, die Lakedaimonier ehrten und belohnten ihn aber trotzdem. So fand Epialtes später seinen Tod.

214. Es gibt noch eine zweite Überlieferung, nach der es zwei andere Männer, Onetes, Sohn des Phanagoras aus Karystos, und Korydallos aus Antikyra gewesen sein sollen, die dem König jenen Fußpfad verraten und die Perser über das Gebirge geführt haben. Doch glaube ich nicht daran, denn einmal muß man bedenken, daß die Versammlung in Pylaia doch nicht auf den Kopf des Onetes und Korydallos, sondern des Epialtes aus Trachis den Preis gesetzt hat, und sie wußte doch am besten, wie die Sache sich verhielt. Und dann wissen wir, daß Epialtes auf diese Anklage hin die Flucht ergriff. Möglich ist ja, daß auch Onetes, wenn er oft in jener Gegend geweilt hat, den Fußpfad kannte, obwohl er nicht aus Malis stammte. Aber ich erkläre Epialtes für den Schuldigen: er ist es gewesen, der die Perser auf dem Fußpfad über das Gebirge führte.

215. Xerxes ging auf das Anerbieten des Epialtes ein. Er war hoch erfreut und schickte sofort den Hydarnes mit seiner Schar ab. Mit Einbruch der Nacht brachen sie aus dem Lager auf. Die Malier hatten einst diesen Fußpfad entdeckt und hatten auf ihm die Thessaler hinübergeführt, als diese im Kriege mit den Phokern lagen und die Phoker den Paß durch eine Mauer versperrt hatten. Aber seit jener frühen Zeit war der Fußpfad niemand mehr zustatten gekommen.

216. Dieser Pfad beginnt an dem die Schlucht durchfließenden Asopos. Die Berggegend und der Pfad haben dort denselben

Namen: Anopaia[279]. Der Anopaia führt auf den Gebirgskamm hinauf und endet bei der Stadt Alpenos, dem ersten lokrischen Orte, wenn man von Malis kommt. Dort endet er bei dem sogenannten Melampygosfelsen[280] und Kerkopensitz[281], wo die engste Stelle des Passes ist.

217. Auf diesem Pfad gingen also die Perser, nachdem sie den Asopos durchschritten, die ganze Nacht hindurch fort. Zur Rechten hatten sie die Oitaberge, zur Linken die trachinischen. Als der Morgen graute, waren sie auf der Höhe angelangt. Dort hielten, wie ich schon oben erwähnt habe, die tausend phokischen Hopliten das Gebirge besetzt, um ihr eignes Land zu schützen und den Fußpfad zu bewachen. Den Paß unten im Tal hielten die oben aufgezählten Truppen besetzt, die Phoker aber hatten sich Leonidas gegenüber selber erboten, den Fußpfad in den Bergen zu bewachen.

218. Die Phoker bemerkten erst spät, daß die Feinde auf der Höhe standen. Von dem Aufstieg hatten sie nichts wahrgenommen, da die Berge dicht mit Eichen bewachsen sind. Es war Windstille, und als plötzlich ein Rauschen entstand — die Blätter raschelten natürlich unter den Füßen der Schreitenden —, sprangen die Phoker auf und legten ihre Rüstungen an. Da waren auch die Barbaren schon zur Stelle. Als sie die kriegsgerüsteten Gegner sahen, stutzten sie. Sie stießen auf einen Heerhaufen und hatten doch gehofft, daß sie nichts Feindliches auf dem Wege finden würden. Hydarnes fragte in der Furcht, es möchten Lakedaimonier sein, den Epialtes, was das für Truppen seien. Als er die Wahrheit erfuhr, stellte er die Perser zur Schlacht auf. Die Phoker flüchteten, von einem dichten Geschoßhagel getroffen, auf den Berggipfel hinauf. Sie glaubten, die Perser hätten den ganzen Marsch ihretwegen unternommen, und machten sich auf ihr Ende gefaßt. Aber die Perser, geführt von Epialtes und Hydarnes, nahmen in Eile ihren Weg bergab, ohne sich um die Phoker weiter zu bekümmern.

219. Der Wahrsager Megistias war der erste gewesen, der, nach Untersuchung der Opfertiere, den Hellenen in Thermopylai ihren Tod am nächsten Morgen vorausgesagt hatte. Dann kamen Überläufer und verrieten den Umzingelungsmarsch der

Perser. Das geschah noch während der Nacht. Endlich, als der Tag graute, kamen auch die Späher von den Bergen herabgelaufen. Da hielten denn die Hellenen Rat, und ihre Meinungen teilten sich. Die einen sagten, man dürfe den Platz nicht aufgeben; die anderen widersprachen. Darauf trennte sich das Heer. Ein Teil zog ab und zerstreute sich, indem jeder in seine Stadt heimkehrte, die anderen, und mit ihnen Leonidas, entschlossen sich zu bleiben.

220. Man erzählt auch, daß Leonidas selber die fremden Truppen weggeschickt habe, um sie vor dem Tode zu bewahren. Ihm selber und seinen Spartiaten zieme es nicht, den Platz aufzugeben, zu dessen Verteidigung sie ausgesandt worden. Diesen Bericht halte ich selber entschieden für richtig: Leonidas merkte, daß die Bundesgenossen nur ungern, nicht mit Freuden die Gefahr teilen wollten, darum ließ er sie abziehen. Er selber aber fand es unehrenhaft, davonzugehen. Harrte er aus, so war ihm hoher Ruhm gewiß, und Spartas Blüte war dadurch noch nicht vernichtet.

Denn es war den Spartiaten schon zu Anfang des Krieges, als sie das Orakel befragten, von der Pythia geweissagt worden: entweder würde Lakedaimon von den Barbaren zerstört werden oder ihr König würde fallen. Dies Orakel erteilte ihnen die Gottheit in folgenden Hexametern:

> Ihr, die ihr wohnt im geräumigen Sparta, vernehmt meine Kunde:
> Entweder werden die Perser die Stadt euch, die große, gepriesene,
> Ganz zerstören, oder es wird Lakedaimon betrauern
> Seines Königs Fall, aus Herakles' Stamme entsprossen.
> Nicht der Stiere, nicht der Löwen Gewalt kann dem Feinde
> Trotzen; denn er ist mächtig wie Zeus; er endet nicht eher,
> Bis er die Stadt im Kriege vernichtet oder den König.

Hieran, glaube ich, hat Leonidas gedacht, und weil die Spartiaten allein den Ruhm haben sollten, hat er die Bundesgenossen fortgeschickt. Das glaube ich eher, als daß Streitigkeiten entstanden und die Bundesgenossen ohne Ordnung abgezogen seien.

221. Ein wichtiges Zeugnis dafür ist meiner Meinung nach auch der Umstand, daß Leonidas auch den Wahrsager Megistias aus Akarnanien, der mit ihm im Heere war — er soll ein Nachkomme des Melampos gewesen sein —, als er ihm den Ausfall der Opfer gemeldet, wie ich sicher weiß, zum Fortgehen aufgefordert hat, damit er nicht mit ums Leben käme. Trotzdem verließ aber dieser die Spartiaten nicht, nur seinen einzigen Sohn, der als Soldat mitgezogen war, schickte er fort.

222. Die Bundesgenossen zogen also ab und taten, wie Leonidas befahl; nur die Thespiaier und Thebaner harrten mit den Lakedaimoniern aus, die Thebaner ungern und ganz gegen ihren Willen — Leonidas hielt sie als Geiseln fest —, die Thespiaier gern und mit Freuden; sie weigerten sich, davonzugehen und Leonidas und die Seinen zu verlassen. Sie blieben und fielen mit den Spartiaten. Ihr Führer hieß Demophilos, Sohn des Diadromas.

223. Xerxes brachte der aufgehenden Sonne Trankopfer dar[282], wartete die Vormittagsstunden ab und rückte dann heran. So hatte ihm Epialtes geraten; denn der Abstieg vom Gebirge ist kürzer und geht weit schneller vonstatten als der Weg um die Berge herum und der Aufstieg. Die Scharen des Xerxes kamen heran, und die Hellenen unter Leonidas schritten jetzt, wo sie zum Sterben in den Kampf zogen, viel weiter in die Öffnung des Passes hinaus als zu Anfang. Denn an den vorhergehenden Tagen hatten, während die einen die Mauerschanzen verteidigten, die anderen in dem Engpaß selber gekämpft, in den sie immer wieder zurückwichen. Jetzt kam es außerhalb des Passes zum Handgemenge, und es fiel eine große Menge der Barbaren. Hinter den Reihen standen die Führer mit Peitschen in den Händen und trieben die Leute Mann für Mann durch Geißelhiebe vorwärts. Viele gerieten auch ins Meer und ertranken, weit mehr aber wurden von den Ihrigen zertreten. Niemand kümmerte sich um die Sterbenden. Die Hellenen wußten ja, daß ihnen durch die über die Berge Kommenden der Tod gewiß war; so warfen sie sich mit ihrer ganzen Kraft auf die Barbaren und hieben in blinder Wut um sich.

224. Schon waren den meisten ihre Speere zerbrochen; da griffen sie die Perser mit dem Schwerte an. Und in dem Rin-

gen fiel Leonidas als ein Held und mit ihm andere berühmte Spartiaten, aber auch viele unberühmte, deren Namen ich — denn sie verdienen den Nachruhm — erfahren habe. Ich weiß die Namen aller dreihundert Spartiaten[288]. Auch viele vornehme Perser fielen in diesem Kampfe, darunter zwei Söhne des Dareios, Abrokomes und Hyperanthes, die ihm Atarnes' Tochter Phratagune geboren hatte. Atarnes war ein Bruder des Königs Dareios, ein Sohn des Hystaspes, Sohnes des Arsames. Er gab Dareios mit seiner Tochter zugleich sein ganzes Vermögen; denn er hatte nur dies einzige Kind.

225. So fielen dort zwei Brüder des Xerxes. Über der Leiche des Leonidas entbrannte ein heftiger Kampf zwischen Persern und Lakedaimoniern, bis die tapferen Hellenen den Leichnam an sich rissen und die Gegner viermal zur Flucht zwangen. Während dieser Kämpfe erschien endlich Epialtes mit den Persern. Als die Hellenen ihre Ankunft erfuhren, änderten sie ihre Kampfesweise. Sie wichen in den Engpaß zurück, traten hinter die Mauer und setzten sich auf einem Hügel fest. Nur die Thebaner hielten sich fern. Dieser Hügel liegt an der Stelle des Passes, wo jetzt der steinerne Löwe zum Andenken an Leonidas steht. Hier wurden sie, mit Dolchen sich wehrend, soweit sie noch Dolche hatten, oder mit Händen und Zähnen kämpfend, unter den Geschossen der Barbaren begraben, die teils ihnen nachgeeilt waren und die Schutzwehr der Mauer einrissen, teils sich im Kreise um sie herumdrängten, so daß Feinde auf allen Seiten standen.

226. Von allen diesen tapferen Lakedaimoniern und Thespiaiern soll der Spartiate Dienekes am heldenmütigsten gekämpft haben. Bevor die Schlacht begann, heißt es, hat ihm ein Mann aus Trachis erzählt, wenn die Meder ihre Geschosse aussendeten, verdunkelten sie die Sonne; so ungeheuer sei die Menge ihrer Pfeile. Dienekes aber erschrak keineswegs über die Menge der Perser, sondern antwortete unbekümmert, der Freund aus Trachis bringe ihm lauter gute Nachrichten; wenn die Perser die Sonne verdunkelten, könne man im Schatten kämpfen und leide nicht unter der Sonne. Diese und ähnliche denkwürdige Worte soll der Lakedaimonier Dienekes gesprochen haben.

227. Die Tapfersten nach ihm sollen zwei Brüder aus Sparta, Alpheos und Maron, Söhne des Orsiphantes, gewesen sein. Von den Thespiaiern tat sich am meisten ein Mann namens Dithyrambos, Sohn des Harmatides, hervor.
228. An der Stelle, wo sie gefallen, wurden sie begraben. Für die, welche gefallen waren, bevor noch Leonidas die Bundesgenossen fortschickte, ist ein Stein errichtet mit der Inschrift:

Drei Millionen Feinde bekämpften an dieser Stelle
Viermal tausend Mann Peloponnesisches Volk.

Diese Inschrift gilt für das ganze Heer. Die Spartiaten haben noch eine besondere Inschrift:

Wanderer, kommst du nach Sparta, verkündige dorten, du habest
Uns hier liegen gesehen, wie das Gesetz es befahl. (*Schiller*)

Das ist die Inschrift für die Lakedaimonier. Eine andere gilt dem Wahrsager:

Sieh des stolzen Megistias Grab hier, welchen die Perser
Einst in den Tod gesandt hier am thessalischen Strom;
Seher war er und schaute voraus das sichre Verderben,
Dennoch blieb und verließ Spartas König er nicht.

Die Amphiktyonen sind es, die diese Inschriften und Säulen zur Ehre der Gefallenen gestiftet haben[284]. Nur die Inschrift auf den Wahrsager Megistias hat ihm Simonides, der Sohn des Leoprepes, aus Freundschaft gewidmet.
229. Es heißt, zwei von den dreihundert Spartiaten, Eurytos und Aristodemos, hätten die Wahl gehabt, sich gemeinsam in die Heimat zu retten — sie waren von Leonidas aus dem Lager entlassen worden und lagen an einer schweren Augenkrankheit in Alpenoi darnieder —, oder wenn sie nicht heimkehren wollten, gemeinsam mit den übrigen zu sterben. Sie konnten aber nicht zu einem gemeinsamen Entschluß gelangen. Eurytos forderte, als er von dem Umgehungsmarsch der Perser hörte, seine Rüstung, legte sie an und befahl dem Heloten, ihn zu den Kämpfenden zu führen. Als sie in Thermopylai angelangt waren, lief der Helot davon, und Eurytos fiel im Kampf-

gewühl. Aristodemos aber liebte sein Leben und blieb zurück. Wäre nun Aristodemos als der einzige Kranke nach Sparta zurückgekehrt oder hätten beide gemeinsam den Fluchtplan gefaßt, so glaube ich, hätten die Spartiaten ihren Groll nicht an ihm ausgelassen. Jetzt aber, wo der eine gefallen war und der andere, ohne eine andere Entschuldigung zu haben als jener, sich dem Tode entzogen hatte, mußte ein furchtbarer Zorn gegen Aristodemos sich ihrer bemächtigen.

230. Das ist die eine Überlieferung, wie und unter welchem Vorwande sich Aristodemos nach Sparta gerettet haben soll. Andere erzählen, er sei als Bote aus dem Lager ausgeschickt worden und habe sich, obwohl er rechtzeitig hätte zurückkommen können, nicht an der Schlacht beteiligt, sondern habe an der Straße gewartet. So sei er mit dem Leben davongekommen, während sein Genosse in die Schlacht geeilt und gefallen sei.

231. Jedenfalls fiel Aristodemos, als er nach Lakedaimon kam, der Verachtung anheim und wurde ehrlos. Die Ehrlosigkeit bestand darin, daß kein Spartiate ihm Feuer mitteilte[285] oder mit ihm sprach. Die Verachtung äußerten sie dadurch, daß man ihn 'den Feigling' nannte. In der Schlacht bei Plataiai hat dann Aristodemos alle diese Schmach wieder getilgt.

232. Man erzählt übrigens, daß noch ein Dritter von den Dreihundert mit dem Leben davongekommen ist. Er war als Bote nach Thessalien geschickt worden und hieß Pantites. Als dieser nach der Rückkehr in Sparta ebenfalls ehrlos wurde, soll er sich erhängt haben.

233. Die Thebaner unter Führung des Leontiades hatten zuerst notgedrungen mit den Hellenen gegen das Heer des Königs gekämpft. Als sie aber sahen, daß der Sieg sich auf die Seite der Perser neigte, als die Scharen des Leonidas auf den Hügel eilten, da sonderten sie sich ab, streckten die Hände vor und gingen auf die Barbaren los. Sie sagten — und das war die volle Wahrheit —, daß sie persisch gesinnt seien und gleich anfangs dem Könige Erde und Wasser gegeben hätten. Nur gezwungen seien sie nach Thermopylai gekommen und seien an der Niederlage des Königs unschuldig. Durch diese Versicherungen retteten sie ihr Leben; denn sie konnten die Thessaler als Zeugen anführen.

Trotzdem kamen sie nicht ganz glücklich davon. Als sie auf die Barbaren zugingen und sich ihnen übergaben, wurden einige von ihnen getötet. Den meisten ließ dann Xerxes das königliche Zeichen als Brandmal aufdrücken[286], zuerst dem Feldherren Leontiades. Und dessen Sohn Eurymachos wurde später von den Plataiern erschlagen, als er an der Spitze von vierhundert Thebanern die Stadt Plataiai besetzt hielt.

234. Das also war der Kampf der Hellenen um Thermopylai. Nun rief Xerxes den Demaratos, um ihn zu befragen, und begann folgendermaßen:

»Demaratos! Du bist ein redlicher Mann, das haben die Ereignisse bewiesen; denn alles, was du vorausgesagt hast, ist eingetroffen. Nun sage mir aber, wie viele Lakedaimonier es nun noch gibt. Und wie viele davon sind ebenso tapfere Krieger, oder sind alle so tapfer?«

Demaratos erwiderte: »Mein König! Das Volk der Lakedaimonier ist groß und bewohnt viele Städte. Doch sollst du erfahren, was du wissen willst. In Lakedaimon liegt die Stadt Sparta, die achttausend waffenfähige Männer hat. Sie alle sind ebenso tapfer wie die, welche hier gekämpft haben. Die übrigen Lakedaimonier sind ihnen zwar nicht gleich, aber auch sie sind tapfer.«

Darauf sagte Xerxes: »Demaratos, wie können wir mit geringster Mühe dieses Volkes Herr werden? Sag es mir, denn du kennst ihre Pläne und Absichten; du warst ihr König.«

235. Er antwortete: »Mein König! Da du mich so ernstlich um Rat fragst, ist es billig, daß ich dir den besten Rat gebe. Du solltest dreihundert Schiffe der Flotte nach dem lakonischen Lande schicken. In der Nähe der Küste liegt eine Insel namens Kythera[287]. Von dieser Insel hat Chilon, ein sehr kluger Mann bei uns, gesagt[288], für Sparta sei es besser, daß sie ins Meer sänke als daß sie über das Wasser hervorrage. Er fürchtete immer, von ihr aus würde einmal ein Angriff unternommen werden, wie ich ihn dir vorschlage. Nicht, daß er deinen Kriegszug vorhergewußt hätte, er dachte bei seiner Befürchtung an jeden feindlichen Kriegszug. Von dieser Insel aus sollten deine Truppen die Lakedaimonier beunruhigen. Haben sie den Krieg im eigenen Lande, so sind sie nicht imstande, dem durch das

Landheer bedrängten übrigen Hellas zu Hilfe zu kommen. Ist aber das übrige Hellas erst unterjocht, so bleibt das lakonische Heer schwach und allein zurück. — Wenn du meinen Rat nicht befolgst, werden die Dinge ganz anders verlaufen. Auf der Peloponnes gibt es eine Landenge, den Isthmos; dort mußt du dich auf einen noch heftigeren Kampf als hier bei Thermopylai und gegen die Gesamtheit der Peloponnesier gefaßt machen, die sich gegen dich verbündet haben. Tust du das andere, so werden dir der Isthmos und die Städte ohne Kampf zufallen.«

236. Jetzt sprach Achaimenes, ein Bruder des Xerxes und Führer der Flotte[289]. Er war bei der Beratung zugegen und fürchtete, Xerxes möchte auf den Vorschlag eingehen.

»Mein König!« sagte er. »Ich sehe, du hörst auf die Worte eines Mannes, der dir deine Erfolge mißgönnt oder gar ein Verräter ist. Das ist ja die Art und die Freude der Hellenen: den Glücklicheren beneiden sie, den Mächtigeren hassen sie. Wenn du in unserer jetzigen Lage, wo wir vierhundert Schiffe durch den Sturm verloren haben, noch dreihundert von der Flotte wegschickst, um die Peloponnes zu umfahren, so sind die Feinde ebenso stark wie wir. Bleibt dagegen die ganze Flotte zusammen, so können sie nichts gegen uns ausrichten und sind uns nicht gewachsen. Rücken Flotte und Landheer gemeinsam vor, so unterstützt eines das andere. Trennst du beides, so kannst weder du den nach Kythera entsandten Schiffen, noch sie dir Hilfe bringen. Wenn du sorgst, daß in deinem eignen Heere alles gut steht, so brauchst du dir, meine ich, um die Feinde keine Sorge zu machen, weder wo sie sich zur Schlacht stellen werden noch was sie tun werden und wie stark ihr Heer ist. Sie können für sich selber sorgen, sowie du für dich selber. Und ziehen uns die Lakedaimonier zur Schlacht entgegen — sie sollen die Niederlage nicht wieder gut machen, die wir ihnen hier beigebracht haben!«

237. Darauf erwiderte Xerxes: »Achaimenes, deine Worte sind gut, ich werde tun, was du sagst. Doch hat auch Demaratos seinen Rat in bester Absicht gegeben; nur ist seine Meinung von dir widerlegt worden. Ich glaube es dir nicht, daß er unserer Sache nicht wohlwill, denn ich sehe es aus dem, was er früher

schon gesagt hat, und aus den Ereignissen selber. Man beneidet wohl seinen Mitbürger, wenn es ihm wohlergeht, und ist ihm im Stillen feindlich gesinnt, würde ihm, wenn er uns um Rat fragt, auch nicht den ersprießlichsten Rat geben. Das müßte schon ein sehr edelgesinnter Mann sein, und die sind selten. Ein Gastfreund aber hat über seines Freundes Glück die größte Freude, und wenn ihn dieser um Rat fragt, rät er ihm das Beste. Darum befehle ich, daß niemand künftig den Demaratos, der mein Freund ist, verunglimpft.«

238. Nach diesen Worten ging Xerxes und beschaute die Toten, und des Leonidas Kopf — man sagte ihm, daß er der König und Feldherr der Lakedaimonier gewesen sei — ließ er abschlagen und an den Pfahl heften[290]. Aus vielen Anzeichen, namentlich aus diesem Befehl, ersehe ich, daß König Xerxes keinen seiner Feinde so gehaßt hat wie den Leonidas. Sonst hätte er seinem Leichnam nicht diese Schmach antun können; denn kein Volk, das ich kenne, ehrt heldenmütige Krieger so hoch wie die Perser. Die vom König Beauftragten aber vollzogen seinen Befehl.

239. Ich aber will nun zu der Stelle zurückkehren, wo ich meine Erzählung abgebrochen habe. Die Lakedaimonier waren die ersten gewesen, die von dem Zuge des Königs gegen Hellas Kunde erhalten hatten. Daraufhin hatten sie nach dem Orakel in Delphi geschickt und die oben angeführte Antwort erhalten. Die Art aber, wie sie Nachricht von dem bevorstehenden Kriege erhielten, war wunderlich. Demaratos, der Sohn des Ariston, der nach Persien entflohen war, war den Lakedaimoniern, wie ich glaube und wie die Umstände nahelegen, nicht eben wohlgesinnt; man kann daher auch annehmen, daß er nicht aus Wohlwollen, sondern aus Schadenfreude gehandelt hat. Genug, Demaratos, der in Susa lebte und wußte, daß Xerxes den Zug gegen Hellas im Sinne hatte, wollte den Lakedaimoniern Kunde davon geben. Weil sich dies auf andere Weise nicht bewerkstelligen ließ — er mußte die Entdeckung fürchten — verfiel er auf folgenden Gedanken. Er nahm eine doppelte Schreibtafel[291] und schabte den Wachsüberzug ab. Dann schrieb er auf das Holz des Täfelchens den Plan des Königs und überzog die Schriftzüge wieder mit dem Wachs. Das leere Täfelchen sollte den

Wächtern an der Straße keinen Argwohn erwecken. Als die Tafel nach Lakedaimon gelangte, verstanden die Lakedaimonier nicht, was die leere Tafel bedeuten sollte. Kleomenes' Tochter Gorgo, Leonidas' Gemahlin, war es endlich, wie man mir erzählt, die den Sinn erriet[292]. Sie sagte, man solle das Wachs abschaben, dann werde man auf dem Holze die Buchstaben finden. Sie taten es, fanden die Botschaft und lasen sie, teilten sie dann auch den übrigen Hellenen mit. So soll sich jene Kunde verbreitet haben.

ACHTES BUCH

1. Die hellenische Seemacht setzte sich aus folgenden Schiffen zusammen. Die Athener hatten einhundertsiebenundzwanzig Schiffe gestellt, die nicht nur von Athenern, sondern auch von den tapferen und eifrigen Plataiern bemannt wurden[1], obwohl sie der Schiffahrt unkundig waren. Die Korinthier hatten vierzig Schiffe gestellt, die Megarer zwanzig. Die Chalkider bemannten zwanzig von den Athenern gestellte Schiffe, die Aigineten hatten achtzehn, die Sikyonier zwölf, die Lakedaimonier zehn, die Epidaurier acht, die Eretrier sieben, die Troizenier fünf, die Styreer zwei, die Keier zwei und dazu zwei Fünfzigruderer. Die opuntischen Lokrer[2] kamen mit sieben Fünfzigruderern herbei.
2. Das also waren die bei Artemision versammelten Schiffe. Die Gesamtzahl der Schiffe — die Zahl der von den einzelnen Städten gelieferten habe ich angegeben — betrug, abgesehen von den Fünfzigruderern, zweihunderteinundsiebzig. Den Oberbefehlshaber hatten die Spartiaten gestellt: Eurybiades, den Sohn des Eurykleides. Die Bundesgenossen weigerten sich nämlich, einem athenischen Führer zu gehorchen; wenn nicht der lakonische Führer den Oberbefehl erhielte, würden sie nicht an dem Feldzuge teilnehmen.
3. Denn anfangs, bevor man nach Sizilien schickte, um Gelons Bundesgenossenschaft zu gewinnen, hatte man davon gesprochen, daß die Athener die Führung der Flotte übernehmen müßten. Da sich aber die Bundesgenossen widersetzten, gaben die Athener nach. Hellas zu retten war ihre ganze Sorge, und sie sahen ein, daß der Streit um den Oberbefehl Hellas zugrunde richten würde. Sie hatten recht; denn Zwietracht im eigenen Volke ist ebensoviel schlimmer als Krieg, wie Krieg schlimmer ist als Friede. In dieser Einsicht verzichteten sie also

auf allen Widerstand, jedoch nur solange, als sie die Hilfe der Peleponnesier brauchten[3]. Das stellte sich nachher heraus. Denn als sie den Perserkönig geschlagen hatten und der Kampf sich gegen sein eignes Reich richtete, entrissen die Athener den Lakedaimoniern den Oberbefehl, wofür die Übergriffe des Pausanias zum Vorwand dienen mußten[4]. Doch fällt das erst in eine spätere Zeit.

4. Damals kam also die hellenische Flotte nach Artemision. Als die Hellenen aber so viele feindliche Schiffe bei Aphetai vor Anker gehen sahen und alles von der feindlichen Flotte voll war — es war also mit der Seekriegsführung der Barbaren durchaus nicht so gegangen wie sie gehofft hatten[5] —, da fürchteten sie sich und berieten von neuem über die Flucht in die Binnengewässer von Hellas. Als die Euboier merkten, daß man mit diesem Plane umging, baten sie Eurybiades, noch eine kleine Weile zu warten, bis sie ihre Kinder und ihr Gesinde in Sicherheit gebracht hätten. Da er nicht darauf einging, wendeten sie sich an den athenischen Führer Themistokles und bewogen ihn durch eine Geldsumme von dreißig Talenten, die Hellenen zum Bleiben und zur Seeschlacht vor Euboia zu überreden.

5. Themistokles bewog die Hellenen dadurch zum Bleiben, daß er Eurybiades fünf Talente von dem Gelde abgab, scheinbar aus seinem eignen Vermögen. Als er Eurybiades für sich gewonnen hatte, war der korinthische Führer Adeimantos, Sohn des Okytos, der einzige, der sich noch sträubte und erklärte, er würde abfahren und nicht in Artemision bleiben. Ihm versprach Themistokles unter seinem Eide:

»Du wirst uns nicht im Stiche lassen, denn ich verspreche dir reichere Geschenke als der Mederkönig dir für den Verrat deiner Bundesbrüder geben würde.«

Mit diesen Worten schickte er gleich drei Silbertalente nach dem Schiffe des Adeimantos. So ließen sich die Führer durch Geschenke ködern und umstimmen, und die Euboier hatten ihren Wunsch durchgesetzt. Themistokles selber wurde reich dabei und verheimlichte die übrige Summe[6]. Die Empfänger des Geldes glaubten, das Geld sei zu diesem Zwecke aus Athen gekommen.

6. Also man blieb in Euboia und lieferte eine Seeschlacht, die

folgendermaßen verlief. Als die Barbaren — bei Beginn des Nachmittags — vor Aphetai ankamen und die kleine hellenische Flotte bei Artemision liegen sahen, worüber sie schon vorher unterrichtet waren, da wollten sie sie angreifen und die Schiffe zu erobern suchen. Geradeswegs auf sie loszufahren schien nicht ratsam, weil die Hellenen, wenn sie die Perser herankommen sahen, die Flucht ergreifen und unter dem Schutze der Nacht entweichen konnten. Sie glaubten natürlich, daß die Hellenen das tun würden, und wollten doch, daß kein Mann ihnen entwischen und mit dem Leben davonkommen sollte.

7. Sie verfielen daher auf den Gedanken, zweihundert Schiffe von der Hauptmacht abzusondern und sie hinten um die Insel Skiathos herumzuschicken. Die Feinde sollten nicht merken, daß diese Schiffe um Euboia herum, an Kaphereus und Geraistos vorbei, nach dem Euripos fuhren, so daß sie umzingelt waren. Die abgesandten Schiffe schnitten ihnen den Rückzug ab, und die Hauptmacht griff sie von vorne an[7].

Der Plan war gefaßt, und die Schiffe gingen ab. Die Flotte stand für diesen Tag von dem Angriff auf die Hellenen ab und wollte das verabredete Zeichen abwarten, das die Ankunft der abgeordneten Schiffe ankündigen sollte. Über die vor Aphetai liegende Hauptmacht wurde inzwischen Musterung gehalten.

8. Währenddessen faßte ein gewisser Skyllias aus Skione, zu seiner Zeit der vorzüglichste Taucher, den es gab, den Entschluß oder führte den schon früher gefaßten, aber bis dahin nicht ausführbaren Entschluß aus, zu den Griechen überzugehen. Er befand sich auf der persischen Flotte und hatte bei dem Schiffbruch am Pelion den Persern einen großen Teil ihrer Schätze gerettet, auch sich selber einen großen Teil angeeignet. Auf welche Weise Skyllias sich jetzt zu den Hellenen flüchtete, kann ich nicht sicher angeben; was man darüber erzählt, scheint mir kaum glaublich. Es heißt nämlich, er soll in Aphetai ins Meer getaucht sein und erst in Artemision wieder an die Oberfläche gekommen sein, soll also die etwa achtzig Stadien unter dem Wasser durchschwommen haben. Auch sonst erzählt man von diesem Manne Dinge, die erlogen scheinen; anderes ist wahr. Was den vorliegenden Fall betrifft, so glaube ich eher, daß er in einem Boot nach Artemision gefahren ist[8]. Als er dort

ankam, berichtete er den Führern sofort von dem Schiffbruch und von den um Euboia herum entsandten Schiffen.

9. Die Hellenen hielten nun eine Beratung ab. Viele Meinungen wurden laut. Endlich entschloß man sich, diesen Tag noch dort zu bleiben und sich am Ufer zu lagern, um Mitternacht aber ihre Stellung aufzugeben und den abgesandten Schiffen entgegenzufahren. Darauf aber, als kein Angriff auf sie erfolgte, fuhren sie noch am späten Nachmittag ihrerseits auf die Barbaren los, um ihre Kampfesweise, namentlich beim Durchbrechen der Reihen, kennenzulernen[9].

10. Als die Mannschaften und Führer des Xerxes die kleine Flotte auf sich zukommen sahen, lichteten auch sie die Anker. Sie hielten die Hellenen für toll und dachten mit leichter Mühe die Schiffe zu nehmen, ein Gedanke, der wohlberechtigt war, denn sie sahen, wie wenig Schiffe die Hellenen hatten und daß ihre Flotte um das Vielfache größer war und auch besser segelte. Im Vertrauen darauf schlossen sie einen Kreis rings um die Hellenen.

Einige Ioner, die den Hellenen wohlwollten und nur ungern mit in den Krieg gezogen waren, sahen mit großer Betrübnis diese Umzingelung ihrer Flotte und meinten, es würde keiner heil davonkommen; so schwach kam ihnen die hellenische Macht vor. Andere, die sich über das Schicksal der Hellenen freuten, wetteiferten, wer zuerst ein attisches Schiff erobern und vom König ein Geschenk einheimsen würde. In der ganzen Flotte sprach man nämlich am meisten von den Athenern.

11. Den Hellenen wurde das Zeichen gegeben, und sie richteten die Schiffe mit dem Schnabel gegen die Barbaren, so daß die Spiegel in der Mitte zusammentrafen. Auf das zweite Zeichen gingen sie vor, obwohl der Raum eng war und sie nur geradeaus fahren konnten. Dreißig Barbarenschiffe wurden erobert und Philaon, Sohn des Chersis, Bruder des Königs Gorgos von Salamis[10], ein bedeutender Mann der Flotte, gefangen genommen. Der erste Hellene, der ein feindliches Schiff nahm, war der Athener Lykomedes, Sohn des Aischraios. Er erhielt den Siegespreis.

Die Kämpfenden trennte nach unentschiedener Schlacht die hereinbrechende Nacht. Die Hellenen segelten nach Artemision zurück, die Barbaren nach Aphetai. Der Kampf war ganz anders verlaufen, als sie erwartet hatten. Nur einer von den Hellenen in des Königs Heere ging in dieser Seeschlacht zu den Hellenen über: Antidoros aus Lemnos. Die Athener schenkten ihm dafür ein Stück Land auf Salamis.

12. Als die Nacht hereingebrochen war, fiel ein die ganze Nacht hindurch währender gewaltiger Regen, obwohl es mitten im Sommer war, und dumpfe Donnerschläge ertönten vom Pelion her. Die Leichname und Schiffstrümmer wurden nach Aphetai getrieben, drängten sich um die Schiffsschnäbel der persischen Flotte und schlugen an die Ruderblätter[11]. Die Mannschaft, die die Geräusche hörte, geriet in Furcht und glaubte, bei all ihren Unglücksfällen würden sie endlich ganz zugrunde gehen müssen. Denn ehe sie sich von dem Schiffbruch und Sturm am Pelion hatten erholen können, kam die erbitterte Schlacht, und jetzt nach der Schlacht kam der furchtbare Regen, Wassermassen stürzten ins Meer, und dumpfer Donner ertönte. So hatten sie eine traurige Nacht.

13. Aber für die um Euboia herum geschickten Schiffe wurde diese Nacht noch weit furchtbarer; denn das Unwetter überfiel sie auf offener See und bereitete ihnen ein klägliches Ende. Denn der Sturm und Regen überfiel sie bei den euboiischen Klippen[12], und sie scheiterten, vom Winde umhergetrieben und des Weges unkundig, an den Felsen. Alles das war das Werk der Gottheit, damit die persische Flotte der hellenischen gleich würde und nicht mehr so viel größer wäre. Diese Schiffe gingen also bei den euboiischen Klippen zugrunde.

14. Die Flotte vor Aphetai aber hielt sich, als der ersehnte Tag heraufkam, ganz still und war froh, nach dem Unheil jetzt Ruhe zu haben. Die hellenische Flotte dagegen vermehrte sich durch einen Zuzug von dreiundfünfzig attischen Schiffen. Ihre Ankunft und die zugleich eintreffende Nachricht, daß alle um Euboia herumfahrenden Barbarenschiffe bei dem Unwetter zugrunde gegangen seien, hob die Stimmung der Hellenen. Sie warteten dieselbe Tagesstunde ab wie am vorhergehenden Tage und überfielen dann die kilikischen Schiffe. Die Schiffe wurden zerstört, und als die Nacht einbrach, fuhren die Hellenen nach Artemision zurück.

15. Die Führer der persischen Flotte waren voller Zorn, daß das kleine Häuflein von Schiffen sie so zum Spott machte, fürchteten auch den Groll des Xerxes und warteten deshalb am dritten Tage den Angriff der Hellenen nicht ab, sondern faßten sich ein Herz und stachen schon zur Mittagszeit in See. Nun fielen diese Seegefechte gerade auf dieselben Tage wie die Landkämpfe bei Thermopylai, und der Zweck der hellenischen Flotte war lediglich, den Euripos[13] zu schützen, ebenso wie Leonidas mit seiner Schar den Engpaß decken wollte. Die Hellenen waren bestrebt, die Barbaren nicht nach Hellas hereinzulassen, und die Barbaren, das hellenische Heer zu vernichten und die Straße in ihre Gewalt zu bringen.

16. Als die feindlichen Schiffe in Schlachtordnung herankamen, blieben die Hellenen ruhig vor Artemision liegen. Die Barbaren schlossen einen halbmondförmigen Bogen, um die Feinde zu umzingeln. Jetzt setzten sich die Hellenen in Bewegung, und der Kampf begann. Die Streitkräfte waren in dieser Schlacht einander gleich, denn die Flotte des Xerxes stand sich durch ihre Größe und Zahl selber im Wege; die Schiffe kamen in Unordnung, und eines stieß gegen das andere. Trotzdem hielten sie stand und wichen nicht zurück, denn sie wollten vor den paar Schiffen doch nicht schmählich die Flucht ergreifen. Manches hellenische Schiff und mancher hellenische Mann gingen zugrunde, aber noch weit größer waren die Verluste der Barbaren an Schiffen und Leuten. So rangen sie miteinander, und dann trennten sie sich, und jeder kehrte an seinen Platz zurück.

17. In dieser Seeschlacht zeichneten sich auf Xerxes' Seite am meisten die Ägypter aus. Viele Heldentaten vollbrachten sie; fünf hellenische Schiffe samt der Mannschaft eroberten sie. Auf hellenischer Seite zeichneten sich an diesem Tage besonders die Athener aus, namentlich der Athener Kleinias, Sohn des Alkibiades, der mit zweihundert Mann und einem auf eigene Kosten gebauten Schiff in den Krieg gezogen war[14].

18. Beide Flotten begaben sich mit Freuden nach ihrem Ankerplatz zurück. Die Hellenen waren, als sie aus der Schlacht schieden, zwar Herren der Leichname und Schiffstrümmer geblieben, waren aber doch hart mitgenommen, nicht am wenigsten die

Athener; die Hälfte ihrer Schiffe war beschädigt. Sie beschlossen den Rückzug nach Hellas hinein.

19. Aber Themistokles überlegte, daß man der Barbaren recht wohl Herr werden könnte, wenn man ihnen die Ioner und Karer abwendig machte. Als er nun die Herden der Euboier an der Küste dort weiden sah, versammelte er die hellenischen Führer und erklärte ihnen: er glaube ein Mittel zu wissen, durch das er dem König seine besten Bundesgenossen abspenstig zu machen hoffe. Mehr sagte er ihnen fürs erste nicht, dagegen meinte er, unter den jetzigen Umständen müsse man von den euboiischen Herden schlachten, soviel man irgend bedürfe, denn besser sei doch, ihr eignes Heer esse das Fleisch, als die Feinde. Ferner meinte er, jeder solle seinen Leuten Befehl geben, ein Lagerfeuer anzuzünden. Über die Abfahrt sollten sie sich keine Sorge machen: er werde die rechte Stunde angeben, so daß sie unbehelligt nach Hellas gelangen würden.

Die Führer waren mit seinen Ratschlägen einverstanden, ließen Feuer anzünden und machten sich dann gleich an die Viehherden.

20. Die Euboier hatten nämlich, ohne sich im geringsten um die Weissagung des Bakis[15] zu kümmern, den Krieg über sich hereinbrechen lassen. Sie hatten nichts in Sicherheit gebracht und auch keine Vorräte für den bevorstehenden Krieg herbeigeschafft. Die Weissagung des Bakis über den Krieg lautet nämlich folgendermaßen:

> Wenn der Barbar die Byblostaue über das Meer wirft,
> Dann ist's Zeit, von Euboia die meckernden Ziegen zu treiben.

Da sie auf dies Wort gar nicht geachtet hatten, weder für die Gegenwart noch für die Zukunft, so mußte das furchtbarste Unglück über sie kommen.

21. Währenddessen kam aus Trachis der Kundschafter an. In Artemision befand sich nämlich ein Kundschafter, Polyas aus Antikyra[16], der den Auftrag hatte — ein Boot lag stets für ihn bereit —, dem Heere in Thermopylai über die Kämpfe der Flotte zu berichten; und ebenso befand sich der Athener Abronichos, Sohn des Lysikles, bei Leonidas, immer bereit, auf

einem Dreißigruderer den Kämpfern in Artemision Kunde zu bringen, falls dem Landheere ein Unglück zustieße. Dieser Abronichos kam also an und erzählte das Schicksal des Leonidas und seines Heeres. Als die Hellenen das hörten, schoben sie den Abzug nicht länger auf, sondern fuhren in der Ordnung, in der sie lagen, davon: die Korinthier an der Spitze, die Athener als letzte.

22. Themistokles wählte aber die besten athenischen Segler aus, fuhr hinüber nach den Trinkwasserstätten und ritzte eine Inschrift in die Steine[17], die die am nächsten Tage nach Artemision kommenden Ioner lasen. Die Inschrift lautete:

»Ioner! Es ist nicht recht, daß ihr gegen eure Vorfahren ins Feld zieht und Hellas in Knechtschaft bringt. Kommet zu uns herüber! Und ist euch das unmöglich, so beteiligt euch wenigstens nicht mehr am Kampfe gegen uns und bittet die Karer, ein Gleiches zu tun. Könnt ihr aber keins von beiden tun, seid ihr durch zu harten Zwang gebunden und könnt euch nicht losmachen, so kämpft wie Feiglinge, wenn es zur Schlacht kommt. Vergesset nie, daß ihr unseres Stammes seid und daß ihr es ursprünglich waret, die uns in den Krieg mit dem Perserkönig getrieben haben.«

Das war die Inschrift des Themistokles. Er hatte, scheint mir, eine doppelte Absicht dabei: die Ioner sollten, wenn der König nichts davon erfuhr, abfallen und auf die Seite der Hellenen treten, oder Xerxes sollte, wenn er es erfuhr und Verdacht faßte, den Ionern mißtrauen und sie nicht an den Seeschlachten teilnehmen lassen.

23. Es dauerte nicht lange, so kam in einem Boot ein Mann aus Histiaia[18] zu den Barbaren und meldete den Abzug der Hellenen aus Artemision. Sie nahmen den Boten, weil sie ihm nicht glaubten, in Gewahrsam und schickten Schnellsegler auf Kundschaft aus. Diese berichteten, was sie gesehen hatten, und mit Sonnenaufgang fuhr die gesamte Flotte hinüber nach Artemision. Bis Mittag lag sie dort vor Anker und fuhr dann weiter nach Histiaia. Die Stadt Histiaia wurde besetzt, und alle Küstendörfer im Gebiet von Histiaia, dem Lande Ellopia, wurden überfallen.

24. Als die Flotte hier weilte, schickte Xerxes von Thermo-

pylai einen Herold an sie. Er hatte mit den Gefallenen folgendes getan. Von allen bei Thermopylai gefallenen Kriegern seines Heeres — es waren wohl zwanzigtausend — ließ er etwa tausend liegen, für die übrigen ließ er Gräber graben und sie bestatten. Auf die Gräber wurde Laub geschüttet und Erde geworfen, damit die Leute von der Flotte sie nicht sähen. Als nun der Herold nach Histiaia herüberkam, sprach er vor der ganzen versammelten Flotte folgendes:

»Bundesgenossen! König Xerxes gestattet jedem unter euch, wenn er will, seinen Platz zu verlassen und herüberzukommen, um zu sehen, wie der König das törichte Volk bekämpft, das über seine Heeresmacht zu siegen wähnte.«

25. Als der Herold das verkündet hatte, war bald große Not an Schiffen, so viele Menschen wollten die Leichen sehen. Sie fuhren hinüber und gingen schauend durch die Reihen der Toten. Alle glaubten, die Toten seien nur Lakedaimonier und Thespiaier, auch die Heloten hielten sie dafür[19]. Jedoch konnte es keinem der Herübergekommenen verborgen bleiben, was Xerxes mit seinen eignen Toten getan hatte. Man mußte ja auch lachen: von den Persern lagen nur tausend Mann da, und die Griechen waren alle an einen einzigen Platz zusammengetragen, viertausend Mann[20].

Dieser Tag verging mit der Totenschau. Am nächsten Tage kehrten die Flottenmannschaften nach Histiaia zu den Schiffen zurück, und das Landheer unter Xerxes rückte vorwärts.

26. Nun kamen einige Überläufer zu den Persern, Leute aus Arkadien. Sie litten Not und suchten Dienst[21]. Man führte sie zum König und fragte sie aus, was die Hellenen jetzt täten. Ein Perser stellte im Namen aller diese Fragen. Die Arkader erwiderten, die Hellenen feierten das olympische Fest und schauten den gymnischen und hippischen Wettkämpfen zu[22]. Er fragte weiter, um was sie denn da kämpften. Sie antworteten, um einen Kranz von Ölbaumzweigen. Darauf sagte Tigranes, der Sohn des Artabanos, ein sehr schönes Wort, das ihm freilich von dem König den Vorwurf der Feigheit eintrug. Denn als er hörte, daß der Siegespreis bei den Hellenen ein Kranz, nicht eine Geldsumme sei, konnte er nicht an sich halten und sagte laut vor der ganzen Versammlung:

»Weh, Mardonios! Du führst uns in den Kampf gegen ein Volk, das nicht um Geldeswert ringt, sondern um den Tugendpreis?« Dies Wort sprach Tigranes.

27. Inzwischen, gleich nach der Niederlage bei Thermopylai, schickten die Thessaler einen Herold an die Phoker, gegen die sie schon von jeher einen Groll hegten, namentlich aber seit dem letzten Kriege, den sie verloren hatten. Die Thessaler und ihre Bundesgenossen hatten nämlich mit ihrem ganzen Heerbann einen Einfall ins Land der Phoker gemacht — wenige Jahre vor dem Kriegszuge des Königs — und waren von den Phokern geschlagen und mit blutigen Köpfen heimgeschickt worden. Sie hatten nämlich die Phoker und mit ihnen den Wahrsager Tellias aus Elis auf dem Parnassos[23] eingeschlossen, und dieser Tellias ersann nun folgende Kriegslist. Er bestrich die sechshundert tapfersten Phoker mit Kreide, Leute und Waffen, und schickte sie bei Nacht gegen die Thessaler: sie sollten jeden töten, den sie fänden und der nicht weiß aussähe wie sie. Zuerst erblickten die thessalischen Wachtposten sie und flüchteten — sie dachten, das gehe nicht mit rechten Dingen zu — und ebenso erging es dem Heere selber. Die Phoker erschlugen viertausend Mann und erbeuteten ihre Schilde, von denen sie die eine Hälfte nach Abai[24], die andere nach Delphi stifteten. Der Zehnte, den sie von den in dieser Schlacht erbeuteten Schätzen weihten, sind die großen, um den Dreifuß vor dem Tempelhaus in Delphi herum stehenden Standbilder[25]. Ähnliche Standbilder weihten sie nach Abai.

28. Und die belagerten Phoker schlugen nicht bloß das thessalische Fußvolk; sie brachten auch der in ihr Land gefallenen Reiterei eine vernichtende Niederlage bei. In dem Engpaß bei Hyampolis gruben sie einen breiten Graben und stellten leere Amphoren hinein. Dann schütteten sie ihn wieder zu, machten die Stelle dem übrigen Boden gleich und erwarteten nun den Einfall der Thessaler. Die Thessaler stürmten heran, um die Phoker gefangen zu nehmen, stürzten aber in die Amphoren[26], und die Pferde brachen die Beine.

29. Wegen dieser beiden Niederlagen grollten also die Thessaler und schickten jetzt einen Herold, der den Phokern folgenden Vorschlag machte:

»Phoker! Besinnt euch endlich eines Besseren und sehet ein, daß ihr uns nicht gewachsen seid. Schon früher, wo wir auf seiten der Hellenen standen, hatten wir in Hellas stets mehr Macht und Einfluß als ihr. Und jetzt vermögen wir bei dem Perserkönig so viel, daß es ganz in unserer Hand liegt, euch aus eurem Lande zu jagen, ja euch in die Sklaverei zu verkaufen. Aber wir wollen, so leicht wir es könnten, keine Rache an euch üben. Nur fünfzig Silbertalente Sühngeld erbitten wir uns und versprechen dafür, das drohende Unheil von eurem Lande abzuwenden.«

30. Dies war die Botschaft der Thessaler. Die Phoker waren nämlich der einzige Stamm jener Gegend, der nicht auf seiten Persiens getreten war, meiner Meinung nach bloß aus Haß gegen die Thessaler. Wären die Thessaler für Hellas eingetreten, so wären, glaube ich, die Phoker persisch geworden. Auf die Botschaft der Thessaler erklärten sie daher, sie gäben kein Geld, es stände ihnen ja, wenn sie wollten, nichts im Wege, ebensogut persisch zu werden wie die Thessaler; aber ohne Not würden sie Hellas niemals verraten.

31. Als die Thessaler diese Antwort erhielten, zeigten sie erbittert dem Perserkönig den Weg nach Phokien. Aus dem trachinischen Lande führt der Weg zuerst nach Doris. Ein schmaler Zipfel des dorischen Landes zieht sich nämlich von Malis nach Phokis hinüber. Es ist das alte Dryoperland. Dies dorische Land ist das Heimatland der Dorier in der Peloponnes[27]. Das dorische Land verwüsteten die durchziehenden Barbaren nicht, denn es war persisch gesinnt, und die Thessaler erklärten sich dagegen.

32. Als sie aber weiter nach Phokis hineindrangen, konnten sie zwar der Bewohner selber nicht habhaft werden — ein Teil war auf die Höhen des Parnassos gestiegen, dessen Gipfel, nach der Stadt Neon zu gelegen und Tithora genannt, zur Beherbergung eines Heerhaufens wohl geeignet ist; dahin also flüchteten sie sich und ihre Habe[28]. Der größere Teil der Bevölkerung aber wanderte zu den ozolischen Lokrern aus und begab sich nach der jenseits des krisaiischen Tales gelegenen Stadt Amphissa[29]. Die Barbaren durchstreiften das ganze phokische Land – die Thessaler führten sie – und alles, was sie

fanden, verbrannten und zerstörten sie und legten Feuer an die Städte und Heiligtümer.

33. Auf diesem Zerstörungszuge hielten sie sich am Ufer des Kephisos und verbrannten folgende Städte: Drymos, Charadra, Erochos, Tethronion, Amphikaia, Neon, Pedieia, Triteia, Elateia, Hyampolis, Parapotamioi und Abai, wo ein reicher Apollontempel lag mit vielen Schatzhäusern und Weihgeschenken[30]. Es war auch eine Orakelstätte dort, die noch jetzt besteht. Auch dies Heiligtum plünderten und verbrannten sie, fingen auch einige Phoker, die sie auf die Berge verfolgten, und einige Weiber brachten sie um, indem Massen von Soldaten sie schändeten.

34. Als die Barbaren Parapotamioi hinter sich gelassen hatten, kamen sie nach Panopeus[31]. Hier teilte sich das Heer in zwei Züge. Der größere und stärkere Teil zog mit Xerxes gegen Athen und drang zunächst in Boiotien, ins Gebiet von Orchomenos ein. Ganz Boiotien war persisch gesinnt, und makedonische Mannschaften, die Alexandros abgesandt und auf die Städte verteilt hatte, retteten die boiotischen Städte[32]. Sie wollten damit nämlich dem Xerxes beweisen, daß die Boioter auf seiten der Perser ständen.

35. Während sich diese Heeresabteilung nach Boiotien wandte, brach der andere Teil unter Führung von Wegekundigen nach dem Heiligtum in Delphi auf und ließ den Parnassos zu seiner Rechten. Auch er verwüstete alle phokischen Orte, die er auf seinem Wege traf, so die Städte der Panopeer, der Daulier und der Aioliden[33]. Er war zu dem Zweck von dem übrigen Heere abgesondert worden, um das Heiligtum in Delphi zu plündern und König Xerxes die delphischen Schätze zu überbringen. Xerxes wußte, wie man mir erzählt hat, von allen berühmten Dingen, die sich in Delphi befanden, mehr als von seinen eigenen Schätzen, die er zu Hause hatte. Jedermann sprach von Delphi, namentlich von den Weihgeschenken des Kroisos, des Sohnes des Alyattes[34].

36. Die Delpher gerieten in die höchste Bestürzung, als sie Xerxes' Absicht erfuhren. In ihrer Angst fragten sie bei dem Orakel an, ob sie die heiligen Tempelschätze vergraben oder in ein anderes Land schaffen sollten. Aber der Gott verbot, sie

anzurühren, und sagte, er sei stark genug, sein Eigentum zu beschützen. Da wurden denn die Delpher um ihre eigene Sicherheit besorgt. Kinder und Weiber schickten sie hinüber nach Achaia, sie selber erkletterten größtenteils die Gipfel des Parnassos[35] und bargen ihre Habe in der korykischen Grotte; andere flohen nach Amphissa im Lande der Lokrer[36]. Also die ganze Bevölkerung von Delphi verließ die Stadt, nur sechzig Männer und der Orakelverkünder blieben zurück.

37. Schon waren die Barbaren nahe und konnten aus der Ferne bereits den Tempel erblicken, da sah der Orakelverkünder, sein Name war Akeratos, daß die heiligen Waffen, die keines Menschen Hand anrühren darf, aus dem Tempelhaus herausgetragen waren und am Boden lagen[37]. Er ging, um den anderen in Delphi Gebliebenen dieses Wunder zu erzählen. Als aber die Barbaren bis zum Tempel der Athena Pronaia vorgedrungen waren, geschahen noch weit größere Wunder als dies. So wunderbar es ist, daß Waffen ohne eines Menschen Zutun plötzlich vor dem Tempel liegen, ist doch das, was nun weiter geschah, das erstaunlichste Ereignis, dessen man sich versehen kann. Denn in demselben Augenblick, wo die Barbaren bei dem Tempel der Athena Pronaia erschienen, fielen Blitze vom Himmel auf sie herab und brachen zwei Felsgipfel vom Parnassos los, stürzten mit Getöse auf sie herab und begruben sie; auch aus dem Tempel der Pronaia erklangen Stimmen und Kriegsrufe.

38. Die Barbaren gerieten über alle diese Wunderzeichen in Schrecken, und sobald die Delpher sahen, daß sie die Flucht ergriffen, kamen sie von den Bergen herab und töteten eine große Menge. Die Überlebenden flohen geradeswegs bis nach Boiotien.

Wie man mir erzählt, haben diese geflüchteten Barbaren noch von anderen Wundern, die sie gesehen haben, berichtet. Zwei übermenschlich große Krieger haben sie verfolgt und die Menschen erschlagen. 39. Die Delpher meinen, das seien ihre heimischen Heroen Phylakos und Autonoos gewesen, die beide in der Nähe des Tempels ihre Kapellen haben, Phylakos an der Straße oberhalb des Pronaiaheiligtums, Autonoos in der Nähe der Quelle Kastalia unter der Felswand Hyampeia. Die vom Parnassos herabgefallenen Felsstücke waren noch zu meiner Zeit erhalten und liegen in dem Heiligtum der Athena Pronaia, wo sie nach Durchbrechung der feindlichen Scharen stecken geblieben waren[38].

Das war der Rückzug des persischen Heerhaufens aus dem delphischen Heiligtum.

40. Die von Artemision abgefahrene hellenische Flotte ging auf Bitten der Athener bei Salamis vor Anker. Die Athener baten darum, in Salamis Halt zu machen, weil sie ihre Kinder und Weiber aus Attika fortbringen wollten. Auch sollte eine Beratung über den ferneren Kriegsplan abgehalten werden. Denn wie die Dinge lagen — sie fanden sie anders als sie gedacht — mußten sie neue Beschlüsse fassen. Sie hatten nämlich die ganze peloponnesische Kriegsmacht in Boiotien in Erwartung der Barbaren zu finden gehofft, fanden aber nichts dergleichen. Vielmehr erfuhren sie, daß die Peloponnesier den Isthmos befestigt hätten und dessen Verteidigung zwar die höchste Sorgfalt widmeten, das Land außerhalb der Peloponnes aber preisgegeben hätten. Auf diese Nachricht hin also baten die Athener, man möchte bei Salamis Halt machen.

41. Die übrigen Schiffe gingen bei Salamis vor Anker; die Athener landeten an ihrer Küste. Gleich nach der Ankunft ließen sie durch die Herolde ausrufen, jeder Athener solle, so gut er könne, Kinder und Hausgenossen in Sicherheit bringen. Die meisten schafften ihre Angehörigen darauf nach Troizen, andere nach Aigina, andere nach Salamis. Sie taten es gern und schnell, wie schon jener Orakelspruch es ihnen befohlen hatte und weil noch ein anderes bedeutsames Zeichen eingetreten war. Wie man in Athen erzählt, hauste in dem Tempel auf der Akropolis als deren Hüterin eine große Schlange, der man, wie sie weiter erzählen, ein monatliches Opfer hinlegte. Dies Opfer besteht in einem Honigkuchen. Aber der Honigkuchen, der sonst jedesmal aufgezehrt worden war, blieb diesmal unberührt. Als das die Priesterin verkündete, verließen die Athener um so lieber ihre Stadt, denn auch die Göttin hatte ja die Akropolis verlassen[39].

Als alles in Sicherheit gebracht war, fuhren sie zur Flotte zurück.

42. Während die aus Artemision kommende Flotte vor Salamis ankerte, kam auch der Rest der hellenischen Flotte herbei, der sich bei Troizen befand und von der Ankunft der Schiffe Kunde erhalten hatte. Versammelt hatte sich die Flotte ja, wie früher berichtet, in Pogon, dem Hafen von Troizen[40], und es waren dort weit mehr Schiffe und von weit mehr Städten zusammengekommen, als bei Artemision gekämpft hatten. Oberfeldherr blieb derselbe, der es bei Artemision war: Eurybiades, Sohn des Eurykleides, ein Spartiate, der jedoch nicht aus der königlichen Familie stammte. Doch hatte Athen bei weitem die meisten und besten Schiffe gestellt. 43. Die Zahl und Verteilung der Schiffe war folgende:

Zunächst aus der Peloponnes: die Lakedaimonier hatten sechzehn Schiffe, die Korinthier die gleiche Zahl wie bei Artemision, die Sikyonier fünfzehn Schiffe, die Epidaurier zehn, die Troizenier fünf, die Hermioner drei. Alle diese Städte mit Ausnahme von Hermione sind dorischen und makedonischen Stammes und sind aus Erineos und Pindos, schließlich aus der Dryopis in die Peloponnes eingewandert. Die Hermioner dagegen sind Dryoper und wurden aus dem heute sogenannten dorischen Lande durch Herakles und die Malier vertrieben[41].

44. Das waren die peloponnesischen Städte. Von den Städten des Festlands hatten die Athener allein fast ebenso viel Schiffe gestellt wie alle anderen zusammen, nämlich einhundertachzig. Bei Salamis kämpften die Plataier nicht wieder auf den athenischen Schiffen mit. Denn als die Hellenen von Artemision zurückkehrten und bei Chalkis waren, stiegen die Plataier jenseits von Boiotien aus und zogen zu Lande heimwärts, um ihre Angehörigen in Sicherheit zu bringen. So kam es, daß sie nicht mehr rechtzeitig eintrafen. Die Athener waren übrigens zur Zeit, als noch die Pelasger das heute Hellas genannte Land im Besitz hatten, Pelasger und führten den Namen Kranaer. Zur Zeit des Königs Kekrops hießen sie dann Kekropiden und erhielten, als Erechtheus König geworden war, den Namen Athener und endlich nach ihrem Feldherren Ion, Sohn des Xuthos, den Namen Ioner[42].

45. Die Megarer hatten die gleiche Zahl von Schiffen wie bei Artemision, die Amprakioten kamen mit sieben Schiffen her-

bei, die Leukadier[43] mit dreien. Auch diese Städte sind dorischen Stammes und Pflanzstädte Korinths.

46. Schließlich die Inseln. Aigina hatte dreißig Schiffe gestellt. Es hatte zwar noch mehr Schiffe ausgerüstet, doch verwendete es die anderen zum Schutze der Heimat; nur mit den dreißig besten kämpften sie bei Salamis mit. Die Aigineten sind Dorier und stammen aus Epidauros; in früheren Zeiten hieß die Insel Oinone[44].

Ferner waren die Chalkider mit den zwanzig Schiffen erschienen, die sie bei Artemision gehabt hatten. Die Eretrier mit ihren sieben. Sie sind Ioner. Auch die Keier kamen mit denselben Schiffen; sie sind ionischen Stammes und sind aus Athen gebürtig.

Die Naxier hatten vier Schiffe gestellt, die von der Bürgerschaft eigentlich zu der persischen Flotte geschickt worden waren, ebenso wie die Schiffe der anderen Inseln. Aber trotz dieses Befehles schlossen sie sich den Hellenen an, auf Betreiben des Demokritos, eines angesehenen Naxiers, der damals ein Schiff führte. Die Naxier sind Ioner und stammen aus Athen.

Die Styreer hatten ebensoviel Schiffe wie bei Artemision, die Kythnier eine Triere und einen Fünfzigruderer. Beides sind Dryoper.

Auch die Seriphier, Siphnier und Melier[45] beteiligten sich am Kriege; es waren das die einzigen Inseln, die dem Perserkönige nicht Erde und Wasser gegeben hatten.

47. Alle diese Städte und Stämme, die den Krieg mitmachten, wohnen diesseits des Thesproterlandes und des Acheron[46]. Denn die Thesproter grenzen an die Amprakioten und Leukadier, die entlegensten Städte, die mit ins Feld zogen. Jenseits dieser Gebiete war es nur noch Kroton, das dem bedrängten Hellas mit einem Schiff, befehligt von Phayllos, dem dreifachen Sieger in den pythischen Spielen, zu Hilfe kam[47]. Die Krotoniaten sind ihrem Stamme nach Achaier.

48. Während nun die übrigen mit Dreiruderern in den Krieg zogen, hatten die Melier, Siphnier und Seriphier Fünfzigruderer, die Melier — die aus Lakedaimon stammen — zwei, die Siphnier und Seriphier — die aus Athen stammen, also Ioner sind — je einen.

Die Gesamtzahl der Schiffe, außer den Fünfzigruderern, betrug dreihundertachtundsiebzig.

49. Als die Feldherren aller dieser Städte ihre Schiffe bei Salamis versammelt hatten, hielten sie Rat, und Eurybiades hieß jeden, der wollte, seine Meinung darüber sagen, welcher unter den Orten, die noch im Besitz der Hellenen waren, für die Seeschlacht am geeignetsten sein möchte. Denn Attika hatte man schon preisgegeben; es handelte sich um den Teil von Hellas, der ihnen noch geblieben war. Die meisten Redner äußerten sich übereinstimmend dahin, daß man nach dem Isthmos fahren und vor der Peloponnes die Schlacht liefern solle; denn, sagten sie, wenn man in Salamis bleibe und die Schlacht verlöre, würde man auf der Insel belagert werden, wo man rettungslos verloren sei; am Isthmos könne man sich doch zu den Seinen retten.

50. Während die Feldherren von der Peloponnes diesen Vorschlag machten, traf ein Athener mit der Nachricht ein, daß der Perserkönig in Attika stände und das ganze Land verwüste. Xerxes war nämlich mit seinem Heere durch Boiotien gezogen, hatte die Stadt Thespiai in Brand gesteckt — die Bevölkerung war nach der Peloponnes geflüchtet —, ebenso die Stadt Plataiai und war in Attika eingedrungen, wo er alles zerstörte. Thespiai und Plataiai hatte er in Brand gesteckt, weil die Thebaner ihm sagten, die Städte seien nicht persisch gesinnt.

51. Drei Monate nach der Überschreitung des Hellespontos war es — dort hatte ja der Kriegszug seinen Anfang genommen und einen Monat, währenddessen der Übergang nach Europa bewerkstelligt wurde, hatte das Heer dort geweilt —, als die Barbaren in Attika einbrachen. Kalliades war damals Archon von Athen[48]. Sie nahmen die leere Stadt in Besitz. Auf der Akropolis, im Heiligtum, fanden sie einige Athener, Tempelhüter und Arme. Diese schlossen die Tore der Akropolis und verrammelten sie durch Verhaue, um den Feinden den Eintritt zu wehren. Teils war ihre Armut die Ursache, daß sie nicht mit nach Salamis ausgezogen waren, teils glaubten sie allein den Sinn jenes Orakelspruches der Pythia, daß die hölzerne Mauer unbezwinglich sein werde, gefunden zu haben. Die Akropolis sei der Zufluchtsort, den der Orakelspruch meine, nicht die Schiffe.

52. Die Perser besetzten den der Akropolis gegenüberliegenden Hügel, den die Athener Areios-Pagos[49] nennen, und suchten die Akropolis dadurch zu erobern, daß sie Werg um die Pfeile wickelten und sie auf das Verhau abschossen. Die belagerten Athener gerieten in die höchste Bedrängnis, da das Verhau sie nicht schützen konnte, hielten aber trotzdem stand. Sie nahmen auch den Vergleichsvorschlag[50], den die Peisistratiden machten, nicht an und sannen auf neue Verteidigungsmittel. Sie rollten den gegen das Tor andringenden Barbaren große Steine entgegen, und Xerxes war geraume Zeit ratlos, wie er die Burg einnehmen sollte.

53. Endlich fanden die Barbaren aus ihrer Verlegenheit einen Ausweg. Denn nach göttlicher Fügung sollte nun einmal das ganze festländische Attika in den Besitz der Perser kommen. An der Vorderseite der Akropolis, dem Tore und der Eingangsseite entgegengesetzt, stiegen einige Perser hinauf. Dort hielt niemand Wache, weil man nicht für möglich hielt, daß ein Mensch dort hinaufklettern könne. Es war in der Nähe des Tempels der Aglauros, Kekrops' Tochter, wo die Felsen sehr steil sind. Als die Athener die Feinde oben auf der Akropolis sahen, stürzten sich die einen von der Mauer herab und gaben sich den Tod; die anderen flüchteten in das Innere des Tempels. Die heraufgestiegenen Perser wandten sich zuerst zu dem Tore und öffneten es, dann töteten sie die Athener, die um Gnade baten. Als alle erschlagen waren, plünderten sie den Tempel und zerstörten die ganze Akropolis durch Feuer[51].

54. Im völligen Besitz von Athen schickte nun Xerxes einen reitenden Boten nach Susa, um Artabanos die errungenen Erfolge zu melden. Am Tage nach der Absendung des Herolds aber berief er die athenischen Verbannten, die sich seinem Zuge angeschlossen hatten, zu sich, und befahl ihnen, auf die Akropolis zu gehen und nach ihrer heimischen Weise ein Opfer darzubringen. Entweder hatte ihm ein Traumbild diesen Auftrag gegeben oder er bereute, den Tempel verbrannt zu haben. Die athenischen Verbannten handelten nach seinem Befehl[52].

55. Ich will den Grund angeben, weshalb ich dies erwähnt habe. Auf der Akropolis in Athen steht ein Tempel des Erechtheus, des Erdgeborenen, wie man ihn nennt, mit einem Ölbaum und

einem Brunnen mit Meerwasser. Die athenische Sage erzählt, daß Poseidon und Athena bei ihrem Streite um das Land sich auf diese beiden Dinge berufen hätten. Nun geschah es, daß mit dem Tempel auch dieser Ölbaum von den Barbaren verbrannt wurde. Als aber am Tage nach dem Brande die mit dem Opfer beauftragten Athener in den Tempel kamen, sahen sie, daß aus dem Stumpf ein ellenlanger Sprößling emporgewachsen war. Das meldeten sie dem König.

56. Als den Hellenen in Salamis die Einnahme der Akropolis von Athen gemeldet worden war, entstand eine solche Verwirrung, daß einige Feldherren die Entscheidung über den ferneren Kriegsplan gar nicht abwarteten, sondern zu ihren Schiffen eilten und die Segel hißten, um davonzufahren. Die Zurückbleibenden faßten den Beschluß, die Schlacht vor dem Isthmos zu liefern.

Die Nacht brach ein, und die Versammelten trennten sich und bestiegen ihre Schiffe. 57. Als Themistokles zu seinem Schiffe kam, fragte ihn Mnesiphilos, ein Athener, was man beschlossen habe. Als er hörte, daß der Rückzug zum Isthmos und eine Schlacht vor der Peloponnes beschlossen sei, sagte Mnesiphilos: »Wenn die Flotte Salamis verläßt, wird es überhaupt nicht zur Schlacht um unser Vaterland kommen. Jeder wird in seine Stadt zurückkehren. Weder Eurybiades noch sonst ein Mensch kann dann verhindern, daß die Flotte sich auflöst. Hellas wird durch seine Torheit zugrunde gehen. Drum, wenn es irgendein Mittel gibt, so geh und suche den Beschluß rückgängig zu machen. Vielleicht kannst du Eurybiades überreden und zum Bleiben bestimmen.«

58. Dieser Vorschlag gefiel dem Themistokles sehr. Ohne eine Antwort zu geben, ging er zu dem Schiffe des Eurybiades. Dort sagte er, er wolle eine allgemeine Angelegenheit mit ihm besprechen. Eurybiades lud ihn zu sich auf sein Schiff: er möge nur sprechen. Da setzte sich Themistokles zu ihm und wiederholte alles, was Mnesiphilos ihm gesagt hatte, aber als seine eigene Meinung, fügte auch noch viel hinzu, bis sich Eurybiades bewegen ließ, auszusteigen und die Feldherren zur Versammlung zu rufen.

59. Vor den Versammelten hielt nun Themistokles, ehe noch

Eurybiades den Grund, weswegen er die Feldherren berufen hatte, auseinandersetzen konnte, eine lange Rede, wie sie die Not ihm eingab. Der korinthische Feldherr Adeimantos, Sohn des Okytos, aber unterbrach den Redner und sagte:
»Themistokles, bei den Wettkämpfen wird mit Ruten gestrichen, wer zu frühzeitig zum Kampfe antritt.«
Themistokles antwortete, um sich zu entschuldigen: »Aber wer beim Wettlauf zurückbleibt, bekommt keinen Kranz[53].«
60. So antwortete er dem Korinthier freundlich. Aber was er vorher zu Eurybiades gesagt hatte, daß die Flotte sich auflösen würde, wenn man Salamis verließe, wiederholte er jetzt nicht; denn es ziemte sich nicht, vor den Bundesgenossen eine solche Anklage zu erheben. Er führte andere Gründe ins Feld und sagte:
»In deiner Hand, Eurybiades, liegt es jetzt, Hellas zu retten! Folge mir und liefere hier die Seeschlacht, führe nicht, wie die anderen wollen, die Flotte zum Isthmos! Denn halte doch nur beides gegeneinander! Am Isthmos mußt du auf offenem Meere kämpfen, was für uns ganz ungünstig ist, da wir schwerfälligere Schiffe haben und an Zahl geringer sind. Und Salamis, Megara, Aigina sind verloren, selbst wenn uns das Glück dort günstig ist; denn mit der Flotte rückt ja auch das Landheer vorwärts, du lockst es also selber nach der Peloponnes hin und bringst ganz Hellas in Gefahr. Tust du dagegen, was ich dir rate, so ergeben sich die größten Vorteile daraus: erstens kämpfen wir mit wenigen Schiffen gegen viele auf einem engen Raum, können also mit Wahrscheinlichkeit auf einen vollständigen Sieg rechnen. Denn ein Kampf auf engem Raum ist unser, ein Kampf auf weitem Raume des Gegners Vorteil. Dazu bleibt auch Salamis in unserer Hand, wohin wir unsere Kinder und Weiber gebracht haben. Und auch das wird erreicht, woran euch so viel gelegen ist: wenn du hier bleibst, kämpfst du ebenso gut für die Peloponnes wie am Isthmos, und bist klug genug, die Feinde nicht nach der Peloponnes zu locken. Wenn das geschieht, was ich hoffe, wenn wir zur See den Sieg davontragen, dann kommen die Barbaren nie zu euch an den Isthmos. Sie werden nicht über Attika hinaus vorrücken, sondern schmählich abziehen. Und wir erreichen dadurch, daß Megara, Aigina

und Salamis unser bleibt. Bei Salamis hat uns auch ein Orakelspruch den Sieg über die Feinde verheißen. Wenn die Menschen vernünftige Entschlüsse fassen, so pflegt ihnen alles, was sie vorhaben, zu gelingen; fassen sie aber unvernünftige Entschlüsse, so pflegt die Gottheit menschlichem Beginnen keinen Beistand zu leihen.«

61. Als Themistokles so gesprochen hatte, griff ihn der Korinthier Adeimantos von neuem an und sagte, wer kein Vaterland habe, solle schweigen; Eurybiades solle einen heimatlosen Menschen nicht mit abstimmen lassen. Ehe Themistokles Anträge stelle, müsse er sagen, für welche Stadt er spreche. Adeimantos zielte mit diesen Vorwürfen darauf hin, daß Athen erobert und in Feindes Hand war. Da sagte denn Themistokles ihm und den Korinthiern viele harte Wahrheiten; er legte dar, daß die Stadt Athen und das Land Attika größer seien als Korinth, daß Athen zweihundert Schiffe ausgerüstet habe. Keine einzige hellenische Stadt würde sich eines Angriffs Athens erwehren können.

62. Nach dieser Erklärung wandte er sich wieder an Eurybiades und sprach noch offener als vorher:

»Bleibe hier und sei ein Mann! Wenn nicht, stürzest du Hellas ins Unglück; denn die Entscheidung in diesem Kriege liegt bei der Flotte. Darum folge mir! Weigerst du dich, so nehmen wir, ohne uns weiter zu besinnen, Weiber und Kinder und wandern aus nach Siris in Italien[54]. Die Stadt ist seit alten Zeiten unser, und Weissagungen verkünden uns, daß wir uns in Siris ansiedeln sollten. Wenn ihr uns nicht mehr zu Bundesgenossen habt, werdet ihr an meine Worte denken!«

63. Durch diese Rede des Themistokles ließ Eurybiades sich umstimmen; ich glaube, es war hauptsächlich die Furcht, daß die Athener sie im Stich lassen würden, wenn er die Flotte nach dem Isthmos führe. Und ohne die Athener konnten die Hellenen keine Schlacht wagen. Genug, Eurybiades trat Themistokles bei, daß man bleiben und dort die Schlacht liefern müsse.

64. Nach solchen Wortgefechten also rüstete man sich auf Befehl des Eurybiades zum Seekampf. Als der Tag kam und die Sonne aufging, trat ein Erdbeben ein: Land und Meer bebten. Man beschloß, zu den Göttern zu beten und den Schutz der Aiakiden anzurufen. Das geschah; zu allen Göttern wurde ge-

betet und man holte von Salamis her die Bilder der Aiakiden, Aias und Telamon, herbei, schickte auch ein Schiff nach Aigina zu Aiakos selber und den anderen Aiakiden ab[55].

65. Dikaios, der Sohn des Theokydes, ein athenischer Verbannter, der bei den Persern zu jener Zeit, als Attika von dem Heere des Xerxes verwüstet und von den Athenern aufgegeben worden war, in hohem Ansehen stand, hat erzählt, daß er damals — er befand sich gerade mit dem Lakedaimonier Demaratos in der thriasischen Ebene[56] — von Eleusis her eine Staubwolke habe kommen sehen, als nahe eine Schar von dreißigtausend[57] Menschen. Sie hätten sich gewundert, von was für Menschen diese Staubwolke herrühren möchte, da hätten sie auch Stimmen gehört, und es habe geklungen wie der feierliche Jubelgesang des mystischen Chores. Demaratos, der von den heiligen Festen in Eleusis nichts wußte, habe ihn gefragt, was diese Töne bedeuteten. Er habe erwidert:

»Demaratos! Dem Heere des Königs droht ein furchtbares Unglück! Da Attika menschenleer ist, können die Töne nur von der Gottheit kommen, die von Eleusis her den Athenern und ihren Bundesgenossen zu Hilfe heranzieht. Wenn sie nach der Peloponnes zu zieht, so ist der König selber und das Landheer in Gefahr; wendet sie sich aber nach den Schiffen bei Salamis, so wird des Königs Flotte zugrunde gehen. Das eleusinische Fest feiern die Athener jedes Jahr, der Meter und Kore[58] zu Ehren, und jeder Athener und Hellene kann, wenn er will, die Weihen nehmen[59]. Die Töne, die du hörst, sind der Jubelgesang, der an dem Feste gesungen wird.«

Darauf habe Demaratos erwidert: »Sei still und verrate niemandem etwas davon! Wenn deine Worte zum König dringen, ist dein Kopf verloren, und kein Mensch auf der Welt, auch ich nicht, kann dich retten. Halten wir uns ruhig und überlassen das persische Heer den Göttern!«

Als Demaratos so gemahnt, habe sich der Staub und Lärm in eine Wolke verwandelt, die aufwärts stieg und in der Richtung nach Salamis zu der hellenischen Flotte davonflog. Daraus hätten sie ersehen, daß die Flotte des Xerxes dem Untergang geweiht war. So erzählte Dikaios, der Sohn des Theokydes, und berief sich auf Demaratos und andere Zeugen.

66. Als die Flottenmannschaften des Xerxes die gefallenen Lakedaimonier betrachtet hatten und von Trachis nach Histiaia übergesetzt waren, verweilte die Flotte dort drei Tage, fuhr dann durch den Euripos und gelangte in weiteren drei Tagen nach Phaleron. Ich glaube, die persische Kriegsmacht war, als sie ihr Ziel, Attika, erreicht hatte und zu Lande wie zu Wasser auf attischem Boden anlangte, nicht schwächer, als sie bei Sepias und Thermopylai gewesen war. Denn die Verluste, die die Perser durch den Seesturm und durch die Kämpfe bei Thermopylai und Artemision erlitten hatten, wurden ausgeglichen durch die später hinzukommenden Verstärkungen. Die Malier, die Dorier, die Lokrer, der ganze boiotische Heerbann mit Ausnahme von Thespiai und Plataiai hatten sich dem Heere angeschlossen, ebenso wie Karystos, Andros, Tenos[60] und die übrigen Inseln außer den fünf von mir früher angeführten der Flotte. Je tiefer die Perser in Hellas eindrangen, um so mehr Volksstämme zogen ja mit.

67. Als die ganze Flotte vor Athen erschienen war — mit Ausnahme der parischen Schiffe, die in Kythnos zurückgeblieben waren und den Ausgang des Kampfes abwarten wollten —, als alle anderen in Phaleron vor Anker gegangen waren, kam Xerxes selber an die Küste, um sich mit den Schiffsführern zu unterreden und ihren Rat einzuholen. Er setzte sich zur Beratung nieder, und die Stammeskönige und Flottenführer, die auf seinen Ruf erschienen, setzten sich in der Reihenfolge, die der König bestimmte, zu ihm, obenan der König von Sidon, dann der von Tyros und so die anderen. Und als sie nach Rang und Würde geordnet dasaßen, schickte Xerxes den Mardonios herum und ließ alle nacheinander fragen, ob er eine Seeschlacht liefern solle oder nicht[61].

68. Mardonios ging und fragte zuerst den König von Sidon, dann der Reihe nach die anderen. Alle erklärten sich einmütig für die Schlacht, nur Artemisia sprach folgende Worte:

»Mardonios, sage dem König, daß ich, die ich in den Schlachten bei Euboia gewiß nicht feige gewesen bin und gewiß nicht am wenigsten Tapferkeit bewiesen habe, ihm folgendes entbiete. — Herr! Meine Pflicht ist es, dir wahr und aufrichtig zu sagen, was meiner Meinung nach dir am meisten frommt. Darum sage ich: schone deine Schiffe und meide eine Schlacht! Dies Volk ist deinen Völkern zur See so überlegen wie Männer den Weibern. Warum mußt du es überhaupt auf eine Seeschlacht ankommen lassen? Ist nicht Athen dein, um dessentwillen du den Krieg unternommen hast? Ist nicht das übrige Hellas dein? Niemand tritt dir in den Weg. Die, welche sich dir entgegenstellten, haben empfangen, was sie verdient haben. Ich will dir sagen, was es mit den Feinden für ein Ende nehmen wird. Wenn du dich nicht auf eine Seeschlacht einläßt, sondern die Schiffe hier liegen bleiben und du in Attika bleibst oder nach der Peloponnes vorrückst, Herr, so wird dir ohne Mühe alles zufallen, weswegen du nach Hellas gekommen bist. Die Hellenen können dir unmöglich lange gegenüber lagern; sie werden auseinandergehen und jeder sich in seine Stadt flüchten. Sie haben, wie ich höre, keine Lebensmittel auf der Insel, und wenn du mit dem Landheere nach der Peloponnes ziehst, ist nicht zu erwarten, daß die Leute aus der Peloponnes bei der Flotte aushalten; sie werden um Athens willen keine Seeschlacht liefern wollen. Wenn du aber gleich jetzt auf einer Seeschlacht bestehst, wird es, fürchte ich, deiner Flotte übel ergehen und wird auch dein Landheer mit ins Verderben gezogen werden. Und noch eines solltest du bedenken, o König! Gute Herren pflegen schlechte Diener zu haben, und schlechte Herren gute Diener. Du bist der edelste und wackerste Herr auf der Welt, darum sind deine Diener, die sich deine Bundesgenossen nennen, schlecht, diese Ägypter, Kyprier, Kiliker und Pamphyler, die ganz und gar nichts wert sind!«

69. Als Artemisia so sprach, waren alle, die ihr wohlgesinnt waren, betrübt, denn sie glaubten, ihr Abraten von der Schlacht würde ihr vom König übel verdacht werden. Ihre Neider aber, die es ihr nicht gönnten, daß der König sie unter allen Bundesgenossen am höchsten in Ehren hielt, freuten sich über ihren Widerspruch, der ihr Verderben sein würde. Aber als die Meinungen der Führer dem Xerxes mitgeteilt wurden, war er über Artemisias Rat hocherfreut und achtete sie, die er schon vorher als eine kluge Frau erkannt hatte, noch höher. Trotzdem befahl er, nach dem Rat der Mehrheit zu handeln. Er dachte, wenn die Flotte auch bei Euboia, wo er nicht zugegen war, feige ge-

wesen sei, werde sie doch hier, wo er der Schlacht zuschauen wollte, sich tapfer zeigen.

70. Der Befehl zur Abfahrt wurde gegeben und die Schiffe brachen nach Salamis auf, wo sie sich in Ruhe zur Schlacht aufstellten und ordneten. Doch reichte der Tag für die Schlacht nicht mehr hin, denn die Nacht kam bereits heran. Sie rüsteten sich also für den nächsten Tag. Die Hellenen waren voller Furcht und Besorgnis, namentlich die Peloponnesier. Sie sollten hier in Salamis sitzen und sich für das Land der Athener schlagen, sollten, wenn sie unterlagen, auf der Insel sich einschließen und belagern lassen, während ihr Heimatland ohne Schutz und Verteidiger war!

Aber das Landheer der Barbaren setzte sich in derselben Nacht nach der Peloponnes in Bewegung. 71. Freilich waren dort alle erdenklichen Vorkehrungen getroffen, um den Barbaren das Eindringen zu Lande zu wehren. Denn sobald die Nachricht von dem Untergang der Schar des Leonidas in der Peloponnes eingetroffen war, eilte alles aus den Städten herbei und besetzte den Isthmos. Führer des Heeres war Kleombrotos, Sohn des Anaxandrides, der Bruder des Leonidas. Sie lagerten sich am Isthmos, machten die skironische Straße ungangbar und bauten, nachdem der Plan beraten und beschlossen war, quer über den Isthmos eine Mauer. Weil es ein Heer von vielen Tausenden war und jeder mit Hand anlegte, rückte der Bau schnell vorwärts. Steine, Ziegel, Balken und Körbe voller Sand wurden herbeigetragen, und die Arbeit wurde ununterbrochen, bei Nacht und bei Tage fortgesetzt.

72. Folgende hellenischen Stämme und Städte waren es, die mit ihrem ganzen Heerbann zur Verteidigung des Isthmos ausgerückt waren: die Lakedaimonier, alle Stämme der Arkader, die Eleier, die Korinthier, die Sikyonier, die Epidaurier, die Phliasier, die Troizenier und die Hermioner[62]. Das waren die Städte, die in Sorge um das bedrängte Hellas herbeigeeilt waren. Die übrigen Peloponnesier kümmerten sich nicht um den Krieg, obwohl das olympische und das Karneiafest bereits vorüber waren.

73. In der Peloponnes wohnen nämlich sieben Stämme, von denen zwei Autochthonen und von jeher dort im Lande seß-

haft sind, die Arkader und Kynurier[63]. Ein anderer Stamm, die Achaier, ist zwar nicht aus der Peloponnes, aber aus seinen ursprünglichen Sitzen ausgewandert und hat jetzt ein anderes Gebiet inne[64]. Die vier anderen Stämme sind eingewandert: die Dorier, Aitoler, Dryoper und Lemnier. Die Dorier haben viele namhafte Städte, die Aitoler die eine Stadt Elis, die Dryoper die beiden Städte Hermione und das in der Nähe von dem lakonischen Kardamyle gelegene Asine; alle Paroreaten aber sind Lemnier[65]. Die autochthonen Kynurier scheinen der einzige ionische Stamm in der Peloponnes zu sein, doch sind sie als Untertanen von Argos und durch die Länge der Zeit dorisch geworden; es sind die Orneaten. Von diesen sieben Stämmen beteiligten sich also nur die obengenannten Städte am Kriege. Darf ich meine Meinung frei heraussagen, so hielten sich die anderen nur deshalb fern, weil sie persisch gesinnt waren.

74. Das Heer am Isthmos arbeitete mit einem Eifer, als hinge das Heil Griechenlands allein von ihnen ab und dürfe man von den Schiffen gar nichts hoffen. Die Peloponnesier bei Salamis aber waren voller Angst, obwohl sie von dieser eifrigen Arbeit hörten. Sie fürchteten weniger für sich als für die Peloponnes. Anfangs war es nur ein leises Murren und Reden der Leute untereinander; man begriff nicht die Verblendung des Eurybiades. Endlich kam aber der Unwille offen zum Ausbruch. Eine Versammlung wurde berufen und viele Reden gehalten; die einen erklärten, man müsse nach der Peloponnes fahren und für sie das Leben wagen, aber nicht hier für ein bereits erobertes Land; die Athener, Aigineten und Megarer dagegen sagten, man müsse hierbleiben und den Feind zurückschlagen.

75. Da Themistokles von den Peloponnesiern überstimmt wurde, verließ er heimlich den Kriegsrat und schickte in einem Boote einen Mann mit einem bestimmten Auftrag ins persische Lager. Der Mann hieß Sikinnos und war Sklave des Themistokles und Lehrer seiner Söhne. Nach dem Kriege hat Themistokles ihm, als die Thespiaier neue Bürger aufnahmen, dort das Bürgerrecht verschafft[66] und ihn zum reichen Mann gemacht. Sikinnos kam damals in einem Boote zu den persischen Feldherren und richtete folgenden Auftrag aus:

»Der Feldherr der Athener hat mich ohne Wissen der anderen

Hellenen zu euch geschickt, denn er ist dem König wohlgesinnt und wünscht, daß ihr siegen möget und nicht die Hellenen. Ich soll euch melden, daß die Hellenen in Furcht sind und an Flucht denken. Wenn ihr sie nicht entschlüpfen laßt, könnt ihr jetzt die größte und allerherrlichste Tat vollbringen! Denn sie sind untereinander nicht einig und werden euch keinen Widerstand entgegensetzen. Ihr könnt zuschauen, wie eure Freunde und Feinde unter ihnen einander eine Schlacht liefern werden.«
Nach dieser Erklärung machte er sich sofort wieder davon.

76. Die Feinde glaubten der Botschaft und setzten zunächst eine persische Truppe nach der kleinen Insel Psyttaleia über, die zwischen Salamis und dem Festland liegt[67]. Ferner gingen, als es Mitternacht geworden war, die Schiffe des westlichen Flügels nach Salamis in See, um die Hellenen zu umzingeln, und die für Keos und Kynosura[68] bestimmten Schiffe gingen ebenfalls in See, so daß die ganze Meerenge bis nach Munichia[69] von der Flotte besetzt war. Die Auffahrt der Flotte hatte den Zweck, den Hellenen die Flucht unmöglich zu machen, sie in Salamis abzuschneiden und so für die Kämpfe bei Artemision Rache zu nehmen. Und die Entsendung der Perser nach dem Inselchen namens Psyttaleia hatte den Zweck, die dort während der Seeschlacht antreibenden Menschen und Wracke — die Insel liegt in der Fahrstraße, in der die Schlacht stattfinden mußte — teils zu retten, teils zu vernichten und zu töten. Diese Maßregeln wurden in aller Stille getroffen, damit die Gegner nichts merkten, und so waren sie die Nacht über, ohne sich zur Ruhe zu legen, beschäftigt.

77. Ich kann unmöglich den Weissagungen den Glauben versagen und sie für falsch erklären. Wenn ein Spruch ganz unzweideutig ist, so gebe ich mich nicht damit ab, seine Wahrheit zu bestreiten. Man höre z. B. folgenden Spruch:

Aber wenn sie dereinst das Meer überbrücken mit Schiffen
Von der goldenen Artemis heiliger Küste hinüber
Nach Kynosuras Strand in rasender Hoffnung, nachdem sie
Erst zerstört das stolze Athen, wird die heilige Dike
Dämpfen den Hochmut, der Hybris Sohn, den
Allesverschlinger.

Erz wird klirren an Erz, mit Blut wird Ares die Meerflut
Färben. Dann erscheinet der Tag der Freiheit für Hellas,
Kronos' waltender Sohn und die hehre Nike, sie bringt ihn.

Wenn Bakis[70] solche und so deutliche Worte verkündet, wage ich gegen seine Sprüche kein Wort des Unglaubens zu sagen und dulde es auch nicht von anderen.

78. Die Feldherren in Salamis fuhren mit ihren Redekämpfen fort und wußten nicht, daß die feindliche Flotte sie rings umzingelt hatte. Sie glaubten sie noch an der Stelle, wo sie sie am Tage hatten liegen sehen.

79. Da kam zu den streitenden Feldherren Aristeides, Sohn des Lysimachos[71], aus Athen, der von Aigina herübergekommen war. Diesen Aristeides, der von dem athenischen Volke durch das Scherbengericht verbannt worden war[72], halte ich nach dem, was ich von seinem Charakter gehört habe, für den vorzüglichsten und gerechtesten Mann Athens. Er begab sich zu dem Kriegsrat und ließ Themistokles herausrufen, der durchaus nicht sein Freund, sondern sein ärgster Feind war, aber bei der furchtbaren Lage jetzt vergaß er das und ließ ihn um eine Unterredung bitten. Er hatte erfahren, daß die Peleponnesier nach dem Isthmos segeln wollten. Als Themistokles zu ihm herauskam, sagte Aristeides:

»Wenn je, so müssen wir in einem Augenblick wie dem jetzigen darum kämpfen, wer von uns dem Vaterland größere Dienste leistet. Ich will dir nur sagen, daß es ganz einerlei ist, ob die Peloponnesier von ihrer Abfahrt schwatzen oder nicht. Ich habe mit eigenen Augen gesehen, daß die Korinthier und Eurybiades nicht fort können, auch wenn sie es noch so gern möchten. Wir sind rings von den Feinden umzingelt. Geh hinein und sage ihnen das!«

80. Themistokles antwortete: »Dein Rat ist recht und deine Botschaft ist gut. Was ich ersehnt, kommst du als wirklich zu melden. Ich will dir anvertrauen, daß die Perser auf meinen Antrieb handeln. Ich mußte die Hellenen, da sie sich nicht freiwillig zur Schlacht entschlossen, gegen ihren Willen dazu zwingen. Aber du mußt ihnen die gute Botschaft, die du bringst, selber verkünden. Denn wenn ich es tue, so halten sie es für

leeres Geschwätz und glauben mir nicht, daß die Barbaren solche Dinge vorhätten. Komm nur herein und berichte es selber! Tust du das und sie glauben dir, so ist alles gut, und glauben sie dir nicht, so kann es uns einerlei sein; denn wenn wir, wie du sagst, ringsum eingeschlossen sind, werden sie gewiß nicht mehr davonlaufen.

81. Da ging Aristeides hinein und erzählte, daß er von Aigina komme und nur mit Mühe den Wachtschiffen entkommen sei. Die ganze hellenische Flotte sei von den Schiffen des Xerxes umzingelt. Er riet, sich zu rüsten, um sich der Feinde zu erwehren. Darauf ging er wieder hinaus, und drinnen begann der Streit von neuem. Denn die meisten Feldherren glaubten der Meldung des Aristeides nicht.

82. Während sie noch zweifelten, kam aber ein Dreiruderer der Tenier unter Führung des Panaitios, Sohnes des Sosimenes, an, der zu den Hellenen überging. Dies Schiff brachte die sicherste Kunde. Um dieser Tat willen sind die Tenier auf dem Dreifuß in Delphi mit unter den Besiegern des Perserkönigs verzeichnet. Durch dies bei Salamis übergegangene Schiff und das früher bei Artemision übergegangene lemnische kam die hellenische Flotte auf volle dreihundertachtzig Schiffe; bisher fehlten zwei an dieser Zahl.

83. Den Teniern glaubten die Hellenen und rüsteten sich zur Schlacht. Als der Morgen graute, wurden die Mannschaften zusammengerufen, und Themistokles vor allen hielt eine wackere Ansprache an sie, in der er alle die edlen und unedlen Regungen, die in der Brust des Menschen auftreten können, einander gegenüberstellte. Er mahnte, den edlen Regungen zu gehorchen, und schloß mit dem Befehl, die Schiffe zu besteigen. Sie gingen an Bord, und in dem Augenblick kam das Schiff aus Aigina zurück, das zu den Aiakiden gefahren war[73]. Dann stach die ganze hellenische Flotte in See, und sofort griffen die Barbaren sie an.

84. Die Hellenen wollten schon rückwärts rudern und ans Land gehen, da stieß Ameinias aus Pallene, ein Athener, der vorausgefahren war, mit einem feindlichen Schiffe zusammen. Die Schiffe saßen fest aneinander und konnten sich nicht losmachen; darum kamen die anderen dem Ameinias zu Hilfe, und die

Schlacht begann. So hat nach Überlieferung der Athener die Schlacht ihren Anfang genommen, die Aigineten dagegen berichten, daß das nach Aigina zu den Aiakiden entsandte Schiff den Anfang gemacht habe. Ein dritter Bericht sagt, daß den Hellenen eine Frau erschienen sei und mit lauter Stimme, so daß das ganze Heer es hörte, sie angefeuert habe. Sie habe mit den schmähenden Worten begonnen:
»Feiglinge, wie weit wollt ihr denn rückwärts rudern!«

85. Den Athenern standen die Phoiniker gegenüber, die den westlichen Flügel, gegen Eleusis hin, bildeten, den Lakedaimoniern die Ioner, die den östlichen Flügel, gegen den Peiraieus hin, bildeten. Einige der letzteren kämpften getreu der Bitte des Themistokles ohne Eifer, die meisten jedoch nicht. Ich könnte eine Menge ionischer Schiffsführer nennen, die hellenische Schiffe erobert haben, will es aber nicht tun. Nur Theomestor, Sohn des Androdamas, und Phylakos, Sohn des Histiaios, beide aus Samos, seien genannt, weil Theomestor wegen dieser Heldentat von den Persern zum Tyrannen von Samos gemacht wurde, und Phylakos unter den königlichen Wohltätern verzeichnet und mit vielen Ländereien beschenkt wurde. Diese königlichen Wohltäter heißen in persischer Sprache Orosangen[74]. Soviel von diesen Ionern.

86. Die meisten feindlichen Schiffe wurden bei Salamis zerstört, teils von den Athenern, teils von den Aigineten. Denn die Hellenen kämpften mit großer Geschicklichkeit und hielten sich in Reih und Glied; die Barbaren hielten keine Ordnung und verfuhren ohne jede Überlegung. Da konnte der Ausgang der Schlacht kein anderer sein. Dabei waren und zeigten sich die Barbaren an diesem Tage weit tapferer als bei Euboia. Jeder tat sein Bestes und fürchtete sich vor Xerxes; denn er glaubte, daß der König gerade auf ihn schaue.

87. Von den übrigen — Barbaren sowohl wie Hellenen — kann ich nicht genauer angeben, wie sie sich in der Schlacht gehalten haben; aber Artemisia hat sich sehr klug benommen, und ihr Ansehen beim König stieg dadurch noch höher. Denn als die Flotte des Königs in arge Bedrängnis zu geraten begann, wurde auch das Schiff der Artemisia von einem attischen Schiff verfolgt. Sie konnte nicht entweichen, denn hinter ihr lagen andere

befreundete Schiffe, und ihr eigenes Schiff stand den feindlichen am allernächsten. Da entschloß sie sich zu einem Streich, der ihr auch glückte. Sie rettete sich vor dem verfolgenden attischen Schiff, indem sie in ein Barbarenschiff hineinfuhr. Es war ein kalyndisches, das den König der Kalynder, Damasithymos, selber an Bord hatte. Wenn sie mit diesem Damasithymos auch früher am Hellespontos einen Streit gehabt haben mag, so möchte ich doch nicht entscheiden, ob sie mit Absicht gerade in dies kalyndische Schiff hineingefahren ist oder ob es ihr nur zufällig in den Weg kam. Genug, sie überrannte es und bohrte es in den Grund[75], und dieser glückliche Einfall verschaffte ihr zwei große Vorteile. Denn als der Führer des attischen Schiffes sie ein feindliches Schiff angreifen sah, dachte er, Artemisias Schiff sei entweder ein hellenisches oder es verlasse die Barbaren und gehe zu den Hellenen über; er ließ es fahren und wandte sich gegen andere.

88. So gelang es Artemisia einerseits zu fliehen und dem Verderben zu entkommen, andererseits hatte sie das Glück, bei Xerxes trotz des Schadens, den sie angerichtet hatte, zum höchsten Ansehen zu kommen. Man erzählt nämlich, daß Xerxes beim Zuschauen auch das angreifende Schiff der Artemisia bemerkte und daß jemand aus seinem Gefolge sagte:

»Herr, siehst du, wie tapfer Artemisia kämpft und ein feindliches Schiff in den Grund bohrt?«

Xerxes fragte, ob das wirklich Artemisia sei, und sie, die das Zeichen ihres Schiffes genau kannten, bestätigten es. Das angegriffene Schiff aber hielten sie für ein feindliches, und Artemisia hatte zu allem anderen auch noch das Glück, daß von dem kalyndischen Schiffe keiner gerettet wurde, um sie zu verklagen. Da soll denn Xerxes erwidert haben:

»Die Männer sind bei mir zu Weibern geworden und die Weiber zu Männern!«

Dies ist der Ausspruch, den Xerxes getan haben soll.

89. In diesem heißen Kampfe fiel der Feldherr Ariabignes, Dareios' Sohn, Xerxes' Bruder, und mit ihm viele andere hervorragende Perser, Meder und Bundesgenossen. Dagegen kamen nur wenige Hellenen um. Denn weil sie schwimmen konnten, schwammen die, deren Schiffe untergingen, ohne daß sie selber

im Handgemenge fielen, nach Salamis hinüber. Die meisten Barbaren dagegen ertranken, weil sie nicht schwimmen konnten. Und sobald die vorderste Reihe sich zur Flucht wandte, gingen auch die hinteren Schiffe meist zu Grunde; denn die hinteren Reihen versuchten, vorwärts zu dringen, um auch ihrerseits dem König Taten vorweisen zu können, und stießen mit ihren eigenen fliehenden Schiffen zusammen.

90. Noch folgendes ist von dem Getümmel der Schlacht zu berichten. Einige Phoiniker, die ihre Schiffe verloren hatten, gingen zum König und beschuldigten die Ioner des Verrats: durch ihre Schuld ginge die Flotte verloren. Aber die ionischen Feldherren blieben unbestraft, während die phoinikischen Ankläger den verdienten Lohn ernteten. Und das ging so zu. Während die Phoiniker noch sprachen, griff ein samothrakisches[76] Schiff ein attisches an. Das attische ging unter, und ein heranstürmendes aiginetisches bohrte nun das samothrakische in den Grund. Die Samothraker als gute Schützen[77] aber schossen die Besatzung des Schiffes, das das ihrige zum Sinken gebracht hatte, herunter und nahmen es selber in Besitz. Das rettete die Ioner; denn als Xerxes diese heldenmütige Tat sah, wandte er sich voller Zorn zu den Phoinikern, schob alle Schuld ihnen zu und befahl, ihnen die Köpfe abzuschlagen, damit diese Feiglinge nicht die Tapferen verleumdeten.

Xerxes saß nämlich unten an dem Berge namens Aigaleos[78], gegenüber von Salamis, und wenn er sah, daß einer aus der Flotte sich in der Seeschlacht auszeichnete, fragte er nach seinem Namen, und die Schreiber schrieben den Namen des Schiffsführers samt dem seines Vaters und seiner Vaterstadt auf. Zu dem Mißgeschick dieser Phoiniker trug auch die Anwesenheit des Persers Ariaramnes bei, der ein Freund der Ioner war.

91. So wurden die Phoiniker den Henkern übergeben.

Als die Barbaren die Flucht ergriffen und nach Phaleron zu entkommen suchten, verrichteten die Aigineten, die sich in der Meerenge auf die Lauer gelegt hatten, denkwürdige Taten. Denn während die Athener im Gewühle selber die kämpfenden und die fliehenden Schiffe zerstörten, fingen die Aigineten die davonsegelnden ab. Wer also den Athenern entkam, fiel den Aigineten in die Hände.

92. Da trafen auch das Schiff des Themistokles und des Aigineten Polykritos, Sohnes des Krios, zusammen. Beide waren auf der Verfolgung. Polykritos griff jenes sidonische Schiff an, das das aiginetische Wachtschiff bei Skiathos gekapert hatte, auf dem sich Pytheas, Sohn des Ischenoos, befand, den dann die Perser, so schwer verwundet er auch war, aus Bewunderung für seine Tapferkeit am Leben erhielten[79]. Dies sidonische Schiff, mit Pytheas und persischer Besatzung an Bord, wurde jetzt erobert, so daß Pytheas glücklich nach Aigina zurückkehren konnte. Als nun Polykritos das attische Schiff erblickte, sah er an dem Zeichen, daß es das Feldherrenschiff war, rief den Themistokles an und erinnerte ihn spottend an die persische Gesinnung Aiginas[80]. So spottete Polykritos, während er auf das feindliche Schiff losging. Die Barbaren, die ihre Schiffe hatten retten können, flüchteten nach Phaleron unter den Schutz des Landheeres.

93. Den Preis der Tapferkeit in dieser Seeschlacht hat man den Aigineten zuerkannt, den zweiten Preis den Athenern. Von einzelnen Männern zeichneten sich am meisten aus: Polykritos aus Aigina und die Athener Eumenes aus dem Demos Anagyros und Ameinias aus Pallene, derselbe, der Artemisia verfolgt hatte. Hätte er gewußt, daß sich Artemisia auf jenem Schiffe befand, so hätte er nicht geruht, bis er ihr Schiff erobert oder das seinige verloren hätte. Denn dieser Befehl war den Führern der athenischen Schiffe erteilt worden und dazu noch ein Preis von zehntausend Drachmen auf ihre Gefangennahme gesetzt worden; denn die Athener waren empört, daß ein Weib gegen Athen zu Felde zog. Aber sie entkam, wie ich oben erzählt habe, und befand sich mit allen anderen, deren Schiffe davongekommen waren, in Phaleron.

94. Adeimantos, der korinthische Feldherr, hat, wie die Athener erzählen, gleich zu Beginn der Schlacht voller Schreck und Angst die Segel gehißt und ist davongefahren, und als die Korinthier ihr Feldherrnschiff fliehen sahen, haben auch sie die Flucht ergriffen. Als sie aber in der Nähe des Heiligtums der Athena Skiras[81] auf Salamis waren, kam ihnen ein von den Göttern geschicktes Segelschiff entgegen, dessen Absender nie bekannt geworden ist und das auf die Korinthier, die nichts von dem

Schicksal der Flotte wußten, losfuhr. Darum meinen die Athener, daß die Götter ihre Hand dabei im Spiele gehabt hätten. Es fuhr nahe an die Schiffe heran, und die Leute auf dem Segelschiff sagten:

»Adeimantos, du läßt die Hellenen im Stich und willst mit deinen Schiffen fliehen. Und doch siegen sie über die Feinde so völlig, wie sie nur je gewünscht haben.«

Da Adeimantos das nicht glauben wollte, sagten sie weiter, die Korinthier sollten sie als Geiseln mitnehmen und töten, wenn die Hellenen nicht einen glänzenden Sieg gewännen. Da machten denn er und die anderen kehrt und kamen zur Flotte zurück, als die Schlacht vorüber war. So lautet eine Überlieferung der Athener, aber die Korinthier widersprechen und behaupten, aufs tapferste in der Schlacht mitgekämpft zu haben. Die übrigen Hellenen bestätigten das.

95. Der Athener Aristeides, Sohn des Lysimachos, dessen wackeren, edlen Sinn ich kurz vorher erwähnt habe, hat während des Seekampfes bei Salamis folgendes getan. Er nahm eine Schar Hopliten, die an der Küste von Salamis aufgestellt waren — es waren Athener —, und fuhr mit ihnen nach der Insel Psyttaleia hinüber. Sie erschlugen sämtliche auf dem Inselchen befindlichen Perser.

96. Als die Seeschlacht aufgehört hatte, zogen die Hellenen alle Wracks in Salamis aufs Land, die sich dort noch fanden, und machten sich zu einer zweiten Schlacht bereit, denn sie glaubten, der König werde mit dem Rest der Schiffe einen neuen Angriff wagen. Viele von den Wracks hatte nämlich der Westwind an die attische Küste, nach dem sogenannten Kolias, hinübergetrieben, so daß sich nicht nur alle anderen Weissagungen des Bakis und Musaios[82] über die Seeschlacht erfüllten, sondern auch die Weissagung über diese Schiffstrümmer, die viele Jahre zuvor der athenische Orakelverkünder Lysistratos ausgesprochen hatte und die allen Hellenen unverständlich geblieben war:

Kolias' Weiber rösten dereinst mit Rudern die Gerste.

Das sollte jetzt nach Abzug des Königs in Erfüllung gehen.

97. Als Xerxes seine Niederlage überdachte, begann er zu fürchten, die Hellenen möchten auf den Rat eines Ioners oder

auf eigenen Entschluß nach dem Hellespontos segeln und die Brücken zerstören, so daß er in Europa abgeschnitten und dem Verderben preisgegeben sei. Er beschloß daher den Rückzug. Um aber diesen Entschluß vor den Hellenen und seinem eigenen Heere geheim zu halten, versuchte er einen Damm nach Salamis hinüber zu bauen[83]. Er band zunächst phoinikische Handelsschiffe aneinander, die als Brücke und Mauer dienen sollten, und rüstete dann zu einer neuen Seeschlacht. Alle, die dies sahen, waren überzeugt, daß er in vollem Ernst zum Ausharren und weiteren Kämpfen Vorbereitungen treffe. Nur Mardonios ließ sich nicht täuschen; er kannte Xerxes zu genau.

98. Währenddessen schickte Xerxes auch eine Nachricht über die Niederlage nach Persien. Es gibt nichts Schnelleres unter den sterblichen Wesen als diese persischen Boten, so klug haben die Perser ihren Botendienst eingerichtet. Es heißt, es stehen für jeden Tag des ganzen Weges besondere Pferde und Leute bereit. Von Tagereise zu Tagereise findet sich ein neues Pferd und ein neuer Bote; sie lassen sich weder durch Schnee, noch durch Regen, weder durch Tageshitze, noch durch die Nacht abhalten, die vorgeschriebene Wegstrecke aufs schnellste zurückzulegen. Der erste Eilbote übergibt die Nachricht dem zweiten, der zweite dem dritten. So geht sie von Hand zu Hand, ähnlich wie die Fackeln bei dem Feste, das die Hellenen dem Hephaistos feiern. Diese reitende Post heißt bei den Persern Angareion[84].

99. Die erste in Susa eintreffende Nachricht, Xerxes habe Athen erobert, rief bei den daheimgebliebenen Persern eine solche Freude hervor, daß sie alle Straßen mit Myrten bestreuten, Räucherwerk verbrannten, Festschmäuse abhielten und sich's wohl sein ließen. Aber die zweite Nachricht erregte so große Bestürzung, daß alle ihre Kleider zerrissen und unter Geschrei und unendlichem Wehklagen dem Mardonios die Schuld gaben. So gebärdeten sie sich weniger aus Trauer über die Flotte, als weil sie um Xerxes selber in Sorge waren.

100. Und dies dauerte bei den Persern die ganze Zeit hindurch, bis Xerxes selbst sie durch seine Rückkehr beruhigte.

Als Mardonios sah, wie tief Xerxes über die Seeschlacht bekümmert war und den Argwohn hegte, daß er den Rückzug von

Athen plane, dachte er bei sich, daß ihn, der den König zum Kriege gegen Hellas überredet hatte, die Strafe treffen würde und daß es das beste für ihn sei, der Gefahr zu trotzen und entweder Hellas zu unterwerfen oder für dies hohe Ziel zu fallen. Freilich hoffte er mehr auf die Unterwerfung. In dieser Erwägung also trug er dem Könige folgendes vor:

»Herr! Traure nicht und sei nicht unglücklich über das, was geschehen ist. Die Entscheidung fällt ja nicht durch die Schiffsbalken, sondern durch Roß und Mann. Keiner von denen, die den Sieg schon in Händen zu haben glauben, wird wagen, die Schiffe zu verlassen und dir entgegenzutreten, und ebenso auch keiner von den Festlandsbewohnern hier. Die, welche sich dir in den Weg gestellt haben, hat ihre Strafe getroffen. Willst du, so laß uns sofort gegen die Peloponnes ziehen. Willst du lieber warten, so steht auch dem nichts im Wege. Verliere nur den Mut nicht! Es gibt kein Entrinnen für die Hellenen: sie müssen büßen, was sie jetzt und früher getan, und deine Sklaven werden. — So solltest du handeln. Hast du aber beschlossen, selber mit dem Heere umzukehren, so weiß ich noch einen anderen Rat. Mein König, du darfst die Perser nicht den Hellenen zum Spott werden lassen, denn die Perser haben ja noch keine Niederlage erlitten, und du kannst nicht sagen, daß wir uns irgendwo als Feiglinge gezeigt hätten. Wenn die Phoiniker, Ägypter, Kyprier und Kiliker feige gewesen sind, so fällt doch die Schuld nicht den Persern zu. Und darum, weil du den Persern nicht Schuld geben kannst, so folge mir und zieh, wenn du wirklich nicht bleiben willst, mit der Hauptmasse des Heeres in die Heimat zurück, aber laß mir dreihunderttausend auserlesene Krieger zurück, damit ich dir Hellas zur Sklavin mache.«

101. Als Xerxes das hörte, wurde er in all seinem Unglück froh und heiter und sagte zu Mardonios, er werde ihm, nachdem er Rat gehalten, seine Entscheidung mitteilen. Nun beriet er sich mit seinen persischen Ratgebern und beschloß, auch Artemisia in die Ratsversammlung zu berufen, weil sie früher die einzige gewesen war, die das Rechte erkannt hatte. Als Artemisia erschien, ließ Xerxes alle anderen Ratgeber und auch seine Leibwache abtreten[85] und sprach zu ihr:

»Mardonios meint, ich solle bleiben und die Peloponnes angreifen. Er sagt, die Perser und das Landheer trügen an dem Unglück keine Schuld und wünschten sehr, ihre Unschuld durch die Tat zu beweisen. Entweder solle ich selber das tun oder er wolle mir mit dreihunderttausend Mann Hellas zur Sklavin machen, während ich mit dem übrigen Heere in die Heimat ziehe. Du hast mir vor der Seeschlacht einen so guten Rat gegeben und mir von ihr abgeraten; so rate mir auch jetzt, was ich tun muß, um das Rechte zu treffen.«

102. So fragte er. Sie aber antwortete: »König! Es ist schwer für einen Ratgeber, das Beste zu finden, aber wie jetzt die Dinge liegen, solltest du, meine ich, den Rückzug antreten, und Mardonios mag, wenn er will und sich zu dem Unternehmen entschließt, mit den von ihm begehrten Truppen zurückbleiben. Wenn er wirklich unterwirft, was er unterwerfen will, und das durchführt, wozu er sich erbietet, so fällt ja das Verdienst dir zu, o Herr; denn deine Untertanen sind es, die den Krieg führen. Und wenn es anders kommt als Mardonios glaubt, so ist das Unglück nicht gar so groß, denn du selber und deine Macht in Asien bleiben unversehrt. Und solange du und dein Haus am Leben sind, werden die Hellenen noch oft für ihre Freiheit und ihr Leben in die Schranken treten müssen. Wenn dem Mardonios etwas zustößt, so ist das nicht von Bedeutung, und wenn die Hellenen über ihn siegen, so ist das kein Sieg, da sie nur deinen Untertan vernichtet haben. Du aber kannst mit Befriedigung heimkehren, denn den Zweck deines Zuges, Athen in Brand zu stecken, hast du erreicht.«

103. Über diesen Rat freute sich Xerxes; denn sie hatte das ausgesprochen, was er selber im Sinne hatte. Aber er wäre, glaube ich, nicht geblieben, selbst wenn ihm alle Männer und Frauen dazu geraten hätten. Seine Furcht war zu groß. Er lobte Artemisia und sandte sie mit seinen Söhnen nach Ephesos[86] ab. Einige Söhne seiner Kebsweiber waren nämlich mit ihm gezogen.

104. Mit diesen Knaben schickte er auch ihren Erzieher Hermotimos zurück, der aus Pedasos stammte und unter den Eunuchen des Königs den ersten Rang einnahm[87]. Die Stadt Pedasos liegt oberhalb von Halikarnassos, und man erzählt von diesem Orte folgendes. Wenn den Umwohnern der Stadt irgendein

Unglück droht, so wächst der Priesterin der Athena ein langer Bart. Zweimal ist das bereits geschehen.

105. Aus diesem Orte Pedasos stammte Hermotimos, der einmal die furchtbarste Rache, von der man je gehört hat, für eine ihm zugefügte Schmach hat nehmen dürfen. Hermotimos nämlich war in einem Kriege gefangen genommen und zum Verkauf ausgeboten worden. Ein Mann aus Chios, Panionios, der durch das schändlichste Gewerbe seinen Lebensunterhalt erwarb, kaufte ihn. Panionios verschaffte sich nämlich schöne Knaben, verschnitt sie und brachte sie nach Sardes und Ephesos auf den Markt, wo er sie teuer verkaufte. Bei den Barbaren sind nämlich Eunuchen geschätzter als Männer, weil sie in allen Diensten zuverlässiger seien. Panionios übte also das Verschneiden gewerbsmäßig aus, und so verschnitt er auch den Hermotimos. Aber Hermotimos hatte in seinem Unglück das Glück, von Sardes aus mit anderen Geschenken an den König geschickt zu werden, und es dauerte nicht lange, so stand er bei Xerxes in höherem Ansehen als alle seine anderen Eunuchen.

106. Als nun der König den Kriegszug gegen Athen unternahm und mit dem Heere in Sardes weilte, reiste Hermotimos in Geschäften nach der mysischen Landschaft, die Atarneus heißt und von Chiern bewohnt wird[88]. Da traf er den Panionios. Er erkannte ihn wieder, sprach lange und freundlich mit ihm, zählte ihm zunächst alles das Gute auf, das er ihm verdanke, und versprach ihm dann, alles reichlich vergelten zu wollen, falls er mit Weib und Kind nach Atarneus übersiedelte. Panionios hörte das mit Freuden und ließ Weib und Kinder kommen. Aber als Hermotimos ihn und seine ganze Familie in Händen hatte, sprach er zu ihm:

»Du Meister des schändlichsten Gewerbes auf der ganzen Welt, sag', was habe ich oder einer meiner Vorfahren dir oder den Deinen zu Leide getan, daß du mich aus einem Mann zu einem Nichts gemacht hast? Glaubst du, die Götter hätten nicht gesehen, was du damals getan? Nach Recht und Billigkeit haben sie dich Schurken in meine Hände gegeben, und du sollst mir wahrhaftig nicht vorwerfen können, daß ich jetzt zu schwache Vergeltung an dir übe.«

Nach diesen harten Worten zwang er Panionios, seine eignen

vier Knaben, die hereingeführt wurden, zu verschneiden, und Panionios mußte es tun. Und als es geschehen war, wurden die Knaben gezwungen, ihn selber zu verschneiden. So ereilte Panionios die Rache des Hermotimos!

107. Nachdem Xerxes seine Knaben der Artemisia übergeben hatte, um sie nach Ephesos zu bringen, rief er Mardonios zu sich und befahl ihm, sich die Leute, die er wünsche, auszuwählen und das Seine zu tun, um seine Worte wahr zu machen. Darüber ging dieser Tag hin. In der Nacht fuhren dann auf Befehl des Königs die Feldherren mit der Flotte aus Phaleron ab und zurück nach dem Hellespontos. Jeder eilte nach Möglichkeit, um die Brücke für den Rückzug des Königs zu schützen. Als die Barbaren in der Nähe des Vorgebirges Zoster waren[89], hielten sie die am Strande dort aufragenden kleinen Klippen für Schiffe und suchten das Weite. Allmählich merkten sie, daß es keine Schiffe, sondern Klippen seien, sammelten sich und fuhren weiter.

108. Als der Tag kam, sahen die Hellenen das Landheer noch an seinem Platze und glaubten, auch die Flotte läge noch bei Phaleron. Sie erwarteten eine zweite Seeschlacht und rüsteten sich, die Feinde zu empfangen. Aber sobald sie erfuhren, daß die Schiffe fort seien, entschlossen sie sich zur Verfolgung. Aber sie kamen bis nach Andros, ohne die Flotte des Xerxes zu Gesicht zu bekommen. Dort in Andros hielten sie Kriegsrat. Themistokles war der Meinung, man müsse quer durch die Inseln der Flotte nacheilen und geradeswegs nach dem Hellespontos fahren, um die Brücken zu zerstören. Eurybiades meinte umgekehrt, die Zerstörung der Brücken würde das größte Unglück sein, das Hellas zustoßen könnte. Denn wenn der Perserkönig abgeschnitten und gezwungen würde, in Europa zu bleiben, würde er gewiß nicht Frieden machen; der Friede könnte ihm ja nichts nützen, und die Heimkehr würde unmöglich sein, so daß das Heer schließlich verhungern müßte. Wenn er aber von neuem zum Angriff überginge, könne es geschehen, daß er ganz Europa, Stadt um Stadt und Volk um Volk erobere, teils mit Gewalt, teils durch Vertrag. Die jährliche Ernte von Hellas würde das Heer ernähren. Er glaube aber, daß die Perser nach der verlorenen Seeschlacht nicht in Europa zu bleiben

vorhätten; darum müsse man sie gewähren lassen, bis sie wieder drüben in ihrem Lande seien. Dann, meinte er, solle man den Krieg gegen das Feindesland selber führen. Dieser Meinung schlossen sich auch die anderen peloponnesischen Feldherren an.

109. Als Themistokles einsah, daß er die Mehrzahl nicht zur Fahrt nach dem Hellespontos überreden konnte, wandte er sich mit folgenden Worten an die Athener, die sich über das Entkommen der Feinde heftig beklagten und durchaus nach dem Hellespontos wollten, sogar allein, wenn die anderen sich weigerten. »Ich habe es oft genug erlebt, und noch weit öfter habe ich es erzählen hören: wenn man einem Besiegten alle Auswege versperrt, beginnt er den Kampf von neuem und wetzt die Scharte wieder aus. Wir sollten, nachdem das Glück uns und Hellas so hold gewesen, nachdem wir eine so ungeheure Menschenwolke von uns abgewehrt, das feindliche Heer nicht weiter verfolgen. Denn nicht wir waren die Sieger, sondern die Götter und Heroen, die es dem einen Manne nicht gönnten, König von Asien und Europa zugleich zu sein; denn er ist ein gottloser Frevler, der Heiligtümer nicht anders behandelte als Menschenbesitz und die Götterbilder verbrannte und umstürzte, der sogar das Meer geißeln ließ und Fesseln hineinwarf. Nein, wir können mit unseren Erfolgen zufrieden sein, und darum ist es besser, wir bleiben in Hellas und denken an uns selber und unsere Angehörigen, bauen unsere Häuser wieder auf und sorgen für unsere Saaten, wenn wir erst einmal den Feind gänzlich aus dem Lande getrieben haben. Kommt der Frühling, so fahren wir nach dem Hellespontos und nach Ionien.«

Durch diesen Rat wollte er sich bei den Persern in Gunst setzen, um einen Zufluchtsort zu haben, wenn es ihm in Athen einmal schlecht ergehen würde, was ja später auch geschah[90].

110. Das war der Hintergedanke, den Themistokles bei seiner Rede hatte; und die Athener fügten sich ihm. Denn man erkannte, daß er, dessen Klugheit man schon früher erprobt hatte, wirklich ein kluger und einsichtiger Ratgeber war, und war ohne Widerrede bereit, ihm zu folgen. Als Themistokles soviel erreicht hatte, schickte er an den König sofort ein Fahrzeug mit vertrauenswürdigen Leuten, von denen er wußte, daß sie seine

Aufträge auch auf der Folter nicht verraten würden. Unter ihnen war auch sein Haussklave Sikinnos. Als sie in Attika angelangt waren, blieb die Mannschaft auf dem Schiff; nur Sikinnos stieg aus, begab sich zu Xerxes und sprach:
»Themistokles, Sohn des Neokles, Feldherr der Athener, der tapferste und klügste Mann des ganzen hellenischen Bundes, sendet mich, um dir zu sagen, daß Themistokles aus Athen dir einen Dienst hat leisten wollen und die Hellenen von dem Plane, deine Flotte zu verfolgen und die Brücken über den Hellespontos zu zerstören, abgebracht hat. Jetzt kannst du in aller Ruhe heimwärts ziehen.«

111. Nachdem die Boten diese Worte gesprochen, kehrten sie zurück.

Die Hellenen, die die Absicht aufgegeben hatten, den feindlichen Schiffen noch weiter zu folgen und nach dem Hellespontos zu fahren, um die Brücken abzubrechen, wollten Andros erobern und belagerten es. Andros war nämlich die erste Insel, von der Themistokles Geld eintreiben wollte[91]; aber die Andrier verweigerten das Geld und beantworteten die Botschaft, die Themistokles an sie richtete — die Athener brächten zwei gewaltige Götter mit, Überredung und Zwang, so daß jene unbedingt zahlen müßten —, mit der Versicherung, Athen müsse in der Tat groß und reich sein, wenn es mit so trefflichen Göttern käme; Andros dagegen sei über alle Maßen klein und arm, und zwei gar nicht treffliche Götter hätten dauernd auf der Insel Wohnung genommen und wollten nicht weichen, nämlich Not und Unvermögen; im Besitze dieser Götter könnten die Andrier nicht zahlen, und Athens Macht würde nimmermehr größer sein als ihre Ohnmacht. Das war die Antwort der Andrier, und da sie nicht zahlten, wurden sie belagert.

112. Themistokles schickte in seiner unersättlichen Habsucht auch nach den anderen Inseln und ließ durch dieselben Boten, die er an den König geschickt hatte, Geld fordern und drohen, wenn sie das Verlangte nicht zahlten, würde er mit der hellenischen Flotte kommen, ihre Stadt belagern und erobern. Durch diese Drohung erpreßte er von den Karystiern und Pariern große Summen. Denn als diese Inseln hörten, daß Andros

wegen seiner persischen Gesinnung belagert würde und daß Themistokles das entscheidende Wort unter den Feldherren hätte, schickten sie aus Furcht das Geld. Ob noch andere Inseln gezahlt haben, kann ich nicht sagen, glaube aber, daß Karystos und Paros nicht die einzigen gewesen sind. Trotzdem konnte Karystos nicht das Unglück von sich abwehren, während Paros durch die Bestechung des Themistokles der Kriegsgefahr entging[92].

So trieb Themistokles ohne Wissen der anderen Feldherren von Andros aus Geld von den Inseln ein.

113. Xerxes weilte mit seinem Heer noch einige Tage nach der Seeschlacht in Attika und zog dann auf dem früheren Wege nach Boiotien davon. Denn Mardonios wollte dem König das Geleit geben, und die Jahreszeit schien ihm für den Krieg nicht mehr geeignet. Er fand es ratsamer, in Thessalien zu überwintern und im Frühling gegen die Peloponnes vorzurücken. Als das Heer bis Thessalien gekommen war, wählte Mardonios seine Truppen aus, vor allem jene ganze persische Truppe, die man die Unsterblichen nannte, doch ohne ihren Führer Hydarnes[93], der den König nicht verlassen wollte, ferner die panzertragenden Perser und die tausend persischen Reiter, dann noch die Meder, Saken, Baktrier und Inder, Fußvolk und Reiterei. Diese Stämme nahm er ganz, von den übrigen Bundestruppen wählte er wenige Leute aus, entweder solche, deren Gestalt ihm gefiel oder solche, die er als tüchtig kannte. Der Stamm, der in seinem Heere am zahlreichsten war, waren die Halsketten und Armbänder tragenden Perser; dann kamen die Meder, die den Persern zwar nicht an Zahl, wohl aber an Körperkraft nachstanden. Im ganzen hatte er, die Reiterei eingerechnet, dreihunderttausend Mann.

114. Um dieselbe Zeit, da Mardonios sein Heer zusammenstellte und Xerxes in Thessalien weilte, war den Lakedaimoniern ein Orakelspruch von Delphi zuteil geworden: sie sollten von Xerxes Sühne für den Tod des Leonidas fordern und sich mit seinem Angebot zufrieden geben. Die Spartiaten schickten eiligst einen Herold ab, der das ganze Heer noch in Thessalien traf und, als man ihn zu Xerxes führte, die Worte sprach: »König der Meder! Die Lakedaimonier und das spartanische

Königsgeschlecht der Herakliden fordern Sühne für einen Mord. Du hast ihren König, der Hellas schützen wollte, getötet.«

Xerxes lachte und gab lange Zeit keine Antwort. Dann wies er auf Mardonios, der gerade in der Nähe war, und sagte: »Mardonios hier wird ihnen die Genugtuung, die sie verdienen, zuteil werden lassen.«

Der Bote war mit dem Bescheid zufrieden und kehrte zurück.

115. Xerxes aber ließ Mardonios in Thessalien zurück und marschierte in Eile nach dem Hellespontos. Er gelangte in fünfundvierzig Tagen an die Brücke. Was er von dem stolzen Heere zurückbrachte, war ein sehr kleiner Teil. Sie lebten von dem Korn, das sie in dem Lande und bei dem Volke raubten, wo sie sich gerade befanden. Wenn sie kein Getreide fanden, aßen sie das Gras, das am Boden wuchs, schälten die Rinde von den Bäumen und streiften das Laub ab. So taten sie mit Fruchtbäumen und wilden Bäumen und ließen nichts übrig, weil der Hunger sie quälte. Auch Pest und Dysenterie befielen das Heer unterwegs und rieben es auf. Manche Leute mußte er krank zurücklassen und übertrug den Städten, durch die er gerade zog, ihre Pflege und Unterhaltung. Einige blieben in Thessalien, andere in Siris in Paionien[94] und in Makedonien. Dort hatte er auch auf dem Hinmarsch nach Hellas den heiligen Wagen des Zeus gelassen, konnte ihn aber jetzt nicht mit zurücknehmen. Die Paioner, die ihn den Thrakern übergeben hatten, sagten, als Xerxes ihn zurückforderte: die Thraker des Binnenlandes, die an den Strymonquellen wohnen, hätten die Pferde geraubt[95].

116. Dort verübte auch der König der Bisalten und des krestonischen Landes eine furchtbare Untat. Er hatte sich geweigert, sich Xerxes ohne Kampf zu ergeben, und war ins Rhodopegebirge hinaufgezogen, hatte auch seinen Söhnen verboten, an dem Zuge gegen Hellas teilzunehmen. Sie aber kümmerten sich nicht um ihn, wollten den Krieg wohl auch gern sehen und zogen mit dem Perserkönig mit. Als sie jetzt alle, es waren sechs, unversehrt zurückkehrten, stach ihnen zur Strafe der Vater die Augen aus. 117. Das war ihr Lohn.

Und als die Perser Thrakien im Rücken hatten und an den Hellespontos kamen, ließen sie sich in Eile von der Flotte nach Abydos übersetzen; denn sie fanden die Brücken nicht mehr vor, der Sturm hatte sie zerstört. Dort blieben sie, und da sie reichlicher zu essen fanden als unterwegs und sich unmäßig vollfüllten, auch das Trinkwasser ein anderes war als bisher, starb ein großer Teil des geretteten Heeres. Der Rest gelangte mit Xerxes glücklich nach Sardes.

118. Es gibt noch eine andere Überlieferung über diesen Rückzug. Als Xerxes bis nach Eion am Strymon gelangt war, machte er, so heißt es, den Rest des Weges nicht zu Lande, sondern übertrug die Führung des Heeres nach dem Hellespontos dem Hydarnes und schiffte sich selber auf einem phoinikischen Schiff nach Asien ein. Auf der Fahrt aber überfiel ihn ein gewaltiger Strymonwind, der das Meer aufwühlte. Der König litt unter dem Wetter um so mehr, weil das Schiff sehr besetzt war und eine Menge von Persern, die Xerxes begleiteten, sich auf dem Verdeck befand. Er geriet in Furcht, rief laut dem Steuermann zu und fragte ihn, ob man auf Rettung hoffen dürfe. Der antwortete:

»Herr! Es gibt keine andere Rettung, als daß wir uns der vielen Menschen im Schiff entledigen!«

Als Xerxes das hörte, soll er gerufen haben: »Perser! Jetzt könnt ihr eure Liebe zum König beweisen! Von euch hängt meine Rettung ab.«

So sprach er, und die Perser fielen ihm zu Füßen und sprangen dann hinaus ins Meer. Das erleichterte Schiff gelangte glücklich nach Asien. Sobald Xerxes ans Land gestiegen war, tat er folgendes. Er schenkte dem Steuermann, weil er des Königs Leben gerettet, einen goldenen Kranz, und ließ ihm das Haupt abschlagen, weil er so viele Perser ums Leben gebracht[96].

119. Aber diese zweite Überlieferung von der Rückkehr des Xerxes scheint mir ganz unglaubwürdig, namentlich was sie über das Schicksal der Perser berichtet. Denn wenn der Steuermann wirklich jene Worte zu Xerxes gesprochen haben sollte, so wird mir unter Tausenden nicht einer widersprechen, wenn ich behaupte, daß der König ihnen nicht Folge geleistet hätte. Vielmehr würde er die Leute vom Verdeck — es waren ja doch

Perser und persische Große — hinunter auf die Ruderbänke geschickt und von der Mannschaft, also von den Phoinikern, so viele wie es Perser waren, ins Meer geworfen haben. Aber, wie ich oben erzählt habe, hat Xerxes den Landweg gewählt und ist mit dem Heere zusammen nach Asien zurückgekehrt.

120. Ein wichtiges Zeugnis dafür ist auch die sichere Tatsache, daß Xerxes auf dem Rückwege Abdera besucht hat, dort eingekehrt ist und den Abderiten einen goldenen Säbel und eine goldgestickte Tiara geschenkt hat[97]. Und die Abderiten selber erzählen — was ich freilich nicht glaube —, daß er seit seiner Flucht von Athen hier zum erstenmal seine Kleider abgelegt habe, weil er sich dort erst sicher gefühlt. Abdera aber liegt dem Hellespontos näher als der Strymon und Eion, wo Xerxes das Schiff bestiegen haben soll.

121. Da die Hellenen Andros nicht erobern konnten, wendeten sie sich gegen Karystos, verwüsteten dort das Land und fuhren zurück nach Salamis. Zunächst weihten sie den Göttern die Erstlingsgaben, darunter drei phoinikische Kriegsschiffe, das eine kam nach dem Isthmos, wo es noch heute zu sehen ist, das zweite nach Sunion, das dritte blieb in Salamis und wurde dem Aias geweiht[98]. Darauf wurde die Beute verteilt und der Götteranteil nach Delphi gesandt, woraus ein zwölf Ellen hohes Standbild gemacht wurde, einen Mann mit einem Schiffsschnabel in der Hand darstellend. Es steht dort, wo das goldene Standbild des Alexandros von Makedonien steht[99].

122. Bei der Übersendung dieser Weihgabe nach Delphi fragten die Hellenen gemeinsam bei dem Gotte an, ob er sie als eine ausreichende und wohlgefällige Abgabe entgegennehme. Er antwortete, von den anderen Hellenen habe er genug erhalten, aber nicht von den Aigineten; er forderte von ihnen Anteil an dem Tapferkeitspreis, den sie in der Seeschlacht bei Salamis gewannen. Daraufhin stifteten sie goldene Sterne, die an einem ehernen Mast befestigt sind und, drei an Zahl, in der Ecke des Tempels stehen, ganz nahe bei dem Mischkrug des Kroisos[100].

123. Als die Beute verteilt war, fuhren die Hellenen zum Isthmos, um dort demjenigen Hellenen, der sich in dem Kriege als der würdigste erwiesen, einen Preis zu überreichen. Die Feldherren sollten nun am Altare des Poseidon durch Stimm-

steine den wählen, der den ersten, und den, der den zweiten Preis erhalten sollte. Da stimmte denn jeder für sich selber, weil er sich selber das Hauptverdienst am Siege zuschrieb; für den zweiten Preis aber fielen die meisten Stimmen auf Themistokles. So hatten die Bewerber um den ersten Preis jeder nur eine Stimme, während Themistokles für den zweiten Preis bei weitem die meisten Stimmen auf sich vereinigte.
124. Aus Neid wollten nun die Hellenen keine Entscheidung treffen, sondern fuhren so davon, jeder in seine Heimat; aber trotzdem erscholl durch ganz Hellas der Ruhm des Themistokles als des klügsten und weisesten Mannes unter allen Hellenen.
Weil er von den Mitkämpfern bei Salamis nicht als Sieger anerkannt und geehrt worden war, begab er sich bald darauf nach Lakedaimon, um dort Ehre einzuheimsen. Die Lakedaimonier nahmen ihn würdig auf und ehrten ihn hoch. Zwar verliehen sie den Preis der Tapferkeit, einen Kranz aus Ölzweigen, Eurybiades, aber auch Themistokles verliehen sie einen solchen Ölkranz als Preis für seine Klugheit und Geschicklichkeit. Sie beschenkten ihn auch mit dem schönsten Wagen, der sich in Sparta befand, und nach vielen Ehrungen geleiteten den Heimkehrenden die dreihundert erlesenen Spartiaten, die den Namen Ritter führen, bis an die tegeatische Grenze[101]. Themistokles ist, soviel wir wissen, der einzige Mensch, dem die Spartiaten je das Geleit gegeben haben.
125. Als Themistokles aus Lakedaimon nach Athen zurückgekehrt war, überhäufte ihn Timodemos aus Aphidnai[101a], ein Feind, der sich sonst nicht weiter hervorgetan, jetzt aber vor Neid ganz außer sich war, mit Schmähungen. Timodemos machte ihm die Reise nach Lakedaimon zum Vorwurf und sagte, die Geschenke der Lakedaimonier verdanke er bloß Athen, aber nicht sich selber. Als er gar kein Ende finden konnte, sagte Themistokles:
»Ganz recht! Weder wäre ich als Belbinit von den Spartiaten so geehrt worden, noch hätten sie dich, Mensch, als Athener geehrt[102].«
Das also waren die Ereignisse in Hellas. 126. Artabazos aber, der Sohn des Pharnakes, ein angesehener Perser, dessen Ruhm später infolge der Schlacht bei Plataiai noch größer wurde,

hatte sechzigtausend Mann von dem Heere, das Mardonios sich ausgewählt, aus Thessalien fortgeführt und den König bis an die Meerenge begleitet. Als der König nach Asien übergesetzt war, kehrte Artabazos zurück. In Pallene angelangt, wollte er, da Mardonios in Thessalien und Makedonien überwinterte und ihn durchaus nicht drängte, zu dem Hauptheere zu stoßen, die Gelegenheit nicht vorübergehen lassen, das abgefallene Poteidaia in die Sklaverei zu verkaufen. Poteidaia nämlich war, nachdem der König vorbeigezogen und die persische Flotte von Salamis geflüchtet und abgesegelt war, offen von den Barbaren abgefallen; ebenso auch die anderen Städte der Pallene[103].

127. So belagerte denn Artabazos Poteidaia, und weil er einen Abfall von Olynthos argwöhnte, belagerte er auch Olynthos. In Olynthos saßen Bottiaier, die durch die Makedonen von dem thermaiischen Golf vertrieben worden waren[104]. Als er die Stadt erobert hatte, führte er die Bewohner hinaus an einen See und ließ sie töten, die Stadt aber überließ er der Obhut des Toronaiers Kritobulos und der Bevölkerung der Chalkidike. So kam Olynthos in die Hände der Chalkider.

128. Nach der Einnahme von Olynthos wandte sich Artabazos mit aller Macht gegen Poteidaia. Während er mit Eifer an die Belagerung ging, verriet der Führer der Skionaier Timoxeinos die Stadt; wie er die Verhandlungen angeknüpft hat, kann ich nicht sagen, da darüber nichts berichtet wird; sie wurden dann aber in der Weise geführt, daß Timoxeinos die Briefe, die er an Artabazos befördern wollte, und ebenso Artabazos seine Briefe an Timoxeinos an den Kerben eines Pfeiles befestigte, so daß sie von den Federn verdeckt wurden und dann den Pfeil nach einer verabredeten Stelle abschossen. Aber der Verrat des Timoxeinos kam an den Tag. Denn Artabazos verfehlte beim Abschießen des Pfeiles die verabredete Stelle und traf einen Poteidaier an der Schulter. Um den Verwundeten sammelten sich die Leute, wie es im Kriege zu geschehen pflegt, nahmen den Pfeil, und als sie den Brief bemerkten, trugen sie ihn zu den Feldherren; es befanden sich ja Hilfstruppen aus den übrigen Städten der Pallene in der Stadt. Als die Feldherren den Brief gelesen und den Verräter festgestellt hatten, hielten sie es für besser, den Timoxeinos nicht zu brandmarken, aus Rück-

sicht für die Stadt Skione, damit den Skionaiern nicht der Name Verräter für immer anhafte. So also war der Verrat an den Tag gekommen.

129. Als Artabazos drei Monate lang vor der Stadt gelegen hatte, trat eine tiefe Ebbe des Meeres ein, die lange Zeit andauerte. Als die Barbaren sahen, wie seicht das Wasser geworden, gingen sie längs der Küste hindurch nach der Pallene. Als sie zwei Fünftel der Strecke zurückgelegt hatten, die man, um nach der Pallene zu gelangen, durchschreiten mußte, stieg das Wasser zu einer solchen Höhe, wie es nach Aussage der dortigen Bevölkerung noch nie vorgekommen ist, obwohl Fluten dort häufig sind. Die Perser waren verloren; die, welche nicht schwimmen konnten, ertranken, und die es konnten, wurden von den mit Booten heraneilenden Poteidaiern getötet.

Nach der Meinung der Poteidaier war der Grund für die Flut und das Unglück der Perser der, daß die im Meere umgekommenen Perser gegen Tempel und Götterbild des Poseidon vor der Stadt gefrevelt hatten; und wenn sie dies als Grund angeben, so haben sie meiner Meinung nach recht. Die Überlebenden führte Artabazos nach Thessalien zu Mardonios zurück. So erging es den Truppen, die dem König das Geleit gaben.

130. Als der Rest der persischen Flotte auf der Flucht von Salamis nach Asien gelangt war und den König mit dem Heere von der Chersonesos nach Abydos übergesetzt hatte, überwinterte sie in Kyme[105]. Mit Beginn des Frühlings sammelten sich die Schiffe bei Samos, wo ein Teil schon überwintert hatte, und der größte Teil der Schiffsbesatzung bestand jetzt aus Persern und Medern. Den Oberbefehl übernahmen Mardontes, Sohn des Bagaios, und Artayntes, Sohn des Artachaies. Als dritter Führer kam noch Ithamitres hinzu, der Neffe des Artayntes, den dieser selber berief.

Bei dem schweren Schlag, den die Flotte erlitten hatte, wagte sie sich aber nicht weiter westwärts, wozu sie auch niemand nötigte. Sie blieb vor Samos liegen und wachte über die Treue Ioniens. Mit den ionischen Schiffen waren es dreihundert Schiffe. Jedoch erwarteten sie keineswegs, daß die Hellenen nach Ionien kommen würden; sie würden sich mit der Verteidigung ihres eigenen Landes begnügen, glaubten sie; denn sie hatten ja die von Salamis flüchtende Flotte nicht weiter verfolgt, sondern waren mit Freuden heimgefahren. So gab denn die persische Flotte den Kampf zur See auf, erwartete aber, daß Mardonios zu Lande völlig Sieger bleiben würde. Man beriet, ob man von Samos aus den Feinden Abbruch tun könnte, und im übrigen wartete man, wie die Unternehmungen des Mardonios ausgehen würden.

131. Die Hellenen rief der einbrechende Frühling[106] und die Anwesenheit des Mardonios in Thessalien zur Tat auf. Das Landheer war noch nicht beisammen, die Flotte aber erschien vor Aigina; sie zählte einhundertzehn Schiffe. Oberfeldherr der Flotte war Leotychides, Sohn des Menares, des Sohnes des Hegesilaos. Seine Ahnenreihe lautet aufwärts: Hippokratides, Leotychides, Anaxilaos, Archidemos, Anaxandrides, Theopompos, Nikandros, Charilaos, Eunomos, Polydektes, Prytanis, Euryphon, Prokles, Aristodemos, Aristomachos, Kleodaios, Hyllos, Herakles. Er gehörte also dem anderen Zweige des königlichen Hauses an. Alle die genannten Ahnen des Leotychides, ausgenommen die sieben letzten, sind Könige von Sparta gewesen[107].

Feldherr der Athener war Xanthippos, Sohn des Ariphron.

132. Als alle Schiffe vor Aigina erschienen waren, kamen Boten der Ioner in das hellenische Schiffslager, die soeben in Sparta gewesen waren und die Lakedaimonier gebeten hatten, Ionien zu befreien. Unter ihnen war Herodotos, Sohn des Basileides. Sie hatten eine Verschwörung gestiftet — sieben Männer anfangs — und die Ermordung des Tyrannen von Chios, Strattis, geplant[108]. Ihr Anschlag wurde aber entdeckt, da ein Teilnehmer ihn verriet, und die anderen sechs entflohen aus Chios und gingen nach Sparta und dann nach Aigina, um die Hellenen zu bitten, nach Ionien zu kommen. Sie vermochten sie aber nur bis nach Delos zu locken. Die Weiterfahrt kam den Hellenen gar zu unsicher vor; sie kannten die Gegenden nicht und vermuteten überall Feinde. Nach Samos, glaubten sie, sei es ebenso weit wie nach den Säulen des Herakles. So kam es denn, daß sich weder die Barbaren über Samos hinaus westwärts wagten, noch die Hellenen, trotz der Bitten der Chier, über Delos hin-

aus ostwärts. Die beiderseitige Furcht schützte, was zwischen ihnen lag.

133. Während die Hellenen nach Delos fuhren, lag Mardonios noch in Thessalien im Winterquartier. Von dort aus schickte er einen aus Europos gebürtigen Mann namens Mys an die Orakelstätten. Er sollte in sämtlichen Orakelstätten, wo den Barbaren Zutritt gewährt wurde, anfragen. Was für Fragen Mardonios den Orakeln vorlegen wollte, kann ich nicht sagen, darüber ist nichts überliefert. Doch glaube ich, seine Fragen bezogen sich auf nichts anderes als auf seine Lage.

134. Dieser Mys ist, wie festgestellt wurde, nach Lebadeia gegangen, hat dort einen Einheimischen bestochen und ist in die Höhle des Throphonios hinabgestiegen[109]. Ferner hat er das Orakel in Abai in Phokien besucht[110]. Auch nach Theben ist er gekommen, und zwar zuerst, und hat dort nicht nur den Apollon Ismenios befragt[111] — man entnimmt dort wie in Olympia die Weissagung den Brandopfern —, sondern ist auch mit Hilfe eines bestochenen Fremden, nicht eines Thebaners, in den Tempel des Amphiaraos gelangt und hat den Tempelschlaf gehalten[112]. Die Thebaner dürfen das Orakel des Amphiaraos überhaupt nicht benutzen, weil Amphiaraos einmal durch ein Orakel von ihnen gefordert hat, zu wählen, ob sie ihn lieber zum Orakelkünder oder zum Bundesgenossen haben wollten; eines von beiden gehe nur an. Sie zogen seine Bundesgenossenschaft vor, und darum ist es keinem Thebaner erlaubt, dort den Tempelschlaf zu halten.

135. Höchst wunderbar aber finde ich folgendes, was die Thebaner erzählen. Danach ist Mys aus Europos auf seiner Wanderung zu allen Orakelstätten auch nach dem Heiligtum des Apollon Ptoos gekommen. Dieser Ptoon genannte Tempel gehört den Thebanern und liegt jenseits des Kopaissees am Gebirge, ganz nahe der Stadt Akraiphia[113]. Als jener Mys in den Tempel trat, begleitet von drei durch die Gemeinde erwählten Männern, die den Götterspruch aufzeichnen sollten, da verkündete sofort der Oberpriester den Spruch, aber in einer Barbarensprache. Die thebanischen Begleiter waren voller Verwunderung, barbarische Worte statt hellenischer zu hören und wußten nicht, was sie nun tun sollten. Mys aus Europos aber

nahm ihnen die Tafel, die sie mitgebracht hatten, ab und schrieb den Spruch des Oberpriesters auf. Er sagte, die Sprache sei karisch[114]. Darauf kehrte er nach Thessalien zurück.

136. Als Mardonios die Orakelsprüche gelesen hatte, die ihm Mys überbrachte, schickte er den Alexandros, Sohn des Amyntas von Makedonien, als Gesandten nach Athen. Er wählte gerade ihn, weil Alexandros mit den Persern verwandt war; seine Schwester Gygaia, Tochter des Amyntas, war mit dem Perser Bubares vermählt, und deren Sohn Amyntas, wie er nach dem Vater seiner Mutter hieß, lebte in Asien und wurde vom König zum Statthalter der großen phrygischen Stadt Alabanda ernannt[115]. Ferner wußte Mardonios, daß Alexandros in Athen das Gastrecht hatte und die Stadt ihm zu Dank verpflichtet war. So glaubte er die Athener am besten auf seine Seite ziehen zu können, die, wie er hörte, ein großes mannhaftes Volk seien und die Hauptschuld an der persischen Niederlage zur See trügen. Hatte er Athen für sich gewonnen, so hoffte er, sich leicht zum Herrn des Meeres machen zu können, worin er auch nicht unrecht hatte; und da er zu Lande den Hellenen weitaus überlegen zu sein glaubte, so rechnete er auf einen völligen Sieg über Hellas. Vielleicht hatten ihn auch die Orakelsprüche dazu bestimmt und ihm geraten, ein Bündnis mit Athen zu schließen, so daß er auf ihre Anweisung den Gesandten abschickte.

137. Der Vorfahr siebenten Gliedes dieses Alexandros war Perdikkas. Er hat den makedonischen Königsthron auf folgende Weise erlangt. Drei Brüder, Gauanes, Aeropos und Perdikkas, Nachkommen des Temenos, entflohen aus Argos nach Illyrien[116]. Von Illyrien wanderten sie über die Berge nach dem oberen Makedonien und kamen in die Stadt Lebaia[117]. Dort nahmen sie Dienst bei dem König, und der älteste hütete die Pferde, der zweite die Rinder, der jüngste, Perdikkas, das Kleinvieh. Und die Königin kochte ihnen selber das Essen, denn in alten Zeiten waren auch die Könige arm. Aber beim Backen wurde das Brot des Knaben Perdikkas immer doppelt so groß als der Teig. Weil sich das immer wiederholte, sagte sie es endlich ihrem Manne. Als dieser es hörte, dachte er sofort, daß es ein göttliches Zeichen sei und auf Großes hindeute. Er rief

die drei Knechte zu sich und befahl ihnen, sein Land zu verlassen. Sie sagten, es sei billig, daß sie ihren Lohn bekämen, bevor sie gingen. Als der König von dem Lohn hörte, sagte er in seiner Verblendung: »Das ist der Lohn, den ihr verdient habt, den gebe ich euch.« Damit zeigte er auf die Sonne am Boden, die durch den Rauchfang ins Haus hineinschien. Gauanes und Aeropos, die beiden Älteren, standen verdutzt da, als sie das hörten. Der Jüngste aber sagte: »So laß uns mitnehmen, König, was du uns gibst!« und machte mit dem Messer, das er bei sich trug, einen Schnitt rings um die Sonne auf dem Estrich des Hauses. Dann tat er dreimal etwas von dem umrissenen Sonnenfleck in sein Gewand und ging davon und seine Brüder mit ihm.

138. Als sie fort waren, erklärte einer seiner Räte dem König, wie töricht er gehandelt und daß der Jüngste den angebotenen Lohn mit vollem Bedacht angenommen habe. Der König sandte nun den Brüdern voller Zorn Reiter nach, um sie umzubringen. Aber es fließt in jener Gegend ein Fluß, dem die Nachkommen dieser Brüder aus Argos noch heute als ihrem Erretter Opfer bringen. Nachdem die Temeniden diesen Fluß durchschritten hatten, schwoll er so an, daß die Reiter nicht mehr hindurch konnten. Die Brüder zogen in einen anderen Teil Makedoniens und siedelten sich in der Nähe der sogenannten Gärten des Midas, Sohnes des Gordios, an[118]. In diesen Gärten wuchsen wilde Rosen mit sechzig Blütenblättern und stärkerem Duft als alle Rosen sonst. Auch ist Silenos nach der Sage der Makedonen in diesen Gärten gefangen worden. Jenseits der Gärten erhebt sich ein Gebirge namens Bermion[119], das man wegen seiner winterlichen Kälte nicht ersteigen kann. Dieses Tal nahmen sie in Besitz und unterwarfen sich von dort aus das übrige Makedonien[120].

139. Die Ahnenreihe des Alexandros bis zu diesem Perdikkas ist folgende. Alexandros war der Sohn des Amyntas, Amyntas der Sohn des Alketes, dessen Vater hieß Aeropos, des Aeropos Vater Philippos, des Philippos Vater Argaios, und dessen Vater war Perdikkas, der die Königsherrschaft an sich gebracht hatte. Das also ist der Stammbaum des Alexandros, Sohnes des Amyntas.

140. Als er nun mit dem Auftrage des Mardonios nach Athen kam, sprach er folgendermaßen:

»Athener! Mardonios läßt euch sagen, daß er eine Botschaft vom Könige erhalten habe, die folgenden Wortlaut hat: Ich vergebe den Athenern alle Unbill, die sie gegen mich verübt haben; darum, Mardonios, sollst du ihnen nicht bloß ihr Land zurückgeben, sondern sie können noch ein Land dazu in Besitz nehmen, welches sie wollen, und sollen unabhängig bleiben; alle Heiligtümer, die ich ihnen verbrannt habe, sollst du, wenn sie meine Freunde werden wollen, wieder aufbauen. — Dieser königlichen Botschaft muß ich, Mardonios, gehorchen, falls ihr mir nichts in den Weg legt. Und ich frage euch: warum seid ihr nur so wütende Feinde des Königs? Ihr werdet ihn nie bezwingen und könnt euch auf die Dauer auch nicht gegen ihn behaupten. Ihr wißt doch, wie groß das Heer des Xerxes war und was es ausgerichtet hat, ihr kennt auch die Macht, über die ich jetzt gebiete. Selbst wenn ihr mich besiegtet und schlüget, worauf ihr euch, wenn ihr vernünftig seid, keine Hoffnung machen werdet, ist ein neues, vielmal größeres Heer zur Stelle. Wozu euch mit dem König messen und euer Land verlieren, wozu beständig um euer Leben kämpfen? Versöhnt euch mit ihm! Da der König die Hand dazu bietet, habt ihr jetzt die schönste Gelegenheit dazu. Schließt mit uns offen und ehrlich einen Bund und bleibet frei! — Das ist der Auftrag an euch, Athener, den mir Mardonios gegeben hat. Was mich selber betrifft, so brauche ich über meine Gesinnung gegen euch nichts zu sagen, da ihr sie nicht erst heute kennenlernt, aber ich möchte euch bitten, folget dem Mardonios! Ich sehe deutlich, daß ihr den Krieg gegen Xerxes nicht ewig fortsetzen könnt. Wenn ich sähe, daß ihr es könntet, würde ich nie mit solchem Antrag zu euch gekommen sein. Die Macht des Königs ist eben größer, und sein Arm ist länger als jedes anderen Sterblichen. Wenn ihr nicht jetzt auf den Antrag eingeht, der euch so große Vorteile bietet, so habe ich große Sorge um euch; denn ihr wohnt der Heerstraße näher als alle eure Bundesgenossen und habt immer allein den Schaden, da euer Land zum Kampfplatz der feindlichen Parteien wie geschaffen ist. Darum folget mir! Wie günstig ist es für euch, daß der Großkönig keiner anderen hellenischen Stadt verzeiht als gerade euch und euer Freund sein will.«

So sprach Alexandros. 141. Als die Lakedaimonier aber erfuhren, daß Alexandros nach Athen gekommen sei und die Athener zu dem Perserkönig hinüberziehen wolle, als sie an jene Weissagung dachten, daß einst Meder und Athener sie samt den übrigen Doriern aus der Peloponnes vertreiben würden, da beschlossen sie in ihrer Furcht, es möchte wirklich zum Vertrage zwischen den Persern und Athenern kommen, sofort Gesandte nach Athen zu schicken. Es traf sich, daß diese Gesandten bei der Rede des Alexandros zugegen waren. Die Athener hatten nämlich die Verhandlung hinausgeschoben, weil sie wußten, daß man in Lakedaimon von der Ankunft des persischen Abgesandten und dem beabsichtigten Vertrage hören und schleunigst Gesandte schicken würde. Sie hatten daher absichtlich gewartet, um den Lakedaimoniern ihre wahre Gesinnung vor Augen zu führen.

142. Als Alexandros seine Rede beendet hatte, nahmen nunmehr die spartanischen Gesandten das Wort und sprachen:

»Die Lakedaimonier haben uns gesandt, um euch zu bitten, keine Untreue gegen Hellas zu begehen und die Vorschläge des Feindes nicht anzunehmen. Denn es wäre unredlich und keiner hellenischen Stadt würde es zur Ehre gereichen, am allerwenigten aber euch. Und das aus vielen Gründen. Ihr waret es, die ganz gegen unseren Willen diesen Krieg herbeigeführt haben, und von Hause aus richtete sich der Kampf nur gegen euer Land, erst jetzt richtet er sich gegen ganz Hellas. Und wenn wir von dem allen auch absehen: daß gerade Athen die Knechtschaft der Hellenen verschulden soll, wäre ganz unerträglich, denn ihr waret es doch immer, schon in alter Zeit, die manchem die Freiheit erkämpft haben. Eure bedrängte Lage freilich bekümmert uns tief; zweier Ernten seid ihr schon beraubt worden[121] und habt seit langem euer Hab und Gut verloren. Dafür erbieten sich aber die Lakedaimonier und Bundesgenossen, eure Frauen und Familien, soweit sie im Kriege nichts nütze sind, zu unterhalten, solange noch der Krieg währt. Möge euch doch nicht Alexandros von Makedonien durch die versöhnliche Art, wie er den Antrag des Mardonios vorbringt, verführen!

Er muß ja das tun: er ist ein Tyrann und hilft einem anderen Tyrannen. Ihr aber müßt ihn zurückweisen, wenn anders ihr vernünftig seid; denn ihr wißt, daß es bei Barbaren nicht Treu und Glauben gibt.«

So sprachen die Gesandten. 143. Darauf erteilten die Athener dem Alexandros folgende Antwort:

»Wir wissen selber, daß die persische Macht vielmal größer ist als die unsrige; es war nicht nötig, uns das vorzuhalten. Trotzdem werden wir um unsere Freiheit kämpfen, solange wir noch Kraft haben. Mache keinen Versuch, uns zur Versöhnung mit den Barbaren zu überreden, denn wir folgen dir hierin doch nicht. Sage Mardonios: solange die Sonne ihre alte Bahn wandelt, gibt es keine Versöhnung zwischen uns und Xerxes. Im Vertrauen auf den Beistand der Götter und Heroen, deren Häuser und Bilder er gottlos verbrannt hat, werden wir ihm fest entgegentreten. Tritt nie wieder mit solchen Anträgen vor die Athener; verführe sie nicht wieder zu Schändlichkeiten, in der Meinung, ihnen zu dienen! Du bist Proxeinos[122] und unser Freund, darum wollen wir nicht, daß die Athener dir unfreundlich begegnen.«

144. Das war ihre Antwort an Alexandros. Zu den spartanischen Gesandten aber sagten sie:

»Es ist menschlich, daß die Lakedaimonier fürchten, wir könnten uns mit dem Perserkönige verständigen; trotzdem solltet ihr euch eurer Furcht schämen, da ihr die Gesinnung Athens kennt. Nirgend in der Welt gibt es so viel Gold, nirgend ein so schönes fruchtbares Land, daß wir um dessentwillen persisch werden und Hellas in die Sklaverei bringen würden. Vieles und Großes verbietet uns das, selbst wenn wir es tun wollten; erstens und hauptsächlichst die niedergebrannten und zerstörten Götterbilder und Tempel, für die wir blutigste Rache üben müssen, ehe wir uns mit dem Manne, der das getan, versöhnen können; ferner die Bluts- und Sprachgemeinschaft mit den anderen Hellenen, die Gemeinsamkeit der Heiligtümer, der Opferfeste und Lebensweise. Es stünde den Athenern schlecht an, wenn sie an dem allen Verrat üben wollten. Darum wisset, wenn ihr es bisher noch nicht gewußt habt: solange noch ein Athener am Leben ist, gibt es keine Versöhnung zwischen uns und Xerxes.

Was nun eure Sorge um uns betrifft, daß ihr an unsere Verarmung denkt und den Unterhalt unserer Angehörigen übernehmen wollt, so freuen wir uns darüber; unsere Dankbarkeit ist euch gewiß. Gleichwohl wollen wir in unserer traurigen Lage verharren und euch nicht beschwerlich fallen. Schicket nur, da die Dinge so liegen, recht bald euer Heer aus! Wie wir vermuten, wird nicht mehr viel Zeit vergehen, bis der Feldherr der Perser zur Stelle ist und in unser Land einfällt. Sobald er hört, daß wir alle seine Anerbieten ablehnen, wird er kommen. Bevor er in Attika erscheint, müssen wir ihm nach Boiotien entgegenrücken.«
So antworteten die Athener, und die Boten kehrten nach Sparta zurück.

NEUNTES BUCH

1. Als Alexandros mit der Antwort der Athener zurückgekehrt war, brach Mardonios aus Thessalien auf und führte sein Heer in Eile gegen Athen. Die Bewohner der Gegenden, durch die er kam, mußten sich seinem Zuge anschließen. Die thessalischen Oberhäupter[1] bereuten ihr bisheriges Verhalten keineswegs, sondern reizten die Perser nur noch mehr auf. Thorax von Larisa hatte dem fliehenden Xerxes das Geleit gegeben und gewährte jetzt dem Mardonios offen den Durchzug nach Hellas.
2. Als das Heer in Boiotien stand, suchten die Thebaner Mardonios vom Weitermarsche abzuhalten und rieten ihm, sich dort zu lagern, denn es gäbe für den Krieg kein geeigneteres Land als Boiotien. Er solle nicht weiter vorrücken, sondern von dort aus versuchen, sich ganz Hellas ohne Kampf zu unterwerfen[2]. Mit Waffengewalt die einträchtigen Hellenen — und sie seien schon früher eines Sinnes gewesen — niederzuzwingen, würde selbst der ganzen Welt schwerfallen. »Aber wenn du unserem Rate folgst«, so erklärten sie ihm, »kannst du alle ihre kriegerischen Pläne zuschanden machen. Schicke Geld an die Machthaber der einzelnen Städte, dadurch wirst du die hellenische Eintracht zerstören; und dann kannst du mit Hilfe der gewonnenen Freunde leicht die Gegner unterwerfen.«
3. So rieten die Thebaner, aber er folgte ihrem Rate nicht. Sein Verlangen, Athen zum zweitenmal zu erobern, war zu groß. Das war törichte Eitelkeit; es schmeichelte ihm, dem König in Sardes die neue Einnahme Athens durch Feuerzeichen über die Inseln hin berichten zu können[3]. Aber als er nach Attika kam, fand er die Athener nicht vor. Er hörte, daß die meisten wieder in Salamis und auf den Schiffen seien, und nahm von der leeren Stadt Besitz. Der Zeitraum zwischen der ersten Eroberung durch den König und dem jetzigen Einfall des Mardonios betrug zehn Monate.

4. Von Athen aus sandte Mardonios den Hellespontier Murychides mit denselben Anträgen, die Alexandros von Makedonien den Athenern überbracht hatte, nach Salamis. Die feindliche Gesinnung der Athener kannte er freilich, aber er schickte diese zweite Botschaft in der Hoffnung, daß seine Eroberung und Besetzung des attischen Landes sie von ihrer Torheit geheilt hätten. Darum also mußte Murychides nach Salamis gehen.

5. Als er vor den Rat trat, richtete er den Auftrag des Mardonios aus. Ein Mitglied des Rates, Lykides, erklärte, seiner Meinung nach sei es das Beste, auf das Anerbieten des Mardonios einzugehen und es dem Volke vorzulegen. Entweder war er nun von Mardonios bestochen worden, oder es war seine wirkliche Meinung, die er vortrug. Die Athener aber gerieten in Wut, die Mitglieder des Rates nicht minder als das draußen harrende Volk; sofort umringten und steinigten sie ihn. Der Hellespontier Murychides wurde unbehelligt entlassen.

Durch den Lärm, der sich in Salamis um den Lykides erhob, erfuhren auch die athenischen Frauen, was vorging. Sie reizten einander auf und eilten in Scharen, ganz aus eigenem Antrieb, zur Wohnung des Lykides, wo sie sein Weib und seine Kinder ebenfalls steinigten.

6. Mit der Übersiedlung der Athener nach Salamis war es folgendermaßen gegangen. Solange sie auf ein Hilfsheer aus der Peloponnes rechneten, waren sie in Attika geblieben. Aber da die Peloponnesier gar zu lange säumten und Mardonios, wie es hieß, schon in Boiotien stand, brachten sie ihre ganze Habe in Sicherheit und fuhren nach Salamis hinüber. Nach Lakedaimon schickten sie Boten, um den Lakedaimoniern Vorwürfe zu machen, daß sie den Einfall der Barbaren in Attika geschehen ließen und nicht mit ihnen nach Boiotien vorrückten, zugleich, um an die großen Versprechungen zu erinnern, die die Perser den Athenern gemacht hatten, falls sie zu ihnen übergingen. Sie sollten zu verstehen geben, daß Athen sich allein zu helfen wissen werde, wenn die Lakedaimonier ihre Hilfe versagten.

7. Die Lakedaimonier feierten zu dieser Zeit gerade ein Fest, nämlich die Hyakinthien, und hatten für nichts Sinn als für den Dienst des Gottes[4]. Außerdem war auch die Mauer, die sie

am Isthmos gebaut hatten, beinahe fertig geworden und hatte schon Zinnen erhalten. Als nun die athenischen Gesandten in Lakedaimon erschienen — sie brachten auch Gesandte aus Megara und Plataiai mit —, hielten sie vor den Ephoren folgende Rede.

»Die Athener haben uns geschickt und lassen euch sagen, der König der Meder sichert uns unser Land zu und will mit uns ein Bündnis nach gleichem Recht schließen, ja er will uns zu unserem Land noch ein anderes nach eigener Wahl hinzuschenken. Aber wir haben sein Anerbieten nicht angenommen, sondern es zurückgewiesen, aus Ehrfurcht vor dem hellenischen Zeus und aus Abscheu davor, daß wir Hellas verraten sollten, obwohl die Hellenen uns schändlich behandeln und uns verraten und obwohl wir wissen, daß Versöhnung mit den Persern für uns vorteilhafter wäre als Krieg. Trotzdem werden wir aus freiem Willen keinen Vertrag mit ihnen abschließen. So ist unser Verhalten gegen die Hellenen aufrichtig und ehrlich. Ihr dagegen waret damals in höchster Besorgnis, daß wir mit den Persern uns einigen könnten; aber nachdem ihr unsere Gesinnung deutlich erkannt habt, daß wir auf keinen Fall Hellas verraten werden, seitdem ferner die Mauer, die ihr über den Isthmos gebaut habt, beinahe fertig ist, seitdem sind euch die Athener gleichgültig geworden. Während verabredet war, den Persern nach Boiotien entgegenzurücken, laßt ihr uns im Stich und duldet, daß die Barbaren in Attika einbrechen. Und darum grollen euch jetzt die Athener, denn ihr habt nicht recht getan. Sie fordern euch auf, mit uns schleunigst ein Heer auszurüsten, um den Barbaren in Attika entgegenzutreten. Da uns Boiotien verlorengegangen ist, so ist in unserem Lande das günstigste Schlachtfeld die thriasische Ebene[5].«

8. Als die Ephoren diese Rede gehört hatten, verschoben sie die Antwort auf den nächsten Tag, und am nächsten Tage auf den übernächsten. So wurden die Gesandten zehn Tage hingehalten. Währenddessen bauten sämtliche Peleponnesier mit größtem Eifer an der Isthmosmauer und vollendeten sie. Für dies Verhalten, also daß sie damals, als Alexandros von Makedonien nach Athen kam, die Athener durchaus von der Verständigung mit den Persern abhalten wollten, während sie sich jetzt

gar nicht um sie kümmerten, weiß ich keinen anderen Grund als daß sie jetzt den Isthmos befestigt hatten und die Athener nicht mehr nötig zu haben glaubten. Als Alexandros nach Attika kam, war die Mauer noch nicht fertig, doch wurde aus Furcht vor den Persern eifrig daran gearbeitet.

9. Die Antwort und der Auszug der Spartiaten erfolgte dann endlich unter folgenden Umständen. Am Tage, bevor die Gesandten zum letztenmal auftreten sollten, erfuhr Chileos aus Tegea[6], der unter den Fremden in Lakedaimon den größten Einfluß besaß, von den Ephoren den ganzen Sachverhalt. Darauf sagte Chileos zu den Ephoren:

»Ephoren, die Dinge liegen doch so: wenn die Athener nicht unsere, sondern Bundesgenossen des Perserkönigs sind, so stehen trotz unserer starken Isthmosmauern die Tore in die Peloponnes für unsere Feinde weit offen. Darum solltet ihr nachgeben, ehe sich die Athener zu etwas entschließen, was Hellas den Untergang bringt!«

10. So riet er ihnen. Die Ephoren erwogen seine Worte sorgfältig, und ohne den Gesandten der fremden Städte Mitteilung zu machen, schickten sie noch in der Nacht fünftausend Spartiaten und sieben Heloten auf jeden Spartiaten aus[7]. Sie übertrugen den Oberbefehl dem Pausanias, Sohn des Kleombrotos. Der rechtmäßige Feldherr war eigentlich Pleistarchos, Sohn des Leonidas; aber er war noch ein Knabe und Pausanias sein Vormund und Vetter[8]. Denn Kleombrotos, Pausanias' Vater und Anaxandrides' Sohn, war nicht mehr am Leben; nachdem er das Heer, das die Isthmosmauer baute, wieder heimgeführt hatte, war er in noch jugendlichem Alter gestorben. Der Grund, weshalb Kleombrotos das Heer von dem Isthmos weggeführt hatte, war eine Sonnenfinsternis während eines Opfers, das er um der Perser willen brachte[9].

Pausanias wählte als zweiten Feldherrn den Euryanax, Sohn des Dorieus[10], der auch aus dem königlichen Hause stammte, und so verließ das Heer Sparta.

11. Als der Tag angebrochen war, begaben sich die Gesandten, die von dem Auszug nichts wußten, zu den Ephoren, in der Absicht, auch ihrerseits Sparta zu verlassen und nach Hause zurückzukehren. Sie erklärten:

»Ihr Lakedaimonier feiert hier im Lande die Hyakinthien, tanzt und singt und verratet eure Bundesbrüder. Die Athener, die ihr so kränkend behandelt, werden sich mit den Persern einigen, so gut sie können, da keiner ihnen zu Hilfe kommt. Und wenn wir uns mit ihnen geeinigt und natürlich des Königs Bundesbrüder geworden sind, werden wir mit ihnen ziehen, gegen wen sie uns führen. Was für euch daraus erwächst, werdet ihr dann inne werden.«

Auf diese Worte der Gesandten erwiderten die Ephoren mit der Beteuerung, das Heer müsse auf dem Wege gegen die Fremden – sie nannten die Barbaren die Fremden – schon bei dem Orestheion angekommen sein. Die Gesandten verstanden sie nicht und fragten, was ihre Worte bedeuten sollten. Da erfuhren sie alles und machten sich voller Verwunderung schleunigst auf den Weg, den Truppen nach. Mit ihnen zog eine auserwählte Schar lakedaimonischer Perioiken, fünftausend Mann[11].

12. Während das Heer dem Isthmos zustrebte, schickten die Argeier, sobald sie nur von dem Auszug des Pausanias aus Sparta hörten, den besten Dauerläufer, den sie finden konnten, als Boten nach Attika. Hatten sie doch Mardonios früher angeboten, sie wollten den Auszug der Spartiaten verhindern. Als der Bote in Athen ankam, sagte er zu Mardonios:

»Mardonios, die Argeier haben mich gesandt, um dir zu melden, daß der Heerbann Sparta verlassen hat und die Argeier nicht stark genug sind, den Auszug zu verhindern. Möge dir guter Rat nicht fehlen!«

13. Darauf eilte er zurück; aber Mardonios hatte, als er dies hörte, keine Lust mehr, in Attika zu bleiben. Bis dahin hatte er sich ruhig verhalten, um die Entscheidung der Athener abzuwarten, und hatte das attische Land weder bedrückt noch verwüstet, weil er immer noch hoffte, es würde zum Frieden kommen. Als das nicht geschah und er die ganze Lage der Dinge erfuhr, zog er sich, noch ehe Pausanias über den Isthmos vordrang, zurück, nachdem er noch Athen in Brand gesteckt und alles, was von Mauern, Häusern, Tempeln aufrecht stand, niedergerissen und zerstört hatte[12]. Der Grund seines Rückzuges war, daß Attika für den Reiterkampf ungeeignet ist und daß er im Falle einer

Niederlage nur durch enge Pässe, wo ein paar Mann ihn aufhalten konnten, den Rückmarsch bewerkstelligen konnte[13]. Er entschloß sich also, bis Theben zurückzugehen und bei der befreundeten Stadt, auf einem für die Reiterei günstigen Gelände, die Schlacht zu liefern.

14. Mardonios war schon auf dem Marsche, als ihm die Nachricht überbracht wurde, tausend Lakedaimonier, der Vortrab des hellenischen Heeres, ständen in Megara. Er überlegte, ob er nicht diese Truppe erst noch aufheben sollte, schwenkte ab und führte das Heer gegen Megara. Die Reiterei zog voran und durchstreifte das Gebiet von Megara[14]. Das war der westlichste Punkt Europas, den dies persische Heer erreicht hat.

15. Nun kam die weitere Meldung, daß die Hellenen am Isthmos versammelt seien. So marschierte denn Mardonios rückwärts über Dekelea. Die Anwohner des Asopos, die von den Boiotarchen[15] herbeigerufen wurden, zeigten ihm den Weg nach Sphendale und weiter nach Tanagra. In Tanagra wurde Nachtruhe gehalten, und am nächsten Tage ging es nach Skolos, wo er sich auf thebanischem Boden befand. Dort verwüstete er die Felder der doch persisch gesinnten Thebaner, aber er tat es nicht in feindlicher Absicht, sondern weil er unbedingt dem Heere Deckung verschaffen wollte und im Falle einer unglücklichen Schlacht einen Zufluchtsort haben mußte[16]. Das feste Lager, das er errichtete, reichte von Erythrai bei Hysiai bis in das Gebiet von Plataiai und zog sich am Flusse Asopos entlang. Doch sollte nicht die ganze Strecke verschanzt werden, sondern nur etwa zehn Stadien an jeder Seite[17].

Während die Barbaren an diesen Befestigungen arbeiteten, lud der Thebaner Attaginos, Sohn des Phrynon, den Mardonios mit den fünfzig vornehmsten Persern zu einem glänzenden Gastmahl ein, und sie folgten der Einladung. Das Gastmahl fand in Theben statt.

16. Das Nähere habe ich von Thersandros aus Orchomenos erfahren, der in Orchomenos zu den angesehensten Männern gehört[18]. Thersandros erzählt, daß auch er von Attaginos zu diesem Gastmahl geladen worden sei und außerdem noch fünfzig Thebaner. Perser und Thebaner hätten nicht getrennt gelegen, sondern Attaginos hätte je einem Perser und Thebaner ihren

Platz auf einem gemeinsamen Polster angewiesen[19]. Nach der Mahlzeit, beim Gelage, habe ihn sein persischer Nachbar in hellenischer Sprache gefragt, woher er stamme, und auf seine Auskunft, er sei aus Orchomenos, habe der Perser erwidert: »Da du gemeinsam mit mir gegessen und getrunken hast, will ich dir als Andenken meiner freundschaftlichen Gesinnung etwas verraten, was dir zu deinem eigenen Wohl und Vorteil dienen mag. Siehst du die Perser hier schmausen und siehst das Heer, das wir am Flusse dort zurückgelassen haben? Von all diesen Menschen wirst du in kurzem nur noch ein kleines Häuflein am Leben sehen.«
Diese Worte habe der Perser mit vielen Tränen begleitet. Er habe erstaunt geantwortet: »Müßte man das nicht Mardonios sagen und den persischen Unterfeldherren?«
Der Perser habe erwidert: »Freund, was die Gottheit beschlossen hat, kann der Mensch nicht abwenden. Auch pflegt auf den, der die Wahrheit sagt, niemand zu hören. Viele von uns Persern kennen ihr Schicksal, aber Gewalt zwingt uns zum Gehorsam. Das ist das Bitterste für einen Menschen: bei allem Wissen doch keine Macht zu haben.«
Das hat mir Thersandros aus Orchomenes erzählt und hat hinzugesetzt, daß er es sofort, noch vor der Schlacht bei Plataiai, anderen weitererzählt habe.
17. Als Mardonios in Boiotien lagerte, stellten alle persisch gesinnten Hellenenstämme jener Gegend Truppen; sie hatten auch schon den Einfall in Attika mitgemacht. Nur die Phoker hatten sich ausgeschlossen; auch sie waren freilich ganz persisch, aber nicht aus freiem Willen, sondern gezwungen. Jetzt endlich — Mardonios war schon einige Tage bei Theben — langten tausend phokische Hopliten an, unter Führung des Harmokydes, des hervorragendsten Phokers. Als sie vor Theben erschienen, ließ Mardonios ihnen durch seine Reiter Befehl geben, sich abgesondert in der Ebene zu lagern. Die Phoker taten das, und auf einmal sahen sie sich der gesamten Reiterei gegenüber. Durch das Lager der Hellenen, die sich im persischen Heere befanden, ging das Gerücht, man wolle die Phoker niederschießen, und dies Gerücht drang auch zu den Phokern. Da feuerte der Führer Harmokydes die Leute an und sagte:

»Phoker! Es ist klar, wir sollen durch die Scharen hier offenen Auges dem Tod geweiht werden; gewiß haben uns die Thessaler verleumdet. Nun gilt es! Jeder sei ein Held! Besser, im tapferen Kampf um sein Leben zu fallen als geduldig den elendesten Tod zu erleiden. Laßt sie es fühlen, daß es Barbaren sind, die hier als Mörder hellenischer Männer heranziehen.«

18. So sprach er, und die Reiter umzingelten sie und machten Miene, sie niederzureiten. Die Bogen waren schon gespannt, und mancher mag seinen Pfeil auch abgeschossen haben. Die Phoker machten nach allen Seiten Front und drängten sich so dicht zusammen wie möglich. Da schwenkten die Reiter ab und ritten davon. Nun kann ich nicht bestimmt sagen, ob die Reiterei wirklich erschienen war, um die Phoker niederzumachen, angestiftet durch die Thessaler, und nur aus Furcht vor den Verlusten, die ihr die abwehrbereiten Phoker beibringen würden, sich wieder davongemacht hat, ob also Mardonios es so befohlen hatte; oder ob er nur die Unerschrockenheit der Phoker erproben wollte. Genug, Mardonios schickte, als die Reiterei kehrt gemacht hatte, einen Herold und ließ ihnen sagen: »Nur Mut, ihr Phoker! Ihr habt euch als tapfere Männer bewährt und nicht so, wie ich über euch gehört habe. Nun kämpfet willig in unserem Kriege mit, es soll euch von mir und vom König überreich vergolten werden.«

So erging es damals den Phokern.

19. Als die Lakedaimonier am Isthmos angelangt waren, lagerten sie sich dort, und als die übrigen Peloponnesier, soweit sie der guten Sache geneigt waren, davon hörten, zum Teil auch die ausziehenden Spartiaten sahen, wollten auch sie nicht dem Auszuge fernbleiben. Die Opfer am Isthmos fielen günstig aus, und das ganze Heer marschierte weiter und gelangte nach Eleusis. Auch dort wurde geopfert, und da der Ausfall wiederum günstig war, ging es vorwärts. Die Athener waren von Salamis herübergekommen und schlossen sich in Eleusis dem Heere an. Als sie Erythrai in Boiotien erreicht hatten, gewahrten sie, daß die Barbaren am Asopos lagerten. So nahmen sie ihnen gegenüber, am Fuße des Kithairon, Aufstellung[20].

20. Da die Hellenen nicht ins Tal herabkamen, schickte Mardonios die ganze Reiterei gegen sie aus. Führer der Reiterei

war Masistios, ein Perser von großem Ruhm — einige Hellenen nennen ihn Makistios —; er ritt ein nisaiisches, goldgezäumtes und auch sonst reich geschmücktes Pferd. Als die Reiter den Hellenen nahe genug waren, griffen sie geschwaderweise an[21], brachten den Hellenen schwere Verluste bei und schalten sie Weiber.

21. Zufällig standen die Megarer an der gefährdetsten Stelle des ganzen Schlachtfeldes und waren den Angriffen der feindlichen Reiterei am meisten ausgesetzt. Die bedrängten Megarer schickten daher einen Herold an die hellenischen Feldherren, der folgende Meldung überbrachte:

»Die Megarer lassen sagen: Bundesgenossen, wir sind nicht stark genug, allein der persischen Reiterei standzuhalten und unseren ursprünglichen Platz zu behaupten. Noch kämpfen wir unermüdlich und tapfer, so arg wir auch bedrängt werden; aber wenn ihr uns nicht Entsatz schickt, so müssen wir unseren Platz in der Schlachtlinie aufgeben.«

So sprach der Herold, und Pausanias fragte das Heer, ob eine andere Truppe freiwillig an jenen Platz gehen und die Megarer ablösen wolle. Da keiner sich meldete, erklärten sich die Athener bereit, und zwar die Schar der dreihundert Auserwählten, deren Führer Olympiodoros, Sohn des Lampon[22], war.

22. Sie traten also an die Stelle der Megarer und nahmen vor dem bei Erythrai versammelten Hellenenheere Aufstellung; die Bogenschützen nahmen sie mit. Nach längerem Kampf fand das Gefecht dadurch ein Ende, daß während der Angriffe der Reitergeschwader das Pferd des vorausreitenden Masistios von einem Pfeil in die Rippen getroffen wurde, sich vor Schmerzen bäumte und Masistios abwarf. Sofort fielen die Athener über den am Boden Liegenden her. Sie erbeuteten das Pferd und töteten nach tapferer Gegenwehr mit vieler Mühe den Reiter. Seine Rüstung bestand nämlich aus einem goldenen Schuppenpanzer, über den er ein Purpurkleid gezogen hatte[23]. Die Hiebe auf den Panzer verletzten ihn nicht, bis einer den Grund entdeckte und ihn ins Auge stieß. So fiel und starb denn Masistios.

Die anderen Reiter hatten nichts von dem Vorgang bemerkt. Da sie ihn weder hatten vom Pferd fallen noch das Leben verlieren sehen, merkten sie auch beim Rückzug, als sie kehrt machten, nichts. Doch sobald sie sich sammelten, vermißten sie ihn, da keiner sie neu ordnete. Sofort sprachen sie einander Mut zu, und die ganze Reiterei jagte herbei, um den Leichnam zu retten.

23. Als die Athener sahen, daß nicht mehr einzelne Geschwader anrückten, sondern die gesamte Reiterei auf einmal, riefen sie das übrige Heer zu Hilfe. Während das ganze Fußvolk anrückte, entspann sich ein heftiger Kampf um die Leiche. Solange die dreihundert allein waren, waren sie sehr im Nachteil und mußten die Leiche fahren lassen. Als aber die Heeresmassen herbeiströmten, konnten die Reiter nicht mehr standhalten, auch die Leiche nicht bergen; sie verloren sogar noch eine Menge Leute. In einer Entfernung von zwei Stadien machten sie Halt und berieten, was sie tun sollten. Weil sie ohne Führer waren, entschlossen sie sich zum Rückzug zu Mardonios.

24. Als die Reiterei ins Lager kam, trauerte das ganze Heer, zumal Mardonios selber, tief um Masistios. Man schor sich und den Pferden und Zugtieren das Haar und erhob laut die Totenklage[24]. Ganz Boiotien hallte wider, denn es war nach Mardonios der bei den Persern und beim König geehrteste Mann, der den Tod gefunden hatte.

25. Während die Barbaren nach ihrer Sitte den gefallenen Masistios ehrten, waren die Hellenen dadurch, daß sie den Angriffen der Reiterei Trotz geboten und sie zum Rückzuge gezwungen hatten, weit mutiger geworden und fuhren vor allem den Leichnam auf einem Wagen durch die Reihen des Heeres. Der Leichnam war von erstaunlicher Größe und Schönheit; deshalb taten sie es auch. Und alles verließ seinen Platz und kam, um Masistios zu sehen. Weiter beschlossen sie, in die Ebene hinab nach Plataiai zu rücken, denn die Gegend von Plataiai schien ihnen als Lagerplatz weit geeigneter als die Gegend von Erythrai, namentlich wegen des Wassers. Also nach Plataiai, zu der Quelle Gargaphia, die sich in jener Gegend befindet, wurde beschlossen zu gehen und dort sich in Gruppen zu lagern.

Sie nahmen die Waffen und wanderten am Fuße des Kithairon entlang, bei Hysiai vorüber, ins Gebiet von Plataiai. Dort, nahe der Quelle Gargaphia und dem Heiligtum des Heros Androkrates[25] auf einem unbedeutenden Höhenzug und in der Ebene, nahmen sie nach Stämmen geordnet Aufstellung.

26. Bei dieser Aufstellung kam es dort zu einem wortreichen Streit zwischen den Tegeaten und den Athenern. Beide erhoben Anspruch auf den einen Flügel und beriefen sich auf ältere und jüngere Beispiele. Die Tegeaten erklärten:

»Stets haben uns sämtliche Bundesgenossen diesen Ehrenplatz in der Schlachtreihe eingeräumt, so oft die Peloponnesier gemeinsam ins Feld gezogen sind, in alter und in neuer Zeit, seitdem einst die Herakliden, nach dem Tode des Eurystheus, die Rückkehr in die Peloponnes erzwingen wollten. Damals war es, wo wir uns diese Ehre erkämpft haben. Denn als wir gemeinsam mit den Achaiern und Ionern, die damals noch in der Peloponnes wohnten, an den Isthmos gerückt waren und uns den Rückkehrenden gegenüberlagerten, da hat, wie die Überlieferung sagt, Hyllos den Vorschlag gemacht, man solle doch nicht Heer gegen Heer den Entscheidungskampf kämpfen lassen, sondern den tapfersten Mann des peloponnesischen Heeres erwählen und ihm selber zum Zweikampf auf gewisse Bedingungen hin entgegenstellen. Die Peloponnesier erklärten sich damit einverstanden und beschlossen folgendes Abkommen: wenn Hyllos den peloponnesischen Führer besiege, sollten die Herakliden in die Sitze ihrer Vorfahren zurückkehren dürfen, wenn er aber besiegt würde, sollten die Herakliden wieder abziehen, ihr Heer wegführen und innerhalb von hundert Jahren keinen neuen Versuch zur Wiedergewinnung der Peloponnes machen. Und es wurde aus dem gesamten Bundesheere unser Feldherr und König Echemos, Sohn des Eeropos, Enkel des Phegeus, der sich selber erbot, gewählt, und er tötete den Hyllos im Zweikampf. Wegen dieses Sieges haben uns damals die Peleponnesier große Vorrechte eingeräumt, die wir noch heute haben, darunter auch das, daß wir bei einem gemeinsamen Auszug den ersten Flügel befehligen. Mit euch, Lakedaimonier, streiten wir nicht! Ihr könnt wählen, welchen Flügel ihr einnehmen wollt; aber auf dem anderen Flügel kommt uns heute wie stets die Führung zu. Auch abgesehen von jenem alten Verdienst sind wir des Ehrenplatzes in der Schlachtordnung würdiger als die Athener. Wie viele Kämpfe gegen euch, Spartiaten, haben wir rühmlich durchgefochten, wie viele gegen andere! Darum ist es billig, daß wir einen Flügel erhalten und nicht die Athener; denn sie haben keine solche Taten vollbracht wie wir, weder in neuer noch in alter Zeit.«

27. So sprachen sie. Aber die Athener erwiderten folgendes: »Wir glauben zwar, daß wir hier zum Kampfe gegen die Barbaren versammelt sind, nicht zum Wortwechsel; aber da die Tegeaten einmal fordern, daß sie und wir alle unsere Verdienste alter und neuer Zeit hier vorbringen, so müssen auch wir darlegen, woher unser gutes Recht stammt, als bewährte Kämpfer den ersten Platz — vor den Arkadern — einzunehmen. Wir allein haben die Herakliden, deren Feldherrn die Tegeaten am Isthmos getötet haben wollen, und die auf ihrer Flucht vor dem Joch der Mykenaier von allen Hellenen, an die sie sich wandten, vertrieben worden waren, bei uns aufgenommen und den übermütigen Eurystheus gedemütigt, durch den Sieg, den wir mit ihnen gemeinsam über die damaligen Herren der Peloponnes erfochten[26]. Ferner können wir uns rühmen, für die argeiischen Helden, die mit Polyneikes gegen Theben zogen, ihr Leben einbüßten und unbestattet dalagen, gegen die Kadmeier ins Feld gezogen zu sein und die Leichname geborgen und in unserem Eleusis begraben zu haben[27]. Und rühmlich haben wir uns auch gegen die Amazonen gehalten, als sie einst vom Thermodonfluß her kamen und in Attika einfielen[28]. Auch in den troischen Kämpfen sind wir hinter keiner anderen Stadt zurückgeblieben. Aber wozu dies alles hervorholen? Wer damals tapfer war, kann heute feige, und wer damals schwach war, kann heute Sieger sein. Darum genug von den alten Zeiten. Wenn wir nichts anderes vollbracht hätten — obwohl wir viel Rühmliches getan haben, so gut wie irgend ein anderer Hellenenstamm —, so gebührt uns schon wegen des Sieges bei Marathon diese und nicht nur diese Ehre! Wir haben damals ganz allein gegen die Perser gekämpft, haben in dem gewaltigen Ringen obgesiegt und sechsundvierzig Volksstämme[29] geschlagen. Gebührt uns nicht um dieser einen Tat willen der Ehrenplatz in der Schlachtreihe? Doch ist jetzt nicht die rechte Zeit, über den Platz in der Schlachtreihe zu streiten; wir sind bereit, uns

euren Anordnungen zu fügen, Lakedaimonier! Stellt uns zu denen und dorthin, wo ihr es am geeignetsten findet. Wir werden überall unsere Schuldigkeit zu tun suchen. Führet uns, wohin ihr wollt!«
Das war ihre Antwort. Das ganze lakedaimonische Heer aber erklärte lärmend, die Athener verdienten den Platz an dem Flügel eher als die Arkader. So erhielten denn die Athener den Flügel und hatten über die Tegeaten gesiegt.

28. Und nun nahmen die Hellenen, die Hinzugekommenen und das ursprüngliche Heer, folgendermaßen Aufstellung. Auf dem rechten Flügel standen zehntausend Lakedaimonier. Fünftausend davon waren Spartiaten, und als Schutzknappen hatten sie fünfunddreißigtaußend leichtbewaffnete Heloten bei sich; jedem Spartiaten standen sieben Heloten zur Seite. Dann folgten die Tegeaten, der Ehre und ihrer Tapferkeit wegen hatten die Spartiaten sie neben sich gestellt. Es waren fünfzehnhundert Hopliten. Dann folgten die Korinthier, fünftausend Mann. Neben ihnen erhielten durch Pausanias die dreihundert erschienenen Leute aus Poteidaia in der Pallene ihren Platz[30]. An diese schlossen sich sechshundert Arkader aus Orchomenos und an sie dreitausend Sikyonier. Auf diese folgten achthundert Epidaurier. Neben sie wurden tausend Troizenier gestellt, neben die Troizenier zweihundert Lepreaten[31], neben diese vierhundert Mykenaier und Tirynthier[32], neben diese tausend Phliasier und neben diese dreihundert Hermioner[33]. An die Seite der Hermioner traten sechshundert Eretrier und Styreer[34], dann kamen vierhundert Chalkider, fünfhundert Amprakioten, achthundert Leukadier und Anaktorier[35] und weiter zweihundert Paleer von Kephallenia[36]. Nun folgten fünfhundert Aigineten. An ihrer Seite standen dreitausend Megarer. Daran schlossen sich sechshundert Plataier und den Schluß, zugleich den Anfang, machten die Athener, achttausend Mann, die den linken Flügel bildeten. Ihr Führer war Aristeides, Sohn des Lysimachos.

29. Alle genannten Truppen außer den sieben Heloten, die jeder Spartiate bei sich hatte, waren Hopliten und zählten zusammen achtunddreißigtausendsiebenhundert Mann. Das war die Gesamtzahl der gegen die Barbaren versammelten Hopliten.

Die Leichtbewaffneten, zunächst des spartanischen Heeres, betrugen fünfunddreißigtausend Mann, da sieben auf jeden Spartiaten kamen, und alle waren kriegsmäßig ausgerüstet; ferner betrugen die Leichtbewaffneten bei den übrigen Lakedaimoniern und Hellenen, da einer auf jeden Mann kam, vierunddreißigtausendfünfhundert Mann. Alle kampfgerüsteten Leichtbewaffneten zusammen waren also neunundsechzigtausendfünfhundert[37] Mann. 30. Die Stärke des gesamten vor Plataiai erschienen Hellenenheeres, Hopliten und Leichtbewaffnete, betrug einhundertachttausendzweihundert Mann. Die anwesenden Thespaier machten die einhundertzehntausend Mann voll; es war nämlich auch der Rest der Thespiaier im Heere, achtzehnhundert Mann; aber auch sie waren ohne Hoplitenrüstung. 31. Sie hatten ihren Platz am Asopos erhalten.

Auch Mardonios mit seinem Heer erschien, nachdem die Trauer um Masistios vorüber war, auf die Kunde von der Aufstellung der Hellenen bei Plataiai am Asopos, der dort vorüberfließt. Er stellte das Heer in folgender Ordnung den Hellenen gegenüber auf. Den Lakedaimoniern stellte er die Perser gegenüber, und da diese jenen an Zahl weit überlegen waren, waren ihre Reihen länger und hatten auch noch die Tegeaten sich gegenüber. Er verteilte die Perser in der Weise, daß er alle tüchtigsten Leute auslas und den Lakedaimoniern entgegenstellte, während die schwächeren den Tegeaten gegenübertreten mußten. Er tat das auf Rat und Erklärung der Thebaner. Neben die Perser stellte er die Meder, die den Korinthiern, Poteidaiern, Orchomeniern und Sikyoniern gegenüberstanden. Neben die Meder stellte er die Baktrier den Epidauriern, Troizeniern, Lepreaten, Tirynthiern, Mykenaiern und Phliasiern gegenüber. Auf die Baktrier folgten die Inder den Hermionern, Eretriern, Styreern und Chalkidern gegenüber. Neben die Inder stellte er die Saken den Amprakioten, Anaktoriern, Leukadiern, Paleern und Aigineten gegenüber. Neben die Saken, den Athenern, Plataiern und Megaren gegenüber, stellte er die Boioter, Lokrer, Malier, Thessaler und die tausend Phoker. Denn nicht alle Phoker standen auf persischer Seite, ein Teil unterstützte die Hellenen und hatte sich auf den Parnassos zurückgezogen, von wo aus sie dem Heer des Mardonios und den mit ihm verbündeten Hellenen allerhand Abbruch taten. Auch die Makedonen und die Umwohner Thessaliens stellte Mardonios den Athenern gegenüber[38].

32. Damit haben wir die hauptsächlichsten, bekanntesten und bedeutendsten Volksstämme genannt, die in der Heeresaufstellung des Mardonios vertreten waren. Dazwischen aber standen noch vereinzelte Leute aus anderen Stämmen, Phryger, Myser, Thraker, Paioner[39] und andere, ferner auch Aithioper und Ägypter, nämlich die sogenannten Hermotybier und Kalasirier, mit Schwertern bewaffnete Krieger, die in Ägypten ausschließlich das Kriegshandwerk ausüben[40]. Mardonios hatte sie damals in Phaleron der Flotte entnommen; sie hatten nämlich die Schiffsbesatzung gebildet. In dem Landheer, das unter Xerxes nach Athen zog, befanden sich keine Ägypter.

Die Zahl der Barbaren betrug, wie schon oben erwähnt, dreihunderttausend Mann. Die Zahl der hellenischen Mitkämpfer des Mardonios weiß niemand, sie sind nicht gezählt worden. Vermutungsweise möchte ich sie auf fünfzigtausend Mann bestimmen. Diese ganze Schlachtreihe bestand aus Fußkämpfern; die Reiterei stand abseits.

33. Als die ganze Aufstellung, stammweise und gliederweise, beendet war, fanden am Tage darauf in beiden Heeren die Opfer statt. Bei den Hellenen wurde das Opfer von Teisamenos, dem Sohne des Antiochos, dargebracht, der das Heer als Opferpriester begleitete. Er stammte aus Elis, aus dem Geschlecht der Iamiden[41], und hatte bei den Lakedaimoniern das Bürgerrecht erhalten. Als Teisamenos einst beim Orakel in Delphi wegen seiner Nachkommenschaft anfragte, verkündete ihm die Pythia, daß er in fünf gewaltigen Wettkämpfen siegen werde. Er verstand das Orakel falsch und trieb nun eifrig die gymnischen Künste, weil er auf Siege in den gymnischen Wettkämpfen hoffte. In Olympia siegte er denn auch im Pentathlon[42], mit Ausnahme eines Ganges, bei dem er Hieronymus aus Andros zum Gegner hatte. Die Lakedaimonier aber merkten, daß der Orakelspruch, den Teisamenos erhalten, nicht auf gymnische, sondern auf Schlachtenkämpfe ziele, und suchten ihn durch eine Geldsumme zu bewegen, mit ihren Herakliden-königen gemeinsam den Oberbefehl im Kriege zu übernehmen.

Teisamenos sah, daß den Spartiaten viel an ihm gelegen war, und forderte mehr; er ließ sie wissen, daß er ihren Antrag nur unter der Bedingung annähme, daß sie ihn zum vollberechtigten Bürger machten. Anfangs fanden die Spartiaten diese Forderung anmaßend und ließen die ganze Sache fallen, endlich aber bewog sie die große Furcht, die ihnen der persische Kriegszug einflößte, nachzugeben und seine Forderung zu bewilligen. Als er ihre veränderte Gesinnung merkte, erklärte er, auch das genüge noch nicht, sein Bruder Hegias müsse unter denselben Bedingungen wie er zum Spartiaten gemacht werden.

34. Er folgte hierin dem Beispiel des Melampus, wenn man die Forderung der Königswurde und des Bürgerrechts miteinander vergleichen darf. Als die Weiber von Argos in Raserei verfallen waren, suchten ihn die Argeier durch Lohn zu bewegen, aus Pylos zu ihnen zu kommen und ihre Frauen von der Krankheit zu befreien. Da forderte Melampus als Lohn die Hälfte der Königswürde. Die Argeier verweigerten das und kehrten heim; als aber die Zahl der rasenden Weiber immer größer wurde, erklärten sie sich mit seiner Forderung einverstanden und gingen, ihm die königliche Macht anzubieten. Als Melampus aber ihre veränderte Gesinnung sah, forderte er noch mehr und sagte, er willige nur ein, wenn sie seinem Bruder Bias noch ein Drittel der Königswürde einräumten. Die Argeier gingen in ihrer Bedrängnis auch darauf ein[43].

35. Ebenso hatten auch die Spartiaten dem Teisamenos alles bewilligt, weil sie ihn so nötig brauchten. Und Teisamenos von Elis gewann dann, nachdem er Spartiate geworden, als Opferpriester fünf gewaltige Schlachten mit den Spartiaten. Er und sein Bruder aber sind die einzigen Menschen, die je spartanische Bürger geworden sind. Die fünf Schlachten sind folgende: die erste ist diese bei Plataiai, die zweite die bei Tegea gegen Tegeaten und Argeier, dann die bei Dipaia[44] gegen alle arkadischen Stämme mit Ausnahme von Mantinea, dann die bei Isthmos[45] gegen die Messenier, und die letzte und fünfte siegreiche Schlacht ist die bei Tanagra[46] gegen Athener und Argeier.

36. Dieser Teisamenos also hielt damals bei Plataiai für die Hellenen unter Führung der Spartiaten das Opfer ab. Das

Opferorakel lautete günstig für den Fall, daß sie sich verteidigten, aber ungünstig für den Fall, daß sie den Asopsos überschritten und angriffen.

37. Mardonios, der gern angegriffen hätte, erhielt ebenfalls kein günstiges Opferorakel, aber für den Fall der Verteidigung war es auch ihm günstig. Auch Mardonios ließ nach hellenischem Brauch opfern und hatte als Opferpriester den Hegesistratos aus Elis, den berühmtesten Telliaden[47], den die Spartiaten einst gefangen hatten und hinrichten wollten, weil sie viel Arges von ihm erfahren hatten. In seiner verzweifelten Lage, wo es Tod oder Leben galt und ihm vor dem Tode noch viel Schreckliches bevorstand, half er sich durch eine geradezu unglaubliche Tat. Er lag im eisenbeschlagenen Block, und als er einmal eines zufällig hereingebrachten Messers habhaft wurde, tat er ohne Besinnen das Unerschrockenste, was je ein Mensch, soweit wir Kunde haben, getan hat. Um seinen Fuß aus dem Block zu befreien, schnitt er einen Teil des Fußes ab. Da er bewacht wurde, durchgrub er nun die Wand und entlief nach Tegea. Nachts ging er, bei Tage barg er sich im Walde und ruhte, so daß er in der dritten Nacht in Tegea anlangte, obwohl ganz Lakedaimon ihn suchte. Die Lakedaimonier waren voller Verwunderung über seinen Streich, als sie das Stück des Fußes daliegen sahen und ihn selber nicht fanden. So entkam Hegesistratos damals den Lakedaimoniern und rettete sich nach Tegea, das damals mit Sparta nicht im Frieden lebte. Er wurde geheilt, machte sich einen hölzernen Fuß und erklärte nun offen den Lakedaimoniern den Krieg. Doch lief diese Feindschaft gegen die Lakedaimonier schließlich nicht gut für ihn aus. Er wurde als Opferpriester in Zakynthos[48] von ihnen gefangen genommen und getötet.

38. Indessen fällt der Tod des Hegesistratos erst in die Zeit nach der Schlacht bei Plataiai. Jetzt war er von Mardonios um hohen Lohn geworben[49] und opferte am Asopos, aus Haß gegen Sparta und aus Gewinnsucht ein eifriger Freund der Perser.

Da die Perser und die mit ihnen verbündeten Hellenen — die einen eignen Opferpriester hatten, den Leukadier Hippomachos — keine günstigen Vorzeichen für die Schlacht erhielten, während die Hellenen sich verstärkten und immer zahlreicher wurden, riet ein Thebaner, Timegenides, Sohn des Herpys, dem Mardonios, die Kithaironpässe zu besetzen. Er könne, da jeden Tag neue Hellenen zuströmten, ganze Scharen abfangen.

39. Schon acht Tage hatten die Heere einander gegenüber gelagert, als Timegenides Mardonios diesen Rat gab. Mardonios erkannte die Vorteile des Rates und schickte während der Nacht die Reiterei in die nach Plataiai führenden Kithaironpässe, die von den Boiotern 'Drei-Gipfel', von den Athenern 'Eichen-Gipfel'[50] genannt werden. Die Entsendung der Reiter war nicht erfolglos. Sie fingen fünfhundert gerade in die Ebene herabkommende Wagen ab, die dem Heere Lebensmittel aus der Peloponnes brachten, samt den Leuten, die die Wagen begleiteten. Als den Persern diese Beute in die Hände fiel, schlugen sie alles ohne Erbarmen nieder und schonten weder Tiere noch Menschen. Und als sie das Morden satt hatten, nahmen sie, was übrig geblieben war, in die Mitte und kehrten zu Mardonios ins Lager zurück.

40. Nach dieser Heldentat war wieder zwei Tage Ruhe, da keiner die Schlacht beginnen wollte. Die Barbaren rückten bis an den Asopos vor und reizten die Hellenen, aber hinüber gingen weder diese noch jene. Die Reiterei des Mardonios jedoch überfiel und belästigte die Hellenen beständig. Denn die Thebaner, die mit Leib und Seele persisch waren, legten den größten Eifer an den Tag, und zogen immer voran; sobald der Kampf anfing, kam freilich die Reihe an die Perser und Meder, die dann das Beste tun mußten.

41. Zehn Tage lang also blieb alles, wie es war. Als am elften Tage die Heere immer noch einander gegenüberlagen — die Hellenen hatten viel Zuzug erhalten, und Mardonios war sehr unzufrieden über das Zaudern —, da hielten Mardonios, der Sohn des Gobryas, und Artabazos, der Sohn des Pharnakes, der bei Xerxes so angesehen war wie wenige andere Perser, eine Beratung ab. Sie waren verschiedener Meinung. Artabazos sagte, man solle mit dem ganzen Heere aufs schnellste aufbrechen und sich nach der Stadt Theben zurückziehen; dort seien Lebensmittel für sie und Futter für das Vieh in Fülle aufgehäuft, und man könne dann den Krieg in aller Ruhe zu Ende

führen. Sie hätten soviel Gold, gemünztes und ungemünztes, hätten soviel Silber und Trinkgefäße. Das müßten sie freigebig an die Hellenen, namentlich an die hellenischen Stadthäupter, verschicken, so würden die Hellenen gar bald ihre Freiheit preisgeben und es auf keine Schlacht mehr ankommen lassen. Derselben Meinung waren auch die Thebaner, und so wie sie war auch er weit einsichtiger als Mardonios, der heftig und hartnäckig auf der Ansicht bestand: daß das persische Heer dem hellenischen weit überlegen sei, daß man sobald wie möglich die Schlacht liefern solle und die Feinde nicht immer weiter anwachsen lassen dürfe, daß man die Opferorakel des Hegesistratos auf sich beruhen lassen und keine günstigeren erzwingen, vielmehr persischem Brauche treu bleiben und losschlagen müsse.

42. Keiner widersprach seinen Worten, und seine Meinung drang im Rate durch. War er es doch, dem der König den Oberbefehl übertragen hatte, und nicht Artabazos. Er ließ nun die Unterfeldherren und die hellenischen Führer in seinem Heere rufen und fragte, ob sie eine Weissagung kennten, nach der die Perser in Hellas ihren Untergang finden sollten. Die Versammelten schwiegen, teils kannten sie die Weissagungen nicht, teils hielten sie es für gefährlich, sie anzuführen. Da sagte Mardonios:

»Da ihr nichts wißt oder nicht zu sprechen wagt, will ich selber sprechen, denn ich kenne die Weissagungen wohl. Es gibt einen Spruch, nach dem die Perser in Hellas erscheinen, das Heiligtum in Delphi plündern und dann alle zugrunde gehen werden. Weil wir das wissen, werden wir nicht nach Delphi gehen und keinen Versuch machen, das Heiligtum zu plündern. Also können wir auch nicht zugrunde gehen. Darum freut euch alle, die ihr den Persern wohlwollt; denn wir werden der Hellenen Herr werden.«

Darauf wiederholte er den Befehl, alles instand zu setzen und vorzubereiten, denn am nächsten Morgen würde die Schlacht beginnen.

43. Der Spruch übrigens, der sich nach Meinung des Mardonios auf die Perser bezog, galt, wie ich weiß, für die Illyrier und den Kriegszug der Encheleer, nicht für die Perser[51]. Dagegen

weiß ich, daß sich auf die Schlacht bei Plataiai die Weissagung des Bakis bezieht:

An des Thermodon Strom, am wiesenumsäumten Asopos,
Trifft sich Hellas Heer mit Geschrei fremdsprachiger Völker;
Allda fallen dereinst von den bogentragenden Medern
Viele, weil der Tag, der vom Schicksal verhängte, gekommen.

Solche und ähnliche Weissagungen des Musaios beziehen sich auf die Perser[52]. Der Thermodon aber fließt zwischen Tanagra und Glisas[53].

44. Als Mardonios nach den Weissagungen gefragt und die Führer angefeuert hatte, brach die Nacht herein, und es wurden die Wachen ausgestellt. Tief in der Nacht, als Ruhe in beiden Heeren herrschte und zumal die Menschen im Schlaf zu liegen schienen, da ritt Alexandros, Sohn des Amyntas, der makedonische Feldherr und König, an die athenischen Posten heran und verlangte eine Unterredung mit den Feldherren. Die meisten Wachtposten blieben an ihrer Stelle, einige aber liefen zu den Feldherren und meldeten ihnen, es sei jemand zu Pferde aus dem persischen Lager gekommen, der weiter nichts gesagt, als die Namen der Feldherren genannt und eine Unterredung mit ihnen verlangt habe. 45. Als die Feldherren das hörten, folgten sie den Wachtposten sogleich, und nun sagte Alexandros folgendes:

»Athener, ich will euch etwas anvertrauen, was ihr aber als Geheimnis bewahren müßt und nur Pausanias mitteilen dürft, damit ihr mich nicht ins Unglück bringt. Ich würde es ungesagt lassen, wenn ich nicht ganz Hellas aufrichtig liebte. Denn ich bin meiner Abstammung nach selber ein Hellene und sähe ungern aus dem freien Hellas ein geknechtetes werden. Ich will euch also sagen, daß Mardonis und sein Heer kein günstiges Opfer erlangen können, sonst wäre es schon längst zur Schlacht gekommen, daß er aber jetzt beschlossen hat, unbekümmert um die Opfer, mit Tagesanbruch zum Angriff vorzugehen. Er fürchtet, glaube ich, daß euer Heer Zuzug erhält. Macht euch also auf die Schlacht gefaßt! Sollte aber Mardonios den Angriff noch aufschieben, so harret nur tapfer aus, denn das Heer hat nur noch für wenige Tage Lebensmittel[54]. Endet aber dieser

Krieg günstig für euch, so gedenket auch der Befreiung meines Landes, denn aus Liebe zu Hellas habe ich ein so gefährliches Wagnis unternommen, um euch die Absicht des Mardonios kundzutun, damit euch die Barbaren nicht unerwartet und unvorbereitet überfallen. Ich bin Alexandros von Makedonien.«
Nach diesen Worten ritt er ins Lager zu seiner Heeresabteilung zurück.

46. Die athenischen Feldherren begaben sich zum rechten Flügel und teilten Pausanias mit, was sie von Alexandros gehört hatten. Der geriet in Furcht und sagte:
»Wenn also morgen früh die Schlacht stattfinden soll, so stellt ihr Athener euch doch den Persern gegenüber auf, während wir uns den Boiotern und den anderen, euch gegenüberstehenden Hellenen, entgegenstellen wollen. Denn ihr kennt die Perser und habt schon bei Marathon mit ihnen gekämpft, wir aber kennen sie nicht und haben uns noch nicht gegen dies Volk versucht. Kein Spartiate hat noch gegen Perser gekämpft, während wir die Boioter und Thessaler wohl kennen. Darum solltet ihr eure Waffen nehmen und nach diesem Flügel herüberkommen, während wir nach dem linken gehen[55].«
Darauf erwiderten die Athener:
»Wir wollten selber, gleich damals, als wir die Perser sich euch gegenüberstellen sahen, den Vorschlag machen, den ihr uns jetzt macht; wir fürchteten nur, er würde euch nicht angenehm sein. Da ihr es jetzt selber vorschlagt, stimmen wir gern zu und sind bereit, darauf einzugehen.«

47. So waren beide einverstanden und vertauschten mit Tagesanbruch ihre Stellungen. Aber die Boioter merkten dies und sagten es Mardonios. Sobald Mardonios es erfuhr, wollte auch er die Stellung wechseln und führte die Perser wieder den Lakedaimoniern gegenüber. Das merkte wiederum Pausanias, und da er einsah, daß er die Bewegungen nicht verheimlichen konnte, führte er die Spartiaten nach dem rechten Flügel zurück; und ebenso kehrte Mardonios nach dem linken zurück.

48. Als beide ihre ursprüngliche Stellung wieder eingenommen hatten, schickte Mardonios einen Herold an die Spartiaten und ließ ihnen folgendes sagen:
»Lakedaimonier! Hier im Lande sagt man, ihr wäret das tap-

ferste Volk; man rühmt, daß ihr nie flieht und die Schlachtreihe verlaßt, sondern auf dem Platze bleibt, bis ihr die Gegner vernichtet habt oder selber erliegt. Das alles ist unwahr! Noch ehe die Schlacht begonnen hat und wir handgemein geworden sind, sehen wir euch schon fliehen und eure Stellung aufgeben. Die Athener schiebt ihr vor und stellt euch selber unseren Unterworfenen entgegen. Das tut kein tapferes Volk; wir haben uns völlig in euch geirrt. Eurem Rufe nach haben wir erwartet, ihr würdet durch einen Herold uns Perser zu einem Zweikampf herausfordern lassen, wozu wir gern bereit wären. Aber wir finden, daß ihr uns ganz und gar nicht herausfordert, vielmehr euch verkriecht. So wollen denn wir die Herausforderung an euch ergehen lassen, da ihr es nicht tut! Warum sollte nicht eine gleich große Schar aus beiden Heeren miteinander kämpfen: ihr im Namen der Hellenen, da ihr für die Tapfersten geltet, wir Perser im Namen der Barbaren? Sollen auch die anderen kämpfen, so mögen sie es nachher tun; und soll unser Kampf genügen, so wollen wir den Krieg entscheiden! Wer von uns siegt, dessen ganzes Heer ist Sieger.«

49. So sprach er und wartete eine Weile. Als er keine Antwort erhielt, kehrte er um und berichtete Mardonios, wie es ihm ergangen sei. Der war voller Freude und Stolz über seinen wohlfeilen Sieg und schickte die Reiterei zum Angriff vor. Die Reiter belästigten durch ihre Wurfspeere und Pfeile das ganze hellenische Heer sehr, denn als berittenen Schützen kann man ihnen nicht beikommen. Sie verunreinigten und verschütteten die Quelle Gargaphia[56], aus der das ganze hellenische Heer sein Wasser schöpfte. Zwar lag die Quelle nur der lakedaimonischen Stellung nahe und den Stellungen der anderen Hellenen fern, die vielmehr den Asopos in der Nähe hatten. Aber da der Asopos ihnen nicht zugänglich war, mußten sie alle zu der Quelle gehen. Aus dem Flusse zu schöpfen war nämlich wegen der Reiter und ihrer Geschosse unmöglich.

50. Bei dieser Lage der Dinge — das Heer war des Trinkwassers beraubt und durch die Reiterei eingeschüchtert — versammelten sich denn die hellenischen Feldherren bei Pausanias auf dem rechten Flügel und berieten über diese und andere Nöte. Denn etwas anderes bedrückte sie noch weit mehr. Sie hatten

keine Lebensmittel mehr; die nach der Peloponnes zur Versorgung des Heeres mit Getreide abgeschickten Troßknechte waren durch die Reiterei abgeschnitten worden und konnten nicht zum Heere gelangen[57].

51. Die Feldherren beschlossen, falls die Perser den Angriff noch einen Tag hinausschieben würden, auf die 'Insel'[58] zu gehen. Diese 'Insel' ist vom Asopos und der Quelle Gargaphia, also der jetzigen Stellung, zehn Stadien entfernt und liegt vor der Stadt Plataiai. Diese Insel im Lande entsteht dadurch, daß ein Bach in zwei getrennten Armen, die etwa drei Stadien voneinander entfernt sind, vom Kithairon in die Ebene hinabfließt und sich nachher wieder vereinigt. Der Name des Baches ist Oeroe; so hieß, wie die Leute der Gegend erzählen, eine Tochter des Asopos. Dahin beschloß man sich also zurückzuziehen, damit man vollauf Wasser hatte und nicht mehr so arg von der Reiterei belästigt wurde, wie es jetzt bei der Frontstellung der Fall war. Die Bewegung sollte in der zweiten Nachtwache ausgeführt werden, damit die Perser den Aufbruch nicht bemerkten und nicht die Reiterei schickten, um den Zug zu stören. Wenn sie an dem Platze, den die vom Kithairon kommende Asopostochter Oeroe umschließt, angelangt wären, sollte noch während der Nacht die Hälfte des Heeres nach dem Kithairon geschickt werden, um die nach Lebensmitteln ausgeschickten Troßknechte in Empfang zu nehmen, die im Kithairon festgehalten wurden[59].

52. Nun hatten sie aber noch den ganzen Tag über unter den Angriffen der Reiterei zu leiden. Als dann der Tag sich neigte und die Reiter abließen, als die Nacht und die Stunde des Abmarsches herankam, machte sich der größte Teil des Heeres auf, aber nicht zu dem vereinbarten Ziele hin, sondern, einmal im Marsche, floh er, glücklich der Reiterei zu entrinnen, bis nach der Stadt Plataiai und machte erst am Heraion halt. Das Heraion liegt unmittelbar vor der Stadt Plataiai, zwanzig Stadien von der Quelle Gargaphia entfernt. Vor diesem Heiligtum lagerten sich diese Truppenteile.

53. Als Pausanias sie aus dem Lager ziehen sah, befahl er auch den Lakedaimoniern, die Waffen zu nehmen und sich ihnen anzuschließen, natürlich in der Meinung, daß sie zu dem verein-

barten Orte marschierten. Die Unterfeldherren gehorchten willig dem Befehl des Pausanias, nur Amompharetos, Sohn des Poliades, der Führer der Pitanatenabteilung, erklärte, er flöhe nicht vor den Fremden und willige nicht in Spartas Schmach. Er wunderte sich über den Aufbruch, weil er bei der Verhandlung nicht zugegen gewesen war. Pausanias und Euryanax waren empört über seinen Ungehorsam, aber noch unangenehmer war ihnen seine Weigerung deshalb, weil sie die Pitanatenabteilung[60] nicht zurücklassen wollten. Denn wenn sie der Verabredung mit den anderen Hellenen folgten, mußte der verlassene Amompharetos mit seiner Schar zugrunde gehen. In dieser Erwägung ließen sie das lakonische Heer haltmachen und versuchten ihn von der Torheit seiner Weigerung zu überzeugen.

54. Während diese auf dem lakedaimonischen und tegeatischen Flügel den allein zurückbleibenden Amompharetos zu überreden suchten, waren die Athener noch ruhig in ihrer Stellung geblieben. Sie kannten die Lakedaimonier und wußten, daß sie immer anders dachten als sie sprachen. Als das Heer aufbrach, schickten sie einen Reiter, um zu sehen, ob die Spartiaten Anstalten zum Abzug machten oder gar nicht an den Aufbruch dächten. Er sollte auch Pausanias fragen, was sie tun sollten.

55. Als der Herold zu den Lakedaimoniern kam, sah er sie immer noch an ihrem Platze und ihre Führer im Streit begriffen. Euryanax und Pausanias richteten nämlich mit ihren Vorstellungen, Amompharetos solle doch nicht sich und seine Leute durch sein Bleiben in Gefahr bringen, nichts aus, und es war endlich zum Streit gekommen, als gerade der athenische Herold herantritt. Der hartnäckige Amompharetos ergriff mit beiden Händen ein Felsstück, legte es Pausanias zu Füßen und erklärte, durch diesen Stimmstein beantrage er, nicht vor den Fremden — er meinte die Barbaren — zu fliehen. Pausanias nannte ihn toll und nicht bei Sinnen, wandte sich an den athenischen Herold, der die ihm aufgetragene Frage stellte, und antwortete, er solle nur berichten, was hier vorginge. Er bat die Athener, zu ihnen heranzurücken und sich betreffs des Abzuges nach ihnen zu richten.

56. Der Bote kehrte zu den Athenern zurück und jene stritten

fort, bis der Morgen anbrach. Pausanias, der so lange gezaudert hatte, dachte jetzt, Amompharetos würde, wenn die anderen Lakedaimonier abzögen, gewiß nicht zurückbleiben, womit er denn auch Recht behielt. Er gab das Zeichen und führte die ganzen übrigen Truppen durch die Hügel davon. Die Tegeaten folgten. Die Athener brachen, wie befohlen worden, ebenfalls auf, nahmen aber einen anderen Weg als die Lakedaimonier. Während diese aus Furcht vor der Reiterei an den Bergen und dem Kithaironabhang entlang zogen, wendeten sich die Athener ins Tal hinab.

57. Amompharetos hatte seine Forderung, daß man bleiben und die Stellung nicht verlassen müsse, in dem Glauben erhoben, daß Pausanias niemals wagen würde, ihn zurückzulassen. Als aber Pausanias mit dem Heere davonzog, als Amompharetos merkte, daß er ihn ganz offen im Stiche ließ, da ließ er auch seine Schar die Waffen nehmen und langsam dem anderen Haufen nachrücken. Dieser wartete zehn Stadien entfernt auf die Abteilung des Amompharetos und hatte sich am Bache Moloeis, in der Gegend von Argiopios gelagert, wo ein Tempel der eleusinischen Demeter steht. Pausanias tat das, um im Notfall zu Amompharetos und seiner Abteilung zurückkehren zu können, falls diese ihren Platz nicht verließe, sondern dortbliebe. Kaum war die Abteilung des Amompharetos herangekommen, da machte schon die gesamte feindliche Reiterei einen Angriff. Die Reiterei hatte nämlich ihre gewöhnliche Tätigkeit aufgenommen und war, als sie den Platz leer fand, wo die Hellenen an den vorangegangenen Tagen gelagert hatten, immer weiter vorgedrungen, bis sie die Lakedaimonier eingeholt hatte und sie angriff.

58. Als Mardonios erfuhr, daß die Hellenen während der Nacht abgezogen seien, und das Feld leer sah, rief er Thorax von Larisa und seine Brüder Eurypylos und Thrasydeios zu sich und sagte:

»Söhne des Aleuas[61], was sagt ihr zu dem leeren Felde dort? Ihr seid doch Nachbarn der Lakedaimonier und behauptetet, sie flöhen nie, sondern seien die größten Helden. Und jetzt habt ihr sie erst die Stellung wechseln sehen, und nun sehen wir alle, daß sie in der letzten Nacht gar davongelaufen sind. Da zeigt sich, daß sie unter den Hellenen nur darum etwas bedeuten, weil die anderen Hellenen ebenso feige sind wie sie selber, während es jetzt galt, sich mit dem wahrhaft tapfersten Volk im Kampfe zu messen. Euch verzeihe ich gern euren Irrtum, denn ihr kennt die Perser noch nicht und lobt die, die ihr kennt. Um so mehr wundere ich mich, wie Artabazos die Lakedaimonier fürchten und in seiner Furcht den feigen Rat geben kann, daß wir das Lager abbrechen und uns in der Stadt Theben belagern lassen sollten. Das soll dem König nicht verschwiegen bleiben. Davon wird später einmal zu reden sein! Jetzt aber sollen die Lakedaimonier nicht ihren Willen haben; wir müssen sie verfolgen, bis wir sie erreicht und für alles, was sie den Persern antaten, gezüchtigt haben!«

59. Nach diesen Worten überschritt er eiligst den Asopos und zog mit den Persern den, wie er meinte, entfliehenden Hellenen nach. Er wandte sich nur gegen die Lakedaimonier und Tegeaten; die ins Tal gestiegenen Athener konnte er vor den Hügeln nicht sehen. Als die Führer der übrigen Heeresabteilungen der Barbaren sahen, daß die Perser sich an die Verfolgung der Hellenen machten, gaben auch sie sofort das Aufbruchszeichen und liefen den Hellenen nach, so schnell jeder nur konnte, ohne die Ordnung zu bewahren und sich im Gliede zu halten. Also ging es mit Geschrei und Getümmel davon, um die Hellenen zu fangen.

60. Pausanias aber hatte, als der Angriff der Reiterei erfolgte, einen reitenden Boten an die Athener geschickt und ihnen sagen lassen:

»Athener! Jetzt wo die Entscheidung bevorsteht, ob Hellas frei oder geknechtet sein soll, sind wir beide, wir Lakedaimonier und ihr Athener, von den Bundesgenossen, die in der Nacht entflohen sind, im Stiche gelassen worden. Was wir tun müssen, ist klar: einander beistehen und uns wehren, wie wir nur können. Hätte sich die Reiterei auf euch geworfen, so wäre es an uns und den Tegeaten, die allein mit uns Hellas treugeblieben sind, euch zu Hilfe zu kommen. Da sie sich aber insgesamt gegen uns gewandt hat, ist es billig, daß ihr der am schwersten bedrängten Heeresabteilung Hilfe bringt. Und ist es euch unmöglich, selber zu kommen, so sind wir euch dankbar, wenn ihr wenigstens die Bogenschützen schickt. Keiner hat, wie ihr wißt, in diesem Kriege so viel Eifer gezeigt wie ihr; so werdet ihr auch diese Bitte erfüllen.«

61. Als das die Athener hörten, machten sie sich auf den Weg, um nach Kräften zu helfen. Aber schon unterwegs wurden sie von den gegenüberstehenden Hellenen im Lager des Königs angegriffen, so daß sie nicht zu den Lakedaimoniern gelangen konnten. Die Gegner machten ihnen genug zu schaffen. So mußten die Lakedaimonier und Tegeaten sich allein – jene waren mit den Leichtbewaffneten fünfzigtausend Mann stark, diese, die sich durchaus nicht von den Lakedaimoniern trennen wollten, dreitausend Mann — zum Kampfe mit Mardonios und seinem Heere rüsten. Sie opferten, erhielten aber kein günstiges Opfer, und es fielen währenddessen viele Leute, und noch mehr wurden verwundet. Die Perser schufen sich nämlich aus ihren Schilden eine Brustwehr und warfen solche Mengen von Geschossen[62], daß die Spartiaten ins Gedränge kamen und Pausanias, da das Opfer nicht günstig war, nach dem Heraion bei Plataiai hinüberblickte und zu der Göttin betete[63], sie möchte doch Spartas Hoffnungen nicht zuschanden werden lassen.

62. Während er so betete, waren die Tegeaten schon gegen die Barbaren vorgerückt, und gleich nach dem Gebet des Pausanias fiel auch das Opfer der Lakedaimonier günstig aus. Da schritten auch sie den Persern entgegen, die zu schießen aufhörten und sich zur Wehr setzten. Der Kampf entbrannte zuerst um die Brustwehren. Als diese gefallen waren, kam es zu einem heftigen und langen Kampfe an dem Demeterheiligtum, bis das eigentliche Handgemenge begann; denn die Barbaren faßten die Speere und zerbrachen sie. An Entschlossenheit und Körperkraft standen die Perser nicht zurück; nur fehlte es ihnen an einer Rüstung und an Geschicklichkeit. Sie konnten sich an Klugheit nicht mit ihren Gegnern messen. Einzeln oder in Haufen bis zu zehn Mann und darüber stürzten sie sich auf die Spartiaten und wurden niedergehauen[64].

63. Wo Mardonios selber stand, der von einem Schimmel herab, umgeben von den tausend tapfersten Persern[65], kämpfte, setzten sie den Lakedaimoniern am härtesten zu. Und solange Mardonios am Leben war, hielten die Perser stand und erlegten

in tapferer Gegenwehr viele Lakedaimonier. Als aber Mardonios getötet war, als auch die Kerntruppe, die ihn umgab, fiel, da machten die übrigen kehrt und räumten das Feld. Sie waren eben dadurch vor allem im Nachteil, daß sie nicht mit einer Rüstung bekleidet waren. Ohne Rüstung mußten sie gegen Hopliten kämpfen[66].

64. So hatte denn Mardonios den Tod des Leonidas gebüßt, wie es den Spartiaten der Orakelspruch vorausgesagt hatte, und Pausanias, Kleombrotos' Sohn, Anaxandrides' Enkel, hatte den schönsten Sieg errungen, von dem wir Kunde haben! Die weitere Ahnenreihe habe ich schon bei Leonidas angeführt; sie ist bei beiden dieselbe.

Mardonios fiel von der Hand des Arimnestos, eines angesehenen Spartiaten, der nach den Perserkriegen bei Stenykleros mit dreihundert Mann gegen die ganze messenische Heeresmacht kämpfte und samt den dreihundert gefallen ist[67].

65. Als die Perser bei Plataiai von den Lakedaimoniern in die Flucht geschlagen waren, flohen sie ohne Ordnung in ihr Lager und weiter in die Schanzen, die sie im Gebiet Thebens errichtet hatten, zurück. Mich wundert, daß in der Schlacht, die doch in der Nähe des Demeterhaines stattfand, kein einziger Perser den Tempelbezirk betreten oder in ihm sein Leben ausgehaucht hat, während ringsumher, auf ungeweihtem Boden, so viele gefallen sind. Ich meine — wenn man sich über göttliche Dinge Meinungen bilden darf —, die Göttin hat sie selber ferngehalten, weil die Perser ihren Tempel in Eleusis verbrannt hatten. Das war die Schlacht bei Plataiai!

66. Artabazos, Pharnakes' Sohn, war gleich von vornherein dagegen gewesen, daß der König Mardonios zurückließ, und hatte auch jetzt dringend von der Schlacht abgeraten, aber vergeblich. Weil er mit den Anordnungen des Mardonios nicht einverstanden war, hatte er folgendes getan. Als der Kampf begann, dessen Ausgang er deutlich voraussah, hatte er seine Truppe — er befehligte eine bedeutende Abteilung, wohl vierzigtausend Mann — nach wohlüberlegtem Plan davongeführt. Er hatte befohlen, daß alle einmütig ihm folgen sollten, sobald sie ihn eilig eine bestimmte Richtung einschlagen sehen würden, und hatte sein Heer scheinbar in die Schlacht geführt. Als er

aber auf dem Wege schon die Perser fliehen sah, bewahrte er keine Ordnung mehr, sondern stürmte eiligst davon, aber nicht zu den Schanzen, nicht zur Stadt Theben, sondern nach dem Lande der Phoker, um möglichst schnell den Hellespontos zu erreichen.

67. Während diese in jene Richtung flohen, kämpften auch die Hellenen im Heere des Königs absichtlich ohne Tapferkeit. Nur die Boioter hielten sich längere Zeit gegen die Athener. Denn die persisch gesinnten Thebaner waren in vollem Eifer und keineswegs absichtlich feige, so daß dreihundert der Edelsten und Tapfersten von den Athenern erschlagen wurden[68]. Als auch die Boioter kehrtmachten, flohen sie nach Theben, also nicht dorthin, wohin die Perser flohen und der ganze Haufe der Bundesgenossen, die überhaupt nicht gekämpft und nichts getan hatten.

68. Mir ist klar, daß in dem Barbarenheere alles von den Persern abhing; denn auch hier floh alles, ohne mit den Feinden handgemein zu werden, weil man die Perser fliehen sah. So war das ganze Heer mit Ausnahme der Reiterei, namentlich der boiotischen, geflohen. Die Reiterei deckte die Fliehenden dadurch, daß sie immer dicht an den Feinden blieb und die Hellenen von dem flüchtenden Heere trennte.

69. Die Sieger verfolgten also drängend und mordend die Truppen des Xerxes. Aber als die Flucht begann, war die Nachricht von der Schlacht und dem Siege der Truppen des Pausanias auch zu den anderen Hellenen gedrungen, die am Heraion standen und sich nicht am Kampfe beteiligt hatten. Jetzt stürmten sie ordnungslos heran: die Korinthier und ihre Nachbarn über die Hänge und Hügel hinweg auf der oberen Straße gerade auf das Demeterheiligtum los, die Megarer, Phliasier und ihre Nachbarn durch das Tal auf dem ebensten Wege. Als aber die thebanischen Reiter die Megarer und Phliasier ohne Ordnung heraneilen sahen, stürzten sie sich auf sie — Reiterführer war Asopodoros, Sohn des Timandros —, erschlugen achthundert Mann und verfolgten die übrigen in den Kithairon hinauf.

70. Während diese ruhmlos fielen, suchten die Perser und die anderen Truppen, als sie die hölzernen Schanzwerke erreicht

hatten, auf die Türme zu gelangen, ehe die Lakedaimonier ankamen. Von oben verteidigten sie dann die Befestigungen, so gut sie nur konnten. Als die Athener noch hinzukamen, wurde der Kampf um die Befestigungen sehr heftig. Denn solange die Athener noch nicht da waren, hatten die Verteidiger bei weitem die Oberhand, weil sich die Lakedaimonier nicht auf Belagerungskämpfe verstehen. Aber als die Athener hinzukamen, entspann sich ein heftiger und langer Kampf. Endlich siegte die Tapferkeit und Hartnäckigkeit der Athener; sie erstiegen die Mauer und rissen sie ein. Da ergossen sich die Hellenen ins Lager. Die Tegeaten waren die ersten; sie plünderten das Zelt des Mardonios und erbeuteten unter anderem die Pferdekrippe, die ganz aus Erz und sehenswürdig war. Diese Krippe des Mardonios stifteten die Tegeaten in den Tempel der Athena Alea[69], das übrige, was sie fanden, legten sie zur anderen hellenischen Beute. Die Barbaren hielten, als die Mauer gefallen war, keine Ordnung mehr, und keiner wehrte sich noch; in die Enge getrieben und dicht zusammengedrängt zitterten die Tausende vor Angst. Die Hellenen konnten nach Belieben morden, und von all den dreihunderttausend Menschen — abgerechnet die vierzigtausend, mit denen Artabazos geflohen war — blieben nicht einmal dreitausend am Leben.
Von den Lakedaimoniern aus Sparta fielen in der Schlacht im ganzen einundneunzig Mann, von den Tegeaten sechzehn, von den Athenern zweiundfünfzig[70].

71. Im Heere der Barbaren taten sich am meisten hervor: das persische Fußvolk, die sakische Reiterei und von den einzelnen Kriegern, wie es heißt, Mardonios. Auf hellenischer Seite übertrafen die Lakedaimonier die Tegeaten und Athener, obwohl auch diese sich tapfer gehalten hatten. Ich schließe das allerdings nur daraus — auch die anderen schlugen ja ihre Gegner in die Flucht —, daß sie den Kern des Heeres gegen sich hatten und doch Sieger blieben. Der tapferste Kämpfer war unserer Meinung nach bei weitem jener Aristodemos, der sich allein von den dreihundert bei Thermopylai gerettet hatte und dadurch ehrlos geworden war. Nach ihm waren die Tapfersten Poseidonios, Philokyon und Amompharetos. Als man darüber sprach, wem von ihnen der allererste Preis gebühre, meinten

die spartanischen Augenzeugen, Aristodemos habe offenbar nur deshalb wie ein Rasender außerhalb des Gliedes gekämpft und Heldentaten verrichtet, weil er aus dem bekannten Grunde den Tod suchte, Poseidonios dagegen sei ein Held gewesen, ohne daß er den Tod suchte. Darum verdiene er den Vorrang. Doch mögen sie das nur aus Neid gesagt haben. Unter den in dieser Schlacht Gefallenen wurden alle die Männer, die ich eben nannte, besonders geehrt, nur nicht Aristodemos, weil er aus dem erwähnten Grunde den Tod gesucht hätte.

72. Diese Männer ernteten also bei Plataiai am meisten Ruhm. Kallikrates nämlich fiel nicht in der Schlacht selber. Er war der schönste Mann in dem damaligen Hellenenheere, nicht bloß unter den Lakedaimoniern, sondern unter allen Hellenen. Während Pausianias opferte, war er, im Gliede stehend, von einem Pfeil in die Seite getroffen worden. Er mußte fortgetragen werden und starb, während die anderen kämpften, eines traurigen Todes. Zu Arimnestos aus Plataiai sagte er, nicht daß er für Hellas falle, quäle ihn, sondern daß er die Arme nicht gebraucht und keine seiner würdige Tat getan habe, wie er so sehr gewünscht.

73. Unter den Athenern tat sich Sophanes hervor, Sohn des Eutychides, aus dem Demos Dekelea, aus jenem Demos, der schon einmal eine Tat, die ihm für ewige Zeiten Gewinn brachte, getan hatte, wie die Athener selber erzählen. Denn als einst die Tyndariden auf der Suche nach der geraubten Helene mit einem großen Heere ins attische Land einbrachen und die Dörfer zerstörten, da sie nicht wußten, wo Helene verborgen gehalten wurde, da sollen die Dekeleer (nach anderen Dekelos selber) aus Zorn über den übermütigen Räuber Theseus und aus Sorge um das ganze athenische Land den Tyndariden alles entdeckt und sie nach Aphidnai geführt haben, welchen Ort dann Titakos, ein Eingeborener, den Tyndariden überlieferte[71]. Zum Lohn für diese Tat haben die Dekeleer noch heutigen Tages Abgabenfreiheit und Ehrenrechte in Sparta; ja noch in dem viele Jahrhunderte späteren Kriege zwischen Athen und den Peloponnesiern verschonten die Lakedaimonier Dekelea[72], wenn sie Attika verwüsteten.

74. Aus diesem Demos stammte also Sophanes, der sich damals

in dem athenischen Heere hervortat, worüber zwei Überlieferungen im Umlauf sind. Nach der einen trug er einen mit eherner Kette an seinem Panzergürtel befestigten eisernen Anker, den er an den Boden auswarf, wenn er auf die Feinde losging, damit ihn die ausfallenden Feinde nicht aus dem Gliede fortreißen konnten. Flohen dann die Gegner, so nahm er den Anker auf und verfolgte sie. Nach der anderen, die mit der ersten Überlieferung nicht in Einklang zu bringen ist, trug er auf seinem immer bewegten, nie stillgehaltenen Schilde einen Anker als Zeichen, nicht einen wirklichen eisernen am Gürtel.

75. Sophanes hat auch sonst eine Ruhmestat getan; als die Athener Aigina belagerten, hat er den Argeier Eurybates, einen Sieger im Pentathlon[73], herausgefordert und getötet. Später traf den tapferen Sophanes selber das Schicksal, im Kampfe zu fallen. Im Kriege um die Goldbergwerke, in dem er mit Leagros, dem Sohn des Glaukon, zusammen athenischer Feldherr war, wurde er in Datos von den Edonern erschlagen[74].

76. Als die Barbaren bei Plataiai in die Flucht geschlagen waren, lief eine Frau zu den Hellenen über, ein Kebsweib des Persers Pharandates, Sohnes des Teaspis. Sie hatte, als sie die Perser fallen und die Hellenen siegen sah, sich und ihre Dienerinnen mit reichem Goldschmuck und den schönsten Kleidern, die sie hatte, geschmückt, war aus ihrem Wagen gestiegen und zu den Lakedaimoniern hinübergegangen, die noch mitten im Gemetzel waren. Sie sah, wie Pausanias das Ganze leitete, und da sie seinen Namen und sein Geschlecht oft hatte nennen hören, erkannte sie ihn als Pausanias, umfaßte seine Knie und sprach:

»König von Sparta! Rette eine Bittende aus Kriegsgefangenschaft und Sklaverei! Schon hast du sie ja vernichtet, die weder Dämonen noch Götter achten! Ich bin aus Kos, eine Tochter des Hegetorides, Sohnes des Antagoras. Mit Gewalt hat mich in Kos der Perser geraubt.«

Pausanias antwortete: »Sei guten Mutes! Da du bittest, geschieht dir kein Leid, zumal wenn du die Wahrheit sprichst und wirklich des Koers Hegetorides Tochter bist, des besten Freundes, den ich in jenen Gegenden habe[75].«

Darauf übergab er sie den anwesenden Ephoren und sandte sie später nach Aigina, wohin sie selber verlangte.

77. Gleich nach dieser Frau trafen nun auch die Mantineer auf dem Schlachtfelde ein. Aber alles war vorüber, und als sie merkten, daß sie zu spät zur Schlacht gekommen waren, wurden sie sehr betrübt und meinten, sie verdienten, daß man ihnen eine Strafe auferlege. Sie erboten sich, die Truppen des Artabazos, von deren Flucht sie hörten, bis nach Thessalien zu verfolgen. Aber die Lakedaimonier gaben die Verfolgung der Fliehenden nicht zu. Die Mantineer kehrten in ihre Heimat zurück und verbannten die Führer ihres Heeres.
Nach den Truppen aus Mantinea kamen noch Truppen aus Elis an. Auch sie waren enttäuscht und kehrten wieder heim. Nach der Rückkehr verbannten auch sie die Feldherren. So viel von den Mantineern und Eleiern.
78. In dem Heere der Aigineten bei Plataiai aber befand sich ein vornehmer Aiginete Lampon[76], Sohn des Pytheas. Dieser wandte sich mit einem höchst gottlosen Vorschlag an Pausanias. Er kam eilig herbeigelaufen und rief:
»Sohn des Kleombrotos! Eine überschwenglich große und schöne Tat hast du vollbracht; durch der Gottheit Gnade hast du Hellas errettet und höheren Ruhm gewonnen, als irgendein Hellene, von dem wir wissen. Nur eines bleibt dir noch zu tun, damit man dich noch höher preist und damit die Barbaren sich hüten, je wieder Freveltaten an den Hellenen zu verüben. Mardonios und Xerxes haben dem gefallenen Leonidas bei Thermopylai das Haupt abgeschlagen und es auf den Pfahl gesteckt. Tu dasselbe mit Mardonios! Dafür werden dich nicht nur alle Spartiaten, sondern auch die anderen Hellenen preisen. Die Pfählung des Mardonios ist die Rache für deinen Oheim Leonidas.«
79. Er glaubte sich durch diese Worte Dank zu verdienen; aber Pausanias antwortete:
»Freund aus Aigina! Für deine gute Meinung und deinen klugen Rat danke ich dir zwar, aber das Rechte hast du nicht getroffen. Erst hast du mich, mein Geschlecht und mein Verdienst gepriesen und dann wieder tief erniedrigt; denn du sagst, ich solle einen Leichnam schänden und meinst, mein Ruhm würde wachsen, wenn ich es täte. Aber das zu tun, ziemt Barbaren, nicht Hellenen, und auch an jenen tadeln wir es. Lieber verzichte ich

auf den Beifall der Aigineten und derer, die dergleichen loben. Mir genügt, daß die Lakedaimonier mich loben und daß ich tue und spreche, was recht und gut ist. Leonidas, den zu rächen du mich mahnst, hat seine volle Rache. Die Seelen der unzähligen Toten hier sind sein und der mit ihm bei Thermopylai Gefallenen Ruhm. Darum komme mir nicht wieder mit solchem Wort und Rat und freue dich, daß du so davonkommst.«

80. Da ging denn Lampon wieder fort. Pausanias aber ließ durch einen Herold ausrufen, daß niemand sich an der Beute vergreifen solle, und befahl den Heloten, die Schätze auf einen Haufen zu legen. Die Heloten gingen durch das persische Lager hin und her und fanden aus Gold und Silber gearbeitete Zelte, vergoldete und versilberte Ruhebetten, goldene Mischkrüge, Schalen und andere Trinkgefäße. Und auf den Wagen fanden sie Säcke, aus denen sie goldenes und silbernes Kochgeschirr hervorholten. Den Gefallenen zogen sie die Armbänder und Halsbänder ab und nahmen ihnen die goldenen Säbel; die kunstvollen Gewänder ließ man ganz unbeachtet. Die Heloten unterschlugen vieles und verkauften es an die Aigineten, aber alles, was sich nicht verbergen ließ, lieferten sie ab. Daher stammt der große Reichtum Aiginas; sie kauften den Heloten das Gold ab als wäre es Erz[77].

81. Als die Schätze gesammelt waren, teilte man den Zehnten davon dem Gotte in Delphi zu[78]. Daraus wurde jener eherne auf der dreiköpfigen ehernen Schlange ruhende Dreifuß gemacht, der in Delphi ganz nahe am Altar steht[79]. Auch dem Gotte in Olympia teilte man den Zehnten ab, wovon der eherne zehn Ellen hohe Zeus in Olympia gemacht wurde, und ebenso dem Gotte des Isthmos, woraus der eherne sieben Ellen hohe Poseidon gemacht wurde[80]. Dann wurde das übrige, persische Kebsweiber, Gold, Silber und andere Wertsachen, Zugtiere, verteilt, und jeder erhielt, was ihm gebührte. Wieviel die Helden von Plataiai vorweg erhalten haben, wird nirgends berichtet, doch glaube ich, daß sie besonders bedacht wurden. Pausanias erhielt alles zehnfach: Frauen, Pferde, Talente, Kamele und ebenso von den anderen Beutestücken.

82. Man erzählt noch folgendes. Als Xerxes aus Hellas floh, ließ er seinen Hausrat dem Mardonios zurück. Als nun Pausa-

nias das Zelt des Mardonios, die goldenen und silbernen Geräte und die bunten Teppiche sah, befahl er den Bäckern und Köchen, ihm ein Mahl anzurichten, ganz so wie sie es Mardonios zu bereiten pflegten. Sie gehorchten, und Pausanias sah nun, wie goldene und silberne Polster mit Decken belegt, goldene und silberne Tische hingestellt und ein glänzendes Mahl angerichtet wurde. Er staunte über alle die Kostbarkeiten und befahl zum Scherz seinen eigenen Dienern, nun ein lakonisches Mahl anzurichten. Der Abstand zwischen den beiden Mahlzeiten war groß, und Pausanias rief lachend die hellenischen Feldherren herbei und sagte, auf die Zurüstungen zu den beiden Mahlzeiten weisend:
»Hellenen! Seht her, weshalb ich euch rufen ließ. Ich wollte euch dieses Perserhäuptlings Torheit zeigen, der so üppig lebt und doch zu uns kommt, um uns Arme zu berauben.«
Das sind die Worte, die Pausanias zu den hellenischen Feldherren gesagt haben soll.
83. Später fand dann noch mancher Plataier Truhen mit Gold und Silber und anderen Reichtümern. Auch beobachtete man an den Gerippen der Gefallenen später etwas Merkwürdiges — die Plataier sammelten nämlich die Gebeine auf einen Haufen —; man fand einen Schädel, der gar keine Naht hatte, sondern aus einem einzigen Knochen bestand, ebenso eine Kinnlade, wo die Zähne des Oberkiefers zusammengewachsen waren, alle Schneidezähne und Backenzähne aus einem einzigen Knochen bestehend; ferner kamen die Gebeine eines fünf Ellen großen Mannes zum Vorschein.
84. Die Leiche des Mardonios war am Tage nach der Schlacht verschwunden; wer sie weggenommen hat, kann ich nicht genau sagen. Ich habe viele Leute aus verschiedenen Städten nennen hören, die Mardonios begraben haben sollen, und weiß, daß viele von Artontes, Mardonios' Sohn, dafür reich beschenkt worden sind[81]. Wer von ihnen wirklich die Leiche genommen und bestattet hat, habe ich nicht mit Bestimmtheit erfahren können, doch ist es nach einem Gerücht Dionysophanes aus Ephesos gewesen. Jedenfalls ist Mardonios heimlich begraben worden.
85. Auch die Hellenen begruben, nachdem sie die Beute geteilt

hatten, die Gefallenen, jede Stadt die ihrigen. Die Lakedaimonier gruben drei Gräber. In dem einen bestatteten sie die Irenen[82], unter denen Poseidonios und Amompharetos waren, auch Philokyon und Kallikrates. In dem zweiten lagen die übrigen Spartiaten, in dem dritten die Heloten. Dagegen begruben die Tegeaten ihre Toten in einem einzigen Grabe, auch die Athener die ihrigen gemeinsam, ebenso die Megarer und Phliasier ihre von der Reiterei erschlagenen Leute.

Diese Gräber enthielten wirklich die Toten, während ich von den übrigen Grabhügeln, die man bei Plataiai sieht, erfahre, daß die Städte, die an der Schlacht nicht teilgenommen haben, aus Scham leere Grabhügel aufgeschüttet haben, um die Nachwelt zu täuschen. Es gibt sogar ein sogenanntes Grab der Aigineten, das, wie ich höre, Kleades, Sohn des Autodikos, ein Plataier, der in Aigina Gastrechte besaß, auf die Bitte der Aigineten zehn Jahre nach der Schlacht aufgeschüttet hat.

86. Sobald die Hellenen in Plataiai ihre Toten beerdigt hatten, beschlossen sie, gegen Theben zu ziehen und die Auslieferung der persisch gesinnten Bürger zu fordern, namentlich die des Timegenides und Attaginos, die die Häupter der persischen Partei waren[83]. Wenn sie nicht ausgeliefert würden, wollte man vor der Stadt liegen bleiben, bis man sie eroberte. So erschienen sie denn am elften Tage nach der Schlacht vor Theben, belagerten die Stadt und forderten die Auslieferung jener Männer. Da die Thebaner die Auslieferung verweigerten, wurde das Land verwüstet und die Mauer berannt. 87. Da die Bedrückungen fortdauerten, sprach am zwanzigsten Tage Timegenides zu den Thebanern folgendermaßen:

»Thebaner! Da die Hellenen entschlossen sind, nicht eher die Belagerung aufzuheben, als bis sie Theben erobert oder ihr uns ihnen ausgeliefert habt, so soll das boiotische Land um unsertwillen nicht länger leiden. Ist ihre Forderung nur ein Vorwand, um Geld zu erpressen, so laßt uns ihnen Geld aus dem Gemeindevermögen geben — denn mit der ganzen Gemeinde, nicht für uns allein haben wir uns auf die Seite der Perser gestellt —; ist es ihnen aber wirklich um unsere Personen zu tun, so wollen wir uns ihnen stellen, um uns zu rechtfertigen.«

Sie fanden, daß er gut gesprochen und das Rechte getroffen

habe, und sofort ließen die Thebaner dem Pausanias durch einen Herold ansagen, daß sie die Männer ausliefern wollten.

88. Als man sich aber auf diese Bedingung hin geeinigt hatte, entfloh Attaginos aus der Stadt, und seine Kinder, die man auslieferte, erklärte Pausanias für unschuldig; Kinder trügen an der persischen Freundschaft keine Schuld, erklärte er. Die anderen von den Thebanern ausgelieferten Männer glaubten sich rechtfertigen zu können und vertrauten darauf, mit einer Geldbuße davonzukommen. Als aber Pausanias sie in seiner Hand hatte, entließ er, weil er selber fürchtete, es möchte so geschehen, das ganze Bundesgenossenheer, führte sie nach Korinth und ließ sie hinrichten. Das sind die Ereignisse vor Plataiai und Theben.

89. Artabazos, Sohn des Pharnakes, setzte seine Flucht aus Plataiai weiter fort. Unterwegs luden ihn die Thessaler zu Gaste und erkundigten sich nach dem übrigen Heere; denn sie wußten noch nichts von der Schlacht bei Plataiai. Artabazos sah ein, daß er samt seinem Heere in Gefahr geriet, wenn er die reine Wahrheit über die Kämpfe sagte. Jeder würde über sie herfallen, wenn er die Ereignisse erführe. Darum hatte er den Phokern überhaupt nichts gesagt und den Thessalern sagte er:

»Ihr seht, Thessaler, daß ich Eile habe und nach Thrakien strebe, wohin ich mit dieser Mannschaft aus dem Heere entsandt bin, um einen Auftrag auszuführen. Mardonios und das Heer folgen mir auf dem Fuße und werden bald hier sein. Nehmt ihn wohl auf und erweist ihm alle Freundlichkeit. Das wird euch einst nicht gereuen.«

Darauf zog er mit dem Heere schnell weiter, durch Thessalien und Makedonien, geradeswegs nach Thrakien, als sei sein Marsch wirklich eilig, und wählte den kürzesten Weg. Als er in Byzantion ankam, hatte er viele Leute verloren, die teils von den Thrakern unterwegs erschlagen, teils dem Hunger und der Erschöpfung erlegen waren. Von Byzantion fuhr er zu Schiffe hinüber.

So gelangte Artabazos nach Asien zurück.

90. Zufällig fand an demselben Tage, wie die Schlacht bei Plataiai, eine Schlacht bei Mykale in Ionien statt[84]. Als nämlich

die hellenische Flotte unter Leotychides von Lakedaimon vor Delos lag, kam eine Gesandtschaft aus Samos: Lampon, Sohn des Thrasykles, Athenagoras, Sohn des Archestratides, und Hegesistratos, Sohn des Aristagoras. Sie waren von den Samiern ohne Wissen der Perser und des Tyrannen Theomnestor, Sohnes des Androdamas, den die Perser zum Tyrannen von Samos gemacht hatten, abgeschickt worden. Als sie von den Feldherren empfangen wurden, hielt Hegesistratos eine lange ausführliche Rede: die Ioner würden, sobald sie die Flotte nur sähen, von den Persern abfallen und die Barbarenflotte würde das Weite suchen. Und wenn sie zu bleiben wage, könnten die Hellenen einen unvergleichlichen Fang tun. Er beschwor sie bei den gemeinsamen Göttern, die hellenischen Städte aus der Sklaverei zu erretten und die Barbaren von ihnen abzuwehren. Er versicherte, daß ihnen das nicht schwerfallen würde, denn die Schiffe der Feinde seien schlecht und könnten es nicht mit den ihrigen aufnehmen. Wenn sie List und Verrat fürchteten, so seien sie selber bereit, auf ihren Schiffen als Geiseln mitzufahren.

91. Auf diese dringenden Bitten des Samiers antwortete Leotychides mit der Frage — er wollte eine Vorbedeutung haben oder fragte nur aus Zufall, auf Geheiß eines Gottes —:
»Freund aus Samos, wie ist dein Name?«
Er antwortete: »Hegesistratos.«
Da schnitt Leotychides alles weitere, was Hegesistratos noch sagen wollte, mit den Worten ab: »Freund aus Samos, ich nehme die günstige Vorbedeutung deines Namens an. Schnell, schwöre uns mit deinen Gefährten, daß die Samier uns treue Bundesgenossen sein wollen, und dann fahret heim[85]!«

92. Das geschah; sofort schwuren die samischen Gesandten den Treueid als Bundesgenossen der Hellenen. Dann fuhren sie ab. Die Hellenen warteten noch einen Tag und veranstalteten am nächsten Tage das Opfer. Opferpriester war Deiphonos, Sohn des Euenios aus Apollonia[86], das am ionischen Meerbusen liegt.

Sein Vater Euenios hatte einmal ein merkwürdiges Erlebnis gehabt. 93. In Apollonia wird eine Schafherde gehalten, die der Sonne heilig ist. Am Tage weidet sie an dem Flusse, der vom

Berge Lakmon herabkommt, durch das Gebiet von Apollonia fließt und bei dem Hafen Orikos ins Meer mündet[87]. Bei Nacht wird sie von einem Bürger gehütet, der in jährlichem Wechsel unter den reichsten und adligsten Bürgern der Stadt ausgewählt wird; denn Apollonia hält wegen einer Weissagung viel auf diese Herde. Sie übernachtet in einer Grotte, fern von der Stadt. Nun hatte auch einmal jener Euenios das Wächteramt erhalten, und während er über seinem Wächterdienst einschlief, kamen Wölfe in die Höhle und erwürgten gegen sechzig Schafe. Als Euenios das entdeckte, verschwieg er es und sagte es niemandem; er wollte für die geraubten Stücke andere kaufen. Aber die Sache kam den Apolloniaten zu Ohren; sie zogen ihn vor Gericht, und er wurde, weil er die Wache verschlafen habe, zum Verlust seines Augenlichts verurteilt. Sobald aber Euenios geblendet war, wurde die Herde unfruchtbar, und auch das Land trug weniger Frucht. In Dodone und Delphi erhielten sie, als sie die Orakel nach der Ursache dieses Unglücks fragten, die Antwort, daß sie den Wächter der heiligen Erde wider Recht und Billigkeit geblendet hätten, sei schuld daran. Die Götter selber hätten die Wölfe geschickt und würden nicht eher ablassen, Apollonia zu strafen, als bis es die von Euenios selber bestimmte Buße geleistet habe. Nachdem das geschehen, würden sie selber dem Euenios ein Geschenk machen, um das ihn viele Menschen glücklich preisen würden.

94. Diese Antwort der Orakel hielten die Apolloniaten geheim und übertrugen einigen Bürgern die Ausführung des Auftrags. Die Bürger machten es so. Sie setzten sich zu Euenios, der auf dem Markte saß, sprachen von diesem und jenem und bedauerten ihn schließlich wegen seines Schicksals. Als sie das Gespräch hierauf gebracht hatten, fragten sie ihn, was er wohl von den Apolloniaten verlangen würde, wenn sie ihm für das, was sie ihm angetan, Genugtuung geben wollten. Euenios, der von dem Orakel nichts wußte, nannte nun die Äcker zweier Bürger, die er als die besten Grundstücke Apollonias kannte, und ein Haus, das, wie er wußte, das schönste in der Stadt war. Wenn man ihm das beides gäbe, würde er allen Groll fahren lassen und es als hinreichende Sühne ansehen. Da nahmen ihn die Leute beim Wort und sagten: »Gut, Euenios! Weil die Orakel es verlangen,

geben dir das die Apolloniaten als Sühne für deine Blendung.« Als Euenios nun alles erfuhr, war er sehr aufgebracht, daß man ihn so überlistet hatte. Aber die Stadt kaufte die Äcker und das Haus von den Eigentümern und schenkte ihm, was er sich gewünscht hatte. Nicht lange danach kam die Sehergabe über ihn, und er wurde ein berühmter Seher[88].

95. Dessen Sohn also war Deiphonos, der im Dienste Korinths stand und jetzt für das Heer opferte. Doch habe ich auch erzählen hören, daß Deiphonos sich nur für den Sohn des Euenios ausgegeben hat und unter dem berühmten Namen als Lohnwahrsager in Hellas umhergewandert ist.

96. Da das Opfer günstig ausfiel, segelten die Hellenen von Delos in Richtung auf Samos ab. Vor Kalamisa auf Samos angelangt, gingen sie bei dem Heratempel vor Anker und rüsteten sich zur Schlacht[89]. Als die Perser von ihrer Annäherung Kunde erhielten, setzten auch sie sich in Bewegung, fuhren aber nach dem Festland und schickten die phoinikischen Schiffe nach Hause. Sie hatten den Entschluß gefaßt, keine Seeschlacht zu liefern, weil sie den Hellenen nicht gewachsen zu sein glaubten, und segelten nach dem Festland, um unter dem Schutze ihres Landheeres zu sein, das auf Befehl des Xerxes von dem Hauptheer abgeteilt und zum Schutze Ioniens zurückgelassen worden war. Es waren sechzigtausend Mann, die unter Führung des Tigranes, eines hervorragend schönen und hochgewachsenen Persers standen. Unter den Schutz dieses Heeres beschlossen die Flottenführer sich zu begeben; sie wollten die Schiffe ans Land ziehen und einen Wall aufwerfen, um die Schiffe und sich selber hinter ihm zu bergen.

97. In dieser Absicht stachen sie also in See. Als sie bei dem Göttinnenheiligtum in Mykale angelangt waren, in der Gegend des Gaison und des Ortes Skolopoeis, wo ein Tempel der eleusinischen Demeter steht[90], den Philistos, der Sohn des Pasikles, der mit dem Kodrossohn Neileus[91] zur Gründung Milets ausgezogen war, erbaut hat, da zogen sie die Schiffe auf das Land und zogen einen Wall aus Stein und Holz herum. Sie hieben sogar Fruchtbäume um, errichteten ein Pfahlwerk rings um den Wall und bereiteten sich sowohl auf eine Belagerung wie auf eine Schlacht vor, in der sie zu siegen hofften[92].

98. Als die Hellenen von der Abfahrt der Barbaren nach dem Festlande Kunde erhielten, waren sie ungehalten, daß die Flotte ihnen entkommen sei, und sie schwankten, was nun zu tun sei, ob sie heimfahren oder nach dem Hellespontos segeln sollten. Endlich beschlossen sie, weder das eine noch das andere zu tun, sondern nach dem Festland zu fahren. So richteten sie denn Enterbrücken und alles andere her, was zur Seeschlacht nötig ist, und fuhren nach Mykale. Sie näherten sich dem Lager, aber keiner fuhr ihnen entgegen, vielmehr sahen sie die Schiffe in der Verschanzung am Ufer liegen und ein starkes Landheer in Schlachtordnung am Strande stehen. Da fuhr nun zunächst Leotychides in seinem Schiffe so nahe als möglich an den Strand heran und ließ durch einen Herold folgende Worte an die Ioner richten:
»Ioner! Wer von euch mich vernimmt, der merke auf; die Perser verstehen ja nichts von dem, was ich euch hier entbiete. Wenn die Schlacht beginnt, so denket vor allem anderen an eure Freiheit, und ferner merket auf unser Feldgeschrei: Hera. Und wer mich jetzt nicht hört, dem sage es der, der mich hört.«
Diese Maßnahme hatte denselben Sinn wie die des Themistokles bei Artemision. Denn entweder sollten die Barbaren nichts davon erfahren und die Ioner den Worten gehorchen oder, wenn es den Barbaren hinterbracht würde, diese mißtrauisch gegenüber den Hellenen machen.
99. Nachdem Leotychides diese Mahnung ausgesprochen hatte, landeten die Hellenen, stiegen aus den Schiffen und stellten sich zur Schlacht auf. Als die Perser sahen, wie die Hellenen zur Schlacht rüsteten und sich mit den Ionern verständigten, entwaffneten sie die Samier, die sie im Verdacht hatten, daß sie es mit den Hellenen hielten. Damals, als von der Barbarenflotte jene gefangenen Athener nach Samos gebracht wurden, die in Athen zurückgeblieben und von den Scharen des Xerxes gefangen genommen waren, kauften die Samier sie alle frei und schickten sie, mit Wegzehrung versehen, nach Athen zurück; dies vor allem, also daß sie fünfhundert Mann persischer Feinde loskauften, hatte Verdacht erregt. Ferner übertrugen die Perser den Milesiern die Deckung der Engpässe, die nach Mykale hin-

aufführen, scheinbar weil die Milesier die Gegend am besten kannten, in Wirklichkeit, um sie nicht im Lager zu haben. Nachdem sie sich gegen diese beiden ionischen Abteilungen, denen sie Treulosigkeit zutrauten, falls die Möglichkeit zur Treulosigkeit gegeben war, auf diese Weise geschützt hatten, stellten die Perser ihre Schilde zusammen, als Brustwehr gegen die Feinde.

100. Die Hellenen rückten heran, als sie alle Vorbereitungen beendet hatten. Da verbreitete sich plötzlich ein Gerücht durchs ganze Heer, und man sah einen Heroldstab in der Brandung schwimmen. Das Gerücht lief von Mund zu Mund, daß die Hellenen in Boiotien den Mardonios geschlagen hätten. Man sieht, durch wie mannigfache Zeichen sich die göttliche Fügung offenbart: jetzt entstand, während doch die Schlacht bei Plataiai an demselben Tage stattfand, da die Schlacht bei Mykale geschlagen werden sollte[94], das Gerücht von jenem Siege hier unter den Hellenen; es erhöhte gewaltig ihren Mut und ihre Bereitwilligkeit, die Schlacht zu wagen.

101. Auch das war ein merkwürdiges Zusammentreffen, daß in der Nähe beider Schlachtfelder ein Heiligtum der eleusinischen Demeter lag. Die Schlacht bei Plataiai fand ja, wie ich früher erwähnt habe, dicht am Demetertempel statt, und dasselbe sollte jetzt bei Mykale der Fall sein. Das Gerücht von dem gewonnenen Siege des Pausanias war ganz richtig, denn die Schlacht bei Plataiai fand schon am Morgen statt, die bei Mykale erst nachmittags. Daß wirklich die beiden Schlachten auf denselben Tag desselben Monats gefallen sind, das bestätigte sich den Hellenen durch Nachfragen sehr bald.

Bevor das Gerücht sich verbreitete, war das hellenische Heer in Sorge gewesen, weniger um sich selber als um die Hellenen daheim, daß Hellas dem Mardonios erliegen möchte. Jetzt aber, wo jene Vorbedeutung von Mund zu Mund flog, schritten sie um so kühner und schneller auf den Feind los. So eilten Hellenen und Barbaren in den Kampf, denn als Siegespreis winkten die Inseln und der Hellespontos[95].

102. Die Athener und ihre Nachbarn bis zur Mitte der Schlachtlinie hatten am Strande, auf ebenem Boden zu marschieren, während der Flügel der Lakedaimonier durch Schluchten und

über Berge klettern mußte. Während die Lakedaimonier noch die Hindernisse umgingen, war der rechte Flügel schon im Gefecht. Solange die Brustwehr der Perser stand, wehrten diese sich tapfer und waren den Hellenen keineswegs unterlegen. Als aber die Scharen der Athener und ihrer Nachbarn einander ermahnten: sie und nicht die Lakedaimonier müßten das Beste tun, als sie hitziger vordrangen, änderte sich die Gefechtslage. Sie durchbrachen die Brustwehr und fielen in geschlossenem Haufen über die Perser her, die, ohne zu weichen, noch längere Zeit kämpften, aber endlich in die Verschanzung flüchteten. Und die Athener, Korinthier, Sikyonier, Troizenier — in dieser Reihenfolge standen sie nebeneinander — folgten und drängten mit in den Wall hinein. Als auch das Lager genommen war, dachten die Barbaren nicht mehr an Kampf; sie begaben sich alle, mit Ausnahme der Perser, auf die Flucht. Die Perser kämpften in kleinen Trupps gegen die immerfort ins Lager strömenden Hellenen weiter. Von den persischen Feldherren entkamen zwei, und zwei fielen. Artayntes und Ithamitres, die Führer der Flotte, entkamen; Mardontes und der Führer des Landheeres, Tigranes, blieben auf dem Platze.

103. Die Perser kämpften noch, als die Lakedaimonier und ihr Flügel erschien, die nun den Sieg entschieden. Es fielen jetzt aber auch viele Hellenen, namentlich Sikyonier und deren Führer Perilaos.

Die samischen Truppen im persischen Heere, die man entwaffnet hatte, taten, sobald sie nur gewahr wurden, daß der Sieg sich auf die Seite der Hellenen neigte, alles, was sie konnten, um die Hellenen zu unterstützen. Und die übrigen Ioner folgten dem Beispiel der Samier, sagten sich von den Persern los und drangen auf sie ein.

104. Die Milesier hatten von den Persern Auftrag erhalten, die Engpässe zu bewachen, damit das Heer sich im Falle einer Niederlage, die ja auch eintrat, unter Deckung und Führung der Milesier auf die Höhen von Mykale retten könnte. Ferner waren die Milesier auch deshalb aus dem Lager geschickt worden, um eine Meuterei zu verhindern. Aber die Milesier taten genau das Gegenteil von dem, was ihnen aufgetragen worden war; sie führten die Fliehenden Wege, die zu den Feinden hinliefen,

und schließlich enthüllten sie sich selber als die grimmigsten Feinde.

So fiel Ionien zum zweitenmal von Persien ab.

105. In dieser Schlacht taten sich im hellenischen Heere am meisten die Athener hervor und unter den Athenern Hermolykos, Sohn des Euthoinos, ein Meister im Ringkampf. Später, im Kriege Athens mit Karystos, hatte dieser Hermolykos das Schicksal, daß er in einer Schlacht bei Kyrnos auf Karystos fiel und in Geraistos begraben wurde[96]. Nach den Athenern zeichneten sich die Korinthier, Troizenier und Sikyonier am meisten aus.

106. Als die Hellenen die meisten Barbaren, im Kampfe und auf der Flucht, erschlagen hatten, legten sie die Schiffe und die Verschanzungen gänzlich in Asche. Vorher hatten sie die Beute an den Strand geschafft, auch einige Geldkasten gefunden. Nach Verbrennung der Befestigungen und der Schiffe fuhren sie davon. In Samos angekommen hielten die Hellenen Rat über die Räumung des ionischen Landes; sie erwogen, wo in Hellas, soweit man des Landes Herr sei, die Ioner angesiedelt werden könnten; denn Ionien müsse man den Barbaren überlassen. Sie fanden es ganz unmöglich, daß die Hellenen Ionien dauernd unter ihrer Obhut halten sollten, und doch durfte man nicht hoffen, daß die Ioner ohne solchen Schutz sich ungestraft von Persien freimachen könnten. Da meinten denn die peloponnesischen Führer, man solle die handeltreibenden Hellenenstämme, die es mit den Persern gehalten, verjagen und ihr Land den Ionern geben. Die Athener dagegen wollten überhaupt nichts von einer Räumung Ioniens hören und nicht dulden, daß Peloponnesier über athenische Pflanzstädte befänden. Ihrem heftigen Widerstande gaben denn auch die Peloponnesier nach. So wurden die Samier, Chier, Lesbier und anderen Inselbewohner, die sich dem hellenischen Heere anschlossen, in den hellenischen Bund aufgenommen. Sie mußten sich durch einen Eid verpflichten, daß sie treu sein und nicht abtrünnig werden wollten[97].

Nach Ablegung des Eides fuhren die Hellenen nach dem Hellespontos, um die Brücken abzubrechen, die sie noch vorhanden wähnten.

107. Die geflüchteten Barbaren hatten sich auf die Gipfel von Mykale gerettet und zogen sich — es waren nicht viele — nach Sardes zurück. Unterwegs machte Masistes, ein Sohn des Dareios, der die unglückliche Schlacht mitgemacht hatte, dem Feldherren Artayntes viele bittere Vorwürfe. Er sei feiger als ein Weib, so elend sei seine Führung gewesen, und er verdiene die schwerste Strafe, so übel habe er dem Hause des Königs mitgespielt. Nun gibt es bei den Persern keine schwerere Beleidigung, als wenn man jemandem sagt, er sei feiger als ein Weib. Artayntes, der lange geschwiegen hatte, brauste auf und zog den Säbel, um Masistes niederzuhauen. Xeinagoras, Sohn des Praxilaos aus Halikarnassos, der hinter Artayntes stand, sah ihn auf jenen losstürzen, faßte ihn um den Leib, hob ihn empor und warf ihn zur Erde. Inzwischen kamen auch Masistes' Leibwächter herzu. Für seine Tat erntete Xeinagoras von Masistes und Xerxes, dem er ja seinen Bruder gerettet hatte, vielen Dank. Der König machte ihn zum Statthalter von ganz Kilikien. Sonst fiel auf dem Wege nichts vor, und die Perser langten in Sardes an.

Der König befand sich seit der Zeit, da er jene Seeschlacht verloren hatte und aus Athen nach Asien geflüchtet war, immer noch in Sardes[98]. 108. Und während seines Aufenthaltes in Sardes entbrannte er in Liebe zu der Frau des Masistes, die ebenfalls dort war. Er schickte Botschafter zu ihr, konnte sie aber nicht gewinnen; doch wandte er, aus Rücksicht auf seinen Bruder Masistes, keine Gewalt an. Ebendarum wies ihn auch die Frau zurück; sie wußte, daß man ihr keine Gewalt antun würde. Da Xerxes die anderen Wege versperrt waren, verheiratete er seinen Sohn Dareios[99] mit der Tochter des Masistes und jener Frau; er hoffte dadurch eher zum Ziel zu kommen. Die Verlobung wurde nach den üblichen Bräuchen vollzogen, und Xerxes kehrte nach Susa zurück. Hier führte er dem Dareios die Verlobte zu und nahm sie in sein Haus auf; da aber erlosch seine Liebe zu der Frau des Masistes und ging auf seine Tochter, des Dareios Frau, über, die er auch gewann. Sie hieß Artaynte.

109. Es dauerte nicht lange, so kam der Ehebruch an den Tag. Amestris, Xerxes Frau, schenkte ihrem Gatten ein großes, bun-

tes, bewundernswertes Gewand, das sie selbst gewebt hatte. Xerxes legte es mit Freuden an und ging zu Artaynte. Nun erfreute ihn auch Artaynte, und er sagte, sie möge sich etwas wünschen, womit er ihre Liebe vergelten könne; was sie auch fordern würde, er würde ihr alles gewähren. Und sie, die dem ganzen Hause nun einmal zum Verhängnis werden sollte, erwiderte:

»Alles, was ich fordere, soll mein sein?«

Xerxes versicherte und beschwor es, denn er dachte an alles andere eher als an das, was sie wählte. Sie forderte, ohne sich zu besinnen, sein Gewand. Xerxes wehrte sich, wie er nur konnte, aus keinem anderen Grunde, als weil er sich vor Amestris fürchtete, die schon vorher Verdacht geschöpft hatte und jetzt für seine Schuld einen klaren Beweis erhalten würde. Er versprach ihr Städte, Reichtümer und ein Heer, über das sie ganz allein gebieten sollte. Ein Heer ist recht eigentlich ein persisches Geschenk.

Da sie unerbittlich blieb, schenkte er ihr das Gewand, und sie trug es voller Freuden und prahlte damit.

110. Amestris erfuhr, daß sie das Gewand hätte; sie erriet alles, war aber der Artaynte nicht gram, weil sie in der Mutter, der Gemahlin des Masistes, die Schuldige und Täterin sah. Ihr trachtete sie nach dem Leben. Sie wartete, bis ihr Gatte Xerxes das königliche Gastmahl gab. Dies Gastmahl findet jährlich einmal, am Geburtstage des Königs, statt. Im Persischen heißt dies Gastmahl Tykta, was in griechischer Sprache 'vollkommen' bedeutet[100]. Nur an diesem Tage salbt der König sein Haupt, und er beschenkt die Perser.

Diesen Tag wartete Amestris ab und erbat sich von Xerxes die Frau des Masistes zum Geschenk. Xerxes fand es unwürdig und unerträglich, daß er seines Bruders Frau preisgeben sollte, die noch dazu unschuldig war; er verstand ja den Sinn der Bitte.

111. Aber endlich, da sie darauf bestand und da ihn die Sitte zwang — an dem königlichen Gastmahl darf niemand eine Fehlbitte tun —, gab er sehr wider Willen nach. Er sagte ihr die Frau zu, hieß sie mit ihr tun, was sie wolle, rief seinen Bruder zu sich und sprach zu ihm:

»Masistes, du bist des Dareios Sohn und mein Bruder und

bist überdies ein Ehrenmann. Behalte die Frau, die du hast, nicht länger! Ich gebe dir statt ihrer meine Tochter; die nimm zur Frau. Mir gefällt es nicht, daß du deine Frau noch länger behältst.«

Masistes antwortete verwundert: »Herr, was sagst du zu mir? Die Frau, von der ich Söhne und Töchter habe, deren eine du deinem eigenen Sohne zur Frau gegeben hast, die Frau, die meinem Herzen lieb ist, die soll ich verstoßen und deine Tochter heiraten? Nein, König, so hoch es mich ehrt, daß du mich deiner Tochter für würdig hältst, ich tue weder dies noch jenes. Zwinge mich nicht zu so unsittlichem Tun! Für deine Tochter wird sich ein anderer ebenso würdiger Gatte finden; lasse mir meine Gemahlin!«

Das war des Masistes Antwort. Aber Xerxes entgegnete zornig: »Nun gut, Masistes! So gebe ich dir weder meine Tochter, noch sollst du deine Frau länger behalten. Du wirst schon lernen, zu nehmen, was man dir gibt.«

Als Masistes das hörte, eilte er mit den Worten hinaus: »Herr, was hast du mir angetan?«

112. Während dieses Gesprächs zwischen Xerxes und seinem Bruder hatte aber Amestris durch die Leibwächter des Xerxes Masistes' Frau holen lassen und sie furchtbar zugerichtet. Die Brüste schnitt sie ihr ab und warf sie den Hunden vor, Nase, Ohren, Lippen schnitt sie ab, schnitt die Zunge aus und sandte dann die Mißhandelte wieder nach Hause.

113. Masistes, der noch nichts davon wußte, aber Böses ahnte, stürzte eilend in seinen Palast. Er sah sein verstümmeltes Weib, beriet sich sofort mit seinen Söhnen und brach mit den Söhnen und einigen anderen nach Baktra auf. Er wollte den Gau von Baktra aufwiegeln und an dem König blutigste Rache üben. Das wäre ihm, glaube ich, auch gelungen, wenn er eher zu den Baktriern und Saken gelangt wäre. Diese Völker liebten ihn, und er war Satrap von Baktrien[101]. Aber Xerxes erfuhr seinen Plan und schickte ihm ein Heer nach, das den Masistes samt seinen Söhnen und seinen Truppen erschlug.

Soviel von der Liebe des Xerxes und dem Tode des Masistes.

114. Die von Mykale nach dem Hellespontos segelnden Helle-

nen gingen zuerst bei Lekton vor Anker[102], weil die Winde sie hinderten. Dann kamen sie nach Abydos und fanden die Brükken zerstört, die sie noch stehend gewähnt hatten und um deretwillen sie vornehmlich nach dem Hellespontos gekommen waren. Da beschlossen denn Leotychides und die Peloponnesier, nach Hellas zurückzukehren, während die Athener und ihr Führer Xanthippos bleiben und die Chersonesos angreifen wollten. Jene fuhren also heim, und die Athener fuhren von Abydos nach der Chersonesos hinüber und belagerten Sestos[103].

115. In Sestos, der stärksten Festung in jener Gegend, versammelten sich auf die Kunde von der Annäherung der Hellenen die persischen Besatzungen aller umliegenden Städte; auch der Perser Oiobazos kam aus Kardia und brachte die Taue der Brücken mit. Bewohner der Stadt waren die Aioler dort im Lande; dazu kamen aber Perser und große Mengen der anderen Bundesvölker.

116. Herr dieser Satrapie[104] war der Statthalter des Xerxes, Artayktes, ein Perser, ein harter gottloser Mann, der sogar den König auf dem Zuge gegen Athen betrogen hatte. Er raubte die Tempelschätze des Heros Protesilaos, Sohnes des Iphikles, aus Elaius. Bei Elaius auf der Chersonesos nämlich liegt das Grab des Protesilaos, umgeben von einem Heiligtum, in welchem sich große Reichtümer, goldene und silberne Schalen, Erzbilder, Gewänder und andere Weihgeschenke befinden. Diese raubte Artayktes mit Erlaubnis des Königs, den er durch folgende Worte hintergangen hatte:

»Herr! Ein Hellene hat hier ein Haus, der gegen dein Land ins Feld gezogen ist, wobei ihn die gerechte Strafe, der Tod, ereilt hat. Schenk' mir sein Haus, damit sich jeder hütet, gegen dein Land ins Feld zu ziehen[105]!«

Durch diese Worte ließ sich Xerxes leicht bereden, ihm das Haus zu schenken; er ahnte ja nicht, was jener meinte, Artayktes hatte aber die Worte, der Hellene sei gegen das Land des Königs gezogen, im Sinne der Perser gesagt, die des Glaubens sind, daß ganz Asien ihr und des jeweiligen Königs Eigentum sei.

Als er die Erlaubnis erhalten hatte, ließ er die Tempelschätze von Elaius nach Sestos schaffen, ließ in dem heiligen Bezirk säen und ernten[106], und wenn er selber nach Elaius kam, schändete er in dem heiligen Gemach die Frauen.

Jetzt also wurde er von den Athenern belagert. Er war für die Belagerung nicht gerüstet und hatte die Hellenen nicht erwartet. Nun gab es kein Entrinnen.

117. Die Belagerung aber dauerte bis zum Spätherbst, und die Athener wurden schon ungeduldig über die lange Abwesenheit von der Heimat und die erfolglose Belagerung[107]. Sie baten schon die Feldherren, sie nach Hause zu führen; aber diese sagten, sie würden nicht eher abfahren, als bis sie die Stadt erobert hätten oder von der Gemeinde Athen abberufen würden. So viel war ihnen an der Stadt gelegen.

118. Und die Belagerten waren auch schon in der höchsten Not, so daß sie das Leder von ihren Sesseln aßen. Als auch das aufgezehrt war, flohen eines Nachts die Perser samt Artayktes und Oiobazos. Sie stiegen an der Rückseite der Stadt herab, wo am wenigsten Feinde standen. Als der Tag kam, verrieten die Bewohner der Chersonesos durch Zeichen von der Mauer, was geschehen war, und öffneten die Tore. Der größere Teil des Heeres machte sich an die Verfolgung, die anderen besetzten die Stadt.

119. Oiobazos, der nach Thrakien geflüchtet war, wurde von den thrakischen Apsinthiern ergriffen und nach ihren Bräuchen dem Stammesgott Pleistoros geopfert[108]. Seine Begleiter wurden auf andere Weise getötet. Artayktes mit seinem Gefolge, der erst später geflohen war, wurde kurz hinter Aigospotamoi[109] eingeholt, und nach längerer Gegenwehr wurden die einen getötet, die anderen gefangen genommen. Die letzteren führten die Hellenen gebunden nach Sestos; auch Artayktes und sein Sohn befanden sich darunter.

120. Da geschah, so erzählt man auf der Chersonesos, als einer der Wächter sich gepökelte Fische briet, etwas Wunderbares. Die Salzfische in der Pfanne sprangen und zappelten, als würden sie eben erst gefangen. Alles kam herbeigelaufen und wunderte sich. Artayktes aber, der auch dies Wunder sah, rief dem Mann, der die Fische briet, zu und sagte:

»Freund aus Athen! Wegen des Wunders sei unbesorgt. Es gilt nicht dir, sondern mir. Protesilaos von Elaius will mir zu

verstehen geben, daß er noch als ausgetrockneter Leichnam mit göttlicher Macht begabt ist, sich an seinen Beleidigern zu rächen. Darum will ich Reugeld für meinen Frevel zahlen: hundert Talente will ich der Gottheit für das, was ich aus dem Tempel genommen habe, weihen und zweihundert Talente den Athenern geben, wenn sie mich und meinen Sohn am Leben lassen.«
Aber auf dies Anerbieten ging der Feldherr Xanthippos nicht ein. Die Elaiusier forderten als Sühne für Protesilaos seinen Tod, und derselben Meinung war auch der Feldherr. Sie führten ihn an die Stelle der Küste, wo Xerxes die Brücke geschlagen hatte — andere sagen, auf die Höhe oberhalb der Stadt — und schlugen ihn ans Kreuz. Den Sohn steinigten sie vor den Augen des Artayktes.
121. Darauf fuhren die Athener heim nach Hellas. Sie führten die Beuteschätze mit, darunter die Brückentaue, die sie in die Tempel stiften wollten.
In diesem Jahre hat sich dann nichts weiter ereignet.
122. Der Großvater dieses gekreuzigten Artayktes war jener Artembares, der den Persern einen Rat gab, den sie gut fanden und Kyros vorlegten. Sie sagten zu Kyros:
»Da Zeus[110] den Astyages gestürzt hat und den Persern die Herrschaft übergibt, unter den Persern aber dir, o Kyros, — wohlan, so laß uns unser kleines und so rauhes Land verlassen und auswandern in ein schöneres. Viele Länder liegen vor unseren Augen, viele andere in der Ferne; wenn wir deren eines erobern, wird unser Ruhm und Ansehen noch wachsen. So ziemt es einem Herrenvolke! Wann sollte uns auch eine schönere Gelegenheit dazu winken als jetzt, wo wir Herren vieler Völker und des ganzen Asien sind?«
Kyros fand diesen Rat nicht rühmenswert und meinte, sie sollten ihren Plan nur ausführen, sich aber darauf gefaßt machen, daß sie aus Herren zu Knechten werden würden. Weichliche Länder pflegten weichliche Menschen zu erzeugen. Denn nie würde ein Land zugleich herrliche Früchte und kriegstüchtige Männer hervorbringen.
Das erkannten die Perser als richtig an und gingen davon; Kyros hatte sie überzeugt. Sie wollten lieber in einem mageren Lande Herren als in einem üppigen Knechte sein.

ANMERKUNGEN

BUCH I

1 Gemeint ist die aramäische Völkerwanderung von 1400—1200 v. Chr. Sie hat vom Osten Arabiens ihren Ausgang genommen. Die Aramäer gründeten dann in Nordsyrien verschiedene Staaten wie das aus der Bibel bekannte Damaskus. An diese Wanderung erinnern noch die Namen der beiden phoinikischen Städte Tyros und Arados, die von zwei Inseln der Bahraingruppe im Persischen Golf auf diese Städte übertragen worden waren. Wenn sich Herodot hier auf persische Quellen beruft, ist dabei an akkadische (assyrische oder babylonische) Reichsannalen zu denken, aus denen ihm seine persischen Gewährsleute berichteten. Diese Überlieferung war in Keilschrifttafeln aufgezeichnet. Akkadisch und Elamisch (der Dialekt von Susa) waren neben Altpersisch die persischen Reichssprachen, in denen auch die in Keilschrift geschriebenen Inschriften der Achaimeniden abgefaßt sind. Die Sprache der persischen Kanzlei war seit Dareios I. das Aramäische. Mit dem 'Roten Meer' meint Herodot hier den Persischen Golf.

2 In den Schachtgräbern von Mykenai (Argos), die bis in die Zeit um 1600 v. Chr. zurückreichen, wurden neben reichem Goldschmuck auch Straußeneier und Alabastergefäße gefunden. Die von Herodot erwähnten Handelsbeziehungen müssen also schon in der zweiten Hälfte des zweiten Jahrtausends bestanden haben.

3 Der Kern der Sage ist wahrscheinlich der Raub eines kleinasiatischen Götterbildes durch die Griechen (Achaier) zu der Zeit, als das hethitische Großreich in Kleinasien unterging (um 1170 v. Chr.). Begegnet uns doch auf hethitischen Siegelzylindern das Bild einer nackten Göttin, die, ein Tuch haltend, auf einem Stier steht, also in der gleichen Weise wie die Europa der griechischen Darstellungen abgebildet ist. Der Name 'Europa' geht vielleicht auf das semitische Wort *ereb* = dunkel zurück und wurde von den Asiaten für das 'Abendland' zur Unterscheidung von dem 'Morgenland' Asien gebraucht.

4 Herodot beruft sich hier auf persische Überlieferungen (akkadische Reichsannalen, vgl. Anm. 1), nach denen die Griechen (Kreter) in Tyros gelandet seien. Diesen Überlieferungen liegt ein geschichtlicher Kern zugrunde. Die Kreter oder, noch besser, die mit ihnen verwandten Seevölker waren um 1200 v. Chr. an der syrischen und palästinensischen Küste gelandet und hatten in Palästina mehrere Städte — wie Gaza und Askalon — gegründet. Die Bibel bezeichnet sie als *Pelischtim* (= Philister) und Kreta als *Kaphtor*. Sie waren die Hauptgegner der Israeliten.

5 Herodot lokalisiert das in der Argonautensage erwähnte Aia in Kolchis, dem am Schwarzen Meer liegenden Teil Transkaukasiens. Der Phasis ist mit dem heute 'Rion' genannten Fluß identisch.

6 Kroisos regierte von 560 bis 546 v. Chr.

7 Es ist noch nicht bekannt, mit welcher Volksgruppe die Lyder zusammenhängen. Auch ihre Sprache ist noch nicht erforscht. Die einundfünfzig schon längere Zeit bekannten Inschriften harren noch heute der Deutung. Sie sind in einer von einem altertümlichen griechischen Alphabet abgeleiteten Schrift geschrieben.

8 Der Halys (heute Kisil Irmak) in Kleinasien bildete nur in seinem Mittel- und Unterlauf die Grenze des lydischen Reiches.

9 Herodot kennt sowohl an der Ostküste des Mittelmeeres wie an der kleinasiatischen Küste des Schwarzen Meeres ein Volk, das er als 'Syrier' bezeichnet. Mit den Syriern an der Küste des Schwarzen Meeres sind hier wohl die Chalyben gemeint, die in den antiken Quellen auch im nördlichen Syrien erwähnt werden, wo das heutige Aleppo nach diesem Volk *Chalybiotis* genannt wurde. Die ausgewanderten Chalyben, die schon Homer kennt, waren Schmiedesippen, die sich wegen der großen Erzlager in dem Gebirgszug an der Küste des Schwarzen Meeres festgesetzt hatten. Sie wurden auch hier noch nach dem Land ihrer Herkunft als Syrier bezeichnet.

10 Herodot erwähnt hier nur einen Teil der griechischen Stämme, die sich an der Westküste Kleinasiens festgesetzt hatten. (Die ältere im 14. Jahrhundert v. Chr. erfolgte Besiedlung Pamphyliens an der Südküste Kleinasiens, die um die gleiche Zeit wie die Eroberung Kretas und eines Teils von Zypern erfolgte, ist ihm nicht mehr bekannt gewesen.) Die Besiedlung der kleinasiatischen Westküste setzte erst nach dem Untergang des großhethitischen Reiches um 1170 v. Chr. ein. An die erste noch von Boiotien und Thessalien ausgehende aiolische Einwanderung, bei der die Insel Lesbos mit ihrem kleinasiatischen Hinterland besiedelt wurde, schloß sich die Wanderung der Ioner, die sich von Attika und Euboia aus auf den Inseln festsetzten. Als letzter griechischer Stamm haben dann die Dorier an der Besiedlung der kleinasiatischen Küste und der davorliegenden Inseln teilgenommen. Sie haben von der Peloponnes aus Rhodos, Kos und die knidische Chersonesos erobert.

11 Die Volkszugehörigkeit der Kimmerier ist unbekannt. Wie Herodot berichtet, waren sie, aus ihrem bisherigen Wohngebiet zwischen Donau und Don kommend, zusammen mit den thrakischen Trerern in Kleinasien eingewandert. Sie hatten ihr Land unter dem Druck der Skythen verlassen. Die Angaben Herodots werden durch die akkadischen Keilschrifturkunden, die den Namen der Kimmerier in der Form *Gimirrai* überliefern, bestätigt. Das gilt auch für den Zusammenhang des Kimmereinfalles mit der skythischen Völkerbewegung, auf den vor allem eine im Ischtartempel gefundene Tafel Assurbanipals hinweist. Der Einfall der Kimmerier ist in die Zeit um 700 v. Chr. zu setzen.

12 Herodots Genealogie der lydischen Könige ist mythisch und ohne Kenntnis lydischer Überlieferung entstanden. So ist *Kandaules* zunächst nicht der Name eines bestimmten Königs, sondern vielmehr eine der Bezeichnungen eines Herrschers.

13 Der Sturz der alten lydischen Königsdynastie durch den wahrscheinlich aus Bithynien stammenden Gyges — der Vater des Königs wird nach der bithynischen Stadt Daskyleion *Daskylos* genannt — tritt in der von Herodot dichterisch gestaltenen Erzählung völlig zurück.

14 Der von Herodot erwähnte Archilochos lebte etwa um 650 v. Chr. Er ist der erste bekannte lyrische Dichter. Er hat seine Feinde in den uns erhaltenen Jamben schonungslos angegriffen. Auch bei dem in Ionien verhaßten lydischen König Kandaules wird er nicht anders gehandelt haben.

15 Gyges besaß als Nichthellene in Delphi kein eigenes Schatzhaus. Er übergab daher seine Geschenke den ihm befreundeten Korinthiern, in deren Schatzhaus sie dann Aufstellung fanden. Durch die Einrichtung von Schatzhäusern im Bezirk des Tempels übten die einzelnen griechischen Gemeinden die Aufsicht über die von ihnen gespendeten Weihgeschenke aus.

16 Auch die Geschenke des Midas fanden im Schatzhaus der Korinthier in Delphi Aufstellung. Der Name 'Midas' kommt in den aus dem 7. Jahrhundert v. Chr. stammenden altphrygischen Inschriften in der Form *Midai* vor. Die Phryger sprachen eine mit dem Thrakischen verwandte indogermanische Sprache. Sie waren aus Europa in Kleinasien eingewandert.

17 Nach der akkadischen (assyrischen) Überlieferung hatte schon der Vater des Ardys, Gyges, der hier *Gu-gu* genannt wird, mit den Kimmeriern zu kämpfen. Der Lyderkönig hatte sich hiernach zuerst an den assyrischen König Assurbanipal angeschlossen, sich aber später mit dem Assyrien feindlichen Ägypten unter Psammetich verbündet.

18 Gemeint ist hier die sogenannte Pansflöte, ein Instrument, das von Hirten benutzt wurde. Das von Herodot erwähnte lydische Saiteninstrument hatte zwanzig Saiten und umfaßte zwei Oktaven.

19 Der Maiandros wird heute 'Böjük Menderes' genannt.

20 Assessos heißt der Ort, bei dem der hier erwähnte Tempel stand.

21 Periandros war von 635 bis 585 v. Chr. der Tyrann von Korinth. 'Tyrann' bezeichnet hier wie auch sonst bei Herodot einen Stadtherrn, dessen Machtstellung sich etwa mit der eines Podesta der mittelalterlichen italienischen Stadt vergleichen läßt. Methymna auf Lesbos war die Geburtsstadt Arions.

22 *Dithyrambos* ist eigentlich ein Beiname des Dionysos. Später war das Wort die Bezeichnung eines Liedes, das zu Ehren eines Gottes oder Helden im Wechselgesang zwischen Chor und Vorsänger vorgetragen wurde. Begleitendes Instrument war meist die Flöte.

23 Der hintere Teil des Schiffsdecks war höher als das übrige Deck, so daß der Sänger sein Lied von hier aus wie von einer Bühne vortragen konnte.

24 Diesen Namen trägt die Südspitze der Peloponnes noch heute. Hier befand sich ein Tempel des Poseidon, dem Arion das von Herodot beschriebene Weihgeschenk darbrachte.

25 Indem die Milesier ihre Stadt mit dem Tempel verbanden, wollten sie sich in den Genuß der Unverletzlichkeit des Tempels setzen. Man glaubte, den als sehr gottesfürchtig bekannten Kroisos hierdurch von Angriffen auf Milet abzubringen.

26 7 Stadien sind rund $1^1/_4$ km.

27 Bei der hier wiedergegebenen Erzählung handelt es sich um eine ionische

Anekdote. Pittakos, einer der sieben Weisen, war schon 570 v. Chr. gestorben, während Kroisos erst 560 König von Lydien wurde.

28 Diese Aufzählung der von Kroisos beherrschten Völker zeigt, daß sich sein Reich zeitweise auch über den Halys hinaus erstreckt haben muß. Denn die hier erwähnten Chalyber wohnten jenseits des Halys, etwa in der Nähe des heutigen türkischen Schwarzmeerhafens Samsun. Das Fehlen der Lykier und Kiliker unter den zum lydischen Reich gehörenden Völkern läßt erkennen, daß die kleinasiatische Mittelmeerküste mit Ausnahme des griechischen Pamphylien von Kroisos unabhängig war.
Neben der kleinasiatischen Urbevölkerung, zu der vielleicht auch die Lyder gerechnet werden müssen, begegnen uns in der Aufzählung Herodots griechische und thrakische Stämme, die aus Europa eingewandert waren, als Angehörige des lydischen Reiches. Zu den Thrakern gehören neben den Phrygern auch die Bithyner und Thyner. Herodot bezeichnet die beiden letzten als Thraker. Offenbar ist damals noch bei ihnen der Zusammenhang mit den europäischen Thrakern — sei es durch die Sprache, sei es durch geschichtliche Überlieferung (Wanderungssagen) — lebendig gewesen. Zu den griechischen Untertanen des lydischen Reiches gehörten die Pamphyler, Ioner, Aioler und Dorier.

29 Solon lebte von 640 bis 560 v. Chr. Da er seine Gesetze im Jahre 594 erließ und — nach Herodot — in seiner sich hieran anschließenden Abwesenheit von Athen (also zwischen 594 und 584 v. Chr.) Kroisos besucht haben müßte, ist die hier erzählte Geschichte wahrscheinlich nicht historisch, denn Kroisos regierte erst seit 560 v. Chr.

30 Der ägyptische König Amasis (ägyptisch *Ah-mose* = 'der Mond hat geschaffen') regierte von 569 bis 526 v. Chr. Zur Zeitangabe siehe Anm. 29.

31 Der Name 'Atys' kommt auf altphrygischen Grabinschriften in der Form *Ates* vor.

32 Die Reinigung von Blutschuld geschah nach griechischem Brauch auf folgende Weise: Der Entsühnung Heischende ließ sich schweigend auf der Erde nieder, stieß das Schwert in den Boden und verbarg das Gesicht. Aus diesem Verhalten entnahm der Herr des Hauses sein Begehren. Er opferte darauf ein Ferkel und goß das Blut dem zu Entsühnenden unter Anrufung des reinigenden Zeus über die Hand, die man darauf wieder reinigte und gleichzeitig die Erinnyen und den Entsühnenden Zeus anrief und um Gnade bat. Erst dann wurde der Schutzsuchende angeredet und nach seinem Namen und der begangenen Tat gefragt.

33 Der mysische Olymp ist ein Gebirge im nordöstlichen Kleinasien an der Grenze zwischen Mysien, Bithynien und Phrygien. Heutiger Name: Keschisch Dagh.

34 Delphi lag im südwestlichen Teil des alten Phokis am Gebirge Parnassos. Das Allerheiligste des Tempels war der Erdspalt, über dem der Dreifuß der Pythia stand.

35 Das Apollonheiligtum von Abai lag im östlichen Teil der Landschaft Phokis in der Nähe des Flusses Kephissos und des durch die Funde aus mykenischer Zeit berühmten Orchomenos.

36 Dodona in Epirus besaß ein durch seine Weissagungen berühmtes Heiligtum

des Zeus. Es lag zwischen den Quellen der Flüsse, die heute Kalamas und Luros genannt werden, im Tal der heutigen Charkowitza. Die Ruinen befinden sich bei dem heutigen Ort Drameschos südwestlich von Janina. Hier wurden die Orakelsprüche in der ältesten Zeit aus dem Rauschen der heiligen Eiche, später aus dem Klingen eines ehernen Kessels entnommen.

37 Amphiaraos war eine Orakelstätte, die an jener Stelle errichtet worden war, wo der Seher Amphiaraos durch die von Zeus gespaltene Erde verschlungen worden war. Amphiaraos, aus dem Geschlechte der Amytheoniden zu Argos, hatte auf Anstiften seiner Gemahlin Eriphyle am Zug der Sieben gegen Theben teilgenommen. Die Priester des Heiligtums empfingen hier durch Träume die Antworten des Orakels

38 Das Heiligtum des Zeus Trophonios lag bei dem heutigen Levadia, also auch in Boiotien. Man dachte sich den Wohnsitz der Gottheit in einer Schlucht der Herkyna. Auch hier teilte der Gott den Priestern seine Weissagungen durch Träume mit.

39 Die Branchiden waren ein Priestergeschlecht, das den Tempel des Apollon von Didyma, der gleichfalls als Weissagungsstätte bekannt war, verwaltete. Die Ruinen des Tempels liegen bei dem heutigen Hieronda in Kleinasien, dicht an der Küste des Golfes von Mendelia.

40 Das libysche Heiligtum des Ammon befand sich in der Oase Siva. Wahrscheinlich hat der Gott der Oase nichts mit dem ägyptischen Gott Ammon zu tun, sondern ist der phoinikische Gott Baal Hammon, den man später dem ägyptischen Ammon gleichgesetzt hat.

41 Das Talent war ursprünglich eine Gewichtseinheit für Silber. Das attische Talent wurde zu sechzig Minen gerechnet. Dem attischen Silbertalent entsprechen heute etwa 26,2 kg, der Wert liegt zwischen 4700 und 5000 DM.

42 Sie soll einen von Kroisos' Stiefmutter gegen ihn beabsichtigten Mordanschlag durch vergiftetes Brot dem König angezeigt haben.

43 Hermos, Hauptfluß Lydiens, heute der Gedis Tschai.

44 Herodot bezeichnet mit *Pelasger* die Ureinwohner Griechenlands. Die Dorier sind für ihn die hellenischen Einwanderer. Aus dem Bericht Herodots geht hervor, daß eine Erinnerung an die ionische Einwanderung in Griechenland zur Zeit Herodots nicht mehr vorhanden war; wohl aber waren einzelne Stationen der viel jüngeren dorischen Wanderung (Ausgang des zweiten Jahrtausends v Chr.) wenigstens vom Norden Thessaliens bis zur Peloponnes bekannt. *Pelasger* hießen ursprünglich nur die Bewohner der Landschaft Pelasgiotis im Nordosten Thessaliens. Sie waren das erste griechische Volk, mit dem die von Norden einwandernden Dorier zusammenstießen. Die Dorier behielten diese Bezeichnung dann für alle anderen griechischen Völker bei, mit denen sie auf ihrer Wanderung nach der Peloponnes zusammentrafen.

45 Diese Landschaft liegt am Pindosgebirge und nicht, wie Herodot schreibt, am Olymp. Die Stationen der Wanderung in der hier erzählten Sage haben sich bei der von Herodot benutzten Überlieferung etwas verschoben. Die ersten Wohnsitze der Dorier lagen am Ossa und Olymp. Sie grenzten dort an das Gebiet der Pelasger. Es folgen dann Histaiotis, Phtiotis (Südost-

thessalien) und Dryopis (später nach den Doriern *Doris* genannt, nordwestlich von Delphi). Von dort wanderten sie nach der Peloponnes.

46 Die Krestonaier wohnten nordöstlich des heutigen Saloniki, oberhalb der Halbinsel Chalkidike. Sie waren Thraker. Ursprünglich besaßen sie Wohnsitze an der Nordgrenze Thessaliens, wo sie die Nachbarn der Dorier waren. Sie sind später nach Norden gedrängt worden.

47 Die hier erwähnten Tyrsener sind ein anderes Volk als die von Herodot mit dem gleichen Namen bezeichneten Etrusker.

48 Plakia und Skylake waren griechische Städte östlich von Kyzikos an der Propontis, dem heutigen Marmarameer. Mit den hier erwähnten Pelasgern sind die thrakischen Stämme gemeint, in deren Gebiet die Städte gegründet wurden.

49 Herodot nimmt hier an, daß sich den einwandernden Griechen in großem Umfange Pelasger, unter denen, nach dem Vorangehenden zu urteilen, thrakische Stämme verstanden wurden, angeschlossen haben. Er nimmt weiter an, daß die Bevölkerung von Attika ursprünglich Thraker (Pelasger) waren und einen thrakischen Dialekt sprachen, den sie dann zugunsten des Griechischen aufgaben.

50 Die Paralioi und Pediakoi waren zwei Parteien. Die Paralioi, die Bewohner der Küste, vertraten die Interessen der Kaufleute und Händler. Die Partei der Pediakoi, der Bewohner der Ebene, setzte sich aus dem attischen Adel zusammen, der das beste Land in seinen Händen hatte. Die Diakrioi, die Bergbewohner, waren die Schafhirten und Kleinbauern aus dem landwirtschaftlich am wenigsten ertragreichen Gebiet Attikas.

51 Der Staatsstreich, mit dem sich fast jeder Diktator seit der Zeit des Peisistratos die Macht erobert hat.

52 Die Alkmaioniden waren eines der ältesten athenischen Adelsgeschlechter. Sie führten sich auf Alkmaion, den Urenkel Nestors zurück, der, nach der Eroberung Messeniens durch die Dorier aus der Peloponnes vertrieben, nach Attika gekommen war. Perikles und Alkibiades waren mit den Alkmaioniden verwandt. Kleisthenes war selbst ein Alkmaionide.

53 Herodot übernahm die von ihm wiedergegebene Jahreszahl aus einer älteren Quelle, vielleicht einer Stadtchronik von Athen.

54 Amphilytos besaß also, obwohl er als Ausländer in Athen nicht im Besitz des Bürgerrechtes war, einen außerordentlichen politischen Einfluß. Der Bericht Herodots zeigt, daß die Seher, wie die Propheten des Alten Testaments Männer jeden Standes, durch ihre Visionen die politischen Entscheidungen ihrer Zeit in starkem Maße mitbestimmten.

55 Hier sind die Einkünfte aus dem Silberbergwerk Laurion in Attika und den Silbergruben vom Strymon (der Struma in Thrakien), nämlich Amphipolis und Eion, gemeint, auf die sich auch der Tyrann Histiaios von Milet bei seiner Machtpolitik stützen konnte (vgl. Buch V, 23).

56 Die Stadt Tegea ist im 6. Jahrhundert gegründet worden, und zwar von den sich gegen die dorische Eroberung verteidigenden arkadischen Stämmen in der Peloponnes. Die hier geschilderten Vorgänge gehören etwa in die Mitte des 6. Jahrhunderts.

57 Kreta war schon von Thessalien aus durch die Dorier besiedelt worden. Sie hatten unter dem Einfluß der hier vorhandenen alten Kultur ihre staat-

liche Organisation dem Vorbild der von ihnen unterworfenen Reiche angeglichen. Auf diese Staatsform der kretischen Dorier griffen ihre Stammesgenossen in Sparta zurück.

58 *Enomotien,* eigentlich Eidgenossenschaften, sind militärische Abteilungen zu fündundzwanzig Mann.

59 *Triekaden* sind Abteilungen zu dreißig Mann.

60 *Syssitien* ist der Name für die gemeinsamen Mahlzeiten der Spartiaten.

61 Die Ephoren waren ein Kollegium von fünf Mitgliedern, das ursprünglich wahrscheinlich richterliche Funktionen besaß, in geschichtlicher Zeit aber bereits Aufsichtsbehörde des Staates war, dei die Könige einen Teil ihrer Funktionen abgetreten hatten. Die Ephoren wurden für ein Jahr gewählt.

62 *Geronten* hießen die Mitglieder des Ältestenrats. Die achtundzwanzig Mitglieder dieses Kollegiums waren auf Lebenszeit gewählt. Zusammen mit den beiden Königen bildeten sie das wichtigste Organ der spartanischen Staatsverwaltung.

63 Entsprechend ihrer Gliederung in die beiden Stammesverbände der Hylleer und Dymanen besaßen die Dorier ähnlich wie die germanischen Vandalen zwei Heerkönige.

64 Die hier berichtete Erzählung gibt ein lebendiges Beispiel dafür, welche Bedeutung der Heroenkult in dem damaligen staatlichen Leben besessen hat. An der Stätte, wo die Gebeine eines Heros beigesetzt waren, baute man Tempel, wie z. B. in Athen über den Gebeinen des Theseus das Theseion.

65 Die *Agathoergoi* sind jene fünf Mitglieder der spartanischen Gardetruppe der 'Dreihundert', die, weil sie die für die Truppe vorgeschriebene Altershöchstgrenze erreicht hatten, aus dem Verband des Korps ausscheiden mußten.

66 Lydien war für die Griechen der damaligen Zeit das größte Goldexportland, das auch als erstes der damaligen Reiche zur Prägung eigener Münzen überging. An den Goldreichtum des Landes knüpften sich viele griechische Sagen. Auch die Perser bezogen, wie aus den altpersischen Inschriften hervorgeht, einen großen Teil ihres Goldes aus Lydien.

67 Kappadokien (altpers. *Katpatuka*) grenzte im Westen an den Halys, im Norden an das Gebiet der pontischen Stämme, im Osten an den Euphrat und an Armenien und im Süden an Kilikien und Syrien. Die Kappadoker, wahrscheinlich Indogermanen, waren wie die Armenier um 700 v. Chr. in dieses Gebiet eingewandert. Kappadokien war schon persisch, als Kroisos seinen Feldzug unternahm.

68 Es handelt sich um Volksteile, die unter den assyrischen Königen aus dem Zagrosgebirge, wo das Volk sonst bei Herodot erwähnt wird, an die damalige assyrische Westgrenze deportiert worden waren. Die Matiener sind vielleicht die Vorgänger der heutigen Kurden.

69 Syrier hießen ursprünglich nur die an der Küste Kappadokiens wohnenden Stämme. Nach diesen Stämmen nannten die Griechen, die ja nur die Küstenplätze des Landes kannten, ganz Kappadokien Syrien.

70 Die von Herodot erwähnte Sonnenfinsternis ereignete sich am 28. Mai 585 v. Chr.

71 *Syennesis* ist ein kilikischer Fürstentitel, dessen Bedeutung etwa mit

'edler Fürst' wiedergegeben werden kann. Er wurde von allen kilikischen Königen geführt und später von den Persern übernommen.

72 *Labynetos* gibt die griechische Umschreibung des babylonischen *Nabū-na'id* '(Gott) Nebo ist erhaben' wieder. Die hier genannte Persönlichkeit war vielleicht ein hoher babylonischer Priester.

73 Die Beschreibung des Feldzuges des Kroisos, der sich demnach gegen die an der Schwarzmeerküste wohnenden kappadokischen Syrier richtete, die östlich der Halysmündung wohnten, zeigt, daß Kroisos bei seinem Feldzug nur an eine Erweiterung seines Reiches an der Schwarzmeerküste gedacht hat. Da die hier wohnenden kappadokischen Syrier die Oberhoheit des Kyros anerkannten, kam es zum Zusammenstoß mit den Lydern. Die von Herodot wiedergegebene Erzählung über die vorherige Befragung der griechischen Orakelstätten wird sich nicht speziell auf diesen kleinen Grenzkrieg bezogen haben.

74 Telmessos (jetzt Makri) war ein Orakel des Apollon in Lykien. Der hier verehrte kleinasiatische Apollon (d. h. der Lichtgott) gab seine Weissagungen durch Träume.

75 Aus der Erwähnung des Flusses Hyllos muß geschlossen werden, daß der Entscheidungskampf nicht bei Sardes, sondern unterhalb des heutigen Ak Hissar im Norden von Magnesia stattgefunden hat.

76 Dyndimene oder Kybele, die Göttermutter, war die Hauptgottheit Phrygiens.

77 Es handelt sich hier bei den Spartiaten um eine bestimmte Elitetruppe mit eigenem, besonders strengem Ehrenkodex. Sie begegnet uns auch bei Thermopylai.

78 Die hier geschilderten Kämpfe beziehen sich nur auf die Eroberung der Akropolis von Sardes. Die Stadt Sardes war unbefestigt und ist später mehrfach erobert worden, während sich die Burg hielt.

79 Die Marder waren ein persischer Nomadenstamm.

80 Der Löwe war das Wappentier von Sardes und erscheint auch auf den lydischen Münzen. Er war offenbar das Attribut der Schutzgottheit der Stadt.

81 Die Verbrennung des Kroisos ist mehr eine Selbstverbrennung, die aus dem kleinasiatischen Religionsgefühl als ein besonderer Akt der Verehrung des Sonnengottes zu sehen ist. Daher folgen ihm die zweimal sieben Lyder — Sieben ist die heilige Zahl — auf den Scheiterhaufen, und Apollon, der Lichtgott, löscht das Feuer. Auch wird Kroisos auf den antiken Darstellungen der Szene auf dem Scheiterhaufen sitzend und den Göttern opfernd dargestellt.

82 Loxias = der 'Lichtbringer'. Das Wort *Loxias* ist etymologisch mit *lux verwandt*. *Loxias* ist ein alter Beiname des Apollon, der ja in seiner kleinasiatischen Heimat auch der Lichtgott war.

83 Diese Bezeichnung hat der Volksmund dem Athenatempel in Delphi gegeben; denn wenn man auf der heiligen Straße zum Apollontempel pilgerte, kam man vorher an dem Tempel der Athena vorbei.

84 Die hier von Herodot erwähnten fünf steinernen Tafeln weisen auf die fünf Zünfte, die gemeinsam in Liturgie, das heißt in unentgeltlicher Arbeit für den Staat, hier für den toten König, das Grabmal errichteten oder für seine Errichtung die Geldmittel stifteten. Herodot nennt von den Zünften nur

die der Kaufleute, Handwerker und Freudenmädchen. Das von Herodot beschriebene Grabmal ist noch heute erhalten.

85 Bei der hier geschilderten Prostitution dürfte es sich um die sogenannte Tempelprostitution handeln, die auf eine starke Verbreitung des babylonischen Ischtarkultes in Kleinasien schließen läßt.

86 Das Stadion in Athen hat 184,96 m. Das Plethron war der sechste Teil des Stadions = 30,83 m.

87 Herodot gibt hier den ältesten uns erhaltenen Bericht über die Einwanderung der Etrusker in Italien. Hiernach wären die Etrusker Lyder gewesen und von Smyrna aus nach Italien gewandert, wo sie das Land der Umbriker (Umbrer), die in Mittelitalien wohnten, besetzten. Herodots These wurde zu römischer Zeit, als die Sprache der Etrusker noch lebte, allgemein geglaubt. Horaz bezeichnet den aus altem etruskischem Geschlecht stammenden Mäcenas als Lyder. Mit diesem Bericht wurde auch seit den Punischen Kriegen die Sage von der Auswanderung eines Teils der Troer unter Führung des Äneas in Verbindung gebracht. Es ist durchaus möglich, daß die aus Europa nach Kleinasien ausgewanderten thrakischen Stämme wie die Phryger, Thyner und Bithyner den äußeren Anlaß zur Auswanderung der Etrusker nach Italien gegeben haben.

88 Die Etrusker nannten sich selbst *Rasenna*. *Tyrsener* war ihr griechischer Name.

89 Herodot gibt die Dauer der Herrschaft der Assyrier mit fünfhundertzwanzig Jahren an. Da das assyrische Reich 612 v. Chr. zerstört wurde, ist hiernach die Gründung dieses Reiches kurz vor der Regierung Tiglatpilesers I. (1116 bis 1090) anzusetzen. Um diese Zeit hatte sich Assyrien unter Aschur-reschischi I. von der babylonischen Oberherrschaft gelöst. Herodot scheint demnach auch hier wie an anderen Stellen seines Werkes (IV, Kap. 1) akkadische Quellen benutzt zu haben.

90 Zu den unterworfenen Völkern gehörten neben den Medern auch die Babylonier, Syrier, Kiliker, Völker von Urartu und bis 669 die Ägypter.

91 Der Name *Deïokes* ist als medischer Häuptlingsname auch in akkadischer Überlieferung nachzuweisen. Einen medischen Häuptling *Dayuku* (das ist die akkadische Wiedergabe dieses Namens) hat bereits Sargon II. im Jahre 715 v. Chr. unterworfen.

92 Phraortes, altpersisch: *Fravartisch*. Der Name enthält das altpers. Wort *frawarti* = bekennen. Vielleicht war er der erste medische König, der sich zum Awestaglauben bekannte.

93 *Akbatana* aus altpersisch *Hagmatana* (= die Zusammenkunft), also ursprünglich der Ort, wo man zur Volksversammlung zusammenkam, ist heute die Stadt Hamadan. Die Anlage der Stadt, wie sie Herodot schildert, scheint eine Nachahmung baylonischer Tempelbauten zu sein.

94 Die Meder scheinen im 10. oder 9. Jahrhundert v. Chr. die später *Medien* genannte Landschaft im Nordwesten Irans besetzt zu haben. Es handelt sich hierbei wahrscheinlich um iranische, aus Baktrien und Sogdiana eingewanderte Stämme, die sich eine nichtindogermanische Bevölkerung, die ursprünglich *Meder* genannt wurde, unterworfen hatten. Von den hier erwähnten Stämmen gehörten die Budier und Paretakener wahrscheinlich zu diesen schon in

den sumero-akkadischen Keilinschriften als *Meder* bezeichneten Völkern. Von den übrigen erwähnten Namen sind die Mager der vornehmste Stamm. Er stellte auch noch bei den Persern die Priester.

95 Kyaxares = altpers. *Huwachschatra.*

96 Vgl. Kap. 74.

97 Die Skythen hatten wohl die Kimmerier aus Südrußland vertrieben, aber nicht nach Asien verfolgt. Die Kimmerier hatten den Bosporus überschritten und waren nach Kleinasien eingedrungen. Dagegen kamen die Skythen, wie Herodot richtig beschreibt, über den Kaukasus, und zwar über den Paß von Derbent, bei dem die Straße zwischen Kaukasus und Kaspischem Meer führte, nach Medien.

98 Die Skythen plünderten den berühmten Tempel der Astarte (Ischtar) in Askalon, ein Heiligtum der Philister.

99 Herodot trifft hier die außerordentlich wichtige Feststellung, daß der Kult der Ischtar erst durch die Phoiniker in Kypros (Zypern) eingeführt wurde. Hier ist der Kult der Göttin von den dort schon ansässigen Griechen (Achaiern) übernommen worden. Die Ischtar wird dann von den Griechen als Aphrodite verehrt, die nach der Herkunft des Kultes aus Kypros den Namen 'Kypris' (aus Zypern) trägt.

100 *Enarees* ist die griechische Umschreibung für das iranische *anarya* = 'unmännlich'. Herodot meint die mit der Übernahme dieses orientalischen Kultes verbundene Entmannung der Priester — die Priester der Ischtar waren verschnitten. Der Bericht Herodots bezeugt, daß die Skythen diesen Kult bei ihren Eroberungszügen in Syrien kennengelernt hatten. Die Enarees (*anarya,* d. h. Verschnittene) werden von Herodot an anderer Stelle als Priester erwähnt, die nach ihrer Erklärung durch die Göttin Aphrodite (Ischtar) die Sehergabe besaßen. Darstellungen der skythischen Ischtar finden sich in dem jüngst ausgegrabenen Kurgan von Pazyrik. Die Göttin ist hier wie auf den kleinasiatischen Darstellungen sitzend wiedergegeben. Sie hält statt der Ähre, deren Verehrung den nicht Ackerbau treibenden Skythen ferner lag, eine stark stilisierte Pflanze.

101 Die Geschichte der Aussetzung des Kyros und seiner Errettung ist offenbar ein alter Stammesmythos der Achaimeniden; denn mehrere achaimenidische Könige führten den Namen *Kyros* (altpers. *Kurusch* = 'Hirt'). Auch der Großvater des Kyros trägt diesen Namen. Geschichtlich ist, daß Kyros ein Vasall des Astyages (*Ischtuwegu*) war. Er wird in den Annalen des babylonischen Königs Nabonid als König von Anschan, das zwischen Elam, dem Land um Susa, und der Landschaft Persis lag, bezeichnet. Nur einmal nennen ihn diese Annalen 'König von Parsu' (Persien).

102 Der Hund war bei den Iraniern dem Ahuramazda heilig, zu dessen heiliger Schar er gehörte.

103 Von den hier erwähnten Völkern sind verschiedene erst später von Kyros unterworfen worden. Das gilt z. B. für die Daer. Gegen diese richtete sich der letzte Feldzug des Kyros. Das können wir aus einem erhaltenen Fragment des Werkes des babylonischen Priesters Berossos entnehmen. Kyros ist hiernach in einer Schlacht gegen die Daer, die damals am Oxus (Amu darja) nomadisierten, gefallen.

104 Die hier von Herodot gegebene Darstellung wird durch die auf einem Siegelzylinder erhaltenen Annalen des babylonischen Königs Nabonid bestätigt. Hiernach hatten sich gegen Astyages seine eigenen Soldaten erhoben und ihn an Kyros ausgeliefert.

105 Die hier gemachten Angaben über die Dauer der Regierung der medischen Könige geht auf akkadische Überlieferung zurück. Da die Zerstörung des Reiches 553 v. Chr. erfolgte, ist also die Reichsgründung um das Jahr 671 anzusetzen, als das assyrische Reich noch bestand. Die Meder beherrschten zunächst nur den Nordwesten Irans. Erst unter Astyages, also in den Jahren unmittelbar vor dem Untergang ihres Reiches, konnten sie ihre Herrschaft etwa in dem von Herodot angegebenen Umfang ausdehnen.

106 Der griechische Hauptgott Zeus wird von Herodot mit dem persischen *Ahura Mazda* ('weiser Herr') identifiziert. Ahura Mazda, die höchste alt-arische Gottheit, wurde von dem iranischen Religionsstifter Zarathustra mit der Macht des Guten gleichgesetzt. Bei der ebenfalls hier erwähnten Verehrung der Sonne *(Mitra)*, des Mondes *(mah)*, der Erde *(zam)*, des Feuers *(atar)*, des Wassers *(ap)* und der Winde *(vata)* handelt es sich vielleicht um vorzarathustrische Gottheiten der alten arischen Naturreligion, deren Verehrung auch von der Religion des Zarathustra beibehalten wurde.

107 *Mylitta* ist die griechische Umschreibung des babylonischen Wortes *belit* = 'Herrin' oder *muallidat* = 'gebären Lassende'. Herodot gebraucht diesen Namen für die Ischtar.

108 *Alilat* ist das gleiche Wort wie *Allat*, der Name der arabischen vorislamischen Göttin. *Allat* hat die Bedeutung 'die Göttin'. Die gleiche Göttin wurde in Taif bei Mekka unter dem Namen *ar-Rabba* = 'die Herrin' verehrt. Ein Heiligtum der Allat befand sich in Palmyra. Ihr Kult mag durch den Weihrauchhandel auch nach Südarabien verbreitet worden sein, wo man an sich nur Verehrung von Gestirnsgöttern, wie z. B. des Mondgottes Almaqah, kannte.

109 Mitra ist der Sonnengott. Herodot verwechselt Mitra mit Anahita, der iranischen Gottheit der Wasser. Sie wird im Awesta *Ardwi sura anahita, Ardwi* = 'die Starke, Makellose', genannt. Wenn Herodot Anahita mit dem semitischen Ischtarkult in Verbindung bringt, bezeugt er, daß seine Nachrichten über die Religion der Perser aus dem babylonisch-iranischen Grenzgebiet stammen, wo in der Tat eine Verschmelzung der Anahita mit der semitischen Ischtar schon früh eingetreten war.

110 *Tiara* bezeichnete an sich die spitz zulaufende Kopfbedeckung der assyrischen und persischen Könige. Eine der Quellen Herodots war demnach eine bildliche Darstellung, auf der ein persischer König dem Ahura Mazda ein Opfer darbrachte.

111 Der Mager übernahm während des Opfers den Vortrag der awestischen Liturgie; er psalmodierte eine Gatha, eigentlich ein Lied des Awesta. Herodot, dem natürlich der Inhalt dieser Liturgien unbekannt war, setzte sie völlig unzutreffend mit der hellenischen Theogonie gleich.

112 Weiße Tauben waren der Ischtar heilig. Man fürchtete offenbar, daß durch sie der Aussatz übertragen würde, und verbot daher ihre Einfuhr.

113 Diese Feststellung Herodots beweist, daß er die persischen Namen nur in griechischer Umschrift gekannt hat.

114 Die Leichenaussetzung ist in dieser Zeit nur für die nordostiranischen Stämme und die Mager bezeugt. Die von den Tieren abgenagten Knochen wurden später in Ossuarien, großen Steinkisten, beigesetzt. Doch war diese Sitte nicht überall verbreitet. Die persischen Könige wurden in Sarkophagen beigesetzt, nachdem ihre Leiche vorher einbalsamiert worden war. Eine Aussetzung der Leiche ist jedenfalls bei den Mitgliedern des Königshauses nie erfolgt. Das Überziehen des Leichnams mit Wachs weist auf die Übernahme des babylonischen Begräbnisrituals, das wahrscheinlich zuerst für die Beisetzung der Könige angewandt wurde.

115 *Pan-Jonion*, das 'All-Ionische', ist nach Herodot (Buch I, Kap. 148) die Bezeichnung für den Tempel des Poseidon auf der Halbinsel Mykale, die der Insel Samos gegenüberliegt.

116 Herodot spricht hier von örtlichen Mundarten, wie sie in den einzelnen Städten und Landschaften gesprochen wurden. Sie unterschieden sich von der ionischen Hochsprache, in der Herodot schrieb.

117 Die zwölf ionischen Städte sind, wie noch Herodot bekannt ist, aus den zwölf Gauen (Stammesverbänden) des ionischen Stammes erwachsen. Sie besaßen in dem Pan-Ionion eine gemeinsame Kultstätte.

118 Die sechs dorischen Städte waren aus den sechs dorischen Stammesgauen erwachsen. Auch sie besaßen ein gemeinsames Heiligtum, das bei ihnen auf dem Vorgebirge Triopion bei Knidos lag, wo neben Poseidon und Demeter auch Apollon verehrt wurde.

119 Nach Herodot hatte die dorische Einwanderung in die Peloponnes die Achaier veranlaßt, nach Norden auszuweichen. Sie vertrieben hier die am Golf von Patras in zwölf Gauen siedelnden Ioner, die darauf die Peloponnes verließen und nach Kleinasien übersetzten.

120 Der Krathis ist der heute Krati genannte Fluß in Kalabrien, an dem Thurioi lag. In Thurioi verbrachte Herodot seine letzten Lebensjahre.

121 Aus den Namen der hier erwähnten Stämme, die zum Teil in Boiotien und Phokis, also in Mittelgriechenland, zum Teil aber auch in der Peloponnes ansässig waren, kann man schließen, daß die Auswanderung dieser Stämme wie bei den zwölf ionischen Gauen durch die dorische Wanderung hervorgerufen wurde.

122 Die Apaturien sind Feiern, die drei Tage dauerten und im November stattfanden. Bei diesen Feiern wurden auch die durch Geburt und Adoption neu hinzugekommenen Bürger in die einzelnen Phratrien (Sippen), Unterverbände der Phylen (Stammesverbände), aufgenommen und durften zum erstenmal an der gemeinsamen Mahlzeit ihrer Sippe (Phratrie) teilnehmen.

123 Auch die zwölf aiolischen Städte gehen auf eine alte Stammesorganisation von zwölf Gauen zurück. Einzelne Gaunamen, die später Städtenamen wurden, lassen sich noch in Thessalien, von wo die Aioler ausgewandert waren, nachweisen. Hierzu gehört z. B. der Gauname Larissa, der sowohl in Thessalien wie in Kleinasien als der Name einer Stadt vorkommt. Von der aiolischen Auswanderung, die zeitlich vor der ionischen lag und durch

die dorische Einwanderung in Thessalien, wo die Aioler vorher wohnten, ausgelöst wurde, weiß Herodot nichts mehr zu berichten.

124 'Die Hundert Inseln' hießen die zahlreichen kleinen Inseln zwischen Lesbos und dem Festland.

125 Herodot skizziert hier das militärische Programm des Kyros. Nach der Unterwerfung des lydischen Reiches in Kleinasien setzte er sich die Unterwerfung Babylons, der Baktrier, Saken und Ägyptens zum Ziel. Babylon unterwarf er 539. Wann Kyros Baktrien, wo er Hystaspes, den Vater Dareios' I., als Statthalter eingesetzt hatte, erobert hat, ist ungewiß. Auf dem Feldzug gegen die Saken (Skythen) im Jahre 529 fiel Kyros in einer Schlacht. Den schon von ihm geplanten Feldzug gegen Ägypten führte sein Nachfolger Kambyses aus, während die Saken erst von Dareios I. unterworfen wurden.

126 Herodot läßt hier in ergötzlicher Weise den Betrug der Priester durchblicken. Die Branchiden waren wegen ihrer damaligen propersischen Haltung bei den Griechen sehr unbeliebt. *Branchiden* war der Name des Priestergeschlechtes, das in dem Tempel des Apollon den Gottesdienst versah.

127 Athena Poliuchos hat die Bedeutung 'Athena, die Beschützerin der Stadt'.

128 Tartessos lag in der Gegend des heutigen Cadiz, westlich der Straße von Gibraltar. Die Stadt, das *Tarschisch* der Bibel, war eine iberische Gründung an der Mündung des Guadalquivir. Sie war ein Zentrum des Zinn- und Silberhandels. Das Zinn kam entweder aus Spanien selbst oder wurde von der Britischen Insel (Cornwall) importiert. Zinn benutzte man damals zu Legierungen mit Kupfer, also zur Bronzeherstellung.

129 Runde Schiffe sind langsam fahrende Handelsschiffe. Der Fünfzigruderer war ein sehr schnelles Kriegsschiff.

130 Die oinussischen Inseln liegen zwischen dem Nordteil von Chios und dem Festland.

131 *Kyrnos* wurde damals die Insel Korsika genannt. Alalia ist das heutige Aleria.

132 Heute Reggio di Calabria an der Straße von Messina.

133 Die Karthager (Karchedonier) besaßen in Korsika und Sardinien Handelsniederlassungen.

134 Agylla ist das etruskische Caere. Die Seeschlacht fand also in unmittelbarer Nähe der Tibermündung statt. Die von Herodot berichtete Tatsache, daß Caere sich an das delphische Orakel wandte, weist auf die damals bestehenden engen Beziehungen der etruskischen Städte zu Griechenland, die auch in den Wandgemälden der etruskischen Gräber zum Ausdruck kommen. Hier werden neben eigentlich Etruskischem auch Szenen aus dem griechischen Sagenkreis dargestellt.

135 Der Ort Hyele in Oinotria ist mit Velia (Elea) in der Provinz Lucanien identisch.

136 Herodot registriert hier alte kretische Überlieferung, wenn er sagt, daß die ursprünglichen Bewohner von Kreta — sie werden von ihm Karer genannt — unter dem kretischen König Minos die Besatzungen für die Schiffe der großen Seeflotten des Königs stellten und erst dem Druck ionischer und

dorischer Einwanderer nachgebend nach dem Festland ausgewandert wären. Diese 'Karer' hätten nach seinem Bericht zuerst Helmbüsche getragen und außerdem Schilde benutzt, die mit Wappen verziert waren und an Armriemen getragen wurden. Herodots Bericht ist für uns von außerordentlichem Wert, denn er beweist, daß die Träger jener Kultur, aus der die Paläste von Knossos und Phaistos stammen, auch noch unter den Achaiern auf Kreta und den anderen von ihnen eroberten Inseln blieben. Für diese Achaier, deren König also der sagenumwobene Minos war, stellten sie die Besatzungen der Schiffe, mit denen der König seine Feldzüge nach Ägypten und Syrien unternahm. Ihre Auswanderung nach Kleinasien war erst die Folge der ionischen und dorischen Einwanderung.

Diese kretische Überlieferung wird durch die von ihr unabhängige lykische Wandersage bestätigt, die uns gleichfalls Herodot überliefert. Hiernach waren auch die Lykier von Kreta nach Kleinasien ausgewandert.

Die von Herodot für die nach Kleinasien ausgewanderten Inselbewohner gebrauchte Bezeichnung 'Karer' — sie steht, ebenfalls nach Herodot, zu der eigenen Überlieferung der Karer im Widerspruch — erklärt sich ähnlich wie die Bezeichnung 'Pelasger' für die griechischen Ureinwohner aus der Tatsache, daß die Karer offenbar das erste nichtgriechische Volk waren, dem die Griechen in Kleinasien begegneten. Der Volksname wurde dann auch als Bezeichnung für alle nichtgriechischen Völker gebraucht.

Wenn Herodot ferner den Karern (Kretern) die Sitte zuschreibt, Büsche an den Helmen und die Schilde am Armriemen getragen zu haben, wird das durch die Bodenfunde bestätigt. Auf mykenischen Vasenbildern, die der Zeit um 1100 v. Chr. angehören, begegnen uns zuerst Krieger der Achaier mit der von Herodot geschilderten Ausrüstung. Erst viel später, um 850 v. Chr., finden wir Krieger mit Helmbüschen und den von Herodot beschriebenen Schilden auf einer Darstellung an den mit Bronze beschlagenen Türflügeln eines Palasttores von Balawat am Euphrat.

137 Die Lykier, ein wie die Karer nichtindogermanisches Volk mit altem Mutterrecht, waren nach ihrer eigenen Überlieferung aus Kreta gekommen. Es ist möglich, daß die hier von Herodot erwähnte lykische Wandersage sich an die geschichtlichen Vorgänge der Eroberungen Kretas durch die achaischen Seevölker und der ihnen später folgenden ionischen und dorischen Landnahme knüpft.

138 Das griechische Wort *Babylon* entspricht dem babylonischen *Babilu* und dem hebräischen *Babel*. Herodot gibt, wie die Ausgrabungen gezeigt haben, eine sehr übertriebene Beschreibung von der Größe der Stadt. Auf Grund der Ausgrabungen läßt sich der Gesamtumfang Babylons auf etwa 18 km schätzen.

139 Die Königsburg hat man jetzt ausgegraben. Bei dem hier erwähnten Tempel des Zeus Belos handelt es sich wahrscheinlich um das Heiligtum des Stadtgottes Marduk. Bei den ehernen Türen hat man an ähnliche Schöpfungen wie die mit Bronze beschlagenen Türflügel am Palasttor von Balawat zu denken.

140 Gemeint ist vielleicht die Fürstin Samu-ramat, die Mutter des assyrischen Königs Adad Nirari III. (810—772).

141 Die Königin Nitokris ist, wie ihr Name zeigt, den auch eine Tochter des

ägyptischen Königs Psammetichos trug, wahrscheinlich eine ägyptische Prinzessin gewesen, die mit dem König von Babylon verheiratet war. Da ihr von Herodot die Bauwerke Nebukadnezars II. (605—562) zugeschrieben werden, darf man in ihr vielleicht eine Gemahlin dieses Fürsten vermuten, von der wir aus anderen Quellen nichts wissen.

142 Herodot oder sein Gewährsmann reiste von einer Stadt an der phoinikischen Mittelmeerküste über Palmyra durch die Wüste zum Euphrat, den er dann zu Schiff nach Babylon hinabfuhr. Auf dem Wege nach Babylon kam er an Sippar vorbei, wo sich die von Herodot beschriebenen Anlagen befanden.

143 Labynetos (babylonisch: *Nabu-na'id)* (556—539) kann nicht der Sohn dieser Königin gewesen sein. Er stammte aus Harran und war ein Aramäer.
Die Mitnahme von Trinkwasser war bei den schwierigen und oft sehr ungesunden Wasserverhältnissen eine Notwendigkeit. Der Choaspes ist der heutige Kercha.

144 Der Gyndes heißt heute Diala.

145 Die hier gegebene ausführliche Schilderung der Belagerung Babylons bezieht sich auf die zweite Eroberung der Stadt am 18. Dezember 522 durch den Großkönig Dareios. Damals hatte der Fluß annähernd noch den niedrigsten Stand, der im Oktober eintrat. Der Euphrat führte zu dieser Zeit auch durch die Entnahme für die künstliche Bewässerung nur sehr wenig Wasser, und es bedurfte kaum noch des von Herodot geschilderten Kunstgriffes zur weiteren Herabsetzung des Wasserstandes. Als Zeitpunkt des Angriffs hatte man den Tag einer Tempelfeierlichkeit gewählt.
Die erste Eroberung der Stadt durch Kyros im Jahre 539 erfolgte, wie wir aus dem eigenen Bericht des Königs auf einem akkadischen Siegelzylinder wissen, nach einer siegreichen Schlacht. Die Akkader empörten sich gegen Nabu-na'id, so daß der persische General Gobryas ohne Schwertstreich in Babylon einziehen konnte.

146 Das Gewicht eines athenischen Medimnos entspricht dem von 52 Pfund. Eine Choinix ist der achtundvierzigste Teil eines Medimnos. Die persische Artabe entspricht also etwa dem Gewicht von 55 Pfund.

147 Man vergleiche hiermit die Getreideerträge in Galiläa, wie sie uns aus einem Gleichnis Jesu (Matth. 13, 23) bekannt sind. Hiernach lag in Galiläa der höchste Ertrag, den man bei einer guten Ernte erwarten konnte, zwischen sechzigfältiger und hundertfältiger Frucht.

148 Der Dattelhonig (Sirup) wird aus den Früchten der Dattelpalme gewonnen. Der Dattelwein wird durch Vergärung aus dem Sproßsaft hergestellt. Dattelpalme und Weinstock finden sich häufig beide zusammen auf assyrischen Darstellungen.

149 Die hier von Herodot gegebene Beschreibung der künstlichen Befruchtung der Dattelpalmen bei den Babyloniern ist unrichtig. Man hängte in die Kronen der weiblichen Dattelbäume männliche Blütenstände und erreichte dadurch die Bestäubung. Bei der nach Herodot damals ebenfalls geübten Kaprifikation der Feigen erfolgte die Behängung der blühenden Eßfeige mit den gallwespenhaltigen Blütenbehältern des Kaprifikus. Kaprifikus ist die Bocksfeige, die männliche Blüten und Gallblüten besitzt.

150 Phoinikien ist als Weinexportland bekannt (vgl. Herodot, Buch III, Kap. 6).

Der Wein wurde auf dem Landwege über Antiochia und Aleppo nach Thapsakos am Euphrat gebracht und hier auf die von Herodot beschriebenen Boote verladen. Bezeichnenderweise gebraucht Herodot für die zum Transport benutzten Krüge ein semitisches Wort.
Die von Herodot geschilderte Art des Bootsbaues wird noch heute in dem holzarmen Irak geübt. Man nennt diese Boote *Kufa*.

151 Die Veneter (Eneter) wohnten an der Nordküste der Adria, östlich und nördlich des Po und der Etsch. Der Hauptort der Veneter war Patavium, das heutige Padova. Die Zugehörigkeit zu den Illyrern, die Herodot erwähnt, ist nach den neuesten Forschungen nicht sicher.

152 Die hier erzählten Heiratssitten der Babylonier entsprechen nicht den uns bekannten. Herodot ist hier auf den Schwindel eines Spaßvogels hereingefallen. Ferner steht im Gegensatz zu den Angaben Herodots fest, daß die Babylonier Ärzte besaßen. Die medizinische Wissenschaft stand bei ihnen auf einer sehr hohen Stufe. Bei den hier erwähnten Kranken handelt es sich um Bettler, die durch die Erzählung und Zurschaustellung ihrer Krankheiten das öffentliche Mitleid erregen und sich hierdurch Almosen verschaffen wollten.

153 Gemeint ist ein besonderes, bei den Babyloniern entwickeltes Verfahren der Einbalsamierung. Hierbei wurde der Leichnam mit einer besonderen Harzart (Balsam) durchtränkt, den Herodot als 'Honig' bezeichnet. Gewöhnlich wurden die Toten unter dem Fußboden der Häuser beigesetzt, damit sie in den Genuß der Totenopfer der Familie kommen konnten.

154 Die Babylonier beachteten also ähnliche Reinigungszeremonien, wie sie bei den Israeliten üblich waren. Mit den hier von Herodot erwähnten Arabern scheinen die Israeliten gemeint zu sein.

155 Einen Kranz von Stricken tragen die Mädchen um den Kopf, um damit ihre Gebundenheit an die Göttin Ischtar zum Ausdruck zu bringen. Die von Herodot gegebene Beschreibung der Tempelprostitution ist nicht richtig. Nur die Tempeljungfrauen, die allerdings zum Teil den vornehmsten babylonischen Familien angehörten, prostituierten sich im Dienst der Gottheit.

156 Auch hier war der Ischtarkult verbreitet. Die Phoiniker hatten ihn auf der Insel eingeführt.

157 Herodot beschreibt die in Babylonien geübte Form der Fischkonservierung, durch die sich ein Teil der am Meer wohnenden Bevölkerung ernährte. Man kannte die Trocknung der Fische, denen vorher die Eingeweide entfernt worden waren, an der Luft. Die getrockneten Fische wurden von den Babyloniern zu Fischmehl verarbeitet, das man dann in Leinenbeuteln exportierte. Mit der indischen Leinwand, aus der nach Herodot die Beutel hergestellt waren, in denen das Fischmehl exportiert wurde, ist die indische Baumwolle gemeint. Der Bericht weist auf den intensiven Handelsverkehr zwischen Indien und Babylon, der, wie Funde auf den Bahrain-Inseln zeigen, schon in sehr früher Zeit bestanden haben muß.

158 Das Wort 'Massageten' bezeichnet nicht ein bestimmtes Volk, sondern faßt verschiedene Völker mit den gleichen Lebensgewohnheiten, die an der Küste des Kaspischen Meeres lebten, unter dieser Bezeichnung zusammen. In dem Namen scheint das iranische Wort für Fisch, *masya*, enthalten zu sein. Da die Massageten nach Herodot sich in der Hauptsache vom Fischfang ernährten, liegt eine derartige Erklärung des Namens nahe.

Herodot besitzt über die Massageten zwei verschiedene Berichte, von denen der eine die schon häufig erwähnte akkadische Überlieferung vertritt, während es sich bei dem anderen um skythisch-griechische Erzählungen handelt. Wenn nach Herodot die Massageten jenseits des Araxes und den Issedonen gegenüber wohnten, stützt er sich auch bei dieser Beschreibung ihrer Wohnsitze auf beide Berichte. Nach der akkadischen Überlieferung ist der Araxes nicht nur ein Teil des heute *Aras* und *Kura* genannten Flusses, der von Westen in das Kaspische Meer mündet, sondern auch der von Osten in das Kaspische Meer mündende und jetzt ausgetrocknete Flußarm des Amu darja, der Uzboi. Die akkadische Überlieferung bezeichnet sowohl die nördlich der heutigen Kura (Araxes) wie des Uzboi-Bettes (Araxes) lebenden Stämme gleicher Lebensweise als Massageten.

Nach der von Herodot ebenfalls benutzten skythisch-griechischen Quelle (Reisebericht) wohnten die Massageten gegenüber den Issedonen. Da die Wohnsitze der Issedonen von Herodot an anderer Stelle im Rahmen der skythischen Wanderungssage in dem Gebiet östlich des Kaspischen Meeres angesetzt werden, bezieht sich Herodots Bemerkung hier auf die am Westufer des Kaspischen Meeres, also nördlich der Kura und des Kaukasus, wohnenden Massageten, während die Issedonen hiernach am Ostufer des Kaspischen Meeres wohnten.

159 Herodot beschreibt hier ein Berauschungsmittel der Nomaden nördlich des Oxus (Amu darja). Es handelt sich wahrscheinlich um die Zweigspitzen der Hanfpflanze, die ein Harz enthalten, das auch zur Haschischgewinnung benutzt wird. Die von Herodot geschilderte Berauschung fand in einer Jurte statt, bei der alle Öffnungen abgedeckt waren. In der Mitte der Jurte wurden die Zweigspitzen, die man immer nachlegte, auf einem Feuer verbrannt. Der sich hierbei entwickelnde Rauch übte die betäubende Wirkung aus. Das gleiche hier von Herodot angedeutete Verfahren wird noch heute bei den altaiischen Nomaden geübt. Die Heimat des Hanfes ist wahrscheinlich das nördliche Zentralasien. Die altpersische Bezeichnung einiger nördlich des Oxus nomadisierender Stämme als *Saka haumavarka* (*Haoma* bereitende Saken) deutet an, daß man neben dem von Herodot beschriebenen Mittel auch den Saft der Haomapflanze zur Berauschung gebrauchte.

160 Die Beschreibung des Araxes bei Herodot, die auf einer akkadischen Quelle beruht, weist auf die Beschreibung einer Handelsstraße, die vielleicht in der Form eines Itinerars gegeben worden war. Diese Handelsstraße ging von Ninive, der alten assyrischen Hauptstadt, aus, folgte zum Teil dem Tal des Großen Zab, überschritt das Gebirge der Matiener, um bei dem heutigen Kotur den Kisyl-su, einen verhältnismäßig unbedeutenden Nebenfluß des Araxes, zu erreichen. Hieraus erklärt sich, daß nach Herodot der Araxes (Kisyl-su) im Gebirge der Matiener entspringt, während doch der Hauptstrom des Flusses aus Armenien vom Binggöl Dagh kommt. Herodot folgt dann weiter dem Bericht der akkadischen Fernhändler, nach dem der Araxes (jetzt der heute Kura genannte Teil des Flusses) ins Kaspische Meer mündet. Von hier aus wird in acht Tagen zu Schiff die gegenüberliegende Küste erreicht. Dann benutzt man einen Karawanenweg, der von der Mündung des Uzboi in das Kaspische Meer bis zur Mündung des Oxus (Amu

darja) in den Aralsee führte. Herodot beschreibt schließlich die noch heute zahlreichen Mündungsarme des Amu darja in den Aralsee.

161 Im Kaspischen Meer gibt es noch heute Seehunde, deren Felle nach Herodot hier von den Massageten zur Kleidung benutzt wurden.

162 Die von Herodot ausgesprochene Feststellung, daß das Rote Meer (der Indische Ozean), das Mittelmeer und der jenseits der Säulen des Herakles (der Straße von Gibraltar) liegende Atlantische Ozean im Gegensatz zu dem von allen Seiten vollständig abgeschlossenen Kaspischen Meer ein Meer seien, zeigt, daß die von den Phoinikern unter dem ägyptischen König Necho durchgeführte Umsegelung Afrikas bereits die geographischen Vorstellungen Herodots bestimmt hat.

163 Der hier von Herodot geschilderte Prozeß bezieht sich offenbar auf die Behandlung des Färberwaids *(Isatis)*. Der Färberwaid wurde vor der Einführung des Indigos aus Ostasien als Färbemittel benutzt. Er besaß die gleichen Eigenschaften, wie sie Herodot beschreibt, war also in Wasser unlöslich.

164 Die hier mitgeteilte Ansprache des Kroisos gibt Herodots eigene Ansichten wieder und ist nicht historisch.

165 Hystaspes (altpersisch: *uischtaspa)* gehörte mit seinen Söhnen zur jüngeren Linie der Achaimeniden. Arsames (altpersisch: *Arschama)* war der Sohn des Ariamnes (altpersisch: *Ariyaramna)*. Dareios (altpersisch: *daraiawausch)* war demnach 549 geboren, denn Kyros fiel im Jahre 529 gegen die Massageten. Dareios nahm am Feldzug nicht teil, weil er noch nicht das fünfundzwanzigste Lebensjahr erreicht hatte. Nach Xenophon zogen die Perser nur zwischen dem fünfundzwanzigsten und fünfzigsten Lebensjahr zu Felde. Persien ist hier die Landschaft Persis mit dem Hauptort Pasargadai, über die die jüngere Linie der Achaimeniden zuerst als selbständige Könige, dann, seit Hystaspes, als Satrapen regierte.

166 Kyros hat demnach neunundzwanzig Jahre regiert. Da er nach dem Rhetor Deinon mit vierzig Jahren die Regierung angetreten hatte, hat er ein Alter von neunundsechzig Jahren erreicht.

167 Die hier von Herodot gegebene Schilderung der Massageten wird durch die Bodenfunde bestätigt. Im Oxusschatz wurden verschiedene dieser von Herodot beschriebenen Gegenstände aus Edelmetall gefunden. Das Beil ist eine den Saken in diesem Gebiet eigentümliche Waffe.

168 Die Erwähnung der Wagen zeigt, daß es sich hier um nomadische Völker handelt. Die Frauen blieben auf den von Ochsen gezogenen Wagen.

BUCH II

1 Psammetichos II. (594—588 v. Chr.)

2 *Bekos* ist ein phrygisches Wort, das sich auch auf phrygischen Inschriften nachweisen läßt.

3 Priester des Tempels des Ptah.

4 Das bürgerliche ägyptische Jahr begann mit dem Frühaufgang des Sothis (ägyptisch: *Sodpet*), des Sirius-Sterns, am 19. Juli, der den Beginn der

Nilüberschwemmung anzeigte, und reichte bis zum Beginn der nächsten Überschwemmung. Es wurde in drei Jahreszeiten eingeteilt, von denen jede viermal dreißig Tage umfaßte. Diese Jahreszeiten hießen 'Überschwemmung', 'Aussaat', 'Ernte'.

5 Das griechische Jahr zerfiel in zwölf wahre Mondmonate. Von ihnen wurden je sechs in dreißig Tage und je sechs in neunundzwanzig Tage geteilt. Um das so zusammengesetzte Jahr mit dem Sonnenlauf in Einklang zu bringen, fügte man einen nach Poseidon genannten Schaltmonat ein. Eine Beeinflussung einzelner griechischer Kalenderreformen durch das Vorbild des ägyptischen Kalenders ist nicht ausgeschlossen. Weilte doch Solon, der in Verbindung mit seinem Gesetzwerk eine Reform des attischen Kalenders durchgeführt hatte, längere Zeit in Ägypten.

6 Herodot überliefert uns hier eine alte ägyptische Schöpfungsgeschichte, nach der der Reichsgründer Min, der nach der gleichen Sage die Hauptstadt von Unterägypten, Memphis, gegründet hatte (vgl. Kap. 99), Unterägypten als Sumpf vorgefunden hatte. *Min*, der bei Herodot überlieferte Name des Reichsgründers, kommt auch in ägyptischen Quellen vor. Min ist hier der Beiname des Königs der ersten Dynastie, Horus-Aha. Horus-Aha hat um 2850 v. Chr. regiert. Ähnlich wie in der von Herodot überlieferten Sage war Min (Horus-Aha) zuerst König von Oberägypten gewesen und hatte dann Unterägypten erobert und Memphis gegründet.
Der Moirissee heißt heute Birket el Karun.

7 Die Plinthinetische Bucht (die Bucht unmittelbar westlich von Alexandrien) und der Serbonische See (Sebscha Barda) bezeichnen die Ost- und Westgrenze Ägyptens.

8 Herodot vergleicht die Entfernung von der Nilmündung bis Heliopolis, dem Ende des Deltas kurz vor Kairo, mit der Entfernung von Athen bis Olympia (Pisa bezeichnet hier eine Quelle bei Olympia, die wie der Altar der Zwölf Götter in Athen mehrfach für Entfernungsangaben benutzt wurde).

9 Die Breite des Niltales zwischen Kairo und Assuan wechselt zwischen 20 km und 1 km.

10 Das arabische Gebirge besteht aus Basalt und Porphyr. Wenn Herodot sagt, daß am Ostrande des arabischen Gebirges auch Weihrauch wächst, weist das auf die Benutzung geographischer Berichte über ägyptische Expeditionen nach dem Weihrauchland Punt, das mit der heutigen Somaliküste identisch ist. Berichte über ägyptische Expeditionen nach dem Weihrauchland Punt besitzen wir auf Bildern des Terrassentempels von Dêr el-Bahari im Nordteil der Nekropole von Theben. Es ist möglich, daß Herodot ihn gesehen hat und hieraus sein Wissen über Punt schöpft.

11 Herodot stützt sich bei seinen Entfernungsangaben über die Strecken Nilmündung—Heliopolis, Heliopolis—Theben und Theben—Elephantine (Assuan) wahrscheinlich auf ägyptische Fahrtenbücher. Trotzdem sind seine Entfernungsangaben unrichtig. Offenbar hat er die ihm nach diesen Büchern genannten Zahlen falsch wiedergegeben. Auf die Benutzung ägyptischer Quellen weist auch der Gebrauch des ägptischen Entfernungsmaßes

Schoinos. *Schoinos* ist die griechische Umschreibung eines ägyptischen *chennub*. Der Schoinos war ein Längenmaß von 445,20 m.

12 Herodot bezieht sich hier auf die schon in Kap. 4 (vgl. Anm. 6) erwähnte ägyptische Sage.

13 Herodot erwähnt die Anschwemmungen des Skamandros, Gedis Tschai und Menderes in Kleinasien.

14 Die Anschwemmungen des Acheloos (heute Aspros) am Ausgang des Golfs von Patras.

15 Die Gezeitenunterschiede (Springtidenhub) betragen am Nordende des Roten Meeres 2,1 m. An diesen Gezeitenunterschied knüpft auch der Bericht der Bibel über den Zug der Israeliten durch das Rote Meer an. (Die Benutzung eines nur bei Ebbe passierbaren Weges durch die Küstenbuchten.)

16 Die Muscheln (Kammerschnecken, Nummiten) sind in der Tat alte Meeresablagerungen, die in dem für den Bau der Pyramiden benutzten Kalkstein enthalten waren. Nach Herodot waren schon zu seiner Zeit an den Pyramiden Verwitterungserscheinungen wahrzunehmen. Das Vorkommen von Salzwasser ist für die Libysche Wüste charakteristisch (vgl. Buch IV, Kap. 181).

17 *Kemet*, 'das Schwarze', ist der einheimische Name Ägypytens, der an den schwarzen, fruchtbaren Nilschlamm anknüpft, während die Ägypten umgebenden unfruchtbaren Wüstenländer ebenfalls nach der Farbe des Bodens als 'Rote' Länder bezeichnet werden.

18 Es handelt sich hauptsächlich um den vom Blauen Nil und Atbara aus dem abessinischen Hochland herangeführten feinen Schlamm.

19 König Moiris ist Amenemhêt III. (1840—1792 v. Chr.). Die Bemerkung Herodots geht von der richtigen Beobachtung aus, daß der Fluß sich in der Zwischenzeit tiefer in sein Bett eingegraben hatte. Herodot hat hier Aufzeichnungen ägyptischer Priester wiedergegeben, die sich auf die Höhe der Überschwemmung unter Amenophis IV. (1377—1358 v. Chr.) bezogen. Dieser König lebte etwa neunhundert Jahre vor Herodots Besuch in Ägypten. Er wird hier mit Moiris (Amenemhêt III.) verwechselt.

20 Im Deltagebiet brauchte im Gegensatz zum übrigen Ägypten nicht gepflügt zu werden. Nach ägyptischen Bildern wühlen Schweine den Boden um.

21 Die Perseuswarte lag etwa bei Abukir.

22 Derartige Anstalten zum Dörren der Fische befanden sich außer in Pelusion (der Bucht von Tineh) auch bei Kanopos (bei Abukir). Kerkasoros lag bei Heliopolis auf dem Westufer des Nils.

23 Die griechische Bezeichnung für Ägypten, *Aigyptos*, ist die Umschreibung des ägyptischen Wortes *Hikuptah* (= Ka-Haus des Ptah). *Hikuptah* hieß der Haupttempel von Memphis. Nach diesem Tempel wurde zunächst die Stadt Memphis und später das gesamte Niltal genannt. Das Vorkommen des Namens *Aigyptos* (= *Hikuptah*) bei Homer läßt darauf schließen, daß die Griechen die Bezeichnung schon in der Zeit der Achaier übernommen haben. Die Achaier gehörten zu den Seevölkern, die Ägypten zwischen 1234 und 1226 v. Chr. angriffen.

24 Herodot meint den ersten Katarakt bei Assuan.

25 Über das Orakel des Ammon in der Oase Siwa vgl. Herodot, Buch I, Kap. 46, und III, Kap. 17 u. 26.

26 *Marea* hieß die ägyptische Grenzfestung am Maiotischen See (heute Mariut). Zwischen dem See und dem Meer liegt heute Alexandrien. Apis, die andere Festung an der Westgrenze des Deltas, lag südlich der griechischen Niederlassung Naukratis am Nilarm von Rosette.

27 Diese Hypothese vertrat Thales von Milet (um 600 v. Chr.).

28 Diese Ansicht geht auf Euthymenes von Massilia (Ende des 6. Jahrhunderts) zurück. Euthymenes hatte bei seinen Fahrten an der afrikanischen Westküste die Mündung des Senegal erreicht und glaubte damit die Quellen des Nils im Ozean vor sich zu haben.

29 Herodot wendet sich damit gegen die These des Philosophen Anaxagoras (500—428)

30 Herodots Bemerkung zeigt, daß die Tatsache der Wanderung verschiedener Vogelarten aus Europa bis hinein in den Sudan damals schon bekannt war.

31 Herodot scheint hier die Hypothese seines Landsmannes Hekataios (um 500 v. Chr.) zu meinen.

32 Der Schreiber des Tempels der Neith in Sais war ein hoher Tempelbeamter, der vermutlich die Verwaltung der Tempelgüter zu überwachen hatte. Auf ihn scheint ein großer Teil der Berichte Herodots über Ägypten und über die Eroberung des Landes durch die Perser zurückzugehen, so auch das ungünstige Bild des Kambyses.

33 Der Herodot hier von dem Tempelbeamten berichtete Mythos ist uns schon aus den ägyptischen Pyramidentexten bekannt.

34 Herodot gibt hier eine zutreffende Beschreibung des ersten Nilkatarakts hinter Assuan.

35 Wahrscheinlich die im Süden von Dakke (Pselchis) liegende Insel Derat.

36 Der sich an dieser Stelle stauende Nil konnte für einen See gehalten werden. Die hier nomadisierenden Stämme waren von dem aithiopischen Reich unabhängig. Sie standen später unter persischer Oberherrschaft (vgl. Herodot III, Kap. 97).

37 Meroë lag etwa 200 km nördlich von Khartum, etwa dort, wo die Atbara in den Nil mündet. Wenn Herodot Meroë als Hauptstadt des aithiopischen Reiches bezeichnet, bezeugt diese Nachricht, daß man damals die Hauptstadt unter dem Eindruck der Feldzüge des Kambyses (vgl. Herodot III, Kap. 25) von Napata am Dschebel Barkal nach dem weit im Süden gelegenen Meroë verlegt hatte. Napata ist dann endgültig um 300 v. Chr. als aithiopische Hauptstadt zugunsten von Meroë aufgegeben worden. In Meroë hat das aithiopische Reich noch bis 355 n. Chr. bestanden.
Bei den Aithiopern ist Zeus *Amon-Re* und Dionysos *Osiris*.

38 *Asmach* ist aus dem ägyptischen *sbm*, das sich *(a)sm(a)h* vokalisieren läßt, abgeleitet. *Ascham* = links bezeichnet wahrscheinlich die Himmelsrichtung Osten. Offenbar hatten diese Völker ursprünglich im Osten Ägypytens gewohnt und waren erst später nach Süden gewandert. Ähnliche Bezeichnungen, die sich auch zu Volksnamen entwickelt haben, finden wir in Zentral- und Ostasien. Herodot überliefert einen Stammesmythos der südlich von Assuan wohnenden aithiopischen Stämme.

39 Daphnai ist heute Tell-Defenneh.

40 Aus dem Bericht Herodots geht hervor, daß diese aithiopischen Stämme (vielleicht die späteren Blemmyer) von den aithiopischen Königen von Napata in der Nähe der ägyptischen Grenze angesiedelt worden waren. Hier hatten sie dann bald die ägyptische Kultur angenommen.

41 Über die Wohnsitze der Nasamonen vgl. Herodot IV, Kap. 172.

42 Herodot erwähnt eine Durchquerung der Sahara in südwestlicher Richtung. Die Nasamonen, die von der Küste der Großen Syrte aufbrachen, hatten wahrscheinlich den Niger bei Timbuktu erreicht.

43 Pyrene ist der auch bei Livius als Portus Pyrenaei erwähnte Hafen in der Nähe der heutigen französisch-spanischen Grenze. Heute Port Vendres. Der Irrtum Herodots, der hier die Quellen der Donau sucht, erklärt sich vielleicht daraus, daß in einer uns unbekannten Vorlage die Quelle der Donau im Gebiet der keltischen Pyrenäer erwähnt wurde, die offenbar im späteren Gebiet der Helvetier in der Nähe des Bodensees gewohnt hatten. Unter dem Druck anderer keltischer Stämme, die vor den einwandernden Germanen in dieses Gebiet auswichen, war ein Teil der Pyrenäer etwa um 600 v. Chr. nach Südwestfrankreich ausgewandert. Nach ihnen hieß der Herodot bekannte Hafenort. Die Vorlage Herodots stammte also aus einer Zeit, in der die Pyrenäer das Gebiet der Donauquellen noch nicht verlassen hatten.

44 Die Kynesier wohnten im äußersten Südwesten der Pyrenäenhalbinsel, und zwar wahrscheinlich in der heutigen portugiesischen Provinz Algarve. Das Gebiet der Kelten reichte damals bis in die Gegend von Lissabon und der Mündung des Sado-Flusses. Die Griechen kannten diese Völker durch ihre Fahrten nach Tartessos.

44a Eine Hafenstadt in der Dobrudscha (vgl. Buch IV, Kap. 78).

45 Herodot hat hier, wie schon in Kap. 72, die Entfernungsangabe eines von ihm benutzten geographischen Werkes falsch abgeschrieben und ist so zu dieser unrichtigen Feststellung gelangt.

46 Herodot verallgemeinert in diesem Kapitel verschiedene richtige Einzelbeobachtungen, um die Verhältnisse Ägyptens als das Gegenteil von denen in Hellas darzustellen. So ist z. B. die Behauptung, daß Frauen in Ägypten nicht die Priesterwürde bekleiden dürfen, falsch. Herodot muß bei seinem Aufenthalt in Ägypten auch die zahlreichen Priesterinnen der Tempel kennengelernt haben; nichtsdestoweniger verallgemeinert er hier die Verhältnisse eines besonderen Kultes, an dem Frauen nicht teilnehmen durften, auf die Kulte aller ägyptischen Götter. Wenn Herodot von den Ägyptern sagt, daß sie ihre natürlichen Bedürfnisse im Hause verrichteten, so ist hierbei an die Toilettenanlagen in den ägyptischen Häusern, die den Griechen der damaligen Zeit noch unbekannt waren, zu denken.

47 Auch hier werden, wie schon in Kap. 35, auf Grund von Einzelbeobachtungen verallgemeinernde Feststellungen getroffen. Das aus Dura, einer Hirseart, gebackene Brot wurde in der Hauptsache von der ärmeren Bevölkerung gegessen, die zum Teil auch einer anderen Rasse angehörte als die eigentlichen Ägypter. Herodots Beobachtungen weisen hier, wie auch in Kap. 35 und 40, auf die von Westen in das Deltagebiet eingewanderte libysche Bevölkerung. Die Ägypter aßen Weißbrot.

48 Gemeint ist der auch heute in diesem holzarmen Gebiet als Brennmaterial gesammelte und dann getrocknete Mist.

49 Herodots Angabe ist ungenau. Es gab zu seiner Zeit neben der nur für Inschriften benutzten ältesten Hieroglyphenschrift eine hieroglyphische Buchschrift, bei der die Bilder abgekürzt wurden (sie findet sich auf Totenpapyris und Mumienbinden), eine hieratische kursive Schrift, die die einzelnen Zeichen noch weiter kürzte (sie wurde für Akten und Briefe benutzt), und schließlich seit dem 7. Jahrhundert v. Chr. die demotische Schrift, in der die Volkssprache geschrieben wurde. Die Hieroglyphenschrift kennt 600 Bildzeichen, die sich in Wortzeichen, phonetische Zeichen und Deutzeichen gliedern lassen. Die Hieroglyphen sind also nur zu einem kleinen Teil Bilderschrift. Die Hauptrichtung, in der die demotische Schrift geschrieben wurde, geht von rechts nach links.

50 Schuhe aus Papyrusbast.

51 Die Erblichkeit einzelner Priesterämter bestand bei vielen Tempeln. Sie war im Laufe der Zeit von der allmächtigen Priesteraristokratie durchgesetzt worden. Die ungeheuren Ausgaben des ägyptischen Staates für den Unterhalt der Tempel und Priester belasteten jede ägyptische Regierung. Selbst die Perser mußten nach dem gescheiterten Versuch des Kambyses unter Dareios I. wieder die alten Privilegien der Tempel anerkennen und ihre Unterstützung in dem bisherigen Ausmaß weiterführen.

52 Stiere wurden dem Sonnengott in Ägypten seit der ältesten Zeit geopfert. Schon in dem Stiftungsverzeichnis für das Sonnenheiligtum des Neuserrê (5. Dynastie) werden sie an erster Stelle unter den geopferten Tieren aufgeführt.

53 Einen Siegelring führten nicht nur die Priester, sondern alle Personen von Rang.

54 Der Kopf wurde nur wegen des Geschmackes verachtet und nicht aus sakraler Scheu. Die Köpfe der geopferten Tiere finden sich auf den dargestellten Opferszenen.

55 Gemeint ist das Fest der Isis, das man in Busiris feierte (vgl. Kap. 61).

56 Das Verbrennen des Opfertieres kam im allgemeinen in Ägypten nicht vor. Der hier beschriebene Brauch weist auf die libyschen Einwanderer des Deltagebietes.

57 Die Kuh war der Isis heilig, die daher mit Kuhhörnern dargestellt wurde. Ihr Kult war bei den Libyern des Deltagebietes sehr verbreitet.

58 Eine Insel zwischen den beiden westlichsten Mündungsarmen des Nils.

59 Aphrodite ist hier die Göttin Hathor, deren Name in der Bezeichnung *Atarbechis* enthalten ist.

60 Keine Ziegen, sondern Schafe mit einem ziegenähnlichen Horn.

61 Mendes lag im nordöstlichen Delta. Hier befand sich ein berühmter Tempel des Osiris. Osiris wird von Herodot mit Dionysos gleichgesetzt. Der Widder galt als eine Inkarnation des Osiris.

62 Amon-Re, der Hauptgott von Theben.

63 Es handelt sich hier um ein Fest, bei dem man dem Sonnengott Amon seinen Sohn, den Mondgott Chons, gegenüberstellte und hierbei sein heiliges Tier, den Widder, opferte.

64 Alkaios, der Vater des Amphitryon, und Elektryon, der Vater der Alkmene, waren Söhne des Perseus, dessen Abkunft auf Aigyptos zurückgeführt wurde.

65 Die Datierung nach König Amasis II., dem vorletzten ägyptischen König, zeigt, daß Herodot hier Hekataios zitiert, der während der Regierung dieses Königs Ägypten bereiste.

66 Die Ägypter kannten nur einen Kreis von neun Göttern. Herodot zitiert hier wahrscheinlich Hekataios.

67 Ein Tempel des Melkart.

68 Herodot beschreibt den Altar des Stadtgottes. Seine Beschreibung wird durch eine bei Tyros gefundene Stele mit der Darstellung des Altars bestätigt.

69 Der Gott von Mendes war Osiris. Ihm war der Widder oder Bock heilig. Der Widder war bei den Ägyptern das Symbol der Zeugungskraft. Da Pan mit Bockshörnern dargestellt wurde, lag eine Gleichsetzung des Gottes von Mendes mit dem griechischen Pan nahe.

70 *Mendes* umschreibt vielleicht ein ägyptisches *Be-nb-dd*, das 'Widder' bedeutet.

71 Das von Herodot erwähnte Fest, die Pamylien, galt wahrscheinlich dem Mondwechsel. Die Mondgottheit war in Ägypten keine Göttin, sondern der Gott Choms.

72 Der hier beschriebene Umzug galt Osiris. Osiris wurde häufig mit erigiertem Phallos dargestellt. In Mendes bewahrte man den Phallos und das Rückgrat des Gottes als Reliquie auf. Die hier von Herodot angedeutete Legende bezieht sich auf die Zerstückelung des Osiris durch seinen Bruder Seth.

73 Einzelne Formen des Dionysoskultes haben die Griechen wahrscheinlich von den Thrakern übernommen. Einen Gott Dionysos haben sie aber schon in der Mitte des zweiten Jahrtausends verehrt (vgl. Anm. 220).

74 Herodot gibt die Ansicht von Bewohnern des Deltagebietes wieder. Sie hatten durch die seit zwei Jahrhunderten in Ägypten als Söldner dienenden Griechen die griechische Götterwelt kennengelernt. Von ihrem Standpunkt aus gesehen waren jene griechischen Götter, die die gleichen Aufgaben und ähnliche Attribute wie ihre eigenen besaßen, aus Ägypten übernommen worden.

75 Vgl. Buch IV, Kap. 180 u. 188. Poseidon wird schon in den griechischen Texten der Linearschrift B aus der Mitte des 2. Jahrtausends v. Chr. erwähnt, die aus dem kretischen Knossos und Pylos auf der Peloponnes stammen. Wenn der Kult übernommen wurde, können ihn nur die Libyer von den Griechen entlehnt haben. Das könnte im Rahmen der großen Wanderung der Seevölker geschehen sein, als zwischen 1234 und 1225 v. Chr. die Šakalša (Sizilier), Širdana (Sardinier), Turša (Tyrsener), Aqaiwaša (Achaier, d. h. Griechen), Luka (Lykier) und die Peleset (Philister) gegen Ägypten vorstießen. Sie trafen dort auf die von der ägyptischen Westgrenze allmählich immer weiter in das Deltagebiet eindringenden Libyer (ägyptisch: *Libu*).

76 Es handelt sich hier um die Darstellung eines alten Fruchtbarkeitsgottes, der auch bei den Italikern in dieser Form dargestellt wurde. Man denke an den römischen Feldgott Priapus.

77 Mysterien. Die Kabeiren galten als Nothelfer in Seestürmen.

78 Samothrake ist also zunächst von griechischen Auswanderern aus Thessalien, die dort aus der Landschaft Pelasgiotis von den einwandernden Doriern verdrängt worden waren, besiedelt worden. Andere pelasgische Auswanderer hatten sich dagegen nach Süden gewandt und in Attika festgesetzt.

79 Der historische Kern der Erzählung ist, daß man in Dodona zunächst keine bestimmten Götter, sondern nur die heilige Eiche verehrte, aus deren Rauschen man weissagte. Zur Lage des Ortes vgl. Buch I, Kap. 46, Anm. 36.

80 Herodot setzt also die Entstehung der homerischen Gedichte in die Zeit um 850 v. Chr. Die Griechen sind erst sehr spät zur Darstellung menschenähnlicher Götterbilder übergegangen, die zuerst aus Holz geschnitzt wurden (vgl. Buch V, Kap. 82). Wie die boiotischen Terrakotten und die spartanischen Elfenbeinschnitzereien zeigen, hat das Volk zum Teil noch in der Mitte des 7. Jahrhunderts an den alten Götteridolen festgehalten. Der Brauch, Götter in Menschengestalt zu bilden, scheint, nach den Funden auf griechischem Boden zu urteilen, zunächst in Kreta aufgekommen zu sein.

81 Gemeint sind Orpheus, Museus, Linos und Olympos.

82 Ein Wortspiel, das an die einheimische Bezeichnung der Priesterinnen anknüpft. In dem griechischen Dialekt von Epirus heißt *peleios* 'alt', 'ehrwürdig'. Die Tauben heißen im Griechischen *peleiades*.

83 Das Orakel in Theben, das auch andere antike Schriftsteller erwähnen, war vermutlich von griechischen Söldnern dort eingeführt worden. In Theben wurde aus dem Wehen des Windes geweissagt, in Dodona aus dem Rauschen der heiligen Eiche.

84 Herodot denkt an Feste wie die Panathenaien, deren Prozession auf dem Fries der Cella des Parthenon dargestellt ist. Die Stiftung des Festes wurde zwar auf Theseus zurückgeführt, aber die Einführung der feierlichen Prozession, die den kostbaren gestickten Mantel der Göttin in den Tempel auf die Burg brachte, ging erst auf Peisistratos zurück. Ähnlich hatten auch in anderen Städten die Tyrannen derartige Festumzüge, die in ihrer Wirkung auf die breiten Volksmassen berechnet waren, eingeführt.

85 Bubastis (ägyptisch: *Pa-Bast. Pi-beseth*) ist heute Tell-Basta bei Zagazig. Gemeint ist die mit dem Kopf einer Katze dargestellte Göttin Bast.

86 Busiris (ägyptisch: *Pi-Osiri*) heute bei Abusir am Nilarm von Damiette.

87 Isis (ägyptisch: *J-set*) wurde ursprünglich als Himmelsgöttin im nördlichen Deltagebiet verehrt. Ihr Kult hat sich dann auch über Oberägypten verbreitet. Sie war die Gemahlin ihres Bruders Osiris und die Mutter des Horus.

88 Saïs (ägyptisch: *Saj*) heute Sa el Hagar am Nilarm von Rosette. Hauptgöttin war die Kriegsgöttin Neith.

89 Heliopolis (ägyptisch: *Junu*) nordöstlich von Kairo. Hauptgott war der Sonnengott Amon-Re.

90 Buto (ägyptisch: *Pi-uto* und *Per Udjojet*) am Nilarm von Rosette südlich des Burlus-Sees. Hauptgöttin war die Schlangengöttin Udjojet. Der Tempel war für seine Weissagungen berühmt.

91 Papremis lag im Osten des Nildeltas. Der hier verehrte Gott war vielleicht Seth, der Schutzgott der Fremden in Ägypten.

92 Die von Herodot hier mitgeteilten Identifizierungen ägyptischer Götter mit hellenischen Gottheiten gehen auf die griechischen Militärkolonisten des Deltagebietes zurück. Ihre Angaben hat vornehmlich Hekataios, der unter Amasis Ägypten bereiste, benutzt.

93 Sie gebrauchten Kastagnetten.

94 Sie betrauern Osiris. Dieses Trauerfest wurde an einem bestimmten Tage des Jahres gefeiert.

95 Herodot beschreibt hier das Osirisfest in Saïs.

96 Es handelt sich hier um einen rituellen Kampf zur Erinnerung an eine im Osiris-Mythos erwähnte Episode. Darstellungen derartiger Kämpfe finden sich auch auf ägyptischen Denkmälern.

97 Dem Zusammenhang nach kann hier nur Horus, der seine Mutter besucht, gemeint sein.

98 In jeder ägyptischen Provinz waren zur Zeit Herodots verschiedene Tiere heilig, während die frühere Zeit nur wenige, aber für das ganze Reich verbindliche Tierkulte kannte. Infolge der langen aithiopischen Fremdherrschaft und der politischen Zersplitterung unter den einzelnen Gaukönigen hatte sich auch in religiösen Dingen ein weitgehender Partikularismus ausgebreitet, der besonders in den verschiedenen Tierkulten der einzelnen Landschaften zum Ausdruck kam.

99 Das gilt nur für eine bestimmte Landschaft und nicht für ganz Ägypten. Geht doch aus der Darstellung hervor, daß sich die Bewohner dieser Landschaft auch das Kopfhaar wachsen ließen, während es nach Herodot in anderen Teilen Ägyptens abgeschoren wurde (vgl. Buch III, Kap. 12).

100 Es gab zwei Orte mit dem Namen Hermopolis; die eine Stadt (ägyptisch: *Chmunu)* lag am linken Ufer des Nils bei Aschmunen in Oberägypten, die zweite Stadt am Westrand des Deltagebietes bei dem heutigen Damanhur in Unterägypten. Sie ist hier gemeint.

101 Ein Irrtum, der durch die geringe Größe der Zunge des Krokodils entstanden ist. Die Egel setzen sich nicht im Rachen, sondern am Zahnfleisch des Krokodils fest

102 Der sogenannte Krokodilswächter. Dieser Vogel lebt mit den Krokodilen zusammen.

103 Die Stadt Arsinoe (ägyptisch: *Schedet),* heute Medinet el Faijûm, trug bei den Griechen den Namen Krokodilopolis. Die Krokodile waren hier dem krokodilgestaltigen Gott Suchos heilig (vgl. Kap. 148). Der Kult des Stromgottes Suchos, zu dem die Nilschiffer beteten, war in Ägypten sehr verbreitet.

104 Die Krokodile wurden, ähnlich wie der Apis, einbalsamiert und in besonderen unterirdischen Begräbnisstätten beigesetzt.

105 Das ägyptische Wort für Krokodil, das Herodot hier in griechischer Umschreibung wiedergibt, lautet *hms.*

106 Das Nilpferd gehörte zeitweise zu den Osiris heiligen Tieren. Die ägyptische Geburtsgöttin wurde in der Gestalt eines Nilpferdes dargestellt.

107 Herodots Beschreibung des Nilpferdes fußt deutlich auf der griechischen

Bezeichnung des Tieres, *Hippopotamos* (= Flußpferd), die wahrscheinlich die Übersetzung eines ägyptischen Wortes darstellt. Sie zeigt, daß Herodot nie ein Nilpferd gesehen haben kann.

108 Gemeint sind hier nicht die Fischottern, die in Ägypten nicht vorkommen, sondern eine besondere Art des Ichneumons.

109 Lepidotos, der Schuppenfisch, eine heute ausgestorbene Fischart.

110 Vielleicht eine Art der Höhlengans.

111 Heiliger Vogel (ägyptisch: *banu*). Er wird als Bachstelze und später als Reiher dargestellt. Er galt als die Inkarnation des Sonnengottes Amon-Re. Er verkörperte für die Ägypter die Auferstehung.

112 Der Mythos des Phoinix hat manche Umbildungen erfahren. Der Phoinix wurde später vom Christentum als Symbol für die Hingabe an Tod und Auferstehung Christi in Anspruch genommen. Er wurde daher auch in der mittelalterlichen Kathedralplastik dargestellt.

113 Die Hornviper, eine gefährliche Giftschlange.

114 Diese Schlangen wurden in Tontöpfen als Mumien gefunden. Sie waren dem Amon-Re heilig. Die Uräus-Schlange war das Symbol der Macht. Sie zierte daher die ägyptische Königskrone, die uns in einem Original in der Grabausstattung Tutanchamûns erhalten ist.

115 Eine Heuschreckenart. Die Knochen, die Herodot gesehen hat, stammen nicht von Heuschrecken, die ja keine Knochen besitzen.

116 Der heilige Ibis war weiß, bis auf Flügelspitzen, Schnabel, Kopf, Hals und Füße, die schwarz waren. Er war dem ägyptischen Gott der Weisheit, Thoth, heilig. Dieser Gott wurde daher häufig mit dem Kopf eines Ibis dargestellt. Der heilige Ibis wurde einbalsamiert.

117 Nur der weiße Ibis war dem Gott heilig. Der hier erwähnte schwarze Ibis ist der Waldrapp.

118 Der von Herodot für das Verwenden von Abführmitteln gebrauchte Ausdruck scheint von dem ägyptischen Wort *srmit* (*surmit*) abgeleitet zu sein, das ein ägyptisches Wurmmittel bezeichnet.

119 Gemeint sind die vom niederen Volk aus *Dura*, einer Hirseart, gebackenen Brote. Das von Herodot wiedergegebene ägyptische Wort *Kyllestis* (ägyptisch: *klšt*) ist ein semitisches Fremdwort. *Kyllestis* war also den Ägyptern, die Weizenbrot aßen, von Haus aus fremd. Die von den Ägyptern ursprünglich angebauten Weizenarten waren Spelz- und Emmer-Weizen.

120 Herodot hat also die eigentlichen Weingebiete Ägyptens, die im Westteil des Deltas am See von Mariut lagen, nicht besucht. Allerdings bestand neben der eigenen Erzeugung ein starker Weinimport aus Phoinikien (vgl. Buch III, Kap. 6).

121 Gemeint ist der Gestalt und Züge des Toten wiedergebende Sarg, der die Mumie aufnahm.

122 Linos ist bei den Griechen ein Sohn des Apollon, der Züge des Adonis trägt. Wie Adonis war er Mittelpunkt von Feiern. Herodot meint hier den zum Teil ernsten Charakter der Lieder, die sowohl bei dem Linos-Fest in Griechenland wie bei den Adonis-Festen (Adonai-Festen) der Phoiniker gesungen wurden.

123 Es muß sich hier um eine auf ägyptischen Denkmälern noch nicht nach-

zuweisende Bezeichnung des Osiris handeln, dessen Tod ebenso wie der des Adonis in Phoinikien und Griechenland Anlaß besonderer Feiern war.

124 Der Orphizismus war eine religiöse Bewegung innerhalb des Griechentums. Die von den Orphikern vertretenen Anschauungen, wie z. B. der Glaube an eine Seelenwanderung, erinnern an ägyptische Religionsvorstellungen. Zusammen mit den Pythagoreiern, die durch ihre Reinigungsvorschriften und Gebote für die Lebensführung ebenfalls wie eine religiöse Sekte auftraten, waren sie Herodot, der in Thurioi, einem der Mittelpunkte dieser Bewegungen, lebte, wohl bekannt. Ebenso wie die Pythagoreier und Orphiker waren auch die Teilnehmer an den bakchischen Mysterien, die an den Kult des Dionysos anknüpften, zur Geheimhaltung verpflichtet.

125 Hier gibt Herodot einen Hinweis auf die ausgedehnte astrologische Literatur der Ägypter. Altägyptische Tierkreisdarstellungen sind uns erhalten. Die Ausbreitung der Astrologie mit ihrer Verkettung des Schicksals der Einzelmenschen mit den Sternen ist ebenso wie der übersteigerte Tierkult ein Zeichen für die Dekadenz der damaligen ägyptischen Kultur.

126 Vgl. Buch III, Kap. 1 u. Anm. 1.

127 Gemeint sind hölzerne Tafeln, auf denen der Vorgang der Einbalsamierung zusammen mit erklärendem Text dargestellt war.

128 Nach Osiris.

129 Die Eingeweide wurden in besonderen Gefäßen im Grab, aber außerhalb des Sarges, beigesetzt.

130 Vgl. Buch III, Kap. 107 u. Anm. 109.

131 Vgl. Buch III, Kap. 107 u. Anm. 110.

132 Das griechische Wort für Gummi, *kommi*, ist ein ägyptisches Lehnwort (ägyptisch: *qomi*). Der in Ägypten gebrauchte Gummi kam teils aus dem Sudan, teils aus Arabien. Bei dem zur Einbalsamierung benutzten Gummi handelt es sich vermutlich um Mastix, das Harz der im Mittelmeergebiet heimischen Anakardiazee.

133 Herodot verwechselt die den beigesetzten Toten darstellende Figur — sie war in einem besonderen Raum (Serdab) aufgestellt — mit dem Sarg in der unzugänglichen Grabkammer.

134 Das Zedernöl hatte die Aufgabe, die Verwesung der bei dieser Einbalsamierungsart nicht entfernten Eingeweide so lange aufzuhalten, bis sie von der Natronlauge erreicht worden waren.

135 Es handelt sich um die von der Natronlauge nicht erreichten und daher verwesten Leichenteile. Sie wurden auf diese Weise entfernt. Das Zedernöl übt lediglich eine desinfizierende, aber keine zersetzende Wirkung aus.

136 Bei dieser Art der Einbalsamierung ersetzt das Öl der sonst auch als Wurmmittel (Kap. 77) gebrauchten Pflanze das Zedernöl.

137 Die durch die Textilfunde aus koptischer Zeit bekannte Stadt Achmim in Oberägypten.

138 Der hier verehrte Gott hieß Min und war der Gott der Fruchtbarkeit und der Schutzgott der Wege. Er wurde daher von den Griechen mit Pan gleichgesetzt. Die von Herodot vorgenommene Identifizierung des Gottes mit Perseus ist vielleicht durch einen ähnlich lautenden ägyptischen Beinamen des Gottes entstanden.

139 Im Gegensatz zu den Persern (vgl. Buch III, Kap. I).

140 Die hier als Lotos bezeichnete Pflanze ist eine Art der Seerose und hat mit der Lotosjujube, die Herodot in Libyen erwähnt (Buch IV, Kap. 177) nichts zu tun. Lotosblüte und Lotosknospe gehören zu den am häufigsten auf ägyptischen Denkmälern dargestellten Pflanzen.

141 Eine heute in Ägypten nicht mehr anzutreffende Art der Nymphäazeen (Seerosen).

142 Die Bewohner der Küste des Deltagebietes (vgl. Kap. 15, Anm. 22).

143 Die Rizinuspflanze wurde also in Ägypten schon zu dieser Zeit in besonderen Kulturen angebaut.

144 Die in Griechenland heimischen Arten der Rizinuspflanze erreichten nicht die Höhe der in Ägypten angebauten Pflanzen (dort bis zu 13 m).

145 Nicht wegen der Mücken, sondern wegen der Skorpione und Schlangen pflegte man, wie noch heute, auf den Dächern zu schlafen.

146 Eine Art von Moskitonetz.

147 Das Holz einer noch jetzt im Niltal zum Schiffsbau benutzten Akazienart (Acacia Nilotica).

148 Die griechischen Schiffe besaßen zwei Steuerruder.

149 *Baris* ist wahrscheinlich aus dem ägyptischen Wort *bari-t* (Schiff) gebildet.

150 Das attische Talent entspricht 26,2 kg.

151 Die griechische Kolonie Naukratis lag am Nilarm von Rosette bei Tell Nebireh, südwestlich von Damanhur. Man konnte während der Nilüberschwemmung die sonst nicht schiffbaren Kanäle benutzen. Ein Befahren der überschwemmten Felder war nicht möglich.

152 Sonst mußte man auf der Fahrt von dem ägyptischen Seehafen Kanopos nach dem griechischen Naukratis durch die verschiedenen Kanäle erhebliche Umwege machen. Herodot hatte die Fahrt von Kanopos nach Naukratis während der Überschwemmungszeit zurückgelegt.

153 Phthios, gemeint ist 'der aus der Phthiotis'. Phthiotis war die Landschaft, aus der die Achaier in die Peloponnes einwanderten. Nach Pausanias hieß der Stammvater der Achaier und der Vater des Archandros Achaios.

154 Herodot zitiert hier die schon in Kap. 4 und 10 erwähnte Reichsgründungsgeschichte.

155 Min hatte also nach dieser Sage nach der Eroberung von Unterägypten Memphis gegründet und hier den Tempel des Ptah (Hephaistos) errichtet.

156 Herodot hat keine der großen ägyptischen Königslisten einsehen können, wie sie der ägyptische Priester Manetho (280 v. Chr.) für seine Arbeit benutzen konnte oder wie sie uns in verschiedenen Fragmenten sowohl auf Papyrus ('Turiner Königspapyrus') wie auf Stein ('Palermostein') vorliegen. Was Herodot von den ägyptischen Pharaonen bis zur Herrschaft der aithiopischen Könige über Ägypten (715—663 v. Chr.) zu berichten weiß, läßt sich auf zwei verschiedene Überlieferungen zurückführen. Bei der einen handelt es sich um Inschriften auf ägyptischen Denkmälern, die ihm von schriftkundigen Führern mehr oder weniger richtig vorgelesen wurden. Auf diese Überlieferung geht zurück, was Herodot über Nitokris (*Net-aker-ti*), eine Königin der 6. Dynastie (etwa 2350—2190 v. Chr.), und über die Könige der 12. Dynastie, Sesostris III. (1878—1841 v. Chr.) und

Moiris = Amenemhêt III. (1840—1792 v. Chr.), zu berichten weiß. Die zweite Überlieferung geht auf sogenannte Volksmärchen zurück, die uns auch durch Papyri erhalten sind. Hierzu gehört die Sage von Rhampsinit (vermutlich Ramses III.) und die Könige der 4. Dynastie (2600—2480 v. Chr.), Cheops, Chefren und Mykerinos. Andere Königsnamen, wie *Proteus* (die griechische Umschreibung des ägyptischen *pruti)* und *Pheros (pher-o, per-o)*, sind lediglich Titel des ägyptischen Königs und lassen daher keine Rückschlüsse zu, an welche ägyptischen Pharaonen sich diese Geschichten knüpfen. Die von Herodot gegebene Chronologie der ägyptischen Könige entspricht in keiner Weise der uns durch Manetho (über Flavius Josephus) und durch die Fragmente der ägyptischen Königslisten überlieferten Ordnung.

157 *Moiris* umschreibt ein ägyptisches *moer, mer-ur,* das 'großer See' bedeutet. Gemeint ist hier der große Kolonisator der Landschaft Faijûm, Amenemhêt III. (1840—1792 v. Chr.). Herodot, dem von seinem ägyptischen Führer wahrscheinlich eine Inschrift des Königs in der Vorhalle des Tempels des Ptah in Memphis vorgelesen wurde, hat das Wort für den See von Faijûm, *moer,* für den Namen des Königs gehalten und daher von einem König Moiris gesprochen.

158 Tempel des Ptah in Memphis.

159 Sesostris III. (Sesostris = 'Sohn des Re', 1878—1841 v. Chr.) hatte über das Wadi Hammamat das Rote Meer erreicht, die Völker der Sinaihalbinsel unterworfen und war in Palästina bis Sichem vorgedrungen. Die von Herodot erwähnten Inschriften stammen aber nicht von Sesostris III., sondern von Ramses II. (1301—1234) v. Chr.). Ramses II. hatte nicht nur Palästina, sondern sogar Syrien erreicht und im Norden an der Mündung des Nahr el Kelb (nördlich des heutigen Beirut) zwei Felsstelen errichtet, die die Grenze seines Reiches bezeichnen sollten. Herodot hat diese Siegesstelen bei seinem Aufenthalt in Beirut gesehen.Vgl. Kap. 106.

160 Das Rote Meer ist hier der Indische Ozean, den der ägyptische König bei seiner Expedition nach dem Weihrauchlande Punt (die Somaliküste) erreichte. Die Untiefen lagen an der sehr hafenarmen Küste, an der entlang man damals allein das Meer befuhr. Hierdurch war ein weiteres Vordringen nach Süden nicht möglich. Punt wurde schon in der 6. Dynastie von den Ägyptern erreicht (2350—2190).

161 Wenn Herodot von Kämpfen des Königs Sesostris mit den Thrakern und Skythen spricht, ist hier die Gestalt des Sesostris mit einem dritten ägyptischen König, und zwar Psammetichos I. (655—609 v. Chr.), verschmolzen. Psammetichos I. hat in Palästina mit den Skythen und den mit ihnen verbündeten thrakischen Stämmen gekämpft (vgl. auch Herodot, Buch I, Kap. 105), er hat aber niemals das Land der Thraker und Skythen erreicht. Der von Herodot benutzte ägyptische Bericht erwähnte die Siege des Königs über Thraker und Skythen, ließ aber wahrscheinlich unerwähnt, daß diese Völker nicht in ihrem eigenen Lande, sondern bei einem Einfall nach Palästina besiegt wurden.

162 Bei den Kolchern handelt es sich um kappadokische Söldner der saiitischen Könige. Aus welchen entlegenen Gebieten die damaligen ägyptischen Söld-

ner kamen, zeigen die im Palast des Apries in Memphis gefundenen Terrakotten. Diese Söldner renommierten mit ihrer Abstammung und behaupteten dreist, sie wären Ägypter, die von einem der großen ägyptischen Könige in Kolchis zurückgelassen worden seien.

163 Die hier genannten Syrier (vgl. Buch I, Kap. 6), die an der Mündung des Halys (Kisyl Irmak) wohnten, waren erst später eingewandert. Sie sind wahrscheinlich mit den semitischen Chalyben identisch. Die Chalyben waren Sippen von Wanderschmieden, die sich sowohl in Aleppo/Haleb in Syrien, das nach ihnen auch *Chalybiotis* genannt wurde, wie in Kappadokien, das durch seinen Erzreichtum berühmt war, festgesetzt hatten. Sie bezeichneten sich selbst als Syrier.

164 Gemeint sind die Felsreliefs von Sipylus und Kara Bel im Hinterland von Smyrna, die aber nicht von den Ägyptern, sondern von den Hethitern geschaffen wurden. Sie stellen, wie sie auch Herodot beschreibt, einen Gott in der Gestalt eines Kriegers dar.

165 Die Entstehung dieser Geschichte mag auf Reliefs zurückzuführen sein, wo der König mit seiner Gemahlin und seinen Söhnen abgebildet war, wie er über die am Boden liegenden Feinde hinwegschreitet. Die Phantasie der Fremdenführer im Tempel hat sich hieraus die von Herodot berichtete Geschichte zusammengereimt.

166 Auch das ist unhistorisch. Das Pferd und mit ihm der Streitwagen wurden in Ägypten erst durch die semitischen Hyksos, die von 1670 bis 1570 v. Chr. einen Teil des Landes beherrschten, eingeführt. Das Wort für 'Pferd' ist im Ägyptischen bezeichnenderweise ein semitisches Lehnwort.

167 Die Kanäle dienten der Bewässerung der Felder und nicht der Trinkwasserversorgung.

168 In Ägypten gab es also schon zur Zeit Herodots ein Liegenschaftskataster, bei dem die auf dem Grund und Boden ruhenden Lasten nach dem Verhältnis des Ertrages verteilt wurden. Bei den Deich- und Feldschäden fand hiernach eine Neuvermessung der steuerpflichtigen Parzelle statt, die die Grundlage einer Neufestsetzung der zu leistenden Abgabe darstellte. Die Steuern wurden in Ägypten in Form von Naturalien abgeführt. Geld war nicht im Umlauf. Diese Tatsache wurde von den persischen Satrapen, besonders durch den von Kambyses eingesetzten Aryandes, ausgenutzt, indem sie in großem Maßstabe Silbermünzen prägten (der Metallwert des Silbers war in Ägypten besonders hoch) und hierfür das Land auskauften (Buch IV, Kap. 166).

169 Die Sonnenuhr war durch Anaximander von Milet, einen Schüler des Thales, um 547 v. Chr. aus Babylon übernommen worden.

170 Nubien, das später mit dem griechischen Namen 'Aithiopien' bezeichnet wurde, war in der Tat durch Sesostris III. dem ägyptischen Reich unterworfen worden. Auch die spätere Hauptstadt des aithiopischen Reiches, Napata am Dschebel Barkal, hat damals noch zu Ägypten gehört. Nubien war dann achthundert Jahre bis etwa 1000 v. Chr. ein Teil des ägyptischen Reiches. Herodot war offenbar eine Siegesstele Sesostris' III., die diesen aithiopischen Feldzug des Königs beschrieb, von seinen ägyptischen Führern erklärt worden.

171 Gemeint sind die beiden 13 m hohen Kolossalstatuen Ramses' II., die umgestürzt bei Mit-Rahineh lagen. Eine von ihnen ist 1954 von der ägyptischen Regierung nach Kairo gebracht worden, um dort wieder aufgerichtet zu werden.

172 *Pheros* umschreibt das gleiche ägyptische Wort *pher-o, per-o* ('großes Haus'), das im Alten Testament mit *Pharao* wiedergegeben wird.

173 Mit *Proteus* umschreibt Herodot den ägyptischen Königstitel *pru-ti*. Unter diesem Titel *pru-ti ur-t* ('die große doppelte Außenhalle') wird der Pharao in den ägyptischen Märchen erwähnt.

174 Die Phoiniker, und hier die Stadt Tyros, besaßen also in Memphis eine eigene Niederlassung mit einem Tempel der Ischtar.

175 Paris.

176 Die Tempelsklaven trugen besondere Abzeichen und galten damit als unverletzlich.

177 *Thonis* heißt der von Homer (Odyssee, IV, 228) erwähnte ägyptische König, an den auch die von Herodot berichtete Sage anknüpft.

178 Ilias VI, 289. Wenn nach Herodot diese Stelle bei Homer in dem Gesang, der die Heldentaten des Diomedes behandelt, vorkommt, muß Herodot eine Homerausgabe benutzt haben, die noch nicht die uns überlieferte Einteilung der einzelnen Gesänge besaß.

179 Die Kyprien behandelten die Vorgeschichte des Troischen Krieges und die ersten Kämpfe. Sie sind uns nur in Fragmenten erhalten. Offenbar hat die literarische Kritik, die sie schon früh, wie hier Herodot, Homer absprach, auch damit über ihre Überlieferung entschieden.

180 Es gab an der libyschen Küste einen Hafen des Menelaos (vgl. Buch IV, Kap. 169).

181 *Rhampsinitos*, der hier von Herodot überlieferte Name des Königs, setzt sich aus *Ramses* (ägyptisch: *Ramessu*) und *Neith*, dem Namen der im Deltagebiet verehrten Göttin, zusammen. Da die Familie König Ramses' aus dem Deltagebiet stammte, ist es möglich, daß Herodot hier einen alten Beinamen des Königs überlieferte.

182 Gemeint sind die von Ramses II. errichteten Bauten am Tempel des Ptah in Memphis. Dort lagen auch die beiden Kolossalstatuen des Königs, die Herodot noch aufrechtstehend gesehen hat (vgl. Kap. 110).

183 Eine in Ägypten übliche Strafe, bei der die Leichen der Hingerichteten an der Stadtmauer auf Pfähle gehängt wurden.

184 Keine Schläuche in unserem Sinne, sondern Tierhäute, die zusammengenäht worden waren, nachdem man den Kopf abgeschnitten und durch einen Schlauch zum Abfüllen ersetzt hatte.

185 Bei den Wächtern handelt es sich also um fremde Söldner (Libyer), denn die Ägypter trugen keinen Bart.

186 Ein ägyptisches Märchen, das das Eindringen eines Sterblichen in das Totenreich schildert. Demeter (im Delta Isis) ist hier wohl Hathor, die besonders in Theben als Totengöttin verehrt wurde. Das Totenreich hieß *Amentet* ('das westliche Land'), weil die Ägypter ihre Toten meist westlich des Nils bestatteten.

187 Auch hier wird wieder auf Osiris und seine Wiederauferstehung hinge-

wiesen. Der verstorbene König vereinigt sich nach dem Glauben der Ägypter mit Osiris.

188 Offenbar der ägyptische Gott Anubis (ägyptisch: *Anup),* der mit einem Hundekopf dargestellt wird und als Totengott die Verstorbenen ins Totenreich hinabgeleitet.

189 Isis und Osiris.

190 Cheops war wie Chefren und Mykerinos ein König der 4. Dynastie (2600 bis 2480), während Rhampsinitos (Ramses) der 19. Dynastie (1345—1200) angehörte. Die Darstellung beweist, daß Herodot nie eine ägyptische Königsliste gesehen haben kann.

191 Offenbar hatte er wie später Kambyses die Einkünfte der allmächtigen Priesterschicht gekürzt und lebte daher in der Überlieferung der Priester als Tyrann und Religionsfrevler fort.

192 Herodot hat seine Führer wahrscheinlich falsch verstanden. Gemeint ist ein Kanal, auf dem während der Überschwemmungszeit die auf der gegenüberliegenden Seite des Flusses gebrochenen Kalksteine zu einem Landeplatz an der Wüste gebracht wurden, von wo sie dann auf einem Damm zur Pyramide transportiert wurden. Später, nach der Fertigstellung, wurde der Landeplatz zum Portal und der Damm zu einem überdeckten Gang, der zum Totentempel des Königs und zur Pyramide führte. Wenn Herodot hier von einer drei Monate dauernden Arbeitsschicht spricht, bezieht er sich damit auf die Zeit der Nilüberschwemmung. Während der drei Monate der Überschwemmung lagen die in der Landwirtschaft beschäftigten Arbeitskräfte brach. Sie wurden daher in dieser Zeit (wie später die Fellachen zum Staatsarbeitsdienst) für die Arbeit an den öffentlichen Bauvorhaben herangezogen. Hierzu gehörte auch der Pyramidenbau. Der größte Teil der Arbeiter war in den Steinbrüchen auf dem gegenüberliegenden Ufer des Nils und an der eigentlichen Baustelle der Pyramide beschäftigt. Nur ein kleiner Teil arbeitete in den Granitbrüchen bei dem heutigen Assuan, wo die Steine für den äußeren Mantel der Pyramide gebrochen wurden. Dieser äußere Granitmantel der Pyramiden scheint zur Zeit Herodots schon zum größten Teil für andere Bauten abgetragen gewesen zu sein. Denn Herodot registriert bereits Verwitterungserscheinungen am darunterliegenden Kalkstein, was nicht möglich gewesen wäre, wenn der Granitmantel noch vollständig vorhanden gewesen wäre, und beschreibt alte, in diesem Gestein wahrnehmbare Meeresablagerungen (vgl. Kap. 12).

193 Wenn Herodot hier die Höhe der Ausgaben für die Verpflegung der Arbeiter in Silbertalenten angibt, rechnet er offenbar die ägyptische Silberkite (etwa 9,1 g), nach der auch in altägyptischen Kaufkontrakten der Bodenwert angegeben wird, auf attische Silbertalente um. Die mitgeteilten Zahlen sind viel zu niedrig und können auch nicht annähernd den tatsächlich aufgewendeten Summen entsprechen.

194 Das griechische Plethron entspricht 30,83 m. Man hat in der Nähe eine Tempelinschrift gefunden, nach der Cheops *(Khufu)* nahe seiner eigenen Pyramide auch die seiner Tochter Hontsen errichten ließ.

195 Cheops regierte nur 24 Jahre. Ihm folgte sein Bruder Dedefre; erst nach ihm bestieg der Sohn des Cheops, Chefren, den Thron.

196 *Philitis* ist wahrscheinlich die Bezeichnung uns sonst unbekannter libyscher Nomaden, die bis zu den Pyramiden hin nomadisierten.

197 Mykerinos (ägyptisch: *Menkau-re*) um 2600 v. Chr.

198 Gemeint ist die Totengöttin Hathor, die als Kuh dargestellt wurde. Herodot verwechselt sie mit dem Bild der **Isis**, deren Tempel in Saïs Herodot besucht zu haben scheint.

199 Nicht nackt, sondern mit einem eng anliegenden Gewand, das bei einem oberflächlichen Betrachter den Eindruck eines unbekleideten Körpers erwecken mußte.

200 Das Fest des Osiris.

201 Mykerinos wird in der späten Legende völlig anachronistisch mit dem Orakel von Buto in Verbindung gebracht.

202 Auch hier lassen sich die Angaben Herodots nicht mit den wirklichen Maßen vereinbaren. 'Aithiopischer Stein' ist Granit.

203 Rhodopis, die berühmte Hetäre, wird in den Gedichten der Sappho *Doliche* genannt.

204 Aisopos war in Delphi des Tempeldiebstahls beschuldigt und von einem Felsen gestürzt worden. Hierfür mußten die Delpher eine Geldbuße leisten.

205 In dieser Form wurden damals die als Zahlungsmittel benutzten Metallbarren gegossen.

206 Gemeint ist der Tempel des Apollon.

207 Wahrscheinlich Schepses-kaf (um 2480 v. Chr.), dessen Namen vielleicht in Herodots 'Asychis' enthalten ist. Er hat am Tempel des Ptah in Memphis Bauten errichtet.

208 Schepses-kaf hatte sich sein Grab, im Gegensatz zu seinen Vorgängern, in der Form einer Ziegelmastaba bauen lassen. Auf sein Grab paßt also Herodots Erzählung.

209 Anysis war ein uns sonst unbekannter Gaufürst im Deltagebiet. Herodot macht also hier einen Sprung vom Ende der 4. Dynastie (2480 v. Chr.) bis zum Beginn der aithiopischen Herrschaft in Ägypten 715 v. Chr.

210 Schabaka (715—700 v. Chr.).

211 Die aithiopischen Könige regierten offiziell von 715—655 v. Chr.

211 a Der Abzug der Aithioper erfolgte im Rahmen eines friedlichen Ausgleiches. Die Aithioper übertrugen unter dem Druck des im Deltagebiet herrschenden Psammetichos I. ihre letzte Machtposition in Oberägypten, das Amt der Oberpriesterin im Tempel des Amun in Theben, an eine Tochter Psammetichos'

212 Amyrtaios, ein mit Inaros verbündeter libyscher Häuptling, der sich gegen die Perser erhoben hatte, war um 450 v. Chr. gestorben. Seine Residenz auf der Insel Elbo lag im Westteil des Deltagebietes.

213 Ein ägyptisches Märchen, das an das historische Ereignis der assyrischen Feldzüge gegen die aithiopischen Pharaonen in Ägypten 671—653 v. Chr. anknüpft. Damals scheint ein Oberpriester des Ptah in Memphis der Stellvertreter des in Napata residierenden aithiopischen Pharao gewesen zu sein.

214 Die abgabenfreien Landlose, die den libyschen Söldnern (*Machimoi*) mit der Verpflichtung zum Kriegsdienst von den ägyptischen Königen verliehen worden waren.

215 Der assyrische König Sanherib (705—681) wurde durch die Pest, die sein Heer in Palästina ereilte, zur Rückkehr gezwungen (vgl. Jesaja 37, 36—37).

216 Der Tempel des Ptah.

217 Die Maus war bei den Semiten das Symbol der Pest.

218 Eine Statue des Horus, der mit seinem heiligen Tier, der Maus, dargestellt war, wird von Herodot unzutreffend auf diesen König bezogen.

218a Hekataios bereiste Ägypten während der Regierungszeit König Amasis II. (569—526). Vgl. Kap. 43 u. Anm. 65.

219 *Pi-rômi* hat die Bedeutung 'Mensch'. Nur die Ägypter bezeichneten sich als *Pi-rômi*, während die Angehörigen der Nachbarvölker einschließlich der Griechen in ihren Augen diesen Namen nicht verdienten.

220 Herodot oder vielmehr sein Gewährsmann Hekataios bezieht sich hier auf die Einführung des Dionysos-, Pan- und Herakleskultes in den ionischen Städten, die neben Milet seine engere Heimat waren. Dionysos wird schon auf den in der Linearschrift B beschriebenen Tontafeln von Knossos in Kreta und Pylos in Messenien aus der Mitte des zweiten Jahrtausend v. Chr. erwähnt. Er gehört also zu den ältesten griechischen Göttern.

221 Osiris. Die Ägypter kannten nicht eine Ordnung von acht, sondern von neun Göttern.

222 Gemeint sind die Gaufürsten des Deltagebietes. Die Zahl zwölf ist unhistorisch.

223 Herodot hält hier einige kleinere Anbauten aus der Zeit der saiitischen Könige (663—525) für den Hauptbau, bei dem es sich um den berühmten Totentempel des Königs Amenemhêt III. (1840—1792) handelt.

224 Der Tempel der Artemis in Ephesos. Er galt im Altertum als eines der sieben Weltwunder.

225 Der Heratempel in Samos.

226 Die Ziegelpyramide von Hawâra, deren Totentempel das von Herodot als Labyrinth bezeichnete Bauwerk war.

227 Der überdeckte Gang, der vom Totentempel in die Pyramide führt.

228 Heute Birket el Karun.

229 Die Statuen Amenemhêts III. Die Fundamente der Statuen sind noch heute sichtbar. Herodot muß den See zur Zeit der Nilüberschwemmung besucht haben.

230 Der See war durch einen Kanal mit dem Nil verbunden, der es durch Schleusen- und Stauanlagen ermöglichte, nach Bedarf Wasser an den Nil abzugeben, um dort auch in trockenen Jahren die Bewässerung sicherzustellen.

231 Der See ist nicht erst durch Menschenhand geschaffen worden. Sardanapallos = Assurbânipal (668—626).

231a Necho von Saïs war im Jahre 663 gegen den Aithioperkönig Tanuatamon in der Schlacht bei Memphis auf der Seite des Assyrierkönigs Assurbânipal gefallen.
Psammetichos mußte infolge der verlorenen Schlacht zu den Assyriern fliehen, die ihn später nach Ägypten zurückführten.

232 Das heißt, er beseitigte die Herrschaft der einzelnen Gaukönige.

233 Der Apis (ägyptisch: *Hap*) galt als Herold des Gottes Ptah, er hatte einen

dreieckigen weißen Fleck an der Stirn. Der tote Apis wurde im Serapeum beigesetzt, das schon unter Ramses II. (1301—1234) angelegt worden war. Hier befanden sich die mumifizierten Leichen sämtlicher Apisstiere und ihrer Mutterkühe. Sie waren in besonderen Steinsarkophagen beigesetzt.

234 Griechische Militärkolonisten, die aus dem lydischen Reich kamen, wurden mit ihren Familien in besonderen Militärbezirken angesiedelt.

235 Zur Lage vgl. Kap. 91.

236 In einem uns nicht erhaltenen Werk.

237 Er regierte von 663 bis etwa 650 unter assyrischer Oberherrschaft und bis 609 als unabhängiger König.

238 Asdod, eine Stadt der Philister. Die Zeitangabe ist falsch.

239 Necho regierte von 609 bis 594 v. Chr.

240 Vgl. Buch IV, Kap. 39, Anm. 42.

241 Patumos (ägyptisch: *Pa-tum* = 'Am Tor des Ostens') ist das heutige Tell el Maskutah. Es liegt westlich von Ismaïlia. Das Gebiet um die Stadt ist das aus der Bibel bekannte Land Gosen, wo sich Joseph und seine Brüder niedergelassen hatten und von wo die Israeliten nach Kanaan auszogen.

242 Wadi Tumilat

243 Das heißt am Mittelländischen Meer und am Golf von Suez.

244 Megiddo in Palästina. Vgl. den Bericht der Bibel in 2. Chronik 35, 22—24.

245 Gaza.

246 Vgl. Anm. 239.

247 Psammetichos II. regierte von 594—588 v. Chr.

248 Wir besitzen eine Inschrift griechischer Söldner des Königs an den Ramseskolossen des Tempels von Abu Simbel nördlich von Wadi Halfa, die sich auf diesen Feldzug bezieht und die Namen der Befehlshaber nennt.

249 Apries (der Hophra des Alten Testaments) regierte von 588—569 v. Chr.

250 Apries, der selbst einer libyschen Familie angehörte, hatte den von den Griechen angegriffenen libyschen König Adikran unterstützt. Vgl. Buch IV, Kap. 159.

251 Amasis war ein ägyptischer Offizier aus Siuth. Er regierte von 569—526. Nach der Elephantinestele aus seinem 3. Regierungsjahr scheint er zuerst als Gegenkönig des Apries regiert zu haben, ehe er nach dessen Tod ganz Ägypten unter seiner Herrschaft vereinigen konnte. Die Schlacht fand nach Herodot bei Monemphis (heute Menuph) statt. Der Ort lag an einem Kanal, der vom Nilarm von Rosette zum See von Mariut führte. Die Stele nennt als Ort des Zusammenstoßes das 'Malachitfeld' (Andropolis), also auch einen Ort im Westteil des Nildeltas.

252 Heute Menuph.

253 *Hermotybier* und *Kalasirier* waren wahrscheinlich ähnlich wie *Machimoi* (aus libysch: *Maschawascha*, von den Ägyptern abgekürzt *Ma* genannt) die Namen libyscher Stämme, die in das Deltagebiet eingewandert waren und hier zunächst als Föderaten der ägyptischen Könige Land erhalten hatten.

254 Das sind die Provinzen im Westteil des Deltagebietes.

255 Diese Provinzen lagen im Ostteil des Nildeltas.

256 Auf den Landlosen der Machimoi lag wie später auf den Soldatengütern der byzantinischen Themen die Verpflichtung zum Kriegsdienst.

257 Die Mine (akkadisch: *manu)* ist eine von den Griechen aus dem Akkadischen entlehnte Münz- und Gewichtseinheit. Sie war der sechzigste Teil eines Talents. Das attische Talent entspricht 26,2 kg.

258 Gemeint ist das sogenannte Empfangszimmer des Grabes, in das die Opfergaben gestellt wurden. Der Tote betrat nach dem Glauben der Ägypter dieses Empfangszimmer durch eine kunstvoll verzierte Scheintür. Herodot hat nur diesen Raum des Grabes gesehen. Sein Bericht beweist, daß das Grab des Amasis zu seiner Zeit noch unversehrt war. Die angebliche Schändung des Grabes und die Vernichtung der Mumie des Königs durch Kambyses (Buch III, Kap. 16) läßt sich hier also durch Herodot selbst widerlegen.

258 a Das Grab des Osiris im Tempel der Neith.

259 Der heilige See, an dessen Ufer der heilige Palmbaum stand. Hier führte man den sogenannten Kranichtanz auf.

260 Osiris war auch der Gott der Fruchtbarkeit. Das hier von Herodot erwähnte ägyptische Mysterienspiel knüpfte an die Tötung des Osiris durch Seth und seine Wiedererweckung an. Es scheint den Thesmophorien sehr ähnlich gewesen zu sein. Die Thesmophorien wurden im Herbst in Verbindung mit der Aussaat gefeiert. An dem Fest durften nur verheiratete Frauen teilnehmen.

261 Amasis stammte aus Siuph, einer Stadt im Westteil des Deltagebietes. Die Schilderung, die Herodot von dem Charakter des Königs gibt, wird auch durch die ägyptischen Quellen bestätigt; so wird uns Amasis in einer historischen Novelle des 3. Jahrhunderts v. Chr. in ähnlicher Weise geschildert (die Novelle von Amasis und dem Schiffer).

262 Die ägyptische Sphinx unterschied sich von der Sphinx der Griechen. In Ägypten war sie die Darstellung der Herrscher. Ihr Kopf trug die Gesichtszüge des Pharaos, während man dem Körper die Gestalt eines Löwen gab.

263 Die gewaltigen Tempelbauten, die mit Stiftungen großer Güter und der Verleihung von besonderen Privilegien verbunden waren, stellten für die saiitischen Herrscher eine politische Notwendigkeit dar. Sie suchten durch diese Maßnahmen die ägyptische Priesterschaft für ihre Politik gegenüber den Fremden zu gewinnen. Denn die Gründung griechischer und phoinikischer Niederlassungen auf ägyptischem Boden, die das Recht freier Religionsausübung besaßen, mußte die ägyptischen Priester stark verstimmen.

264 Herodot denkt bei diesen Gauverwaltern nicht an die alten ägyptischen Gaufürsten, durch deren Beseitigung Psammetich die Herrschaft der saïtischen Könige begründete, sondern an die Nomarchen. Diese werden in den altägyptischen Texten 'Kanalgräber' genannt. Denn zu ihren Aufgaben gehörte neben dem Einziehen der Steuern das Instandhalten, Erneuern, Verbessern und Erweitern der Bewässerungsanlagen. Sie waren also Provinzgouverneure, und es war ihr Bestreben, möglichst viel Land für das Nil-

wasser erreichbar zu machen. Das wurde als Zeichen einer guten Verwaltungsarbeit angesehen.
Man unterschied damals 'Niederland' und 'Hochland'. Das Niederland entsprach ungefähr dem Gebiet, das von der Überschwemmung erreicht wurde, das Hochland ungefähr den künstlich bewässerten Ländereien. Im Niederland lagen wahrscheinlich die teils verpachteten, teils von Kriegsgefangenen und Sklaven bewirtschafteten Güter der großen Tempel und der Königsfamilie. Im Oberland lagen wohl mehr die Parzellen der Kriegsveteranen und der Männer, die sich um die Königsherrschaft verdientgemacht hatten und denen man Land geschenkt hatte, das sie und ihre Nachkommen (zunächst) als freie Bauern besaßen. Die Vergrößerung des Hochlandes durch weitere Ausdehnung des Bewässerungssystems galt als ebenso verdienstvoll wie der Sieg über die Reichsfeinde und wird in den erhaltenen Denkmälern der Provinzgouverneure an erster Stelle erwähnt.
Der Nomarch benötigte für die Festsetzung der Steuer in jedem Jahr genaue Angaben über die Ernteerträge aller Parzellen. Die Erträge hingen davon ab, ob die Parzelle in den einzelnen Jahren vom Nilwasser (direkt oder durch künstliche Bewässerung) erreicht worden war oder nicht und wie stark die Bewässerung gewesen war. Die ägyptischen Bauern wurden daher durch die Zentralregierung — wie in dem hier bei Herodot erwähnten Erlaß des Amasis — angehalten, den Provinzgouverneuren jährlich genaue Angaben über die Höhe ihrer Ernteerträge — sie sind hier mit dem Wort 'Einkommen' gemeint — zu machen.

265 Naukratis ist wahrscheinlich schon unter Necho oder Psammetichos gegründet worden. Unter Amasis wurden die Privilegien der Niederlassung bedeutend erweitert, so daß erst unter diesem König ein großer Aufschwung der Stadt einsetzte.

266 Ägypten war das Hauptexportland für Alaun, das in diesem Falle bei dem Bau des neuen Tempels zum Imprägnieren der Holzteile gebraucht wurde.

267 Die Bewohner von Naukratis im Nildelta.

268 Herodot hat also auch Kyrene besucht.

269 Heute Lindos an der Ostküste der Insel Rhodos. Amasis schickte also eine Statue der Neith zusammen mit anderen Geschenken an den Tempel. Das ist wichtig, weil es zeigt, auf welchem Wege ägyptische Einflüsse in die griechische Kunst eindringen konnten. Ein bezeichnendes Beispiel für eine frühe Einwirkung ägyptischer Vorbilder auf die griechische Kunst ist die in der ersten Hälfte des 6. Jahrhunderts in Kyrene entstandene schwarzfigurige Arkesilaos-Schale. Hier war die Szene der Seelenwägung durch Osiris, eine der bekanntesten Illustrationen des ägyptischen Totenbuchs, das Vorbild.

BUCH III

1 Die ägyptischen Ärzte waren sehr gesucht. Unter den erhaltenen Papyri besitzen wir auch solche medizinischen Inhalts, die auf eine sehr entwickelte medizinische Wissenschaft schließen lassen. Neben chirurgischen und gynäkologischen Papyri sind auch umfangreiche Rezeptsammlungen (Papyrus Ebers) erhalten. Sogar die Tierheilkunde ist auf einzelnen Papyri vertreten.

2 Herodot setzt sich hier in Widerspruch zu seinen eigenen Angaben, nach denen bereits Kyros den Feldzug gegen Ägypten geplant hatte (Buch I, Kap. 153).

3 *Nitetis* ist die griechische Form eines ägyptischen Namens, der auf Neith, eine besonders im Nildelta verehrte Göttin, weist. Apries war 567 v. Chr. gestorben. Die Prinzessin wäre also bei ihrer Verheiratung mindestens vierzig Jahre alt gewesen. Nichtsdestoweniger halten die Angaben Herodots hier der historischen Nachprüfung stand. Nitetis war wahrscheinlich die letzte Überlebende der libyschen Dynastie, der Apries angehört hatte und die durch den ägyptischen Offizier Amasis gestürzt worden war. Amasis hatte sich darauf selbst zum König gemacht. Durch die Heirat mit Nitetis, der Tochter des Apries, sicherte sich der persische König also einen Anspruch auf den ägyptischen Thron. Er konnte als Vertreter der legitimen Dynastie gegen den Usurpator Amasis auftreten In diesen Zusammenhang gehört auch die von Herodot mitgeteilte Erzählung, nach der Kambyses ein Sohn der Nitetis aus einer Ehe mit Kyros gewesen sein soll. Hier handelt es sich vermutlich um eine Erfindung von ägyptischen Parteigängern des Kambyses, die den persischen König als legitimen Nachfolger der von Amasis gestürzten libyschen Dynastie hinstellen wollten.

4 Die hier erwähnte Flucht des griechischen Söldnerführers Phanes ist schon im Jahre 547 erfolgt und nicht, wie Herodot annimmt, erst 525. Denn Phanes gelang es nach Herodot, aus Lykien in Kleinasien, wo ihn schon Leute des Amasis verhaftet hatten, auf persisches Gebiet zu entkommen. Demnach bestand damals noch das Reich des mit Amasis verbündeten Kroisos, das erst 547 von den Persern erobert wurde.

5 Kadytis ist wahrscheinlich das heutige Gaza. Unter den Syriern versteht Herodot hier die Philister (Seevölker), deren Städte Askalon, Asdod, Gath und Ekron die persische Armee auf ihrem Marsch nach Ägypten berührt hatte. Der Vergleich von Kadytis (Gaza) mit Sardes beweist, daß Herodot selbst über Gaza nach Ägypten gereist ist. Ianysos lag in der Nähe des Wadi El Arisch. Die Grenze war damals nicht der Serbo-See (heute Sebscha Bardawil), sondern der Wadi El Arisch, der schon 597 in einem Abkommen zwischen dem Pharao Necho und dem babylonischen König Nebukadnezar als Grenze zwischen beiden Reichen festgelegt worden war. Heißt es doch im Buch der Könige im Alten Testament: »Der König von Ägypten rückte aus seinem Lande nicht mehr aus; denn der König von Babel nahm vom Bache Ägyptens (Wadi El Arisch) bis zum Euphratstrom alles, was dem König von Ägypten gehört hatte.«

6 Phoinikien war damals eines der größten Weinexportländer. Über den Weinexport von Phoinikien nach Babylon hat Herodot schon an anderer Stelle

berichtet (Buch I, Kap. 194). Die Perser hatten verfügt, daß die für den Weinexport benutzten Gefäße in Ägypten mit Wasser gefüllt und von den nach Phoinikien zurückkehrenden Karawanen bis in das Wüstengebiet hinter El Arisch mitgenommen wurden, um hier die Trinkwasserversorgung an der Straße nach Palästina zu sichern.
Die Verwendung von Tongefäßen für Trinkwasserdepots ist schon vor der Zeit des Kambyses in Ägypten üblich gewesen. Man hat z. B. 1917 ein altägyptisches, aus mehreren hundert Tongefäßen bestehendes Depot südwestlich von Dachle (Abu Ballas) an einem wahrscheinlich nach Kufra führenden alten Karawanenweg gefunden.

7 Der Häuptling der hier erwähnten Araber ist der König des Nabatäerreiches, dessen späterer Reichsmittelpunkt Petra war. Im Gegensatz zu den Arabern der Syrischen Wüste mit dem Reichsmittelpunkt in der Oase El Dschof, die schon unter Tiglat Pileser III. (745—728 v. Chr.) als Vasallen der Assyrier erwähnt werden, hatten diese Araber ihre Unabhängigkeit behauptet. Nach Herodot muß sich das damalige Nabatäerreich etwa von dem Tal des Wadi el Araba, der in das Tote Meer mündet, bis an die Küste des Mittelmeers erstreckt haben.

8 Die Sitte, Steine zum Zeugen eines Bundes zu machen, findet sich auch bei den hebräischen Stämmen, die zeitweise in dem gleichen Gebiet wie die hier erwähnten arabischen Stämme nomadisiert hatten. So wird der Bund Jakobs mit Laban in dieser Weise vollzogen (Genesis 31, 45—53).

9 Herodots Angaben zeigen, daß bei diesen Arabern die alte Form des Kultes der Allat (vgl. Buch I, Kap. 131) nicht mehr bestand und neben der Allat auch eine andere Gottheit, Orotalt, verehrt wurde. Den Arabern war ursprünglich jede bildliche Darstellung von Göttern unbekannt. Der Bericht Herodots zeigt, daß bei diesen arabischen Stämmen schon eine weitgehende Übernahme fremden Kulturgutes, die besonders in der Übernahme neuer Gottheiten und anderer Kultformen ihren Ausdruck fand, erfolgt sein muß.
Die hier beschriebene Haartracht der arabischen Nomaden wird auch in der Bibel erwähnt (vgl. Leviticus 20, 27).

10 Herodot verwechselt hier das Rote mit dem Toten Meer, in das der Wadi el Araba mündet. Das Reich der Nabatäer berührte am Golf von Akaba das Rote Meer. Hier lag der berühmte Hafen Elana oder Ezion Geber, von dem Salomo Schiffsreisen nach Ophir (vielleicht Südarabien) unternehmen ließ (1. Könige 9, 26 ff.).

11 Gemeint ist der bei Tanis mündende Nilarm, den man von Asien kommend zuerst erreichte.

12 Psammetichos III. (November/Dezember 526 bis Juni 525).

13 Im Tempel der Neith zu Saïs (vgl. Buch II, Kap. 169).

14 Während Kairo noch vier bis sechs Regentage in einem Winter verzeichnet, kennt man weiter flußaufwärts nur ganz selten Regenfälle.

15 Anders berichtet Herodot in Buch II, Kap. 65.

16 Papremis, der Ort der Schlacht zwischen den Persern und Inaros, lag ungefähr dort, wo heute der Kanal von Suez bei Port Said das Meer erreicht. Inaros war ein libyscher Fürst, der zwischen 463 und 462 v. Chr. in das Deltagebiet eingedrungen war und hier einen Aufstand gegen die Perser entfacht

hatte. Achaimenes, der Bruder des Xerxes, der persische Satrap von Ägypten, hatte sich ihm bei Papremis entgegengestellt. In dieser Schlacht waren die Perser besiegt worden, und ihr Feldherr war gefallen.

17 Das bedeutet, daß Kambyses die Unterwerfung der Leute von Barka und Kyrene nicht annehmen und später gegen sie zu Felde ziehen wollte. Das geschah aber erst unter Dareios (Buch IV, Kap. 145 u. 200—204).

18 In dieser Stellung werden die besiegten Völker auch auf dem Relief der großen Inschrift von Behistun dargestellt.

19 Die Schiffsbesatzung bestand also einschließlich der Ruderer aus zweihundert Mann.

20 Beide sind libysche Fürsten, die sich gegen die persische Herrschaft erhoben hatten. Die Perser konnten gegen das eigentliche Gebiet dieser Dynasten in den Sümpfen im Westteil des Nildeltas nichts unternehmen und mußten ihre Söhne daher notgedrungen als Herrscher anerkennen.

21 Von diesem angeblichen Frevel des Kambyses wird in den ägyptischen Quellen nichts berichtet. Die Inschrift auf der Statue des Oberarztes Udja Hor im Tempel der Neith in Saïs, wo Amasis beigesetzt war, deutet mit keinem Wort derartige Vorgänge an. Udja Hor hatte sowohl zu der Umgebung des Amasis wie auch später zu der des Kambyses und Dareios gehört. Die von Herodot berichteten Religionsfrevel des Kambyses, zu denen auch die Verwundung des Apis gehört, sind Erfindungen der Kambyses feindlichen ägyptischen Priester. Kambyses hatte sich den Zorn der Priesterkaste durch drakonische Einschränkungen der Einkünfte der großen Tempel zugezogen und lebte in dem von dieser Schicht geformten historischen Bild als der Religionsfrevler fort. Auf einem demotischen Papyrus ist der Erlaß des Kambyses erhalten, durch den die Einkünfte der Tempel um die Hälfte reduziert wurden. Vorher hatten sie die Steuereinnahmen des Staates bei weitem überstiegen. Nicht nur bei Herodot, auch in dem 408 v Chr. an den persischen Statthalter von Judäa geschriebenen aramäischen Brief aus Elephantine läßt sich diese Kambyses feindliche Tradition nachweisen.

22 Die Einbalsamierung der Toten hängt mit den ägyptischen Vorstellungen vom Totenreich zusammen.

23 Karthago (*Qartbadascht* = Neustadt, griechisch: *Karchedon*) war im Jahre 817 v. Chr. von Bürgern aus Sidon, die infolge eines Bürgerkrieges die Stadt verlassen hatten, gegründet worden

24 Die Bewohner der Oase Siwa (vgl. Buch IV Kap. 182).

25 Gemeint ist das nubische Reich dessen Hauptstadt Napata im Gebiet des Dschebel Barkal lag. Das hier erwähnte Südmeer bildete nach der Ansicht Herodots die Südgrenze Libyens.

26 Hier werden griechische Mythen erzählt.

27 Es handelt sich hier um die bekannten zeremoniellen Geschenke, durch die man im Orient einen fremden Herrscher ehrte. Auch die drei Weisen aus dem Morgenlande brachten Weihrauch, Gold und Myrrhe (Matth., Kap. 2, 11). Myrrhe wurde im alten Ägypten nicht nur zur Einbalsamierung, sondern auch als Zusatz zum Salböl und für Arzneizwecke benutzt.

28 Die Geschichte weist auf die bekannte Episode aus der Odyssee. Über die aithiopischen Bogen unterrichtet uns Herodot Buch VII, Kap. 69. Im Gegen-

satz zu den persischen, aus zwei Stücken zusammengesetzten sogenannten Kompositbogen waren die aithiopischen Bogen aus einem Stück, das aus dem Holz der Dattelpalme geschnitten war, gefertigt.

28a Die Tatsache der Hausbestattung in Alabastersärgen, die Herodot hier von den Stämmen südlich Assuan erwähnt, weist nicht auf die am ersten Nilkatarakt lebenden Nomaden, sondern auf ein weiter südlich lebendes ackerbautreibendes Volk. Die Hausbestattung ist schon in den vorgeschichtlichen Kulturen Ägyptens, und zwar bei den sogenannten Merimdeleuten, nachweisbar.

29 Die Oase Charga. Die persische Garnison der Oase bestand zu Herodots Zeit aus griechischen Söldnern.

30 Der gefährliche Sandsturm Gibli.

31 Der Bericht Herodots über die Tötung des Apis-Stieres durch Kambyses ist nachweislich falsch. Die Inthronisation der heiligen Stiere fand einige Monate nach ihrer Geburt statt. Der 524 v. Chr. bestattete Apis-Stier, den Kambyses allein getötet haben könnte, war aber nach der erhaltenen Sarkophaginschrift neunzehn Jahre alt. Ferner ist die Beisetzung dieses Apis-Stieres nicht, wie Herodot vorgibt, heimlich erfolgt. Sowohl die Grabschrift wie die großen Dimensionen des Granitsarkophages zeigen, daß es sich um eine in aller Feierlichkeit vorgenommene offizielle Bestattung handelte. Aus der Inschrift geht hervor, daß Horus-Kambyses, ewiger König von Ober- und Unterägypten, einen großen Sarkophag aus Granit verfertigt und seinem Vater Osiris gewidmet hat. Auf der dazugehörenden Stele ist der persische König kniend dargestellt.

32 Auch hier steht der Bericht Herodots im Widerspruch zu den historischen Tatsachen. Nach der Inschrift von Behistun, die ja von Dareios, einem der an diesen Ereignissen Hauptbeteiligten, stammt, war Smerdis — er ist der Bardija der Inschrift — schon vor dem ägyptischen Feldzug von Kambyses getötet worden. Aber gerade die offizielle persische Darstellung zeigt durch den Punkt, wo sie mit Herodot übereinstimmt, daß sie auch nur eine Version wiedergibt. Sie stimmt mit Herodot darin überein, daß Bardija/Smerdis von Kambyses ermordet wurde und daß demnach der in Persien regierende Mager der falsche Bardija/Smerdes war. Es ist aber unwahrscheinlich, daß der Tod des Bruders des Königs drei Jahre verschwiegen werden konnte. Man muß vielmehr annehmen, daß Bardija/Smerdis beim Tode des Kambyses noch lebte und so rechtmäßig seine Nachfolge antrat. Dareios hatte sich gegen ihn empört und suchte diesen Aufstand später durch die Behauptung zu legalisieren, der gestürzte Bardija wäre ein Betrüger gewesen, weil der echte Bardija schon vor dem Feldzug des Kambyses nach Ägypten getötet worden sei. Herodots Bericht scheint hier also eine offiziöse persische Darstellung wiederzugeben, die uns in einer etwas anderen Version auch in der Inschrift von Behistun entgegentritt.

33 Die Heirat der eigenen Schwester galt nach den religiösen Anschauungen der Perser, wie sie vom späteren Awesta vertreten werden, für verdienstvoll.

34 Es ist Atossa (altpersisch: Hutausā), die spätere Gemahlin des Dareios. Die zweite Schwester des Kambyses hieß Roxane.

35 Diese und die folgenden von Kambyses berichteten Geschichten sind wahr-

scheinlich von der Partei des Dareios, der aus einer Seitenlinie der Achaimeniden stammte, in Umlauf gesetzt worden, um die Regierungsunfähigkeit der achaimenidischen Linie, der Kambyses und Bardija/Smerdis angehörten, zu illustrieren. In diesen Zusammenhang gehört auch die Kambyses angedichtete Epilepsie. Ein mit Epilepsie behaftetes Mitglied der königlichen Familie war auf jeden Fall von der Thronfolge ausgeschlossen.

36 Epilepsie.

37 Hier werden bei einem Perser griechische religiöse Vorstellungen vorausgesetzt. Apollon war jener griechische Gott, der für seine Treffsicherheit mit dem Bogen bekannt war. Auch das beweist die Ungeschichtlichkeit der Episode.

38 Vgl. Buch I, Kap. 207.

39 Das Heiligtum des Hephaistos ist der Tempel des Ptah in Memphis. Ptah war auch der Schutzgott der Goldschmiede und wurde daher von den Griechen mit Hephaistos gleichgesetzt.

40 Die Söhne des Ptah.

41 Der Name scheint von dem Sanskritwort für schwarz, *kāla*, abgeleitet zu sein. Er bezeichnet Angehörige der dunkelhäutigen indischen Urbevölkerung, die Dareios auf seinem Feldzug in Indien kennengelernt hatte.

42 Schiffe mit fünfzig Rudern.

43 Kydonia lag an der Nordwestküste von Kreta, etwa an der Stelle des heutigen Kandia.

44 Schiffe, bei denen die Ruderer auf drei übereinander angeordneten Bänken saßen. Die Besatzung der Triere bestand aus 170 Ruderern, 20 Mann für die Bedienung der Segel, 6 Offizieren und 12 Schiffssoldaten.

45 Lindos lag an der Ostküste der Insel Rhodos (vgl. Buch II, Kap. 182).

46 Periandros war von 627 bis 586/585 v. Chr. Tyrann von Korinth.

47 Korfu.

48 Siphnos ist eine Insel der Zykladen. Die Goldfunde begründeten den Reichtum der Siphnier, der in dem Bau eines eigenen, durch reichen Skulpturenschmuck berühmten Schatzhauses in Delphi seinen äußeren Ausdruck fand.

49 Heute Hydra. Die Insel liegt vor der Küste von Argolis.

50 Stadt in Argolis, Ruinen bei dem heutigen Damala.

51 Heute Kandia.

52 Diktynna war der kretische Beiname der Artemis.

53 Gemeint sind die Hauer eines Ebers. Diese Form hatten die Rammsporne der Schiffe. Der hier erwähnte Tempel in Aigina war der Aphaia, einer ursprünglich aus Kreta stammenden Gottheit, geweiht. Auf den beiden Giebelgruppen des Tempels steht Athena in der Mitte, so daß der Irrtum Herodots verständlich ist. Die Giebelgruppen gehören zu den bedeutendsten Denkmälern der frühgriechischen Plastik.

54 Der Tempel der Hera, dessen Grundmauern zwischen 1910 und 1913 freigelegt wurden.

55 Das gleiche berichtet auch die Inschrift von Behistun (vgl. Anm. 32). Wahrscheinlich hatte sich Bardija/Smerdis schon während der Abwesenheit des Kambyses von Persien zum König ausrufen lassen und sich mit den Magern, der alten, schon bei den Medern mächtigen Priesterkaste, verbündet.

56 Der Tod des Kambyses wird auch in der Behistun-Inschrift berichtet. Eine Stadt Agbatana in Syrien gab es nicht. Fest steht nur, daß Kambyses bei der Rückkehr nach Persien in Syrien starb.

57 Kambyses regierte von 529 bis 522 v. Chr.

58 Der schon drei Jahre dauernde Krieg des Kambyses in Ägypten, die von den Völkern des persischen Reiches hierfür erhobenen Abgaben und die Aushebung immer neuer Truppenkontingente scheinen die Hauptgründe für den Aufstand gegen Kambyses gewesen zu sein.

59 Otanes (altpersisch: *Utana)* war nach der griechischen Überlieferung ein Stiefbruder des Kyros und Onkel des Kambyses. Die Inschrift von Behistun nennt seinen Vater Tukra und bezeichnet ihn als Perser. Nichtsdestoweniger scheint er aber Angehöriger einer medischen Familie, vielleicht der gestürzten Dynastie des Astyages, gewesen zu sein. Er lebte auch noch später nach medischem Recht und trug medische Kleidung (vgl. Kap. 83 u. 84).

60 Aspathines ist wahrscheinlich mit dem als Bogenträger und erster Adjutant des Dareios bekannten Aspačana identisch.

61 Gobryas (altpersisch: *Gaubaruwa)* ist offenbar der gleiche vornehme Perser, der später als Feldherr und Lanzenträger des Dareios erwähnt wird.

62 Intaphernes (altpersisch: *Wintafarna).*

63 Megabyzos (altpersisch: *Bagabuchša).*

64 Hydarnes (altpersisch: *Widarna).*

65 Hystaspes war Satrap der Persis, also des von den persischen Stämmen bewohnten Gebietes, dessen Bewohner allein das Privileg der Steuerfreiheit besaßen.

66 Die Ereignisse spielten sich nicht, wie Herodot hier berichtet, in der Hauptstadt von Elam, Susa, ab, sondern in der Residenz des Bardija/Smerdis in Medien, also in Nordwest-Persien. Hier wurde Bardija am 29. September 522 in der Festung Sikajawati ermordet.

67 Die sieben Perser, die hier zum erstenmal als eine festumgrenzte Gruppe auftreten, gehörten wahrscheinlich zu den sieben vornehmsten persischen Familien. Die Führer *(disvarapatis)* dieser sieben Familien bekleideten unter Dareios die höchsten Staatsämter. Auch unter den Arsakiden und später unter den Sassaniden standen sieben Familien an der Spitze der Reichsaristokratie. Eine von ihnen stellte immer die Dynastie. Auf dem Grabrelief des Dareios werden die 6 Vispatis in den Seitenfiguren dargestellt. Bei zweien von ihnen sind noch die Namen, *Gaubaruwa* (Gobryas) und *Aspačana* (Aspathines), lesbar.

68 Herodot übergeht hier jene langwierigen Kämpfe, die Dareios unmittelbar nach seiner Thronbesteigung zu bestehen hatte. Nach der Behistun-Inschrift fielen sie in die Zeit zwischen dem 16. Oktober 522 und dem 27. November 521. Zuerst erhob sich Elam mit der alten Hauptstadt Susa. Ihm folgte Babylon unter Nidintu-Bel, einem Sohn des letzten Königs. Unmittelbar darauf fielen fast sämtliche Provinzen von Dareios ab. Die unterworfenen Völker versuchten, ihre Unabhängigkeit wiederzugewinnen. In Medien war ein Mitglied des alten medischen Königshauses Führer der Aufständischen, ihm hatte sich der gesamte Nordosten des Reiches angeschlossen. Ende 521 hatte Dareios, der sich zeitweise nur auf die persischen Stämme stützen konnte, fast alle auf-

ständischen Provinzen unterworfen. Nur Ägypten und Kleinasien waren noch nicht in seiner Hand. Ägypten wurde in den Jahren 519/18 unterworfen.

69 Mit dem Land der Araber ist hier das Reich der Nabatäer gemeint. Die Araber der Syrischen Wüste mit dem Hauptort Dschof waren den Persern wie schon früher den Assyriern tributpflichtig (vgl. Kap. 97, wo die Höhe ihres Tributes angegeben wird).

70 Ein in den Felsen gemeißeltes Relief, ähnlich wie in Behistun.

71 Die hier von Herodot überlieferte Liste der persischen Satrapien scheint, auf den ersten Blick gesehen, offizielle Aufzeichnungen über die Satrapien des Reiches wiederzugeben. Nach Herodot hätte Dareios durch eine einzige Regierungshandlung die Einteilung des Perserreiches in zwanzig Satrapien verfügt. Aber sowohl die Reihenfolge der einzelnen Satrapien wie die Tatsache, daß bei den Satrapien im letzten Drittel der Liste einzelne Völker oder Gebiete erwähnt werden, die schon als Bestandteile anderer Satrapien genannt wurden, spricht gegen diese Ansicht. Man hat davon auszugehen, daß die Aufzählung Herodots mit den kleinasiatischen Satrapien und hier mit der griechischen Provinz des persischen Reiches beginnt. Alle in den altpersischen Inschriften erhaltenen Länderaufzählungen beginnen aber mit den Provinzen im Innern des Reiches und nicht mit denen der Peripherie. Wenn bei Herodot mit den griechischen Provinzen begonnen wird, läßt das an eine in Ionien entstandene Beschreibung der persischen Provinzen denken. Bei den ersten zwölf Satrapien ist, wenn man die von Herodot (Buch IV, Kap. 37—40) durchgeführte Einteilung der Länder und Völker des persischen Weltreiches berücksichtigt, das griechische Kartenbild nicht zu verkennen. Herodot teilte Persien dort in drei Teile: 1. Kleinasien und das Zweistromland, 2. Phoinikien, Arabien, Ägypten, 3. das heutige Persien bis nach Nordindien. Bei der Satrapienliste ist Teil 1 Kleinasien, Teil 2 Phoinikien und Ägypten, Teil 3 ebenfalls Persien, das im Westen auch Babylon, Assyrien und Medien umfaßt. Die persischen Provinzen sind hiernach in das damalige dreiteilige griechische Kartenbild eingetragen worden. Bei den sich diesem Schema nicht einfügenden Provinzen von 13 bis 20 handelt es sich um Nachträge von neuerrichteten Provinzen, durch die die Liste vervollständigt wurde.

Wir können aus der hier von Herodot benutzten griechischen Liste der persischen Satrapien folgern, daß die Einrichtung der Satrapien zunächst in jenen Gebieten durchgeführt wurde, wo man an schon bestehende staatliche Organisationen anknüpfen konnte, z. B. in Kleinasien an das lydische Reich oder im Zweistromland an den Stadtstaat von Babylon. Daneben spielten auch militärische Erwägungen eine Rolle, so bei der Einrichtung der Satrapien in Kilikien der Schutz der Tauropässe oder im Gebiet der Sattagyden und Gandarer die Sicherung der Pässe nach Indien. Die Völker des Nordostens, Sogder und Chorasmier, wie des iranischen Hochlandes, der armenischen Berge und auch Indiens wurden erst später und zum Teil auf Kosten bereits bestehender Satrapien zu neuen Provinzen zusammengefaßt.

72 Die hier von Herodot berichtete Münzreform des Dareios basierte auf der Goldwährung. Die vom Großkönig geprägte Dareike (8,4 g 23karätiges Gold) war $^{1}/_{3000}$ des euboiischen Talents von 25,92 kg. Das Verhältnis von Gold zum Silber betrug $13^{1}/_{2}$: 1. Auf diesem Verhältnis basierend, wurde die

Silbermünze, der Seckel (hebräisch: *schékel*, babylonisch: *schiklu*, griechisch: *schiglos*), von 5,6 g geprägt. Eine Dareike hatte zwanzig persische Seckel. Hundert Seckel (fünf Dareiken) waren eine Silbermine, sechzig Silberminen ein Silbertalent und zehn Silbertalente ein Goldtalent.

73 Die kleinasiatische Küstensatrapie mit den griechischsprechenden Ländern.

74 Die folgende Satrapie ist das Hinterland der Küstensatrapie.

75 Das sind die ehemaligen nördlichen Provinzen des lydischen Reiches vom Hellespont und an der Schwarzmeerküste bis zur Mündung des Halys.

76 Die Gebirgskette des Tauros und die fruchtbare Ebene von Adana.

77 Der heutige Libanon, Syrien und Palästina.

78 Außer Ägypten die Oase Chargha und das Küstenland bis zu dem heutigen Benghasi.

79 Vgl. Buch II, Kap. 149.

80 Der Bezirk von Peschawar und der südliche Teil von Afghanistan mit dem Kabultal.

81 Das alte Elam mit der Hauptstadt Susa (die heutige Landschaft Chusistan).

82 Heute der Irak.

83 Nordwestpersien mit Teheran. Die Parikaner waren — ähnlich wie die heutigen Beludschis — Nomaden. Sie wanderten mit ihren Herden, wenn wir Herodot folgen, damals zwischen Nordwest- und Südpersien.

84 Aserbeidschan mit Gilan.

85 Nordafghanistan und das Tal des oberen Amu darja.

86 Die Gebirgsvölker zwischen Erzerum und Trapezunt (Trapson).

87 Die Völker zwischen der Linie Isfahan—Hanum i Hilmend und der Küste des Persischen Golfes bis zur Straße von Ormus.

88 Die Nomadenstämme, die an der Süd- und Ostküste des Kaspischen Meeres bis zur Mündung des heute ausgetrockneten Usboi nomadisierten.

89 Das Gebiet vom Unterlauf des Syr darja bis zum Tal des Heri-rud im heutigen Afghanistan.

90 Die persische Küste von der Straße von Ormus bis etwa in die Gegend von Karachi und das heutige Belutschistan. Es handelt sich bei den Aithiopern und Parikanern um Reste der von den Iraniern verdrängten drawidischen Urbevölkerung, die wegen ihrer dunklen Haut von den Griechen als Aithioper bezeichnet wurden. Das in den Gebirgen Belutschistans noch heute lebende Nomadenvolk der Brahui scheint zu dieser Volksgruppe zu gehören.

91 Die Matiener wohnten zwischen dem Urmia-, dem Vansee und dem Oberlauf des Tigris. Die Heimat der Saspeirer lag im Tal des oberen Tschoroch, der bei Batum in das Schwarze Meer mündet. Die Alarodier, die Urartu der akkadischen Inschriften, wohnten in dem Dreieck, das durch Van-, Urmia- und Göktscha-See gebildet wird.

92 Die Schwarzmeerküste von Trapezunt bis Poti und die Landschaft Adscharistan.

93 Die indische Provinz Punjab (Pandschab).

94 Gemeint ist der Nordteil des aithiopischen Reiches in Nubien, etwa das Gebiet vom heutigen Assuan bis Halfa.

95 Das Gebirge Nysa, das bei Homer noch in Boiotien angenommen wird, lag nach Herodot in dem Land der von ihm als 'Aithioper' bezeichneten dra-

widischen dunkelhäutigen Stämme in Indien. Hier wird das Gebirge auch von Arrian erwähnt.

96 Ein Getreidemaß, das ursprünglich das für einen Menschen notwendige Tagesquantum Getreide bezeichnete. Die Choinix war der 48. Teil eines Medimnos.

97 Westgeorgien und Abchasien.

98 Die von Herodot mitgeteilten Zahlen, die die Höhe der Abgaben der einzelnen Satrapien und die Tributleistungen der Nachbarvölker betreffen, gehen kaum auf persische Steuerlisten zurück. Es sind zumeist private griechische Schätzungen der Steuerkraft der einzelnen Provinzen. Die Schätzungen liegen, wie besonders die Angaben über die Steuerleistungen der armenischen Gebirgsvölker und der Vieh züchtenden Nomaden des iranischen Hochlandes zeigen, viel zu hoch.

99 Die Wüste Thar.

100 Der Name ist weder aus dem Sanskrit noch aus den Tamilsprachen zu erklären. Es handelt sich bei den Padaiern vermutlich um Angehörige einer mit den Wedda auf Ceylon verwandten indischen Urbevölkerung. Noch heute sind diese Stämme, die sich sowohl in Zentralindien wie noch in dem Bergland von Chota Nagpur gehalten haben, Jäger und Sammler.

101 Der Bericht bezieht sich nicht auf besondere indische Stämme, sondern schildert die Lebensweise der brahmanischen Wanderasketen.

102 Herodot gibt hier die primitiven Vorstellungen dieser Stämme wieder. Hiernach war der Mensch als Individuum schon im Samen vorhanden. Wie aus der Darstellung Herodots zu entnehmen ist, waren diese Vorstellungen nicht nur bei einzelnen indischen Völkern, sondern auch bei Negerstämmen in Afrika verbreitet.

103 Herodot hat den Namen *Kaspatyros* ungenau überliefert. Die richtige griechische Umschreibung des indischen Namens lautet nach einem Fragment aus dem Werk des Hekataios *Kaspapyros*. *Kaspapyros* läßt sich auf das indische Wort *Kass(a)pa-pura* zurückführen. Kaspapyros war nach Hekataios eine Stadt der persischen Satrapie Gandhara. Gandhara deckt sich etwa mit dem Bezirk des heutigen Peschawar.

104 Herodot überliefert uns hier die älteste Form einer aus Ladakh stammenden Sage, die uns auch in einer tibetanischen und von ihr abhängigen mongolischen und chinesischen Version erhalten ist. Schauplatz der Sage ist die Landschaft Ladakh an der tibetanisch-indischen Grenze. Hier in dem Dorf Dkar-skyil (Kargil) befindet sich noch heute das Zentrum der Goldgewinnung. Die Geschichte ist eine der einheimischen Goldgräbersagen.

105 Die hier geschilderten klimatischen Verhältnisse sind für einen Teil der engen Gebirgstäler in Ladakh, wo diese Erzählung entstanden ist, charakteristisch. Bald nach Mittag ist die Sonne verschwunden, und das Tal ist kalt.

106 Es handelt sich hier um eine besondere Pferderasse, die für ihre Schnelligkeit und Ausdauer berühmt war. Sie wurden zum Teil in Ferghana gezüchtet. Die Chinesen haben wegen des Besitzes dieser Tiere militärische Expeditionen nach Westturkestan gesandt. Das Gestüt von Nisa lag in Medien (Nordwestpersien).

107 Baumwolle. Über den Export der indischen Baumwolle nach Mesopotamien vgl. Buch I, Kap. 200.

108 Weihrauch kommt aus der Landschaft Safar in Hadramaut in Südarabien.

109 Myrrhe ist wie Weihrauch ein aus dem Stamm eines Baumes ausquellendes Harz. Sie kommt ebenfalls aus Südarabien.

110 Cinnamon, der Zimtbaum, liefert den Zimt (Kasia). Der Zimt wurde von den Arabern aus Ceylon eingeführt. Herodots Notiz weist auf die schon damals bestehenden engen Handelsbeziehungen zwischen Indien und Südarabien.

111 Ladanum, ein wohlriechendes Harz, das die im Mittelmeergebiet gedeihende Cistus-Pflanze hergibt.

112 Mit dem hier erwähnten Storax ist das Harz des auch im Mittelmeergebiet verbreiteten sogenannten echten Styraxstrauches gemeint.

113 Eine Heuschreckenart.

114 Herodot überliefert in Kap. 110 bis 112 arabische Seefahrergeschichten.

115 Das war nach der von Herodot und Arrian vertretenen Vorstellung Indien.

116 Fettschwanzschafe. Sie werden schon auf assyrischen Reliefs dargestellt. Man hat sie besonders in Arabien gezüchtet.

117 Herodot bezeichnet hier mit Aithiopien die ostafrikanische Küste, die schon damals von arabischen und phoinikischen Seeleuten besucht wurde.

118 *Eridanos* war zunächst der Name des Unterlaufs des Po oder der Etsch. Später bezeichnet *Eridanos* auch einen Fluß im Norden, der mit dem Bernstein in Verbindung gebracht wurde. Es ist möglich, daß Herodot hier auf Berichte, die sich auf die Mündung der Weichsel bezogen, anspielt.

119 Gemeint sind die sogenannten Zinninseln, wahrscheinlich die britische Insel (Cornwall). Das Zinn wurde von Cornwall von keltischen und iberischen Schiffen nach Tartessos gebracht und hier von Phoinikern und Phokaiern übernommen und in den Ostteil des Mittelmeerraumes transportiert.
Der Bernstein wurde wahrscheinlich von illyrischen Fernhändlern bis nach Norditalien zur Mündung des Po und der Etsch, dem Eridanos der Griechen, gebracht. Hier wurde die Ware von griechischen Kaufleuten übernommen und auf dem Wege durch das Adriatische Meer nach Griechenland transportiert.

120 Herodot greift hier auf die Arimaspeia des Aristeas von Prokonnesos zurück. Vgl. Buch IV, Kap. 13.

121 Herodots Bericht bezieht sich wahrscheinlich auf die Bewässerungsanlagen des Murghab (Akes), an dem auch die Oase Merw liegt. Hier berührten sich die damaligen Gebiete der Chorasmier, Hyrkaner und Parther. Der Großkönig mußte in diesem Fall, da es sich um die Wasserversorgung von drei verschiedenen Völkern handelte, selbst eingreifen und für eine gerechte Verteilung sorgen. Das Bewässerungssystem des Murghab, das schon in damaliger Zeit durch Stauwerke und Kanäle reguliert wurde, ist noch bis zum Mongolensturm intakt geblieben und wird von den islamischen Geographen beschrieben. Die Oase Merw wird sowohl im Awesta wie in den altpersischen Inschriften erwähnt. Wenn Herodot in dem gleichen Zusammenhang auch die Thamaner und Saranger erwähnt, deutet

das darauf hin, daß auch damals am Heri-rud und Hilmend i Hanum ähnliche Bewässerungsanlagen bestanden wie im Gebiet von Merw.

122 Sesam, eine Ölpflanze, deren Samen zur Herstellung von Öl benutzt wird. Zusammen mit Zucker bildet der Sesamsamen einen Hauptbestandteil der orientalischen Süßspeisen (Chalba, 'Türkischer Honig').

123 'Der Überbringer der Meldungen' bekleidete ein hohes Hofamt, denn der persische König verkehrte fast nur durch ihn mit der Außenwelt. 'Türhüter' ist hier die Bezeichnung für den Großvezier (vgl. hierzu Kap. 140, Anm. 138).

124 Das heißt, daß sich der König im Harem befand, der in einem besonderen Palast untergebracht war.

125 Oroites war Satrap der zweiten in der Liste Herodots (Kap. 90) erwähnten Satrapie, die nach ihrem Hauptort Sardes in den altpersischen Inschriften *Sparda* genannt wird. Mitrobates verwaltete die dritte Satrapie, die nach der Residenzstadt des Satrapen hier den Namen Daskyleion (bei Mudanya am Marmarameer) trägt. Der Bericht Herodots beweist, daß ein Teil der Satrapien schon unter Kyros eingerichtet wurde. Oroites benutzte die Wirren nach dem Tode des Kambyses, um sich hier ein eigenes Reich zu gründen, das sowohl die erste Satrapie, die vorher Polykrates als Satrap verwaltet hatte, wie die phrygische Satrapie des Mitrobates umfaßte.

126 Anakreon aus Teos war ein lyrischer Dichter. Nach dem Sturz des Polykrates lebte er längere Zeit in Athen. (Er starb bald nach 495 v. Chr.)

127 Stadt auf Kreta mit alten, jetzt ausgegrabenen Palastanlagen aus minoischer Zeit.

128 Man hat hier nicht an tausend Leibgardisten zu denken, sondern an eine persische Bezeichnung dieser Leibwache, in der das Wort 'tausend' enthalten war. So wurde der Chef dieser Leibwache *Hazarapati* ('Oberster der Tausend') genannt.

129 Oroites hatte also seiner eigenen Provinz noch die ionische und die phrygische Satrapie angegliedert.

130 Der königliche Sekretär, der jedem Satrapen beigegeben wurde. Er konnte die in der aramäischen Reichssprache abgefaßten Schriftstücke lesen und in der gleichen Sprache beantworten. In diesem Fall hat der Sekretär die Botschaften des Königs aus dem Aramäischen ins Altpersische übersetzt.

131 In den Harem des Königs.

132 Die Ärzteschule von Kroton genoß damals einen außerordentlichen Ruf, den man vielleicht mit dem von Salerno im Mittelalter vergleichen kann.

133 Hieran waren besondere Privilegien geknüpft. Der Großkönig aß, selbst wenn Gäste zur königlichen Tafel geladen waren, hinter einem besonderen Vorhang und war den Tischgästen unsichtbar.

134 Das bedeutet zwei Kriegsschiffe und ein Lastschiff. Das Lastschiff war im Gegensatz zu den Dreiruderern nur auf seine Segel angewiesen.

135 Keine kartographische Aufnahme, sondern nur eine Beschreibung der Küstenlinie und der Häfen, wie sie noch das Mittelalter in Gestalt der Portolanen kannte.

136 Milon war ein Pythagoreier. Er hatte bei sechs olympischen Wettkämpfen von 532 bis 512 v. Chr. den Sieg im Ringkampf davongetragen.

137 Das Gebiet der Iapygen in Apulien, die, aus Illyrien kommend, dort eingewandert waren. Die Iapygen gehören zu den Illyrern.

138 Das Tor des Palastes ist noch heute im Orient die Bezeichnung für den Sitz der Regierung. Wurde doch z. B. die osmanische Regierung stets als 'Hohe Pforte' bezeichnet. Dareios sagt in der Behistun-Inschrift, daß er die 'Lügenkönige' (gemeint sind zwei seiner Gegenkönige) 'an seinem Tor gebunden' habe. 'Türhüter' ist dementsprechend hier die Bezeichnung für den Präfekten des Palastes, der zugleich Chef der Leibwache war. Seine Stellung läßt sich am besten mit der des Großveziers vergleichen.

139 Die 'Wohltäter', Orosangen (persisch: *buvarzaka)*, des Königs, Leute, die sich um den Staat verdient gemacht hatten, wurden nach Herodot (Buch VIII, Kap. 85) in ein besonderes Buch eingetragen und durch reiche Landschenkungen ausgezeichnet.

140 Herodots Darstellung beruht schon hier auf der Zopyrosgeschichte, bei der es sich um eine damals in Persien verbreitete Volkssage handelt. Der Inhalt der Episode ist nicht historisch. Wir wissen allein aus den altpersischen Inschriften von zwei Aufständen in Babylon. Unmittelbar nach der Thronbesteigung des Dareios hatte sich Nidintu-Bel, ein Sohn des letzten Königs Nabonid, gegen die persische Herrschaft erhoben. Babylon wurde in diesem Krieg am 18. Dezember 522 erobert. Auf diese Eroberung Babylons, die nach dem Bericht der Inschrift von Behistun von Dareios selbst geleitet wurde, bezieht sich die bei Herodot (Buch I, Kap. 191) geschilderte Eroberung der Stadt, die er fälschlich mit Kyros in Verbindung bringt. Unmittelbar darauf hat Babylon unter dem Armenier Aracha ein zweites Mal rebelliert und mußte von Indaphernes (Windafarna) unterworfen werden (27. November 521 v. Chr.).

141 Vgl. Buch I, Kap. 191.

142 Die Assyrier sind hier die Babylonier.

143 Durch das Tor von Ninive (Ninos), das Nordtor, führte die Straße nach der assyrischen Hauptstadt Ninive. Das Tor der Chaldaier war das Südtor. Durch dieses Tor zog man zu den am Persischen Golf wohnenden Chaldaiern (akkad. Kaldai). Das kissische Tor lag im Nordosten an der Straße nach Kisch (heute El Oheimir). Bei dem belischen Tor, dem Westtor, führte eine Brücke über den Euphrat. Das Tor trug seinen Namen nach dem Tempel des Marduk, der als Bel (= babylonisch: 'Herr') bezeichnet wurde. Der Tempel des Bel wurde von der bei diesem Tor beginnenden großen Prozessionsstraße sowohl an der Süd- wie der Ostseite berührt.

144 Bel/Marduk, der Stadtgott von Babylon.

145 Das waren z. B. Kleider, die der König getragen, oder Pferde, die er geritten hatte.

146 Inaros, ein libyscher Fürst, hatte sich gegen die Perser empört und sie aus Unterägypten vertrieben. Er wurde von den Athenern unterstützt. Megabyzos schlug Inaros mit seinen griechischen Verbündeten im Sommer des Jahres 456 bei Memphis. Die Athener mußten sich 454 v. Chr. auf der Nilinsel Prosopitis den Persern ergeben. Inaros wurde an die Perser verraten und später von ihnen hingerichtet.

147 Der Vater Megabyzos hatte sich schon als Satrap von Syrien nach dem

Frieden des Kallias (449 v. Chr.) gegen den Großkönig Artaxerxes Langhand (465—425) empört, war dann aber wieder in Gnaden angenommen worden. Sein Sohn Zopyros kam 441 nach Athen. Er fiel um 440 v. Chr. an der Spitze athenischer Truppen bei den Kämpfen um die Hafenstadt Kaunos in Karien.

BUCH IV

1 Dareios hat den Feldzug gegen die Skythen nicht, wie Herodot angibt, nach der Eroberung Babylons unternommen.
Babylon wurde zum zweitenmal am 27. November 521 erobert. In die Zeit zwischen diese Eroberung (521) und den Skythenfeldzug im Jahre 513/512 fielen die meisten Feldzüge des Königs. Im Jahre 520 wurde Ägypten wieder erobert, ebenso Nubien (altpersisch: *Kuschija/Kusch*), das Gebiet unmittelbar südlich des heutigen Assuan, dessen Unterwerfung Kambyses nicht abschließen konnte. Hierauf folgten im Osten die Feldzüge gegen die Saken nördlich des Oxus, gegen die etwa ein Jahrzehnt vorher Kyros gefallen war. Hierbei wurde das Gebiet der damals befriedeten Sakastämme in zwei Satrapien eingeteilt: die 'Saka der Sümpfe' (sie wohnten nördlich des Oxus in der Gegend von Buchara) und die 'Saka der Ebenen' (gemeint sind die Bewohner der Turkmenensteppe südlich des Oxus). Auf die Sakenkriege des Dareios folgte der Feldzug im Pandschab, bei dem die persische Grenze über Gandhara (Bezirk von Peschawar) weiter in das Industal nach Süden vorgeschoben und hier die Provinz *Hind* eingerichtet wurde.

2 Dareios wollte nicht, wie es Herodot auffaßt, die alten, fast hundertfünfzig Jahre zurückliegenden Einfälle der Skythen gegen das medische Reich rächen, sondern verhindern, daß die Skythen aus dem Steppenraum nördlich des Kaukasus über den Paß von Derbent nach Medien, den südlich des Kaspischen Meeres liegenden Teil seines Reiches, vorstießen. Zu diesem Zweck unternahm er den Feldzug gegen das eigentliche Wohngebiet dieser Nomaden in Südrußland.

3 Vgl. Buch I, Kap. 16 und Kap. 104—106.

4 Herodot berichtet eine alte skythische Sage, die sich auf Ereignisse bei der Einwanderung der Skythen in Südrußland bezieht. 'Blinde Sklaven' ist in dieser Sage wahrscheinlich die Bezeichnung für das von den Skythen unterworfene Volk, das sich ihnen damals entgegenstellte. Die mit diesem Namen bezeichneten früheren Einwohner Südrußlands, also wahrscheinlich kimmerische Stämme, hatten sich den Skythen, die schon die Meerenge von Kertsch überschritten hatten, an der Landenge zwischen der Arabat-Bai und dem Golf von Feodosia zum Kampf gestellt. Diese Landenge — sie wird auch als 'Tatarengraben' bezeichnet — hat noch im letzten Krieg bei den Kämpfen auf der Halbinsel Krim eine bedeutende Rolle gespielt. Der Taurus ist das Jailagebirge, der Maietissee das Asowsche Meer.

5 Nach der hier mitgeteilten Sage wäre Borysthenes eine skythische Gottheit gewesen, nach der der Dnjepr von den in Südrußland einwandernden Skythen

genannt worden wäre. Die Bezeichnung eines Häuptlings als 'Targitaos' und der von ihm abstammenden Könige als 'Tarkynaioi' scheint auch bei den Skythen in Ostasien, den 'Yüe-tschi' der Chinesen, gebraucht worden zu sein. Von ihnen haben sie dann die Altaier übernommen. Das *Targitaos* zugrunde liegende Wort wurde von den Chinesen mit *Schan-yü* umschrieben.

6 Die Namen der hier erwähnten Söhne des Targitaos sind wahrscheinlich Zusammensetzungen der Namen der skythischen Hauptstämme mit dem iranischen Wort für 'König', χšaya. So wird *Kolaxais* als eine ungenaue Wiedergabe von *Skolaxais* (*Skoloχšaya* = Skolenkönig) erklärt. 'Skoloten' war nach Herodot der Name, mit dem sich die Skythen selbst bezeichneten.

7 Die hier geschilderten goldenen Gerätschaften wurden bei den einzelnen skythischen Stämmen verehrt. Ebenfalls aus Gold gefertigte Nachbildungen wurden den Häuptlingen mit ins Grab gegeben. So ist z. B. in dem Kurgan von Kelermes im Kubangebiet (575/550 v. Chr.) eine goldene Streitaxt gefunden worden.

8 *Paralaten*, die Bezeichnung des führenden Stammes, der die skythischen Könige stellte, weist auf iranisch *paradāta* = 'voran', 'an die Spitze gestellt'.

9 Heute Cadiz, westlich der Straße von Gibraltar. Die hier mitgeteilte griechische Sage ist ohne geschichtlichen Wert und eine Erfindung der Mythographen.

10 Der hier von Herodot mitgeteilte Bericht über die skythische Einwanderung aus Asien stammt aus akkadischer Quelle und hat den Vorzug, den geschilderten Ereignissen zeitlich sehr nahe zu stehen, da er aus der Zeit um 700 v. Chr. stammt, als die Skythen nach Südrußland einwanderten. Nach der hier gegebenen Beschreibung der Wanderung müssen die von den Massageten aus Westturkestan vertriebenen Skythen an der Südküste des Kaspischen Meeres entlang gezogen sein. Den Araxes, die heutige Kura, überschreitend, haben sie dann, der Küstenstraße weiter nach Norden folgend, am Ostrand des Kaukasus vorbeiziehend schließlich das südrussische Steppengebiet, die damaligen Wohnsitze der Kimmerier, erreicht. Auf die Herkunft der Skythen aus Westturkestan weist auch die sowohl bei Herodot wie in den altpersischen Königsinschriften überlieferte Bezeichnung der Skythen als *Saka*. Der Name *Saka* wurde speziell für die am Jaxartes (Amu darja) nomadisierenden iranischen Stämme gebraucht.
Die Kimmerier scheinen bereits früher aus dem Osten in Südrußland eingewanderte Nomadenstämme gewesen zu sein, denn die älteste akkadische Überlieferung kannte sie, wie die akkadische Version der altpersischen Königsinschriften bezeugt, noch in Westturkestan. In dieser Version werden die im altpersischen Text der Inschrift als 'Saken' bezeichneten Nomadenstämme nördlich des Oxus *Gimmirai* (Kimmerier) genannt. Der alte Name ist dann auf die später in das Gebiet der Kimmerier einwandernden Saken (Skythen) übertragen worden.

11 *Tyres* (aus iranisch *tura* = schnell) ist der Name des Dnjestr.

12 Die Straße von Kertsch.

13 Die hier erwähnte Gruppe der Kimmerier scheint vorher im Kubangebiet nomadisiert zu haben, während die in Südrußland und auf der Krim

beheimateten Stämme, am Westrand des Schwarzen Meeres entlangziehend, Kleinasien über den Hellespont und den thrakischen Bosporus erreichten.

14 Aristeas aus Prokonnesos (heute Marmara, eine Insel im Marmarameer) ist der Autor der Arimaspeia, eines uns bis auf einige Fragmente nicht mehr erhaltenen Gedichtes, das Herodot für diesen Bericht vielleicht auch als Quelle gedient hat. In der Arimaspeia wird die skythische Wandersage wiedergegeben.
Auch diese Wandersage berichtet von der Einwanderung der Skythen in das Gebiet der Kimmerier. Hier berührt sich also die skythische Wandersage mit dem bereits besprochenen akkadischen Bericht. Die Issedonen gehörten zu den uns auch aus anderen Quellen bekannten Völkern. Nach Herodot (Buch 1, Kap. 201) wohnten sie den Massageten gegenüber, also auf der östlichen Seite des Kaspischen Meeres. Mit 'Massageten' bezeichneten auch die in Südrußland wohnenden Skythen die am Westufer des Kaspischen Meeres lebenden Stämme. Die Issedonen wohnten also nach dem hier von Herodot benutzten Bericht in Westturkestan. Es sind wahrscheinlich die gleichen Stämme wie diejenigen, die von der akkadischen Überlieferung als 'Massageten' bezeichnet wurden. Die Issedonen sind wahrscheinlich mit den Yüe-tschi der chinesischen Quellen identisch. Ptolemaios kennt sie als Bewohner des West- und Südteils des Tarimbeckens.
Nach Herodot waren die Issedonen damals von anderen Völkern vertrieben worden. Die Erinnerung an diese an sich historischen Vorgänge verbindet sich in dem skythischen Bericht mit religiösen Vorstellungen. Bei den altaischen Völkern, die in ihrer Vorstellungswelt vieles mit den Skythen gemeinsam hatten, waren die 'Einäugigen' — das ist nach Herodot (Buch IV, Kap. 27) die Bedeutung des Wortes 'Arimaspen' — die bösen Geister, und das Land der Hyperboreer, das Nordland, galt als das Totenreich.

15 Die Bezeichnung 'Südmeer' ist aus der skythischen Sprache übernommen worden, denn für die in Südrußland wohnenden Skythen war das Schwarze Meer das 'Südmeer'.

16 Metapontion, heute Metaponto am Golf von Tarent zwischen den Mündungen der Flüsse Bradano und Basento.

17 Der Rabe war dem Apollon heilig.

18 Herodot beschreibt hier einen von der Dnjeprmündung nach Norden führenden Handelsweg und zählt die Völker auf, durch deren Gebiet er führte. Herodots Bericht ist die Beschreibung eines Teilabschnittes des alten, zur Ostsee führenden Bernsteinweges, die ihm von griechischen Kaufleuten gegeben worden war. Man befuhr hiernach den Dnjepr von dem an der Mündung gelegenen Hafen der Borystheniten aufwärts — wie weit, läßt sich nach der von Herodot gegebenen Schilderung nicht beantworten. Wahrscheinlich wurde der Dnjepr von den Griechen damals nur bis zu den großen Stromschnellen unterhalb Dnjepropetrowsk befahren. Es ist möglich, daß bis dorthin Händler von der Ostseeküste kamen und hier der Tauschhandel stattfand. Diese Händler — vielleicht Skandinavier — würden also, wie später die Waräger, auf der Düna bis zu ihrem Nebenfluß, der Kaspla, gefahren sein und hätten hier über einen Volok, eine Schleppstelle für

Boote, den Dnjepr erreicht, den sie dann bis zu den Stromschnellen hinabfuhren.

19 Der Hypanis ist der südliche Bug.

20 Hylaia ist das Waldgebiet bei Aleschki am Dnjepr.

21 Pantikapes ist heute der Ingulez. Herodot beschreibt hier das Gebiet zwischen dem südlichen Bug und dem Unterlauf des Dnjepr. *Androphagen* ('Männerverzehrer') ist wahrscheinlich die Übersetzung eines einheimischen Volksnamens.

22 Gerrhos ist der heute Konskaja genannte Fluß.

23 Nach Herodot wohnte also der führende Stamm der Skythen in einem Gebiet, das im Westen vom Dnjepr, im Norden durch die Konskaja (Gerrhos) und den Donez (Tanais), im Osten durch das Asowsche Meer (Herodot nennt im Norden den Hafen Krimnoi — Nogaisk — und im Süden den bereits erwähnten Tatarengraben, die Landenge zwischen dem Golf von Feodosia und der Arabat-Bai) begrenzt wurde. Die südliche Grenze bildete die Kette des Jaila-Gebirges (Taurus). In der Tat hat man in Neapolis bei Sinferopol auf der Krim die Ruinen einer Residenz der skythischen Könige ausgegraben und in dem sogenannten Goldenen Kurgan aus der Zeit um 525—500 eine der reichsten skythischen Begräbnisstätten gefunden.

24 Der Name 'Melanchlainer' ('Schwarzmäntel') rührt, wie Herodot (Kap. 107) ausführt, von der Kleidung dieses Volkes her.

25 Der Tanais ist der Donez. Der Name 'Donez' (Tanais) weist auf iranisch *danu* = Wasser.

Herodot gibt im folgenden eine Beschreibung des von der Donmündung nach dem Osten (Zentralasien) führenden Handelsweges. Auch hier wird wie bei der Schilderung der nach Norden führenden Route genau vermerkt, wo man die Skythen verließ und Stämme anderen Volkstums erreichte. Der Darstellung liegt wahrscheinlich ein Itinerar zu Grunde, das aus einer der griechischen Städte an der nördlichen Schwarzmeerküste stammt. Auf diese Quelle gehen die in Tagen gegebenen Entfernungsangaben und die Beschreibung der Wegstrecke zurück. Hier wird die sich an das Waldgebiet der Budiner am Unterlauf des Don anschließende Trockensteppe beschrieben. Bei den Thyssageten handelt es sich um die im Norden wohnenden Teile des Volkes, deren Gebiet von dem Handelsweg etwa bei dem heutigen Kalasch berührt wird. Die Thyssageten wohnten von Kalasch an — dem Kamm der Jergeni-Hügel folgend — bis hinab nach dem heutigen Ellista. Die Wohnsitze der Iyrken und der ausgewanderten Skythen sind etwa in dem Wiesen-Auengebiet, das auch von Waldstreifen durchsetzt ist, zwischen Achtuba und Wolga zu suchen. Dieses Gebiet scheint von dem von Herodot beschriebenen Handelsweg etwa in der Gegend des heutigen Stalingrad erreicht worden zu sein. Man ist diesem Gebiet dann in südöstlicher Richtung bis fast zur Küste des Kaspischen Meeres gefolgt. Nach dem Verlassen dieses Wiesen- und Auengebietes zwischen Achtuba und Wolga erreichte man die Salzsteppen am Nordufer des Kaspischen Meeres. Infolge des Salzgehaltes der Steppe — es handelt sich hier um alten Meeresgrund — liegt auf dem Boden eine feste Kruste, die Herodot als steinhart bezeichnet. Auf den gleichen klimatischen und geologischen

Bedingungen beruht auch die von Herodot erwähnte Unebenheit des Geländes. Die Wohnsitze der Argyppaier hat man sich hiernach am Syr darja vorzustellen und, wenn man die Gebirge in der Darstellung Herodots berücksichtigt, etwa am Fuße des Kara tau. Östlich von den Argyppaiern wohnten nach diesem Itinerar die Issedonen. Die Wohnsitze der Issedonen, die hiernach von den griechischen Kaufleuten nicht selbst besucht wurden, lagen demnach im Tarimbecken, wo sie auch Ptolemaios beschreibt. Eine andere Gruppe der Issedonen wohnte in Westturkestan (vergl. Anm. 14). Das letzte von den griechischen Kaufleuten aufgesuchte Volk waren die Argyppaier.

26 *Argyppaioi* ist vielleicht nicht der eigentliche Name des Volkes, sondern nur seine griechische Übersetzung, die infolge mündlicher Überlieferung nicht als solche aufgefaßt wurde. Für *Argyppeioi* wurde daher *Argyppaioi* geschrieben. *Argyppeioi* heißt: 'die zum weißen Pferd gehörenden'. Ein Nomadenstamm, der sich als 'Weißes Pferd' bezeichnet, wird auch in den chinesischen Quellen erwähnt; er war im 4. Jahrhundert v. Chr. nach dem Westen ausgewandert. Die von Herodot gegebene Beschreibung des Volkes (Kahlköpfigkeit durch Abscheren des Kopfhaares, eingedrückte Nasen) paßt auf kirgisische Stämme, ebenso die Gewohnheit der Argippaier, im Sommer unter einem Baum (gemeint ist eine aus zusammengestellten Holzstäben gebildete Jurte, die im Winter noch mit weißem Filz bedeckt wurde) zu wohnen. Der Name des aus der Frucht des Pontikon (Vogelkirsche) bereiteten Getränkes, Aschy, läßt sich vielleicht mit dem alttürkischen Wort für 'bitter', *ačyg*, vergleichen.

27 Die hier gegebene Beschreibung deckt sich fast vollständig mit der von Herodot (Buch I, Kap. 215—216) gegebenen Schilderung der Lebensgewohnheiten der Massageten. Wahrscheinlich beziehen sich beide Berichte auf das gleiche Volk, nur daß die Beschreibung der Massageten wahrscheinlich von akkadischen Kaufleuten stammt, die zu den Massageten/Issedonen auf dem Weg über das Kaspische Meer und dann den Usboi gekommen waren, während die Griechen von der Donmündung aus das Nachbarvolk der Issedonen/Massageten, die Argippaier, am Syr darja besuchten.

28 Die Sinder wohnten, ebenso wie die hier nicht erwähnten Maider, auf der Halbinsel Taman. Die Sinder und die Maider sind die im Westen zurückgebliebenen Teile jener Völker, die in der zweiten Hälfte des zweiten vorchristlichen Jahrtausends zunächst das Industal besetzten, das nach den Sindern auch als 'Sindh' bezeichnet wurde. Auch der Name der Maider wird noch später im Industal erwähnt.

29 Dieses nicht erhaltene Werk Homers beschäftigte sich wahrscheinlich im Anschluß an die Schilderung des Zuges der Sieben gegen Theben mit dem Rachefeldzug der Söhne der Helden. Die Hyperboreer werden auch in der Homer zugeschriebenen Hymne auf Dionysos erwähnt.

30 Herodot berichtet an dieser Stelle über die zwischen den etruskischen und venetischen Stämmen Oberitaliens und den Völkern nördlich der Alpen bestehenden Verbindungen. Sie bestanden hiernach zum Teil in kultischen Verbrüderungen, die sich an die Sendung von Abgesandten dieser Nordvölker zu den religiösen Festen in Dodona und Delos knüpften. Bei den in diesem Zusammenhang erwähnten Hyperboreern hat man an die nördlich

der Alpen wohnenden Völker zu denken.

Diese von Oberitalien aus nach dem Norden gehenden Kult- und Handelsverbindungen finden auch in dem engen Zusammenhang der Situla (ein aus Bronzeblech geformtes eimerförmiges Gefäß) in Oberitalien mit der des nördlichen Alpenvorlandes ihren Ausdruck. Auf den Friesen dieser Bronzeeimer finden wir jene kultischen Festaufzüge und Gesandtschaften dargestellt, von denen Herodot berichtet.

31 Der Malische Meerbusen ist der heutige Golf von Lamia.

32 Karystos ist eine Stadt an der Südküste von Euboia, jetzt Karisto genannt.

33 Tenos ist eine der Kykladen zwischen Andros und Delos.

34 Die Perphereer sind wahrscheinlich ein Priesterkollegium, das den Kult der beiden hyperboreischen Jungfrauen zu beaufsichtigen hatte.

35 Es handelt sich um alte Zeremonien, die bei dem Eintritt der Reife vorgenommen wurden.

36 'Arge' und 'Opis' (= 'die Glänzende') entsprechen dem lateinischen Wort *Lucina*, das die gleiche Gottheit wie Artemis bezeichnet.

37 Eileithyia ist die Geburtsgöttin. Auch Artemis war die Göttin der Geburt.

38 Herodot deckt die doppelte Wurzel des delischen Kultes auf: einmal die von den Griechen aus ihrer Heimat im Norden mitgebrachte Verehrung der Artemis und Apollons, an die noch die alten Kultverbrüderungen mit den Nordvölkern erinnern, dann die Verehrung Apollons als des Lichtgottes. Wie Herodot berichtet, ist die Verehrung dieses Gottes von Lykien in Kleinasien, wo er zahlreiche Verehrungsstätten besaß, nach Delos gekommen. Das geschah erst später, während die Verbindung mit dem Norden noch in die Zeit der griechischen Einwanderung hinaufreicht.

39 An den Hyperboreer Abaris knüpft sich ein bestimmter Mythos, der uns, ebenso wie die Arimaspensage, schon vor Herodot bezeugt ist. Pindar erwähnt ihn. Den vollständigen Mythos, auf den Herodot hier nur hinweist, kennen wir durch ein Fragment des Rhetors Lykurgos aus dem 4. Jahrhundert v. Chr. Hiernach war Abaris aus dem Land der Hyperboreer nach Griechenland gekommen, als dort eine Hungersnot herrschte, und hatte sich in Hellas dem Dienst Apollons geweiht, von dem er die Gabe der Weissagung erhielt. Mit dem Pfeil, dem Symbol Apollons, wanderte er dann durch Griechenland.

Die Hyperboreer müssen hier als ein Volk in Zentralasien aufgefaßt werden, denn 'Abaris' erinnert an den Namen des in Westturkestan heimischen Nomadenstammes der Aparner, an den auch später die für ein altaiisches Volk gebrauchte Bezeichnung *Awar* anknüpft. Dieser Abaris, ursprünglich vielleicht ein Stammesschamane, war nach dem Westen gekommen und hatte sich dem Kultverband des Apollon in Delos angeschlossen.

40 Vermutlich benutzte Herodot hier für seine Darstellung eine alte akkadische Weltkarte, die von Assyrien als Mittelpunkt ausging. Sie begann mit den Völkern östlich von Assyrien, also den damals noch in Anschan, am Oberlauf des Karun, wohnenden persischen Stämmen, erwähnte nördlich von ihnen das Gebiet der Meder (die heutige persische Provinz Teheran), im Norden von Assyrien am Oberlauf des Araxes die Saspeirer und dann im Westteil des heutigen Georgien die Kolcher. Die Beschreibung folgte dann

weiter vom Phasis (Rion) der Küste des Schwarzen Meeres bis zum thrakischen Bosporus. Der nächste Punkt, der im Westen markiert wurde, war das Vorgebirge Sigeion auf der kleinasiatischen Seite in der Nähe des Hellespontes. Die Südküste Kleinasiens wird im Westen durch das Vorgebirge Triopion (heute Kap Krio) bei Knidos und im Osten durch den Myriandrischen Meerbusen (heute Golf von Alexandrette) bezeichnet.

41 Auch hier ist Persien das Gebiet von Anschan und das Rote Meer der Persische Golf. Wenn Herodot Arabien bereits als Teil einer Halbinsel bezeichnet, geht daraus hervor, daß auch das heutige Rote Meer (bei Herodot: Arabischer Meerbusen) bis zur Straße von Bab el Mandeb sowie die Südküste Arabiens befahren wurden und die Berichte der Seefahrer Herodot bekannt waren.

42 Herodot erwähnt hier den Verbindungskanal, den Dareios zwischen dem Nil und dem Roten Meer bauen ließ. Es ist jener Kanal, der durch den Wadi Tumilat und die Bitterseen führte und beim heutigen Suez in das Rote Meer mündete.

43 Das 'Rote Meer' ist auch hier der Persische Golf.

44 Der Araxes ist die Kura.

44a Der Bericht zeigt, daß das persische Reich damals in Indien bis zum Westrand der Wüste Thar reichte.

45 Die im Auftrage des ägyptischen Königs Necho (609—593 v. Chr.) unternommene Umsegelung Afrikas durch die Phoiniker ist erfolgreich gewesen. Die Fahrt, die im Roten Meer begann, führte an der Ostküste Afrikas entlang bis zum Kap der Guten Hoffnung. Nach der Umsegelung dieses Kaps hatten die Seefahrer tatsächlich, wie sie hier berichtet hatten, die Sonne zur Rechten. Erst im dritten Jahr der Fahrt wurde die Meerenge von Gibraltar (Säulen des Herakles) und damit das Mittelmeer wieder von ihnen erreicht.

46 Der Karthager Hanno hat um 520 v. Chr. Afrika umsegelt. Über seine Reise gab es auch einen schriftlich niedergelegten Bericht, dessen griechische Bearbeitung uns erhalten ist.

47 Das Vorgebirge Soloeis ist wahrscheinlich mit Kap Cantin bei Mogador oder Kap Spartel bei Tanger identisch.

48 Karyanda war der Name einer Stadt in Karien am Golf von Kos.

49 Die Fahrt des Skylax stand im Zusammenhang mit den Eroberungen des Dareios in Indien. Man hat sich die Expedition im Rahmen einer militärischen Operation des Dareios zu denken, bei der die Perser vom Gebiet der Paktyer, also vom Tal des Kabulflusses aus, über Gandhara (Bezirk von Peschawar) die fruchtbare Indusebene unterwarfen (vgl. Kap. 1, Anm. 1). Während das persische Heer auf dem Landwege zurückkehrte, unternahm Skylax von einem indischen Hafen aus unter Ausnutzung des Monsunwindes die Fahrt nach einem südarabischen Hafen und gelangte von dort aus in das Rote Meer bis zum heutigen Suez. Zwischen Indien und Südarabien bestanden seit alter Zeit Handelsverbindungen. Schon die Königin von Saba (in Südarabien) brachte dem König Salomo indisches Sandelholz. Auch nach dem Persischen Golf führten indische Kaufleute schon in sehr früher Zeit ihre Waren. So hat man jüngst auf den Bahraininseln Gegenstände, die

der Induskultur von Mohendjodaro angehören, gefunden. Über den Export indischer Baumwolle nach Babylon vgl. Buch I, Kap. 200.

50 Vgl. Buch I, Kap. 2.

51 Istros = Donau, Tyres = Dnjestr, Hypanis = südlicher Bug, Borysthenes = Dnjepr, Pantikapes = Ingulez, Hypakyris = Kalančak, Gerrhos = Moločnaja. (Es gibt zwei Flüsse, die diesen Namen führen, nämlich außer der Moločnaja noch die Konskaja. Beide Flüsse entspringen auf den Höhen von Bol Tomak. Da sie beide zusammen zeitweise die Grenze der Gebiete des führenden Stammes der Skythen nach Norden bildeten, haben sie offenbar den gleichen Namen erhalten.) Tanais = Donez.

52 Die folgende Beschreibung des Fluß-Systems der Donau beginnt mit den aus dem heutigen Rumänien in die Donau mündenden Flüssen. Herodot zählt zunächst die Flüsse zwischen dem Pyretos (Pruth) und dem Tiarantos (Alt) — er läßt sich aus der von Herodot erwähnten teilweise westlichen Richtung des Flußlaufes identifizieren — auf. Zwischen beiden liegen Araros, Naparis und Ordessos, also Sereth, Jalomita und Arges. Dann folgt die Maris (Theiß). Herodot geht dann zu den aus dem heutigen Bulgarien in die Donau mündenden Flüsse über und beginnt hier mit den drei im Haimos (Balkan) entspringenden: Athrys, Noes und Artanes, also Jantra, Osma und Vid, erwähnt dann den Kios (Isker), der auf dem Rilagebirge bei Sofia seine Quelle hat und tatsächlich, wie Herodot es beschreibt, das Balkangebirge durchschneidet. Dann folgen der Brongos mit dem Angros, die heutige Morava mit ihrem bedeutenden Nebenfluß, der serbischen Morava. Als letzte Nebenflüsse der Donau erwähnt Herodot Karpis und Alpis, Drau und Save, die, wie er richtig angibt, oberhalb der Italiker (er sagt Ombriker) aus den Alpen kommen und in die Donau münden. Auch die Quelle der Donau im Gebiet der Kelten – gemeint ist das Gebiet der Helvetier – ist richtig angegeben. March, Waag und Gran, die aus dem mährisch-slowakischen Raum, und Lech, Isar, Inn, die durch das Alpenvorland fließenden Nebenflüsse der Donau, wurden offenbar in dem von Herodot für seine Beschreibung benutzten Itinerar nicht erwähnt, da die Straße, die es beschrieb, am linken Ufer der Donau entlangführte.

53 Tyres (Dnjestr) und Hypanis (südlicher Bug) entspringen nach Herodot beide in einem großen See. Hier verbinden sich in der Vorstellung Herodots oder vielmehr seines skythischen Gewährsmannes die Nebenflüsse des Pripjet mit denen des Dnjestr und Bug. Das Gebiet der Pripjetsümpfe faßte man als großen See auf. In der Tat haben diese Sümpfe zeitweise das Aussehen von Seen.

54 Gemeint ist das Seewasser, das bei Südwind sehr weit in die Mündung des südlichen Bug hineindringt.

55 Alizonen: vielleicht aus der nordiranischen Form *aryazana*, 'die arisch Geborenen'.

56 Gemeint ist vielleicht der Fisch Hausen (Beluga), der ja eine außerordentliche Größe erreicht.

57 Das Land Gerrhos, die Gegend um Nikopol, wo auch der 'Gerrhos' genannte Fluß, die Konskaja, in den Dnjepr mündet.

58 Herodot meint den Dnjeprliman, in den sowohl der Dnjepr wie der südliche Bug münden und der durch die Kinburnhalbinsel vom Meer getrennt wird.

59 Das Vorgebirge Hippoleon ist etwa bei dem heutigen Stanislaw zu suchen.
60 Die Stadt der Borystheneiten: das heutige Nikolajew.
61 Pantikapes: heute der Ingulez.
62 Hylaia ist das Waldgebiet bei Aleschki.
63 Heute der Kalantschak.
64 Heute Tendra- und Dscharylgatsch-Insel.
65 Herodot verwechselt hier den Hypakyris mit einem anderen Fluß.
66 Der Hyrgis ist der heutige Don (vgl. Kap. 116, Anm. 115).
67 *Goitosyros* ist iranisch *Goitbo-sura*, etwa 'der durch Hab und Gut Starke'.
68 *Argimpasa* ist iranisch *argind-pas*, 'das Vieh schützend'.
69 Die skythischen Kessel sind uns aus archäologischen Funden wohlbekannt. Sie werden später durch die Altaier (Hunnen) übernommen.
70 Die von Herodot geschilderte skythische Sitte des Skalpierens hat sich durch die Kurganfunde im Altai (Pazyrik) bestätigt. Sie wurde, wie dieser Fund zeigt, von den Altaiern übernommen.
71 Bei dieser Sitte spielen totemistische Vorstellungen eine Rolle. Sie wurde sowohl von den Altaiern (Hiung-nu) wie von den Germanen (Langobarden) von den Skythen übernommen.
72 Diese Rutenbündel spielten auch bei den Medern und Persern eine Rolle beim Gottesdienst. Es handelt sich hier wohl um einen alten arischen Brauch.
73 Die Enarees sind die Priester des von den Skythen übernommenen Ischtarkultes (vgl. Buch I, Kap. 105, Anm. 101).
74 Diese Art der Einbalsamierung konnte durch die Ausgrabungen im Altai noch für die Hiung-nu, die sie von den Skythen übernommen hatten, nachgewiesen werden.
75 Die skythischen Kurgane erreichen bedeutende Ausmaße. Die Grabkammer enthält reichen Goldschmuck. Neben der eigentlichen Grabkammer befindet sich die Grabstätte der getöteten Pferde.
76 Die hier im Kreis um das Grab aufgestellten Grabwächter wurden später durch Steinfiguren ersetzt, die man bei den Altaiern als *Balbal* bezeichnete. Bei den Orchontürken tötete man noch 728 n. Chr. besiegte Feinde am Grabe und stellte ihre Leichname am Grabe — offenbar in der hier beschriebenen Weise — auf.
77 Die hier geschilderten Sitten der Skythen dienen nicht der Reinigung im profanen Sinn, sondern sind Teil einer religiösen Zeremonie. Die unter der Filzjurte verbrannten Zweigspitzen der Hanfpflanzen erzeugten einen Rauch, der eine berauschende Wirkung ausübte. Er versetzte die in der Jurte Anwesenden, unter ihnen den Schamanen, in Ekstase. Die Berauschten begannen zu heulen, bis sie schließlich bewußtlos niedersanken. Die gleichen Sitten bestanden nach Herodot bei den nördlich des Amu darja wohnenden Nomaden (vgl. Buch I, Kap. 201, Anm. 159).
78 Die hier geschilderte Kosmetik der skythischen Frauen zeigt, daß der Weihrauch aus Südarabien (Herkunftsländer: Abessinien, Somaliküste und Südarabien) ebenso wie das aus Syrien stammende Zedernholz von den Skythen importiert wurde. Es handelt sich bei dem Weihrauch natürlich um Harz und nicht, wie Herodot fälschlich annimmt, um Holz. Das in Körnerform exportierte Harz wurde zusammen mit dem ölhaltigen Zedernholz und den

Blättern der Zypresse für die hier beschriebene kosmetische Behandlung benutzt

79 Kyzikos, Stadt an der kleinasiatischen Küste des Marmara-Meeres auf der Südseite der erst im 1. Jahrhundert n. Chr. zur Halbinsel (Kapu Dagh) gewordenen Insel Arktonnesos.

80 Man sieht, daß über Kyzikos sogar kleinasiatische Kulte, wie hier der stark orgiastische Kult der Kybele, der 'Großen Mutter', zu den Skythen kam.

81 Anacharsis war nach der griechischen Überlieferung ein Freund und Zeitgenosse des Solon.

82 Hier nennt Herodot seinen skythischen Gewährsmann, dem er seine ausgezeichneten Berichte über das Land und die Gebräuche der Skythen verdankt.

83 Die Stadt Istrie lag an der Küste der heutigen Dobrudscha.

84 Wir haben hier das erste Beispiel für die Errichtung von Stadtpalästen durch die skythischen Könige, die später zu der Errichtung großartiger Residenzstädte führte, wie etwa das bei Sinferopol auf der Krim ausgegrabene Neapolis.

85 Pausanias, der spartanische König, der die Perser bei Plataiai besiegt und 477 Byzanz erobert hatte.

86 Die Amphore bezeichnet hier ein bestimmtes Flüssigkeitsmaß.

87 Kalchedonia auf der kleinasiatischen Seite, heute Kadikoy.

88 Die Kyanischen Felsen (d. h. die dunklen Felsen) wurden nach der Farbe ihres Gesteins so benannt. Gemeint sind die Klippen bei dem heutigen Rumeli Fanar am Nordausgang des Bosporus.
Herodot spielt hier auf die in der Argonautensage erwähnten Symplegaden an

89 Die von Herodot gegebenen Zahlen lassen sich mit den aus der antiken Geographie für das Schwarze Meer bekannten Entfernungsangaben auch nicht annähernd in Übereinstimmung bringen.

90 Die Nordeinfahrt des Bosporus ist 4,7 km breit. Seine engste Stelle, an der Dareios wahrscheinlich die Brücke schlagen ließ, liegt bei Rumeli Hissar. Hier ist er nur 660 m breit. Seine Länge beträgt 31,7 km.

91 Marmarameer.

92 Der Hellespont ist ungefähr 60 km lang und an der engsten Stelle 1350 m breit.

93 Heute Rion in Transkaukasien.

94 Heute die Halbinsel Taman an der Straße von Kertsch.

95 Heute Terme in der Nähe des türkischen Hafens Samsun.

96 Das heißt in der Keilschrift, die auf den erhaltenen Inschriften des Königs für die elamische, akkadische und altpersische Version benutzt wurde.

97 Artemis Orthosia oder Orthia ist die spartanische Artemis, vor deren Götterbild man die Knaben geißelte.

98 Ein Nebenfluß des Böjük dere (Kontadesdos), der in den Agrianes (Ergene) mündet. Der Agrianes ist ein Nebenfluß des Hebros (Maritza). Perinthos (heute Eregli), Apollonia (Sozopol) am Golf von Burgas. Die Entfernung zwischen beiden Städten ist größer, als sie Herodot angibt.

99 Arteskos, die heutige Tundja.

100 Aus den Namen der hier von Dareios unterworfenen Völker kann man schließen, daß er nicht den Weg durch das Balkangebirge über den Schipkapaß benutzt hat, sondern der Küstenstraße durch die Dobrudscha gefolgt ist.

101 Heute Kalantschak an der Karkenit Bai.

102 Die 'rauhe Chersones' bezeichnet die Küste der Krim bis zur Straße von Kertsch.

103 Herodot vergleicht hier zwei auf der gleichen Breite liegende Orte an der Südspitze von Attika.

104 Tarent und Brindisi.

105 Die Ostküste der Halbinsel Kertsch und das Westufer des Asowschen Meeres bis zur Mündung des Donez in den Don.

106 Die Nordgrenze des skythischen Gebietes, wie sie hier von Herodot beschrieben wird, läßt sich nur annähernd bestimmen. Die Beschreibung beginnt im Westen bei den Agathyrsen, die damals im heutigen Siebenbürgen wohnten, dann folgen die Neurer in der Bukowina, dann bis zum Dnjepr oberhalb Dnjepropetrowsk die sogenannten Androphagen und schließlich östlich des Dnjepr und nördlich der Konskaja bis zum Asowschen Meer die Melanchlainer ('Schwarzröcke').

107 Die Darstellung Herodots setzt die Verhältnisse an der Südküste der Krim voraus, wo die Küste steil ins Meer abfällt.

108 Herodot teilt hier eine alte skythische Auswanderungssage mit. Die Schlange ist in der Volksmythologie die Verkörperung des Bösen und symbolisiert die feindlichen Einwanderer, die die Neurer aus ihren Wohnsitzen vertrieben hatten.

109 Der Wolf war das Totemtier der Neurer, mit dem sie sich verwandt fühlten. Der Bericht von der Verwandlung in einen Wolf bezieht sich auf kultische Feste, an denen man Wolfsmasken und Wolfskleider trug.
Man denke auch an die Sage vom Werwolf.

110 Herodot beschreibt hier eine der skythischen Wallburgen (*Gorodischtsche*), wie sie in dem skythischen Gebiet vielfach gefunden wurden.

111 Das ist ein Mißverständnis, das wahrscheinlich durch den Namen des Volkes, der das Wort für 'Eichhörnchen' enthielt, hervorgerufen wurde. 'Eichhörnchen' hieß in der Sprache des Volkes 'Fichtenzapfenfresser'. 'Eichhörnchen' als Volksname läßt sich auch bei den altaiischen Völkern nachweisen. So weist der chinesische Name eines anderen Nomadenvolkes, *Ting-ling*, ebenfalls auf das Wort für 'Eichhörnchen'.

112 Hier liegt ein alter Abschreibefehler vor. Statt *tetragonos* (viereckig) ist *tarandos* (Elch) zu setzen. Die Elche und Biber lebten in den Sümpfen und Waldgebieten am Don, wo das Gebiet der Budiner lag.

113 'Bibergeil' sind nicht, wie Herodot und die antiken Mediziner annahmen, die Hoden des Bibers. Das Bibergeil wird von beiden Geschlechtern des Bibers aus einer besonderen Drüse abgesondert und diente als krampfstillendes Mittel.

114 Herodot überliefert hier die skythische Sage über die Herkunft der Sauromaten (Sarmaten), die zu seiner Zeit nördlich des Donez und später in

dem Gebiet im Norden des Kaukasus bis zur Halbinsel Taman und am Ostufer des Asowschen Meeres wohnten. Nach dieser Sage ist ein Teil der späteren Sarmaten auf dem Seewege aus dem Gebiet um den heutigen türkischen Hafen Samsun, wo sich, wie wir aus akkadischer Überlieferung wissen, die Kimmerier niedergelassen hatten, nach dem Gebiet nördlich des Kuban eingewandert und hat sich hier mit skythischen Stämmen vermischt.

115 Aus dieser Darstellung ergibt sich, daß mit 'Tanais' der heutige Donez gemeint ist und daß Herodot den Unterlauf des Don bis zur Mündung des Donez als Fortsetzung des Asowschen Meeres betrachtete. Da der Don, der in seinem Unterlauf durchschnittlich 600 m breit ist, im Frühjahr eine Breite bis zu 10 km erreicht, ist diese Vorstellung verständlich. So ist es möglich, daß man, wenn man den Tanais überschreitet, drei Tage nach Osten ziehen kann und sich doch nur drei Tagesfahrten nördlich des Maietissees, d. h. hier des Unterlaufes des Don bis zur Einmündung des Donez, befindet.

116 Hier der Donez.

117 Die Thyssageten nomadisierten hiernach von dem heutigen Stalingrad im Norden, dem Kamm der Jergeni-Hügel folgend, bis nach Ellista in der Kalmückensteppe im Süden.

118 Die Maieten, auf den Inschriften auch *Maidoi* genannt, sind wie die Sinder vorskythische Bewohner Südrußlands. Der größte Teil von ihnen war in der zweiten Hälfte des zweiten vorchristlichen Jahrtausends nach Indien ausgewandert und hatte sich im Industal festgesetzt (vgl. Anm. 28).

119 Lykos ist wahrscheinlich der Manytsch.

120 Oaros ist vermutlich der Sal.

121 Der Syrgis ('Syrgis' in den Handschriften verschrieben für 'Hyrgis'. Vgl. Kap. 57, Anm. 66) ist der Don. Dareios beabsichtigte vielleicht, auf dem gleichen Wege, auf dem die Skythen ihre Einfälle nach Persien unternommen hatten, also an der Ostseite des Kaukasus entlang, nach Persien zu ziehen (daher auch die Anweisung an die Ioner, nach zwei Monaten seine Rückkehr nicht mehr zu erwarten).

122 Der hier erwähnte Feldzug wurde im Jahr 510 v. Chr. unternommen. Libyen war schon seit der Zeit des Kambyses unter persischer Herrschaft.

123 Die Minyer waren ein altes, wahrscheinlich zu den Achaiern gehörendes Volk, das ursprünglich in Thessalien in der Gegend von Iolkos am heutigen Golf von Volos gewohnt hatte. Unter dem Druck der einwandernden Pelasger (Aioler) war ein Teil von ihnen nach Süden ausgewandert und hatte in Boiotien ein Reich mit der Hauptstadt Orchomenos gegründet. Eine andere Gruppe hatte den Weg nach Osten über das Meer eingeschlagen und sich auf der Insel Lemnos festgesetzt. Die nach Lemnos ausgewanderten Minyer wurden durch die später von den Doriern aus Thessalien vertriebenen Pelasger aus Lemnos verdrängt. Die Minyer setzten sich jetzt im Südteil der Peloponnes fest. Vor der dorischen Einwanderung ausweichend, zogen sie sich dann in das Gebirgsmassiv des Taygetos zurück. Herodot schildert die recht wechselvollen Beziehungen der Minyer zu den

eingewanderten Doriern und teilt bei dieser Gelegenheit die alte Stammesüberlieferung der Minyer mit.

124 Bei den von Herodot als Phoiniker bezeichneten Stämmen, wie hier den Nachkommen des Kadmos, hat man an nichtgriechische ägäische Völker zu denken, die ethnisch wahrscheinlich mit den ersten Trägern der alten kretischen Kultur zusammenhingen. Adelsgeschlechter, die sich auf diese alten aigaiischen Stammesclane zurückführten, gab es hiernach sowohl in Boiotien (Theben) wie in der Peloponnes.

125 *Oiolykos* = Schafswolf.

126 Eigentlich ein Opfer von hundert Rindern. Zu dieser Zeit bezeichnet Hekatombe jedoch lediglich ein Festopfer.

127 Die Priester des Orakels in Delphi besaßen durch die zum Teil von weither nach Delphi kommenden Pilger außerordentlich gute Informationen über Länder, die für die griechische Auswanderung in Frage kamen.

128 Kreta war als Ausfuhrland für Purpur, Safran und wertvolle Hölzer bekannt und besaß Handelsbeziehungen mit Ländern, die von den übrigen Griechen nicht besucht wurden.

129 Die Purpurschnecke und die anderen für die Herstellung der Purpurfarbe benötigten Schalentiere wurden zum Teil an der libyschen Küste gefischt.

130 Insel im Golf von Bomba westlich von Tobruk.

131 Über die Lage von Tartessos vgl. Buch I, Kap. 163, Anm. 128. Tartessos war natürlich den Phoinikern bekannt, die von ihrer Kolonie Gades (Cadiz) aus in Tartessos eine Handelsniederlassung gegründet hatten.

132 Die Stadt Oaxos lag etwa in der Mitte der Insel Kreta, ungefähr an der Stelle des heutigen Axos.

133 Aziris am Wadi Temmineh, der heute nur selten Wasser führt.

134 Irasa, heute Irsema an der Küste des Golfs vom Bomba.

135 Die Stadt lag etwa 15 km von der Küste entfernt auf der Hochebene, wo aus einem Hügel, auf dem später die Akropolis stand, die Quelle Kyra (heute Ain Schahat) entsprang, nach der die Stadt Kyrene genannt wurde.

136 Bei den Libyern handelt es sich um hamitische Stämme.

137 Der ägyptische Pharao Apries stammte selbst aus einer libyschen Familie. Die Entscheidungsschlacht fand um 570 v. Chr. statt.

138 Barka, ursprünglich eine libysche Gründung, lag 15 km von der Küste entfernt bei dem heutigen Medinet el Merdj.

139 Der König war zugleich oberster Priester der Gemeinde.

140 Pheretime vertrat das Geschlecht der Battiden in der Ratsversammlung von Kyrene. Auch nach der Verfassungsänderung war die königliche Familie durch ihren Grundbesitz noch sehr einflußreich.

141 Nur der Großkönig hatte das Recht, Goldstücke zu prägen. Die persische Dareike war acht Gramm schwer und zeigte den König als Bogenschützen.

142 Maraphier und Pasargaden (nach letzteren hieß die königliche Residenz Pasargadai) waren persische Stämme. Vgl. Buch I, Kap. 125.

143 Der hier geschilderten Deflorierung heiratsfähiger Mädchen durch den Häuptling lagen primitive religiöse Vorstellungen zugrunde. Man glaubte durch diese Handlung schädliche Einflüsse bannen zu können. (Dem Häuptling, der auch zugleich Priester des Stammes war, schrieb man übernatürliche

Kräfte zu.) Dieser Brauch der Deflorierung wurde bis in die Gegenwart bei Negerstämmen im Senegalgebiet beobachtet.

144 Vielleicht in der Gegend des heutigen Sollum.

145 Eine Insel nordwestlich von Derna.

146 Zwischen Sollum und Tobruk westlich des Kap Luka.

147 Silphion (Laserpitium), eine große gelb blühende Staude. Mit Hilfe von Einschnitten in Wurzel und Stengel gewann man jenen Milchsaft (succus cyrenaicus), der als hochgeschätzte Würze für Fisch- und Fleischgerichte benutzt wurde. Die Blätter wurden als hochwertiges Schaffutter exportiert. Blätter und Saft der Silphionpflanze bildeten den Hauptexportartikel von Kyrene.

148 Herodot meint offenbar die Große Syrte zwischen der Kyrenaika und der tripolitanischen Küste.

149 Heute Benghasi.

150 Heute Tokra.

151 Die Oase Augila trägt noch heute diesen Namen.

152 Man ließ die Herden in dem schmalen Kulturstreifen zwischen dem Ufer des Meeres und dem Beginn des Dschebels (des Steppenhochlandes) zurück, da das Hochland um diese Zeit vollständig trocken war und erst nach dem Einsetzen des Winterregens wieder als Weide benutzt werden konnte.

153 Herodot erwähnt hier den heißen Sand mitführenden Gibli, der die Weiden der Psyller vernichtete. Der Stamm scheint bei dem Versuch, andere Weidegebiete aufzusuchen, in der Wüste von einem Sandsturm überrascht worden zu sein.

154 Gemeint ist die Gegend von Dschebel es Soda, Dschebel Scherkie und Harudsch es Soda. Die zahlreichen alten Felszeichnungen in diesem Gebirgsmassiv zeigen Darstellungen von Tierarten, die heute in diesem Gebiet ausgestorben sind.

155 Bei den hier erwähnten Garamanten handelt es sich um ein primitives Jäger- und Sammlervolk, Reste einer alten, damals schon im Aussterben begriffenen Urbevölkerung, die sich nach der Schilderung Herodots vielleicht mit den Buschmännern in Südafrika vergleichen läßt.

156 An der Westseite der Großen Syrte.

157 Heute Wadi Kaan zwischen Homs und Misurata.

158 Gemeint ist die Lotos-Jujube. Die kleinen nur wenig süßen Früchte wurden roh gegessen, aber auch im Brot verbacken. Die Lotos-Jujube ist noch heute auf der Insel Djerba an der ehemaligen tunesisch-tripolitanischen Grenze sehr häufig. Die Lotophagen, deren eigentlicher Name Machroer war, werden also hier beheimatet gewesen sein. Schon Homer kannte die libyschen Lotophagen ('Lotos-Esser').

159 Bei der Beschreibung des Tritonsees verbanden sich wohl in der von Herodot benutzten Überlieferung zwei verschiedene Beschreibungen. Die eine bezog sich auf die sogenannte Kleine Syrte, den Golf von Gabes, der für seine Untiefen bekannt ist. Es ist jener Tritonsee, in den Iason der Sage nach verschlagen wurde und wo auch die Insel Phla (wahrscheinlich die heute *Djerba* genannte Insel) liegt. Daneben scheint aber auch das Schott el Djerid als Tritonsee bezeichnet worden zu sein. Von diesem

Schott, das im Gegensatz zu dem Golf von Gabes den Namen eines Sees verdient, ist der Name dann auch auf die nur durch eine schmale Landenge von dem Schott getrennte Meeresbucht übertragen worden.

160 Es handelt sich hier um rituelle Kämpfe, die zu Ehren der Fruchtbarkeitsgöttin, in der man die karthagische Tanit erkennen kann, ausgefochten wurden.

161 Das trifft, wie die Darstellungen von Kriegern auf ägyptischen Denkmälern zeigen, nicht zu.

162 Herodot hatte sich bisher mit den Küstenvölkern von der ägyptischen Grenze bis zum Golf von Gabes beschäftigt. Die folgende Darstellung gilt zunächst der Beschreibung eines Karawanenweges, der von Theben in Oberägypten über verschiedene Oasen bis an den Golf von Gabes führte. Es ist wahrscheinlich, daß Herodot hier eine ägyptische Quelle benutzt hat.

163 Gibraltar.

164 Die Beobachtung Herodots, daß Süßwasserquellen auch mitten in den Salzablagerungen vorkommen, trifft zu. Falsch ist lediglich die Behauptung, daß die Quellen auf Anhöhen entspringen. Die Quellen und die Oasen finden sich durchweg in Niederungen, die teilweise noch unter dem Meeresspiegel liegen.

165 Die Oase Ammon heißt heute Siwa (zu dem Kult des Ammon vgl. Buch I, Kap. 49 und Anm. 40). Die von Herodot mitgeteilte Entfernung dieser Oase von Theben ist viel zu niedrig. Der heutige Name der erwähnten Quelle ist Ain el Hamman. Der von Herodot angegebene Temperaturwechsel des Wassers besteht nur scheinbar. Die Erscheinung ist auf die wechselnde Temperatur der Luft zurückzuführen. In der Nacht ist es sehr kalt. Die Temperatur des Wassers wird daher am Morgen als sehr warm empfunden. Im Verhältnis zu der am Mittag stark angestiegenen Temperatur der Luft scheint das Wasser um diese Zeit kälter zu sein als am Morgen.

166 Die heute noch Augila genannte Oase (vgl. Kap. 172).

167 Gemeint ist das Kulturland im Hochland von Fessan, also die Täler des Wadi es Schati und Wadi Laial. Es liegt südlich des Dschebel es Soda, Dschebel Scherkie und Harudsch es Soda. Hier wohnten die schon bei der Beschreibung des Küstengebietes südlich der Nasamonen erwähnten Garamanten (vgl. Kap. 174, Anm. 155). An den Namen 'Garamanten' erinnert noch Germa (Garama), die heutige Bezeichnung einer Oase in diesem Gebiet.

168 Der hier erwähnte Karawanenweg zur Küste führte von Germa (Garamanten) über Edri, Hassi el Misselan, Gadames und Nabut an die Küste des Golfes von Gabes.

169 Nach den Felsbildern zu urteilen, hat es hier noch in geschichtlicher Zeit eine Büffelart gegeben, deren Hörner nach vorn gebogen waren. Was Herodot über den Gang dieser Büffel berichtet, gehört in das Reich der Fabel.

170 Auch die hier erwähnten Rennwagen der Garamanten kennen wir aus den Felsbildern.

171 Bei den höhlenbewohnenden Aithiopern handelt es sich um die Reste der bereits (Kap. 174, Anm. 155) erwähnten Urbevölkerung, die wie die Buschmänner in Südafrika in Höhlen wohnten und Jäger und Sammler

waren. Herodot vergleicht ihre Sprache, die wie die heutige Sprache der Buschmänner zahlreiche Schnalzlaute enthielt, mit den Geräuschen, die Fledermäuse verursachen. Die Schnelligkeit, mit der sich die Aithioper auf dem Sandboden der Wüste fortbewegten, wurde durch besondere Sandalen ermöglicht, deren Spitze nach unten gebogen war und so das Fortkommen erleichterte. Die erhaltenen Felsbilder gehen wahrscheinlich auf dieses Volk zurück, das sich noch bis in die Zeit Herodots in Nordafrika gehalten hatte, aber schon wenig später durch hamitische Einwanderer vollständig ausgerottet war. Neben den Wagen der hamitischen Einwanderer begegnen wir auf den Felsbildern auch Darstellungen von Schiffen. Diese Höhlenbewohner haben also griechische oder, was wahrscheinlicher ist, phoinikische Schiffe im Bild festgehalten.

172 'Ataranten' ist nicht der eigentliche Name eines Volkes, sondern gibt wahrscheinlich nur die zusammenfassende Bezeichnung verschiedener Völker durch ihre Nachbarn wieder. *Ataram* heißt in der Sprache der Tuareg 'Westen'. Da es sich nach der Beschreibung der Garamanten durch Herodot (Kap. 183) wahrscheinlich um Stämme der Tuareg handelt (auch die Tuareg zeichnen sich wie die Garamanten durch eine außerordentliche Körpergröße aus), ist anzunehmen, daß die Benennung 'Ataranten' auf das Tuareg-Wort *ataram* zurückgeht. Das Gebiet der 'Ataranten' genannten Völker, bzw. ihrer Nachbarn, grenzte nach Herodot an den Sahara-Atlas.

173 Die 'kreisförmige' Gestalt des Atlas-Gebirges, das im Süden die Kette des Sahara-Atlas und im Norden die des Tell-Atlas bildet, ist von den Gewährsleuten Herodots richtig erkannt worden.

174 Herodot hält die Sanddünen, die sich am Rand dieser Salzpfannen in der Wüste gebildet haben, für Salzberge.

175 Die Wände der Hütten wurden aus einem Gemisch von Erde und Salz hergestellt.

176 Von Marsa Matruch bis zum Golf von Gabes.

177 Die Göttin wurde vielfach als Frau mit Kuhhörnern dargestellt.

178 Gemeint ist hier die schmutzige Wolle am After. Die Gewohnheit, bestimmte Krankheiten, besonders Epilepsie, durch Ausbrennen in der hier geschilderten Art zu heilen, kommt auch sonst bei Nomadenvölkern vor. Die von Herodot gegebene Erklärung beruht auf damals vertretenen medizinischen Anschauungen der Griechen, nach denen im Körper vier Flüssigkeiten enthalten waren, von denen sich das Phlegma im Kopf befand.

179 Bei diesen Völkern macht sich der karthagische (phoinikische) Einfluß auch im Kult bemerkbar. Athena entspricht der Tanit, Triton vielleicht Baal und Poseidon Hadad Ramman oder dem Kriegsgott Reschef.

180 Das ist ein Irrtum Herodots. Athena ist die alte kretische Kriegs- und Schlangengöttin. Hieran erinnern noch die Schlangen an der Aigis. In den mykenischen Schriftdenkmälern, den erst jüngst entzifferten, in der Linearschrift B abgefaßten Tontafeltexten von Knossos und Pylos, ist Athena schon die 'Herrin' und mit Poseidon eine der Schutzgottheiten der Streitwagenfahrer.

181 Eine schon bei Homer bezeugte griechische Sitte.

182 Bestattung in Hockstellung (Hockergräber).

183 Gemeint sind die noch heute in der Steppe und in den Palmenoasen errichteten sogenannten 'Gurbi', Hütten aus Reisig und Lehm, die mit Halfagras oder Palmwedeln gedeckt werden.

184 Die Maxyer, später unter dem Namen 'Maxitani' erwähnt, wohnten im Gebiet von Karthago.

185 Vielleicht eine Erinnerung (Wanderungssage) an die in alter Zeit erfolgte Einwanderung der hamitischen Stämme aus Vorderasien.

186 Gemeint sind das heutige Tunesien und Algerien.

187 Elefanten und Bären sind heute in Nordafrika ausgestorben.

188 Unter Eseln mit Hörnern ist eine auch auf den Felsbildern dargestellte Antilopenart zu verstehen.

189 Menschen mit Hundeköpfen und ohne Köpfe werden auch auf den Felsbildern dargestellt. Wahrscheinlich sind es Gestalten, die in dem Dämonenglauben dieser Stämme eine Rolle spielten und daher auch in den Herodot mitgeteilten libyschen Sagen erwähnt wurden.

190 Gemeint ist wahrscheinlich eine heute in Nordafrika ausgestorbene Art von Menschenaffen bzw. Gorillas.

191 Offenbar eine Gazellenart mit weißem Hinterteil.

192 Dorkasgazelle mit sandfarbiger Oberseite und weißem Bauch.

193 Kuhantilope.

194 Gnu.

195 Oryx, die Säbelantilope, in Ägypten und Libyen verbreitet, deren Hörner für ein ursprünglich von den Phoinikern erfundenes Saiteninstrument verwandt wurden.

196 Fennek, der Wüstenfuchs.

197 Erdstachelschweine.

198 Mufflon, heute ebenfalls in Libyen ausgestorben.

199 Giraffen. Sie werden noch auf den libyschen Felszeichnungen dargestellt. Heute sind sie ebenso wie die Elefanten und Bären in Nordafrika ausgestorben. Die Bezeichnung *diktys* (Netztier) haben sie offenbar wegen der Zeichnung ihres Felles erhalten.

200 Gemeint sind offenbar die Panzerkrokodile, die die von Herodot beschriebene Länge erreichen. Sie sind bis auf eine Kümmerform, die noch vereinzelt in Wasserlöchern zu finden ist, in Libyen ausgestorben.

201 Auch Strauße begegnen uns noch auf libyschen Felszeichnungen, sind aber heute in Nordafrika ebenfalls ausgestorben.

202 Es handelt sich hier wahrscheinlich um die heute in Libyen nicht mehr anzutreffende und in Afrika überhaupt ausgestorbene Gattung der Schildschwänze, bei denen der Schwanz einen Schild oder eine gekielte Furche besitzt.

203 Erd- oder Springhase.

204 Vielleicht die Berbermaus.

205 Die Stämme der Zaueker und Gyzanter wohnten an der Küste, etwa hinter Bizerta. Es handelt sich bei ihnen um Negerstämme, die die Aufmerksamkeit der Fremden durch ihre merkwürdige Körperbemalung erregten. Diese Stämme sind heute nicht mehr in Nordafrika anzutreffen. Sie hatten, soweit sie nicht durch den Sklavenhandel überhaupt ausgerottet wurden, ähnlich

wie die Fulbe, die aus dem Fessan an den mittleren Niger ausgewandert waren, Nordafrika in südlicher Richtung verlassen.

206 Insel im Ionischen Meer, heute Zante. Die Pechquellen befinden sich im südwestlichen Teil der Insel bei Keri.

207 Pierien lag am Oberlauf der Wistritza nordwestlich des europäischen Olymp.

208 Die Libyer, ein hamitischer Stamm, waren aus Asien in Nordafrika eingewandert und hatten von dort, sich weiter nach Süden ausbreitend, die Urbevölkerung entweder verdrängt oder ausgerottet. Diese kleinwüchsige Urbevölkerung bezeichnet Herodot hier als Aithioper. Sie hielt sich zu seiner Zeit noch in den Höhlen des Felsmassivs des Dschebel es Soda.

209 Die Küstenzone von Sabratha bis zum Wadi Kaan. Heute reicht dieser fruchtbare Teil der Küstenzone nach Osten hin nur bis Homs. Es ist die Zone der gut anbaufähigen Terra rossa.

210 Gemeint ist der Winterregen Der Jahresniederschlag beträgt für Tripolis 400 mm und für Homs 300 mm.

211 Das Gebiet von Kyrene sind die sich an der Küste hinziehenden Höhen des Dschebel el Achdar (höchste Erhebung 853 m über dem Meere). Kyrene lag auf dem Hochland. Die Fruchtbarkeit des Hochlandes beruht auf dem regelmäßigen Winterregen (405 mm).

212 Diese Form der Belagerungstechnik war in Assyrien und Babylon entwickelt und von den Persern übernommen worden. Den Griechen war sie damals noch unbekannt.

213 Also bis etwa in die Gegend des heutigen Benghasi.

214 Brand (Gangrän), wahrscheinlich eine Folge von Diabetes, die im Orient sehr verbreitet ist.

BUCH V

1 Perinthos ist das heutige Eregli an der Nordküste des Marmara-Meeres.

2 Unter diesem Namen werden hier verschiedene Stämme zusammengefaßt, die zum größten Teil im heutigen Südserbien wohnten. Es handelt sich bei ihnen wahrscheinlich um Thraker.

3 Ein Chorgesang, der als Siegeslied angestimmt wurde. Der Name knüpft an das bei diesen Liedern im Refrain wiederholte *O Paian* an. *Paian* war der Beiname verschiedener Götter, besonders des Apollon.

4 Wie im Osten die Inder, so waren im Nordwesten die Thraker das äußerste den Griechen bekannte Volk. Es ist daher verständlich, daß Herodot unrichtige Vorstellungen von der Größe dieser Völker besaß.

5 Die Geten lebten damals zwischen dem Balkangebirge und dem Unterlauf der Donau. Die Trauser wohnten an dem nach ihnen genannten Fluß, der in den Buru Göl mündet (vgl. Buch VII, Kap. 109). Bei den oberhalb der Krestonaier wohnenden Völkern handelt es sich um die thrakischen Stämme zwischen dem Oberlauf der Struma und dem Wardar.

6 Vgl. Buch IV, Kap. 93—94.

7 Es handelt sich hier um magische Bräuche wie das 'Lachen wider den Tod',

durch die man den Tod vertreiben wollte. Noch in serbischen Volksliedern finden wir deutliche Erinnerungen an die hier von Herodot beschriebene Sitte.

8 In Thrakien gab es also eine ähnliche Sitte, wie sie sich in Indien in Gestalt der Witwenverbrennung bis in die jüngste Zeit gehalten hat.

9 Im Gegensatz zu Germanen, Italikern und Griechen bestand also bei diesen thrakischen Stämmen eine Mißachtung der Jungfernschaft.

10 Die Sitte des Tätowierens ist Thrakern und Skythen gemeinsam. Wie die jüngsten Kurganfunde im Altai zeigen, scheint man in der Hauptsache Darstellungen der damals gejagten Tiere auf die Haut tätowiert zu haben. Die Tätowierung wurde wahrscheinlich als Jagdzauber aufgefaßt.

11 Also offenbar einen Kriegsgott, einen Fruchtbarkeitsgott und eine Geburtsgöttin. Der thrakische Name der Göttin lautet *Kotys*. Der von Herodot als 'Dionysos' bezeichnete Gott wurde auf Bergen verehrt. Man schrieb ihm auch die Gabe der Weissagung zu (vgl. Buch VII, Kap. 111).

12 Die thrakischen Könige waren möglicherweise wie die makedonische Königsdynastie eine griechische Herrscherfamilie, die ihre Abstammung auf den alten Hirtengott Hermes zurückführte.

13 Das Nebeneinander von Brand- und Erdgräberbestattung weist auf verschiedene Bevölkerungselemente. Die thrakischen Grabfunde zeigen einen starken skythischen Einfluß.

14 Herodot kannte demnach die Wandersage der Sigynner. Nach ihrer eigenen Überlieferung kamen die Sigynner aus Medien (Nordwest-Persien). Es ist möglich, daß sie zusammen mit den Skythen nach dem Westen gewandert sind. Die Funde in der ungarischen Tiefebene lassen für diese Zeit auf die Anwesenheit eines mit den Skythen verwandten Reitervolkes schließen. Das von den Sigynnern beherrschte Gebiet erstreckte sich nach Herodot bis zur dalmatinischen Küste und der Ostgrenze Oberitaliens. In ihrer Heimat in der Turkmenensteppe östlich des Kaspischen Meeres werden sie noch von Strabo erwähnt. Strabo kennt auch die von Herodot beschriebenen kleinen zottigen Pferde dieser Nomaden.

15 Mit den Ligyern meint Herodot die Ligurer, die vorindogermanische, von den Kelten aus Oberitalien und Südfrankreich verdrängte Urbevölkerung. Bei den nördlich von der griechischen Kolonie Massalia wohnenden ligurischen Stämmen handelt es sich um die Salyer oder Salluvier.

16 Herodot bzw. sein Gewährsmann erklären hier vielleicht einen einheimischen illyrischen Volksnamen, der demnach *Milissai* gelautet hätte, mit dem ähnlich lautenden griechischen Wort für 'Biene'. Derartige alte Stammesbezeichnungen scheinen später von den Slawen übernommen worden zu sein. Man denke an ursprünglich iranische Stammesnamen wie *Serben* und *Anten*, die später von slawischen Stämmen geführt werden.

17 Stadt an dem heutigen Tachino-See.

18 Gemeint ist die königliche Burg, wo sich eine auch von den Einwohnern benutzte Quelle befand.

19 Der Strymon ist die heutige Struma. Die Troer wurden nach dem angeblich ersten König von Troia, Teukros, auch 'Teukrer' genannt.

20 Megabazos war Satrap der ersten Satrapie. Sie umfaßte die von den Aiolern, Ionern und Doriern besiedelte Westküste Kleinasiens. Megabazos befand

sich damals auf einer von Dareios angeordneten militärischen Expedition in Thrakien.

21 Es bestand also von Sardes eine Kurierverbindung bis nach Thrakien, die durch eine Kette von Stationen mit bereitstehenden Relaispferden aufrechterhalten wurde.

22 Thrakische Stämme am Tachino-See. Die Siropaioner sind die Paioner, die in der Gegend des heutigen Seres wohnten. Die Paiopler waren nördlich des heutigen Kruschniza-Gebirges im Tal der Angista beheimatet.

23 Das heutige Kruschniza-Gebirge an der Mündung der Struma.

24 Heute der Beschik Dagh.

25 Perser aus den sieben vornehmsten persischen Familien, die die Spitze der Reichsaristokratie bildeten (vgl. Buch III, Kap. 84 u. Anm. 67).

26 Alexandros I. war der Nachfolger des Amyntas. Er regierte bis etwa 450 v. Chr. Durch die Unterstützung der mit Athen im Krieg befindlichen Thraker gelang es ihm, sich der Silberbergwerke zu bemächtigen.

27 Das heute Kruscha Balkan genannte Gebirge. Herodot beschreibt die vom Strumatal über den Doiran-See ins Tal des Wardar führende Straße. Das Wardartal galt damals als altes makedonisches Gebiet.

28 Die hier von Herodot überlieferte makedonische Sage zeigt, daß schon ein halbes Jahrhundert später die Ereignisse des Perserkrieges Ausgangspunkt verschiedener Volkssagen wurden. Was damals wirklich in Makedonien geschah, zeigt Herodots Bericht in Kap. 21. Wie wenig die hier gegebene Beschreibung der persischen Sitten zutrifft, läßt z. B. die Tatsache erkennen, daß selbst die persische Königin bei der Ausfahrt einen Wagen mit geschlossenen Vorhängen benutzen mußte.

29 Wäre in Makedonien das geschehen, was die Sage berichtet, so hätten sich die Perser kaum so zufriedengegeben. Geschichtlich ist, daß sich Alexandros I. den Persern unterworfen und neben Tributzahlungen als Zeichen seiner Ergebenheit auch seine Schwester als Geschenk für den Harem eines persischen Würdenträgers übergeben hatte.

30 Nach der von Herodot, Buch VIII, Kap. 137, mitgeteilten Sage stammte das makedonische Königshaus aus Argos in der Peloponnes.

31 Die Tafelgenossen des Großkönigs besaßen besondere Vorrechte. Tafelgenosse des Königs zu sein, bedeutete für einen Perser eine der höchsten Ehren, die ihm zuteil werden konnte (vgl. Buch III, Kap. 132 u. Anm. 133).

32 Er wurde Satrap der zweiten Satrapie (vgl. Buch III, Kap. 90 u. Anm. 74).

33 Otanes wurde Satrap der ersten Satrapie (vgl. Buch III, Kap. 90 u. Anm. 73).

34 Also Auswanderer aus der Landschaft Pelasgiotis in Nordthessalien.

34a Lücke im Text.

35 Paros war die Nachbarinsel von Naxos.

36 In Naxos war die Herrschaft der Aristokratie durch eine sogenannte Volkspartei gestürzt worden. Die vertriebenen Aristokraten wandten sich darauf an ihre Standesgenossen in Milet, die sich dort noch unter dem Schutz der Perser an der Macht befanden.

37 *Susa* ist bei Herodot allgemein die Bezeichnung der Residenz des persischen Königs, weil diese Stadt der Endpunkt der von Ephesos über Sardes nach Osten führenden persischen Reichsstraße war.

38 Hafen an der Südküste von Chios.

39 Myndos war eine Hafenstadt in der Nähe von Halikarnass. Sie gehörte zu den dorischen Städten in Kleinasien. Mit dem Ruderloch ist die Luke gemeint, durch die das Ruder hindurchgeführt wurde.

40 Herodot zitiert offenbar das Geschichtswerk des Hekataios, der dort über seine eigene Rolle bei dem Ausbruch des Aufstandes berichtet hatte.

41 Vgl. Buch I, Kap. 46 u. Anm. 39.

42 Hafenstadt am Maiandros (Menderes), die schon zu Herodots Zeit durch die Anschwemmung dieses Flusses fast völlig vom Meer abgeschnitten war.

43 Stadt in Karien, heute Milas (Melas).

44 Stadt auf dem Vorgebirge, das gegenüber der Insel Kos liegt.

45 Stadt am Ausgang des Golfs von Tschandarly vor Kap Arslan.

46 Vgl. Buch IV, Kap. 175 u. 198 u. Anm. 157.

47 Ein Ort in der Nähe von Tanagra.

48 Es sind Weissagungen, die der aus der Ödipus-Sage bekannte thebanische König Laios erhalten hatte. Unter seinem Namen wurde eine wahrscheinlich auf Tierhäute geschriebene Sammlung von Weissagungen überliefert.

49 Eryx heißt ein Gebirge an der Westküste Siziliens oberhalb von Trapani, wo sich jetzt das Kastell San Giuliano befindet.

50 Herakles wurde von den Griechen mit dem phoinikischen Gott Melkart gleichgesetzt. Man bezog daher den Orakelspruch auf die von den phoinikischen Karthagern besetzte Westküste Siziliens. Hier am Eryx befand sich vielleicht ein berühmter Tempel des Melkart.

51 Sybaris am Crati war um 510 v. Chr. zerstört worden. Herodots Gewährsleute waren die Einwohner von Sybaris, die sich in Thurioi, wo Herodot lebte, niedergelassen hatten.

52 Heute Crati. Der Fluß mündet in den Golf von Tarent.

53 Die Stadt Segesta lag im Nordwesten Siziliens auf dem heutigen Monte Barbaro bei Calatafimi. Segesta galt trotz seiner griechischen Kultur, an die noch heute die gewaltigen Tempelruinen erinnern, nicht als griechische Stadt. Man hielt sie für eine troische Gründung.

54 Heraklea Minoa war eine Stadt an der Mündung des Halykos (heute Platani).

55 Gorgo wurde die Gemahlin des Leonidas (vgl. Buch VII, Kap. 239).

56 Es handelt sich bei dieser Karte um einen in Milet angefertigten Plan der persischen Reichsstraße, auf dem die Stationen von Sardes bis nach Susa aufgeführt waren. Während Herodot hier nur die von dieser Straße berührten Länder des persischen Reiches erwähnt, gibt er in Kap. 52 eine genaue Beschreibung der einzelnen Stationen. Neben diesem Straßenplan gab es auch in den ionischen Städten Karten der Länder des persischen Weltreichs. Einige gaben nur die Umrisse der Länder wieder (vgl. Buch IV, Kap. 37—41), bei anderen waren auch die Satrapien eingetragen (vgl. Buch III, Kap. 96—97).

57 Die Zeitangabe bezieht sich auf den Marsch einer Heeresabteilung. Die Kuriere des Großkönigs konnten einen Brief in sieben Tagen von Sardes nach Susa bringen.

58 Eine durch Tore gesicherte Brücke, die an dieser Stelle das Überschreiten

des Kisyl Irmak (Halys) ermöglichte. Man hatte sie erst unter persischer Herrschaft gebaut. Im Jahre 585 v. Chr. war sie nach Herodot Buch I, Kap. 74, noch nicht vorhanden. Die Parasange (pers.: *Farsach*) entspricht 5549 m.

59 Es handelt sich um eine durch Tore gesicherte Brücke, auf der die Straße den Halys ein zweites Mal überquerte.

60 Die Straße erreichte über Melitene den Oberlauf des Euphrat.

61 Gemeint sind Tigres, Großer und Kleiner Zab und Diala (Gyndes). Zur Überschreitung des Gyndes vgl. Herodot, Buch I, Kap. 189.

62 Kissia ist das alte Elam, die Landschaft, in der die Stadt Susa lag.

63 Der Choaspes ist der heutige Kercha.

64 'Memnonsstadt' hieß nach dem bei Homer erwähnten aithiopischen König die persische Königsresidenz. 'Memnon' war der griechische Name des assyrischen Königs, mit dem man später auch seinen Nachfolger, den persischen König, bezeichnete.

65 Die erst später gebaute Verlängerung der Straße bis zur Küste.

66 Über die Herkunft der Gephyraier berichtet Herodot in Kap. 57.

67 Hippias hatte, wie uns Thukydides berichtet, die Schwester des Harmodios von der Teilnahme am Festzug ausgeschlossen. Um diesen Schimpf zu rächen, hatten Harmodios und Aristogeiton Hipparch im August 514 ermordet.

68 Sie wurden nicht als Vollbürger angesehen und daher, wie der Fall der Schwester des Harmodios zeigt, auch nicht zu den Panathenaien zugelassen. Ursache des Mordes an Hipparchos war also die politische Benachteiligung der später zugewanderten Bürger, denen Athen den großen wirtschaftlichen Aufschwung im 6. Jahrhundert v. Chr. verdankte. Der Export von Öl und Wein, die Beseitigung des Monopols von Korinth im Export keramischer Erzeugnisse waren das Werk dieser attischen Neubürger, denen die Tyrannen, wie hier im Fall des Harmodios, die politische Gleichberechtigung versagten.

69 Die Griechen bedienten sich seit der Mitte des 2. Jahrtausends verschiedener Schriftarten. Hierzu gehörte neben der Linearschrift B auf Kreta und der Peloponnes auch die in Zypern gebrauchte Silbenschrift.

70 Von den Phoinikern übernahmen die Griechen nur die Lautschrift. Das geschah vermutlich auf Zypern. Hier gab es phoinikische und griechische Städte. Einige Zeichen des phoinikischen Konsonantenalphabetes, die für die Aussprache des Griechischen nicht gebraucht wurden, dienten als Vokalzeichen. Man schrieb diese Schrift in den einzelnen Landschaften verschieden, aber es kam bald zu einer Angleichung. Nur Phrygien, Lydien und die Etrusker gebrauchten für die Aufzeichnung in ihrer Sprache besondere Formen, die sich bis in die späthellenische Zeit hielten.

71 Bücher aus Leder waren im Gebrauch der Priester. Das gilt auch für die von Herodot erwähnten Weissagungssammlungen. Erst mit der Einführung des Papyrus aus Ägypten, den man für größere Aufzeichnungen zu Rollen zusammenklebte, trat das auf Tierhäuten geschriebene Buch zurück.

72 Auch die Ägypter und Akkader kannten Leder als Schreibmaterial. Erhalten ist z. B. eine Lederrolle des Pharao Amenemhêt I. (1991–1972 v. Chr.) mit historischen Aufzeichnungen. Herodot denkt an die Perser, die nicht nur ihre

heiligen Schriften, wie das Awesta, sondern auch in der Korrespondenz der Reichsverwaltung Leder als Schreibmaterial benutzten. Briefe aus Leder wurden in Ägypten gefunden.

73 Alte Inschriften in der zur Zeit Herodots nicht mehr gebräuchlichen Schrift.

74 Ein Fürstenhaus im südlichen Illyrien, das nach der Überlieferung von Kadmos abstammte.

75 An diesem Kult durften nur Frauen teilnehmen. Demeter, die Göttin der Fruchtbarkeit und besonders des Getreides, wurde auch mit ihrer Tochter Persephone als Unterweltsgöttin verehrt.

76 Über die Alkmaioniden vgl. Herodot, Buch I, Kap. 59, 61 u. 64.

77 Ein Gau in der Ebene nördlich von Athen. Das Geschlecht gehörte zu den reichen attischen Großgrundbesitzern.

78 Ein kultischer und politischer Verband, der sich um das Heiligtum von Delphi gebildet hatte. In ihm führten die Thessaler den Vorsitz.

79 Phaleron war vor dem Ausbau des Peiraieus der Hafen von Athen. Im 5. Jahrhundert wurde er mit Athen durch eine Mauer verbunden.

80 Die nordthessalische Stadt am Fuß des Peneios, nahe dem Tal von Tempe.

81 Ein Ort südöstlich von Athen mit einem heiligen Bezirk, in dem Herakles als Heros verehrt wurde.

82 Das Pelargikon war eine Burganlage, die sich wahrscheinlich am nordwestlichen Abhang der Akropolis befand. Hier residierten die Peisistradien.

83 Bei Troia.

84 Das Geschlecht des Peisistratos führte sich also wie die athenische Königsdynastie des Kodros auf Nestor zurück.

85 Zeichen des karischen Zeus war die Doppelaxt (labrys). Sie war schon in kretisch-minoischer Zeit Symbol des höchsten Gottes, dessen Heiligtum nach dieser Doppelaxt in der griechischen Sage Labyrinth genannt wurde. Die Karer hielten sich für die Nachkommen der alten Kreter. Das erklärt vielleicht, warum das kretische Gottessymbol auch in Karien Zeichen des höchsten Gottes wurde.

86 Die Mitglieder der Phylen und Phratrien der alten ionischen Sippenverfassung waren bisher allein im Besitz der vollen politischen Rechte gewesen. Die neue Phylenordnung beseitigte die Sippenverfassung der alten Phylen und übernahm nur den religiösen Charakter dieser Einrichtung durch die Schaffung neuer mit diesen Phylen verbundener Heroenkulte.

87 Sikyon, westlich von Korinth, war unter der Tyrannendynastie der Orthagoriden einer der bedeutendsten kulturellen Mittelpunkte des Griechentums. Kleisthenes (um 600–565 v. Chr.) war der letzte Tyrann von Sikyon.

88 Tydeus, der am Zug der Sieben gegen Theben teilgenommen hatte, war hierbei von Melanippos getötet worden.

89 Kleisthenes schuf zehn neue Phylen, die jetzt nicht mehr Sippen- und Kultverbände, sondern mit den Demen zusammen Organisationsformen der politischen Selbstverwaltung der attischen Bevölkerung waren. Sie hat die politische Benachteiligung weiter Kreise der attischen Bevölkerung beseitigt und jenen kulturllen Aufschwung eingeleitet, auf den etwa der Übergang von der schwarzfigurigen zur rotfigurigen Vasenmalerei in dieser Zeit hinweist.

90 Kylon war im Jahre 640 v. Chr. olympischer Sieger gewesen.

91 Jede der vier attischen Phylen zerfiel in zwölf Naukrarien (Kapitänschaften), jede Naukrarie hatte ein Schiff und zwei Reiter zu stellen. Die Vorsteher dieser Naukrarien, die die Träger des ionischen Heerbannes und der ionischen Flotte waren, übten damals die Regierung aus.

92 Herodot meint den Rat, der sich aus den Vertretern der einzelnen Phylen zusammensetzte.

93 Gemeint ist das Heiligtum der Stadtgöttin Athena im Erechtheion.

94 Eleusis an der Mündung des Kokkinis. Die Stadt war durch ihren Tempel der Demeter und der Persephone das Ziel alljährlicher von Athen ausgehender Prozessionen.

95 Zwei attische Orte an der boiotischen Grenze am Kithairon-Gebirge.

96 'Tyndariden' ist ein anderer Name für die Dioskuren. Die Dioskuren waren die Stammesgötter der Dorier. Die Bemerkung Herodots ist so zu verstehen, daß von dieser Zeit an bei Beginn eines Krieges in den Gebieten des ausziehenden Heeres nicht mehr beide Dioskuren, sondern nur einer von ihnen als Nothelfer angerufen werden sollte. Nach dem Glauben der Spartaner begleitete er dann das Heer während des Feldzuges.

97 Die Aufteilung des Großgrundbesitzes an mittellose Kleinbauern, die man auf den Gütern der Großgrundbesitzer ansiedelte, war eines der Hauptmittel, durch das Athen später abgefallene Städte wieder unter seine Herrschaft zwang.

98 Der Ausdruck bezeichnet die reichen, adligen Großgrundbesitzer, die innerhalb des Heerbannes selbst ein Pferd stellen konnten und die auch Ausrüstung für Pferd und Reiter übernahmen.

99 Tanagra lag in der Nähe der Mündung des Laris in den Asopos.

100 Koronea, das heutige Diminia, lag am Kopaissee.

101 Thespiai lag im südlichen Boiotien.

102 Es gab sowohl in Boiotien wie in der Peloponnes einen Fluß, der den Namen Asopos trug. *Aigina* war die Tochter des Flusses in der Peloponnes. Nach ihr wurde die bekannte Insel im Saronischen Meerbusen *Aigina* genannt. Die Verwechslung scheint auf einen alten Orakelspruch zurückzugehen, den auch Pindar gekannt zu haben scheint.

103 Die Aiakiden sind Aiakos, Peleus, Achilleus, Telamon und Aias. Sie wurden auf der Insel Aigina als Heroen verehrt. Die Stelle zeigt, daß man die Heroen in besonderen Bildern, unter denen wir uns auch Statuetten aus Bronze oder Elfenbein vorzustellen haben, darstellte und diesen Idolen übernatürliche Kräfte zuschrieb. Eine solche Bronzestatuette ist z. B. unter dem Heraion in Olympia gefunden worden.

104 Stadt an der Ostküste von Argolis in der Peloponnes.

105 Beide sind Fruchtbarkeitsgöttinnen wie Demeter.

106 Der heilige Ölbaum wurde auf der Akropolis verehrt.

107 Erechtheus war der erste König von Athen und wurde auf der Burg zusammen mit der Stadtgöttin Athena im Erechtheion verehrt. Die Erzählung läßt erkennen, daß die griechischen Götterbilder zunächst aus Holz geschnitzt wurden.

108 Mysterien, an denen, wie bei den Thesmophorien, nur Frauen teilnehmen durften.

109 Die beiden Göttinnen waren also in sitzender Haltung dargestellt. Aus heiliger Scheu hatte man es später nicht mehr gewagt, sie zu berühren. Die Figuren blieben so, wie sie von den Sockeln gefallen waren.

110 Das griechische Wort *Chiton* ist ein Lehnwort, das auf das akkadische *kittān;* hebräisch: *ketboneth*, zurückgeht. Die Übernahme des Wortes ist also über die kleinasiatischen Karer erfolgt.

111 Vgl. Anm. 103.

112 Gemeint ist ein Buch, in dem diese Weissagungen aufgezeichnet waren. Die Peisistratiden hatten, wie wir aus anderen Quellen wissen, eine große Bibliothek zusammengebracht und die griechische Literatur sowohl durch Sammlung alter Dichtungen wie durch die Berufung zeitgenössischer Dichter (Simonides von Keos) sehr gefördert. In dem literarischen Kreis am Hof des Peisistratos haben die Gesänge Homers im wesentlichen schon die Form erhalten, in der wir sie heute besitzen.

113 Die Bakchiaden waren ein altes Geschlecht, das sich auf einen dorischen König Bakchis zurückführte und bis 657 v. Chr. in Korinth herrschte.

114 Kaineus hieß ein berühmter Lapithe, der auf der Hochzeit des Peirithoos von den Kentauren getötet wurde. Die Lapithen waren nach alter griechischer Überlieferung ein Volksstamm in Thessalien.

115 Es ist möglich, daß diese Sage an ein Weihgeschenk der Kypseliden im Tempel von Olympia anknüpft. Dieses Geschenk war ein kunstvoll gearbeiteter Kasten. Daß das griechische Wort für 'Kasten' *Kypselos*, gleichzeitig der Name der Stifterfamilie war, wird wohl den Anlaß zu dieser Sage gegeben haben.

116 Über die Umstände des Todes der Melissa vgl. Buch III, Kap. 50.

117 Der südliche Teil des Küstengebietes von Epirus war nach dem Stamme der Thesproter benannt worden. In der dunklen Schlucht, aus der der hier in das Meer mündende Acheron (heute Mauros oder Lakkiotikos) in die Ebene strömt, sah man den Eingang zur Unterwelt. Am Acheron bestand schon zu alter Zeit ein Totenorakel.

118 Anthemus lag auf der Halbinsel Chalkidike. Amyntas hatte die Stadt den thrakischen Edonen entrissen und die Edonen über die Struma zurückgetrieben. Iolkos lag oberhalb des heutigen Volos.

119 In Anlehnung an dieses Gedicht des Alkaios gesteht auch Horaz in einem Gedicht (carm. II, 7) ein ähnliches Mißgeschick, das ihn in der Schlacht bei Philippi (42 v. Chr.) ereilte

120 Herodot meint hiermit die abstimmungsberechtigten Bürger von Athen. Die Zahl soll hier wie auch bei Platon und Aristophanes nur eine große, nicht zu übersehende Menge bezeichnen. In Athen waren etwa zehntausend Bürger abstimmungsberechtigt

121 Doriskos lag in der Nähe der Mündung der Maritza.

122 Die Ioner benutzten also für ihren Marsch auf Sardes nicht die bei Ephesos beginnende persische Reichsstraße (vgl. Kap. 54), sondern die über das Gebirge führenden Saumpfade.

123 Gedis Tschai.

124 Simonides von Keos (556—468/467 v. Chr.) gehörte zu dem literarischen Kreis des Peisistratos. Berühmt machten ihn seine Epigramme auf die Helden der Perserkriege.

125 Amathus (Hammath) war eine alte phoinikische Stadt. Ihre Ruinen sind bei dem heutigen Limisso ausgegraben worden. Nach dem in Amathus stehenden Tempel der Ischtar nannten die Griechen die von den Phoinikern übernommene Göttin Aphrodite auch *Amathusia*.

126 *Siromos* hieß auch ein König von Sidon. *Siromos* ist die griechische Umschreibung für ein phoinikisches *Hiram*.

127 Mit Zeus ist hier Ahuramazda gemeint.

128 Der Chiton wurde unmittelbar auf dem Körper getragen. — Sardinien, das in den Händen der Karthager war, erobern zu wollen, hieß in den Augen der damaligen Welt einen unerfüllbaren Wunsch auszusprechen. Histiaios werden diese Worte in den Mund gelegt, um zu zeigen, mit welchen angeblich groben Mitteln er den Großkönig an der Nase herumführte.

129 Ein Vorgebirge im Südosten der Insel, heute Kap San André.

130 Es waren die Fürsten der damals griechischen Städte in Zypern, Salamis, Kition, Kurion, Marion, Soloi, Lapethos, Keryneia und Chytroi. Lediglich das phoinikische Amathus (Hammath) hielt zu den Persern.

131 Das heißt, daß die Perser die Stadtmauern an einigen Stellen durch Minengänge zum Einsturz gebracht hatten und so in die Stadt eingedrungen waren.

132 Die Städte lagen, wenn man vom Ägäischen Meer nach dem Marmara-Meer fuhr, auf dem rechten Ufer der Meerenge. Herodot erwähnt sie in der Reihenfolge, in der sie durch Daurises erobert wurden.

133 Der Marsyas ist der heutige Tschin-Tschai, der in den Böiük Menderes mündet. Als *Leukai Stelai* (d. h. 'die weißen Säulen') bezeichnete man den Platz, an dem die Karer, ähnlich wie die Ioner (Buch I, Kap. 142 u. Anm. 115) und die Dorier (Buch I, Kap. 144, Anm. 118) zu bestimmten Zeiten ihre Versammlungen abhielten.

134 Mausolos war einer der Vorfahren jenes im Jahre 352 v. Chr. gestorbenen Königs von Halikarnassos, dem seine Gattin Artemisia das berühmte Grabmal errichten ließ. Dieses Grabdenkmal galt im Altertum als eines der sieben Weltwunder.

135 Zu dem Titel Syennesis vgl. Buch I, Kap. 74 u. Anm. 71.

136 Dieser karische Zeus wurde auf den Münzen mit der Doppelaxt (labrys) und der Lanze dargestellt. Die Bezeichnung *Labraunda* knüpft an die *Labrys* (Doppelaxt), das Attribut dieses Gottes (vgl. auch Kap. 66 u. Anm. 85) an.

137 Pedason war ein Ort an der Straße, die aus dem Tal des Marsyas (Tschin-Tschai) über das Gebirge an den Golf von Kos führte.

138 Mylasa ist das heutige Meles im Hinterland von Halikarnassos.

139 Klazomenai lag am Hernäischen Meerbusen westlich von Smyrna (Ruinen bei dem heutigen Ort Vurla). Die Stadt Kyme befand sich an der Südseite des Elaiitischen Meerbusens in der Nähe des heutigen Namurt-Koi.

140 Ein thrakisches Volk, das östlich der Struma wohnte.

141 Herodot referiert wahrscheinlich die Ansicht des Hekataios, die dieser in seinem historischen Werk ausgesprochen hatte. Leros ist eine Insel der Sporaden. Sie ist dem Golf von Mendelia vorgelagert.

142 Aristagoras fiel noch in dem gleichen Jahre (497 v. Chr.), in dem er sich in Myrkinos festgesetzt hatte.

BUCH VI

1 Vgl Buch V, Kap. 126.

2 Er war Satrap der zweiten Satrapie. Vgl. Buch III, Kap. 90.

3 Derartige Umsiedlungen ganzer Volksteile entsprachen der Politik der Perserkönige. Vgl. Buch V, Kap. 14 u. 15. Es ist durchaus möglich, daß Dareios mit dem Gedanken umging, einen Teil der Ioner nach Phoinikien umzusiedeln.

4 Histiaios konnte sich also auf eine persische Opposition gegen die Regierung des Dareios in Kleinasien stützen. Bei den persischen Verschwörern handelte es sich vermutlich um Anhänger des von Dareios beseitigten persischen Satrapen Oroites. Vgl. Buch III, Kap. 120, 126 bis 128.

5 Die Niederlegung der Tyrannis durch Aristagoras in Milet gab für eine Reihe ionischer Städte das Signal, ihre Tyrannen zu stürzen und eine sogenannte Volksregierung (Demokratie) an ihre Stelle zu setzen. Vgl. Buch V, Kap. 37.

6 Hymaies und die Satrapen der zweiten (lydischen) und der dritten (phrygischen) Satrapie, Artaphernes und Otanes. Vgl. Buch V, Kap. 122 u. 123.

7 Der von den aufständischen ionischen Städten einberufene ionische Bundestag im Pan-Ionion auf der Halbinsel Mykale wurde nur von ihnen besucht. Die den Persern treugebliebenen Städte schickten keine Delegierten.

8 Lade war eine kleine Insel vor Milet, die heute durch die Ablagerungen des Maiandros ein Bestandteil des Festlandes geworden ist.

9 Priene lag Milet gegenüber an der damaligen Mündung des Maiandros.

10 Myus war eine ionische Stadt nordöstlich von Milet. Sie wurde später wegen der Anschwemmung des Maiandros aufgegeben. Myus wurde später von Artaxerxes I. dem aus Athen verbannten Themistokles geschenkt.

11 Eine ionische Stadt nördlich von Samos, heute Sighudjik.

12 Vgl. Buch V, Kap. 37.

13 Baktra, das heutige Balch im nordwestlichen Afghanistan, war für die Griechen der damaligen Zeit die östlichste Stadt des persischen Reiches.

14 Herodot schildert hier eines der wichtigsten Manöver der antiken Seekriegsführung, das zunächst von den Phokaiern entwickelt und dann auch von den anderen griechischen Städten übernommen wurde. Das angreifende Schiff hatte so in die Front der dicht nebeneinander fahrenden feindlichen Schiffe einzubrechen, daß möglichst die Ruder der beiden feindlichen Schiffe, zwischen denen man hindurchfuhr, abgebrochen und die Fahrzeuge manövrierunfähig wurden. Durch die hierdurch entstandene Lücke brachen dann auch die anderen Schiffe ein und konnten die feindliche Flotte vom Rücken fassen. Die Schiffssoldaten hatten während des Vorbeifahrens das feindliche Schiff

mit einem Geschoßhagel zu überschütten, um so die feindliche Schiffsmannschaft an Gegenmanövern zu hindern. Eine derartige Taktik verlangte ein blitzschnelles Reagieren der Mannschaften des angreifenden Schiffs auf die gegebenen Kommandos, setzte also ein entsprechend langes Probeexerzieren voraus. Hiergegen hatten sowohl Schiffssoldaten wie Schiffsbemannung protestiert.

15 Aiakes war ein Neffe des Tyrannen Polykrates. Er hatte die Nachfolge seines Vaters Syloson in Samos angetreten.

16 Syloson, der von seinem älteren Bruder Polykrates aus Samos vertrieben worden war, gelang es, nach dem Tode des Polykrates mit persischer Unterstützung die Herrschaft über Samos zu erobern.

17 Sie zogen es also wie die Bürger von Samos vor, die von ihnen zu Beginn des Aufstandes vertriebenen Tyrannen wiederaufzunehmen.

18 Die Chier führten die von dem Phokaier Dionysios einexerzierten Seekriegsmanöver in der Schlacht erfolgreich durch.

19 Die ionische Stadt Ephesos hatte sich dem Aufstand nicht angeschlossen. An den Thesmophorien zu Ehren der Göttin Demeter nahmen nur Frauen teil. Herodot suchte mit dem Hinweis auf die Prozession das beschämende Verhalten der Bürger von Ephesos gegen ihre ionischen Landsleute zu entschuldigen.

20 Das hier von Herodot für die phoinikischen Schiffe gebrauchte Wort *gaulos* ist die griechische Bezeichnung für die phoinikischen Schiffe. *Gaulos* bezeichnete damals ähnlich wie später *Kogge* oder *Karavelle* einen bestimmten Schiffstyp.

21 Karthager und Etrusker, die Herren des westlichen Mittelmeers.

22 Milet fiel wahrscheinlich im Herbst 494. Das war das sechste Jahr des ionischen Aufstandes, der 499 begonnen hatte.

23 In Didyma war ein Tempel des Apollon mit einer berühmten Orakelstätte. Seine Ruinen liegen bei dem heutigen Hieronda. Xerxes befahl die Verlegung des Heiligtums von Didyma nach Baktrien. Unter Alexander dem Großen ist es dann auch hier zerstört worden. Offenbar hat man tatsächlich, wie Histiaios in seiner Rede voraussagte, später einen Teil der Bewohner von Milet nach Baktrien umgesiedelt.

24 Die Perser und Skythen trugen im Gegensatz zu den Griechen zur Zeit Herodots das Haar lang. Allerdings ist das Bild des Orakels nicht eindeutig, denn auch bei den Griechen trug man, wie z. B. die erhaltenen Jünglingsstatuen (Kuroi) zeigen, unter dem Einfluß orientalischer Haarmoden das Haar lang und oft kunstvoll mit Bändern durchflochten.

25 Die Stadt wird als Kolonie der Milesier noch von Plinius erwähnt. Nach der Beschreibung Herodots lag sie kurz vor der Mündung des Tigris in den Persischen Golf.

26 Pedasos lag an der Straße, die aus dem Tal des Marsyas (Tschin-Tschay) über das Gebirge an den Golf von Kos führte.

27 Zwei Städte an der Westküste Calabriens am Golf von Policastro.

28 Das hier erwähnte Schauspiel ist uns nicht erhalten. Es ist der erste bekannte Versuch, Ereignisse der Zeitgeschichte zum Thema eines Theaterstückes zu

machen. Aischylos hat dann mit den 'Persern' mit mehr Erfolg das Unternehmen des Phrynichos wiederholt.

29 Gemeint sind hier die Angehörigen der sogenannten Volkspartei, die nach der Vertreibung der Tyrannen in Samos die Demokratie eingeführt hatten und jetzt beschlossen, nach Sizilien zu emigrieren.

30 Zankle lag an der Stelle des heutigen Messina.

31 'Epizephyrische Lokrer' (d. h. die nach Abend zu, also im Westen wohnenden Lokrer) nannte sich eine Siedlung an der Ostküste des Südteils von Calabrien. Ruinen bei Motta di Burzano.

32 Heute Reggio an der Straße von Messina in Calabrien.

33 Die Stadt Kaleakte ('Schöne Küste') ist erst im Jahre 446 gegründet worden.

34 Der Tyrann von Gela hat hiernach eine Oberherrschaft über Zankle (Messina) ausgeübt. Vgl. Buch VII, Kap. 154.

35 Eine Stadt südöstlich von Akragas (Girgenti).

36 Die Stadt lag an der Nordküste Siziliens an dem gleichnamigen Fluß, dem heutigen Salso. Westlich der Stadt begann der karthagische Teil Siziliens.

37 Die Perser stellten in Samos wie in anderen ionischen Städten die Herrschaft der Tyrannen wieder her.

38 Histiaios hatte sich in Byzanz festgesetzt, um die mit pontischem Getreide nach Griechenland zurückfahrenden Schiffe festzuhalten und so durch eine Blockierung der Lebensmittelversorgung die griechischen Städte für eine Teilnahme am ionischen Aufstand zu gewinnen.

39 *Polichne* heißt 'Kleinstadt'.

40 Wahrscheinlich eine der Schulen, in denen zunächst nur Lesen und Schreiben gelehrt wurde. Für die Weiterbildung sorgten die Sophisten, berufsmäßige Wanderlehrer, die gegen Bezahlung in Rhetorik, Recht, Grammatik, Geschichte und anderen Fächern unterrichteten.

41 Insel im Nordteil des Ägäischen Meeres gegenüber dem heutigen griechischen Hafen Kawalla.

42 Atarneus und das Tal des Kaikos-Flusses ist die heute noch wegen ihrer Fruchtbarkeit bekannte Ebene des Bakir-Tschai.

43 Der Bericht zeigt, daß es in Ionien im Gegensatz zu Herodot auch Kreise gab, die Persisch sprechen und verstehen konnten.

44 Tenedos heißt heute Bogdscha Ada. Die Insel beherrschte durch ihre Lage die Einfahrt in die Dardanellen. Ihr Besitz war daher von großer militärischer Bedeutung.

45 Dieser Bericht geht nicht auf Herodot zurück und ist ein späterer Zusatz. Bei den von zerklüfteten Gebirgen durchzogenen Inseln ist die Anwendung einer derartigen Taktik vollständig unmöglich.

46 Die ionischen Städte waren zuerst durch den Lyderkönig Kroisos (vgl. Buch I, Kap. 6), dann unter Kyros durch die persischen Feldherrn Mazares und Harpagos (vgl. Buch I, Kap. 157 bis 171) und schließlich unter der Regierung des Dareios unterworfen worden.

47 Vgl. Buch V, Kap. 117.

48 Selymbria heute Silivri an der Nordküste des Marmara-Meeres.

49 Byzantion (Istanbul) und Kalchedonia (Kadiköy) waren schon während des Skythenfeldzuges die persischen Brückenköpfe am Bosporos gewesen, und

auf sie gestützt konnte man auch Griechenland von den pontischen Getreidezufuhren absperren. Da Ägypten, das andere Getreideexportland, persisch war, blieben den Griechen dann nur die Getreideimporte aus Sizilien.

50 Heute Mesemwria an der bulgarischen Schwarzmeerküste. Die Stadt war wie Byzantion und Kalchedonia eine Kolonie von Megara.

51 Prokonnesos ist die heutige Insel Marmara im Marmarameer. Artake war ein Hafen der damaligen Insel Arktonesos, die schon im Ausgang der Antike zur Halbinsel Kapu Dagh geworden ist.

52 Das bei Artake liegende Kyzikos hatte sich dem Satrapen der dritten (phrygischen) Satrapie ergeben, der in Daskyleion residierte.

53 Kardia lag an der schmalsten Stelle der Chersonesos, die hier eine Befestigung sperrte. Vgl. Kap. 36.

54 Gemeint ist Miltiades, der Sieger von Marathon.

55 Die Absinthier waren ein thrakischer Stamm, der oberhalb des Golfs von Saros im Gebiet von Kuru Dagh bis zum Unterlauf der Maritza wohnte.

56 Die heilige Straße führte von Delphi in Phokis über Koroneia und Theben in Boiotien nach Attika, wo sie sich mit der Prozessionsstraße von Athen nach Eleusis vereinigte. Die Gesandten standen sowohl auf dem Wege nach Delphi wie für die Dauer ihrer Rückreise unter dem Schutz des Gottes. Sie gastlich aufzunehmen und für ihren Schutz zu sorgen, war daher religiöses Gebot.

57 Das Geschlecht des Miltiades führte sich also wie das der Alkmaioniden und Peisistratiden auf Helden des Troischen Krieges zurück. Ob hier ein historischer Kern vorliegt, also diese Geschlechter von alten achaiischen Adelsclanen abstammten, läßt sich heute nicht mehr beantworten.

58 An der schmalsten Stelle der thrakischen Chersonesos.

59 Stadt am asiatischen Ufer des Hellespontos.

60 Prytaneion ist das Amtsgebäude des Rates; dort befand sich der Altar der Hestia, der Göttin des Herdes.

61 Vgl. Kap. 103.

62 Hier sind die Tyrannen der anderen Städte gemeint, über die Miltiades eine gewisse Oberhoheit ausübte, die er dann durch den von Herodot berichteten Anschlag zu einer tatsächlichen Oberherrschaft machte.

63 Die Thrakerin Hegesipyle war die Mutter des Feldherrn Kimon und vielleicht durch eine andere Ehe die Großmutter des Geschichtsschreibers Thukydides.

64 Aus dem Bericht Herodots geht hervor, daß der unglückliche Ausgang des Skythenfeldzuges des Dareios auch die Stellung der griechischen Tyrannen am Hellespontos erschüttert hatte. Zwischen dem Skythenfeldzug des Dareios und dem hier erwähnten Skytheneinfall lagen fast siebzehn Jahre.

65 Herodot wendet sich jetzt wieder zu den Ereignissen des Jahres 493.

66 Die phoinikischen Schiffe hatten Miltiades wahrscheinlich am Ausgang des Saronischen Meerbusens aufgelauert.

67 Imbros war damals noch nicht von den Persern erobert worden.

68 Eine Parasange entsprach zur Zeit Herodots ungefähr 5½ km.

69 Artaphernes, der Satrap der zweiten (lydischen) Satrapie, verwaltete damals kommissarisch auch die erste Satrapie, die die griechischen Städte umfaßte. Hero-

dot beschreibt hier die Anlage eines Liegenschafts-Katasters durch den Satrapen, der eine Vermessung der Ländereien nach Parasangen vorausgegangen war. Nach dieser von Artaphernes durchgeführten Steuerveranlagung wurden bis in die Zeit Herodots die Abgaben geleistet. Ebenso wurde durch diesen Satrapen ein Landfrieden verkündet.

70 Gemeint ist das Frühjahr 492. Statt der bisherigen von den einzelnen Satrapen geführten Provinzialheere, die aufgelöst wurden, erschien damals an der Küste ein persisches Reichsheer.

71 Die hellenischen Tyrannen hatten sich demnach für die persische Herrschaft gefährlicher erwiesen als die sogenannten Demokratien.

72 Die Makedonen hatten sich schon dem Beauftragten des persischen Satrapen Megabazos, Bubares, unterworfen. Vgl. Buch V, Kap. 18—21.

73 Stadt am Golf von Hierissos.

74 Haifische.

75 Ein thrakischer Volksstamm zwischen dem Ostrowo-See und dem Fluß Wistritza.

76 Hiernach würden diese Ereignisse in das Jahr 490 fallen, wo schon die Schlacht von Marathon geschlagen wurde. Die Chronologie der hier von Herodot benutzten Quelle ist offenbar nicht zuverlässig.

77 Die Angabe bezieht sich auf die jährliche Förderleistung. Ihr Wert wurde auf 80 Silbertalente geschätzt. ·

78 Zu Herodots Zeit gab es in Thasos noch Bauten, die aus der Zeit der phoinikischen Besetzung der Insel stammten (vgl. Buch II, Kap. 44). Die Insel wurde im 7. Jahrhundert von Ioniern aus Paros besetzt. *Thasos* scheint der Beiname eines phoinikischen Gottes gewesen zu sein, dessen Tempel Herodot in Tyros besucht hatte. Phoinikische Städte mit dem ähnlichen Namen *Thasia* gab es in Spanien und Afrika.

79 Hieraus geht hervor, daß sich schon vor dem ersten Feldzug des Dareios gegen Griechenland ein hellenischer Bund unter Führung Spartas gebildet hatte.

80 Die Machtkämpfe zwischen den beiden in Sparta regierenden Dynastien waren außerhalb Spartas wohl bekannt und wurden, wie der hier erwähnte Fall zeigt, auch ausgenutzt.

81 *Krios* heißt 'Bock'.

82 Gemeint ist neben anderem vielleicht auch ein uns nicht erhaltenes Werk Hesiods.

83 Die von Herodot berichtete Erzählung hat mit einer alten spartanischen Wandersage kaum etwas zu tun, allenfalls die Namen mögen entlehnt sein. Das Ganze ist eine Erfindung von Hofdichtern der damals herrschenden Adelsgeschlechter.

84 Herodot will hier mitteilen, was man außerhalb Spartas im übrigen Griechenland über die Abkunft der spartanischen Könige berichtete.

85 Auf diese ägyptische Herkunft des Perseus ist Herodot schon vorher eingegangen. Vgl. Buch II, Kap. 91.

86 Herodot zitiert hier eine Überlieferung, die sich wahrscheinlich bei den mit der griechischen Mythologie vertrauten Phrygern und Lydern gebildet hatte. Beide Völker werden hier zusammenfassend als 'Perser' bezeichnet.

87 Herodot meint die Logographen, zu denen auch sein Landsmann Hekataios gehört.

88 Die Könige waren sowohl Oberpriester im Kult des spartanischen Stammesgottes wie des Himmelsgottes.

89 Den Königen war nicht nur bei dem großen Festessen aus Anlaß eines Staatsopfers, sondern auch bei den Syssitien, den gemeinsamen Mahlzeiten der Spartaner, der Ehrenplatz vorbehalten.

90 Die beiden monatlichen Festtage der Spartaner waren der Neumond und der Geburtstag des Apollon, den man am siebenten Tag eines jeden Monats beging.

91 Dem attischen Medimnos entsprechen etwa 52½ Liter. Welche Menge das lakonische Viertel umfaßte, ist unbekannt.

92 In Sparta verfügte man im Gegensatz zu anderen griechischen Staaten von Amtswegen, wer die Bewirtung der fremden Gesandten zu übernehmen hatte. Im übrigen Griechenland übernahmen einzelne Familien von sich aus die Vertretung eines fremden Staates und die Aufnahme seiner Gesandten.

93 Eine Choinix hat vier Kotylen. Der Choinix entspricht etwa 1,094 Liter.

94 Die erteilten Orakel wurden auf Häute *(diphterai)* aufgezeichnet; diese schriftlich niedergelegten Orakelsprüche wurden dann von den Königen verwahrt.

95 Töchter, die bei ihrer Verheiratung das gesamte Gut ihrer Familie mit in die Ehe brachten, weil keine männlichen Erben vorhanden waren.

96 Gemeint ist der Schutz der Straßen. Jedes Vergehen, das auf den Straßen begangen wurde, ahndete der König.

97 Es handelt sich um die Sitzungen des Ältestenrates, der sich aus den auf Lebenszeit ernannten Geronten zusammensetzte.

98 Perioiken sind die Angehörigen dorischer und vordorischer Stämme, die im Gegensatz zu den politisch rechtlosen Heloten (Teile der vordorischen Bevölkerung) im spartanischen Staat einige politische Rechte besaßen. Sie wohnten in von ihnen selbst verwalteten Landstädten. Neben der Pflicht zur Heeresfolge gehörte es auch zu ihren Obliegenheiten, das Trauergefolge für den toten König zu stellen.

99 Gemeint ist das Totenlied, das zum Preise des Verstorbenen angestimmt wurde und seine Verdienste aufzählte.

100 Das Menelaion lag südöstlich von Sparta. Hier waren nach der Überlieferung Menelaos und Helena begraben. Innerhalb des Menelaion wurde bei den Ausgrabungen die Statuette einer unbekleideten Frau aus der Zeit um 680 v. Chr. gefunden. Derartige Darstellungen waren um diese Zeit noch sehr selten.

101 In dem Phoibaion waren nach dem Glauben der Spartaner die Dioskuren bestattet.

102 Das heißt: der Einfluß der Ephoren war damals noch nicht so groß, daß sie es in dieser Frage auf eine Auseinandersetzung mit dem König ankommen lassen konnten.

103 Der Kläger mußte vor der Eröffnung des Verfahrens einen Eid leisten, daß die in seiner Klage aufgestellten Behauptungen wahr seien. Der Beklagte leistete darauf seinerseits einen Eid, daß die Behauptungen des Klägers

nicht der Wahrheit entsprächen. Nachdem das geschehen war, trat das Gericht in die Beweisaufnahme ein.

104 Der Bericht über diesen Vorfall läßt durchblicken, wie skeptisch Herodot gegenüber dem Treiben der Weissagungsstätten war. Es mag sein, daß mit der sogenannten Demokratie damals auch eine gewisse aufklärerische Reaktion gegen die von den Tyrannen geförderte religiöse Orthodoxie einsetzte.

105 Das Fest wurde im Sommer zum Gedenken der blutigen Schlacht von Thyrea, in der die Spartaner mit den Argeiern gekämpft hatten, gefeiert. Es erhielt seinen Namen nach den Umzügen nackter Knaben und Jünglinge. Am eigentlichen Festtag wechselten Waffentänze und Gesänge mit gymnastischen Übungen und Wettkämpfen ab.

106 Der Zeus Herkeios war der Schutzgott des Hauses, dessen Altar im Hofraum stand.

107 Der vom Ehemann der jungvermählten Frau überreichte Kranz deutete den Vollzug der Ehe an.

108 Dieser Heros gehörte zu der spartanischen Königsfamilie der Agiaden. Sein Heiligtum (Heroon) lag in der Nähe des Tempels der Artemis Orthia (d. h. der Herrin). Astrabakos hatte als König das von Orestes aus Tauris nach Sparta gebrachte hölzerne Bild dieser Göttin wiedergefunden und war bei seinem Anblick in Wahnsinn verfallen.

109 Gemeint ist nicht die erst 471 v. Chr. gegründete Hauptstadt am Peneus, sondern die Landschaft Elis. Demaratos hatte die im Tal des Alpheios durch Arkadien nach Olympia führende Straße eingeschlagen. Zakynthos hieß die Elis vorgelagerte Insel.

110 Auch dieser Bericht zeigt wie der in Kap. 49, daß schon vor dem Angriff der Perser im Jahre 490 ein hellenischer Bund unter spartanischer Führung bestand. In seinem Auftrag hatte ein spartanisches Heer gegen die persisch gesinnten Tyrannen in Thessalien, die sogenannten Aleuaden, den Bundeskrieg geführt. Herodot gibt hier den Inhalt der offiziell von den Ephoren gegen den spartanischen König erhobenen Anklage wieder. Tatsächlich handelt es sich auch hier um Machtkämpfe, die mit dem Sieg der Ephoren und dem Sturz des von ihnen bekämpften Königs endeten.

111 Der König hatte sich mit seinem Anhang in dem arkadischen Tegea festgesetzt. Von hier suchte er Sparta wiederzuerobern. Erst sein Tod scheint der damaligen Entscheidung gegen das Königtum endgültig zum Siege verholfen zu haben.

112 'Styx' wurde der vom Chelmosgebirge in Arkadien fast zweihundert Meter hinabstürzende Wasserfall genannt. Schon Homer und Hesiod erwähnen ihn. Er galt als der stärkste Eideshelfer, bei dem auch die Götter ihre Eide leisteten. Der Styx war seit alter Zeit ein religiöser Mittelpunkt der arkadischen Stämme.

113 Pheneos lag an dem heute noch diesen Namen tragenden Sumpfsee in Arkadien.

114 Vgl. Kap. 66.

115 Vgl. Buch V, Kap. 74.

116 Der See liegt südöstlich des Gebirgszuges von Kyllini (Ziria). Der Fluß Erasinos heißt heute Kefalari.

117 Heute Nauplion am Golf von Argos.

118 Den anderen Teil des Orakels berichtet Herodot Kap. 19. Beide Stellen zeigen, daß Herodot für sein Geschichtswerk die Orakelbücher einzelner Städte, wie hier das von Milet, benutzt hat.

119 Der Drache war das Feldzeichen der Krieger von Argos.

120 Aus der Darstellung geht hervor, daß der Hain von einer Mauer umgeben war, hinter der sich die Argeier verschanzt hatten.

121 Argos hieß der Sohn des Zeus und der Niobe, der in dem nach ihm benannten Land Argos als Heros verehrt wurde.

122 Der Orakel verkündende Gott Apollon.

123 Gemeint sind die Teile der vordorischen Bevölkerung, die bisher in Argos keine politischen Rechte besaßen.

124 Phigalia ein Ort am Oberlauf des Buzi- (Neda-) Flusses im südwestlichen Arkadien in der Nähe der messenischen Grenze.

125 Gemeint ist hier nicht der Phasis (heute Rion) in Transkaukasien, sondern der Araxes, die heutige Kura, in Aserbeidschan. Die Skythen unternahmen ihre Züge über den Paß von Derbent nach Medien, dem nordwestlichen Teil des heutigen Iran.

126 Man hat hier an die Angriffe der lydischen Könige, besonders des Alyattes, auf Milet und die anderen ionischen Städte in der ersten Hälfte des 6. Jahrhunderts zu denken. Vgl. Buch I, Kap. 16—22.

127 Unter der Marke — Herodot gebraucht hierfür das griechische Wort *symbolon* —, die hier bei der Herausgabe des Geldes vorgezeigt werden sollte, haben wir ein sogenanntes *Chirographon* zu verstehen. Bei diesem Chirographon wurde der Text der Urkunde, also hier der Sachverhalt, der die Deponierung des Geldes betraf, zweimal auf ein Stück Leder geschrieben und zwischen beiden Texten ein Zwischenraum gelassen. In den dazwischenliegenden Raum schrieb man das Wort Chirographon und zerschnitt dann an dieser Stelle das Leder. Bei der Präsentierung des Chirographon mußten beide Stücke mit dem Wort Chirographon zusammenpassen. Glaukos hatte offenbar sein Exemplar des Chirographon verschwinden lassen.

128 Das Aussterben des eigenen Geschlechtes war für den Griechen der damaligen Zeit die furchtbarste Drohung.

129 Ein Fest zu Ehren des Poseidon, das in Athen in seinem Tempel in Sunion, auf dem südlichsten Vorgebirge Attikas, festlich begangen wurde. Die Festteilnehmer, unter ihnen die Spitzen der Stadt, begaben sich auf dem Staatsschiff nach Sunion.

130 Wenn Herodot hier die siegreiche Partei mit dem griechischen Wort *pachys* (= dick, fett) bezeichnet, erinnert das an ähnliche Bezeichnungen in den italienischen Städten des Quattrocento, wo von den Kämpfen des Popolo grasso mit dem Popolo minuto die Rede ist. *Grasso* hat die gleiche Bedeutung wie *pachys*. Auch der griechische Popolo grasso läßt sich mit den Großkaufleuten identifizieren, Geschlechtern, denen ein Miltiades und Themistokles angehörten und die durch den pontischen Getreidehandel oder

die Silberbergwerke in Thrakien ihr Vermögen begründet hatten. Ihnen standen das durch den Getreideimport ruinierte Kleinbauerntum und die städtischen Handwerker als Popolo minuto gegenüber.

131 Die Aigineten verletzten hier das Asylrecht des Demeter-Tempels.

132 Die Zahlen sollen nur andeuten, daß die Sikyon und Aigina auferlegte Summe sehr hoch war. Das Steueraufkommen der ersten persischen Satrapie, zu der die sehr finanzkräftigen ionischen Städte gehörten, betrug vergleichsweise nur dreihundert Talente in Silber. Vgl. Buch III, Kap. 90.

133 Der griechische Fünfkampf setzte sich aus Springen (*Halma*), Schnelllauf (*Podokia*), Diskuswerfen (*Diskos*), Speerwerfen (*Akon*) und Ringen (*Pale*) zusammen.

134 Ort und Demos im nördlichen Teil Attikas. Heute Koriokleides.

135 Datis war wie Otanes Meder. Otanes gehörte zu den sieben, die die Herrschaft der Mager stürzten. Wegen seiner Zugehörigkeit zum medischen Volkstum erhielt er alljährlich ein kostbares medisches Gewand. Vgl. Buch III, Kap. 84. Offenbar war eine der sieben Familien, die die Spitze der persischen Reichsaristokratie bildeten, medischer Nationalität. Ebenso wie die Angehörigen der anderen sechs Familien wurden auch Vertreter dieses medischen Geschlechtes wie hier im Falle des Datis auf die höchsten Kommandostellen des Reiches berufen.

136 Die Ebene zwischen Adana, Tarsos und der Küste.

137 Die Insel Ikaria lag westlich von Samos. Von dort erreichte man Naxos und Delos und steuerte dann längs der Kykladen auf Karystos, den Hafen an der Südspitze von Euboia, zu.

138 Das Scheitern des Angriffes des Satrapen Megabates und des Tyrannen Aristagoras auf Naxos war der äußere Anlaß des ionischen Aufstandes gewesen. Vgl. Buch V, Kap. 33—34.

139 Die Insel Tenos lag nördlich von Delos.

140 Delos galt als die Geburtsstätte des Apollon und der Artemis. Die hier berichtete Episode zeigt, wie sehr die Perser darauf achteten, keinen fremden Kult zu verletzen und auch den fremden Göttern ihre Ehrerbietung zu erweisen.

141 Gemeint ist Weihrauch im Wert von dreihundert Talenten. Auch hier soll die Zahlenangabe nur die ungeheure Menge bezeichnen.

142 Herodot zieht hier die Bilanz vom Beginn der Perserkriege im Jahre 490 bis zum ersten Abschnitt des Peloponnesischen Krieges von 431 bis 421, den er als alter Mann zum Teil noch miterlebt hat.

143 Die hier gegebenen Erklärungen der drei persischen Königsnamen zeigen, daß Herodot keine iranische Sprache gekannt hat. Dareios (altpersisch: *Darajawabusch*) hat die Bedeutung 'derjenige, der das Gute aufrechterhält'. Die Bezeichnung ist der Thronname des großen Königs. Xerxes (altpersisch: *Chschajarscha*) und Artaxerxes (altpersisch: *Artachschajarscha*) können ebenfalls nicht so, wie es bei Herodot geschieht, erklärt werden.

144 Stadt an der gleichnamigen Bucht an der Südspitze von Euboia.

145 Vgl. Buch V, Kap. 77. Diese Kleruchen waren, obwohl sie Neubauern in Chalkis waren, wie alle Kleruchen athenische Bürger geblieben und wurden in den Bürgerrollen weiter geführt.

146 Die drei Städte sind sonst nicht nachweisbar. Durch seine Landung im Gebiet von Eretria befand sich Datis sowohl in unmittelbarer Nähe von Boiotien, wo er sich besonders in Theben auf eine starke persische Partei stützen konnte, wie von Attika, das das Ziel seines Feldzuges war.

147 Jede der zehn attischen Phylen bildete auch militärisch eine Einheit. Sie stellte ihre aus Reiter- und Hopliten- (Schwerbewaffneten-) Verbänden bestehende Heeresabteilung selbst auf und wählte auch den Strategen, den Befehlshaber dieser Abteilung. Das Oberkommando über den gesamten attischen Heerbann führte der Polemarch nur dem Namen nach. Die Führung des Heeres lag bei den zehn Strategen, die sich im Oberbefehl abwechselten.

148 Kimon ist also nach seinem in der 64. Olympiade im Jahre 524 v. Chr. errungenen Sieg ermordet worden.

149 Gemeint ist die Straße, die am melitischen Tor begann und nördlich am Museionhügel entlangführte. Es handelt sich hier um Felsgräber. Die Pferde waren offenbar beim Tode des Kimon getötet und dann in einem besonderen Grabe beigesetzt worden. Es ist möglich, daß hier mit der Pferdebestattung ein thrakisch-skythischer Brauch übernommen wurde, da das Geschlecht des Kimon auf der thrakischen Chersonesos enge, teilweise durch Heiraten noch verstärkte Beziehungen zu thrakisch-skythischen Fürsten unterhielt. Vgl. Kap. 34—40.

150 Der von dem Läufer benutzte Weg führte also von Argos über Hysiai und das Partheniongebirge nach Tegea und von dort nach Sparta.

151 Der Gott Pan wurde besonders in Arkadien verehrt. Von dort scheint sein Kult in Athen eingeführt worden zu sein. Die Grotte des Pan lag in Athen zwischen Akropolis und Areopag.

152 Hiernach begingen die Spartaner zu dieser Zeit das neun Tage dauernde Fest der Karnaien zu Ehren des Apollon Karnaios. Das Fest, das damals im Monat September gefeiert wurde, war erst bei Vollmond zu Ende. Als die Gesandten in Sparta eintrafen, war erst der neunte Tag nach dem Mondwechsel. Man befand sich also noch mitten in der Feier der Karnaien. Die Schlacht bei Marathon wurde schon am 12. September 490 geschlagen.

153 Eine Insel, die zwischen Styra auf Euboia und dem Vorgebirge Kynosura (Hundeschwanz) an der Fahrtroute zur Küste von Marathon liegt. Die Tatsache, daß Datis die Gefangenen aus Euboia auf dieser Insel zurückließ, läßt erkennen, daß er den Feldzug gegen Euboia nur als Strafexpedition betrachtete und nicht an eine dauernde Unterwerfung der Insel dachte.

154 Sie hatten sich also hinter der Mauer, die den Hain des Heiligtums des Herakles umgab, verschanzt.

155 Die Plataier waren dem unter Führung Thebens stehenden boiotischen Bund nicht beigetreten. Der Asopos bildete sowohl die Grenze des Landes von Plataiai wie des athenischen Ortes Hysiai gegen das vom boiotischen Bund beherrschte Gebiet. Über die boiotischen Angriffe auf Hysiai hat Herodot schon an anderer Stelle berichtet. Vgl. Buch V, Kap. 74.

156 Der Polemarchos gehört zu dem Kollegium der neun Archonten, die damals in Athen die Regierung ausübten. Es setzte sich aus dem Archon Eponymos, dem Archon Basileus, dem Polemarchos und den sechs Thesmotheten zusammen. Der Archon Eponymos, nach dem das Jahr seiner Amtszeit genannt

wurde, hatte in dieser Zeit nur noch über Fragen des Familien- und Erbrechtes zu entscheiden. Der Archon Basileus (König) führte das Amt des alten Priesterkönigs weiter. Er war der oberste Priester des athenischen Staates und Vorsitzender des Areopags, des Blutgerichts. Der Polemarchos, der an der Spitze des ionischen Heerbannes stand, trat nach der Neuordnung der Phylen allmählich immer mehr hinter den Strategen, den militärischen Führern der einzelnen Phylen, zurück. Die Darstellung Herodots läßt erkennen, daß der Polemarchos zur Zeit der Schlacht von Marathon nur noch ein bedeutungsloses Ehrenamt darstellte, dessen Träger lediglich bei Uneinigkeit der Strategen entscheidend eingreifen konnte. Die Thesmotheten (die Rechtssetzer) hatten später nur noch richterliche Befugnisse. Nach Ablauf ihres Amtsjahres wurden sie Mitglieder des Areopags.

157 Auf dem rechten Flügel hatte früher der König von Athen seinen Standort. Der Polemarchos hatte also mit den militärischen Funktionen des Königs auch seinen Ehrenplatz übernommen.

160 Herodot schildert hier den Angriff der in geschlossener Hopliten-Phalanx im Laufschritt vorrückenden Athener und Plataier. Diese Phalanx, eine Schlachtreihe, die in acht — zuweilen auch bis zu zwölf — Glieder gestaffelt war, bestand nach Herodot bei Marathon in der Mitte nur aus wenigen Gliedern, weil man die große Entfernung bis zum Feind berücksichtigen mußte. Hierdurch wurde vermieden, daß beide Flügel beim Vorrücken in der Mitte zusammendrängten und hierbei die einzelnen Glieder durcheinander kommen konnten. So war es möglich, daß die Phalanx in geschlossener Ordnung die feindliche Linie erreichen und durchstoßen konnte. Diese Form des Angriffs war bei Marathon so erfolgreich, weil die Perser hier nur über wenig Reiterei verfügten. Daher entschloß sich Xerxes später, besondere Schiffe für den Transport von Pferden bauen zu lassen, um seine aus berittenen Bogenschützen bestehende Reiterei gegen die griechische Hoplitenphalanx einsetzen zu können.

161 Bei den Persern hielt sich im Gegensatz zu den Griechen der Oberbefehlshaber immer in der Mitte der Schlachtreihe auf. Hier standen daher auch die persischen Leibgarden des Feldherrn und die gleichfalls als Elitetruppen geltenden sakischen Abteilungen. Mit ihren spitzen Hüten, eingehüllt in den Baschlyk, eine Kapuze, kennen wir sie sowohl durch ägyptische Terrakotten wie durch die Reliefs des Palastes von Persepolis (vgl. Abb. 4b).

162 Er war ein Bruder von Aischylos. Das Beil war die Hauptwaffe der Saken. Herodot kannte diese Einzelheiten des Kampfes wahrscheinlich aus dem großen in der Stoa aufgestellten Bild der Schlacht von Marathon

163 Die Perser fuhren also um die Südspitze Attikas in Richtung auf Athen.

164 Kynosarges lag südöstlich von Athen am Lykabettos, oberhalb des Ilissos-Tals. Der Ort besaß außer dem hier erwähnten Heiligtum des Herakles auch ein Gymnasion (Palaistra), das die in den anderen Gymnasien der Stadt nicht zugelassenen unehelich geborenen Athener für ihre gymnastischen Übungen benutzen durften.

165 Die griechischen Totenzahlen sind richtig angegeben, denn Herodot konnte sich hier wohl auf die inschriftlich erhaltenen Gefallenenlisten stützen.

166 Eine Insel der Kykladen dicht bei Delos.

167 Eine Bronzestatue, die vergoldet war.

168 Hier spielte vor allem die Rücksicht auf die persisch gesinnten Boioter eine Rolle. Aus diesem Grunde wünschte Datis die Rückgabe des Götterbildes an den Tempel der boiotischen Stadt Delion.

169 Herodot beschreibt hier die damalige Methode der Destillierung des Erdöls, bei der Asphalt (Erdharz) und der im Rohöl enthaltene Sand, den er hier fälschlich als Salz bezeichnet, ausgeschieden wurden.

170 Aus der weiteren Beschreibung Herodots geht hervor, daß die damalige Rohölförderung sich darauf beschränkte, das Öl, das sich auf dem Wasser angesammelt hatte, abzuschöpfen. Die hier erwähnten Förderstätten des Erdöls scheinen in der Nähe der heutigen irakisch-iranischen Grenze gelegen zu haben. Das Erdöl wurde von den Persern damals als *Radanak* bezeichnet.

171 Der Archon Eponymos zur Zeit der Schlacht bei Marathon war Phainippos, der hier als Vater des Kallias aufgeführt wird. Kallias war wiederum der Vater des Alkmaioniden Hipponikos, der 426 v. Chr. Stratege war. Dieser Kallias kann natürlich nicht mit dem gleichnamigen Zeitgenossen des Peisistratos, der gleichfalls ein Alkmaionide war, identisch sein. Herodot ist hier eine Verwechslung unterlaufen.

172 Auch hier berichtet Herodot den Fall einer Beeinflussung des Orakels in Delphi. Ein anderes Beispiel erwähnt er Kap. 66.

173 Vgl. Buch I, Kap. 46—55.

174 Herodot meint wahrscheinlich die 47. Olympiade (592 v. Chr.). Pindar (Pyth. VII, 14) erwähnt diesen Sieg.

175 Herodot gibt hier wahrscheinlich den Inhalt eines Gedichtes wieder, das von einem Sänger zum Preise des reichen Alkmaionidenhauses verfaßt wurde.

176 Sybaris wurde um 510 v. Chr. von den Bürgern von Kroton zerstört.

177 Siris (jetzt Sinno) war die Hafenstadt von Heraklea am Golf von Tarent.

178 Epidamnos ist das heutige Durazzo an der albanischen Küste.

179 Die Gebirgslandschaft südöstlich des Golfs von Arta und nördlich des Golfs von Patras.

180 Das hier von Herodot gebrauchte Wort *metra* (Plural von *metron*) bedeutet Maß und Gewicht. Es ist die Bezeichnung für die von Pheidon zunächst in Argos nach lydischem Vorbild eingeführte Silberprägung. Die Bezeichnung *metra* für diese Münzen stammt ebenso wie das Wort *talanton* (= Talent), die eigentlich 'das Gewogene' bedeutet, aus der Zeit vor der Einführung der Münzprägung in der Mitte des 7. Jahrhunderts, wo man auf einer Waage einen Teil eines Silberbarrens für eine bestimmte Ware abwog.

181 Trapezus war eine Stadt im Südteil Arkadiens in der Nähe des Oberlaufs des Alpheios bei dem heutigen Kloster St. Anastasio.

182 'Azan' hieß eine Landschaft im nordwestlichen Arkadien zwischen dem Erymanthos und dem Oberlauf des Ladon.

183 Elis war die westlichste Künstenlandschaft der Peloponnes. Der alte Name *Elis* (eltelisch: *valis*, lateinisch: *vallis*) bezeichnete ursprünglich nur das Flußtal des Peneus.

184 Die Molosser wohnten in der Landschaft Epirus in der Gegend des heutigen Jannina.

185 Nicht ein Opfer von hundert Rindern, sondern das mit dem Festmahl verbundene große Opfer.

186 Es handelt sich hier um Zech- und Spottepigramme, von denen uns einige Proben in den in byzantinischer Zeit zusammengestellten Anthologien, z. B. in der Anthologia Palatina, erhalten sind.

187 Tänze von derb komischen, teilweise sogar obszönem Charakter, wie sie von den Chören der Komödie vorgeführt wurden. Von dort stammt auch die Begleitung des Tänzers durch den Flötenbläser. Beide, tanzende Chöre und Flötenbläser, finden wir auf Vasenbildern dargestellt. Vielfach tragen die Chöre hier noch die Kostüme der betreffenden Komödie, wie z. B. die Vogelkleidung für die bekannte Komödie des Aristophanes.

188 Herodot erwähnt die Geburt des berühmten athenischen Staatsmannes Perikles, dessen Tod im Jahre 429 v. Chr. er noch erlebt hat. Er scheint hier, wie auch an anderen Stellen, wo er sich mit den Alkmaioniden beschäftigt, eine Familienchronik dieses berühmten Geschlechtes benutzt zu haben.

189 Herodot schöpft hier wahrscheinlich aus der späteren Anklageschrift gegen Miltiades, die dem Feldherrn in echt demagogischer Weise die Schuld an der in der Volksversammlung beschlossenen Expedition gegen Paros zuschrieb. Hiernach hätte Miltiades die Flotte zu einer Art Freibeuterunternehmen angefordert. Tatsächlich wollte man sich durch die Eroberung von Paros einen wichtigen Stützpunkt auf der Inselbrücke zum Festland sichern.

190 Timo war eine Priesterin der Demeter und Persephone. Miltiades wollte sich durch die Wegnahme der heiligen Geräte der Göttin, denen man eine übernatürliche Macht zuschrieb und die man auf keinen Fall verlieren wollte, in den Besitz der Stadt setzen. Vorfahren des bekannten sizilischen Tyrannen Gelon hatten auf diese Weise die Stadt Gela gewonnen. Vgl. Buch VII, Kap. 153.

191 Gemeint ist die Mauer, die den heiligen Bezirk, im besonderen den Hain des Tempels, umgab.

192 Im attischen Prozeß wurde zunächst über die Frage 'Schuldig' oder 'Unschuldig' verhandelt; war ein Schuldspruch gefällt, hatte die Verteidigung das Recht, für ein milderes Strafmaß zu plädieren. Das Gericht war im Falle des Miltiades dem Antrage der Verteidigung gefolgt, während die Anklage die Todesstrafe beantragt hatte.

193 Lemnos wurde nicht durch den Sieger von Marathon, sondern durch seinen gleichnamigen Vorfahren, den Zeitgenossen des Peisistratos, erobert. Lemnos war schon vor dem ionischen Aufstand von dem persischen Satrapen Otanes besetzt worden. Vgl. Buch V, Kap. 26. Die Pelasger waren die Bewohner der Landschaft Pelasgiotis in Thessalien. Ein Teil scheint sich, nach der Darstellung Herodots zu urteilen, den Ionern auf ihrer Wanderung nach Süden angeschlossen zu haben.

194 Die sogenannte pelasgische Burgmauer stammte schon aus mykenischer Zeit (1600—1200 v. Chr.). Die Sage brachte sie mit den Pelasgern in Verbindung. Wichtig ist, daß die einwandernden Ioner nach dieser Sage noch nicht die Technik des Mauerbaues kannten und sich daher für ihre Befestigungsbauten der Hilfe der Pelasger bedienen mußten.

195 Die Pelasger waren nach diesem Bericht den Ionern in der Bestellung des Bodens weit überlegen. Auch das weist auf die in Attika eingetretene Überschichtung eines älteren griechischen Kulturvolkes durch aus dem Norden kommende Einwanderer, die auf einer wesentlich niedrigeren Kulturstufe standen.

196 Herodot schöpft auch hier aus einer sehr alten Überlieferung, die von den Kämpfen zwischen Pelasgern und Ionern um den Besitz der Quelle Kallirrhoe zu erzählen weiß. Diese Quelle wurde später nach dem von Peisistratos hier errichteten Brunnenhaus mit neun Öffnungen *Enneakrunos* genannt.

197 Bei den Pelasgern auf Lemnos handelt es sich wahrscheinlich um aus der Pelasgiotis in Thessalien ausgewanderte Pelasger.

198 In Brauron befand sich ein Tempel mit dem Bilde der taurischen Artemis. Das Götterbild genoß außerordentliche Verehrung und war das Ziel von Wallfahrten. Brauron ist das heutige Vraona.

199 Vgl. Buch IX, Kap. 114 bis 118. Die Eroberung des Hellespontos durch die Athener erfolgte noch im Jahre 479, dem Jahr der Schlacht bei Plataiai.

200 Miltiades segelte unter Ausnutzung des von Südrußland wehenden Nordostwindes in dieser kurzen Zeit von Elaius am Westausgang der Chersonesos nach Lemnos. Es handelt sich hier um Ereignisse aus dem Krieg Athens gegen Thasos im Jahre 466, in dem Kimon, der Vater des hier erwähnten Miltiades, den Oberbefehl führte.

BUCH VII

1 Vgl. Buch V, Kap. 100—102.

2 Herodot stützt sich hier auf eine persische Quelle, die nach einem königlichen Erlaß datiert ist, der sich auf die militärischen Leistungen der einzelnen Satrapien bezieht und sie neu festsetzt. Dieser Erlaß hat, wie die Datierung zeigt, mit der Schlacht bei Marathon nichts zu tun. Denn der in das vierte Jahr nach der Verkündung des Ediktes datierte ägyptische Aufstand würde, wenn die Datierung nach der Schlacht bei Marathon orientiert ist, erst in die Regierung seines Nachfolgers zu setzen sein. Der ägyptische Aufstand war vermutlich die Folge des von Herodot zitierten Erlasses des Großkönigs, der offenbar bisher geschonte Reservatrechte der libyschen Militärkolonisten beseitigte. Der Aufstand hatte nur lokale Bedeutung. Abgefallen war fast nur das Deltagebiet. Der persische Satrap von Ägypten residierte auch während des Aufstandes, wie ein demotisches Schreiben vom 7. Juni 486 zeigt, unangefochten in Memphis.

3 Die Regelung der Thronfolge hat mit dem Feldzug nichts zu tun. Xerxes wurde schon um 498 v. Chr. als Kronprinz anerkannt und zum Satrapen von Babylon ernannt. Auf seine Stellung als Kronprinz weist auch, daß man ihn auf den Reliefs von Persepolis unmittelbar hinter seinem Vater abbildete.

4 Gobryas (altpersisch: *Gubaru*) war ursprünglich babylonischer Gouverneur von Elam, der Landschaft, in der die Stadt Susa lag. Nach dem Sieg des Kyros über das lydische Reich war er zu den Persern übergegangen und

hatte an der Spitze eines persischen Heeres Babylon erobert. Später gehörte er zu dem Kreis der Verschwörer, die sich gegen Bardija/Smerdis in der alten elamischen Hauptsadt Susa zusammengefunden hatten. Vgl. Buch III, Kap. 70. Die Familie des Gobryas war wahrscheinlich ein altes elamisches Geschlecht, das wie die Familie des Meders Otanes später zu den sogenannten sieben Familien gehörte, die die Spitze der persischen Reichsaristokratie bildeten.

5 Herodot meint hier die griechische Welt.

6 Der Einfluß des Harems auf die Führung des Reiches war schon während der Regierung des Dareios spürbar. Unter seinen Nachfolgern, besonders während der Regierung Artaxerxes I., wird der Großkönig häufig zu einem Werkzeug von Haremsintrigen.

7 Herodot hat hier eine zuverlässige Überlieferung benutzen können. Dareios ist vermutlich im Oktober 486 gestorben. Die letzte ägyptische Urkunde aus seiner Regierung, die wie Herodot nach dem 36. Regierungsjahr des Großkönigs datiert, stammt aus dem Juni des Jahres 486.

8 Mardonios war der Führer der im Jahre 492 am Athos und in Thrakien gescheiterten persischen Expedition gegen Griechenland gewesen. Vgl. Buch VI, Kap. 43—45. Er wollte jetzt die damals erlittene Scharte auswetzen.

9 Die Aleuaden waren die thessalischen Tyrannen, die zu Persien hielten. Sie hatten sich der gegen sie ausgeschickten spartanischen Strafexpedition des damaligen hellenischen Bundes mit Erfolg erwehrt. Vgl. Buch VI, Kap. 72.

10 Onomakritos hatte wahrscheinlich unter der Aufsicht des Archon Basileus die Aufsicht über die auf der Burg aufbewahrten Orakelbücher. Sie enthielten neben den der Stadt Athen von Delphi und anderen Orakelstätten erteilten Weissagungen auch ältere Orakelsammlungen, deren Abfassung dem hier erwähnten Musaios zugeschrieben wurde.

11 Lasos von Hermione gehörte wie Anakreon und Simonides zu dem literarischen Kreis, der sich am Hof der Peisistratiden gebildet hatte. Lasos, offenbar ein kritischer Geist, hatte einen allzu plumpen Weissagungsbetrug des Sehers aufgedeckt. Man spürt aus dieser kurzen Notiz Herodots schon die Luft der Aufklärung, in der die unter den Peisistratiden in Athen zusammengekommene geistige Elite lebte.

12 Der Orakelspruch sollte also ein Erdbeben in der Gegend von Lemnos ankündigen.

13 Xerxes beseitigte die unter Dareios nicht angetastete hierarchische Selbstverwaltung Ägyptens, in der der Perserkönig Nachfolger der Pharaonen war und ebenso wie sie Tempel errichtete und große Stiftungen machte. Xerxes hatte im Gegensatz zu seinem Vater und auch dem viel geschmähten Kambyses in seinem Namen kein ägyptisches Heiligtum errichten oder erweitern lassen. Wir begegnen bei ihm einer religiösen Intoleranz, die sich auch gegen den Marduk-Kult in Babylon richtete. Auch diesem Gott hatten die bisherigen persischen Könige als Nachfolger ihrer babylonischen Vorgänger große Schenkungen gemacht. Xerxes scheint, wie aus seinem inschriftlich erhaltenen Erlaß gegen die Daēven (das Wort ist etymologisch mit *deus* verwandt, hat hier aber die Bedeutung 'Abgötter') hervorgeht, persönlich von einer fanatischen Religiosität gewesen zu sein, die ihn gegen andere Religionen seines Reiches unduldsam machte. Seine Religion war aber wahrscheinlich

noch nicht die von Zarathustra verkündete Glaubenslehre, zu der sich heute noch die Parsen bekennen.

14 Vgl. Buch III, Kap. 12.

15 Der persische Reichsrat, an dem die Satrapen und die Spitzen der Aristokratie teilnahmen.

16 Die Rede des Xerxes, wie auch die der anderen Perser, ist von Herodot erfunden.

17 Gemeint ist der Tempel der Kybele, der bei der Einnahme von Sardes durch die Ioner niederbrannte. Vgl. Buch V, Kap. 102.

18 Vgl. Buch VI, Kap. 94—119.

19 Das Land des Phrygers Pelops ist die nach ihm benannte Peloponnes. Hier regierte das von Pelops abstammende Herrschergeschlecht, dem neben anderen Fürsten auch Atreus und Agamemnon angehörten, in Argos. Wenn Herodot Pelops als Phryger bezeichnet, scheint hier noch eine alte Erinnerung an die Wanderung der Dorier vorzuliegen. Die Dorier waren vielleicht Nachbarn thrakischer Stämme, zu denen die Phryger gehörten. Teile von ihnen mögen sich ihnen auch auf ihrem Zug nach Süden angeschlossen haben.

20 Hiernach stand damals jeder Satrap an der Spitze des Kontingentes seiner Provinz und sorgte für die Ausrüstung dieser Truppen.

21 Als 'Assyrier' werden hier die Akkader des neubabylonischen Reiches bezeichnet.

22 Vgl. Buch IV, Kap. 87 u. 89.

23 Das ist unpersisch. Bei einem Teil der persischen Stämme galt es, wie Herodot selbst berichtet (Buch I, Kap. 140), für ehrenvoll, wenn der Leichnam von Vögeln und anderen Tieren verzehrt wurde.

24 Herodot überliefert hier den Stammbaum des achaimenidischen Hauses. Der Stammbaum der Linie, der Xerxes angehörte, wird bis auf den Stammvater Achaimenes (altpersisch: *hakamaniš*) genauso überliefert, wie ihn auch Dareios in der großen Inschrift von Behistun mitteilt. Lediglich die ältere Linie des achaimenidischen Hauses, das sich nach dem Tode des Teïspes um 640 v. Chr. in zwei Linien spaltete, wird nicht vollständig erwähnt. Der Stammbaum dieser Linie ist uns in der Inschrift des Großkönigs Kyros auf einem Tonzylinder erhalten. Bei dieser Linie folgt auf Teïspes der ältere Kyros, dann als dessen Sohn der ältere Kambyses, der der Vater des Großkönigs Kyros war. Mit dem Sohn dieses Kyros, Kambyses dem Jüngeren, starb die Linie aus. Auch Dareios kennt den Stammbaum dieser Linie, denn er spricht in der Inschrift von Behistun von acht Königen seines Geschlechtes, die vorher König gewesen seien. Die ältere Linie behielt die Herrschaft über Land und Stadt Anschan (*Parsuma*), die jüngere Linie erhielt die Herrschaft über das damals erst eroberte Persis mit dem Hauptort Pasargadai. Bis auf Kyros den Jüngeren regierten die Herrscher beider Gebiete unabhängig nebeneinander. Erst Kyros hat den König der Persis zur Unterwerfung gezwungen, so daß Hystaspes, der Vater des Dareios, ohne Königstitel nur als Satrap über die Landschaft Persis regierte. Vgl. Buch III, Kap. 75. Herodot erwähnt von dieser älteren Linie nur Kyros den Jüngeren und seinen Vater Kambyses. Der ältere Kyros scheint ihm nicht bekannt gewesen zu sein. Herodot hat auch nicht erkannt, daß in seiner Vorlage der Stammbaum zweier ver-

schiedener Linien der Achaimeniden mitgeteilt wurde. Der Stammbaum der Achaimeniden stellt sich folgendermaßen dar:

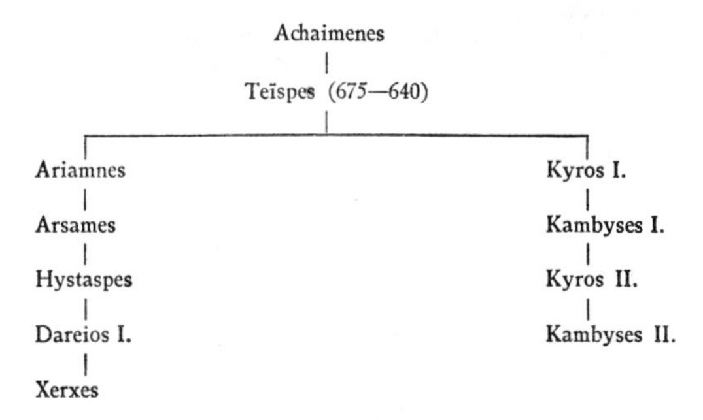

25 Hier ist offenbar die dorische Wanderung gemeint. Die Dorier werden wahrscheinlich wegen der damals mit ihnen nach Süden gewanderten thrakischen Stämme als 'Phryger' bezeichnet.

26 Xerxes war zu dieser Zeit etwa 37 Jahre alt.

27 Magier *(Magoi)* hieß ursprünglich ein besonderer medischer Stamm, aus dessen Angehörigen sich die Priesterkaste der Perser zusammensetzte.

28 Die Satrapen kehrten in ihre Provinzen zurück, um hier das Kontingent ihrer Satrapie für die Reichsarmee zusammenzustellen.

29 Mit dem fünften Jahr ist das fünfte Regierungsjahr des Xerxes, das Jahr 481, gemeint.

30 Vgl. Buch I, Kap. 15 u. IV, Kap. 12.

31 Vgl. Buch IV, Kap. 1.

32 Es handelt sich hier um eine entfernte Erinnerung an Kämpfe zwischen kleinasiatischen, thrakischen und griechischen Völkern. In den Rahmen dieser Kämpfe gehört auch die Belagerung Troias. Peneios hieß ein Fluß in der griechischen Landschaft Elis in der Peloponnes. Er mündete in das Ionische Meer.

33 Der von den Phoinikern gebaute Schiffstyp *(gaulos)* war breit und rund. Um die für den Übergang notwendigen langen Schiffe einsetzen zu können, mußte man sich griechischer Trieren, die diese Form besaßen, bedienen.

34 Vgl. Buch VI, Kap. 44.

35 Elaius lag an der Südspitze der Chersonesos. Von Elaius aus konnte man den Hellespontos für die aus dem Pontos kommenden Getreideschiffe der Griechen, die den Bosporos glücklich passiert hatten, sperren und so die Lebensmittelversorgung Griechenlands gefährden.

36 Bubares war schon unter Dareios der persische Militärbefehlshaber in Thrakien gewesen. In dieser Eigenschaft hatte er noch unter Dareios die Unterwerfung Makedoniens angenommen. Vgl. Buch V, Kap. 21.

37 Gemeint ist die Landenge zwischen dem Golf von Hierisos und der Bucht von Hagion Oros.

38 Die Aufzählung der Städte der Athoshalbinsel beginnt im Nordosten und folgt dann der Küstenlinie zunächst in südöstlicher und dann in nordwestlicher Richtung.

39 Der Kanalbau weist auf die feste Absicht des Großkönigs, Griechenland zu unterwerfen. Wie Dareios in Ägypten aus militärischen Gründen das Rote Meer über die Bitterseen mit dem Nil durch einen Kanal verband und damit eine die Wüste umgehende Verbindung Persiens mit Ägypten herstellte, so hat Xerxes den für die damalige Schiffahrt gefährlichen Athos umgangen.

40 *Byblos* ist hier die Bezeichnung für den syrischen Papyrusbast, aus dem die Taue der phoinikischen Schiffe hergestellt waren. *Byblos*, das im Griechischen auch den als Schreibmaterial benutzten ägyptischen Papyrus bezeichnet, war ursprünglich der Name einer alten phoinikischen Stadt. Dieses *Byblos* (phoinikisch: *Gebal*) lag an der Stätte des heutigen Dschebeil etwa 20 km nördlich von Beirut. Der phoinikische Papyrusbast kam von dem zum Teil versumpften obersten Jordan-See al-Hule. Hier ist noch heute die Papyrusstaude anzutreffen. Die Ioner haben diesen Papyrusbast erst durch die Phoiniker, mit denen sie auf Zypern zusammenwohnten, kennengelernt und nach dem Herkunftsort dieser Phoiniker als *Byblos* bezeichnet. Später, als sie in Ägypten den Papyrusbast auch als Schreibmaterial kennenlernten, haben sie für ihn das gleiche Wort gebraucht, mit dem sie bisher den Bast der phoinikischen Schiffstaue bezeichnet hatten.
Bei der neben dem Byblos erwähnten Hanfart handelt es sich um die Faser des besonders auf der iberischen Halbinsel gedeihenden Spartiums, das die Karthager damals für ihre Schiffstaue benutzten. Sie haben die Spartiumfaser wahrscheinlich nach Phoinikien exportiert.

41 Hafen an der thrakischen Küste des Marmarameeres, in der Nähe des heutigen Silivri (Selymbria).

42 Tyrodiza lag bei Perinthos, dem heutigen Eregli, ebenfalls an der thrakischen Küste des Marmarameeres.

43 Doriskos lag an der Mündung der Maritza.

44 Eion hieß die Stadt an der Mündung der Struma. Eine Kette von Stützpunkten sicherte also den Nachschub von Byzanz am Bosporos bis zum Athos.

45 Kritalla lag wahrscheinlich an der berühmten von Susa nach Sardes führenden Reichsstraße.

46 Kisyl Irmak.

47 Die alte Hauptstadt Phrygiens. Die Stadt lag nicht an der Reichsstraße, sondern weit im Süden. Es ist anzunehmen, daß sich hier schon damals der später von Xenophon erwähnte Palast des Großkönigs befand. Hier blieb Xerxes, bis das Heer den Bosporos erreicht hatte. Die folgende Beschreibung der Reiseroute des Großkönigs bis zum Bosporos, wo er mit dem Heer zusammentraf, geht offenbar auf einen Griechen aus der Umgebung des Großkönigs zurück, dessen Bericht Herodot benutzen konnte.

48 Pythios, ein Enkel des Kroisos, war der Sohn jenes Atys, der bei einer Jagd getötet wurde. Vgl. Buch I, Kap. 34 u. 35.

49 Ein berühmtes Werk des für Kroisos und den Tyrannen Polykrates arbeiten-

den samischen Goldschmieds Theodoros. Herodot erwähnt noch andere Arbeiten des Theodoros. Vgl. Buch I, Kap. 51 u. III, Kap. 41.

50 Der Titel 'Gastfreund des Großkönigs' war mit hohen Ehrenrechten verbunden.

51 Stadt am Adji Tus Tschöll südlich des Menderes. Kolossai hieß eine Stadt in Phrygien am Lykos (jetzt Chonas). An die in Kolossai bestehende christliche Gemeinde ist ein berühmter Brief des Paulus gerichtet.

52 Gemeint ist *Tamarix mannifera*, eine Tamariskenart, die nach dem Stich der Gallmücke an den Zweigen einen süßen, bald fest werdenden Saft ausschwitzt, der hier zusammen mit Weizenmehl zur Herstellung einer dem türkischen Honig ähnlichen Süßspeise verwendet wurde.

53 Ein Mitglied seiner Leibgarde übernahm den Schutz dieses Baumes. Die vom Großkönig befohlene Verehrung eines Baumes erinnert an die von Dämonen bewachten heiligen Bäume auf assyrischen Reliefs. Es scheint hiernach unter den ersten Achaimeniden schon eine weitgehende Verschmelzung akkadischer Kulte mit der iranischen vorzarathustrischen Naturreligion eingetreten zu sein.

54 Eine der schmalsten Stellen der Dardanellen. Über das Ende des Artayktes berichtet Herodot Buch IX, Kap. 120.

55 Vgl. Buch IX, Kap. 116.

56 Die Anordnung der Schiffe in einer beide Ufer verbindenden schrägen Linie berücksichtigte die Strömungsverhältnisse in den Dardanellen. Es gibt dicht am Nordufer eine vom Marmara-Meer nach dem Ägäischen Meer führende starke Oberströmung, die eine Stundengeschwindigkeit von 2,8 km besitzt. Wie Herodot sagt, lagen die Schiffe infolge der Strömung schräg im Wasser. In dieser Lage verankerte man auch die anderen nicht in der Strömung liegenden Schiffe, um so ihr Zusammenstoßen und damit das Auseinanderreißen der Brücke zu vermeiden. Die Brücke führte also in schräger Richtung vom asiatischen zum europäischen Ufer.

57 Ähnliche Vorkehrungen traf man noch in byzantinischer Zeit bei der Herstellung von Schiffsbrücken über die Meerengen.

58 Die hier erwähnte Sonnenfinsternis wurde am 17. Februar 478 v. Chr. beobachtet. Herodot (oder schon der von ihm benutzte Bericht) hat das Ereignis fälschlicherweise auf den zwei Jahre vorher unternommenen Feldzug des Großkönigs gegen Griechenland bezogen.

59 Die Iranier verehrten sowohl die Sonne (*Hvar*) wie den Mond (*Mah*). Hier ist weniger an eigentliche Orakel als an astrologische Berechnungen, die die Chaldaier — sie sind hier wohl gemeint — mit Hilfe der Mondstellung vornahmen, gedacht.

60 Herodot berichtet hier den Fall eines Menschenopfers bei Beginn eines Feldzuges. Derartige Opfer waren besonders bei den Phoinikern und Karthagern verbreitet. Der Bericht läßt darauf schließen, daß Xerxes in dieser Zeit die religiösen Gebräuche möglichst aller an dem Feldzug beteiligten Nationen seines Reiches einzuhalten suchte. Über phoinikische Menschenopfer vgl. Buch VII, Kap. 180.

61 'Tausend' ist hier keine Zahlenangabe, sondern die von dem Gewährsmann Herodots übersetzte Bezeichnung für die persische Leibgarde. Ihr Chef hieß

Hazabrapati ('Oberster der Tausend'). Die Leibgardisten trugen die Lanzen so, daß die Spitze nach unten zeigte, weil ihre Abteilung zur Zeit nicht den Dienst beim Großkönig versah. Wenn sie sich im Dienst befand, wurden die Lanzen mit der Spitze nach oben gehalten, wie wir es aus den Reliefs von Persepolis kennen.

62 Pferde aus dem berühmten Gestüt von Nisa in Parthien.

63 Der heilige Wagen Ahuramazdas oder des Sonnengottes. Ähnliche Götterwagen werden auch in den Yašts erwähnt.

64 Hier wird jene Abteilung der Leibwache beschrieben, die beim König Dienst hatte und daher die Lanzenspitzen nach oben trug.

65 Derartige Lanzen tragen auch die Leibwachen auf den Reliefs von Persepolis.

66 'Zehntausend' ist auch hier keine Zahlenangabe, sondern der Name der aus zehn Tausendschaften bestehenden Leibwache des Großkönigs, von der immer eine Tausendschaft Dienst hatte.

67 Kaikos, heute Bakir Tschai. Das Heer zog also durch die fruchtbare Ebene von Bergama an die Küste und folgte dann der Küstenstraße bis zur Ebene von Troia.

68 Die Ilische Athena war eine Stadtgöttin von Troia. Nach dem Fall der Stadt wurde ihr Kult auch in der neuen Stadt Ilion weitergeführt. Ein Opfer von tausend Rindern hat mit der Zahl nichts zu tun, sondern bezeichnet in dieser Zeit nur ein feierliches Staatsopfer.

69 Die Heroen wurden als Unterweltsgötter verehrt. Ihnen spendete man daher Trankopfer.

70 Die Gergithen wohnten ursprünglich in dem nördlichen Teil der Westküste Kleinasiens. Von den einwandernden Griechen wurden sie teils unterworfen, wie im Gebiet von Milet, teils ins Landesinnere abgedrängt.

71 Xerxes betete demnach zu Mithra, dem persischen Sonnengott.

72 Mithra wurden also auch Opfergaben, wie hier Schwert und Schale, geweiht.

73 Das Vorgebirge Sarpedon ist das heutige Kap Paxi.

74 Helle war hier, als sie vor ihrer Stiefmutter Ino auf einem goldenen Widder nach Kolchis floh, ins Meer gestürzt.

75 Das Heer zog die Küstenstraße um den Saronischen Golf entlang und gelangte am See Stentoris, dem heutigen Jama Göl, vorbei nach Doriskos an der Mündung der Maritza.

76 Herodot meint den Küstenstrich zwischen den heutigen Städten Makri und Dedeagatsch.

77 Die Frauen der thrakischen Kikonen sollen nach der Sage den Sänger Orpheus zerrissen haben.

78 Die Aufzählung der Völker erfolgt weder nach Satrapien (vgl. Buch III, Kap. 90) noch nach geographischen Gesichtspunkten, sondern sie geht von den Waffengattungen aus. Das persische Heer ist hiernach in Infanterie, Kavallerie und Flotte eingeteilt. Die Infanterie in Bogenschützen, Speer- und Lanzenträger. Die Kavallerie in Kamelreiter, reine Kavallerie und Verbände, bei denen Streitwagen und Reiter gemischt waren. Bei den Persern ist also das regionale Prinzip bei der Aufstellung einer Armee zugunsten einer Gruppierung nach Waffengattungen aufgegeben worden. Das bedeutete für die Kriegführung eine gewaltige Umwälzung. Allerdings hat dieses Prinzip

bei dem Fehlen einer einheitlichen Kommandosprache eine Umgruppierung der einzelnen Truppenkörper im Rahmen taktischer Bewegungen sehr erschwert und so die persischen Niederlagen mitverschuldet.

79 Hier begegnen wir zum erstenmal dem Schuppenpanzer. Diesen beweglichen, aus Metallplättchen zusammengesetzten Panzer der Iranier haben später die Chinesen von den Nomadenvölkern Zentralasiens und die Römer von den Parthern übernommen.

80 Gemeint ist der sogenannte *Akinakes*, eine Persern nud Skythen eigentümliche Waffe.

81 *Artaioi* ist von *arta* ('Wahrheit') abgeleitet. Das Wort findet sich auch als Bestandteil persischer Personennamen.

82 Der Name *Perser* ist von der Landschaft Persis (altpersisch: **parsa*) abgeleitet. Das Land Parsa (akkadisch: *parsua*) begegnet uns schon in einer Inschrift Salmanassars III. vom Jahre 836/835. Dort bezeichnet es ein Gebiet westlich des Urmia-Sees, offenbar die erste Station der über den Kaukasus-Paß von Derbent nach Iran eingewanderten Perser. Vom Urmiasee sind sie bald nach Südwesten weitergezogen und schon um 800 v. Chr. nordöstlich von Susa, dem Anschan der Tonzylinderinschrift Kyros' II., in altem elamischem Machtbereich nachweisbar. Zwischen 675 und 640 gelingt ihnen dann die Eroberung des Landes östlich des Persischen Golfes. An diese Landschaft knüpft sich dann endgültig der Name *Persis* (**parsa*).

83 Altpersisch *Arija* hat etwa die Bedeutung von 'Herren'. *Arier* ist offenbar, ähnlich wie *Hellenen* im Vergleich zu *Spartanern*, der umfassendere Begriff, der Meder und Perser einschließt. Dareios bezeichnet sich in der Inschrift von Nakš-i-Rustam erst als Perser und dann als Arier.

84 Eine auf Ähnlichkeit der Namen basierende Spielerei der ionischen Logographen.

85 Eine Binde, die um die Stirn gebunden wurde und deren Enden zu beiden Seiten des Gesichtes herunterhingen.

86 In dieser Zeit die Landschaft an der Südost-Küste des Kaspischen Meeres.

87 Die Helme besaßen, wie wir aus den erhaltenen Reliefs wissen, eine fast röhrenförmig auslaufende Spitze. Die Assyrier werden in den altpersischen Inschriften *Aššura* genannt.

88 Mit der Streitaxt kämpfend werden sie auch auf persischen Siegelzylindern dargestellt.

89 Herodot meint mit den amyrgischen Skythen die in den altpersischen Inschriften *Saka Haumavarka* genannten Skythen (d. h. 'die Haoma bereitenden Saken'). Die nach diesem berauschenden Trank (haoma) genannten Saken (Skythen) wohnten in der Turkmenensteppe. Sie unterschieden sich von den *Saka tigraχauda* (den 'spitzmützigen Saken'), die in dem Sumpfgebiet nördlich des Amu darja (Oxus), etwa in der Nähe von Buchara, wohnten.

90 Die Arier wohnten in der Gegend von Herat im Tal des Heri Rud.

91 Die Parther wohnten damals unmittelbar nördlich des zur Turkmenensteppe abfallenden Gebirgszuges, wo heute die sowjetrussisch-persische Grenze verläuft. Das Gebiet der Chorasmier lag zum Teil in dem vom Amu darja bei seiner Mündung in den Aralsee gebildeten Delta, reichte aber damals noch weit über die heute Chiva genannte Oase nach Süden. Vgl. Buch III, Kap. 117.

92 Die Kaspier wohnten in der heutigen persischen Provinz Masanderan an der Südküste des Kaspischen Meeres.

93 Die Saranger (altpersisch: *zarāka,* akkad.: *zaranga)* wohnten um den Hanum i Hilmend in der heutigen persischen Provinz Seistan.

94 Die Paktyer wohnten im Kabultal. Der von den Griechen mit *Paktyes* umschriebene Volksname ist wahrscheinlich das gleiche Wort wie *Paχto* oder *Pašto,* der Name, mit dem sich die Afghanen selbst bezeichnen.

95 Diese Völker waren teils drawidische Brahui, teils schon Iranier, vielleicht die Vorgänger der heutigen einen westiranischen Dialekt sprechenden Beludschis. Sie bewohnten die Landschaften Mogistan, Mekran und Beludschistan.

96 Gemeint sind die Araber der Oase Dschof, die schon unter den Tributvölkern der Assyrier genannt werden.

97 Aus zwei Stücken zusammengesetzte sogenannte Kompositbogen. Die mit ihnen abgeschossenen Pfeile besaßen auch auf große Entfernungen starke Durchschlagskraft.

98 Die von Kambyses unterworfenen Stämme südlich von Assuan, die zwischen Ägypten und dem aithiopischen Reich von Napata wohnten.

99 Wahrscheinlich eine goldene Statue der Anāhita, der man die Gestalt und Gesichtszüge der Königin gegeben hatte. Anāhita wird z. B. bei Hesychius als 'die Goldene' bezeichnet, und in den Yašts wird sie mit goldenem Schmuck und Mantel angetan geschildert.

100 Gemeint sind die dunkelhäutigen drawidischen Einwohner in dem von den Persern eroberten Teil Indiens, dem heutigen Punjab.

101 Die libyschen Stämme des Deltagebietes. Sie waren dort schon von den ägyptischen Königen angesiedelt worden.

102 Die Bewohner der heutigen türkischen Schwarzmeerküste von dem Hafen Inebolu bis zur Mündung des Kisil-Irmak.

103 Hier werden wegen ihrer gleichartigen Kampfesweise und Bewaffnung drei in ganz verschiedenen Gegenden wohnende Völker zu einer militärischen Einheit zusammengefaßt.
Die Mariandyner wohnten an der Schwarzmeerküste zwischen den heutigen türkischen Häfen Eregli und Inebolu. Die Wohnsitze der Syrier (Chalyben) lagen zwischen der Mündung des Kisil Irmak und dem türkischen Hafen Ordu.
Die Matiener, die vielleicht die Vorfahren der heutigen Kurden sind, wohnten westlich des Urmiasees in der Nähe der heutigen persisch-türkischen Grenze.

104 Die Griechen bezeichneten die Kappadoker nach den an der kappadokischen Pontosküste wohnenden Syriern, die sie allein kannten, ebenfalls als Syrier.

105 Herodot berichtet hier von der Auswanderung der Phryger aus Thrakien. *Briger* und *Phryger* ist der gleiche Volksname. Die Phryger sind also, wenn man von den geschichtlichen Wohnsitzen der Briger ausgeht, aus dem Tal der Wistritza nach Kleinasien gewandert. Es handelt sich hier, ähnlich wie bei der armenischen Wanderung nach Vorderasien, um Bewegungen, die in Verbindung mit der dorischen Wanderung standen und zum Zusammenbruch des großhethitischen Reiches führten.

106 Auch die Armenier waren also nach Herodot wie die Phryger aus Thrakien

ausgewandert. Die Stationen ihrer Wanderung lassen sich aus dem Vorkommen der Bezeichnung *Armenion* ungefähr erschließen. 'Armenien' heißt altpersisch *armina*.

107 Nach der uns aus Diodor in der Chronik des Eusebios erhaltenen Liste der großen Seevölker bestand nach der Eroberung Troias fast ein Jahrhundert lang eine Seeherrschaft der Lyder und Meioner. Hier scheint eine gute alte Überlieferung vorzuliegen, denn auf den Inschriften der 19. u. 20. ägyptischen Dynastie wird unter den Seevölkern, die zwischen 1234 u. 1225 v. Chr. gegen Ägypten vorstießen, auch das Volk der Turša (= Tyrsener) erwähnt. 'Tyrsener' hießen nach Herodot (Buch I, Kap. 94) jene Lyder, die nach Italien auswanderten und dort als Etrusker bezeichnet wurden. Es ist daher möglich, daß auch die Lyder aus Europa nach Kleinasien ausgewandert sind.

108 Die Myser sind das erste Volk, das nach dem Zusammenbruch des großhethitischen Reiches (um 1170) in Kleinasien wieder zu einer Staatsbildung gelangte. Die Myser sind wahrscheinlich mit den Muškern der assyrischen Inschriften identisch. Der von Herodot (Buch I, Kap. 14) mehrfach erwähnte phrygische König Midas ist wahrscheinlich mit dem Mita von Mušku der Inschriften gleichzusetzen. Die Phryger und Myser bildeten in der Zeit um 710, aus der auch die Inschriften stammen, ein Reich. Wie die Phryger waren auch die Myser aus Thrakien gekommen, wo an sie noch der Name der späteren römischen Provinz Moesia erinnert.

109 Gemeint ist der mysische Olymp, der heute Keschisch Dagh genannt wird.

110 Herodot beschreibt hier die thrakischen Pelzmützen.

111 Die Thyner und Bithyner hatten wahrscheinlich im Rahmen der von den Doriern ausgelösten großen Wanderungsbewegung ihre Wohnsitze an der Struma aufgegeben und waren wie die Armenier nach Kleinasien ausgewandert.

112 Hiernach waren also die Myser (Mušku) erst in das Tal der Struma eingewandert, ehe sie den Bithynern nach Kleinasien folgten.

113 Lücke im Text. Nach dem Zusammenhang handelt es sich um die Pisidier, ein Volk, das in der schwer zugänglichen Berglandschaft nördlich des Golfs von Antalya wohnte.

114 Bergvölker, deren Gebiet im Norden vom Oberlauf des Maiandros (Menderes), im Osten von Pisidien, im Süden von Lykien und im Westen von Karien begrenzt wurde.

115 Ein Volk, das in den Gebirgstälern des Ak dagh nördlich der Landschaft Lykien wohnte.

116 Die Moscher waren ein nichtindogermanisches kaukasisches Volk im heutigen Adscharien, nördlich der heutigen sowjetrussisch-türkischen Grenze.

117 Alte zu den nichtindogermanischen Kaukasiern gehörende Stämme, deren Rückzugsgebiete die sich längs der Schwarzmeerküste von Tirebolu bis Trapezunt (Trapson) hinziehenden Gebirgszüge waren.

118 Die Marer, die hier die gleiche Bewaffnung (Helme) wie die Assyrier trugen, sind wahrscheinlich die Bewohner des Gebietes der am oberen Euphrat liegenden Stadt Mari. Hier wurde im 18. Jahrhundert v. Chr. noch die subaräische Sprache von Mitanni gesprochen.

119 Die Kolcher wohnten am Unterlauf des Rion im heutigen Transkaukasien.

120 Die Saspeirer wohnten im Tal des oberen Tschoroch, der bei Batum in das Schwarze Meer mündet. Die Alarodier, die Urartu der akkadischen Inschriften, wohnten in dem Dreieck, das durch Van-, Urmia- und Göktscha-See gebildet wird.

121 Gemeint sind die der persischen Küste vorgelagerten Inseln im Persischen Golf.

122 Vgl. Buch IX, Kap. 102.

123 Neben der Gliederung nach Waffengattungen bestand also auch eine Einteilung in Zehntausend- und Tausendschaften und noch kleinere Einheiten. Diese Heeresorganisation war für die damalige Zeit ein ungeheurer Fortschritt. Er beseitigte die bisher bestehende Einteilung des Heeres nach Volksstämmen. Diese Form des Heeresaufbaues haben später die altaiischen Nomaden von den Iraniern übernommen. Noch die Armee Tschinggis chans gliederte sich in Zehntausend- und Tausendschaften.

124 Die Leibwache bildete für sich eine Zehntausendschaft. An eine buchstäblich zehntausend Mann umfassende Truppe ist hierbei ebensowenig wie bei den anderen so bezeichneten Abteilungen zu denken.

125 Die Sagartier waren demnach die am weitesten nach Osten vorgestoßene Gruppe der Altpersisch, einen südwestiranischen Dialekt, sprechenden Stämme. Ihnen stand im Nordosten Irans die Gruppe der awestisch sprechenden iranischen Stämme gegenüber. Awestisch ist die Sprache, in der das Awesta aufgezeichnet worden ist. Die Sagartier nomadisierten nordwestlich vom Hanum i Hilmend in der heute 'Chorasan' genannten persischen Provinz.

126 Wir kennen diese indischen Streitwagen noch aus den Reliefs der indischen Maurya-Dynastie (320—185 v. Chr.). Es waren Wagen mit vier Pferden, auf denen sich neben dem Wagenlenker noch zwei Bogenschützen befanden.

127 Hier finden wir jene arabischen Kamelreiter, die schon unter Kyros durch ihr Eingreifen die Schlacht gegen Kroisos gewonnen hatten. Vgl. Buch I, Kap. 80.

128 Herodot erwähnt hier wieder die phoinikische (aramäische) Wanderung, die um 1400 v. Chr. an der Küste des Persischen Golfes, den Herodot als das Rote Meer bezeichnet, begann. Die Name der ausgewanderten Stämme lebten sowohl in den Bezeichnungen der Bahraininseln im Persischen Golf wie in den Namen der aramäischen Stadtgründungen an der Ostküste des Mittelmeeres fort. Vgl. Buch I, Kap. 1. Nach Herodot müssen die Phoiniker (Aramäer), vom Persischen Golf aus dem Lauf des Euphrat folgend, bis etwa zu der Stätte des alten Thapsakos gezogen sein, um dann den Karawanenweg durch die syrische Wüste über Aleppo bis zur Küste des Mittelmeeres einzuschlagen.

129 Herodot unterscheidet auf der Insel Zypern drei Bevölkerungsschichten. Die griechische setzte sich aus Einwanderern aus Attika, Salamis und der südlich von Euboia liegen Kykladeninsel Kythnos zusammen. Diese griechische Besiedlung begann um 1350 v. Chr. Die Sprache der griechischen Einwanderer war, wie die kyprischen, in einer Linearschrift geschriebenen Inschriften ausweisen, ein arkadischer Dialekt. Erst nach den Griechen kamen die Phoiniker. Bei dem von Herodot als 'Aithioper' ('Brandgesichter') bezeichneten dritten Bevölkerungselement hat man wohl an die einheimische

Bevölkerung der Insel zu denken, von der die eingewanderten Griechen die Linearschrift übernommen hatten.

130 Agenor war ein phoinikischer König. Nach der Sage war er nicht nur der Vater des Kilix, sondern auch des Kadmos. Die Kiliker wohnten zur Zeit Homers noch in der Troas. Aus dem einen ihrer beiden Reiche mit der Hauptstadt Theben (jetzt Lugia Haman in der Nähe der Küste des Marmara-Meeres) stammte Andromache. Es ist möglich, daß die Kiliker Mysien unter dem Druck der damals dort einwandernden thrakischen Myser und Phryger verlassen hatten und in die nach ihnen genannte Küstenlandschaft, die heutige Ebene von Adana, ausgewandert waren. Die Bezeichnung *Hypachaier* will die vorgriechische kilikische Bevölkerung von den später eingewanderten Achaiern unterscheiden. Man nennt sie am besten *Subachaier*.

131 Die griechischen Einwanderer in Pamphylien, der Küstenlandschaft am Golf von Antalya, waren Achaier, die schon im 14. Jahrhundert aus der Peloponnes kommend die Küste besiedelt hatten.

132 Vgl. Buch I, Kap. 173 u. Anm. 137.

133 Vgl. Buch I, Kap. 171 bis 172.

134 Danaos war der Sohn des Belos und der Sage nach aus Ägypten nach der Peloponnes geflohen. Hier gründete er Argos. Xuthos war der Sohn Hellens. Er mußte aus Thessalien fliehen und übernahm in Aigialos, der Küstengegend von Achaia, die Herrschaft. Die Sage weist auf die beiden Faktoren, die an der Formung der frühgriechischen Staaten und ihrer Kultur maßgebend beteiligt waren. Einmal Ägypten, das hier nicht das Land am Nil, sondern wahrscheinlich Kreta mit seiner alten Kultur bezeichnet, und auf der anderen Seite die über Thessalien nach Süden vordringenden dorischen und ionischen Einwanderer.

135 Die Athener, also die ionischen Bewohner von Attika, stellten nach Herodot nur einen Teil der ionischen Einwanderer in Kleinasien. Vgl. Herodot, Buch I, Kap. 145 u. 146.

136 Als sie noch in Thessalien in der Landschaft Pelasgiotis wohnten, von wo sie durch die Dorier verdrängt wurden.

137 'Kerkuren' hießen nach Art unserer Kutter gebaute leichte Boote. Es handelt sich um einen in Zypern entwickelten Schiffstyp, den die Griechen von dort übernommen hatten.

138 Artemisia regierte über das gleiche Fürstentum wie ihre Namensvetterin, die Witwe des Mausolos, nach dem Tode ihres Mannes im Jahre 352. Von dieser jüngeren Artemisia stammt das berühmte Grabmal in Halikarnassos. Die ältere Artemisia befehligte eine Abteilung der persischen Flotte, die außer ihren eigenen Schiffen auch noch die Kontingente der Inseln Kos, Nisyris und Kalydnos umfaßte.

139 Gemeint ist ein goldener Baldachin.

140 Über das Schicksal des Demaratos vgl. Buch VI, Kap. 61—70.

141 Xerxes bezieht sich hier auf die spartanische Sitte, nach der den Königen bei den öffentlichen Mahlzeiten zweimal gereicht werden mußte. Vgl. Buch VI, Kap. 57. Demaratos, der ja spartanischer König gewesen war, sollte nun für seine doppelten Portionen auch doppelt so viel wie die anderen Spartaner leisten.

142 Die Festung Eion an der Mündung der Struma.

143 Die Selbstverbrennung des Boges muß aus dem gleichen Religionsgefühl heraus verstanden werden wie die versuchte Selbstverbrennung des Kroisos (Buch I, Kap. 86). Man brachte sich durch diese Tat dem Sonnengott (hier Mithra) selbst als Opfer dar.

144 Über die Eroberungen des Megabazos vgl. Buch V, Kap. 1—2. Die Expedition des Mardonios wird Buch VI, Kap. 43 bis 45 behandelt.

145 Gemeint ist der in der Nähe des heutigen Dedeagatsch mündende Fluß.

146 Vgl. Kap. 59.

147 Kuru Tschai und Karadja, die durch den Golf von Buru in die Bucht von Lagos münden.

148 An der Straße zwischen dem Festland und der Insel Thasos, wo die Küste zum Golf von Kavala zurückweicht.

149 Vgl. Buch V, Kap. 7. Die Satrer wohnten in den Tälern des Gebirges, auf dem heute die griechisch-bulgarische Grenze verläuft.

150 Die Besser waren einer der größten thrakischen Stämme. Ihr Gebiet reichte von der fruchtbaren, durch das Tal der oberen Maritza gebildeten Ebene von Plovdiv bis an den Gebirgskamm des Rhodope-Gebirges. Die Besser waren auch noch während der römischen Kaiserzeit fast unabhängig.

151 Bei den hier erwähnten Pierern handelt es sich um makedonisch-thrakische Stämme, die aus ihren ursprünglichen Wohnsitzen im Tal der oberen Wistritza durch makedonisch-griechische Stämme unter Führung der Argeaden vertrieben worden waren und sich in dem Küstengebiet östlich der Struma zwischen den heutigen Städten Orphani und Elevtheropolis niedergelassen hatten. Von dort haben sie sich dann unter griechischem Druck in das Kruschnitzagebirge zurückgezogen.

152 Sie wohnten im Kruschnitzagebirge.

153 Xerxes benutzte also die südlich des Kruschnitzagebirges zur Struma führende Straße. Die hier erwähnten thrakischen Stämme wohnten nördlich des Gebirges im Tal der Angista.

154 Der Angites ist der Fluß, an dem heute Demirhissar liegt. Von hier aus gesehen liegen der Angites stellenweise im Westen und die Struma im Süden. Die Bemerkung zeigt, daß Herodot unter dem Pangaiongebirge nicht nur das Kruschnitza-, sondern auch das Smijnitzagebirge verstand, die beide allerdings durch das Tal der Angista getrennt werden.

155 Nicht dem Flußgott, sondern Mithra, dem die weißen Rosse heilig waren, wurde dieses Opfer geweiht. Mithra galt auch als der Siegesgott.

156 *Ennea-Hodoi* heißt 'Neun Wege'. Der Ort lag bei dem späteren Amphipolis, wo in der römischen Zeit die Straße nach Byzanz die Struma überschritt.

157 Ein Opfer an den Gott der Erde, der von den Persern wie von den Skythen und später von den Altaiern verehrt wurde.

158 Eine griechische Stadt am Golf von Orphani.

159 Die griechische Stadt Akanthos am Golf von Hierisos hatte durch den Kanalbau große Gewinne erzielt und unterstützte daher das Unternehmen des Xerxes, dem sie ihren Wohlstand verdankte.

160 Der persische Großkönig wurde also von den thrakischen Stämmen für

einen Gott gehalten, dessen Weg heilig war. Der Bericht zeigt, welchen ungeheuren Eindruck die persische Expedition auf die thrakischen Stämme gemacht haben muß.

161 Hiernach war bei einem Teil der Perser zu dieser Zeit noch die Bestattung in Hügelgräbern üblich. Erst später hat sich die im Nordosten Irans im Gebiet der awestisch sprechenden iranischen Völker übliche Sitte der Totenaussetzung und der Beisetzung der Knochenüberreste in Ossuarien auch im Südwesten durchgesetzt. Herodot erwähnt diesen Bestattungsbrauch bei den Magern. (Buch I, Kap. 140.)

162 Da er sich durch den Kanalbau um den Wohlstand der Stadt verdient gemacht hatte, trug man in Akanthos keine Bedenken, ihn unter die Stadtheiligen, also im griechischen Sinne unter die in der Unterwelt herrschenden Heroen, aufzunehmen.

163 Therme an der Stätte des heutigen Saloniki.

164 Sie lagen am Golf von Hagion Oros an der Küste der Halbinsel Longos.

165 Herodot beschreibt hier nur den Weg eines Detachements der persischen Flotte, das in den Hafenstädten am Golf von Kassandra die Requirierung von Schiffen und die Gestellung von Mannschaften erzwingen sollte. Das Gros der Flotte fuhr, wie Herodot im folgenden Kapitel beschreibt, nicht in den Golf von Kassandra ein, sondern direkt vom Kap Drepanon zum Kap Paliuri, der Südspitze der letzten Halbinsel der Chalkidike.

166 Heute die Halbinsel Kassandra.

167 Es handelt sich bei diesen Städten, wie die von Herodot zitierte Bezeichnung für diese Küstenlandschaft, *Krossaia,* d. h. 'die mit Zinnen versehene', erkennen läßt, um eine Kette von kleinen Kastellen, die die Einfahrt in den Golf von Saloniki sichern sollte.

168 Herodot beschreibt hier einen schmalen Korridor, der damals an dieser Stelle das makedonische Reich mit dem Golf von Saloniki verband. Dieser Korridor, der zwischen dem Gebiet der griechischen Niederlassungen hindurchging, erreichte ungefähr an der Mündung des Wardar das Meer.

169 Xerxes zog von der Küste des Golfes von Orphani landeinwärts. Er berührte hierbei den Beschik- und Lang-See, erreichte dann die vom Kruscha Balkan kommende Galika, die wie der Wardar (Axios) in den Golf von Saloniki mündet.

170 Der Nestos, die heutige Mesta, war nach Herodot damals die Ostgrenze des Raumes, in dem Löwen in Griechenland vorkamen. Der heute in Griechenland vollständig ausgerottete Löwe wurde, wie die erhaltenen Darstellungen zeigen, besonderns in mykenischer Zeit viel gejagt.

171 Demnach umfaßte das makedonische Reich schon damals das Gebiet zwischen der unteren Wistritza, der Küste des Golfs von Saloniki und im Süden den Gebirgsstock des thessalischen Olymp.

172 Das etwa 7 km lange Tal von Tempe, durch das der Peneios fließt.

173 Xerxes hatte also mit der Hauptmacht den Weg durch das obere Wistritzatal, den gebirgigen Teil Makedoniens, eingeschlagen und dann wahrscheinlich über den Paß von Volustana thessalisches Gebiet erreicht. Die Stadt Gonnos scheint dagegen von einer anderen Heeresgruppe, die den Weg durch das Tempetal eingeschlagen hatte, berührt worden zu sein. Das

Marschieren in zwei verschiedenen Heeresgruppen, zu denen noch die Flotte als operative Reserve hinzugerechnet werden muß, erfolgte, um die Sperrung der Gebirgspässe der Küstenstraße durch die Griechen illusorisch zu machen.

174 Herodot erwähnt hier die fünf wichtigsten Nebenflüsse des Peneios.

175 Der Karlas-See.

176 In Thessalien hatte sich, im Gegensatz zum übrigen Griechenland, der Großgrundbesitz an der Macht erhalten, nicht zuletzt wegen der geographischen Lage; denn das Land besteht im wesentlichen aus einer großen Ebene. Thessalien wurde daher, im Gegensatz zum übrigen Griechenland, wo die sogenannte Volkspartei fast überall die Macht errungen hatte, konservativ regiert. Die adligen thessalischen Großgrundbesitzer sahen daher, wie die aus dem übrigen Griechenland vertriebenen Tyrannen, in den Persern ihre natürlichen Bundesgenossen. Aleuaden hießen die vornehmen thessalischen Geschlechter, die aus ihrer Mitte den Tagos (Herzog) wählten.

177 Demnach hatten sich die griechischen Staaten von der thessalischen Grenze bis zum Golf von Patras, mit Ausnahme der im Westen liegenden Landschaften Epirus, Aitolien und Akarnanien, den Persern unterworfen. Lediglich Attika mit Plataiai, Euboia, Korinth, einige Inseln und der größere Teil der Peloponnes verteidigten ihre Unabhängigkeit.

178 Der hier erwähnte hellenische Bund stand unter spartanischer Führung. Er hatte sich wahrscheinlich in der Zeit unmittelbar vor dem Beginn des ionischen Aufstandes gebildet. Vgl. Buch VI, Kap. 49 u. Kap. 72.

179 In der folgenden Erzählung gibt Herodot wahrscheinlich den Inhalt eines spartanischen Heldenliedes wieder.

180 Hydarnes war der Satrap der ersten Satrapie, die das von den Griechen besiedelte Küstenland Kleinasien umfaßte.

181 Das hier von Herodot gebrauchte Wort *proskynein* hat sowohl die Bedeutung 'einer Gottheit seine Verehrung bezeugen' als auch 'die Hand an den Mund legen und sie gegen einen anderen ausstrecken, um ihm seine Ehrfurcht zu bezeugen'. In dieser letzten Form huldigten, wie wir von einem in Persepolis erhaltenen Relief wissen, die Perser dem Großkönig. An die Verehrung des Königs als Gott erinnern lediglich die beiden Ständer vor dem Thronsessel des Königs, in denen wahrscheinlich wie zu Ehren der Götter Weihrauch verbrannt wurde. Vgl. Abbildung 3.

182 Gemeint sind hier ehemalige Einwohner des 468 zerstörten Tiryns, die Halieis, eine kleine Hafenstadt am Golf von Argolis gegenüber der heute 'Spetsae' genannten Insel, gegründet hatten.

183 Die hier erwähnte spartanische Gesandtschaft wurde im Jahre 430 in Bisanthe, dem heutigen Rodosto am Marmara-Meer, ergriffen und den Athenern ausgeliefert.

184 Es gab in fast allen griechischen Städten eine persische und eine Unabhängigkeitspartei. Zu der persischen Partei hielten vor allem die durch den pontischen Getreidehandel oder die Ausbeutung von Bergwerken in Thrakien reich gewordenen Patriziergeschlechter und ihr Anhang. Sie sahen sich durch den Konflikt mit Persien von dem Handel mit den unter persischer Herrschaft stehenden Ländern ausgeschlossen und befürworteten daher einen Ausgleich. Außerdem erwarteten sie von der Rückkehr der nach Per-

sien emigrierten adligen Stadtherren (Tyrannen) eine Stärkung ihres politischen Einflusses. Auf der anderen Seite standen die Kleinbauern und Gewerbetreibenden, die mit dem Sieg der Perser auch die Restauration der Tyrannenherrschaft und damit ihre politische Entmachtung befürchten mußten.

185 Gemeint ist die heilige Kammer, die sie nach Verrichtung der vorgeschriebenen Reinigungszeremonien betreten mußten, um hier den Spruch der Priesterin zu hören.

186 Assyrische Streitwagen, die die persischen Großkönige, dem Brauch der assyrischen Herrscher folgend, ebenfalls benutzten.

187 Der Felsen des Kekrops ist die Akropolis, auf dem sich das Grab dieses Heros befand.

188 *Tritogeneia*, 'die am Triton geborene', ist der Beiname der Göttin Athena, deren Geburtsstätte nach einer alten Überlieferung am Bache Triton, der vom Süden in den Kopais-See mündet, lag.

189 Das perserfreundliche Delphische Orakel ließ sich in diesem Fall unter dem Eindruck großer Stiftungen dazu bestimmen, den Gesandten einen zweiten günstigeren Bescheid zu geben. Nur diesen hat man in die offizielle im Auftrag des Archon Basileus geführte Sammlung der Orakelsprüche aufgenommen. Für den ersten Spruch scheint Herodot eine private Aufzeichnung benutzt zu haben.

190 Themistokles hatte auch vorher schon wichtige Ämter bekleidet, darunter das Amt des Archon Eponymos, aber erst durch die 484/483 erfolgte Verbannung seines politischen Gegenspielers Aristeides war er in der Lage, seine Pläne durchzusetzen.

191 Laurion, ein Silberbergwerk an der Südspitze von Attika.

192 Die Volksversammlung hatte also beschlossen, auf die jährlich an alle Vollbürger ausgeschüttete Dividende der schon früh verstaatlichten Silberbergwerke für dieses Jahr zu verzichten. Auch wenn man die damals höhere Kaufkraft der attischen Drachme berücksichtigt, reichte die Summe nicht entfernt für die Ausrüstung der Schiffe aus — ein attisches Talent hatte 6000 Drachmen. Der hier berichtete Beschluß läßt lediglich auf die große Kriegsbegeisterung der Athener schließen.

193 Vgl. Buch VI, Kap. 49 u. 94.

194 Heute Korfu.

195 Aus Südrußland kamen die Getreideimporte für die Peloponnes und Mittelgriechenland. Beide Gebiete konnten ihre Bevölkerung ohne Getreideimporte schon damals nicht mehr ernähren. Über die Getreide anbauenden skythischen Stämme in Südrußland vgl. Buch IV, Kap. 18.

196 Argos (Mykene) war in den troischen Kriegen die Vormacht der griechischen Staaten gewesen.

197 Der persische Großkönig kannte natürlich den Gegensatz zwischen Argos und Sparta und wußte von den dauernden Kriegen zwischen beiden Staaten. Es ist daher mit großer Wahrscheinlichkeit anzunehmen, daß er mit Argos gegen Sparta ein Bündnis abschloß.

198 Die Argeier hatten wahrscheinlich im Jahre 465 eine Gesandtschaft an den Hof des neuen Großkönigs geschickt, die die offiziellen Glückwünsche zur

Thronbesteigung überbringen und gleichzeitig um Verlängerung des von seinem Vater Xerxes mit ihnen abgeschlossenen Bündnisvertrages bitten sollte. Die Argeier erhielten nach diesem Vertrage wahrscheinlich bestimmte Jahrgelder (Subsidien).

199 Telos (heute Episkopi) ist eine Insel, die zwischen dem Triopion (heute Kap Krio) und der Insel Knidos liegt.

200 Gela war 689 v. Chr. unter Führung des Antiphemos von Bürgern von Lindos auf Rhodos und Einwohnern von Kreta an der Südküste Siziliens gegründet worden.

201 Demeter und Persephone.

202 Zankle ist das heutige Messina, Kallipolis heißt jetzt Gallodoro. Naxos war die älteste der griechischen Kolonien in Sizilien. Die Stadt war schon 735 v. Chr. von Bürgern aus Chalkis in Euboia bei Kap Schiso an der Ostküste der Insel gegründet worden. Leontinoi (heute Lentini) war ebenfalls eine der ältesten griechischen Kolonien in Sizilien.

203 Der Eloros ist der heute Abisso genannte Fluß im Südosten der Insel.

204 Kamarina (heute Camerina) war von Syrakus gegründet worden. Die Stadt lag an der Südküste von Sizilien. Nach Herodot hatte schon Hippokrates, der Tyrann von Gela, das griechische Sizilien zum größten Teil unterworfen.

205 Den Namen Hyble tragen verschiedene Städte der Sikeler. Dieses Volk ist von den vorindogermanischen Ureinwohnern Siziliens, den Sikanern, zu unterscheiden. Nach den Sikanern wurde noch bei Homer (Odyssee XXIV, 307) die Insel Sizilien *Sikania* genannt. Die Sikeler (Sikuler) waren erst später nach Sizilien eingewandert. Homer (Odyssee XX, 383) kennt sie an der Ithaka gegenüberliegenden Küste Italiens. Sie gehören wie die Iapygen wahrscheinlich zu den Illyrern, die über das Meer nach Süditalien gekommen waren. Stämme der Sikeler (Sikuler) nahmen an dem Angriff der Seevölker zwischen 1234 und 1225 auf Ägypten teil. Da die Sikeler die ersten Stämme waren, denen die späteren Griechen bei ihrer Kolonisation auf Sizilien begegneten, nannten sie die Insel nach ihnen *Sikelia* (= Sizilien). Aus dem gleichen Grund wurde der Name der in Kalabrien wohnenden Italoi zu der für die Halbinsel gebrauchten Bezeichnung *Italia* (= Italien).

206 Herodot zählt hier drei verschiedene Bevölkerungsgruppen auf: die adligen Großgrundbesitzer, deren Interessen Gelon vertrat, dann die Bürger der Städte, Gewerbetreibende und Kleinbauern und schließlich die Killyrier, die von den Griechen unterworfene einheimische Bevölkerung. (Der Name *Killyrier* weist vielleicht auf die Illyrer.)

207 Sizilien war schon damals das klassische Land des Großgrundbesitzes. Die sogenannte Volkspartei, die in den meisten griechischen Städten die Macht errungen hatte, war in Sizilien gegen Gelon unterlegen.

208 Vgl. Buch V, Kap. 42—46.

209 Die Spartaner erhoben den Anspruch, die legitimen Nachfolger des Völkerfürsten Agamemnon zu sein. Dieser Anspruch, der mit den politischen Vormachtplänen Spartas in Griechenland eng zusammenhängt, hat auch in

der Überführung der Gebeine des Pelopiden Orestes nach Sparta seinen äußeren Ausdruck gefunden. Vgl. Buch I, Kap. 67—68.

210 Die Athener hielten sich unter Berufung auf Kekrops, ihren ersten König, der als der erdgeborene Urmensch galt, für die ältesten Bewohner Griechenlands. Allerdings weist die Darstellung des Kekrops als Wesen mit menschlichem Oberkörper und dem Leib einer Schlange auf die Übernahme eines alten nichtgriechischen, wahrscheinlich kretischen Kultes.

211 Ilias II, 550 ff.

212 Skythes ist wahrscheinlich der aus Zankle (Messina) durch Hippokrates vertriebene Stadtherr, der in Kos von den Persern als Tyrann eingesetzt worden war.

213 Aus dieser Stadt war sein Vater vertrieben worden.

214 Herodot gibt eine Aufzählung der unter karthagischer Herrschaft stehenden Völker. Den phoinikischen Karthagern folgen die Libyer, die unter karthagischer Herrschaft stehenden hamitischen Stämme im heutigen Tunis und Algier. An die Libyer schließen sich die Iberer. Als *Iberer* bezeichnete man damals die wahrscheinlich aus Nordafrika in Südostspanien eingewanderten Völker. Sie werden von den bis Lissabon und den Sadofluß nach Westen vorgedrungenen Kelten bei Herodot deutlich unterschieden. Vgl. Buch II, Kap. 33. Die Iberer standen trotz der karthagischen Oberherrschaft stark unter dem Einfluß der Griechen, von denen sie auch die Schrift übernahmen. Mit den von Herodot als *Ligyer* bezeichneten Ligurern sind die ligurischen Stämme auf den Balearen, Korsika und Sardinien gemeint. Die Elisyker waren ein iberischer Stamm im Gebiet von Narbonne und Montpellier. Sie wurden schon um 600 v. Chr. von keltischen Stämmen, den Pyrenäern, die aus dem Bodenseegebiet kamen, verdrängt. Vgl. Buch II, Kap. 33. Die Sardonier nahmen, ebenso wie die Sikeler, am Angriff der Seevölker auf Ägypten zwischen 1234 und 1225 v. Chr. teil. Wie die Kyrnier, die Bewohner von Korsika gehörten sie zu den später auf die Inseln übergesetzten ligurischen Stämmen.

215 Er war einer der beiden auf ein Jahr gewählten Suffeten Karthagos. Wie *Karthago* die lateinische, so ist *Karchedon* die griechische Umschreibung des phoinikischen Wortes *Qart-hadascht* (= Neustadt).

216 Das Ende des Hamilkar ist der dritte Fall einer Selbstverbrennung aus religiösen Gründen, von dem wir durch Herodot wissen. Bei einer solchen Selbstverbrennung wurde, wie das Bild auf einer attischen Vase von der versuchten Selbstverbrennung des Kroisos zeigt, auch ein Trankopfer dargebracht.

217 Herodot meint hier die Verehrung des phoinikischen Baal, des Melkart (Stadtgott) durch die Karthager.

218 Korfu.

219 In der Bucht von Navarino und Kap Tainaron, der Südspitze der Peloponnes.

220 Herodot meint hier die Etesien beim heutigen Kap Maleas. Infolge dieser Etesien, der im Sommer auftretenden trockenen Nordwinde, konnten die Schiffe am Kap Maleas nicht auslaufen.

221 Gemeint ist der Raub der Helena durch Paris. Die Stadt Kamikos lag bei Akragas, dem heutigen Girgenti.

222 Hier bewahrt die Heldensage noch eine Erinnerung an die von Kreta ausgehenden Unternehmungen der griechischen Achaier. Vgl. Buch I, Kap. 171. Die Achaier (äyptisch: *Aqaiwaša*) gehörten zu den Ägypten angreifenden Seevölkern. Beide Städte, Praisos und Polichne, lagen im Ostteil von Kreta, wohin sich die durch die Achaier von der übrigen Insel verdrängten Eteokreter ('echte Kreter'), die Träger der minoischen Kultur, zurückgezogen hatten.

223 Der Sturm überraschte sie also im Golf von Tarent.

224 Hyria ist das heutige Oria zwischen Tarent und Brindisi.

225 Gemeint ist die Schlacht im Jahre 473 v. Chr.

226 Es waren fünfzehn Bildsäulen, die noch im 2. Jahrhundert n. Chr. in Olympia zu sehen waren.

227 Herodot berichtet hier aus der Überlieferung der nichtgriechischen Kreter, die vielleicht mit den Erbauern der Palastanlagen von Knossos identisch sind.

228 Nach dieser alten minoischen Überlieferung war das Gebiet von Knossos, wo sich die Residenz des sagenhaften Königs Minos befand, dreimal nach furchtbaren Katastrophen wieder besiedelt worden. Mit diesen Angaben Herodots läßt sich ungefähr der Befund der Ausgrabungen in Knossos vereinbaren. Um 1700 v. Chr. wurden die älteren Paläste vielleicht infolge eines Erdbebens aufgegeben. Um 1450 v. Chr. setzte wieder ein neuer Einschnitt mit der achaiischen Einwanderung und Besiedlung ein. Als dritte von der Überlieferung in die Zeit nach dem Troischen Krieg gesetzte Besiedlung ist dann die dorische Besetzung der Insel zu nennen.

229 Das perserfreundliche delphische Orakel warnte auch die Kreter vor der Unterstützung der Athener und Spartaner.

230 In Thessalien gab es natürlich, wie in allen griechischen Staaten, eine so genannte Volkspartei, die sich aber nicht gegen die von den Aleuaden geführte Partei der adligen Großgrundbesitzer durchsetzen konnte.

231 Am Golf von Volos in der Nähe des heutigen Halmyros.

232 Der spartanische Heerbann zerfiel in sechs Abteilungen (*morai*), deren jede von einem Herzog (Polemarchos) befehligt wurde.

233 Vgl. Buch VII, Kap. 128.

234 Die Bewohner der Stadt Trachis am Oita-Gebirge.

235 Das Kap Artemision an der Nordspitze der Insel Euboia.

236 Die Halbinsel von Magnesia liegt der Nordspitze Euboias gegenüber. Skiathos ist die Insel der nördlichen Sporaden, die sich am weitesten an das Festland heranschiebt.

237 *Chytroi* heißt Kochtöpfe. Der Name läßt auf natürliche oder künstliche Vertiefungen schließen.

238 Hiernach waren die thessalischen Stämme aus dem heutigen Albanien über das Pindos-Gebirge in das bis zu dieser Zeit von den Aiolern bewohnte Thessalien eingedrungen und versuchten, wie vorher die Dorier, zunächst weiter nach Süden vorzudringen. Gegen diese nordwestgriechischen Stämme hatte man die Mauer errichtet.

239 Der Kephisos ist hier der Gott des gleichnamigen Flusses, der in den Kopais-See mündet. Er heißt heute Mavropotamos. Nach seiner Tochter Thyia, der ersten Verehrerin des Dionysos, wurden die Bakchantinnen *Thyaden* genannt.

240 Vgl. Anm. 236.

241 Sie brachten ihn ihrem Baal, dessen Götterbild auf dem Vorschiff stand, als Opfer dar. Zu den Baalsaltären auf den phoinikischen Schiffen vgl. Buch III, Kap. 37.

242 Die Meerenge zwischen Euboia und dem griechischen Festland.

243 Ein zur Warnung der Schiffe errichtetes Seezeichen aus Stein.

244 Gemeint ist die Küste von der Höhe des Karlas-Sees im Innern bis zu dem Gebirge an der Südspitze der Halbinsel.

245 Die Zahl der Perser ist auch hier wieder viel zu hoch angegeben. Hinzu kommt, daß Herodot offenbar die in seiner Quelle überlieferten Bezeichnungen 'Zehntausend-' und 'Tausendschaften' als Angabe der Stärke der einzelnen Abteilungen aufgefaßt hat, was den damaligen Verhältnissen in keiner Weise entsprach.

246 Die nicht in Tausendschaften zusammengefaßten arabischen Kamelreiter. Vgl. Kap. 85.

247 Gemeint sind die Streitwagen der libyschen Garamanten aus dem Fezzan. Vgl. Buch IV, Kap. 183.

248 Damals aus Indien nach Persien eingeführte Luxushunde.

249 Eine Choinix ist der 48. Teil eines Medimnos. Herodot hat sich hier erheblich verrechnet.

250 Diese Beschreibung der ankernden persischen Schiffe scheint aus der Ilias (XIV, 30—35) entlehnt.

251 Der aus der südrussischen Steppe kommende Nordostwind.

252 Bei Zagora am Pilion-Gebirge.

253 Es entsprach durchaus der damaligen persischen Religionsauffassung, daß man in einem fremden Lande auch den fremden Göttern opferte. Ähnliches erfahren wir von den Perserkönigen aus Ägypten und Babylonien.

254 Heute der Golf von Volos.

255 Eine der für die damalige Seefahrt notwendigen Trinkwasserstationen, die aus einer größeren Zisternenanlage bestand.

256 Alabanda, das heutige Arabhissar, war eine Stadt in Karien.

257 Malis lag am Fluß Spercheios, kurz vor seiner Mündung in den Golf von Lamia.

258 Die Flüsse führten während der Sommermonate nur wenig Wasser.

259 Der Zeus Laphystios (d. h. 'der Opfer heischende Zeus') wurde von den Minyern verehrt. Die Minyer gehörten noch zu den Achaiern und hatten später in Boiotien das Reich von Orchomenos gegründet. Von ihren religiösen Bräuchen, wie der Darbringung von Menschenopfern, hat man, wie der Bericht Herodots zeigt, noch in historischer Zeit gewußt.

260 Die achaiische Bezeichnung *Leiton* kann mit 'Volkshaus' übersetzt werden.

261 'Mit Binden umwickelt'. So geschah es mit den Opfertieren.

262 Er hat sich nach dieser religiösen Auffassung an dem Eigentum des Gottes durch die Wegnahme des ihm geweihten Opfers vergangen.

263 Auch hier wurde der einheimische Kult von den Persern geachtet und der heilige Bezirk nicht verletzt. Die Perser wollten die Götter der Griechen für sich günstig stimmen.

264 In dem sehr weit ins Land hineinreichenden Golf von Lamia sind die Gezeitenunterschiede, die sonst im Mittelmeer kaum wahrgenommen werden, stärker spürbar.

266 Das Plethron ist der fünfte Teil des Stadion, etwa 30,8 m.

267 Die Straße ging hier durch einen Engpaß. Auf der einen Seite lag das Meer (Golf von Lamia), und auf der anderen erhob sich das Gebirge (Kallidromos). Heute haben die Anschwemmungen des Spercheios den damals bestehenden Engpaß beseitigt.

268 Hier stand also ein Bundesheiligtum der Amphiktyonen, das aus dem Tempel der Demeter und einem Heiligtum des Heros Eponymos Amphiktyon bestand. Er war nach der Sage ein Sohn des Deukalion und der Pyrrha.

269 In der griechischen Armee fehlen von den peloponnesischen Staaten Messenien, Elis, Achaia und Argolis.

270 Die opuntischen Lokrer wohnten in der Küstenlandschaft des Festlandes am Kanal von Atalanti gegenüber von Euboia. Phokis liegt zwischen dem Golf von Lamia und dem Golf von Patras. In Phokis am Parnassos befand sich das delphische Orakel.

271 Vgl. Buch V, Kap. 41—48.

272 Sie hieß Gorgo. Vgl. Buch V, Kap. 48.

273 Das berühmte spartanische Elitekorps der Dreihundert setzte sich wahrscheinlich aus Mitgliedern der dreihundert vornehmsten Familien zusammen. Für die Zugehörigkeit zur Truppe war ein besonderes Alter vorgeschrieben. Diejenigen Mitglieder des Korps, die die Altersgrenze erreicht hatten, mußten ausscheiden. Leonidas setzte sich damals über die Satzungen des Korps hinweg, indem er Männer mittleren Alters, die zwar zu den dreihundert Familien gehörten, aber die vorgeschriebene Höchstgrenze überschritten hatten, in das Korps einreihte.

274 Die Karnaien waren ein großes Volksfest, das in Sparta zu Ehren des Apollon gleichzeitig mit der Olympiade im August bzw. September gefeiert wurde. Während dieser Zeit hatten die Waffen zu ruhen.

275 Der letzte Tag der hier erwähnten Olympiade fiel auf den 19. 8. 480.

276 Hydarnes bekleidete also unter Xerxes die Würde eines *Hazabrapati*, eines Kommandeurs der Leibwache, die als 'die Unsterblichen' bezeichnet wurde.

277 Als Pylagoren — der Name ist aus *Pylai* (= Pässe) und *agora* (= Versammlung) entstanden — wurden die jedes Jahr im Frühling bei Thermopylai und im Herbst in Delphi zusammenkommenden Gesandten der in der delphischen Amphiktyonie vertretenen Staaten bezeichnet.

278 Antikyra an der Mündung des Spercheios.

279 Eigentlich: 'der nach oben Führende'.

280 *Melampygos* (d. h. 'mit schwarzem Hintern') ist ein Beiname des Herakles.

281 Die Kerkopen sind zwei Kobolde, die den schlafenden Herakles bei den Thermopylen überraschten und ihren Spott mit ihm trieben. Den Abschluß der Neckerei, wie Herakles jeden der beiden Kobolde am Bein gepackt hat,

finden wir auf einer Metope des Herakles-Tempels von Selinunt aus dem 6. Jahrhundert dargestellt.

282 Xerxes hatte dem iranischen Kriegs- und Sonnengott Mithra ein Opfer gebracht.

283 Herodot hat offenbar eine Inschrift mit den Namen der Gefallenen gesehen.

284 Jede Stadt hatte hiernach für ihre Toten besondere Grabinschriften gesetzt. Daneben waren auch einzelnen Personen von ihren Angehörigen besondere Grabmäler errichtet worden. Simonides von Keos, der hier als Verfasser einer der Grabinschriften erwähnt wird, hatten besonders seine Epigramme auf die Helden der Perserkriege berühmt gemacht.

285 Eine Form der Entziehung bestimmter spartanischer Bürgerrechte, die aber noch keinen Ausschluß aus der Gemeinde bedeutete.

286 Man pflegte sonst nur Sklaven dieser Prozedur zu unterwerfen.

287 Kythera lag vor Kap Maleas, der Südspitze der Peloponnes.

288 Chilon war einer der Sieben Weisen des Altertums. Man zitierte von ihm kurze Merksprüche, wie »Erkenne dich selbst« und »Alles mit Maß«.

289 Achaimenes bekleidete das Amt eines Satrapen von Ägypten. Er fiel 463 gegen den libyschen Empörer Inaros. Vgl. Buch III, Kap. 12.

290 Der Großkönig behandelte also Leonidas als Rebellen, wie z. B. sein Vater Dareios die von ihm besiegten Gegenkönige.

291 Gemeint ist hier eines der mit Wachs überzogenen Holztäfelchen, die entweder zu zweien *(Diptycha)*, zu dreien *(Triptycha)* oder zu mehreren *(Polyptycha)* mit einer Schnur, die mit einem Siegel gesichert war, zusammengebunden waren.

292 Gorgo hatte schon als Kind Beweise ihrer außerordentlichen Intelligenz gegeben. Vgl. Buch V, Kap. 51.

BUCH VIII

1 Die Plataier gingen als Ruderer auf die athenischen Schiffe. Sie mußten also die Ausführung der einzelnen Ruderkommandos, die den Athenern vertraut waren, erst lernen.

2 Sie waren die nördlichen Nachbarn der Boioter und wohnten in der Küstenlandschaft nördlich der Bucht von Skroponeri bis zu dem sich an der Küste hinziehenden Gebirgszug von Xerovuni.

3 Herodot macht sich hier zum Anwalt der Politik Athens, für die er vielleicht durch die Alkmaioniden noch unter Perikles gewonnen sein mag. Die ausführliche Wiedergabe von Familientraditionen, die vielleicht einer Familienchronik entnommen wurden, lassen auf eine besondere Anteilnahme dieses Geschlechtes an dem Geschichtswerk Herodots schließen.

4 Herodot bezieht sich hier auf Vorgänge nach der Eroberung von Byzanz im Jahre 477/76.

5 Die Griechen hatten angenommen, daß der größte Teil der persischen Flotte in dem Sturm bei Kap Sepias vernichtet worden sei. Vgl. Buch VIII, Kap. 188—192.

6 Herodot schöpft hier sein Wissen über Themistokles ähnlich wie über Miltiades (vgl. Buch VI, Kap. 132—133) aus Gerichtsakten, die ihm vielleicht seine athenischen Gönner, die Alkmaioniden, zugänglich gemacht hatten. So stammen die Angaben über die Höhe der Bestechungssumme, die Themistokles von Euboia angenommen haben soll, sicher aus der Anklageschrift des gegen ihn angestrengten Prozesses.

7 Die hier beschriebene Flottenbewegung war in dem strategischen Plan der Perser vorgesehen, zu dem auch die im folgenden (vgl. Anm. 27) geschilderten Operationen der einzelnen Heeresgruppen auf dem Festland gehörten. Nach diesem Plan sollten die griechischen Streitkräfte, die sich zur Verteidigung gestellt hatten, umgangen, eingeschlossen und vernichtet werden. Dementsprechend sollten Teile der persischen Flotte um Euboia herumfahren und die schmale Meerenge von Euripos zwischen der Stadt Eretria auf Euboia und dem Festland abriegeln und so der sich von Artemision zurückziehenden griechischen Flotte den Weg nach Süden abschneiden.

8 Skyllias war wahrscheinlich Schwammtaucher und hatte sich bei diesem Gewerbe durch seine Geschicklichkeit ausgezeichnet. Nach Herodot hätte er also unter Wasser eine Entfernung, die in der Luftlinie 15 km beträgt, zurückgelegt. Hiernach wurde auch schon zu Herodots Zeiten Seemannsgarn gesponnen.

9 Dieses in der Schlacht bei Lade im Jahre 495 v. Chr. nur von den Chiern angewandte phokaiische Manöver der Seekriegsführung war also schon 480 v. Chr. bei den Griechen allgemein als taktisches Mittel der Seekriegsführung bekannt und wurde häufig angewandt. Vgl. Buch VI, Kap. 11—12.

10 Er war der Herr der Stadt Salamis an der Ostküste von Zypern.

11 Die persischen Schiffe suchten also keinen Küstenhafen auf, sondern ankerten auf hoher See.

12 In dem Kanal von Euripos unmittelbar vor Eretria.

13 Die Meerenge zwischen Chalkis auf Euboia und der Küste von Boiotien.

14 Er war der Vater des bekannten athenischen Feldherrn Alkibiades, der die Athener in dem Feldzug gegen Syrakus befehligte. Sonst wurde das Schiff ohne Ausrüstung vom Staat gestellt und der Kapitän (*Trierarchos*) hatte nur für die Beschaffung von Segeln, Tauen, Rudern und sonstigem Zubehör selbst zu sorgen.

15 Bakis war nach der Überlieferung der Verfasser einer größeren Orakelsammlung, aus der Herodot hier den sich auf das Schicksal Euboias beziehenden Spruch zitiert.

16 Antikyra lag an der Mündung des Spercheios in den Golf von Lamia.

17 Die persische Flotte bediente sich also, von den Ionern geführt, auf ihrem Wege nach Süden der für die Ergänzung des Trinkwasservorrats der Schiffe angelegten Zisternenanlagen. Die Perser ankerten mit ihrer Flotte bei den Zisternenanlagen von Aphetai auf dem Festland, die Griechen bei denen von Artemision an der Nordspitze von Euboia.

18 Eine Landschaft im Nordteil von Euboia.

19 Die Spartaner und die Leute von Thespiai hatten also nach dem Abzug der übrigen Griechen den Paß allein verteidigt.

20 Wenn Herodots Zahlenangaben zuträfen, würden die griechischen Verluste

angesichts der geringen Stärke der damaligen griechischen Heere sehr hoch gewesen sein.

Die Perser trugen die hellenischen Toten nicht aus den Gründen bei den toten Persern zusammen, die Herodot anführt, sondern in Erfüllung eines ihnen eigentümlichen Bestattungsritus. Bei den tausend persischen Gefallenen handelte es sich nämlich im Gegensatz zu den sofort begrabenen Soldaten wahrscheinlich um Angehörige der sogenannten altpersischen Stämme. Ihre Leichen wurden nach altpersischem Brau zunächst feierlich ausgestellt, wobei man die Leichen der von ihnen getöteten Griechen den Toten zu Füßen legte. Ähnliche Bestattungsriten lassen sich bei den Skythen und später bei den Altaiern nachweisen. Vgl. Buch IV, Kap. 72.

21 Die Folge der Schlacht bei Thermopylai war also, daß ein Teil der arkadischen Bundesgenossen der Spartaner (vgl. Buch VII, Kap. 202) zu den Persern überging. Die Not, unter der die Arkader wie auch die anderen Peloponnesier zu leiden hatten, war durch die von der persischen Flotte durchgeführte Blockade der Meerengen des Bosporos und des Hellespont entstanden. Infolge dieser Blockade konnte kein griechisches Getreideschiff aus dem Pontos durch die Meerengen nach der Peloponnes gelangen.

22 Die olympischen Kämpfe dauerten in dieser Zeit fünf Tage. Sie begannen am ersten Tag mit Wettläufen. Hieran schlossen sich am zweiten Tag der Fünfkampf und am dritten Tag die Ring- und Faustkämpfe und das Pankration (eine Verbindung von Ring- und Faustkampf unter Duldung der sonst bei diesen Kämpfen zur Disqualifizierung führenden Schläge und Griffe; Tiefschläge und sogar Fußtritte waren erlaubt). Am vierten Tage fanden die Wettkämpfe der Knaben statt, und am fünften wurde die Olympiade mit Pferde- und Wagenrennen abgeschlossen.

23 Tellias gehörte wahrscheinlich zu dem bekannten Geschlecht der Telliaden. Die Phoker waren also auf einem Gipfel des Parnassos, wohin sie sich zurückgezogen hatten, von den Thessalern eingeschlossen worden. Vgl. Kap. 32.

24 Der für seine Weissagungen berühmte Apollontempel von Abai lag im östlichsten Teil von Phokis.

25 Herodot erwähnt die wahrscheinlich in lebensgroßen Bronzefiguren ausgeführte Gruppe, die den Streit zwischen Apollon und Herakles um den heiligen Dreifuß von Delphi darstellte. Die hier erzählte Episode war vermutlich in einer an der Gruppe angebrachten Inschrift beschrieben worden.

26 Unter diesen Amphoren sind große, oft mannshohe Tongefäße zu verstehen, die auch als Vorratsgefäße dazu bestimmt waren, in den Boden eingegraben zu werden.

27 Auch hier hatte die persische Armee wieder ihren Vormarsch in mehreren Kolonnen durchgeführt. Während die eine Heeresgruppe den Widerstand der Griechen an der Küstenstraße bei Thermopylai brach, war eine andere Kolonne über das Kallidromos-Gebirge auf einer anderen Straße aus der Gegend des heutigen Lamia schon in das obere Kephissostal vorgerückt.

Man gewinnt hier einen Einblick in die strategische Konzeption des Großkönigs, die ihn zu der Schlacht bei Thermopylai bestimmte. Xerxes glaubte, die griechische Hauptarmee bei der Verteidigung des Passes von Thermopylai so lange festhalten zu können, bis ihr die im Kephissostal vorgerückte persische Heeresgruppe den Rückzug abgeschnitten hatte. Die Griechen durchschauten dieses Manöver und versuchten, sich vom Feinde abzusetzen. Das wurde ihnen durch den Widerstand der Gruppe des Leonidas ermöglicht. Die Perser hielten die Spartaner des Leonidas für die griechische Hauptarmee. Dem Gros der Griechen gelang es dadurch, vor den Persern Boiotien zu erreichen und so der drohenden Einschließung zu entgehen.

28 Gemeint ist wahrscheinlich der heute 'Gerontobrachos' genannte nach Nordwesten liegende Gipfel des eigentlichen Parnassos. Die Phoker werden sich dort in einer der Höhlen des Felsmassivs verborgen haben.

29 Amphissa lag in dem großen Tal, das sich bis zu der nach dieser Stadt genannten Bucht am Golf von Patras erstreckte.

30 Vgl. Buch I, Kap. 46

31 Panopeus lag am Kephissos in der Nähe des heutigen Agio Vlasi bei Dhavlia. Hier gabelte sich die Straße. Xerxes schickte die eine Heeresabteilung die Straße, die über Delphi an den Golf von Patras führte, entlang. Diese Abteilung sollte offenbar auf der Küstenstraße bis zum Isthmos vordringen, um die leicht zu verteidigende Landenge noch vor der aus Boiotien zurückweichenden griechischen Hauptarmee zu erreichen. Die andere persische Armee folgte den Griechen zunächst in Boiotien und suchte sie möglichst im Kampf zu binden, damit die andere persische Abteilung noch vor ihnen den Isthmos erreichen konnte.

32 Der makedonische König benutzte also den persischen Feldzug, um in Griechenland auf eigene Faust Eroberungen zu machen.

33 Städte an der phokisch-boiotischen Grenze.

34 Vgl. Buch I, Kap. 50—51.

35 Vgl. Anm. 28.

36 Vgl. Anm. 29.

37 Offenbar Bogen und Pfeile des Apóllon, die in dem Tempel aufbewahrt wurden.

38 Infolge der Angriffe der Phoker war es dieser persischen Abteilung nicht möglich, ihren Vormarsch weiter zum Golf von Patras fortzusetzen und dann, der Küstenstraße folgend, den Isthmos zu erreichen. Damit wurde ein wichtiger Teil in dem strategischen Plan der Perser unausführbar.

39 Die Schlange erinnert an den ursprünglichen Charakter der Göttin Athena, die bei den Kretern eine Schlangengöttin war. Ihr Kult wurde, wie ihre Erwähnung in den Texten in der Linearschrift B zeigt, von den Achaiern schon gegen Ende des zweiten Jahrtausends übernommen.

40 Troizen befand sich auf der Attika gegenüberliegenden Halbinsel der Peloponnes. Man konnte von dem Hafen Troizens, Pogon, aus quer über den Saronischen Golf nach Attika segeln.

41 Herodot erwähnt hier die dorischen Stämme, die aus der Landschaft Doris, einer der Stationen der dorischen Wanderung (vgl. Buch I, Kap. 56 u. Anm. 44 u. 45), nach der Peloponnes gekommen waren.

42 Herodot setzt die Ureinwohner Attikas mit den ionischen Einwanderern gleich. Er übernimmt also die von den Athenern zur Begründung ihres Vormachtsanspruches erfundene Legende.

43 Megara lag gegenüber von Salamis zwischen dem Saronischen Meerbusen und

der Bai von Livadhostra. Amprakia ist das heutige Arta am Fluß Artinos. Leukas heißt die Insel südwestlich des Golfs von Arta.

44 Die später 'Aigina' genannte Insel war also von dorischen Stämmen, die von Epidauros an der Ostküste von Argolis kamen, erobert worden.

45 Die Inseln gehören zur westlichsten Gruppe der Kykladen.

46 Herodot will damit sagen, daß die griechischen Staaten und Stämme nördlich des heutigen Golfs von Arta sich nicht am Krieg beteiligten. Das gilt neben der Insel Korfu vor allem für Epirus.

47 Phayllos war dreifacher olympischer Sieger. Kroton ist das heutige Cotrone in Calabrien.

48 So hieß der Archon Eponymos, nach dem das Jahr genannt wurde.

49 Der Areopag ('Hügel des Ares') lag westlich der Akropolis. Er war der Sitz des höchsten athenischen Gerichtshofes, gegen dessen Urteile eine Berufung unmöglich war.

50 Auch Xerxes versuchte also, wie schon sein Vater Dareios, die Peisistratiden nach Athen zurückzuführen. Die in der Akropolis eingeschlossenen Athener weigerten sich demnach, einen Tyrannen aus dem Hause des Peisistratos aufzunehmen und die Stadt so vor der drohenden Zerstörung zu bewahren.

51 Die Zerstörung der Akropolis durch die Perser hat besonders die von Peisistratos errichteten Bauten betroffen. Wesentliche Gebäudeteile und vor allem große Stücke des Skulpturenschmuckes sind bei der unmittelbar nach der Zerstörung unter dem Druck eines neuen persischen Angriffs begonnenen Wiederbefestigung in die Mauern verbaut worden und uns so erhalten geblieben.

52 Die Peisistratiden opferten auf der Burg der Athena Polias (der 'Stadtgöttin'); dieses Opfer vollzog sonst der Archon Basileus. Die Tatsache des Opfers beweist, daß es in Athen zu einer wenn auch nur kurzen Restauration der Peisistratidenherrschaft unter persischem Protektorat gekommen war.

53 Die Alyten, die Kampfrichter in Olympia, überwachten unnachsichtlich die faire Durchführung der einzelnen Wettkämpfe und ahndeten jeden Verstoß gegen die Regeln. Die Zweige für die Kränze der olympischen Sieger wurden von einem Knaben aus dem heiligen Ölbaum geschnitten.

54 Siris, das heutige Sinno, war die Hafenstadt von Heraklea am Golf von Tarent.

55 Die figürlichen Darstellungen dieser Heroen, denen man übernatürliche Kräfte zuschrieb, wurden aus dem Heiligtum der Aiakiden in Aigina geholt. Der Bericht erinnert an ähnliche Vorgänge in byzantinischer Zeit, wo man auch Bilder von Heiligen mit in die Schlacht nahm.

56 Dikaios gehörte also zu den mit den Peisistratiden nach Attika zurückgekehrten athenischen Emigranten. Er bekleidete jetzt offenbar ein hohes Staatsamt. Auch Demaratos, der vertriebene spartanische König, erhoffte von einem persischen Sieg seine Wiedereinsetzung.

57 Der Ausdruck bezeichnet eine nicht zu übersehende Menge.

58 Demeter und Persephone.

59 Bei dieser Einweihung in die Eleusinischen Mysterien hat man sich zunächst im Frühjahr in die sogenannten kleinen Mysterien in Agrai, einer Vorstadt Athens, einweihen zu lassen. Erst dann wurde man zu den im Herbst statt-

findenden großen Mysterien zugelassen. Die Prozession begann mit rituellen Reinigungsbädern im Meer. Dann setzte sie sich mit dem vorangetragenen Bild des Bakchos nach Eleusis in Bewegung. Hier ging den eigentlichen Mysterien noch eine aus Gesängen und Tänzen bestehende nächtliche Feier voraus. Über den Inhalt der Mysterien wissen wir wenig. Sicher spielten bei ihnen die in dem Tempel (Telesterion) gezeigten religiösen Zeremonien und Vorführungen eine große Rolle.

60 Karystos war ein Hafen an der gleichnamigen Bucht im Süden Euboias. Die Inseln Andros und Tenos lagen südlich der Insel Euboia.

61 Mardonios war also unter Xerxes der sogenannte *Eisangeleus* (eigentlich: 'der beim König anmeldende Hofbeamte'), der Großvezier, durch den allein der König mit der Außenwelt verkehrte. Wie der Bericht Herodots zeigt, war dieses Amt unter Xerxes noch nicht wie unter den späteren Achaimeniden mit dem des Chefs der Leibwache, des Hazahrapati, verbunden. Chef der Leibwache war unter Xerxes Hydarnes. Mardonios teilte also die Ansichten der Teilnehmer des Kriegsrates dem Großkönig mit, der, von den versammelten Würdenträgern getrennt, auf einem besonders erhöhten Thron die Versammlung leitete.

62 Herodot beginnt seine Aufzählung mit dem in der Mitte der Peloponnes liegenden Arkadien, erwähnt weiter das nordwestlich von Arkadien liegende Elis, dann im Nordosten Arkadiens Korinth am Isthmos und die beiden am Asopos liegenden Städte Phlius und Sikyon — Sikyon kurz vor der Mündung des Asopos in die Bucht von Korinth. Die Aufzählung schließt mit den im Osten auf der Halbinsel Argolis liegenden Städten Epidauros, Troizen und Hermione.

63 Die Kynurier wohnten zwischen der Ostgrenze von Arkadien und dem Golf von Argolis.

64 Die aus der Phtiotis in Thessalien nach der Peloponnes ausgewanderten Achaier hatten sich zunächst in den Landschaften Argolis und Lakonien festgesetzt. Von dort waren sie unter dem Druck der Lakonien und Argolis besetzenden dorischen Stämme nach dem Nordteil der Peloponnes ausgewandert und hatten die bisher hier an der Südküste des Golfs von Patras wohnenden ionischen Stämme verdrängt. Ein Teil dieser Ioner ist darauf nach Attika ausgewandert.

65 Als 'Dorier' werden hier die früher in der Landschaft Doris in Mittelgriechenland ansässigen Stämme bezeichnet. 'Aitoler' heißen Stämme aus dem Gebiet östlich des Aspros und nördlich des Ausgangs des Golfs von Patras. Die Dryoper wohnten, bevor sie nach Messenien auswanderten, zwischen Parnaß- und Oita-Gebirge. In der Peloponnes hatten sie sich an der Küste des messenischen Golfes bis zu dem sich parallel der Küste hinziehenden Pentedaktylon-Gebirge festgesetzt. Die Paroreaten (d. h. 'die Bewohner des Gebirges') wohnten in dem Gebirgszug, der sich von Arkadien bis nach Elis hinzieht. Bei ihnen handelt es sich um aus Lemnos ausgewanderte Minyer. Vgl. Buch IV, Kap. 145 u. 146.

66 Auch das war offenbar ein Punkt aus der Anklageschrift gegen Themistokles. Thespiai war wegen seiner großen Verluste in der Schlacht von Thermopylai,

wo der größte Teil seiner waffenfähigen Mannschaft umgekommen war, auf Einbürgerungen angewiesen.

67 Heute Lipsokutali. Die Insel liegt zwischen dem sich zum Festland hin ausstreckenden Vorgebirge Kynosura ('Hundeschwanz'), der Insel Salamis und der Einfahrt in die Bucht von Piräus.

68 Herodot unterscheidet drei Operationen der persischen Flotte, die als verschiedene Phasen der Ausführung eines strategischen Planes zu werten sind, der die Einschließung der in der Bucht bei Ambelaki liegenden griechischen Flotte bezweckte. Die Voraussetzung hierfür war die Besetzung der zwischen Salamis und Piräus liegenden Insel Psyttaleia (Lipsokutali). Erst nach der Eroberung von Psyttaleia konnte der zweite Teil der Operationen eingeleitet werden, der um 12 Uhr nachts begann. Um diese Zeit setzten sich jene Flotteneinheiten in Bewegung, die auf der Halbinsel, auf der die Stadt Salamis lag, Truppen landen sollten. Gleichzeitig brachen die Schiffe auf, die mit für Keos (wahrscheinlich die heute Giorgio genannte Insel am Nordausgang der Straße von Salamis) bestimmten Truppen besetzt waren. Zuletzt setzte sich das für die Besetzung des Vorgebirges Kynosura bestimmte Flottendetachement in Bewegung. Offenbar wollte man durch diese kombinierte Land- und Seeoperation auch die auf der Insel Salamis biwakierenden Seesoldaten in Abwehrkämpfe verwickeln, die es ihnen unmöglich machen sollten, die Schiffe zu besteigen. Hierdurch wäre die Flotte am Auslaufen verhindert und ihre Einschließung vollendet worden. Von den bei Herodot erwähnten Einzeloperationen waren aber nur die gegen die kleineren Inseln eingeleiteten erfolgreich. Eine Landung auf der Insel Salamis scheint weder am Vorgebirge Kynosura noch bei der Stadt Salamis geglückt zu sein. Die durch diese Operation am Morgen des Schlachttages in verschiedene Gruppen zersplitterte persische Flotte war für die Griechen ein überaus günstiges Angriffsziel. Hier hatte man die Chance, die an Zahl weit überlegene persische Flotte in einzelnen Gruppen getrennt voneinander zu schlagen. Themistokles hatte, im Gegensatz zu seinen Mitfeldherrn, die Gunst dieses Augenblicks erkannt.

69 Der Hafen von Munichia an der Bucht von Phaleron war die damals von den Persern benutzte Flottenbasis, von der die Flotte ausgefahren war.

70 Herodot zitiert auch hier wieder die von ihm schon mehrfach erwähnte Orakelsammlung, als deren Verfasser Bakis angesehen wurde.

71 Aristeides hatte als einer der zehn Strategen an der Schlacht bei Marathon im Jahre 490 v. Chr. teilgenommen. Wie Themistokles hatte er dann das Amt des Archon Eponymos bekleidet. Als politischer Gegner des Themistokles wurde er 484/483 aus Athen verbannt.

72 An dem Ostrakismos (Scherbengericht) waren sämtliche Bürger beteiligt. Die zum Ostrakismos zusammengetretene Volksversammlung war erst bei Anwesenheit von mindestens 6000 Bürgern beschlußfähig. Bei der Abstimmung wurden an Stelle unserer heutigen Stimmzettel, die in dieser Zeit auch für Steuerquittungen, Rechnungen und in der Schule an Stelle von Schulheften gebrauchten Tonscherben (Ostraka) benutzt. Die Verbannung wurde in jedem Fall für zehn Jahre ausgesprochen. Sie bedeutete aber keine Aberkennung der politischen Rechte oder eine Beschlagnahme des Vermögens.

73 Vgl. Kap. 64.

74 Die hier von Herodot gegebene Beschreibung der Stellung der einzelnen persischen Flotteneinheiten zeigt, daß die persische Flotte infolge der verschiedenen Landungsoperationen in mehrere Gruppen zersplittert war. Ein Teil — nach Herodot die Phoiniker — stand zu Beginn der Schlacht in der Bucht von Eleusis, also nördlich der Straße von Salamis. Die andere Gruppe, die sich in der Hauptsache aus Ionern zusammensetzte, hatte am Morgen der Schlacht ihren Standort am Südausgang der Straße von Salamis zwischen der Insel Psyttaleia (Lipsokutali) und dem Piräus. Die Griechen hatten hierdurch die Möglichkeit, ihre gesamte Flotte zunächst nur gegen eine der beiden Gruppen einzusetzen. Aus den in Kap. 90 erwähnten Beschuldigungen der Phoiniker gegen die Ioner kann man unschwer erraten, daß erst die phoinikische Flotte von den Griechen angegriffen wurde. Sie mußte sich allein, ohne von den Ionern, die am Südausgang der Straße von Salamis standen, unterstützt zu werden, der ihr zahlenmäßig überlegenen griechischen Kräfte erwehren. Sie versuchte im weiteren Verlauf der Schlacht, sich aus der Bucht von Eleusis durch die Straße von Salamis auf die am Südausgang stehende ionische Flotte zurückziehen. Hierbei erlitt sie die schwersten Verluste. Als die ionische Flotte schließlich in den Kampf eingriff, war am Ausgang der Schlacht nichts mehr zu ändern. Der Kampf wurde dann bei Anbruch der Dunkelheit abgebrochen. Auf persischer Seite hat man in dem nach der Schlacht zusammengetretenen Kriegsgericht die Schuld an der Niederlage bei der phoinikischen Flottenführung gesucht, die ihre Schiffe zu weit nach Norden geführt und hierdurch die Verbindung mit der übrigen Flotte verloren hatte.
Zu den Orosangen vgl. Buch III, Kap. 140 u. Anm. 139.

75 Artemisia bediente sich dabei des an der Spitze des Schiffes angebrachten eisenbeschlagenen Rammsporns, durch den hier ein persisches Schiff zum Sinken gebracht wurde.

76 Die in der Bucht von Eleusis allein gegen die Griechen kämpfenden Phoiniker beschwerten sich noch während der Schlacht beim Großkönig über die Ioner und beschuldigten sie des Verrates, weil sie von ihnen nicht unterstützt wurden. In diesem Augenblick griffen die ersten ionischen Flotteneinheiten in den Kampf ein. Vom Kommandostand des Großkönigs aus sah man den Untergang eines attischen Schiffes. Hierdurch wurde nach Herodot der von den Phoinikern gegen die Ioner erhobene Vorwurf des Verrates in den Augen des Großkönigs entkräftet.

77 Die Besatzung des samothrakischen Schiffes, das dem Rammstoß des aiginetischen Kriegsschiffes nicht mehr ausweichen konnte, überschüttete die Mannschaft des feindlichen Fahrzeuges mit einem Pfeilhagel. Unter dem Schutz dieses Pfeilhagels gelang es ihr dann, das feindliche Schiff zu entern.

78 Das Bergmassiv von Aigaleos, heute Skaramanga, wo sich nach Herodot der Kommandostand des Großkönigs befand, erlaubte einen Überblick über den größten Teil der Straße von Salamis.

79 Vgl. Buch VII, Kap. 181.

80 Vgl. Buch VI, Kap. 49.

81 Der Tempel lag auf dem südlichsten Vorgebirge der Insel Salamis Die

Legende mag dadurch entstanden sein, daß die korinthischen Schiffe, entsprechend einem vorher abgesprochenen Plan, um die Insel herumfuhren, um die Meerenge zwischen der Insel Salamis und dem Festland von Megara gegen die persische Flotte zu sperren. Das war vielleicht vorgesehen, um einen persischen Durchbruch nach dem Isthmos, an dessen Schutz Korinth in erster Linie interessiert war, unmöglich zu machen.

82 Das Kap Kolias, bei dem sich ein Tempel der Aphrodite befand, lag südlich von Phaleron. Das häufige Zitieren der Orakelbücher — hier werden sogar drei verschiedene Werke genannt — läßt erkennen, wie groß diese Orakelliteratur gewesen sein muß.

83 Xerxes ließ sich also zunächst durch seine Niederlage zur See nicht davon abbringen, die geplante Landung in Salamis durchzuführen. Wenn der Großkönig dann den Feldzug doch abbrach und die geplante Eroberung von Salamis nicht ausführte, darf man die Ursache in Unruhen im Inneren des persischen Reiches suchen. Wahrscheinlich hatte der Aufstand des Masistes, der sich besonders auf die östlichen und nordöstlichen Provinzen des persischen Reiches, Baktrien und Sogdiana, stützte, schon damals begonnen.

84 *Angareion* umschreibt ein *Hangar* lautendes altpersisches Wort, das wahrscheinlich die Kuriere des Großkönigs bezeichnete.

85 Die besondere Audienz, die Xerxes hier der Artemisia gewährte, berücksichtigte ihr Geschlecht. Es war den hohen persischen Würdenträgern nicht zuzumuten, zusammen mit einer Frau im Kriegsrat zu sitzen, den der Großkönig auf seinem Thron, umgeben von seiner Leibwache, leitete. Der Inhalt der Unterredung ist nicht historisch.

86 Xerxes erteilte Artemisia also den Befehl, mit der von ihr befehligten Flotteneinheit die königlichen Prinzen direkt über das Meer nach Ephesos zu bringen, von wo sie dann auf der hier beginnenden Reichsstraße nach Susa reisen konnten. Wahrscheinlich hatten diese Söhne des Großkönigs bestimmte Kommandos im Innern des Reiches zu übernehmen, um jene Unruhen, die die Ursache für den Abbruch des Feldzugs bildeten, zu unterdrücken. Die Prinzen benutzten die Schiffe der Artemisia, weil sie für die schnellsten der Flotte galten. Auf der Reichsstraße konnten sie dann durch Wagen mit Relaispferden in vierzehn Tagen Susa erreichen. Der Großkönig selbst blieb bei dem Landheer und gab der Flotte den Befehl, den Schutz der Verbindungslinien des Heeres am Hellespont und an der thrakischen Küste zu übernehmen.

87 Hermotimos war demnach Obereunuch. Er hatte ursprünglich die Aufsicht über den Harem des Großkönigs. Dieses Amt scheint also schon in achaimenidischer Zeit mit dem eines Leiters der königlichen Finanzverwaltung, insbesondere der Domänen des königlichen Hauses, verbunden gewesen zu sein. In dieser Verbindung ist das Amt des Obereunuchen auch in der spätrömischen Staatsverwaltung nachweisbar. Hier war der Obereunuch sogar kaiserlicher Hausminister mit der Aufsicht über die Verwaltung der Schatulle des Kaisers und der Kontrolle über die Güter des kaiserlichen Hauses.

88 Demnach befanden sich in der fruchtbaren Ebene des Atarneus, der heutigen Ebene von Bergama, große Krongüter, die Hermotimos inspizierte.

89 Das Vorgebirge Zoster lag auf halbem Wege zwischen der Bucht von Phaleron und der Südspitze Attikas bei Sunion.

90 Themistokles wurde 470 v. Chr. durch den Ostrakismos (Scherbengericht) aus Athen verbannt. Er begab sich zunächst nach Argos. Als man ihn dann in einem neuen Verfahren wegen angeblicher Verbindungen zu den Persern ächtete und sein Vermögen beschlagnahmte, ging er an den Hof des Großkönigs Artaxerxes und erhielt von ihm die Herrschaft über Magnesia.

91 Themistokles wollte also der Insel Andros, die auf Seiten der Perser gestanden hatte, eine hohe Kriegskontribution auferlegen.

92 Auch hier werden von Herodot Gerichtsakten zitiert und die Beschuldigungen der Anklage gegen Themistokles als wahr unterstellt.

93 Die Tatsache, daß mit Mardonios außer Medern und Persern lediglich Baktrier, Saken und Inder zurückblieben, also die im Osten und Nordosten des Reiches wohnenden Völker, während die aus Vorderasien stammenden Truppenkontingente mit dem Hauptheer zurückzogen, weist auf den Aufstand des Masistes, der gerade diese Gebiete erfaßt hatte. Vgl. Buch IX, Kap. 113. Man wollte also die aus dem Aufstandsgebiet stammenden Kontingente weder in die gegen die Empörer eingesetzte Hauptarmee einreihen noch sie in ihre Heimatgebiete entlassen. Herodot schöpft sein Wissen über die Empörung des Masistes aus einer über die Ereignisse sehr schlecht unterrichteten Quelle, die weder die Vorgänge chronologisch richtig noch in ihren historischen Zusammenhängen verständlich überlieferte. Bei den mit Mardonios zurückgebliebenen Medern und Persern handelt es sich zum Teil um Gefolgsleute der einzelnen persischen Großen, die Herodot hier mit der Leibgarde des Großkönigs verwechselt. Mardonios zog mit diesem Heer nach Thessalien, das durch seinen vorwiegend agrarischen Charakter eine ideale Versorgungsbasis für die persische Armee darstellte.

94 Das heutige Seres im Tal der Struma.

95 Thrakische Stämme in der Gegend des heutigen Köstendil in Bulgarien.

96 Diese von Herodot selbst als unwahr bezeichnete Geschichte charakterisiert jedoch wie keine andere jenen grundsätzlichen, im Ethischen bestehenden Unterschied zwischen griechischer und persischer Denkweise. Der Großkönig bezeichnet auf den erhaltenen Inschriften, wie der von Behistun, selbst seine Paladine und bewährten Feldherrn, die ihm das Reich zusammenfügen halfen, nur als *bandaka* ('Sklaven').

97 Ehrengeschenke, wie sie sonst nur um den Großkönig verdiente hohe Würdenträger erhielten.

98 Aias war einer der Aiakiden, deren Bilder man vor der Schlacht aus Aigina nach Salamis geholt hatte (vgl. Buch VII, Kap. 64 und VIII, Kap. 83). Dem Beistand des Aiakiden Aias schrieb man den Sieg über die Perser zu und weihte ihm daher einen Teil der Siegesbeute.

99 Hier ist an eine vergoldete Bronzestatue, die der makedonische König als Weihgeschenk gestiftet hatte, zu denken.

100 Vgl. Buch I, Kap. 51.

101 Gemeint sind die Angehörigen der dreihundert vornehmsten spartanischen Familien, die auch das Elitekorps der Dreihundert bildeten.

101 a Aphidnai war ein attischer Demos, der landeinwärts in der Nähe von Marathon lag.

102 Belbina war eine kleine Insel vor der Südspitze von Attika. Der Ort war für seine Unbedeutendheit in Athen sprichwörtlich bekannt.

103 Pallene (heute Kassandhra) hieß die südlichste Halbinsel der Chalkidike.

104 Poteidaia lag an der schmalsten Stelle der Halbinsel Kassandhra. Olynthos befand sich weiter nördlich an der Küste des Golfs von Kassandhra. Die Bottiaier waren also von der Mündung des Wardar, wo schon zur Zeit der Perserkriege makedonisches Gebiet an den Golf von Saloniki stieß, unter dem Druck der Makedonen an den Golf von Kassandhra gewandert.

105 Kyme (heute Lamurt-Köl) war eine aiolische Stadt. Die Flotte wurde, ebenso wie ein Teil der Landtruppen, nicht in ihre Heimathäfen entlassen. Man beabsichtigte also, den Krieg fortzusetzen.

106 Gemeint ist das Frühjahr des Jahres 479. Während der Wintermonate ruhte in der damaligen Zeit jede Kampftätigkeit.

107 Leotychides stammte aus einer Seitenlinie des einen der beiden spartanischen Königshäuser.

108 Mitglieder der sogenannten Volkspartei hatten also den nach dem ionischen Aufstand wieder zurückgekehrten adligen Stadtherrn zu stürzen versucht.

109 Vgl. Buch I, Kap. 46, Anm. 38.

110 Vgl. Buch I, Kap. 45, Anm. 35.

111 Ismenios war ein Wahrsager, dessen Grab sich im Bezirk des Apollontempels bei Theben befand.

112 Vgl. Buch I, Kap. 46, Anm. 37.

113 Akraiphia lag im nördlichen Boiotien am Kopais-See bei dem heutigen Karditza. Das 'Ptoon' genannte Heiligtum stand auf dem gleichnamigen, heute 'Strutzina' genannten Gebirgszug zwischen Kopais-See und Meer.

114 Der Oberpriester, der sonst den Spruch verkündete, konnte ihn, da er in karischer Sprache gegeben war, nicht vorlesen, so daß ihn Mys selbst von der Tafel des Priesters abschreiben mußte.

115 Vgl. Buch V, Kap. 21.

116 Sie waren also durch Illyrien, das heutige Albanien, über das Gebirge in das obere Wistritzatal gekommen. Dieser Weg, den nach der Sage die griechischen Begründer des makedonischen Staates genommen hatten, war wohl derselbe, den die aus Epirus und dem heutigen Südalbanien in das Wistritzatal abwandernden nordwestgriechischen Stämme, die die Oberschicht des späteren makedonischen Volkes bildeten, eingeschlagen hatten. Das von ihnen verlassene Gebiet wurde von Illyrern, den mutmaßlichen Vorfahren der heutigen Albaner, besetzt.

117 Das nicht mehr näher zu bestimmende Lebaia muß vielleicht in der alten makedonischen Landschaft Orestis, zwischen Florina und Kastoria am Grammos-Gebirge, gesucht werden. Hier lagen nach der griechischen Überlieferung die ersten Anfänge des makedonischen Staates.

118 Die phrygischen Namen *Midas* und *Gordios* zeigen, daß wir es hier mit dem von den Phrygern bei ihrer Auswanderung nach Kleinasien aufgegebenen Gebiet zu tun haben. Auch die Gestalt des Silen weist auf die Phryger.

119 Das Gebirge Bermion ist wahrscheinlich der heute 'Dobropolje Planina' genannte Gebirgszug.

120 Herodot meint damit das zu seiner Zeit als 'Makedonien' bezeichnete Gebiet, das sich bis zum Golf von Saloniki und zum Wardarfluß hinzog.

121 Gemeint sind die Ernte des vorigen Jahres (480), die durch den persischen Einfall in Attika nicht mehr eingebracht werden konnte, und die Ernte dieses Jahres (479), mit der wegen der im Herbst des Vorjahres unterbliebenen Aussaat nicht gerechnet werden konnte.

122 Alexandros war Proxeinos, d. h. Staatsgastfreund der Athener. Er hatte in dieser Eigenschaft den Schutz der athenischen Staatsangehörigen in Makedonien übernommen.

BUCH IX

1 Gemeint ist die perserfreundliche Haltung der von den Aleuaden geführten Partei der adligen Großgrundbesitzer, die in Thessalien die Macht besaß.

2 Man beherrschte durch den Besitz der boiotischen Pässe sowohl die Straße nach Attika wie die über Megara zum Isthmos.

3 Der Großkönig hielt sich im Frühjahr 479 wie schon im Jahr zuvor (vgl. Buch VII, Kap. 32) in Sardes auf. Auch in dem folgenden Frühjahr ist seine Anwesenheit während einer Sonnenfinsternis am 17. 2. 478 in Sardes bezeugt. Herodot (Buch VII, Kap. 37) setzt sie fälschlich in das Jahr 480. Man kann hieraus ersehen, daß der Großkönig den Ereignissen in Griechenland auch noch nach den Niederlagen von Salamis und Plataiai seine volle Aufmerksamkeit schenkte und seine Eroberungspläne keineswegs aufgegeben hatte. Nur die Mittel seiner Politik hatten sich geändert. Die Periode direkter militärischer Interventionen wurde durch eine Zeit diplomatischer Aktionen mit dem Ziel, die griechischen Staaten gegeneinander auszuspielen, abgelöst. Die Perser bedienten sich wie auch später die Byzantiner des Feuertelegraphen, bei dem die Nachrichtenübermittlung durch eine Kette von Stationen, von denen jede ein Feuer unterhielt, mit Hilfe von Lichtsignalen hergestellt wurde.

4 Die Hyakinthien wurden im ersten Drittel des Juli gefeiert. Das Fest dauerte drei Tage. Hyakinthos war der Sage nach von Apollon durch einen Wurf mit dem Diskus getötet worden. Die Feiern fanden am Grabe des Hyakinthos in Amyklai statt. Demnach war es bis zum Juli noch zu keinem Zusammenstoß zwischen Griechen und Persern gekommen.

5 Die Küstenebene im nordwestlichen Attika, die sich bis an die Bucht von Eleusis erstreckt.

6 Chileos war kein Spartaner, sondern der Herr des arkadischen Tegea. Tegea war seit der Mitte des 6. Jahrhunderts mit kurzen Unterbrechungen mit Sparta verbündet. Der Stadtherr von Tegea mußte daher über die von der spartanischen Regierung — damals den allmächtigen Ephoren — gefaßten Beschlüsse unterrichtet werden.

7 Die Zahl der Heloten ist natürlich in der der Spartaner enthalten. Herodot ist hier einem Mißverständnis zum Opfer gefallen.

8 Hiernach muß bei den Spartanern auf den verstorbenen König nicht dessen ältester Sohn, wie hier Pausanias/Kleombrotos, sondern entweder sein jüngerer Bruder und, wenn kein Bruder da war, der Sohn des ältesten Bruders, also hier des Leonidas, gefolgt sein.

9 Das war am 2. Oktober 480. Kleombrotos war nicht wegen der Sonnenfinsternis, sondern wegen des Abzugs der Perser nach der Schlacht bei Salamis im September 480 mit dem Heer vom Isthmos nach Sparta zurückgekehrt.

10 Vgl. Buch V, Kap. 41, u. VII, Kap. 158.

11 Bei den Perioiken handelt es sich um Angehörige der von den Spartanern früher unterworfenen dorischen und nichtdorischen Gemeinden, die zur Heeresfolge und anderen Leistungen verpflichtet waren (Vgl. Buch VI, Anm. 98).

12 Diese Zerstörung traf im Unterschied zu der des Vorjahres, der in der Hauptsache nur die Akropolis zum Opfer gefallen war, die ganze Stadt.

13 Für einen Einsatz der Reiterei sprachen vor allem die Erfahrungen aus der Schlacht von Marathon.

14 Mardonios befand sich damit schon auf der Landenge zwischen dem Saronischen Golf und der Bucht von Patras, die sich weiter südwestlich zum eigentlichen Isthmos verengte.

15 *Boiotarchen* hießen die Führer des boiotischen Bundes. In der damaligen Zeit waren es elf, die in einem Bundesrat die für alle Mitglieder des Bundes verbindlichen Beschlüsse faßten. An der Spitze des boiotischen Bundes, dessen Bundesheiligtümer bei Korea und Onchestos lagen, stand Theben.

16 Hier ist wohl vor allem an ein Abholzen der Ölbaumplantagen zu denken, die waldartig einen großen Teil des Gebietes bedeckten und die Verwendung der Reiterei unmöglich machten. Auch wollte man den griechischen Angreifern die Möglichkeit der Deckung gegen den Pfeilhagel der persischen Bogenschützen nehmen.

17 Man befestigte nur das ebene Gelände zwischen Fluß und Gebirge.

18 Thersandros war als Vertreter von Orchomenos zu dem Staatsbankett eingeladen worden, das Attaginos, der Vorsitzende des boiotischen Bundes, veranstaltet hatte.

19 Man pflegte bei den Griechen beim Essen und auch bei dem sich daran anschließenden Trinkgelage auf besonderen Speisesofas zu ruhen, die an der Tischseite durch Kissen und Polster erhöht waren.

20 Die Griechen wählten diese Stellung, damit sie von der persischen Reiterei nicht im Rücken angegriffen werden konnten.

21 Gemeint ist hier der Angriff der ostiranischen berittenen Bogenschützen (Baktrier und Saken). Die bis hart an den Gegner herangepreschte Abteilung überschüttete beim Zurückgaloppieren den Gegner mit einem vernichtenden Pfeilhagel.

22 Herodot meint die Mitglieder der in Athen allein zu Pferd kämpfenden adligen Geschlechter. Auch hier ist nicht an eine bestimmte Zahl zu denken.

23 Gemeint ist ein vergoldeter Schuppenpanzer, über dem Masistios den für die Iranier charakteristischen Kandys, ein langes, vorn und an den Seiten gerafftes, kostbar verziertes Kleidungsstück, trug. Der Kandys wurde bei den Persern über den Hüften durch einen Gürtel zusammengehalten.

24 Man schor sich Bart und Haupthaar und den Pferden die Mähnen ab. Vgl. Abb. 2, wo die Zeremonien beim Begräbnis eines Persers in Ägypten dargestellt sind. Auch Klageweiber traten dabei in Erscheinung.

25 Das Heiligtum des Heros wurde vor allem wegen der Mauer, die Tempel

und Hain umgab, als Stützpunkt gewählt. Aus den gleichen Gründen stützte sich auch die griechische Stellung bei Marathon auf das Heiligtum des Herakles.

26 Hyllos, ein Sohn des Herakles und der Deianeira, war nach Herakles' Tod vertrieben und in Athen von Theseus aufgenommen worden. Wie die Herakliden des Euripides zeigen, erfreute sich diese Sage in Athen einer großen Beliebtheit.

27 Die Thebaner ließen die Leichen des Polyneikes und der mit ihm gefallenen Krieger unbestattet. Die Athener behaupteten, für ihre Bestattung in Eleusis, wo ihre Gräber später gezeigt wurden, gesorgt zu haben.

28 Hier ist nicht der gleichnamige Fluß gemeint, der in Boiotien bei Tanagra in den Asopos fließt, sondern der in der Nähe des heutigen türkischen Hafens Samsun in das Schwarze Meer mündende Terme Tschai. An diesem Fluß hatten die Griechen die Amazonen geschlagen und dann zu Schiff an ihre späteren Wohnsitze am Don gebracht. Vgl. Buch IV, Kap. 110. Dieser Sage liegt vielleicht die Erinnerung an Kämpfe mit skythischen Stämmen in der Zeit zwischen 700 und 650 zugrunde.

29 Die Expedition des Datis und Artaphernes, auf die hier angespielt wird, war von verhältnismäßig geringen Kräften, die ja auf dem Seewege herangeführt wurden, durchgeführt worden. Bei den sechsundvierzig Völkern handelt es sich ganz allgemein um die damals den Griechen aus Völkerlisten und geographischen Karten bekannten Völker des persischen Weltreiches.

30 'Pallene' wurde die heute Kassandhra genannte südlichste Halbinsel der Chalkidike genannt.

31 Stadt im südlichen Elis. Sie lag südlich von dem heutigen Ort Strovitzi.

32 Das war das letzte Mal, daß die berühmten Städte Mykenai und Tiryns als selbständige Gemeinden auftraten. Sechzehn Jahre später wurden sie zerstört.

33 Phlius war eine Stadt in der nordöstlichen Peloponnes. Hermion lag an der Stelle des heutigen Hermioni gegenüber den heute 'Dhokos' und 'Hydhra' genannten Inseln.

34 Beide Städte lagen im Südteil von Euboia gegenüber der attischen Küste.

35 Die Stadt Anaktorion befand sich am Ausgang des Golfes von Arta. Außer den an diesem Golf liegenden griechischen Städten kämpfte bei Plataiai auch ein Truppenkontingent von der Insel Leukas.

36 Pale auf Kephallenia lag in der Nähe der heutigen Stadt Lixurion.

37 Das griechische Heer wird in Wirklichkeit kaum ein Zehntel so groß gewesen sein, wie Herodot angibt. Das läßt sich aus der später genannten Zahl der Gefallenen schließen.

38 Der hier von Herodot gegebene Bericht über die Aufstellung beider Heere ist unter dem Einfluß ähnlicher Beschreibungen Homers entstanden. Weder Griechen noch Perser stellten zu dieser Zeit ihre Truppen nach Kontingenten auf. Bei den Griechen standen sie nach Waffengattungen geordnet. Innerhalb der Waffengattungen kämpften allerdings die Angehörigen der einzelnen Kontingente nebeneinander. Die Perser waren bereits einen Schritt weitergegangen und gliederten die verschiedenen Waffengattungen in Abteilungen auf, in denen Angehörige aller Kontingente nebeneinander kämpften.

39 Bei diesen Leuten handelt es sich um Angehörige besonderer Waffengattungen, die, während das Kontingent ihres Volkes zurückkehrte, in ihren Abteilungen verblieben, weil die Spezialabteilung, zu der sie gehörten, von Mardonios benötigt wurde.

40 Die libyschen Hermotybier und Kalasirier, die im Nildelta beheimatet waren, wurden ebenso wie die Aithioper (hier die südlich des heutigen Assuan nomadisierenden Stämme) nicht nach Hause entlassen, da man auch in Ägypten Unruhen befürchtete. Wahrscheinlich befanden sich schon damals Teile des Deltas im Aufstand.

41 Teisamenos war einer der berufsmäßigen Opferpriester, die ihr Amt gegen Bezahlung ausübten. Zu ihren Obliegenheiten gehörten Opfer-, Zeichen- und Traumdeutung.

42 Im Fünfkampt.

43 Melampus war — wie Teisamenos — ein Seher. Nach der hier von Herodot erwähnten Sage hatte Melampus die drei Töchter des Königs von Tiryns in Argos, die die dionysischen Weihen verspottet hatten und dafür von dem erzürnten Gott mit Wahnsinn geschlagen worden waren, entsühnt und dadurch geheilt. Als Lohn erbat er für sich und seinen Bruder die Hand je einer Tochter, und als Heiratsgut den auf sie entfallenden Anteil der Herrschaft über Tiryns.

44 Die Spartaner haben demnach nach dem Sieg bei Plataiai nicht nur die in dem Krieg gegen Persien neutral oder mit den Persern verbündet gewesenen peleponnesischen Staaten angegriffen, sondern auch ihre ehemaligen Verbündeten (Tegea) und fast alle arkadischen Stämme.

45 Gemeint ist eine Schlacht in dem dritten Messenischen Krieg, der 464 v. Chr. mit dem Aufstand der Messenier gegen die spartanische Herrschaft begann und 460/59 durch die Kapitulation der Bergfeste Ithome beendet wurde. Die Schlacht bei Isthmos fand wahrscheinlich in der Nähe von Ithome statt.

46 Damals war einem spartanischen Expeditionskorps, das in Phokis gekämpft hatte, von den Athenern der Rückweg durch das Gebirge abgeschnitten worden. Durch ihren Sieg bei Tanagra öffneten sich die Spartaner die Pässe für die Rückkehr auf die Peleponnes.

47 Die Telliaden waren ein berühmtes Opferpriestergeschlecht. Sie führten ihren Stammbaum auf Apollon zurück. Die Anwesenheit des Hegesistratos im persischen Heer läßt darauf schließen, daß ein Teil der den Spartanern feindlichen peleponnesischen Staaten die Perser durch eigene Kontingente unterstützte.

48 Die Insel Zakynthos ist der peleponnesischen Landschaft Elis vorgelagert. Sparta scheint nach der Schlacht bei Plataiai gegen Zakynthos, das während des Perserkrieges entweder neutral oder sogar mit den Persern verbündet gewesen war, vorgegangen zu sein.

49 Aus der Bemerkung Herodots könnte der Eindruck entstehen, daß von den Griechen Opferpriester sonst nicht bezahlt wurden. Das trifft nicht zu. Die Opferpriester wurden damals allgemein für ihre Tätigkeit entlohnt. Wenn von Herodot die hohe Bezahlung des Hegesistratos hervorgehoben wird, weist das darauf hin, daß er einer der gesuchtesten Opferpriester war, den man nur für sehr hohe Summen gewinnen konnte.

50 Die Darstellung Herodots entspricht hier wohl nicht den Tatsachen. Die Perser hatten sich wahrscheinlich gerade deshalb bei Plataiai festgesetzt, weil sie diesen Ort für eine Schlacht am günstigsten hielten. Sie hatten hierbei sicher die Möglichkeit der Sperrung der über das Kithairon-Gebirge führenden Pässe, über die die rückwärtigen Verbindungen der ihnen bei Plataiai gegenüberstehenden Griechen liefen, einkalkuliert. Es kann als sicher angenommen werden, daß sie schon bei der Wahl des Schlachtortes von den Thebanern beraten worden waren.

51 Die Encheleer waren ein Fürstenhaus im südlichen Illyrien Der Spruch des Orakels bezog sich auf den Einfall nordwestgriechischer Stämme, die von Thessalien aus, das sie erobert hatten, weiter nach Süden drängten.

52 Die namentliche Erwähnung der Perser (Meder) in der hier von Herodot zitierten Orakelsammlung, die unter dem Namen des Musaios verbreitet wurde, zeigte, daß es sich um eine nach den Perserkriegen veranstaltete Ausgabe dieser Sammlung handelt.

53 Glisas lag nordöstlich von Theben. Der von dort kommende Thermodon mündet bei Tanagra in den Asopos.

54 Der makedonische König trieb ein doppeltes Spiel, das durch die Lage seines Landes zwischen den beiden kriegführenden Parteien verständlich wird. Zuerst versuchte er mit Hilfe der Perser sein Land auf Kosten der Griechen zu vergrößern, dann erstrebte er durch geheimen Bund mit den Griechen Gebietserweiterungen durch das Territorium perserfreundlicher Städte. Die Bedeutung seiner von Herodot wiedergegebenen Mitteilung für die Griechen wird dadurch bestimmt, daß keine der beiden Seiten zunächst wußte, wie lange der Gegner sich noch bei Plataiai halten konnte, ohne empfindlich an Verpflegungsmangel zu leiden.

55 Die Umgruppierung, bei der die Spartaner aus der Stellung bei der Quelle Gargaphia und dem Heroon herausgenommen und von den Athenern abgelöst wurden, deutet darauf hin, daß starke persische Angriffe vorausgegangen waren, die die hier kämpfenden Spartaner sehr mitgenommen hatten, so daß ihre Ablösung erforderlich wurde. Das Ziel der besonders von berittenen persischen Bogenschützen getragenen Angriffe war es, die spartanische Stellung unhaltbar zu machen und einen Rückzug der Griechen von dem strategisch wichtigen Höhenzug, auf dem das Heroon lag, zu erreichen.

56 Den Persern war es also während der Umgruppierung der griechischen Truppen gelungen, sich zeitweise der Quelle Gargaphia, die unmittelbar vor der spartanischen Stellung lag (vgl. Kap. 25), zu bemächtigen und sie in dieser Zeit für die Trinkwasserversorgung des griechischen Heeres unbrauchbar zu machen.

57 Die Perser hatten also die Griechen in eine Situation gebracht, in der ihnen nichts anderes übrigblieb, als ihre bisherige Stellung zu räumen. Ob hierfür die von Herodot erwähnte Sperre der Pässe über den Kithairon und die Erschwerung der Trinkwasserversorgung oder die starken persischen Angriffe auf den von Spartanern besetzten Flügel den Ausschlag gegeben haben, läßt sich heute nicht mehr entscheiden.

58 Die 'Insel' befand sich in unmittelbarer Nähe der Straße nach Megara. Die

Griechen beherrschten von hier aus ihre Nachschublinien und konnten Verstärkungen aus der Peleponnes erhalten.

59 Gemeint sind jene Nachschubkolonnen, die wegen der persischen Besetzung des Passes nicht nach Boiotien kommen konnten. Sie sollten unter Bedeckung zu der neuen Stellung an der sogenannten 'Insel' geleitet werden.

60 Die Pitanaten waren eine Abteilung des spartanischen Heeres, die sich aus Leuten von Pitane zusammensetzte. Pitane gehörte zum Gau- und Städteverband Spartas, hielt die alten spartanischen Traditionen besonders hoch und lehnte daher auch hier ein Zurückgehen ab.

61 Die thessalischen Tyrannen hielten sich für Abkömmlinge des Herakliden Aleuas.

62 Herodot beschreibt hier die Kampfesweise der sakischen Infanterie, deren vorderste Glieder, durch die hohen, runden Schilde gedeckt, die Geschosse schleuderten, die ihnen von den hinteren Reihen zugereicht wurden. Wir kennen diese sakischen Krieger von den Reliefs in Persepolis.

63 Pausanias betete also zu Hera, deren Tempel sich bei Plataiai befand.

64 Die von den Persern angegriffenen spartanischen Hopliten hatten sich hier zur Phalanx formiert. Gegen sie waren die Perser ohne Unterstützung durch ihre Reiterei, die sie in dem gebirgigen Gelände nicht einsetzen konnten, machtlos.

65 Auch hier ist nicht an eine tausend Mann starke Abteilung zu denken, sondern an die Leibwache des Mardonios. Der für diese Truppe gebrauchte persische Name hat, wie die überlieferte Bezeichnung des Befehlshabers dieser Abteilung, *bazarapati* ('Herr der Tausend'), zeigt, die Bedeutung 'die Tausend'.

66 Die Gründe für die persische Niederlage lagen nicht, wie Herodot annimmt, in der unzureichenden Bewaffnung; denn hierin kann man sogar von einer Überlegenheit der Perser sprechen, da die Griechen weder reitende Bogenschützen noch den beweglichen, aus einzelnen Metallplättchen zusammengesetzten Schuppenpanzer der Perser besaßen. Vielmehr liegen die Ursachen in der hier versagenden persischen Kampfesweise. Die persische Führung hatte bei der Verfolgung der Griechen in dem unübersichtlichen Gelände jede Verbindung mit den einzelnen Abteilungen verloren. Die Schlacht hatte sich in eine Unzahl von Einzelgefechten aufgelöst. Auch in kleinere Abteilungen aufgesplittert, bildeten die griechischen Hopliten sofort eine Phalanx, an der sich die truppweise oder einzeln vorstürmenden Perser verbluteten.

67 Die Schlacht bei Stenykleros gehört in den dritten Messenischen Krieg (464 bis 460/59 v. Chr.). Die Kampfstätte lag in der Nähe von Ithome. Mit den Dreihundert ist das aus den dreihundert vornehmsten spartanischen Familien gebildete Elitekorps, das damals vollständig aufgerieben wurde, gemeint.

68 Ein thebanisches Elitekorps, das von den Angehörigen der vornehmsten Familien gebildet wurde. Diese Adligen wußten, daß die Niederlage des Mardonios und der Perser auch das Ende ihrer Macht in Theben bedeutete, und kämpften daher mit dem Mute der Verzweiflung.

69 Unter dem Namen *Athena Alea* wurde die Göttin in Tegea und Mantinea in der Peleponnes verehrt.

70 Die Angaben Herodots über die Anzahl der griechischen Gefallenen beruhen

hier wieder auf Inschriften, die er auf Grabdenkmälern am Ort der Schlacht gelesen hatte. Die geringe Höhe der Zahlen steht in krassem Widerspruch zu den Stärkeangaben, die er für die bei Plataiai kämpfende griechische Armee gab. Auch erscheint die angegebene Zahl der persischen Gefallenen im Vergleich zu der der griechischen Toten unwahrscheinlich.

71 Helena war nach dieser Sage von Theseus geraubt und nach Aphidnai in Attika gebracht worden. Während Theseus sich auf einem Feldzug gegen die Molosser befand, drangen die Tyndariden (Dioskuren) in Attika ein, um ihre Schwester zu befreien.

72 Dekelea lag im nördlichen Attika. Die Stadt heißt heute Koriokleides. Herodot spricht hier offenbar von den Feldzügen der Spartaner unter Archidamos (431 und 430 v. Chr.), bei denen Attika systematisch verwüstet wurde.

73 Fünfkampf. Zu dem hier erwähnten Krieg vgl. Buch VI, Kap. 92.

74 Es ist der Krieg mit der reichen Insel Thasos um die Goldbergwerke an der thrakischen Küste, der 466 begann und im dritten Jahr mit dem Sieg Athens beendet wurde. Datos ist das heutige Eski Kavala.

75 Kos war eine dorische Insel. Zwischen Kos und Sparta bestanden demnach noch unter persischer Herrschaft Beziehungen. Wenn hier die Tochter des Hegetorides von den Persern sagt, sie verehrten weder Dämonen (Gottheiten, die zwischen den Heroen, den Unterweltsgöttern, und den olympischen Göttern stehen) noch Götter, spricht sie hiermit die landläufige Ansicht der kleinasiatischen Griechen von der Religion der Perser aus. Sie gründet sich auf die Tatsache, daß die Perser ihre Götter nicht wie die Griechen in Menschengestalt verehrten und auch keine heiligen Bezirke im griechischen Sinne besaßen. Die Griechen scheinen damals noch nichts von der von Zarathustra begründeten Religion, in der die altiranischen Naturgottheiten als Abgötter verworfen wurden, gewußt zu haben. Seine Lehre scheint in dieser Zeit nur unter den nordostiranischen Stämmen verbreitet gewesen zu sein.

76 Der Name weist auf die reiche, in Aigina beheimatete Familie der Psalychiden, von der auch Pindar einen Lampon nennt. Wahrscheinlich war der bei Herodot erwähnte Lampon ein Enkel des von Pindar genannten Psalychiden.

77 Aigina war damals eine der bedeutendsten Handelsstädte. Hier wurden die ersten griechischen Münzen geprägt. Da die Insel in der Hand dorischer Stämme war, veräußerten die Heloten zunächst dort einen Teil der griechischen Kriegsbeute. Es erscheint unmöglich, daß die Heloten derartige Mengen von Edelmetall ohne Wissen der Spartaner verkaufen konnten. Wahrscheinlich verbot den Spartanern ihr besonderer Ehrenkodex solche Handelsgeschäfte, und sie bedienten sich hierfür der Heloten. Wenn Herodot sagt, daß die Aigineten das Gold wie Erz kauften, so bezieht sich das auf die Form des Verkaufs. Man wog das Gold auf Waagen ab, die sonst nur für das Wiegen von Eisen und Bronze gebraucht wurden.

78 Der Tempelzehnte, der, wie üblich, vom Gesamtwert der Beute dem Heiligtum von Delphi zufloß.

79 Der berühmte Dreifuß von Delphi steht heute, stark beschädigt, auf dem At Meidan-Platz (dem früheren Hippodrom) in Istanbul. Die Namen der an

der Schlacht beteiligten Staaten sind auf ihm eingraviert und noch heute lesbar. Der Sockel, auf dem er in Delphi bis zu seiner Entfernung stand, wurde bei den Ausgrabungen wiedergefunden.

80 Die großen Tempel in Olympia und auf dem Isthmos scheinen also erst zu dieser Zeit statt der bisherigen aus Holz geschnitzten Götterbilder aus Bronze gegossene Statuen erhalten zu haben. Dagegen hat man in Mittelgriechenland wohl schon ein halbes Jahrhundert früher die alten aus Holz geschnitzten Götterbilder durch Bronzestatuen ersetzt.

81 Auch dieser Bericht zeigt, daß die altpersischen Stämme im Gegensatz zu den Nordwestiraniern und den Magern ihre Toten in Gräbern bestatteten.

82 Das Wort *Iren* bezeichnet den Spartaner zwischen dem zwanzigsten und dem dreißigsten Lebensjahr. Erst mit dreißig Jahren wurden die Spartaner *Andres* (Männer) und damit Vollbürger, die alle politischen Rechte besaßen. Erst dann durften sie einen Hausstand gründen. Infolge der hohen spartanischen Verluste bei Thermopylai konnte man jetzt nur die jüngeren Jahrgänge, also die Irenen, ins Feld schicken. Leonidas hatte es noch vermieden, sie in das spartanische Expeditionskorps aufzunehmen, Pausanias dagegen blieb nichts anderes übrig. Die Führer Poseidonios und Amompharetos waren natürlich Vollbürger (*Andres*), aber man bestattete sie zusammen mit ihren Mitkämpfern, die Irenen waren.

83 Es handelt sich um die stark konservative Partei, die sich auf den Großgrundbesitz stützte und von der mit Athen und Sparta sympathisierenden sogenannten Volkspartei bekämpft wurde.

84 Die griechische Expedition nach Kleinasien, die nach Herodot mit der am gleichen Tage wie Plataiai geschlagenen Schlacht einen erfolgreichen Abschluß fand, war einer der Gründe, weshalb keine neue persische Armee zur Unterstützung des Mardonios nach Griechenland entsandt wurde. Die in Vorderasien neu einberufenen Truppen wurden zur Sicherung der kleinasiatischen Küstenprovinzen benötigt.

85 Auch hier steht Sparta wieder an der Spitze des hellenischen Bundes. Der spartanische König nimmt Samos aus eigener Machtvollkommenheit in den hellenischen Bund auf.

86 Apollonia lag in der Nähe des heutigen Fieri in Albanien, in der Nähe des Flusses Semeni auf der Höhe von Brindisi. Die Lage der Stadt zeigt, wie weit nach Norden sich damals der griechische Siedlungsraum erstreckte. Das Gebiet wurde nach der Abwanderung griechischer Stämme nach Südwesten von illyrischen Stämmen besetzt.

87 Gemeint ist der Semeni, dessen einer Nebenfluß der Osum war, der vom Grammos-Gebirge kam. Das Flußtal wird besonders erwähnt, weil in ihm eine Straße entlangführte, die über die Pässe des Grammos-Gebirges das obere Makedonien erreichte. Diesen Weg haben die nordwestgriechischen Stämme benutzt, als sie in das Tal der heutigen Bistritza einwanderten. Sie bildeten dann das makedonische Herrenvolk, das die dort ansässige thrakische Bevölkerung unterwarf und sich mit ihr vermischte.

88 Im Gegensatz zu den Opferpriestern, die Opfer, Träume und Vorzeichen berufsmäßig deuteten und die bestimmten Familien angehörten, in denen sich der Beruf des Opferpriesters vom Vater auf den Sohn vererbte, waren die

Seher, ähnlich wie die Propheten des Alten Testaments, Männer jeden Standes. Sie hatten Gesichte, in denen ihnen die Gottheit Zukünftiges offenbarte. Sie teilten ihre Visionen ungefragt ihrer Umgebung mit. Das Visionäre und Ekstatische scheint aber in geschichtlicher Zeit bei diesen griechischen Sehern nie jene aufrüttelnde Wucht erreicht zu haben, wie wir sie von den Propheten des Alten Testamentes kennen.

89 Die Stadt Kalamisa muß, nach der Erwähnung des berühmten Hera-Tempels zu urteilen, dicht bei der Hauptstadt Samos gelegen haben.

90 Das Gebirge Mykale (der heutige Samsun-Dagh) zwischen Ephesos und Milet setzt sich in Gestalt einer Halbinsel ins Meer fort. An seiner Südseite mündet der Gaisos. Die Bezeichnung *Skolopoeis* ('Pallisaden') scheint an die von den Persern damals bei Mykale errichteten Befestigungen anzuknüpfen. Man hatte offenbar die steinerne Mauer, die den heiligen Bezirk des Demeter-Tempels zu umgeben pflegte, in das Verteidigungssystem einbezogen.

91 Kodros war der Sage nach der letzte König von Athen. Sein Sohn Neileus hatte den Karern Gebiet entrissen und dann dort die Stadt Milet gegründet.

92 Die Tatsache, daß die Perser sich bei Mykale verschanzten und auf die Defensive beschränkten, läßt auf ein verhältnismäßig kleines persisches Heer schließen, das sich den angreifenden Griechen nicht gewachsen fühlte. Das persische Hauptheer, das Xerxes ursprünglich zusammen mit der phoinikischen Flotte für den Einsatz in Griechenland bestimmt hatte, wurde, wie Herodot berichtet, vom Großkönig auf ein anderes Ziel in Marsch gesetzt. Wahrscheinlich waren die Unruhen, um derentwillen Xerxes die persischen Landungsoperationen bei Salamis 480 v. Chr. abgebrochen hatte, noch nicht beendet. Die aus Griechenland zurückgeführte Armee war wohl in Kleinasien im Winter reorganisiert und durch Neueinberufungen ergänzt worden und hatte im Frühjahr den Marsch in das Innere des Landes begonnen.

94 Wahrscheinlich wußte man, daß sich bei Plataiai Perser und Griechen gegenüberstanden und daß es dort schon zu Kämpfen gekommen war. Das hat Herodot auf den Tag der Entscheidungsschlacht selbst bezogen.

95 Die Befreiung der Ägäischen Inseln und die Öffnung des bisher von den Persern für die griechischen Getreideschiffe gesperrten Hellespont waren offenbar die damaligen Kriegsziele des hellenischen Bundes. An eine Befreiung der Ioner des kleinasiatischen Festlandes wurde also noch nicht gedacht.

96 Hermolykos, dessen Statue auf der Akropolis aufgestellt wurde, fiel bei den Kämpfen auf der Südwestspitze von Euboia. Geraistos, wo sich sein Grab befand, lag an der Südspitze Euboias, dem heutigen Kap Mandhilon. Hermolykos war wahrscheinlich in einer Seeschlacht gefallen. So erklärt sich, daß er nicht in Kyrnos, dem Ort, bei dem er gefallen war, sondern in Geraistos begraben wurde, wo sich ein Heiligtum des Poseidon befand.

97 Nach der Schlacht fand also eine Versammlung der Mitglieder des hellenischen Bundes statt, bei der die bisher formlos durch den spartanischen Bundesfeldherrn (vgl. Kap. 91) aufgenommenen Inseln durch Ablegung eines feierlichen Gelöbnisses offiziell in den Bund aufgenommen wurden.

98 Xerxes hatte also, um erneut einen Feldzug gegen Griechenland zu unternehmen, den Winter in Sardes verbracht. Er befand sich dort noch am 17. 2. 478.

99 Dieser Dareios wurde später ermordet.

100 *Tykta,* die von Herodot überlieferte Bezeichnung für das aus Anlaß des Geburtstages oder vielleicht des Regierungsantritts des Großkönigs gefeierte Fest, bei dem Ehrengeschenke an die Großen verteilt wurden, ist wahrscheinlich nicht persisch. Es ist möglich, daß mit dieser Sitte, die im Donativum der spätrömischen Kaiserzeit weiterlebte, von den Persern eine Gepflogenheit der assyrischen und babylonischen Könige übernommen worden war. Gleichen doch die Formen des Empfangszeremoniells beim Großkönig, wie sie uns z. B. die Reliefs von Persepolis überliefern, fast völlig den Darstellungen von Empfängen bei dem assyrischen König. Es ist daher sehr wahrscheinlich, daß auch die Bezeichnung des Festes von nichtpersischen Völkern übernommen wurde. Man hat in diesem Zusammenhang daran zu denken, daß z. B. der größte Teil des internen Geschäftsverkehrs der achaimenidischen Hofhaltung in elamischer Sprache abgewickelt wurde, wie die unzähligen in Persepolis gefundenen Tontafeln erkennen lassen.

101 Der Aufstand des Masistes, des Satrapen von Baktrien, scheint der Grund für den von Herodot erwähnten Marsch der persischen Armee in das Innere des Landes gewesen zu sein, so daß außer den Truppen des Mardonios bei Plataiai nur ein kleines Korps bei Mykale im Westen zurückblieb. Den Griechen waren diese Unruhen im Innern des persischen Reiches bekannt, und sie haben sie zum Vorstoß gegen Kleinasien ausgenutzt. Es ist ferner wahrscheinlich, daß wegen des drohenden Aufstandes im Osten des Reiches die baktrischen, indischen und sakischen Truppen bei der Armee des Mardonios belassen wurden.

102 Lekton hieß ein Vorgebirge in der Troas. (Es ist das heutige Kap Baba.) Die gleichnamige Stadt lag am Fuße des Ida-Gebirges.

103 Sestos lag gegenüber Abydos an der schmalsten Stelle des Hellespont. Hier hatten die Perser die Brücke über den Hellespont geschlagen.

104 Artayktes war Satrap der dritten Satrapie mit der Residenz in Daskyleion.

105 Protesilaos war bei dem Feldzug gegen Troia schon unmittelbar bei der Landung gefallen. Er wurde in Elaius als Heros verehrt. Das Heiligtum wurde durch die Wallfahrten, die man unternahm, um durch den Heros geheilt zu werden oder Orakelsprüche zu erhalten, sehr reich. Der persische Satrap hatte offenbar einen Teil der wertvollen Tempelgüter für eine Krondomäne beschlagnahmt und sich mit dieser Domäne vom Großkönig belehnen lassen. Hierbei wurden auch Baulichkeiten des Tempels für die Bedürfnisse des Satrapen in Anspruch genommen. Daß auch der eigentliche Tempelbau diesen Maßnahmen des Satrapen zum Opfer gefallen und gerade dort sein Harem einquartiert worden sei, ist eine der Verleumdungen, die die aufgebrachten Priester ihren hellenischen Befreiern auftischten.

106 Ein Teil des Tempelgutes wurde also säkularisiert. Das bisher offenbar nur für Weidewirtschaft benutzte Land wurde nach seiner Beschlagnahme unter den Pflug genommen und mit Getreide bestellt.

107 Man führte damals nur vom Frühjahr bis zum Herbst Krieg.

108 Die thrakischen Apsinthier wohnten in den Gebirgstälern des Kuru Dagh, unmittelbar nördlich des Golfs von Saros.

109 Ein kleiner, in den Hellespont mündender Fluß auf der Chersonesos.

110 Ahuramazda.

NACHWORT DES HERAUSGEBERS

Die Anmerkungen, die hier der von A. Horneffer geleisteten und von Herrn Studienrat Becker noch einmal an Hand der griechischen Textausgabe von Hude durchgesehenen Übersetzung beigegeben werden, verfolgen einen doppelten Zweck. Einmal sollen sie Dinge erklären, die dem Leser unverständlich sind, auf der anderen Seite aber auch klarstellen, wo Herodot oder seine Quellen offensichtlich einen bestimmten Standpunkt vertreten und daher kein wahrheitsgetreues Bild geben. Das ist kein Vorwurf. Herodot war Grieche und schrieb für Griechen. Die Ereignisse der Perserkriege lagen, als er zu schreiben begann, schon ein Menschenalter zurück. Er mußte sich also auf den Bericht anderer verlassen, die das, was sie erlebt hatten, teils ungenau wiedergaben, teils aus besonderen Rücksichten anders schilderten, als sie es erlebt hatten. Hier hatten die Erklärungen auf die in der Darstellung vorhandenen Widersprüche hinzuweisen.

Für Herodot bedeuten die Schlachten von Marathon, von Salamis und von Plataiai weltgeschichtliche Entscheidungen, und doch waren sie mit den Maßstäben des persischen Weltreiches gemessen nur Ereignisse an der Peripherie des Geschehens. Wir wissen nicht, ob der persische Großkönig den Kämpfen gegen die Massageten an der Nordostgrenze seines Reiches nicht größere Bedeutung beilegte, als denen in Griechenland. Von der Geschichtsschreibung der Perser ist nichts erhalten als die wenigen auf Inschriften erhaltenen Verlautbarungen der Großkönige Dareios I. und Xerxes. Nur das Werk Herodots hat die zweieinhalb Jahrtausende, die seither vergangen sind, überdauert. Seine überragende Darstellung, die zudem noch ein für jene Zeit enzyklopädisches Wissen offenbart, hat unser Bild von der Auseinandersetzung zwischen den griechischen Staaten und dem persischen Weltreich geprägt.

Das Gewicht der Vielzahl von Quellen, die Herodot benutzte, hat seiner Darstellung ein eigentümliches Gesicht gegeben. Menschen der verschiedensten Völker, Araber, Ägypter, Afrikaner, Skythen und Thraker, kommen in seinem Werk zu Wort; ihre Ansichten über die Griechen werden wiedergegeben, oder es wird berichtet, was sie von den Perserkönigen erzählen. Die Anmerkungen hatten hier die Aufgabe, den Kreis, mit dem Herodot wahrscheinlich zusammenkam, zu bestimmen und so zu einer Wertung seiner Berichte zu kommen. Es mußte z. B. den Quellen für das ungünstige Bild, das Herodot von dem Wirken des Kambyses in Ägypten entwirft, nachgegangen und die gegen den Großkönig im einzelnen erhobenen Vorwürfe geprüft werden. Gerade hier, wo im Falle der Tötung des Apis durch Kambyses durch die Archäologie der Bericht Herodots eindeutig zu widerlegen war, lichtete sich auch das Dunkel über der von Herodot benutzten Quelle. Wurde doch ein Erlaß dieses Königs gefunden, der die Einkünfte jener ägyptischen Priester einschränkte, zu denen auch Herodots Gewährsmann, der Schreiber des Tempels der Neith in Sais, gehörte. Was Herodot berichtet, sind also hier Verleumdungen der mit dem persischen König unzufriedenen ägyptischen Priester.

In einem anderen Fall, dem Bericht Herodots über die sogenannte Empörung der Mager und die Thronbesteigung des Kambyses, hatte die Anmerkung auf die offizielle persische Version über diese Ereignisse, den in einer Inschrift erhaltenen Tatenbericht des Dareios, einzugehen und hiermit die Darstellung Herodots zu vergleichen. Aus der Tatsache, daß beide die Ereignisse, wenn auch im einzelnen abweichend, so doch in der Gesamtlinie und Tendenz übereinstimmend darstellen, ergab sich angesichts der Unglaubwürdigkeit beider Darstellungen, daß Herodot hier eine von der persischen Reichsführung verbreitete Version mitteilt, die der Machtergreifung des Dareios einen legalen Anstrich geben sollte.

Herodot war nicht nur Historiker, sondern auch ein begnadeter Dichter; im Banne seiner Darstellung bemerken wir nicht die Grenze, wo er an einen wohlabgewogenen Bericht über Sitten und Gebräuche eines für die Griechen am Rande der Welt wohnenden Volkes Geschichten anknüpft, für die wir mit Recht die Bezeichnung 'Märchen' gebrauchen dürfen. Auch da hatten die Anmerkungen einzugreifen und dem Leser zu sagen, wo er die Heimat dieser Erzählungen zu suchen hat. So erweist sich Herodots Bericht über die Gold grabenden Ameisen als ein Goldgräbermärchen aus Ladakh am Himalaja, das wir auch in einer tibetanischen Version kennen. Andere Erzählungen, die von der Gewinnung kostbarer Gewürze berichten, sind nichts anderes als arabische Märchen, die an manche Geschichten aus 'Tausendundeine Nacht' erinnern.

Die Erklärungen hatten aber auch nach einer anderen Richtung zu gehen. Sie mußten sich z. B. mit den Angaben Herodots, die unter Berufung auf Ägypter die Herkunft griechischer Götter und griechischer Gebräuche aus Ägypten behaupten, auseinandersetzen. Es genügte nicht, derartige Behauptungen als unglaubwürdig abzutun. Auch hier mußte den Quellen Herodots nachgegangen werden. Die Ägypter, mit denen Herodot zusammentraf, und deren Ansicht über die Griechen er wiedergibt, sind die Bewohner des Nildeltas, die schon seit fast zwei Jahrhunderten mit griechischen Söldnern und Kaufleuten zusammenkamen und daher auch mit den griechischen Göttern vertraut waren. Derartige Berichte geben uns einen Anhalt, wie man in Ägypten die Griechen sah, und müssen daher auch in den Anmerkungen herausgestellt werden.

Die Anmerkungen sollen darüber hinaus auch den Leser auf jene innerpolitischen griechischen Auseinandersetzungen aufmerksam machen, die das Tagesgeschehen im Zeitalter der Perserkriege bestimmten. Der Gegensatz zwischen der 'Volkspartei', den Gewerbetreibenden und Kleinbauern, und den sogenannten 'Reichen', den im Getreidehandel oder durch Bergwerksbesitz wohlhabend gewordenen adligen Geschlechtern, zieht sich wie ein roter Faden durch die Auseinandersetzung mit Persien und bestimmt auch die Parteinahme für oder gegen diese Macht. Die Idee des Kampfes für die Freiheit des eigenen Volkes gegen die Unterdrückung durch ein fremdes Reich, dessen Untertanen das Los von Sklaven teilten, ist den Zeitgenossen der Kämpfe nur wenig bewußt gewesen. Unter diesem Gesichtspunkt hat erst Herodot den Kampf gesehen und durch seine Darstellung für alle Zeiten zum Vorbild eines Freiheitskampfes gegen fremde Unterdrückung gemacht.

Ägypten	Babylon Assyrien	Lydien Kleinasien	Medien
Min (Horus-Aha) um 2850			
4. Dynastie 2600–2480 *Cheops* (Khufu) *Chephren* (Chafre) *Mykerinos* (Menkau-re) *Asychis* (Schepseskaf ?)			
Nitokris (Net-aker-ti ?) (6. Dynastie) 2350–2190			
Sesostris III. 1878–1841 Feldzüge gegen Aithiopien (Kusch) *Moiris* (Amenemhêt III. ?) 1840–1792			
Rhampsinit (Ramses III. ?) 1301–1234 Angriff der Seevölker, u. a. Achaier, auf Ägypten 1234–1225		Um 1190: Untergang d. hethitischen Großreiches durch die in Kleinasien einwandernden thrakischen Stämme d. Thyner, Bithyner, Phryger und Myser Beginn d. griechischen Besiedlung d. kleinasiat. Westküste	
	Semiramis (Samuramat ?) 810–772		
Aithiopische Könige 715-663: *Sabakos*(Schabaka)	*Sanherib* 705–681	Um 720: Einwanderung d. von den Skythen aus Südrußland verdrängten Kimmerier in Kleinasien.	*Deiokes* um 71
Psammetich I. 663–609 Gründung v. Naukratis *Necho* 609–594 Umseglung Afrikas *Psammetich* II. 594–588 *Apries* 588–569 *Amasis* 569–526 *Psammetich* III. 526–525	*Sardanapal* (Assurbanipal) 668–626 *Labynetos* (Nabu-naid) 556–539	*Gyges* 680–640 *Ardys* *Sadyattes* *Alyattes* *Kroisos* bis 546	*Phraortes* um *Kyaxares* 625– *Astyages* 585–

AFEL

Persien	Südrußland	Griechenland und Donauraum	Italien und der Westen
		Um 1950: Griechische Einwanderung in die Balkanhalbinsel	
	Abwanderung eines Teiles der Arier (Sinder u. Maider) nach Nordindien (?)	Um 1500: Besetzung Kretas durch die Griechen (Achaier) Übernahme der Linearschrift in Kreta und in der Peloponnes	
		Um 1400: Besetzung Zyperns und Pamphyliens durch die Griechen (Achaier). Übernahme der zyprischen Silbenschrift durch die Griechen	
		Um 1190: Beginn der dorischen Wanderung Wanderung der nordwestgriechischen Stämme nach Thessalien Abwanderung eines Teiles der nichtgriechischen Bevölkerung Kretas nach Karien	
		Um 850: Besetzung eines Teiles der Insel Zypern durch phoinikische Städte	
a 800: anderung der Perser aus der Landschaft Parsua westlich des Urmia-Sees n das Gebiet nordöstlich von Susa		Um 800: Übernahme der phoinikischen Konsonantenschrift als Vokalschrift durch die Griechen	814: Gründung Karthagos durch die Phoiniker
	Um 720: Einwanderung d. Skythen aus Westturkestan	Besetzung des Donauraumes durch die wahrscheinlich skythischen Sigynner	Griechische Gründungen auf Sizilien: Naxos 741 Syrakus 740 Zankle 735 Kamarina 700 Gela 690
aimenes um 700 *eispes* (675–640) erobert as Land Anschan nordwestlich des Persischen Meerbusens *ros* I. 640–600 *nbyses* I. 600–558		*Kypselos* *Periandros*	
ros II. 558–529 *nbyses* II. 529–522 *dija-Smerdis* 522 *reios* I. 522–486		Peisistratiden 560–510	540: Schlacht bei Alalia
xes 486–465		500–494: Ionisch. Aufstand 490: Schlacht bei Marathon 480: Thermopylai Salamis 479: Plataiai	

522	Ende des Kambyses
11. 3. 522—29. 9. 522	Bardija—Smerdis/Gaumata

DAREIOS I. Sept. 522—Nov. 486

18. 12. 522	Unterdrückung des babylonischen Aufstandes
7. 5. 521	Niederwerfung des medischen Aufstandes unter Frawarti (Herodot, I, 130)
27. 11. 521	Zerschlagung des zweiten babylonischen Aufstandes Unterdrückung des lydischen Aufstandes unter Otanes Unterwerfung der Saken
519	Erneute Unterwerfung Ägyptens Eroberung des Pandschab und der Indusmündung
518(?)—513	Eroberung der thrakischen Küstengebiete einschließlich Makedoniens und eines Teils der griechischen Inseln
513—512	Feldzug des Dareios gegen die Skythen Aufstand des Intaphernes (Herodot, III, 118—119)
500—494	Ionischer Aufstand
495	Sieg der Perser bei Lade
494	Zerstörung Milets
492	Feldzug des Mardonios gegen Athen und Sparta. Große persische Verluste am Athos und in Makedonien zwingen zum Abbruch des Unternehmens.
490	Expedition des Datis und Artaphernes gegen Athen und Eretria. Die Perser werden bei Marathon geschlagen und entschließen sich darauf zur Rückkehr.
486	Aufstand in Ägypten

XERXES 486—465

486	Unterwerfung Ägyptens
480	Feldzug des Xerxes gegen Athen und Sparta August: Durchbruch der Perser bei Thermopylai Seeschlacht bei Artemision September: Seeschlacht bei Salamis. Beginn des Aufstandes des Masistes, der besonders die östlichen Provinzen des persischen Reiches erfaßt. Abmarsch der persischen Hauptarmee nach Kleinasien und Verlegung der persischen Flotte nach Samos.
479	Entscheidende Niederlage der persischen Armee des Mardonios bei Plataiai. Die Perser verlassen darauf Hellas. Die phoinikische Flotte kehrt in ihre Heimathäfen zurück. August: Niederlage der kleinasiatischen Armee der Perser bei Mykale. Niederschlagung des Aufstandes des Masistes durch Xerxes.

NAMENREGISTER

Das Register bezieht sich nur auf den Text.
Römische Ziffern bezeichnen die Bücher, arabische die Kapitel.

SACHREGISTER